D1748473

Prof. Dr. Klaus König/
Prof. Dr. Heinrich Siedentopf (Hrsg.)

Öffentliche Verwaltung
in Deutschland

2. Auflage

Nomos Verlagsgesellschaft
Baden-Baden

Die Deutsche Bibliothek – CIP-Einheitsaufnahme

Öffentliche Verwaltung in Deutschland / Klaus König/Heinrich Siedentopf (Hrsg.).
– 2. Aufl. – Baden-Baden : Nomos Verl.-Ges., 1997
  ISBN 3-7890-5048-2

2. Auflage 1997
© Nomos Verlagsgesellschaft, Baden-Baden 1997. Printed in Germany. Alle Rechte, auch die des Nachdrucks von Auszügen, der photomechanischen Wiedergabe und der Übersetzung, vorbehalten.

Vorwort

Im Jahr 1983 fand der Kongreß des Internationalen Instituts für Verwaltungswissenschaften (Brüssel) in Berlin statt. Klaus König, Hans-Joachim von Oertzen und Frido Wagener haben dafür 1981 in Zusammenarbeit mit der Deutschen Sektion des Internationalen Instituts für Verwaltungswissenschaften einen Sammelband "Öffentliche Verwaltung in der Bundesrepublik Deutschland" herausgegeben. 21 Autoren mit verschiedenen beruflichen und wissenschaftlichen Erfahrungen und Orientierungen haben in diesem Sammelband die Grundinformationen über die Programme, die Organisation, die Verfahren und das Personal der deutschen öffentlichen Verwaltung ausgebreitet. An dem Sammelband waren Praktiker und Wissenschaftler der Verwaltung beteiligt. Der Sammelband erschien 1981 bei der Nomos Verlagsgesellschaft, Baden-Baden, in deutscher Sprache, 1983 bei dem Kluwer-Deventer Verlag, Antwerpen, Boston, London, Frankfurt, in englischer Sprache und 1983 bei dem Economica Verlag, Paris, in französischer Sprache. Diese Gesamtdarstellung der deutschen öffentlichen Verwaltung ist im In- und Ausland auf ein großes Interesse und eine rege Nachfrage gestoßen. In den letzten Jahren ist immer wieder nach einer Neuauflage des Sammelbandes gefragt worden.

In der Geschichte einer auf Kontinuität und Beständigkeit angelegten öffentlichen Verwaltung mögen 15 Jahre seit dem Erscheinen des Sammelbandes von 1981 kurzfristig erscheinen. Dennoch verbieten drei tiefgreifende Einschnitte in die deutsche öffentliche Verwaltung in diesem Zeitraum, insbesondere in den letzten Jahren eine bloße Fortschreibung des bisherigen Sammelbandes. Die deutsche Einigung mit dem Einigungsvertrag vom 31. August 1990 brachte für die deutsche Verwaltung die Aufgabe, das System einer real-sozialistischen Staatsbürokratie in der ehemaligen DDR in eine rechtsstaatliche Verwaltung klassisch-europäischer Prägung zu transformieren und die Rechtsordnung sowie das Verwaltungssystem in den neuen Ländern in die der alten Länder zu integrieren. Dieser Transformationsprozeß ist noch nicht abgeschlossen. Er hat Auswirkungen auf beiden Seiten und eröffnet Veränderungsmöglichkeiten in den alten wie in den neuen Ländern. Die letzten Jahre haben zudem zu einer intensiver und umfassender gewordenen Diskussion über die Modernisierung der öffentlichen Verwaltung auf der Kommunal-, der Länder- und der Bundesebene geführt. Umstrittene Konzepte dafür sind der "schlanke Staat", das "öffentliche Management" und "Experimentierklauseln" für die öffentliche Verwaltung. Die Diskussion zeigt zumindest, daß eine einfache Fortentwicklung der Verwaltungsstrukturen angesichts neuer Herausforderungen und knapper öffentlicher Ressourcen nicht mehr ausreicht. Der dritte intervenierende Faktor ist die wachsende Internationalisierung und Europäisierung der deutschen

Verwaltung. Diese Verwaltung ist auf allen Stufen in die europäische Rechtsetzung und die Umsetzung und Anwendung des Gemeinschaftsrechts eingebunden. Auch diese neue Dimension der nationalen, deutschen Verwaltung verbietet eine bloße Fortschreibung des Status quo von 1981 in einer Neuauflage des bisherigen Sammelbandes.

Dieser Sammelband, dessen Beiträge im Jahre 1995 erstellt wurden, folgt deshalb unter den vorgenannten Einwirkungen auf die deutsche öffentliche Verwaltung einer doppelten Aufgabenstellung: zum einen werden Bereiche der Stabilität und Kontinuität herausgearbeitet, zum anderen werden Bereiche der Veränderung und der Modernisierung identifiziert. Mit 40 Beiträgen zu zehn verschiedenen neuen thematischen Gliederungspunkten werden die Aspekte heutiger öffentlicher Verwaltung wesentlich weiter aufgefächert und intensiver behandelt. Praktiker verschiedener Verwaltungsebenen und Wissenschaftler verschiedener Disziplinen haben ihren Beitrag geleistet. Sie haben in ihren Ausführungen zugleich eine Grundinformation über die deutsche öffentliche Verwaltung gegeben. Dafür sagen ihnen die Herausgeber ihren besonderen Dank. Diese Beiträge werden auch die deutsche öffentliche Verwaltung einem internationalen Leserkreis zugänglich machen. Die Übersetzung des Sammelbandes in die französische und die englische Sprache ist in Vorbereitung.

Die Deutsche Sektion des Internationalen Instituts für Verwaltungswissenschaften hat das Zustandekommen dieses Sammelbandes wirksam begleitet. Das Bundesministerium des Innern förderte die Publikation. Das Forschungsinstitut für öffentliche Verwaltung bei der Hochschule für Verwaltungswissenschaften Speyer hat seine Mittel für die Vorbereitung des Bandes bereitgestellt. Die redaktionellen Arbeiten sind im Forschungsinstitut unter der Federführung von Dr. *Joachim Beck* geleistet worden. Die Herausgeber sagen Dank für diese Unterstützungen.

Speyer, Juli 1996

Prof. Dr. Dr. Klaus König　　　　　　　　Prof. Dr. Dr. h. c. Heinrich Siedentopf

Vorwort zur 2. Auflage

Die Herausgeber und der Nomos Verlag freuen sich, daß bereits ein Jahr nach dem Erscheinen der ersten Auflage dieses Sammelbandes eine zweite Auflage angeboten werden kann.

Speyer, Juli 1997

Prof. Dr. Dr. Klaus König　　　　　　　　Prof. Dr. Dr. h. c. Heinrich Siedentopf

Inhalt

I. Grundlagen

1. Öffentliche Verwaltung im vereinigten Deutschland — 13
   Klaus König, Speyer
2. Geschichte der öffentlichen Verwaltung — 39
   Thomas Ellwein, Konstanz
3. Verfassungsrahmen der öffentlichen Verwaltung — 55
   Peter Badura, München
4. Verwaltung im gesellschaftlichen und ökonomischen Umfeld — 67
   Carl Böhret/Götz Konzendorf, Speyer
5. Verwaltungsreformen — 87
   Wolfgang Seibel, Konstanz

II. Aufbau

1. Staatsaufbau und Verwaltungsterritorien — 109
   Frido Wagener[+]/Willi Blümel, Speyer
2. Aufbau der Bundesverwaltung — 123
   Volker Busse, Bonn
3. Aufbau der Landesverwaltung — 145
   Martin Frank, Karlsruhe
4. Verflechtung der Verwaltungsebenen — 165
   Arthur Benz, Halle
5. Innenaufbau der Verwaltungsbehörden — 185
   Horst Müller, Bayreuth

III. Verselbständigung

1. Verfassung der kommunalen Selbstverwaltung — 203
   Franz-Ludwig Knemeyer, Würzburg
2. Verwaltung der großen Städte — 217
   Hinrich Lehmann-Grube, Hannover/*Jochen Dieckmann*, Köln
3. Verwaltung des ländlichen Raumes — 235
   Günter Seele, Bonn
4. Selbstverwaltung außerhalb der Kommunalverwaltung, insbesondere: Selbstverwaltung in der Sozialversicherung — 257
   Dieter Schimanke, Magdeburg
5. Verwaltung zwischen staatlichem und privatem Sektor — 269
   Gunnar Folke Schuppert, Berlin
6. Die öffentlichen Unternehmen Deutschlands — 285
   Achim von Loesch, Frankfurt

IV. *Aufgaben*

    1. Aufgaben und Aufgabenverteilung — 303
       Werner Thieme, Hamburg

    2. Öffentliche Dienstleistungen — 325
       Dieter Grunow, Duisburg

    3. Aufgabenentwicklung und Aufgabenkritik — 343
       Hans Peter Bull, Hamburg

V. *Steuerung*

    1. Gesetzes- und Rechtsbindung der Verwaltung — 359
       Eberhard Schmidt-Aßmann, Heidelberg

    2. Planung in Regierung und Verwaltung — 377
       Klaus-Eckart Gebauer, Mainz

    3. Räumliche Planung — 395
       Gottfried Schmitz, Mannheim

    4. Haushalts- und Finanzplanung — 417
       Klaus Lüder, Speyer

VI. *Entscheidung*

    1. Entscheidungen in der öffentlichen Verwaltung — 435
       Bernd Becker, Neubiberg

    2. Verfahren der Verwaltungsentscheidung — 459
       Karl-Peter Sommermann, Speyer

    3. Entscheidungshilfen und Datenverarbeitung — 477
       Heinrich Reinermann, Speyer

VII. *Personal*

    1. Die Gliederung des öffentlichen Dienstes — 501
       Helmut Lecheler, Berlin

    2. Die Situation des öffentlichen Dienstes — 517
       Helmut Klages, Speyer

    3. Führungspositionen in der Verwaltung — 539
       Franz Kroppenstedt/Kai-Uwe Menz, Bonn

    4. Personalwirtschaft — 559
       Gottfried Herbig, Bonn

    5. Aus- und Fortbildung für den öffentlichen Dienst — 577
       Christoph Hauschild, Bonn

VIII. *Leitung*

    1. Leitungsorganisation der Verwaltung   597
        Manfred König, Stuttgart

    2. Personalführung in der Verwaltung   615
        Rudolf Fisch, Speyer

    3. Neue Ansätze der Führung und Leitung   641
        Christoph Reichard, Berlin

IX. *Kontrolle*

    1. Netzwerk der Verwaltungskontrolle   663
        Günter Püttner, Tübingen

    2. Kontrolle der Verwaltung durch Verwaltungsgerichte   675
        Hans Joachim von Oertzen/Christoph Hauschild, Bonn

    3. Verwaltungskontrolle durch Rechnungshöfe   695
        Hedda von Wedel, Frankfurt/M.

X. *Internationalität*

    1. Die Internationalität der öffentlichen Verwaltung   711
        Heinrich Siedentopf, Speyer

    2. Die deutsche Verwaltung in der Europäischen Union   731
        Georg Ress/Jörg Ukrow, Saarbrücken

    3. Verwaltungszusammenarbeit in der Entwicklungspolitik   751
        Franz Thedieck, Berlin

XI. *Autorenbiographien*   769

XII. *Schlagwortverzeichnis*   787

I. Grundlagen

Klaus König

1. Öffentliche Verwaltung im vereinigten Deutschland

Inhaltsübersicht

I. Verwaltung auf deutschem Boden
   1. Klassisch-moderne Verwaltung
   2. Kaderverwaltung
II. Ein klassisch-modernes Verwaltungssystem
   1. Programmstrukturen
   2. Organisationsstrukturen
   3. Prozeßstrukturen
   4. Personalstrukturen
III. Modernisierung der Verwaltung
   1. Rationalisierung der Verwaltung
   2. Kritik der Wohlfahrtsverwaltung

I. Verwaltung auf deutschem Boden

1. Klassisch-moderne Verwaltung

Die öffentliche Verwaltung wird auch am Ende des 20. Jahrhunderts vor allem nationalstaatlich verstanden: als französische, polnische, U.S.-amerikanische, japanische und so eben auch als deutsche Verwaltung. Daran ändert die Globalisierung von Verwaltungsproblemen, der internationale Transfer von Verwaltungsmustern insbesondere in Entwicklungsländer, die grenzüberschreitenden Verwaltungsgemeinschaften verschiedener Art, selbst die Supranationalität der europäischen Integration – das "Europa der Bürokraten" – prinzipiell nichts. Auch der Internationalismus der realsozialistischen Länder mit ihren Kaderverwaltungen hat sich in der Substanz und in der historischen Beständigkeit als begrenzt erwiesen. Andererseits ist jedoch auf die Ambivalenz im Begriff des Nationalstaates zu achten. Mit ihm wird im heutigen öffentlichen Leben einer nach außen abgrenzenden politischen Organisation angeknüpft. Zugleich deuten sich indessen ethnisch-kulturelle Zusammenhänge an, die für die öffentliche Verwaltung erheblich sein können.

Im Hinblick auf die dreihundertjährige Geschichte des modernen Staates auf deutschem Boden hat man gesagt, daß dieser Staat eine Schöpfung der beamteten Verwaltung sei. Man muß eine solche Aussage im Kontext vielfältiger sozialer, ökonomischer, politischer Interessen sehen. Im Grunde läßt sie aber die traditionelle Stellung der öffentlichen Verwaltung in der deutschen Gesellschaft verstehen. Insofern darf man sich diese Verwaltung nicht im Sinne der zentripetalen Kräfte eines Staates vorstellen, die die nationale Einheit stiften. Föderalismus und örtliche Selbstverwaltung zählen nicht zu den jüngeren Errungenschaften. Sie haben tiefreichende Wurzeln in einer dezentralen politischen Kultur. Entsprechend bezog sich die neuzeitliche Staatsbildung auf mehrere Territorien: Preußen, Sachsen, Bayern usw. Die Einheitlichkeit wurde durch die gleichlaufende Entwicklung zu den Strukturen und Funktionen eines Verwaltungsstaates gefördert, an dessen Hervorbringung die Mitglieder der Verwaltung selbst maßgeblichen Anteil hatten. Das bedeutet nicht, daß sich in den Regionen Deutschlands bis zu den heutigen Bundesländern nicht eigene, geschichtlich gewordene und kulturell gebundene Organisations- und Handlungsformen öffentlicher Verwaltung erhalten haben. Charakteristisch sind die unterschiedlichen Kommunalverfassungen. Aber es war in den verschiedenen historischen Situationen – zuletzt in der Vereinigung Deutschlands – möglich, über die gliedstaatliche Verwaltung bruchlos das Dach einer Reichs- bzw. Bundesverwaltung zu spannen.

Die Grundzüge solcher Isomorphien hat Max Weber in seinem Typus der Bürokratie charakterisiert: die generell geordneten behördlichen Kompetenzen, die Amtshierarchie, den Aktenbetrieb, die Regelgebundenheit der Amtsführung, das Berufsbeamtentum usw. Das Erfahrungsmaterial dieser Typenbildung wurde dabei aus der historischen Wirklichkeit insbesondere der preußischen Verwaltung entnommen. Diese administrative Leistungsordnung hat sich als geschichtlich belastbar erwiesen. Sie hat sich den Anforderungen des liberalen wie des sozialen Staates angepaßt. Sie hat den Wechsel von der Monarchie zur Republik mitvollzogen. Dabei sind freilich auf der Seite der Defizite nicht nur die üblichen Dysfunktionen des Bürokratismus zu nennen, also Formalismus, Schematismus, Unpersönlichkeit usw. Historisches Fehlverhalten ist zu verzeichnen wie die mangelhafte Verteidigung der Demokratie in der Weimarer Republik. Das Zerstörungswerk der nationalsozialistischen Herrschaft hat vor der öffentlichen Verwaltung nicht halt gemacht. Hinzu kam die Zuwendung großer Gruppen der Beamtenschaft zu diesem Regime. Indessen haben die totalitären Eingriffe unter Vorzeichen wie Führerprinzip, Einheit von Partei und Staat, Volksgemeinschaft usw. ein unfertiges und vorläufiges Verwaltungsgefüge hervorgebracht. Die Vorgeschichte war nahe genug, um nach 1945 die rechtsstaatliche Tradition der öffentlichen Verwaltung in Westdeutschland zu revitalisieren.

Kontinuität und Modifikationen kennzeichnen hiernach die Verwaltungsentwicklung in der Bundesrepublik Deutschland. Zu den Symbolen der Kontinuität gehört die Verfassungsformel, wonach das Recht des öffentlichen Dienstes unter Berücksichtigung der hergebrachten Grundsätze des Berufsbeamtentums zu regeln ist. Zu den Symbolen der Modifikation gehören die Haushalts- und Finanzplanung, denen heute über die traditionelle Funktion der Bedarfsdeckung und Kontrolle hinaus Programmfunktionen und gesamtwirtschaftliche Lenkungsfunktionen beigemessen werden. In einem interkulturellen Vergleich kann man hiernach die Verwaltung auf deutschem Boden als ein klassisch-modernes Verwaltungssystem bezeichnen. Es ist modern, weil es das Grundmerkmal der modernen Gesellschaft teilt, nämlich die funktionale Differenzierung in relativ unabhängige Subsysteme und Sphären des Handelns zusammen mit deren Rationalisierung nach jeweils eigenen Prinzipien. Es ist modern geblieben, weil die Handlungssphäre der öffentlichen Verwaltung und ihrer Handlungsmaßstäbe immer wieder, insbesondere durch Verwaltungsreformen modernisiert worden sind.

Die deutsche Verwaltung kann als klassisches Verwaltungssystem verstanden werden, weil die mit der Moderne geschaffene bürokratische Leistungsordnung über alle politischen Instabilitäten und Veränderungen hinweg bis heute erhalten geblieben ist und um Erfahrungsmuster wie eine legalistische Rechtskultur, eine merkantilistische Einflechtung in die Wirtschaftsgesellschaft und nicht zuletzt eine regulative Idee des politischen Systems, die die öffentliche Verwaltung als "arbeitenden Staat" einschließt, angereichert worden ist. Diesen klassischen Charakter hat die deutsche Verwaltung mit der französischen, der österreichischen und anderen kontinentaleuropäischen Verwaltungen gemeinsam, unterscheidet sie aber von anderen modernen Staaten, insbesondere Großbritannien, die Vereinigten Staaten und weitere Länder der anglo-amerikanischen Familie, denen man eine "Civic Culture"-Administration beigemessen hat. Hier ist die öffentliche Verwaltung in eine andere politische Stabilität und demokratisch-partizipative Kontinuität eingepaßt. Der Verwaltungsapparat hat zu keiner Zeit wegen eines Zusammenbruches der politischen Maschinerie die ganze Last der Staatstätigkeit zu tragen gehabt. Der Professionalismus des Beamtentums hat sich nicht zu dem historisch tieferen Selbstverständnis des klassischen Systems entwickelt usw. Die praktische Relevanz solcher Referenzen wird heute deutlich, wenn die Verwaltungen der Europäischen Gemeinschaften kontinentaleuropäisch, insbesondere auch französisch geprägt und die kulturellen Zugänge für Deutschland so einfacher, für Großbritannien schwieriger erscheinen.

2. *Kaderverwaltung*

Was dem nationalsozialistischen Regime schon wegen der ideologischen Schwäche eines Führerstaates nicht vollkommen gelang, nämlich die klassisch-moderne Verwaltungstradition zu beseitigen, wurde danach auf ostdeutschem Boden ins Werk gesetzt, indem bereits die Sowjetische Militäradministration mit Befehl Nr. 66 vom 17. September 1945 für ihre Besatzungszone das Deutsche Beamtengesetz von 1937 aufhob. Die politisch herrschende Klasse der marxistisch-leninistischen Nomenklatura hatte bis 1989 Zeit, den Sozialismus zu realisieren. Dabei ging es nicht darum, gewisse bürokratische Dysfunktionen abzuschaffen, sondern eine Agentur der Bourgeoisie zu zerschlagen. Da sich der Staat andererseits nicht als obsolet erwies, mußte ein anderes politisch-administratives Grundgefüge eingerichtet werden. Der organisations- und technikbewußte Leninismus setzte dazu nicht auf die demokratische Basis, sondern auf Vorkämpfer und Wegbereiter: eine "Avantgarde". Das bedeutete eine Verwaltung durch Verwalter, freilich ganz verschieden von der klassisch-modernen Verwaltung. Der ideologische Zugriff auf das in der Militärsprache benutzte Wort "Kader" und seine Verbindung zur Kaderverwaltung weisen darauf hin.

Diese realsozialistische Verwaltung war durch folgende vier Systemmerkmale gekennzeichnet: Die Verwaltungsaufgaben waren dadurch geprägt, daß der Staat entsprechend der marxistisch-leninistischen Doktrin "Hauptinstrument" der Realisierung des Sozialismus war. Es herrschte ein Etatismus vor, der autonome Lebensbereiche und individuelle Eigeninteressen gegenläufig zum Staat prinzipiell nicht anerkannte. Dieser wurde in eine verwaltete Welt umgesetzt, welche nur wenige soziale Nischen kannte. Die parteiliche Ideologie steckte mit der marxistisch-leninistischen Funktionenlehre des Staates den Rahmen für die Verwaltungsaufgaben ab. Zu diesen Funktionen gehörte insbesondere auch die wirtschaftlich-organisatorische Funktion, weiter die kulturell-erzieherische Funktion und die Funktion der Regelung des Maßes der Arbeit und der Konsumtion. Es war dann der systemorientierte Wille der Partei, der insoweit die jeweilige "historische Mission" des Staates definierte. Dieser wiederum hatte in den derart aufgegebenen Tätigkeitsfeldern die Aufgabenbestände der industriellen Produktion, des Gesundheitswesens, der Schulbildung usw. zu konkretisieren. Dabei wurde nur zu oft das vorgebliche Deduktionsgefüge von Ideologie, Parteibeschluß und

Staatsordnung bei der Definition der Verwaltungsaufgaben durch voluntaristische Akte einer stalinistischen Kommandogewalt außer Kraft gesetzt.

Für die Verwaltungsorganisation galt das Prinzip des sogenannten "demokratischen Zentralismus", der in der Realität ein Gradmesser dafür war, wieweit die marxistisch-leninistische Herrschaft von der Partei- und Staatsspitze her durchgesetzt war. Die Verwaltung eines technisch-industriell entwickelten Landes ist auf eine Organisation verstetigter Kommunikationsbeziehungen, auf Ämterordnung, Zuständigkeitsverteilung usw. angewiesen. Demgemäß finden wir in der Verwaltung des realen Sozialismus Strukturen organisierter Staatsarbeit – Ministerien, Gemeindeverwaltungen usw. und dann Abteilungen, Stäbe usf. –, wie sie uns von der klassisch-europäischen Verwaltung her bekannt sind. Dieses Bild verliert seine vertrauten Züge, wenn man feststellt, daß der Staatsorganisation eine Parteiorganisation übergestülpt war, in der sich vom Politbüro und dem Sekretariat des Zentralkomitees der SED an über regionale bis zu lokalen Parteiorganen spiegelbildlich Zuständigkeiten in öffentlichen Angelegenheiten wiederholten, die den Verwaltungen vorgeordnet waren. Das Prinzip des demokratischen Zentralismus ließ weder vertikale noch horizontale Gewaltenteilung zu. Es gab weder Föderalismus noch kommunale Selbstverwaltung. Für die territorial nachgeordnete Verwaltung galt der Grundsatz der doppelten Unterstellung. Dieses Organisationsprinzip bedeutete für die Regional- und Lokalverwaltung, daß die Exekutivorgane sowohl den Volksvertretungen, die sie gewählt hatten, als auch den übergeordneten Exekutivorganen – mithin bis zur Ministerialebene – unterstellt waren. Realsozialistisch erwies sich die Steuerung von oben her als maßgebliches Einflußmuster der doppelten Unterstellung.

Grundkonzept aller Entscheidungsprozesse der realsozialistischen Verwaltung war das der Transmission des Willens der marxistisch-leninistischen Partei durch den Staatsapparat. Es bestand eine Kommandostruktur. Allerdings wurde ein umfassendes Beratungssystem in den Partei-, Staats-, Wirtschafts- und Kulturapparaten eingerichtet, das insbesondere auch für die Verwaltung galt. Indessen hat man diese Beratungsmechanismen bei näherem Zusehen als "konsultativen Autoritarismus" bezeichnet. Die Kommandostruktur prägte die Entscheidungsprozesse. Daran konnte auch das sozialistische Recht, selbst in seiner Entwicklung zum Verwaltungsrecht, prinzipiell nichts ändern. Rechtens konnte ohnehin nur sein, was dem Willen der Arbeiterklasse und ihrer Partei entsprach. Recht war also nichts, was neben oder gar über der Politik stand. Man machte sich lediglich gewisse Vorzüge der Positivität des modernen Rechts zu eigen, wie staatliche Setzung, Sanktionierung usw. Die Formel "mit Recht leiten" belegt, daß es um die Instrumentalisierung des Rechts zur Einwirkung auf die Verwaltung ging. Wie das Medium des Rechts erwies sich auch das des Geldes in der DDR als nicht so zuverlässig, wie wir es in der klassisch-europäischen Verwaltung gewohnt sind. So wenig wie das Recht, trugen öffentliche Finanzen zu einer zufriedenstellenden Rationalisierung von Verwaltungsentscheidungen bei. Etwa über etatisierte Finanzmittel in einer Gemeindekasse verfügen zu können, besagte wenig, wenn es keine Baumaterialien von Staats wegen gab. Staat und Verwaltung waren durch eine Dominanz der Bewirtschaftung materieller Ressourcen über die Geldsphäre gekennzeichnet. Vorrang hatte die Volkswirtschaftsplanung; deren Versagen nicht nur im gesamtstaatlichen Maßstab, sondern auch in den territorialen Ebenen von Bezirks-, Kreis- und Gemeindeverwaltung, ist nicht nur von ökonomischem Interesse, sondern verdient Aufmerksamkeit gerade aus der Sicht der öffentlichen Verwaltung.

Der realsozialistische Staatsapparat wurde im Personellen von Kadern verwaltet. Damit gab es zwar berufsmäßige Verwalter, deren Qualifikation aber politisch-ideologisch definiert wurde. Kader sind nach realsozialistischer Definition Personen, die aufgrund ihrer politischen und fachlichen Kenntnisse und Fähigkeiten geeignet und beauftragt sind, Kollektive von Werktätigen zur Realisierung gesellschaftlicher Prozesse und Aufgaben zu leiten oder als wissenschaftlich ausgebildete Spezialisten an ihrer Realisierung mitzuwirken. An der Spitze des Personalkörpers stand die Nomenklatura, genannt nach Verzeichnissen von Positionen und Funktionen auf allen gesellschaftlichen Gebieten, über deren Besetzung die marxistisch-leninistische Partei entschied. Kader und Nomenklaturisten waren in den Apparaten von Partei, Staat, Wirtschaft, Wissenschaft, Gesellschaft usw. in einer Weise verwoben, daß man sich nicht das Bild einer horizontalen Ausdifferenzierung eines öffentlichen Dienstes machen darf. Demgegenüber fielen vertikale Differenzierung und Hierarchisierung eher scharf aus. Grundqualifikation des Verwaltungskaders war seine politisch-ideologische Eignung. Zwar erschien dann in den sechziger Jahren die fachliche Qualifikation in der Kaderdefinition. Aber es gab von der Ausbildung an Selektionsmechanismen, die die fachliche Qualifikation abschwächten und die politische stärkten.

Trotz perfektionistischer Versuche, den Sozialismus zu realisieren, mußte die marxistisch-leninistische Nomenklatura auch auf ostdeutschem Boden den Bankrott erklären. Es geht dabei in Mittel- und Osteuropa um mehr als einen Regimewechsel. Die Transformation der gesamten Staats-, Wirtschafts- und Gesellschaftsordnung und damit der öffentlichen Verwaltung in all ihren Bezügen steht auf der Tagesordnung. Im deutschen Falle ist die Richtung dieser Transformation in besonderer Weise festgelegt, da die Vereinigung als Beitritt zum Geltungsbereich des Grundgesetzes für die Bundesrepublik Deutschland definiert ist. Damit kommt es vordergründig zum Transfer westdeutscher Institutionen nach Ostdeutschland. Indessen muß man für viele Lebensbereiche, so auch für die öffentliche Verwaltung tiefer greifen. Im Grunde geht es darum, den Systemwandel zur klassisch-modernen Verwaltung zu vollziehen.

II. Ein klassisch-modernes Verwaltungssystem

1. Programmstrukturen

Die Bundesrepublik Deutschland ist von Verfassungs wegen ein liberaler und sozialer Staat. Sie zählt zu jenen technisch-industriell hochentwickelten Ländern, denen im Prozeß der Moderne in epochalen Ringen vielfältige öffentliche Aufgaben zugewachsen sind: noch in ihrem neuzeitlichen Kern der Schutz der territorialen Integretität sowie die Aufrechterhaltung der Ordnung im Innern und die Sicherung der finanziellen Basis, dann die Förderung des wirtschaftlichen Wohlstandes einschließlich Handel und Industrie, Landwirtschaft, öffentliche Infrastruktur usw. und schließlich jene Vielfalt von sozialen Aufgaben, die den westlichen Wohlfahrtsstaat charakterisieren. Dabei gehörte Deutschland in einigen Feldern zu den Pionieren: so bei der sozialen Sicherung im Hinblick auf Krankheit, Invalidität, Alter. Dementsprechend hat hier die politische Ökonomie noch im neunzehnten Jahrhundert die Aufgabenentwicklung auf die einprägsame Formel vom "Gesetz der wachsenden Staatstätigkeit" gebracht. In der Bonner Bundesrepublik kam es zu weiteren Expansionen, insbesondere unter dem Vorzeichen gesellschaftlicher Reformen. Mit Ansätzen einer kontraktiven Aufgabenpolitik wurde versucht, solche Entwicklungen angesichts steigender Staatsverschuldung zumindest abzubremsen. Wenn in den neunziger Jahren die Staatsquote – der Anteil der Staatsausgaben an der gesamtwirtschaftlichen Wertschöpfung – die 50 %-Marke überschritten hat, so sind zwar die Kosten der Vereinigung einzurechnen. Die wohlfahrtsstaatliche Dynamik Deutschlands ist mit dieser Marke aber wohl längerfristig indiziert.

Hätte man im Jahre 1989 nur die Gebiete kollektiv-öffentlichen Handelns, also die Politik- und Aufgabenfelder der beiden deutschen Staaten gegenübergestellt, so hätte man insoweit sogar eine weitgehende Übereinstimmung feststellen können: Gesundheitspolitik, Beschäftigungspolitik, Industriepolitik, Bildungspolitik, Verkehrspolitik, Forschungspolitik usw. wurden im Osten wie im Westen betrieben. Der Unterschied bestand darin, daß sich die Bundesrepublik trotz aller wohlfahrtsstaatlichen Betreuungsverhältnisse den liberalen Grundzug der Moderne erhalten hat. Das bedeutet einerseits, daß die Interessenspannungen zwischen Mensch und Organisation anerkannt sind. Grund- und Menschenrechte sind anders als im realen Sozialismus nicht kollektive, sondern individuelle. Diese kann der Bürger wie weitere Abwehr- und Leistungsrechte persönlich und gegebenenfalls auch vor Gericht gegen die öffentliche Verwaltung geltend machen. Andererseits ist die Gesellschaft nicht einfach von der Partei- und Staatszentrale her organisiert. Staatliche Steuerung wird in der Bundesrepublik als Intervention in andere, relativ selbständige, sich sonst nach eigenen Prinzipien regelnde Handlungssphären angesehen. Das gilt insbesondere für den Bereich der Wirtschaft, wenn etwa Eingriffe in Märkte, Unternehmen, Verbraucherverhalten erfolgen, und das unterscheidet von der realsozialistischen Zentralverwaltungswirtschaft. Darüber hinaus gibt es in der differenzierten Gesellschaft zwischen Staat und Markt einen Dritten Sektor der Kirchen, Gewerkschaften, Wohlfahrtsverbände usw., die in nicht profitablen Bereichen wie Kindergärten, Krankenhäusern, Altenheimen usw. soziale Leistungen erbringen.

Der auch angesichts solcher Arbeits- und Verantwortungsverteilungen breite Wohlfahrtsstaat ist zugleich Verwaltungsstaat. Denn er ist von den öffentlichen Dienstleistungen bis zu den öffentlichen Transferleistungen auf Vollzugsapparate, eben auf die öffentliche Verwaltung angewiesen. Diese hat freilich keine formelle Definitionsmacht bei der Bestimmung öffentlicher Aufgaben. Daran ändert sich funktional auch nichts, wenn man nach deutscher Tradition die lokale Regierung als kommunale Selbstverwaltung bezeichnet. Die Aufgaben der öffentlichen Verwaltung und damit die strukturellen Prämissen für die inhaltliche Richtigkeit des Verwaltungshandelns werden gemäß einem kontinentaleuropäischen Legalismus in erster Linie durch Gesetze festgelegt. Die Ministerialverwaltung mag auf deren Formulierung Einfluß nehmen. Die Entscheidung liegt indessen beim parlamentarischen Gesetzgeber. Die öffentliche Verwaltung ist insofern das "bereits Entschiedene". Bundes- und Landesgesetze positivieren vor allem, was Verwaltungsangelegenheiten sind. Allerdings verdeutlicht die Bestimmung des Grundgesetzes, wonach die vollziehende Gewalt an Gesetz und Recht gebunden ist, daß es im Rechtsstaat noch um mehr geht. Recht als rationalisierendes Moment bei der Wahrnehmung öffentlicher Aufgaben reicht von den Staatszielbestimmungen in der Verfassung bis zum Richterrecht.

Im kontinentaleuropäischen Legalismus ist es gelungen, die Rechtsform konditionaler Programmierung der Verwaltung von den Ordnungsaufgaben des liberalen Staates auf die Leistungsaufgaben des sozialen Staates zu übertragen. Da aber der Wohlfahrtsstaat immer mehr Güter zu gewährleisten hat, die sich nicht auf einzelne Adressaten hin spezifizieren lassen, mußten noch andere Kommunikationsformen entwickelt werden.

Heute steht neben der Steuerung des Verwaltungshandelns durch gesetzliche Tatbestände und Folgen die finale Programmierung, das heißt die Festlegung von Zielen und Mitteln als Entscheidungsprämissen. Neben Umweltschutzgesetzen, Gesundheitsgesetzen, Sozialgesetzen usw. stehen Wasserwirtschaftspläne, Krankenhauspläne, Altenpläne usw. Ihre Anbindung an die Legislative erfolgt über das Budget als Gesetz im formellen Sinne. Man hat die Bundesrepublik so auch als einen "Pläne-Staat" bezeichnet. Das unterscheidet sie vom Plan-Staat der alten DDR. Mit der Vereinigung Deutschlands mußten so auch die alten Aufgabenbestände in Ostdeutschland der Form wie dem Inhalt nach transformiert werden. Öffentliche Aufgaben werden nicht mehr durch marxistisch-leninistische Ideologie und Definitionsmacht der Partei, sondern durch Verfassung und demokratische Setzung für die Verwaltung festgelegt. In der Sache werden bestimmte staatliche Aufgabenfelder zurückgeführt. Das gilt insbesondere für den Bereich der wirtschaftlich-organisatorischen Funktion, also den Übergang zu einer sozialen Marktwirtschaft. Angesichts einer Fülle von neuen Aufgaben im Gesundheitswesen, im Umweltschutz, im Sozialbereich findet indessen kein bloßer Rückzug statt. Eher handelt es sich um eine Umwidmung öffentlicher Aufgaben.

2. *Organisationsstrukturen*

Die moderne Verwaltung beruht auf der kommunikativen Verstetigung generell geordneter Zuständigkeiten durch Organisation. Die öffentliche Organisation ist aber nicht nur Ausdruck notwendiger Arbeitsteilungen in einer komplexen Welt. Sie reflektiert zugleich das Politische. Entsprechend ist sie im demokratischen Herrschaftssystem in die Gewaltenteilung von Legislative, Judikative und Exekutive eingebettet. So mußte dann im Rahmen von Transformation und Vereinigung die realsozialistische Gewalteneinheit auf ostdeutschem Boden aufgegeben werden. In der Bundesrepublik besteht aber nicht nur eine politische Differenzierung in der Horizontalen. Es gibt eine vertikale Gewaltenteilung, indem die Verfassung Bund, Länder und Kommunen als je eigene politisch-administrative Ebene nennt. Föderalismus und kommunale Selbstverwaltung sind keine gemeinsamen Merkmale der klassischen Verwaltungssysteme. In Kontinentaleuropa gibt es Verwaltungen mit zentralen – z. B. Frankreich – und mit dezentralen – z. B. Österreich – Traditionen. Inzwischen setzt sich aber die Einsicht in die Funktionalität dezentraler Verwaltungsorganisation, was die Ausschöpfung humaner, sozialer, ökonomischer, politischer Ressourcen in Regierung und Verwaltung vor Ort angeht, immer mehr durch. Belgien, Frankreich, Italien, Spanien sind Beispiele für entsprechende historische Bewegungen. Die Europäische Union ist nicht mehr so indifferent gegenüber der regionalen Binnenorganisation ihrer Mitgliedstaaten. In Ostdeutschland standen Forderungen nach Wiedereinführung der Länder und der lokalen Selbstverwaltung mit am Anfang der friedlichen Revolution.

Über die konstitutionelle Gliederung hinaus kann für die allgemeine innere Verwaltung in Deutschland zunächst von einem fünfgliedrigen Aufbau ausgegangen werden, nämlich Bund, Länder, Regierungsbezirke, Kreise, Gemeinden, wobei die beiden letzten Ebenen kommunal verfaßt sind. Diese Organisation variiert in den verschiedensten Formen. So gibt es mancherorts noch Gemeindeverbände, weiter größere Städte, die zugleich Kreisaufgaben wahrnehmen und schließlich drei Stadtstaaten, die Kommune und Land sind. In kleineren Flächenländern entfällt der Regierungsbezirk als mittlere Verwaltungsinstanz. Diese Formvielfalt hat in den neuen Bundesländern Reformdiskussionen jenseits des Systemwandels ausgelöst, insbesondere zur Problematik der Regierungsbezirke, weil man sich von den regional vergleichbaren Räten der Bezirke des marxistisch-leninistischen Regimes organisatorisch entfernen wollte. Überdies mußten vielerorts durch eine Territorialreform die Verwaltungsräume ausgeweitet werden, um sich an die Betriebsgrößen anzupassen, wie sie inzwischen im Westen eingeführt worden waren. Als föderalistische Eigenart der deutschen Verwaltung ist noch hervorzuheben, daß der Bund nicht einen breiten Verwaltungsunterbau hat, sondern Bundesgesetze weitgehend durch die Länder ausgeführt werden. Einen eigenen Verwaltungsunterbau gibt es beispielsweise im auswärtigen Dienst, bei der Bundesfinanzverwaltung, beim Bundesgrenzschutz.

Auch bei der horizontalen Differenzierung der Verwaltung bestehen autonome Bereiche, also Selbstverwaltungen. Dazu zählen die Sozialversicherungen für Krankheit, Invalidität, Alter, Arbeitslosigkeit, Pflege, weiter die Hochschulselbstverwaltung, die berufständige Selbstverwaltung usw. Auf den verschiedenen Verwaltungsebenen gibt es darüber hinaus sektorale Aufgliederungen nach Aufgaben- und Politikfeldern wie Gesundheit oder Bildung oder Verkehr. Auf der obersten Ebene der Ministerien ist die Zahl der klassischen Ministerien – für Äußeres, Inneres, Finanzen, Justiz, Verteidigung – längst einer weitergehenden Differenzierung gewichen. Ressortierungen betreffen Wirtschaft, Verkehr, Technik, Umwelt, Kultur, Arbeit, Soziales usw. Obere Behörden des Bundes und der Länder haben spezielle Aufgaben, vom Kriminalamt bis zum Verfassungsschutz, vom Kartellamt bis zum Patentamt, vom Gesundheitsamt bis zum Versicherungsamt usw. Auf der mittleren und der unteren Verwaltungsebene treten dann Organisationsprinzipien hervor, wie sie in Deutschland besonders gepflegt werden. Zwar gibt es auch hier funktional – z. B. Finanzämter – und sektoral – z. B. Arbeitsämter – ausdifferenzierte Sonderbehörden. Man läßt sich aber grundsätzlich vom Gedanken der Einheit der Verwaltung leiten. Das bedeutet, daß die öffentlichen Aufgaben auf mittlerer Ebene bei den Regierungsbezirken, darunter bei den Kreisen konzentriert sind. Wo sich das nicht als durchführbar erweist, versucht man den Grundsatz der Einräumigkeit der Verwaltung durchzusetzen. Das heißt, daß sich die Verwaltungsgrenzen von allgemeinen und besonderen Behörden decken sollen.

Mit der Vereinigung Deutschlands mußten solche Institutionen in die neuen Bundesländer transferiert werden. So ist dort auch jeweils eine eigene Ministerialebene eingerichtet worden. Das verstärkt den Eindruck, daß im internationalen Vergleich die Territorialorganisation auf deutschem Boden besonders ausgeprägt ist. Man muß aber hervorheben, daß die sektorale Orientierung an Politik- und Aufgabenfeldern das Verwaltungshandeln stark zu bestimmen pflegt. Das gilt nicht nur für einschlägige formale Organisationen. Durch die verschiedenen Verwaltungsebenen hindurch hat sich informal säulenartig eine vertikale Verflechtung zwischen Behörden und Teileinheiten von Behörden ergeben, die in dem gleichen Politik- und Aufgabenfeld arbeiten. Die gemeinsame sektorale Ausrichtung ist in einer Reihe von Fällen auch durch die formale Organisation abgestützt, nämlich vor allem bei den Gemeinschaftsaufgaben von Bund und Ländern in Bereichen wie Hochschulbau, Küstenschutz, regionale Wirtschaftsstruktur. Entsprechend wird eine ressortmäßige Segmentierung von Politik und Verwaltung kritisiert. Allerdings gewährleistet die Territorialorganisation nach wie vor einen gewissen Standard der horizontalen Koordination. Im deutschen Falle treten neben dem Territorialprinzip und dem Sektoralprinzip andere organisatorische Referenzen zurück. Funktionalorganisationen gibt es in den Bereichen der Finanzen, des öffentlichen Vermögens, des Staatsbaus. Klientelorganisationen bestehen traditionell in der berufständigen Verwaltung – z. B. Rechtsanwaltskammern –, neuerdings immer mehr im Beauftragtenwesen – z. B. Frauenbeauftragte –.

Die interne Organisation der Verwaltungsbehörden in der Bundesrepublik Deutschland folgt im Prinzip dem hierarchisch-pyramidenförmigen Aufbau. Dabei fällt im internationalen Vergleich weniger auf, daß ein solches Grundmuster kommunikativer Verstetigung organisatorischer Beziehungen besteht. Vielmehr ist bemerkenswert, in welchem Gleichmaß es in allen öffentlichen Verwaltungen von der Ministerialverwaltung bis zur Lokalverwaltung durchgehalten wird. Zwar gibt es traditionell auch nicht-hierarchische Organisationsformen. Zum Beispiel trägt die Selbstverwaltung in den Gemeinden kollegiale Züge. Im Grunde beharrt man aber verhältnismäßig streng auf hierarchischen Über-, Neben- und Unterordnungen. Die Kosten einer solchen Verteilung von Arbeit, Macht und Zuständigkeit haben zu einer Bewegung der Organisationsreform geführt, die durch eine verstärkte Einrichtung von Ausschüssen, Beiräten,

Arbeitsgruppen, Kommissionen, Stäben, Projektgruppen usw. die Kapazität der Verwaltung für Informationsverarbeitung und Interessenartikulierung verbessern wollen. Man greift auf Gedanken der Matrixorganisation, des Projektmanagements, der Programmorganisation zurück, um die Intelligenz des Verwaltungsapparates zu stärken. Solche Formen sind freilich nur eine Ergänzung von Fall zu Fall. Hingegen besteht in den Behörden regelmäßig eine Art Nebenhierarchie von Personalräten und übergeordneten Personalvertretungen. Denn die Mitbestimmungsrechte und Mitwirkungsrechte der Bediensteten der öffentlichen Verwaltung finden einen solchen organisatorischen Ausdruck. Die innerbehördliche Nebenhierarchie des marxistisch-leninistischen Parteiapparates in der Staatsverwaltung ist indessen mit dem Ende des realen Sozialismus in Ostdeutschland weggefallen. Pluralistische Parteizirkel in westdeutschen Ministerien haben keinen vergleichbaren organisatorischen Rang.

3. *Prozeßstrukturen*

Mit der konditionalen Programmierung der Verwaltung durch Gesetze und der finalen Programmierung durch Pläne sind deren Aktivitäten prinzipiell festgelegt. Entsprechend hat man auch von der bürokratischen Verwaltung gesagt, daß hinter jeder ihrer Handlungen ein Zusammenhang rational diskutierbarer Gründe stehe, nämlich entweder die Subsumtion unter Normen oder die Abwägung von Zwecken und Mitteln. Damit ist auch klargestellt, daß sich die Rationalität im öffentlichen Sektor nicht auf die Handlungsmaxime eines homo oeconomicus reduzieren läßt. Verwaltungsleute handeln anders als Unternehmer. Dem Gesetz zu folgen, bedeutet nicht Irrationalität, sondern verbindet sich mit einem vernunftrechtlichen Anspruch. So ist dann auch die klassische Verwaltung Kontinentaleuropas und dann die Deutschlands durch einen Legalismus gekennzeichnet, der vor allem beim formellen Gesetz anknüpfen läßt. Dieser Legalismus – obwohl von vordemokratischem Herkommen – verknüpft sich heute mit dem Steuerungsanspruch des parlamentarischen Gesetzgebers. Allerdings verweist dann die Charakterisierung als rechtsstaatliche Verwaltung auf vielseitigere Beziehungen. Dazu gehört die Bindung an das Recht, insbesondere die Menschen- und Bürgerrechte. Recht ist aber nicht nur Maßstab des Verwaltungshandelns. Es regelt das Verfahren der Verwaltung mit Maximen wie der Aufklärung von Sachverhalten von Amts wegen, des rechtlichen Gehörs der Bürger, der Akteneinsicht usw. Recht bedeutet überdies Form in dem Sinne, daß die Entscheidungen der Verwaltung in einem rechtsförmigen Kodifikat, also in einem Verwaltungsakt oder in einem öffentlich-rechtlichen Vertrag münden. Schließlich manifestiert sich der Rechtsstaat in einer umfassenden Gewährung von Rechtsschutz durch unabhängige Gerichte bei Rechtsverletzungen durch die öffentliche Gewalt. Es besteht eine mehrstufige Verwaltungsgerichtsbarkeit, die eine quantitativ wie qualitativ gewichtige Kontrolltätigkeit ausübt.

Recht als erstes Kommunikationsmedium, als lingua franca der klassischen Verwaltung bedeutet nicht, daß die Rationalisierung des Verwaltungshandelns durch die Abwägung von Zwecken und Mitteln einfach beiseite geschoben ist. Schon im herkömmlichen Polizeirecht ist nicht nur die Zulässigkeit eines Mittels, sondern auch die Verhältnismäßigkeit ein wichtiges Problem. Die Frage nach dem Zweck im Recht gilt für das Verwaltungshandeln allgemein wie für die teleologische Auslegung der Rechtsnormen im besonderen. Mit der Ausweitung der Steuerung durch Pläne im Sozialstaat wird die Zweck-Mittel-Rationalität unmittelbar angesprochen. Kategorien von Kosten und Nutzen finden Eingang in die offizielle Sprache. Nicht bloß die alte Sparsamkeit, sondern eine differenzierte Wirtschaftlichkeit wird zum Maßstab des Verwaltungshandelns. Das Budget ist nicht mehr ein Thema der Spezialisten, sondern geht alle Verwaltungsleute an. Mit der Ausweitung des Wohlfahrtsstaates tritt die Knappheit der Ressourcen immer deutlicher hervor. Für die Verwaltung in einer funktionierenden Geldwirtschaft wird das Monetäre zum universellen Kommunikationsmedium auch in der Vollzugssphäre. Geld läßt sich immer weniger nur als Akzessorietät zu rechtlich verbürgten Leistungen behandeln. Das Verwaltungshandeln muß seine Rationalität immer mehr an Effizienzkriterien messen lassen.

Neben Recht und Geld sind Macht und Kompetenz die für die klassische Verwaltung maßgeblichen Kommunikationsmedien. Macht findet ihren formalen Ausdruck in den Weisungen der hierarchisch übergeordneten Stellen. Letztlich wird damit über die Verwaltung hinaus an die Politik und an deren demokratische Legitimation angeknüpft, nämlich spätestens dann, wenn die Ressortverantwortung des Ministers zum Tragen kommt. Kompetenz bringt die Sache selbst zur Geltung. Sie verbindet sich vor allem mit der Professionalität der administrativen Amtsinhaber. Die Rechtsformalität des Verwaltungshandelns in der klassischen Verwaltung läßt alles als auffällig erscheinen, was aus diesem Handlungsmuster herausfällt. So werden Vorgehensweisen und Absprachen unterhalb der Rechtsschwelle als "informales", Verhandlungen und Verhandlungslösungen unterhalb der legal-autoritativen Entscheidung als "kooperatives" Verwaltungshandeln bezeichnet. Wenn solche Handlungsmuster auch angesichts der zunehmenden Komplexität zu administrierender Lebenssachverhalte und schwieriger Akzeptanzprobleme an Bedeutung gewinnen, so geht es doch prinzipiell um alte Verwaltungserfahrungen.

Auch in der klassischen Verwaltung gibt es trotz aller Vor-Entscheidungen beträchtliche Handlungsspielräume. Generalklauseln, unbestimmte Begriffe und Ermessensregeln schaffen angesichts der nicht übersehbaren Vielfalt der Einzelfälle und einer nicht vorhersehbaren Dynamik des verwalteten Lebens von vornherein relativ offene Entscheidungslagen. Nur wenige Sachverhalte lassen sich so konditional geschlossen programmatisch erfassen, daß – wie etwa bei Rentenbescheiden – die Verwaltung zum Subsumtionsautomaten und letztlich computerisiert wird. Verwaltungsvollzüge wie der Einsatz der Polizei, die Kontrolle von Baustellen, die Prüfung bei der Besteuerung usw. hängen nicht zuletzt von der Verfügbarkeit personeller Ressourcen ab. Bürger können in ihren öffentlichen Ansprüchen ermuntert werden oder man kann sie uninformiert lassen. Die Durchsetzung von Verwaltungsentscheidungen mit Zwang führt dann zu wiederum eigenen Abwägungen. Das Verwaltungshandeln ist so von "sekundären Elastizitäten" des Entscheidens geprägt, und zwar vor der Illegalität, die es dann freilich auch noch gibt und manchmal als "brauchbar" verstanden wird. Als besonders problematisch ist zu vermerken, daß im modernen Legalismus eine Normflut produziert wird, die schon quantitativ die Informationsverarbeitungskapazität selbst gut arbeitender Behörden zu überfordern scheint. Mancherorts gewinnt man den Eindruck, daß das Übermaß der Regelwerke eine Art "Auswahlermessen" hervorbringt, das es in die Hände der Verwaltung legt, welche Vorschriften sie vollzieht und welche nicht.

Letztlich ist das Verwaltungshandeln auch unter klassisch-modernen Bedingungen höchst unterschiedlich strukturiert. Formulierende Aktivitäten in der Ministerialverwaltung folgen nach Rationalität und Kommunikationsmedien anderen Mustern als der Vollzug in den unteren Behörden. Beim Entwurf von Gesetzen geht es mehr um Finalität denn Konditionalität, mehr um Rechtsgestaltung denn Rechtsanwendung und dann von Fall zu Fall mehr um Macht oder mehr um Geld. Trotzdem gibt es verfestigte intersubjektiv nachvollziehbare Handlungszusammenhänge einer bestimmten kulturellen Ausprägung. Solche Institutionen mußten angesichts der Kommandostruktur und der Materialorientierung der alten DDR-Verwaltung auf ostdeutschem Boden mit der Wiedervereinigung neu aufgebaut werden. Die Macht mußte auf das rechtsstaatliche Maß zurückgeführt werden, was nicht nur das Verwaltungshandeln selbst nach Form und Inhalt betraf, sondern auch den Rechtsschutz der Bürger durch die Einrichtung einer Verwaltungsgerichtsbarkeit. Die Validität der öffentlichen Finanzen in einer Geldwirtschaft mußte hergestellt werden. Das schloß Budgetierung, Rechnungskontrolle, Schuldenbegrenzung usw. ein. Die vielerorts zu beobachtende "politisierte Inkompetenz" in der realsozialistischen Verwaltung mußte durch die Verläßlichkeiten kompetenter Kommunikation verdrängt werden. Dabei erweist sich der Systemwandel von der Kaderverwaltung zur klassisch-modernen Verwaltung in den wirklich maßgeblichen Prozeßstrukturen wohl als langwieriger als der Aufbau einer neuen Verwaltungsorganisation.

4.   Personalstrukturen

Mit der Vereinigung hat die Zahl der öffentlichen Bediensteten in Deutschland die Sechs-Millionen-Marke überschritten. Die Zahl der Angestellten im öffentlichen Dienst hat mit rund drei Millionen die der Beamten mit fast zwei Millionen übertroffen. Ungefähr 1,5 Millionen Personen haben als Arbeiter im öffentlichen Dienst Beschäftigung gefunden. Bei diesen Quantitäten ist die personelle Überbesetzung im Staatsapparat der alten DDR mit etwa 2,2 Millionen Mitarbeitern einzurechnen. Entsprechend kam es mit der Transformation der Kaderverwaltung zu einem systembedingten Personalabbau. Weitere unübliche Veränderungen ergeben sich aus der Privatisierung von Post und Bahn in Deutschland. Damit deutet sich an, daß hinter dem Zahlenwerk Strukturprobleme des öffentlichen Dienstes stehen. Unter den drei Statusgruppen hat das Beamtentum über lange Zeiten quantitativ dominiert und prägt noch heute die Qualität des öffentlichen Dienstes. Bereits in der Weimarer Republik ist es indessen in eine politisch-ideologische Kontroverse geraten. Auf der einen Seite sieht man die Prämissen des Beamtentums darin, daß der Pluralismus der gesellschaftlichen Interessen im Staate des Gegenübers bedarf, das außerhalb des Antagonismus dieser Interessen steht, das sich mit keinem partikularen Interesse identifiziert, also eine objektive Instanz ist. Die Besonderheit der staatlichen Bürokratie beruht nach dieser Meinung darauf, daß sie in Anwendung hoheitlichen Rechts Macht ausübt. Von hier aus sind dann auch die hergebrachten Grundsätze des Berufsbeamtentums zu entfalten. Auf der anderen Seite wendet man sich ab von einer Konzeption des Staates, die zwischen Staat und Gesellschaft im Sinne ihrer Entgegensetzung unterscheidet, und weiter von einem diese Staatsidee verkörpernden und ihr dienenden Beamtentum. Der Staat gilt als Instrument der Gesellschaft zur Sicherung ihrer Interessen und Zwecke. Dieses Instrument ist von einer sozialen Gruppe zu bedienen, die man entsprechend ihrer Funktion als öffentlichen Dienst bezeichnet. Das öffentliche Dienstverhältnis ist als eines neben anderen Arbeitsverhältnissen zu begreifen.

Diese kontroversen Ansichten finden ihre Anknüpfungspunkte in jeweils verschieden strukturierten Personalkörpern. Die Beamten unterliegen dem traditionellen Beamtenrecht. Es ist in erster Linie Gesetzesrecht. Es gibt einen spezifischen Status mit Sonderpflichten und Sonderrechten einschließlich einer eigenen Regelung von Bezahlung und sozialer Versorgung. Berufszugang und Berufsweg sind durch das Laufbahngruppenprinzip geprägt. Angestellte und Arbeiter im öffentlichen Dienst unterliegen im Prinzip dem allgemeinen Arbeitsrecht. Es enthält starke tarifrechtliche Komponenten. Status wie Bezahlung und soziale Versorgung sind den allgemeinen Arbeitsverhältnissen angeglichen. Berufszugang und Berufsweg bestimmen sich nach dem Prinzip klassifizierter Positionen. Allerdings haben sich das Recht und die Lage der Angestellten und Arbeiter im öffentlichen Dienst in der Bundesrepublik Deutschland über die Jahrzehnte hinweg in Richtung auf das Beamtentum bewegt. Umgekehrt sind arbeitsrechtliche Komponenten in das Beamtenrecht eingegangen, wie sich auch die gesellschaftlichen Züge einer Angestelltenzivilisation verbreiten. So gibt es eine Vielfalt von Gleichstellungen: Lebenszeiternennung und Unkündbarkeit nach 15 Jahren, Beamteneid und Angestelltengelöbnis, gleiche Arbeitszeit, gleiche Altersgrenze und viele gleiche Leistungen wie Kindergeld, Beihilfen usw. Selbst solche Unterschiede wie das Streikrecht für Angestellte und Arbeiter und das Streikverbot für Beamte sind durch Formen wie Bummelstreik, Dienst nach Vorschrift usw. und Zweifeln von Teilen der Beamtenschaft an ihrem Sinn nicht mehr so signifikant.

Trotz solcher Angleichungen sind die politischen Gegensätze geblieben. Dabei ist zu berücksichtigen, daß das Grundgesetz Bestimmungen enthält, wonach die Ausübung hoheitsrechtlicher Befugnisse als ständige Aufgabe in der Regel Angehörigen des öffentlichen Dienstes zu übertragen ist, die in einem öffentlich-rechtlichen Dienst- und Treueverhältnis stehen, und weiter, daß das Recht des öffentlichen Dienstes unter Berücksichtigung der hergebrachten Grundsätze des Berufsbeamtentums zu regeln ist. Umfassende Reformen haben es deswegen schwer. Ein einschlägiges Modell der siebziger Jahre ließ sich von dem Gedanken leiten, die Einheitlichkeit des öffentlichen Dienstes herzustellen. Man sah keine funktionalen Gründe für eine durchgängige Differenzierung zwischen Beamten, Angestellten und Arbeitern. Damit geriet man aber in ein politisches Patt. Nur weit unterhalb der Schwelle der Verfassung ließen sich danach Teilreformen des öffentlichen Dienstes verwirklichen, etwa eine stärker funktionsorientierte Bezahlung oder die Anhebung der Ausbildung des gehobenen Dienstes auf die Ebene der Fachhochschulen. Charakteristisch ist die Reaktion auf die Vertragsbestimmung zur Gründung der Europäischen Gemeinschaft, wonach die Freizügigkeit der Arbeitnehmer innerhalb der Gemeinschaft herzustellen und Diskriminierungen nach der Staatsangehörigkeit abzuschaffen sind, und zwar mit Ausnahme der Beschäftigung in der öffentlichen Verwaltung. Das führte in der Bundesrepublik nicht zur Einengung des Berufsbeamtentums entsprechend einem solchen Begriff der öffentlichen Verwaltung, sondern zur Lockerung des Staatsangehörigkeitsvorbehalts zugunsten von Angehörigen anderer Mitgliedstaaten der Europäischen Gemeinschaften.

So kam es dann auch mit der Vereinigung zum Transfer der bestehenden Institutionen des öffentlichen Dienstes von West nach Ost. Im Personalbereich traf der Einigungsvertrag die Grundsatzentscheidung, daß "im Interesse der Verwaltungskontinuität und der Beschäftigung" die Angehörigen des Staatsapparates in ihren Arbeitsplätzen bleiben sollten. Dieser Beschäftigungsgrundsatz gilt aber nur für die überführten Verwaltungen. Bei den abgewickelten Verwaltungen trat ein Wartestand ein, von dem aus eine anderweitige Beschäftigung gesucht werden sollte. Für die Weiterbeschäftigten wurde ein eigenes Kündigungsrecht geschaffen, etwa im Hinblick auf mangelnde Qualifikation oder eine frühere Tätigkeit beim Staatssicherheitsdienst. An der Statusdifferenzierung zwischen Arbeitern und Angestellten im öffentlichen Dienst sowie Beamten wurde festgehalten. Die Forderung, das Beamtentum mit der Vereinigung Deutschlands abzuschaffen, blieb ohne Resonanz. Freilich mußte man angesichts der Qualifikationsprobleme der Verwaltungskader – das Fehlen korrespondierender Bildungsgänge und formaler Abschlüsse – weitgehende Abstriche vom klassischen Beamtentum machen. Man schuf gleichsam einen neuen Personaltypus, den man als "Beitrittsbeamtentum" bezeichnet hat. Zwei Hauptmerkmale sind zu nennen: die Beschäftigung zunächst nur auf Probe und die Laufbahnbefähigung durch Bewährung in einem entsprechenden Dienstposten. Durch Fortbildung sollen die erforderlichen Nachqualifikationen erfolgen. Damit ist die allgemeine Reform des öffentlichen Dienstes nicht obsolet. Nur hat man angesichts der Komplexität der Transformation einer gesamten Verwaltungsordnung nicht noch umfassende Innovationen "daraufsatteln" wollen.

III. Modernisierung der Verwaltung

1. Rationalisierung der Verwaltung

Die Verwaltungsgeschichte der Bundesrepublik Deutschland bis 1989 läßt sich auch als Geschichte von Verwaltungsreformen und Reformversuchen beschreiben. Augenfällig ist die Territorialreform der Gemeinden, Kreise und Regierungsbezirke, die zu einer räumlichen Ausweitung der Betriebsgrößen führte und insbesondere Verwaltungskraft in die mehr ländlichen Gebiete brachte. Ihr folgten Ansätze der Funktionalreform zur Verlagerung von öffentlichen Aufgaben von oben nach unten. Ein anderes Reformfeld war das der öffentlichen Finanzen einschließlich Budgetreform, der Einführung der mittelfristigen Finanzplanung und der Berücksichtigung gesamtwirtschaftlicher Funktionen. Allgemein wurde die öffentliche Planung ausgebaut, insbesondere als Fachplanung bei der Bildung, beim Verkehr, im Gesundheitswesen usw. Hinzu kamen aber auch interdependente Planungen wie die Raumplanung auf allen Ebenen. Neben diesen und anderen Erfolgen, wie etwa die Reform der Kommunalverfassungen und der inneren Verwaltungsorganisation, gab es auch Mißerfolge, etwa für solche Vorschläge wie Spitzenpositionen in der öffentlichen Verwaltung nur auf Zeit zu vergeben oder für die Regierung eine integrierte politische Planung einzurichten.

Über solche Reformen reichen Modernisierungsbewegungen hinaus, die die Systemrationalität der öffentlichen Verwaltung fundamental betreffen. Dazu gehörte insbesondere nach dem Zusammenbruch des nationalsozialistischen Regimes die Wiedererrichtung einer rechtsstaatlichen Verwaltung, und zwar über dem Stand, der in der Weimarer Republik erreicht worden war. Nach den sechziger Jahren setzte eine Demokratisierungsbewegung ein, die über die bestehenden Formen der repräsentativ-parlamentarischen Politik hinaus die Partizipation der Bürger und so eine bürgerfreundliche Verwaltung intendierte: mit örtlichen Verwaltungsaußenstellen, Bürgerberatungsstellen, Bürgerversammlungen, Bürgerinitiativen usw. bis hin zur direkten Wahl des Bürgermeisters. Systemischen Charakter nahm dann auch die Frage der Grenzziehung zwischen öffentlichem und privatem Sektor an, da sich insoweit die Verwaltung und in Wechselwirkungen deren sozioökonomische Umwelt gegenüberstehen. In den siebziger Jahren kam es insoweit zu einer Expansion öffentlicher Aufgaben: die "Zeit für Reform" der Gesellschaft. Die achtziger Jahre brachten demgegenüber eine kontraktive Aufgabenpolitik: Privatisierung, Deregulierung, Marktöffnung usw. Solche Bewegungen zwischen "mehr Staat" oder "mehr Markt", Staatsversagen oder Marktversagen wurden dann in den neunziger Jahren durch die Folgen von Transformation und Vereinigung in Deutschland überlagert. Die Verwaltung mußte wohlfahrtsstaatliche Funktionen in einem nicht gekannten Ausmaß übernehmen. Mitte der neunziger Jahre lasten aber nicht nur die nach Hunderten von Milliarden zu rechnenden Kosten der Integration Ostdeutschlands auf dem Gesamtstaat und auch auf den Ländern und Kommunen Westdeutschlands. Die deutsche Industrie ist im Begriff, eine wirtschaftliche Strukturkrise hinter sich zu bringen, die tiefgreifende interne Rationalisierungen in Unternehmen und Betrieben einschließlich Personalabbau ausgelöst hat. Mit Vereinigungslasten und industrieller Modernisierung sind zwei Daten gesetzt, die die Frage unabweisbar machen, wie es mit Staat und Verwaltung in Deutschland weitergeht.

Hiermit sind die internen Rationalisierungsreserven der öffentlichen Verwaltung angesprochen. Der Blick fällt auf jene Innovationsbewegungen, die im Namen von "New Public Management" im angelsächsischen Raum oder von "Reinventing Government" in Nordamerika eine Strategie interner Ökonomisierung der öffentlichen Verwaltung betreiben. In Deutschland verfolgt man einschlägige Konzepte und Ansätze insbesondere in der Kommunalverwaltung. Man entwirft für die Gemeinden ein "neues Steuerungsmodell", zu dem als Merkmale eine Konzernstruktur, die funktionale Trennung zwischen Politik und Verwaltung, die dezentrale Ressourcenverantwortung, das Kontraktmanagement sowie neue Formen der zentralen und ergebnisgeleiteten Steuerung genannt werden. Andernorts wird ein "Total Quality Management" für die Stadtverwaltung propagiert oder man experimentiert mit neuen Formen der Budgetierung oder der Personalsteuerung. Auch manche Länder entdecken "Lean Government", die öffentliche Verwaltung als Dienstleistungsunternehmen, den Bürger als Kunden, die Verwaltungsleitung als unternehmerisches Management. Auf Bundesebene scheint man Mitte der neunziger Jahre noch so mit den Problemen der Vereinigung Deutschlands und damit einer Zehntausende von öffentlichen Bediensteten betreffende Verlagerung von Behördenstandorten, insbesondere den Umzug in die Hauptstadt belastet zu sein, daß die politisch-administrative Kraft zur Reform über die Diskussion, wie durch Zulagen und ähnliches das Leistungsprinzip des Beamtentums gestärkt werden kann, kaum hinausgeht.

Indessen hat sich die Kommunalverwaltung nicht selten in der deutschen Verwaltungsgeschichte als Schrittmacher erwiesen, so daß der Ruf nach einer "neuen" Verwaltung durchaus verwaltungswissenschaftlich relevant ist. Hier muß man zwischen der Rhetorik des Neuen – nämlich Markt, Wettbewerb, Unternehmen, Dienstleistung, Kunde und insbesondere unternehmerisches Management – und dem sachlichen Kern unterscheiden. Aus der Perspektive einer klassischen Verwaltung muß man dazu auf den Grundtatbestand verweisen, daß es sich bei den Verwaltungsaufgaben aus ökonomischer Sicht um öffentliche Güter handelt, die eben aus dem Markt und seinen Mechanismen der Abstimmung individueller Präferenzen herausgenommen sind und über die kollektiv, also politisch-administrativ entschieden wird. Es macht deswegen prinzipiell keinen Sinn, solche Güter gleichsam in einer marktwirtschaftlichen Simulation zu produzieren und zu verteilen. Unternehmer und Kunde sind Akteure der Marktwirtschaft. Dienstleistungen sind private oder öffentliche. Es gibt keinen historischen Beweis, daß der Markt in allen Lebenslagen mehr leistet als der Staat. Der Zusammenbruch des realsozialistischen Regimes war nicht einfach der Sieg der Marktwirtschaft über die Zentralverwaltungswirtschaft. Vielmehr haben sich hochdifferenzierte Sozialsysteme mit Individualrechten, Demokratie, Rechtsstaatlichkeit, Marktwirtschaft, Wohlfahrtsverwaltung usw. der marxistisch-leninistischen Gegen-Modernisierung eines parteigeleiteten Etatismus überlegen erwiesen. Auch ein strenger Liberalismus stellt den Staat nicht in Frage. Der Rechtsschutzstaat gilt im Gegenteil als Grundvoraussetzung für Entstehung und Bestand einer Marktwirtschaft, wie es jüngst auf ostdeutschem Boden wieder erfahren werden konnte. Die merkantilistische Epoche der kontinentaleuropäischen Staaten war nicht historische Unvernunft, sondern brachte vielfältige sozioökonomische Entwicklungen.

Geht es also nicht darum, die Differenzierungen zwischen Handlungssphären von Markt und Staat außer Kraft zu setzen, dann lautet die Kernfrage, ob die deutsche Verwaltung nach einer Modernisierungsbewegung der Fundierung des Rechtsstaats und einer der Vertiefung der Demokratie nunmehr in eine der Stärkung der Wirtschaftlichkeit gerät. Daß der Stern der Knappheit materieller Ressourcen auch über den öffentlichen Angelegenheiten leuchtet, gehört zum Selbstverständnis der klassischen Verwaltung. Freilich führen ihre legalistischen und hierarchischen Orientierungen zu einer starken Überlagerung der Maßstäbe von Effizienz und Effektivität. Außerdem hat die administrative Kontinuität über politische Zusammenbrüche hinweg eingeschliffenere Identitätsmuster zur Folge gehabt, als das bei der Civic-Culture-Administration der Fall sein mag. Jedenfalls ist es zugleich erforderlich wie schwierig, die stärkere wirtschaftliche Bewertung des Verwaltungshandelns systemisch einzurichten. Rechtsstaatlichkeit und Primat demokratischer Politik sind in Deutschland zu schwer errungen, als daß man mit ihnen nach Art von Modeströmungen umgehen könnte. Andererseits bestehen mit den Kosten der Wiedervereinigung und den Rationalisierungserfolgen in der Industrie eher günstige Rahmenbedingungen für eine ökonomische Modernisierung des öffentlichen Sektors. Nur muß man sich darüber Rechenschaft geben, daß sich eine Flexibilisierung von rechtlichen und politischen Strukturen zugunsten eines Ausbaus des Wirtschaftlichkeitsprinzips nicht durch Modellschneiderei bewirken läßt. Es bedarf der auf die jeweilige Problemlage zugeschnittenen Innovation beim Beamtentum, im Budgetkreislauf, bei der Wirkungs- und Erfolgskontrolle, in der kommunalen Leitungsorganisation usw.

2. *Kritik der Wohlfahrtsverwaltung*

Mag man die Rationalisierungsreserven der öffentlichen Verwaltung noch so gut ausschöpfen, angesichts des Modernisierungsstandes der deutschen Verwaltung wird man nicht so viel Erlös erzielen, daß die Altschulden des Staates und der Zuwachs öffentlicher Ausgaben zu finanzieren sind. Damit bleibt die Frage, welche Aufgaben und damit regelmäßig auch Verwaltungsaufgaben von Staats wegen wahrzunehmen sind und dies nicht nur in Richtung einer Expansion, sondern einer kontraktiven Aufgabenpolitik. Es ist schwierig, jenseits der Auseinandersetzungen um Staatsversagen oder Marktversagen zu belegen, daß eine öffentliche Organisation im institutionellen Sinne überbelastet ist. Von der deutschen Universität wird seit längerem gesagt, daß sie eine "Überlastquote" trage. Sie hat dann bemerkenswerte Elastizität bewiesen und ihre Leistungen erscheinen nach wie vor beachtlich. Für die Verwaltung ist eine Staatsquote mit nach der Vereinigung etwa 52 % ein Indikator für Belastungen, freilich nicht mehr. Die Staatsverschuldung ist ein anderer Hinweis. Immerhin hatte die Deutsche Bundesbahn so dramatische Defizite aufgehäuft, daß eine Reform einschließlich Verfassungsänderung im Sinne einer Organisationsprivatisierung unabweisbar wurde. Allgemein ist bemerkenswert, daß sich der politische Konsens darüber ausweitet, die Steuer- und Sozialabgabenlast der Bürger in Deutschland habe eine "Schmerzgrenze" erreicht.

Die Transformation der gesamten Staats-, Wirtschafts- und Gesellschaftsordnung der alten DDR und die Vereinigung haben den Wohlfahrtsstaat in Deutschland zu einem neuen Höhepunkt gebracht. Der Aufbau einer Marktwirtschaft in Ostdeutschland mußte nicht nur in den Rechtsschutzfunktionen von Staats wegen geleistet werden. Durch eine Staatsagentur – die Treuhandanstalt – mußten die Betriebe in Volkseigentum privatisiert, gegebenenfalls saniert, notfalls liquidiert werden. Damit wurde zugleich über die Wirtschaftskraft in Regionen, Strukturen von Branchen, Ausbildungs- und Arbeitschancen entschieden. Ferner mußten die Einkommen der Bürger weitgehend von den öffentlichen Händen gezahlt werden, als Arbeitseinkommen eines überbesetzten Staatsdienstes, als Renten, als Sozialleistungen wegen Arbeitslosigkeit, als Einkommen während der Umschulung und der Arbeitsbeschaffung. Überdies mußten Arbeitsplätze subventioniert werden. Die Krankenversicherung brauchte eine Anschubfinanzierung. Städte mußten saniert werden. Der Umweltschutz mußte eingerichtet werden. Die Verkehrsinfrastruktur mußte renoviert werden. Kultureinrichtungen mußten erhalten werden usw. Es erfolgte ein erheblicher Finanztransfer von West nach Ost. Fonds und Programme von der kommunalen Investitionspauschale bis zum kulturellen Infrastrukturprogramm mußten aufgelegt werden. Die freie Marktwirtschaft zeigte aus verschiedenen Gründen nicht jene Dynamik, die viele von ihr erwartet hatten. Transformation und Vereinigung mußten weitgehend vom Staate veranstaltet, und das heißt auch verwaltet werden.

Diese Staatszentriertheit hat eine Nutzenseite. Viele negativen Folgen der Umwandlung der realsozialistischen Gesellschafts-, Wirtschafts- und Staatsordnung konnten wohlfahrtsstaatlich aufgefangen werden. Das marxistisch-leninistische System gewöhnte an kollektive Betreuungen bis hin zur Verdeckung von Arbeitslosigkeit. Ein nur marktliches, individuelles Verständnis der Beschäftigung wäre so überfordernd gewesen, wenn nicht der Wohlfahrtsstaat sein Instrumentarium der Arbeits- und Beschäftigungspolitik angewandt und durch eine schnell aufgebaute Arbeitsverwaltung breit eingesetzt hätte. Auf der Kostenseite der immer mehr von Leitbildern der Bundesrepublik geprägten Staatsveranstaltung stehen auch Mentalitätsprobleme. Aber der westliche Wohlfahrtsstaat ist nun einmal stark materialistisch geprägt. So sind es die finanziellen Belastungen des privaten und des öffentlichen Sektors, die auch in Westdeutschland gespürt werden.

Wenn hiernach wegen des hohen Ausschöpfungsgrades der Einnahmenseite die Ausgabenseite öffentlicher Finanzen ins Blickfeld gerät, dann kann man in Deutschland auf verschiedene Ansätze der Aufgabenkritik und kontraktiven wie rationalisierenden Aufgabenpolitik zurückgreifen. Zuerst ist es die Haushaltskonsolidierung, die unter den Vorzeichen von Staatsverschuldung und steigender Zinslast zur Kreditfinanzierung zu Einschnitten in öffentliche Aufgaben, insbesondere in ausgabenwirksame soziale Leistungsgesetze führt. Weiter gehört der Subventionsabbau zu den immer wieder diskutierten Ansätzen einer Zurückführung von Staatsaktivitäten. Allerdings ist die Erfolgsbilanz auf diesem Gebiet wenig befriedigend. In diesem Zusammenhang ist auf den Abbau interner Finanzzuweisungen, Finanzhilfen, Finanzzuschüssen im dezentralisierten Staat von Föderalismus und kommunaler Selbstverwaltung zu verweisen. Über die Finanzfragen hinaus greift dann die Rechtsvereinfachung. Langjährige Erfahrungen haben gezeigt, daß damit nicht nur Rechtsformalismus und Bürokratismus abgebaut, sondern auch staatliche Aufgabenbestände revidiert werden können. Spezifischer ist die Deregulierung als Abbau staatlicher Eingriffe in Märkte, Unternehmen und Verbraucherverhalten. Hier bewegt man sich aber auf einem Feld, das immer mehr von der Europäischen Gemeinschaft besetzt wird.

Privatisierungsansätze der Aufgabenkritik haben unterschiedlichen Charakter. Bei der bloßen formalen oder organisatorischen Privatisierung – z. B. Bundesbahn –, bei der die Inhaberrechte der öffentlichen Hand bleiben, geht es zumindest zuerst um die interne Rationalisierung. Hingegen stehen hinter der materiellen Privatisierung öffentlichen Vermögens, insbesondere wenn es um den industriell-kommerziellen Komplex geht – z. B. Volkswagen – ordnungspolitische Gründe der Abgrenzung von Staat und Markt, freilich auch oft Gründe der Sanierung öffentlicher Finanzen. Mit der Aufgabenprivatisierung – z. B. Abfallbeseitigung – trifft man die Auseinandersetzung über öffentliche Aufgaben, öffentliche Güter, öffentliche Dienstleistungen unmittelbar. Solche Aufgabenprivatisierungen sind in Bund, Ländern und Gemeinden in Westdeutschland seit den siebziger Jahren erfolgt. Die Privatisierung von Hilfsdiensten – z. B. Gebäudereinigung – entlastet die Verwaltung. Die Privatisierung von Teilleistungen – z. B. Anfertigung technischer Pläne – betrifft die "Fertigungstiefe" von Staatsaktivitäten. Mit der Marktöffnung – z. B. privater Rundfunk – treten neben die öffentlichen Leistungsträger private Anbieter. Privatisierung bedeutet insgesamt nicht, daß Staat und Verwaltung sich aus Politikfeldern ganz zurückziehen. Es kann eine neue Arbeitsteilung eingerichtet werden, etwa daß Betreiberfunktionen privat, Gewährleistungsfunktionen aber öffentlich wahrgenommen werden. Privatisierungen können durch neue Regulierungen in ihren schädlichen Folgen aufgefangen werden.

Die Last der öffentlichen Aufgaben und Ausgaben wiegt in den neuen Bundesländern aus verschiedenen Grünen schwerer als in denen der alten Bundesrepublik. Ein Grund liegt auch darin, daß etwa die Kommunen in Ostdeutschland früheres Volkseigentum – Betriebskindergärten, Sporteinrichtungen, Betriebspolikliniken, Wasserversorgungsanlagen usw. – als öffentliches Vermögen nach einem Üblichkeitsprinzip zugeordnet erhalten haben. Dabei ist Üblichkeit nach allgemeinen Leitbildern der Bundesrepublik definiert worden. Unberücksichtigt blieb, daß die westdeutschen Gemeinden vieles punktuell privatisiert hatten – vom Personennahverkehr bis zur Müllabfuhr –. So könnten die besonderen Zwänge von Sanierung und Investition zu Innovationen führen, etwa zu neuen Formen der öffentlich-privaten Partnerschaft. Eine solche auch für die westdeutsche Verwaltung interessante Modernisierung könnte die Einseitigkeit des Lernprozesses abmildern, wie sie auch durch die Verwaltungshilfe einschließlich der Personalentsendung von mehr als 25.000 öffentlichen Bediensteten von West nach Ost entstanden ist, da nun einmal von der marxistisch-leninistischen Kaderverwaltung kaum etwas erhaltenswert erscheint. Kolonialisierungslegenden, wie sie insbesondere von Anhängern des alten DDR-Regimes verbreitet wurden, verdeutlichen den historischen Erfolgsdruck, dem die westlichen Leitbilder öffentlicher Verwaltung in der Vereinigung ausgesetzt sind. Im Vergleich dazu sind die Zeiträume der Erfolgsbewertung zur Europäischen Union weitergespannt. Freilich betrifft die europäische Integration anders als die Transformation der alten DDR keinen Systemwandel der Verwaltung. Der konstitutionelle Dezentralismus in Deutschland ermöglicht es, die Europäische Gemeinschaften als weitere Regierungs- und Verwaltungsebene über Bund, Ländern und Gemeinden zu begreifen. Die legalistische Harmonisierungspolitik paßt in die deutsche Rechtskultur. Der Aufbau der supranationalen Organisation nach dem internationalisierten Muster insbesondere kontinentaleuropäischer Verwaltungen ist mit den deutschen Veraltungsverhältnissen verträglich.

Sollte sich in der Bundesrepublik Deutschland jenseits der Modelle einer "neuen" Verwaltung eine wirklich maßgebliche Modernisierungsbewegung entwickeln, dann wird sie nach Verrechtlichung und Demokratisierung vermutlich unter dem Zeichen der Wirtschaftlichkeit stehen. Das meint für viele, durch mehr Effektivität und Effizienz die Verwaltung im Inneren zu rationalisieren. Wirtschaftlichkeit muß aber zugleich auf die sinnvolle Arbeitsteilung zwischen öffentlichem und privatem Sektor abstellen. Oft geschieht dies von selbst. Personalabbau bei der öffentlichen Verwaltung kann über die Mobilisierung interner Reserven hinaus zur Reduktion von Staatsaktivitäten führen. In vielen Fällen muß aber eine solche Doppelstrategie explizit gemacht werden. In der wirtschaftlichen Strukturkrise Westdeutschlands haben Industriebranchen durch konsequentes Reengineering die Produktivität gesteigert. "Gesundschrumpfen" heißt aber noch nicht, neue Marktchancen für die Zukunft der Unternehmen aufzubauen. Für die öffentliche Verwaltung bedeutet die Revision tradierter Aufgabenbestände letztlich wohl kaum "weniger Staat". Indessen können Spielräume für neue Aktivitäten der öffentlichen Sicherheit, des Umweltschutzes, der Technologieförderung usw. gewonnen werden.

Literatur

Becker, Bernd, Öffentliche Verwaltung, Lehrbuch für Wissenschaft und Praxis, Percha 1989.
Böhret, Carl/Jann, Werner/Kronenwett, Eva, Innenpolitik und politische Theorie, Opladen 1988.
Eichhorn, Peter (Hrsg.), Verwaltungslexikon, 2. Auflage, Baden-Baden 1991.
Forsthoff, Ernst, Lehrbuch des Verwaltungsrechts, 10. Auflage, München 1973.
Hesse, Joachim Jens/Ellwein, Thomas, Das Regierungssystem der Bundesrepublik Deutschland, 7. völlig neu bearbeitete und erweiterte Auflage, Opladen 1992.
König, Klaus (Hrsg.), Öffentliche Verwaltung und Entwicklungspolitik, Baden-Baden 1986.
König, Klaus (Hrsg.), Verwaltungsstrukturen der DDR, Baden-Baden 1986.
König, Klaus, Kritik öffentlicher Aufgaben, Baden-Baden 1989.
König, Klaus/Meßmann, Volker, Organisations- und Personalprobleme der Verwaltungstransformation in Deutschland, Baden-Baden 1995.
König, Klaus/Schuppert, Gunnar Folke/Heimann, Jan (Hrsg.), Vermögenszuordnung – Aufgabentransformation in den neuen Bundesländern, Baden-Baden 1994.
König, Klaus/von Oertzen, Hans-Joachim/Wagener, Frido (Hrsg.), Öffentliche Verwaltung in der Bundesrepublik Deutschland, Baden-Baden 1981.
Lecheler, Helmut, Verwaltungslehre, Stuttgart u.a. 1988.

Mayntz, Renate, Soziologie der öffentlichen Verwaltung, 3. überarbeitete Auflage, Heidelberg 1985.

Morstein-Marx, Fritz, Verwaltung. Eine einführende Darstellung, Berlin 1965.

Püttner, Günter, Verwaltungslehre, 2. Auflage, Tübingen 1989.

Schluchter, Wolfgang, Aspekte bürokratischer Herrschaft, München 1973.

Thieme, Werner, Verwaltungslehre, 4. Auflage, Köln u.a. 1984.

Weber, Max, Wirtschaft und Gesellschaft, Studienausgabe, Tübingen 1985.

Wolff, Hans J./Bachof, Otto/Stober, Rolf, Verwaltungsrecht, Band I, 10. Auflage, München 1994.

Thomas Ellwein

2. Geschichte der öffentlichen Verwaltung

Inhaltsübersicht

I. Verfassungsgeschichte und Verwaltungsgeschichte
II. Kontinuität des deutschen Verwaltungsstaates
III. "Brüche" in der deutschen Verwaltungsentwicklung
   1. Verwaltungslandschaften im 18.Jahrhundert
   2. Administrative Vereinheitlichung im 19. Jahrhundert
   3. Die Folgen bürokratischer Rationalität
IV. Verfassungsstaat und Verwaltungsstaat

I. Verfassungsgeschichte und Verwaltungsgeschichte

Anfangs des 19. Jahrhunderts entwickelte sich in Deutschland die Verfassungsgeschichte als eigener Zweig der Geschichtswissenschaft. Ihre Vertreter wandten bei aller Würdigung lokaler und regionaler Gegebenheiten den Blick von vornherein auch auf Entwicklungen, die in ganz Deutschland stattgefunden hatten. *Karl F.Eichhorn* und *Heinrich Zöpfl* arbeiteten erste Versuche aus. *Georg Waitz*, einer der bedeutensten Schüler *Leopold von Rankes* folgte mit einer monumentalen 'Deutschen Verfassungsgeschichte'. Hundert Jahre später schien die Thematik kanonisiert. *Fritz Hartung* faßte sie, um ein Beispiel zu nennen, in einem berühmten Lehrbuch zusammen, an das *Ernst Rudolf Huber* mit dem bisher umfangreichsten Versuch anschloß, die deutsche Verfassungsgeschichte der letzten zwei Jahrhunderte aufzuarbeiten.

In allen Darstellungen der deutschen Verfassungsgeschichte erschien die Aufgabe lösbar, aus der Vielfalt der deutschen Geschichte, aus dem Nebeneinander von großen und kleinen, weltlichen und geistlichen, monarchischen, aristokratischen und republikanischen Herrschaftsgebilden, aus der unterschiedlichen Art der Zugehörigkeit zum Deutschen Reich des Mittelalters und der Neuzeit, aus den vielen Gegensätzlichkeiten auch der deutschen Landschaften oder der Stämme und ihrer Lebensgewohnheiten einige bestimmende, jedenfalls aber gemeinsame Strukturen herauszuarbeiten. Der Zwang dazu erwies sich geradezu als hilfreich. Man mußte Typologien entwickeln und sie immer wieder überprüfen. Zwei historische Typen bildeten z.B. der dualistische Ständestaat und der Absolutismus. Es bedurfte gründlicher Forschung, um zu kären, daß der zweite nicht umstandslos dem ersten folgte, vielmehr von ihm manche wichtige Elemente aufnahm. Man mußte sich auch der jeweiligen Begriffswelt versichern. Die Darstellungen der deutschen Verfassungsgeschichte erhielten wichtige Anregungen aus der Verfassungsentwicklung im 19. Jahrhundert und der mit ihr verbundenen Begrifflichkeit. Viele Autoren benutzten Begriffe wie Staat oder Verfassung in ihrem neuzeitlichen Verständnis zur Beschreibung früherer Verhältnisse. Damit wurden diese oft gründlich mißverstanden. Man suggerierte aber eine gewisse Kontinuität der Geschichte – Geschichte als Vorgeschichte bestehender Verhältnisse und Einrichtungen. Vor allem *Otto Brunner* und *Heinrich Mitteis* haben solcher Verführung entgegengewirkt. Die Verfassungsgeschichte in Deutschland hat durch sie eine neue methodische Basis gefunden. Diese ermöglichte aber weiterhin eine Zusammenschau, in welche die bis 1870 schwach ausgeprägte Reichsverfassung und die Verfassungen der vielen deutschen Länder mit ihren Besonderheiten einbezogen waren.

Eine deutsche Verwaltungsgeschichte fehlte dagegen bis 1983. Formal kann man das damit erklären, daß bis 1870 nie deutsche, sondern nur preußische, österreichische oder lippische Verwaltungen bestanden. Auch nach 1870 kam es nur zu Anfängen einer Reichsverwaltung, allerdings mit der Post zu einer unübersehbaren Präsenz des Reiches im ganzen Land. In der Weimarer Republik, deren Verfassung zentralistischer war als die Reichsverfassung von 1870, entstanden die Reichsfinanzverwaltung, die Reichswehr oder die Reichsbahn. Dennoch lag der Hauptteil der Verwaltungstätigkeit weiterhin bei den Verwaltungen der Länder. Die Länder wurden im Dritten Reich politisch beseitigt. Ihre Verwaltungen behielt man aber bei. Nicht einmal die volle Vereinheitlichung der Polizei gelang Heinrich Himmler. Nach 1945 war Deutschland dann geteilt und in der Bundesrepublik herrschte ein stark ausgeprägter Föderalismus. Er erlaubte – von Post, Bahn und Verteidigungsverwaltung abgesehen – nur eine wenig umfangreiche Bundesverwaltung.

Daß es keine deutsche Verwaltung, aber viele Verwaltungen in Deutschland gegeben hat, kann jedoch kein grundlegender Einwand gegen die Möglichkeit einer deutschen Verwaltungsgeschichte sein. Auch in der Verfassungsgeschichte stand die Reichsverfassung selten im Vordergrund. Das Interesse galt meist der Herrschaftsorganisation in den einzelnen Ländern. Dabei war sogar viel von deren Verwaltung die Rede, weil Verwaltung auch ein Instrument der Machtausübung ist. Deshalb verliert zugleich ein weiterer Einwand an Gewicht: Bis zum Ende des 18. Jahrhunderts war die vorwiegend der politischen Herrschaft verbundene Verwaltung eng mit der Justiz verknüpft und vielfach Teil von ihr. Vor Ort repräsentierte der Richter die politische Herrschaft – und erledigte daneben auch Verwaltungsaufgaben. Diese Aufgaben bestanden jedoch und ließen und lassen sich beschreiben. *Lorenz von Stein* hat das in seiner Verwaltungslehre getan. Dabei ergaben sich allerdings Schwierigkeiten, welche die Verfassungsgeschichte so nicht kennt. Die Fülle der Aufgaben und die Vielfalt der Formen, in denen sie erledigt werden, erlauben die einfache Beschreibung nicht. Sie wird erst möglich, wenn man vorher klärt, was Verwaltung sei. Eine solche Klärung ist bisher nicht einvernehmlich erfolgt. In den Lehrbüchern finden sich viele Definitionen von Verwaltung. Unstrittig sind nur die ausschließenden unter ihnen, etwa die, daß zur Verwaltung alle staatliche oder öffentliche Tätigkeit gehöre, welche nicht Gesetzgebung oder Rechtsprechung sei.

Weil solche Unklarheiten bestehen, treten in der großen Fülle verwaltungsgeschichtlicher Forschungen und Darstellungen die Bereiche in den Vordergrund, hinsichtlich derer es wenig oder keine Definitionsschwierigkeiten gibt: die Behördengeschichte etwa ist gut aufgearbeitet, lokale Verwaltung findet sich untersucht, isolierbare Verwaltungsbereiche wie die Forst- oder die Steuerverwaltung und inzwischen auch die Polizei haben ihre Darstellung gefunden. Was bisher fehlte, ist der Umgriff, aus dem sich neben Aufgaben, Verfahren und Organisation auch die Funktionen der Verwaltung für die jeweilige Herrschaft wie für das soziale Umfeld ergeben. Damit wäre ein weites, von der politischen, der Verfassungs-, der Rechts-, der Sozial- und Wirtschaftsgeschichte schon bestelltes Feld zu berücksichtigen. Die Schwierigkeiten sind unübersehbar und sie werden noch größer, wenn man an die zu berücksichtigenden Quellen denkt. Unsere Archive enthalten zum überwiegenden Teil Verwaltungsunterlagen und sind sogar für diese errichtet. Der Forscher kann leicht mutlos werden.

Dennoch gibt es seit einigen Jahren eine erste umfassende Aufarbeitung der deutschen Verwaltungsgeschichte in handbuchähnlicher Form (*Jeserich u.a.*). Sie bemüht sich um eine Zusammenschau mit Konzentration auf die Staatsverwaltung und um die Berücksichtigung möglichst vieler Aspekte. In der Hauptsache bringt sie Einzeldarstellungen zur Verwaltungsgeschichte der deutschen Länder und zur Geschichte staatlicher Behörden und einzelner Aufgabenfelder, auf denen Verwaltung tätig war. Um dem Definitionszwang zu entgehen, lehnt sie sich an den Staat an. Die Gemeindeverwaltung kommt nur am Rande vor. Die Staatsverwaltung steht im Mittelpunkt, wobei ihre Entwicklung im Zusammenhang mit der Verfassungsentwicklung gesehen wird. Ob die Verwaltungsentwicklung aber der Verfassungsentwicklung einfach folgt und ob die Gemeindeverwaltungen im 19. Jahrhundert eigene Wege gegangen sind oder sich der Entwicklung der Staatsverwaltung angepaßt haben, wird nach wie vor gefragt und die Antworten fallen ganz unterschiedlich aus.

Tatsächlich besteht bis heute anders als für die Verfassungsgeschichte kaum Einvernehmen darüber, was als Verwaltung in einer Verwaltungsgeschichte thematisch zu berücksichtigen ist, ob z.B. die Schule oder nur die Schulverwaltung in sie gehört und wo zwischen beidem gegebenenfalls die Grenzen zu ziehen sind. Wenig Einvernehmen besteht auch über die Periodisierung der Verwaltungsgeschichte, weil es viele Zusammenhänge zwischen der Verfassungs- und der Verwaltungsentwicklung, aber auch unterschiedliche Abläufe zu sehen gilt: vor 1800 hat es einen langwierigen Übergang vom dualistischen Ständestaat mit geteilter Herrschaft zur absoluten Monarchie mit mehr oder weniger unbeschränkter politischer Herrschaft des Monarchen gegeben. Das Entstehen der Zentralverwaltung läßt sich sehr viel genauer bestimmen. Um und nach 1800 erfolgten mit dem Übergang von der unbeschränkten zur verfassungsgemäß beschränkten Monarchie und der durch den Staat angeleiteten Modernisierung der Gesellschaft gewichtige Veränderungen in der öffentlichen Verwaltung. Ob diese sich aber damals kontinuierlich weiterentwickelt oder ob es einen Bruch in ihrer Entwicklung gegeben hat, ist bis heute umstritten. 1918/19 oder 1945 gab es in der Verfassungsentwicklung tiefe Brüche. Unbestritten ist jedoch, daß der Wechsel von der Monarchie zur Republik die Verwaltung kaum berührte, sich 1933 an den Kernstrukturen der Verwaltung wenig veränderte und die Verwaltung 1945 ein oder zwei Tage nach dem Einmarsch der jeweiligen Siegermacht weiterarbeitete – im Zweifel auf Anordnung dieser Macht. Das Fehlen von Einbrüchen der Art, wie sie für die Verfassungsentwicklung kennzeichnend sind, bedeutet aber nicht, daß sich die Verwaltung einfach kontinuierlich entwickelt hat. Auch sie hat sich grundlegend verändert. Nur geschah es unter anderen Rahmenbedingungen als bei der Verfassung.

Die wissenschaftliche Auseinandersetzung ist hier nicht zu referieren. Sie regt aber dazu an, die folgenden Hinweise auf die deutsche Verwaltungsentwicklung an zwei sich zunächst widersprechenden Thesen zu orientieren, um die Aufmerksamkeit weniger auf konkrete Ereignisse und mehr auf strukturelle Veränderungen zu lenken.

II. Kontinuität des deutschen Verwaltungsstaates

Die erste These behauptet eine Kontinuität des deutschen Verwaltungsstaates. Weder um die Wende vom 18. zum 19. Jahrhundert noch nach den beiden Weltkriegen soll es einen nennenswerten Einbruch in den jeweiligen Verwaltungsbestand gegeben, die Verwaltung soll sich vielmehr als eine Art Kontinuitätsgarant bewährt haben. Da Kontinuität nicht Erstarrung bedeutet, wird der Blick auf evolutionäre Entwicklungen gelenkt.

In ihrem Kern bezieht auch diese These Verwaltung auf den Staat. Welche frühere Erscheinungen man immer der Verwaltung zuordnen mag: "Verwaltung im heutigen Sinne des Wortes" beginnt erst dort, "wo die landesherrliche Gewalt ihre Verdinglichung in Grundherrschaft und besonderen Hoheitsrechten sprengt und sich in der Vollziehung allgemeiner Staatsaufgaben versachlicht", meint *Ernst Forsthoff*, sich an *Otto Hintze's* Unterscheidung von vormodernem und modernem Staat anlehnend. Die Verwaltungsentwicklung folgt damit zumindest bedingt der Verfassungsentwicklung. Die erste entscheidende Wende brachte die absolute Monarchie. Sie trennte die Hof- und die Landesverwaltung voneinander, zog zu den Staatseinnahmen stärker die Steuern heran, deren Einzug administrativ zu gewährleisten war, bereitete die Trennung der Verwaltung von der Justiz vor, legte damit den Grund für eine 'untere' Verwaltungsebene des Staates und bemühte sich um hauptamtliches und zunehmend eigens ausgebildetes Personal.

Die Verwaltung der absoluten Monarchie beruhte aber durchaus auf früheren Verwaltungsformen. Zwar bringt "jede Epoche der Staatsgeschichte... einen eigenen Typus der Verwaltung hervor, der durch die ihm eigentümlichen Zielsetzungen und die spezifischen Mittel, deren er sich bedient, gekennzeichnet ist" (*Forsthoff*). Es verdrängt aber die eine Art der Verwaltung nicht einfach die andere. "Die Verwaltung, die den täglichen praktischen Bedürfnissen des Lebens sehr viel näher ist als die Verfassung, vermag nicht wie diese ihr Gesicht in einer kurzen Zeitspanne völlig zu verändern. Aber sie fügt sich der allgemeinen Staatsstruktur an" (*Forsthoff*). So gesehen gab es Frühformen der Verwaltung des neuzeitlichen Staates schon im 15. und 16. Jahrhundert. Als Typus bildete sich die staatliche Verwaltung jedoch erst mit dem Übergang vom dualistischen Ständestaat zur absoluten Monarchie aus, wobei sie neben dem stehenden Heer die Durchsetzung des Absolutismus ermöglichte. Diesem gelang es, mit der zunehmenden Einheitlichkeit der Untertanenschaft im geschlossenen Staatsgebiet die Anfänge von Rechtsgleichheit und mit ihnen die Angleichung von Verwaltungsvollzügen auch in unterschiedlich geprägten Landschaften mit eigenen Traditionen durchzusetzen. Als prototypisch gilt dafür Preußen, gekennzeichnet durch eine Verwaltungsführung unter Friedrich Wilhelm I. und Friedrich II., die als Mischung von zentraler Steuerung und Pflege regionaler Besonderheiten die Organisation und einen großen Teil der Aufgaben der Verwaltung an zentral bestimmte Prinzipien anpaßte.

Verwaltung dieser Art, unterstützt durch eine eigene Wissenschaftsentwicklung in Kameralismus und den späteren Staatswissenschaften, wurde allmählich zu einer eigenen

Größe. Sie bildete und repräsentierte neben dem Monarchen und der Armee den Staat und übte sich von dieser Position aus in aktiver Gesellschaftsgestaltung. Daß die bürgerliche Gesellschaft in Deutschland eher eine Hervorbringung des Staates ist als umgekehrt, wurde in der Literatur schon früh hervorgehoben. *Reinhard Koselleck* hat es in der preußischen Entwicklung um die Wende vom 18. zum 19. Jahrhundert minutiös nachgezeichnet; der Verwurzelung dieses Prozesses in einer besonderen Form der Aufklärung ist z.B. *Henri Brunschwig* nachgegangen. Aber auch in anderen deutschen Ländern formierte sich die Verwaltung frühzeitig, entwickelte einen eigenen Korpsgeist und konnte so – wie in Preußen – nach dem Zusammenbruch der alten Ordnung als Folge der französischen Revolution und der Kriege Napoleons tatkräftig Politik und Gesellschaft beeinflussen. Bayern, Württemberg, Baden oder Nassau wurden wesentlich mit Hilfe der Verwaltung aus den jeweiligen Kernlanden zu modernen Staaten geformt. Selbst die Umwandlung zu Verfassungsstaaten ging auf die Verwaltung zurück.

Ist hier von Verwaltung die Rede, handelt es sich um eine soziale Größe, welche um 1800 wesentlich die akademisch vorgebildeten und überwiegend aus dem Bürgertum hervorgehenden 'höheren' Beamten repräsentierten. Sie festigten im Umbruch auch die eigene Stellung und wurden vom Fürsten- zum Staatsdiener. Das Berufsbeamtentum erhielt nun seine modernen Grundlagen. Die Kontinuität des Verwaltungsstaates erscheint so entscheidend als die Kontinuität einer führenden Schicht, die mit dem, was sie bot, selbstverständlich auch Forderungen der Zeit entsprach – zum Teil indem sie dem Verständnis und den Wünschen der gesellschaftlichen Umwelt vorauseilte.

Von Kontinuität läßt sich nach 1815 vor allem deshalb sprechen, weil es zwischen den Bedürfnissen des aus dem Absolutismus stammenden Verwaltungsstaates und den Einrichtungen des Verfassungsstaates keinen nennenswerten Widerspruch gab. Die Vertreter des Staates einigten sich mit den Vertretern der Gesellschaft darauf, das Verhältnis zwischen Staat und Gesellschaft künftig auf Rechtsregeln zu bauen, das heißt in allen Einzelheiten im Rahmen des Gesetzgebungsprozesses, an dem das Parlament (Gesellschaft) und die Regierung (Staat) zunehmend gleichberechtigt beteiligt waren, zu vereinbaren. Dabei blieb der Innenbereich des Staates frei von gesellschaftlichen Führungsansprüchen. Es entstand kein parlamentarisches System, es entwickelte sich auch kein direkter Einfluß des Parlaments auf Regierung und Verwaltung.

Die Verwaltung verwirklichte vor diesem Hintergrund im 19. Jahrhundert, was man im 18. Jahrhundert vorgedacht hatte. Sie wurde strikt von der Justiz getrennt und gliederte sich stärker nach rationalen Kriterien. Die unteren Verwaltungseinheiten wurden nach Durchschnittswerten aus Bevölkerungszahl und Fläche, aber unter Rücksichtnahme auf gegebene Verhältnisse sehr oft neu konstruiert und bildeten die Basis des hierarchisch gegliederten, dreistufigen Aufbaus der allgemeinen Verwaltung. Soweit der Staat auf Vollzugshandlungen der Gemeinden, die im übrigen eine eigene Verwaltung be- oder erhielten, angewiesen war, wurden sie in die Hierarchie einbezogen. Der Staat konnte ihnen Anweisungen erteilen und ihre Verwaltungstätigkeit beaufsichtigen. Neben der allgemeinen Verwaltung entstanden für eng begrenzte Zwecke Fachverwaltungen. Sie erreichten später oft eine Größe, die das Entstehen einer eigenen Identität begünstigte und damit zur Gefahr für die 'Einheit' der Staatsverwaltung wurde, die im 19. Jahrhundert noch als ganz selbstverständlich galt.

Die höheren Beamten in der allgemeinen Verwaltung waren in der ersten Hälfte des 19. Jahrhunderts die wichtigsten Träger der Verwaltungsentwicklung. Ihre juristische Vorbildung entsprach der – überwiegend – deutschen Vorstellung vom Rechtsstaat, in dem Verwaltungshandeln, das den Bürger unmittelbar betrifft, als Rechtsanwendung geschieht. Das setzte rechtlich geschultes Personal voraus. Die Vorstellung, Verwaltung vollziehe überwiegend Gesetze, entlastete im Verhältnis zur Politik, der man sich nicht zurechnen mußte. Dem Rechtsstaat entsprach auch das Grundprinzip der Verwaltungsorganisation, in der genau definierte Zuständigkeiten verteilt wurden. Die juristische Ausbildung war dabei längere Zeit mit staatswissenschaftlichen Elementen durchsetzt. Sie erlaubte die Einarbeitung in unterschiedliche Sachgebiete. In der zweiten Jahrhunderthälfte trat neben den höheren der spätere gehobene Dienst. Er wurde zur zweiten tragenden Säule der Verwaltung.

Die Beamten konnten ihre Rolle nur übernehmen, weil die Wissenschaft – die Verwaltungsrechtswissenschaft vornean – Verwaltung auf den Begriff und ins System brachte, was eine relativ einheitliche Interpretation der Gesetze gewährleistete. Aus dem System und damit an deutsche Verhältnisse angelehnt entwickelte *Max Weber* zu Beginn des 20. Jahrhunderts seine Bürokratietheorie. Sie entfaltete große Wirksamkeit, weil die deutsche Verwaltung einen guten Ruf genoß und einige Fragen zu diesem Zeitpunkt noch nicht gestellt wurden. Man fragte im Zeitalter der Beamtenministerien noch wenig nach dem Verhältnis von Politik und Verwaltung, nach der Führbarkeit der Verwaltung, nach der Tauglichkeit des Gesetzes als Führungsmittel oder nach der Beteiligung der Bürger. Man konnte sich auch einen Unrecht tuenden Staat nicht mehr vorstellen, sondern allenfalls den irrenden. Gegenüber Irrtümern mußte die Rechtskontrolle ausreichen.

Die Frage nach der demokratischen Beteiligung stellte sich erst 1918 ernstlich. Unter dem Zwang der Umstände begnügte man sich aber mit der Parlamentarisierung in Reich und Ländern, ohne an der Verwaltungsführung viel zu ändern. *Otto Mayer*,

Verfasser des damals wohl berühmtesten Verwaltungsrechtslehrbuches, dessen zweite Auflage 1914 und 1917 erschienen war, begann 1924 die dritte Auflage vielleicht etwas arrogant, aber zutreffend so: "Groß Neues ist ja seit 1914 und 1917 nicht nachzutragen." Zugleich popularisierte er den Satz: "Verfassungsrecht vergeht, Verwaltungsrecht besteht."

1919 blieb die Kontinuität der Verwaltung jedenfalls ungebrochen. Sie bestand aber auch 1933, solange man davon absieht, daß Verwaltung nun häufig gesetzlich vorgeschriebenes Unrecht tun mußte und auch unter diesen Umständen dem Gesetz folgte. Im übrigen boten die 12 Jahre des Dritten Reiches keine Gelegenheit zu einem Umbau der Verwaltung im Geiste des Nationalsozialismus. Auch deshalb arbeitete die Verwaltung 1945 weiter – alle waren auf sie angewiesen. Im Sinne der Kontinuitätsthese war der deutsche Staat in seiner jüngeren Entwicklung der Verfassung nach unbeschränkte und beschränkte Monarchie, parlamentarische Republik, nationalsozialistischer Führerstaat und wieder parlamentarische Republik. Zugleich war er aber immer auch Verwaltungsstaat, dessen Verwaltung sich zwar den Verfassungsbedingungen anpaßte, dabei aber eigenen Entwicklungsbedürfnissen folgte.

III. 'Brüche' in der deutschen Verwaltungsentwicklung

Die zweite These steht im Widerspruch zur ersten, ergänzt sie jedoch auch, indem sie andere Aspekte und Erklärungsmöglichkeiten eröffnet. Nach ihr ist es um die Wende vom 18. zum 19. Jahrhundert zu einem tiefgreifenden Bruch in der deutschen Verwaltungsentwicklung und in der Folge zu einem zeitbedingten Neubau der Verwaltung gekommen. Verwaltung gilt demnach mehr als Konstrukt und weniger als gewachsenes Gebilde. Da sich später die Bedingungen verändert haben, mußten weitere Brüche folgen und ihnen dann wieder – soweit die These zutrifft – neue Konstruktionen.

1. Verwaltungslandschaften im 18. Jahrhundert

Bis weit ins 18. Jahrhundert lassen sich in diesem Verständnis der Entwicklung in Deutschland einzelne Verwaltungslandschaften ausmachen. Das verweist auf die Bindung der Verwaltung nicht nur an die Obrigkeit, sondern auch an die jeweilige Umwelt, an Volkstum, Gewohnheiten, Rechtsbräuche, soziale Bedingungen oder landeskulturelle Anforderungen. Verwaltung in diesem Sinne sprach so, daß sie von den Verwalteten verstanden wurde, in Holstein deshalb nicht so wie in den fränkischen

Herrschaften des Hauses Hohenlohe. Obwohl in allen Verwaltungslandschaften die allgemeinen Herrschaftsfunktionen wie die Rechts- und Friedenswahrung, die Herrschaftssicherung oder die Katastrophenabwehr zu erfüllen waren, gab es zwischen ihnen nach Organisation, Aufgaben, Personal und Verfahren deutliche Unterschiede. Beim Verfahren ist z.B. von besonderem Interesse, wie die Untertanen oder ihre Beauftragten an der obrigkeitlichen Verwaltung beteiligt waren. Auch die Arbeitsteilung zwischen dieser Verwaltung und der genossenschaftlichen Selbstverwaltung, die es in Rudimenten überall gab, fiel unterschiedlich aus.

Typische Merkmale jener Verwaltungslandschaften wie z.B. die relative Großräumigkeit vieler Verwaltungseinheiten in Norddeutschland und die relative Kleinheit solcher Gebilde in Südwestdeutschland können hier nicht angesprochen werden, weil man dabei ins Detail gehen müßte. An dieser Stelle soll die Behauptung genügen, daß im 18. Jahrhundert die Vorläufer der modernen Verwaltung in hohem Maße sozial eingebunden waren. Dazu trugen die räumliche Nähe der Verwalter zu den Verwalteten und die lange Verweildauer der ersteren im jeweiligen Amt bei. Mit der Einbindung verbanden sich Austauschbeziehungen. Verwaltung hat immer 'verhandelt' und hat immer überlegt, was sie durchsetzen kann und wo sie auf Grenzen stieß. Deshalb erhielt Verwaltung ihr Gepräge von zentralen Anforderungen und örtlichen Möglichkeiten und war darin eher 'gewachsen' als rational konstruiert. Sie war damit so unterschiedlich wie ihre Umwelt auch. Die staatlich-politische Zersplitterung Deutschlands begünstigte und vergrößerte solche Unterschiede.

2.   *Administrative Vereinheitlichung im 19. Jahrhundert*

Im Vergleich zu den vormodernen Verhältnissen im 18. Jahrhundert kam es um die Wende zum 19. Jahrhundert – dies der Kern der These – zu einem Bruch in der Verwaltungsentwicklung. Ihn löste eine 'Revolution von oben' aus, die zu einem umfassenden Modernisierungsschub führte. An ihn schlossen sich längere Zeit in den deutschen Ländern überraschend einheitliche und auf Vereinheitlichung drängende Prozesse an. Im Ergebnis erhielt tendenziell die Rationalität der Verwaltung für diese größeres Gewicht als die Bedürfnisse der jeweiligen Verwaltungsumwelt. Verwaltung wurde zu einem eigenen System.

Der 'Bruch' erscheint am greifbarsten in den deutschen Ländern, welche zu Beginn des 19. Jahrhunderts mit Hilfe Napoleons entstanden, so das Königreich Westfalen, oder ihren Umfang, wie Bayern und Württemberg, Baden, Hessen-Darmstadt und Nassau, wesentlich vergrößerten. Sie mußten Forderungen Frankreichs erfüllen, die alten und neuen Landesteile miteinander verbinden, sich nach innen und außen legitimieren und so ihren Bestand sichern. Das gelang ihnen, wenn ein Kernstaat mit einer alten Dynastie vorhanden war – beides fehlte in Westfalen oder im Großherzogtum Frankfurt – und die Verwaltung eine Integrationsleistung erbrachte. Im Blick auf diese Leistung stand man vor der Frage, ob man möglichst an Vorhandenes anknüpfen oder von vorneherein neue Wege gehen sollte. In Baden versuchte man z.B. erst das eine, um ab 1809 umzusteuern und den 'bürokratischen Anstaltsstaat' zu errichten. Ihn stellte in höchst moderner Form Westfalen dar. In Württemberg wurde er zunächst nur für die neuen Landesteile verwirklicht. Bayern, für das *Graf Montgelas* das erste umfassende Reformkonzept erarbeitet hatte, kam ihm sehr nahe. Seine Ausgestaltung im Herzogtum Nassau ist unlängst von *Eckhardt Treichel* hervorragend beschrieben und analysiert worden.

Der Anstaltsstaat war eine der möglichen Formen des absoluten Staates. Er beruhte auf dem weitgehenden Bruch mit herrschaftlichen und ständischen Traditionen, auf der konsequent gedachten Unterscheidung von Staat und Gesellschaft und damit auf der Lösung des Staatsapparates von der sozialen Basis. Das alles gelang in den süddeutschen Ländern rascher und entschiedener als in den norddeutschen und in Preußen. In Preußen fand zwischen dem *Freiherrn vom Stein* und dem *Fürsten Hardenberg* die Auseinandersetzung um das Bewahren ständischer Traditionen in der Stein'schen Selbstverwaltung und um die stärkere Bürokratisierung der Staatsverwaltung statt. Wer von beiden obsiegte, läßt sich schwer entscheiden. Tendenziell war aber in Preußen im ganzen 19. Jahrhundert der Unterschied zwischen der Selbst- und der Staatsverwaltung größer als in den süddeutschen Ländern. Deshalb läßt sich sagen, daß *Stein* in der Selbstverwaltung fortwirkte und *Hardenberg* in der Staatsverwaltung die 'Herrschaft vom Büro aus' verankert hat, wie *Max Weber* das später auf den entscheidenden Punkt gebracht hat.

In der Hauptsache kennzeichnen den bürokratischen Anstaltsstaat vier Elemente. Erstens folgt anders als früher die räumliche Organisation der Verwaltung nicht vorzugsweise historischen Gegebenheiten, sondern wird anhand rationaler Kriterien vorgenommen. Damit wird sie auch veränderbar, weil sich sowohl die Kriterien als auch die ihnen zugrundeliegenden Wirklichkeiten verändern können. Mit der Veränderbarkeit ergeben sich Entscheidungsmöglichkeiten: Man kann durch Zuweisung von Behörden bestrafen oder belohnen, kann aber auch Raumordnungspolitik betreiben. Die Veränderbarkeit wird überhaupt zu einem entscheidenden Merkmal. Als Beispiel kann die Lebensdauer von Organisations- und Geschäftsverteilungsplänen gelten, die heute nur noch selten ein Jahr erreicht. Zweitens kommt es zunehmend zur vollen Professionalisierung der Verwaltung. Das führt zuerst zur Ausschaltung des Laienelements und zum hauptamtlichen und damit abhängigen Mitarbeiter. Später kommt die eigene Ausbildung hinzu, die sich möglichst genau an den Bedürfnissen der Verwaltung orientiert, was heute in den Fachhochschulen der öffentlichen Verwaltung dann zum Optimum gebracht ist, wenn es sich um bereichsspezifische Hochschulen handelt. Drittens wird das seit etwa 1815 kontinuierliche Wachstum der Verwaltung dazu genutzt, deren Organisation so auszudifferenzieren, daß immer mehr Mitarbeiter in einem speziellen Arbeitsbereich tätig und in der Lage sind, sich hier eine besondere Kompetenz anzueignen, sich also zu spezialisieren. In der sozialen Wirkung führt die Professionalisierung zur Unterscheidung von Verwaltung und ihrer Umwelt. Die Spezialisierung optimiert die Professionalisierung, erschwert aber der Umwelt noch einmal den Zugang. Der Bürger hat es nicht mehr mit der Verwaltung, sondern mit vielen Verwaltungen zu tun, die ihm zwar bürokratisch, dennoch jedoch in je eigener Weise gegenübertreten. Am deutlichsten wird das in der Spezialisierung auch der Beraterberufe, die viele Bürger einschalten, um sich in ihrer Rolle als Steuerpflichtiger, Bauwilliger oder Verkehrsteilnehmer, der gegen Regeln verstoßen hat, gegenüber der Verwaltung zu stärken.

Viertens wird mit ihrem Wachstum und ihrer internen Differenzierung Verwaltung immer leistungsfähiger, deshalb aber auch immer mehr gefordert. Die zu allen Zeiten beklagte Regelungsdichte und -tiefe in Deutschland erklärt sich aus dem Zusammenspiel von Politik und Verwaltung, in dem die erstere ihre Anforderungen ständig erhöhen kann, weil die letztere dem professionell zu folgen vermag, in dem aber umgekehrt auch die Verwaltung ziemlich unbehindert Regelungsbedürfnisse anmeldet, die sich aus ihrer Spezialisierung ergeben. Das Zusammenspiel wird zum Kreislauf. Die Landesordnungen des 18. Jahrhunderts waren nach Inhalt und Sprache noch für alle Staatsdiener und zumindest das gebildete Publikum bestimmt. Das Allgemeine Landrecht für die Preußischen Staaten – der Plural ist wichtig, weil zu diesem Zeitpunkt Herrschafts- und Staatseinheit nicht identisch waren und es in Preußen durchaus verschiedene Verfassungen gab – bewegte sich in den modernen Staat hinein und war wegen seines Umfangs weniger verständlich, immerhin aber noch gut formuliert. Vor allem versuchte es immer noch, das (allgemein in Preußen) gültige Recht zusammenzufassen. Mit dem Entstehen des neueren Verwaltungsrechts nahm man auf sprachliche Klarheit und die zum Verständnis notwendige Zusammenfassung zumindest von Rechtsgebieten immer weniger Rücksicht. Der weitaus größere Teil des heute geltenden Rechts und des ihn ergänzenden Vorschriftenbestandes wendet sich unmittelbar an die Verwaltung und nicht an den Bürger. Die Sprache der Spezialisten dominiert und oft kann nur mühsam ermittelt werden, was gilt.

3. Die Folgen bürokratischer Rationalität

Soweit die These vom Bruch in der deutschen Verwaltungsentwicklung, der um 1800 erfolgt sei, zutrifft, verweist sie darauf, daß im vormodernen Staat Verwaltung weithin historisch gewachsen und an 'Land und Leuten' als den Objekten politischer Herrschaft orientiert war. Im modernen Staat ist sie dagegen rational konstruiert und dementsprechend auch veränderbar und den verschiedenen Funktionen des Staates zugewandt. Der vormoderne Staat war deshalb nur in dem Maße leistungsfähig, in dem es seine gewachsene örtliche Verwaltung war. Die zahlreichen wohlfahrtsstaatlichen Konzepte brachen sich an der Verwaltungswirklichkeit. Was ein Kirchspielvogt im Dithmarschen als Person nicht aufzunehmen oder in seinem Kirchspiel nicht durchzusetzen vermochte, geschah auch nicht. Der moderne Staat erweiterte und veränderte dagegen seine Verwaltung, um die erwünschte Leistungsfähigkeit zu gewinnen, und er kontrollierte von seinem Beginn an in mannigfacher Weise, ob diese Fähigkeit weisungsgemäß genutzt wurde. Der vormoderne Staat war demgemäß im Guten wie im Schlechten in seiner Verwaltung enger mit dem sozialen Umfeld verbunden. Der moderne Staat wurde effektiv und effizient, soweit sein Tun nach Zweck-Mittel-Bezügen bürokratisch angeleitet und gegen Umwelteinflüsse möglichst abgeschottet ist. Bürokratische Rationalität bedeutet deshalb idealtypisch, sich im Gesetzesvollzug nicht mit der ganzen und dann immer nur subjektiv zu erfahrenden Wirklichkeit auseinanderzusetzen, sondern im Büro anhand eines zweckbestimmten Modells, das nur wenige Merkmale aus der Wirklichkeit aufnimmt, zu entscheiden. Bei der Veranlagung zur Einkommensteuer ist nicht vom lebendigen Steuerzahler auszugehen, sondern vom Modell der Steuerpflicht. In ihm übernimmt der Pflichtige eine durch bestimmte Merkmale festgelegte Rolle und damit eine von vielen Bürgerrollen, die auf viele Verwaltungen zugeschnitten sind. Die Modelle können jederzeit verändert oder angepaßt werden und die Verwaltung kann dem nach Organisation und Arbeitsweise entsprechen, weil auch sie rational konstruiert ist.

IV. Verfassungsstaat und Verwaltungsstaat

Historisch betrachtet haben es beide Thesen zunächst nur mit der Bewertung des französischen und napoleonischen Einflusses auf die deutsche Verwaltungsentwicklung zu tun. Die Vertreter der Kontinuitätsthese betonen eher die Tradition des deutschen aufgeklärten Wohlfahrtsstaates und die der preußischen und der österreichischen Verwaltungspolitik vor allem im 18. Jahrhundert. Im Rahmen dieser Tradition sei es möglich gewesen, den Staat und mit ihm seine Verwaltung zu modernisieren und ihn damit zu befähigen, seine Aufgaben in der bürgerlichen Gesellschaft zu erfüllen. Die Modernisierung sei in einem Prozeß erfolgt, in den die Verwaltung einerseits einbezogen war und dem sie sich andererseits auch angepaßt habe. Die Vertreter der anderen These verweisen eher auf die Wirkungen der französischen Revolution und behaupten einen grundlegenden Wandel in dem Sinne, daß man es nach 1800 mit einem anderen, eben modernen Staat zu tun habe, in dem Herrschaft stärker versachlicht sei und der sich die Verwaltung schaffe, die er für die Erfüllung seiner Zwecke benötige.

Die Auseinandersetzung ist nicht nur von historischem Interesse. Sie eröffnet vielmehr Möglichkeiten, das Verhältnis von Staat und Verwaltung und damit zugleich das von Politik und Verwaltung unterschiedlich zu sehen und zu deuten. Nimmt man an, der Staat rangiere vor der Verfassung und die Staatlichkeit weise über das Normative hinaus, bedeutet die Kontinuität der Verwaltung, daß der Staat zunächst einmal Verwaltungsstaat ist und in und durch seine Verwaltung auch in Zeiten des politischen Umbruchs weiterlebt. Das schließt eine aktive Verwaltungspolitik derer, welche die Staatsgewalt innehaben, und damit auch Veränderungen, die von außen in die Verwaltung hineingetragen werden, nicht aus. Es setzt aber zunächst die Existenz der Verwaltung und ihre Fähigkeit zu überleben voraus. Nimmt man dagegen an, der Staat der Neuzeit sei vor allem durch die Einheit der Staatsgewalt, die Verfassung, die Einheit der Nationalrepräsentation und "eine geordnete, unter Beteiligung der Repräsentativkörperschaft ausgeübte Gesetzgebung, die der anerkannte Weg der Änderung des Rechts und der Festlegung der Rechte und Pflichten des einzelnen ist (rechtsstaatlicher Gesetzesbegriff)" (*Badura*) gekennzeichnet, dann steht die Verwaltung zur Disposition der Staatsgewalt und der verfassungsgemäß ausgeübten Gesetzgebung. Wer disponiert, legt fest, was die Verwaltung soll, gibt ihr die Mittel, das zu können, was sie soll, und kontrolliert, ob sie tut, was sie soll, und ob sie die Mittel entsprechend verwendet. So gegenübergestellt erscheint im Verfassungsstaat Verwaltung als Instrument, während sie im Verwaltungsstaat trotz ihrer Vielfältigkeit eine selbständige und lebendige Größe ist – nicht unabhängig von der Staatsführung, aber auch nicht eindeutig und vor allem nie in nämlicher Weise abhängig. Das eine wie das andere ist freilich idealtypisch, nicht realistisch. Der Blick richtet sich damit auf das Wechselspiel zwischen Politik und Verwaltung.

Vor dem Hintergrund dieser verschiedenen Möglichkeiten ist die öffentliche Verwaltung von der Mitte des 19. Jahrhunderts an durch ein ständiges Wachstum gekennzeichnet. Es verlief bis zum ersten Weltkrieg moderat. Bedingt durch die Kriegs- und Nachkriegswirtschaftsverwaltung beschleunigte es sich seit 1914, um ab etwa 1950 alle bisherigen Erfahrungen zu übersteigen. Das Landratsamt Paderborn, um ein Beispiel zu nennen, beschäftigte 1945 42 Mitarbeiter. Die Zahl vergrößerte sich in zwanzig Jahren um das Zehnfache. Insgesamt kann man von einer Verdoppelung der Verwaltungsdichte (Mitarbeiter des öffentlichen Dienstes je 1000 Einwohner) zwischen 1913 und 1955 und einer weiteren Verdoppelung in den folgenden zwanzig Jahren ausgehen. Darin spiegeln sich die Bevölkerungsvermehrung und mehr noch die Zunahme der Bevölkerungsdichte (Urbanisierung), vor allem aber die Vermehrung der Staatstätigkeit in der Industriegesellschaft wider. Sie hat sich in der postindustriellen Gesellschaft noch einmal beschleunigt. Es zeigt aber auch, daß die wirtschaftliche Lage bis in die fünfziger Jahre hinein das Wachstum der Verwaltung und die Zunahme der ordnenden und leistenden Verwaltungstätigkeit gebremst hat. In der Aufschwungphase der Bundesrepublik kam es dagegen zu einem eher ungebremsten Verwaltungswachstum. Es war durch zunehmende und oft durch die Politik genährte Erwartungen in der Bevölkerung, zugleich durch Wünsche der Verwaltung selbst verursacht. Solche Wünsche konnten sich auf die Theorie berufen, derzufolge sich die Organisation nach den Aufgaben zu richten habe, wobei die Erfahrung lehrt, daß Organisationen das, was sie können, ganz anders beurteilen als ihre Auftraggeber. Organisationen drängen auf Erweiterung. Sie bringt innerorganisatorischen Nutzen. Unter ganz anderen Bedingungen gab es übrigens ein Verwaltungswachstum in der DDR.

Eine quantitative Änderung dieses Ausmaßes bleibt nicht ohne Folgen. Die Kontinuitätsthese erscheint zwar durch die erstaunliche Konstanz der Verwaltungsstrukturen (dreistufiger Verwaltungsaufbau, Berufsbeamtentum, Haushaltswesen usw.) bestätigt. Auf der anderen Seite haben die ständig zunehmende Ausdifferenzierung der Verwaltung als Organisation und die weitere Spezialisierung ihrer Tätigkeit Verwaltung grundlegend verändert. Ihre 'Einheit' wurde im Vergleich zum 19. Jahrhundert brüchiger, ihre Führung schwieriger, der in ihr entstehende Koordinationsbedarf größer und ihr Entscheidungsspielraum weiter. Wer so viele unterschiedliche Zwecke zu erfüllen und bei der Erfüllung eines konkreten Zweckes so viele andere Zwecke zu berücksichtigen hat, muß abwägen. Das kann sein Verhältnis zum Gesetzesbefehl verändern. Er muß sich auch Unterstützung aus der Verwaltungsumwelt sichern, wenn anders die gesteckten Ziele nicht zu erreichen sind. Die 'verhandelnde Verwaltung', die es immer gegeben, die man aber gern verschwiegen hat, wird zum Thema. Das ist aber nicht mehr Geschichte sondern Gegenwart.

Literatur

Badura, Peter, Die Methoden der neueren allgemeinen Staatslehre, Erlangen 1959.

Brunner, Otto, Land und Herrschaft, Grundfragen der territorialen Verfassungsgeschichte Südostdeutschland im Mittelalter, 5. Auflage, Darmstadt 1959.

Ellwein, Thomas, Verwaltungsgeschichte als Verwaltungstheorie, in: Jahrbuch zur Staats- und Verwaltungswissenschaft 1989, herausgegeben von: Ellwein, Thomas/Hesse, Joachim Jens/Mayntz, Renate/Scharpf, Fritz W., Baden-Baden 1989, S. 465 ff.

Ellwein, Thomas, Der Staat als Zufall und als Notwendigkeit, Die jüngere Verwaltungsentwicklung in Deutschland am Beispiel von Ostwestfalen-Lippe, Band 1, Opladen 1993, Band 2, Opladen 1996.

Forsthoff, Ernst, Lehrbuch des Verwaltungsrechts, 1. Band: Allgemeiner Teil, 10. Auflage, München 1973.

Hartung, Fritz, Deutsche Verfassungsgeschichte vom 15. Jahrhundert bis zur Gegenwart, 8. Auflage, Stuttgart 1964.

Huber, Ernst Rudolf, Deutsche Verfassungsgeschichte seit 1789, 5 Bände, Stuttgart 1957 ff.

Jeserich, Kurt G. A./Pohl, Hans/Unruh, Georg-Christoph von (Hrsg.), Deutsche Verwaltungsgeschichte, 5 Textbände und Registerband, Stuttgart 1983 ff.

Koselleck, Reinhard, Preußen zwischen Reform und Revolution. Allgemeines Landrecht, Verwaltung und soziale Bewegungen von 1791 bis 1849, Stuttgart 1967.

Treichel, Eckhardt, Der Primat der Bürokratie, Bürokratischer Staat und bürokratische Elite im Herzogtum Nassau 1806-1866, Stuttgart 1991.

Peter Badura

3. Verfassungsrahmen der öffentlichen Verwaltung

Inhaltsübersicht

I. Staats- und Verwaltungsorganisation
II. Die Regierung
III. Rechtsstaatliche Grundsätze des Verwaltungshandelns
IV. Die Ausführung der Bundesgesetze und die Bundesverwaltung
V. Der öffentliche Dienst
VI. Finanzwesen und Haushalt

I. Staats- und Verwaltungsorganisation

Das Grundgesetz legt die bundesstaatliche Ordnung der Regierung, Gesetzgebung und Vollziehung verfassungsrechtlich fest, regelt die Ausführung der Bundesgesetze und die Bundesverwaltung und garantiert die rechtsstaatlichen Grundsätze der öffentlichen Verwaltung. Die Verteilung der Staatsgewalt auf den Zentralstaat (Bund) und die Gliedstaaten (Länder) folgt der Grundregel, daß die Ausübung der staatlichen Befugnisse und die Erfüllung der staatlichen Aufgaben Sache der Länder ist, soweit das Grundgesetz keine andere Regelung trifft oder zuläßt (Art. 30 GG). Danach liegt das Schwergewicht der Gesetzgebung beim Bund, das Schwergewicht der Verwaltung bei den Ländern. Auch die Ausführung der Bundesgesetze und des europäischen Gemeinschaftsrecht ist Sache der Länder soweit das Grundgesetz nichts anderes bestimmt oder zuläßt (Art. 83 GG). Durch den Bundesrat wirken die Länder bei der Gesetzgebung und Verwaltung des Bundes und in Angelegenheiten der Europäischen Union mit (Art. 50 ff., Art. 23 GG).

Bundesverwaltung und Landesverwaltungen sind voneinander getrennt. Abgesehen von einigen wenigen Fällen der ausdrücklich vorgesehenen "Mischverwaltung" (z.B. Art. 108 GG) besteht zwischen der Bundesverwaltung und den Landesverwaltungen keine organisatorische Verbindung und insbesondere kein vertikaler Instanzenzug. Der

Bund und die Länder tragen gesondert die Ausgaben, die sich aus der Wahrnehmung ihrer Aufgaben ergeben, soweit das Grundgesetz nichts anderes bestimmt, wie etwa bei der Ausführung der Bundesgesetze im Auftrage des Bundes. Der Bund und die Länder tragen die bei ihren Behörden entstehenden Verwaltungsausgaben und haften im Verhältnis zueinander für eine ordnungsgemäße Verwaltung (Art. 104a GG).

In Bund und Ländern wird öffentliche Verwaltung durch die unmittelbare Staatsverwaltung und durch rechtsfähige Verwaltungseinheiten ausgeübt. Die Bundesverwaltung gliedert sich in die Zweige und Stellen der bundeseigenen Verwaltung und die bundesunmittelbaren Körperschaften des öffentlichen Rechts (Art. 86 ff. GG). Die Länder bestimmen im Rahmen der ihnen zustehenden Verfassungsautonomie (Art. 28 Abs. 1 GG) durch ihre Verfassung und durch die sonstigen Vorschriften des Landesrechts über die Organisation der Staatsleitung, über die Einrichtung ihrer Verfassungsorgane und über die Landesverwaltung. Sie regeln auch insoweit die Einrichtung der Behörden und das Verwaltungsverfahren, als sie die Bundesgesetze ausführen, vorbehaltlich einer abweichenden Bestimmung durch mit Zustimmung des Bundesrates erlassenes Bundesgesetz (Art. 84 Abs. 1, 85 Abs. 1 GG). Der Verwaltungsaufbau ist in den Landesverfassungen in den Grundlinien festgelegt; er folgt in den großen Flächenstaaten, den kleinen Flächenstaaten und den Stadtstaaten unterschiedlichen Organisationsmustern. Aus der Staatsform der parlamentarischen Demokratie leitet sich der Grundsatz ab, daß zur Sicherung der parlamentarischen Kontrolle über die Ausübung der vollziehenden Gewalt jede Stelle der öffentlichen Verwaltung einem Ressort zugeordnet sein muß, "ministerialfreie" Räume also nicht zugelassen sind.

Die rechtsfähigen Verwaltungseinheiten – juristische Personen des öffentlichen Rechts: Körperschaften, Anstalten und Stiftungen – verbinden in der Regel die Prinzipien der Dezentralisation und der Selbstverwaltung abgegrenzter Sozialbereiche. Sofern das an dem Gedanken der organisatorischen Zweckmäßigkeit orientierte Prinzip der Dezentralisation dominiert, spricht man von mittelbarer Staatsverwaltung, wie bei den Sozialversicherungsträgern (Art. 87 Abs. 2 GG) oder der Bundesbank (Art. 88 GG). Die primär der Selbstverwaltung dienenden Verwaltungseinheiten haben häufig zusätzlich einen mehr oder weniger ausgedehnten übertragenen Wirkungskreis, durch den sie funktionell der mittelbaren Staatsverwaltung zuzurechnen sind. Die Universitäten – diese innerhalb der bundesrechtlich festgelegten Grundsätze des Hochschulwesens (Art. 75 Abs. 1 Nr. 1 a GG) – und die Rundfunkanstalten unterliegen der Landesgesetzgebung, verfügen aber über den Schutz einer grundrechtlichen Garantie der Bundesverfassung (Art. 5 Abs. 1 Satz 2 und Abs. 3 GG).

Die kommunalen Gebietskörperschaften – Gemeinden und Gemeindeverbände (Landkreise, in Bayern auch die Bezirke) – sind Teile der Landesverwaltung. Die Gemeinden dienen durch die in ihnen wirksame und verfassungsrechtlich gewährleistete Selbstverwaltung (Art. 28 Abs. 2 Satz 1 GG) dem Aufbau der Demokratie von unten nach oben. Dies hebt sie aus der Landesverwaltung heraus und rechtfertigt ihre Sonderstellung in der bundesstaatlichen Finanzverfassung (Art. 106 Abs. 5 bis 9 GG). Die Gewährleistung der Selbstverwaltung der Gemeinden und Gemeindeverbände umfaßt auch die Grundlagen der finanziellen Eigenverantwortung (Art. 28 Abs. 2 Satz 3 GG).

Soweit nicht das Grundgesetz oder die Landesverfassung eine Regelung oder Vorgabe enthält, sind die allgemeine Organisation der Staatsverwaltung, die Errichtung rechtsfähiger Verwaltungseinheiten und die Zuständigkeitsordnung der Behörden Sache der Gesetzgebung. Die neuere Entwicklung des Verfassungsrechts hat die früher bestehende Organisationsgewalt der Exekutive beseitigt und die wesentlichen Entscheidungen über die Organisation und den Aufbau der öffentlichen Verwaltung einem organisatorischen Gesetzesvorbehalt unterworfen. Das gilt für die unmittelbare Staatsverwaltung ebenso wie für die Ausgliederung von Verwaltungsträgern: Die Errichtung rechtsfähiger Verwaltungseinheiten und deren Ausstattung mit hoheitlichen Befugnissen ist nur durch Gesetz oder auf Grund Gesetzes möglich. Für selbständige Organisationsakte der Exekutive kommt demnach nur die verwaltungspolitisch untergeordnete Einrichtung der Behörden im einzelnen in Betracht. Restriktiv im Sinne dieses organisatorischen Gesetzesvorbehalts ist auch die Befugnis der Bundesregierung zu verstehen, die Einrichtung der Behörden zu regeln, soweit das Gesetz nichts anderes bestimmt (Art. 86 Satz 2 GG).

II. Die Regierung

Die Bundesregierung (Art. 62 GG), der Bundeskanzler und die Bundesminister sind selbständige Verfassungsorgane, denen die Verfassung eigene Aufgaben und Befugnisse der Staatsleitung und der Verwaltung zugewiesen hat. Der Bundeskanzler bestimmt die Richtlinien der Politik und entscheidet über die Zahl und Abgrenzung der Ressorts; er leitet die Geschäfte der Bundesregierung nach einer von der Bundesregierung beschlossenen und vom Bundespräsidenten genehmigten Geschäftsordnung (Art. 64 Abs. 1, 65 GG).

Die Landesregierungen sind die obersten leitenden und vollziehenden Behörden des Landes. Die Landesverfassungen binden die Ministerpräsidenten bei der Ressorteinteilung und der Berufung der Minister nahezu durchweg an eine bestimmende Mitwirkung der Landesparlamente, so daß der Regierung in diesem Rahmen nur die Zuweisung der Geschäfte an die einzelnen Ressorts überlassen bleibt. Die Landesverfassungen weichen auch darin vom Grundgesetz ab, daß sie vielfach eine Reihe tragender Grundsätze der Staatsverwaltung aufführen (z.B. Art. 55 BayVerf.), auch durch einen bunten Strauß von Staatszielen und durch Direktiven der kommunalen Selbstverwaltung.

Die Bundesminister und die Landesminister haben eine Doppelstellung als Mitglieder der Regierung, des staatsleitenden Kollegialorgans, und als Chefs ihres Geschäftsbereichs, den sie innerhalb der Richtlinien der Politik des Regierungschefs und der Regierung selbständig und unter eigener Verantwortung leiten. Vermittelt durch den parlamentarisch verantwortlichen Minister ist die Volksvertretung in der Lage, mittelbar auf die Ausübung der öffentlichen Verwaltung in den nachgeordneten Behörden und Stellen der einzelnen Ressorts einzuwirken, auch soweit diese sich nicht in gesetzesgebundenen Vollzugsakten erschöpft.

Regierung als Funktion ist die vollziehende Gewalt, soweit sie staatsleitende Entscheidungen der inneren und äußeren Politik trifft. Sie läßt sich, wenn auch nicht überall trennscharf, materiell von der Verwaltung unterscheiden, die Ausführung der Gesetze ohne selbständigen politischen Gestaltungsauftrag ist. Politik ist die auf die Verwirklichung des Gemeinwohls zielende Auseinandersetzung über Gewinn und Verlust von Macht im Staat, institutionell wirksam in den Regierungen und den gesetzgebenden und die Regierung kontrollierenden Volksvertretungen. Wesentliche Regierungsakte sind der parlamentarischen Entscheidung oder Mitwirkung unterworfen, z.B. der Abschluß von Staatsverträgen (Art. 59 Abs. 2 GG) und die Feststellung des Haushaltsplans (Art. 110 Abs. 2 GG). Regierungsakte sind, wie die vollziehende Gewalt insgesamt, an die Verfassung und an die Gesetze gebunden. Doch da sie weitgehend materieller Maßstäbe des Verfassungsrechts mit greifbarer Regelungskraft entbehren – siehe etwa den Sozialstaatssatz (Art. 20 Abs 1 GG) oder die konjunkturpolitische Direktive des Art. 109 Abs. 2 GG – und selten unmittelbar individuelle Rechtspositionen berühren, scheidet eine inhaltliche Kontrolle durch das Verfassungsgericht praktisch weitgehend aus. Dies ist das Feld der politischen Verantwortung der Exekutive nach den Regeln des parlamentarischen Regierungssystems.

Politische Planung ist die staatsleitende Funktion insofern, als sie auf die programmatische und zeitbestimmte Antizipation der Erledigung der Staatsaufgaben in Gesetzgebung, Vollziehung und Haushaltswirtschaft gerichtet ist. Sie ist typischerweise eine parlamentarische Aufgabe der Regierung, sei es auf Grund Gesetzes, sei es auf Grund des allgemeinen Amtsauftrags des Regierungschefs oder der Ressorts. Im Bundesstaat ergeben sich besondere Fragen für die Aufteilung der Planungskompetenz zwischen Bund und Ländern; politische Planung ist ein bevorzugtes Gebiet des kooperativen Föderalismus. Das Grundgesetz trifft ausdrücklich Regelungen über die mittelfristige Finanzplanung (Art. 109 Abs. 3 GG; § 9 StabG, §§ 50, 51 HGrG), die gemeinsame Rahmenplanung im Bereich der Gemeinschaftsaufgaben (Art. 91 a GG) und die Bildungsplanung (Art. 91 b GG). Die politische Planung auf dem Gebiet der raumbezogenen Planung äußert sich hauptsächlich in den normativen Rechtsakten der überörtlichen und überfachlichen Landesplanung nach den Vorgaben der bundesrechtlichen Rahmenvorschriften über die Raumordnung (Art. 75 Abs. 1 Nr. 4 GG).

III. Rechtsstaatliche Grundsätze des Verwaltungshandelns

Auf der Grundlage des Gewaltenteilungsprinzips (Art. 20 Abs. 2 Satz 2 GG), das die vollziehende Gewalt besonderen Staatsorganen anvertraut, ist die vollziehende Gewalt an Gesetz und Recht gebunden (Art. 20 Abs. 3 GG). Die rechtsstaatliche und demokratische Garantiefunktion des Gesetzes sichert die Anforderungen der Berechenbarkeit des Rechts und der Rechtsanwendung, der Rechtssicherheit und des grundrechtlichen Schutzes des einzelnen und wahrt die politische Entscheidungsvollmacht und Leitungsaufgabe der parlamentarischen Volksvertretung. Vorrang und Vorbehalt des Gesetzes werden durch den verfassungsrechtlichen Grundsatz der Gesetzmäßigkeit der Verwaltung gewährleistet.

Die Ordnung und Bindung der öffentlichen Verwaltung nach dem Prinzip des Rechtsstaats war neben dem Kampf um politische Freiheit und parlamentarische Mitbestimmung das zweite zentrale Ziel der bürgerlichen Verfassungsbewegung. Er kam lange vor der Durchsetzung der parlamentarischen Demokratie zum Erfolg. Die Gesetzmäßigkeit der Verwaltung als Postulat des Rechtsstaats im "formalen" Sinn ging dem "materialen" Rechtsstaat voran, der das Gesetz mit rechtlicher Kraft an inhaltliche Verfassungsnormen über die Staatsaufgaben und die Grundrechte bindet. Der alte Satz, daß Eingriffe in Freiheit und Eigentum nur durch Gesetz oder auf Grund Gesetzes zulässig sind, ist in neuerer Zeit mit einem hauptsächlich demokratischen Impuls dahin erweitert worden, daß alle "wesentlichen" Entscheidungen, insbesondere soweit der Schutz- und Ordnungsbereich der Grundrechte berührt wird oder ein Ausgleich der grundrechtlichen Freiheit mit anderen Grundrechten oder sonstigen Verfassungsgütern notwendig ist, durch Gesetz getroffen werden müssen, ohne Rücksicht darauf, ob es sich um "Eingriffe" im Sinne des überkommenen Schutzes von "Freiheit und

Eigentum" handelt. Die "Wesentlichkeitstheorie" des Bundesverfassungsgerichts (BVerfGE 40, 237; 49; 89; 83, 130 und öfter) erstreckt die Garantiefunktion des Gesetzes vor allem auf solche Verwaltungstätigkeiten, die nicht hoheitlich als Befehl und Zwangsgewalt auftreten, wie etwa Leistungen mit Auswirkungen auf Dritte, Ausbildungsmaßnahmen und Unterrichtsgestaltung, informelles Verwaltungshandeln durch öffentliche Informationen, Empfehlungen und Warnungen (BVerfGE 71, 183; 82, 76; 87, 37). Indem diese Lehre das rechtsstaatliche Bestimmtheitsgebot für das Gesetz verschärft, das den Vorbehaltsbereich des "Wesentlichen" berührt und Ermächtigungen für die Verwaltung ausspricht, wendet sie sich an den Gesetzgeber, dem sie Regelungspflichten auferlegt und entgegen dem demokratischen Begriff der gesetzgebenden Gewalt bis zu einem gewissen Grad die politische Gestaltungsfreiheit in der Frage aus der Hand nimmt, ob und in welcher Weise die Verwaltung gebunden sein soll.

Vorbehalt des Gesetzes bedeutet, daß bestimmte Tätigkeiten der Verwaltung nur aufgrund Gesetzes ausgeübt werden dürfen, also eine gesetzliche Grundlage voraussetzen. Das gilt für jede Normsetzung der Exekutive, die demnach stets nur eine – vom Gesetz – abgeleitete Rechtsetzung sein kann. Es gilt weiter für alle Tätigkeit der Verwaltung im Einzelfall, die die grundrechtliche Freiheit des einzelnen durch "Eingriff", insbesondere belastenden Verwaltungsakt, oder in anderer Weise "wesentlich" betrifft. Komplexe und durch das materielle Recht nur durch allgemeine und direktive Maßgaben steuerbare Verwaltungsaufgaben, wie etwa die Zulassung großtechnischer Anlagen, erfordern eine spezifische Grundrechtssicherung durch gesetzlich oder jedenfalls normativ näher bestimmtes Verfahren (BVerfGE 53, 30).

Ein Gesetz, das als rechtsstaatlich notwendige Grundlage des Verwaltungshandelns dient, muß eine – je nach Sachlage – hinreichende Bestimmtheit aufweisen, um die gebotene Bindung der Exekutive zu erreichen. Dieser Grundsatz bildet eine verfassungsrechtliche Grenze der Verwendung von Generalklauseln und von unbestimmten Rechtsbegriffen und der Einräumung von Ermessen und sonstigen Spielräumen behördlicher Befugnisse. Verordnungsermächtigungen müssen nach Inhalt, Zweck und Ausmaß hinreichend bestimmt sein (Art. 80 Abs. 1 Satz 2 GG). Die Begründung von Satzungsautonomie hingegen formt das Selbstverwaltungsrecht einer Körperschaft oder Anstalt aus und muß deshalb einem weniger streng gefaßten Bestimmtheitsgebot genügen.

Die rechtsstaatlichen Grundsätze des Verwaltungshandelns werden in erster Linie aus den Schutzwirkungen der Grundrechte entwickelt, wie besonders das Gebot der Gleichbehandlung, der Grundsatz des Vertrauensschutzes und der Grundsatz der Verhältnismäßigkeit. Das ist folgerichtig, da die grundrechtliche Freiheit ein Kernstück des Rechtsstaates ist. Zugleich wird damit sichergestellt, daß die rechtsstaatliche Bindung der öffentlichen Verwaltung bereichsspezifisch auf den zu beurteilenden Grundrechtseingriff bezogen bleibt. Dieser Zusammenhang steht in der Rechtsprechung des Europäischen Gerichtshofs klar vor Augen, der die – ungeschriebenen – Gemeinschaftsgrundrechte als allgemeine Rechtsgrundsätze versteht, die den Rechtsordnungen der Mitgliedstaaten gemeinsam sind (vgl. Art. 215 Abs. 2 EGV), und im Sinn von rechtsstaatlichen Grundsätzen ordnungsgemäßer Verwaltung auffaßt (EuGH Slg. 1979, 3727; 1989, 2859). Die Gemeinschaftsgrundrechte gelten für allein auf nationalem Recht beruhende Rechtsakte nicht (EuGH Slg. 1978, 1365), müssen aber von den Behörden der Mitgliedstaaten bei der Ausführung des Gemeinschaftsrechts beachtet werden.

Das Allgemeine Verwaltungsrecht umfaßt die letztlich im Rechtsstaatsprinzip wurzelnden und nicht auf einzelne Materien des Verwaltungshandelns beschränkten Entscheidungsregeln und Grundsätze der öffentlichen Verwaltung. Es hat sich seit der Verwissenschaftlichung des Verwaltungsrechts durch *Otto Mayer* und der Einrichtung der Verwaltungsgerichtsbarkeit hauptsächlich als Juristen- und Richterrecht entwickelt. Seit dem Inkrafttreten der Verwaltungsverfahrensgesetze des Bundes und der Länder (1977) sind wesentliche Teile des Allgemeinen Verwaltungsrechts und damit der rechtsstaatlichen Grundsätze des Verwaltungshandelns positivrechtlich geregelt. Diese Grundsätze, deren vergleichsweise beständiger Kern Gebote einer "natural justice" umfaßt, werden durch Gesetzgebung, Gerichtspraxis und wissenschaftliche Kritik weitergebildet.

IV. Die Ausführung der Bundesgesetze und die Bundesverwaltung

Die Bundesverwaltung und die Landesverwaltungen sind organisatorisch und funktionell voneinander getrennt (Art. 30, 83 ff. GG). Nach der Grundregel der bundesstaatlichen Kompetenzverteilung ist die Ausübung öffentlicher Verwaltung – erfolge sie gesetzesakzessorisch oder gesetzesfrei, in öffentlich-rechtlicher oder privatrechtlicher Rechtsform – und damit auch die Ausführung der Bundesgesetze im Grundsatz eine Sache der Länder. Das Grundgesetz regelt die Ausführung der Bundesgesetze durch die Länder, ausnahmsweise durch den Bund selbst, und die Organisation und die Gegenstände der Bundesverwaltung.

Die Länder führen die Bundesgesetze im Regelfall unter der Aufsicht des Bundes aus, das heißt als eigene Angelegenheit und nur unter einer Aufsicht der Bundesregierung dahingehend, daß sie dem geltenden Recht gemäß handeln (Art. 84 GG). Sofern besonders im Grundgesetz vorgesehen oder zugelassen, wie z.B. bei der Verwaltung der Bundesfernstraßen (Art. 90 Abs. 2 GG) und bei der Luftverkehrsverwaltung (Art. 87 d GG), werden die Bundesgesetze "im Auftrag" des Bundes ausgeführt (Art. 85 GG). Bei der Auftragsverwaltung unterstehen die Länder den Weisungen der zuständigen obersten Bundesbehörden; die Bundesaufsicht erstreckt sich auf Gesetzmäßigkeit und Zweckmäßigkeit der Ausführung. Durch die Ausübung des Weisungsrechts nimmt der Bund die Sachkompetenz für den Vollzug in Anspruch (BVerfGE 81, 310). Die Ausführung von Bundesgesetzen durch die Länder unter der Aufsicht des Bundes oder im Auftrag des Bundes ist Ausübung von Landesstaatsgewalt.

Eine Verwaltungskompetenz des Bundes besteht nur insoweit, als das Grundgesetz ausdrücklich oder stillschweigend (kraft Sachzusammenhangs oder kraft Natur der Sache) eine Zuständigkeit des Bundes begründet, z.B. für den Auswärtigen Dienst (Art. 87 Abs. 2 GG), oder ihre Begründung durch Bundesgesetz zuläßt, z.B. durch Errichtung von selbständigen Bundesoberbehörden (Art. 87 Abs. 3 GG). Die Art. 87 ff. GG enthalten in komplexen Regelungen die der Bundesverwaltung zugewiesenen Materien (Kompetenzordnung) und die für die Aufgabenerfüllung jeweils vorgesehenen oder zugelassenen Organisationsformen. Die Novellierungen im Zuge der Bahn- und der Postreform haben mit ungewöhnlichem Detailreichtum die Unternehmenszwecke und Privatisierungsmöglichkeiten der "privatwirtschaftlich" tätigen Nachfolgeunternehmen der Bundeseisenbahnen und der Bundespost festgelegt, unter anderem durch in ihrer Tragweite schwer einschätzbare Infrastrukturgarantien (Art. 87 e, 87 f, 143 a, 143 b GG).

Die Bundesverwaltung ist "bundeseigene Verwaltung" – beschränkt auf Zentralbehörden oder "mit eigenem Verwaltungsunterbau" – oder Verwaltung durch "bundesunmittelbare Körperschaften und Anstalten des öffentlichen Rechts". In dem besonderen Fall der Bundesbank hat die Maastricht-Novelle von 1992 in einer Sonderregelung gegenüber Art. 23 GG vorgesehen, daß Hoheitsrechte der Währungs- und Notenbank, also Aufgaben und Befugnisse eines Verwaltungsträgers, im Rahmen der Europäischen Union der Europäischen Zentralbank übertragen werden können, vorausgesetzt, daß diese dem vorrangigen Ziel der Sicherung der Preisstabilität verpflichtet und daß sie unabhängig ist (Art. 88 GG).

Bundesverwaltung kann auch in privatrechtlicher Organisationsform geführt werden. Das ist für die unternehmerischen und betrieblichen Aufgaben der Eisenbahnen des Bundes und der Bundesunternehmen der Post und der Telekommunikation vorgeschrieben (Art. 87 e Abs. 3, 87 f. Abs. 2 Satz 1, 143 b Abs. 1 GG) und für die Luftverkehrsverwaltung ausdrücklich zugelassen (Art. 87 d Abs. 1 Satz 2 GG). Im übrigen kann der Bund Handelsgesellschaften, die Verwaltungsaufgaben wahrnehmen, gründen oder sich an ihnen beteiligen, sofern er über eine verfassungsrechtlich zugewiesene Verwaltungskompetenz verfügt und nicht die Organisationsnormen über die Bundesverwaltung eine öffentlich-rechtliche Organisationsform vorschreiben.

V. *Der öffentliche Dienst*

Die rechtsstaatliche und wirksame öffentliche Verwaltung des expandierenden Sozialstaates mit seinen Gestaltungs- und Leistungsaufgaben setzt einen leistungsfähigen, gesetzestreuen und dem Allgemeininteresse verpflichteten öffentlichen Dienst voraus. Die Grundlagen des Rechts des öffentlichen Dienstes sind ein Hauptstück des Verfassungsstaates.

Nach dem Vorbild der Weimarer Reichsverfassung (Art. 128 ff. WRV) haben das Grundgesetz (Art. 33, 34 GG) und die meisten Landesverfassungen die Grundlinien des öffentlichen Dienstrechts und der Rechtsstellung der Beamten festgelegt und das Berufsbeamtentum durch eine institutionelle Garantie befestigt. Die Verfassung unterscheidet die Beamten, die zu ihrem Dienstherrn in einem durch Gesetz zu regelnden öffentlich-rechtlichen Dienst- und Treueverhältnis stehen, von den Tarifkräften des öffentlichen Dienstes, deren Rechtsbeziehungen zu ihrem öffentlichen Arbeitgeber dem Arbeitsrecht unterliegen und durch Tarifverträge bestimmt werden. Die "Funktionsgarantie" des Art. 33 Abs. 4 GG schreibt vor, die Ausübung hoheitsrechtlicher Befugnisse als ständige Aufgabe in der Regel Angehörigen des öffentlichen Dienstes zu übertragen, die in einem öffentlich-rechtlichen Dienst- und Treueverhältnis stehen, das heißt Beamte sind. Der Regelungsspielraum des Gesetzgebers ist dadurch eingeschränkt, daß er die hergebrachten Grundsätze des Berufsbeamtentums zu berücksichtigen hat, zu denen unter anderem gehört, daß jeder Deutsche nach seiner Eignung, Befähigung und fachlichen Leistung Zugang zu jedem öffentlichen Amt hat (Art. 33 Abs. 2 GG). Art. 33 Abs. 5 GG gibt dem Berufsbeamtentum eine Garantie als Tragpfeiler des Staatsaufbaus und ist zugleich auch Grundlage individueller Rechte der Beamten. Institution des Berufsbeamtentums und Rechtsposition der Beamten sollen im Allgemeininteresse dem Interessenkampf des kollektiven Arbeitsrechts entzogen und der Regelung durch das Gesetz vorbehalten sein; der Gesetzgeber wiederum soll an bestimmte Eckwerte gebunden sein, die ihm eine Abschaffung oder Denaturierung des Berufsbeamtentums verbieten.

Treuepflicht, einschließlich Gehorsamspflicht, der Beamten und Fürsorgepflicht des Dienstherrn sind die beiden Grundpflichten, aus denen sich die einzelnen Rechte und

Pflichten ableiten, die den Inhalt des Beamtenverhältnisses ausmachen. Die gesetzliche Voraussetzung, daß von dem Beamten eine verfassungsbezogene politische Loyalität erwartet werden muß, ist ein hergebrachter Grundsatz des Berufsbeamtentums (BVerfGE 39, 334). Die Ausübung der Grundrechte, z.B. der Berufsfreiheit, ist im Beamtenverhältnis nur insoweit beschränkt, als sie mit der Erfüllung der in dem besonderen Dienst- und Treueverhältnis wurzelnden Pflichten unvereinbar wäre. Die Koalitionsfreiheit (Art. 9 Abs. 3 GG) steht auch den Beamten zu (§ 57 BRRG), nicht jedoch das Streikrecht.

Der Bund hat die ausschließliche Gesetzgebung über die Rechtsverhältnisse der Bundesbeamten (Art. 73 Nr. 8 GG). Die Besoldung und Versorgung der Landesbeamten ist eine Materie der konkurrierenden Gesetzgebung (Art. 74 a GG), die Rechtsverhältnisse der Landesbeamten im übrigen unterliegen der Rahmenkompetenz des Bundes (Art. 75 Abs. 1 Nr. 1 GG).

VI. Finanzwesen und Haushalt

Bund und Länder führen eine getrennte und selbständige Finanz- und Haushaltswirtschaft (Art. 104 a, 109 Abs. 1 GG). Die Ausgabenlast folgt grundsätzlich der Aufgabenverantwortung. Dementsprechend tragen Bund und Länder jeweils die Kosten die ihre Verwaltungen allgemein und ihre Verwaltungstätigkeit im Vollzug der Gesetze verursachen, soweit das Grundgesetz nichts anderes bestimmt. Abweichendes gilt für die Auftragsverwaltung und kann bei Geldleistungsgesetzen vorgesehen werden. Handeln die Länder im Auftrag des Bundes, trägt der Bund die sich daraus ergebenden Ausgaben. Bundesgesetze, die Geldleistungen gewähren und von den Ländern ausgeführt werden, können bestimmen, daß die Geldleistungen ganz oder zum Teil vom Bund getragen werden.

Die Gewährleistung der Selbstverwaltung der Gemeinden und Gemeindeverbände umfaßt nach Maßgabe der bundesstaatlichen Finanzverfassung auch die Grundlagen der finanziellen Eigenverantwortung (Art. 28 Abs. 2 Satz 3, 106 Abs. 5 bis 9 GG). Die kommunale Finanzhoheit, die in den Landesverfassungen vielfach ausdrücklich garantiert ist, umschließt eine eigenverantwortliche Einnahme- und Ausgabenwirtschaft der Kommunen und damit auch die Zuweisung eigener Einnahmequellen durch Landesgesetz. Bei Übertragung staatlicher Aufgaben an die Gemeinden und Gemeindeverbände sind gleichzeitig die notwendigen Mittel zu erschließen.

Bund und Länder haben je eigene Finanzverwaltungen, die allerdings in der Mittelinstanz (Oberfinanzdirektion) organisatorisch miteinander verbunden sind (Art. 108 GG). Zölle, Finanzmonopole, die bundesgesetzlich geregelten Verbrauchsteuern einschließlich der Einfuhrumsatzsteuer und die Abgaben im Rahmen der Europäischen Gemeinschaften werden durch Bundesfinanzbehörden verwaltet. Bei den Realsteuern liegt – neben der Entscheidung über die Hebesätze in der Haushaltssatzung (Art. 106 Abs. 6 Satz 2 GG) – die Steuerfestsetzung in der Hand der Gemeinde, abhängig von den Bescheiden des Finanzamts über den Einheitswert und den Steuermeßbetrag (§ 184 AbgO).

Jede Erhebung öffentlicher Abgaben bedarf einer gesetzlichen Ermächtigung, die den Abgabentatbestand festlegt. Die Gebühren als Entgelt für eine besondere Inanspruchnahme der öffentlichen Verwaltung und die Beiträge als Entgelt für einen von der Verwaltung bereitgestellten Vorteil sind aufgrund Gesetzes durch Rechtsverordnungen, bei den Kommunen durch Satzungen näher geregelt. Gemäß dem allgemeinen Gleichheitssatz (Art. 3 Abs. 1 GG) dürfen Gebühren und Beiträge nicht völlig unabhängig von den Kosten der Leistung oder des Vorteils festgesetzt werden und müssen außerdem dem Ausmaß der erbrachten Leistung oder des bereitgestellten Vorteils Rechnung tragen (Äquivalenzprinzip).

Das Haushaltsrecht (Art. 110 GG) enthält Vorschriften über die Aufstellung, den Inhalt und die Ausführung des Haushaltsplans, für die Haushalts- und Wirtschaftsführung sowie über die Rechnungskontrolle. Die Grundfunktion des Haushaltsplans ist seine finanzwirtschaftliche Bedeutung für eine geordnete und kontrollierbare Wirtschaftsführung (§ 2 HGrG); akzessorisch ist die ökonomische Budgetfunktion, die mit der Haushaltsreform von 1969 Eingang auch in das Verfassungsrecht gefunden hat (Art. 109 Abs. 2 und 3 GG). Der Haushaltswirtschaft des Bundes und der Länder, auch der Kommunen, ist eine gleitende fünfjährige Finanzplanung zugrunde zu legen (Art. 109 Abs. 3 GG; §§ 9,14 StabG, § 50 HGrG).

Das den Haushaltsplan feststellende Haushaltsgesetz, für das allein der Bundesregierung bzw. der Landesregierung das Initiativrecht zusteht (Art. 110 Abs. 4 GG; §§ 28, 29 BHO), ist ein "staatsleitender Hoheitsakt in Gesetzesform" (BVerfGE 45, 1). Das Haushaltsgesetz ermächtigt die Exekutive, Ausgaben zu leisten und Verpflichtungen einzugehen (§ 3 Abs. 1 HGrG), und ist insofern ein Rechtssatz (BVerfGE 20, 56). Die Haushaltsansätze sind jedoch keine Regelungen im Sinne des rechtsstaatlichen Gesetzesvorbehalts (BVerfGE 38, 121). Sie haben keine "Außenwirkung", die Rechte oder Pflichten begründen oder aufheben könnten oder als Ermächtigungen für Rechtsakte der Verwaltung in Betracht kämen (§ 3 Abs. 2 HGrG). Die mittelbewirtschaftende Stelle der Verwaltung ist an die Zweckbestimmung der Haushaltsansätze gebunden und muß die Mittel sparsam und wirtschaftlich verwenden.

Literatur

Badura, Peter, Art. Bundesverwaltung, Regierung, in: *Herzog, Roman* u.a. (Hrsg.), Evangelisches Staatslexikon, 3. Auflage, Stuttgart 1987, Sp. 365, 2951.
Blümel, Willi, Verwaltungszuständigkeit, in: *Isensee, Josef/Kirchhof, Paul* (Hrsg.), Handbuch des Staatsrechts der Bundesrepublik Deutschland, Band IV, Heidelberg 1990, § 101.
Böckenförde, Ernst-Wolfgang, Die Organisationsgewalt im Bereich der Regierung, Berlin 1964.
Böckenförde, Ernst-Wolfgang, Das Gesetz als Auftrag der Verwaltung, in: Die Öffentliche Verwaltung 1969, S. 385 ff.
Böckenförde, Ernst-Wolfgang, Perspektiven der Landesverwaltung in einem vereinten Europa, in: Niedersächsische Verwaltungsblätter 1994, S. 25 ff.
Böckenförde, Ernst-Wolfgang, Planung zwischen Regierung und Parlament, in: Der Staat, 1972, S. 429 ff.
Forsthoff, Ernst, Lehrbuch des Verwaltungsrechts, Band I, Allgemeiner Teil, 10. Auflage, München 1973.
Lerche, Peter, Art. 86 ff., in: *Maunz, Theodor/Dürig, Gunter* (Hrsg.), Grundgesetz, München 1989 ff.
Ossenbühl, Fritz, Rechtsquellen und Rechtsbindungen der Verwaltung, in: *Erichsen, Hans-Uwe* (Hrsg.), Allgemeines Verwaltungsrecht, 10. Auflage, Berlin/New York 1995, §§ 5 bis 10.
Scheuner, Ulrich, Der Bereich der Regierung, in: Rechtsprobleme in Staat und Kirche, Festschrift für Rudolf Smend, Göttingen 1952, S. 253 ff.
Schmidt-Aßmann, Eberhard, Der Rechtsstaat, in: *Isensee, Josef/Kirchhof, Paul* (Hrsg.), Handbuch des Staatsrechts der Bundesrepublik Deutschland, Band I, Heidelberg 1987, § 24.
Vogel, Klaus, Grundzüge des Finanzrechts des Grundgesetzes, in: *Isensee, Josef/Kirchhof, Paul* (Hrsg.), Handbuch des Staatsrechts der Bundesrepublik Deutschland, Band IV, Heidelberg 1990, § 87.

Carl Böhret/Götz Konzendorf

4. Verwaltung im gesellschaftlichen und ökonomischen Umfeld

Inhaltsübersicht

I. Problemaufriß
II. Die Verwaltung und ihr Umfeld: Entwicklungsphasen
   1. Der neoliberale Anfang
   2. Die Phase der Makrosteuerung
   3. Ausdifferenzierungen im Spätpluralismus
III. Abschätzungen: Verwaltung in der Übergangsgesellschaft
   1. Trends zur Übergangsgesellschaft
   2. Handlungskonzepte
      a.) Ökonomie
      b.) Regierung und Verwaltung
IV. Erkenntnisse: Dynamische Interdependenz
   1. Bestätigung des Phasen-Modells
   2. Erklärung: Evolutorisches System

I. Problemaufriß

Die öffentliche Verwaltung ist vielfältig mit ihrem politischen und ökonomischen Umfeld verwoben. *Was* die Verwaltung *wie* tun *soll* (Vorgaben, Aufgaben) und was sie tatsächlich tun *kann* (Handlungsspielraum), das ergibt sich weitgehend aus der historischen Ausprägung dieses Umfeld-Verhältnisses; vorrangig zum Regierungssystem ("Staat") und zur Wirtschaft, die beide ihrerseits in den gesellschaftlichen und demographischen Wandel einbezogen sind.

Die Verwaltung ist Teil eines Prozesses, den sie mit beeinflußt, und der auf sie wieder zurückwirkt. Ihre Strukturen, die Verfahren und die Verhaltensweisen des Personals sind aus der Reaktion auf die Bewegungen jenes Umfelds wie aus der gewachsenen Binnenkultur (z.B. Bürokratiemodell oder effiziente Dienstleistung) zu erklären.

Größere oder geringere Spielräume (Freiheitsgrade) der Verwaltung – auch gegenüber der Politik – ergeben sich also aus jenem variablen Verhältnis zwischen Einflußstärke des Umfelds und jeweils aktualisierbarer Eigenmacht. Sie reichen von der betont nur instrumentell, im streng vorgegebenen Rechtsrahmen ohne jegliches Eigeninteresse "hoheitlich" tätigen Verwaltung bis zur – auch materielle Politik – vorbereitenden Administration, oder bis zu einer unter dem Knappheitsdruck gespaltenen Verwaltungskultur (hoheitlich/betriebswirtschaftlich). Die jeweils aktuelle Rolle und Bedeutung der Verwaltung ist also nur aus dem jeweiligen Zustand dieser sich entwickelnden, wechselseitigen Beziehungen hinreichend zu erklären. Wer jeweils die ersten "Anstöße" zur Veränderung des Gesamtverhältnisses gibt, ist unbestimmt und unterschiedlich. Sie können der nicht mehr ausreichenden Selbstorganisation der Wirtschaft entstammen, z.B. einer Beschäftigungskrise, aus dem defizitären Politik-Erzeugungsprozeß, aus ökologischen Herausforderungen oder aus mehreren Problemlagen gleichzeitig.

Die Wahrnehmung der Veränderung im realen Geflecht von Ökonomie und Gesellschaft sowie der solche Vorgänge erklärenden und oft rechtfertigenden Paradigmen und Theoreme beeinflussen ihrerseits – bremsend oder beschleunigend – die Entwicklungsgeschwindigkeit und die akzeptierten Regeln. Auch deshalb müssen unterschiedliche Zeitverständnisse beachtet werden – sowohl in den Verfahrensweisen als auch hinsichtlich der Handlungsfolgen.

An der bundesrepublikanischen Entwicklung ("Systemgeschichte") kann die Verwobenheit der Verwaltung mit ihrem politischen und ökonomischen Umfeld vor dem Hintergrund der mitwirkenden gesellschaftlichen Veränderungen holzschnittartig skizziert werden. Es läßt sich cum grano salis erkennen:
– ein 15-Jahres-Rhythmus bisheriger Entwicklungsphasen,
– unterschiedliche – den Übergang anstoßende – Destabilisatoren,
– eine Ähnlichkeit der jeweils geltenden ökonomischen und gesellschaftlichen Paradigmen, im Kontext zur jeweils mehrheitlich akzeptierten und genutzten Rolle von Staat und Verwaltung,
– eine differenzierte Wahrnehmung von Zeitverständnissen (querschnittig-kurzfristig und längsschnittig-langfristig).

In Abb. 1 wird die bundesrepublikanische Systemgeschichte in paradigmatischer Vereinfachung dargestellt. Auf jeder Stufe zeigt sich eine, die jeweilige Phase prägende, Affinität der beobachteten Bereiche (Subsysteme). Daraus läßt sich auf wechselseitige

Zusammenhänge (Interdependenzen) schließen, die sich für einige Zeit als relativ stabil darstellen.

Abb. 1: Phasen-Modell (Bundesrepublik Deutschland)

Phasen	Gesellschaftliches Paradigma	Ökonomisches Paradigma	Rolle von Staat und Verwaltung	Modernisierungsparadigma
1950/1965	liberal-pluralistische **Leistungsgesellschaft**	neoliberale **Ordnungspolitik**	**Minimalstaat,** Ordnungsverwaltung	**legislatorische Programmsteuerung** moderate Ergänzung hoheitl. Funktionen
1965/1980	sozial-liberaler **Pluralismus**	(keynesianische) **Globalsteuerung**	Staat als pol.-admin. **Steuerungszentrum,** konzertierte Aktion. Dominanz Verwaltung	**Makroplanung,** Territorial- und Funktionalreformen
1980/1995	**Spätpluralismus** Ausdifferenzierungen, Individuation. Reduzierte Organisationsfähigeit.	(neoklassische) **Angebotspolitik**	**Verhandlungs-Staat** („Arena"), Neo-Inkrementalismus	Schlanker Staat. **Deregulierung,** Verwaltungsmodernisierung („Mikroökonomisierung")
ab 1995	Übergang zur **transindustriellen Gesellschaft**	komplexe **Entwicklungssteuerung** (Weltmarkt, Basisinnovationen)	**Funktionaler Staat.** Strategische Allianzen; aktive Verwaltungspolitik	Reform der Staatstätigkeit; Verwaltung als **Entwicklungsagentur**

Trotzdem kommt es auch immer wieder zu Destabilisierungen, die den Übergang in eine neue Entwicklungsphase einleiten. Die Gründe dafür lassen sich vor allem in allmählich heranwachsenden, sich quasi aufstauenden (unlösbaren) Problemlagen erkennen. Denn innnerhalb jeder Phase finden – in wechselnden Bereichen – tachogene Eigenbewegungen statt. Die "historisch verfügbaren" Problemlösungskapazitäten reichen nicht mehr aus; herrschende Paradigmen werden infrage gestellt. Ab einem (noch) unbestimmten Punkt kommt es zum Phasensprung auf der ganzen Linie. Es ist offen, aber nicht beliebig, wer jeweils der zentrale (und jetzt allgemein akzeptierte) "Initiator" für die Destabilisation sein wird. In Abb. 2 werden die destabilisierenden Faktoren (Problemlagen) sowie die Initiatoren für die bisherigen Phasen-Übergänge benannt.

Abb. 2: Destabilisierende Faktoren

Phasen–Übergang	Unlösbare Problemlagen	Zentraler Initiator für Veränderung
um 1965	erste Rezession	Staat
um 1980	Stagflation, Disparitäten	Gesellschaft (sozio-ökonomische Interessen)
um 1995	Internationalisierung, Disparitäten, Ökologisierung (Globalisierung)	Staat; Verwaltung

Die mittels Beobachtung und Musterbildung erkannten Phänomene werden nun zunächst in ihrem Zusammenhang modellhaft beschrieben. Aus solchen begründeten Erkennntnissen folgt dann eine verallgemeinernde Erklärung ("Theorie mittlerer Reichweite").

II. Die Verwaltung und ihr Umfeld: Entwicklungsphasen

1. Der neoliberale Anfang

a) Nach Kriegsende und Währungsreform bildete sich eine überwiegend von liberalen Ideen geprägte pluralistische Leistungsgesellschaft heraus. Der Wiederaufbau, breit gestreute Interessenvertretung mit leistungsbezogenen, sozialen Differenzierungen hatten wachsenden Einfluß auf politische Entscheidungsgremien (Regierung/Verwaltung, Parlament). Die nach Leistung und Fähigkeit gestaffelte Gesellschaft setzt auf Verteilungsgerechtigkeit des sozialen Wettbewerbs.

b) Dem sozialen Konkurrenzpluralismus entspricht das neoliberale Wirtschaftsmodell (Konkurrenz, Marktwirtschaft mit sozialen Abfederungen, mit zentraler Stellung des Privateigentums), dezentrale Steuerung über den Markt und rechtliche Rahmensetzung. Ökonomisch ist die Phase des neoliberalen Anfangs durch den Aufbau der Industriegesellschaft und durch das Wirtschaftswunder gekennzeichnet. Alle profitierten vom permanenten Wachstum des Bruttosozialprodukts.

c) Der Staat wurde auf traditionelle Ordnungsfunktionen (Ordnung des Wettbewerbs als staatliche Veranstaltung), Infrastrukturförderung und sozialpolitische Korrekturen extremer Ungleichheiten begrenzt. Idealiter ist er Minimalstaat (auch "Nachtwächterstaat"). Der Ausbau des bundesstaatlichen Föderalismus, das parlamentarische Willensbildungsmodell und die parteienstaatliche Konkurrenzdemokratie ergänzten das herrschende Modell des "Gesamtpluralismus" zunehmend.

d) Die ebenfalls differenzierte Verwaltung verstand sich vor allem als hoheitliche Ordnungs- und Sozialverwaltung, die mittels hierarchischer Organisationsformen den vom Parlament überwiegend in Gesetzesform gegossenen politischen Willen vollzieht. Diese strenge Unterscheidung zwischen "Politik" (als Willensbildung in Parlament und Regierung) und "Verwaltung" als bloßer Ausführung der politischen Vorgaben wird annähernd durch den Begriff der legislatorischen Programmsteuerung erfaßt. Die Verwaltung gilt demnach als nachgeordneter Teil der Regierung. Ihr gegenüber ist sie weisungsgebunden, arbeitet ihr zu, steht ihr zur Verfügung und wird indirekt durch das Parlament (die Oppositon) kontrolliert. Das heißt die für den Verwaltungsapparat ausgewählten "Programme" werden durch diesen unverfälscht ausgeführt. Der instrumentelle Charakter der Verwaltung ist durch diesen direkten und alternativlosen Vollzug gekennzeichnet. Ihr Tätigwerden ist dabei immer streng an Gesetz und Recht gebunden. Deshalb gibt es offiziell auch keine Abhängigkeit der Verwaltung von nichtstaatlichen Institutionen (z.B. von organisierten Interessen).

e) Aber vor allem diese horizontale "Unabhängigkeit" ließ sich in einer pluralistischen Gesellschaft realiter nicht durchhalten. Interessenberücksichtigung wurde zunehmend zur anerkannten Zusatzfunktion vor allem der Leistungsverwaltung. Damit realisierte sich zugleich die liberal-pluralistische Theorie, derzufolge die sich in Gruppen und Verbänden (Mitglieder) organisierende Gesellschaft auch an der staatlichen Willensbildung mitwirken soll (horizontale Politikverflechtung). Womit gewährleistet bleibt, daß die politischen Institutionen ständig über die Vielfalt der Bedürfnisse, Erwartungen und Ansprüche der gegliederten Gesellschaft informiert sind. Die Verwaltung übernimmt "Scharnierfunktionen". Da das "materielle" Gemeinwohl – gerade vom "Minimalstaat" – nicht im voraus (a priori) erkennbar ist, sondern sich als Resultat von Interessenausgleichsprozessen a posteriori einstellt, muß nur ein Grundkonsens über die Spielregeln und Verfahrensweisen hergestellt werden. Deren Einhaltung sichert nun vor allem wieder die Verwaltung. Der Konsens der Leistungsgesellschaft wurde primär mittels der ökonomischen Prosperität und akzeptierter Verteilungsregeln im pluralistischen Interessenausgleich hergestellt. Die erste Rezession Mitte der 60er Jahre führte zu Verunsicherungen ("Ende des Wirtschaftswunders"?) und Kritik am Minimalstaat. In dieser Situation initiierte der Staat den Übergang zur Makrosteuerung und zu selektiven Koordinationsprozessen innerhalb der pluralistischen Gesellschaft.

2. Die Phase der Makrosteuerung

a) Die Pluralisierung der Gesellschaft setzte sich auch in dieser Phase (1965/1980) fort. Zugleich verstärkte sich die Sozialpolitisierung durch die Verbreitung wohlfahrtsstaatlicher Ausdifferenzierungen und bildungspolitischer Hilfestellungen.

b) Mit dem ersten Konjunktureinbruch in der Nachkriegszeit – der Rezession 1966/67 – wandelte sich zunächst die wirtschaftspolitische Orientierung. Anstelle der Leitidee einer Selbstregulierung des Marktes trat die Stützung der auf die gesamtwirtschaftliche Nachfrage zielende, auf *J. M. Keynes* beruhende Konzeption der Globalsteuerung. Das bedeutete vorrangig aktive Beeinflussung des Konjunkturablaufs mit gezielten staatlichen Maßnahmen, die sich jedoch lediglich auf die Entwicklung gesamtwirtschaftlicher (globaler) Größen – wie z.B. Konsum, Investitionen, Staatsausgaben und Außenhandel – beziehen, ohne die privaten Entscheidungen direkt zu berühren: "Wettbewerb soweit wie möglich, Planung soweit wie nötig!". Wirtschaftspolitisches Leitbild blieb weiterhin die "Soziale Martkwirtschaft", nun ergänzt durch neue Instrumentarien. Der Übergang von der "naiven" zur "aufgeklärten" Marktwirtschaft fand statt.

c) Auf der Basis einer besseren Koordinierung des vielfältigen öffentlichen Sektors und durch mittelfristige Aufgaben- und Finanzplanung versuchte der Staat, sich antizyklisch zu verhalten und dadurch auch die privaten Konsum- und Investitionsentscheidungen zu beeinflussen. Wo die immanenten Kräfte des Marktes dysfunktionale Prozesse erzeugten, sollte und durfte der Staat planend und milde steuernd mitwirken. Der Staat sollte also gestaltende Kraft haben und es ermöglichen, daß auch solche Probleme bearbeitet werden, die der Markt alleine offensichtlich nicht mehr zu lösen imstande war.

Der aktive Steuerungsauftrag des Staates – vor allem in Regierung und Verwaltung – wurde anerkannt. Er sollte dort, wo (noch) keine gesellschaftlichen Akteure tätig sind, und wo im politischen Diskurs noch nicht bewältigte Herausforderungen oder Handlungsdefizite sozioökonomischer Akteure erkannt werden, durch "aktive Politik" eingreifen. Reformen des öffentlichen Sektors selbst galten als gewichtige und synchrone Voraussetzungen für die zu steigernde Steuerungsfähigkeit. Es kam zu Territorial- und (begrenzten) Funktionalreformen, zum Versuch von Gesamtsystemanalysen wie zur Errichtung von Planungssystemen. In diesem Zusammenhang verstärkte sich neben der horizontalen Politikverflechtung auch die vertikale; die Ausdifferenzierung des politischen Systems (Binnen-Pluralisierung) schritt voran.

d) Die Verwaltung wurde dabei immer mehr zum professionellen Apparat, zum unentbehrlichen Instrument zur Bearbeitung und zum Vollzug der wachsenden öffentlichen Aufgaben und sozialen Ansprüche; weswegen sie zugleich immer mehr den Einflüssen aus der organisierten Gesellschaft ausgesetzt wurde. Ihr "Interessenberücksichtigungspotential" erhöhte sich. Manche Verbände konnten "Brückenköpfe" (clientel capture) in einzelnen Fachressorts bilden; nicht zuletzt effektvoll bei der Vorbereitung von Gesetzen. Die Heranziehung von Sachverständigen und die Bildung von Beiräten verstärkten die Kooperation mit den gesellschaftlichen Interessen. Die Verwaltung wurde an der Formulierung politischer Programme beteiligt, sie bereitete die Gesetze vor, die dann von der Legislative ratifiziert wurden.

So konnte die Verwaltung in dieser Phase ihre Entscheidungs- und Handlungsspielräume gegenüber der Politik deutlich erweitern. Sie pflegte enge Kontakte zur sozio-ökonomischen Außenwelt (Verbände, Unternehmer; auch Bürger) und hatte damit die Macht der Informationsselektion (Kanalisierung und – möglicherweise – Verheimlichung) gegenüber der oft überlasteten politischen Führung. Sie erkannte regelungsbedürftige Sachverhalte, ermittelte Eingriffspunkte und "machte Politik", indem sie Handlungsvorschläge vorlegte oder aber bestimmte Alternativen *nicht* verfolgte. Die "Vorbereitungsherrschaft der Verwaltung" wirkte somit sowohl gegenüber dem Parlament als auch gegenüber der Regierung. Die bürokratische Rationalität dominierte den politischen Prozeß. Diese Phase ist also gekennzeichnet durch eine Bürokratisierung der Politikerzeugung, von einer wachsenden Dominanz der Verwaltung im Gefolge der Steuerungs- und Planungsfunktion der reformorientierten Politik.

e) Ein ganzes Faktorenbündel trug zu den um 1980 einsetzenden Destabilisierungen bei, die zunächst zum Ende des Paradigmas der Makrosteuerung (Ende der "Planungseuphorie") führte. Wachsende soziale und ökonomische Defizite wurden auf die Übersteuerung gesellschaftlicher Prozesse durch Regierung und Verwaltung zurückgeführt. Gewichtige sozio-ökonomische Interessen setzten auf ein Zurückdrängen des staatlichen Einflusses. Ökonomisch war es die beginnende "stagflationäre Konstellation", nämlich die gleichzeitige Verletzung des Wachstums-, Beschäftigungs- und Preisstabilitätsziels, die den staatlichen Interventionismus infrage stellte. Sozial wuchsen neue staatliche Disparitäten (z.B. Wohnungsnot; Ausbildungsprobleme) heran.

3. *Ausdifferenzierungen im Spätpluralismus*

a) Der entwickelte Pluralismus war zunächst noch durch eine weiter fortschreitende und sich beschleunigende Ausdifferenzierung der organisierten Interessen gekennzeichnet und gleichzeitig durch eine Anreicherung mit Verhandlungsgremien, Kommissionen, Ad-hoc-Treffen und Mediatoren. Häufigkeit und Dichte der Aushandlungs- und Verhandlungsbeziehungen steigen an. Es bildeten sich "Arenen", in denen eine Vielzahl von gesellschaftlichen Akteuren – zunehmend unter Beteiligung staatlicher Interessen(vertreter) – versuchen, Kompromisse auf Zeit zu finden und Verhandlungsregeln anzupassen. Solche multilateralen Verhandlungsnetze prägten den gruppen-organisierten Übergang zum spätpluralistischen Gesellschaftsmodell. Aber während diese Entwicklung sich noch ausbreitete, wuchsen quasi im Schoße dieses pluralen Systems zwei neue Phänomene heran, die den Prozeß zur spätpluralistischen Ausprägung bestimmen. Nämlich: Ein differenzierter Wertewandel, weg von einer bloß materialistischen Grundhaltung und hin zur "Selbstverwirklichung"; sowie in dessen Gefolge, eine zunehmende Individualisierung. Diese Ausdifferenzierung erschwerte die Artikulation gemeinsamer Interessen immer mehr; die spezifischen Interessen des Einzelnen schienen und scheinen noch immer nur noch individuell vertretbar zu sein. Die Entsolidarisierung schreitet voran. Die "Rede vom sozialen Atom" erfährt seine späte Bestätigung. Seit Jahren nehmen die Mitgliederzahlen der großen Verbände (z.B. Gewerkschaften, Kirchen) und der Parteien ab. Unternehmer, Arbeitnehmer oder andere Verbandsmitglieder fühlen sich von den Verbänden nicht mehr ausreichend repräsentiert und meinen, daß sie ihre Individualinteressen besser selbst und "alleine" sogar erfolgreicher, vertreten könnten.

Es scheint, als ob die Ausdifferenzierung der Interessen soweit geht, daß sie – nach Meinung der einzelnen – nicht mehr als organisationsfähig erscheinen. Am Ende dieser Entwicklung könnten die Interessen der Individuen wieder unmittelbar aufeinander treffen. Damit beginnt die pluralistische, die organisierte Gesellschaft zu erodieren. Die ökonomisch abgesicherten, individualisierenden Einsprengsel, die Singularisierung und die beginnenden beruflichen Kurzzeitorientierungen brechen die alten Gruppen- und die zum Teil oligarchischen Verbandsstrukturen auf. Die eingeübten (Ver-)Handlungsmuster scheinen ihren "Sinn" und "Zweck" zu verlieren.

b) Auch das herrschende ökonomische Paradigma (Globalsteuerung, weicher Interventionismus) wird fundamental infrage gestellt. Es wird zunehmend ersetzt durch die Theoreme der neoklassischen Angebotspolitik und damit durch eine erneute Hochschätzung des Marktes. Die Globalsteuerung und die dabei realisierten "Stop-and-go"-Interventionen verhinderten den neuen Lehren zufolge die Selbstregulierungskräfte, die aus sich heraus den Pfad der Stabilität erreichen würden. Die Vitalität der Marktkräfte hat sich lediglich in überzogenen staatlichen Regulierungen verfangen. Für eine "Redynamisierung der Wirtschaft" wird deshalb eine angebotsorientierte Politik empfohlen.

Die Angebotsökonomie lokalisierte die Hemmnisse und Beschränkungen für das freie und letztlich immer erfolgreiche Spiel der Marktkräfte auf der Angebotsseite der Gütermärkte, das heißt bei den Produzenten/Unternehmern. Da dort die Anreizmechanismen gestört erscheinen, hat sich Wirtschaftspolitik vor allem auf eine Entlastung der Unternehmer durch Steuersenkungen, eine Senkung der Lohnnebenkosten oder anderer Belastungen zu richten. Die Beseitigung von Investitions- und Beschäftigungshemmnissen ist oberstes Gebot. Wenn erst die Bedingungen auf der Angebotsseite stimmen, dann wird wieder mehr investiert, gehen die Wachstumsraten wieder nach oben und damit auch die Beschäftigung. Die Selbstheilungskräfte des Marktes fördern also die Produktivität und erhalten damit auch den "Standort Deutschland". Die Aufgabe der Politik besteht nun darin, die Bedingungen für eine möglichst freie Entfaltung der Marktkräfte zu schaffen und zu gewährleisten. Staat und Verwaltung müssen auf ein Minimum reduziert werden; dann erst kann der Markt seine (versteckten) Potentiale entfalten.

c) Aus dem gesellschaftlichen und dem ökonomischen Paradigmenwechsel ergab sich ein Anpassungsdruck auf Staat und Verwaltung. Beide gerieten in den spätpluralistischen wie neoklassischen Sog der weiteren Ausdifferenzierung und Individuation sowie der Renaissance des Marktes. Zentrale Steuerung nach Kriterien einer "aktiven Politik" waren nicht mehr gefragt. Politik nach Programmen schien nicht mehr mit der Komplexität ihres Umfelds zurecht zu kommen. Die Kompetenz des Staates verlagert sich; er wurde gleichrangiger Teil des großen, marktähnlichen Netzwerks gesellschaftlicher, sich weiter ausdifferenzierender Interessen und ihrer individualistischen Einsprengsel. Der Staat entwickelte sich vom Steuerungszentrum zum *"Verhandlungsstaat"* mit inkrementalistischer Handlungsweise in immer weiter fragmentierten Politikbereichen.

Die Handlungsspielräume der staatlichen Akteure waren und sind damit eng mit den Handlungen und Interessen der gesellschaftlichen Akteure verknüpft. In den multilateralen Netzwerken werden von Vertretern der gesellschaftlichen Teilsysteme und staatlichen Vertretern die Entscheidungsvorlagen in den vielfältigen Politikfeldern für die politischen Entscheidungsinstanzen (Kabinett, Parlament) so weit vorbereitet, daß man nicht mehr von einer hierarchischen Politiksteuerung sprechen kann. Die gesellschaftlichen – auch spontan-individualen – und die staatlichen Verhandlungspartner bringen ihre Interessen in die Verhandlungen ein. Das Ergebnis dieses Prozesses ist ein Kompromiß, der von der aktualisierbaren Macht der Verhandlungspartner abhängt und mit dem die einzelnen Verhandlungspartner sich für einige Zeit zufrieden erklären können. Das heißt nicht, daß der Verhandlungsstaat keine Einflußnahme mehr auf gesellschaftliche Prozesse hätte, aber indem die staatlichen Akteure als gleichrangige Partner agieren, sind die materiellen Ergebnisse nicht mehr staats*bestimmt*. Die Vergesellschaftung der Politik schreitet voran; sie wird zugleich durch den Individuations- und Singularisierungstrend zu Lasten der staatlichen "Allgemeinverbindlichkeitsaufgabe" erweitert.

Die sozialen und ökonomischen Partner drängen "ihren" Staat zugleich zur Schlankheitskur. Es entspricht dem spätpluralistischen (und neoklassischen) Paradigma, die staatlichen Interventionschancen weiter zu senken; den alten Staat quasi "absterben", zumindest dahinsiechen zu lassen. Das wirkt sich aus in zunehmender Kritik am Aufgabenbestand, in wachsender Deregulierung, Privatisierung, in Rechtsvereinfachung und vielfältigen Erleichterungen für die Wirtschaft, nicht zuletzt in der Lockerung der Genehmigungsverfahren und der Absenkung von Standards.

d) Damit einher geht die *Verwaltungsmodernisierung* als überwiegend mikroökonomische (neoklassische) Anpassungsflexibilität. Die Verwaltung soll abspecken (lean administration), sie soll nach betriebswirtschaftlichen Kategorien umgeformt werden, und dabei viele Aufgaben und Regularien abgeben oder einfach stillegen. Der hoheitliche Bereich kann auf wenige Kernaufgaben (Sicherheit/Rechtsprechung) reduziert werden, womit sich auch der öffentliche Dienst (Beamtenrecht; "Führungspositionen auf Zeit" usw.) neu bewerten und dynamisieren ließe. Die neue Welle zur "Modernisierung der Verwaltung" entstammt – im Unterschied zum makropolitischen Ansatz der frühen 70er Jahre – jetzt aus dem sozio-ökonomischen Umfeld und bestimmten Interessen eines enorm wachsenden Markts der Beratungsfirmen. Demgegenüber ist der binnenadministrative Knappheitsdruck bescheiden; wenngleich dieser (argumentativ) verstärkend eingesetzt wird.

e) Es deutet sich derzeit an, daß die spätpluralistische Formation in wachsende Schwierigkeiten gerät. Die sich allmählich aufstauenden – größten Teils exogen bestimmten – Probleme und unter dem herrschenden Paradigma nicht zu lösenden Konflikte erweisen sich komplexer als in den früheren Phasen. Durch die Globalisierung der wirtschaftlichen Prozesse entstehen Standortprobleme. Die sozialen Disparitäten verschärfen sich, die (Langzeit-)Arbeitslosigkeit wächst. Zunehmend werden auch soziale (z.B. demographische Entwicklung) und extra-soziale (z.B. ökologische) Problemlagen erkannt, deren negative Folgen sich schon für die nahe Zukunft ankündigen. Das zeitlich querschnittig orientierte Verhandlungsnetz aus staatlichen und gesellschaftlichen Akteuren scheint – auch aufgrund der primär ökonomisch fundierten Orientierung – nicht in der Lage, die Probleme zu lösen. Wachsende Turbulenzen könnten den Übergang in eine neue Phase beschleunigen. Es geht um die Entwicklung hochentwickelter Übergangsgesellschaften, deren vielfältige Herausforderungen dürften einen initiativen Staat erfordern, der sich mehr als bisher einer effizienten und flexiblen Verwaltung bedient.

III. Abschätzungen: Verwaltung in der Übergangsgesellschaft

1. Trends zur Übergangsgesellschaft

Die Mehrheit der produktionsorientierten, natürliche Ressourcen verbrauchenden, in Ballungsräumen zentrierten, spätpluralistischen Industriegesellschaften hat ihren Scheitelpunkt überschritten. Es beginnt der allmähliche Übergang zur transindustriellen Informations- und Bildungsgesellschaft des kommenden Jahrhunderts. Auf diesem Wege wird sich die Produktpalette und die Produktionsweise deutlich verändern und auch eine Umwertung der Arbeit (Mensch, Funktion, Ort und Strecke, Zeit) hervorrufen. Die Basisinnovationszyklen (Mikrosystemtechnik, IKT, Bionik, hochwertige Chemie usw.) beschleunigen sich.

Dies ist einerseits bedingt durch die Internationalisierung aller Märkte und durch die Dynamisierung des globalen Austauschs. Dabei nimmt der Anteil der immateriellen Produktion (Informationssoftware, Bildung, Organisation) als begehrte Güter/Dienste generell zu. Vor allem aber wird diese Produktion und die "Weltmarktverwertung" zur weiteren Entwicklungsvoraussetzung in den schon hochentwickelten Industriegesellschaften. Auch in diesem Kontext wird sowohl die weitere Verwissenschaftlichung/Technologisierung als auch die Humanpotentialbildung voranschreiten müssen. Dabei ergeben sich geringere aber hochflexibilisiertere Arbeitszeiten als in "materieller" Produktion; dabei deutlich höhere Fortbildungsanteile, zum Teil als Selbstfortbildung (selbstverantwortliche Human"kapital"bildung).

Andererseits ergeben sich gerade deswegen neuartige soziale und ökologische Seiteneffekte und Übergangsschwierigkeiten. Es ist nicht auszuschließen, daß sich eine Zweidrittelgesellschaft herausbildet, in der die größere Anzahl der Menschen sich stetig das erforderliche Wissen, neue Geschicklichkeiten und Mobilitäten (auch mentale!) erwirbt. Während gut ein Drittel der potentiellen Erwerbspersonen als "neue Analphabeten" ausgegrenzt und in "Sozialbrachen" befriedet werden. Es sei denn, sie wandern ihrerseits (vorübergehend) in Billiglohnregionen aus.

Wer am Erwerb und Erhalt der Wissens- und Bildungsaneignung nicht hinreichend teilnimmt, wird als Nichteigentümer von Human"kapital" zum Proletatrier des 21. Jahrhunderts. Wer die (räumlichen, sektoralen, mentalen) Mobilitäten nicht akzeptiert, wird in die hochflexiblen Arbeitswelten (unter anderem mit projektbezogenen Arbeitsverträgen auf Zeit) nicht integriert. Der häufige Wechsel zwischen Arbeitsbereichen und die diskontinuierliche Berufstätigkeit werden ebenso "normal", wie die Zunahme hochflexibler, raumkonzentrierter, elektronischer Heimarbeitsplätze – tendenziell auch für administrative Tätigkeiten. Dies alles trifft auf eine besondere demographische Entwicklung zur "heranalternden Gesellschaft" mit Mobilitäts- und Innovationshemmnissen sowie erhöhten Ansprüchen an eine lebenslange Gesamtversorgung; und gleichermaßen auf eine Globalisierung ökologischer Defekte, nicht zuletzt aus der technisch-ökonomischen Internationalisierung. Beide Zusatzentwicklungen können wiederum neuartige, technisch gering qualifizierte Arbeitsplätze und Unterstützungssysteme (z.B. Pflege, Sozialorganisation) induzieren, allerdings nur im Rahmen der privaten und öffentlichen Finanzierbarkeit.

In diesem Korridor von Weltmarktorientierung, Problemglobalisierung und stetigem Innovationsdruck ist eine komplexe (nationale) Entwicklungssteuerung auf der Grundlage eines neuen ökonomischen Paradigmas von einem neu strukturierten Staat und einer sich auch als Entwicklungsagentur verstehenden Verwaltung zu leisten.

2. *Handlungskonzepte*

a.) Ökonomie

Die bisherigen ökonomischen Paradigmen scheinen für die sich allmählich herausbildende transindustrielle Gesellschaft bei Internationalisierungsdruck nicht besonders valide zu sein. Erforderlich sind begründete und wirksame Theoreme für die "Entwicklung hochentwickelter Übergangsgesellschaften". Woraus sich eine neue Struktur- und Wachstumspolitik unter den Bedingungen der neuen Internationalisierung ableiten ließe. Es geht um die adäquate, globale Verteilung der zukünftigen Standortqualitäten. Diese werden durch die weitere Verbreitung multinationaler Konzerne (1996 rund 75 Mio. Beschäftigte) weiter dynamisiert, wobei mit den einfachen Produkten und vereinfachbaren Produktionen die traditionelle Lohnarbeit aus den alten Standorten abfließt, geradezu zwischen den Billigstandorten "vagabundiert".

In erster Linie bestimmen nicht die mehr oder weniger hohen Lohnkosten für hochwertige Facharbeit, sondern die niederwertigen Produkte diesen Exodus. Allerdings ist es ratsam, daß sich auch in diesen Ländern ein Grundbestand an einfacher und mittlerer Produktionsintelligenz und an Verfahrenswissen bildet (komparative Vorteile). Die Erzeugung und die ökonomische Erstverwertung von technologischen Basisinnovationen (Pionierleistungen) wird auf einige Zeit noch an den Standorten des konzentrierten Humanpotentials stattfinden. Dieser Produktionsfaktor ist zumindest gleichrangig zu Arbeit und Kapital zu werten. Er enthält auch wachsende Anteile an Bildung und "Sozialkapital" (Dienste, Pflege), und exportierbarem Verwaltungswissen. Allerdings: die Geschwindigkeit der Transfers wird sich erhöhen und die räumliche Verbreitung wird zunehmen.

Die "Standortkrise" (Leistungsfähigkeit und Attraktion) drückt den Bedarf an neuer Entwicklungssteuerung aus, für die ein neues politisch-ökonomisches Paradigma benötigt wird. Als Ausgangspunkte bieten sich an:
- nicht irgendwelche Produkte, sondern weltmarktgängige – was Basisinnovationen erfordert;
- nicht irgendwelche Arbeitsplätze – sondern für zukünftige Technologie und Verwertung jetzt schon qualifizierte und qualifizierende (*Human*potential);
- Aufrechterhaltung einfacherer Arbeitsplätze mit *Sozial*kapitalbildung;
- Antizyklische und strukturfördernde Politik bei internationaler Ausrichtung.

Solche Entwicklungssteuerung erfordert das Zusammenwirken von Staat, Wirtschaft (inklusive Sozialpartner) und quasi-staatlichen Institutionen, wie in neuen strategischen Allianzen, Zentralbank und Innovationsbündnissen; z.B. "Bündnis für Arbeit". Woraus für staatliches Handeln folgt:
- Unterstützung von Forschung und Entwicklung (auch in Risikobereichen),
- Umsteuerung und Verstärkung der Ausbildungs- und Fortbildungsprogramme (als zukunftsorientierte Arbeitspolitik), einschließlich technologischer und sozialkompetenzieller Grundbildung,
- Erzeugung eines aktiven Mobilitätsklimas (räumlich, sektoral, mental),
- die staatliche Verschuldung über die Zeit mindestens stabil zu halten, auch mittels innovativer Steuerpolitik.

Diese Ausrichtung muß durch korrespondierende – vom Staat derzeit nicht direkt und alleine steuerbare – Politiken ergänzt, vielleicht sogar kurzfristig erst initiiert werden, insbesondere
- durch eine Verbesserung der Geldversorgung für reale Expansion,
- durch moderate Lohnpolitik, die auch den intelligenten und flexiblen Einsatz von Arbeit voranbringt.

b.) Regierung und Verwaltung

a) Solche Ansätze der ökonomischen Entwicklungssteuerung sind allerdings im multilateralen Verhandlungssystem nicht zu erreichen; zumal gerade dort eine Einigung auf konfliktorientierte experimentelle Ansätze nicht erwartet werden darf. Die hierfür notwendige Zustimmung für Erprobungszeiten ist bei gleichrangigen und kurzfristigen Interessenvertretungen (Vetopositionen) bestenfalls in bilateralen Einigungen stärkster Partner zu realisieren, was aber Nachschiebekonflikte (Interessen "Dritter") hervorruft.

Aus dieser Falle kann nur der beginnende Ausstieg aus dem spätpluralistischen Verhandlungsstaat führen. Dies bedeutet aber, daß die Rolle des Staates und seiner Verwaltung neu zu bestimmen und entsprechende Handlungsspielräume für die Entwicklungssteuerung zu erreichen sind. Dies erfordert einen Zugewinn an gesellschaftlich akzeptierter staatlicher Macht, die punktuell und vorübergehend auch im spätpluralistischen System erreichbar sein kann:
– wegen des Antwortdrucks bei neuartigen Herausforderungen,
– wegen der unabdingbaren Mitwirkung bei der ökonomischen Entwicklungssteuerung,
– zur Rekonstruktion eines einfachen Ordnungs- und Regelungsrahmens,
– zur Rationalisierung der inneren Operationsmodi (Reformen *im* Staat und *der* Verwaltung).

Der Verhandlungsstaat wird deshalb in wesentlichen Teilen abgelöst vom "Funktionalen Staat", dem über die bisherige "Arenafunktion" nun zusätzliche Problembearbeitungskapazität zugestanden wird: der funktionale Staat wird "stärker", er darf auch eigenmächtig handeln. Er muß lernfähig sein und seine Aufmerksamkeit immer wieder den aufkommenden Problemlagen und dem neuen Entwicklungsauftrag schenken. Wenn die soziopolitischen und sozio-ökonomischen Konstellationen es erfordern, muß er vorübergehend autonom entscheiden und handeln können – gegebenenfalls auch gegen die Interessen einzelner gesellschaftlicher Partner. Diese Macht des funktionalen Staates wird zugestanden wegen der sozialen, technologischen und ökologischen Herausforderungen – einschließlich des Globalisierungsdrucks.

Auch Aktivierung der strategischen Allianzen und der Innovationsbündnisse wird dieser problemaufdeckende, handlungsfähige und in seiner funktionalen Tätigkeit *generell* anerkannte Akteur benötigen. Als erstarkter Partner der noch immer interessenformierten Gesellschaft und zugleich als auch Nachweltinteresssen berücksichtigende und vertretende Institution

- kommuniziert der funktionale Staat mit gesellschaftlichen Akteuren (Wirtschaft, Organisationen, Bürgern),
- fördert er in Allianzen die Entwicklungssteuerung der hochentwickelten Übergangsgesellschaft,
- übernimmt aber zugleich eine eigenmächtige politische Führung, bringt Orientierung und lenkt programmatisch (Visionen).

Womit er neue Übergangsprobleme und die wachsende Spannung zwischen Jetztwelt und Nachwelt zu minimieren hilft (Re-Solidarisierung).

Der aktualisierbare Handlungsspielraum dieses funktionalen Staates ist in der spätpluralistischen Umgebung allerdings noch beschränkt. Er kann nicht losgelöst, umfassend und strukturverändernd agieren, wohl aber flexibel, punktuell und terminiert; womit durchaus vorauseilende Entwicklungshilfen leistbar sind. Dies läßt sich am besten mit einer Art "overboost"-Regelung erklären, wie sie der moderne Motorenbau kennt: Es kann vorübergehend über die Erhöhung des Drehmoments eine enorme Kraftentfaltung und Beschleunigung erreicht werden.

Die Imperative der neuen Problemlagen fordern den Staat zu einer neuen funktionalen Aktivität auf. Die akzeptierte Problemlösungskapazität muß er trotz – und aus – seiner zeitlich und sachlich selbsthemmenden Binnenpluralität heraus entwickeln. Er kann und muß vorübergehend (Zeitfenster) eine erhöhte Dynamik entwickeln und so – wegen der Verwobenheit mit den anderen Bereichen den jetzt erforderlichen Anschub in die neue Phase leisten. Es ist eine *ähnliche* Situation wie zu Beginn der Phase 1965/80.

b) Das aber drängt vor allem zur Restrukturierung des administrativen Systems und auf eine Effektuierung seiner Tätigkeit. Der funktionale Staat benötigt zur Konkretisierung und Umsetzung die Verwaltung als Teilnehmer in Innovationsbündnissen und – vor allem – als neue Entwicklungsagentur. Die vom politischen und ökonomischen Umfeld induzierte besondere Rolle der aktiven Entwicklungs-Verwaltung umfaßt sowohl die reibungslose administrative Umsetzung der in strategischen Allianzen vereinbarten Entwicklungsstrategien als auch die Effektuierung der administrativen Infrastrukturleistungen. Dazu wird administratives Innovationsmanagement benötigt. Die Verwaltung wird damit auch die Funktion der Service-Einrichtung für öffentliche Dienste in attraktiven Standorten verstärken. Solche Dienste sind auch für das soziale, politische und ökologische Umfeld zu erbringen, weshalb Verteilungskonflikte entstehen können. Hier und aus Gründen der generellen Verwaltungssteuerung muß dann der funktionale Staat mittels aktiver Verwaltungspolitik zielsetzend intervenieren. Verwaltungspolitik wird verstanden als die aktive Einwirkung der politischen Führung auf die adäquate Programmierung und den reibungslosen Vollzug der von ihr und in den neuen Bündnissen formulierten Ziele und Grundsätze. Das verlangt die absichtsgetreue Veränderung oder Stabilisierung von Prinzipien, Verfahren und Stilen der Verwaltungstätigkeit, sowie der betroffenen Organisations- und Personalstrukturen.

Die neue Verwaltungspolitik setzt dabei auf ein enges Zusammenwirken von politischer Führung und Administration. Nur so lassen sich die erforderlichen Effektuierungen erreichen; insbesondere:
- Dynamisierung des stetigen Aufgabenumbaus,
- Vereinfachung des Ordnungsrahmens (Entrechtlichung), Verfahrensoptimierung bei Präzisierung der hoheitlichen Restfunktionen,
- Reduzierung der administrativen Kosten, also vergleichende Verbilligung mit Anziehungskraft für Investoren,
- Optimierung des Verhältnisses von Programm-, Vollzugs- und Überprüfungsfunktionen,

Der wieder erweckte Entwicklungsauftrag wird auch in diesem Gesamtrahmen erforderliche (abgeleitete) Verwaltungsmodernisierung voranbringen; allerdings nur diese. Eine übertriebene Mikroökonomisierung und vereinfachte wie voraussetzungslose Übertragung (privat–)betriebswirtschaftlicher Konzepte, entspricht nur teilweise den besonderen Aufgaben und durch verfassungsbezogene Rahmenvorgaben definierten Verfahren der Verwaltung. Die anpassende Modernisierung muß sich an den veränderten staatlichen Funktionen und der erforderlichen Entwicklungssteuerung ausrichten.

IV. Erkenntnisse: Dynamische Interdependenz

1. Bestätigung des Phasenmodells

Das eingangs skizzierte Phasen- und Übergangsmodell wurde durch die genauere Beschreibung der bundesrepublikanischen Systemgeschichte bestätigt. Die phasenweise Entfaltung des gesellschaftlichen "Verhältnisses" von Politik, Verwaltung und Ökonomie folgt einem differenzierten Entwicklungsmuster. Es ist nicht nur zu erkennen, daß die einzelnen Bereiche (Subsysteme) wechselseitig verwoben sind (Interdependenz), sondern auch, daß die Anstöße zum Wandel (Dynamik) jeweils aus verschiedenen Bereichen stammen, daß auch die Initiatoren wechseln. So läßt sich im nachhinein erkennen, daß gegen Ende jeder Entwicklungsstufe zunächst "unlösbare Probleme" auftreten, die mit den in den einzelnen Subsystemen vorhandenen Problemlösungskapazitäten nicht mehr erfolgreich zu bewältigen sind, zumal da sich die Problemlagen auch auf andere Bereiche ausdehnen oder sich dort zumindest rudimentär wiederfinden (Folge der Interdependenz). Zugleich werden jene unlösbaren Probleme ihrerseits gewichtiger wie komplexer, und neigen zur Selbstbeschleunigung (Tachogenität). Die vorrangig endogene Verursachung (z.b. ökonomische Rezession) wird immer mehr (auch) exogen bestimmt (z.b. ökonomische Internationalisierung oder ökologische Globalisierung).

Die Phasen-Übergänge als Ausdruck der "Dynamik" ergeben sich also aus den jeweils unlösbaren Problemlagen, die nur durch eine jetzt nötige und mögliche Destabilisierung überwindbar erscheinen. Diese instabile Situation zwischen drängender kritischer Problemlage und historisch zufälligem, neuem Initiator, der den Phasen-Übergang anstößt, bewirkt, daß die nächste Entwicklungsstufe "emergiert". Sie enthält neue konstitutive Eigenschaften, die sich wegen der Interdependenzen zwischen den Subsystemen zunächst wieder nicht wesentlich unterscheiden. Das Handeln des zentralen Initiators bezieht alle Bereiche in den Prozeß der Veränderung ein (Ko-Evolution) und bewirkt so den Phasen-Übergang insgesamt. Interdependenz, Dynamik und Initiative sind die Kräfte der heraufkommenden Gesamtentwicklung (Emergenz).

Diese Ko-Evolution ("Aneinanderentwicklung") findet – wie beschrieben – statt im allmählichen, jeweils von einem Initiator angestoßenen Übergang von Globalsteuerungsparadigma, sozialem Pluralismus, Makroplanung und administrativem Dominanzmodell hin zum Paradigma der "Angebotspolitik", zum spätpluralistischen Gesellschaftsmodell mit Verhandlungsstaat und betonter Deregulierung und Verwaltungsmodernisierung. An diesem Beispiel wird deutlich, daß die "Initiative" jeweils bei den zentralen Initiatoren liegt. Das war nicht sicher oder zwingend, aber angesichts der jeweiligen (unlösbaren) Problemlage erwies sich diese Initative als angemessen und erfolgversprechend. Läßt sich nun aus solchen Beobachtungen eine – wenigstens vorläufige – Erklärung (Muster-Erkennung) mittlerer Reichweite finden?

2. *Erklärung: Evolutorisches System*

Eine solche Erklärung kann die Theorie der "dynamischen Interdependenz" liefern. Es handelt sich dabei um eine spezifische Ausprägung der evolutorischen (dissipativen) Systembildung. Vier Merkmale sind konstitutiv:
- der wechselseitige Zusammenhang (Interdependenz) von Bereichen oder Subsystemen,

- deren Ko-Evolution oder "Aneinanderentwicklung" (wobei es durchaus zu Ausdifferenzierungen in einzelnen Bereichen kommen kann), bei Berücksichtigung der System"geschichte",
- die Unbestimmtheit des Entwicklungsanstoßes (wechselnde Initiatoren, unterschiedliche Intensität; Elastizitäten: nicht jeder Anstoß ist erfolgreich),
- die multidimensionale Dynamik (Fristigkeiten, Geschwindigkeiten, Beschleunigungsarten).

Abb. 3 beschreibt holzschnittartig die konstitutiven Elemente und die zugehörigen Erklärungsansätze (Theorien).

Abb. 3: Erklärungsansätze

Konstitutive Elemente	Erklärungsansatz
wechselseitiger Zusammenhang der Bereiche (Subsysteme)	Interdependenz (und Selbstähnlichkeit)
Aneinanderentwicklung der Bereiche (Subsysteme)	Ko-Evolution (Theorie evolutorischer Systeme)
Entwicklungsanstoß für Phasen-Übergang	Initiator, Destabilisator
multidimensionale Dynamik (gleichgewichtsferne Entwicklung)	Zeithelix; synchron und diachron

Folgendes Beispiel möge noch zur Erklärung dienen: Die um 1965 "unlösbare Problemlage" (erste Rezession) beeinträchtigte die weitere Aneinanderentwicklung der interdependenten Subsysteme. Das sozio-ökonomische Klima (Verunsicherung) drängte den Staat – für einige Zeit – in die Rolle des initiativen Problemlösers (Globalsteuerung, Makropolitik usw.), womit er eine angemessene Entwicklung auf höherer Stufe erreichte.

Derzeit bewegen wir uns auf eine vierte Phase zu, befinden uns in einem durch neuartige Herausforderungen (derzeit unlösbare Problemlagen) gekennzeichneten latenten Phasen-Übergang. Dem Erklärungsmodell zufolge kommt es nun in naher Zukunft zu einer Ko-Evolution (Aneinanderentwicklung) von ökonomischer Entwicklungssteuerung, allmählichem Übergang zur transindustriellen Gesellschaft und Reform der Staatstätigkeit. Wie sich schon andeutet, dürfte der "funktionale Staat" die Rolle des Initiators übernehmen, weil die nun verstärkt einsetzenden exogenen Herausforderungen (Weltmarkt, Basisinnovationen, ökologische Globalisierung) die Erfindung und den Transfer neuer Problemlösungskapazitäten dringlich erscheinen lassen. In dieser Übergangsphase werden vom Staat neuartige Problemlösungshilfen erwartet, zugleich soll er dabei fundamentale Veränderungen seiner Binnenstrukturen vornehmen, insbesondere seine Verwaltung "modernisieren" und zur "Entwicklungsagentur" umbauen.

Diesem "funktionalen Staat" werden dafür angemessene Interventionen "auf Zeit" zugestanden. Vermutlich werden diese Zugeständnisse beim Übergang in eine diesmal sich fundamental verändernde (transindustrielle) Gesellschaft und wegen der neuartigen Herausforderungen umfassender und andauernder sein als in den bisherigen Übergangsphasen. In dem sich abzeichnenden qualitativ neuen Umfeld dürften auf die Verwaltung einerseits neue Aufgaben zukommen (Entwicklungsagentur), und andererseits sich der Druck auf die Rationalisierung ihrer inneren Operationsmodi verstärken, was wiederum Reformen der Staatstätigkeit herausfordert. Die zukünftige Rolle der Verwaltung in einem solchermaßen dynamisierten Umfeld wird jedenfalls vorübergehend bedeutender.

Mit Hilfe des Erklärungsansatzes "dynamische Interdependenz" können solche Vorgänge, Anforderungen und Reaktionsmuster systematischer beschrieben und in ihrer wahrscheinlichen Entwicklung folgenorientiert abgeschätzt werden.

Literatur

Arndt, Helmut, Die evolutorische Wirtschaftstheorie, Berlin 1992.
Böhret, Carl, Politik und Verwaltung, Beiträge zur Verwaltungspolitologie, Opladen 1983.
Böhret, Carl, Folgen, Entwurf für eine aktive Politik gegen schleichende Katastrophen, Opladen 1990.
Böhret, Carl/Jann, Werner/Kronenwett, Eva, Innenpolitik und politische Theorie, 3. Auflage, Opladen 1979.
Böhret, Carl/Konzendorf, Götz, Mehr sein als scheinen: Der funktionale Staat, in: *Behrens, Fritz* u.a. (Hrsg.), Den Staat neu denken (= Modernisierung des öffentlichen Sektors, Sonderband 3), Berlin 1995, S. 17 ff.
Flassbeck, Heiner, Die Weltwirtschaft zu Beginn des 21. Jahrhunderts und die Herausforderungen für den Westen, in: *Lutz, Burkart* u.a. (Hrsg.), Produzieren im 21. Jahrhundert, München 1996.

König, Klaus, Zur Kritik eines neuen öffentlichen Managements (= Speyerer Forschungsberichte 155), Speyer 1995.
Maier-Rigaud, Gerhard, Umweltpolitik mit Mengen und Märkten, Marburg 1994.
Wordelmann, Peter/Matthes, Claudia-Y., Die Wettbewerbsfähigkeit des Standortes Deutschland, Eine Analyse unter dem Aspekt der Internationalisierung des Wirtschaftens, erscheint demnächst (1996) in: WSI-Nachrichten, Düsseldorf.

Wolfgang Seibel

5. Verwaltungsreformen

Inhaltsübersicht

I. Reformbedürftigkeit und Reformfähigkeit der deutschen Verwaltung
II. Flexibilitäten und Rigiditäten der deutschen Verwaltungsstrukturen und Typen der Verwaltungsreform
III. Phasen der Verwaltungsreform in der Bundesrepublik Deutschland
    1. Frühphasen der Verwaltungsreform: Kriegsfolgenbewältigung und Aufbau der ministeriellen Bundesverwaltung
    2. Die Reformära der Großen Koalition und der ersten sozial-liberalen Koalition
    3. "Entbürokratisierung"
    4. 'Aufbau Ost' und 'Schlanker Staat'
IV. Erfolg und Mißerfolg von Verwaltungsreformen

I. Reformbedürftigkeit und Reformfähigkeit der deutschen Verwaltung

Die deutsche Verwaltung kann als reformfreudige Verwaltung gelten. Hierfür gibt es verschiedene Indikatoren, deskriptive und analytische. Was die Deskription betrifft, so gelangt etwa die einschlägige Aufstellung von *Becker* zu nicht weniger als elf Verwaltungsreformepochen mit insgesamt nicht weniger als 42 wesentlichen Reformmaßnahmen, von der Neukonstruktion der ministeriellen Verwaltungsorganisation in Preußen nach 1806 bis zur wachsenden Einbindung der deutschen Verwaltung in den "EG-Implementationsvorgang". In analytischer Hinsicht – also: bei der Suche nach Erklärungen für eine so auffällige Häufigkeit von Verwaltungsreformen in Deutschland – legt die spezifische deutsche Staats- und Verfassungsgeschichte Interpretationen nahe, welche die Reformfreudigkeit der deutschen Verwaltung weniger erstaunlich erscheinen lassen als die geläufigen Pauschalurteile über den deutschen "Obrigkeitsstaat" und seine Bürokratie. Die Kontinuität deutscher Staatlichkeit, wie wir sie am Ende des 20. Jahrhunderts mit seinen von Deutschland und den Deutschen ausgelösten politischen Katastrophen als ein alles andere als selbstverständliches Phänomen konstatieren können, hat zwei wesentliche Ursachen, eine außenpolitische und eine dem landläufigen Wortsinne nach "innenpolitische". Die außenpolitische Ursache deutscher Staatskontinuität im 20. Jahrhundert liegt in der Interessenlage der Kriegsgegner Deutschlands im Zweiten Weltkrieg in der Epoche von 1945 – 1989. Dazu kann und braucht an dieser Stelle aus offensichtlichen Gründen Näheres nicht ausgeführt zu werden. Die zweite, "innen-politische" Ursache aber liegt – neben den zu der öffentlich und wissenschaftlichen Diskussion in der Regel viel stärker beachteten gesellschaftlichen Konsens-Strukturen – eben auch in der Stabilität des deutschen Staatsapparates, also in der Stabilität der Verwaltung.

Die deutsche Verwaltung hat die Regimewechsel und Regimezusammenbrüche des 20. Jahrhunderts jedesmal nahezu intakt überstanden (die Situation der DDR-Verwaltung nach der Wiedervereinigung im Jahre 1990 bildet hier die einzige signifikante Ausnahme). Diese Stabilität der Verwaltung hatte also offensichtlich auch eine elementare politische Stabilisierungsfunktion und zu solchen politischen Stabilisierungsleistungen war die deutsche Verwaltung seit dem Beginn der frühen Neuzeit immer wieder herangezogen worden. Die deutsche Verwaltung kann auf eine lange Tradition flexibler Anpassungsleistungen zurückblicken, ohne die weder ihre institutionelle Stabilität noch die daran anknüpfende politische Funktionalität des Staatsapparates in Deutschland zu erkären wären. In dieser Anpassungsfähigkeit kann die Wurzel der Reformfreudigkeit der deutschen Verwaltung vermutet werden.

II. Flexibilitäten und Rigiditäten der deutschen Verwaltungsstrukturen und Typen der Verwaltungsreform

Mit der Vollendung der Herausbildung einer modernen, rechtsstaatlichen Verwaltung in Deutschland gegen Ende des 19. Jahrhunderts waren daher nicht nur die Prinzipien, sondern auch die strukturellen Voraussetzungen für Stabilität durch Anpassung geschaffen. Diese Strukturen beruhen bis heute auf einer Kombination von Flexibilität und Rigidität. Flexible Strukturen finden wir in den Bereichen der Organisation und des Rechts, rigide Strukturen hingegen in den Bereichen des Personals und des Finanzwesens.

Was die Organisation betrifft, so hat sich in der territorialen und der institutionellen Dimension der Zwang zu politischer Kompromißbildung durch Verwaltungsreform in der Dezentralisierung, die wir heute als vertikale Gewaltenteilung bezeichnen, und in der Differenzierung nach Staatsverwaltung und Selbstverwaltung mit den tragenden Institutionen der Anstalt und der Körperschaft des öffentlichen Rechts niedergeschlagen. Dieses Repertoire an organisatorischen Optionen repräsentiert eine wesentliche Flexibilitätsreserve der deutschen Verwaltung. Was das Recht betrifft, so hat die lange Tradition exekutivischer Rechtsetzung und der Steuerung des Rechtssystems durch den professionellen Juristenstand jene Flexibilitätsspielräume hervorgebracht bzw. ermöglicht, die heute in Gestalt von Verordnungsermächtigungen, Generalklauseln, Ermessensgewährungen und unbestimmten Rechtsbegriffen die für den deutschen Verwaltungsalltag typische Kombination von Willkürfreiheit und Einzelfallgerechtigkeit garantieren.

Die Kehrseite dieser strukturellen Flexibilitäten ist eine rigide Personalstruktur mit dem Juristenmonopol im höheren allgemeinen Verwaltungsdienst als Schlußstein. Homogener Vollzug bei stark dezentralisierten und fragmentierten Organisationsstrukturen, bei umfassenden Verordnungsermächtigungen, Generalklauseln, unbestimmten Rechtsbegriffen und Ermessensgewährungen hat einen hohen Professionalitätsstandard des Personals zur Voraussetzung. Dieser ist wiederum an rigide Strukturvorgaben gebunden, wie wir sie in der vertikalen und horizontalen Differenzierung des beamtenrechtlichen Laufbahnwesens in Deutschland vorfinden. Ähnlich rigide sind die Finanzstrukturen der deutschen Verwaltung. Wo die Legitimität staatlicher Herrschaft eher durch "Output"-Leistungen als durch "Input"-Strukturen erzeugt wird und somit die Homogenität öffentlicher Daseinsvorsorge zum wesentlichen Leistungskriterium geworden ist, mußte ein ebenso komplexes wie immobiles Verbundsystem staatlicher Einnahmen und Ausgaben entstehen.

Der Tendenz nach haben wir es daher in Deutschland mit zwei Typen von Verwaltungsreform zu tun. Einerseits lassen sich Reformschübe ausmachen, deren Quelle verwaltungsexterner Art ist und bei denen die strukturelle Anpassungsfähigkeit der Verwaltung insbesondere in den Dimensionen Organisation und Recht für die Bewältigung politischer Probleme genutzt wird. Dieser Verwaltungsreformtypus dominiert in Deutschland, er kennzeichnet bereits die administrative Absicherung des politischen Kompromisses zwischen kurfürstlicher Zentralgewalt und Landadel in Brandenburg nach 1653, ebenso die Herausbildung von Staatsverwaltung und Selbstverwaltung als organisatorischer Reflex der Kompromißbildungen zwischen monarchischem System und Bürgertum im 19. Jahrhundert und schließlich die Herausbildung eines steuerungsintensiven, aber flexiblen Rechtssystems für die öffentliche Verwaltung in der Epoche bis 1914. In der Bundesrepublik treffen wir diesen Reformtypus an bei der administrativen Bewältigung der Kriegsfolgen und beim Aufbau der ministeriellen Bundesverwaltung nach 1949, bei der Gebietsreform in den 1970er Jahren und schließlich beim Aufbau bzw. der Neugestaltung der öffentlichen Verwaltung in Ostdeutschland nach 1990. Dieser Reformtypus ist durch das Zusammentreffen eines recht deutlich zu fokussierenden und von den politischen Eliten auch in dieser Deutlichkeit mehr oder weniger homogen wahrgenommenen Problemdrucks einerseits und der Angemessenheit solcher Verwaltungsinstrumente andererseits gekennzeichnet, die aufgrund der spezifischen deutschen Umstände ein besonderes Flexibilitätspotential aufweisen, was zumeist auf eine Kombination von Organisationsreformen und rechtlicher Steuerung hinauslief.

Beim zweiten Reformtypus ist der Problemdruck verwaltungsinterner Art. Es handelt sich dementsprechend um Verwaltungsreform im engeren oder eigentlichen Sinne. Bei diesen Reformen geht es um die effizienzmindernden Dysfunktionen der strukturellen Rigiditäten, durch die im deutschen Verwaltungssystem ein Widerlager zu den strukturellen Flexibilitätsspielräumen in den Bereichen von Recht und Organisation gewährleistet wird. Solche Generalreformen ohne spezifisch eingegrenzten *politischen* Reformzweck haben im Gegensatz zu den Reformen, die auf verwaltungsexternen Problemdruck zurückzuführen waren, nur begrenzten Erfolg gehabt. Sie konzentrierten sich auf die personelle und finanzielle bzw. fiskalische Dimension der Verwaltung. Entsprechende Reformschübe ereigneten sich mit dem gescheiterten Versuch der westlichen Besatzungsmächte nach 1945, das Berufsbeamtentum abzuschaffen, mit der ebenfalls weitgehend gescheiterten Dienstrechtsreform Anfang der 1970er Jahre, und es ist absehbar, daß auch die seit Beginn der 1990er Jahre neuerlich intensivierte Diskussion über die Zukunft des Öffentlichen Dienstes zu keiner durchgreifenden Strukturreform führen wird.

Ein Sonderfall ist die im Jahre 1969 mit mehrfachen Grundgesetzänderungen abgeschlossene Finanzreform. Sie war insofern erfolgreich, als sie, zumal als korrespondierendes Element zu den wenig später einsetzenden Gebietsreformen in den Bundesländern, die politische Zwecksetzung möglichst homogener Ressourcenverteilung unter den gebietskörperschaftlichen Ebenen weitgehend erfüllte. Diese "große Finanzreform", wie sie später genannt wurde, hat jedoch andererseits die Rigiditäten der fiskalischen Einbindung des deutschen Verwaltungssystems nur noch intensiviert. Die Effekte der Finanzreform wurden daher bereits ab Mitte der 1970er Jahre kritisch beurteilt, wobei namentlich die Länder die Einschränkung ihrer Autonomie durch die neuen Instrumente der Gemeinschaftsaufgaben und der Mischfinanzierung beklagten. Die Finanzreform von 1969 hatte also das fiskalische System, der für Deutschland seit dem letzten Drittel des 19. Jahrhunderts maßgeblichen "Output"-Logik politischer Legitimitätsgewinnung entsprechend, dem politischen Prinzip der Verteilungsgerechtigkeit noch weiter angeglichen, die Rigiditäten des Fiskalsystems dadurch jedoch nur weiter zugespitzt.

Der Zusammenhang von Problemdruck, Reformfunktion, Reformobjekt und Reformerfolg soll im folgenden für die wichtigsten Phasen der Verwaltungsreform in der Bundesrepublik Deutschland näher betrachtet werden.

III. Phasen der Verwaltungsreform in der Bundesrepublik Deutschland

Der Schwerpunkt der Verwaltungsreformen liegt auch in der fast fünfzigjährigen Geschichte der Bundesrepublik Deutschland auf der administrativen Bewältigung politischen Problemdrucks. Das Grundmuster dieser Reformen besteht in einem externen Reformanstoß auf der Grundlage eines breiten politischen Konsenses und dessen weitgehend selbständiger Umsetzung durch professionelle Verwaltungseliten auf der Grundlage eines durch Tradition gefestigten hohen Selbststeuerungspotentials.

Für Verwaltungspolitik im Sinne einer aktiven politischen Neugestaltung der Verwaltung gibt es allerdings gerade deshalb in Deutschland kaum eine Grundlage. Die Durchführung von Verwaltungsreform war, jedenfalls in den erfolgreichen Fällen, auch in der Bundesrepublik jedes Mal Sache der Verwaltung selbst. Intensivierte politische Steuerungsversuche haben vielmehr das Innovationsniveau der Reformmaßnahmen nahezu zwangsläufig gesenkt, weil sie den Reformprozeß mit den erratischen Effekten des Parteienwettbewerbs bzw. mit den Kompromißzwängen des parlamentarischen Regierungssystems belasten mußten. Hierfür bietet in jüngerer Zeit namentlich die Neugestaltung der ostdeutschen Verwaltung reichhaltiges Anschauungsmaterial.

Außer nach ihrer chronologischen Abfolge kann man die Verwaltungsreformschübe in der Bundesrepublik Deutschland nach der Quelle des reformauslösenden Problemdrucks (verwaltungsintern/verwaltungsextern), nach der Reformfunktion (ordnungsbildend, effizienzsteigernd, integrationsfördernd), nach dem Reformobjekt (Organisation, Personal, Recht, Finanzen) und schließlich auch nach dem Reformerfolg einteilen. Die Phasen der Verwaltungsreform sind im Schaubild 1 dargestellt.

1. Frühphasen der Verwaltungsreform: Kriegsfolgenbewältigung und Aufbau der ministeriellen Bundesverwaltung

Mit einiger Vorsicht lassen sich also vier bedeutendere Reformschübe unterscheiden. Diese vier Phasen kommen aber nur zustande, wenn man, was der Sache nicht ganz gerecht wird, die administrative Kriegsfolgenbewältigung und den Aufbau der ministeriellen Bundesverwaltung nach 1949 mit einbezieht. Mit der gleichen Berechtigung könnte man in dieser Reihung auch die vielfachen Improvisations- und Wiederaufbauleistungen der Verwaltung während der Besatzungszeit 1945-49 berücksichtigen. Die Schaffung der Bi-Zonen-Verwaltung (1947) mit Sitz in Frankfurt am Main fällt in diese Zeit, deren nachhaltige Wirksamkeit aber gerade nicht in ihrem ephemeren Charakter, sondern in ihrer Eigenschaft als Kern der künftigen Ministerialverwaltung des Bundes lag, die dann nach 1949 freilich nach Bonn überzusiedeln hatte. Der zügige Aufbau der neuen zentralen Ministerialverwaltung wäre jedenfalls ohne die Frankfurter Vorgängerinstitution nicht denkbar gewesen.

Im Bereich der vollziehenden Verwaltung war Aufbau der Lastenausgleichsbehörden der wichtigste Schritt dieser Phase, dem nicht zuletzt auch eine politisch-psychologische Bedeutung zukam. Die auf der Grundlage des Lastenausgleichgesetzes von 1952 arbeitenden Ausgleichsämter wickelten bis 1971 einen Ausgleichsfonds von mehr als 80 Mrd. DM ab. Wenn man also für diese Phase, die man auf die ersten beiden Regierungen Adenauer, also auf die Zeit von 1949-1957 begrenzen kann, als Verwaltungsreform begreifen will, so diente sie eindeutig der Bewältigung eines verwaltungsexternen Problemdrucks und ihre Funktion war ordnungsbildend und integrationsfördernd. Ähnlich wie nach 1990 im Osten Deutschlands mußten nach 1949 im Westen zunächst die Grundstrukturen einer neuen bundesstaatlichen administrativen Ordnung geschaffen werden. Und die gesellschaftliche und politische Integration von nicht weniger als 12 Millionen Vertriebenen aus den ehemaligen deutschen Ostgebieten (von der Gesamtzahl der 15 Millionen Vertriebenen blieben ungefähr 3 Millionen auf dem Gebiet der späteren DDR) wäre ohne die leistungsfähige Ausgleichsverwaltung – die im Alltag freilich von den kommunalen Dienststellen in ihrer Wirkung wesentlich flankiert wurde – undenkbar gewesen. Reformobjekt war also die organisatorische Dimension der Verwaltung mit ihren in Deutschland traditionell großen Elastizitätsspielräumen.

In politischer und administrativer Hinsicht konnte die westdeutsche Bundesrepublik seit der Mitte der 1950er Jahren als konsolidiert gelten. In den nachfolgenden zehn Jahren, also bis in die zweite Hälfte der 1960er Jahre, ereigneten sich keine wesentlichen Veränderungen. Diese Phase der Ruhe, die nach dem Konsolidierungserfolg der frühen 1950er Jahre nur allzu verständlich war, sollte in der zweiten Hälfte der 1960er Jahre jedoch als eine Phase der Stagnation, des "Reformstaus" oder gar der "Reformfeindlichkeit" wahrgenommen werden. Diese Sicht war freilich nur der Reflex einer Kumulation von gesellschaftlichen, politischen und eben auch administrativen Überstabilisierungen, die im Kern die neue westdeutsche Bundesrepublik erst lebensfähig und nicht zuletzt auch zu einem loyalen und berechenbaren Mitglied der Gemeinschaft westlicher Demokratien gemacht hatte. Was in der allgemeinen Reformbewegung seit der zweiten Hälfte der 1960er Jahre durchbrach, war das Zusammentreffen des ersten Generationenwechsels der politischen Führungsschicht (mit dem die Gründergeneration der Bundesrepublik abtrat) mit dem Auslaufen der langen, kontinuierlichen Wachstumsphase der westdeutschen Wirtschaft, die seit der Währungsreform von 1948 mit nur geringen Schwankungen angehalten hatte, und einem deutlich erkennbaren Modernisierungsbedarf zentraler Bereiche der sozialen und technischen Infrastruktur, namentlich in den Bereichen Bildung und Wissenschaft, Verkehrswesen und Gesundheitswesen. Diese Konstellation machte den Begriff der "Reform" zum Inbegriff einer ganzen innenpolitischen Ära. Die Verwaltung war davon nicht ausgenommen.

2. Die Reformära der Großen Koalition und der ersten sozial-liberalen Koalition

Vier große Reformvorhaben hatten in den Jahren von 1966 (markiert durch den Eintritt der Sozialdemokraten in eine Große Koalition auf Bundesebene) bis 1974 (den Wechsel von der ersten sozial-liberalen Koalition unter Brandt zur zweiten sozial-liberalen Koalition unter Schmidt) die Verwaltung in nahezu allen ihren Dimensionen – Organisation, Recht, Personal, Finanzen – zum Gegenstand: Die Finanzreform des Jahres 1969, die kommunalen Gebietsreformen in den Ländern (sie erstreckten sich vom Ende der 1960er bis in die Mitte der 1970er Jahre), die Reform der Ministerialverwaltung (die mit der Arbeit der "Projektgruppe Regierungs- und Verwaltungsreform" unter Federführung des Bundesinnenministeriums im Jahre 1968 einsetzte) und die Reform des öffentlichen Dienstrechts unter Federführung einer "Studienkommission für die Reform des öffentlichen Dienstrechts", die ihre Arbeit im Jahre 1973 abschloß. Sowohl im Hinblick auf die Reformobjekte als auch im Hinblick auf die Erfassung aller gebietskörperschaftlichen Ebenen war dies die bis heute intensivste Verwaltungsreformbewegung in der Bundesrepublik, die nicht selten sogar mit dem Begriff der Verwaltungsreform schlechthin identifiziert wird.

Was den reformauslösenden Problemdruck betrifft, so waren bei der Finanzreform, der Gebietsreform, der Dienstrechtsreform und der Reform der Ministerialverwaltung verwaltungsexterne und verwaltungsinterne Faktoren miteinander verwoben, wobei die maßgeblichen Einflüsse allerdings verwaltungsexterner Art waren. Auch hier gilt, daß die verwaltungsinternen Reformanstöße, soweit sie ohne ein klar umrissenes materielles innenpolitisches Reformziel blieben, weitaus geringere Wirkung entfalteten als die verwaltungsexternen Anstöße. Dies gilt namentlich für die Reform der Ministerialverwaltung und die Dienstrechtsreform. Demgegenüber waren die Finanz- und die Gebietsreform mutmaßlich deshalb relativ erfolgreich, weil sie sich wenigstens in der politischen Präsentation unmittelbar mit einer Verbesserung der "Output"-Qualitäten der Staatstätigkeit verknüpfen ließen. In beiden Fällen ging es um die Homogenisierung der Verwaltungsleistung im Infrastrukturbereich auf den drei gebietskörperschaftlichen Ebenen.

Auch die Finanzreform des Jahres 1969 reflektierte jedoch wenigstens insofern verwaltungsinternen Problemdruck, als sie nicht ohne das vorausgegangene Scheitern der territorialen Länderreform zu erklären ist. Was das Ziel einer Homogenisierung infrastruktureller Leistungsfähigkeit der gebietskörperschaftlichen Ebenen unterhalb der Bundesebene betraf, kam eine territoriale und eine fiskalische Lösung in Frage. Die territoriale Lösung lag nahe, sie war in Art. 29 des Grundgesetzes auch ausdrücklich vorgesehen ("Das Bundesgebiet kann neu gegliedert werden um zu gewährleisten, daß die Länder nach Größe und Leistungsfähigkeit die ihnen obliegenden Aufgaben wirksam erfüllen können"). Erst das Anfang der 1960er Jahre zutage tretende Scheitern der territorialen Lösung – die einzige Neugliederung hatte es bekanntlich im Jahre 1952 im Südwesten gegeben – ließ die fiskalische Option wieder in den Vordergrund treten. Sie wurde dann im Zeichen der verfassungsändernden Mehrheit der Großen Koalition im Bundestag zügig in Angriff genommen und im Mai 1969 zum Abschluß gebracht.

Die Ziele der Finanzreform wurden oft mit der damals dominierenden wirtschaftspolitischen Philosophie des Keynesianismus in Verbindung gebracht, wie sie sich unübersehbar im "Gesetz zur Förderung der Stabilität und des Wachstums der Wirtschaft" (Stabilitätsgesetz) von 1967 niedergeschlagen hatten. Tatsächlich war dies bei dem neugeschaffenen Instrument der Mischfinanzierung nach Art. 104a Abs. 4 GG unverkennbar. Auch die Beteiligung der Gemeinden an der Einkommensteuer nach Maßgabe ihrer Einwohnerzahlen mit besonderer Berücksichtigung der Belastung durch zentralörtliche Funktionen sollten konjunkturell-kontrazyklische Effekte freisetzen, weil, wie man hoffte, die Kommunen durch vermehrte investive Ausgaben zur Konjunkturstimulierung beitragen könnten. Rückblickend kann es jedoch keinem Zweifel unterliegen, daß die nachhaltigste Wirkung der Finanzreform von der starken Homogenisierung der Finanzausstattung von Ländern und Gemeinden ausgegangen ist und daß sie in dieser Hinsicht die nahezu unerläßliche komplementäre Ergänzung zu den durchgreifenden Gebietsreformen auf kommunaler Ebene seit dem Ende der 1960er Jahre darstellte. Der neustrukturierte Finanzausgleich des Jahres 1969 schraubte das Ausgleichsniveau auf mehr als 95 % hoch. Nun waren überall die Finanzmassen verfügbar, deren möglichst wirksame Allokation unter der Losung "Stärkung der Verwaltungskraft" zentrales Anliegen der kommunalen Gebietsreformen war.

Die Gebietsreform ist im Bewußtsein der kommunalen Verwaltungseliten ebenso wie der breiten Bevölkerung als die Verwaltungsreform schlechthin haften geblieben. Auch nach den Intentionen der politisch-intellektuellen Protagonisten dieser Neugestaltungen ging es um nicht weniger als eine territoriale Generalreform des Staates, gewissermaßen 'an Haupt und Gliedern'. Auf allen relevanten Ebenen – Länder, Regierungsbezirke, Kreise, Gemeinden – sollten leistungsfähige territoriale Einheiten entstehen. Auch die

Überlegungen zur Neugliederung des Bundesgebiets auf der Grundlage von Art. 29 GG wurden wiederbelebt, 1973 legte die hierfür vom Bundesminister des Innern ins Leben gerufene Sachverständigenkommission ("Ernst-Kommission") ihren Bericht vor. Die Bemühungen scheiterten allerdings auch dieses Mal. So blieben die Regierungsbezirke, namentlich aber die Landkreise und Gemeindegemarkungen als territoriale Reformobjekte.

Nach Abschluß der Gebietsreformen Ende der 1970er Jahre hatte sich die Zahl der Regierungsbezirke in der Bundesrepublik von 33 auf 25, die Zahl der Landkreise und Kreisstädte von 564 auf 328 und die Zahl der Gemeinden von 24.282 auf 8.501 verringert. Die durchschnittliche Einwohnerzahl der kreisfreien Städte betrug nun 232.945 (statt zuvor 167.410) und die der Gemeinden bzw. Gemeindeverbände 7.242 statt zuvor 1.510.

Nimmt man die Effekte der Finanzreform und der Gebietsreform zusammen, so hatte sich innerhalb eines Jahrzehnts, von der Mitte der 1960er bis zur Mitte der 1970er Jahre, die westdeutsche Verwaltungslandschaft in der Tat grundlegend gewandelt. Charakteristisch war und blieb die Kombination aus Dezentralisierungs- und Zentralisierungseffekten, je nachdem auf welche Ebene sich der Blick richtete. Zweifellos war die kommunale Ebene sowohl, was die verbliebenen Gemeinden, als auch, was die verbliebenen Landkreise betrifft, grundlegend gestärkt. Im Gesamtgefüge der vertikalen Gewaltenteilung hatte sich also zweifellos ein Dezentralisierungseffekt eingestellt, der durch die fehlgeschlagene Länderneugliederung noch akzentuiert wurde. Im Verhältnis zur Länderebene standen Gemeinden, kreisfreie Städte und Landkreise nun ganz anders, nämlich erheblich stärker und handlungsfähiger da.

Dies erzeugte zwangsläufig eine Diskussion über die Zukunft der Mittelinstanz, also der Regierungsbezirke und ihrer Behörden, der Regierungspräsidenten. Dabei ging es um die Frage, ob es überhaupt eine mittlere territoriale Verwaltungsebene zwischen zentralen Landesbehörden und Landkreisen geben solle und, falls ja, ob diese kommunal oder staatlich verfaßt sein sollte. Hier spielten namentlich die Erfordernisse der Regionalplanung eine Rolle. Letztlich wurden die Regierungsbezirke in keinem der Flächenländer abgeschafft (in Baden-Württemberg, wo die Mittelinstanz erst mit der Bildung dieses Bundeslandes im Jahre 1952 eingeführt worden war, hatte das Gesetz zur Kreisreform von 1975 bereits deren Aufhebung bestimmt, auch in diesem Fall wurde das Vorhaben jedoch letztlich gestoppt). In allen Flächenländern bildeten sich jedoch regionale Planungsinstanzen, die aber unterschiedlich – mal staatlich, mal kommunal – verfaßt sind.

Auf der anderen Seite führte die drastische Verringerung der Zahl der Gemeinden um nahezu zwei Drittel zu Zentralisierungseffekten auf der lokalen Ebene mit entsprechenden praktischen und psychologischen Konsequenzen. Letztere waren in den Flächenländern im Zuge der Reform auch auf unterschiedliche Weise antizipiert worden. Während die norddeutschen Flächenländer eher zum Modell der großen Einheitsgemeinde tendierten, fand man in den süddeutschen Flächenländern eher zu Kompromißlösungen, die entweder, wie in Bayern, die territorialen Verwaltungseinheiten auf Kreis- und Gemeindeebene generell kleinräumiger faßte oder, wie in Baden-Württemberg, auf Zwischenlösungen wie Verwaltungsgemeinschaften von Gemeinden und Statusaufbesserungen für kreisangehörige Städte ("Große Kreisstadt") setzte.

Im Bereich der Ministerialverwaltung und des öffentlichen Dienstrechts hingegen sollten die Reformbemühungen weitgehend scheitern. Hierfür waren allerdings unterschiedliche Gründe maßgeblich.

Die Reform der Ministerialverwaltung, die den Arbeitsschwerpunkt der "Projektgruppe Regierungs- und Verwaltungsreform" bildete, zielte auf die Stärkung der Planungs- und Koordinierungskapazität der zentralstaatlichen Ebene. Dies war verknüpft mit der Vorstellung, sowohl durch Reorganisationen als auch durch die Nutzung neuer Informations-, Planungs- und Entscheidungstechniken die Defizite arbeitsteiliger Organisation und der entsprechenden Koordinationsprobleme ("Selektive Perzeption", "Negativ-Koordination") zu überwinden.

Die realen Effekte der Ministerialverwaltungsreform beschränkten sich indes auf die Einrichtung von Planungsstäben – von denen die Planungsgruppe im Bundeskanzleramt während der Kanzlerschaft Brandts (1969-1974) die prominenteste Einrichtung war – und die Vergrößerung der Basiseinheiten der Ministerien, der Referate, sowie in einzelnen Fällen deren Bündelung zu neuen, nach Möglichkeit aufgabenzentrierten Einheiten unterhalb der Abteilungsebene (Unterabteilungen, "Gruppen"). Die hochgesteckten Erwartungen in neue Planungs- und Entscheidungstechniken, nach Möglichkeit computergestützt, wurden indes allesamt enttäuscht.

Für den relativen Mißerfolg der Ministerialverwaltungsreform lassen sich mehrere Gründe anführen. Zum einen spielte sicher eben jene Beharrungskraft der Organisation eine Rolle, die ja im Mittelpunkt der kritischen Analysen stand. Zum anderen schwächte sich das Klima der innenpolitischen Reformen und damit auch der Einfluß der Reformer in der Ministerialverwaltung des Bundes seit Beginn der 1970er Jahre bereits wieder ab. Ihre Protagonisten – mit dem Staatsminister und Chef des Bundeskanzleramts Ehmke an der Spitze – wurden beim Übergang der Kanzlerschaft von Brandt auf Schmidt im Jahre 1974 entmachtet.

Aus heutiger Sicht ist aber auch unverkennbar, daß die Bemühungen um eine Ministerialverwaltungsreform zur damaligen Zeit von wenig realistischen Grundannahmen ausgingen. So richtig es gewesen war, überhaupt auf die Bedeutung der organisatorischen Dimension für Planungsabläufe hinzuweisen, so unangemessen war doch die Vernachlässigung der personellen und kommunikativen Dimension. Korrigiert wurde dies einige Jahre später durch Untersuchungen zu den Einstellungs- und Tätigkeitsprofilen des Leitungspersonals in den Bundesministerien. Diese Untersuchungen belegten für die westdeutsche Ministerialbürokratie ein hohes Maß an parteipolitisch ungebundener politischer Sensibilität und, ganz im Gegensatz zu den Hypothesen der Planungsforschung vom Anfang der 1970er Jahre, eine bemerkenswerte Fähigkeit zur Selbstkoordination über Referats- und Ressortgrenzen hinweg.

In der Phase allgemeiner Verwaltungsreformen seit 1966 war das Scheitern einer Reform des öffentlichen Dienstrechts der augenfälligste Mißerfolg. Die umfangreichen Arbeiten der Studienkommission für die Reform des öffentlichen Dienstrechts führten letztlich nur zu marginalen Verbesserungen im Bereich der Dienstpostenbewertung und der Personalbeurteilung. Die weitgesteckten Ziele namentlich der SPD und der Gewerkschaft Öffentliche Dienste, Transport und Verkehr (ÖTV), die auf die Schaffung eines einheitlichen öffentlichen Dienstrechts und damit auf die Aufhebung der dienstrechtlichen Dreiteilung in Beamte, Angestellte und Arbeiter hinausliefen, konnten nicht einmal ansatzweise verwirklicht werden. Für dieses Scheitern lassen sich drei Gründe anführen. Zum einen war die Reform des öffentlichen Dienstrechts ein abstraktes Reformziel, mit dem sich, im Gegensatz zu den organisatorischen und territorialen Reformen, eine effizienzsteigernde oder integrationsfördernde Wirkung in der verwaltungspolitischen Argumentation nicht unmittelbar verbinden ließ. Zum anderen symbolisierten gerade das Altmodische und Unzeitgemäße des öffentlichen Dienstrechts jene Staatskontinuität durch Verwaltungsstabilität, die für die politische und psychologische Überwindung der deutschen Regimezusammenbrüche im 20. Jahrhundert von überragender Bedeutung gewesen war. Es formte sich daher, drittens, auch kein Reformkonsens unter den administrativen und politischen Eliten. Innerhalb der sozial-liberalen Bundesregierung profilierte sich die FDP mit dem damaligen Innenminister Genscher als bremsende Kraft. Damit war das Reformvorhaben auch rein regierungstechnisch nicht mehr durchsetzbar.

In der Mitte der 1970er Jahre lief die Reformphase der sozial-liberalen Koalition aus, es kam, wie es in der politischen und publizistischen Rhetorik hieß, zu einer "Tendenzwende". Damit war auch ein grundlegender Wandel in der Betrachtung des Regierungs- und Verwaltungsapparates verbunden. Hintergrund dieses Einstellungswandels waren die Spannungen, die aus einem drastischen Einbruch des wirtschaftlichen Wachstums seit 1974 einerseits und der zuvor von der sozial-liberalen Koalition auf Bundesebene eingeleitete Ausweitung des öffentlichen Sektors resultierten. Zwischen 1965 und 1975 waren die Personalzahlen im gesamten Öffentlichen Dienst der Bundesrepublik von 1.870.613 auf 3.488.472 gewachsen. Der Anteil des Öffentlichen Dienstes an der Erwerbsbevölkerung war von 6,85 % (1965) auf 12,98 % (1975) gestiegen.

Ebenso wie zuvor die Modernisierungserfordernisse der staatlichen Infrastruktur führte nun die unverkennbare Notwendigkeit einer Eindämmung des Wachstums des öffentlichen Sektors und der Staatsausgaben zu ideologischen Überhöhungen. Die Reform-Rhetorik der späten 1960er und frühen 1970er Jahre wurde durch eine Rhetorik der "Krise" und der drohenden "Unregierbarkeit" abgelöst, die breiten Niederschlag in der publizistischen und sozialwissenschaftlichen Literatur fand. Generell, so lautete die nun vorherrschende Kritik, habe der Staat sich zuviel zugemutet. Er verbrauche aus diesem Grunde nicht nur zu viel Geld, auch seine wichtigsten Handlungsinstrumente, Recht und Verwaltung, seien durch zu viele Ausgaben zu komplex und für den Bürger eher zu einer Last statt zu einer Wohltat geworden. Gebündelt wurde dies in den Kritikformeln von der "Gesetzesflut" und der "Bürokratisierung". Bemerkenswert war dabei die politische und ideologische Heterogenität dieser Kritik, ohne die ihre Wirksamkeit vermutlich nicht erklärt werden könnte. Die Kritik an zu viel Staat und zu großer Bürokratie kam nicht allein aus dem konservativen und liberalen Lager, sondern auch aus linksbürgerlichen Kreisen, deren Artikulationbühne ihrerseits nicht-konventionelle Formen politischer Partizipation waren, namentlich die Bürgerinitiativbewegung, deren politische Stabilisierung und Etablierung am Ende der 1970er Jahre zur Bildung einer neuen Partei, der "Grünen", führen sollte. In diesem Segment des politischen Spektrums ergänzten sich also traditionell linke und traditionell liberal-konservative Elemente der Staats- und Bürokratiekritik.

3. "Entbürokratisierung"

Vor dieser politisch-ideologischen Kulisse kam es nun seit dem Ende der 1970er Jahre zu einer Reformbewegung unter den Schlagworten der "Entbürokratisierung" bzw. der "Gesetzes- und Verwaltungsvereinfachung". Wenn auch die Klassifizierung nicht so leicht fällt wie im Fall der eindeutig von verwaltungsexternen Stimulanzen ausgelösten Verwaltungsreformen der späten 1960er und frühen 1970er Jahre, so war die Quelle des Problemdrucks bei der "Entbürokratisierungs"-Bewegung seit dem Ende der 1970er Jahre doch in erster Linie verwaltungsinterner Art. Die vorherrschende öffentliche Wahrnehmung und die tatsächliche Belastung der Verwaltung durch Rechts- und Organisationskomplexität mündeten in eine Reihe von Gegenmaßnahmen, mit sowohl effizienzsteigernder als auch integrationsfördernder Funktion. In nahezu allen Bundesländern wurden seit 1978 Regierungs-, zum Teil auch Parlamentskommissionen, mit dem Auftrag der Erarbeitung von Vorschlägen für die Rechts- und Verwaltungsvereinfachung ins Leben gerufen. Nach dem Regierungswechsel von der sozial-liberalen zur christlich-liberalen Regierung in Bonn wurde im Jahre 1983 auch auf Bundesebene eine "Unabhängige Kommission Rechts- und Verwaltungsvereinfachung" eingerichtet. Der Schwerpunkt der Arbeiten dieser Kommissionen lag eindeutig auf der Rechtsbereinigung, und weil, der Tradition exekutivischer Rechtssetzung in Deutschland entsprechend, ungefähr 80 % der verwaltungsbindenden Normen Rechtsverordnungen und Verwaltungsvorschriften sind, lag auch der Schwerpunkt der Bereinigung eindeutig in diesem Bereich. Organisatorische Maßnahmen zur Verbesserung der "Bürgernähe" waren jedenfalls unter den Maßnahmenvorschlägen der verschiedenen Kommissionen deutlich in der Minderheit.

Sicherlich hat die Verwaltung im Zuge der "Entbürokratisierungs"-Bewegung, die bis etwa zur Mitte der 1980er Jahre anhielt, den 'politischen Rückenwind' der Staats- und Bürokratiekritik für die Aufgabenentlastung im eigenen Interesse geschickt genutzt. Eine der turnusmäßigen Rechtsbereinigungswellen war nun auf einmal mit einem hohen politischen Legitimitätswert versehen, was einer zügigen Abwicklung der Bereinigungsmaßnahmen nur zuträglich sein konnte. Gleichwohl hat sich in den 1980er Jahren augenscheinlich auch ein – freilich schwer meßbarer, jedenfalls noch gänzlich unerforschter – Klimawechsel zugunsten von mehr Bürgerfreundlichkeit ereignet. Sowohl in organisatorischer Hinsicht (etwa durch die Dezentralisierung von Kompetenzen oder durch publikumsfreundliche Informationsmaßnahmen und Öffnungszeiten) als auch durch eine entsprechende Personalschulung sollte der Servicecharakter öffentlicher Verwaltung gestärkt werden. Die "Bürgerfreundlichkeit" der Verwaltung wurde in dieser Zeit zu einem verwaltungspolitischen Gemeinplatz mit nicht zu unterschätzender Appellwirkung.

Ein weiterer nachhaltiger Effekt der "Entbürokratisierungs"-Bewegung war eine deutliche Verstetigung der Aufgabenkritik, der Rechtsbereinigung und der Organisationsüberprüfung. Die Bundesregierung führte 1983 eine Prüfliste für die Gesetzesvorbereitung in den Ministerien ein, die in ähnlicher Form bereits in Hessen und Bayern existierte. Die Bundesländer Bayern, Baden-Württemberg, Bremen, Hamburg, Hessen und Rheinland-Pfalz richteten im Laufe der 1980er Jahre unterschiedliche Kommissionen zur Verstetigung von Aufgabenkritik, Rechtsvereinfachung etc. ein.

4. 'Aufbau Ost' und 'Schlanker Staat'

Die Wiedervereinigung des Jahres 1990 löste den vorläufig letzten Reformschub in der deutschen öffentlichen Verwaltung aus. Die Schwerpunkte der Reform waren in diesem Fall jedoch aufgrund der dramatischen Unterschiede zwischen der ostdeutschen und der westdeutschen Situation im Osten wie auch im Westen ganz unterschiedlich gelagert.

Ob man für den Osten Deutschlands in der Zeit nach 1990 überhaupt von einer "Verwaltungsreform" sprechen kann, ist durchaus fraglich. Eigentlich ist dies eine begriffliche Bagatellisierung der fundamentalen Veränderungen, die sich im Staats- und Verwaltungsapparat der neuen Bundesländer nach der Wiedervereinigung vollzogen haben. Trotzdem weist der Verwaltungsaufbau in den neuen Bundesländern nach der Wiedervereinigung ein für die Reformgeschichte der deutschen Verwaltung charakteristisches Merkmal auf, nämlich die hochentwickelte Fähigkeit zur administrativen Selbststeuerung. Der Aufbau funktionsfähiger Landes- und Kommunalverwaltungen in Brandenburg, Mecklenburg-Vorpommern, Sachsen, Sachsen-Anhalt, Thüringen und im Ostteil Berlins ist weitgehend das Werk administrativer Selbsthilfe im Wege der Ost-West-Kooperation. Die Ideengeber für die Ausgestaltung der Fachverwaltungen waren westdeutsche Berater und Leihbeamte aus den jeweiligen Partnerländern bzw. aus den Beratungsapparaten der kommunalen Spitzenverbände. Es hat den Anschein, daß die deutsche Verwaltung bei der Bewältigung der Wiedervereinigungsfolgen noch einmal alle ihre strukturellen Vorzüge zum Tragen gebracht hat: Die Flexibilität ihrer dezentralen Strukturen, die Professionalität ihres (westdeutschen) Personals, die Zuverlässigkeit ihres Rechtssystems und die Leistungsfähigkeit ihrer fiskalischen Strukturen.

Der Aufbau der Verwaltung in Ostdeutschland nach 1990 ist – ähnlich wie der Aufbau der ministeriellen Bundesverwaltung oder der Ausgleichsverwaltung nach 1949 im Westen, wenn auch in unvergleichlich größerem Umfang – zunächst vor allem eine ordnungsbildende Leistung, während Gesichtspunkte der Effizienzsteigerung und namentlich solche der Integrationsförderung lediglich erwünschte Sekundäreffekte waren. Im Vordergrund stand die Angleichung der administrativen Verhältnisse an die verfassungsrechtlichen und verwaltungsrechtlichen Anforderungen der alten Bundesrepublik. Wie gesagt, es ist zweifelhaft, ob man hier von einer "Reform" sprechen kann, wo es doch, einerseits, so offensichtlich um die Reproduktion des westdeutschen Status quo ging und, andererseits, die Umwälzung der ostdeutschen Verhältnisse auf allen Ebenen – also in organisatorischer, fiskalischer, personeller und rechtlicher Hinsicht – nach den Vorgängen des Jahres 1989 einer zweiten, nämlich administrativen Revolution gleichkam. Diese eigentümliche Verquickung von konservierenden und revolutionären Wirkungen erzwingt wechselseitige Anpassungen: Weder werden in Ostdeutschland die westdeutschen Verwaltungsverhältnisse lediglich kopiert noch werden die Staats- und Verwaltungsstrukturen der DDR restlos untergehen.

Außer den Stärken zeigen sich beim 'Aufbau Ost' naturgemäß auch die Schwächen des deutschen Regierungs- und Verwaltungssystems. Dies gilt namentlich für das Aufeinandertreffen von rigiden fiskalischen und flexiblen organisatorischen Strukturen. Der Effekt ist eine Schwächung der vertikalen Gewaltenteilung, die durch den Beitritt der DDR zum Geltungsbereich des Grundgesetzes auf den Osten Deutschlands übertragen wurde. Die in der alten Bundesrepublik über Jahrzehnte hinweg gewachsene Anreicherung der föderativen Staatsordnung mit Homogenisierungsprinzipien der Ressourcenverteilung (im Zeichen der Wahrung der "Einheitlichkeit der Lebensverhältnisse") und die Übertragung dieser Homogenisierungsphilosophie auf den Akt der Wiedervereinigung schlechthin (mit dem politischen Versprechen einer schnellst möglichen Angleichung der ostdeutschen an die westdeutschen Lebensverhältnisse) mußte das reguläre fiskalische Umverteilungssystem des Grundgesetzes von vornherein überfordern. Die Kluft zwischen Finanzverfassungsrecht und Wirklichkeit wurde im Jahre 1990 durch eine Sonderfonds-Lösung ("Fonds Deutsche Einheit") überbrückt. Die Aufhebung dieses Provisoriums durch ein sogenanntes "Föderales Konsolidierungsprogramm" (FKP) im Jahre 1993 war dann nur um den Preis einer die herkömmlichen westdeutschen Maßstäbe sprengenden Ausdehnung der Bundeslasten im Finanzausgleich, insbesondere über die Bundesergänzungszuweisungen, zu erreichen. Der Bund hielt sich hierfür schadlos, indem er das frühere "Volkseigene Vermögen" der DDR (darunter außer dem verbliebenen Industriebesitz der Treuhandanstalt namentlich deren Liegenschaftsvermögen im Umfang von etwa einem Drittel der Fläche der früheren DDR) endgültig in Beschlag nahm, obgleich es sich hierbei zunächst um vom Bund lediglich – im Wortsinne – treuhänderisch für die noch nicht existierenden oder noch nicht funktionsfähigen ostdeutschen Länder und deren Bevölkerung verwaltetes Vermögen handelte. Durch die formelle Auflösung der Treuhandanstalt und die hohe organisatorische Flexibilität, mit deren Hilfe ein für die Öffentlichkeit schwer durchschaubares Feld von Treuhand-Nachfolgeinstitutionen geschaffen wurde, die sich freilich alle in der Regie des Bundes befinden, wird der nachhaltige Zentralisierungseffekt dieser Problembewältigungsstrategie eher verschleiert als neutralisiert.

Die Wiedervereinigung hat auch eine Verwaltungsreformdiskussion im Westen ausgelöst, allerdings auf indirektem Wege und mit gänzlich anderer Schwerpunktsetzung als im Osten. Der Struktur des Problemdrucks und der Reformziele nach geht es um eine Neuauflage der staats- und verwaltungskritischen Diskussion vom Ende der 1970er Jahre. Neu sind naturgemäß die verwaltungsexternen reformauslösenden Momente und neu ist auch der sowohl thematisch als auch politisch umfassende Charakter der Reformdiskussion, für die sich das Schlagwort vom "Schlanken Staat" etabliert hat.

Bemerkenswert an der breiten Reformdiskussion zur Mitte der 1990er Jahre ist, daß sie sich auf die Verwaltungsdimensionen mit der größten Reformresistenz bezieht, nämlich Personal und Finanzen. Zwar spielen in einigen Bundesländern, so etwa im Zuge einer recht umfassenden Funktionalreform in Baden-Württemberg, auch verwaltungsorganisatorische Probleme eine Rolle. Der Schwerpunkt liegt jedoch auf der Modernisierung im Finanz- und Personalbereich. Dabei geht es generell um die Übertragung einschlägiger Elemente einer Wettbewerbs- oder "Management"-Logik aus dem privatwirtschaftlichen Bereich auf den öffentlichen Sektor. Im Mittelpunkt stehen zum einen die "dezentrale Ressourcenverantwortung", zum anderen verbesserte Leistungsanreize insbesondere für jüngere und für leitende Mitarbeiter der Verwaltung.

Der Erfolg dieser Reformbemühungen bleibt abzuwarten. Unverkennbar sind einige reformbegünstigende Faktoren. Die gewaltigen Umverteilungslasten der Wiedervereinigung haben die Bereitschaft zu mehr oder weniger durchgreifenden Einsparungs- und Rationalisierungsmaßnahmen auf allen gebietskörperschaftlichen Ebenen und in nahezu allen politischen Lagern gestärkt. Das föderative System, das mit seinen fiskalischen Rigiditäten zunächst die Problematik eher verschärft statt gemildert hat, repräsentiert hier wiederum eine Reformressource: Durch die seit dem Jahre 1991 bestehende parteipolitische Zweiteilung der Regierungsgewalt auf Bundesebene mit einer unionsbeherrschten Bundesregierung und einem SPD-beherrschten Bundesrat gibt es eine parteiübergreifende Verantwortungsgemeinschaft der staatstragenden politischen Kräfte für die langfristige fiskalische Konsolidierung. Außerdem hat sich mit der Formel von der *Modernisierung* von Staat und Verwaltung ein Paradigma herausgebildet, welche für das konservative, liberale, sozialdemokratische und grün-alternative politische Lager identifikationsfähig ist, wenn auch in unterschiedlicher Ausprägung. Im Unterschied zur gescheiterten Dienstrechtsreform der frühen 1970er Jahre ist daher die Errichtung von Reformblockaden durch Veto-Gruppen derzeit unwahrscheinlich.

IV. *Erfolg und Mißerfolg von Verwaltungsreformen*

Für die Stabilisierungsleistung, die die öffentliche Verwaltung für den Fortbestand deutscher Staatlichkeit über die Vielzahl von Regimewechsel und -zusammenbrüchen erbracht hat, war ein hohes Maß an Anpassungsfähigkeit erforderlich, das seinerseits auf eine spezifische Kombination von strukturellen Rigiditäten und Flexibilitäten zurückgeht. Die Rigiditäten eines professionalisierten Personalsystems und eines auf ein

Höchstmaß an Homogenisierung der Ressourcenausstattung ausgerichteten Fiskalsystems wurden und werden durch die Flexibilitäten einer vornehmlich exekutivischen Rechtssetzung sowie eines in der horizontalen und vertikalen Achse stark differenzierten organisatorischen Gestaltungsrepertoires ergänzt und ausgeglichen.

Der Erfolg von Verwaltungsreformen, also von geplanten Veränderungen von organisatorischen, rechtlichen, personellen oder fiskalischen Strukturen der Verwaltung, hing in Deutschland augenscheinlich von der Art des Problemdrucks, vom Reformobjekt und von der Reformunterstützung ab. Dies läßt sich für alle Reformfunktionen feststellen, gleich ob diese ordnungsbildend, effizienzsteigernd oder integrationsfördernd waren. Reformbegünstigend, so scheint es, war regelmäßig eher verwaltungsexterner als verwaltungsinterner Problemdruck, eher klar konturierte Ziele materieller Innenpolitik als vage Ziele abstrakter Verwaltungspolitik, eher das Mittel einer Organisations- oder Rechtsreform als das Mittel einer Personal- oder Fiskalreform und, was am wenigsten überraschen kann, ein Elitenkonsens über die Reformnotwendigkeit als politischer Dissens.

Nimmt man die Zielvorgaben der jeweiligen Reformprotagonisten, so waren in den vergangenen fünfzig Jahren die administrative Kriegsfolgenbewältigung und der Aufbau der ministeriellen Bundesverwaltung in den 1950er Jahren ein Reformerfolg. Das gleiche kann, cum grano salis, gesagt werden von der Finanzreform des Jahres 1969, von der Gebietsreform der späten 1960er und frühen 1970er Jahre und vom Aufbau und Neubau der Verwaltung in Ostdeutschland seit 1990. Erfolglos war dagegen der Versuch zur Reform der Ministerialorganisation in den späten 1960er und frühen 1970er Jahren und ein regelrechter Fehlschlag war zur gleichen Zeit der Vorstoß zu einer Reform des öffentlichen Dienstrechts.

Unberücksichtigt bleiben bei dieser Wertung die Reformen, die mangels Aussicht auf praktisch-politischen Erfolg über das Stadium von Denkschriften erst gar nicht hinauskamen. In diese Kategorie fällt die fehlgeschlagene Neugliederung des Bundesgebietes nach Art. 29 GG. Zu erwähnen ist hier aber insbesondere die ausgebliebene Reform der Finanzverfassung, deren Aufgabe gewesen wäre, nach der Wiedervereinigung wenigstens eine ungefähre Beibehaltung der vorherigen Finanzausgleichsproportionen zu ermöglichen, also die dann eingetretene Überbeanspruchung des Bundes und die dadurch mindestens begünstigte, wenn nicht gar provozierte nahezu absolute Beibehaltung des Bundesbesitzes am früheren "Volkseigenen Vermögen" der DDR mit ihren im Lichte von Art. 30 GG schwerlich verfassungskonformen Zentralisierungseffekten zu verhindern.

Die relativen Reformerfolge, die wir für die nahezu fünfzigjährige Geschichte der alten und der neuen Bundesrepublik verzeichnen können, sind durch das Zusammentreffen von verwaltungsexternem Problemdruck, flexiblen Reformobjekten – typischerweise Verwaltungsorganisation und Rechtssetzung – und parteiübergreifender Reformunterstützung gekennzeichnet. Paradebeispiele sind die Gebietsreformen der späten 1960er und frühen 1970er Jahre, in weitaus bescheidenerem Maße die "Entbürokratisierungs"-Bewegung seit den späten 1970er Jahren und zweifellos der Aufbau der ostdeutschen Landes- und Kommunalverwaltung seit 1990. Schon der Erfolg der Finanzreform ist erheblich zurückhaltender zu beurteilen, weil er vor allem durch den vorangegangenen Fehlschlag einer Neugliederung des Bundesgebietes zu erklären ist.

Relatives Reformscheitern, erst recht aber die soeben angesprochenen Nicht-Reformen wie die einer Neugliederung des Bundesgebietes oder einer Finanzverfassungsreform nach 1990 sind zunächst durch die resistenten Reformobjekte des Personalbereichs und der fiskalischen Verhältnisse gekennzeichnet. Die Reformresistenz des Personalbereichs und der Finanzverfassung rührt nicht zuletzt von der besonderen Stabilisierungsleistung gerade dieser Segmente der deutschen Verwaltungsstruktur. So hat sich das Institut des Berufsbeamtentums zum ideologisch überhöhten Symbol krisenfester Professionalität und Loyalität entwickelt. Die föderative Finanzverfassung wiederum symbolisiert das Prinzip der Verteilungsgerechtigkeit, auf dem nach der deutschen Tradition staatliche Legitimitätsgeltung maßgeblich beruht.

Schaubild 1

Phasen der Verwaltungsreform in der Bundesrepublik Deutschland

	1	2	3	4
	(a) Kriegsfolgenbewältigung (b) Aufbau der ministeriellen Bundesverwaltung	(a) Finanzreform (b) Gebietsreform (c) Reform der Ministerialorganisation (d) Reform des öffentlichen Dienstrechts	„Entbürokratisierung"	(a) 'Aufbau Ost' (b) 'Zukunft des Öffentlichen Dienstes', 'Neue Steuerungsformen'
	1949-1957	1966-1975	1978-1985	1990-
Quelle des Problemdrucks	verwaltungsextern	(a) verwaltungsextern (b) verwaltungsextern (c) verwaltungsextern (d) verwaltungsintern	verwaltungsintern	(a) verwaltungsextern (b) verwaltungsintern
Reformfunktion	ordnungsbildend integrationsfördernd	effizienzsteigernd	effizienzsteigernd [*Rechtsbereinigung*] integrationsfördernd [*"Bürgernähe"*]	(a) ordnungsbildend (b) effizienzsteigernd
Reformobjekt	Organisation	Organisation Personal	Recht Organisation	(a) Organisation (b) Finanzen Personal
Reformerfolg	groß	(a) groß (b) mittel / groß (c) gering (d) Fehlschlag	mittel	(a) groß (b) ?

Literatur

Becker, Bernd, Öffentliche Verwaltung, Lehrbuch für Wissenschaft und Praxis, Percha am Starnberger See 1989.

Der Bundesminister für Innerdeutsche Beziehungen, Materialien zum Bericht zur Lage der Nation, Berlin 1974.

Derlien, Hans-Ulrich, Integration der Staatsfunktionäre der DDR in das Berufsbeamtentum: Professionalisierung und Säuberung, in: *Seibel, Wolfgang/Benz, Arthur/Mäding, Heinrich* (Hrsg.), Verwaltungsreform und Verwaltungspolitik im Prozeß der deutschen Einigung, Baden-Baden 1993, S. 190 ff.

Ellwein, Thomas (Hrsg.), Kommission zur Gesetzes- und Verwaltungsvereinfachung in Nordrhein-Westfalen, Berichte und Vorschläge, Stuttgart 1983.

Greiffenhagen, Martin (Hrsg.), Zur Theorie der Reform, Entwürfe und Strategien, Heidelberg/Karlsruhe 1978.

König, Klaus, "Neue" Verwaltung oder Verwaltungsmodernisierung: Verwaltungspolitik in den 90er Jahren, in: Die Öffentliche Verwaltung 1995, S. 349 ff.

Mayer, Otto, Deutsches Verwaltungsrecht, Leipzig 1895.

Mayntz, Renate/Scharpf, Fritz W. (Hrsg.), Planungsorganisation, Die Diskussion um die Reform von Regierung und Verwaltung des Bundes, München 1973.

Naschold, Frieder, Modernisierung des Staates, Zur Ordnungs- und Innovationspolitik des öffentlichen Sektors, Berlin 1993.

Schwarz, Hans-Peter, Die Ära Adenauer, Gründerjahre der Republik 1949 bis 1957, in: Band II der Geschichte der Bundesrepublik Deutschland, herausgegeben von *Bracher, Karl Dietrich* u.a., Stuttgart/Wiesbaden 1981.

Seibel, Wolfgang, Entbürokratisierung in der Bundesrepublik Deutschland, in: Die Verwaltung 19, 1986, S. 137 ff.

Seibel, Wolfgang/Benz, Arthur/Mäding, Heinrich (Hrsg.), Verwaltungsreform und Verwaltungspolitik im Prozeß der deutschen Einigung, Baden-Baden 1993.

Sonnemann, Ulrich, Das Land der unbegrenzten Zumutbarkeiten, Deutsche Reflexionen, Reinbek 1963.

Thieme, Werner/Prillwitz, Günther, Durchführung und Ergebnisse der kommunalen Gebietsreform, Baden-Baden 1981.

Wagener, Frido, Neubau der Verwaltung, Gliederung der öffentlichen Aufgaben und ihrer Träger nach Effektivität und Integrationswert, 2. Auflage, Berlin 1974.

Wilkes, Christopher, Institutionalisierung der Entbürokratisierung, Zur Fortsetzung der Rechts- und Verwaltungsvereinfachung in Bund und Ländern, in: Die Verwaltung 22, 1989, S. 333 ff.

II. Aufbau

Frido Wagener† /Willi Blümel

1. Staatsaufbau und Verwaltungsterritorien

Inhaltsübersicht

I. Äußeres Erscheinungsbild
II. Regelungen der Verfassung
    1. Bundesstaatsprinzip
    2. Bundesgebiet und Gebiete der Länder
    3. Verwaltungstypen
    4. Kommunale Selbstverwaltung
    5. Vertikale Verflechtungen
III. Gebiet und Funktion im Staats- und Verwaltungsaufbau
IV. Gesamtaufbau der Verwaltung
V. Kommunale Gebietsreform

I. Äußeres Erscheinungsbild

Auf den ersten Blick sind Staat und Verwaltung in der Bundesrepublik Deutschland vielgliedrig und unübersichtlich. Auffällig sind die zahlreichen Ebenen der Verwaltung und der verhältnismäßig bescheidene Anteil von unmittelbarer zentralstaatlicher Verwaltung (Bundesverwaltung). Das gesamte Bildungswesen, zahlreiche soziale Dienste und das Krankenhauswesen sind Länder- und Kommunalsache. Auch die Polizei wird grundsätzlich von den Ländern gestellt. Nur der Auswärtige Dienst, die Bundesfinanzverwaltung, die Verwaltung der Bundeswasserstraßen und der Schiffahrt sowie die Bundeswehr- und Verteidigungsverwaltung, die Bundesgrenzschutzbehörden und die Arbeitsverwaltung (Bundesanstalt für Arbeit) haben einen eigenen Behördenunterbau. Die Bundeseisenbahnen, die Bundespost und die Flugsicherung sind inzwischen formell privatisiert (Organisationsprivatisierung).

Ganz überwiegend obliegt daher die Verwaltung den Behörden der Länder (einschließlich der Gemeinden und Gemeindeverbände). Gesteuert werden die Tätigkeiten der Landes- und der Kommunalverwaltung jedoch weitgehend durch einheitlich geltende Bundesgesetze. Die deutsche Rechtsetzung wiederum ist – wie auch die Rechtsanwendung durch die deutschen Behörden – durch den ständig wachsenden Einfluß des Rechts der Europäischen Gemeinschaften geprägt.

Nach dem Beschluß des Bundeskabinetts vom 7.2.1996 zur "Verringerung und Straffung von Bundesbehörden" sollen innerhalb der nächsten zehn Jahre 7000 Stellen bei der Bundesverwaltung gestrichen werden. Dadurch sollen die seit 1993 jährlich ein Prozent betragenden Stellenstreichungen ergänzt werden. Insgesamt strebt die Bundesregierung an, bis zum Jahr 2000 einen Stand von weniger als 308 000 Bundesbediensteten – gegenüber 325 000 Ende 1995 – zu erreichen.

II.   Regelungen der Verfassung

Das Grundgesetz vom 23.5.1949 bildet die Grundlage der rechtlichen und politischen Ordnung der Bundesrepublik Deutschland. Auch der äußere Aufbau von Staat und Verwaltung ist durch Verfassungsrecht weitgehend festgelegt. Kennzeichnend für den organisatorischen Aufbau der Bundesrepublik sind die Prinzipien
- der *Bundesstaatlichkeit*, die die Länder als Glieder des Bundes mit eigener staatlicher Hoheitsmacht begreift,
- der *kommunalen Selbstverwaltung*, die überwiegend auf zwei Ebenen, nämlich denen der Gemeinden und der Kreise wirkt sowie
- der *Gewaltenteilung*, die Gesetzgebung, vollziehende Gewalt (Regierung und Verwaltung) und Rechtsprechung jeweils besonderen Organen zuweist.

1.   Bundesstaatsprinzip

Die Bundesrepublik Deutschland ist ein Bundesstaat. Sie gliedert sich in Bund und Länder. Der Bundesstaat ist eine spezifische Ausprägung des Förderalismus. Darunter versteht man ein politisches Grundprinzip, demzufolge sich Einzelstaaten unter Wahrung ihrer Staatlichkeit zu einem Bund zusammenschließen. Das Grundgesetz sieht dieses Prinzip als ein tragendes Element an. Art. 79 Abs. 3 GG erklärt die Gliederung des Bundes in Länder und die grundsätzliche Mitwirkung der Länder bei der Gesetzgebung sogar für nicht abänderbar. Der Föderalismus ergänzt das Gewaltenteilungsprinzip aus vertikaler Sicht. Er ermöglicht die selbständige Erfüllung öffentlicher Aufgaben in regionalen staatlichen Einheiten, deren Einwohner landsmannschaftlich und geschichtlich oder kulturell verbunden sind.

Als föderatives Organ des Bundes ist der Bundesrat geschaffen worden. Durch ihn wirken die Bundesländer bei der Gesetzgebung und Verwaltung des Bundes und in Angelegenheiten der Europäischen Union mit (Art. 50 GG). An der Gesetzgebung sind somit Bundestag, Bundesrat und die Bundesregierung beteiligt. Sie alle können Gesetzesentwürfe einbringen, die vom Bundestag beschlossen werden. Nach dieser Beschlußfassung werden die Gesetze dem Bundesrat zugeleitet. Soweit die Verfassung nichts anderes bestimmt, hat dieser nur die Möglichkeit, Einspruch einzulegen. Der Einspruch bewirkt nicht automatisch das Scheitern des Gesetzes, sondern kann vom Bundestag zurückgewiesen werden. Das Grundgesetz knüpft allerdings das Zustandekommen etlicher Gesetze an die ausdrückliche Zustimmung des Bundesrates. Zustimmungsbedürftig sind namentlich Gesetze des Bundes, die von den Ländern als eigene Angelegenheit ausgeführt werden und das Verwaltungsverfahren oder die Einrichtung der Behörden regeln (Art. 84 Abs. 1 GG). Zustimmungsbedürftig sind außerdem zahlreiche Gesetze, die finanzielle Interessen der Länder berühren. Da die Beschlüsse des Bundestages und des Bundesrates in diesen Angelegenheiten übereinstimmen müssen, hat der Bundesrat insoweit die Funktion und das Gewicht einer "zweiten Kammer". Seine starke Stellung erklärt sich daraus, daß die Länder die Gesetze des Bundes in den meisten Fällen durch ihre Verwaltungen auszuführen und die dabei entstehenden Kosten zu tragen haben (Art. 104 a GG).

2. Bundesgebiet und Gebiete der Länder

Nach der Präambel des Grundgesetzes gilt das Grundgesetz für das gesamte deutsche Volk. Sein räumlicher Geltungsbereich umfaßt die Gebiete aller in der 1990 neugefaßten Präambel aufgezählten Bundesländer. Das sind die Länder Baden-Württemberg, Bayern, Berlin, Brandenburg, Bremen, Hamburg, Hessen, Mecklenburg-Vorpommern, Niedersachsen, Nordrhein-Westfalen, Rheinland-Pfalz, Saarland, Sachsen, Sachsen-Anhalt, Schleswig-Holstein und Thüringen. Mit dem Wirksamwerden des Beitritts der Deutschen Demokratischen Republik zur Bundesrepublik Deutschland gemäß Art. 23 GG (a.F.) am 3.10.1990 wurden die fünf neuen Länder Länder der Bundesrepublik Deutschland; die 23 Bezirke von Berlin bilden das Land Berlin (Art. 1 des Einigungsvertrags vom 31.8.1990). Für die Grenzen dieser Länder untereinander sind die Bestimmungen des Verfassungsgesetzes zur Bildung von Ländern in der

Deutschen Demokratischen Republik (Ländereinführungsgesetz) vom 22.7.1990 (mit Änderungen) maßgebend.

Aus der Präambel des Grundgesetzes ergibt sich, daß das *Bundesgebiet* (Art. 11 Abs. 1, Art. 29 GG) aus den Gebieten aller Bundesländer besteht, die Staatsgebiete des Bundes und der Länder sich also decken. Es gibt daher weder bundesfreie Landesgebiete noch bundesunmittelbare Gebiete.

Das Grundgesetz garantiert nicht den Gebietsbestand eines bestimmten Landes der Bundesrepublik Deutschland. Vielmehr sind Änderungen innergebietlicher Art nach Maßgabe des 1969, 1976 und 1994 geänderten Art. 29 GG (*Neugliederung des Bundesgebiets*) und des 1994 geschaffenen Art. 188 a GG (Neugliederung Berlin/Brandenburg; Art. 5 Einigungsvertrag) möglich. Nach Art. 29 Abs. 1 GG kann das Bundesgebiet neu gegliedert werden, um zu gewährleisten, daß die Länder nach Größe und Leistungsfähigkeit die ihnen obliegenden Aufgaben wirksam erfüllen können. Dabei sind die geschichtlichen und kulturellen Zusammenhänge, die wirtschaftliche Zweckmäßigkeit sowie die Erfordernisse der Raumordnung und der Landesplanung zu berücksichtigen. Aus vielerlei Gründen, nicht zuletzt auch wegen der anspruchsvollen formellen Voraussetzungen in Art. 29 Abs. 2-6 GG (Bundesgesetz; Volksentscheid, Volksbegehren, Volksbefragung nach Maßgabe des Bundesgesetzes vom 30.7.1979), sind die genannten Vorschriften bis heute trotz wiederholter Vorstöße nicht praktisch geworden. Die Bildung des Landes Baden-Württemberg beruhte auf der Sonderregelung des Art. 118 GG.

Für kleinere Grenzkorrekturen zwischen den Ländern sieht der 1994 geänderte Art. 29 Abs. 7 GG in Verbindung mit dem Bundesgesetz vom 30.7.1979 ein vereinfachtes Verfahren vor. Solche mehrfach in der Staatspraxis zu verzeichnenden Änderungen des Gebietsbestandes der Länder können durch Staatsverträge der beteiligten Länder oder (subsidiär) durch Bundesgesetz mit Zustimmung des Bundesrates erfolgen, wenn das Gebiet, dessen Landeszugehörigkeit geändert werden soll, nicht mehr als 50.000 (früher 10.000) Einwohner hat. Eine Anhörung der betroffenen Gemeinden und Kreise ist zwingend vorgeschrieben.

Auch der durch das Gesetz zur Änderung des Grundgesetzes vom 27.10.1994 mit Wirkung vom 15.11.1994 nach § 29 Abs. 7 angefügte Absatz 8, der auf einen Vorschlag der Gemeinsamen Verfassungskommission zurückgeht, verknüpft die neue "staatsvertragliche" Option mit einer durchgängigen Bundeskomponente (Zustimmung des Bundestages in Form eines schlichten Parlamentsbeschlusses). Durch diese Regelung wird allerdings "kein Land zu Gebietsveränderungen gezwungen, neugliederungswillige Länder sind aber nicht länger gehindert, für ihr Staatsgebiet zu sachgerechteren Lösungen zu kommen" (Begründung).

Während die Neugliederung des Bundesgebietes auch nach dieser Grundgesetzänderung politisch kaum durchsetzbar sein dürfte, ist die "Möglichkeit einer Neugliederung für den Raum Berlin/Brandenburg" (Art. 5 Einigungsvertrag) derzeit – Anfang 1996 – optimistischer einzuschätzen. Nach dem durch das Grundgesetz-Änderungsgesetz vom 27.10.1994 neu eingefügten Art. 118 a GG kann die Neugliederung in dem die Länder Berlin und Brandenburg umfassenden Gebiet abweichend von den Vorschriften des Art. 29 GG unter Beteiligung ihrer Wahlberechtigten durch Vereinbarung beider Länder erfolgen. Demgemäß haben die Landesregierungen von Berlin und Brandenburg einen Staatsvertrag über die Bildung eines gemeinsamen Bundeslandes mit der Landeshauptstadt Potsdam geschlossen, dem das Abgeordnetenhaus von Berlin und der Landtag Brandenburg mit den erforderlichen Zwei-Drittel-Mehrheiten am 22.6.1995 zugestimmt haben. Der Staatsvertrag bedarf noch der Zustimmung in einer Volksabstimmung am 5.5.1996, in der auch über den Zeitpunkt der Fusion (1999 oder 2002) entschieden werden muß. Auf Bundesebene ist das Gesetz zur Regelung der finanziellen Voraussetzungen für eine Neugliederung der Länder Berlin und Brandenburg vom 9.8.1994 ergangen.

3. Verwaltungstypen

Nach der Kompetenzverteilung zwischen Bund und Ländern lassen sich in Ansehung der gesetzesakzessorischen Verwaltung (mindestens) vier Verwaltungstypen unterscheiden:
– der Landesvollzug von Landesgesetzen (Art. 30, 70 GG),
– der Landesvollzug von Bundesgesetzen als eigene Angelegenheit (Art. 83, 84 GG),
– der Landesvollzug von Bundesgesetzen im Bundesauftrag (Bundesauftragsverwaltung; Art. 85 GG)
– der Bundesvollzug von Bundesgesetzen (Bundesverwaltung; Art. 86 GG).

Umstritten ist, ob überhaupt oder ausnahmsweise ein Bundesvollzug von Landesgesetzen und eine Mischverwaltung von Bund und Ländern (Zusammenwirken von Bundes- und Landesbehörden) zulässig ist.

Beim Landesvollzug von Bundesgesetzen als eigene Angelegenheit und im Bundesauftrag bleibt die Einrichtung der Behörden Angelegenheit der Länder, soweit nicht Bundesgesetze mit Zustimmung des Bundesrates etwas anderes bestimmen (Art. 84 Abs. 1, Art. 85 Abs. 1 GG).

4. Kommunale Selbstverwaltung

Ein wichtiger Teil des Aufbaus von Staat und Verwaltung sind die Gemeinden und Gemeindeverbände als Träger der kommunalen Selbstverwaltung (Art. 28 GG, Landesverfassungen). Die Gemeinden und Gemeindeverbände sind staatsrechtlich Teil der Länder, deshalb unterliegen sie dem Aufsichtsrecht und – soweit Staatsaufgaben von ihnen wahrgenommen werden – dem Weisungsrecht der Länder. Das bedeutet aber nicht, daß sie vom Willen der Länder ganz abhängig sind, vielmehr erfüllen sie die örtlichen Aufgaben in eigener Verantwortung. Die kommunale Selbstverwaltung ist wesentlicher Bestandteil des politischen Ordnungssystems der Bundesrepublik. Die Erfüllung der öffentlichen Aufgaben durch die Gemeinden ist der von Bund und Ländern gleichwertig. Kommunale Selbstverwaltung, die zu Beginn des 19. Jahrhunderts eingerichtet wurde, ist nicht nur ein wichtiges Moment des Prinzips der politischen und administrativen Dezentralisation, sondern stellt wie der Föderalismus eine Ergänzung des Gewaltenteilungsprinzips dar und gewährleistet somit ein in Stufen gebildetes demokratisches Gemeinwesen.

Durch die kommunale Selbstverwaltung wird
- der Bürger an der Erfüllung örtlicher und überörtlicher Aufgaben beteiligt,
- die Basis für ein politisches Engagement verbreitert,
- die problemnahe Lösung von Verwaltungsaufgaben erreicht und so
- der Pluralismus auf verschiedenen horizontalen und vertikalen Ebenen gesichert.

5. Vertikale Verflechtungen

Durch Föderalismus und gestufte kommunale Selbstverwaltung sowie durch die polizentrische Ausrichtung der Verdichtungsräume, die über das gesamte Bundesgebiet verteilt sind, besteht zwar eine Grobverteilung der politischen Macht und der öffentlichen Aufgaben und damit eine Organisationsstruktur der öffentlichen Verwaltung, die ein politisch-administratives Gesamtsystem mit abgestufter und gefächerter Aufgabenverteilung bei den unteren und mittleren Ebenen ermöglicht. Zur Abrundung des Bildes muß jedoch auf die zunehmende Verflechtung der Aufgabenerfüllung zwischen den Verwaltungsebenen hingewiesen werden; es ist eine Entwicklung zum Planungs-,

Entscheidungs- und Finanzierungsverbund zwischen Bund, Ländern und Kommunalverwaltung zu beobachten. Dieser Trend, der bereits in den fünfziger Jahren begann, wurde 1969 durch die Einführung der Gemeinschaftsaufgaben legalisiert. Inzwischen gibt es "echte Gemeinschaftsaufgaben" nach Art. 91 a und b GG sowie "unechte Gemeinschaftsaufgaben" nach Art. 104 a Abs. 4 Satz 1 GG.

Nach Art. 91 a Abs. 1 GG wirkt der Bund beim Ausbau und Neubau von Hochschulen (einschließlich der Hochschulkliniken), bei der Verbesserung der regionalen Wirtschaftsstruktur sowie bei der Verbesserung der Agrarstruktur und des Küstenschutzes an der Erfüllung von Aufgaben der Länder nach Maßgabe besonderer Bundesgesetze mit. Der Bund finanziert diese Länderaufgaben zu grundsätzlich 50 %; entsprechend ist sein Planungseinfluß.

Nach Art. 91 b Satz 1 GG können Bund und Länder auf Grund von Vereinbarungen bei der Bildungsplanung und bei der Förderung von Einrichtungen und Vorhaben der wissenschaftlichen Forschung von überregionaler Bedeutung (Forschungsförderung) zusammenwirken. Grundlage der gemeinsamen Forschungsförderung ist vor allem die Rahmenvereinbarung zwischen Bund und Ländern über die gemeinsame Förderung der Forschung nach Art. 91 b GG vom 28.11.1975 nebst Ausführungsvereinbarungen. In den Vereinbarungen muß stets die Aufteilung der Kosten geregelt werden (Art. 91 b Satz 2 GG). Die Schlüssel für die Finanzierung der Forschungsförderung wurden bisher in einer Bandbreite von 90 : 10 bis 50 : 50 (Bund-Länder) festgelegt.

Nach Art. 104 a Abs. 4 Satz 1 GG kann der Bund den Ländern Finanzhilfen für besonders bedeutsame Investitionen der Länder und Gemeinden (Gemeindeverbände) gewähren, die zur Abwehr einer Störung des gesamtwirtschaftlichen Gleichgewichts oder zum Ausgleich unterschiedlicher Wirtschaftskraft im Bundesgebiet oder zur Förderung des wirtschaftlichen Wachstums erforderlich sind. Dies hat der Bund im großen Umfange beim sozialen Wohnungsbau, bei der Städtesanierung, beim Ausbau des öffentlichen Personennahverkehrs, beim Krankenhausbau und auf weiteren Gebieten getan. Das bundesstaatliche Organisationsprinzip ist dadurch im zunehmenden Maße ausgehöhlt worden.

III. Gebiet und Funktion im Staats- und Verwaltungsaufbau

Es gibt zwei Prinzipien (Modelle) der Aufbauorganisation der öffentlichen Verwaltung. Sie werden durch zwei unterschiedliche Sichtweisen bestimmt. Je nachdem, ob man der einen oder anderen Sichtweise zuneigt, wird man

- eine mehr horizontale Gliederung des Verwaltungsaufbaus (Betonung der Ebenen, des Gebiets und der Integration mehrerer Aufgaben) oder
- eine mehr vertikale Gliederung des Verwaltungsaufbaus (Betonung der Fachaufgabe, der Funktion und der sektoralen besten Erfüllung der Einzelaufgabe)

vorziehen.

Bei der horizontalen Gliederung der Verwaltung werden grundsätzlich alle öffentlichen Aufgaben in einem Territorium von nur einer einzigen Verwaltungseinheit erfüllt. In diesem Gebiet tritt eine Bündelung aller auf das jeweilige Gebiet begrenzten Aufgaben ein. Die gebietsbezogene Organisation war völlig herrschend in der Zeit der Territorialstaaten (Feudalismus). Der König (Fürst, Gutsherr usw.) war absoluter Gebiets-Chef. Heute wird in der Bundesrepublik Deutschland eine abgeschwächte Gebietsorganisation praktiziert. Die Bürgermeister, Landräte, Regierungspräsidenten sind in erster Linie Gebiets-Chefs. Sie haben aber die Herrschaft über viele Fachaufgaben, die auf Sonderbehörden übertragen worden sind, verloren.

Zu dem gebietsbezogenen Organisationsprinzip gehören Stichworte wie "Universalität des kommunalen Wirkungskreises" und "Einheit der Verwaltung". Das Gebietsorganisationsmodell liegt der Idee der kommunalen Selbstverwaltung in Deutschland, aber auch der "gebündelten" Verwaltung des Regierungspräsidenten zugrunde. Das Modell paßt zu einem Siedlungsbild, das überwiegend eine relativ streng abgegrenzte Unterscheidung zwischen besiedeltem Gebiet und Freiraum zeigt. Die gebietliche Organisation der Verwaltung erleichtert durch die Bündelung vieler öffentlicher Aufgaben in einem bestimmten Territorium die Durchsichtigkeit und Prägnanz des Verwaltungsaufbaues für alle Beteiligten, insbesondere für den Bürger. Dieses Modell ist für die Ausbildung der repräsentativen Demokratie mit einer Umsetzung durch politische Parteien (also durch generell politisch interessierte Laien) gut geeignet.

Die vertikale Gliederung der Verwaltung stellt auf eine spezielle räumliche Organisation für jede abgrenzbare Fachaufgabe ab. Der Aufbau der Verwaltung richtet sich bei dem Aufgabenorganisationsmodell nach einer spartenhaften, sektoralen Betrachtungsweise. Die Einzelaufgabe ist organisationsbestimmend, nicht das Bündel von Aufgaben. Es gibt spezielle Schulträger, Feuerwehrbehörden, Hafenverwaltungen, Straßenverwaltungen, Bauverwaltungen usw. Dieses funktionsbezogene Organisationsmodell ist historisch jünger als das Gebietsmodell. Es ist besonders dort angewandt worden, wo relativ menschenleere Landstriche in Streusiedlungen zu verwalten waren oder wo eine hochentwickelte, komplexe Industriegesellschaft besonderen Wert auf die optimale Erfüllung von öffentlichen Teilfunktionen legte.

Die funktionsbezogene Organisation des Aufbaus der Verwaltung tendiert zur Unübersichtlichkeit von Staat und Verwaltung. Sie hat jedoch den Vorteil, den jeweilig fachlich interessierten Laien zur demokratischen Mitwirkung im Rahmen der Fachbehörde zu motivieren. Auswärtiger Dienst, Militärorganisation und – vor ihrer Privatisierung – Eisenbahn und Post (sowie zum Teil die Finanzverwaltung) sind immer funktional organisiert gewesen. Eine Gebietsorganisation hat sich insoweit nie durchgesetzt.

IV. Gesamtaufbau der Verwaltung

Als Grundschema der Organisation der öffentlichen Verwaltung der Bundesrepublik Deutschland sind drei Hauptebenen zu unterscheiden, die im Prinzip horizontal organisiert unabhängig übereinanderstehen:
– die Verwaltung des Bundes,
– die Verwaltung der Länder und
– die Kommunalverwaltung.

Jeder dieser Verwaltungsbereiche hat im Grundsatz seinen abgegrenzten und gebündelten Aufgabenkreis. Von Ausnahmefällen im Bereich der Auftragsverwaltung und der Organleihe abgesehen, gibt es keinen allgemeinen Instanzenzug Gemeinde – Land – Bund. Weder der Bund noch die Flächenländer verfügen über einen voll ausgebauten Behördenapparat der allgemeinen Verwaltung bis in die Ortsebene.

Trotz starker Dezentralisation ist die staatliche Einheit der Bundesrepublik Deutschland nicht gefährdet. Dies beruht im wesentlichen auf fünf Faktoren:
– einer weitgehend bundeseinheitlichen Rechtsordnung,
– einem weitgehend bundeseinheitlich geregelten öffentlichen Dienst,
– einer nationalen Parteienstruktur,
– einem bundeseinheitlichen Wirtschaftssystem und
– einem weitgehend bundeseinheitlichen administrativen Gesamtaufbau.

Der Gesamtaufbau der Verwaltung wird dadurch kompliziert, daß es drei unterschiedliche Arten von Ländern gibt:
– größere Flächenländer (Baden-Württemberg, Bayern, Hessen, Niedersachsen, Nordrhein-Westfalen, Rheinland-Pfalz, Sachsen, Sachsen-Anhalt, Thüringen)
– kleinere Flächenländer (Brandenburg, Mecklenburg-Vorpommern, Schleswig-Holstein, Saarland)
– Stadt-Staaten (Berlin, Bremen, Hamburg).

Für die meisten größeren Flächenländer hat sich die Einteilung in drei Verwaltungsebenen (Bundesverwaltung, Länderverwaltung, Kommunalverwaltung) als nicht ausreichend erwiesen. Unterhalb der Landesministerien bestehen als besondere Ebene der Landesverwaltung die Regierungsbezirke. Lediglich Thüringen hat einen anderen Weg eingeschlagen und sämtliche Aufgaben der staatlichen Mittelinstanz bei einer einzigen Behörde (Landesverwaltungsamt) gebündelt. Oberhalb der untersten Ebene der Kommunalverwaltung, der örtlichen Verwaltung der kreisangehörigen Gemeinden, ist als kommunale Verwaltungsebene die Verwaltung der Landkreise und der kreisfreien Städte angesiedelt. Die kleineren Flächenländer haben keine staatliche Mittelinstanz (Regierungsbezirke). Die Stadt-Staaten sind kreisfreie Städte und Staaten zugleich.

Es ergibt sich somit folgendes vereinfachtes Aufbauschema der Verwaltungsorganisation in der Bundesrepublik Deutschland (Stand 31.12.1994):

1. Ebene = Bund = 1 Bund
2. Ebene = Länder = 16 Länder (mit 3 Stadtstaaten)
3. Ebene = Regierungsbezirke = 32 Regierungsbezirke
4. Ebene = Landkreise und kreisfreie Städte = 329 Landkreise und 111 kreisfreie Städte (ohne Stadtstaaten)
5. Ebene = kreisangehörige Gemeinden = 14.801 Gemeinden (ohne Stadtstaaten)

Bund, Länder, Landkreise und kreisfreie Städte sowie kreisangehörige Gemeinden bilden in diesem Schema ein jeweils raumausfüllendes Verwaltungsgerüst mit eigener Rechtspersönlichkeit und unmittelbar gewählten Organen. Die Regierungsbezirke und das Landesverwaltungsamt in Thüringen sind dagegen nur unselbständige Untergliederungen der größeren Flächenländer ohne gewählte Organe. Die vielfältigen weiteren Verästelungen der Verwaltungsorganisation sind alle den Grundeinheiten dieses Aufbauschemas zugeordnet.

Auf der Organisationsebene oberhalb der Kreise und kreisfreien Städte bestehen in mehreren Ländern höhere Gemeindeverbände, die eine Reihe von kommunalen Aufgaben erfüllen, die auf der Kreisebene nicht mehr wirtschaftlich wahrgenommen werden können. Die bekanntesten Beispiele sind die Landschaftsverbände Rheinland und Westfalen-Lippe in Nordrhein-Westfalen, die 7 Bezirke in Bayern und der Bezirksverband Pfalz in Rheinland-Pfalz. Hinzu treten Landeswohlfahrtsverbände in Baden-

Württemberg, Hessen und Sachsen sowie in Baden-Württemberg die Regionalverbände als Träger der Regionalplanung. Hervorzuheben ist der "Verband Region Stuttgart", der durch das am 1.10.1994 in Kraft getretene baden-württembergische Gesetz vom 7.2.1994 zur Förderung und Sicherung einer geordneten Entwicklung des Verbandsgebiets und zur Stärkung der regionalen Zusammenarbeit als Selbstverwaltungskörperschaft gebildet wurde. Die Zuständigkeit des Verbands erstreckt sich auf das Gebiet des Stadtkreises Stuttgart und der fünf Landkreise Böblingen, Esslingen, Göppingen, Ludwigsburg und Rems-Murr-Kreis. Zu den vielfältigen überörtlichen Aufgaben des Verbands gehören etwa die (auch gebietsscharfe) Regionalplanung sowie die Landschaftsrahmenplanung, die Regionalverkehrsplanung und der regionalbedeutsame Personennahverkehr, die regionale Wirtschafts- und Tourismusförderung sowie Teilbereiche der Abfallentsorgung. Zur Verwirklichung von regionalbedeutsamen Vorhaben können die Träger der Bauleitplanung, also vor allem die Gemeinden, zur Aufstellung von Bauleitplänen verpflichtet werden. Durch dieses Planungsgebot wird die Planungshoheit als Bestandteil des Selbstverwaltungsrechts der Gemeinden ganz erheblich eingeschränkt. Beschlußorgan des "Verbands Region Stuttgart" ist eine Regionalversammlung, deren 80 Mitglieder erstmals am 12.6.1994 (am Tag der Europawahlen und der Kommunalwahlen) direkt von den Einwohnern im Verbandsgebiet (179 Gemeinden) gewählt wurden.

Man wird abwarten müssen, ob die Beschränkung der Regionalreform auf den Raum Stuttgart (als einem von 12 Regionen des Landes) durchzuhalten ist oder ob nicht für andere Räume des Landes Baden-Württemberg – etwa Mannheim, Karlsruhe und Freiburg – mit entsprechenden Kompetenzen ausgestattete Regionalverbände zu schaffen sind. Daneben wird im Land auch die Frage diskutiert, ob nicht der gegenwärtige fünfstufige Planungs- und Verwaltungsaufbau (Gemeinden, Kreise, Regionalverbände, Regierungspräsidien, Landesregierung) durch eine Dreistufenlösung aus Gemeinden, Regionen und Landesregierung – also unter Abschaffung der Kreise und Regierungspräsidien – ersetzt werden sollte.

V. *Kommunale Gebietsreform*

Die seit der Wiedervereinigung vergangenen Jahre waren nicht nur durch gravierende Veränderungen der kommunalen Landschaft in den fünf neuen Bundesländern (kommunale Gebietsreform) gekennzeichnet. Vielmehr haben die fünf Landesgesetzgeber in diesen Jahren (zuletzt Mecklenburg-Vorpommern 1994) – auf dem Hintergrund der neugeschaffenen landesverfassungsrechtlichen Garantien der kommunalen Selbstverwaltung – das Kommunalrecht jeweils neu und umfassend geregelt. Mit dem Inkrafttreten dieser Neuregelungen (1993/1994) und nach Maßgabe von Übergangsvorschriften wurde in allen fünf ostdeutschen Bundesländern das noch von der Volkskammer der DDR beschlossene Gesetz über die Selbstverwaltung der Gemeinden und Landkreise in der DDR (Kommunalverfassung) vom 17.5.1990 abgelöst.

Die kommunale Gebietsreform in den neuen Bundesländern konnte und kann nicht ohne Berücksichtigung der – nicht immer positiven – Reformerfahrungen der alten Bundesländer in den 60er und 70er Jahren erfolgen. Damals verringerte sich in Westdeutschland die Zahl der Gemeinden von 24078 auf 8508, während die Zahl der Landkreise von 427 auf 237, die Zahl der kreisfreien Städte von 236 auf 91 abnahm. In den ostdeutschen Ländern – wo es im Zeitpunkt der Wiedervereinigung 7565 Gemeinden, 189 Landkreise und 28 kreisfreie Städte gab – ist zu den Kommunalwahlen am 5.12.1993 (Brandenburg) bzw. am 12.6.1994 (übrige Länder mit Ausnahme einiger erfolgreich klagender Kreise in Sachsen) die Kreisgebietsreform in Kraft getreten. Dagegen ist es auf der Gemeindeebene bislang nicht zu einer Gemeindegebietsreform, sondern (nur) zu einer Gemeindeverwaltungsreform gekommen. Während zunächst kurzfristig allein der Zusammenschluß zu Verwaltungsgemeinschaften (§ 31 Kommunalverfassung DDR) im Vordergrund stand, gingen die Länder alsbald getrennte Wege. So wurde in Brandenburg und Mecklenburg-Vorpommern nach dem Vorbild Schleswig-Holsteins die Amtsordnung eingeführt. Dagegen wurde in Sachsen, Sachsen-Anhalt und Thüringen die freiwillige Bildung von größeren Einheitsgemeinden gefördert. In Thüringen wurden daneben durch das Thüringer Neugliederungsgesetz vom 16.8.1993 zahlreiche Gemeinden auch zwangsweise in benachbarte kreisfreie Städte eingegliedert. Allerdings hatten verschiedene betroffene Gemeinden mit ihren Anträgen im vorläufigen Rechtsschutzverfahren beim Bundesverfassungsgericht (Beschluß vom 3.5.1994) teilweise Erfolg. Im wesentlichen verblieb es jedoch in den drei zuletzt genannten Ländern bei der Bildung von Verwaltungsgemeinschaften. Damit ist insgesamt die Gemeindestruktur in den neuen Ländern zunächst weitgehend beibehalten worden. Indessen soll in Sachsen 1996 eine echte Gemeindegebietsreform in Angriff genommen und bis zum Ende des Jahres 1998 abgeschlossen werden. In der sogenannten Freiwilligkeitsphase hat sich in Sachsen die Zahl der Gemeinden bereits von 1.635 (1990) auf etwa 850 (Anfang 1996) verringert. Ziel der (1996) zunächst für das Umfeld der kreisfreien Städte und dann für den ländlichen Raum in Vorbereitung befindlichen Gesetzentwürfe ist es, durch Zwangseingemeindungen die Zahl der selbständigen Gemeinden auf etwa 500 bis 540 zu reduzieren. Die sächsische Landesregierung favorisiert die Bildung von Einheitsgemeinden mit Ortschaftsräten in den

Teilgemeinden. Auch in Thüringen hat das Kabinett Anfang 1996 einen Gesetzentwurf zur Gemeindegebietsreform verabschiedet.

Literatur

Bernet, Wolfgang, Zu Grundfragen der kommunalen Gemeindeverwaltungs- und Kreisgebietsreform in den neuen Ländern, in: Landes- und Kommunalverwaltung 1993, S. 393 ff.

Bethge, Herbert, Das Staatsgebiet des wiedervereinten Deutschlands, in: *Isensee Josef/Kirchhof Paul* (Hrsg.), Handbuch des Staatsrechts der Bundesrepublik Deutschland, Band VIII, Heidelberg 1995, § 199, S. 603 ff.

Blümel, Willi, Verwaltungszuständigkeit, in: *Isensee, Josef/Kirchhof, Paul* (Hrsg.), Handbuch des Staatsrechts der Bundesrepublik Deutschland, Band IV, Heidelberg 1990, § 101, S. 857 ff.

Blümel, Willi, Neuere Entwicklungen im Kommunalrecht der deutschen Länder, in: *Böhret, Carl/Nowack, Matthias* (Hrsg.), Gesellschaftlich denken – kommunal handeln, Festschrift für Dr. Christian Roßkopf zum 65. Geburtstag, Mainz 1995, S. 89 ff.

Die Bundesrepublik Deutschland, Staatshandbuch, Teilausgabe Band 1995, 16 Teilausgaben einzelner Länder, Köln 1994/95.

Bundesrat (Hrsg.), Handbuch des Bundesrats für das Geschäftsjahr 1995/96, Baden-Baden 1995, Teil 7: Die Länder, S. 315 ff.

Eggert, Heinz, Stand der kommunalen Gebietsreform im Freistaat Sachsen, in: Landes- und Kommunalverwaltung 1995, S. 89 ff.

Gärtner, Wolfram, Die Bildung des Bundeslandes Berlin-Brandenburg, in: Neue Juristische Wochenschrift 1996, S. 88 ff.

Löwer, Wolfgang, Staatsorganisation, in: Evangelisches Staatslexikon, 3. Auflage, Stuttgart 1987, Sp. 3444 ff.

Wagener, Frido, Neubau der Verwaltung, Schriftenreihe der Hochschule Speyer, Band 41, Berlin 1969, 2. Auflage, Berlin 1974.

Wagener, Frido (Hrsg.), Zukunftsaspekte der Verwaltung, Schriftenreihe der Hochschule Speyer, Band 81, Berlin 1980.

Wahl, Rainer, Gebietsreform, in: Staatslexikon, 7. Auflage, Band 2, Freiburg i.Br. 1986, Sp. 782 ff.

Wahl, Rainer, Die Organisation und Entwicklung der Verwaltung in den Ländern und in Berlin, in: *Jeserich, Kurt G. A./Pohl, Hans/Unruh, Georg-Christoph von* (Hrsg.), Deutsche Verwaltungsgeschichte, Band 5, Stuttgart 1987, S. 208 ff.

Wahl, Rainer, Verwaltungsorganisation, in: *Maurer, Hartmut/Hendler, Reinhard* (Hrsg.), Baden-Württembergisches Staats- und Verwaltungsrecht, Frankfurt am Main 1990, S. 92 ff.

Wolff, Hans J./Bachof, Otto/Stober, Rolf, Verwaltungsrecht I, 10. Auflage, München 1994; Verwaltungsrecht II (Besonderes Organisations- und Dienstrecht), 5. Auflage, München 1987.

Volker Busse

2. Aufbau der Bundesverwaltung

Inhaltsübersicht

I. Allgemeines
II. Oberste Bundesbehörden
   1. Oberste Bundesbehörden der Bundesregierung
   2. Behörden anderer oberster Bundesorgane
III. Nachgeordnete Bundesverwaltung
   1. Die grundsätzlich obligatorische unmittelbare Bundesverwaltung
      a) Auswärtiger Dienst
      b) Bundesfinanzverwaltung
      c) Bundeswasserstraßen und Schiffahrt; Straßen
      d) Bundeswehr- und Verteidigungsverwaltung
      e) Luftverkehr, Eisenbahnen, Post
      f) Bundesgrenzschutzbehörden und Zentralstellen für Polizei und Nachrichtendienste
      g) Lastenausgleich
   2. Die obligatorische mittelbare Bundesverwaltung
      a) Die Bundesanstalt für Angestellte (BfA)
      b) Die Bundesanstalt für Arbeit (BA)
   3. Die fakultative Bundesverwaltung gemäß Art. 87 Abs. 3 GG
   4. Zur Abgrenzung: Sonstige Einrichtungen/Zuwendungsempfänger
   5. Hinweis auf den Haushaltsplan des Bundes
IV. Die Standorte der Bundesverwaltung jetzt und künftig
V. Neue Entwicklungen und Ausblick

I. Allgemeines

Bundesverwaltung bedeutet Erledigung von Verwaltungsaufgaben durch Organe, Behörden und sonstige Einrichtungen des Bundes. Im föderalistisch gegliederten Staatsaufbau des Grundgesetzes ist Bundesverwaltung nicht der Regelfall: Grundsätzlich werden vielmehr die Bundesgesetze durch die Länder und deren Verwaltung ausgeführt, soweit das Grundgesetz nichts anderes bestimmt oder zuläßt (Art. 83 GG). Anders als in bundesstaatlichen Rechtsordnungen anderer Staaten, z.B. in den USA, liegen also Gesetzgebungs- und Verwaltungskompetenz nicht grundsätzlich beim selben Träger. Vielmehr sieht das Grundgesetz die Erledigung von Verwaltungsaufgaben durch die Länder als Regel vor. Bundesverwaltung ist aber dort zwingend oder als möglich vorgeschrieben, wo die Erledigung von Verwaltungsaufgaben gerade durch den Bund im Interesse des Staatsganzen erforderlich oder sachdienlich ist; Rechtsgrundlage kann sein ausdrückliches oder ungeschriebenes Verfassungsrecht. Nachfolgend wird die Verwaltung durch Organe des Bundes dargestellt; nicht abgehandelt wird dagegen der Landesvollzug von Bundesrecht, auch nicht soweit die Länder im Auftrag oder unter der Aufsicht des Bundes handeln. Zwar hat der Bund hier zum Teil weitreichende Rechte: Bei der Landeseigenverantwortung unter Aufsicht des Bundes steht diesem die Rechtsaufsicht zu, bei der Auftragsverwaltung erstreckt sich die Aufsicht des Bundes über die Rechtsaufsicht hinaus auf Gesetzmäßigkeit und Zweckmäßigkeit der Ausführung des Bundesrechts. Gleichwohl handeln die Länder hier in eigener Kompetenz.

Bundesverwaltung ist der Exekutive als der zweiten staatlichen Gewalt zuzuordnen, die man nach der Staatsfunktionenlehre im modernen gewaltenteilenden Staat neben die beiden anderen Gewalten, die Legislative und die Judikative, stellt. Dabei sind allerdings zwei Klarstellungen erforderlich:

Zum einen: Zur Exekutive, der "vollziehenden Gewalt", gehört einerseits die Regierung, also die leitende und gestaltende politische Tätigkeit; manche sprechen insoweit von "Gubernative". Andererseits gehört dazu die Verwaltung im engeren Sinne, die vom Recht einen mehr "instrumentellen" Gebrauch macht, indem sie zur Erfüllung öffentlicher Aufgaben rechtliche und tatsächliche Verhältnisse aufgrund und im Rahmen der Gesetze gestaltet und regelt, insbesondere also Rechtsnormen verwaltungsmäßig umsetzt; man kann hier von "Administration" sprechen. Bundesverwaltung geschieht auf beiden Ebenen: Der quantitativ überwiegende Teil der Bundesverwaltung wird auf nichtministerieller Ebene geleistet; aber auch die Regierung braucht zur Erfüllung ihrer originären Aufgaben Verwaltung. Dementsprechend kann man zwischen obersten Bundesbehörden und nachgeordneter Bundesverwaltung unterscheiden.

Zum zweiten: Bundesverwaltung wird nicht nur für die zweite staatliche Gewalt, die Exekutive, geleistet. Auch die anderen staatlichen Gewalten auf Bundesebene haben Verwaltung. Dies gilt insbesondere für die gesetzgebenden Körperschaften Bundestag und Bundesrat, aber auch für die Gerichtshöfe des Bundes.

II. Oberste Bundesbehörden

Als oberste Bundesbehörden bezeichnet man solche, die keiner anderen Behörde unterstellt, sondern unmittelbar einem Verfassungsorgan oder sonst einer politischen Spitze zugeordnet sind.

1. Oberste Bundesbehörden der Bundesregierung

Zu den obersten Bundesbehörden gehören insbesondere die Behörden, die den Mitgliedern der Bundesregierung zugeordnet sind. Die Bundesregierung besteht aus dem Bundeskanzler und den Bundesministern (Art. 62 GG). Den Bundesministern ist je ein Bundesministerium unterstellt. Dem Bundeskanzler sind zwei selbständig nebeneinander stehende oberste Bundesbehörden zugeordnet: das Bundeskanzleramt und das Presse- und Informationsamt der Bundesregierung. Beide Ämter können unter der Leitung eines Bundesministers oder – unter der politischen Verantwortung des Bundeskanzlers – eines beamteten Staatssekretärs stehen. Das Presse- und Informationsamt der Bundesregierung wurde zumeist von einem Staatssekretär geleitet, während das Bundeskanzleramt in den letzten Jahren zumeist unter der Leitung eines Bundesministers stand.

Die verfassungsrechtliche Stellung der Bundesregierung ist in Art. 62 bis 69 GG geregelt. Maßgebend für die Organisation der Bundesregierung ist insbesondere Art. 65 GG. Danach leiten drei Prinzipien die Arbeit der Bundesregierung:
- *Richtlinien-Prinzip:*
  Der Bundeskanzler bestimmt die Richtlinien der Politik und trägt dafür die Verantwortung.
- *Ressort-Prinzip:*
  Innerhalb dieser Richtlinien leitet jeder Bundesminister seinen Geschäftsbereich selbständig und unter eigener Verantwortung.

- *Kollegial-Prinzip:*
  Über wichtige Fragen, insbesondere über Meinungsverschiedenheiten zwischen den Bundesministern, entscheidet die Bundesregierung als Kollegium.

In ihrer praktischen Entfaltung stehen diese Prinzipien nicht mit scharfen Konturen isoliert nebeneinander, sondern verzahnen sich in vielfältiger Weise und bilden so das flexible verfassungsrechtliche Gerüst für eine effektive Zusammenarbeit innerhalb der Bundesregierung.

Eine für die Organisation der Bundesregierung zentrale Rolle spielt der Bundeskanzler. Auf seinen Vorschlag ernennt und entläßt der Bundespräsident die Bundesminister (Art. 64 GG). Ein Zustimmungserfordernis des Parlaments zur Berufung von Bundesministern besteht also – anders als in manchen anderen in- und ausländischen Verfassungen – nicht. Man spricht hier vom Kabinettbildungsrecht des Bundeskanzlers. Daraus und aus der mit dem Richtlinien-Prinzip verbundenen Leitungskompetenz folgt, daß der Bundeskanzler die Organisationsgewalt für die Bundesregierung hat. Diese ist in § 9 der Geschäftsordnung der Bundesregierung näher ausgeformt und bedeutet, daß der Bundeskanzler die Zahl der Bundesminister und ihre Zuständigkeitsbereiche festlegt. Allerdings sind einige Bundesministerien durch das Grundgesetz vorgeschrieben. Dazu gehören die Bundesministerien der Finanzen, der Justiz und der Verteidigung. Im übrigen handelt es sich bei der Festlegung der Ressorts um eine originäre Entscheidungskompetenz des Bundeskanzlers. Sie darf und kann rechtlich nicht durch das Parlament eingeschränkt werden; vielmehr gehen Organisationsakte des Bundeskanzlers kraft seiner im Verfassungsrecht wurzelnden Organisationsgewalt dem einfachen Gesetz vor. Die Rechte des Parlaments werden gleichwohl gewahrt; beim Haushaltsgesetz des nächsten Jahres, dessen Entwurf die Bundesregierung mit den neuen Organisationsstrukturen vorlegt, ist das Parlament nämlich rechtlich frei in seiner Entscheidung auch dazu.

Die Zahl der Bundesministerien hat seit Bestehen der Bundesrepublik Deutschland zwischen 13 und 21 geschwankt; lediglich kurz nach der deutschen Wiedervereinigung im Jahre 1990 gab es für einige Wochen durch die Berufung einiger Bundesminister für besondere Aufgaben aus dem beigetretenen Teil Deutschlands eine höhere Zahl.

Nach der Regierungsbildung zu Beginn der 13. Legislaturperiode (November 1994) gehören 17 Bundesminister zum Kabinett von Bundeskanzler Helmut Kohl. Sie leiten folgende 16 Ressorts und das Bundeskanzleramt:
- Auswärtiges Amt (AA)
- Bundesministerium des Innern (BMI)

- Bundesministerium der Justiz (BMJ)
- Bundesministerium der Finanzen (BMF)
- Bundesministerium für Wirtschaft (BMWi)
- Bundesministerium für Ernährung, Landwirtschaft und Forsten (BML)
- Bundesministerium für Arbeit und Sozialordnung (BMA)
- Bundesministerium der Verteidigung (BMVg)
- Bundesministerium für Familie, Senioren, Frauen und Jugend (BMFSFJ)
- Bundesministerium für Gesundheit (BMG)
- Bundesministerium für Verkehr (BMV)
- Bundesministerium für Umwelt, Naturschutz und Reaktorsicherheit (BMU)
- Bundesministerium für Post und Telekommunikation (BMPT)
- Bundesministerium für Raumordnung, Bauwesen und Städtebau (BMBau)
- Bundesministerium für Bildung, Wissenschaft, Forschung und Technologie (BMBF)
- Bundesministerium für wirtschaftliche Zusammenarbeit und Entwicklung (BMZ)
- Bundeskanzleramt (BK)

Insgesamt hat die Bundesregierung rund 20.000 Mitarbeiter.

Eine wesentliche Aufgabe der Bundesministerien als oberste Bundesbehörden besteht darin, Aufsichtsbefugnisse über ihnen nachgeordnete Einrichtungen auszuüben. Das Bundeskanzleramt ist wegen seiner besonderen Aufgabenstellung, die auf den Bundeskanzler und die Bundesregierung als Kollegium ausgerichtet ist, grundsätzlich ressortfrei; deshalb untersteht ihm als nachgeordnete Behörde wegen dessen spezifischer Aufgabe lediglich der Bundesnachrichtendienst. Alle anderen Einrichtungen der nachgeordneten Bundesverwaltung unterstehen den Ressortministern. Diese üben – je nach den im einzelnen getroffenen Regelungen – Rechts- und Fachaufsicht über die Einrichtungen der nachgeordneten Bundesverwaltung aus.

Die Bundesministerien haben im Rahmen ihrer Ressortverantwortung Spielraum, ob eine Aufgabe auf ministerieller Ebene wahrgenommen oder auf nachgeordnete Behörden "abgeschichtet" wird. Maßstab dafür, ob eine Aufgabe auf ministerieller Ebene zu erfüllen ist, wird die Bedeutung der Angelegenheit und der Bedarf an besonderer politischer Steuerung sein.

2. Behörden anderer oberster Bundesorgane

Neben der Bundesregierung haben auch die anderen Verfassungsorgane des Bundes jeweils eine eigene Verwaltung:
- Das Bundespräsidialamt unterstützt den Bundespräsidenten.
- Die größte oberste Bundesbehörde eines Verfassungsorgans neben der Bundesregierung bildet die Verwaltung des Deutschen Bundestages. Ihr obliegt die Unterstützung des Parlaments und seiner Ausschüsse. Sie wird geleitet vom Direktor beim Deutschen Bundestag und hat mehr als 2.000 Mitarbeiter. Dem Parlament zugeordnet ist der Wehrbeauftragte des Deutschen Bundestages. Ihm steht dafür eine eigene Verwaltung zur Verfügung. Nicht zur Bundestagsverwaltung gehören die Mitarbeiter der Fraktionen und der einzelnen Abgeordneten.
- Der Bundesrat hat ebenfalls eine – allerdings wesentlich kleinere – eigene Verwaltung.
- Das Bundesverfassungsgericht hat die Stellung eines Verfassungsorgans. Für die neben seiner rechtsprechenden Tätigkeit anfallenden Aufgaben steht ihm eine Verwaltung zur Verfügung.

Eine Sonderstellung haben Bundesrechnungshof und Bundesbank. Ihnen ist wegen ihrer jeweils spezifischen Aufgabe durch gesetzliche Regelung Unabhängigkeit gewährt:
- Der Bundesrechnungshof hat als unabhängiges Organ der Finanzkontrolle die Stellung einer obersten Bundesbehörde. Er prüft die Rechnung sowie die Wirtschaftlichkeit und Ordnungsmäßigkeit der Haushalts- und Wirtschaftsführung (Art. 114 Abs. 2 GG). Seine Mitglieder, die richterliche Unabhängigkeit haben, und seine sonstigen Mitarbeiter erfüllen die in einem gesonderten Gesetz festgeschriebenen Kontrollaufgaben; dem Bundesrechnungshof obliegt es, den Bundestag, den Bundesrat und die Bundesregierung bei ihren Entscheidungen zu unterstützen.
- Die in Art. 88 GG ausdrücklich verankerte Deutsche Bundesbank wird in der Rechtsform einer bundesunmittelbaren rechtsfähigen Anstalt des öffentlichen Rechts geführt. Ihr als Währungs- und Notenbank obliegt insbesondere die Sicherung der Währung. Bei der Ausübung ihrer währungspolitischen Beschlüsse ist sie von Weisungen der Bundesregierung unabhängig. Der Zentralbankrat und das Direktorium der Deutschen Bundesbank haben die Stellung von obersten Bundesbehörden.

III. Nachgeordnete Bundesverwaltung

Das Grundgesetz regelt im VIII. Kapitel die Ausführung von Bundesgesetzen und die verfassungsrechtlichen Grundlagen der Bundesverwaltung. Dabei stellt es – seiner Regel-Ausnahme-Systematik folgend – die Vorschriften über die Ausführung von Bundesgesetzen durch die Länder voran. Im Anschluß daran umschreibt Art. 86 GG die beiden organisatorischen Haupttypen der Bundesverwaltung: Ausführung von Bundesgesetzen entweder durch "bundeseigene Verwaltung" (sogenannte "unmittelbare Bundesverwaltung") oder durch "bundesunmittelbare Körperschaften oder Anstalten des öffentlichen Rechts" (sogenannte "mittelbare Bundesverwaltung"). Der Unterschied zwischen beiden Organisationstypen liegt im Grad der Verselbständigung: Während für Behörden der unmittelbaren Bundesverwaltung (z.B. Auswärtiger Dienst) der Grundsatz besonderer Staatsnähe mit entsprechenden Aufsichts- und Weisungsrechten der Bundesregierung gilt, besteht das Kennzeichen der mittelbaren Staatsverwaltung (z.B. Sozialversicherungsträger) darin, daß diese Einrichtungen eine gewisse rechtliche und tatsächliche Selbständigkeit aufweisen; diese kann sich insbesondere in Selbstverwaltungsrechten und der Einbeziehung gesellschaftlicher, also außerstaatlicher, Kräfte in den Organen dieser Einrichtungen ausdrücken. Allerdings bleiben der Bundesregierung auch hier bestimmte Aufsichtsbefugnisse. Überdies kann sie grundsätzlich durch allgemeine Verwaltungsvorschriften auf alle Einrichtungen der Bundesverwaltung Einfluß ausüben. Dabei bedeutet Bundesverwaltung nicht nur gesetzesgebundene (also Rechtssätze vollziehende), sondern auch "gesetzesfreie" Verwaltung (hier handelt die Verwaltung ohne besonderen Gesetzesbefehl kraft eigener Initiative, aber natürlich in Bindung an geltendes Recht).

Das Grundgesetz schreibt für bestimmte Gegenstände einen dieser Organisationstypen vor (sogenannte "obligatorische Bundesverwaltung"). Daneben können gemäß Art. 87 Abs. 3 GG für bestimmte andere Angelegenheiten, für die dem Bund die Gesetzgebung zusteht, Einrichtungen der Bundesverwaltung geschaffen werden (sogenannte "fakultative Bundesverwaltung"). Dabei kann es sich wiederum handeln um Einrichtungen der unmittelbaren oder der mittelbaren Bundesverwaltung.

Bei der Gliederung der Einrichtungen von Bundesverwaltung gibt es zum einen solche, die Zuständigkeiten für das gesamte Bundesgebiet haben; dies gilt für selbständige Bundesoberbehörden (Art. 87 Abs. 3 Satz 1 GG) und bestimmte Zentralstellen (Art. 87 Abs. 1 Satz 2 GG); sie sind jeweils einem Bundesministerium unterstellt und haben keinen eigenen Verwaltungsunterbau. Der Bundesoberbehörde verwandt sind die sogenannten "nicht rechtsfähigen Bundesanstalten". Diese im Grundgesetz nicht ausdrücklich erwähnte Organisationsform ist in der Praxis von nicht unerheblicher Bedeutung; so gibt es z.B. im Bereich der Landwirtschaft eine Reihe von Forschungsanstalten. Diese Anstalten unterscheiden sich von Bundesoberbehörden durch eine gewisse Verselbständigung im Blick auf diejenigen, die Arbeiten im Rahmen der Anstalt verrichten oder davon betroffen sind. Als "nicht rechtsfähig" wird eine solche Anstalt bezeichnet, weil sie wie Bundesoberbehörden im Rahmen der unmittelbaren Bundesverwaltung hierarchisch eingegliedert ist. Davon zu unterscheiden sind Behörden mit regional abgegrenzter Zuständigkeit und eigenem Verwaltungsunterbau (Mittel- und Unterbehörden).

Insgesamt ist die Typenvielfalt der Bundesverwaltung groß. Von den Gestaltungsspielräumen, die das Grundgesetz hier eröffnet, wird je nach dem Zweck einer Einrichtung Gebrauch gemacht. Nachfolgend sollen einige wesentliche Zweige der Bundesverwaltung und ihre Organisation entsprechend den oben genannten Organisationstypen dargestellt werden. Nicht eingegangen werden soll dabei auf Verwaltungseinrichtungen von Gerichten und anwaltlichen Behörden (z.B. Generalbundesanwalt, Oberbundesanwalt), die wegen ihrer Nähe zur rechtsprechenden Gewalt Besonderheiten aufweisen.

Jede der nachfolgend zu erwähnenden Einrichtungen der Bundesverwaltung ist einem Bundesministerium zugeordnet, auch wenn die Einrichtung zugleich Tätigkeiten für eine andere oberste Bundesbehörde verrichtet oder z.B. Genehmigungsvorbehalten einer dritten Behörde unterliegt. Das für die jeweilige Einrichtung federführende Bundesministerium übt Aufsichtsbefugnisse aus und trägt nach außen, insbesondere gegenüber dem Parlament, die politische Verantwortung.

1. Die grundsätzlich obligatorische unmittelbare Bundesverwaltung

Die Gegenstände obligatorischer unmittelbarer Bundesverwaltung sind im Grundgesetz erschöpfend aufgezählt. Es handelt sich um die Materien, die nach dem Verständnis des Grundgesetzes mit der Handlungsfähigkeit des Bundes besonders eng zusammenhängen. Die Gegenstände, die nach dem Grundgesetz obligatorisch zur unmittelbaren Bundesverwaltung gehören, werden nachfolgend kurz skizziert. Dabei sind die Regelungen zum Teil durchsetzt mit Elementen fakultativer Bundesverwaltung, von denen in der Praxis in unterschiedlicher Weise Gebrauch gemacht worden ist.

a) Auswärtiger Dienst

In bundeseigener Verwaltung wird gemäß Art. 87 Abs. 1 GG der Auswärtige Dienst geführt. Organisatorisch besteht der Auswärtige Dienst aus dem Auswärtigen Amt (Zentrale) und den Auslandsvertretungen, die zusammen eine einheitliche Bundesbehörde unter Leitung des Bundesministers des Auswärtigen bilden. Auslandsvertretungen sind Botschaften, Generalkonsulate und Konsulate sowie Ständige Vertretungen bei zwischenstaatlichen und überstaatlichen Organisationen. Die Einzelheiten sind in einem Gesetz über den Auswärtigen Dienst geregelt.

b) Bundesfinanzverwaltung

Auch für die Bundesfinanzverwaltung schreibt Art. 87 Abs. 1 GG bundeseigene Verwaltung mit eigenem Verwaltungsunterbau vor. Die davon erfaßten – also der Finanzverwaltung gerade des Bundes zugewiesenen – Gegenstände sind in Art. 108 GG aufgezählt: Zölle, Finanzmonopole (das betrifft das Branntwein-Monopol), die bundesgesetzlich geregelten Verbrauchssteuern einschließlich der Einfuhrumsatzsteuer und die Abgaben im Rahmen der Europäischen Gemeinschaften. Der Aufbau der dafür zuständigen Behörden wird durch Bundesgesetz geregelt; Leiter der Mittelbehörden sind im Benehmen mit den Landesregierungen zu bestellen. Die übrigen Steuern werden durch Landesfinanzbehörden verwaltet. Bundesgesetze hierzu bedürfen der Zustimmung des Bundesrates; die Leiter der insoweit zuständigen Mittelbehörden sind im Einvernehmen mit der Bundesregierung zu bestellen.

Zur Bundesfinanzverwaltung gehört eine Reihe von Bundesoberbehörden (z.B. die Aufsichtsämter für Versicherungswesen, Wertpapierhandel, Kreditwesen). Eine vertikal gegliederte Behördenstruktur mit Mittelbehörden und örtlichen Behörden findet sich insbesondere im Zollwesen. Über den Hauptzollämtern und Zollämtern stehen – als Mittelbehörden – die Oberfinanzdirektionen. Die Oberfinanzdirektionen haben eine besondere verklammernde Funktion: sie leiten zugleich die Finanzverwaltung des Bundes und des Landes in ihrem Bezirk; im Landesbereich unterstehen ihnen deshalb die örtlichen Finanzämter. Einzelheiten sind im Finanzverwaltungsgesetz geregelt.

Insgesamt besteht bei der Finanzverwaltung eine komplizierte Aufgabenaufteilung zwischen Bund und Ländern; überdies kann den Gemeinden und Gemeindeverbänden für die ihnen allein zufließenden Steuern die Verwaltung übertragen werden. Diese Auffächerung der Zuständigkeiten und die gleichzeitig vorgesehenen Verklammerungen und Zusammenarbeitserfordernisse sollen dazu beitragen, daß bei der Erhebung staatlicher Einnahmen alle Ebenen im Bundesstaat in geeigneter Weise einbezogen werden können.

c) *Bundeswasserstraßen und Schiffahrt*

Die Verwaltung der Bundeswasserstraßen und der Schiffahrt wird gemäß Art. 87 GG und nach Maßgabe von Art. 89 GG als bundeseigene Verwaltung geführt. Die Verwaltung der Bundeswasserstraßen ist im Grundsatz obligatorische Bundesverwaltung. Von der verfassungsrechtlich eingeräumten Möglichkeit, diese regional auf Länder zu übertragen (Art. 79 Abs. 2 Satz 3 GG), hat der Bund keinen Gebrauch gemacht. Allerdings hat der Bund bei der Verwaltung, dem Ausbau und dem Neubau von Wasserstraßen die Bedürfnisse der Landeskultur und der Wasserwirtschaft im Einvernehmen mit den Ländern zu wahren (Art. 89 Abs. 3 GG). Zur Schiffahrtsverwaltung (und zwar Binnen- und Seeschiffahrt) besteht eine Bundesverwaltung nach Maßgabe gesetzlicher Regelungen mit Mittelbehörden (Wasser- und Schiffahrtsdirektionen) und Unterbehörden (Wasser- und Schiffahrtsämter).

Bundesautobahnen und sonstige Bundesstraßen werden nicht vom Bund, sondern auf Länderebene im Auftrag des Bundes verwaltet (Art. 90 Abs. 2 GG). Auf Antrag eines Landes kann der Bund solche Straßen in bundeseigene Verwaltung übernehmen (Art. 90 Abs. 3 GG). Davon ist aber bisher nicht Gebrauch gemacht worden. Der Bund konzentriert sich auf seine ministeriellen Aufgaben, insbesondere die ihm durch das Bundesfernstraßengesetz zugewiesenen Planungsaufgaben. Dabei arbeitet dem Bundesministerium für Verkehr die Bundesanstalt für Straßenwesen als organisatorisch verselbständigte technisch-wissenschaftliche Hilfseinrichtung zu.

d) *Bundeswehr- und Verteidigungsverwaltung*

Während die Streitkräfte wegen ihrer spezifischen Exekutivaufgabe der Verteidigung (Art. 87 a GG) nicht zur Verwaltung gerechnet werden, gehören die Bundeswehrverwaltung ausnahmslos und die Verteidigungsverwaltung grundsätzlich zur bundeseigenen Verwaltung mit eigenem Verwaltungsunterbau. Die Bundeswehrverwaltung (Art. 87 b Abs. 1 GG) dient insbesondere den Aufgaben des Personalwesens und der unmittelbaren Deckung des Sachbedarfs der Streitkräfte, hat also unmittelbaren Bezug zu den Aufgaben der Streitkräfte. Die sonstige Verteidigungsverwaltung, einschließlich des Wehrersatzwesens und des Schutzes der Zivilbevölkerung (Art. 87 b Abs. 2 GG), kann nach Maßgabe von Bundesgesetzen, die der Zustimmung des Bundesrates bedürfen, der bundeseigenen Verwaltung oder den Ländern als Auftragsverwaltung für den Bund zugewiesen werden. Von dieser Kompetenz zugunsten des Bundes ist zum Teil Gebrauch gemacht worden, z.B. durch die Schaffung von Behörden für das Wehrersatzwesen und den Zivilschutz.

e)   Luftverkehr, Eisenbahnen, Post

Auf den Gebieten des Luftverkehrs, der Eisenbahnen und der Post hat sich in den letzten Jahren ein erheblicher Bewußtseinswandel darüber vollzogen, was der moderne Staat durch seine eigene Verwaltung bearbeiten und was besser in die Hände Privater gelegt werden sollte.

Die Luftverkehrsverwaltung wird gemäß Art. 87 d Abs. 1 Satz 1 GG zwar in bundeseigener Verwaltung geführt. Durch Verfassungsergänzung vom 14. Juli 1992 wurde aber die Entscheidung darüber, ob dafür eine öffentlich-rechtliche oder privat-rechtliche Organisationsform gilt, einem Bundesgesetz überlassen. Der Gesetzgeber hat von dieser Möglichkeit Gebrauch gemacht und die Aufgaben, die zuvor von der Bundesanstalt für Flugsicherung wahrgenommen wurden, privatisiert.

Bundeseisenbahnen waren bislang insgesamt Gegenstand der in Art. 87 Abs. 1 GG geregelten Bundesverwaltung. Durch Verfassungsergänzung vom 20. Dezember 1993 wurde ein neuer Art. 87 e GG geschaffen. Danach (Art. 87 e Abs. 3 Satz 1 GG) ist ausdrücklich geregelt, daß Eisenbahnen des Bundes als Wirtschaftsunternehmen in privatrechtlicher Form geführt werden. Dafür wurde eine Deutsche Bahn Aktiengesellschaft gegründet. Lediglich für die verbleibenden Aufgaben der Eisenbahnverwaltung, z.B. für hoheitliche Aufgaben etwa zu Planfeststellungsverfahren, wurde eine Behörde geschaffen, nämlich das Eisenbahn-Bundesamt. Für Aufgaben im Bereich des Schienenpersonennahverkehrs und der Eisenbahnverkehrsverwaltung gibt Art. 143 a GG eine Übergangsregelung.

Eine ähnliche Privatisierung findet bei der Post statt. Auch die Bundespost war bislang insgesamt Gegenstand der in Art. 87 Abs. 1 GG geregelten Bundesverwaltung. Durch verfassungsänderndes Gesetz vom 30. August 1994 wurden die Grundlagen für eine wichtige Umstrukturierung geschaffen: Ein neuer Artikel 87 f GG bestimmt, daß Dienstleistungen im Bereich des Postwesens und der Telekommunikation privatwirtschaftlich erbracht werden. Ein neuer Artikel 143 b GG bestimmt, daß das Sondervermögen Deutsche Bundespost in Unternehmen privater Rechtsform umgewandelt wird. Lediglich Hoheitsaufgaben im Bereich des Postwesens und der Telekommunikation werden in bundeseigener Verwaltung ausgeführt; einzelne Aufgaben in Bezug auf die aus dem Sondervermögen Deutsche Bundespost hervorgegangenen Unternehmen führt der Bund in der Rechtsform einer bundesunmittelbaren Anstalt des öffentlichen Rechts aus; Übergangsregelungen sichern eine gleitende Entwicklung.

Auf der neu geschaffenen Rechtsgrundlage werden die drei bisherigen Postunternehmen seit 1. Januar 1995 als Deutsche Telekom Aktiengesellschaft, Deutsche Post Aktiengesellschaft und Deutsche Postbank Aktiengesellschaft privatrechtlich geführt. Für verbleibende staatliche Aufgaben in diesem Bereich wurde eine "Bundesanstalt für Post und Telekommunikation Deutsche Bundespost" in der Rechtsform einer rechtsfähigen Anstalt des öffentlichen Rechts geschaffen. Diese hat jedoch keine Eingriffsrechte in die unternehmerische Tätigkeit der neuen Aktiengesellschaften. Sie kann diese allerdings durch Beratung koordinieren. Auch obliegt ihr die Verwaltung der Postaktien. Eine wichtige Aufgabe der Anstalt besteht darin, mehrere der Postfirmen an der Börse einzuführen. Diese Einführung soll schrittweise in den nächsten Jahren geschehen.

f) Bundesgrenzschutzbehörden und Zentralstellen für Polizei und Nachrichtendienste

Gemäß Art. 87 Abs. 1 Satz 2 GG können durch Bundesgesetz Bundesgrenzschutzbehörden sowie Zentralstellen für bestimmte Angelegenheiten der Polizei, des Verfassungsschutzes und anderer Nachrichtendienste eingerichtet werden. Hiervon ist Gebrauch gemacht worden. Dabei war allerdings zu beachten, daß Angelegenheiten der Polizei und des Verfassungsschutzes grundsätzlich Ländersache sind. Die Tätigkeit des Bundesgrenzschutzes als Bundespolizei beschränkt sich demzufolge auf solche Aufgaben, die im Interesse des Staates insgesamt auf Bundesebene erledigt werden sollten, insbesondere Schutz von Außengrenzen der Bundesrepublik Deutschland und Schutz der Verfassungsorgane des Bundes. Seine Aufgabenbeschreibung, seine Struktur und seine – auch regionale – Gliederung sind entsprechend den neuen Anforderungen nach Abbau von Grenzkontrollen im Zuge des europäischen Einigungsprozesses und der neuen Lage nach Schaffung der Deutschen Einheit durch Novellierung des Bundesgrenzschutzgesetzes im Jahre 1994 und weitere Regelungen neu gefaßt worden.

Die in Art. 87 Abs. 1 Satz 2 GG genannten Zentralstellen entsprechen Bundesoberbehörden; sie füllen die Gesetzgebungskompetenz des Bundes zur Zusammenarbeit mit den Ländern auf dem Gebiet von Kriminalpolizei, Verfassungsschutz und zur Abwehr bestimmter sonstiger Gefährdungen von Belangen der Bundesrepublik Deutschland (Art. 87 Nr. 10 GG) aus. Auf diesem Gebiet sind jeweils durch Bundesgesetz eingerichtet worden

– das Bundeskriminalamt (BKA)
– das Bundesamt für Verfassungsschutz (BfV)
– der Militärische Abschirmdienst (MAD)
– der Bundesnachrichtendienst (BND).

BfV, MAD und BND bezeichnet man als die Nachrichtendienste des Bundes. Bei MAD und BND kann kompetenzrechtlich neben den genannten Artikeln noch auf die für den Auswärtigen Dienst und die Verteidigung geltenden Vorschriften (Art. 73 Nr. 1, 87 a, 87 b GG) verwiesen werden. Die genannten Behörden erfüllen mit Rücksicht auf die grundsätzliche Länderkompetenz nur zum Teil exekutive Aufgaben, im übrigen solche der Zusammenarbeit, also insbesondere der Koordination und des Informationsaustausches. Bei der rechtlichen Ausgestaltung dieser Behörden ist in der deutschen Verfassungspraxis darauf geachtet worden, daß Aufgaben der Polizei und der Nachrichtendienste organisatorisch getrennt, also nicht derselben Behörde zugeordnet werden. Im Interesse der inneren und äußeren Sicherheit der Bundesrepublik Deutschland ist es natürlich wichtig, daß von bestimmten Behörden (insbesondere den Nachrichtendiensten) gewonnene Informationen an die Behörden oder Justizorgane gelangen, welche die notwendigen Abwehr- und Verfolgungsmaßnahmen treffen können. Diese Zusammenführung von Informationen geschieht aber in Deutschland nicht durch Verschmelzung von Behörden, sondern – im Interesse des Datenschutzes der Bürger – auf dem Wege von Regelungen und der koordinierten Zusammenarbeit.

g) Lastenausgleich

Als große rechtliche und administrative Herausforderung nach dem Zweiten Weltkrieg stellte sich die Konzeption und Abwicklung des Lastenausgleichs dar. Artikel 120 a GG erlaubt dafür – entgegen dem sonst geltenden grundsätzlichen Verbot einer Mischverwaltung zwischen Bund und Ländern -, daß die Ausgleichsleistungen teils durch den Bund, teils im Auftrag des Bundes durch die Länder ausgeführt werden. Dadurch sollte eine einheitliche und zugleich dezentralisierte Durchführung ermöglicht werden. Soweit hier Aufgaben der Bundesverwaltung zu erfüllen sind, besteht dafür das Bundesausgleichsamt.

2. *Die obligatorische mittelbare Bundesverwaltung*

Während die soeben behandelten unmittelbaren Bundesverwaltungen sachlich weite Bereiche betreffen und vielfältige Organisationsformen aufweisen, beschränkt sich das Grundgesetz bei der Anordnung einer verfassungsobligatorischen mittelbaren Bundesverwaltung auf diejenigen sozialen Versicherungsträger, deren Zuständigkeitsbereich sich über das Gebiet eines Landes hinaus erstreckt (Art. 87 Abs. 2 Satz 1 GG). Dies ist durch Grundgesetzänderung vom 27. Oktober 1994 noch weiter dahin eingeschränkt worden, daß soziale Versicherungsträger, deren Zuständigkeitsbereich sich über das Gebiet eines Landes, aber nicht über mehr als drei Länder hinaus erstreckt, als landesunmittelbare Körperschaft des öffentlichen Rechts geführt werden, wenn das aufsichtsführende Land durch die beteiligten Länder bestimmt ist (Art. 87 Abs. 2 Satz 2 GG). Trotz dieses engen Regelungsbereichs wird von dieser Vorschrift mit den landesübergreifenden Sozialversicherungsträgern der wohl weit überwiegende Teil der Einrichtungen der Bundesverwaltungen und durch die zahlreichen versicherten Personen der größte Teil der Bevölkerung der Bundesrepublik Deutschland erfaßt.

Das Grundgesetz ordnet an, daß die genannten Sozialversicherungsträger als "bundesunmittelbare Körperschaften" geführt werden. "Bundesunmittelbar" bedeutet dabei nur, daß sie nicht den Ländern sondern dem Bund unterstehen. Körperschaft bezeichnet eine mitgliedschaftlich verfaßte, aber unabhängig vom Wechsel ihrer Mitglieder bestehende Organisation, bei der die beteiligten und betroffenen Interessenträger zur Aufgabenerfüllung mit herangezogen werden. Dabei darf der Begriff "Körperschaft" nicht zu eng ausgelegt werden. Auch Einrichtungen, bei denen der Bürger weniger als Mitgestalter denn als Benutzer tätig wird und die deshalb als Anstalten bezeichnet werden, sowie sonstige verwandte Organisationsformen werden erfaßt. Das Element der "Staatlichkeit" wird also zurückgenommen. Auch wenn deshalb keine staatliche Zweckmäßigkeitskontrolle mehr stattfindet, so bleibt Rechtsaufsicht unverzichtbar.

Von Art. 87 Abs. 2 erfaßt sind unter anderem zahlreiche landesübergreifende Träger der Krankenversicherung, der Unfallversicherung und der Rentenversicherung.

Von herausgehobener Bedeutung sind:

a)   Die Bundesanstalt für Angestellte (BfA)

Die BfA ist Träger der gesetzlichen Rentenversicherung für Angestellte. Ihre Selbstverwaltungsaufgaben werden von Organen (Vertreterversammlungen, Vorstand) wahrgenommen, die – ohne unmittelbare staatliche Beteiligung – durch gewählte Vertreter der Versicherten und der Arbeitgeber paritätisch besetzt sind. Dem Bund bleiben aber Einflußmöglichkeiten: Gemäß Art. 120 Abs. 1 Satz 4 GG trägt er die Zuschüsse zu den Lasten der Sozialversicherung; die Modalitäten bleiben ihm überlassen. Zudem hat er gesetzlich geregelte Mitwirkungs- und Aufsichtsbefugnisse. Einzelheiten sind im Sozialgesetzbuch geregelt.

b)   Die Bundesanstalt für Arbeit (BA)

Die BA mit den ihr obliegenden Aufgaben der Arbeitsvermittlung und Arbeitslosenversicherung ist ebenfalls Körperschaft im Sinne des Art. 87 Abs. 2 GG. Ihr zugeordnet sind Landesarbeitsämter in der Mittelstufe und Arbeitsämter auf örtlicher Ebene. Bei den Organen der BA (Verwaltungsrat, Vorstand, Verwaltungsausschüsse der Landesarbeitsämter, Verwaltungsausschüsse der Arbeitsämter) spricht man von sogenannter "dreigleisiger Selbstverwaltung". Dort sind neben Vertretern der örtlichen Gebietskörperschaften (also Bund, Länder und Gemeinden) auch Arbeitnehmer und Arbeitgeber paritätisch vertreten. Die Rechtsaufsicht allerdings liegt beim Bund.

3.   *Die fakultative Bundesverwaltung gemäß Art. 87 Abs. 3 GG*

Art. 87 Abs. 3 GG eröffnet dem Bund über die bisher genannten Regelungen hinaus zusätzlich die Möglichkeit, also "fakultativ", Einrichtungen der unmittelbaren oder der mittelbaren Bundesverwaltung zu schaffen. Diese Regelung entschärft den erwähnten Grundsatz des Art. 83 GG, daß Bundesgesetze durch Länderbehörden ausgeführt werden, und gibt dem Bund Spielraum für die Schaffung von Bundeseinrichtungen dort, wo er die Gesetzgebungskompetenz hat und solche Einrichtungen für erforderlich hält. Sein weiter Spielraum wird dadurch unterstrichen, daß er hier durch Bundesgesetz handeln kann, das nicht der Zustimmung des Bundesrates bedarf. Enger ist sein Spielraum lediglich für die Schaffung gegliederter Behörden, also bundeseigener Mittel- und Unterbehörden: Hier ist – mit Rücksicht auf die Verantwortung der Bundesländer – zusätzlich erforderlich, daß dafür ein "dringender Bedarf" besteht und das Bundesgesetz die Zustimmung des Bundesrates und der Mehrheit der Mitglieder des Bundestages erhält (Art. 87 Abs. 3 Satz 2 GG); derartige Einschränkungen fehlen dagegen bei der Schaffung sonstiger fakultativer Bundesverwaltungen (Art. 87 Abs. 3 Satz 1 GG).

Von der Möglichkeit, durch Art. 87 Abs. 3 GG selbständige Bundesoberbehörden zu schaffen, hat der Bund vielfach Gebrauch gemacht. Überwiegend sind diesen Behörden ressortspezifische Fachaufgaben zugewiesen, die keiner Bearbeitung auf ministerieller Ebene bedürfen. Eine Reihe von Bundesoberbehörden erfüllt aber außer für das Ressort, dem sie unterstellt sind, auch für andere Ressorts Fachaufgaben. Beispielhaft seien erwähnt das Statistische Bundesamt (im Geschäftsbereich des Bundesministeriums des Innern) und das Bundesumweltamt (im Geschäftsbereich des Bundesministeriums für Umwelt, Naturschutz und Reaktorsicherheit). In diesem Zusammenhang besonders hervorzuheben ist das Bundesverwaltungsamt (im Geschäftsbereich des Bundesministeriums des Innern), das beauftragt werden kann, für alle Ressorts Verwaltungsaufgaben zu erledigen, die nicht einer Bearbeitung auf ministerieller Ebene bedürfen; Einzelheiten dazu sind geregelt im Gesetz über die Errichtung des Bundesverwaltungsamtes.

Auch von der Möglichkeit, bundesunmittelbare Körperschaften, Anstalten und Stiftungen zu errichten, also fakultativ mittelbare Bundesverwaltung zu schaffen, ist Gebrauch gemacht worden. Die Erscheinungsformen sind vielfältig, so daß sie hier nicht im einzelnen dargestellt werden können.

4. Zur Abgrenzung: Sonstige Einrichtungen/Zuwendungsempfänger

Nicht zur Bundesverwaltung gehören sonstige Einrichtungen, an denen der Bund zwar ein staatliches Interesse hat, die aber nicht nach den oben dargestellten Regelungen zur Bundesverwaltung gemacht worden sind. Dies gilt auch dann, wenn das Interesse des Bundes an solchen Einrichtungen Veranlassung gibt, sie finanziell zu fördern. Man spricht dann von Zuwendungsempfängern. Über diese "sonstigen Einrichtungen" des Bundes veröffentlicht der Bundesminister der Finanzen in regelmäßigen Abständen (jährlich) eine Zusammenstellung.

5. Hinweis auf den Haushaltsplan des Bundes

Wichtigste Quelle für die gesamte Bundesverwaltung ist der grundsätzlich jährlich in Gesetzesform beschlossene Bundeshaushaltsplan. Darin sind – gegliedert nach den Geschäftsbereichen der Ressorts und anderer oberster Bundesbehörden – die Zweige der Bundesverwaltung mit den ihnen zur Verfügung stehenden Haushaltsmitteln dargestellt.

IV. Die Standorte der Bundesverwaltung jetzt und künftig

Es entspricht dem föderativen Prinzip des Grundgesetzes, daß sich Einrichtungen der Bundesverwaltung nicht auf einzelne räumliche Gebiete beschränken, sondern über das Gebiet der Bundesrepublik Deutschland verteilt sein sollten. So schreibt Art. 36 GG vor, daß bei den obersten Bundesbehörden Beamte aus allen Ländern in angemessenem Verhältnis zu verwenden sind und bei den übrigen Bundesbehörden beschäftigte Personen in der Regel aus dem Land genommen werden sollen, in dem sie tätig sind. Gleichwohl hat sich in der Bundesrepublik Deutschland bis zur Schaffung der Deutschen Einheit im Jahre 1990 eine gewisse Standortkonzentration ergeben, teils aus historischen, teils aus Gründen der Sachnähe und der Zweckmäßigkeit. Solche Schwerpunkte sind
– die bisherige Bundeshauptstadt Bonn und umliegend die Region Köln/Bonn;
– die frühere und neue Hauptstadt Berlin;
– der Großraum Frankfurt/Wiesbaden, der als Wirtschafts- und Bankenstandort, aber auch als Verwaltungsstandort vor der Entstehung der Bundesrepublik Deutschland noch heute besondere Bedeutung hat.

Nach Wiederherstellung der deutschen Einheit galt und gilt es, folgende Grundsatzentscheidungen des Einigungsvertrages und des Bundestages umzusetzen:
– Hauptstadt Deutschlands ist Berlin. Berlin wird Sitz des Bundestages und der Bundesregierung als Verfassungsorgan. Zwischen Berlin und Bonn wird eine "faire Arbeitsteilung" vereinbart, so daß Bonn nach dem Umzug Verwaltungszentrum mit dem größten Teil der Arbeitsplätze bleibt.
– Nationale und internationale Institutionen sollen räumlich so verteilt werden, daß insbesondere die neuen Bundesländer berücksichtigt werden, damit in jedem der neuen Bundesländer Institutionen des Bundes ihren Standort finden. Die zentralistischen Strukturen der früheren DDR-Regierungsverwaltung konnten nicht über-

nommen werden, sondern mußten durch demokratische Strukturen ersetzt werden. Diese mußten und müssen auch auf dem Gebiet der neuen Länder geschaffen werden.

Zur Umsetzung dieser Entscheidungen haben inzwischen Bundestag und Bundesregierung weitere Beschlüsse gefaßt und ein Berlin/Bonn-Gesetz vom 26. April 1994 geschaffen. Danach ist insbesondere festgelegt,
- daß der Umzug des Bundestages und der Bundesregierung als Verfassungsorgan im Zeitraum 1998 bis 2000 nach Berlin stattfindet,
- daß bestimmte Politikbereiche und dementsprechend Ministerien in Bonn verbleiben,
- welche Bundeseinrichtungen zum Ausgleich für den Umzug nach Berlin von dort und von Hessen nach Bonn verlagert werden,
- welche Bundeseinrichtungen in die neuen Bundesländer verlagert werden, damit eine angemessene Verteilung auf das Bundesgebiet erreicht wird.

Diese Beschlüsse werden seitdem gesetzlich und administrativ umgesetzt.

V. *Neue Entwicklungen und Ausblick*

In den letzten Jahren hat – wie bereits oben bei der Darstellung zu Bahn, Post und Luftverkehr erwähnt – in Deutschland ein erheblicher Prozeß des Umdenkens und des Umsteuerns stattgefunden, welcher zur besseren Aufgabenerledigung und zu mehr Konzentration des Staates auf seine wesentlichen Funktionen führen soll:
- Durch die Bahnreform werden staatliche und unternehmerische Aufgaben im Schienenverkehr getrennt; die Bahn soll ein am Markt orientiertes Dienstleistungsunternehmen für Wirtschaft und Bürger werden.
- Mit der Postreform wird der Grundstein für eine uneingeschränkte Wettbewerbsfähigkeit der Unternehmen der Deutschen Bundespost gelegt. Dadurch sollen diesen Unternehmen neue Handlungsmöglichkeiten eröffnet und zur Zukunftssicherung zahlreicher Arbeitsplätze beigetragen werden.
- Auf der gleichen Linie liegt die Privatisierung der Flugsicherung (1993) und von Aufgaben der früheren staatlichen Raumfahrtforschung und -entwicklung (1989).
- Die Zulassung privater Arbeitsvermittlung eröffnet ein zusätzliches Dienstleistungsangebot.
- Im Bauwesen sind einer neu geschaffenen Bundesbaugesellschaft bestimmte Bauaufgaben zum Hauptstadtausbau in Berlin übertragen worden, die bisher die Bundesbaudirektion als Bundesbehörde wahrgenommen hatte.

- Die Bundesdruckerei, die bislang Bundesbehörde war, ist zum 1. Juli 1994 in eine private GmbH umgewandelt worden.
- Der Bund schreitet auch bei der Privatisierung von Beteiligungen an Unternehmen und Liegenschaften voran. Von 1982 bis 1994 ist die Zahl der mittelbaren und unmittelbaren Beteiligungen von 958 auf weniger als 400 herabgedrückt worden. Dabei wurde ein Erlös von gut 12 Mrd. DM erzielt.

Durch Schreiben vom 22. April 1994 hat die Bundesregierung dem Deutschen Bundestag einen Bericht über Deregulierungsmaßnahmen mit einem Überblick über das auf diesem Gebiet Erreichte und Geplante vorgelegt. Die Bundesregierung hat auch im Jahre 1995 ihre Privatisierungspolitik fortgeführt. So hat sie zwischen 1994 und 1995 zehn Bundesbeteiligungen vollständig und andere teilweise abgegeben.

Bei ihren Maßnahmen wägt die Bundesregierung stets ab, ob Aufgaben besser durch den Staat oder durch Private erledigt werden können. Soweit der Weg der Privatisierung gegangen wird, werden zugleich für die betroffenen öffentlichen Bediensteten die erforderlichen dienstrechtlichen Regelungen geschaffen.

Die Politik der Bundesregierung insbesondere in der 1994 begonnenen 13. Legislaturperiode des Bundestages steht in diesem Zusammenhang unter dem Stichwort "Schlanker Staat". Hierzu hat die Bundesregierung am 18. Juli 1995 einen "Sachverständigenrat Schlanker Staat" mit Persönlichkeiten aus der Wissenschaft, den Bundesländern, den Kommunen, der Wirtschaft, den Gewerkschaften, den Parteien und der Bundesregierung eingesetzt.

Ein wichtiges Thema in diesem Zusammenhang ist auch die Straffung der Bundesverwaltung. Deshalb hat die Koalition aus CDU und FDP, welche die Bundesregierung der 13. Legislaturperiode trägt, unter anderem folgendes vereinbart und der Bundeskanzler in seiner Regierungserklärung am 23. November 1994 bekräftigt:
- Die Zahl der Bundesbehörden soll durch Streichung oder Zusammenfassung von Aufgaben verringert werden.
- Der Personalbestand in den Bundesbehörden soll in den vier Jahren der Legislaturperiode um 1 % jährlich gesenkt werden.

Zur Umsetzung dessen hat die Bundesregierung am 7. Februar 1996 ein Maßnahmenbündel zur Verringerung und Straffung der Verwaltung des Bundes verabschiedet. Kernpunkte sind die Auflösung oder Zusammenlegung einer Vielzahl von Behörden, die Privatisierung von Aufgaben sowie Aufträge zur Überprüfung und Verbesserung der inneren Abläufe und Strukturen. Die Maßnahmen umfassen z.B. die Reduzierung des Personals bei Nachrichtendiensten und Forschungsanstalten der Landwirtschaft, Neuorganisation bei Auslandsvertretungen und Aus- und Fortbildungseinrichtungen,

Einschränkungen von Mischfinanzierungen, Aufhebung, Verkleinerung und Zusammenlegung von Behörden. Eine Reihe von organisatorischen Maßnahmen, insbesondere zur Verwaltung der Bundesministerien, soll vor allem mit Blick auf den Regierungsumzug nach Berlin ergriffen oder vorangetrieben werden.

Insgesamt kann von einer Gesamtzahl aktiven Personals im öffentlichen Dienst des Bundes (bemessen nach Planstellen und Stellen; ohne mittelbaren öffentlichen Dienst, ohne Soldaten und ohne Personal in den Bereichen Post und Bahn) von rund 325.000 (Stand: Ende 1995) ausgegangen werden. Diese Zahl belief sich 1989 noch auf ca. 300.000; sie stieg nach Schaffung der staatlichen Einheit Deutschlands auf 381.000 im Jahre 1992. Seitdem konnte sie – insbesondere durch globale Stellenkürzungen und gezielte Streichungen – auf den Jetztstand zurückgeführt werden; dabei erhöhte das Parlament die erwähnte Senkungsquote von 1 % jährlich auf 1,5 % jährlich.

Verwaltung im modernen Staat kann nur bestehen, wenn und soweit ihre Organisation und ihr Personalbestand stets auf die Erfordernisse von Gegenwart und Zukunft überprüft werden. Konkret muß überlegt werden, ob und inwieweit staatliche Verwaltung notwendig ist und auf welcher Ebene, ob sie eingeschränkt oder privatisiert werden kann oder gar besser in den Verantwortungsbereich der Bürger zurückgegeben wird. Bei der Umsetzung der erwähnten Maßnahmen wird es darauf ankommen, daß die notwendigen Anpassungen gelingen, damit die Bundesverwaltung auch künftig möglichst wirkungsvoll und leistungsstark ihre Arbeit zum Wohle der Bürger erfüllen kann.

Literatur

Badura, Peter, Bundesverwaltung, in: Evangelisches Staatslexikon, 3. Auflage, Stuttgart 1987, S. 366 ff.
Becker, Bernd, Zentrale nichtministerielle Organisationseinheiten der unmittelbaren Bundesverwaltung, in: Verwaltungsarchiv 1978, S. 149 ff.
Böckenförde, Ernst Wolfgang, Die Organisationsgewalt im Bereich der Regierung, Berlin 1964.
Busse, Volker, Bundeskanzleramt und Bundesregierung, Heidelberg 1964.
Busse, Volker, Umzugsplanung Bonn – Berlin, Kooperation und Koordination bei der Planung des Umzugs von Parlament und Regierung nach Berlin, in: Die Öffentliche Verwaltung 1994, S. 497 ff.
Dittmann, Armin, Die Bundesverwaltung, Tübingen 1983.

Hartkopf, Günter, Zur Lage der Bundesverwaltung nach 30 Jahren Grundgesetz, in: Die Öffentliche Verwaltung 1979, S. 349.

Isensee, Josef/Kirchhof, Paul, Handbuch des Staatsrechts, Band III, Das Handeln des Staates, Heidelberg 1988.

Kroppenstedt, Franz, Die Standorte von Bundesbehörden vor und nach Wiederherstellung der deutschen Einheit, in: Verwaltungsarchiv 1994, S. 281 ff.

Loeser, Roman, Die bundesstaatliche Verwaltungsorganisation in der Bundesrepublik Deutschland, Baden-Baden 1981.

Schäfer, Hans, Die bundeseigene Verwaltung, in: Die Öffentliche Verwaltung 1958, S. 241 ff.

Stern, Klaus, Das Staatsrecht der Bundesrepublik Deutschland, Band II, § 41 Die Verwaltung, München 1980.

Vogel, Hans-Jochen, Die bundesstaatliche Ordnung des Grundgesetzes, in: Handbuch des Verfassungsrechts, herausgegeben von: Benda, Ernst/Vogel, Hans-Jochen/Maihofer, Werner, 2. Auflage, Berlin 1994.

Wolff, Hans-J./Bachof, Otto/Stober, Rolf, Verwaltungsrecht. Band I, 10. Auflage, München 1994; Band II, 5. Auflage, München 1987.

Martin Frank

3. Aufbau der Landesverwaltung

Inhaltsübersicht

I. Landesverwaltung im Flächenland
   1. Gleichartigkeit der Verwaltung in den Bundesländern
   2. Deutsche Wiedervereinigung ohne Innovationsschub
   3. Beispiel Baden-Württemberg
II. Grundmerkmale des Verwaltungsaufbaus in Baden-Württemberg
   1. Drei-Ebenen-Aufbau
   2. Oberste Landesbehörden
   3. Allgemeine Verwaltungsbehörden
      a.) Regierungspräsidien
      b.) Untere Verwaltungsbehörden
   4. Besondere Verwaltungsbehörden
   5. Polizeiorganisation
III. Landesregierung und Ministerien
   1. Ministerpräsident und Staatsministerium
   2. Innenministerium
   3. Justizministerium
   4. Ministerium für Kultus und Sport
   5. Ministerium für Wissenschaft und Forschung
   6. Finanzministerium
   7. Wirtschaftsministerium
   8. Ministerium für Ländlichen Raum, Ernährung, Landwirtschaft und Forsten
   9. Ministerium für Arbeit, Gesundheit und Sozialordnung
   10. Umweltministerium
   11. Verkehrsministerium
   12. Ministerium für Familie, Frauen, Weiterbildung und Kunst
IV. Rechnungshof

I. Landesverwaltung im Flächenland

1. Gleichartigkeit der Verwaltung in den Bundesländern

Die Bundesländer sind nach dem Grundgesetz und den Landesverfassungen Staaten im staatsrechtlichen Sinne. Hieraus leitet die Verfassungslehre die Grundlagen für das dezentrale Verwaltungssystem der Bundesrepublik Deutschland, für das Mehr-Ebenen-Prinzip der Verwaltung ab. Die konkrete Ausgestaltung des Verwaltungsaufbaus ist alleinige Ländersache. Damit läge es nahe, ein stark differenziertes Verwaltungsgefüge nach Art, Umfang und Aufbau zu erwarten. Trotz dieser Gestaltungsfreiheit des Landesgesetzgebers hat sich, aufbauend auf einer rund zweihundertjährigen Tradition, ein sehr homogenes Bild der Verwaltungen der Bundesländer ausgeformt, das im wesentlichen nach der Größe des Landes oder dem Verhältnis von Landes- und Kommunalbereich differiert. Gemeinhin werden drei Arten unterschieden: die Landesverwaltung im großen Flächenland, im kleinen Flächenland sowie im Stadtstaat. Die Verwaltungsstruktur der Länder wird im wesentlichen nach der Zahl der Aufbauebenen der allgemeinen Verwaltung definiert. Während die großen Flächenländer (Baden-Württemberg, Bayern, Hessen, Niedersachsen, Nordrhein-Westfalen, Rheinland-Pfalz, Sachsen und Sachsen-Anhalt) einen dreistufigen Behördenaufbau aufweisen, fehlt bei den kleinen Flächenländern (Brandenburg, Mecklenburg-Vorpommern, Saarland und Schleswig-Holstein) und den Stadtstaaten (Berlin, Bremen, Hamburg) die Mittelstufe. Außerdem fallen bei den Stadtstaaten die staatliche und die kommunale Verwaltung zusammen. Bei Thüringen ist strittig, ob durch die Einrichtung des Landesverwaltungsamtes ein zweistufiger oder ein dreistufiger Verwaltungsaufbau entstanden ist.

Die Länder treten primär als Verwaltungsstaaten in Erscheinung, der Bund ist dagegen nach den Grundentscheidungen des Grundgesetzes im wesentlichen auf die Gesetzgebung konzentriert. Wie sehr das Wesen der Länder durch Verwaltungsaufgaben bestimmt wird, läßt sich am hohen Personalkostenanteil der Länder an den Haushalten ermessen. Er liegt in Baden-Württemberg seit langem an der haushaltspolitisch bedenklichen Grenze von 40 %, ein Wert, der mit geringen Schwankungen auch für die übrigen alten Bundesländer gilt.

2. Deutsche Wiedervereinigung ohne Innovationsschub

Die Wiedervereinigung, die zum Aufbau der neuen Bundesländer zwang, hat am Grundmuster der Landesverwaltungen im ganzen nichts geändert. Angesichts der verbreiteten Kritik am Zustand der öffentlichen Verwaltung in der Bundesrepublik Deutschland und der vielfältigen Reformbemühungen der vergangenen Jahrzehnte waren von der Wiedervereinigung Impulse für neuartige Formen der Aufgabenerledigung der öffentlichen Verwaltung in den neuen Bundesländern und ein späteres Überspringen der Reformen in die alten Bundesländer erwartet oder zumindest erhofft worden. Indessen ist festzustellen, daß der Beitritt der neuen Bundesländer weder Uniformität noch Statik in Verwaltungsangelegenheiten bedeutet. Es kann hier offen bleiben, ob diese Hoffnungen enttäuscht wurden und welche Erklärungen für den nahezu identischen Nachbau der Struktur der alten Bundesländer nun zutreffen mögen. Sei es das Überrollt-werden durch den Ablauf der Dinge oder die Steuerung durch westdeutsche Aufbauhelfer, was zu Pragmatismus statt Reform geführt habe.

3. Beispiel Baden-Württemberg

Nachstehend soll der Verwaltungsaufbau in Baden-Württemberg als Beispiel für Lösungen in den Flächenländern dargestellt werden. Angesichts der grundsätzlichen Homogenität der Länderverwaltungen kann eine Darstellung am Beispiel eines Landes durchaus als repräsentativ gelten. Einer süddeutschen Tradition folgend weist Baden-Württemberg eine starke Ausprägung der unteren Sonderbehörden und 4 verschiedene untere (allgemeine) Verwaltungsbehörden auf. Soweit darüber hinaus signifikante Unterschiede zu den Verhältnissen der anderen Flächenländer gegeben sind, wird dies nachstehend angemerkt. Die systematisch wesentlich größere Bandbreite in der Gestaltung der Verwaltungen findet sich im Kommunalbereich; er wird an anderer Stelle abgehandelt. Zu den Stadtstaaten wird auf die einschlägige Literatur verwiesen.

II. Grundmerkmale des Verwaltungsaufbaus in Baden-Württemberg

1. Drei-Ebenen-Aufbau

Baden-Württemberg weist eine räumlich dekonzentrierte Landesverwaltung mit 3 Ebenen auf: den obersten Landesbehörden und Landesoberbehörden als Zentralstufe, den Regierungspräsidien und höheren Sonderbehörden als Mittelstufe sowie den unteren Verwaltungsbehörden und unteren Sonderbehörden als Unterstufe. Auf die schematische Übersicht am Ende des Beitrags wird verwiesen. Die im Landesverwaltungsgesetz (LVG) festgelegte Dreistufigkeit war für den Südwesten neu. Die Länder Baden, Württemberg-Baden und Württemberg-Hohenzollern, aus denen 1952 Baden-Württemberg gebildet wurde, kannten – mit Ausnahme des ehemals preußischen Regierungsbezirks Sigmaringen – lediglich einen zweistufigen Verwaltungsaufbau. Die an den allgemeinen Verwaltungsbehörden ausgerichtete Definition sollte nicht darüber hinwegtäuschen, daß in Baden-Württemberg, wie in anderen Flächenländern, sowohl vierstufige (Polizei), als auch zweistufige (Ministerium für Wissenschaft und Forschung) und sogar einstufige (Staatsministerium) Verwaltungszweige vorkommen.

2. Oberste Landesbehörden

Das LVG nennt als oberste Landesbehörden neben den Ministerien, die Landesregierung, den Ministerpräsidenten und den Rechnungshof; zur Zentralstufe rechnet es daneben 13 Landesoberbehörden. Baden-Württemberg weist mit 11 Fachministerien neben dem Staatsministerium (Staatskanzlei) eine im Ländervergleich hohe Zahl an Ministerien auf. In den Flächenländern schwankt diese Zahl derzeit zwischen 12 (Nordrhein-Westfalen) und 6 (Saarland). Die große Differenzierung der Ministerien ging vor allem zu Lasten des Innenressorts. Über die "klassischen" Bestandsveränderungen hinaus kommt es aber gelegentlich zu Konstruktionen, die auf koalitionspolitische Überlegungen hinweisen und sich durch rationale Überlegungen schwer begründen lassen. Das Ministerium für Familie, Frauen, Weiterbildung und Kunst ist hierfür ein Beispiel. Mit 11 Fachministerien steht Baden-Württemberg im Widerspruch zu einem neueren Trend, der unter dem Ruf nach einer "schlanken Verwaltung" auch die Zahl der Ressorts angeht. So sind bei Regierungsneubildungen zwischen 1992 und 1995 in Rheinland-Pfalz 3, Sachsen-Anhalt, Saarland und Hessen jeweils 2 Ministerien eingespart worden.

3. Allgemeine Verwaltungsbehörden

Das Landesverwaltungsgesetz definiert die Regierungspräsidien und die unteren Verwaltungsbehörden als allgemeine Verwaltungsbehörden. Sie bilden zusammen mit den Ministerien die allgemeine innere Verwaltung, eine Bezeichnung, die das baden-württembergische Recht im Gegensatz zu anderen Ländern nicht kennt. Die allgemeinen Verwaltungsbehörden sind als Konzentrationsbehörden darauf angelegt, möglichst viele staatliche Aufgaben in ihrem räumlichen Wirkungskreis abschließend zu erfüllen.

a.) Regierungspräsidien

Die 4 Regierungspräsidien sind die ressortübergreifenden Bündelungsbehörden der Mittelstufe. Da die früheren Landesteile überwiegend keine Regierungspräsidien kannten, wurde diese Verwaltungsebene sehr vorsichtig angelegt; § 7 des LVG vom 7.11.1955 spricht von "vorläufigen Regierungsbezirken". Später sollten die Regierungspräsidien zum 1.1.1977 aufgelöst werden (Erstes Gesetz zur Verwaltungsreform vom 26.7.1971), eine Entscheidung, die erst 1975 rückgängig gemacht wurde. Bei ihrer Errichtung im Jahre 1952 waren die Regierungsbezirke in ihrem räumlichen Zuschnitt an die alten Landesteile angepaßt, erst in Zuge der Verwaltungsreform der 70er Jahre wurden die früheren Grenzen zwischen Baden und Württemberg übersprungen. Im Interesse einer Einräumigkeit im weiteren Sinne, bilden jeweils drei Regionen einen Regierungsbezirk. Die Zahl der Einwohner in den Regierungsbezirken schwankt zwischen 3,8 Mio. Einwohnern im Regierungsbezirk Stuttgart und 1,7 Mio. Einwohnern im Regierungsbezirk Tübingen.

Der sachliche Aufgabenbestand der Regierungspräsidien ist begrenzt, vergleicht man ihn mit dem übrigen Bundesgebiet. Zugewiesen sind die Bereiche des Kommunalwesens, der Feuerwehr und des Katastrophenschutzes, der öffentlichen Sicherheit, der Raumordnung, des Bauwesens, der Wirtschaft und des Verkehrs, der Landwirtschaft, des Straßenwesens, der Wasserwirtschaft, des Gesundheitswesens und der Umwelt. Wesentliche Blöcke aus dem sonst üblichen Kanon fehlen, so die Bereiche: Liegenschaften, Lastenausgleich, Schulaufsicht und Schulbau, Staatshochbau, Forstwirtschaft und Vermessung/Kataster. Lediglich in Sachsen, das hier die Handschrift baden-württembergischer Aufbauhilfe zeigt, ist ein nahezu identischer Zuschnitt festzustellen.

Die Konzentration auf der Mittelstufe ist damit in Baden-Württemberg schwächer ausgeprägt, als in den vergleichbaren Flächenländern. Neben den Regierungspräsidien bestehen vergleichsweise viele höhere Sonderbehörden. Die gegenwärtige Diskussion um eine Reform der Landesverwaltung läßt Tendenzen der Fachministerien erkennen, eigene Sonderbehörden der Mittelstufe zu Lasten der Regierungspräsidien aufzubauen. Dies steht allerdings im Widerspruch zu den Aussagen der Landesregierung, die auf eine Stärkung der Bündelungsfunktion der Regierungspräsidien setzt.

b.)   Untere Verwaltungsbehörden

Die unteren Verwaltungsbehörden bilden eine Schnittstelle zwischen staatlicher und kommunaler Verwaltung, während die Regierungspräsidien ausschließlich der staatlichen Verwaltung zuzurechnen sind. Das Land erspart sich hier eine Ebene der eigenen Verwaltung und nutzt dabei die Ortskenntnisse und Problemnähe der Kommunalverwaltungen. Das LVG nennt vier Arten der unteren allgemeinen Verwaltungsbehörden, die Landratsämter, die Bürgermeisterämter in den Stadtkreisen, wobei das Gesetz unscharf von den "Gemeinden in den Stadtkreisen" spricht, die Großen Kreisstädte und die Verwaltungsgemeinschaften mit mehr als 20 000 Einwohnern, denen mindestens eine Gemeinde mit mehr als 8 000 Einwohnern angehört (Verwaltungsgemeinschaften nach § 14 Abs. 1 Satz 1 LVG). Der Aufgabenkanon ist nicht für alle vier Arten von unteren Verwaltungsbehörden deckungsgleich. Den Großen Kreisstädten und den Verwaltungsgemeinschaften nach § 14 LVG sind eine Reihe von Zuständigkeiten vorenthalten, die auf räumlich größere Wirkungsbereiche, höhere Spezialisierung der Mitarbeiter oder größere Verwaltungskraft abstellen, als es bei einer Verwaltung, die zwischen 20 000 und 100 000 Einwohner betreut, zu erwarten wäre (§ 16 LVG). Während die Aufgabenerfüllung durch die Landratsämter im Landesbereich als Organleihe qualifiziert wird, handeln die Stadtkreise, Großen Kreisstädte und Verwaltungsgemeinschaften nach § 14 LVG im Auftrag des Landes, in der Terminologie des LVG als Pflichtaufgabe nach Weisung. Die übrigen Bundesländer kennen diese starke Ausdifferenzierung der unteren Verwaltungsbehörden nicht, oder haben wie Niedersachsen, keine unteren Verwaltungsbehörden. Vor allem die Doppelstellung des Landratsamtes als Staats- und Kommunalbehörde ist eine im süddeutschen Raum verbreitete Lösung (Bayern und Rheinland-Pfalz).

Die 158 unteren Verwaltungsbehörden setzen sich folgendermaßen zusammen:

35 Landkreise
9 Stadtkreise
81 Große Kreisstädte
33 Verwaltungsgemeinschaften nach § 14 LVG, davon 19 mit einer Großen Kreisstadt

In Fortsetzung der Funktionalreform aus den 70er Jahren hat die laufende Reform in Baden-Württemberg die Bündelungsfunktion der Landratsämter und Stadtkreise gestärkt. Erklärtes Ziel ist es, Sonderbehörden bei den allgemeinen Verwaltungsbehörden einzugliedern, soweit ihre Aufgaben akzessorisch zu den Entscheidungen der allgemeinen Verwaltungsbehörden sind. Dies ist mit der Eingliederung der Staatlichen Veterinärämter, der Staatlichen Gesundheitsämter und der Übertragung eines Großteils der Aufgaben der Ämter für Wasserwirtschaft und Bodenschutz auf die Landratsämter und die Bürgermeisterämter der Stadtkreise zum 1.7.1995 geschehen (Sonderbehörden-Eingliederungsgesetz vom 12.12.1994). Im Interesse der Bürgernähe und Schnelligkeit der Entscheidungen wird hier die Einheit der Verwaltung im Land- und Stadtkreis hergestellt. Der Aufgaben- und Personalbestand der betroffenen Ämter wurde den aufnehmenden Körperschaften als staatliche Aufgabe (Landkreise) bzw. als Aufgabe nach Weisung (Stadtkreise) zugewiesen. Lediglich der höhere Dienst bei den Landratsämtern verbleibt beim Land. Durch diese Entwicklung ist das Gewicht der Großen Kreisstädte und der Verwaltungsgemeinschaften nach § 14 LVG im Verwaltungsgeschehen weiter zurückgegangen.

4. Besondere Verwaltungsbehörden

Die besonderen Verwaltungsbehörden, (Landesoberbehörden, höhere Sonderbehörden und untere Sonderbehörden) sind eine Reaktion der Verwaltung auf die immer komplizierter werdenden Fragestellungen und Regelungsbedürfnisse der modernen Industriegesellschaft. Sie sind durch Ausgliederung von Aufgaben aus den Ministerien und den allgemeinen Verwaltungsbehörden entstanden. Diese Differenzierung und Spezialisierung steht in einem ständigen Spannungsverhältnis zur Forderung nach einer Einheit der Verwaltung. Die Bildung der Sonderbehörden vollzog sich vor allem auf der Zentralstufe und der unteren Ebene. Die einzelnen Sonderbehörden werden bei den Geschäftsbereichen der Ministerien angesprochen.

Die 13 Landesoberbehörden dienen der landesweiten Bearbeitung von Aufgaben, die entweder dem Vollzug zuzurechnen sind, und deshalb nicht zur politischen Leitungsfunktion zählen, oder als Spezialaufgaben zur Beratung der Ministerien vorgehalten werden müssen. Da auf der Zentralebene der Grundsatz der Einheit der Verwaltung praktisch keine Bedeutung hat, sind der Neubildung von Landesoberbehörden relativ wenige Grenzen gesetzt. Mit einer Ausdifferenzierung der Ministerien, kann dieser Trend noch verstärkt werden. Der Wunsch nach der Bildung sogenannter Wissens-Pools spiegelt sich in der inhaltlichen Neuausrichtung bestehender Landesoberbehörden oder der Neubildung von Anstalten des öffentlichen Rechts auf der Zentralebene. Beispiele sind die Errichtung des Landesamtes für Straßenwesen (1987) aus dem Autobahnamt oder des Landesgesundheitsamtes (1991) aus dem Medizinischen Landesuntersuchungsamt.

Höhere Sonderbehörden, die nach dem LVG die Funktion einer echten Mittelbehörde zwischen den Ministerien und den nachgeordneten unteren Sonderbehörden wahrnehmen, finden sich in wesentlich geringerer Zahl; zu nennen sind die 4 Oberschulämter, 3 Oberfinanzdirektionen, 4 Forstdirektionen und 4 Körperschaftsforstdirektionen sowie die 1995 neu gebildeten 4 Staatlichen Rechnungsprüfungsämter. Das LVG führt sie abschließend auf. Sowohl die Körperschaftsforstdirektionen als auch die Staatlichen Rechnungsprüfungsämter sind nur vom räumlichen Wirkungsbereich her als Mittelbehörden einzustufen, denn beiden sind keine Behörden nachgeordnet.

Die unteren Sonderbehörden sind zahlreich und von großer Typenvielfalt. Ihre Existenz und ihr Zuschnitt schienen mit der Verwaltungsreform der 70er Jahre gesichert zu sein. Auch die verschiedenen Reformansätze der Zeit zwischen 1975 und 1991 brachten allenfalls geringe inhaltliche Änderungen der Aufgaben oder vereinzelt die Schließung von Ämtern, vor allem der Außenstellen. Der erste größere Eingriff erfolgte zum 1.7.1995, als die Wasserwirtschaftsämter, Gesundheitsämter und Verterinärämter als staatliche untere Sonderbehörden aufgehoben und in kommunale Körperschaften eingegliedert wurden. Gleichwohl bestehen immer noch 19 verschiedene Arten mit zusammen 500 Ämtern. Ob insofern eine nachhaltige Trendumkehr zugunsten der Einheit der Verwaltung eingeleitet wurde, bleibt abzuwarten.

5. *Polizeiorganisation*

Die Polizeiorganisation ist zwar im Polizeigesetz geregelt (§§ 59 ff.), sie läßt sich aber der Sache nach in die durch das LVG vorgegebenen Strukturen einordnen. Im Prinzip liegt hier eine durchgängige Trennung zwischen den Polizeibehörden und dem Polizeivollzugsdienst vor.

Polizeibehörden sind die Behörden der 3 Ebenen der allgemeinen Verwaltung und in einer vierten Ebene die Bürgermeister als Ortspolizeibehörden. Daneben sind alle anderen Behörden, die Sachaufgaben der Gefahrenabwehr erfüllen, besondere Polizeibehörden. Die allgemeinen und besonderen Polizeibehörden haben Weisungsrechte gegenüber dem staatlichen Polizeivollzug.

Der Polizeivollzugsdienst ist funktional in drei Säulen aufgeteilt, die Schutz- und Kriminalpolizei, die Wasserschutzpolizei und die Bereitschaftspolizei. Lediglich die Schutz- und Kriminalpolizei, deckt alle Verwaltungsebenen bis hin zu den Gemeinden ab. Auf der Zentralstufe sind das Landespolizeipräsidium, als Teil der Polizeiabteilung des Innenministeriums, und das Landeskriminalamt zu nennen. 4 Landespolizeidirektionen decken die Regierungsbezirke ab; eine 5. ist, unter Bruch des Einräumigkeitsgrundsatzes, für die Stadt Stuttgart errichtet. In den Stadt- und Landkreisen sind 35 Polizeidirektionen und 2 Polizeipräsidien angesiedelt, denen Polizeireviere und Polizeiposten sowie Kriminalaußenstellen in den Gemeinden nachgeordnet sind. Die Wasserschutzpolizei (Direktion, Abschnitte, Reviere und Posten) richtet sich räumlich an den Flußsystemen Rhein, Neckar und Bodensee aus. Die Bereitschaftspolizei als Polizeiverband für geschlossene Einsätze und für Ausbildungsaufgaben ist in eine Bereitschaftspolizeidirektion und 5 Abteilungen gegliedert. Im Zuge der laufenden Verwaltungsreform wird eine Neuorganisation des Polizeivollzugsdienstes diskutiert, die organisatorisch den Wegfall der Polizeipräsidien und eine direkte Unterstellung der zahlenmäßig reduzierten Polizeidirektionen unter das Innenministerium enthält.

III. Die Landesregierung und die Ministerien

Die Landesregierung als Verfassungsorgan ist gleichzeitig umfassendstes Organ der Landesverwaltung. Sie besteht aus dem Ministerpräsidenten, den Ministern, den Staatssekretären mit Kabinettsrang (derzeit 4, nach Art. 45 Abs. 2 LV, höchstens ein Drittel der Zahl der Minister) und den ehrenamtlichen Staatsräten (derzeit nicht besetzt). Die Arbeit innerhalb der Regierung ist in der Landesverfassung nur rahmenhaft skizziert. Sie soll durch eine Geschäftsordnung geregelt werden, die trotz über 40-jährigem Verfassungsauftrag noch nicht erlassen wurde. In der Regierungsarbeit hat sich eine Praxis herausgebildet, die dem Ministerpräsidenten als Vorsitzendem der Regierung und seinem Ressort ein größeres Gewicht verschafft, als es die Verfassung einräumt.

1. Ministerpräsident und Staatsministerium

Beim Ministerpräsidenten stehen die politischen Führungskompetenzen im Vordergrund (Richtlinienkompetenz, Entlassung und Ernennung der Minister). Dies spiegelt der Aufgabenbestand des Staatsministeriums – in den übrigen Bundesländern Staatskanzlei – wider. Im Geschäftsbereich ist ein Minister für Europaangelegenheiten, Medien und Verwaltungsreform angesiedelt. Trotz seiner Zuständigkeiten in diesen Bereichen dürfte es sich hier eher um einen titulierten Minister handeln. Dem Staatsministerium ist die Vertretung des Landes beim Bund und das Büro in Brüssel zugewiesen. Daneben ist ihm die Landeszentrale für politische Bildung als nichtrechtsfähige Anstalt des öffentlichen Rechts angegliedert.

Im Haushaltsplan 1995 sind rund 320 Stellen ausgebracht.

2. Innenministerium

Das Innenministerium markiert mit seinem jetzigen Aufgabenzuschnitt das Ende einer langen Aufgabenerosion zugunsten anderer Ressorts. Ganz im Vordergrund des Aufgabenbestandes stehen die allgemeinen Fragen der öffentlichen Sicherheit und Ordnung einschließlich Katastrophenschutz und Feuerwehrwesen, das Staatsangehörigkeitsrecht sowie das Ausländer-, Asyl- und Aussiedlerwesen. Kommunalwesen, Verwaltungsorganisation und Recht des öffentlichen Dienstes ergänzen diesen Kernbestand, der deutlich hinter dem Zuschnitt in anderen Bundesländern zurückbleibt. Einzige Landesoberbehörde im Innenressort ist das Landesamt für Verfassungsschutz. Der Landesbeauftragte für den Datenschutz mit umfassenden Kontrollaufgaben und gerichtsähnlicher Unabhängigkeit ist als Dienststelle beim Innenministerium eingerichtet.

Im Haushaltsplan 1995 sind rund 40 000 Stellen ausgebracht, davon 32 000 bei der Polizei und 2 600 bei den Regierungspräsidien.

3. Justizministerium

Dem Justizministerium ist die ordentliche Gerichtsbarkeit, die Staatsanwaltschaft und der Strafvollzug übertragen. Als allgemeines Rechtspflegeministerium ist es auch für die Fachgerichtsbarkeit mit Ausnahme der Arbeitsgerichte zuständig. In seinem Geschäftsbereich ist keine Landesoberbehörde eingerichtet.

Im Haushaltsplan 1995 sind rund 20 000 Stellen ausgewiesen.

4. *Ministerium für Kultus und Sport*

Beim Kultusministerium sind im wesentlichen Schulwesen, Sport, Jugendpflege und Kirchenangelegenheiten vereinigt. Es hat in den 70er Jahren den Hochschulbereich, die Kunstpflege, den Denkmalschutz und die Rundfunkangelegenheiten abgegeben. Auch in den anderen Bundesländern wurden fast durchweg Ministerien für den Hochschulbereich eingerichtet. Die rein ressortgebundene staatliche Schulverwaltung ist vierstufig aufgebaut. Auf der Mittelstufe sind 4 Oberschulämter angesiedelt. Ihnen sind auf der Kreisebene 30 Schulämter nachgeordnet. Die Zuständigkeiten in der Aufsicht sind gespalten. Während die Gymnasien und beruflichen Schulen sowie die Schulämter von den Oberschulämtern beaufsichtigt werden, obliegt die Schulaufsicht der Grund-, Haupt- und Sonderschulen sowie der Realschulen den Staatlichen Schulämtern. Die vierte Stufe des Verwaltungsaufbaus bilden die rund 4.100 öffentlichen Schulen, die das Schulgesetz als untere Sonderbehörden bezeichnet. Mit der Einrichtung von Oberschulämtern geht Baden-Württemberg einen eigenen Weg unter den Flächenländern.

Im Geschäftsbereich sind 1995 rund 94 000 Stellen ausgebracht, davon etwa 82 000 für Lehrer; sie unterrichten 1 420 000 Schüler.

5. *Ministerium für Wissenschaft und Forschung*

Dem Ministerium für Wissenschaft und Forschung sind die Hochschulen des Landes mit wenigen Ausnahmen zugewiesen. Es handelt sich dabei um 9 Universitäten, 6 Pädagogische Hochschulen, 21 Fachhochschulen sowie 4 Verwaltungsfachhochschulen zur Ausbildung des Beamtennachwuchses und 8 Berufsakademien. An den Hochschulen des Landes, einschließlich der hier nicht aufgeführten staatlichen und freien Hochschulen, waren im Wintersemester 1992/93 rd. 240 000 Studierende eingeschrieben. Während man im Bereich der Hochschulen ohne nachgeordnete Landesbehörden auskommt, ist das Archivwesen zweistufig organisiert. Neben dem Ministerium ist als Landesoberbehörde eine Landesarchivdirektion eingerichtet, der als untere Sonderbehörden 6 Staatsarchive nachgeordnet sind.

Im Geschäftsbereich sind 1995 rund 24 000 Stellen ausgebracht; weitere 19 000 Stellen weisen die Wirtschaftspläne der 4 Universitätskliniken aus.

6. *Finanzministerium*

Das Finanzministerium hat vergleichsweise viele Kompetenzen. Neben der Finanzverwaltung, deren Struktur weitgehend bundesrechtlich vorgegeben ist, sind im Geschäftsbereich die Statistik, die Besoldung und Versorgung, der staatliche Hochbau und die staatlichen Liegenschaftsfragen angesiedelt. Auf der Zentralstufe sind als Landesoberbehörden das Statistische Landesamt, das Landesamt für Besoldung und Versorgung sowie die Staatsschuldenverwaltung eingerichtet.

Die Oberfinanzdirektionen sind Bündelungsbehörden für den Geschäftsbereich des Finanzministeriums. Mit 3 Oberfinanzdirektionen als höheren Sonderbehörden bildet Baden-Württemberg eine Ausnahme im Ländervergleich. Lediglich Nordrhein-Westfalen (3) und Bayern (2) haben mehr als eine Oberfinanzdirektion im Lande. Ihnen sind als untere Sonderbehörden 81 Finanzämter, 18 Staatliche Hochbauämter für Landes- und Universitätsbauten sowie 10 Staatliche Hochbauämter (Bundesbau) und 10 Staatliche Liegenschaftsämter nachgeordnet. Über eine Zusammenlegung der Liegenschaftsämter und Hochbauämter mit dem Ziel eines integrierten Gebäudemanagements wird derzeit diskutiert. Bereits der heutige Zuschnitt bietet eindeutige Vorteile gegenüber der Lösung in Bundesländern, die Ressorthochbauverwaltungen oder eine nach Ressorts gesplittete Liegenschaftsbewirtschaftung aufweisen.

Im Haushaltsplan sind 1995 rund 24 500 Stellen, davon rund 18 000 in der Steuerverwaltung ausgewiesen.

7. *Wirtschaftsministerium*

Das Wirtschaftsministerium ist über die klassischen Politikfelder Wirtschaft und Wirtschaftsstruktur hinaus als Infrastrukturministerium angelegt. Es hat 1992 die Bereiche Landesplanung und Raumordnung, Städtebau und Bauordnung, Denkmalschutz und Vermessungswesen hinzugewonnen. Unter den baden-württembergischen Ministerien weist es die höchste Zahl an Landesoberbehörden auf, nämlich das Landesdenkmalamt, das Landesvermessungsamt, das Landesgewerbeamt, das Landesbergamt und das Geologische Landesamt. Während das Wirtschaftsministerium für seine klassischen Aufgaben und die neu hinzugewonnenen Bereiche Bau, Städtebau, Denkmalschutz und räumliche Planung auf die Bündelungsbehörden der allgemeinen Verwaltung zugreift, ist es auf der unteren Ebene durch wenige Sonderbehörden für Spezialbereiche vertreten. Dort sind 35 Staatliche Vermessungsämter, 9 Eichämter und ein Beschußamt eingerichtet.

Im Haushaltsplan 1995 sind rund 6 000 Stellen, davon rund 3 700 in der Vermessungsverwaltung ausgewiesen.

8. *Ministerium für Ländlichen Raum, Ernährung, Landwirtschaft und Forsten*

Im Ressortbereich schlägt sich der bundesweit feststellbare Trend zu ressortgebundenen Verwaltungsstrukturen der Landwirtschaftsministerien nur begrenzt nieder. So ist für die Flurneuordnung und die Forstverwaltung eine ressortreine Verwaltungsstruktur aufgebaut. Hier sind das Landesamt für Flurneuordnung und Landentwicklung als Landesoberbehörde sowie 19 Ämter für Flurneuordnung und Landentwicklung als untere Sonderbehörden eingerichtet. Der große Waldbestand des Landes wird durch 4 Forstdirektionen auf der Mittelstufe und 190 Staatliche Forstämter auf der Unterstufe betreut. In die Regierungspräsidien ist lediglich die Landwirtschaftsverwaltung eingereiht. Auf der unteren Stufe sind 50 Ämter für Landwirtschaft, Landschafts- und Bodenkultur eingerichtet. Die Aufgaben der Landwirtschaftsverwaltung werden in einigen Bundesländern, z.B. Nordrhein-Westfalen, Niedersachsen oder Rheinland-Pfalz durch Landwirtschaftskammern, Selbstverwaltungskörperschaften des öffentlichen Rechts, erfüllt. Die neuen Bundesländer setzen dagegen auf das Modell der staatlichen Ämter. Die Aufgabenstellung und Zahl der unteren Sonderbehörden im Geschäftsbereich des Landwirtschaftsministeriums sind derzeit in Bewegung. Während bereits die Staatlichen Veterinärämter in die Stadt- und Landkreise integriert wurden, stehen für die übrigen Sonderbehörden Zuständigkeitsänderungen oder die Aufgabe von Standorten zur Diskussion.

Im Haushaltsplan 1995 sind rund 7 500 Stellen ausgebracht, davon rund 2 900 im Forstbereich und 1 700 in der Flurneuordnung.

9. *Ministerium für Arbeit, Gesundheit und Sozialordnung*

Das Sozialministerium mußte im Zuge der Regierungsumbildung 1992 mit den Frauen-, Familien- und Kinderangelegenheiten wesentliche Teile aus dem Sozialbereich abgeben. Es ist auf einen relativ engen Bereich des Arbeitsrechts und der Arbeitsmarktpolitik, der Eingliederung Behinderter, des sozialen Arbeitsschutzes, der Sozialversicherung, des Gesundheitswesens und der Wohlfahrtspflege konzentriert. Dort ist auch die Arbeitsgerichtsbarkeit angesiedelt. Auf der Zentralstufe sind ihm das Landesversorgungsamt und als nichtrechtsfähige Anstalt des öffentlichen Rechts das Landesgesundheitsamt zugewiesen. Sozialfragen werden auf der Mittelstufe durch die Regierungspräsidien bearbeitet. Nach der Auflösung der Staatlichen Gesundheitsämter zum 1.7.1995 ist das Sozialministerium lediglich durch 8 Versorgungsämter auf der Unterstufe direkt präsent. Auch ihre Eingliederung war in der laufenden Verwaltungsreform geplant, ist aber an Problemen auf Bundesebene gescheitert. Bei den Gewerbeaufsichtsämtern teilt es sich die Fachaufsicht mit dem Umweltministerium. Mit 9 Psychiatrischen Landeskrankenhäusern wird im Geschäftsbereich ein wichtiger Teil der Krankenversorgung des Landes erfüllt. Die staatliche Trägerschaft hat im Lande Tradition, sie ist auch in den neuen Bundesländern durchweg so gelöst; in einigen alten Bundesländern ist diese Aufgabe den Kommunen übertragen.

Im Haushaltsplan 1995 sind rund 3 700 Stellen ausgewiesen.

10. Umweltministerium

Das Umweltministerium ist relativ spät erst 1987 gebildet worden. Seinen Aufgabenbestand in der Umweltpolitik, dem Naturschutz und der Landschaftspflege, der Wasserwirtschaft, dem Immissionsschutz und der Abfallentsorgung sowie der Sicherheit in der Kerntechnik hat es im wesentlichen aus dem Landwirtschaftsministerium bezogen. Der fachlichen Beratung der Umweltverwaltung dient die Landesanstalt für Umweltschutz, eine nichtrechtsfähige Anstalt des öffentlichen Rechts; sie besitzt keinen Unterbau. Den Regierungspräsidien sind die Verwaltungsaufgaben im Umweltbereich zur Bündelung zugewiesen. Ihnen angegliedert, und damit keine eigenen Fachbehörden, sind die Bezirksstellen für Naturschutz und Landschaftspflege. Auf der Unterstufe werden Verwaltungsangelegenheiten im Bereich des Natur- und Umweltschutzes, der Wasserwirtschaft und des Immissionsschutzes von den allgemeinen Verwaltungsbehörden erledigt, denen nunmehr im Bereich der Wasserwirtschaft und des Bodenschutzes am 1.7.1995 große Teile der Aufgaben der Wasserwirtschaftsämter zuwachsen. Baden-Württemberg ist das einzige Bundesland, das die Wasserwirtschaft in die unteren Verwaltungsbehörden eingegliedert hat. Als untere staatliche Sonderbehörden mit Zuständigkeiten zur Unterhaltung der Gewässer 1. Ordnung an den Gewässersystemen Rhein, Neckar, Donau/Bodensee sind ebenfalls zum 1.7.1995 3 Gewässerdirektionen eingerichtet worden. Den Hochwasserschutz am Rhein soll die Oberrheinagentur verwaltungsmäßig betreuen. Immissionsschutz, sozialen und technischen Arbeitsschutz und Fragen des industriellen Abfalls bearbeiten 9 Staatliche Gewerbeaufsichtsämter – Ämter für Arbeits- und Immissionsschutz. Der Versuch des Umweltministeriums, in der laufenden Verwaltungsreform ein Integriertes Umweltamt zur Bündelung der Fachbereiche Naturschutz, Wasserwirtschaft, Immissionsschutz und Arbeitsschutz nach sächsischem Vorbild zu erreichen, ist fehlgeschlagen.

Im Geschäftsbereich sind 1995 rund 3 700 Stellen ausgewiesen.

11. Verkehrsministerium

Das Verkehrsministerium, das lediglich die Bereiche Verkehrswesen und Straßenbau abdeckt, ist seit seiner Bildung im Jahre 1991 ein Unikat unter den Ministerien der Flächenländer. Es besitzt nur beim Bau- und Betrieb von Autobahnen eine durchgängige ressortgebundene Fachverwaltung. Auf der Zentralstufe ist das Landesamt für Straßenwesen errichtet, dem 5 Autobahnbetriebsämter als untere Sonderbehörden nachgeordnet sind. Im übrigen besitzt es als technische Sonderbehörde der Oberstufe Beratungs- und Servicefunktionen. In der Mittelstufe sind Verkehrsaufgaben bei den Regierungspräsidien angesiedelt. Sie beaufsichtigen die 20 Straßenbauämter. Derzeit ist offen, ob es dem Ministerium in der laufenden Reformdiskussion gelingt, den Straßenbau aus den Regierungspräsidien herauszulösen und so einen durchgängigen, zweistufigen ressorteigenen Verwaltungszweig zu bilden.

Im Haushaltsplan sind 1995 rund 2 700 Stellen ausgewiesen.

12. Ministerium für Familie, Frauen, Weiterbildung und Kunst

Das 1992 gebildete Ministerium speist seinen Geschäftsbereich, wie der Name bereits andeutet, aus ehemaligen Zuständigkeiten des Sozial-, Kultus- und Wissenschaftsministeriums. Es besitzt keinen ressorteigenen Verwaltungsunterbau und bedient sich der Regierungspräsidien und auf der unteren Ebene der allgemeinen Verwaltungsbehörden. Aus dem Wissenschaftsbereich hat es 8 Staatliche Kunsthochschulen, die 2 Staatstheater sowie 9 Staatliche Museen übernommen.

Im Haushaltsplan sind 1995 rund 1 800 Stellen ausgebracht.

IV. Rechnungshof

Der Rechnungshof ist als eine in seiner Tätigkeit nur dem Gesetz unterworfene oberste Landesbehörde eingerichtet. Ihm obliegen – wie in anderen Bundesländern – die Prüfung der Rechnungslegung des Finanzministeriums sowie der gesamten Haushalts- und Wirtschaftsführung des Landes. Sein Verwaltungsbereich ist zweistufig aufgebaut. Seit dem 1. Januar 1995 sind 4 Staatliche Rechnungsprüfungsämter als höhere Sonderbehörden eingerichtet, die nach Vorgaben des Rechnungshofs die Finanzkontrolle auf das Gebiet eines Regierungsbezirks bezogen ausüben. Bis zu diesem Zeitpunkt bestanden 15 Vorprüfungsstellen, das heißt verwaltungsinterne Prüfeinrichtungen, die ausschließlich nach Vorgaben des Rechnungshofs geprüft hatten, aber der Dienst- und Personalhoheit ihrer Sitzbehörde unterlagen. Damit hat Baden-Württemberg eine neuere Entwicklung zur einheitlichen Finanzkontrolle wie in Bayern, Rheinland-Pfalz oder neuerdings in Nordrhein-Westfalen mit vollzogen.

Die Behörden der staatlichen Verwaltung in Baden-Württemberg

	StM	IM	JuM	MKS	MWF	FM	WM	MLR	SM	UM	VM	MFWK	Rechnungshof
Zentralstufe		Landesamt für Verfassungsschutz			Landesarchivdirektion	Statistisches Landesamt; Landesamt für Besoldung und Versorgung; Staatsschuldenverwaltung	Landesdenkmalamt; Landesvermessungsamt; Landesgewerbeamt; Landesbergamt; Geologisches Landesamt	Landesamt für Flurneuordnung und Landentwicklung	Landesversorgungsamt		Landesamt für Straßenwesen		
Mittelstufe		Regierungspräsidien		Regierungspräsidien; Oberschulämter	Regierungspräsidien	Regierungspräsidien; Oberfinanzdirektionen	Regierungspräsidien	Regierungspräsidien; Forstdirektionen; Körperschaftsforstdirektionen	Regierungspräsidien	Regierungspräsidien	Regierungspräsidien	Regierungspräsidien	Staatliche Rechnungsprüfungsämter
Unterstufe		Untere Verwaltungsbehörden		Untere Verwaltungsbehörden; Staatliche Schulämter; Schulen	Untere Verwaltungsbehörden; Staatsarchive	Untere Verwaltungsbehörden; Finanzämter; Staatliche Hochbauämter (Land/Universitäten/Bund); Staatliche Liegenschaftsämter	Untere Verwaltungsbehörden; Eichämter; Beschlußamt; Staatliche Vermessungsämter	Untere Verwaltungsbehörden; Ämter für Flurneuordnung und Landentwicklung; Ämter für Landwirtschaft, Landschafts- und Bodenkultur; Staatliche tierärztliche Untersuchungsämter; Staatliche Forstämter	Untere Verwaltungsbehörden; Staatliche Gewerbeämter; Versorgungsämter	Untere Verwaltungsbehörden; Staatliche Gewerbeaufsichtsämter; Oberrheinagentur; Gewässerdirektionen	Untere Verwaltungsbehörden; Straßenbauämter; Autobahnbetriebsämter	Untere Verwaltungsbehörden	

StM: Staatsministerium
IM: Innenministerium
JuM: Justizministerium
MKS: Ministerium für Kultus und Sport
MWF: Ministerium für Wissenschaft und Forschung
FM: Finanzministerium
WM: Wirtschaftsministerium
MLR: Ministerium für Ländlichen Raum, Ernährung, Landwirtschaft und Forsten
SM: Ministerium für Arbeit, Gesundheit und Sozialordnung
UM: Umweltministerium
VM: Verkehrsministerium
MFWK: Ministerium für Familie, Frauen, Weiterbildung und Kunst

Literatur

Becker, Bernd, Öffentliche Verwaltung, Lehrbuch für Wissenschaft und Praxis, Starnberg/Percha 1989.

Becker, Bernd, Zum Thüringer Landesverwaltungsamt – Vivisektion einer Neuzüchtung, in: Die Verwaltung 1993, S. 317 ff.

Benz, Arthur, Reformillusionen und Eigendynamik des Verwaltungsaufbaus in Ostdeutschland. Das Beispiel der Länderneugliederung im Raum Berlin-Brandenburg, in: Die Verwaltung 1993, S. 329 ff.

Braun, Klaus, Kommentar zur Verfassung des Landes Baden-Württemberg, Stuttgart/München/Hannover 1984.

Burkard, Matthias, Zur Organisationsentwicklung und Reform der Regierungspräsidien in Baden-Württemberg, Verwaltungsblätter für Baden-Württemberg 1994, S. 257 ff.

Endemann, Fritz, Der Aufbau der Verwaltung in Baden-Württemberg, in: Landeszentrale für politische Bildung Baden-Württemberg (Hrsg.), Baden-Württemberg eine politische Landeskunde, 3. Auflage, Stuttgart 1985, S. 114 ff.

Feuchte, Paul (Hrsg.), Verfassung des Landes Baden-Württemberg, Kommentar, Stuttgart/Berlin/Köln/Mainz, 1986.

König, Klaus, Die Transformation der öffentlichen Verwaltung: Ein neues Kapitel der Verwaltungswissenschaft, in: Verwaltungsarchiv 1993, S. 311 ff.

Müller, Horst, Zur Entwicklung der Verwaltungsorganisation in den neuen Bundesländern – Beispiel Thüringen, in: Verwaltungsarchiv 1992, S. 592 ff.

Mutius von, Albert, Verwaltungsaufbau, in: *Eichhorn, Peter* (Hrsg.), Verwaltungslexikon, 2. Auflage, Baden-Baden 1991, S. 876 ff.

Schrapper, Ludger, Bezirksregierungen in Deutschland: Die Bündelungsbehörde der Mittelinstanz im Vergleich, in: Die Öffentliche Verwaltung 1994, S. 157 ff.

Seyfried, Peter, Sonderbehörden-Eingliederungsgesetz, Baden-Württembergische Verwaltungspraxis 1995, S. 49 ff. und 81 ff.

Vetter, Erwin, Verwaltungsreform in Baden-Württemberg – Eine Zwischenbilanz der wichtigsten Projekte, herausgegeben vom Staatsministerium Baden-Württemberg, Stuttgart 1995.

Wagener, Frido, Äußerer Aufbau von Staat und Verwaltung, in: *König, Klaus/von Oertzen, Hans Joachim/Wagener, Frido* (Hrsg.), Öffentliche Verwaltung in der Bundesrepublik Deutschland, 1. Auflage, Baden-Baden 1981, S. 73 ff.

Wahl, Rainer, Verwaltungsorganisation, in: *Maurer, Hartmut/Hendler, Reinhard* (Hrsg.), Baden-Württembergisches Staats- und Verwaltungsrecht, Neuwied 1990, S. 92 ff.

Wahl, Rainer, Die Organisation und Entwicklung der Verwaltung in den Ländern und in Berlin, in: *Jeserich, Kurt G. A./Pohl, Hans/Unruh, Georg-Christoph von* (Hrsg.), Deutsche Verwaltungsgeschichte, 5. Band, Stuttgart 1987, S. 208 ff.

Arthur Benz

4. Verflechtung der Verwaltungsebenen

Inhaltsübersicht

I. Verflechtung als Strukturmerkmal des Bundesstaats
II. Ursachen von interorganisatorischer Verflechtung der Verwaltungsebenen
III. Formen der Verflechtung
   1. Vertikale und horizontale Verwaltungsverflechtungen
   2. Verflechtungen von Fach- und Querschnittsfunktionen
   3. Institutionalisierte und informelle Verflechtungen
IV. Funktionen und Folgen der Verflechtung
V. Alternativen der Verwaltungsverflechtung?

I. Verflechtung als Strukturmerkmal des Bundesstaats

Die Verflechtung der Zuständigkeitsbereiche des Bundes und der Länder stellt ein essentielles Merkmal des kooperativen Föderalismus in der Bundesrepublik Deutschland dar. In der Politikwissenschaft wird dieser Tatbestand inzwischen allgemein als Politikverflechtung bezeichnet. Gemeint sind damit Kompetenzverschränkungen, die die staatsrechtlich autonomen Entscheidungsträger des Bundes und der Länder zwingt, bei der Erfüllung von Aufgaben zusammenzuwirken. Tatsächlich sind Verflechtungserscheinungen, wenn man sie formalorganisatorisch qualifiziert, vor allem im Bereich von Regierung und Verwaltung zu beobachten. Sieht man von den Ebenenverbindungen über die Parteien ab, so werden sie vor allem durch die für viele Aufgaben geltende Aufteilung von Gesetzgebungs- und Verwaltungsfunktionen erzeugt. Man spricht deshalb von einem "Verwaltungsföderalismus", in dem die Verwaltungsmacht der Länder die Macht des Bundes deutlich verringert. Sowohl die Politikvorbereitung als auch der Politikvollzug erfolgt in vielen Fällen in enger Zusammenarbeit zwischen den Verwaltungen des Bundes und der Länder.

Nimmt das Ausmaß an Verwaltungsverflechtung schon innerhalb der Bundesrepublik einen strukturbestimmenden Stellenwert an, so ist weiter zu berücksichtigen, daß nationale und regionale Verwaltungen inzwischen in zunehmendem Maße mit Angelegenheiten der Europäischen Union befaßt sind und in Koordinations- und Kooperationsbeziehungen zu europäischen Institutionen stehen. Auch hier handelt es sich, institutionell betrachtet, um Verwaltungsverflechtungen, wenngleich die Entscheidungen bei materieller Betrachtung vielfach politischer Natur sind. Daß politische Entscheidungen in Kooperation zwischen Verwaltungen nicht nur vorbereitet und umgesetzt, sondern maßgeblich gestaltet werden, kennzeichnet die verflochtene interorganisatorische Struktur der EU in gleicher Weise wie den kooperativen Föderalismus der Bundesrepublik Deutschland.

Die Beurteilung von Verflechtungen der Verwaltungsebenen wird in Wissenschaft und Praxis seit längerem kontrovers diskutiert. Im rechtswissenschaftlichen Kontext steht dabei das Problem der Kompetenz- und Verantwortungsabgrenzung im Mittelpunkt, politikwissenschaftliche Analysen fragen nach der Steuerungsfähigkeit, Effizienz und Anpassungsfähigkeit verflochtener Strukturen. In der Praxis kann man bei allen Klagen über Autonomieverlust des Bundes und der Länder und komplizierten Koordinationsverfahren in der Tendenz eine stetige Zunahme von Verflechtung zwischen den Ebenen beobachten, während sich Versuche einer "Entflechtung" bislang als allenfalls begrenzt erfolgreich erwiesen haben.

Daß wissenschaftliche Erkenntnisse über Verwaltungsverflechtungen sich nicht zu einem konsistenten Meinungsbild fügen und daß die Praxis ambivalent erscheint, liegt nicht nur an kontroversen Theorien und Standpunkten, sondern auch an der Vielfalt der Verflechtungserscheinungen. Berücksichtigt man zudem ihre unterschiedlichen Ursachen und Funktionen, so wird offenkundig, daß sowohl pauschale Bewertungen als auch undifferenzierte Reformforderungen nicht angemessen sind. Die folgende Darstellung will einen Überblick über unterschiedliche Verflechtungserscheinungen geben, sie kann aber die reale Komplexität des föderativen Verwaltungssystems nur annähernd erfassen, zumal zur Vereinfachung die europäische Ebene der Verwaltungsverflechtung nur am Rande behandelt wird.

II. Ursachen von interorganisatorischer Verflechtung der Verwaltungsebenen

Ein wesentlicher Grund für das starke Ausmaß der Verflechtung der Verwaltungen des Bundes und der Länder liegt in der institutionellen Struktur des föderativen Systems. Im Unterschied zum amerikanischen Bundesstaat, der auf dem Prinzip der Gewaltentrennung beruht, hat sich in Deutschland eine Aufteilung staatlicher Kompetenzen herausgebildet, die eher dem von *Montesquieu* formulierten Prinzip der "division de pouvoir" entspricht, also Funktionsteilung und wechselseitige Einflußnahme bedeutet, als dem Prinzip der "séparation de pouvoir". Der deutsche Bundesstaat entstand 1871 als ein Kompromiß zwischen den Bestrebungen, das Deutsche Reich zu vereinigen, und die Machtansprüche der Landesregierungen zu erfüllen, zwischen dem Nationalstaat und seiner Einheit, den Gliedstaaten und ihrer Vielheit und der Hegemonie Preußens. Das Grundgesetz der Bundesrepublik Deutschland knüpfte an diese Tradition an, indem es die Elemente der funktionalen Kompetenzaufteilung und die Einrichtung des Bundesrats übernahm. Schon in den Beratungen des Parlamentarischen Rates prognostizierte daher *Theodor Heuss* die Entwicklung eines "Föderalismus der Bürokratie". In der Tat bewirkten die verfassungsrechtlichen Strukturmerkmale des Bundesstaats die Notwendigkeit enger Koordination zwischen Regierungen und Verwaltungen des Bundes und der Länder. Nach 1949 verstärkten sich die verflechtungsfördernden Elemente der Institutionenordnung mit der schrittweisen Ausdehnung des Steuerverbunds und der Einführung der Gemeinschaftsaufgaben.

Auch die europäische Politik- und Verwaltungsverflechtung ist in erster Linie durch institutionelle Strukturen zu erklären. Zum einen stellt die Union – im Unterschied zu Bund und Ländern – keine autonome Ebene mit Staatsgewalt dar, sondern leitet ihre Entscheidungs- und Durchsetzungsmacht von den Mitgliedstaaten ab. Europäische Politik ist daher grundsätzlich Ergebnis von intergouvernementalen Verhandlungen, in denen die nationalen, in zunehmendem Maße auch die regionalen Verwaltungen dominieren. Zum anderen verfügt die EU – ähnlich wie der Bund – über keine Vollzugskompetenzen, sie ist daher bei der Umsetzung ihrer Programme auf die Zusammenarbeit mit den zuständigen Verwaltungen der Mitgliedstaaten angewiesen. Wenngleich die EU schwerlich mit nationalen Staaten verglichen werden kann, weist sie doch einige Ähnlichkeiten zum deutschen kooperativen Föderalismus auf, die das Ausmaß an Verflechtungserscheinungen verständlich machen.

Neben diesen institutionellen Bedingungen ist eine zweite Ursache der Verwaltungsverflechtung im Bundesstaat zu beachten. Sie entspringt der Verbindung der Prinzipien der Dezentralisierung (Subsidiarität) und der Gleichwertigkeit der Lebensverhältnisse. Dezentralisierung führt konsequent angewandt dazu, daß die staatliche Aufgabenerfüllung in den Ländern zu unterschiedlichen Ergebnissen führt. Dem steht die Forderung nach möglichst weitreichender Angleichung der Lebensverhältnisse zwischen Regionen entgegen, die in der Bundesrepublik zu einem allgemein anerkannten Grundsatz gehört. Nicht nur der Finanzausgleich und die Beteiligung des Bundes an der regionalen Wirtschaftsförderung resultieren aus diesen Normen, sondern vielfältige Koordinationsformen, die einer Vereinheitlichung dezentralen Regierungs- und Verwaltungshandelns dienen.

Darüber hinaus darf nicht übersehen werden, daß Verflechtungserscheinungen zwischen zentralen und dezentralen Verwaltungsebenen unabhängig von spezifischen Elementen der Staatsorganisation oder leitenden Normen der Politik in allen modernen Staaten durch die Interdependenzen zwischen zentralen und dezentralen Aufgaben hervorgerufen werden. Zentrale Wirtschaftspolitik wirkt sich auf örtliche oder regionale Wirtschaftsstrukturen unterschiedlich aus, umgekehrt ist die Investitionstätigkeit der dezentralen Gebietskörperschaften ein wesentlicher Faktor für die Konjunktur- und Strukturpolitik der Zentralregierung. Arbeitsmarkt- und sozialpolitische Maßnahmen können soziale Probleme der Regionen und Kommunen positiv oder negativ beeinflussen. Raumordnung und Infrastrukturaufgaben von Bund, Ländern und Gemeinden hängen eng zusammen. Diese Interdependenzen entstehen durch Aufgabenaufteilungen, die der Tatsache Rechnung tragen, daß sowohl eine vollständige Zentralisierung wie eine vollständige Dezentralisierung überwiegend nachteilig ist: Zentralisierung führt zu Defiziten in der Informationsverarbeitung und Interessenberücksichtigung, bei Dezentralisierung können räumliche externe Effekte, Kostensteigerungen wegen kleinteiliger Aufgabenerfüllung und unerwünschter interregionaler Verteilungswirkungen nicht vermieden werden. In arbeitsteiligen Strukturen, welche die Kosten von Zentralisierung und Dezentralisierung minimieren, entstehen Koordinationsbedarfe, die in unterschiedlichen Formen erfüllt werden.

Das Ausmaß der Verflechtung im Bundesstaat ist schließlich dadurch zu erklären, daß es nicht nur institutionellen Regelungen oder sachlichen Erfordernissen entspringt, sondern auch den Eigeninteressen von Politikern und Verwaltungsbeamten. So können sich Regierungsmitglieder der Verantwortung gegenüber ihren Parlamenten und ihrer Wählerschaft entziehen, wenn sie auf die Mitzuständigkeit einer anderen Entscheidungsebene verweisen können. In gleicher Weise können Fachverwaltungen unterschiedlicher Gebietskörperschaften durch "Kartellbildung" ihren Programm- und Ressourcenbestand gegen Eingriffe absichern. Damit können Verflechtungsstrukturen auch dann entstehen und stabilisiert werden, wenn sie sachlich nicht zu rechtfertigen sind.

III. Formen der Verflechtung

Angesichts der unterschiedlichen Ursachen und treibenden Kräfte ist es verständlich, daß sich in der Staat- und Verwaltungspraxis sehr verschiedene Formen der Verwal-

tungsverflechtung gebildet haben. Eine vollständige Auflistung ist nicht möglich. Auch eine Systematisierung klammert immer bestimmte Unterscheidungsmerkmale aus. Sie sollte jedoch mindestens drei Dimensionen der Einteilung berücksichtigen: Verwaltungsverflechtungen können
- in territorialer Hinsicht vertikal oder horizontal angelegt sein,
- in sachlicher Hinsicht Querschnitts- oder Fachpolitiken betreffen,
- in organisatorischer Hinsicht als formal institutionalisierte oder informelle bestehen.

Die bei Kombination dieser drei Merkmalsdimensionen möglichen acht Typen von Verflechtungsmustern können weiter differenziert werden, wenn berücksichtigt wird, daß horizontale Verflechtungen alle Gebietskörperschaften des Bundesgebiets (Kooperation auf der "Dritten Ebene") umfassen oder regional begrenzt sein können, daß teilweise Querschnitts- und Fachpolitiken in Verflechtungsstrukturen verbunden sind, daß der Grad der Institutionalisierung variieren kann und daß informelle Beziehungen zwischen Verwaltungen dauerhaft ("Netzwerke") oder zeitlich begrenzt (ad-hoc) angelegt sein können. Der folgende Überblick über Verwaltungsverflechtungen kann die damit angedeutete Vielfalt der Formen nur annähernd erfassen.

1. Vertikale und horizontale Verwaltungsverflechtungen

Begriffe wie "kooperativer Föderalismus" und "Politik- bzw. Verwaltungsverflechtung" werden in aller Regel verwendet, um die Beziehungen zwischen Bund und Ländern (oft unter Einschluß der Gemeinden oder der EU) zu bezeichnen, sie erstrecken sich damit auf die vertikale Dimension der Staatsorganisation. Kooperationsformen entstehen dabei zum einen, wenn die dezentralen Gebietskörperschaften an der Aufgabenerfüllung des Bundes beteiligt werden oder wenn der Bund an Aufgaben der Länder und Gemeinden mitwirkt.

Die Beteiligung der Länder an der Politik des Bundes erfolgt in formeller Hinsicht primär über den Bundesrat. Dieser ist nach der Verfassung ein Bundesorgan und Teil der Legislative. Faktisch galt der Bundesrat lange Zeit als Vertretung von Verwaltungsinteressen. Zwar ist die Qualifizierung als "Parlament der Oberregierungsräte" (*Theodor Heuss*) als übertrieben zu betrachten, gleichwohl sollten im Bundesrat regionale Interessen und Belange der Bundesgesetze vollziehenden Landesverwaltungen zur Geltung kommen. Seit 1969 wurde der ursprünglich als "Widerlager zur Parteipolitik" gedachte Bundesrat zunehmend zu einem politischen Organ, in dem parteipolitische Auseinandersetzungen eine beträchtliche Bedeutung gewannen. Dennoch ist der Bundesrat auch heute noch eine zentrale Einrichtung der Verwaltungsverflechtung, da sich seine Zustimmungskompetenzen im wesentlichen aus Verwaltungsaufgaben ergeben.

Um ihre Mitwirkungsrechte im Bundesrat angemessen wahrnehmen zu können, richteten die Länder eigene Organisationen ein, die den Informationsfluß sicherstellen sollen und der vorbereitenden Klärung von Konflikten zwischen Bund und Ländern dienen. Letzteres leisten vor allem Konferenzen der Ministerpräsidenten mit dem Bundeskanzler oder Besprechungen zwischen den Fachministern von Bund und Ländern. Die Koordination zwischen Bundesregierung und Landesregierungen ist seit 1959 in der Geschäftsordnung der Bundesregierung (§ 31) ausdrücklich vorgesehen. Daneben existiert ein hoch differenziertes Geflecht von Kooperationsformen auf den unterschiedlichen Ebenen der Verwaltung. Die Kommunikation zwischen Bund und Ländern wird ferner durch Landesvertretungen am Sitz der Bundesregierung aufrechterhalten. Sie haben die Aufgabe, die Interessen der Länder in allen Phasen zentralstaatlicher Entscheidungsprozesse einzubringen und die Verbindungen zu den relevanten Akteuren im Bund aufrechtzuerhalten.

Auch am Sitz der Europäischen Kommission in Brüssel unterhalten die Länder seit Mitte der 80er Jahre Vertretungen, die der Kommunikation und Interessenvermittlung dienen. Diese Einrichtungen wurden vom Bund ursprünglich abgelehnt, da sie nicht mit der Kompetenzordnung des Grundgesetzes vereinbar seien. Der Bund beanspruchte die alleinige Befugnis zur Repräsentation der Bundesrepublik im Ministerrat und gegenüber der Kommission. Inzwischen wurden nicht nur die Landesvertretungen offiziell anerkannt, die Länder erhielten mit dem 1992 neu gefaßten Art. 23 GG auch Beteiligungsrechte in der europäischen Politik. Sie wurden damit endgültig zu Beteiligten im europäischen Politik- und Verwaltungssystem, dessen vertikale Strukturen als "doppelte Politikverflechtung" bezeichnet werden, tatsächlich aber mehr als eine Verdoppelung der innerstaatlichen Politik- und Verwaltungsverflechtungen bewirkten.

Die Funktionsaufteilung zwischen Bund und Ländern hat zur Folge, daß die Beteiligung der Länder an Aufgaben des Bundes in der Regel die Gesetzgebung betrifft, während in Bereichen, in denen der Bund an der Aufgabenerfüllung der Länder beteiligt ist, im engeren Sinne Verwaltungsverflechtungen entstehen. Letzteres gilt für die Gemeinschaftsaufgaben sowie für Verflechtungen, die aus Finanzhilfen und Verwaltungskontrollen des Bundes resultieren.

Gemeinschaftsaufgaben von Bund und Ländern wurden 1969 auf eine verfassungsrechtliche Grundlage gestellt. Sie gingen aus Aufgaben hervor, für die ursprünglich die Länder zuständig waren, an denen sich aber der Bund wegen Infrastrukturmängeln und einer regional ungleichgewichtigen Versorgung mit Finanzhilfen beteiligte.

Art. 91 a GG sieht nun vor, daß für die Aufgaben der Verbesserung der regionalen Wirtschaftsstruktur, des Hochschulbaus und der Agrarstruktur und des Küstenschutzes Bund und Länder Rahmenpläne aufstellen und Mittel zur Finanzierung der vereinbarten Maßnahmen bereitstellen. Die Kooperation erstreckt sich auf die Planung und Finanzierung, während die Durchführung der Pläne den Verwaltungen der Länder und Gemeinden obliegt. In ähnlicher Weise können Bund und Länder aufgrund von Vereinbarungen bei der Bildungsplanung und bei der Förderung von Einrichtungen und Vorhaben der wissenschaftlichen Forschung von überregionaler Bedeutung zusammenwirken. Die Gemeinschaftsaufgaben, die als Musterbeispiele der vertikalen Politik- bzw. Verwaltungsverflechtung gelten, unterliegen erheblichen Bedeutungsveränderungen. Während die gemeinsame Hochschulbaupolitik unter einem nachlassenden Engagement des Bundes leidet, verschieben sich die Gewichte in den anderen Gemeinschaftsaufgaben zugunsten der europäischen Verwaltungsverflechtung, nachdem die Europäische Kommission im Bereich der regionalen Strukturpolitik, der Agrarstrukturpolitik und der Forschungsförderung zunehmend mit eigenen Programmen tätig wird und diese in Kooperation mit den zuständigen Verwaltungen des Bundes und der Länder implementiert.

Der Bund ist neben seinem Engagement im Rahmen der Gemeinschaftsaufgaben an einer Reihe weiterer Verwaltungsaufgaben der Länder beteiligt, indem er zweckgebundene Finanzhilfen gewährt. Art. 104 a Abs. 4 GG verleiht dem Bund, in Abweichung vom Grundsatz getrennter Ausgabenverantwortung, das Recht, für bestimmte Aufgaben der Länder und Gemeinden Geldleistungen zu gewähren, um gesamtstaatliche Ziele zu verwirklichen. Die zentralstaatliche Steuerungswirkung dieser Zweckzuweisungen wird von seiten der Länder oft beklagt, empirische Untersuchungen zeigen aber, daß sie eher gering einzuschätzen ist. Ähnlich wie bei den Gemeinschaftsaufgaben reagiert der Bund mehr auf Bedarfsanmeldungen der Länder als daß er eigene Ziele setzt.

Die faktisch schwächste Form der Beteiligung des Bundes ergibt sich aus seinen Aufsichts- und Kontrollbefugnissen gegenüber der Landesverwaltung. Die Länder unterliegen der Rechtsaufsicht des Bundes, wenn sie Bundesgesetze in eigener Zuständigkeit vollziehen. Werden sie im Bereich der Auftragsverwaltung tätig, so steht dem zuständigen Bundesminister zudem das Recht der Fachaufsicht zu. Die theoretisch sehr weitreichenden Eingriffsrechte der Aufsichtsbehörden werden in der Praxis meist als Informations- und Beratungsrechte des Bundes gegenüber den Landesbehörden genutzt. Konflikte werden in aller Regel in Verhandlungen gelöst. Die Realität der zentralen Aufsichts- und Kontrollstrukturen entspricht daher nicht dem Bild eines hierarchischen Über- und Unterordnungsverhältnisses, sondern ist geprägt durch kooperative Beziehungen zwischen Bund und Ländern.

Hinzuweisen ist schließlich auf eine in einer Systematik schwer einzuordnende Form einer Mischverwaltung von Bund und Ländern, die Oberfinanzdirektionen. Sie sind zugleich Verwaltungen des Bundes und der Länder; ihr Leiter, der Bundes- und Landesbeamter ist, wird im Einvernehmen zwischen der Bundesregierung und den örtlich zuständigen Landesregierungen bestimmt. Diese eigentümliche Organisation einer bundesstaatlichen Verwaltung ist mit der Tatsache zu begründen, daß die von den Finanzbehörden erhobenen Steuern zu einem erheblichen Teil Gemeinschaftssteuern sind, an denen Bund und Länder partizipieren.

Viele Formen der vertikalen Politikverflechtung lassen sich sachlich mit Problemen dezentraler Aufgabenerfüllung begründen, die zwar nicht eine vollständige Zentralisierung der Aufgabenerfüllung, aber eine ergänzende zentrale Steuerung und Kontrolle erfordern. Der gleiche Effekt kann grundsätzlich auch durch Kooperation zwischen dezentralen Gebietskörperschaften erreicht werden, wenn diese in der Lage sind, Entscheidungen, die über ihr eigenes Territorium hinauswirken, mit den betroffenen Gebietskörperschaften abzustimmen. So betrachtet sind "horizontale Verflechtungen" funktional äquivalent zu vertikalen Verflechtungen. Tatsächlich gibt es in der Bundesrepublik vielfältige Beispiele dafür, wobei zum Teil alle Länder eingeschlossen sind, zum Teil Verflechtungen auf bestimmte Teilgebiete der Bundesrepublik begrenzt sind (regionale Länderkooperation).

Die Kooperation zwischen allen Ländern wurde in der fachwissenschaftlichen Literatur mit dem Begriff der "Dritten Ebene" im Bundesstaat bezeichnet. Dieser Begriff wurde nicht selten verwendet, um die Länderzusammenarbeit als nicht in der Verfassung vorgesehenes Organisationselement zu kritisieren mit der Begründung, das Grundgesetz kenne nur die Ebenen des Bundes und der Länder. Das hat nichts daran geändert, daß in der Verfassungswirklichkeit seit Beginn der 50er Jahre zahlreiche horizontale Beziehungen zwischen Landesregierungen und Verwaltungen entstanden sind. In Konferenzen der Ministerpräsidenten, die etwa alle drei Monate stattfinden, werden politische Initiativen abgestimmt und gemeinsame Forderungen der Länder gegenüber dem Bund formuliert. Fachministerkonferenzen tagen in regelmäßigen Abständen zu fast allen Themen, für die die Länder verantwortlich sind. Sie arbeiten vielfach Musterentwürfe für Gesetze und Verfahrensinstrumente aus, die eine gewisse Harmonisierung der dezentralen Aufgabenerfüllung ermöglichen sollen.

Die Länderkooperation auf der "dritten Ebene" zeigt sich neben vielfältigen Koordinationsgremien der Regierungen und Verwaltungen in Staatsverträgen und Verwaltungsabkommen, die teilweise gemeinsam getragene Einrichtungen begründen. Das Zweite Deutsche Fernsehen, die Hochschule für Verwaltungswissenschaften in Speyer, die Richterakademie, die Zentralstelle für die Vergabe von Studienplätzen oder die Filmbewertungsstelle sind Beispiele hierfür. In den letzten Jahren hat die Abstimmung der Länder in Angelegenheiten der EU an Gewicht gewonnen.

Neben diesen multilateralen Formen der Länderzusammenarbeit gibt es schon seit längerem mehr oder weniger erfolgreiche Ansätze einer Kooperation zwischen benachbarten Ländern, in der grenzüberschreitende Probleme bewältigt werden sollen. Sieht man von einigen grenzüberschreitenden Regionalverbänden (Raumordnungsverband Rhein-Neckar, Regionalverband Donau-Iller) und gemeinsamen Einrichtungen ab, so blieb die regionale Koordination zwischen Ländern allerdings unbefriedigend und erfolgte nicht kontinuierlich, da es meist an einer wirksamen organisatorischen Stabilisierung mangelte.

Das zeigt sich insbesondere in der Zusammenarbeit der Stadtstaaten mit ihren Nachbarländern, zwischen denen wegen der Stadt-Umland-Entwicklung ausgeprägte Interdependenzen und Koordinationsnotwendigkeiten gegeben sind. Die größte Kontinuität ist hierbei noch bei der Gemeinsamen Landesplanung festzustellen. Der Gemeinsame Landesplanungsrat, der 1955 zwischen Hamburg und Schleswig-Holstein sowie 1957 zwischen Hamburg und Niedersachsen eingerichtet wurde, zählt zu den herausragenden Beispielen von regionaler Kooperation der Länder. Allerdings gelang es den Landesregierungen seit Mitte der 70er Jahre immer weniger, die Ziele und Entschließungen gegenüber den Kommunen durchzusetzen. Die grenzüberschreitende Landesplanung befindet sich gegenwärtig in den Räumen Hamburg und Bremen in der Umorganisation, Berlin und Brandenburg bauen eine gemeinsame Landesplanung auf. Daneben ist auf weitere länderübergreifende Institutionen wie regelmäßige Konferenzen der Regierungschefs, der Fachminister sowie leitender Beamter der Länder hinzuweisen. Seit 1989 etwa tagen die schleswig-holsteinische und niedersächsische Landesregierung und der Hamburger Senat einmal jährlich in einer gemeinsamen Kabinettsitzung. Ferner existieren gemeinsame Einrichtungen und Organisationen für Fachaufgaben.

Horizontale Verflechtungen verbinden auch deutsche Länder und Regionen in den Nachbarstaaten. Grenzüberschreitende Kooperation mit regionalen Einheiten in den Niederlanden, in Belgien, in Frankreich, in der Schweiz und in Österreich haben inzwischen eine längere Tradition. Sie dienen vorrangig der Lösung von Problemen im Umweltschutz und in der räumlichen Entwicklung. Neuerdings treten Aufgaben der Wirtschaftsförderung hinzu. Entsprechende Kooperationsformen entstanden nach dem Zusammenbruch der kommunistischen Regime in Osteuropa auch an der deutsch-polnischen und deutsch-tschechischen Grenze. Die EU fördert die grenzüberschreitende Zusammenarbeit mit speziellen Programmen. Daneben entstehen im europäischen Kontext auch immer mehr transnationale Verwaltungsverflechtungen zwischen Ländern und Regionen, in denen Erfahrungen ausgetauscht werden oder gemeinsame Interessen gegenüber der EU oder den Regierungen der Mitgliedstaaten formuliert werden (Versammlung der Regionen Europas; Kooperationen zwischen wirtschaftlich ähnlich strukturierten Regionen). Die Einrichtung des Ausschusses der Regionen der EU verstärkt diese Entwicklung.

Vertikale und horizontale Verflechtungen können oft nicht so eindeutig getrennt werden, wie dies die bisherige Darstellung vermuten läßt. Zum Teil dienen horizontale Kooperationsformen dazu, ein Eingreifen übergeordneter Verwaltungen in die dezentrale Aufgabenerfüllung zu verhindern. Teilweise verbinden sich aber auch horizontale und vertikale Verflechtungen, da sie sich wechselseitig ergänzen. Beispiele hierfür finden sich vor allem im Bereich der Querschnittsaufgaben Raumordnung und öffentliche Finanzen.

2. Verflechtungen von Fach- und Querschnittsfunktionen

Die öffentliche Verwaltung ist arbeitsteilig organisiert und dies kommt auch in den Verflechtungen zwischen Verwaltungen unterschiedlicher Ebenen zum Ausdruck. Stabile Kooperationsmuster bestehen vor allem zwischen Verwaltungen, die im gleichen Aufgabengebiet tätig sind. Man hat daher von Fachbruderschaften gesprochen, die die Bund-Länder-Beziehungen dominieren. Sie können in gleicher Weise in den multilateralen und regionalen Beziehungen zwischen den Ländern beobachtet werden, und in der europäischen Verwaltungsverflechtung ist die fachspezifische Sektoralisierung noch deutlicher ausgeprägt als innerhalb des föderativen Systems der Bundesrepublik Deutschland.

In der arbeitsteiligen Organisation der Verwaltung stehen neben den Fachaufgaben die Querschnittsfunktionen, die funktional betrachtet zusammen mit ersteren eine matrixförmige Struktur bilden. Wenn man von der sektoralisierten Verwaltungsverflechtung spricht, so übersieht man, daß auch die für Querschnittsaufgaben zuständigen Verwaltungen über die Ebenen des föderativen Staates und zwischen den Ländern miteinander verflochten sind. So gibt es Konferenzen der Finanzminister, der Raumordnungsminister und der Innenminister die durch Koordinationsgremien auf der Staatssekretärs-, Abteilungsleiter- und Referentenebene ergänzt werden. Beide haben im Rahmen des Bundesstaats eine herausragende Bedeutung. In Konferenzen und Arbeitsgruppen der Finanzressorts werden etwa Fragen der Haushalts- und Steuerpolitik und des Finanzausgleichs geklärt. Zwischen den Raumordnungsressorts werden die organisatorischen, instrumentellen und inhaltlichen Grundlagen der räumlichen Planung im Bundesgebiet abgestimmt. Die rechtlichen Regelungen für das Personal im öffentlichen Dienst werden in der Zusammenarbeit der Innenministerien vorgeklärt.

Die Verflechtungen zwischen Verwaltungen sind also nicht von vornherein auf Fachverwaltungen beschränkt und führen nicht per se zu einer Sektoralisierung der Staatsorganisation. Allerdings erschweren sie die Koordination zwischen Fach- und Querschnittsaufgaben und lösen den matrixförmigen Zusammenhang zwischen beiden Aufgabenarten auf. Wenn sich Fach- und Querschnittsverwaltungen zwischen Gebietskörperschaften zu "Kartellen" zusammenschließen, so tendieren sie zur gegenseitigen Abschottung. Vertikal abgestimmte Programme und Entscheidungen werden in der Koordination mit anderen Verwaltungszweigen in der Regel nicht mehr zur Disposition gestellt. Je mehr die Verwaltungsverflechtungen institutionalisiert sind, desto größer dürfte die Abschottungstendenz sein.

3. Institutionalisierte und informelle Verflechtungen

Der Grad der Institutionalisierung von Verflechtungen ist um so größer, je mehr die Kooperation zwischen Verwaltungseinheiten durch rechtliche Regeln oder anerkannte Normen stabilisiert ist. Am höchsten ist der Institutionalisierungsgrad, wenn Verwaltungen zur Zusammenarbeit gezwungen sind, wenn also die Zustimmung anderer Gebietskörperschaften zu Entscheidungen erforderlich ist. Das Problem solcher Zustimmungs- oder Einvernehmenszwänge ist offenkundig: Im Konfliktfall ist eine Entscheidung ausgeschlossen, während sie bei weniger formalisierten Kooperationsverfahren durch eine allein zuständige Einheit getroffen werden könnte. Wegen dieser Blockadegefahr sind bei institutionalisierten Verflechtungsformen zwischen Gebietskörperschaften formal häufig Mehrheitsentscheidungen möglich. Allerdings gilt dies nicht für die Ministerpräsidentenkonferenz und viele Fachministerkonferenzen, die nach dem Grundsatz der Einstimmigkeit entscheiden.

Diese Probleme der Konfliktregelung und Konsensfindung stellen sich nicht in gemeinsamen Verwaltungseinrichtungen der Länder oder des Bundes und der Länder, die von der Natur der Sache am stärksten institutionalisiert sind. In ihnen zeigt sich die Verflechtung nicht in ständigen Koordinations- und Kooperationsverfahren, sondern in einer verselbständigten Organisation. Damit unterscheiden sich diese Einrichtungen in ihrer alltäglichen Arbeit kaum von normalen Verwaltungen. Abgesehen von juristischen Auseinandersetzungen über die verfassungsrechtliche Einordnung gelten sie allgemein als unproblematische Form der Verwaltungsverflechtung.

Eine stärker umstrittene Form einer institutionalisierten Verwaltungsverflechtung liegt mit den Planungsausschüssen der Gemeinschaftsaufgaben vor. Im Planungsausschuß für die Gemeinschaftsaufgabe "Verbesserung der regionalen Wirtschaftsförderung" sind der Bund und alle Länder vertreten. Entscheidungen über die Rahmenplanung werden mit qualifizierter Mehrheit getroffen, wobei dem Bund 16 Stimmen zustehen und jedem Land eine Stimme. Beschlüsse erfordern die Zustimmung des Bundes und der Mehrheit der Länder. Diese Entscheidungsregel erfordert de facto, daß sich der Bund und die Länder einigen müssen.

Im Rahmen von institutionalisierten Verflechtungsstrukturen kann dieser faktische Zwang zur Einigung problematische Ergebnisse der gemeinsamen Planung und Aufgabenerfüllung verursachen. Um Entscheidungsblockaden zu vermeiden, werden in Verhandlungen solche Lösungen ausgeschieden, die von einem Teil der Beteiligten nicht akzeptiert werden. Man einigt sich daher auf dem "kleinsten gemeinsamen Nenner", der meistens innovative, zwischen Gebietskörperschaften diskriminierende oder in bestehende Verteilungsstrukturen und Besitzstände eingreifende Resultate ausschließt. Die Behauptung, daß solche Verhandlungsergebnisse in den Gemeinschaftsaufgaben sehr wahrscheinlich seien, führte zu einer anhaltenden Kritik an diesen verfassungsrechtlich institutionalisierten Verflechtungsstrukturen. Dabei wird allerdings übersehen, daß in den Planungsausschüssen die Aufgabenerfüllung durch ein hohes Maß an Sachverstand der Spezialisten aus den beteiligten Fachverwaltungen des Bundes und der Länder bestimmt wird, die – teilweise mit Unterstützung von beratenden Wissenschaftlern – fachliche Standards und Verteilungsnormen erarbeiteten und so die Interessenkonflikte zwischen Gebietskörperschaften versachlichen.

Die rationalisierende und konfliktdämpfende Wirkung professioneller Standards der Fachverwaltungen kommt in informellen Verflechtungen noch stärker zur Geltung. In diesen sind die Beteiligten keinen Entscheidungszwängen ausgesetzt, da informelle Verhandlungen der Vorbereitung von Entscheidungen in den dafür vorgesehenen Institutionen dienen. Unter diesen Voraussetzungen sind auch die Verhandlungspositionen und Erwartungen an ein Verhandlungsergebnis nicht so klar definiert wie dies in formalisierten Verflechtungsstrukturen der Fall ist. Die Beteiligten können freier verhandeln, haben neben der Interessenvertretung vorrangig die Aufgabe, Lösungsmöglichkeiten auszuloten, sie unterliegen geringeren Verfahrensrestriktionen und haben weniger vorgegebene inhaltliche Prämissen zu beachten. Damit sind sie auch eher als Akteure in institutionalisierten Verflechtungen in der Lage, einen effektiven Konsens zu erzielen. Mehrheitsentscheidungen werden in informellen Strukturen nicht nur vermieden, weil sie normalerweise nicht in Verfahrensregelungen vorgesehen sind, sondern auch weil sie die auf kooperativen Handlungsorientierungen beruhenden Beziehungen gefährden würden.

Auch wenn dies beim aktuellen Stand der Föderalismusforschung nicht empirisch belegt werden kann, ist davon auszugehen, daß der überwiegende und für die praktische Aufgabenerfüllung bedeutsamste Teil der vertikalen und horizontalen Verwaltungsverflechtungen informeller Natur ist oder jedenfalls einen geringen Grad an Institutionalisierung aufweist. Dazu gehören die nicht zu überblickenden intergouvernementalen Arbeitskreise und Beratungsgremien auf den verschiedenen Verwaltungsebenen des Bundes und der Länder sowie die Komitees der EU, die der Kommission oder dem Rat zugeordnet sind. In ihnen geht es um gegenseitige Informationsübermittlung, Vorklärung von Interessen, Entwicklung von Entscheidungsalternativen und Vorbereitung von Beschlüssen. Damit liegt ihre zentrale Funktion in der Herstellung von Kommunikation.

Informelle "Netzwerkstrukturen" sind keine eigenständigen Formen der Aufgabenerfüllung. Zum einen ergänzen sie formale Koordinations- und Entscheidungsverfahren und sichern deren Leistungsfähigkeit, indem sie diese im Hinblick auf die Informationsverarbeitung und Konfliktregelung entlasten. Auf der anderen Seite sind informelle Verflechtungen auf formale Institutionen angewiesen. Legitimes Verwaltungshandeln kann nur im Rahmen von Institutionen erfolgen, sei es innerhalb von Gebietskörperschaften oder in institutionalisierten intergouvernementalen Kooperationsformen. Zudem sind Entscheidungen autorisierter Institutionen oder Mehrheitsbeschlüsse in zuständigen Gremien erforderlich, wenn bei fehlender Konsensfähigkeit der Beteiligten die Handlungsunfähigkeit des Staates vermieden werden soll. Schließlich verstärkt sich im Schatten alternativer Verfahren der Problemlösung die Motivation der Akteure, in informellen Verflechtungen kompromißbereit und kooperationsorientiert zu handeln.

Institutionalisierte und informelle Verflechtungen stellen somit einen Verfahrensmix bereit, der nach Erkenntnissen der Politik- und Verwaltungswissenschaft als entscheidende Voraussetzung einer leistungsfähigen Staatstätigkeit gelten muß. Diese Verfahrenskombination entsteht keineswegs zufällig, sondern wird von erfahrenen Praktikern in der vertikalen und horizontalen Politikverflechtung bewußt eingesetzt. Die situationsgerechte Verknüpfung der unterschiedlichen Instrumentarien erweist sich dabei unter dem Aspekt einer möglichst ausgleichenden Interessenregelung im föderalistischen System im Ergebnis als ein vertretbarer Ansatz. In verfassungsrelevanten oder besonders komplexen und politisch sensiblen Feldern kann sie die vom Grundgesetz eingerichteten Mechanismen einer integrativen Staatstätigkeit zusätzlich verstärken.

IV. Funktionen und Folgen der Verflechtung

Schon der hier nur in den Grundzügen zu leistende Überblick über Verflechtungen zwischen Verwaltungen im Bundesstaat belegt, daß eine Bewertung ihrer Vor- und Nachteile nur aufgrund einer differenzierten Analyse einzelner Formen und ihrer Kombinationen möglich ist. Die folgende Auflistung von Funktionen und Folgen faßt nur Gesichtspunkte zusammen, die in einer solchen Analyse zu berücksichtigen sind, soll diese aber nicht ersetzen. Bei abstrakter Betrachtung muß die Einschätzung notwendigerweise ambivalent bleiben.

Unter den Funktionen von Verwaltungsverflechtungen ist zuerst auf die Informationsvermittlung zu verweisen. Verwaltungen der Länder, die Bundesgesetze vollziehen, müssen rechtzeitig über Gesetzgebungsvorhaben im Bund informiert werden, zugleich profitiert die gesetzesvorbereitende Ministerialverwaltung des Bundes, wenn sie die Erfahrungen der Vollzugsbehörden berücksichtigt. Haushaltspolitik und Haushaltsvollzug in Bund, Ländern und Gemeinden sind auf konsistente Informationen über die gesamtstaatliche Wirtschaftsentwicklung angewiesen, die neben dem Konjunktur- und Finanzplanungsrat vor allem der Arbeitskreis Steuerschätzung erarbeitet. Länder müssen sich wechselseitig über Planungen und Maßnahmen informieren, wenn sie vermeiden wollen, daß grenzüberschreitende Auswirkungen erst im Vollzug zu Konflikten führen.

Informationsübermittlung und Kommunikation dient gleichzeitig der Koordination, die die wichtigste Funktion von Verflechtungen darstellt. Koordination erfordert neben der Angleichung des Informationsstandes normalerweise die Regelung von Interessenkonflikten. Dafür gibt es theoretisch betrachtet unterschiedliche Mechanismen, die auch zentrale Planung, Regulierung und Kontrolle umfassen. Eine integrative Lösung von Konflikten ist allerdings um so wahrscheinlicher, je stärker die Konfliktparteien an Entscheidungsverfahren beteiligt werden und je mehr sie sich einem Konsens annähern. Zudem werden durch intergouvernementale Koordination Konflikte um Kompetenzen vermieden, die bei einer Zentralisierung von Koordinationsleistungen oft unumgänglich sind. Vertikale und horizontale Verwaltungsverflechtungen stellen somit eine wichtige Bedingung der Integration des föderativen Staates dar.

Im Hinblick auf die Ergebnisse staatlichen Handelns trägt die gelungene Koordination zwischen Verwaltungen unterschiedlicher Gebietskörperschaften dazu bei, in einer territorial differenzierten Staatsorganisation eine gewisse Vereinheitlichung staatlicher Aufgabenerfüllung zu erreichen. Diese Vereinheitlichung wird zum Teil als eine den Prinzipien von Föderalismus und Dezentralisierung widersprechende Unitarisierung kritisiert. Allerdings darf dabei nicht übersehen werden, daß in einer modernen Gesellschaft, deren Mitglieder eine relativ hohe räumliche Mobilität zeigen, die Einheitlichkeit der Rechts-, Wirtschafts- und Sozialordnung bis zu einem bestimmten Grad gewährleistet sein muß, wobei selbstverständlich über das richtige Ausmaß der Vereinheitlichung immer Meinungsunterschiede bestehen. Zu dieser Einheitlichkeit gehört auch eine einigermaßen ausgewogene Verteilung von Wirtschaftskraft, Infrastruktur und Einrichtungen der Daseinsvorsorge, die ebenfalls in Strukturen der Verwaltungsverflechtung angestrebt wird.

Schließlich tragen Verflechtungen zwischen den Gebietskörperschaften dazu bei, die Stabilität und Flexibilität öffentlicher Aufgabenerfüllung zu erhöhen. Stabilität wird dadurch erreicht, daß die Parteipolitik in einzelnen Gebietskörperschaften nicht einseitig die Prämissen der Aufgabenerfüllung in verflochtenen Strukturen grundlegend verändern kann. Kursänderungen nach Regierungswechseln schlagen nicht mit der ganzen Wucht der Ideologie durch, sondern werden im praktischen Verwaltungshandeln durch konfliktreduzierende Kooperationsstrukturen gedämpft. Auf der anderen Seite sind verflochtene Strukturen flexibilitätsfördernd, weil in ihnen Änderungsimpulse, die an einer Stelle der differenzierten Staatsorganisation aufgenommen werden, leicht innerhalb des Gesamtsystems verbreitet werden. Zudem stellen vor allen informelle Verflechtungen zusätzliche Verfahren der Problemlösung bereit, die genutzt werden können, wenn Institutionen innerhalb der Gebietskörperschaften versagen.

Diesen Leistungen von Verwaltungsverflechtungen stehen Probleme gegenüber, die in der Darstellung unterschiedlicher Formen bereits angeklungen sind. Als gravierendste Folge wird immer wieder die Intransparenz des verflochtenen Föderalismus betont. Verantwortung sei nicht mehr klar einzelnen Organen oder Amtsträgern zurechenbar, weshalb die wichtigste Voraussetzung eines demokratisch legitimierten Verwaltungshandelns nicht mehr gegeben sei. Auch wenn diesem Argument entgegenzuhalten ist, daß geteilte Verantwortung nicht verringerte, sondern gemeinsame Verantwortung bedeutet, so ist doch nicht abzustreiten, daß Verflechtungen nicht zuletzt wegen des hohen Grades an Informalisierung den Nachvollzug von Entscheidungsverfahren und damit die Kontrolle des Regierungs- und Verwaltungshandelns durch die zuständigen politischen Organe erheblich erschweren.

Ein weiterer Nachteil von Verflechtungen liegt in der bereits angesprochenen Tatsache, daß sie zwar die Koordination zwischen Gebietskörperschaften ermöglichen, zugleich aber die Koordination zwischen Politikbereichen erschweren. Neben der Intransparenz ist die Sektoralisierung oder Fragmentierung der Staatstätigkeit ein zweites zentrales Argument in der Kritik am kooperativen Verwaltungsföderalismus. Fachverwaltungen, die sich über die Grenzen von Gebietskörperschaften abstimmen, können sich gegen Eingriffe in ihren Programm- und Ressourcenbestand wehren und die Durchsetzung ihrer Entscheidungen sichern, indem sie auf einen stabilen Konsens mit anderen Fachverwaltungen verweisen, der in Koordinationsverfahren zwischen Politikbereichen nicht zur Disposition gestellt werden kann. Die daraus resultierenden Defizite können exemplarisch im Verhältnis der Aufgaben der Raumordnung und der regionalen Wirtschaftsförderung gezeigt werden, zwischen denen sachlich erhebliche Überschneidungen festzustellen sind, die aber weitgehend in getrennten, weil vertikal verflochtenen Entscheidungsstrukturen erfüllt werden und unzureichend abgestimmt sind.

Nicht auszuschließen ist auch, daß Verwaltungsverflechtungen eine ineffektive oder ineffiziente Aufgabenerfüllung bewirken. Dies wird oft als grundsätzliches Problem von Verflechtung behauptet, das im Auseinanderfallen von Aufgaben- und Finanzierungsverantwortung begründet sei. Vermutlich trifft das Problem aber in erster Linie bei institutionalisierten Formen zu, die im Falle von unlösbaren Konflikten blockiert sind. Die Kosten langer Verhandlungsverfahren und die Tendenz zur Einigung auf dem "kleinsten gemeinsamen Nenner" sind entscheidende Gründe ineffektiver und ineffizienter Ergebnisse. Sie treten allerdings nicht zwangsläufig auf, insbesondere die Verbindung formaler und informeller Kooperationsverfahren reduziert die Wahrscheinlichkeit defizitärer Aufgabenerfüllung.

Problematische Verflechtungsfolgen können auch entstehen, wenn durch Koordination und Vereinheitlichung des Verwaltungshandelns die Vorteile dezentraler Aufgabenerfüllung hinfällig werden. Zwar sollen verflochtene Strukturen nach der Theorie zu einer Optimierung der Nutzen und Kosten von Zentralisierung und Dezentralisierung führen, wenn sie sich aber soweit verfestigen und verselbständigen, daß für regionale Verschiedenheit und dezentrale Interessenberücksichtigung praktisch kein Raum mehr besteht, so kann sich Verflechtung der Zentralisierung annähern. Autoren, die den deutschen Föderalismus als "verkappten Einheitsstaat" bezeichnen, gehen davon aus, daß die vielfältigen Verflechtungen zwischen Bund und Ländern das Staatshandeln so weit unitarisiert haben, daß von einer Autonomie der Länder nicht mehr gesprochen werden kann. Auch wenn man diese Feststellung für überzeichnet hält, ist die in ihr angesprochene Gefahr ernstzunehmen.

Der verflochtene Bundesstaat gilt schließlich zwar als Garant für Stabilität, er erschwert aber auch Reformen der staatlichen Strukturen und der politischen Programme. Internationale Vergleiche der Staatstätigkeit zeigen, daß etwa in unitarischen Staaten wie Großbritannien umfassende Reorganisationen der Verwaltung und Privatisierungen wesentlich leichter durchzuführen sind als in der Bundesrepublik Deutschland. Im kooperativen Bundesstaat müssen praktisch alle größeren Reformvorhaben im Konsens zwischen Bund und Ländern beschlossen werden, was nicht nur zeitliche Verzögerung wegen langen Verhandlungsverfahren erklärt, sondern auch Ergebnisse, die wenig innovativ sind. Sind verflochtene Strukturen einerseits Ursache für eine wenig innovationsfähige Politik, so erweisen sich andererseits Verwaltungsverflechtungen als resistent gegen Reformversuche. Die Unfähigkeit des Bundes und der Länder, auf die anhaltende Unzufriedenheit und wissenschaftliche Kritik an den Gemeinschaftsaufgaben mit deren Abschaffung oder Reform zu reagieren, gilt als Beleg für diese Reformunfähigkeit. Erklärbar ist sie damit, daß Verwaltungsreformen maßgeblich von den politischen und administrativen Akteuren beeinflußt werden, die vom Bestand der Verflechtungsstrukturen profitieren. Damit sind die Grenzen institutioneller Reformen im kooperative Bundesstaat in zweierlei Hinsicht höher als in weniger verflochtenen Systemen: Zum einen lassen sich in verflochtenen politischen Prozessen Reformprogramme und -projekte nur schwer durchsetzen, zum anderen sind verflochtene Strukturen ein besonders schwieriger Gegenstand von Reformpolitik.

V.   Alternativen der Verwaltungsverflechtung?

Die Feststellung, daß im kooperativen Bundesstaat Reformen schwer zu verwirklichen sind, vor allem wenn sie die verflochtenen Strukturen selbst tangieren, erübrigt nicht zu untersuchen, ob es Möglichkeiten einer Reduzierung der Verwaltungsverflechtungen gibt. Dabei muß man sich vor allem mit den Forderungen nach einer Entflechtung und Dezentralisierung der Staats- und Verwaltungsorganisation auseinandersetzen, die in Wissenschaft und Praxis von zahlreichen Protagonisten verbreitet werden.

Wenn eine Entflechtung gefordert wird, so sind nicht nur Nutzen und Kosten im Einzelfall abzuwägen, sondern auch die Voraussetzungen und Folgen zu klären. Abstrakte Forderungen beruhen nicht selten auf Hoffnungen, die nicht realisierbar sind. Dies gilt vor allem für die Vorstellung, man könne komplexe Arbeitsstrukturen des föderativen Systems deutlich vereinfachen. Eine Entflechtung der Bund-Länder-Beziehungen soll zu einer klaren Abgrenzung von Zuständigkeiten führen. Planungs-, Vollzugs- und Finanzierungsraum sollen sich decken. Zugleich soll der intergouvernementale

Koordinationsbedarf weitgehend reduziert werden. Tatsächlich verhindern aber reale Interdependenzen zwischen Aufgabenbereichen, Wirkungsebenen der Aufgaben und Teilräumen, daß eine klare Arbeitsteilung möglich wird. In einem modernen Staat stellt sich immer das organisatorische Grundproblem der Austarierung von institutioneller Differenzierung und Integration. Weder funktional noch territorial lassen sich präzise Grenzen ziehen, die alle Aspekte der Aufgabenerfüllung einschließen. Reduzierung von Koordinationsbedarfen ist fast immer nur durch Zentralisierung von Entscheidungen oder wenigstens von Steuerung und Kontrolle erreichbar. Damit wäre das Gegenteil dessen erreicht, war Verfechter von Entflechtung anstreben.

Illusorisch dürfte auch die Erwartung sein, durch die Äquivalenz von Entscheidungs- und Finanzierungszuständigkeiten die Effizienz staatlicher Aufgabenerfüllung zu steigern und gleichzeitig die Notwendigkeit von interregionalen Ausgleichspolitiken zu vermeiden. Sozialpolitisch aufgeklärte Anhänger der Äquivalenzforderung gehen davon aus, daß diese nur ohne Gefahr desintegrativer Konflikte verwirklicht werden kann, wenn die sozialen Folgen ökonomischer Disparitäten entweder durch eine Zentralisierung interregionaler Verteilungsaufgaben oder durch einen horizontalen Finanzausgleich aufgefangen werden.

Spielräume für Entflechtungen in Richtung einer Dezentralisierung bestehen gleichwohl dort, wo man gegenwärtig eine "Überverflechtung" konstatieren muß. In welchen Aufgabenbereichen dies der Fall ist, ist nicht eindeutig zu beantworten. Unabhängig hiervon werden die Spielräume für Entflechtungen generell erweitert, wenn die Gebietsstrukturen der Länder so reorganisiert werden, daß externe Effekte dezentraler Aufgabenerfüllung verringert werden und die Leistungsfähigkeit der Länder gesteigert wird. Mit der Frage der territorialen Neugliederung der Länder befaßten sich in der Bundesrepublik bereits zwei Sachverständigenkommissionen. Mit der deutschen Einheit wurde die Neugliederungsfrage wieder virulent, da ein Übergewicht der kleinen, leistungsschwachen Länder befürchtet wurde. Zudem sind in den Stadtstaaten inzwischen die Nachteile des engen räumlichen Zuständigkeitsbereichs offenkundig, der insbesondere bei den künftigen Aufgaben der regionalen Entwicklung hinderlich ist.

Daß bislang alle Anläufe zu einer Neugliederung scheiterten, belegt die politischen Schwierigkeiten einer solchen Reform. Ob sie jemals erfolgreich durchgeführt werden kann, ist heute noch nicht abzuschätzen. Die Ironie der Diskussion um Gebietsreformen könnte allerdings darin liegen, daß Gebietsgrenzen für die Politik und Verwaltung weniger wichtig werden. Es könnte sich nämlich die Erkenntnis durchsetzen, daß es keine Grenzziehungen gibt, die allen Anforderungen genügen. Konsequenterweise wäre dann der Anspruch auf perfekte Gebietsstrukturen, die dauerhaft Bestand haben, aufzugeben, statt dessen wären problem- oder aufgabenbezogene Grenzen festzulegen, die einerseits flexibel, andererseits durchlässig für grenzüberschreitende Koordination sind. Die Bildung grenzüberschreitender Regionen innerhalb des Bundesgebietes und zwischen Mitgliedstaaten der EU sind deutliche Schritte auf diesem Weg. Angesichts der Schwierigkeiten von Gebietsreformen dürfte dies auf absehbare Zeit die wahrscheinlichste Entwicklung sein. Damit würden aber allenfalls vertikale Verflechtungen durch horizontale ersetzt.

Nach alledem ist anzuerkennen, daß auch in Zukunft die öffentliche Verwaltung in Bund und Ländern in hohem Maße in vertikal und horizontal verflochtenen Strukturen arbeiten wird. Verwaltungsverflechtungen sind Ausdruck eines komplexen Föderalismus, der gekennzeichnet ist durch territoriale organisatorische Differenzierung bei gleichzeitiger Interdependenz der Aufgabenbereiche, matrixartige Verbindung von territorialer und sektoraler Gliederung, intensive Koordination und Kooperation zwischen den Ebenen und zwischen Gebietskörperschaften der gleichen Ebene und beträchtliche Informalisierung der Strukturen. Punktuelle Entflechtungsbemühungen verlieren deshalb nicht ihre Berechtigung, sie ändern an der grundlegenden Tatsache hoher Verflechtungsintensität jedoch nichts.

Literatur

Abromeit, Heidrun, Der verkappte Einheitsstaat, Opladen 1992.
Benz, Arthur, Neue Formen der Zusammenarbeit zwischen den Ländern, in: Die Öffentliche Verwaltung 46, 1993, S. 85 ff.
Benz, Arthur/Scharpf, Fritz W./Zintl, Reinhard, Horizontale Politikverflechtung, Frankfurt/M, New York 1992.
Boldt, Hans (Hrsg.), Nordrhein-Westfalen und der Bund, Köln 1989.
Borkenhagen, Franz H. U. u.a. (Hrsg.), Die deutschen Länder in Europa: Politische Union und Wirtschafts- und Währungsunion, Baden-Baden 1992.
Hesse, Joachim Jens (Hrsg.), Politikverflechtung im föderativen Staat, Baden-Baden 1978.
Hochschule für Verwaltungswissenschaften Speyer (Hrsg.), Politikverflechtung zwischen Bund, Ländern und Gemeinden, Berlin 1975.
Kisker, Gunther, Kooperation im Bundesstaat, Tübingen 1971.
Klatt, Hartmut (Hrsg.), Baden-Württemberg und der Bund, Stuttgart 1989.
Lehmbruch, Gerhard, Parteienwettbewerb im Bundesstaat, Stuttgart u.a. 1976.

Morass, Michael, Regionale Interessen auf dem Weg in die Europäische Union, Wien 1994.

Scharpf, Fritz W., Optionen des Föderalismus in Deutschland und Europa, Frankfurt/New York 1994.

Scharpf, Fritz W./Benz, Arthur, Kooperation als Alternative zur Neugliederung?, Baden-Baden 1991.

Scharpf, Fritz W./Reissert, Bernd/Schnabel, Fritz, Politikverflechtung, Theorie und Empirie des kooperativen Föderalismus in der Bundesrepublik, Kronberg 1976.

Schmidt, Manfred G., Politikverflechtung zwischen Bund, Ländern und Gemeinden, Hagen 1994.

Horst Müller

5. Innenaufbau der Verwaltungsbehörden

Inhaltsübersicht

I. Vielfalt und Vielschichtigkeit des Innenaufbaus von Verwaltungsinstitutionen
II. Methoden der Strukturierung des Innenaufbaus
    1. Aufgaben, Personal und Sachmittel als Ausgangsparameter
    2. Organisationsgliederung, Geschäftsverteilung und ergänzende Konkretisierungen
III. Standardkonfiguration (Eindimensionale Organisation)
    1. Basiseinheiten
    2. Führungsebenen und Führungsstellen
    3. Modellstruktur
IV. Matrix-Organisation (Zweidimensionale Organisation)
V. Assistenzeinheiten und Beiräte
    1. Allgemeine und persönliche Assistenz
    2. Stabsstellen
    3. Beiräte
    4. Verbreiterung der Führungsorganisation
VI. Nichthierarchische Strukturelemente
VII. Projektmanagement
    1. Normalkonfiguration versus Projektmanagement
    2. Projektorganisation
    3. Projektcontrolling
    4. Projektbeauftragte
    5. Reine Projektorganisation

I. Vielfalt und Vielschichtigkeit des Innenaufbaus von Verwaltungsinstitutionen

Organisation folgt der Funktion. Bei Behörden prägen die Verschiedenheit der zugewiesenen Aufgaben, die jeweilige Einordnung in das Verwaltungsgefüge (äußere Behördenorganisation) sowie die Besonderheiten der Verwaltungsräume das innere Gefüge. Es gibt deshalb nicht *den* Innenaufbau von Verwaltungsbehörden, sondern eine Vielfalt von konkreten Ausgestaltungen; keine Institution ist wie die andere. Konstanten wie Aufgabenarten, Muster von Organisationselementen sowie typisierte Beziehungsstrukturen ermöglichen aber Modellbildungen, die den Innenaufbau generalisierend beschreiben können.

Der Begriff "Innenaufbau" bezieht sich zunächst auf die ständig in den Behörden institutionalisierten Organisationseinheiten, ihre Funktionen sowie auf ihre wechselseitige Zuordnung. Das beschreibt jedoch die Gestalt von Behörden nur partiell und damit unzureichend. Es ist so, wie wenn man die Morphologie des Menschen allein am Skelett und an der Funktion der Gelenke erklären wollte. Sinnvollerweise wird man deshalb unter Innenaufbau die umfassende Organisationsstruktur, also die Gesamtheit der korrespondierenden Festlegungen zur Erbringung der Verwaltungsleistungen verstehen. Dabei handelt es sich hauptsächlich um

- die Aufgaben und die Personalausstattung als Ausgangsgrößen;
- die festen und variablen Organisationseinheiten, die Art und Weise ihrer Konstruktion, ihre innere Funktion und Ausgestaltung sowie ihre wechselseitige Zuordnung;
- die Strukturelemente der Entscheidungs- und Leistungsprozesse ("Geschäftsprozesse"), die sich aus aufbauorganisatorischen Festlegungen und aus bürokratiespezifischen Merkmalsausprägungen generell ergeben;
- die Ausgestaltung des innerbehördlichen Führungssystems.

Die folgenden Ausführungen stellen die engeren Begriffsinhalte in den Mittelpunkt und gehen auf die weiteren Gesichtspunkte dann ein, wenn das durch die Darstellung der Zusammenhänge zum Verständnis erforderlich erscheint.

II. Methoden der Strukturierung des Innenaufbaus

1. Aufgaben, Personal und Sachmittel als Ausgangsparameter

Die Aufgaben, welche eine Behörde wahrzunehmen hat, werden entscheidend durch die Ressortstrukturen, durch den Katalog der Aufgaben des jeweiligen Geschäftsbereichs sowie durch die konkrete Funktion bei der Aufgabenwahrnehmung bestimmt; sie sind weitgehend vorgegeben.

Das Strukturieren des Innenaufbaus einer Behörde beginnt deshalb in einem ersten Schritt mit der systematischen Erfassung der ihr zugewiesenen Aufgaben nach Art, Gegenstand und Ausformung. Ergebnis einer solchen Analyse ist ein Aufgabengliederungsplan. In ihm werden Einzelaufgaben hierarchisch geordnet und in Gruppen zusammengefaßt. Je vielfältiger der Aufgabenbestand einer Behörde ist, desto tiefer ist naturgemäß diese Gliederung (Teilaufgaben, Einzelaufgabe, Aufgabengruppe, Aufgabenbereich).

Aufgabenanalyse und Aufgabensystematik bilden eine Grundlage für die Bildung der innerbehördlichen Organisationseinheiten. Andere zentrale Bestimmungsfaktoren sind das verfügbare Personal und zuweilen auch Sachmittel, mit denen oder um die zu organisieren ist. Zahl, Art und Qualität der Mitarbeiter einer Behörde prägen in ähnlicher Weise wie die Aufgaben selbst. Je mehr Menschen in einer Behörde arbeiten, desto größer ist in aller Regel die horizontale und vertikale Systemdifferenzierung. Persönliche Eigenschaften oder Fähigkeiten können ebenfalls mitbestimmend sein; bei kleineren Behörden mehr als bei größeren.

2. Organisationsgliederung, Geschäftsverteilung und ergänzende Konkretisierungen

Zur Festlegung der inneren Aufbaustruktur von Verwaltungsinstitutionen stehen eine Reihe von Instrumenten (organisatorische Pläne) zur Verfügung. Die Vorgehensweise ist durch eine zunehmende Verfeinerung der Ausgestaltung gekennzeichnet. Die erste Stufe ist die Entwicklung eines Organisations- oder Verwaltungsgliederungsplans. Als Grundgerüst weist er die Organisationseinheiten in ihrer horizontalen und vertikalen Gliederung aus, also die organisatorischen Basiseinheiten, die Zwischenebenen sowie die Führungsebene und ergänzende Einheiten wie Assistenzeinheiten oder Beiräte. Meist wird ein solcher Plan in der graphischen Form des Organigramms dargestellt.

Ein zweites, darauf aufbauendes und ergänzendes Instrument ist der Geschäftsverteilungsplan. Mit ihm werden den Organisationseinheiten die von ihnen wahrzunehmenden Einzelaufgaben zugewiesen; weiterhin enthält er die Zuteilung des Personals und die Festlegung der von den jeweiligen Mitarbeitern wahrzunehmenden Funktionen (Leitung der Organisationseinheit, Sachbearbeiter, weitere Mitarbeiter) sowie Vertretungsregelungen. Für kleinere und mittlere Behörden ist damit ein meist genügender Formalisierungsgrad erreicht. In größeren und sehr differenzierten Organisationen wird man Arbeitsverteilungspläne und Stellenbeschreibungen als ergänzende Mittel der Strukturierung nutzen. Diese Instrumente werden allerdings unverzichtbar, wenn Verwaltungen einer vertieften Kostenkontrolle unterzogen werden oder wenn Wettbewerb durch Benchmarking simuliert werden soll, weil nur so mit der erforderlichen Genauigkeit Kostenstellen und Vergleichseinheiten ermittelt werden können.

III. Standardkonfiguration (Eindimensionale Organisation)

Die Zahl und Verschiedenheit der Parameter der Organisationsgestaltung führt nun – fast wider Erwarten – nicht zur Undurchsichtigkeit der inneren Aufbauorganisation. Die organisatorischen Bausteine und die Konstruktionsprinzipien sind nach Art und Menge beschränkt. Trotz der Vielfalt von Modifikationen in der Ausgestaltung lassen sich wie bei Gebäuden, die auf Grundtypen zurückführbar sind, Modellstrukturen der inneren Organisation aufzeigen. Auch hier gibt es Standardkonfigurationen und individuelle Ausgestaltungen, typische Organisationseinheiten und Sonderformen.

Als Standardkonfiguration soll das am meisten verbreitete, also das übliche Aufbaumuster verstanden werden (Abb. 1). Im Prinzip ist es einfach und gut verwendungsfähig, von nahezu natürlicher Eleganz. Es ist ein System von wenigen Elementtypen, die in einem übersichtlichen Beziehungsgefüge zueinander geordnet sind. Das Muster taugt für große und kleine Organisationen und es bietet sich zu Erweiterungen und Modifikationen an.

1. Basiseinheiten

Organisatorische Basiseinheit ist nicht, wie man vielleicht annehmen möchte, der einzelne Mitarbeiter oder seine organisatorische Abstraktion, die 'Stelle' oder der 'Dienstposten', sondern eine Funktionseinheit (Modul), die typischerweise aus mehreren Personen bzw. Stellen zusammengesetzt ist. Auf diese gleichgeordneten Funktionseinheiten sind die einer Behörde zugewiesenen Aufgaben grundsätzlich lückenlos zur Wahrnehmung verteilt. Die Namen für diese Basiseinheiten sind vielfältig, es gibt keine einheitliche Terminologie. Im kommunalen Bereich werden sie vielfach als Ämter bezeichnet, sonst als Sachgebiete, Referate oder Dezernate. Weil all diese Begriffe nicht eindeutig festgelegt sind, werden sie auch verschieden angewandt. Amt und Dezernat kann auch eine Gruppe dieser Organisationseinheiten bezeichnen. Sachgebiet und Referat werden auch einzelne innere Gliederungen der Einheiten genannt.

Für die Bestimmung von Zahl und Größe dieser Basiseinheiten sowie für die Verteilung der Aufgaben auf sie gibt es eine Reihe von Kriterien. Sie werden in der Regel argumentativ in Ausübung organisatorischen Ermessens angewandt. Ein Prinzip ist das 'organisatorische Minimum'. Es besagt, daß die Zahl der Einheiten so gering wie möglich und damit die Zahl der jeweils zugeordneten Mitarbeiter so groß wie möglich gehalten werden sollte. Das hängt von der Art der zu erledigenden Aufgaben, von der Möglichkeit zur inneren Differenzierung und von den zuordenbaren Personen ab. Entscheidend ist letztlich die Leitungsspanne ('span of control'), die der Leiter einer solchen Einheit typischerweise zu beherrschen vermag. Bei Routineaufgaben mit sich wiederholenden Entscheidungsregeln kann ein Vorgesetzter wesentlich mehr Personal anleiten als bei Aufgaben, die ihrer Natur nach komplex sind. Für die Art und Weise der Verteilung der Aufgaben auf die Basiselemente werden üblicherweise zwei Gesichtspunkte herangezogen. Zunächst die Trennung der Querschnittsaufgaben (Personal, Haushalt, Organisation und zentrale Dienste, Öffentlichkeitsarbeit) von den Fachaufgaben, dann deren Differenzierung. Dafür gilt der Grundsatz der Aufgabenverwandtschaft. Meist erweist es sich als sinnvoll, gleichartige oder ähnliche Aufgaben zusammenzufassen.

Die Personen in diesen Grundeinheiten lassen sich typischerweise drei Funktionsgruppen mit unterschiedlichen Qualifikationsvoraussetzungen zuordnen. Grundsätzlich sind die Aufgaben den Sachbearbeitern zur Wahrnehmung zugewiesen. Sie werden von Mitarbeitern unterstützt. An der Spitze der Organisationseinheit steht ein Leiter (Amtsleiter, Sachgebietsleiter, Referent, Dezernent), dem neben den Leitungsfunktionen (untere Führungsebene) vielfach auch die Sachbearbeitung in schwierigen Fällen und die Vertretung der Organisationseinheit nach außen zugewiesen sind. Die Zusammenarbeit dieser Personen kann recht differenziert ausgestaltet sein. Alle Formen zwischen hierarchischer Strukturierung auf der einen Seite und Teamarbeit auf der anderen Seite sind denkbar; hierarchische Elemente stehen allerdings im Vordergrund.

2. Führungsebenen und Führungsstellen

Die nebeneinanderstehenden Basiseinheiten, die in der Regel auch nach außen für die Behörde handeln, bedürfen der Steuerung und Koordination. Das geschieht – abhängig von der Behördengröße – auf mindestens einer, nicht selten aber auch auf mehreren Leitungs- bzw. Führungsebenen. Kleinere Behörden, wie die Verwaltungen kreisangehöriger Gemeinden, weisen meist nur zwei Organisationsebenen (Ämter und Bürgermeister bzw. Gemeindedirektor), größere, wie Ministerien bis zu sechs Organisationsebenen auf (Referate, Unterabteilungen, Abteilungen, Hauptabteilungen, Amtschef, Minister). Als Standard kann man von drei Organisationsebenen ausgehen (Basisorganisationseinheiten, Abteilungen, Behördenleitung). Den Zwischenebenen kommt dabei eine doppelte Funktion zu. Sie koordinieren die nachgeordneten Einheiten und sie entlasten die Behördenleitung von Führungsaufgaben.

Die vertikale Gliederung in Basiseinheiten und Führungsebenen bedeutet nicht zugleich eine absolute Trennung von Leitungs- und Ausführungsaufgaben. Auch ein Behördenleiter hat in der Regel einzelne Ausführungsaufgaben wahrzunehmen, zumindest in Gestalt des Sachleitungsvorbehalts. Auf der mittleren Ebene fallen Leitungs- und Ausführungsaufgaben etwa gleichgewichtig nebeneinander an. In den Basiseinheiten findet sich in Gestalt ihres Leiters eine untere Leitungsebene. Tendenziell verschieden ist allerdings die Ausformung der Leitungs- und Ausführungsaufgaben auf den einzelnen Ebenen.

Die verschiedenen Ebenen sind in einer festen Formalstruktur miteinander hierarchisch verbunden. Nur in ganz besonderen gesetzlich geregelten Ausnahmefällen gibt es weisungsfreie innerbehördliche Organisationseinheiten. Die hierarchischen Beziehungen prägen zudem in einem nicht unerheblichen Umfang die formalen Kommunikationsstrukturen, allerdings läßt die Ablauforganisation im Rahmen von Entscheidungsprozessen vielfache Querbeziehungen zu.

Führungsstellen auf übergeordneten Ebenen sind ebenfalls innerbehördliche Organisationseinheiten. Sie sind in der staatlichen Verwaltung meist sehr einfach ausgeformt. Weit überwiegend werden die Führungsfunktionen durch Einzelpersonen wahrgenommen. Die monokratische Struktur bildet hier den Regeltypus, kollegiale Strukturen, also die Besetzung von Führungsstellen mit mehreren Personen, stellen die Ausnahme dar. Häufiger finden sich Kollegien – vor allem auf der oberen Führungsebene – in der mittelbaren Staatsverwaltung, also bei den Behörden der rechtlich selbständigen Körperschaften, Anstalten und Stiftungen. Von der Besetzung eines Organs mit einer Person oder mit mehreren Personen grundsätzlich zu unterscheiden ist die Aufteilung der Leitungsfunktionen der höchsten Führungsebene auf mehrere nebeneinanderstehende Organe (Mehrfachorganschaft), die wiederum monokratisch oder kollegial ausgestaltet sein können. Das ist zwar nicht der Regelfall, sie gibt es aber nicht selten. Deutliche Beispiele für diese Organisationsstruktur stellen kommunale Verwaltungen dar, die zum einen kollegiale Vertretungsorgane mit Verwaltungsfunktionen (Gemeinderäte) und zum anderen monokratisch strukturierte Organe (Bürgermeister, Gemeindedirektor) aufweisen, die dann meist auch die hierarchischen Befugnisse gegenüber den nachgeordneten Ebenen wahrnehmen. Aber auch das ist nicht einheitlich, wie die in manchen Ländern vorhandene Magistratsverfassung zeigt. Die kollegialen Organisationselemente im Bereich der mittelbaren Staatsverwaltung sind überwiegend als Vertretungs- oder Repräsentationsorgane der Organisationsmitglieder eingerichtet.

3. Modellstruktur

Die Standardkonfiguration des inneren Behördenaufbaus läßt sich modellhaft wie folgt beschreiben:
- Behörden zeigen typischerweise eine pyramidenförmige Aufbaustruktur mit drei Organisationsebenen. Der Ausführungsebene (Basiseinheiten) sind eine mittlere und eine obere Leitungsebene übergeordnet. Auf der oberen Führungsebene ist meist nur ein Führungsorgan eingerichtet. Auf der mittleren Ebene stehen mehrere Führungsstellen nebeneinander. Führungsstellen sind im staatlichen Bereich in der Regel monokratisch, im Bereich der mittelbaren Staatsverwaltung häufiger auch kollegial ausgestaltet.
- Die horizontale Systemdifferenzierung auf den nachgeordneten Ebenen geschieht unter dem Aspekt der Trennung von Querschnitts- und Fachaufgaben und bei den Fachaufgaben unter dem Gesichtspunkt der Aufgabenähnlichkeit. Das führt zu einer divisionalen Gliederung.
- Die Ausführungsaufgaben sind grundsätzlich den Basiseinheiten und nur in ausdrücklich bestimmten Fällen primär den Führungsstellen zugeordnet. Die hierarchische Struktur erlaubt allerdings den Zugriff der höheren Ebenen (Sachleitungsvorbehalt).
- Die Basiseinheiten werden in der Regel von einer Gruppe von Personen gebildet. Die Funktionen in diesen Gruppen sind häufig sehr stark differenziert (Aufgaben- und Funktionenteilung).
- Organisationseinheiten auf einer Ebene stehen gleichgeordnet nebeneinander. Zwischen den Ebenen besteht ein festes hierarchisch strukturiertes Beziehungsge-

füge, das als Ein-Linien-System ausgestaltet ist. Auch innerhalb der Basisorganisationseinheiten bestehen partiell hierarchische Strukturen.

IV. Matrix-Organisation (Zweidimensionale Organisation)

Der Begriff Matrix-Organisation bezeichnet eine Mehrlinien-Organisation, bei der die Organisationseinheiten, meist die Basiseinheiten, zwei Weisungssträngen unterliegen. Eine Organisationseinheit ist also in mehrere Über-Unterordnungsbeziehungen eingelagert, die sich inhaltlich nicht immer überschneidungsfrei konstruieren lassen. Der Begriff Matrix ist dabei aus der Darstellungsform in Organigrammen abgeleitet. Als Matrix bezeichnet man im allgemeinen eine rechteckige Anordnung von Elementen in einem Schema mit Zeilen und Spalten.

Ausgeformte Matrix-Organisationen gibt es bei Verwaltungsbehörden nicht sehr häufig. Sie finden sich z.B. wenn man Abteilungsgliederungen nach räumlichen Gesichtspunkten vornimmt (z.B. Zuständigkeit von Abteilungen für das Gebiet von Landkreisen oder anderen regionalen Räumen). In diesen Räumen sind gleichartige Fachaufgaben zu erfüllen. Zur Koordination der fachlichen Aspekte in den verschiedenen Abteilungen werden dann querliegende Organisationseinheiten eingerichtet, denen Ingerenzrechte eingeräumt werden. Häufiger als bei Behörden findet man diese Matrix-Organisationen in staatlichen Einrichtungen (z.B. in Gutachter- oder Forschungseinrichtungen).

Matrixartige Einzelelemente finden sich in den Organisationsstrukturen dagegen recht häufig. In jeder Behörde, in der typischerweise Querschnitts- von Fachaufgaben getrennt und Querschnittsaufgaben in besonderen Organisationseinheiten zusammengefaßt sind, ist eine versteckte Matrix angelegt. Querschnittsaufgaben dienen ja weitgehend der 'Verwaltung der Verwaltung'. Organisatorische Vorgaben, zu denen die Querschnittseinheiten berechtigt sind, und die Bereitstellung von personellen und finanziellen Ressourcen können ganz entscheidend die Ausführung der Fachaufgaben beeinflussen. Je mehr förmliche Einwirkungsrechte den Querschnittseinheiten gegenüber den Facheinheiten zugestanden werden, desto deutlicher ist diese Form der Matrix-Organisation ausgeprägt. Matrixstrukturen können weiterhin zum Tragen kommen, wenn im Rahmen von Projektorganisationen Projektbeauftragten oder Projektgruppen Einfluß auf andere sonst gleichgeordnete Organisationseinheiten eingeräumt wird. Auch die Bestellung von besonderen Beauftragten (z.B. Gleichstellungsbeauftragte, Sicherheitsbeauftragte) kann – abhängig von der jeweiligen Ausgestaltung der Funktion – Matrixstrukturen enthalten.

V. Assistenzeinheiten und Beiräte

1. Allgemeine und persönliche Assistenz

Die Wahrnehmung von Ausführungs- und Leitungsfunktionen bedarf vielfältiger Unterstützung. Eine Form sind die 'zentralen Dienste' (z.B. Poststelle, Schreibkanzleien, Druckerei, Fahrdienst, Registraturen, Beschaffung), die allen Mitarbeitern der Behörde zur Verfügung stehen und die im allgemeinen in einer Querschnittseinheit zusammengefaßt und damit in der Linienstruktur ausgewiesen sind. Leitungsstellen benötigen aber vielfach auch der Assistenz zu ihrer Entlastung. Das geschieht in erster Linie durch persönliche Mitarbeiter (Sekretariat, persönlicher Referent) oder personell verbreitert und institutionalisiert durch persönliche Büros (z.B. Ministerbüro, Präsidialbüro). Hier steht die Hilfe bei den täglichen Verwaltungsabläufen (Schreibarbeiten, Erledigung der persönlichen Post, Terminorganisation, Vorprüfung von Schreiben und Entwürfen) im Vordergrund. Je größer und bedeutender Behörden sind, desto breiter läßt sich die Ausformung dieser Assistenzeinheiten beobachten.

2. Stabsstellen

Ergänzend kann das Bedürfnis nach Unterstützung in der Sachleitung als Teil der Führungsfunktion bestehen, insbesondere bei komplexen Vorgängen wie bei Entscheidungen in Grundsatzfragen oder bei Verwaltungsplanungen. In einer solchen Situation kann es angezeigt sein, Stabsstellen zu institutionalisieren, die für die Inhaber der Führungsposition die gedankliche Vorarbeit leisten und sie beraten.

Stäbe sind den Leitungsstellen direkt zugeordnet und haben kein unmittelbares Weisungsrecht gegenüber den Organisationseinheiten der Linie. Mit diesen sind sie aber von den Arbeitsinhalten her verbunden, denn die Aufgaben einer Behörde einschließlich ihrer grundsätzlichen und planerischen Komponenten sind ja eigentlich bei den Basiseinheiten und bei den Zwischenvorgesetzten verortet. Diese Dichotomie ergibt sich unweigerlich aus der Trennung von Führungs- und Ausführungsfunktionen, denn Führung hat ja nicht nur Personalführung, sondern auch Sachleitung zum Gegenstand. Von den Linieneinheiten werden Stäbe deshalb oft als Konkurrenz oder auch als bequeme Entlastungsmöglichkeiten gesehen. Richtigerweise wird man sinnvoll eingerichtete und gut funktionierende Stäbe als nützlich für alle an einer Aufgabendurchführung Beteiligte ansehen müssen, wenn es darauf ankommt, vorausschauend vielschichtige Situationen in den Griff zu bekommen. Stäbe wirken allerdings dann dysfunktional, wenn die Kooperation und Koordination mit der Linie nicht mehr funktioniert und wenn sie aufgrund der Nähe zu den Entscheidungsträgern an der Spitze eine eigenständige Verwaltungspolitik formulieren und durchsetzen wollen.

3. Beiräte

Eine andere Art der Entscheidungsunterstützung wird durch die Institutionalisierung von Beiräten geleistet. Beiräte gibt es auf allen Verwaltungsebenen, in überreichlichem Maße jedoch bei den Ministerien, insbesondere bei den Bundesministerien. Beiräte sollen, wie der Name sagt, Rat geben; Rat, der ganz oder überwiegend von Außenstehenden stammt. Beiräte sind nicht für das gesamte Aufgabenfeld einer Behörde, sondern für Teilbereiche eingerichtet. Sie sind den Führungsstellen auf oberen Ebenen, sehr häufig unmittelbar der Behördenleitung zugeordnet. Aus den Beiräten soll in der Gesellschaft vorhandener Sachverstand, vor allem auch aus dem wissenschaftlichen Bereich, vermittelt werden. Oft kommt ihnen allerdings auch die Funktion zu, Interessengruppen und Verbänden einen formalen und kanalisierten Zugang zu politischen Entscheidungsträgern zu verschaffen.

4. Verbreiterung der Führungsorganisation

Persönliche Assistenzeinheiten, Stäbe und Beiräte ergänzen die Standardkonfiguration zweckmäßig, wenn man sie auf den erforderlichen Umfang begrenzt und im Auge behält, daß grundsätzlich die Linienorganisation bereit und in der Lage sein muß, die behördlichen Leistungen in allen erforderlichen Facetten zu erbringen.

Es ist allerdings keine leichte Aufgabe, behördliche Organisationen so zu formen. Je größer sie sind, umso schwieriger ist das. Die Stetigkeit und Bedächtigkeit, die Stabilität der Einstellungen und Verhaltensmuster sowie die langen Entscheidungswege bürokratischer Institutionen haben nun häufig dazu geführt, daß Politiker an der Spitze von großen Behörden, die mit unterschiedlichen Sozialisationserfahrungen in die Behörden gekommen sind und die sich auch einem anderen Anforderungsprofil ausgesetzt sehen, mit den vorgefundenen Funktionsweisen nicht zufrieden sind. Um echten oder angenommenen Defiziten des Apparats nicht ausgeliefert zu sein, neigen sie dazu, ihr persönliches Umfeld so zu gestalten, daß sie sich durch 'Führungshilfen', die oft auch von außen besetzt werden, ein vermeintlich entscheidungs- und handlungsstarkes Instrumentarium zurechtlegen. In jüngerer Zeit hat es hier einen ganz enormen Strukturwandel gegeben. Minister- und Staatssekretärbüros sind personell ausgeufert und politisch relevante Funktionen, die herkömmlich in Organisationseinheiten der Linie gut aufgehoben waren, wurden in die Führungsebene heraufgezogen und dort wieder zu hierarchisch gegliederten Führungsorganisationen verbunden. Ihre Funktion beschränkt sich dann nicht mehr auf die Zuarbeit. Selbst wenn formelle Weisungsrechte gegenüber der nachgeordneten Organisation nicht eingeräumt werden, haben sie sich informell diese hierarchischen Befugnisse zugelegt. Das ganze wird durch den Ausbau des politischen Führungspersonals (Staatsminister, politische Staatssekretäre) noch komplexer. Gerade auf der Ebene der Ministerien hat sich so ein politischer und organisatorischer 'Overlay' entwickelt, der aus vielerlei Gründen zunehmend Dysfunktionen erzeugt.

VI. Nichthierarchische Strukturelemente

Staatliche Verwaltung muß im demokratischen Verfassungsstaat in ihrer Grundstruktur rechtsnotwendig hierarchisch geformt sein, denn nur so kann das parlamentarische Prinzip, also die Verantwortlichkeit einer Regierung oder eines Ministers vor dem Parlament funktionieren. Wenn ein Minister in seinem Ressort nicht durchgreifen kann, kann er auch nicht verantwortlich gemacht werden. Hierarchie ist also nicht 'per se' als negativ zu betrachten, sondern funktionsnotwendig. Die meisten Menschen finden sich auch in ihrem subjektiven Empfinden in hierarchischen Systemen recht gut zurecht, denn diese reduzieren Komplexität und geben Stabilität und Klarheit.

Der Verwaltungsalltag ist auch tatsächlich sehr wenig von als belastend empfundenen Ausformungen der Über- und Unterordnung geprägt, denn die formalen Aufbaustrukturen bestimmen die Arbeitsweise von Behörden nur zum Teil. Die Ablauforganisation und das ergänzende informelle Beziehungsgefüge sind vergleichbar wichtig. Ablauforganisatorisch ist in aller Regel vorgesehen, daß die Handlungsverantwortung und überwiegend auch die Entscheidungskompetenz bei den Basiseinheiten liegt. Entscheidungen auf Führungsebenen finden eher als Ausnahmen in grundsätzlichen Fragen (strategische oder operative Grundsatzentscheidungen) oder bei Gegenständen von besonderer (häufig politischer) Relevanz statt. Berührt eine Entscheidung, weil etwa Informationen zu beschaffen oder die Kompetenzen anderer zu beachten sind, mehrere Organisationseinheiten innerhalb einer Behörde oder auch andere Behörden, so werden diese Verfahrensschritte grundsätzlich im Wege der Gleichordnung abgearbeitet;

Leitungsebenen sind dabei meist nicht oder wenig gefordert. Diese Elemente, die vornehmlich in Beteiligungs- und Mitzeichnungsstrukturen zum Ausdruck kommen, werden, wo sich das als zweckmäßig erweist, durch Teamstrukturen ergänzt. Diese können vorgangsbezogen oder thematisch induziert sein; hier richtet man dann meist Arbeitsgruppen ein. Horizontale Kollegialstrukturen (z.B. Abteilungsleiterkonferenzen bei Behörden mit Bündelungsfunktionen oder erheblichen internen Querkontakten) und vertikale Kollegien (z.B. Sachgebiets- oder Sachgebietsleiterbesprechungen) gehören in gutgeführten Behörden zum Organisationsstandard. Auch wenn man Unterschiede zwischen den verschiedenen Verwaltungsbereichen (z.B. Polizei und Bündelungsbehörden der allgemeinen Verwaltung) sehen muß, so läßt sich doch sagen, daß Behörden zwar in ihrem Aufbau formal hierarchisch, in ihren Arbeitsweisen aber auch über Ebenen hinweg eher kollegial und kooperativ ausgeformt sind.

VII. Projektmanagement

1. Normalkonfiguration versus Projektmanagement

In sich von Zeit zu Zeit wiederholenden und auch in den gegenwärtigen Reformdiskussionen wird meist die Empfehlung gegeben, den vorhandenen Innenaufbau durch 'Projektmanagement' – je nach Standpunkt und Blickwinkel – zu ersetzen, zu ergänzen oder zu überlagern.

Verwaltungen 'produzieren' Entscheidungen und Realleistungen. Von Projekten spricht man im allgemeinen dann, wenn es sich dabei um zeitlich begrenzte Vorhaben handelt, die eine besondere Komplexität aufweisen. Sie können durch eine Reihe von Merkmalen induziert sein, wie z.B. schwer überschaubare Sachverhalte, eine Vielzahl von Tätigkeiten und Teilaufgaben, zahlreiche interne und externe Beteiligte, neuartige Problemlösungswege und Problemlösungstechniken, ein nicht abschätzbares Realisierungsrisiko oder nicht einfache Durchsetzungsbedingungen.

Projekte in diesem Sinne bilden im Verwaltungsalltag die Ausnahme. Die Regel sind strukturell gleichartige oder ähnliche Geschäfte einfachen und mittleren Schwierigkeitsgrades, für deren Wahrnehmung Erledigungsstandards verfügbar sind. Für Routinen benötigt man aber keine Ausnahmeorganisation. Zudem ist die öffentliche Verwaltung mit ihren relativ einfachen und offenen Organisationsstrukturen durchaus auch darauf angelegt, mit Entscheidungen oder Vorhaben fertigzuwerden, die die angesprochenen Komplexitätskriterien erfüllen. Sie weist aber wie alle Großorganisationen Schwachstellen auf, die es zu beseitigen gilt. Ein wirtschaftlicherer Einsatz von Ressourcen, straffere Verfahren in engem zeitlichen Rahmen, qualitativ bessere Ergebnisse, also eine insgesamt gesteigerte Effektivität, sind unstreitig Desiderate. Das gilt für Routineprozesse wie für Projekte; für letztere wohl mehr.

'Projektmanagement' ist in der Tat geeignet, vornehmlich an diesen Punkten anzusetzen und Verbesserungen zu erzielen. Es bezieht sich sowohl auf die Regelung und Steuerung als auch auf die Ausführung von Entscheidungs- und Leistungsprozessen. Regelung bedeutet dabei die Planung und Programmierung der Projektdurchführung hinsichtlich

- des Projektziels (Ergebnis),
- des institutionellen Rahmens (Projektorganisation),
- des Verfahrens (Ablauf und Zeitaufwand) und
- der einzusetzenden Ressourcen (Personal-, Sach- und Finanzmitteleinsatz).

Steuerung begleitet die Projektausführung, indem sie die geplanten Sollzustände mit den Istzuständen im Ablauf vergleicht und bei relevanten Abweichungen wiederum regelnd eingreift. Ausführung ist dann das vollziehende Handeln im Rahmen des vorgegebenen Programms.

Projektmanagement im dargelegten Sinne kann sich, muß sich aber nicht auf die Binnenstruktur einer Behörde auswirken. Es ist auf dem Hintergrund der Normalkonfiguration möglich, wenn das konkrete Projekt keine organisatorischen Modifikationen erfordert. Sind solche Änderungen notwendig oder sinnvoll, ist also eine besondere Projektorganisation geboten, dann überlagert sie auch den Innenaufbau.

2. *Projektorganisation*

Projektorganisation kann sich einzeln oder kumulativ auf das Führungssystem, die Aufbauorganisation oder die Ablauforganisation beziehen. Dabei besteht ein Kontinuum von Gestaltungsalternativen, aus dem sich wiederum signifikante Stufen oder auch Muster herausgreifen lassen.

a.) Projektcontrolling

Die Durchführung von Projekten ist zunächst Aufgabe der Basiseinheiten, auf die ja grundsätzlich alle Wahrnehmungszuständigkeiten zugeordnet sind. Herausragende

Vorgänge sind aber in aller Regel zugleich führungsrelevant. Führungspersonen müssen sich um komplexe Entscheidungs- oder Leistungsprozesse kümmern, indem sie Sachleitung, zumindest aber eine Ablauf- und Erledigungsüberwachung ausüben. Die Wahrnehmung dieser Funktionen läßt sich nun auf verschiedene Weise verstärken. So können den Führungsstellen Regelungs- und Steuerungsaufgaben verbindlich zur eigenen Erledigung zugewiesen werden; sie können zudem bei Projekten von besonderer Relevanz auf weitere übergeordnete Führungsebenen 'hochgezogen' werden. Nicht zuletzt kann bei Behörden mit vielen Projekten, wie sie z.B. in Ministerien oder bei Bezirksregierungen (Regierungspräsidien) anfallen, ein überlagerndes System des Projektcontrolling eingeführt werden. Bei allen Ausgestaltungen wird also zugleich das Führungssystem umgeformt, indem die sonst vorhandene Elastizität bei der Wahrnehmung von Führungsfunktionen eingeschränkt wird.

b.) Projektbeauftragte

Projektmanagement erhält eine zusätzliche aufbauorganisatorische Komponente, wenn man zwar die Wahrnehmungszuständigkeit der normalerweise federführenden oder zu beteiligenden Organisationseinheiten unberührt läßt, daneben aber Personen einsetzt, die sich als Projektbeauftragte oder Projektmanager in besonderer Weise um den Geschäftsprozeß anzunehmen haben. Das kann auf zweifache Weise geschehen. Einmal durch die Bestellung von Projektberatern, die die handelnden Stellen durch Fachkenntnis und eigene vermittelnde Aktivitäten unterstützen (Einfluß-Projektmanagement) oder durch die Einräumung von Weisungsrechten gegenüber den Organisationseinheiten in der Linie (Matrix-Projektmanagement). Projektbeauftragte in diesem Sinne können Einzelpersonen oder Projektteams sein.

Bei Behörden mit einer Vielzahl von Projekten wie bei den Regierungspräsidien wird es zunehmend üblich, ein solches Einfluß- oder Matrix-Projektmanagement nicht nur variierend und akzessorisch zu einzelnen Projekten zu bestellen, sondern Organisationseinheiten einzurichten, die ständig für diese Aufgaben zur Verfügung stehen und bei denen die spezifische Management-Kompetenz stabil verfügbar ist (z.B. Projektstäbe).

c.) Reine Projektorganisation

Die organisatorisch weitestgehende Gestaltungsalternative ist die 'reine Projektorganisation'. Hier wird das Projekt einer hierfür geschaffenen besonderen Organisationseinheit zugeordnet. Die Aufgabe wird dabei aus der Linie herausgenommen und der 'task force' übertragen, die wiederum eine sehr differenzierte Ausgestaltung erfahren kann. Vom 'Ein-Mann-Betrieb' bis zur Projektgruppe mit zusätzlichen Steuerungs- und Begleitgruppen ist alles möglich. Die Gruppen können dabei hierarchisch oder teamartig strukturiert sein. In besonderen Fällen können auch Mitarbeiter von anderen Behörden, die verfahrensbeteiligt sind, einbezogen werden. Derartige Sonderformen der Organisation gibt es seit langem für außergewöhnliche Ereignisse, wie es z.B. Katastrophenfälle sind (Katastropheneinsatzleitung).

Projektorganisation als institutionelle Modifikation der Normalorganisation ist also in vielfältiger Weise möglich. Die verschiedenen Formen werden auch zunehmend genutzt. Weil Arbeitsorganisationen aber Stabilität und Transparenz benötigen, ist eine zurückhaltende Verwendung dieses Instrumentariums angezeigt.

Wenn man Organisationsänderungen für erforderlich hält, ist es günstig, sie auf das Notwendige zu beschränken. Die Verwendung von tätigkeitsbezogenen Komponenten des Projektmanagements (systematische Ziel-, Verfahrens- und Zeitplanung) und die Verbesserung des Führungssystems genügen zumeist und bilden auch in der Verwaltungswirklichkeit die Schwerpunkte.

Literatur

Bayerisches Staatsministerium des Innern (Hrsg.), Projektmanagement bei den Regierungen und den Kreisverwaltungsbehörden, Bekanntmachung vom 11.11.1994 Nr. IZ7-0004-52, AllMB1 1994 S. 975.
Becker, Bernd, Öffentliche Verwaltung, Lehrbuch für Wissenschaft und Praxis, Percha 1989.
Dreier, Horst, Hierarchische Verwaltung im demokratischen Staat: Genese, aktuelle Bedeutung und funktionelle Grenzen eines Bauprinzips der Exekutive, Tübingen 1991.
Kieser, Alfred/Kubicek, Herbert, Organisation, 3. Auflage, Berlin/New York 1992.

König, Klaus, Entwicklung der inneren Verwaltungsorganisation in der Bundesrepublik Deutschland, in: Zeitschrift für Verwaltung 1978, S. 241 ff.

Müller, Nikolaus, Rechtsformenwahl bei der Erfüllung öffentlicher Aufgaben (Institutional choice), Köln u.a. 1993.

Schanz, Günther, Organisationsgestaltung, Management von Arbeitsteilung und Koordination, 2. Auflage, München 1994.

Senat der Freien und Hansestadt Hamburg (Hrsg.), Grundsätze zur Organisation von Projekten in der Verwaltung der Freien und Hansestadt Hamburg – Projektgrundsätze, hektogr., Hamburg 7/1993.

Siepmann, Heinrich/Siepmann, Ursula, Verwaltungsorganisation, 3. Auflage, Stuttgart/Berlin 1987.

III. Verselbständigung

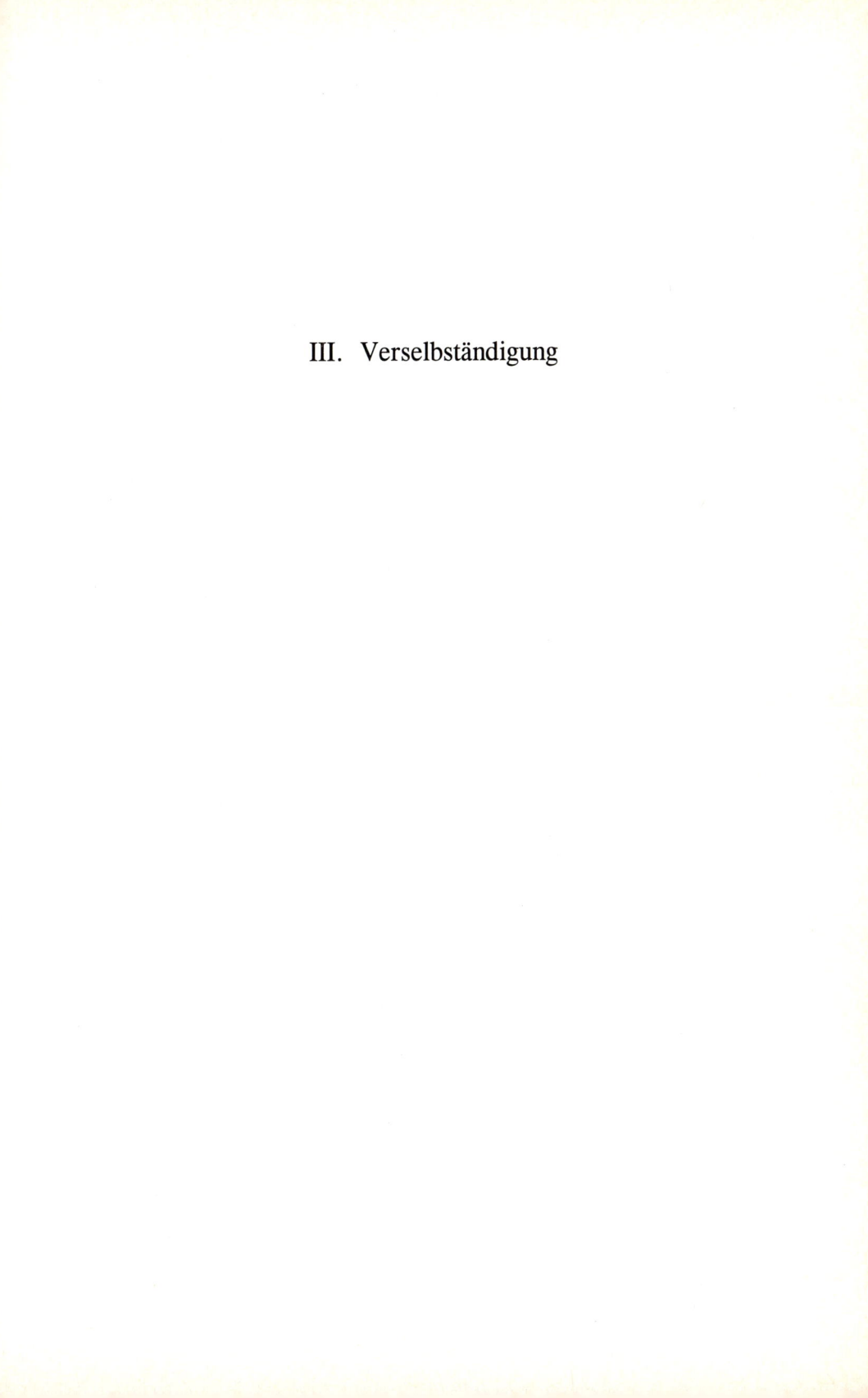

Franz-Ludwig Knemeyer

1. Verfassung der kommunalen Selbstverwaltung

Inhaltsübersicht

I. Staat und Kommunen – ein durch Subsidiarität und Dezentralisation gekennzeichnetes Verwaltungssystem
II. Die äußere Kommunalverfassung
III. Die innere Kommunalverfassung
    1. Organe und Aufgabenverteilung
    2. Vier oder drei Kommunalverfassungssysteme
    3. Die Ratsverfassung
    4. Die duale Rat-Bürgermeister-Verfassung
    5. Magistratsverfassung
IV. Die Bedeutung der Kommunalverfassung für Demokratie und Effizienz der Verwaltung
    1. Der Zielkonflikt zwischen Verwaltungseffizienz und Demokratie
    2. Die duale Rat-Bürgermeister-Verfassung als Bürgernähe und Effektivität ermöglichende Kommunalverfassung
V. Gesamtwertung der Kommunalverfassungsreformen

I. Staat und Kommunen – ein durch Subsidiarität und Dezentralisation gekennzeichnetes Verwaltungssystem

Europa kennt in seiner vielgestaltigen demokratischen Tradition eine Fülle sehr unterschiedlicher Ausgestaltungen dessen, was man unter kommunaler Selbstverwaltung verstehen kann. Die einfache Übersetzung des Begriffs "Selbstverwaltung" mit dem in England, dem "Urland der Selbstverwaltung" gängigen Begriff des self-government würde die deutsche Selbstverwaltung, die ihrerseits in den Bundesländern unterschiedlich ausgestaltet ist, nicht erfassen. Sie ist eben nicht gleich dem britischen oder amerikanischen self-government, sie unterscheidet sich aber auch wesentlich von französischen oder schweizerischen Formen oder von Selbstverwaltungsausgestaltungen in skandinavischen Ländern. Kommunale Selbstverwaltung, der im Deutschland des 19. und 20. Jahrhunderts eine bedeutsame Rolle zukommt, hat als verfassungsverankerte Institution ihre besondere Funktion im demokratischen Staatsaufbau und füllt darüber hinaus die maßgeblichen Teile öffentlicher Verwaltung aus. Sie wird bestimmt durch das Prinzip der Subsidiarität und gekennzeichnet durch den Begriff der Dezentralisation, das heißt der Autonomie der kleineren Einheit vor der größeren, namentlich den Einrichtungen des Staates. Dabei bedeutet Autonomie keineswegs Freiheit vom Staat, sondern Freiheit im Staat. Selbstverwaltung bedingt also kein dualistisches, sondern stellt ein Demokratie- und Rechtsstaat verschränkendes Prinzip für einen Staats- und Verwaltungsaufbau dar. Sie ermöglicht darüber hinaus eine weitgehende Ausdifferenzierung in der Verwaltungsführung.

Zu verstehen ist die deutsche kommunale Selbstverwaltung nur aus ihrer langen und differenzierten Geschichte.

Betrachtet man den Gesamtaufbau der Verwaltung in der Bundesrepublik Deutschland, so sind drei Hauptebenen voneinander zu unterscheiden, die im Prinzip vertikal organisiert unabhängig übereinanderstehen:

Die Verwaltung des Bundes, die Verwaltung der (noch) 16 Länder – unter Einschluß der drei Stadtstaaten – und die Kommunalverwaltung.

Innerhalb des Bereichs der Kommunalverwaltung sind wiederum drei selbständige Ebenen zu unterscheiden:
- die Ebene der kreisangehörigen Gemeinden (16.071 – durchschnittliche Größe ca. 4850 Einw.),
- die Ebene der Landkreise (323) und im städtischen Bereich, beides zusammenfassend, die Ebene der kreisfreien Städte (115)
- und schließlich die dritte Ebene, die regionalen Gemeindeverbände, etwa die Landschaftsverbände oder Bezirke.

Diese verschiedenen Einheiten kommunaler Selbstverwaltung stellen aufgrund der deutschen Verwaltungstradition und der verfassungsrechtlich geregelten Aufgabenverteilung die Basisverwaltung im Staat dar. Sie führen 80 % der Bundes- und Landesgesetze aus und tätigen drei Viertel aller öffentlichen Investitionen.

II. Die äußere Kommunalverfassung

Unter dem Aspekt der "Verselbständigung" kommt der verfassungsrechtlichen Ausgestaltung des Verhältnisses Staat – Kommunen besondere Bedeutung zu. Die föderalistische Verfassung der Bundesrepublik Deutschland bestimmt in ihrem Art. 28 Abs. 1 GG unter der Überschrift "Landesverfassungen, kommunale Selbstverwaltung": "Die verfassungsmäßige Ordnung in den Ländern muß den Grundsätzen des republikanischen, demokratischen und sozialen Rechtsstaates im Sinne dieses Grundgesetzes entsprechen. In den Ländern, Kreisen und Gemeinden muß das Volk eine Vertretung haben, die aus allgemeinen, unmittelbaren, freien, gleichen und geheimen Wahlen hervorgegangen ist. ..." Mit dieser Homogenitätsklausel werden die Kommunen in ihrer demokratischen Legitimation den Ländern und dem Bund gleichgestellt. Auch die konstitutiven Elemente kommunaler Gebietskörperschaften sind denen von Staaten zu vergleichen. Entsprechend den drei Bestandteilen Staatsgebiet, Staatsvolk, Staatsgewalt kann man unterscheiden zwischen kommunalem Gebiet, Bürgern und kommunaler Gewalt oder Hoheitsbefugnis der Gebietskörperschaften.

Im Gegensatz zu Staaten kennt die Ebene kommunaler Selbstverwaltung jedoch keine Gewaltenteilung. Die Organisationen kommunaler Selbstverwaltung gehören dem Verwaltungsbereich zu. Ihnen steht mithin also keine Legislative und keine Judikative im staatsrechtlichen Sinn zu, obgleich auch den kommunalen Gebietskörperschaften Rechtsetzungsgewalt – freilich für untergesetzliches Recht – Verwaltungs-, Finanz- und Personalhoheit zusteht. Eine eigene Gerichtshoheit besitzen sie nicht (mehr).

Die eigentliche, das Verhältnis zum Staat ausmachende verfassungsrechtliche Position wird durch die grundgesetzliche Garantienorm des Art. 28 Abs. 2 GG bestimmt, die besagt:

> "Den Gemeinden muß das Recht gewährleistet sein, alle Angelegenheiten der örtlichen Gemeinschaft im Rahmen der Gesetze in eigener Verantwortung zu regeln.
>
> Auch die Gemeindeverbände [*das sind die Kreise, die Bezirke, die Landschaftsverbände*, d. Verf.] haben im Rahmen ihres gesetzlichen Aufgabenbereiches nach Maßgabe der Gesetze das Recht der Selbstverwaltung. Die Gewährleistung der Selbstverwaltung umfaßt auch die Grundlagen der finanziellen Eigenverantwortung."

Dieser Gewährleistungsnorm entsprechend haben alle Landesverfassungen die Position der Kommunen im Staat verfassungsrechtlich abgesichert. Die Ausgestaltungen sind im einzelnen freilich unterschiedlich. So ist namentlich die Position der Landkreise im Verhältnis (oder auch anders gesehen: auf Kosten der Gemeinden) unterschiedlich ausgestaltet mit der Konsequenz, daß bei weitgehender Einigkeit in der Abgrenzung der Autonomie der Kommunen gegenüber dem Staat innerhalb der großen Familie der Kommunen nicht unerhebliche Kompetenzstreitigkeiten zwischen Gemeinden und Landkreisen bestanden haben und trotz einer klärenden Entscheidung des Bundesverfassungsgerichts aus dem Jahre 1988 (BVerfGE 79, 127) zum Teil auch heute noch bestehen. Hier geht es vor allem um die Abgrenzung zwischen den Aufgaben des örtlichen Wirkungskreises der Gemeinden einerseits und den Aufgaben des überörtlichen Wirkungskreises, die den Landkreisen zugewiesen sind.

Das Bundesverfassungsgericht entnimmt zu Recht Art. 28 Abs. 2 GG ein materielles Prinzip dezentraler Aufgabenansiedlung und verknüpft damit erschwerte materielle Voraussetzungen an einen Aufgabenentzug durch den Staat oder eine andere kommunale Ebene. Als Hintergrund für das Verständnis der vom Gericht im einzelnen entwickelten Abgrenzungsregelungen wird angeführt, daß der Grundgesetzgeber mit der Stärkung der dezentralen Verwaltungsebene gegenläufigen zentralistischen Tendenzen während des nationalsozialistischen Regimes hat antworten wollen. Er habe dies getan im Vertrauen in die Gemeinden im Sinne eines "Aufbaus der Demokratie von unten nach oben" und darauf, daß die Gemeinden als Keimzelle der Demokratie am ehesten diktaturresistent seien. Schließlich wird betont, daß der Verfassungsgeber durch die dreifache Garantie einer mit wirklicher Verantwortung ausgestatteten Einrichtung der Selbstverwaltung den Bürgern eine wirksame Teilnahme an den Angelegenheiten des örtlichen Gemeinwesens hat ermöglichen wollen. Diese dreifache Garantie bezieht sich auf den Aufbau des Staates auf Selbstverwaltungskörperschaften, darüber hinaus auf die Allzuständigkeit der Gemeinden und schließlich die Vermutung zugunsten des kommunalen gegenüber dem staatlichen Zuständigkeitenbereich.

Darüber hinaus sieht das Bundesverfassungsgericht in Art. 28 Abs. 2 GG eine institutionelle, nicht aber individuelle Rechtssubjektsgarantie der Gemeinden und Gemeindeverbände, eine Kompetenzbestimmungs- und Kompetenzabgrenzungsgarantie sowie eine Funktionsgarantie. Die institutionelle Rechtssubjektsgarantie bedeutet, daß nicht jede einzelne individuelle Gemeinde, nicht jeder einzelne Gemeindeverband in seinem Bestand geschützt wird, gewährleistet ist vielmehr die Einrichtung (Institution) Gemeinde und Gemeindeverband. Die Kompetenzbestimmungs- und -abstimmungsgarantie ist bestimmt durch den Grundsatz der Universalität der Aufgaben – die Gemeinden haben alle Aufgaben der örtlichen Gemeinschaft zu erfüllen. Die Funktionsgarantie bedeutet, daß sie ihre Angelegenheiten in eigener Verantwortung regeln und verwalten und bei Eingriffen des Staates oder anderer kommunaler Gebietskörperschaften auf dem Rechtsweg verteidigen können.

III. Die innere Kommunalverfassung

1. Organe und Aufgabenverteilung

Dem föderalistischen System und den nur rudimentären Vorgaben des Homogenitätsprinzips des Art. 28 Abs. 1 GG entsprechend kennt jedes Bundesland seine eigene Kommunalverfassung, das heißt eine eigenständige Verteilung der kommunalen Aufgaben auf die maßgeblichen Organe – Vertretungskörperschaft (Gemeinderat, Kreistag, Bezirkstag) einerseits und "Verwaltungsorgan" (Bürgermeister, Landrat, Bezirkstagspräsident oder Gemeindedirektor, Kreisdirektor mit seiner Verwaltung oder Magistrat) andererseits. Bezüglich der kommunaladäquatesten Aufgabenverteilung und Ausgestaltung der Rechtsposition der einzelnen Organe besteht seit langem wissenschaftlicher und kommunalpolitischer Streit.

Das Verhältnis zueinander und die Gewichtung der Position der einzelnen Organe wird sehr unterschiedlich gesehen. Lediglich bezüglich der Aufgabenverteilung mag man zwischen Vertretungs- und Verwaltungsorgan – auf die Hauptdifferenzierung abstellend – hier anmerken, daß das Vertretungsorgan grundsätzlich für die Wahrnehmung aller Verwaltungsaufgaben zuständig ist, soweit es sich nicht um einfache Geschäfte der laufenden Verwaltung, also Routineverwaltung, handelt. Dies freilich führt bei allen Abgrenzungsschwierigkeiten im Ergebnis dazu, daß die Fülle der Verwaltung vom "Verwaltungsorgan" zu erledigen ist und grundsätzlich nur wesentlichere Aufgaben dem Rat zugeordnet sind.

Um die Gewichtung der Position der verschiedenen Organe zu verdeutlichen und diese werten zu können, seien die unterschiedlichen Kommunalverfassungen – in verschiedenen Gruppen – dargestellt.

2. Vier oder drei Kommunalverfassungssysteme

Trotz vielfältiger Unterschiede im Detail lassen sich Kompetenzverteilung und Organisationsstrukturen, bezogen auf Rat und Verwaltung, in zwei Systemgruppen erfassen, von denen je eine monistisch, die andere dualistisch geprägt ist.

Im monistischen – britisch bestimmten – System, dem die Länder Niedersachsen und Nordrhein-Westfalen historisch bedingt gefolgt sind, liegt die gesamte Entscheidungsmacht beim kommunalen Kollegialorgan Rat. Die Verwaltung leitet ihre Befugnisse von ihm ab und hat die Ratsbeschlüsse auszuführen.

In dem in den übrigen Ländern geltenden dualistischen System haben Rat und Verwaltung (Bürgermeister, Gemeindevorstand, Magistrat) je eigene Aufgaben.

Mecklenburg-Vorpommern und Brandenburg sind diesem dualistischen System nur bedingt zuzuordnen.

Knüpft man bei der Bezeichnung der Systeme nicht vorrangig an die Kompetenzenverteilung, sondern an die Organe an, so werden herkömmlich vier Kommunalverfassungssysteme unterschieden: die norddeutsche Ratsverfassung, die süddeutsche Ratsverfassung, die rheinische Bürgermeisterverfassung und die unechte Magistratsverfassung.

Wenn im folgenden von der in der Lehre herrschenden Typologisierung abweichend nur von drei Systemen gesprochen wird, so bedarf es dafür einer Begründung. Ausgehend von der norddeutschen Ratsverfassung, die die Organposition des Rates als allzuständiges Kommunalorgan begrifflich richtig erfaßt, ist die Bezeichnung der in Süddeutschland geltenden Kommunalverfassungen als süddeutsche Ratsverfassung verfehlt. Die baden-württembergische und die bayerische Kommunalordnung stellen eben keine gewisse Besonderheiten betonende Ratsverfassung, gekennzeichnet durch die Allzuständigkeit des Rates, dar. Zudem ist diese Kommunalverfassung nicht mehr auf den süddeutschen Raum beschränkt. Ebenso wenig handelt es sich bei der rheinlandpfälzischen und der saarländischen Verfassung um eine Bürgermeisterverfassung.

Sowohl die "süddeutsche Ratsverfassung" als auch die "Bürgermeisterverfassung" sind eindeutig gekennzeichnet durch eine dualistische Kompetenzenverteilung zwischen Rat und Bürgermeister. Die Bezeichnung als Ratsverfassung bzw. Bürgermeisterverfassung ist allein historisch bedingt: So war die einst in Bayern und im Gebiet des heutigen Landes Baden-Württemberg geltende Gemeindeverfassung monistisch angelegt und wurde daher richtig als "süddeutsche Ratsverfassung" bezeichnet. In dem Gebiet des heutigen Saarlandes hingegen wurde 1798 für Städte und Gemeinden, die durch das französische Kommunalverfassungsrecht beeinflußte sogenannte Mairie-Verfassung eingeführt, die aber schon damals eine dualistische Kompetenzenwahrnehmung durch den "Maire" (Bürgermeister) und den "Municipalrath" kannte. Es war wohl die große Kompetenzenfülle und die faktische Bestimmung des Kommunalgeschehens durch den Maire, der dieser Verfassung die entsprechende Bezeichnung gab. Gleiches galt dann für die starke Position des Bürgermeisters in der sogenannten rheinischen Bürgermeisterverfassung.

Diese geschichtlich geprägten Bezeichnungen wurden trotz Änderungen im Detail und im System beibehalten.

Die rheinland-pfälzische und die saarländische Kommunalverfassung ist somit wie die baden-württembergische und die bayerische richtig zu kennzeichnen als: duale Rat-Bürgermeister-Verfassung. Man hat dementsprechend die deutschen Kommunalverfassungssysteme primär zu unterscheiden in (norddeutsche) Ratsverfassung, (süddeutsche) duale Rat-Bürgermeister-Verfassung. Daneben gilt – preußischer Tradition folgend – namentlich in Hessen die Magistratsverfassung. Die Beifügungen "norddeutsch" und "süddeutsch" sind zudem nach der Einbeziehung der fünf neuen Länder überholt, kann man doch z.B. Sachsen-Anhalt, das dieser Verfassung folgt, kaum als süddeutsches Land bezeichnen.

3. Die Ratsverfassung

Der staatlichen Kompetenzenverteilung am nächsten ist die in Niedersachsen geltende Ratsverfassung. Monistisch ausgestaltet besitzt der unmittelbar vom Volk gewählte Rat die definitive Entscheidungsgewalt. Die "ausführende" Verwaltung soll entsprechend den britischen Vorstellungen entpolitisiert sein. Der ehrenamtlich tätige Bürgermeister ist allein Vorsitzender des Rates, aus dessen Mitte er gewählt wird. Auch für den niedersächsischen Bürgermeister ist die Urwahl geplant. Ihn verbindet mit dem Bürgermeister süddeutscher – und nunmehr auch anderswo geltender – Prägung nur ein kleiner Ausschnitt aus dessen Kompetenzen. Die Verwaltung selbst – das Erfüllungsorgan des Rates – untersteht dem Gemeinde- oder Stadtdirektor, der als vom Rat gewählter kommunaler Wahlbeamter auf Zeit hauptamtlich tätig ist. Welche Schwierigkeiten dieses System in seiner Reinform bringt, zeigt die in Niedersachsen eingeführte Besonderheit eines Verwaltungsausschusses als drittes Organ. Dieser besteht aus dem Bürgermeister, einer kleinen Zahl von Ratsmitgliedern und dem Stadtdirektor. Dieser "kleine Rat" berät in nichtöffentlicher Sitzung und entscheidet eine Reihe von Angelegenheiten endgültig. Er bereitet sämtliche Beschlüsse des Rates vor. Ein derartiges drittes Organ ist historisch bekannt aus der preußischen Magistratsverfassung, die heute noch in Niedersachsen und Schleswig-Holstein existiert.

4. Die duale Rat-Bürgermeister-Verfassung

Die duale Rat-Bürgermeister-Verfassung gilt heute in Baden-Württemberg, Bayern, Nordrhein-Westfalen, Rheinland-Pfalz, dem Saarland, Sachsen, Sachsen-Anhalt, den Landgemeinden von Schleswig-Holstein und Thüringen, also der Mehrheit der Flächenstaaten. Kennzeichnend für sie ist neben der bekannten Position des Rates die starke Position des unmittelbar vom Volk auf die Dauer von 6, 7 oder 8 Jahren gewählten Bürgermeisters. Dieser ist nicht nur Vorsitzender des unmittelbar gewählten Rates und aller Ausschüsse, bereitet deren Beschlüsse vor und führt sie aus, er ist auch Chef der Verwaltung, Vorgesetzter aller Bediensteten und vertritt die Gemeinde nach außen. Seine übrigen Aufgaben gleichen denen des Stadt- oder Gemeindedirektors in der Ratsverfassung bzw. des Magistrats in der Magistratsverfassung. In eigener Zuständigkeit erledigt er die sogenannten einfachen Geschäfte der laufenden Verwaltung.

Die Kommunalverfassungen der Länder Mecklenburg-Vorpommern und Brandenburg stellen ein mixtum compositum dar: sie haben sich angelehnt an die Übergangs-Kommunalverfassung, die noch von der ersten freigewählten Volkskammer der DDR im Jahre 1990 verabschiedet worden ist. Die hier geltenden Kommunalverfassungen sind weder dem einen noch dem anderen Typ klar zuzuordnen.

5. Magistratsverfassung

Die in Hessen und in Städten Schleswig-Holsteins geltende (unechte) Magistratsverfassung setzt preußische Traditionen fort. In dem dualistischen System teilen sich Gemeindevertretung und Magistrat die kommunalen Aufgaben. Die vom Bürger direkt gewählte Gemeindeversammlung wählt aus ihrem Kreis einen Vorsitzenden, zudem wählt sie den Magistrat (in den Gemeinden: den Gemeindevorstand) als Kollegialorgan, bestehend aus haupt- und ehrenamtlich tätigen Mitgliedern. Dieser Magistrat, dessen Mitglieder (ausgenommen Schleswig-Holstein) nicht der Stadtverordnetenversammlung angehören dürfen, ist die kollegiale Verwaltungsbehörde der Stadt, die, vom Rat abhängig, die Ratsbeschlüsse vollzieht. Der Bürgermeister – in Hessen nunmehr auch unmittelbar von den Bürgern gewählt – ist Vorsitzender dieses Verwaltungsorgans, nicht aber Vorsitzender der Volksvertretung. Er vertritt die Gemeinde nach außen.

IV. Die Bedeutung der Kommunalverfassung für Demokratie und Effizienz der Verwaltung

1. Der Zielkonflikt zwischen Verwaltungseffizienz und Demokratie

So wie Gemeinden dem Aufbau der Demokratie von unten nach oben dienen sollen und die Kommunalverfassung dementsprechend eine starke demokratisch-politische Komponente voraussetzt, verlangt sie eine zweite, gleichermaßen gewichtige, aber zur ersten nicht selten in einen Zielkonflikt tretende, unverzichtbare Voraussetzung: die für die Aufgabenerfüllung erforderliche Leistungsfähigkeit.

Daß diese beiden Elemente – Bürgernähe (Demokratie) und Effektivität – regelmäßig in einen Zielkonflikt treten und dementsprechend nur in Rücksichtnahme aufeinander verwirklicht werden können, liegt auf der Hand. Obwohl bei einer Betrachtung der Gesamtdiskussion um die Kommunalverwaltung heute der Effizienzgesichtspunkt zumeist im Vordergrund steht, gilt es doch zu sehen, daß allein eine rationelle und effektiv arbeitende, modernen Leistungsanforderungen gerecht werdende Verwaltung dem Bild unserer kommunalen Selbstverwaltung nicht gerecht zu werden vermag, wenn diese dann zu Lasten der demokratischen Mitwirkung der Bürger geht. Dementsprechend seien im folgenden einige Überlegungen angestellt, inwieweit die bislang skizzierten Kommunalverfassungen geeignet sind, diesen Zielkonflikt möglichst optimal zu lösen.

Dazu sei im einzelnen auf die Aufgaben- und Funktionenverteilung zwischen Rat und Verwaltung, die besonderen Aufgaben und die Machtfülle des Bürgermeisters sowie seine unmittelbar demokratische Legitimation durch Urwahl eingegangen.

Nach langer Diskussion des Pro und Contra der unmittelbaren Wahl des Bürgermeisters und der damit ihm gegebenen breiten demokratischen Legitimation, ergänzend zu der ihm verliehenen Aufgabenfülle, hat sich dieses System in der Praxis mittlerweile (fast) vollkommen durchgesetzt. Die gesehenen Gefahren bürokratischen Übermuts oder politischer Übermacht – außerhalb Süddeutschlands besonders pointiert – sieht man heute nicht mehr.

2. Die duale Rat-Bürgermeister-Verfassung als Bürgernähe und Effektivität ermöglichende Kommunalverfassung

Eines der wesentlichen Kennzeichen der dualen Rat-Bürgermeister-Verfassung ist, wie dargelegt, daß Entscheidungen von grundlegender Bedeutung und die allgemeine Bestimmung des Verwaltungskurses durch das demokratisch legitimierte Kollegialorgan getroffen werden. Wiederkehrende, nicht grundsätzliche Verwaltungsaufgaben werden dagegen in hierarchisch aufgebauter Behördenstruktur unter Leitung des – ebenfalls demokratisch unmittelbar legitimierten – Bürgermeisters erfüllt. Gerade diese zwei Verwaltungszweige vorsehende Variante der Gemeindeverfassung kommt sowohl dem Demokratiegedanken, also der Bürgernähe der Gemeindeorganisation, als auch dem Effektivitätsgedanken besonders nahe. Auch im noch so demokratisch organisierten Gemeinwesen müssen nämlich die laufenden Verwaltungsangelegenheiten bürokratisch-effektiv und geschäftsmäßig erfüllt werden, damit das demokratisch legitimierte Kollegialorgan seinen eigentlichen Funktionen wirksam nachkommen kann. Die Erfüllung wiederkehrender, nicht grundsätzlicher Verwaltungsaufgaben ist trotz aller Teamkonstruktionen allein in grundsätzlich hierarchischer Behördenstruktur möglich.

Nur die Fragen von grundlegender Bedeutung müssen, um eine möglichst bürgernahe und demokratische Gemeindeverwaltung zu garantieren, vom bürgergewählten Kollegialorgan beraten und entschieden werden. In diesem System kann der Bürgermeister dem Gemeinderat viel Kleinarbeit abnehmen und so dem Rat die Zeit ermöglichen, sich auf die eigentlichen, grundsätzlichen Entscheidungen zu konzentrieren. Damit wird die demokratische Mitwirkung im Rat erst akzeptabel und attraktiv.

Zudem sorgt die in der dualen Rat-Bürgermeister-Verfassung vorgesehene Zusammenführung von Rat und Verwaltung unter einer Spitze, verkörpert durch die Personalunion zwischen Ratsvorsitzendem und Leiter der hierarchisch aufgebauten Verwaltung, für eine weitere Optimierung der Aufgabenerfüllung. Grundsätzlich sitzen nämlich Rat und Verwaltung in einem Boot und streben – wenn auch mit verschiedenen Rollen und verschiedenen Mitteln und Handlungsformen – ein Ziel an oder, um ein noch deutlicheres Bild zu verwenden: Das Gespann Gemeindeverwaltung muß so konstruiert sein, daß die Pferde, nämlich Rat und Verwaltung, es nur in einer Richtung ziehen können, nämlich in Richtung Gemeinwohl. Gerade dieses wird aber am besten durch die oben erwähnte Personalunion erreicht. Dabei ist das duale System von Rat und Verwaltung unter einheitlicher Leitung des Bürgermeisters gut austariert; beide Organe sind zudem in einem Netz immer engmaschiger werdender Rechtssätze gefangen. Schon unter diesem Gesichtspunkt bedarf es wohl kaum eines eigenständigen

"Direktionsorgans" als Klammer über Rat und Verwaltung. Die hierbei mitunter befürchtete starke Stellung des Bürgermeisters muß keineswegs, wie oft vorgebracht, zu einer "Entmachtung" der Räte führen, wenn die Räte nur ihre Position entsprechend erkennen und sich ihr gemäß verhalten.

Jedoch bedarf diese starke Stellung des Bürgermeisters auch starker, von den Bürgern vollständig akzeptierter Persönlichkeiten. Diesem Postulat trägt die duale Rat-Bürgermeister-Verfassung in optimaler Weise Rechnung, indem sie eine Urwahl des Bürgermeisters vorsieht. Die vom Volk gewählte politische Besetzung der Spitze von Verwaltung und Rat garantiert größere Durchsetzungkraft als eine unpolitisch besetzte Beamtenspitze. Durch die direkte Wahl des Bürgermeisters wird ferner erreicht, daß dieser als politischer Repräsentant und integrierende Persönlichkeit der gesamten Bürgerschaft angesehen wird. Ein gelungener Machtausgleich zwischen Rat und Bürgermeister ist die Folge davon, daß beide in der Bevölkerung den gleichen Rückhalt haben.

Der Bürgermeister als Spitze in der dualen Rat-Bürgermeister-Verfassung effektiviert somit nicht nur die Gemeindeverwaltung durch seine Scharnierfunktion zwischen Rat und Verwaltung, er gewährleistet auch eine, weil vom Bürger durch die Wahl des Verwaltungschefs mitbestimmte bürgernahe Gemeindeverwaltung.

V. Gesamtwertung der Kommunalverfassungsreformen

Gerade die neuen deutschen Länder haben durch die weitgehende Übernahme der dualen Rat-Bürgermeister-Verfassung für ihre Gemeinden die Rechtsgrundlage geschaffen, eine Bürgernähe und Effektivität bestmöglich vereinende Gemeindeverwaltung zu praktizieren. Besonders gelungen ist dies in den Ländern, die das duale System nach dem Vorbild Bayerns und Baden-Württembergs annähernd vollständig übernommen haben: den Ländern Sachsen, Sachsen-Anhalt und Thüringen. Weniger günstig wurde obiger Zielkonflikt zwischen Bürgernähe und Effektivität in Brandenburg und Mecklenburg-Vorpommern gelöst. Diese Länder sind dem dualen System nur bedingt gefolgt. Begrüßenswert ist hierbei aber, daß in Brandenburg die Urwahl des Bürgermeisters bereits jetzt vorgesehen ist und sie in Mecklenburg-Vorpommern 1999 eingeführt werden soll (hier freilich – wie in Hessen – für einen Bürgermeister mit erheblich eingeschränkten Kompetenzen). Die besondere Akzeptanz dieses Verfassungssystems zeigt sich schließlich darin, daß die duale Rat-Bürgermeister-Verfassung auch in Nordrhein-Westfalen eingeführt wurde und auch dort spätestens 1999 jeder Bürgermeister direkt vom Volke gewählt sein wird.

Die lang andauernde Diskussion über Reformen der Kommunalverfassungen haben somit insgesamt zwar nicht zu einer Reduzierung der Vielfalt der Systeme geführt. Wohl aber ist ein System deutlich dominierend geworden: die duale Rat-Bürgermeister-Verfassung, die Urwahl des Bürgermeisters wurde nahezu flächendeckend eingeführt, und auch im Wahlakt zu den kommunalen Vertretungskörperschaften wurde den Bürgern in den meisten Ländern durch Aufgabe des Systems der starren Listen und Einführung des Kumulierens und Panaschierens mehr Einfluß auf die Kandidatenauswahl ermöglicht. – Anzufügen ist schließlich ein Aspekt, der innerhalb der Systeme das Gesicht der Kommunalverfassungen geändert hat: Als Reaktion auf Politik(er)verdrossenheit wurden seit der Wende nach und nach in fast allen Kommunalverfassungen verstärkt Elemente der Bürgermitwirkung auch außerhalb des einmaligen Wahlakts eingeführt. Namentlich das in Baden-Württemberg seit 1955 – und effektiviert 1975 – bestehende System von Bürgerbegehren und Bürgerentscheid wurde fast flächendeckend übernommen, der Parteieinflluß durch Aufgabe des Systems der starren Listen und Einführung von Kumulieren und Panaschieren – wie in Bayern und Baden-Württemberg lang üblich – reduziert, Bürgerversammlungen – dem Vorbild Bayerns folgend – wurden normiert, darüber hinaus das System des Bürgerantrags – eines kleinen Bürgerbegehrens auf Ratsentscheid – normiert und andere, den Bürger mehr an seine Mandatare bindende Formen realisiert. Damit hat Bürgermitwirkung in der Kommunalpolitik einen breiteren Stellenwert gewonnen.

Literatur

Banner, Gerhard, Vor- und Nachteile der Gemeindeordnungen der Bundesrepublik, in: *Mombaur, Peter Michael* (Hrsg.), Neue Kommunalverfassung für Nordrhein-Westfalen, Köln 1988, S. 26 ff.

Bretzinger, Otto N., Die Kommunalverfassung der DDR, Baden-Baden 1994.

Erichsen, Hans-Uwe (Hrsg.), Kommunalverfassung heute und morgen – Bilanz und Ausblick, Köln u.a. 1989.

Henneke, Hans-Günter, Kreisrecht in den Ländern der Bundesrepublik Deutschland, Stuttgart u.a. 1994.

Hoffmann, Gert, Zur Situation des Kommunalverfassungsrechts nach den Gesetzgebungen der neuen Bundesländer, in: Die Öffentliche Verwaltung 1994, S. 621 ff.

Ipsen, Jörn (Hrsg.), Kontinuität oder Reform, Die Kommunalverfassungen auf dem Prüfstand, Köln u.a. 1990.

Knemeyer, Franz-Ludwig,, Erfahrungen mit der süddeutschen Gemeindeverfassung, in: *Ipsen, Jörn* (Hrsg.), Kontinuität oder Reform.

Knemeyer, Franz-Ludwig, Bürgermitwirkung und Kommunalpolitik, Landshut und München 1995.

Knemeyer, Franz-Ludwig, Die Europäische Charta der kommunalen Selbstverwaltung, Baden-Baden 1989.

Knemeyer, Franz-Ludwig, Bayerisches Kommunalrecht, 8. Auflage, München 1994.

Mombaur, Peter Michael (Hrsg.), Neue Kommunalverfassung für Nordrhein-Westfalen, Köln 1988.

Roth, Roland/Wollmann, Hellmut (Hrsg.), Kommunalpolitik: Politisches Handeln in den Gemeinden, Opladen 1994.

Wehling, Hans-Georg (Hrsg.), Kommunalpolitik in Europa, Stuttgart u.a. 1994.

Weinmann, Gerhard, Kollegiale Formen kommunaler Verwaltungsführung? Köln u.a. 1993.

Hinrich Lehmann-Grube/Jochen Dieckmann

2. Verwaltung der großen Städte

Inhaltsübersicht

I. Aufgaben der Städte
   1. Das Prinzip der Allzuständigkeit
   2. Einzelne Aufgaben der Städte
      a.) Allgemeine Verwaltung/Innere Organisation
      b.) Recht, öffentliche Sicherheit und Ordnung
      c.) Schule, Bildung und Kultur
      d.) Freizeit und Sport
      e.) Soziales und Jugend
      f.) Krankenhäuser
      g.) Stadtentwickung, Bauen und Wohnen
      h.) Umweltschutz
      i.) Verkehr
      j.) Wirtschaftsförderung
      k.) Wirtschaftliche Betätigung
II. Die Ressourcen der Städte
   1. Das Personal der Stadt
   2. Die städtischen Finanzen
      a.) Haushaltsplan
      b.) Finanzplanung
      c.) Gebühren und Entgelte
      d.) Steuern
      e.) Finanzausgleich
      f.) Kredite
III. Die innere Kommunalverfassung
   1. Die Vertretungskörperschaften
   2. Der Hauptverwaltungsbeamte
IV. Die Städte und der Staat

V. Die Stadt und die politischen Parteien
VI. Die Stadt und ihre Bürgerschaft

I.   Aufgaben der Städte

Der Begriff "Große Städte" ist kein verwaltungsrechtlich eindeutig definierter Begriff. Er entspricht in etwa dem Begriff "Großstädte" und umfaßt in der Regel in der Stadtforschung Städte mit mehr als 100.000 Einwohnern (davon gibt es in der Bundesrepublik Deutschland derzeit 83). Diese Städte sind mit wenigen Ausnahmen sogenannte kreisfreie Städte und gehören damit nicht wie die Städte und Gemeinden im ländlichen Raum einem Kreis an. Sie sind zuständig für alle kommunalen Aufgaben, die sich für kreisangehörige Städte und die Kreise ergeben.

Die Entwicklung der großen Städte in der Bundesrepublik Deutschland stellt sich seit der Vereinigung unterschiedlich dar: In den alten Ländern findet man eine hochentwickelte kommunale Selbstverwaltung mit einem breiten Aufgabenbestand, großer Erfahrung und zugleich einem gesunden Selbstbewußtsein in der Wahrnehmung der städtischen Aufgaben. Aktuelle Themen sind insbesondere der Umbau der Verwaltung zu "Dienstleistungsunternehmen" mit höherer Effizienz und Bürgernähe, andererseits die durchgängig erforderliche Konsolidierung der städtischen Haushalte, die unter einer unheilvollen Kombination von sinkenden Einnahmen (Rückgänge bei den Steuern, insbesondere bei der Gewerbesteuer) und steigenden Ausgaben (unter anderem im Sozialbereich) notwendig ist.

Die Entwicklung in den neuen Ländern ist dagegen gekennzeichnet durch den Aufbau der kommunalen Selbstverwaltung, der weit fortgeschritten, aber noch nicht abgeschlossen ist. Der Umbau der Stadtverwaltungen vom "örtlichen Organ der Staatsgewalt" zu demokratischen, dezentralen Einheiten kann nicht in wenigen Jahren abgeschlossen sein. Sonderlasten sind derzeit die geringe Steuerkraft, die hohe Personallast in einigen Bereichen sowie die immer noch nicht abschließend geklärten Eigentumsfragen.

Verglichen mit den Städten im Ausland haben die großen Städte in Deutschland einen großen Katalog von öffentlichen Aufgaben zu erfüllen. Dieser Katalog ist außerordentlich umfangreich und vielgestaltig.

1. Das Prinzip der Allzuständigkeit

Viele der öffentlichen Aufgaben, die von den Städten wahrgenommen werden, sind den Städten durch Gesetze des Bundes und vor allem der Länder auferlegt worden. Andere Aufgaben nehmen die Städte wahr, ohne daß sie gesetzlich dazu verpflichtet sind. Der Stadtrat als Volksvertretung (Vertretungskörperschaft) kann sie in jeder einzelnen Stadt beschließen. Angesichts des wirtschaftlichen und gesellschaftlichen Wandels treten so immer wieder neue Aufgaben hinzu; andere Aufgaben verlieren an Bedeutung. Ein Beispiel für neue Tätigkeitsfelder sind die Arbeitsplatzbeschaffung durch sogenannte Beschäftigungsgesellschaften, aber auch wirtschaftliche, unternehmerische Tätigkeit in verschiedenen Ausgestaltungen.

Rechtliche Grundlage dieses Aufgabenwandels ist das Prinzip der Allzuständigkeit. Es ergibt sich aus der verfassungsrechtlichen Garantie in Art. 28 Abs. 2 Satz 2 des Grundgesetzes der Bundesrepublik Deutschland: "Den Gemeinden muß das Recht gewährleistet sein, alle Angelegenheiten der örtlichen Gemeinschaft im Rahmen der Gesetze in eigener Verantwortung zu regeln". Die Gemeindeordnungen der Länder haben diesen Grundsatz weiter konkretisiert: "Die Gemeinden sind in ihrem Gebiet, soweit die Gesetze nicht ausdrücklich etwas anderes bestimmen, ausschließliche und eigenverantwortliche Träger der öffentlichen Verwaltung" (so z.B. § 2 GO Nordrhein-Westfalen). Der Weite dieses rechtlichen Rahmens entspricht die Offenheit, mit der die Volksvertretungen die Aufgaben der Städte interpretieren. Was in ihrer Stadt geschieht oder nicht geschieht, was notwendig ist oder gewünscht wird – es ist ihre Entscheidung, sei sie gesetzlich geregelt oder nicht, sofern sie nicht von einem Bundes- oder Landesgesetz ausdrücklich verboten ist.

Der erwähnte Aufgabenwandel ist derzeit besonders von zwei Aspekten gekennzeichnet: Der Aufbau der kommunalen Selbstverwaltung in den fünf neuen Ländern hat es erforderlich gemacht, seitens der Städte auch Aufgaben, wie z.B. die Beschäftigungspolitik "aufzugreifen", die bislang ausdrücklich nicht als städtische Aufgaben verstanden wurden. Zum anderen machte es die durchgängige Finanznot aller Städte in Deutschland erforderlich, den eigenen Aufgabenbestand kritisch daraufhin zu überprüfen, ob nicht städtische Aufgaben – wenigstens hinsichtlich ihrer technischen Durchführung – auf private Unternehmen oder gesellschaftliche Gruppen übertragen werden können. Für eine Privatisierung öffentlicher Aufgaben kann es allerdings keine allgemeingültigen Regeln geben. Maßgeblich ist eine Prüfung im Einzelfall danach, ob eine Aufgabenerfüllung durch Private wirtschaftlichere und leistungsfähigere Lösungen verspricht.

2. Einzelne Aufgaben der Städte

Innerhalb des großen Aufgabenkatalogs der Städte unterscheidet man die Aufgaben des eigenen und die des übertragenen Wirkungskreises. Innerhalb des eigenen Wirkungskreises gibt es freiwillige Selbstverwaltungsangelegenheiten (z.B. Museen, Sportanlagen, Bäder, Grünanlagen) und pflichtige Selbstverwaltungsangelegenheiten (Wasser- und Energieversorgung, Straßenverwaltung, Sozialhilfe, städtebauliche Planung). Im sogenannten übertragenen Wirkungskreis nehmen die Städte Aufgaben war, die ihnen durch Bundes- oder Landesgesetze übertragen worden sind, z.B. Bauordnung, Melderecht, Ordnungsrecht. Die Unterscheidung ist insbesondere für das Maß der staatlichen Aufsicht und deren Instrumente von Bedeutung.

Fachlich können die Aufgaben grob wie folgt gegliedert werden:

a.) Allgemeine Verwaltung/Innere Organisation

Die Städte haben, abgeleitet aus der Garantie der kommunalen Selbstverwaltung, das Recht, ihre innere Organisation in eigener Verantwortung zu gestalten. Sie orientieren sich dabei weitgehend an Empfehlungen, die von der "Kommunalen Gemeinschaftsstelle für Verwaltungsvereinfachung" (KGSt) herausgegeben worden sind. Dadurch hat sich – auf freiwilliger Grundlage – eine weitgehende Vergleichbarkeit entwickelt, die vor allem auf einem einheitlichen Aufgabengliederungsplan beruht. Der in jüngster Zeit begonnene Prozeß der Verwaltungsmodernisierung führt indes mehr oder weniger dazu, daß sich diese etablierten Gliederungsstrukturen auflösen und weiterentwickeln, was zur Folge hat, daß sich in einzelnen Städten bereits recht unterschiedliche Organisationsformen entwickelt haben. Der Prozeß ist nicht abgeschlossen.

b.) Recht, öffentliche Sicherheit und Ordnung

Die Städte dürfen eigenes Ortsrecht erlassen (Satzungshoheit). Besonders wichtig sind die Hauptsatzung (sie regelt die innere Organisation der Stadt), die Satzungen über Abgaben und die Bebauungspläne.

Die Städte sind untere Instanzen der allgemeinen Ordnungsbehörden bei der Abwehr von Gefahren für die öffentliche Sicherheit und Ordnung. Bei Gefahren für die öffentliche Sicherheit und Ordnung werden die Ordnungsämter neben der Polizei tätig, deren Dienststellen nicht in die Kommunalverwaltungen eingegliedert sind. Neben der allgemeinen Gefahrenabwehr sorgen die Städte – je nach dem Recht des einzelnen Bundeslandes – z.B. als Gesundheitsamt, als Veterinäramt oder Forstamt auch für staatliche Sonderordnungsaufgaben. Bei alledem bleibt der Polizei das Recht und die Pflicht zum ersten Zugriff.

Eine klassische Einrichtung der Städte zur Gefahrenabwehr ist die Feuerwehr. Spätestens seit dem Anfang des 20. Jahrhundert haben alle Städte eine freiwillige Feuerwehr und inzwischen eine Berufsfeuerwehr (in die Arbeit der Berufsfeuerwehr sind häufig die freiwilligen Feuerwehren auf Ortsebene integriert). Ihre Aufgabe besteht nicht nur im eigentlichen Brandschutz, sondern auch in der Hilfe bei Unglücksfällen und in Notsituationen sowie im Krankentransport und Rettungsdienst (in diesen sind aber auch viele private Organisationen wie z.B. das Deutsche Rote Kreuz eingebunden).

c.)   Schule, Bildung und Kultur

Im Schulbereich sorgen die Städte für die sogenannten äußeren Schulangelegenheiten. Dazu gehört nicht die eigentliche Unterrichts- und Erziehungsarbeit; diese ist Aufgabe der Länder, die auch die Lehrer anstellen und bezahlen. Die Städte haben für die äußeren Bedingungen zu sorgen, die eine Schule braucht, z.B. die Errichtung von Schulen, die Instandhaltung der Schulanlagen und die Beschäftigung von Hausmeistern und Reinigungskräften.

Auf den Feldern Bildung und Kultur gibt es für die Städte nur wenige gesetzliche Vorschriften. Die Städte unterhalten Volkshochschulen, Museen, Bibliotheken, Archive, Musikschulen sowie als klassische Kulturform Orchester, Opern und Schauspielhäuser. Das Angebot der städtischen Kulturarbeit wird ergänzt durch ein vielfältiges Angebot von privaten Initiativen, freien Kulturgruppen und Kulturzentren sowie kulturellen Vereinen. Sie erhalten meist Zuschüsse im Rahmen des finanziell Möglichen.

d.)   Freizeit und Sport

Ebenso wie bei der Kulturarbeit sind die Städte bei der Ausgestaltung ihres Freizeit- und Sportangebotes weitgehend frei. Spiel- und Freizeitanlagen, Kinderspielplätze, Freibäder, Grünanlagen, Parks, Sporthallen und Sportplätze sind Einrichtungen, die von den Städten errichtet und unterhalten werden, soweit nicht Sportvereine diese

Einrichtungen tragen. Von seiten des Landes und der Städte gibt es in unterschiedlichem Maße Zuschüsse. Um den Aufwand der Städte für Sportstätten zu reduzieren, wird häufig den Sportvereinen die Verantwortung für eine städtische Anlage übertragen.

e.) Soziales und Jugend

Fast ein Viertel des gesamten städtischen Haushaltes wird für Aufgaben im Jugend- und Sozialbereich ausgegeben. Die sozialen Aufgaben sind vom Umfang her der gewichtigste Aufgabenbereich der Städte. Dabei wird ein Teil der Aufgaben von "freien Trägern" wahrgenommen. Diese sind im wesentlichen die großen Wohlfahrtsverbände; sie erhalten erhebliche Zuschüsse zu ihrer Arbeit. Die meisten Mittel bindet die Sozialhilfe. Jeder, dessen eigenes Einkommen oder Vermögen nicht für den Lebensunterhalt ausreicht, hat einen einklagbaren Anspruch gegen die Stadt auf Sozialhilfe. Ursprünglich als Hilfe in individueller Not entwickelt, muß die Sozialhilfe heute immer mehr dazu herhalten, auch die materiellen Folgen von Langzeitarbeitslosigkeit und Behinderung zu decken. Neben der gesetzlichen Aufgabe Sozialhilfe umfaßt kommunale Sozialpolitik verschiedene sozialpflegerische Dienste wie Krankenpflege, Haus- und Familienpflege sowie Altenpflege.

Die Jugendhilfe ist eine gesetzliche Aufgabe der Städte. Sie umfaßt als Jugendpflege (das heißt Jugendbildung und -arbeit) Angebote an junge Menschen in den Bereichen Freizeit, Erholung, internationale Begegnung, politische und musisch-kulturelle Bildung. Einrichtungen der Jugendpflege sind insbesondere sogenannte Häuser der offenen Tür, Freizeitstätten, Jugenderholungsheime und -bildungsstätten. Zur Jugendhilfe zählen auch die nach Altersstufen gegliederten Kindertageseinrichtungen wie Kinderkrippen und Krabbelstuben, Kindergärten und -horte. Kinder haben ab dem dritten Lebensjahr einen Rechtsanspruch auf einen Platz in einem Kindergarten.

f.) Krankenhäuser

Auch das Krankenhauswesen ist durch eine Vielfalt von kommunaler, staatlicher, freigemeinnütziger und privater Trägerschaft geprägt. Die Städte haben neben dem Land die Aufgabe, die Krankenhausversorgung sicherzustellen. Sie tragen gemeinsam mit dem Land die Investitionskosten. Die Benutzungskosten tragen die Krankenkassen und die Patienten. Nach erheblichen Kostensteigerungen wird seit vielen Jahren das Ziel intensiv verfolgt, die Kosten zu dämpfen, insbesondere durch eine verstärkte wirtschaftliche Betriebsführung.

g.) Stadtentwicklung, Bauen und Wohnen

Die Planungshoheit ist ein wichtiges Element der kommunalen Selbstverwaltung. Es ist Aufgabe der Stadtplanung, die Entwicklung der Bodennutzung, die Standortentscheidungen, die Bebauung und Erschließung zu steuern und für die öffentlichen und privaten Baumaßnahmen einen städtebaulichen Rahmen zu setzen. Ihre Instrumente sind der Flächennutzungsplan (stadtweit) und der Bebauungsplan (verbindlich für ein ganzes Quartier).

Hochbau und Tiefbau sind Tätigkeitsbereiche, wo die Stadt selbst als Bauherr und Bauträger für verschiedene Aufgaben auftritt (Straßenbau, Brückenbau, Stadtbahnbau, Bau von städtischen Gebäuden). Zur technischen Durchführung werden private Unternehmen eingesetzt.

Wohnungspolitik ist eine öffentliche Aufgabe, die von Bund, Ländern und Städten gemeinsam wahrgenommen wird. Ihre Finanzierung ist grundsätzlich Aufgabe des Bundes und der Länder. Die Städte verwalten diese Mittel und stellen mitunter eigene Mittel zusätzlich zur Verfügung. Für diejenigen, die sich selber ausreichenden Wohnraum nicht finanzieren können, wird ein Wohngeld gezahlt, das von Bund und Ländern aufgebracht und von der Stadt ausgezahlt wird. Die Städte sind auch zuständig für die Wohnungsaufsicht.

h.) Umweltschutz

Die Belastungen der Umwelt und das wachsende Umweltbewußtsein stellen hohe Anforderungen an die Städte. Pflichtaufgaben und freiwillige Aufgaben im Umweltschutz sind in den vergangenen Jahren erheblich gestiegen. Fast alle städtischen Aufgabenbereiche sind davon berührt. Umweltvorsorge (das heißt Umweltplanung) und Umweltsanierung zielen auf Bodenschutz (Altlasten bei früherer industrieller Nutzung), Luftreinhaltung, Abfallwirtschaft (verstärkt unter dem Gesichtspunkt der Abfallvermeidung), Reinhaltung des Trinkwassers, Reinigung des Abwassers und Lärmschutz. Die Aufgaben im einzelnen werden je nach der gesetzlichen Grundlage von staatlichen oder städtischen Stellen wahrgenommen.

i.)   Verkehr

Mit ihrer Verkehrsplanung steuern die Städte den Stadtverkehr. Nach dem dramatischen Zuwachs des Autoverkehrs wird verstärkt auf Fußgängerzonen, verkehrsberuhigte Bereiche, Radwegenetze und vor allem auf einen Vorrang für Bus und Bahn geachtet. Neuerdings sind die Städte auch für die Organisation des Schienenpersonennahverkehrs zuständig, nachdem hierfür nicht mehr die Bundeseisenbahnen zuständig sind.

j.)   Wirtschaftsförderung

Als freiwillige Aufgabe nehmen die Städte die Wirtschaftsförderung wahr, indem sie einerseits neue Betriebe zur Ansiedlung im Stadtgebiet veranlassen (Ansiedlungspolitik) und zum anderen auch bestehende Gewerbebetriebe an ihrem vorhandenen Standort fördern (Bestandspolitik). Städtische Wirtschaftsförderung ist eine Querschnittsaufgabe für mehrere städtische Dienststellen und umfaßt im wesentlichen die Beratung der Unternehmen, Finanzhilfen, Beratung der Bauleitplanung, der Grundstückspolitik und Aktivitäten im Bereich von Werbung und Marketing.

k.)   Wirtschaftliche Betätigung

Von jeher haben die Städte im Rahmen ihres Selbstverwaltungsrechtes die Möglichkeit in Anspruch genommen, sich zur Aufgabenerfüllung eines eigenen wirtschaftlichen Unternehmens zu bedienen. Dabei gibt es unterschiedliche Rechtsformen des öffentlichen Rechtes (Eigenbetrieb) und des privaten Rechtes (GmbH/Aktiengesellschaft). Je nach Landesrecht ist die Freiheit, die gewünschte Rechtsform zu wählen, eingeschränkt. In zunehmendem Umfang sind auch außenstehende Private in solche Gesellschaften einbezogen (Public-Private-Partnership).

II. Die Ressourcen der Städte

1. Das Personal der Stadt

In einer Großstadtverwaltung sind heute Menschen in mehr als 100 Berufen tätig. Wie die Organisations-, die Satzungs- und Planungshoheit ergibt sich auch die Personalhoheit aus der Garantie der kommunalen Selbstverwaltung. Die Stadt hat das Recht, das zur Erfüllung ihrer Aufgaben erforderliche Personal im Rahmen der Gesetze einzustellen, zu befördern und zu entlassen und alle dazu notwendigen Entscheidungen selbst zu treffen.

Bei den Städten gibt es Beamte, Angestellte und Arbeiter. Die rechtlichen Grundlagen ihrer Arbeit sind unterschiedlich. Die Grundsätze für ihre Bezahlung, ihr Ruhegehalt, die Kündigung und Beförderung haben sich allerdings im Laufe der Zeit sehr weitgehend angenähert. Die bei weitem größte Gruppe der Beschäftigten sind die Angestellten, gefolgt von den Arbeitern. Die geringste Zahl stellen die Beamten.

Die Höhe der Bezahlung ergibt sich für Beamte aus einem Bundesgesetz, für Arbeiter und Angestellte aus Tarifverträgen, die für alle Angehörigen des öffentlichen Dienstes einheitlich ausgehandelt werden. Einen Spielraum im Einzelfall gibt es nur ausnahmsweise. Die Bezahlung berücksichtigt die Bedeutung der zu leistenden Tätigkeit, die Vorbildung des Beschäftigten, die Dauer seiner Beschäftigung sowie die Zahl der unterhaltsberechtigten Personen in seiner Familie.

Die Höhe der Personalkosten und deren Steigerung stellen hohe Anforderungen an die städtische Finanzplanung. Deshalb versuchen die Städte in der Zeit der Finanznot die Zahl der Beschäftigten zu reduzieren. Ein besonderes Problem gibt es in den neuen Ländern: Es wird noch geraume Zeit ein Ungleichgewicht dadurch bestehen, daß es in sozialen und kulturellen Einrichtungen vergleichsweise viele Beschäftigte gibt, während in der Kernverwaltung noch ein erheblicher Mangel zu verzeichnen ist.

2. Die städtischen Finanzen

Für die Erfüllung ihrer Aufgaben benötigen die Städte in erheblichem Umfang Geld. Einnahmen und Ausgaben werden durch den Haushaltsplan und die Finanzplanung gesteuert. Die Einnahmen der Städte bestehen im wesentlichen aus Gebühren und Entgelten aus eigenen Steuern, aus besonderen Zuweisungen und Finanzausgleichsleistungen des Landes sowie schließlich aus Krediten. Die Ausgaben ergeben sich aus den bereits dargestellten Aufgaben.

a.)   Haushaltsplan

Für jedes Haushaltsjahr (Kalenderjahr) wird ein Haushaltsplan aufgestellt, der die erwarteten Ausgaben und Einnahmen auflistet. Der Haushaltsplan wird vom Stadtrat beschlossen.

Jeder Haushaltsplan umfaßt zwei große Teile:
– Der Verwaltungshaushalt (etwa 2/3 aller Ausgaben und Einnahmen) mit den laufenden Verwaltungsausgaben, die die Vermögenssubstanz der Stadt nicht verändern, z.B. die Ausgaben für Personal, Heizung, Papier, Sozialhilfe, Wohngeld, Schülertransporte sowie den Einnahmen aus Gebühren, Eintrittsgeldern und Steuern.
– Der Vermögenshaushalt (etwa 1/3 aller Ausgaben und Einnahmen) für Investitionen und Maßnahmen, die die Vermögenssubstanz der Stadt verändern, z.B. die Baukosten für eine Schule oder für eine Straße, die Ausgaben für Grundstückskäufe und die Einnahmen aus Grundstücksverkäufen.

Die praktische und politische Bedeutung des Haushaltsplans geht über die Regelung der finanziellen Angelegenheiten weit hinaus. Der Haushaltsplan ist das Instrument der Volksvertretungen, mit dem sie die Fülle der städtischen Aufgaben zusammenfassen, gemeinsame Maßstäbe suchen und Prioritäten unter den einzelnen Aufgaben setzen können. Wie bei der Diskussion der staatlichen Parlamente über den Bundes- und Landeshaushalt ist auch die Beratung des städtischen Haushaltes Gelegenheit zu politischer Auseinandersetzung und zum Kräftemessen zwischen den verschiedenen politischen Parteien.

b.)   Finanzplanung

Zugleich mit dem Haushaltsplan wird eine Finanzplanung für fünf Jahre aufgestellt. In der Finanzplanung der Stadt werden die Einnahmen und Ausgaben für den Planungszeitraum berücksichtigt. So konkret wie im vorhinein möglich, werden die Aufgaben, die erkennbaren Kostenentwicklungen sowie die wirtschaftlichen und gesetzlichen Veränderungen berücksichtigt und die bereits beschlossenen oder fest geplanten neuen Maßnahmen und Einrichtungen einbezogen (Investitionsprogramm). Damit kann die Finanzplanung sowohl für die Stadt als auch für die Aufsichtsbehörden als Instrument der längerfristigen Steuerung und Kontrolle der Haushaltswirtschaft dienen.

c.) Gebühren und Entgelte

Gebühren und Entgelte sind eine bedeutende Einnahmequelle der Städte. Sie werden erhoben für die Benutzung städtischer Einrichtungen oder für besondere Leistungen. Beispiele sind die Abwassergebühren, die Straßenreinigungsgebühren oder die Eintrittsgelder beim Besuch eines städtischen Bades. Die Gemeindeordnungen sehen vor, daß die Städte zunächst ihre erforderlichen Einnahmen aus Gebühren und Entgelten beschaffen und erst nachrangig auch Steuermittel einsetzen. Da bei der Gebührenhöhe die städtischen Investitionen und erbrachten Leistungen berücksichtigt werden müssen, hat sich insbesondere durch hohe Umweltinvestitionen eine sehr hohe Gebührenbelastung der Bürger ergeben. Die Städte dürfen aber nur ihre tatsächlichen Kosten zugrundelegen, Gewinne dürfen sie bei den Gebühren nicht machen (Kostendeckungsprinzip).

d.) Steuern

Von einzelnen sogenannten Bagatellsteuern abgesehen (z.B. Zweitwohnungsteuer in Feriengebieten), haben die Städte drei wesentliche Steuerquellen: Die Grundsteuer ist eine eigene, von der Stadt im Rahmen gesetzlicher Regeln festgelegter Grenzen selbst festzusetzende Steuer auf bebaute und unbebaute Flächen im Stadtgebiet. Die Gewerbesteuer nach Ertrag und Kapital ist wichtigste eigene Steuerquelle für Städte. Besteuert werden die Kapitalsumme des Unternehmens und der Gewerbeertrag der größeren Gewerbebetriebe im Stadtgebiet. Die Städte erhalten zudem einen Anteil an der Einkommensteuer in Höhe von 15 % des Aufkommens. Auf die Höhe dieses Steueranteils haben sie keinen Einfluß. Andererseits ist der Anteil gesetzlich festgelegt und steht damit auch nicht zur Disposition des Landes.

e.) Finanzausgleich

Für die Erfüllung von pflichtigen Aufgaben erhalten die Städte vom Land sogenannte Finanzausgleichsleistungen. Diese werden jährlich vom Landesparlament festgesetzt. Neben den allgemeinen Leistungen erhalten die Städte von Bund und Land spezielle Zuweisungen, die in der Regel mit genauen Vorgaben für die Verwendung des Geldes verbunden sind. Beispiele gibt es im Wohnungsbau, im Schulbau, beim öffentlichen Personennahverkehr. So interessant diese besonderen Zuweisungen im Einzelfalle sind, vom Prinzip her sind sie von der auferlegten Bindung und der daraus sich ergebenden Abhängigkeit problematisch.

f.) Kredite

Die Aufnahme von Krediten ist problematisch, aber unvermeidlich. Die Städte dürfen Kredite nur zur Finanzierung von Investitionen aufnehmen, nicht zur Finanzierung von laufenden Verwaltungsaufgaben. Die Höhe der Kreditaufnahme ist dadurch begrenzt, daß die dauernde Leistungsfähigkeit der Stadt zur Erfüllung ihrer Aufgaben und finanziellen Verpflichtungen nicht beeinträchtigt werden darf. Dies wird von der staatlichen Aufsicht kontrolliert. Während die Höhe der Kreditaufnahme im allgemeinen der staatlichen Aufsicht unterliegt, ist eine Genehmigung für das einzelne Kreditgeschäft grundsätzlich nicht erforderlich. Die Städte suchen selbständig auf dem Kapitalmarkt die Kreditgeber (Sparkassen, Banken und andere) mit den für sie günstigsten Konditionen.

III. Die innere Kommunalverfassung

Die Kommunalverfassung gehört zur Gesetzgebungszuständigkeit der Länder. Deshalb ist sie sehr unterschiedlich und, da unterschiedliche Begriffe verwendet werden, mitunter schwer zugänglich. Die Situation in Berlin, Bremen und Hamburg, die zugleich Länder sind, bleibt im folgenden wegen der Besonderheiten dieser sogenannten Stadtstaaten außer Betracht.

1. Die Vertretungskörperschaften

Im Mittelpunkt steht als oberstes Beschluß- und Willensorgan die gewählte Volksvertretung (Rat, Stadtverordnetenversammlung). "In den Ländern, Kreisen und Gemeinden muß das Volk eine Vertretung haben, die aus allgemeinen, unmittelbaren, freien, gleichen und geheimen Wahlen hervorgegangen ist" bestimmt Art. 28 Abs. 1 Satz 2 Grundgesetz, übrigens die einzige gemeinsame, bundeseinheitlich geltende Regelung des Kommunalverfassungsrechtes in der Bundesrepublik Deutschland. Diese Volksvertretung ist kein "Parlament" im staatsrechtlichen Sinne, weil sie sich weit über parlamentarische Kontroll- und Rechtssetzungsbefugnisse hinaus auch mit einzelnen Verwaltungsentscheidungen befaßt. Sie ist als oberstes Entscheidungsgremium zugleich Teil der Verwaltung. Die deutsche kommunale Selbstverwaltung ist historisch geprägt durch die Mitwirkung der Kommunalpolitik an der Verwaltung.

Bestimmte Aufgaben, meist einschließlich der Befugnis, abschließend zu entscheiden, kann die Vertretung auf Ausschüsse übertragen. Einzelne Landesrechte kennen auch – unterschiedlich stark ausgebildete – Stadtteilvertretungen mit zum Teil weitgehenden eigenen Befugnissen. So sind etwa den Bezirksvertretungen in den Stadtbezirken der kreisfreien Städte in Nordrhein-Westfalen etliche Entscheidungen übertragen, die sich auf bezirkliche Dinge beschränken. Diese Bezirksvertretungen werden zum gleichen Zeitpunkt wie der Stadtrat von der Bevölkerung gewählt.

Grundlage der Vertretungskörperschaften sind allgemeine, unmittelbare, freie, gleiche und geheime Wahlen. Die Wahlzeit beträgt je nach Landesrecht vier, fünf oder sechs Jahre.

Die Beschlüsse des Stadtrates werden vom Hauptverwaltungsbeamten vorbereitet und durchgeführt. Der Hauptverwaltungsbeamte erledigt zudem in eigener Zuständigkeit die sogenannten Geschäfte der laufenden Verwaltung, das heißt die Sachen, die keiner Entscheidung durch den Stadtrat bedürfen.

2. Der Hauptverwaltungsbeamte

Die Stellung des Hauptverwaltungsbeamten ist sehr unterschiedlich: In einigen Ländern ist er Ratsvorsitzender, Verwaltungschef und Repräsentant der Stadt zugleich (Bürgermeisterverfassung), mitunter auch direkt vom Volk gewählt (süddeutsche Ratsverfassung, ausgehend von Bayern und Baden-Württemberg inzwischen auch in Thüringen, Sachsen, Sachsen-Anhalt, Brandenburg und – schrittweise – in Nordrhein-Westfalen). Dies gibt dem Oberbürgermeister eine starke Stellung.

In der norddeutschen Ratsverfassung steht dem Ratsvorsitzenden und Repräsentanten (Ober-/Bürgermeister) auch ein Verwaltungschef gegenüber (Ober-/Stadtdirektor; in Niedersachsen und – auslaufend – in Nordrhein-Westfalen). In Mecklenburg-Vorpommem hat den Ratsvorsitz der Stadtpräsident, während die Verwaltung vom Ober-/Bürgermeister geleitet wird, der auch Repräsentant der Stadt ist. Der Ratsvorsitzende ist in diesen Fällen nur ehrenamtlich tätig, obwohl sein Arbeitseinsatz meist tagesfüllend ist. Als oberster Repräsentant der Stadt und ihr "erster Bürger" erhält er kein Gehalt, lediglich eine Aufwandsentschädigung. Der Oberstadtdirektor/Oberbürgermeister wird hier als Wahlbeamter, meist auf 6 oder 8 Jahre, gewählt. Er vertritt die Stadt nach außen in rechtlichen und geschäftlichen Dingen, führt die Geschäfte der laufenden Verwaltung und ist Vorgesetzter aller Beamten, Angestellten und Arbeiter.

Bei der Magistratsverfassung (Hessen, zum Teil in Schleswig-Holstein) ist der Ober-/Bürgermeister Repräsentant der Stadt, er leitet die Verwaltung aber gemeinsam mit den ehrenamtlichen und hauptamtlichen Mitgliedern des Magistrats. Der Magistrat wird vom Stadtrat gewählt. Er ist das oberste Verwaltungsorgan, Chef der Verwaltung und Vorgesetzter aller Bediensteten der Stadt. Aus der Mitte der Magistratsmitglieder wird ein Stadtverordnetenvorsteher (Hessen) oder ein Stadtpräsident (Mecklenburg-Vorpommern) gewählt. Vorsitzender des Magistrates ist der Oberbürgermeister; er ist erster unter gleichen, "primus inter pares". In Hessen wird zukünftig der Oberbürgermeister unmittelbar vom Volk gewählt.

IV. Die Städte und der Staat

Die Städte sind zwar Teil des staatlichen Aufbaus, aber mit einer gewissen eigenen Entscheidungsbefugnis ausgestattet. Der Bund, die Länder und inzwischen auch die Europäische Union setzen dem Entscheidungs- und Gestaltungsspielraum der Städte mit ihren Entscheidungen aber einen immer engeren Rahmen. Die Entwicklung ist noch nicht abgeschlossen.

Die verfassungsrechtliche Lage ist spannungsreich. Das Grundgesetz hat die Bundesrepublik ausdrücklich als zweistufigen Staat ausgestaltet; die Kommunen gehören hiernach eindeutig zu den Ländern. Andererseits ist in einem eigenen Artikel der Verfassung (Art. 28 Abs. 2) der Grundsatz der kommunalen Selbstverwaltung ausdrücklich und für alle staatlichen Ebenen verpflichtend geregelt. Die Kommunen sind demnach nicht ein "örtliches Organ der Staatsgewalt", sondern – im eigentlichen Sinne – nichtstaatliche Selbstverwaltungseinheiten. Durch die regelmäßigen demokratischen Wahlen geben sie eine Legitimation, die der von Bundes-, Landes- oder Europapolitik nicht nachsteht.

Die Städte haben sich ebenso wie die Gemeinden und Kreise zu kommunalen Spitzenverbänden zusammengeschlossen, die neben dem Erfahrungsaustausch vor allem die Aufgabe haben, die Interessen der Kommune gegenüber Bund, Ländern und Europa zu vertreten (Deutscher Städtetag, Deutscher Städte- und Gemeindebund, Deutscher Landkreistag). Wegen der demokratischen Legitimation der Kommunen spielen die Verbände eine hervorgehobene Rolle in Bundes- und Landespolitik.

Wie bereits erwähnt, setzen Bund und Länder den Rahmen für kommunales Handeln. Entsprechend der Aufgabenteilung des Grundgesetzes geschieht dies seitens des Bundes, z.B. bei der Sozialhilfe, der städtebaulichen Planung oder im Verkehrswesen. Die Länder sind nach dem Grundgesetz unter anderem für den Vollzug der Gesetze und die Verwaltung zuständig und regeln dementsprechend den rechtlichen Rahmen z.B. für das Kommunalverfassungsrecht.

Die Länder entscheiden auch über den Fortbestand einzelner Städte. In Westdeutschland hat es in den 70er Jahren, in Ostdeutschland zu Beginn der 90er Jahre fast überall Gebietsreformen gegeben. Das Ziel war, die große Zahl kleinerer Städte, Gemeinden und Kreise so zusammenzufassen, daß sie ein Minimum an professioneller Verwaltungskraft organisieren können. Die Entwicklung ist jedenfalls in Ostdeutschland noch nicht abgeschlossen. In Westdeutschland hat sich in einzelnen Fällen gezeigt, daß die neuen Einheiten zu groß geraten sind. Die Folge sind schlechte Erreichbarkeit der Verwaltung durch die Bürgerschaft, aber auch eine erhebliche Mehrbelastung von Mandatsträgern, da deren Zahl geringer wurde.

V. *Die Stadt und die politischen Parteien*

Anders als bei Bund und Land gibt es keine starre Trennung zwischen Verwaltung und Politik. Die Verwaltung wird durch den Stadtrat (ehrenamtliche Verwaltung) und die Verwaltungsangehörigen (hauptamtliche Verwaltung) bestimmt. Da die großen politischen Parteien seit mehreren Jahren auch die Kommunalpolitik als Politikfeld erkannt und entsprechend programmatisch ausgestaltet haben, gibt es einen parteipolitischen Gestaltungsanspruch in vielfältiger Form.

VI. Die Stadt und ihre Bürgerschaft

Mehr als jede andere öffentliche Ebene ist die Stadt durch die Mitwirkung der Bürger geprägt. Dies ist nicht nur in den Kommunalverfassungsgesetzen so festgelegt, sondern kann täglich in der einzelnen Stadt politisch erlebt werden. Erfolge und Mißerfolge sind sehr konkret, und auch das Echo der Betroffenen ist schnell und unmittelbar.

Seit den 70er Jahren wird der Beteiligung der Bürger erhöhte Aufmerksamkeit geschenkt. Mehrere Länder haben in der Gemeindeordnung die Städte ausdrücklich verpflichtet, die Bürgerschaft frühzeitig über Planungen und Großvorhaben zu unterrichten. Eine ausdrückliche gesetzliche Verpflichtung für die Bürgerbeteiligung mit einem mehrstufigen Verfahren enthält das Baugesetzbuch für den Bereich der städtebaulichen Planung (Flächennutzungsplan, Bebauungsplan).

Bürgerschaftliche Mitwirkung kommt auch darin zum Ausdruck, daß in die meisten Ausschüsse des Stadtrates neben den eigentlichen Ratsmitgliedern auch sachkundige Bürger entsandt werden können. Die Ratsmitglieder müssen in den einzelnen Ausschüssen aber in der Überzahl bleiben. Die Ausschüsse können zur Beratung einzelner Punkte der Tagesordnung Sachverständige und Einwohner hinzuziehen. Einzelne Gemeindeordnungen sehen vor, daß in großen Städten ein Ausländerbeirat zu bilden ist.

Mehr und mehr enthalten die Gemeindeordnungen auch Elemente unmittelbarer bürgerschaftlicher Beteiligung (Partizipation). Dafür gibt es den Bürgerantrag (er zielt darauf ab, daß sich der Stadtrat mit einer bestimmten Thematik beschäftigt), den Bürgerentscheid (hier soll in einer Abstimmung der Bürger über einen konkreten Vorschlag entschieden werden) oder Bedenken und Anregungen (ähnlich dem Petitionsrecht bei Bund und Land). Für die Antragstellung und die Entscheidung gibt es unterschiedliche zahlenmäßige Voraussetzungen (Quoren). Die Bewertung dieser Entwicklung ist zwiespältig: Einerseits muß alles getan werden, um dem Bürger das Vertrauen in die Politik wiederzugeben. Andererseits kann auch nicht ausgeschlossen werden, daß einzelne, besonders aktive Gruppen sich auf diesem Wege, jedenfalls wenn die Mehrheit der Bevölkerung nicht dagegen ist, einen unangemessenen Einfluß auf bedeutsame Fragen verschaffen.

Ähnlich wie in der politischen Willensbildung wird auch bei der Verwaltungsarbeit mehr und mehr darauf geachtet, die öffentliche Dienstleistung bürgerorientiert zu erbringen. Einzelne Städte haben besondere "Bürgerämter" gebildet, dort werden die

Dienstleistungen verschiedener Fachämter gebündelt angeboten, so daß der Antragsteller nicht von Schalter zu Schalter laufen muß.

So positiv diese Entwicklung klingen mag, es kann doch nicht verkannt werden, daß immer weniger Bereitschaft besteht, sich für grundsätzliche Fragen der Stadtpolitik zu interessieren. Konjunktur haben vor allem die kleinen Fragen, die den einzelnen besonders angehen, wenn sie sich auf seine konkrete Lebenssituation beziehen. Diese Entwicklung gibt einseitiger Betrachtung oder gar Egoismus eine gefährliche Chance.

Literatur

Deutscher Städtetag, Für eine starke kommunale Selbstverwaltung! Eine Informationsschrift für die Städte in der DDR, 2. Auflage, Köln 1990 (Deutscher Städtetag: Reihe A, DST-Beiträge zur Kommunalpolitik 9).

Dill, Günter/Kanitz, Horst (Hrsg.), Grundlagen praktischer Kommunalpolitik, Band 1-7, Sankt Augustin 1994 (Veröffentlichungen der Konrad-Adenauer-Stiftung).

Friedrich-Ebert-Stiftung, Arbeitsgruppe Kommunalpolitik (Hrsg.), Wegbeschreibungen für die kommunale Praxis, Loseblattausgabe, Bonn 1992 (Hauptband).

Gabriel, Oscar W. (Hrsg.), Kommunale Demokratie zwischen Politik und Verwaltung, Beiträge zur Kommunalwissenschaft 29, München 1989.

Ganser, Karl/Hesse, Joachim Jens/Zöpel, Christoph (Hrsg.), Die Zukunft der Städte, Forum Zukunft 6, 1. Auflage, Baden-Baden 1991.

Geiser, Klaus, ABC der Kommunalverwaltung: Einführung in das Kommunalrecht, Kommunalverfassungsrecht, kommunales Haushaltsrecht, Öffentliches Dienstrecht, Regensburg 1991.

Gern, Alfons, Deutsches Kommunalrecht, 1. Auflage, Baden-Baden 1994.

Kronawitter, Georg (Hrsg.), Rettet unsere Städte jetzt! Das Manifest der Oberbürgermeister, Düsseldorf 1994.

Mombaur, Peter M., Kommunalpolitik in der Europäischen Union, 3. Auflage, Göttingen 1994.

Püttner, Günter (Hrsg.), Handbuch der kommunalen Wissenschaft und Praxis, 2. Auflage, Band 1-6, Berlin 1981-1985.

Roth, Roland/Wollmann, Hellmut (Hrsg.), Kommunalpolitik: politisches Handeln in den Gemeinden, Opladen 1994.

Schmidt-Eichstädt, Gerd/Stade, Isabell/Borchmann, Michael (Bearb.), Die Gemeindeordnungen und die Kreisordnungen in der Bundesrepublik Deutschland, Loseblattausgabe, Stuttgart 1979 ff.

Schöber, Peter, Kommunale Selbstverwaltung: die Idee der modernen Gemeinde, Stuttgart 1991.

Vogelsang, Klaus/Lübking, Uwe/Jahn Helga, Kommunale Selbstverwaltung: Rechtsgrundlagen – Organisation – Aufgaben, Berlin 1991.

Voigt, Rüdiger (Hrsg.), Handwörterbuch zur Kommunalpolitik, Studienbücher zur Sozialwissenschaft 50, Opladen 1984.

Waechter, Kay, Kommunalrecht: Ein Lehrbuch, 2. Auflage, Köln 1995.

Wehling, Hans-Georg (Hrsg.), Kommunalpolitik in Europa, Stuttgart 1994.

Günter Seele

3. Verwaltung des ländlichen Raumes

Inhaltsübersicht

I. Das institutionelle Verwaltungsgefüge im ländlichen Raum
   1. Der ländliche Raum
   2. Kommunalverwaltung und Staatsverwaltung im ländlichen Raum
   3. Das zweischichtige kommunale Institutionsgefüge im ländlichen Raum: kreisangehörige Gemeinden und Kreise
   4. Institutionelle Sonderformen des kommunalen Bereichs
II. Die Städte und Gemeinden im ländlichen Raum
   1. Rechtsgrundlagen, Status und politische Funktionen
   2. Wirkungsbereich und Kompetenzschwerpunkte
   3. Organe, Verwaltungsbehörde und Finanzen
   4. Bestandsübersicht
III. Die Kreise
   1. Rechtsgrundlagen, Status und politische Funktionen
   2. Wirkungsbereich und Kompetenzschwerpunkte
   3. Organe, Verwaltungsbehörde und Finanzen
   4. Bestandsübersicht
IV. Die Verwaltung des ländlichen Raumes im europäischen Vergleich

I. Das institutionelle Verwaltungsgefüge im ländlichen Raum

1. Der ländliche Raum

Als ländlichen Raum bezeichnet die Verwaltungswissenschaft herkömmlich die Landesteile außerhalb der insgesamt 73 großen kreisfreien Städte mit mehr als 100.000 Einwohnern. Er schließt also den kreisangehörigen Bereich mit seinen knapp 16.000

kreisangehörigen Gemeinden und 325 Kreisen ein. Hinzu treten die insgesamt 43 kreisfreien Städte mit weniger als 100.000 Einwohnern. So definiert deckt der ländliche Raum rund 96,5 Prozent der Fläche der Bundesrepublik Deutschland mit rund 70 Prozent der Einwohner ab. Er überschneidet sich weitgehend mit dem ländlichen Raum als Kategorie der Raumordnung und Landesplanung, der sich von den insgesamt 45 förmlich ausgewiesenen Verdichtungsräumen abgrenzt. Abweichungen ergeben sich vor allem daraus, daß die Verdichtungsräume oft weit auf das Umland der großen Städte übergreifen, unter Umständen sogar das Gebiet mehrerer Kreise einschließen. Gemeinsam ist beiden Kategorien, daß es sich keineswegs nur um dünn besiedelte Gebiete mit einem hohen Anteil an landwirtschaftlichen Betrieben handelt. So weist eine Typisierung der Raumordnung für die alten Bundesländer nur rund 30 Prozent der dortigen 237 Kreise als ländliche Gebiete im landläufigen Sprachgebrauch aus. Knapp 40 Prozent der Kreise sind demgegenüber durch deutliche Verdichtungsansätze geprägt. 30 Prozent der Kreise gelten sogar als verdichtete Gebiete, von denen etwa die Hälfte praktisch hochverdichtete Stadtlandschaften sind.

2. *Kommunalverwaltung und Staatsverwaltung im ländlichen Raum*

Das Grundgesetz legt einen vierstufigen Verwaltungsaufbau mit den Ebenen Bund, Länder, Kreise und Gemeinden fest. Wenn sich die institutionelle Kategorie des ländlichen Raumes in Abgrenzung von den großen kreisfreien Städten definiert, konzentrieren sich alle näheren Aussagen auf die beiden unteren Ebenen. Damit ist zugleich vorgezeichnet, daß die Verwaltung des ländlichen Raumes primär dem kommunalen Bereich zuzuordnen ist. Das Landesrecht verfestigt dies, indem es zumindest ansatzweise ein kommunales Monopol begründet. So sind nach Artikel 78 Abs. 2 der Verfassung für Nordrhein-Westfalen die Gemeinden und Gemeindeverbände (gemeint sind die Kreise) in ihrem Gebiet die alleinigen Träger der öffentlichen Verwaltung, soweit die Gesetze nichts anderes vorschreiben.

Wenn Bund und Länder von diesem Gesetzesvorbehalt Gebrauch machen, handelt es sich stets um Sondertatbestände. Dies gilt auch für die Einrichtung einer allgemeinen unteren Verwaltungsbehörde des Landes auf der Kreisebene. Diese Behörden sind darüber hinaus organisatorisch stets in die Kreisverwaltungen integriert und werden vom Hauptverwaltungsbeamten des Kreises geleitet. Ihr Aufgabenbestand ist tendenziell rückläufig. In Niedersachsen, Sachsen–Anhalt und Sachsen ist die allgemeine untere Landesbehörde inzwischen ganz abgeschafft. Daneben bestehen staatliche Sonderbehörden auf oder dicht oberhalb der Kreisstufe. Auch hier geht der Trend zur Kommunalisierung. Das gilt ohne Einschränkung für die Gesundheitsämter und die Veterinärämter, mit Vorbehalt für die Katasterverwaltung und die Landwirtschaftsverwaltung, mittelfristig auch wohl für die staatlichen Sonderbehörden für den Umweltschutz, die vor allem in den neuen Bundesländern gegenläufig zum Kommunalisierungstrend neu eingerichtet wurden. Die Polizei und die Schulaufsicht wird der Staat dagegen nicht aus der Hand geben wollen.

Sonst hat der Staat sich auf der Kreisebene im allgemeinen darauf zurückgezogen, die Kommunen mit der Durchführung bestimmter staatlicher Aufgaben zu beauftragen. Aber auch insoweit bestehen retardierende Tendenzen. In einigen westdeutschen Bundesländern wurde schon zu Beginn der 50er Jahre das Institut der Auftragsangelegenheiten durch das herkunftsneutrale Institut der Weisungsaufgaben bzw. der Pflichtaufgaben zur Erfüllung nach Weisung ersetzt. In den neuen Bundesländern hat jetzt Sachsen die Unterscheidung zwischen kommunalen und staatlichen Aufgaben aufgegeben; der gesamte Aufgabenkreis ist fortan kommunaler Natur.

Bis auf die Ortsebene dringt der Staat mit seinem Behördensystem ohnehin in aller Regel nicht vor. Allenfalls beauftragt er auch hier die Gemeinden mit der Durchführung staatlicher Aufgaben unter kommunalem Briefkopf. Es wäre dem deutschen Verwaltungsrecht fremd, wenn der Bürgermeister einer deutschen Gemeinde wie sein französischer Kollege als örtlicher Repräsentant des Staates aufträte.

Während sich also der Staat weitgehend aus der Verwaltung des ländlichen Raumes zurückzieht, ist es weiterhin legitim und üblich, daß die Kirchen und die freigemeinnützigen Träger der Wohlfahrtspflege neben oder anstelle der Kommunen in beträchtlichem Umfange Aufgaben wahrnehmen, die nach heutigem Verständnis der Sache nach öffentlicher Natur sind. Sie tragen vor allem Einrichtungen der Gesundheitspflege, der Jugend, der Alten- und der Sozialhilfe. Die Kommunen behalten aber eine Auffang- und Garantstellung. Andere Aufgabenträger der gesellschaftlichen Verwaltung im ländlichen Raum sind vor allem berufsständische Kammern sowie Kassen und verwaltungsnahe Vereine der verschiedensten Art. Möglicherweise werden die Kommunen in der nächsten Zeit wegen ihrer beengten Haushaltslage vermehrt typische öffentliche Aufgaben und Einrichtungen aufgeben oder privaten Trägern überlassen müssen, sei es mit oder ohne Garantstellung.

3. Das zweischichtige kommunale Institutionsgefüge im ländlichen Raum: kreisangehörige Gemeinden und Kreise

Die Gemeinden sind die Grundstufe der kommunalen Selbstverwaltung im ländlichen Raum. Der Staat macht es sich zur verfassungsrechtlichen Pflicht, sie zu schützen und zu fördern. Er verpflichtet auch die Kreise auf dieses Ziel.

Die Gemeindeebene wird von der Kreisebene überlagert. Damit ist aber keine politische oder rechtliche Überordnung verbunden. Die Kreise sind insbesondere keine zweite Instanz, die mit der Kompetenz ausgestattet wäre, Maßnahmen der Gemeinden zu korrigieren. Wird der Kreis bzw. ein Kreisorgan als Behörde der Kommunal- oder Fachaufsicht gegenüber den Gemeinden tätig oder entscheidet die Kreisverwaltungsbehörde im verwaltungsgerichtlichen Vorverfahren als Widerspruchsbehörde, handeln sie der Sache nach in staatlicher Funktion. Umgekehrt sind die Kreise weder politisch noch rechtlich den Gemeinden nachgeordnet. Auch das Subsidiaritätsprinzip hat hier keinen Platz. Daß den Gemeinden bei der Erfüllung von Angelegenheiten der örtlichen Gemeinschaft der Vorrang vor den Kreisen gebührt, folgt bereits aus ihrem räumlich–funktionellen Standort im Verwaltungssystem.

Die Gemeinden und Kreise sind allerdings in hohem Maße einander zugeordnet. Die Gesetzgebung zieht damit die Konsequenz aus einer weitgehend parallelen politischen Zielsetzung und fließenden Übergängen in zahlreichen verwaltungsrelevanten Sachverhalten. Man könnte von einem System der Funktionsteilung und des Funktionsverbundes sprechen.

Die Gesetzgebung verankert den Funktionsverbund sowohl im gemeindlichen Bereich wie auch im Kreisrecht. So sind die Kreise kraft Gesetzes gehalten, die Gemeinden in ihrer Selbstverwaltung zu stützen und zu fördern. Die Beratungstätigkeit der Kreise nimmt in der Praxis vor allem gegenüber den kleinen kreisangehörigen Gemeinden einen breiten Raum ein; auch die Kommunalaufsicht und die überörtliche Gemeindeprüfung münden zumeist in eine Gemeindeberatung ein. Im Rahmen seiner Ausgleichsfunktion ermöglicht der Kreis auch leistungsschwächeren Gemeinden, typische Selbstverwaltungsaufgaben zu erfüllen. Gegenüber Staat und Gesellschaft ist der Kreis ein legitimer Sachwalter auch gemeindlicher Interessen, z.B. bei der Regionalplanung. Auf der anderen Seite sind die Gemeinden für ihre Bürger Anlaufstelle auch in Kreisangelegenheiten; in den meisten Gemeindeordnungen ist dies inzwischen zur Rechtspflicht erhoben. Auf bestimmten Aufgabenfeldern sind die Kreise ermächtigt, kreisangehörige Gemeinden bei der Aufgabenerfüllung mit heranzuziehen, damit eine bürgernahe und rationale Abwicklung gewährleistet ist. Eine ganze Reihe von Fachpolitiken im kommunalen Bereich ergeben erst dann ein geschlossenes Gesamtbild, wenn man Gemeindekompetenzen und Kreiskompetenzen im Zusammenhang sieht. Auf anderen Aufgabenfeldern ist eine Wanderung der Kompetenz von der Gemeinde zum Kreis und umgekehrt nichts Außergewöhnliches. Die abstrakte, generelle Kompetenzumschreibung läßt oft ohnehin Raum für Interpretationen. Funktionsfähig bleibt dieses System nur bei partnerschaftlichem Verhalten. Dem entspricht die Praxis durchaus. Das schließt selbstverständlich nicht aus, daß im Einzelfall Interessengegensätze aufeinander prallen, z.B. bei der Festsetzung der Kreisumlage.

4. Institutionelle Sonderformen des kommunalen Bereiches im ländlichen Raum

Das geschilderte Gemeinde- und Kreissystem im ländlichen Raum wird nur insofern durchbrochen, als insgesamt 43 Städte mit weniger als 100.000 Einwohnern, die meisten davon in Bayern (17) und Rheinland-Pfalz (8), kreisfrei sind. Sie erfüllen wie die großen Städte die kommunalen Aufgaben der Ortsstufe wie der Kreisstufe. Ob diese Durchbrechung sinnvoll ist, kann bezweifelt werden; denn sie behindert eine gesamtverantwortliche, reibungslose und rationelle Verwaltungspolitik innerhalb eines vielfältig verflochtenen Raumes. Anders als bei typischen Großstädten würde die Einkreisung von Mittelstädten weder das kommunalpolitische Gefüge innerhalb eines Kreises sprengen noch die Kreisfläche überdehnen.

Andere Besonderheiten verbleiben innerhalb des Systems. So dokumentiert die schlichte Bezeichnung Stadt nur einen historischen Tatbestand, ohne daß daran kommunalverfassungsrechtliche Konsequenzen gebunden wären. Wenn das Land bestimmten Städten und Gemeinden, allein in den westlichen Bundesländern an insgesamt 288, eine weitergehende Bezeichnung wie etwa Große Kreisstadt, Mittelstadt oder Selbständige Gemeinde verleiht, handelt es sich vielfach um eine Geste, die einem Verlust an Ansehen nach einer Einkreisung oder nach dem Abzug der Kreisverwaltung entgegenwirken soll. In einigen Fällen geht zugleich die Kommunalaufsicht vom Landrat auf den Regierungspräsidenten oder das Innenministerium über, mit der Folge allerdings, daß auch insoweit die Einheitlichkeit der Kommunalpolitik im Kreis leidet. Zum Teil knüpft der Gesetzgeber an die Bezeichnung auch eine begrenzte Aufgabenprivilegierung der betreffenden Gemeinde an. Er nutzt damit deren Verwaltungskraft, allerdings wiederum um einen hohen Preis, weil damit vor allem zu Lasten der Bevölkerung in kleineren Gemeinden eine fachtechnisch optimale und rationelle Aufgabenerfüllung beim Kreis beeinträchtigt wird.

In den meisten Bundesländern bedarf es besonderer Gemeindeverbände der Ortsstufe, um lückenlos ein so hohes Maß an Verwaltungs- und Veranstaltungskraft auf der Ortsebene zu gewährleisten, daß sie eine hauptamtliche Verwaltung tragen und alle typischen Angelegenheiten der örtlichen Gemeinschaft, insbesondere die kommunale Bauleitplanung erfüllen kann. Zwei Länder, nämlich Niedersachsen und Rheinland-Pfalz, haben dabei in Gestalt der Samtgemeinden bzw. Verbandsgemeinden eine Lösung gewählt, die praktisch zu einer zweigestuften Gemeinde führt. Die wichtigsten Gemeindeaufgaben liegen hier auf der Verbandsebene. Der Gegenpol ist das Konzept für die Ämter in Schleswig-Holstein, Mecklenburg-Vorpommern und Brandenburg sowie für die Verwaltungsgemeinschaften in Bayern und Sachsen-Anhalt. Sie fungieren in erster Linie als Verwaltungsbüro der Gemeinden; der Gesetzgeber nennt im einzelnen die Kassen- und Rechnungsführung, die Vorbereitung und Durchführung der Haushaltspläne und aller anderen Gemeinderatsbeschlüsse, die laufende Verwaltung sowie die Vertretung der Gemeinden im förmlichen Verfahren. Außerdem führen die betreffenden Verbände die staatlichen Auftragsangelegenheiten durch. Fachaufgaben des eigenen Wirkungsbereichs haben sie nur, wenn die Gemeinden sie ihnen im Einzelfall übertragen. Eine dritte Gruppe mit den Verwaltungsgemeinschaften bzw. Verwaltungsverbänden in Sachsen, Thüringen und Baden-Württemberg geht darüber etwas hinaus, indem sie den Verbänden auch die Flächennutzungsplanung überträgt; in Baden-Württemberg kommen noch technische Dienste hinzu.

Alle Bundesländer ermächtigen die verbliebenen oder neu gebildeten Gemeinden, sich in rechtlich unselbständige Einheiten (Gemeindebezirke/Ortsbezirke/Ortschaften/Ortsteile) zu untergliedern. Zurückhaltung übt nur Bayern; in einigen anderen Bundesländern beschränkt sich dieses Recht auf verbandsfreie Gemeinden. Die Stellung der Ortschaften ist dort am stärksten, wo die Orträte bzw. Ortschaftsräte wie in Niedersachsen, im Saarland, in Sachsen und Thüringen unmittelbar von der Bevölkerung gewählt werden und kraft Gesetzes auch mit bestimmten Entscheidungskompetenzen ausgestattet sind. In Ländern mit nur mittelbarer Wahl der Ortschaftsräte bzw. Ortsbeiräte wie in Nordrhein-Westfalen, Rheinland-Pfalz, Schleswig-Holstein, Brandenburg und Mecklenburg-Vorpommern haben diese Einrichtungen nur Anhörungsrechte.

In allen Bundesländern sind die kreisangehörigen Gemeinden ermächtigt, Zweckverbände zu bilden oder sich anderer gesetzlich typisierter Formen der interkommunalen Zusammenarbeit zu bedienen. Vor der gebietlichen Neugliederung war das Institut des Zweckverbandes weit verbreitet, vor allem im Volksschulbereich, beim Feuerschutz und für den ländlichen Wegebau. Seit der gebietlichen Neugliederung ist es zum Teil entbehrlich geworden. Dies war auch beabsichtigt. Zum einen bleibt die demokratische Legitimation der nur mittelbar gewählten Organe schwach. Zum anderen beeinträchtigt eine Vielzahl von Einzelzweckverbänden die Übersichtlichkeit der Verwaltungsordnung.

Für die Nachbarschaftsbereiche einiger Großstädte wurden spezielle Verbände gebildet. Überwiegend sind sie auf Planungsfunktionen ausgelegt. Dabei befaßt sich der Verband Kieler Umland ausschließlich mit der Planungsvorbereitung. Weitergehend obliegt den Nachbarschaftsverbänden in Baden-Württemberg sowie dem Zweckverband Raum Kassel die gemeinsame Flächennutzungsplanung für die Kernstadt und die Randgemeinden. Der Umlandverband Frankfurt hat zusätzlich einige Trägerschafts- und Vollzugsaufgaben.

Eine ähnliche Stufung findet sich bei den regional dimensionierten Stadtumlandverbänden. Lediglich mit der Planvorbereitung befassen sich der Planungsverband Industrieregion Mittelfranken und der Planungsverband Äußerer Wirtschaftsraum München. Demgegenüber erstellt der Raumordnungsverband Rhein-Neckar eine Regionalrahmenplanung als Vorgabe für die Regionalplanungsträger in den drei beteiligten Bundesländern. Der Kommunalverband Großraum Hannover, der Zweckverband Großraum Braunschweig und der Verband Region Stuttgart sind selbst Träger der Regionalplanung; sie haben überdies einige Verwaltungskompetenzen. Der Kommunalverband Ruhrgebiet hat seinen Kompetenzschwerpunkt bei Servicefunktionen für die ihm angehörenden Städte und Kreise.

Die flächendeckenden Einrichtungen der Regionalplanung und die höheren Kommunalverbände sprengen den Großstadt- bzw. Kreisbezug und können daher außer Betracht bleiben.

II. Die Städte und Gemeinden im ländlichen Raum

1. Rechtsgrundlagen, Status und politische Funktionen

Die Städte und Gemeinden sind kommunale Gebietskörperschaften mit dem Recht auf Selbstverwaltung. Das Grundgesetz garantiert sie institutionell. Das Landesverfassungsrecht ergänzt diese Garantie. Der Status, die institutionellen Grundlagen und die innere Verfassung der Städte und Gemeinden sind ihnen im wesentlichen durch die Gemeindeordnungen der Länder vorgegeben. Die Kompetenzordnung ergibt sich aus der Gemeindeordnung und den Fachgesetzen des Bundes und der Länder.

Die Gemeinde ist die Grundlage des demokratischen Staatswesens. Sie ist politische Körperschaft und Träger administrativer Funktionen. Das kommunalpolitische Ziel kommunaler Selbstverwaltung ist die Beteiligung der Bürger an der Erfüllung öffentlicher Aufgaben und die Integration des Bürgers in die politische Gemeinschaft. Staatspolitisch ist die Gemeinde ein eigenständiges Zentrum politischer Initiativen und zugleich ein Element der Gewaltenteilung im Staat. Mit diesen Funktionen ist die Gemeinde ein wichtiger Akteur auf der politischen Bühne. Ihre Funktionstüchtigkeit ist prinzipiell unbestritten. Allerdings setzt die politische Praxis auch Grenzen. Ein wesentlicher Störfaktor ist das Vordringen der Parteipolitik in die Personalentscheidungen und die Meinungsbildung bei den Fachaufgaben, gepaart mit der Einführung landes- und bundespolitischer Themen durch die Fraktionen. Die Kommunen selbst beklagen vor allem ein Übermaß an Reglementierung und vorgegebener Standards sowie finanzielle Engpässe als Folge der Bundes- und Landespolitik. Es gibt deutliche Anzeichen von Resignation in der Kommunalpolitik und von Politikverdrossenheit in der Bürgerschaft. Die Verfassung gebietet aber, sich um eine Revitalisierung der Selbstverwaltung zu bemühen. Die derzeitige Debatte über Formen einer direkten Beteiligung des Bürgers an der Meinungsbildung, über die Rücknahme gesetzlicher Reglementierungen, über die Absenkung von Ausrüstungsstandards und über die Absicherung der finanziellen Basis kommunaler Selbstverwaltung sind Ausdruck dieses Bemühens.

2. *Wirkungsbereich und Kompetenzenschwerpunkte*

Den Gemeinden muß nach Art. 28 Abs. 2 Satz 1 GG das Recht gewährleistet sein, alle Angelegenheiten der örtlichen Gemeinschaft im Rahmen der Gesetze in eigener Verantwortung zu regeln. Das kann nach Entstehungsgeschichte und Systemzusammenhang als Umschreibung jeglicher kommunaler Selbstverwaltung oder aber weitergehend als Kompetenznorm verstanden werden. Unbestritten garantiert das Grundgesetz den Gemeinden jedenfalls eine, wenn auch gegenständlich begrenzte, Allzuständigkeit und ein damit verbundenes Aufgabenfindungsrecht.

Vor allem als Kompetenznorm verstanden ist die Vorschrift des Grundgesetzes auf eine Konkretisierung durch Landesverfassungsrecht angelegt. Aber nur in der vorkonstitutionellen, noch naturrechtlich geprägten bayerischen Verfassung von 1946 finden sich dafür Ansatzpunkte. Der Begriff "Angelegenheiten der örtlichen Gemeinschaft" wird nur in vier Landesverfassungen aufgenommen. Dabei stellt die saarländische Verfassung den Wirkungsbereich eindeutiger noch als das Grundgesetz unter Gesetzesvorbehalt, während die brandenburgische Verfassung sich besonders deutlich von der Kompetenztheorie distanziert, indem sie die Gemeinden und Kreise gleichermaßen als örtliche Gemeinschaft anspricht. Die anderen Landesverfassungen bleiben gänzlich farblos. Damit kommt es letzten Endes im wesentlichen auf die Regelung in den Gemeindeordnungen sowie in den Fachgesetzen des Bundes und der Länder an. Sie bestätigen aufs Ganze gesehen die Schlüsselstellung, die das Grundgesetz den Gemeinden offenkundig auch innerhalb der Kompetenzordnung zuweisen wollte.

Das politische Kernstück gemeindlicher Selbstverwaltung sind die freiwilligen Selbstverwaltungsaufgaben, die die Gemeinden aufgrund ihrer Allzuständigkeit und ihres Aufgabenfindungsrechts aufgreifen. Sie sind das entscheidende Feld kommunaler Initiative und Gestaltungskraft. Aktuelle Aufgabenschwerpunkte sind z.Zt. vor allem die Stadtentwicklung, die Verkehrserschließung, freiwillige Aufgaben des Umweltschutzes, freiwillige Einrichtungen der Sozial- und Jugendhilfe sowie die Kulturpolitik.

Ein zweiter wichtiger Aufgabenkomplex der gemeindlichen Selbstverwaltung sind die Pflichtaufgaben des eigenen Wirkungskreises. Die Gemeinden sind hier kraft Gesetzes gehalten, sich dieser Aufgaben anzunehmen; dagegen bleiben sie in der Durchführung frei und nur der Rechtsaufsicht unterworfen. Dazu zählen z.B. weite Teile der Sozial- und Jugendhilfe. Der Gesetzgeber erweitert den Komplex der Pflichtaufgaben ständig. Für die kommunale Selbstverwaltung ist dieser Trend problematisch. Da die Pflichtaufgabe zwangsläufig Finanzmittel bindet, verengt sich der Freiraum für die Festlegung von Prioritäten, die der Kommune erst das Profil gibt. Das gilt umso mehr, wenn Pflichtaufgaben extrem kostenaufwendig sind oder die Folgen einer staatlichen Entlastungspolitik auffangen müssen. Die Selbstverwaltungssubstanz von Aufgaben schwindet ohnehin, je mehr der Gesetzgeber sie verrechtlicht.

Schließlich erfüllen die Gemeinden Aufgaben, die ihnen vom Staat zur Erfüllung im übertragenen Wirkungskreis bzw. zur Erfüllung nach Weisung übertragen sind. Dazu zählen vor allem die Aufgaben der Ordnungsverwaltung einschließlich des Ausländer- und Asylrechts. Auf diesem Sektor unterliegen die Gemeinden ausnahmsweise einer über die Rechtskontrolle hinausreichenden Fachaufsicht. Sie erlaubt dem Staat, den Gemeinden im Erlaßwege generelle Anleitungen zu geben und im Einzelfall auch konkrete Anweisungen zu erteilen. Im Falle eines förmlichen Widerspruchs wächst bei diesen Aufgaben die Entscheidungskompetenz der nächsthöheren Behörde zu.

Bei näherer Betrachtung erweist sich der Kompetenzbereich der Städte und Gemeinden des ländlichen Raumes als außerordentlich vielgestaltig. Grundsätzlich kommen alle Aufgaben in Betracht, die auch von den kreisfreien Städten wahrgenommen werden, ausgenommen die typischen Kreisaufgaben. Deshalb kann wegen der Einzelheiten auf die Abhandlung über die großen Städte in diesem Band verwiesen werden.

3. Organe, Verwaltungsbehörde und Finanzen

Die Städte und Gemeinden des ländlichen Raumes handeln durch ihre Organe. Oberstes Gemeindeorgan ist die Vertretungskörperschaft (Rat, Gemeinderat, Gemeindevertretung, Stadtverordnetenversammlung). Sie ist durch Gesetz mit einer Reihe ausschließlicher wie auch fakultativer Kompetenzen ausgestattet, am stärksten ausgeprägt in Ländern mit norddeutscher Ratsverfassung. Vorsitzender der Vertretungskörperschaft ist in einigen Ländern der Hauptverwaltungsbeamte, in anderen ein von der Vertretungskörperschaft aus den eigenen Reihen gewähltes Mitglied. Zweites Gemeindeorgan ist, von Hessen abgesehen, der Hauptverwaltungsbeamte der Gemeinde. Er wird in einigen Bundesländern von der Vertretungskörperschaft, in anderen von der Bevölkerung gewählt. In den Städten Hessens fungiert stattdessen als zweites, in den Städten Schleswig-Holsteins als drittes Organ der Magistrat. Er vereinigt das hauptamtliche und das ehrenamtliche Element in einer Gemeinde zu einem kollegialen Organ der Verwaltungsführung. Dieses Institut beruht auf alter städtischer Tradition.

In ihren Grundzügen ähneln sonst die Gemeindeordnungen der Länder einander sehr. In den Einzelheiten sind sie dagegen oft außerordentlich variantenreich. Die Landespolitik mißt diesen Eigenheiten offenbar erhebliche kommunalpolitische Bedeutung bei. Die Praxis lehrt aber, daß nicht nur alle in der Bundesrepublik praktizierten Kommunalverfassungssysteme ihre Stärken und Schwächen haben und bei sachgerechter Anwendung durchaus funktionsfähig sind, sondern daß die landesrechtlichen Nuancierungen zumeist nur als Experimentierfeld über die Landesgrenzen hinaus Beachtung finden. Gleichwohl steht eine Harmonisierung, wie sie z.B. von den gemeindlichen Spitzenverbänden in der Vergangenheit verschiedentlich gefordert wurde und auch schon Gegenstand einer Erörterung auf dem Deutschen Juristentag war, nicht zur Debatte. Ein Reformthema ist dagegen die unmittelbare Wahl des Hauptverwaltungsbeamten durch die Bevölkerung und die Zusammenführung von Verwaltungsleitung und Ratsvorsitz. Der Trend geht dabei offenkundig zur süddeutschen Bürgermeisterverfassung. Ein weiteres Reformthema sind die plebiszitären Elemente. Hier scheint sich durchzusetzen, daß der Bürger durch erweiterte Informationspflichten der Gemeinden, durch Einwohnerversammlungen, Einwohnerfragestunden, die Einbindung von unmittelbar Betroffenen in den Entscheidungsprozeß, durch Einwohneranträge, Bürgerbegehren, Bürgerentscheid und Petitionsrechte stärker in das kommunalpolitische Geschehen einbezogen wird.

Die Verwaltungsbehörde der Gemeinde wird in Ländern mit Magistratsverfassung vom Magistrat, sonst vom hauptamtlich tätigen Hauptverwaltungsbeamten, in kleineren Gemeinden ehrenamtlich geleitet. Der Behördenleiter regelt die innere Organisation der Gemeindeverwaltung, insbesondere die Bildung interner Verwaltungseinheiten, den Arbeitsablauf und den Einsatz des Verwaltungspersonals. Die Dienstverhältnisse der Mitarbeiter in den Gemeindeverwaltungen (Beamte, Angestellte, Arbeiter) regeln sich nach Beamtenrecht bzw. Tarifrecht.

Die Haushaltswirtschaft der Gemeinden findet ihren Niederschlag im Haushaltsplan. Die Gemeindeeinnahmen resultieren aus Gebühren und Entgelten, aus Steuern (vor allem Grundsteuer, Gewerbesteuer und der gesetzliche Anteil an der Einkommenssteuer) sowie aus staatlichen Zuweisungen (allgemeine Schlüsselzuweisungen und spezielle Zweckzuweisungen, im Einzelfall auch Bedarfszuweisungen). Im Rahmen der staatlichen Zuweisungen vollzieht sich ein gewisser Finanzausgleich dergestalt, daß finanzschwache Gemeinden in der Relation höhere Zuweisungen erhalten als finanzstarke. Soweit die Einnahmen der Gemeinde nicht ausreichen, den Finanzbedarf zu decken, nimmt sie am Kapitalmarkt Kredite auf. Dies ist an gesetzliche Kriterien der Sparsamkeit und Wirtschaftlichkeit gebunden. Der Gesamtbetrag der Kredite muß von der Aufsichtsbehörde genehmigt werden.

4. Bestandsübersicht

Die Gemeindeebene ist in den westlichen Bundesländern bereits in den siebziger Jahren neu gegliedert worden. In Mecklenburg-Vorpommern und in Brandenburg wurde die Reform inzwischen ebenfalls vollzogen. In Sachsen, Thüringen und Sachsen–Anhalt ist die Entwicklung dagegen noch im Flusse. Dabei ist in Thüringen und Sachsen die Freiwilligkeitsphase weitestgehend abgeschlossen, so daß nur noch die Abschlußgesetzgebung aussteht.

In den westlichen Bundesländern war überwiegend eine Mindesteinwohnerzahl von 5.000, in einigen Bundesländern von 7.000, 7.500 bzw. 8.000 festgelegt worden. Dieser Schwellenwert sollte in Verdichtungsräumen deutlich überschritten werden. Im wesentlichen wurde das Konzept eingehalten. Auch für die Mitgliedsgemeinden von Gemeindeverbänden der Ortsstufe gab es eine Mindesteinwohnerzahl. Sie lag in Rheinland-Pfalz bei 300, in Niedersachsen bei 400, in Schleswig-Holstein bei 500, in Bayern bei 1.000 und in Baden-Württemberg bei 2.000. Nach Maßgabe dieses Konzepts sind aus den vormals 24.509 Gemeinden insgesamt 8.506 neue Gemeinden entstanden. Davon sind 91 kreisfrei bzw. Stadtstaaten, wobei 60 heute mehr als 100.000, 31 weniger als 100.000 Einwohner haben. Von den verbleibenden 8.415 kreisangehörigen Gemeinden sind 2.401 verbandsfreie Gemeinden. Die restlichen 6.014 kreisangehörigen Gemeinden sind zu insgesamt 1.037 Gemeindeverbänden der Ortsstufe zusammengeschlossen. Die Ebene der verbandsfreien kreisangehörigen Gemeinden/Gemeindeverbände der Ortsstufe hat pro Einheit eine durchschnittliche Einwohnerzahl von 14.000 bei einer durchschnittlichen Fläche von etwa 77 km^2.

In den neuen Bundesländern zeichnet sich eine ähnliche Größenordnung ab; Abweichungen sind überwiegend durch die extrem geringe Besiedlungsdichte begründet. Die Einwohnerschwelle liegt regelmäßig bei 5.000; für verbandsfreie Gemeinden wurde sie allerdings in Thüringen auf 3.000 und in Mecklenburg-Vorpommern auf 2.500 herabgesetzt. Bei der Beseitigung von Zwerggemeinden sind die neuen Bundesländer im allgemeinen noch außerordentlich zurückhaltend. Nur Sachsen steuert einen den westlichen Bundesländern vergleichbaren Kurs, indem dieses Land für Mitgliedsgemeinden einer Verwaltungsgemeinschaft oder eines Verwaltungsverbandes eine Mindesteinwohnerzahl von 1.000 anstrebt.

III. Die Kreise

1. Rechtsgrundlagen, Status und politische Funktionen

Die Kreise (so der Sprachgebrauch des Grundgesetzes und des Kommunalrechts der Länder Nordrhein-Westfalen und Schleswig-Holstein) bzw. Landkreise sind kommunale Gebietskörperschaften mit dem Recht auf Selbstverwaltung, nicht anders als die Gemeinden. Nach der treffenden Formulierung in Art. 16 der Bayerischen Landkreisordnung umfaßt die Hoheitsgewalt des Landkreises das Gebiet und seine gesamte Bevölkerung. Inkorporiert sind also die Einwohner des Kreises, nicht die Gemeinden. Die Bürgerschaft wählt den Kreistag in unmittelbarer Wahl; er wird nicht etwa von den Gemeinderäten beschickt. Die Ergänzungs- und Ausgleichsfunktion des Kreises ist kein Indiz für eine Verbandsstruktur, sondern Merkmal eines Funktionsverbundes. Auch das Institut der Kreisumlage spricht nicht dagegen. Sie hat sich aus der direkten Kreissteuerpflicht der Einwohner über die kontingentierte Kreisabgabe und eine Kreisumlage nach Meßbeträgen zum heutigen System entwickelt. Der Sache nach handelt es sich also um eine spezifische Form der Beteiligung der Kreise an den Gemeindesteuereinnahmen, nicht um eine Mitgliederfinanzierung.

Der Kreis hat im Prinzip die gleichen kommunalpolitischen und staatspolitischen Funktionen wie die Gemeinde. Modifizierungen ergeben sich aus dem unterschiedlichen Standort im Institutionsgefüge. Prinzipiell bleibt zu beachten, daß die Verfassung in der Bundesrepublik Deutschland die Gemeinden und nicht etwa wie der Gesetzgeber in Großbritannien und Irland die Counties in die Funktion der politischen Grundeinheit eingewiesen hat. Demokratie und Bürgernähe realisieren sich zunächst auf der Gemeindeebene. Diesem Leitbild entspricht eine stark ausgeprägte Individualität auf der Gemeindeebene, verbunden mit erheblichen Unterschieden in Struktur und Leistungskraft. Darauf ausgerichtet hat der Kreis im System des sozialen Rechtsstaates die Funktion, grobe Unterschiede auszugleichen. Politisch realisiert sich auf diese Weise eine Balance von Individualität und sozialem Prinzip, das eine primär an die Gemeinde, das andere primär an den Kreis angebunden. Dies vollzieht sich einheitlich in der Form kommunaler Selbstverwaltung und ohne daß eines der Prinzipien und ihr Träger Schaden leiden. Dadurch gewinnt die kommunale Selbstverwaltung insgesamt ein hohes Maß an Geschlossenheit und Festigkeit. Mit der Anpassung an die von Haus aus zerklüftete gemeindliche Landschaft gewinnen die Kreise ihrerseits an der den Gemeinden zugewandten Seite ein hohes Maß an Individualität. Darüber wölbt sich dann die im wesentlichen für alle Kreise gleiche übergemeindliche Funktion. Sie hebt das zweischichtige Verwaltungssystem des ländlichen Raumes insgesamt auf ein den kreisfreien Städten grob vergleichbares Leistungsniveau. Dieses übergemeindliche Kreisraster hat sich in ganz besonderem Maße als ein geeigneter Organisationsrahmen für parallele gesellschaftliche und politische Einrichtungen erwiesen. Eine in Niedersachsen durchgeführte Erhebung listet insgesamt 171 Einrichtungen dieser Art auf, darunter so bedeutsame wie den Kreissportbund, den Kreisverband des Deutschen Roten Kreuzes, die Kreisverkehrswacht und die Kreishandwerkerschaft. Man mag darüber streiten, ob der Kreis unter diesen Umständen in Anlehnung an Regelungen wie in Artikel 97 der Verfassung für Brandenburg, § 20 Abs. 2 der Kreisordnung für Schleswig-Holstein oder die gleichstellende Überleitung in Art. 28 Abs. 2 GG ebenfalls als örtliche Gemeinschaft anzusprechen ist oder ob man ihn in Anlehnung an Art. 5 Abs. 1 der bayerischen Landkreisordnung besser als überörtliche Gemeinschaft bezeichnet.

2. *Wirkungsbereich und Kompetenzschwerpunkte*

Auch die Kreise haben das Recht auf Allzuständigkeit im Sinne einer Zuständigkeitsvermutung und eines Aufgabenfindungsrechts. Nach vorherrschender Auffassung ergibt sich dies zwar nicht aus dem Grundgesetz, wohl aber aus dem Landesrecht. Die Verfassungen für Nordrhein-Westfalen, Schleswig-Holstein und Brandenburg stellen insoweit Gemeinden und Kreise ohne Einschränkung einander gleich. Im übrigen greifen die Kreisordnungen ein. So formuliert z.B. § 2 Abs. 1 der niedersächsischen

Landkreisordnung: "Die Landkreise sind, soweit nicht etwas anderes bestimmt ist, in ihrem Gebiet die Träger der öffentlichen Aufgaben, die von überörtlicher Bedeutung sind oder deren zweckmäßige Erfüllung die Verwaltungs- oder Finanzkraft der kreisangehörigen Gemeinden übersteigt. Sie fördern die Gemeinden bei der Erfüllung ihrer Aufgaben und vermitteln einen angemessenen Ausgleich der gemeindlichen Lasten". Eine Beeinträchtigung der gemeindlichen Allzuständigkeit für die Angelegenheiten der örtlichen Gemeinschaft ist bei Formulierungen dieser Art nicht zu befürchten.

Was den Kreis gegenüber den Gemeinden auszeichnet, ist zum einen seine flächenhafte Dimensionierung, die ihn bei entsprechender Kompetenz und Leistungskraft in die Lage versetzt, eine ortsübergreifend fördernde und ausgleichende Strukturpolitik zu betreiben. Damit sind die Kreise zugleich ein wichtiger Garant für wertgleiche Lebensverhältnisse in Stadt und Land. Zum anderen ist der Kreis dann der fachlich geeignetere Aufgabenträger, wenn bestimmte Einrichtungen oder Leistungen ein durchgängig hohes Mindestmaß an Verwaltungs- und Veranstaltungskraft erfordern oder wenn sie nur im Kreisraster rationell und fachgerecht zugleich erfüllt werden können. Im Verhältnis zum Staat hat der Kreis alle Vorzüge einer bürgerschaftlichen Verwaltung. Der traditionelle Brückenschlag auf der Kreisstufe zwischen Kommune und Staat erleichtert es, hier die Einheit der Verwaltung zu realisieren.

Der Komplex der Selbstverwaltungsaufgaben läßt sich auch beim Kreis in freiwillige und pflichtige Aufgaben gliedern. Ergiebiger ist aber die Unterscheidung in übergemeindliche, ergänzende und ausgleichende Aufgaben. Übergemeindliche Kreisaufgaben sind solche, die auf den Verwaltungsraum des Kreises und die gemeinsamen Bedürfnisse der Kreiseinwohner bezogen sind. Typische Beispiele dafür sind der Ausbau des Kreisstraßennetzes, der öffentliche Personennahverkehr in der Fläche, die Trägerschaft von Berufs- und Berufsfachschulen, der öffentliche Gesundheitsdienst, die Sozialhilfe, die Abfallwirtschaft und die Trägerschaft von Krankenhäusern. Zu den ergänzenden Kreisaufgaben zählen solche, die der Kreis für Teile des Kreisgebietes erfüllt, weil die dortigen kreisangehörigen Städte und Gemeinden sie wegen mangelnder Leistungskraft nicht oder nicht optimal erfüllen können. Anwendungsfälle finden sich vor allem auf kulturellem Sektor, insbesondere bei der Trägerschaft von Gymnasien, Realschulen und Volkshochschulen. Vom Kreis her gesehen, könnte man durchaus auch von Einbrüchen in Kreiskompetenzen sprechen, wenn eine gemeindliche Trägerschaft wie im Regelfall die Ausnahme ist. Die Ausgleichsfunktion der Kreise schließlich zielt darauf ab, allen Gemeinden zu ermöglichen, typische Gemeindeaufgaben selbst wahrzunehmen. Diesem Zweck dienen insbesondere Verwaltungshilfen oder finanzielle Zuwendungen. Sie kommen vor allem dem Feuerlöschwesen, Kindergärten und Sporteinrichtungen der Gemeinde zugute.

Ebenso wie die Gemeinden erfüllen auch die Kreise staatliche Auftragsangelegenheiten bzw. Pflichtaufgaben zur Erfüllung nach Weisung. Dazu zählen z.B. der Katastrophenschutz, der Rettungsdienst, die Bauaufsicht, das Ausländerwesen, die Straßenverkehrsaufsicht, die Kraftfahrzeugzulassung und die Aufgaben der unteren Landesplanungsbehörde.

Einen dritten Komplex bilden die Aufgaben der allgemeinen unteren Verwaltungsbehörde des Landes beim Kreis. Eine Kernfunktion dieser Behörde ist die Kommunal- und Fachaufsicht über die kreisangehörigen Gemeinden. Davon abgesehen differiert der Aufgabenumfang von Land zu Land stark. Während in den süd- und südwestdeutschen Ländern noch zahlreiche Aufgaben vor allem aus dem Bereich der Ordnungsverwaltung der allgemeinen Verwaltungsbehörde des Landes beim Kreis zugeordnet sind, sind Aufgaben dieser Art in den anderen Ländern parallel zur Regelung für die kreisfreien Städte in Auftragsangelegenheiten des Kreises bzw. in Pflichtaufgaben zur Erfüllung nach Weisung umgewandelt worden. Es spräche viel dafür, wenn der Staat sich selbst auf die Kommunal- und Fachaufsicht, die überörtliche Kommunalprüfung, die Aufsicht über die Körperschaften, Anstalten und Stiftungen des öffentlichen Rechts, die Schulaufsicht und die Polizei beschränken würde. In Niedersachsen, Sachsen-Anhalt und Sachsen ist, wie bereits erwähnt, die allgemeine untere Verwaltungsbehörde des Landes beim Kreis inzwischen ganz aufgelöst.

Am Personaleinsatz gemessen gehören heute zu den besonders großen Aufgabenblöcken der Kreise vor allem die Sozialhilfe, die Jugendhilfe, die Bauaufsicht und der Betrieb kreiseigener Krankenhäuser. Der Schwerpunkt der Investitionstätigkeit der Kreise liegt in den Bereichen Schulbau, Straßenbau, Krankenhäuser und Umweltschutz.

3. Organe, Verwaltungsbehörde und Finanzen

Die Kreise haben kraft Verfassungsrechts eine von der Bevölkerung unmittelbar gewählte Volksvertretung. Sie amtiert in den meisten Bundesländern für fünf Jahre. Die Mitgliedschaft im Gemeinderat steht einer Wahl in den Kreistag nicht entgegen; Doppelmandate sind häufig, in der Tendenz aber rückläufig.

Der Kreistag ist oberstes Organ des Kreises für den Bereich der Selbstverwaltungsaufgaben. Ihm sind bestimmte zentrale Aufgaben der Kreiskommunalpolitik zwingend vorbehalten. Der darüber hinausgehende Kompetenzbereich wird in den Kreisordnungen unterschiedlich umschrieben.

Das zweite Kreisorgan ist, außer in Hessen, der Hauptverwaltungsbeamte des Kreises. Er führt zumeist die Amtsbezeichnung Landrat, in Niedersachsen und Nordrhein-Westfalen die Amtsbezeichnung Oberkreisdirektor. In Baden-Württemberg, Brandenburg, Niedersachsen, Nordrhein-Westfalen, dem Saarland und Schleswig-Holstein wird der Hauptverwaltungsbeamte vom Kreistag, sonst von der Bevölkerung gewählt. Auf Dauer scheint sich überall die Volkswahl durchzusetzen.

Eine Eigentümlichkeit der inneren Kreisverfassung ist der Kreisausschuß. Diese Einrichtung hat sich insofern als zweckmäßig erwiesen, als der Kreistag weniger häufig tagt als der Gemeinderat, so daß ein zwischenzeitlich tagendes Beschlußgremium, quasi ein verkleinerter Kreistag, mit den führenden kommunalpolitischen Repräsentanten besetzt, eine Lücke füllt. Mit dieser Funktion besteht der Kreisausschuß heute noch in Brandenburg, Niedersachsen, Nordrhein-Westfalen und im Saarland. Eine andere Wurzel führt auf die Beteiligung des ehrenamtlichen Elements an der Verwaltungsführung zurück. Sie hat zu einer magistratsähnlichen Ausgestaltung des Kreisausschusses geführt, wie man sie heute aber nur noch in Hessen und Schleswig-Holstein findet. In Bayern, Mecklenburg-Vorpommern, Rheinland-Pfalz und Thüringen hat der Kreisausschuß lediglich die Funktion eines Hauptausschusses. Er ist dann nicht mehr Kreisorgan. Die Länder Baden–Württemberg, Sachsen und Sachsen-Anhalt haben ganz davon abgesehen, einen Kreisausschuß einzurichten. An seine Stelle sind beschließende Ausschüsse getreten.

Die innere Organisation der Kreisverwaltung ähnelt der Organisation in den Gemeinden, bevorzugt also das Dezernats- und Abteilungssystem. Neuere, am Konzernmodell der Wirtschaft orientierte Organisationstheorien werden in den überschaubaren Kreisverwaltungen sicher weniger Anklang finden als in Großstadtverwaltungen mit 10.000 Mitarbeitern und mehr.

Die Haupteinnahmequelle der Kreise ist die von Haus aus eigentlich als Spitzenfinanzierung gedachte Kreisumlage. Ihr Aufkommen macht inzwischen rund 40 Prozent der Kreiseinnahmen aus, ein Umstand, der sowohl bei den Kreisen wie auch bei den Gemeinden auf Kritik stößt. Am Umfang gemessen stehen an zweiter Stelle die staatlichen Zuweisungen. Sie decken rund 32 Prozent der Kreiseinnahmen. Ein dritter gewichtiger Einnahmeposten sind die Gebühren und Beiträge für die Nutzung von Kreiseinrichtungen. Das Aufkommen an eigenen Kreissteuern ist dagegen in krasser Abweichung von der Rechtslage in den zwanziger und dreißiger Jahren nur noch gering. Dies widerspricht nach Auffassung der Kreise rechtlich dem Konnexitätsprinzip und der Selbstverwaltungsgarantie, politisch der Tatsache, daß die Kreise originäre Aufgaben wahrnehmen. Sachgerecht wäre nach Auffassung der Kreise die Beteiligung an einer der Wachstumssteuern, so wie dies von der Enquêtekommission Verfassungsreform vor Jahren bereits vorgeschlagen worden war.

4. Bestandsübersicht

Die Größenverhältnisse auf der Kreisebene differieren von Land zu Land und innerhalb der Länder nicht unbeträchtlich. Dies ändert aber nichts daran, daß sie innerhalb der Bundesrepublik mit Abstand das höchste Maß an Homogenität aufweist. Die relativ große Durchschnittsfläche in Brandenburg, Mecklenburg-Vorpommern und Schleswig-Holstein rechtfertigt sich wegen der geringen Besiedlungsdichte in diesen Ländern und hängt nicht zuletzt auch damit zusammen, daß diese Länder auf eine staatliche Mittelinstanz verzichtet haben. Umgekehrt ist die nach Einwohnern und Fläche relativ geringe Kreisgröße in Bayern und Rheinland-Pfalz nicht zuletzt die Folge davon, daß in Bayern und der vormals bayerischen Pfalz höhere Kommunalverbände auf Bezirksebene eingerichtet wurden. Im Saarland schließlich schlägt die geringe Flächengröße des Landes, in Nordrhein-Westfalen die hohe Besiedlungsdichte durch.

Nachdem die Kreisreform mit Ausnahme von zwei Streitfällen in Sachsen überall vollzogen ist, ergibt sich für diese Ebene folgendes Bild:

Land	Anzahl Kreise	Durchschnitt Einwohnerzahl	Durchschnitt Fläche qkm	Kreisfreie Städte unter 100.000 E
Baden-Württemberg	35	237.000	986	1
Bayern	71	118.000	964	17
Brandenburg	14	150.000	2.062	2
Hessen	21	218.000	971	0
Mecklenburg-Vorpommern	12	101.000	1.887	4
Niedersachsen	38	160.000	1.218	3
Nordrhein-Westfalen	31	328.000	974	0
Rheinland-Pfalz	24	109.000	783	8
Saarland	6	181.000	428	0
Sachsen	24	127.000	738	3
Sachsen-Anhalt	21	148.000	846	1
Schleswig-Holstein	11	187.000	1.389	2
Thüringen	17	118.000	930	2
Insgesamt	325	169.000	1.044	43

IV. Die Verwaltung des ländlichen Raumes im europäischen Vergleich

Das institutionelle Gefüge des ländlichen Raumes der Bundesrepublik Deutschland gilt in Europa als besonders selbstverwaltungsfreundlich und leistungsfähig. Gemessen am Personalbestand, am Haushaltsvolumen und an den Investitionen haben der Bund, die Gesamtheit der Bundesländer und die Gesamtheit der Kommunen etwa die gleiche Funktionsbedeutung. Innerhalb des kreisangehörigen Bereiches stehen die gemeindlichen Aufgaben zu den Aufgaben der Kreise, gemessen am Haushaltsvolumen, etwa im Verhältnis 2 : 1. Die Gemeinden haben also nach wie vor eine Schlüsselstellung inne, die Kreise aber eine durchaus bedeutsame Position, die ungeachtet der Maßstabsvergrößerung auf der Gemeindeebene in den vergangenen Jahren kontinuierlich angewachsen ist.

Die deutsche Selbstverwaltung mit ihren Gemeinden und Kreisen hat das Leitbild der Charta der kommunalen Selbstverwaltung des Europarates maßgeblich mit geprägt. Diese Charta ist inzwischen von 19 europäischen Staaten ratifiziert worden und wird der Sache nach auch von den anderen europäischen Staaten zumeist anerkannt. Sie kann daher als ein europaweit beachtlicher Maßstab gelten.

Vor diesem Hintergrund verdient festgehalten zu werden, daß eine leistungsfähige örtliche Selbstverwaltung in Europa durchaus keine Selbstverständlichkeit ist. In Großbritannien, Irland und Portugal fehlt sie praktisch vollständig; die politisch tragende erste Stufe der Selbstverwaltung ist übergemeindlich angelegt. In den ehemaligen Ostblockstaaten waren im Zuge der angestrebten Urbanisierung mit Ausnahme der Tschechei und der Slowakei überall extrem große, gleichwohl zumeist leistungsschwache Flächengemeinden entstanden, die kaum noch als örtliche Gemeinschaft figurieren konnten. Nur Ungarn und Slowenien haben diese Entwicklung bisher wieder zurückgedreht. In Bulgarien, Litauen und Estland ist die Anpassung an das traditionelle kontinentale Gemeindebild zumindest projektiert. An der Charta gemessen ist aber auch die Situation in westeuropäischen Staaten wie Italien, Frankreich, Spanien, Griechenland, Österreich und Luxemburg nicht unproblematisch. Hier ist die überkommene örtliche Selbstverwaltung praktisch unverändert erhalten geblieben, also nicht durchgreifend modernisiert worden. Den zumeist sehr kleinen Gemeinden fehlt es an der erforderlichen Leistungskraft, um eine leitbildgerechte kommunale Selbstverwaltung ins Werk zu setzen. Dieser Mangel könnte theoretisch eventuell durch eine relativ ortsnahe, leistungsfähige übergemeindliche Selbstverwaltung ausgeglichen werden. Daran fehlt es aber. Soweit überhaupt vorhanden, sind in diesen Ländern die übergemeindlichen Gebietskörperschaften vielmehr sehr großräumig zugeschnitten und nicht auf eine nachhaltige Ergänzung und Unterstützung der Gemeinden angelegt.

Auch eine leistungsfähige übergemeindliche kommunale Selbstverwaltung ist keine Selbstverständlichkeit. In Westeuropa fallen allerdings nur Finnland und Österreich aus dem Rahmen, wenn man beiseite läßt, daß in Island und Luxemburg schon von der Größe her kein Raum für eine übergemeindliche Selbstverwaltung ist und in der Schweiz staatliche Kantone das Kreisraster einnehmen. Relativ schwach ist die übergemeindliche kommunale Selbstverwaltung allerdings in Griechenland und Portugal.

In den Staaten des ehemaligen Ostblocks ist die Entwicklung auf diesem Sektor noch im Flusse. Die übergemeindliche Selbstverwaltung hatte hier überall eine lange Tradition, zum Teil stärker ausgeprägt als in den meisten westeuropäischen Staaten. In kommunistischer Zeit war den betreffenden Institutionen aber durchweg eine Schlüsselrolle im System des demokratischen Zentralismus zugewiesen worden. Daran knüpfen einige politische Vorbehalte an, die die Rückwandlung in echte kommunale Gebietskörperschaften erschweren. In den meisten Staaten ist sie gleichwohl erfolgt. Das gilt für Rumänien, Ungarn, Bulgarien, Slowenien, Kroatien und Albanien sowie für die baltischen Staaten, wenngleich hier der Vorbehalt anzubringen ist, daß das System des demokratischen Zentralismus in der Praxis keineswegs überall überwunden ist. Für Polen liegt ein detailliertes Konzept für die Wiedereinführung der Kreise dem Sejm vor; die Realisierung ist allerdings inzwischen ins Stocken geraten. Die Tschechei steuert kommunale Regionen in einer Größenordnung oberhalb der deutschen Kreise an. In der Slowakei ist noch offen, ob man ähnlich verfahren wird oder aber die dortigen Okres, die in der Größenordnung den deutschen Kreisen und den österreichischen Amtshauptmannschaften entsprechen, kommunalisiert.

Ein kombiniertes System mit leistungsfähigen Einrichtungen der kommunalen Selbstverwaltung auf der örtlichen wie auf der überörtlichen Ebene ist in jedem Falle die Ausnahme. Nur die Niederlande, Dänemark, Schweden und Norwegen sind insoweit der Bundesrepublik Deutschland an die Seite zu stellen. Dabei nimmt die deutsche Selbstverwaltung noch insofern eine Sonderstellung ein, als die Gemeindeebene hier weniger rigoros auf Leistungskraft und Effektivität zugeschnitten wurde und die Kreisebene der örtlichen Selbstverwaltung eng verbunden bleibt.

Literatur

Der Kreis im Wandel der Zeiten, Grundlegende Texte der Kreisliteratur, Kommunalwissenschaftlichen Schriften des Deutschen Landkreistages, Band 5, Köln 1976.
Der Kreis, Ein Handbuch, herausgegeben vom Verein für die Geschichte der deutschen Landkreise, 5 Bände, Köln 1972-1986.
Henneke, Hans-Günter, Aufgabenzuständigkeit im kreisangehörigen Raum, Band 82, von: Heidelberger Forum, Heidelberg 1992.
Henneke, Hans-Günter, Die Kommunen in der Finanzverfassung des Bundes und der Länder, Wiesbaden 1994.
Henneke, Hans-Günter, Kreisrecht in den Ländern der Bundesrepublik Deutschland, Stuttgart 1994.

Lehmann-Grube, Hinrich/Seele, Günter, Die Verwaltung der Verdichtungsräume, Schriften der Deutschen Sektion des Internationalen Instituts für Verwaltungswissenschaften, Band 9, Baden-Baden 1983.

von Mutius, Albert (Hrsg.), Selbstverwaltung im Staat der Industriegesellschaft, Festgabe für Georg Christoph von Unruh, Schriftenreihe des Lorenz-von-Stein-Instituts für Verwaltungswissenschaften, Kiel 1983.

Privatisierung in Städten und Gemeinden, Schriftenreihe des Deutschen Städte- und Gemeindebundes, Heft 49, Göttingen 1994.

Püttner, Günter (Hrsg.), Handbuch der kommunalen Wissenschaft und Praxis, 6 Bände, 2. Auflage, Berlin 1981-1985.

Schmidt-Jortzig, Edzard, Kommunalrecht, Stuttgart 1982.

Schneider, Herbert, Kreispolitik im ländlichen Raum, Beiträge zur Kommunalwissenschaft, Band 20, München 1985.

Seele, Günter, Der Kreis aus europäischer Sicht, Die übergemeindliche Kommunalverwaltung im Spiegel der nationalstaatlichen Verwaltungsstrukturen und der europäischen Gemeinschaftspolitik, Kommunalwissenschaftlichen Schriften des Deutschen Landkreistages, Band 8, Köln 1991.

Seele, Günter, Die Kreise in der Bundesrepublik Deutschland, Verfassung, Organisation und Aufgabenstellung einer Institution, Bonn 1990.

von Unruh, Georg-Christoph, Der Kreis, Ursprung und Ordnung einer kommunalen Körperschaft, Köln 1964.

Wie funktioniert das? Städte, Kreise und Gemeinden, bearbeitet von Haus u.a., Meyer's Nachschlagewerk, Bibliographisches Institut, Mannheim, 1986.

Dieter Schimanke

4. Selbstverwaltung außerhalb der Kommunalverwaltung, insbesondere: Selbstverwaltung in der Sozialversicherung

Inhaltsübersicht

I. Einleitung
II. Politisches System, Sozialversicherung und Selbstverwaltung
   1. Die Selbstverwaltung in den einzelnen Zweigen der Sozialversicherung
   2. Insbesondere: Änderungen der Selbstverwaltung in der Krankenversicherung durch das Gesundheitsstrukturgesetz (GSG) 1992
III. Legitimation und Demokratieprinzip
   1. Prinzipien der Rekrutierung
   2. Korporatistische Tendenzen
IV. Staat, Sozialversicherung und Selbstverwaltung
   1. Inhaltliche Steuerung
   2. Die staatliche Aufsicht
   3. Verhandlungsansätze

I. Einleitung

Selbstverwaltung als Organisations- und Steuerungsprinzip ist auch außerhalb der Kommunalverwaltung ein Ordnungsmuster, das einerseits teilweise auf längere Traditionen zurückblicken kann, andererseits in unterschiedlichen historischen Begründungszusammenhängen steht. Formen und Inhalte der Selbstverwaltung unterliegen zudem einem permanentem Wandel und sind einer ständigen, alles andere als kontinuierlichen Gestaltung durch die Gesetzgebung ausgesetzt. Signifikant sind die Umgestaltung der Selbstverwaltung der Krankenversicherung durch das Gesundheitsstrukturgesetz 1992 und die aktuelle Diskussion um die Pflichtmitgliedschaft in den Industrie- und Handelskammern.

Die Felder, um die es bei unseren Betrachtungen geht, zählen nicht zur unmittelbaren öffentlichen Verwaltung; die Institutionen nehmen jedoch öffentliche Aufgaben wahr und können somit dem Dritten Sektor bzw. der mittelbaren öffentlichen Verwaltung zugeordnet werden. Letzteres gilt vor allem für die Kammern (Industrie- und Handelskammern, Handwerkskammern, Kammern der Ärzte, Zahnärzte, Tierärzte, Apotheker), die Ordnungsfunktionen vor allem bei der Berufsausbildung, -zulassung und Überwachung der Berufsausübung wahrnehmen. Sie entlasten damit die staatliche Verwaltung, schaffen zugleich – jedenfalls prinzipiell – Akzeptanz in ihrem Berufsfeld. Diese Akzeptanz wird vor allem dadurch hergestellt, daß gewählte Gremien der Institutionen die Entscheidungen treffen. Dabei weisen die Handwerkskammern, ergänzt durch das Innungswesen, durchaus noch Elemente des Zunftwesens auf, auch wenn dieses formal durch die Verkündung der Gewerbefreiheit im Deutschland des 19. Jahrhunderts abgeschafft wurde.

Für die Bundesrepublik hat der Bund die wesentlichen Inhalte in der Handwerksordnung geregelt. Die Kammern als Körperschaft des öffentlichen Rechts haben die Interessen des Handwerks zu vertreten, dabei u.a. die Prüfungsordnungen zu erlassen, die Prüfungen durchzuführen und die Handwerksrolle zu führen (§ 91 HandwO). In den Kammern, für die Pflichtmitgliedschaft aller Handwerker besteht, sind als Selbstverwaltungsorgane die Mitgliederversammlung, der Vorstand und die Ausschüsse vorgesehen. Eine vergleichbare Situation gilt für die Unternehmen außerhalb des Handwerks, die durch Bundesgesetz (und ergänzende Ländergesetze) Industrie- und Handelskammern als Mitglieder zugeordnet sind. Organe der Selbstverwaltung sind hier die Vollversammlung und das Präsidium mit dem Präsidenten (Präses) als Vorsitzendem.

Von der Kammerorganisation sind die Berufsverbände, die zur Interessenwahrnehmung neben dem durch das Kammergesetz abschließend geregelten Aufgabenkatalog auf freiwilliger Basis gebildet sind, zu unterscheiden.

Eine weitere Besonderheit stellen im Gesundheitswesen die kassenärztlichen und kassenzahnärztlichen Vereinigungen dar. Die Vertragsärzte der Krankenkassen bilden auf Landesebene eine kassenärztliche Vereinigung (sowie eine Bundesvereinigung); diese Vereinigung hat die vertragsärztliche Versorgung sicherzustellen, ist Verhandlungspartner der Kassen für die Vergütungen sowie Träger des Abrechnungssystems und steuert die ärztliche Versorgung über die Bedarfsplanung. Wegen der hohen Bedeutung für die Berufsausübung des einzelnen Arztes verfügen auch die kassen(zahn)ärztlichen Vereinigungen auf Landes- und auf Bundesebene über Organe der Selbstverwaltung (Vertreterversammlung und Vorstand, § 79 SGB V <5. Buch Sozialgesetzbuch>).

Im folgenden sollen die verschiedenen Funktionen der Selbstverwaltung im Bereich der Sozialversicherungen vertieft werden, stellen diese doch mit einem Budget von DM 757 Mrd. DM (1994, berechnet nach Statistischem Jahrbuch für die Bundesrepublik Deutschland 1995, S. 459) und damit fast das doppelte Volumen des Bundeshaushalts oder 23 % des BSP (ebenda, S. 655) inzwischen einen großen Teil des öffentlichen Handelns bzw. der leistenden Verwaltung dar, ohne daß ihnen die entsprechende Aufmerksamkeit zuteil wird. Ferner stehen Funktionen und Entwicklungen der Selbstverwaltung in der Sozialversicherung durchaus beispielhaft für die anderen Bereiche, in denen die Selbstverwaltung ein ausgeprägtes Ordnungsmuster ist. Die Besonderheiten im einzelnen müssen einer größeren Abhandlung vorbehalten bleiben.

Unter Selbstverwaltung soll die eigenverantwortliche Aufgabengestaltung durch ein Organ verstanden werden, das eine Legitimation von den Mitgliedern erfährt. Dabei gehört zu den konstituierenden Merkmalen, daß ein Entscheidungsspielraum sowohl innerhalb der Institution besteht (z.B. gegenüber einer Geschäftsführung), als auch gegenüber Trägern der öffentlichen Verwaltung und staatlicher Einflußnahme.

II. Politisches System, Sozialversicherung und Selbstverwaltung

Die Selbstverwaltung in den verschiedenen Zweigen der Sozialversicherung hat wie diese selbst unterschiedliche Ausgangspunkte und Hintergründe in der Entstehung. Für die Lebensrisiken von Krankheit und Altersversorgung entstanden in der Frühphase der Industrialisierung zunächst Unterstützungskassen in Formen der Arbeiterselbsthilfe. An diesen Kassen haben sich dann auch Unternehmen/Arbeitgeber finanziell beteiligt, wobei sie zugleich auf die Binnenorganisation und die Entscheidungen Einfluß genommen haben. Solche Einflüsse haben sich bis heute bei den Betriebskrankenkassen unmittelbar erhalten (Mitwirkung in den Selbstverwaltungsgremien, aber auch Übernahme der Verwaltungskosten). Für die Lebensrisiken von Krankheit, Berufsunfall und Altersversorgung schufen bereits die Bismarck'schen Sozialgesetze eine allgemein geltende, durch Rechtsnormen gestaltete Grundlage, zu der der Katalog der Leistungen ebenso gehörte wie die Finanzierung und die Organisation. Bei der Schaffung dieser Gesetze wurde deutlich, daß das staatliche Handeln nicht primär sozialpolitisch motiviert war, sondern es die sich abzeichnenden sozialen Konflikte und die Machtauseinandersetzungen mit den gesellschaftlichen Organisationen zu kanalisieren versuchte. Die staatstheoretische Zuordnung geht in der Literatur von der Entäußerung des Staates (d.h. der Staat überträgt öffentliche Aufgaben an Dritte) über das Wiederaufleben des Genossenschaftsgedankens bis hin zur Stärkung des Kapitalismus durch den Staat.

Aus der Entstehungsgeschichte der Unfallversicherung werden diese Dimensionen besonders deutlich: die Etablierung einer rein staatlichen Arbeits- und Unfallschutzverwaltung war im Reichstag gegen die Unternehmerinteressen nicht durchsetzbar. Zugleich konnte sich der Staat dadurch der Konflikte mit den einzelnen Betrieben entlasten, indem die Unternehmer in die als Sozialversicherung verfaßte Unfallversicherung dadurch eingebunden wurden, daß sie in den Gremien dieser Versicherung vertreten sind und damit über den Regelungsinhalt mitbestimmen, zugleich aber auch über die Versicherungsbeiträge unmittelbar an der Finanzierung beteiligt sind (die Arbeitnehmer entrichten keine Beiträge zur Unfallversicherung).

Die Arbeitslosenversicherung fand in der Weimarer Republik ihre erste gesetzliche Grundlage. Der fünfte Zweig der Sozialversicherung, die Pflegeversicherung folgte erst 1994.

Daß das Selbstverwaltungsprinzip in der Sozialversicherung durch das Grundgesetz geschützt ist, läßt sich schwerlich aus der Verfassung ableiten. Der Text des Grundgesetzes gibt dafür unmittelbar keinen Anknüpfungspunkt. Historisch ist die Selbstverwaltung vor der Einführung der Demokratie durch die Weimarer Reichsverfassung entstanden, also nicht unmittelbarer Ausfluß des staatlichen Demokratieprinzips. Allenfalls läßt sich die These vertreten, daß nach deutscher Tradition die Selbstverwaltung in der Sozialversicherung zu einem Wesensmerkmal der Sozialstaatlichkeit gehöre und insoweit Verfassungsrang habe (doch dann stellt sich die Frage nach Selbstverwaltungsansätzen für Empfänger von Leistungen nach dem sozialen Entschädigungsrecht oder der Sozialhilfe). Unstreitig ist damit aber, daß die Gesetzgebung einen weiten Gestaltungsspielraum bei der Ausgestaltung der Selbstverwaltung hat.

1. Die Selbstverwaltung in den einzelnen Zweigen der Sozialversicherung

Die wesentlichen Organisationsregelungen für die Sozialversicherungen sind seit 1977 im 4. Buch des Sozialgesetzbuches zusammengefaßt (SGB IV); bis zur Einordnung des Arbeitsförderungsgesetzes (AFG) in das SGB bestimmt für die Arbeitslosenversicherung das AFG die Organisation und damit die Grundlagen für die Selbstverwaltung.

§ 29 Abs. 1 SBG IV legt die Grundlage wie folgt: "Die Träger der Sozialversicherung (Versicherungsträger) sind rechtsfähige Körperschaften des öffentlichen Rechts *mit Selbstverwaltung.*" Körperschaft bedeutet im rechtlichen Sinn zum einen, daß die Versicherten Mitglieder des Trägers sind und neben Leistungsansprüchen auch Mitwirkungsrechte haben, zum anderen, daß der staatliche Einfluß begrenzt ist (siehe unten zur Staatsaufsicht).

In der Regel verfügen die Sozialversicherungsträger über zwei Selbstverwaltungsorgane, die Vertreterversammlung und den Vorstand. Sie verfügen ferner über ähnlich verfaßte Landesverbände (sofern der Träger nicht selbst landes- oder gar bundesweit organisiert ist wie z.B. die meisten Berufsgenossenschaften und Ersatzkassen) und Bundesverbände.

Die Vertreterversammlung ist das zentrale Organ. Sie wird von den Mitgliedern alle sechs Jahre gewählt, erläßt die maßgeblichen Grundsätze für die Geschäftspolitik des Trägers. Dafür kann sie eigene Rechtsnormen schaffen (als Rechtsform steht ihr die Satzung zur Verfügung). Mit ihnen regelt sie nicht nur den Binnenbereich (Grundordnung entsprechend der Hauptsatzung in der kommunalen Selbstverwaltung, Haushaltssatzung), sondern auch den Leistungsumfang (sofern gesetzliche Spielräume bestehen) und bei der Kranken- und Unfallversicherung auch die Beitragshöhe. Der Vorstand, der von der Vertreterversammlung gewählt wird, führt die Beschlüsse der Versammlung aus und trägt die Verantwortung für die Führung der Geschäfte. Er überwacht damit die hauptamtliche Geschäftsführung (in der Regel erläßt dazu der Vorstand Richtlinien).

In den Organen der Selbstverwaltung ist die Arbeitnehmer- und Arbeitgeberseite in der Regel paritätisch vertreten. Historisch bedingte Ausnahmen bilden die Knappschaft (zwei Drittel Arbeitnehmeranteil, da sie ursprünglich auch zwei Drittel der Beiträge gezahlt haben) und die Ersatzkassen (nur Arbeitnehmervertreter, weil es sich ursprünglich um eine Privatversicherung handelte). Eine Drittelparität besteht bei den landwirtschaftlichen Berufsgenossenschaften (je ein Drittel Versicherte, Selbständige ohne fremde Arbeitskräfte und Arbeitgeber) und bei der Arbeitslosenversicherung (Arbeitgeber, Arbeitnehmer, öffentliche Körperschaften). Bei den Betriebskrankenkassen besteht zwar Parität, aber mit der Besonderheit, daß der Arbeitgeber die Hälfte der Stimmen auf sich vereinigt.

Für die Pflegeversicherung, 1994 als gesetzliche Sozialversicherung eingeführt, ist keine eigenständige Organisation geschaffen worden. Vielmehr wird diese durch die jeweilige Krankenversicherung durchgeführt; damit handeln für diesen Zweig der Sozialversicherung die Selbstverwaltungsorgane der Krankenversicherung.

Die Sozialversicherungen finanzieren sich im Grundsatz durch Beiträge, die von Arbeitnehmern und Arbeitgebern je zur Hälfte aufgebracht werden (mit Ausnahme der Unfallversicherung, die allein der Arbeitgeber trägt). In letzter Zeit sind wiederholt Vorschläge entwickelt worden, den Arbeitgeberbeitrag einzufrieren oder zu deckeln, d.h. Kostensteigerungen nur bei der Arbeitnehmerseite durchschlagen zu lassen. – Ferner erhalten einzelne Sozialversicherungsträger Leistungen aus dem Bundeshaushalt (Rentenversicherung < Bundesversicherungsanstalt für Angestellte > nach einer gesetzlichen Formel; Arbeitslosenversicherung < Bundesanstalt für Arbeit > nach dem jährlich zu bestimmenden Fehlbedarf) oder von anderen Sozialversicherungsträgern (Arbeiterrentenversicherung von der Angestelltenversicherung aufgrund gesetzlicher Regelung; Krankenkassen im AOK-Bundesverband oder im Rahmen von Landesverbänden, insbesondere bei den Betriebskrankenkassen). Diese Finanzausgleiche zwischen Krankenkassen stehen jeweils auf dem kritischen Prüfstand der Selbstverwaltungen der abgebenden Kassen und sind nur in begrenztem summenmäßigen und zeitlichen Rahmen konsensfähig; so gibt es auf Dauer wenig Verständnis bei den abgebenden süddeutschen AOK'n für die Finanzprobleme von AOK'n in Stadtstaaten.

2. *Insbesondere: Änderungen der Selbstverwaltung in der Krankenversicherung durch das Gesundheitsstrukturgesetz (GSG) 1992*

Die Leitungsebene und damit auch die Selbstverwaltung der Krankenversicherung ist 1992 wesentlich umgestaltet worden. An die Stelle des bisherigen hauptamtlichen Geschäftsführers ist ein hauptamtlicher Vorstand getreten, an dessen Qualifikation wesentlich höhere Anforderungen gestellt werden als an den bisherigen Geschäftsführer. Der Gesetzgeber hat sich dabei an Entwicklungen der Privatversicherungen orientiert, die nicht nur ihre Führungsorganisation gestrafft, sondern vor allem stärker professionaliert haben. Damit hat ein ehrenamtlicher Vorstand in der gesetzlichen Krankenversicherung keinen Platz mehr. Einziges Selbstverwaltungsorgan ist ab 1996 der Verwaltungsrat, der die Aufgaben der bisherigen Vertreterversammlung übernimmt und überdies alle Entscheidungen zu treffen hat, die für die Krankenkasse von grundsätzlicher Bedeutung sind (§ 197 SGB V). Entsprechende Regelungen gelten für Landesverbände der Krankenversicherungen. Mit dieser Änderung durch das GSG wird zugleich auf weitere Änderungen im Krankenkassenwesen reagiert. Die Kassen unterliegen nunmehr einem Wettbewerb (wobei wettbewerbsverzerrende Faktoren überwiegend beseitigt werden, z.B. durch die Einführung eines bundesweiten, kassenartenübergreifenden Finanzausgleichs in Form eines Risikostrukturausgleichs).

Festzuhalten bleibt, daß in der Gesetzgebung – parteiübergreifend – die bisherige Form der Selbstverwaltung als nicht mehr leistungsfähig angesehen wurde. An die Stelle des ehrenamtlich agierenden Vorstandes und des Geschäftsführers ist ein hauptamtlicher, hoch professioneller Vorstand getreten. Auch wenn der neu geschaffene Verwaltungsrat scheinbar mehr Rechte als die bisherige Vertreterversammlung hat, ist doch insgesamt die Selbstverwaltung abgewertet worden.

III. Legitimation und Demokratieprinzip

1. Prinzipien der Rekrutierung

Vergleichbar wie im politischen System werden die Mitglieder in den Gremien der Selbstverwaltung grundsätzlich durch Wahlen bestimmt. Die Amtszeit in den Sozialversicherungsgremien beträgt sechs Jahre. Allerdings gibt es systembedingte Ausnahmen. In der Arbeitslosenversicherung werden die Mitglieder der drei Gruppen (Arbeitnehmer, Arbeitgeber, öffentliche Körperschaften) durch Organisationen dieser Gruppen vorgeschlagen und anschließend berufen (Mitglieder von Vorstand und Verwaltungsrat durch den Bundesarbeitsminister, Mitglieder der Verwaltungsausschüsse der Landesarbeitsämter durch den Vorstand, Mitglieder der Verwaltungsausschüsse der Arbeitsämter durch den Verwaltungsausschuß des Landesarbeitsamtes, §§ 195, 197 Arbeitsförderungsgesetz <AFG>).

2. Korporatistische Tendenzen

Das Wahlprinzip ist nicht nur in der Arbeitslosenversicherung durchbrochen. Faktisch ist es auch bei anderen Sozialversicherungen modifiziert. Die stärkste Durchbrechung sind die sogenannten "Friedenswahlen", d.h. die beteiligten Verbände und Interessengruppierungen einigen sich auf eine einheitliche Kandidatenliste, die dann ohne Wahl als angenommen gilt; diese Situation, die für die große Mehrzahl der kleineren und mittleren Träger kennzeichnend ist, ist im Gesetz ausdrücklich abgesichert (§ 46 Abs. 3 SGB IV). Vor allem bei größeren, insbesondere bei bundesweit operierenden Sozialversicherungen ist es zudem für den einzelnen Versicherten oder beitragszahlenden Arbeitgeber kaum möglich, auf die Kandidatenaufstellung Einfluß zu nehmen. Gewerkschaften, Verbände, Interessengruppen dominieren die Kandidatenauswahl. Sie bilden letztlich ein weitgehend geschlossenes Kartell. Weder haben andere Gruppierungen Chancen, in den Organen maßgeblichen Einfluß zu gewinnen, noch verschieben sich die Kräfte untereinander wesentlich. Dieses in sich weitgehend geschlossene System führt zugleich zu berechenbaren, auch längerfristig stabilen Entscheidungsmustern und -ergebnissen. Signifikant ist die hohe personelle Kontinuität bei den Mitgliedern der Selbstverwaltung, die in der Regel mehrere Amtsperioden das Mandat ausüben (Gewerkschaften und Arbeitgeberorganisationen haben darauf insoweit reagiert, als sie Altershöchstgrenzen eingeführt haben <65. oder 70. Lebensjahr>).

Folge dieser korporatistischen Tendenzen ist eine hohe Geschlossenheit im Auftreten nach außen. Dies gilt sowohl in Hinblick auf die Aufsichtsbehörde, als auch bei Forderungen an die politischen Entscheidungsträger. So gibt es gemeinsame Stellungnahmen zur Weiterentwicklung der Organisation der Rentenversicherungen, zur Abgrenzung zwischen Unfallversicherung und staatlicher Gewerbeaufsicht oder zur Betätigung der Krankenkassen bei der Gesundheitsförderung; hierbei handelt es sich häufig auch um Stellungnahmen der entsprechenden Selbstverwaltungsorgane auf Bundesebene, deren Sprecher Vorstandsmitglieder der Arbeitgeber- und Gewerkschaftsorganisationen sind.

IV. Staat, Sozialversicherung und Selbstverwaltung

1. Inhaltliche Steuerung

Im Verhältnis zwischen staatlicher Steuerung und Entscheidungen durch die Selbstverwaltung weisen die fünf Zweige der Sozialversicherung erhebliche Unterschiede auf. Die größten Spielräume gibt es für die Unfallversicherung, die Unfallverhütungsvorschriften mit Rechtsnormcharakter erlassen kann und von der die einzelnen Berufsgenossenschaften in umfangreicher Weise Gebrauch gemacht haben. Auch die Arbeitslosenversicherung weist einen beträchtlichen, wenn auch zunehmend eingeschränkten Spielraum für die Selbstverwaltung auf. Der Verwaltungsrat kann Anordnungen zu einzelnen Förderinstrumenten erlassen (z.B. berufliche Rehabilitation, Umschulung, Arbeitsförderung); sein Budgetrecht ist seit 1992 eingeschränkt, weil die Bundesregierung ihre Genehmigungsauflagen zum Haushalt auch direkt durchsetzen kann, indem sie selbst den Haushalt feststellt.

Der Leistungsrahmen bei der Rentenversicherung ist durch den Gesetzgeber weitgehend abschließend geregelt, nicht jedoch in welcher Weise die Leistungen zu erbringen sind (z.B. ob der Rentenversicherungsträger selbst Einrichtungen vorhält oder

Verträge mit Dritten schließt oder inwieweit er sich an Modellprojekten der Prävention und Rehabilitation beteiligt).

Ebenso hat der Gesetzgeber der Krankenversicherung nur einen sehr begrenzten Spielraum gegeben, den Umfang der Leistungen selbst zu bestimmen. Die Diskussionen über die Grenzlinien und ihre Verletzungen waren in den letzten Jahren sehr intensiv und konzentrierten sich auf präventive Maßnahmen (von Sportprogrammen bis hin zu Ernährungskursen) und entsprechende Modellmaßnahmen, die § 63 SGB V ausdrücklich vorsieht; es ist nicht zu bestreiten, daß die Selbstverwaltung mancher Kassen diesen Bereich mit expansiven Tendenzen angeht, um im anstehenden Wettbewerb das Image der eigenen Kasse zu verbessern.

Am geringsten erscheint bisher der Gestaltungsspielraum der Selbstverwaltung der Pflegeversicherung. Schwerpunkte der bisherigen Tätigkeit lagen bei Fragen der Zahl der Leistungsberechtigten nach Pflegestufe, der Verhandlungen mit den Leistungsanbietern und der Abgrenzung zu den anderen sozialen Sicherungssystemen (zur Sozialhilfe und interessanterweise zur Krankenversicherung "im eigenen Haus").

Insgesamt ist bei den Inhalten bzw. dem Leistungsumfang der Sozialversicherungen eine zunehmende Tendenz zur staatlichen Regelung festzustellen. Der Beitritt der DDR zur Bundesrepublik hat diesen Prozeß beschleunigt. Den Sozialversicherungen wurden einerseits Lasten der deutschen Einheit aufgebürdet, die nicht zu ihren Aufgaben als Versicherung gehören, wie z.B. die Übernahme von Rentenleistungen oder die aktive Begleitung des wirtschaftlichen Strukturwandels durch in Zahl und Budgetsumme unvergleichliche Arbeitsbeschaffungsprogramme. Diese im Grunde sozialversicherungsfremden Leistungen wurden den Sozialversicherungssystemen durch Gesetz übertragen; für die Selbstverwaltungsgremien blieb nur übrig, den Vollzug zu flankieren.

2. *Die staatliche Aufsicht*

Die Sozialversicherungen und damit auch die Entscheidungen der Selbstverwaltungsorgane unterliegen – wie auch die eingangs genannten Kammern und kassen(zahn)ärztlichen Vereinigungen – der staatlichen Aufsicht. Die Aufsicht beschränkt sich allerdings – mit Ausnahme der Unfallversicherung – auf die Rechtsaufsicht, d.h. inwieweit das Handeln des Sozialversicherungsträgers mit dem geltenden Recht in Einklang steht. Die Abgrenzung zur Fachaufsicht ist in der Praxis nicht einfach. Dabei ist das gesetzliche Regelwerk selbst zunehmend dichter geworden (es legt z.B. detailliert fest, wie das Haushalts- und Kassenwesen auszusehen hat) und enthält dadurch zwangsläufig fachliche Steuerungsinhalte. Vor diesem Hintergrund ist die Kritik an einer (vermeintlich) exzessiven Rechtsaufsicht zu sehen (ausgeübt entweder durch das Bundes- oder Landesministerium oder durch ein spezielles Versicherungsaufsichtsamt).

Für die staatliche Aufsicht sehen die Gesetze eine Vielzahl von Instrumenten vor. Erst am Ende steht die förmliche Genehmigung oder Beanstandung, die dann vor den Sozialgerichten angefochten werden kann. Wesentlicher sind die Beratung, die Anhörung und die Hinweise der Aufsicht (vgl. §§ 87 ff. SGB IV), die einen ständigen Dialog erfordern (der von einer weisen Aufsicht und einem verständigen Träger auch gepflegt wird).

Die Verteilung der Aufsicht zwischen Bund und Ländern folgt nicht dem Grundprinzip des Grundgesetzes, daß die Verwaltung im Bundesstaat grundsätzlich den Ländern obliegt. Vielmehr hat das Grundgesetz 1949 eine Sonderregelung zugunsten des Bundes geschaffen (Art. 87 Abs. 2 GG), die durch die Verfassungsänderung von 1994 nur in Grenzen korrigiert wurde. War die Aufsicht bisher immer dann beim Bund, wenn ein Sozialversicherungsträger sich über mehr als ein Land erstreckte, so soll dies nunmehr bei mehr als drei Ländern der Fall sein.

Somit durchzieht das Feld der Sozialversicherungen nicht nur bei der Gesetzgebung, sondern auch beim Vollzug, soweit es um die Aufsicht geht, eine starke Bundeszuständigkeit.

3. Verhandlungsansätze

In die Selbstverwaltung sind Verbände und gesellschaftliche Interessengruppen eingebunden. Sie sind auch außerhalb der Sozialversicherung die wesentlichen Teilnehmer am Willensbildungs- und Entscheidungsprozeß im politischen System. Das Modell einer autokratischen Steuerung durch staatliche Institutionen ist zumindest für die Sozial-, Arbeitsmarkt- und Gesundheitspolitik empirisch nicht vorzufinden, vielmehr handelt es sich hier um offene Entscheidungssysteme mit einem Netzwerk von Akteuren. Kennzeichend für dieses System ist nicht der einseitig gesetzte (Verwaltungs-)Akt, sondern sind die verschiedenen Formen des Dialogs und des Aushandelns. Wollen Parlament und Regierung ihre Zielsetzungen erfolgreich umsetzen, sind sie auf die Beteiligung und Einbindung der genannten Akteure angewiesen.

In der Arbeitsmarktpolitik, bei der es um das Wirkungsfeld der Wirtschafts-, Struktur- und Beschäftigungspolitik geht, hängt der Erfolg von Arbeitsmarktprogrammen entscheidend davon ab, inwieweit Kammern, Wirtschaftsverbände und Gewerkschaften die Zielsetzungen und konkreten Handlungsansätze mittragen. So ist bezüglich des 2. Arbeitsmarktes die Frage des Einsatzes und Umfanges von Arbeitsbeschaffungsmaßnahmen sowie besonders der Höhe der (tariflichen) Entlohnung immer wieder strittig. Vor allem die Handwerkskammern sehen darin eine Wettbewerbsverzerrung und Bedrohung der Handwerksbetriebe. Die öffentlichen Akteure (vor allem die Länder und Städte) sind deshalb dazu übergegangen, diese Thematik frühzeitig mit den Kammern und Verbänden zu erörtern und möglichst Konsenslinien zu entwickeln. Die dann notwendigen Entscheidungen in den Selbstverwaltungsgremien der Arbeitsämter werden dann in der Regel gruppenübergreifend mitgetragen. Oder es kommt zu grundsätzlichen Auseinandersetzungen; in diesem Fall ist es für die öffentlichen Körperschaften ratsam, generelle Klärungen mit den in der Selbstverwaltung vertretenen Organisationen herbeizuführen. Damit verlängert sich der Verhandlungsansatz bis in Konsensrunden wie die Konzertierte Aktion beim Regierungschef.

Das Gesundheitssystem ist schon im Grundsatz ein Entscheidungs-Vieleck. Weder paßt das klassische staatlich-hierarchische Steuerungsmodell (zu viele unterschiedliche Adressaten), noch das Marktmodell (keine gleichwertigen Tauschpartner). Anbieter (Ärzte, Krankenhäuser usw.) und Nachfrager (Patienten) handeln keine Leistung und Gegenleistung aus, sondern den Leistungsumfang bestimmt in diesem Verhältnis der Anbieter. Dessen Verhalten muß deshalb korrigierend beeinflußt werden durch die Finanzträger (Krankenkassen, öffentliche Kostenträger) und die öffentliche Gesundheitspolitik. Für die Aushandlungsprozesse sind durch Gesetz (z.B. Krankenhausplanungsausschuß, in dem Krankenkassen, Träger der Krankenhäuser und das Land vertreten sind und in dem Einvernehmen über die Krankenhausplanung erzielt werden soll) oder durch faktisches Handeln (z.B. Gesundheitskonferenzen) institutionalisierte Formen des Bargaining geschaffen worden. Da die notwendige Koordinierung in der Gesundheitspolitik am zweckmäßigsten auf Landesebene, bei größeren Ländern ggf. in Teilgebieten (Regionen), zu leisten ist, ist die Forderung berechtigt, daß auch die Leistungsanbieter und vor allem die Finanzträger (Krankenkassen, Rentenversicherung als Träger von Prävention und Rehabilitation) entsprechend dezentral organisiert sind und auch auf Landesebene über Selbstverwaltungsorgane verfügen.

In den geschilderten Aushandlungssituationen begegnen sich die Akteure des Entscheidungssystems, eingeschlossen die Vertreter der Selbstverwaltung. Sie sind eingebunden in dieses System sowohl in ihrer Ausgangsfunktion (z.B. Funktionsträger in einer

Gewerkschaft oder Kammer), als unmittelbarer Mandatsträger der Selbstverwaltung. In diesem neuen Gewand könnte die Selbstverwaltung in der Sozialversicherung sogar eine Renaissance erleben.

Literatur

Becher, Clemens, Selbstverwaltungsrecht der Sozialversicherung, Kommentar (Loseblatt), Berlin 1976/1994.

Emde, Ernst Thomas, Die demokratische Legitimation der funktionalen Selbstverwaltung. Eine verfassungsrechtliche Studie anhand der Kammern, der Sozialversicherungsträger und der Bundesanstalt für Arbeit, Berlin 1991.

Lampert, Heinz, Soziale Selbstverwaltung als ordnungspolitisches Prinzip staatlicher Sozialpolitik, in: Selbstverwaltung als ordnungspolitisches Problem, Band II, Berlin 1984, S. 37 ff.

Merten, Detlef (Hrsg.), Die Selbstverwaltung im Krankenversicherungsrecht – unter besonderer Berücksichtigung der Rechtsaufsicht über Kassenärztliche Vereinigungen, Berlin 1995.

Schnapp, Friedrich E., Die Selbstverwaltung in der Sozialversicherung, in: Selbstverwaltung im Staat der Industriegesellschaft, Festgabe für Georg Christoph von Unruh, hrsg. von *Albert von Mutius,* Heidelberg 1983, S. 881 ff.

Selbstverwaltung als ordnungspolitisches Problem des Sozialstaates, hrsg. von *Helmut Winterstein,* Band I, Berlin 1983.

Selbstverwaltung als ordnungspolitisches Problem des Sozialstaates, hrsg. von *Helmut Winterstein,* Band II, Berlin 1984.

Süllow, Bernd, Die Selbstverwaltung in der Sozialversicherung als korporatistische Einrichtung, Frankfurt 1982.

Stober, Rolf, Wirtschaftsverwaltungsrecht, 10. Auflage, Stuttgart 1996.

Thiemeyer, Theo, Selbstverwaltung im Gesundheitsbereich, in: Selbstverwaltung als ordnungspolitisches Problem des Sozialstaates, Band II, Berlin 1984, S. 63 ff.

Wertenbruch, Wilhelm, Zur Selbstverwaltung im Sozialrecht, in: Festschrift für Horst Peters, Stuttgart 1975, S. 203 ff.

Gunnar Folke Schuppert

5. Verwaltung zwischen staatlichem und privatem Sektor

Inhaltsübersicht

I. Die Verwaltung im Kooperationsspektrum zwischen staatlicher und privater Aufgabenerfüllung: der empirische Befund
  1. Zur Pluralität von Anbietern öffentlicher Dienstleistungen
     a.) Jugendhilfe
     b.) Wohnungsbau
     c.) Krankenhausplätze
  2. Zur arbeitsteiligen und kooperativen Aufgabenerfüllung durch die öffentliche Hand, private Anbieter und Organisationen des Dritten Sektors
     a.) Die Überwachung durch Private im Umwelt- und Technikrecht
     b.) Private Vorfinanzierung öffentlicher Verkehrsinfrastrukturprojekte
     c.) Privatisierung von Abwasserbeseitigung und Abfallentsorgung
II. Die Verwaltung im Kooperationsspektrum zwischen staatlicher und privater Aufgabenerfüllung: die Beantwortungsversuche von Verwaltungsrechts- und Verwaltungswissenschaft
  1. Zum Denken in Sektoren
  2. Modell einer abgestuften Verwaltungsverantwortung
  3. Kooperative Verwaltung und kooperatives Recht
  4. Veränderungsprozesse im Verhältnis von Öffentlichem Recht und Privatrecht

I. Die Verwaltung im Kooperationsspektrum zwischen staatlicher und privater Aufgabenerfüllung: der empirische Befund

Daß die öffentlichen Aufgaben mehr oder weniger ausschließlich durch eine einheitliche öffentliche Verwaltung erledigt werden, ist ein zählebiger Mythos; die Verwaltungswirklichkeit sieht anders aus.

Nicht nur haben wir es bei der staatlichen Verwaltung mit einer hochgradig arbeitsteiligen, spezialisierten und pluralisierten Verwaltung zu tun, sondern wir haben es auch zu tun mit einer Vielzahl von fast-, halb- und nicht-staatlichen Organisationen, die als nähere oder fernere "Trabanten des Verwaltungssystems" an der Erfüllung öffentlicher Aufgaben mitwirken. Dieser Prozeß der Ausdifferenzierung des Verwaltungssystems und der "Ausfransung" des öffentlichen Sektors ist kein spezifisch deutsches Phänomen, sondern für alle westeuropäischen Industriestaaten charakteristisch und ist unter dem Stichwort "Aufgabenerfüllung durch verselbständigte Verwaltungseinheiten" sowohl für die nationalstaatliche deutsche Ebene wie für die europäische Organisationslandschaft der Verwaltung ausführlich beschrieben und analysiert worden.

Aber damit nicht genug. Die Verwaltungswirklichkeit ist nicht nur durch eine Vielzahl von staatlichen, halbstaatlichen und privaten Anbietern öffentlicher Leistungen gekennzeichnet, sondern auch durch ein kompliziertes Netzwerk von Kooperationsbeziehungen zwischen ihnen. Es geht daher darum, die Verwaltung als einen Anbieter öffentlicher Dienstleistungen unter mehreren anderen Anbietern zu begreifen, als Teilnehmer in einem Konzert von einer Vielzahl von Anbietern gemeinwohlrelevanter Dienstleistungen: eine zentrale Zukunftsaufgabe von Verwaltungsrechtswissenschaft wie Verwaltungswissenschaft wird daher darin bestehen, die öffentliche Verwaltung im Kooperationsspektrum zwischen staatlicher und privater Aufgabenerfüllung zu verorten und ihre Konturen rechts- wie verwaltungswissenschaftlich herauszuarbeiten. Bevor zu beschreiben versucht wird, wie eine solche interdisziplinäre wissenschaftliche Profilierungsarbeit aussehen könnte, gilt es zunächst, einen verwaltungswissenschaftlichen Befund zu erheben und die Verwaltungswirklichkeit danach zu befragen, in welcher Weise die öffentliche Hand, private Anbieter und Organisationen des Dritten Sektors an der Erfüllung öffentlicher Aufgaben beteiligt sind.

1. Zur Pluralität von Anbietern öffentlicher Dienstleistungen

Im folgenden soll an drei Beispielen zentraler Aufgaben der klassischen Daseinsvorsorge-Verwaltung die Pluralität der Anbieter und darüber hinaus die Dominanz nichtstaatlicher Aufgabenträger gezeigt werden:

a.) Jugendhilfe

Nach der Statistik der Jugendhilfe des Statistischen Bundesamtes gliedern sich ausgewählte Einrichtungen der Jugendhilfe nach Art der Trägergruppen am 31. Dezember 1990 wie folgt:

Art der Einrichtung	insgesamt	öffentl. Träger	freie Träger, zum Beispiel ...					
			zusammen	Arbeiterwohlfahrt	diakonisches Werk	Caritas	Dt. Paritätischer Wohlfahrtsverband	Dt. Rotes Kreuz
Kindergärten	25167	7794	17179	478	6107	8416	436	270
Heime für Kinder und Jugendliche	1447	168	1006	20	305	261	143	18
Erziehungs-, Jugend- und Familienberatungsstellen	1316	327	988	86	262	352	101	40
Drogen- und Suchtberatungsstellen	382	41	341	18	101	115	29	3

Die Übersicht zeigt sehr deutlich, daß im Bereich der Jugendhilfe privatgewerbliche Träger überhaupt keine Rolle spielen, die öffentlichen Träger im Vergleich zu den freien Trägern fast nur eine Nebenrolle und die eigentlichen Aufgabenträger die Wohlfahrtsverbände sind, klassische Organisationen des sogenannten Dritten Sektors.

b.) Wohnungsbau

Noch deutlicher ist die Dominanz nicht-staatlicher Anbieter im Bereich des Wohnungsbaus. Hierin spiegelt sich, daß Wohnraum zwar nach zahlreichen Landesverfassungen ein zentrales Sozialgut ist (Grundrecht auf Wohnung), in der Praxis aber als Wirtschaftsgut behandelt wird und der Staat nicht selbst als Anbieter von Wohnraum auftritt, sondern in der Rolle des Förderers, der seine Förderungsverantwortung, sei es in Gestalt der sogenannten Objektförderung (sozialer Wohnungsbau), sei es in Gestalt der sogenannten Subjektförderung (Wohngeld) wahrnimmt.

Im Bericht des Statistischen Bundesamtes vom Juni 1995 "Zur Entwicklung des Wohnungsbaus in Deutschland in der ersten Hälfte der 90er Jahre" heißt es dazu wie folgt:

"Auf der Auftraggeberseite wird der Wohnungsbau in Deutschland durch private Haushalte und Wohnungsunternehmen dominiert, auf die derzeit mehr als die Hälfte (private Haushalte) bzw. über ein Drittel (Wohnungsunternehmen) der fertiggestellten Wohnungen entfallen. Der Rest verteilt sich auf sonstige Unternehmen, Immobilienfonds sowie öffentliche Bauherren und Organisationen ohne Erwerbszweck; in deren Auftraggeberschaft wird etwa jede 14. Wohnung errichtet...

Jahr	Private Haushalte	Wohnungsunternehmen	sonstige Unternehmen	Immobilienfonds	öffentl. Bauherren u. Organisationen ohne Erwerbszweck
1993	54	39	4	1	2
1994*	57	36	4	2	1
früheres Bundesgebiet	58	37	3	1	1
neue Länder und Berlin-Ost	54	29	8	6	3

* vorläufiges Ergebnis

Die Aktivitäten der privaten Haushalte sind vorrangig auf den Bau von Eigenheimen ausgerichtet, wo sie 1993 Auftraggeber für 84 % der fertiggestellten Wohnungen waren. In dem von Wohnungsunternehmen geprägten Segment der Mehrfamilienhäuser hatten sie allerdings auch einen Anteil von rund einem Drittel. Unter den privaten Bauherren dominieren mit Anteilen von 42 % Beamte und Angestellte sowie mit 36 % Selbständige. Auf Arbeiter entfielen 12 % der für private Bauherren fertiggestellten Wohnungen."

c.) *Krankenhausplätze*

Nach den Krankenhausgesetzen der Länder ist die Krankenversorgung in Krankenhäusern eine öffentliche Aufgabe des jeweiligen Landes, während die Krankenhausträger nicht nur, sondern sogar bevorzugt private und freie gemeinnützige Träger sind. So heißt es beispielsweise im Krankenhausgesetz des Landes Nordrhein-Westfalen im § 1 Abs. 2 und 3 dazu wie folgt:

§ 1 – Grundsatz

(1) ...

(2) Die Krankenversorgung in Krankenhäusern sicherzustellen, ist eine öffentliche Aufgabe des Landes. Gemeinden und Gemeindeverbände wirken nach Maßgabe dieses Gesetzes dabei mit.

(3) Krankenhausträger sind in der Regel freie gemeinnützige, kommunale, private Träger und das Land. Falls sich kein anderer geeigneter Träger findet, sind Gemeinden und Gemeindeverbände verpflichtet, Krankenhäuser zu errichten und zu betreiben, kreisangehörige Gemeinden jedoch nur, wenn sie die erforderliche Finanzkraft besitzen.

Nach den vom Statistischen Bundesamt für 1993 mitgeteilten "Grunddaten der Krankenhäuser und Vorsorge- oder Rehabilitationseinrichtungen" gliedert sich die Gesamtzahl der Krankenhäuser nach Trägergruppen wie folgt:

Krankenhäuser nach Größenklassen (Anzahl der Betten)	öffentliche Krankenhäuser	freigemeinnützige Krankenhäuser	private Krankenhäuser
unter 100	122	126	256
100 - 200	227	254	68
200 - 500	377	400	19
500 - 1000	121	67	5
1000 und mehr	70	–	–
zusammen:	917	847	348

Der Überblick zeigt sehr deutlich, daß bei den kleinen und mittelgroßen Krankenhäusern die nicht-staatlichen Träger überwiegen, während die Groß-Kliniken mit mehr als 500 Betten vor allem von der öffentlichen Hand getragene Krankenhäuser sind.

2. *Zur arbeitsteiligen und kooperativen Aufgabenerfüllung durch die öffentliche Hand, private Anbieter und Organisationen des Dritten Sektors*

Wie sehr die Verwaltungswirklichkeit durch eine arbeitsteilige und kooperative Aufgabenerfüllung durch die öffentliche Hand, private Anbieter und Organisationen des Dritten Sektors geprägt wird, soll ebenfalls an drei ausgewählten Aufgabenbereichen gezeigt werden:

a.) Die Überwachung durch Private im Umwelt- und Technikrecht

Im Bereich des Technik- und Umweltrechtes haben sich für die dort eine wichtige Rolle spielenden Überwachungsaufgaben interessante Organisationsstrukturen herausgebildet, an denen sich die Rolle der Überwachung im Umwelt- und Technikrecht zwischen staatlicher Regulierungsverantwortung und unternehmerischer Eigeninitiative ablesen läßt. Zwei Organisationsmodelle lassen sich dabei unterscheiden:

Das "klassische" Organisationsmodell ist das der privaten Fremdüberwachung, das heißt die Kontrolle des Normadressaten durch eine natürliche oder juristische Person des Privatrechts kraft öffentlicher Beauftragung. Diese Einschaltung Privater erfolgt wiederum in zwei Varianten, nämlich entweder als Verwaltungshelfer oder als sogenannte Beliehene. Die bloße Verwaltungshilfe unterscheidet sich von der Beleihung dadurch, daß im Falle der Verwaltungshilfe der Private nur in vorbereitender und unterstützender Funktion herangezogen wird, während dem Beliehenen Verwaltungsaufgaben zur selbständigen Wahrnehmung, das heißt zur Wahrnehmung in eigener Kompetenz und in eigenem Namen übertragen sind.

Beispiele für Beliehene sind etwa die Bezirksschornsteinfeger und die amtlichen oder amtlich anerkannten Sachverständigen zur Prüfung sogenannter überwachungsbedürftiger Anlagen gemäß § 14 Gerätesicherheitsgesetz. Beispiele für die unterstützende Heranziehung Privater im behördlichen Auftrag (Verwaltungshilfe) sind private Beauftragte der Überwachungsbehörden nach § 52 Bundesimmissionsschutzgesetz; die Zulässigkeit eines Einsatzes privater Beauftragter wird auch in §§ 11 Abs. 4 Abfallgesetz, 25 Abs. 3 Gentechnikgesetz und 21 Abs. 4 Chemikaliengesetz unterstellt.

Neben dieser klassischen Drittkontrolle hat sich im Umwelt- und Technikrecht die gesetzliche Verpflichtung zur Selbstkontrolle herausgebildet, indem für die Überwachung der jeweiligen Rechtsvorschriften innerbetriebliche Kontrollstrukturen geschaffen worden sind. Das Paradebeispiel für diese gesetzgeberische Auferlegung innerbetrieblicher Kontrollpflichten ist der durch verschiedene umweltrechtliche Gesetze seit Mitte der 70er Jahre ausführlich geregelte Umweltschutzbeauftragte. Die Konstruktion des Umweltschutzbeauftragten zielt auf die Sicherstellung der Gesetzeskonformität des eigenen Handelns Privater. Es liegt dabei insofern ein Fall von Eigenüberwachung vor, als der Private nicht wie eine Behörde einem ebenfalls privaten Dritten gegenüber kontrollierend eingesetzt wird, sondern gehalten ist, die Erfüllung besonderer, gesetzlich geregelter Organisationspflichten selbst zu gewährleisten. Der durch die Fachgesetze manifestierte betriebliche Umweltschutz soll durch den Umweltschutzbeauftragten im Rahmen des umweltrechtlichen Kooperationsprinzips institutionalisiert und damit gefördert werden. Die Aufgabenfelder der verschiedenen Umweltschutzbeauftragten lassen sich nach Zielsetzung und Tätigkeitsrahmen als Kontrollfunktion, Informationsfunktion, Initiativfunktion und Berichtspflicht skizzieren *(Reinhardt)*.

b.) Private Vorfinanzierung öffentlicher Verkehrsinfrastrukturprojekte

Neben der im Gefolge der deutschen Einigung praktizierten Einschaltung Privater beim Verkehrswegebau, insbesondere dem Neubau und Ausbau der Bundesautobahnen ist eine generelle Tendenz zu beobachten, öffentliche Verkehrsinfrastrukturprojekte durch Private vorfinanzieren zu lassen, um die Inanspruchnahme der öffentlichen Kassen zeitlich zu strecken und möglicherweise auch Kostenvorteile wahrzunehmen (Finanzierungsprivatisierung). Innerhalb der Finanzierung durch private Investoren lassen sich nach *Höfling* die folgenden drei Varianten unterscheiden:
– Betreibermodell:
  Nach dem sogenannten Betreiber- oder Mautmodell sollen die öffentlichen Haushalte dadurch von projektbezogenen Kosten entlastet werden, daß für die Nutzung eines von privaten Unternehmen finanzierten, gebauten und betriebenen Vorhabens lediglich ein entsprechend leistungsabhängiges Entgelt entrichtet wird. Da das Modell in der Praxis indessen rechtliche, politische und technische Probleme aufwirft, hat das Bundesverkehrsministerium vorerst auf seine Umsetzung verzichtet.
– Leasingmodell:
  Beim Modell des Leasing-Finanzierung soll der Bund die für die künftigen Bundesfernstraßen benötigten Grundstücke zunächst selbst erwerben, jedoch anschließend einer in die Rechtsform der GmbH & Co-KG gekleideten Gesellschaft ein Erbbaurecht einräumen. Der Bau der Bundesfernstraße soll von dieser sogenannten Objekt-KG zu 20 % aus Eigenkapital der Kommanditisten und zu 80 % über Kapitalmarktkredite finanziert und nach der Fertigstellung an den Bund vermietet werden, der diese dann wiederum seinerseits dem öffentlichen Verkehr zur Verfügung stellt.
– Konzessionsmodell:
  Kernelement des sogenannten Konzessionsmodells ist die Abgeltung von Kosten privat finanzierter und erstellter Verkehrswege durch ratenweise Zahlungen der öffentlichen Hand. Hierbei schließen sich die privaten Investoren in einer Projektgesellschaft zusammen. Diese verpflichtet sich, die geplanten Vorhaben auf Grundstücken des Bundes zu errichten und die Finanzierung im eigenen Namen

durchzuführen. Der Bund erteilt der Projektgesellschaft im Gegenzug die Konzession, das Verkehrsprojekt für einen bestimmten Zeitraum zu nutzen. Umgekehrt räumt die Projektgesellschaft dem Bund in einem besonderen Nutzungsvertrag ein Nutzungsrecht gegen etwaige Nutzungsentgeltzahlungen ein. Läuft der Konzessionsvertrag aus, wird das Projekt dem Bund übergeben.

c.) Privatisierung von Abwasserbeseitigung und Abfallentsorgung

Bei der Wahrnehmung dieser wichtigen und daher mit gutem Grund pflichtigen Selbstverwaltungsaufgaben der kommunalen Gebietskörperschaften haben sich verschiedene Organisationsformen entwickelt, mit denen bei Fortbestehen der Wahrnehmungsverantwortung der Kommunen das Know how und die (vermutete) größere Wirtschaftlichkeit privater Aufgabenwahrnehmung genutzt werden soll. Auch in diesem Bereich lassen sich drei Organisationsmodelle unterscheiden (*Schoch*):
– Betreibermodell:
Nach dem Betreibermodell wird die Anlage von einem Privaten errichtet, finanziert und in einer längerfristigen Perspektive (20 bis 30 Jahre) selbständig und teilweise auch mit eigenem Personal betrieben. Der private Betreiber wird durch öffentliche Ausschreibung ermittelt, die Kommune bestellt diesem ein Erbbaurecht an den Grundstücken der Entsorgungsanlage. Die Entsorgungsleistung wird dem Privaten durch die Körperschaft entgolten, wobei dieses Entgelt wiederum in die Gebühr eingeht, die die Kommune von den Nutzern erhebt. Dieses Privatisierungsmodell ist rechtlich im Kern durch einen Betreibervertrag abgestützt, in dem der entsorgungspflichtigen Körperschaft unter anderem umfangreiche Kontrollrechte eingeräumt werden, damit diese ihren fortbestehenden Grundverantwortlichkeiten gerecht werden kann.
– Betriebsführungsmodell:
Beim Betriebsführungsmodell bleibt die Kommune zwar Eigentümerin und Betreiberin der Anlage, die Betriebsführung wird jedoch einem privaten Unternehmen übertragen. Dieses handelt nach Weisung der entsorgungspflichtigen Körperschaft und erhält für seine Leistungen ein Entgelt. Ein entscheidender Vorteil gegenüber dem Betreibermodell besteht darin, daß der Betreibervertrag hier auf einen kürzeren Zeitraum begrenzt werden kann. Dadurch wird die Auswechslung des Betriebsführers grundsätzlich ermöglicht, so daß sich dieser in gewissen Abständen bei Ausschreibungen dem Wettbewerb stellen muß. Umgekehrt fallen hier die

Vorteile, die sich aus der Planung, Finanzierung und Bauausführung durch ein privates Unternehmen ergeben können, weg.
– Gemischt-wirtschaftliche Unternehmen
Dieses Modell besteht organisationsrechtlich aus einem in der Form der GmbH betriebenen gemischt-wirtschaftlichen Unternehmen, an dem die entsorgungspflichtige Körperschaft mit 51 % beteiligt ist. Durch die Mehrheitsbeteiligung der Kommune soll der kommunalpolitische Einfluß auf die Entsorgungsgesellschft im Hinblick auf die Wahrnehmung der Entsorgungsaufgabe erhalten bleiben, gleichzeitig soll die Enbindung eines privaten Investors und Betriebsführers als Minderheitsbeteiligter unternehmerische Dispositionsfreiheit und Flexibilität bei der Aufgabenwahrnehmung ermöglichen. Hier kann sich bisweilen auch die Trennung zwischen einer Betreibergesellschaft als Eigentums-GmbH und einer Betriebsgesellschaft empfehlen, wobei das Modell juristisch dann auf einem umfangreichen Vertragswerk gründet.

II. Die Verwaltung im Kooperationsspektrum zwischen staatlicher und privater Aufgabenerfüllung: die Beantwortungsversuche von Verwaltungsrechts- und Verwaltungswissenschaft

Angesichts des geschilderten Befundes einer Pluralität von Anbietern öffentlicher Dienstleistungen sowie einer arbeitsteiligen und kooperativen Aufgabenerfüllung durch die öffentliche Hand, private Anbieter und Organisationen des Dritten Sektors bedarf es wissenschaftlicher Antworten, um die öffentliche Verwaltung in diesem Kooperationsspektrum zwischen staatlicher und privater Aufgabenerfüllung zu verorten. Im folgenden soll anhand von vier Stichworten gezeigt werden, wie und mit welcher Zielrichtung eine verwaltungsrechtliche wie verwaltungswissenschaftliche Analyse argumentieren könnte:

1. Zum Denken in Sektoren

Will man die ganze Bandbreite der Anbietervielfalt und der an der Erfüllung öffentlicher Aufgaben beteiligten Organisationen erfassen, erscheint es hilfreich, die unbehelfliche dichotomische Entgegensetzung von staatlicher und privater Aufgabenerfüllung durch ein Sektorenmodell zu überwinden, das die vielfältigen an der öffentlichen Aufgabenerfüllung mitwirkenden und für die Verwaltung nutzbaren Kräfte und Organisationen widerspiegelt. Ein solches, lediglich als Analyse–Hilfsmittel gedachtes Sektorenmodell könnte etwa so aussehen:

Der Sektor *Staat* meint die unmittelbare staatliche Verwaltung durch staatliche und kommunale Behörden.

Der Sektor *Selbstverwaltung* meint den großen Block der mittelbaren Selbstverwaltung, insbesondere der körperschaftlichen und anstaltlichen Selbstverwaltung (körperschaftlich: Anwaltskammern, Industrie- und Handelskammern, Sozialversicherungsträger etc.; anstaltlich: Rundfunkanstalten, Universitäten, Bundesbank etc.).

Der Sektor *Verselbständigte Verwaltungseinheiten* meint die Erledigung öffentlicher Aufgaben durch Para-Government Organizations, also verselbständigte Verwaltungseinheiten, die häufig als privatrechtliche Trabanten der öffentlichen Verwaltung im Bereich der Entwicklungshilfe, der auswärtigen Kulturpolitik, der Forschungs- und Wirtschaftsförderung auftreten.

Der Sektor *Organisierte Interessen* meint die Einbeziehung und Instrumentalisierung der organisierten Interessen bei der Durchführung staatlicher Politikprogramme, etwa in Form von Konzentrierten Aktionen, Verwaltungsräten, Beiräten etc.

Der Sektor *Vereinswesen* meint die Beteiligung in der Regel gemeinnütziger Vereine wie Rotes Kreuz und Wohlfahrtsverbände vor allem im Bereich der staatlichen Sozialpolitik.

Der Sektor *Selbstorganisation* meint die wachsende Bedeutung des Selbsthilfeelements in bestimmten Politikbereichen wie etwa der Sucht- und Drogenberatung, der Arbeitslosenbetreuung etc.

Der Sektor *Markt* meint die Wahrnehmung öffentlich bedeutsamer Aufgaben nach den Gesetzen des Marktes, also durch Angebot und Nachfrage, z.B. durch eine private Bundesbahn.

Ein solches Denken in Sektoren hat zwei entscheidende Vorteile: es schärft einmal den Blick für die der konkreten Organisationsformenwahl vorgelagerte Auswahlentscheidung, welchem Sektor oder welchen miteinander verknüpften Sektoren (private Aufgabenerfüllung bei staatlicher Regulierung) die Wahrnehmung einer bestimmten Aufgabe überantwortet werden soll; diese Auswahlentscheidung ist vor allem eine politische Entscheidung, da mit ihr in aller Regel zugleich eine Entscheidung über das Maß der Staatlichkeit der Aufgabenerfüllung getroffen wird. Zum anderen hilft das Sektorenmodell, die Dynamik der Veränderungsprozesse im Bereich der öffentlichen Aufgabenerfüllung zu erfassen, weil diese Veränderungsprozesse sich als Veränderungen in dem jeweiligen Gewicht der einzelnen Sektoren und als Veränderungen in ihrer

Zuordnung zueinander darstellen: die "Karriere" des Sektors Selbstorganisation sowie die zunehmende Verschränkung des öffentlichen und privaten Sektors durch ausdifferenzierte Privatisierungsstrategien sind dafür beredte Beispiele.

2. Modell einer abgestuften Verwaltungsverantwortung

Während das soeben vorgestellte Sektorenmodell von der Vielzahl der an der öffentlichen Aufgabenerfüllung beteiligten Kräfte und Organisationen her denkt, kann die öffentliche Verwaltung im Kooperationsspektrum zwischen staatlicher und privater Aufgabenerfüllung auch vom Begriff und einer Typologie der Verwaltungsverantwortung her erfaßt werden. Im Sinne eines solchen Modells einer abgestuften Verwaltungsverantwortung, das Platz läßt für ein arbeitsteiliges und kooperatives Nebeneinander von staatlicher und privater Aufgabenerfüllung, kann man folgende Verantwortungsstufen unterscheiden:

- Erfüllungsverantwortung:
  - unmittelbare Erfüllungsverantwortung (Beispiel: Polizei, Steuerverwaltung),
  - mittelbare Erfüllungsverantwortung durch Trabanten des Verwaltungssystems (Beispiele: Mittlerorganisationen auswärtiger Kulturpolitik wie die Goethe-Gesellschaft; Substitutionen einer staatlichen Forschungsbürokratie durch die DFG),
- Überwachungsverantwortung (Beispiele: Bankenaufsicht, Versicherungsaufsicht, TÜV),
- Förderungs-, insbesondere Finanzierungsverantwortung (Beispiele: Filmförderung, Agrarsubventionen),
- Beratungsverantwortung (Beispiele: Drogenberatung, AIDS-Hilfe),
- Organisationsverantwortung (Beispiele: Organisation des Rundfunks und der Hochschulen),
- Einstandsverantwortung in den Fällen gesellschaftlicher Schlechterfüllung,
- Staatliche Rahmensetzung für private Aktivitäten (Bereitstellungsfunktion des Rechts),
- Soziale Abfederungsverantwortung bei Überlassung einer öffentlichen Aufgabe an den Markt.

Mit diesem Modell einer abgestuften Verwaltungsverantwortung, das insbesondere den Übergang von der Erfüllungsverantwortung zur Gewährleistungsverantwortung der Verwaltung in den Mittelpunkt stellt, steht ein analytisches Instrument bereit, um die jeweils spezifischen Beiträge von privatem und staatlichem Sektor zur Erfüllung öffentlicher Aufgaben angemessen darstellen zu können. Dabei erweist sich wiederum, daß es nicht um die Entgegensetzung von staatlicher und privater Aufgabenerfüllung geht, sondern gerade um einen angemessenen Verantwortungs- und Institutionen-Mix, der je nach Aufgabenbündel und Politikfeld anders zugeschnitten sein wird.

3. Kooperative Verwaltung und kooperatives Recht

Dem schon seit langem ins Bewußtsein getretenen kooperativen Staat und seiner kooperativen Verwaltung sind in jüngster Zeit Bemühungen der Rechtswissenschaft zur Seite getreten, mit der Begriffsbildung des kooperativen Rechts zum Ausdruck zu bringen, daß die unbezweifelbare Realität des kooperativen Staates auch die Funktion des Rechts in ihm entweder grundlegend verändert oder zumindest modifiziert.

Damit ist zunächst gemeint, daß wir es in der Rechtswirklichkeit nicht nur mit einer konsensualen Rechtserzeugung zu tun haben wie zum Beispiel bei der normvorbereitenden Kooperation beim Erlaß des Gesetzes zur Anpassung und Gesundung des deutschen Steinkohlebergbaus oder mit dem im Umweltrecht intensiv untersuchten konsensualen und kooperativen Rechtsvollzug (Beispiel: Sanierungsabsprachen), sondern daß auch das Recht selbst seine Rolle und Funktion als Steuerungsmedium im kooperativen Staat verändert. Nicht nur ist die rechtliche Regelung häufig erst das Ergebnis von vorgelagerten Kooperationsbeziehungen, auch die Rechtskonkretisierung – gewissermaßen als Zwischenstufe zwischen Rechtserzeugung und Rechtsanwendung – erfolgt in einem Kooperationsprozeß, bei dem sich Verwaltung und Bürger aufgrund der geringen Regelungsdichte, des finalen Regelungscharakters, der komplexen Sachverhalte oder der Notwendigkeit planender oder prognostischer Abwägungsentscheidungen zunehmend verständigen müssen. Recht konkretisiert sich hierbei als Resultat eines Kooperationsprozesses, die in und durch Verfahren entwickelte kooperative Rechtsgewinnung wird zur Bedingung materiellrechtlicher Richtigkeit.

In diesem Sinne kann kooperative Rechtskonkretisierung verstanden werden als Konsequenz einer wiederholt konstatierten Steuerungsschwäche des Gesetzes, insbesondere solcher Gesetze, die vage Formulierungen verwenden und vor allem mit Zielvorgaben statt mit subsumtionsfähigen Konditionalprogrammen arbeiten; der kooperative Staat – so könnte man zusammenfassend formulieren – tritt nicht nur im Vorfeld der Rechtserzeugung und bei der Implementation von regulativen Programmen beeinflussend oder verhandelnd auf den Plan, sondern bei der Rechtsanwendung selbst äußert er sich in Gestalt eines kooperativen Rechtserzeugungsprozesses.

Als eine echte qualitative Neuerung wird man die Öffnung des Verwaltungsverfahrens für die Kooperation von Verwaltung und Privaten verstehen müssen; man kann insoweit von Erscheinungsformen eines *kooperativen Verwaltungsverfahrens* sprechen, die den verschiedenen bisher bekannten Varianten der Privatisierung, die sogenannte *Verfahrensprivatisierung*, hinzufügt. Beispiele für eine solche Verfahrensprivatisierung durch ein kooperatives Verwaltungsverfahren sind das Scoping-Verfahren nach § 5 des Gesetzes über eine Umweltverträglichkeitsprüfung (UVPG), die privatisierte Abwägungsvorbereitung durch das Institut des Vorhaben- und Erschließungsplans nach § 7 BauGB-MaßnahmeG und das sogenannte Öko-Audit gemäß der Verordnung (EWG) des Rates vom 29.06.1993 über die freiwillige Beteiligung gewerblicher Unternehmen an einem Gemeinschaftssystem für das Umweltmanagement und die Umweltbetriebsprüfung.

4. Veränderungsprozesse im Verhältnis von Öffentlichem Recht und Privatrecht

Auf eine weitere Entwicklung, die gerade erst im Begriffe ist, intensiver diskutiert zu werden, soll zum Abschluß dieses Überblickes über die Verwaltung zwischen staatlichem und privatem Sektor hingewiesen werden: gemeint sind beobachtbare Veränderungen im Verhältnis von Öffentlichem Recht und Privatrecht.

Hier stellen sich Fragen nach der heutigen Bewährung der Unterscheidung von Öffentlichem Recht und Privatrecht, die für den Prozeß der Herausbildung des modernen Staates von zentraler Bedeutung war; demgegenüber konstatieren wir zunehmend eine arbeitsteilige Zuordnung und Überlappung beider Rechtskreise etwa im Bereich der staatlichen Regulierung und der sogenannten Risikosteuerung. Vor allem aber stellt sich der Rechtsordnung die Aufgabe, der Stellung der Verwaltung im Kooperationsspektrum staatlicher und privater Aufgabenerfüllung unter anderem dadurch rechtliche Konturen zu geben, daß die Beziehungen zwischen staatlicher Verwaltung und privaten Kooperanden rechtlich ausgestaltet werden:
1. Einbeziehung der Kooperanden
    a) Sicherung der Kooperation (z.B. durch Kooperationsverträge)
    b) Ausgestaltung des Status der Kooperanden
    c) Verhältnis zu ausgeschlossenen oder benachteiligten Dritten

2. Kooperanden und Dritte
   a) Verfahren der Leistungserbringung
   b) Standards der Leistungserbringung

In diesem Kooperationsbereich stellen sich Probleme, die eines interdisziplinären Zugriffs bedürfen, insbesondere unter Einbeziehung der ökonomischen Theorie des Rechts.

Eine weitere wichtige Aufgabe besteht darin, sich über die Funktionen der Teilrechtsordnungen zu vergewissern, um auf diese Weise zu einer differenzierten Zuordnung der beiden Rechtsordnungsteile zueinander zu gelangen. *Eberhard Schmidt-Aßmann* hat es unternommen, den beiden Teilrechtsordnungen verschiedene Funktionen zuzuordnen und unterscheidet dabei die folgenden Funktionen des öffentlichen Rechts und des Privatrechts:

1. Funktionen des öffentlichen Rechts
   – *Zertifizierungsfunktion*. Sie zeigt sich in feststellenden Akten, z.B. des Warenzeichen- und Patentrechts. Bestimmte private Schutzinteressen werden durch diese Funktion öffentlich-rechtlicher Akte in den Rang von Schutzrechten erhoben und erhalten damit ihre besondere Verkehrsfähigkeit.
   – *Stabilisierungsfunktion*. Sie wird durch die Kompetenzen zu einseitiger verbindlicher und bestandskräftiger Regelung begründet und drückt sich vor allem im Institut des Verwaltungsaktes aus. Beispiele bieten die Genehmigungswirkungen des § 14 BImSchG und Planfeststellungswirkungen des § 75 VwVfG.
   – *Vorklärungsfunktion*. Sie wird durch die Instrumente der administrativen Normsetzung begründet. Formen der Breitensteuerung und Grenz- oder Richtwertbildung senken die Transaktionskosten, die bei einer schwierigen kollektiven privaten Verständigung entstünden. Sie müssen oft aber der privatrechtlichen Feinsteuerung Raum lassen.
   – *Artikulationsfunktion*. Sie zeigt sich, wo das öffentliche Recht bestimmte Interessen wegen ihrer besonderen Schutzbedürftigkeit aus den privaten Klärungsmechanismen herausnimmt und ihnen eine eigene Darstellung ermöglicht. Beispiele bieten zahlreiche privatrechtsgestaltende Verwaltungsakte wie Grundstücksverkehrs- oder Kündigungsgenehmigungen. Als Organisationsform gehören die interessenspezifischen Körperschaften der funktionalen Selbstverwaltung hierher.
   – *Drohfunktion*. Sie wird in gesetzlichen Klauseln deutlich, die den hoheitlichen Oktroi oder den administrativen Selbsteintritt für den Fall vorsehen, daß eine private Verständigung nicht möglich ist. Auch die Enteignungsbefugnis ist zu nennen. Kompetenzen dieser Art sind vor allem dort als Auffangpositionen notwendig, wo starke Gruppenmächte oder Monopolstellungen das Feld beherrschen. Sie

sind eher dazu da, Droh- und Tauschmacht aufzubauen, als wirklich eingesetzt zu werden.
- *Durchsetzungsfunktion*. Sie knüpft an die Befugnis an, sich mittels Hoheitsaktes selbst einen Vollstreckungstitel zu beschaffen und kann sich bei Massenverkehrsvorgängen als vorteilhaft erweisen. Ein Beispiel ist der neue § 44 Abs. 3 BHO, der die Möglichkeit vorsieht, private Subventionsmittler mit den Handlungsformen des öffentlichen Rechts auszustatten.

2. Funktionen des Privatrechts
- *Verkehrsfunktion*. Das Privatrecht ist das allgemeine Verkehrsrecht der Marktvorgänge.
- *Fein- und Nachsteuerungsfunktion*. Sie ist das Korrelat zur Vorklärungsfunktion des öffentlichen Rechts. Nachweisbar ist sie z.B. im Rahmen des § 906 BGB. Wo sie greifen soll, müssen die Vorgaben des öffentlichen Rechts entsprechend variabel sein.
- *Flexibilisierungsfunktion*. Sie folgt aus dem Rahmencharakter des Privatrechts, der nicht sogleich auf feste Bindungen angelegt ist.
- *Integrationsfunktion*. Das in weiten Bereichen auf Einvernehmen angewiesene Privatrecht muß sensibler als das öffentliche Recht auf die Motivationslage der Interessenträger Rücksicht nehmen und die Beteiligten in die Interessenklärung integrieren. Das öffentliche Recht ist jedenfalls seiner älteren Tradition nach stärker auf ein antagonistisches Modell ausgerichtet, das von festen Durchsetzungs- und Schutzpositionen bestimmt wird.

Literatur

Bauer, Hartmut, Privatisierung von Verwaltungsaufgaben, in: Veröffentlichungen der Vereinigung der deutschen Staatsrechtslehrer 54 (1995), S. 243 ff.

Benz, Arthur, Kooperative Verwaltung, Funktionen, Voraussetzungen und Folgen, Baden-Baden 1994.

Dreier, Horst, Hierarchische Verwaltung im demokratischen Staat, Genese, aktuelle Bedeutung und funktionelle Grenzen eines Bauprinzips der Exekutive, Tübingen 1991.

Höfling, Wolfram, Private Vorfinanzierung öffentlicher Verkehrsinfrastrukturprojekte – ein staatsschuldenrechtliches Problem?, in: Die Öffentliche Verwaltung 1995, S. 141 ff.

Hood, Christopher/Schuppert, Gunnar Folke, Verselbständigte Verwaltungseinheiten in Westeuropa, Die Erfüllung öffentlicher Aufgaben durch Para-Government Organizations (PGOs), Baden-Baden 1988.

Müller, Nikolaus, Rechtsformenwahl bei der Erfüllung öffentlicher Aufgaben (Institutional Choice), Köln u.a. 1993.

Osterloh, Lerke, Privatisierung von Verwaltungsaufgaben, in: Veröffentlichungen der Vereinigung der deutschen Staatsrechtslehrer 54 (1995), S. 204 ff.

Reinhardt, Michael, Die Überwachung durch Private in Umwelt- und Technikrecht, in: Archiv des öffentlichen Rechts 1993, S. 618 ff.

Ritter, Ernst-Hasso, Der kooperative Staat, Bemerkungen zum Verhältnis von Staat und Wirtschaft, in: Archiv des öffentlichen Rechts 1979, S. 389 ff.

Ritter, Ernst-Hasso, Das Recht als Steuerungsmedium im kooperativen Staat, in: Staatswissenschaften und Staatspraxis 1990, S. 50 ff.

Schmidt-Aßmann, Eberhard, Zur Reform des allgemeinen Verwaltungsrechts – Reformbedarf und Ansätze, in: *Wolfgang Hoffmann-Riem/Eberhard Schmidt-Aßmann/Gunnar Folke Schuppert* (Hrsg.), Reform des allgemeinen Verwaltungsrechts, Baden-Baden 1993.

Schmidt-Aßmann Eberhard, Öffentliches Recht und Privatrecht – ihre Funktionen als wechselseitige Auffangordnungen, Einleitende Problemskizze, in: *Hoffmann-Riem, Wolfgang/Schmidt-Aßmann, Eberhard* (Hrsg.), Öffentliches Recht und Privatrecht – ihre Funktion als wechselseitige Auffangordnungen, Baden-Baden 1996, S. 7 ff.

Schneider, Jens-Peter, Kooperative Verwaltungsverfahren, in: Verwaltungs-Archiv 1996, S. 37 ff.

Schoch, Friedrich, Rechtsfragen der Privatisierung von Abwasserbeseitigung und Abfallentsorgung, in: *Jörn Ipsen* (Hrsg.), Privatisierung öffentlicher Aufgaben, Köln u.a. 1993, S. 63 ff.

Schultze-Fielitz, Helmuth, Kooperatives Recht im Spannungsfeld von Rechtsstaatsprinzip und Verfahrensökonomie, in: Deutsches Verwaltungsblatt, 1994, S. 657 ff.

Schuppert, Gunnar Folke, Zur Anatomie und Analyse des Dritten Sektors, in: Die Verwaltung 1995, S. 137 ff.

Schuppert, Gunnar Folke, Die Erfüllung öffentlicher Aufgaben durch die öffentliche Hand, private Anbieter und Organisationen des Dritten Sektors, in: *Jörn Ipsen* (Hrsg.), Privatisierung öffentlicher Aufgaben, Köln 1993, S. 17 ff.

Achim von Loesch

6. Die öffentlichen Unternehmen Deutschlands

Inhaltsübersicht

I. Das öffentliche Unternehmen
   1. Definition
   2. Die Entstehung öffentlicher Unternehmen (systematisch)
   3. Die Entstehung öffentlicher Unternehmen (historisch)
   4. Die Rechtsformen öffentlicher Unternehmen
   5. Der Umfang öffentlicher Unternehmen
II. Die öffentlichen Unternehmen in der Marktwirtschaft
   1. Ordnungspolitische Funktionen
   2. Wettbewerbsfördernde Funktionen
   3. Wirtschaftspolitische Funktionen
   4. Staatsübergreifende Funktionen
   5. Öffentliche Funktionen und Unternehmensautonomie
III. Die politischen Diskussionen um die öffentlichen Unternehmen
   1. Öffentliche Unternehmen und Grundgesetz
   2. Öffentliche Unternehmen und Ineffizienz
   3. Öffentliche Unternehmen und Mitbestimmung
   4. Öffentliche Unternehmen und Privatisierungen

I. Das öffentliche Unternehmen

1. Definition

In Deutschland dienen den Regierungen bei der Durchsetzung öffentlicher Aufgaben und politischer Ziele nicht nur ihre Verwaltungen, sondern auch öffentliche Unternehmen. Unter öffentlichen Unternehmen versteht man Wirtschaftsbetriebe, die sich im

Eigentum von Gebietskörperschaften (Bund, Länder, Kommunen, Kommunalverbände) oder öffentlicher Anstalten befinden. Im Gesetz über die Finanzstatistik heißt es in § 8 Absatz 2: Öffentliche Unternehmen sind die Unternehmen, an deren Nennkapital oder Stimmrechten die öffentliche Hand mehr als 50 v.H. – unmittelbar oder mittelbar (über andere öffentliche Unternehmen) – hält. Haben öffentliche Unternehmen neben den öffentlichen auch private Eigentümer, spricht man, wenn die privaten über eine Sperrminorität verfügen, von gemischtwirtschaftlichen Unternehmen, werden sie von mehreren öffentlichen Händen getragen, von gemischt-öffentlichen.

Diese auch international allgemein übliche Kennzeichnung wurde in den zwanziger Jahren in Deutschland eingeschränkt, indem man in die Reichshaushaltsordnung den noch heute geltenden Grundsatz (§ 65 I Ziff.1 BHO) einfügte, daß das Reich bzw. heute der Bund nur dann Unternehmensbeteiligungen eingehen darf, wenn dies im öffentlichen Interesse liegt bzw. wenn damit wichtige öffentliche Ziele verfolgt werden und dies nicht ebenso gut von Privaten geleistet werden kann (Subsidiaritätsprinzip, Lückenbüßerfunktion). Für die Gemeinden wurde das Gleiche in der Gemeindeordnung von 1935 erlassen.

Heute bezeichnet man in Deutschland die Wirtschaftseinheiten als öffentliche Betriebe bzw. als öffentliche Unternehmen, die von öffentlichen Trägern (Gebietskörperschaften, Anstalten) dazu bestimmt sind, unmittelbar als ihre Instrumente öffentliche Aufgaben zu erfüllen. Man definiert sie auch kürzer: Öffentliche Unternehmen sind Wirtschaftsbetriebe, die öffentlichen Zielen auf der Grundlage öffentlichen Eigentums unmittelbar nachgehen.

2. *Die Entstehung öffentlicher Unternehmen (systematisch)*

Öffentliche Unternehmen entstehen auf drei Wegen, 1.) indem öffentliche Gebietskörperschaften oder Anstalten öffentliche Unternehmen direkt gründen, nicht selten mittels eines lex specialis, 2.) indem private Unternehmen vom Staat oder von Kommunen aufgekauft und im öffentlichen Interesse weiterbetrieben werden, und 3.) indem Teile öffentlicher Verwaltungen in selbständige betriebliche Einheiten ausgegliedert werden, damit sie ihren öffentlichen Auftrag besser erfüllen können.

Die Ausgliederung aus einer öffentlichen Verwaltung erfolgt in der Regel in zwei Stufen. Zuerst werden einzelne Verwaltungsabteilungen zu Regie- bzw. "Bruttobetrieben" zusammengefaßt. Das sind Einrichtungen von Trägerhaushalten, die über eigene Kostenrechnungen, ein abgegrenztes Betriebsvermögen und eine eigene Zuständigkeit verfügen und entgeltliche Leistungen erstellen, die sie auch am Markt abgeben können. Als typische "Bruttobetriebe" gelten die Neben-, Hilfs- oder Annexbetriebe der Verwaltungen, ihre Hausdruckereien, Wäschereien, Werkstätten, Kantinen, Bibliotheken und Datenverarbeitungszentralen.

Werden solche "Bruttobetriebe" öffentlicher und gemeinwirtschaftlicher Verwaltungen auch finanziell aus der Verwaltung ausgegliedert, entstehen 'Eigen- bzw. Nettobetriebe', auch öffentliche Betriebe bzw. öffentliche Unternehmen genannt. Sie verfügen über ausgeprägtere eigene Handlungsspielräume, eine eigene Organisation und sind gegenüber ihrer Trägerverwaltung finanzwirtschaftlich, rechnerisch und organisatorisch selbständig. Im Haushalt ihrer Träger erscheinen sie nur noch mit ihren Gewinnen oder mit ihren Verlusten. Diese Unterscheidung findet sich auch in der volkswirtschaftlichen Gesamtrechnung. Hier werden ebenfalls die Bruttobetriebe zu den Verwaltungen und die Nettobetriebe zu den Unternehmungen gezählt.

3. Die Entstehung öffentlicher Unternehmen (historisch)

Öffentliche Unternehmen gab es in Deutschland seit Jahrhunderten auf allen politischen Ebenen, beim Zentralstaat, bei den Ländern und bei den Gemeinden und in fast allen Wirtschaftssektoren, in der Landwirtschaft, im Verkehrswesen, bei den Banken, im Bergbau und in der Industrie. Sie entstanden in historisch sehr von einander verschiedenen politischen und wirtschaftlichen Situationen und verfolgten praktisch immer wirtschaftspolitische oder soziale Ziele, wobei auch finanzpolitische Wünsche oft Pate gestanden haben.

Aus politischen bzw. revolutionären Gründen, um z.B. eine sozialistische Wirtschaftsordnung zu schaffen, sind in Deutschland nur einmal private Unternehmen verstaatlicht bzw. öffentliche gegründet worden, nämlich in der Deutschen Demokratischen Republik (DDR) unter sowjetischer Vorherrschaft und nach sowjetischem Vorbild. Die damals in 'Volkseigentum' überführten Unternehmen wurden aber nach dem Zusammenbruch der DDR wieder reprivatisiert.

Die historischen Umstände, unter denen in Deutschland öffentliche Unternehmen entstanden und noch entstehen, lassen sich nach den jeweils vorherrschenden Ideen in sieben Phasen einteilen. Öffentliche Unternehmen entstanden 1.) im Absolutismus bzw. im Kameralismus des 17. und 18. Jahrhunderts. Dort bildeten sie zu jener Zeit das finanzielle Rückgrat der Staaten. Die 2.) im Verlaufe des 19. Jahrhunderts auf den absolutistischen Verwaltungsstaat folgenden Staaten der liberalen Reformen gaben diese Tätigkeiten nicht auf. Die Fürsten- und Staatsvermögen blieben erhalten, auch betrieben die Staaten immer öfter auch die Post, die Eisenbahnen und wichtige Banken als eigene Unternehmen. Im letzten Drittel des 19. Jahrhunderts errichteten schließlich die Kommunen 3.) ihre großen Binnen- und Seehäfen und ihre Ver-, Entsorgungs- und Sparkassennetze in der Form eigener Unternehmen. In den beiden Weltkriegen und als Folge von Autarkiebemühungen entstand 4.) das später in sieben Konzernen zusammengefaßte 'industrielle Bundesvermögen': VEBA, VW, Salzgitter, VIAG, Saarbergwerke, IVG und Deutsche Lufthansa.

Auch heute entstehen in Deutschland ständig neue öffentliche Unternehmen, 5.) einmal mit dem seit je verfolgten industriepolitischen Ziel, durch die Ansiedlung neuen Gewerbes den industriellen Fortschritt und den intersektoralen Strukturwandel zu fördern. In den letzten Jahren geschah dies verstärkt mit dem Ziel, 6.) über das klassische Industriesystem hinauszugehen und den Wandel in den Medien und in den 'postindustriellen' Verhältnissen zu fördern. Das hatte schon vor Jahrzehnten mit der Gründung der Rundfunk- und später auch der Fernsehanstalten begonnen, die man in Deutschland im Rahmen besonderer Gesetze in der Form öffentlicher Unternehmen schuf, die mit einer am Gemeinwohl orientierten Aufgabenstellung mit eigenen finanziellen Mitteln weitgehend autonom tätig wurden. Heute errichten die öffentlichen Hände öffentliche Unernehmen, die der wissenschaftlichen und technischen Forschung dienen.

Hauptsächlich aber entstehen in Deutschland zur Zeit viele neue öffentliche Unternehmen 7.) im Zusammenhang mit Verwaltungsreformvorhaben. Dies geschieht unter anderem, indem man, um die Verwaltungen effizienter und effektiver zu machen, wie wir oben schon schilderten, Verwaltungsabteilungen aus den Verwaltungen ausgliedert und in öffentliche Unternehmen umwandelt. Dabei begnügt man sich nicht mit den Neben-, Hilfs- oder Annexbetrieben, sondern gliedert ganze große Verwaltungen aus der staatlichen, kommunalen und kirchlichen Verwaltung aus. Dies betrifft zur Zeit die Post, die Eisenbahn und die städtischen Nahverkehrsbetriebe. Aktuelle Bereiche sind darüber hinaus die Gesundheits-, Bildungs- und Kulturverwaltungen. Hier verselbständigt man zur Zeit die Einrichtungen des Gesundheitswesens, hauptsächlich die Krankenhäuser, ihnen werden die Hochschulen und die Universitäten folgen, ähnliches steht der Theater- und der Musikszene bevor. Wieviele der neuen öffentlichen Unternehmen am Ende dann auch privatisiert werden, bleibt abzuwarten.

4. Die Rechtsformen öffentlicher Unternehmen

Die Rechtsformen, in denen öffentliche Unternehmen gehalten werden, sind vielfältig. Ordnet man sie nach dem Grad ihrer Selbständigkeit gegenüber der Verwaltung, dann beginnt die Liste 1.) mit den Regiebetrieben der Verwaltung (Bruttobetriebe). Sie sind oft noch keine handlungsfähigen Unternehmen; ihrer Zahl nach haben sie heute kein größeres Gewicht mehr. Auf sie folgen 2.) die (noch) nicht rechtlich verselbständigten öffentlichen Unternehmen, wie die Sondervermögen des Bundes, eine Rechtsform, in der Bundesbahn und Bundespost lange Zeit organisiert waren. Es folgen 3.) die kommunalen Eigenbetriebe, für die es seit 1938 eine eigene Rechtsform gibt. Die Anstalten, Körperschaften und Stiftungen des öffentlichen Rechts sind 4.) rechtlich (bereits) verselbständigte öffentliche Unternehmen. Viele öffentliche Unternehmen werden inzwischen 5.) in privaten Rechtsformen, als GmbH oder als Aktiengesellschaft, betrieben.

Die kleinen kommunalen Versorgungs- und Verkehrsunternehmen werden meistens in der Form des Eigenbetriebes gehalten, die Zweckverbände in der Form der öffentlich-rechtlichen Sonderverwaltungen, die Bundesbank, die Sparkassen, die Landesbanken und sonstige öffentliche Kreditinstitute in der Form der öffentlich-rechtlichen Anstalt. Die großen kommunalen Versorgungs- und Verkehrsunternehmen betreibt man seit langem überwiegend als GmbH oder als Aktiengesellschaft.

5. Der Umfang öffentlicher Unternehmen

Das Statistische Bundesamt unterscheidet heute nur noch selten zwischen den öffentlichen und den privaten Unternehmen. Es ist daher schwierig, den zahlenmäßigen Anteil der öffentlichen Unternehmen an der deutschen Wirtschaft zu ermitteln. Seinen Berichten ist jedoch zu entnehmen, daß (1988) 6,4 v.H. aller Erwerbstätigen in öffentlichen Unternehmen tätig waren, darunter in der Versorgung und beim Verkehr (einschließlich Bahn und Post) 69 v.H. und bei den Kreditinstituten 42,4 v.H. Es weist ferner aus, daß der Anteil der öffentlichen Unternehmen an den Bruttoanlageinvestitionen 1991 14,7 v.H., an der Bruttowertschöpfung 8,8 v.H. betrug, was in absoluten Zahlen 60,2 Mrd. DM waren.

II. Die öffentlichen Unternehmen in der Marktwirtschaft

1. Ordnungspolitische Funktionen

Unter den öffentlichen Funktionen der öffentlichen Unternehmen sind in erster Linie die ordnungspolitischen zu nennen. Einmal helfen öffentliche Unternehmen das Wirtschaftssystem eines Landes zu dezentralisieren. Das macht seine Wirtschaft stabiler als es bei zentralisierten der Fall ist. Dezentrale Wirtschaftssysteme können viele Ungleichgewichte bereits an der Basis und mit eigenen Mitteln ausgleichen (multistabiles System) und neue Gesamtgleichgewichte immer wieder selbst herbeiführen, sie können auf Veränderungen schneller als zentralisierte reagieren und rascher die erforderlichen Problemlösungs- und Innovationspotentiale entwickeln.

Zum andern arbeiten öffentliche Unternehmen auf bestimmten Tätigkeitsfeldern effektiver als Verwaltungen. Während hoheitliche Aufgaben, Werte, Rechte und politische Ziele am besten (effektivsten) durch Verwaltungen durchgesetzt werden, eignen sich Unternehmen besser als Verwaltungen dazu, konsumähnliche materielle Leistungen zu erbringen, zumal dies meist möglichst wirtschaftlich (effizient) geschehen soll. Die Träger der öffentlichen Unternehmen, die Gebietskörperschaften oder Anstalten, übersetzen dann ihre politischen, ethischen, sozialen oder ökologischen Ziele in konkrete Unternehmensaufgaben und geben sie ihren Unternehmen auf, bzw. beauftragen ihre Unternehmen damit, sie mit unternehmerischen Mitteln durchzusetzen (Instrumentalfunktion öffentlicher Unternehmen).

Unternehmen können konsumähnliche materielle Leistungen grundsätzlich besser als Verwaltungen erbringen, weil sie selbständige Subsysteme sind, die ihre Ausgaben und ihre Einnahmen aufeinander abstimmen und infolgedessen situationsangepaßter, marktkonformer und ressourcensparender arbeiten können als Verwaltungen. Auch erreichen sie, da sie sich an den wirklichen Knappheitsverhältnissen, am kaufkräftigen Bedarf und an den tatsächlichen Wünschen der Bürger orientieren, günstigere Faktorallokationen. Ihre Tätigkeiten haben weniger Versickerungs-, Streu- und Mitnahmeeffekte zur Folge, bei ihnen sind Unterlaufens-, Ausweich- und Widerstandsstrategien weniger erfolgreich.

Es ist ein weit verbreiteter Irrtum, zu unterstellen, in Marktwirtschaften könnten nur private Unternehmen befriedigend funktionieren. Marktwirtschaftliche Ordnungen sezten nicht per se private Unternehmen voraus und werden nicht per se durch öffentliche Unternehmen gestört. Für eine funktionsfähige Konkurrenz sind andere Faktoren wichtiger: die Zahl und die Größe der konkurrierenden Unternehmen, die Substitutionswettbewerber etc. Für marktwirtschaftliches Funktionieren ist nicht entscheidend, wem ein Unternehmen gehört, sondern nur, ob und inwieweit es autonom handeln kann.

Im Gegenteil: Öffentliche Unternehmen weisen den privaten gegenüber sogar wichtige Vorzüge auf. Während private Unternehmen nur bei funktionierendem Wettbewerb volkswirtschaftlich angemessen arbeiten, können die öffentlichen sich auch dann volkswirtschaftlich richtig verhalten, wenn der Wettbewerb nicht funktioniert, sei es, daß die erforderlichen Rahmengesetze und/oder daß die dazu gehörige Aufsicht, Justiz und Exekutive nicht entsprechend funktionieren, oder weil das Wirtschaftsgeschehen von Monopolen dominiert wird. Die Eigentümer der öffentlichen Unternehmen, die Gebietskörperschaften, können nämlich von ihren eigenen Unternehmen verlangen, sich auch dann marktmäßig zu verhalten, wenn kein Wettbewerb herrscht, sie können sie also dazu anhalten, so zu tun "als ob" Wettbewerb gegeben wäre.

2. *Wettbewerbsfördernde Funktionen*

Die öffentlichen Unternehmen können über die ordnungspolitischen Funktionen hinaus mithelfen, den Wettbewerb in einer Wirtschaft mit marktmäßigen Mitteln zu verbessern. Sie können, wenn sie von ihren Trägern damit beauftragt werden, den Wettbewerb anregen, indem sie bessere unternehmerische Verhaltensweisen demonstrieren, gegen Mißstände vorgehen und wirtschaftlich nicht kontrollierte Macht durch Gegenmachtbildung neutralisieren. Verwaltungen reagieren hier in der Regel nur passiv. Das ist besonders in Märkten und gegenüber Leistungen wichtig, die nur schwer kontrolliert werden können, weil ihre Merkmale, wie z.B. Gleichheit, Sozialstaatlichkeit, Sicherheit oder Billigkeit nur schwer zu bestimmen sind.

Zudem können sie die Wirtschaft eines Landes auf das Allgemeinwohl ausrichten helfen. Das geschieht in der Regel dadurch, daß die öffentlichen Körperschaften mit Hilfe ihrer öffentlichen Unternehmen ihr politisches Wollen in der Form von Marktangeboten ihren Bürgern präsentieren, die die Bürger dann annehmen oder ablehnen können. Das bedeutet für diese mehr Freiheit und vermittelt den Trägern wichtige Informationen. Die Annahme oder die Ablehnung der öffentlichen Angebote ist für die Träger sehr informativ. Sie zeigt den öffentlichen Körperschaften sofort und unübersehbar, ob und wieviel und gegebenenfalls auch zu welchen Preisen ihre Angebote gewünscht werden. Zudem beugt sie Fehlallokationen vor.

Eine der ältesten Aufgaben, die sich mit Hilfe öffentlicher Unternehmen lösen läßt, ist die Monopolkontrolle. Natürliche, z.B. technisch bedingte Monopole, wie die mit Schienen-, Rohrleitungs- und Kabelnetzen arbeitenden Eisenbahnen, Wasser- und Energieversorgungsunternehmen, lassen sich, wenn man sie in öffentliche Unternehmen umwandelt, leichter kontrollieren und korrigieren. Die Gebietskörperschaften können dann die Monopolunternehmen mit den Möglichkeiten, die ihnen das Eigentum bietet, dazu anhalten, Mißstände zu beseitigen und sich angemessen zu verhalten.

Der Monopolkontrolle durch öffentliche Unternehmen wurde lange Zeit allgemein zugestimmt, zumal die öffentlichen Monopolunternehmen in der Verkehrs- und in der Versorgungswirtschaft auch zusätzliche verkehrs- und sozialpolitische Aufgaben mitübernahmen. Im letzten Drittel des 19. Jahrhunderts plädierten sogar liberale Parlamentsmehrheiten für die Verstaatlichung bzw. Kommunalisierung der natürlichen Monopole. Später änderten sie jedoch diese Einstellung. Nun dominierten die Forderungen, die Wettbewerbsverzerrungen außerhalb der Verkehrs- und der Versorgungswirtschaft durch staatliche Monopolämter zu bekämpfen. Dies sei bei den privaten Monopolen, die meistens in der Form von Kartellen und Konzernen in Erscheinung treten, angemessener – eine Auffassung, die sich nach dem Zweiten Weltkrieg allgemein durchsetzte.

Seitdem bekämpft man Monopolbildungen in Deutschland nur noch mit Hilfe administrativer und judikativer Mittel, was aber nicht wirklich befriedigend funktioniert. Das hierfür zuständige Bundeskartellamt konnte neue Monopolbildungen bisher nicht wirklich verhindern. Es hätte dies vermutlich auch dann nicht gekonnt, wenn seine Bestrebungen durch Konzernentflechtungen, durch die Auflösung von Großbetrieben und durch eine liberale Außenhandelspolitik wirksam flankiert worden wären. Auch versäumte man, öffentliche Unternehmen für die allgemeine Wettbewerbsförderung einzusetzen, sie als 'Hechte im Karpfenteich' zu nutzen, sie in oligopolistischen Märkten eine 'Wächter-Rolle' spielen zu lassen und bei den natürlichen Monopolen 'second-best-Lösungen' zu erkunden und zu ermöglichen.

3. Wirtschaftspolitische Funktionen

Die Möglichkeiten öffentlicher Unternehmen gehen über die Monopolbekämpfung und die Wettbewerbsförderung hinaus. Öffentliche Unternehmen können, wenn man sie damit beauftragt und sie dafür entsprechend ausrüstet, auf fast allen wirtschafts- und ordnungspolitischen Tätigkeitsfeldern tätig werden und der allgemeinen Wirtschaftspolitik vielseitig marktkonform sekundieren. Mit ihrer Hilfe können ihre Träger das Leistungsangebot der privaten Unternehmen dort ergänzen, wo diese nicht ausreichend tätig werden, Neues in Gang setzen und Altes stillegen. Sie können die wirtschaftspolitischen Instanzen bei ihren Konjunktur-, Struktur-, Regional-, Sozial- und Verbraucherpolitiken unterstützen; sie können Förderungsbedürftiges stimulieren, Kontrollbedürftiges regulieren und Ergänzungsbedürftiges komplettieren.

Bei Interventionen mit Hilfe öffentlicher Unternehmen sind die Widerstände und der Überwachungsaufwand geringer als bei privaten. Öffentliche Unternehmen setzen Leistungs- und Qualitätsprüfungen weniger Widerstand entgegen als private. Kontrollen sind bei öffentlichen Unternehmen einfacher zu handhaben, auch kosten sie hier weniger Zeit. Die öffentlichen Unternehmen gehen zudem weniger vor Gericht, es gibt bei ihnen weniger Beweislastrisiken, auch können sie gegen die staatlichen Kontrollen kaum eigene schutzwürdige Interessen ins Feld führen.

Die öffentlichen Unternehmen sind keine freiheitsgefährdende Staatsmacht, das Gegenteil ist der Fall. Sie werden nicht nur wie die privaten kontrolliert, sondern zusätzlich von Beteiligungsverwaltungen, Parlamenten, Rechnungshöfen und von der öffentlichen Meinung überwacht. Privaten Konzentrationsbestrebungen gegenüber sind sie weitgehend 'immun', weil ihre Träger, die Gebietskörperschaften, über ihre Selbständigkeit stets eifersüchtig wachen.

4. Staatsübergreifende Funktionen

Heute greift die internationale Arbeitsteilung immer mehr um sich. Der Abbau der Handelsbeschränkungen, die Zunahme des Güteraustausches und der Direktinvestitionen im Ausland, erleichtert durch die revolutionären Fortschritte in den Kommunikationstechniken, fügen die Welt schrittweise zu einem weltweit integrierten Produktions-, Verteilungs- und Finanzsystem zusammen. Dabei verlieren die nationalen Regierungen einen Teil ihrer wirtschaftlichen Souveränität, vor allem die Möglichkeit, die Wirtschaft ihrer Länder mit judikativen und fiskalischen Mitteln zu beeinflussen. Statt ihrer etabliert sich der Weltmarkt zur "letzten" Wirtschaftsinstanz.

Solange es noch keinen Weltstaat mit ähnlich umfassenden wirtschaftlichen Lenkungs- und Kontrollfunktionen gibt, wie sie die gegenwärtigen Nationalstaaten aufweisen, bleibt den nationalen Regierungen nur die Möglichkeit, ihre durch die Globalisierung entstandenen Handlungsdefizite mit der Hilfe eigener oder gemischt-öffentlicher nationaler, multinationaler oder supranationaler öffentlicher Unternehmen aufzufüllen. Beispiele lassen sich beim Verkehr, bei den Banken, in der Forschung und in der Weltraumfahrt finden; beim Umweltschutz sind übernationale Kooperationen sogar unverzichtbar.

Gemischt-öffentliche multinationale Unternehmen bieten sich auch für Regionen an, in denen es (noch) keine funktionsfähige staatliche Ordnung (mehr) gibt, wie in vielen Dritte-Welt-Ländern und postsozialistischen Staaten. Hier können öffentliche Unternehmen in mehrfacher Hinsicht Nutzen stiften. Sie könnten 1.) auf ihre Umgebung ausstrahlende Industriekerne bzw. "Ordnungsinseln" bilden, 2.) sie werden infolge ihrer ideologischen Neutralität bei antikapitalistisch und antikolonialistisch eingestellten Bevölkerungen mehr Vertrauen finden als dies privaten Unternehmen möglich ist. Multinationale öffentliche Unternehmen schonen schließlich 3.) nationale Empfindlichkeiten, da sie keinem Staat allein gehören und keine fremden Interessen vertreten.

5. Öffentliche Funktionen und Unternehmensautonomie

Öffentliche Unternehmen können nur dann im öffentlichen Unteresse tätig werden, wenn sie hierzu ausreichend ausgerüstet sind. Besonders bei Wettbewerb hängt die Leistungsfähigkeit der öffentlichen Unternehmen davon ab, daß ihnen genügend Mittel zur Verfügung gestellt werden. Auch müssen sie im Rahmen ihrer Aufgabenstellung selbständig entscheiden können. Ihre Träger sollten ihnen weder Art und Umfang der einzusetzenden Technik noch der anzuwendenden Personalpolitik vorschreiben. Sie sollten sie auch ihre Preise festsetzen und ihre Investitionen selbst bestimmen lassen. Meistens kennen sie ihre Märkte besser und berücksichtigen die langfristigen Gesichtspunkte stärker als ihre Träger.

Die öffentlichen Träger können wie die privaten Eigentümer auf ihre Unternehmen dennoch ausreichend Einfluß nehmen. Gliedern sie öffentliche Unternehmen aus ihren Verwaltungen aus, verringern sich ihre Einwirkungsmöglichkeiten nur im Vergleich zum Verwaltungshandeln. Es bleiben ihnen die allen Eigentümern zustehenden Steuerungsinstrumente voll erhalten: Die Besetzung der Verwaltungs- und Aufsichtsräte, die Berufung der Vorstände, die Festlegung ihrer Kompetenzen und die Festlegung zustimmungspflichtiger Geschäfte. Sie haben das Recht, sich von ihren Unternehmen regelmäßig berichten zu lassen. Sie können ihnen sogar ganze Konzernphilosophien aufgeben und ihre Vorstände und Mitarbeiter auf diese verpflichten.

Ob und wie weit die öffentlichen Unternehmen ihre Aufgaben erfüllen, hängt hauptsächlich von ihren finanziellen Mitteln ab. Alle Unternehmen, öffentliche wie private, können in Marktwirtschaften außerökonomische Ziele nur in dem Umfang verwirklichen, in dem sie Gewinne machen oder Subventionen erhalten. Jedes zusätzliches Ziel und jedes Abweichen von der Ertragserzielung zugunsten öffentlicher Aufgaben kostet in der Regel Geld und muß aus den Gewinnen bezahlt oder von den Trägern subventioniert werden; andernfalls geht es zu Lasten anderer Leistungen oder gar zu Lasten der Unternehmenssubstanz. Das gilt auch für öffentliche Monopolunternehmen, die durch die Einräumung bestimmter Privilegien administrativ, oder durch die Natur ihrer Betriebe, gegen Wettbewerb geschützt sind. Auch sie können ihre öffentlichen Aufgaben nur im Rahmen ihrer Gewinne verfolgen. Die Erfüllung öffentlicher Aufgaben ist auch bei ihnen nur eine besondere Form der Gewinnverwendung.

III. Die politischen Diskussionen um die öffentlichen Unternehmen

1. Öffentliche Unternehmen und Grundgesetz

In der Diskussion um die öffentlichen Unternehmen wird manchmal die These vertreten, das marktwirtschaftliche System verbiete es dem Staat, mit eigenen Unternehmen tätig zu werden und seinen Bürgern Konkurrenz zu machen. In Marktwirtschaften solle er nur ausnahmsweise und nur da mit eigenen Unternehmen unternehmerisch tätig werden, wo sich keine Privaten hierzu bereitfinden, wo diese Tätigkeiten aber aus volkswirtschaftlichen und sozialpolitischen Gründen erforderlich sind – ein vom Grundgesetz und dem Bundesverfassungsgericht nicht gedeckter Grundsatz. Das Grundgesetz enthält nur Schranken für staatliches Handeln und kein prinzipielles Verbot für öffentliches Wirtschaften.

Das Grundgesetz legt nicht fest, daß allein private Unternehmer wirtschaftlich tätig sein dürfen. Der Eigentumsschutz sichert vor Enteignung, nicht aber dagegen, daß auch andere einschließlich des Staates Eigentum erwerben und nutzen. Es gibt in den Grundrechten kein Hindernis für die Gründung und den Betrieb öffentlicher Unternehmungen. Einmal kann zwischen öffentlichen und privaten Unternehmen im Hinblick auf ihre Zielsetzung keine klare Grenze gezogen werden. Viele Betriebe stellen eine Kombination von Gewinnabsichten und sonstigen Zielen dar. Auch ist die Konkurrenz in der Marktwirtschaft systemimmanent.

Wo sich öffentliche Unternehmen aufgrund besserer Leistungen durchsetzen, behaupten sie sich zu Recht. Es gibt kein Grundrecht der Privatwirtschaft, auch bei minderer Leistung vor Konkurrenz, und sei es staatliche Konkurrenz, geschützt zu werden. Solange die Chance bleibt, daß neue Unternehmer zugelassen werden oder die alten ihre

Leistungen wieder verbessern und erneut zum Zuge kommen, hat der Staat den Grundrechten Genüge getan. Die erwerbswirtschaftliche Betätigung des Staates stellt dem privaten Unternehmer lediglich ein weiteres Konkurrenzunternehmen an die Seite. Die Chance der privaten Unternehmen, sich im Wettbewerb durchzusetzen, bleibt, wenn das Staatsunternehmen keine besonderen Vorzugsrechte genießt, voll gewahrt.

2. *Öffentliche Unternehmen und Ineffizienz*

In der politischen Diskussion wird den öffentlichen Unternehmen von Seiten der privaten Unternehmen immer wieder vorgeworfen, sie arbeiteten weniger effizient als die privaten. Dabei ist natürlich unbestritten, daß sich zugunsten dieser These, wie zu deren Lasten, immer Beispiele finden lassen, weil es immer sowohl schlecht geführte öffentliche als auch schlecht geführte private Unternehmen gibt. Das Streitobjekt in dieser These ist vielmehr die Behauptung, die öffentlichen arbeiteten "von Natur" aus ineffizienter als die privaten, und daß man daraus ableitet, daß die öffentlichen zurückzudrängen seien und den privaten die Priorität gegeben werden müßte: öffentliche Unternehmen sollten nur für öffentliche Ziele verwendet werden und auch dies nur, wenn es anders nicht geht.

Dabei lassen sich keine "natürlichen" Effizienzunterschiede zwischen den öffentlichen und den privaten Unternehmen nachweisen. Es gibt nämlich keine Kostenrechnungen, mit deren Hilfe man dies leisten könnte. Alle Kostenrechnungen enthalten Ermessensspielräume, so daß bei allen Kostenvergleichen immer voneinander verschiedene Ergebnisse durchaus korrekt möglich sind. Das zeigt sich in der Praxis, wenn öffentliche Unternehmen Tariferhöhungen gegenüber der Öffentlichkeit oder gegenüber den Aufsichtsämtern oder wenn Forderungen gegenüber dem Gesetzgeber begründet werden sollen.

Dieses Dilemma weist auf das diesen Effizienzvergleichen zugrunde liegende Defizit hin, daß Wirschaftlichkeitsuntersuchungen und Effizienzanalysen, wollen sie exakt bleiben, gern die Faktoren ausklammern, die, weil ihnen individuelle Werthaltungen zugrunde liegen, nicht oder nur schwer wägbar sind, so daß kaum je ein objektiver gemeinsamer Nenner gefunden wird.

Die Hauptschwierigkeit für den Effizienzvergleich zwischen öffentlichen und privaten Unternehmen liegt in der Tatsache, daß der richtige Effizienzmaßstab für die öffentlichen Unternehmen, wie übrigens auch für die öffentlichen Verwaltungen, der Grad der Erfüllung der ihnen gestellten öffentlichen Aufgaben und der ihnen zugrunde liegenden politischen Ziele ist. Bloße Wirtschaftlichkeit im Sinne eines bestmöglichen Verhältnisses von Einsatz zu Ausbringung oder von Soll- und Istleistungen reicht ebensowenig aus, wie das privatwirtschaftliche Erfolgskriterium der Kapitalverzinsung bzw. Rentabilität. Der kaufmännische Gewinn ist bei den öffentlichen Unternehmen nicht der alleinige Erfolgsindikator.

An dem Vorurteil von der "natürlichen" Ineffizienz der öffentlichen Unternehmen sind die öffentlichen zum Teil selbst schuld, weil sie ihre öffentlichen Leistungen kaum je für jedermann erkennbar darstellen. Sie haben, obwohl dies möglich wäre, bisher keine gesellschaftsbezogenen oder gemeinwohlorientierten Erfolgsausweise entwickelt, die es ihnen ermöglichen würden, ihren Trägern und der Öffentlichkeit, ähnlich den kaufmännischen Gewinn- und Verlustrechnungen, auch ihre Erfolge im Sinne ihrer öffentlichen Zielsetzung periodisch wiederkehrend auszuweisen.

3. Öffentliche Unternehmen und Mitbestimmung

In Deutschland unterliegen die Unternehmen der Mitbestimmung der Arbeitnehmer. Die Mitbestimmung der Arbeitnehmer schränkt die wirtschaftliche Macht der Unternehmer ein, indem sie den Arbeitnehmern des jeweiligen Betriebes und ihren Gewerkschaften das Recht einräumt, Vertreter in die Verwaltungs- und Aufsichtsräte zu entsenden und dort gleichberechtigt mitzuwirken. In der deutschen Privatwirtschaft war die Mitbestimmung der Arbeitnehmer bisher erfolgreich. Sie verbesserte den Arbeitsfrieden und versöhnte die Arbeitnehmer mit der sozialen Marktwirtschaft. Den öffentlichen Unternehmen wurde ihre Arbeit durch die Mitbestimmung der Arbeitnehmer dagegen erschwert. Hier ging sie nicht selten zu Lasten der öffentlichen Aufgaben.

Bei den privatrechtlich organisierten öffentlichen Unternehmen gibt es Komplikationen zwischen Aufgabenstellung und Mitbestimmung. Hier müßte sichergestellt sein, daß sich die Träger der öffentlichen Unternehmen, die öffentlichen Körperschaften, durchsetzen und daß die Beschäftigten sie nicht mit Hilfe der Mitbestimmung daran hindern können, ihre öffentlichen Aufgaben zu erfüllen.

Bei den öffentlich-rechtlich verfaßten öffentlichen Unternehmen ist die Mitbestimmung der Arbeitnehmer bedenklich. Sie setzt dort die Einflußmöglichkeiten der öffentlichen Hand durch die Beteiligung demokratisch nicht legitimierter Personen partiell außer Kraft. Die Mitbestimmung der Arbeitnehmer wäre in den öffentlich-rechtlichen Unternehmen nur dann zulässig, wenn sie nur im Vorfeld der Entscheidungen gewährt würde, oder wenn ihre Vertreter von einer amtlichen Stelle berufen und von den Beschäftigten nur vorgeschlagen würden. Auch müßten die Beschäftigtenvertreter auf die öffentliche Aufgabe des Unternehmens verpflichtet werden.

Für beide, für die privatrechtlich verfaßten und für die öffentlich-rechtlichen öffentlichen Unternehmen gilt zudem, daß die Mitbestimmung der Arbeitnehmer, so wie sie in Deutschland verfaßt ist, die gesetzlich festgelegten Kompetenzen der staatlichen Verfassungsorgane in den öffentlichen Unternehmen, materiell gesehen, oft aushöhlt. In den Verwaltungs- und Aufsichtsräten vieler öffentlicher Unternehmen sitzen nämlich neben den offiziellen Arbeitnehmervertretern auch Parlamentsabgeordnete, die der Arbeitnehmerseite ähnlich eng wie die Arbeitnehmervertreter verbunden und verpflichtet sind. Das Gleiche gilt für die Geschäftsführung. Die Arbeitnehmer sind deshalb in den Verwaltungs- und Aufsichtsräten der öffentlichen Unternehmen meistens de facto über die vom Gesetzgeber gewünschten Anteile hinaus vertreten. Die vom Gesetzgeber vorgesehenen Paritäten sind hier deshalb in der Regel, materiell gesehen, nicht gegeben.

Hinzu kommt, daß die Vorstände und Aufsichtsräte der öffentlichen Unternehmen den Arbeitnehmerforderungen infolge ihrer Finanzverfassung nicht soviel Widerstand entgegensetzen, wie die Vorstände und Aufsichtsräte in den privaten Unternehmen. Ihre Finanzverfassung enthält nicht die gleiche Konkursgefahr und nicht den gleichen Rentabilitätszwang wie die Finanzverfassungen der privaten Unternehmen. Die Anteilseigner der öffentlichen Unternehmen können sich, sofern sie nur ernsthaft wollen, auch dann noch neues Eigenkapital oder neue Subventionen verschaffen, wenn dies den privaten nicht mehr möglich ist.

Wegen ihrer meistens "überparitätisch" besetzten Aufsichts- und Verwaltungsräte und der soeben skizzierten Finanzverfassung, können die Arbeitnehmer in den öffentlichen Unternehmen höhere Lohn- und Gehaltsforderungen und mehr soziale Ansprüche durchsetzen, als ihre Kollegen in den privaten Unternehmen, was in der Regel zu Lasten ihrer öffentlichen Leistungen geht.

4. Öffentliche Unternehmen und Privatisierungen

Seit dem Zweiten Weltkrieg wird in Deutschland gefordert, die öffentlichen Unternehmen in private umzuwandeln, sie zu privatisieren. Dabei versteht man in der wissenschaftlichen und in der politischen Diskussion unter Privatisierung einen Eigentümerwechsel von öffentlichen in private Hände: die vollständige oder teilweise Übertragung bzw. Veräußerung öffentlichen Vermögens (Grundstücke, Betriebe oder Unternehmensbeteiligungen) an private Personen oder Unternehmen. Es ist falsch, schon dann von Privatisierung zu sprechen, wenn öffentliche Unternehmen nur die Rechtsform wechseln und nur in private Rechtsformen, zumeist in Aktiengesellschaften, umgewandelt werden. Der Wechsel der Rechtsform (formelle Privatisierung) ist bestenfalls nur eine Vorstufe zur (materiellen) Eigentums-Privatisierung. Der Begriff "Re"-privatisierung, ist nur dann angemessen, wenn sich das öffentliche Unternehmen zuvor in privatem Eigentum befunden hat.

Die Privatisierungsforderungen sind nicht neu. Sie werden in Deutschland seit der Jahrhundertwende immer wieder erhoben. Erstmals wurde die Privatisierung öffentlicher Betriebe und Unternehmen 1906 von den Industrie- und Handwerksverbänden gefordert. Industrie und Handwerk kritisierten damals hauptsächlich die Ausdehnung der städtischen Regiebetriebe, die zunehmende "erwerbswirtschaftliche Betätigung der öffentlichen Hand", auch kämpfte man gegen die "Steuerprivilegien" der öffentlichen Unternehmen, die es damals noch vereinzelt gab. Die Industrie- und Handwerksverbände wurden dabei von den ihnen nahestehenden Parteien unterstützt, die Arbeiterparteien votieren dagegen zumeist zugunsten der öffentlichen Unternehmen. Die damaligen Aktionen blieben aber ohne einen spürbaren Erfolg. Sie erreichten nur, daß die oben bereits erwähnte Forderung, öffentliche Unternehmen dürften nur subsidiär zu den privaten tätig werden, in die Reichsabgabenordnung und die ihr folgenden Gesetze aufgenommen wurde.

Nach dem Zweiten Weltkrieg lebte die Privatisierungsdiskussion wieder auf. Anfangs verknüpfte man mit der Privatisierung noch vermögenspolitische (Eigentum in Arbeiterhand) und kapitalmarktpolitische Forderungen (Volksaktien), die man, weil sie beim breiten Publikum nicht ankamen, später aber wieder fallen ließ. Im Gegensatz zu den früheren Privatisierungsbemühungen kam es nun zu nahmhaften Privatisierungsmaßnahmen. In den darauf folgenden Jahren privatisierte man eine lange Reihe großer, zumeist dem Bund gehörender Industrie- und Verkehrsunternehmen. Dies waren die oben bereits einmal erwähnten sechs Konzerne: VEBA, VW, Salzgitter, VIAG, Saarbergwerke und IVG sowie die Lufthansa. Sie wiesen 1982 110 Mrd. DM. Außenumsatz auf und 23 Mrd. DM. Wertschöpfung und beschäftigten 236.000 Personen. Die Privatisierungen erfolgten (Jahreszahlen jeweils der Beginn): Preussag 1959, VW 1961, VEBA 1965. 1986 wurden VEBA, VIAG, VW, IVG, Salzgitter und (teilweise) die Deutsche Lufthansa privatisiert.

Daneben privatisierte man eine Anzahl öffentlicher Banken; auch begann man, in weitgehender Übereinstimmung mit anderen europäischen Ländern, die beiden großen Staatsmonopole, die Post und die Eisenbahn, in private Rechtsformen zu überführen, um sie später gegebenenfalls auch zu privatisieren. Man erwartet, daß ihre Auflösung in mehrere, auf jeweils wenige Funktionen beschränkte Unternehmen, ihre Überführung in private Rechtsformen und schließlich ihre Privatisierung über die Börse zu mehr Wettbewerb, zu mehr Innovationen und zu Leistungssteigerungen führen wird.

Nach der Wiedervereinigung der Bundesrepublik mit der Deutschen Demokratischen Republik wurden fast alle in der DDR in den Jahren nach 1945 verstaatlichten Unternehmen durch eine hierfür gegründete Gesellschaft, die Treuhand AG, an private Personen oder Unternehmen im In- und Ausland verkauft – die bisher wohl größte Privatisierungsaktion dieser Art überhaupt. Sie dient inzwischen einer Anzahl postsozialistischer Staaten als Vorbild. Von diesen Privatisierungen bei der Liquidierung ganzer kommunistischer Volkswirtschaften sollten die Privatisierungen von öffentlichen Unternehmen, die in Marktwirtschaften tätig waren, getrennt diskutiert werden. Sie haben beide nichts miteinander zu tun.

Literatur

Ambrosius, Gerold, Der Staat als Unternehmer, Göttingen 1984.
Chmielewicz, Klaus/Eichhorn, Peter, Handwörterbuch der Öffentlichen Betriebswirtschaftslehre, Stuttgart 1989.
Eichhorn, Peter/Engelhardt, Werner Wilhelm (Hrsg.), Standortbestimmung öffentlicher Unternehmen in der sozialen Marktwirtschaft, Schriftenreihe der Gesellschaft für öffentliche Wirtschaft, Heft 35, Baden-Baden 1994.
Eichhorn, Peter/Thiemeyer, Theo (Hrsg.), Finanzierung öffentlicher Unternehmen, Schriften zur öffentlichen Verwaltung und öffentlichen Wirtschaft, Band 50, Baden-Baden 1979.
Eichhorn, Peter/von Loesch, Achim/Püttner, Günter (Hrsg.), Zeitschrift für öffentliche und gemeinwirtschaftliche Unternehmen.
Loesch, Achim von, Die gemeinwirtschaftliche Unternehmung, Köln 1977.
Loesch, Achim von, Privatisierung öffentlicher Unternehmen, 2. Auflage, Baden-Baden 1987.
Oettle, Karl, Grundfragen öffentlicher Betriebe I und II, Baden-Baden 1976.
Püttner, Günter, Die öffentlichen Unternehmen, 2. Auflage, Stuttgart u.a. 1985.
Thiemeyer, Theo, Wirtschaftslehre öffentlicher Betriebe, Reinbek bei Hamburg 1975.

ns).

IV. Aufgaben

Werner Thieme

1. Aufgaben und Aufgabenverteilung

Inhaltsübersicht

I. Grundsätze der Aufgabenverteilung
II. Aufgaben der Landesverwaltung
    1. Allgemeine innere Verwaltung
    2. Wirtschaftsverwaltung
    3. Landwirtschaft, Ernährung und Forsten
    4. Umweltschutz
    5. Bildung, Wissenschaft und Kultur
    6. Sozial- und Gesundheitsverwaltung
    7. Rechtspflegeverwaltung
    8. Finanzverwaltung
III. Die Aufgaben der Kommunalverwaltung
    1. Allgemeines
    2. Gemeindliche Verwaltung
    3. Aufgaben der Landkreise
    4. Höhere Kommunalverbände
IV. Die Aufgaben der Bundesverwaltung
    1. Allgemeines
    2. Ministerialverwaltung
    3. Bundesoberbehörden
    4. Auswärtiger Dienst und äußere Sicherheit
    5. Innere Sicherheit
    6. Wirtschaftliche Verwaltung
V. Aufgaben besonderer Selbstverwaltungsträger
    1. Mittelbare Staatsverwaltung und freie Selbstverwaltung
    2. Sozialversicherungsträger
    3. Berufsständische Kammern
    4. Selbstverwaltung für kulturelle Fragen
    5. Anstaltliche und genossenschaftliche Wirtschaftsverwaltung

I. Grundsätze der Aufgabenverteilung

Nach dem Grundgesetz (Art. 30, 80) sind die Verwaltungsaufgaben primär Aufgaben der Länder, nicht dagegen des Bundes. Daher liegt der Schwerpunkt aller Verwaltungstätigkeit bei den Ländern. Allerdings ist die unmittelbare Landesverwaltung nicht bis in die örtliche Ebene hinein organisiert. Auf dieser Ebene arbeiten – mit Ausnahme der Polizei – nur die Gemeinden und Gemeindeverbände als Träger der Verwaltung. Sie sind weisungsgebundene Träger der Landesaufgaben, nehmen daneben zahlreiche Aufgaben in eigener Verantwortung wahr (Selbstverwaltung), die ihnen ebenfalls vom Grundgesetz (Art. 28 Abs. 2 Satz 1) gewährleistet sind.

In der Entwicklung der Verwaltung unter dem Grundgesetz läßt sich eine Vermehrung der Aufgaben des Bundes feststellen. Dabei spielen die dezentralen Behörden des Bundes nur eine beschränkte Rolle. Der Einfluß des Bundes entsteht über die Mitfinanzierung zahlreicher Aufgaben der leistenden Verwaltung, insbesondere der Ausführung von Bundesprogrammen durch die Landes- und Kommunalbehörden; Art. 104 a GG hat sich kaum als eine wirksame Beschränkung der Bundesaktivitäten erwiesen. Hinzu kommt neuerdings in verstärktem Maße die subventionierende und regelnde Tätigkeit der Europäischen Union (EU), in die der Bund involviert ist. Es kann daher heute nur noch beschränkt davon gesprochen werden, daß die gesetzesausführenden Entscheidungen in bestimmten Fragenkreisen ausschließlich dem Bund oder den Ländern zugeteilt worden sind; weithin herrscht eine Mischverwaltung und Mischfinanzierung, ungeachtet der verfassungsrechtlichen und verwaltungspolitischen Bedenken gegenüber diesen Formen des Zusammenwirkens. Immerhin wird man feststellen dürfen, daß in der Vollzugsverwaltung im engeren Sinne immer noch deutlich zwischen Bundes- und Landeszuständigkeit unterschieden wird. Insoweit wird man ferner sagen können, daß auch heute noch die Länder in erster Linie Träger der Verwaltung sind.

II. Aufgaben der Landesverwaltung

Die Landesverwaltung ist im Grunde umfassend mit Ausnahme der wenigen Fragenkreise, die das GG dem Bund als ausschließliche Verwaltungsaufgaben zuteilt. Gleichwohl gibt es bei den Ländern Schwerpunkte, die im folgenden genannt werden.

1. Allgemeine innere Verwaltung

Die Innenministerien der Länder haben vier klassische Abteilungen, nämlich für Verwaltungs- und Verfassungsfragen, für den öffentlichen Dienst, für das Kommunalwesen und für die öffentliche Sicherheit und Ordnung.

a) Zunächst einmal muß sich die Verwaltung mit ihrer Organisation und ihren Ressourcen beschäftigen. Sie muß dafür sorgen, daß die Landesverwaltung in allen ihren Zweigen effektiv und rechtlich richtig arbeitet. Es fallen daher Fragen des allgemeinen Verwaltungsrechts, des Verwaltungsmanagements und der Verfahrens (einschließlich Verfahrensrecht, der Datenverarbeitung und des Datenschutzes) an. Zu diesen allgemeinen Aufgaben gehört auch das Verfassungsrecht; der Innenminister ist – zusammen mit dem Justizminister – der "Verfassungsminister". Schließlich gehören zu dieser Gruppe die sogenannten "Staatshoheitssachen", zu denen man das Staatsangehörigkeitsrecht, das Personenstandsrecht, das Meldewesen, das Namensrecht und auch das Ausländerrecht rechnet, obwohl letzteres wegen seiner großen Bedeutung zahlreiche Bezüge zu anderen Aufgabenbereichen hat.

b) Zur allgemeinen inneren Verwaltung gehört auch das Personalwesen, das heißt das Beamten- und Arbeitsrecht des öffentlichen Dienstes, einschließlich des Abschlusses der Tarifverträge, die Aus- und Fortbildung, die Personalplanung, das Personalmanagement und Grundsatzfragen der Dienstaufsicht. Auch das Besoldungs- und Versorgungsrecht wird in der Regel aus den Innenministerien gesteuert, in einigen Ländern freilich unter wesentlicher Mitwirkung der Finanzminister.

c) Im Bereich des Kommunalwesens ist die staatliche Verwaltung Aufsichtsinstanz, teils Rechtsaufsicht, teils Fachaufsicht. Sie steuert auch den kommunalen Finanzausgleich.

d) Auch der moderne Leistungsstaat kann auf eine wirksame Ordnungs- und Sicherheitsverwaltung nicht verzichten. Ordnung und Sicherheit ist eine umfassende Staatsfunktion, die alle Gebiete staatlicher Tätigkeit berührt (z.B. Straßenverkehrsrecht, Gesundheitsrecht, Wasserrecht). Im Innenministerium hat sie eine grundsätzliche und übergeordnete Zuständigkeit. Zur inneren Verwaltung gehört auch die Polizei, die in die Schutzpolizei (einschließlich der Bereitschaftspolizei), die Kriminalpolizei und die Wasserschutzpolizei zerfällt.

e) Neben diesen vier klassischen Zweigen der inneren Verwaltung erledigen die meisten Innenministerien der Länder weitere Sachaufgaben, deren Zuordnung allerdings mehr durch historische und koalitionsarithmetische Gesichtspunkte als durch die innere Aufgabenlogik bedingt ist (z.B. Medien, Sport, Raumordnung, Bauwesen).

2. *Wirtschaftsverwaltung*

a) Auf dem Gebiete der Wirtschaftsverwaltung regelt die Landesverwaltung Probleme der Wirtschaftsordnung, die sich aus der Gewerbeordnung und verwandten Gesetzen (z.B. Ladenschlußgesetz, Schornsteinfegerwesen) ergeben. Die Wirtschaftsaufsicht hat dabei zentrale Bedeutung, die auf der unteren Ebene z.B. Fragen der Lebensmittel- und Preisaufsicht einschließt. Hierhin gehört auch die Aufsicht über die Märkte und Messen, die Kartellaufsicht, die allerdings vor allem durch das Bundeskartellamt gehandhabt wird. Auch die Aufsicht über die Banken und Versicherungsunternehmen liegt in der Hand von Bundesbehörden. Dagegen ist der Verbraucherschutz eine Frage der Landesverwaltung. Dasselbe gilt von der Aufsicht über die wirtschaftliche Selbstverwaltung der Kammern.

b) Wichtig ist die Wirtschaftsförderung, die über zahlreiche Förderungsprogramme der Europäischen Union, des Bundes und der Länder gesteuert wird. Insbesondere werden dadurch wirtschaftliche Investitionen ermöglicht, die aus den Erträgen der Unternehmen in schwächeren Regionen und Branchen nicht erwirtschaftet werden können.

c) Im Bereich der Verkehrswirtschaft haben die Länder zwar selten eigene Verkehrsanstalten. Diese werden vielmehr von den Kommunen (ÖPNV) oder durch Private, einschließlich der jetzt privatisierten Deutschen Bahn AG betrieben (Art. 87 e GG). Die Länder haben aber wichtige Aufgaben bei der Aufsicht über das Verkehrswesen. Dabei handelt es sich in erster Linie um die Aufsicht über den Kraftwagenverkehr. Die vom Kraftwagen ausgehenden Probleme haben zu einer umfassenden Verwaltung der Zulassung und Aufsicht des Verkehrs und der Verkehrsteilnehmer geführt, die teilweise durch die Polizei, teilweise durch besondere Straßenverkehrsämter, teilweise durch Beliehene (TÜV) geführt wird. Auch die Genehmigung von Linienverkehren auf der Straße liegt bei den Ländern (§§ 2 ff. PBefG).

Zur Verkehrsverwaltung gehört auch der Straßenbau, der durch die Straßenbauämter der Länder geplant und ausgeführt wird, wobei diese zugleich im Auftrage des Bundes auch die Bundesautobahnen und Bundesstraßen bauen und unterhalten (Art. 90 GG).

d) Wirtschaftsverwaltung im weiteren Sinne ist auch die Bauverwaltung. Dabei geht es einerseits um die klassische Aufgabe der Bauordnungsverwaltung, die die Landkreise und die größeren kreisangehörigen Städte im Auftrag der Länder durchführen. Daneben steht die Planungsverwaltung, die als Landes- und Regionalplanung Landesaufgabe oder (in einigen Ländern) staatlich-kommunales Kondominium ist, sowie die Bauleitplanung, die gemeindliche Aufgabe ist, aber der Aufsicht der Landesverwaltung unterliegt (§§ 6, 11 BauGB).

Zum Bauwesen gehört auch das Wohnungswesen, in das der Staat durch seine Förderung (vor allem als sogenannter sozialer Wohnungsbau) eingreift, über das er aber auch eine Aufsicht unter dem Gesichtspunkt der Wohnungspflege führt. Schließlich gehören hierhin die Problem der Bauwirtschaft und der verwaltungseigene Hochbau.

e) Ein umstrittenes Gebiet der Landesverwaltung ist die Energiewirtschaft. Sie steht nicht nur unter bundesrechtlichen Vorgaben, sondern wird auch in der konkreten Durchführung erheblich vom Bund beeinflußt. Es handelt sich um bergrechtliche, atomrechtliche, elektrizitäts- und gaswirtschaftliche Fragen sowie Fragen des Mineralöls, wobei die Sicherheit bei der Erzeugung der Energie im Vordergrund steht, aber auch der Energietransport auf der Straße oder in Leitungen und die Fragen des Energiemarktes.

3. Landwirtschaft, Ernährung und Forsten

a) Die Landwirtschaftsverwaltung liegt im wesentlichen bei den Ländern. Zwar wird diese Verwaltung durch Gesetze und Programme des Bundes und der Europäischen Gemeinschaft gesteuert. Aber der Vollzug ist ganz überwiegend Ländersache. Auch wenn die Import- und Exportschleusen mit Abschöpfungen und Subventionen durch die Zollbehörden und eine Bundesoberbehörde erledigt werden, bleibt für die Länder genug zu tun. Sie stellen die Flurbereinigungsbehörden sowie andere Behörden, die die Fragen der Agrarstruktur regeln. Ihnen obliegt die für die Landwirtschaft so wichtige wasserwirtschaftliche Verwaltung und hier vor allem das Meliorationswesen. Sie kümmern sich um die Vieh- und Pflanzenzucht, um die Vermarktung landwirtschaftlicher Produkte und um das landwirtschaftliche Schulwesen. Allerdings handeln dabei zum Teil auch die Landwirtschaftskammern.

b) Zur Landwirtschaftsverwaltung im weiteren Sinne gehört die Forstverwaltung, die Landesverwaltung ist, soweit der Wald nicht im Besitz von Kommunen oder Privaten ist. Die Landesforstämter sind nicht nur Behörden, die den eigenen Wald des Staates als wirtschaftliche Unternehmer bewirtschaften, sondern haben auch zahlreiche Aufgaben des Forstschutzes und des Umweltschutzes im Walde sowie allgemeine forstpolitische Aufgaben.

c) Landwirtschaft hat es auch mit der Ernährung zu tun. Daher werden hier Aufgaben eingeordnet, die sich mit dem Lebensmittelrecht befassen. Es geht dabei um die Kontrolle der Lebensmittel und bei tierischen Produkten um die Veterinärverwaltung. Zur Ernährung gehört auch das Fischereiwesen, bei dem allerdings, soweit es sich um die Seefischerei handelt, auch die Bundesverwaltung zuständig ist.

4. Umweltschutz

Einen besonderen Rang hat innerhalb weniger Jahre die Umweltschutzverwaltung bekommen. Die meisten Länder haben keine speziellen Umweltämter eingerichtet, sondern lassen die Umweltfragen als Querschnittsfragen überwiegend von der allgemeinen Verwaltung bearbeiten. Die Umweltverwaltung hat vier heute schon fast als klassische Zweige zu bezeichnende Gegenstände:

a) Der Immissionsschutz, der vor allem den Schutz vor Verschlechterung der Atemluft und vor Geräuscheinwirkungen betrifft, wird teilweise von der allgemeinen Verwaltung und teilweise von den Gewerbeaufsichtsämtern der Länder administriert, wobei zu betonen ist, daß die Gewerbeaufsichtsämter ursprünglich einmal reine Arbeiterschutzbehörden waren und es auch heute noch im Kern sind.

b) Der Gewässerschutz als Aufgabe des Umweltschutzes betrifft vor allem die Siedlungsabwässer und ihre Klärung und Beseitigung. Für sie gibt es landesrechtliche Wasserbehörden, denen als wichtigste Instrumente das Wasserhaushaltsgesetz des Bundes und die Landeswassergesetze zur Verfügung stehen.

c) Ebenso wichtig ist die Abfallbeseitigung, die weitgehend eine kommunale Aufgabe ist, die aber über eine staatliche Planung und Aufsicht weitgehend durch die Länder gesteuert wird. Besondere Probleme schaffen die Deponien und die Altlasten. Vor der Verwaltung stehen ab 1996 die Aufgaben des Kreislaufwirtschafts- und Abfallgesetzes.

d) Zum Umweltrecht gehört auch das Naturschutzrecht, das ganz überwiegend Landessache ist, nicht nur durch Ausweisung von Schutzgebieten, sondern auch durch zahlreiche Maßnahmen, die staatlich bezuschußt werden. Hier sind die staatlichen, in aller Regel bei den Landräten angesiedelten Behörden neben den Kommunen zuständig.

5. Bildung, Wissenschaft und Kultur

Der Kulturstaat des Grundgesetzes hat zahllose Aufgaben, die von den Ländern im Rahmen ihrer verfassungsmäßig bestehenden Kulturhoheit wahrgenommen werden.

a) Das Schulwesen ist fast gänzlich Ländersache, liegt allerdings hinsichtlich der sogenannten äußeren Schulangelegenheiten in kommunaler Zuständigkeit. Dies gilt für die allgemeinbildenden Schulen sowohl als auch für die Berufsschulen sowie die berufliche Weiterbildung. Die staatliche Schulverwaltung und -aufsicht steuert ein System, dem Millionen von Menschen angehören. Auch das Privatschulwesen, das im GG garantiert ist (Art. 7 Abs. 4), unterliegt der staatlichen Aufsicht und Beeinflussung, soweit die Privatschulen durch Anerkennung den staatlich-kommunalen Schulen gleichgestellt worden sind.

b) Auch die Hochschulen sind Landeseinrichtungen und werden von den Ländern administriert, soweit nicht die Garantie der freien Wissenschaft (Art. 5 Abs. 3 GG) eine Selbstverwaltung fordert. Allerdings liegt die Hochschulplanung nicht mehr bei den Ländern, sondern wird in einer Bund-Länder-Mischverwaltung geführt (Art. 91 a GG, HSchBauFöG).

c) Neben den Hochschulen als Trägern der Forschung hat sich eine vielfältige Forschungslandschaft etabliert, in der die anderen Träger wesentlich mehr an Forschungsmitteln umsetzen als die Hochschulen. Aus diesem Bereich sind die Länder weitgehend verdrängt, da die Masse der Mittel über die Deutsche Forschungsgemeinschaft und über das Forschungsministerium des Bundes verteilt wird.

d) Weiter bestehen zahlreiche Aufgaben der allgemeinen Kulturpflege, die vor allem die Gemeinden und Landkreise wahrnehmen, wie das Museumswesen, das Bibliothekswesen, das Theaterwesen, das Konzertwesen, die Erwachsenenbildung. Allerdings ist es völlig ausgeschlossen, daß die Gemeinden und Kreise – mit Ausnahme der ganz großen Städte – wirklich qualifizierte Kulturpolitik ohne die Unterstützung der Länder treiben können, die zum Teil als Träger von Orchestern, Theatern, großen Museen und anderen Kultureinrichtungen in Erscheinung treten. Die große Zahl von Baudenkmälern, die zu zerfallen drohen, wenn sie nicht mit der Hilfe das Staates geschützt werden, hat dazu geführt, daß eine Verwaltung besteht, die eingreifende und leistende Verwaltung miteinander verbindet.

e) Auch die Medien und ihre Verwaltung gehören zum kulturellen Bereich. Dabei geht es weniger um die Printmedien, die unter dem Gesichtspunkt der Pressefreiheit von der Verwaltung fast vollständig unbeeinflußt bleiben. Wichtiger ist heute der

Rundfunk und das Fernsehen geworden. Die öffentlichen Rundfunkanstalten bleiben dabei – auch wegen der verfassungsrechtlich geschützten Freiheit (Art. 5 Abs. 1 Satz 2 GG) – ohne staatliche Ingerenz. Aber die privaten Rundfunk- und Fernsehanstalten verlangen doch nach einer staatlichen Anbindung, die die erforderlichen Genehmigungen für den Betrieb der Sender trägt und außerdem eine Aufsicht über die Einhaltung der gesetzlichen Bedingungen ausübt.

6. *Sozial- und Gesundheitsverwaltung*

a) Ursprünglich war die Sozialverwaltung Armenpflege, ein Wort das sich spätestens am Ende des 1. Weltkrieges verbraucht hatte und durch die Worte Fürsorge und Wohlfahrt ersetzt wurde. Nachdem auch sie verbraucht waren, wird dasselbe Anliegen heute unter der Bezeichnung Sozialhilfe verwaltet. Allerdings wäre es falsch, darin lediglich eine Änderung des Namens zu sehen; Sozialhilfe will die volle Eingliederung der Bürgers ermöglichen, der – aus welchen Gründen auch immer – nicht in der Lage ist, sich selbst zu helfen. Der Schwerpunkt der Sozialverwaltung liegt allerdings bei der Sozialversicherung, die unter der Aufsicht des Staates durch Selbstverwaltungskörperschaften geführt wird.

b) Eine wichtige Aufgabe der Sozialverwaltung ist der Arbeitsschutz. Er wird vor allem durch die Gewerbeaufsichtsämter geleistet, die Gefahren für die in den Betrieben arbeitenden Menschen verhindern sollen (§ 139 b GewO). Auch hier wird die Aufgabe durch Träger der Selbstverwaltung begleitet, die Berufsgenossenschaften und die sonstigen Träger der Unfallversicherung, denen auch die Aufgabe der Unfallverhütung obliegt (§§ 708 ff. GewO), so daß sich auf diesem Gebiet in Deutschland ein duales System der Verwaltung entwickelt hat.

c) Heute werden vielfältige Hilfen für viele Situationen, die nicht nur Notsituationen sind, vom Staat geleistet. Neben der Sozialhilfe, die nicht nur die von den Landkreisen und kreisfreien Städten zu erledigende Aufgaben der Hilfe zum Lebensunterhalt umfaßt, sondern auch die Hilfe in besonderen Lebenslagen, gibt es die überörtliche Sozialhilfe, die vor allem in Anstalten und Spezialkrankenhäusern (Landeskrankenhäuser) geleistet wird (§§ 96 ff. BSHG), sowie sondergesetzliche Hilfe wie z.B. das Wohngeld, die Ausbildungsförderung, die Opferentschädigung, die Hilfe für Behinderte und Erziehungs- und Mutterschaftsgeld.

d) Herkömmlich wird in Deutschland auch das Wohnungswesen – jedenfalls teilweise – zu den Aufgaben der Sozialverwaltung gerechnet. Das hat seinen Grund in den früher zum Teil sehr schlechten Wohnverhältnissen, die zu einer staatlichen Wohnungsaufsicht geführt haben. Heute gehört zu diesem Aufgabenbereich auch die Wohnungsbauförderung, die Zahlung von Wohngeld für Menschen, die sich keine angemessene Wohnung auf eigene Kosten leisten können, sowie die Bereitstellung von Obdachlosenunterkünften, für die allerdings primär die Gemeinden zuständig sind.

e) Eng verbunden mit der Sozialhilfe ist die Kinder- und Jugendhilfe, die heute im Sozialgesetzbuch (Buch VIII) geregelt wird. Es handelt sich um eine vielfältige Aufgabe, in der sich staatliche Aufsicht mit staatlicher und kommunaler Förderung mischt. Das Pflegekinderwesen, die Amtsvormundschaft, der Jugendarbeitsschutz und die Schaffung von Kindergärten sind einige Teilaufgaben in diesem Verwaltungszweig. Schwer zu bewältigen ist in diesem Bereich die Gewaltprävention und das Drogenproblem.

f) Zur Sozialverwaltung im weiteren Sinne gehört auch die Gesundheitsverwaltung, die ein recht umfassender Verwaltungszweig geworden ist. Wichtige Aufgabengebiete sind der Seuchenschutz, die Gesundheitsfürsorge, die Zulassung der Ärzte, Apotheker und Heilhilfspersonen sowie die Aufsicht über sie, das Arzneimittelwesen und das Krankenhauswesen. Die staatliche Verwaltung steht hier nicht allein. Vieles ist körperschaftlichen Selbstverwaltungsträgern anvertraut, wie den Ärzte- und Apothekerkammern, den Kassenärztlichen Vereinigungen und Sozialversicherungsträgern.

g) Die Familienpolitik gehört auch zum Sozialwesen. Dabei geht es vor allem um die finanzielle Förderung, die zum Teil durch direkte Zahlungen, zum Teil durch steuerliche Subventionen erfolgt. Auch die alten Menschen mit ihren Problemen sind Gegenstand der verwaltenden Vorsorge, die künftig allerdings zum großen Teil über die Pflegeversicherung, das heißt durch einen neu geschaffenen Teil der Sozialversicherung abgewickelt wird. Angesichts der bevorstehenden Überalterung der deutschen Gesellschaft wird die Altenpolitik künftig einer der Schwerpunkt der Verwaltungstätigkeit werden.

h) Die Sozialverwaltung ist auch durch Sonderprobleme geprägt. Die Kriege haben immer besondere Nöte erzeugt, so daß eine Versorgungsverwaltung für die Kriegsbeschädigten und Hinterbliebenen aufgebaut werden mußte. Nach dem Zweiten Weltkrieg hat die Kriegsfolgenverwaltung der Flüchtlinge und Vertriebenen, die Wiedergutmachung sowie der Wiederaufbau starke Kräfte gebunden. Sie hat heute an Bedeutung verloren, aber die Probleme der Wiedervereinigung stellen neue Aufgaben. Vor allem fordern die weltweiten und sich ständig vergrößernden Migrationsprozesse zunehmend mehr die Aufmerksamkeit der Verwaltung. Es handelt sich dabei um das Asylantenproblem und um die Flüchtlingskontingente, die die Bundesrepublik aufgrund von Zuweisungen internationaler Organisationen aufnehmen muß.

i) Bei den diakonischen Aufgaben sind in erster Linie die gemeinnützigen Träger wie die Kirchen, das Deutsche Rote Kreuz und manche andere Einrichtung tätig, die durch die öffentliche Hand subventioniert werden. Daher bedeutet Sozialverwaltung oft Aushandlung der Subventionsbedingungen für die gemeinnützigen Träger der sozialen Leistungen.

7. Rechtspflegeverwaltung

Das politische System der Bundesrepublik beruht auf der Dreiteilung der Gewalten, die die Justiz, einschließlich der Staatsanwaltschaften, von der Verwaltung trennt. Gleichwohl wird auch innerhalb des Kompetenzbereichs der Justizministerien Verwaltung betrieben. Dabei geht es nicht nur um die Verwaltung der Gerichte, sondern um vielfältige Aufgaben. Zu nennen sind die Aufgaben der freiwilligen Gerichtsbarkeit, die zwar staatsrechtlich als Teil der rechtsprechenden Gewalt gelten, der Sache nach aber Verwaltung sind, wenn sie Register (Vereinsregister, Schiffsregister) oder Grundbücher führen, Betreuer für hilfsbedürftige Menschen bestellen und beaufsichtigen, Erbscheine erteilen und das Sorgerecht für die Kinder aus geschiedenen Ehen verteilen. Es geht dabei um die Verwaltung von privatrechtlichen Angelegenheiten. Die Präsidenten der Gerichte haben z.B. Aufgaben wie die Zulassung von Rechtsanwälten und Notaren und die Ausstellung von Ehetauglichkeitzeugnissen. Der umfassendste Zweig der Justizverwaltung ist die Verwaltung der Justizvollzugsanstalten, die praktisch große Bewachungs-, Wirtschafts-, Erziehungs- und Gesundheitsfürsorgebetriebe sind.

8. Finanzverwaltung

Ein sehr personalintensiver Zweig der Landesverwaltung ist die Finanzverwaltung. Sie setzt zudem ungeheure Mengen von Geld um. Dies erfordert einen stark gegliederten Apparat, der in der Mittelinstanz die Oberfinanzdirektionen und – bei den Ländern – in der Unterinstanz die Finanzämter kennt, in der die Landes- und die Gemeinschaftssteuern eingezogen werden.

Bei der Finanzverwaltung liegt auch die Verwaltung des staatlichen Vermögens, zum Teil auch der Unternehmen und Liegenschaften des Landes, zum Teil auch der staatliche Hochbau, das staatliche Lotteriewesen, die Verwaltung der Schulden und bestimmte wirtschaftliche Verwaltungen, wie die Bank- und Versicherungsaufsicht.

Letzteres ergibt sich aus der Tatsache, daß bei der Größe des staatlichen Finanzvolumens die Bedeutung des Geldwesens für den Fiskus entscheidend ist und der Finanzminister daher im Interesse der Staatswirtschaft das Bedürfnis hat, diesen Bereich zu kontrollieren.

Daneben steht die Bewirtschaftung des Haushaltes, die zwar grundsätzlich nur durch haushaltsplanmäßige Zuweisungen an die anderen Behörden erfolgt, aber in manchen Bereichen zu einer Mitbestimmung in Sachfragen führt. Vor allem unterliegen alle Behörden einer Haushaltsaufsicht, die ihre oberste Spitze im Finanzministerium findet.

III. Die Aufgaben der Kommunalverwaltung

1. Allgemeines

Die Kommunalverwaltung wird neben der Bundes- und Landesverwaltung als dritte Säule der Verwaltung bezeichnet. Sie ist zwar juristisch mittelbare Landesverwaltung und führt auch fast alle Aufgaben der Landesverwaltung aus, sofern nicht Sonderbehörden bestehen. Gleichzeitig ist sie im Bereich ihres eigenen Wirkungskreises kraft der Garantie des Grundgesetzes (Art. 28 Abs. 2 Satz 1) mit einer Allzuständigkeit ausgestattet, soweit nicht der Staat sich die Bestimmung über das "Wie" der Aufgabenerfüllung oder sogar die Aufgabenerledigung durch seine staatlichen Behörden vorbehalten hat.

Die kommunalen Aufgaben betreffen entweder die örtliche Gemeinschaft; dann steht ihre Erledigung den Gemeinden zu. Oder es handelt sich um überörtliche Aufgaben; dann werden sie von den Landkreisen und den höheren Kommunalverbänden wahrgenommen. Daneben gibt es kommunale Sonderverbände (z.B. die Zweckverbände), die keine Allzuständigkeit haben, sondern nur einem einzelnen Zweck dienen (z.B. Betrieb eines Wasserwerkes oder Krankenhauses).

Die Kommunalverwaltung erledigt hauptsächlich Aufgaben der Leistungsverwaltung. Sie hält eine kommunale Infrastruktur mit Straßen und Versorgungs- und Entsorgungsleitungen vor, sie trägt Anstalten für alle Lebensbereiche und sie subventioniert das Privat- und Gemeinschaftsleben vielfältig. Hoheitliche Aufgaben sind bei ihr selten; zu diesen gehört in gewisser Weise das Schulwesen und die Feuerwehr. Weiter zieht sie hoheitlich Abgaben ein, mit denen sie ihre Aufgaben finanziert, soweit sie nicht aus dem Finanzausgleich Mittel erhält oder Zweckzuweisungen in Anspruch nimmt. Für die wichtigsten Aufgaben des Versorgungs- und Entsorgungswesens steht der Anschluß- und Benutzungszwang zur Verfügung.

2. *Gemeindliche Verwaltung*

a) Die Gemeinden dürfen kraft ihrer Allzuständigkeit Aufgaben auf allen Lebensgebieten wahrnehmen: Kultur und Bildung, Unterhaltung, Wirtschaft, Sport, Soziales, Gesundheit, Umweltschutz, Versorgung und Entsorgung usw. Zum Teil handelt es sich um Pflichtaufgaben, deren Erledigung ihnen vom Staat vorgeschrieben ist (z.B. Grundschulen, Feuerwehr). Im Rahmen der Funktionalreform, die im Anschluß an die kommunale Gebietsreform in allen Flächenländern durchgeführt worden ist, ist ein Teil der früher gemeindlichen Aufgaben auf die Landkreise verlagert worden. Teilweise werden gemeindliche Aufgaben auf einer Zwischenebene, die in den einzelnen Ländern unterschiedlich benannt und organisiert ist, wahrgenommen (Ämter, Samtgemeinden, Verbandsgemeinden, Verwaltungsgemeinschaften).

b) Die Fülle der gemeindlichen Aufgaben wird anhand des Aufgabenplanes deutlich, den die Kommunale Gemeinschaftsstelle für Verwaltungsvereinfachung (KGSt) aufgestellt hat. Er enthält folgende Grobgliederung:
  (1) Allgemeine Verwaltung (mit Hauptamt, Personalamt, Statistischem und Wahlamt, Organisationsamt, Presseamt, Rechnungsprüfungsamt)
  (2) Finanzverwaltung (Kämmerei, Kasse), Liegenschaftsamt
  (3) Rechts-, Sicherheits- und Ordnungsverwaltung
  (4) Schul- und Kulturverwaltung
  (5) Sozial- und Gesundheitsverwaltung
  (6) Bauverwaltung
  (7) Verwaltung der öffentlichen Einrichtungen
  (8) Verwaltung für Wirtschaft und Verkehr

c) Die Gemeinden nehmen nicht nur ihre Selbstverwaltungsaufgaben, sondern auch staatliche Aufgaben (übertragener Wirkungskreis) wahr. Dabei vermischen sich beide Bereiche sehr oft, weil die Gemeinden die staatlichen Aufgaben teilweise durch eigene Leistungen ergänzen, so daß es zu einer kommunal-staatlichen Mischverwaltung kommt. Wichtigstes Beispiel eines derartigen Kondominiums ist die Schulverwaltung, bei der die Länder zunächst durch ihre planerischen Vorgaben festlegen, die Schulstandorte und Schularten die Gemeinden sodann die Grundstücke beschaffen müssen und auf ihre Kosten – mit staatlichen Zuschüssen – die Schulgebäude errichten, unterhalten und ausstatten (sogenannte äußere Schulangelegenheiten), während der Staat das Lehrpersonal stellt, die Lehrpläne aufstellt und den Unterrichtsbetrieb beaufsichtigt (sogenannte innere Schulangelegenheiten). Die Gemeinden sind für die Schulsekretärin, den Hausmeister und das Reinigungspersonal sowie für die Reparaturen verantwortlich.

Zu erwähnen ist, daß die Gemeinden in aller Regel Träger der Standesämter sind und damit nicht nur die Personenstandgegister führen, sondern auch durch ihre Standesbeamten die Ehe schließen.

d) Bei den kulturellen Angelegenheiten gehören zahlreiche freiwillige Aufgaben wie Volkshochschulen, Museen, Theater und vor allen die Förderung von Vereinen zu den gemeindlichen Aufgaben. Man erfaßt das gemeindliche Leben eigentlich nur dann richtig, wenn man die Gemeinden im Zusammenhang mit den in der Gemeinde tätigen Vereinen sieht. Das Gemeinschaftsleben der Gemeinde findet weitgehend in den Vereinen statt. Soziologisch besteht die Gemeinde aus ihren Vereinen, die durch die Kommune als öffentlich-rechtliche Körperschaft konstituiert und gesteuert werden.

e) Im Bereich der Sozial- und Gesundheitspflege sind zahlreiche Zuständigkeiten in die Kreisebene abgewandert, weil die Gemeinden zu schwach sind, Einrichtungen des Gesundheitsdienstes und der Sozialpflege zu tragen. Vor allem sind die meisten Gemeinden zu klein, um Träger von leistungsfähigen Krankenhäusern zu sein. Auch Altenheime können nur noch größere Gemeinden betreiben. Der Kostendruck zwingt zu stärkster Rationalisierung, das heißt zur Vergrößerung der Einrichtungen und damit auch zur Vergrößerung ihres Einzugsgebietes über die einzelne Gemeinde hinaus. Soweit dadurch nicht die Landkreise Träger der Einrichtungen werden, werden die Einrichtungen in die gemeinsame Trägerschaft mehrerer Gemeinden übernommen. Oft kann dies über eine Kreisplanung erzwungen werden, auch soweit dieses Instrument in den Planungsgesetzen der Länder nicht vorgesehen ist; denn die Landkreise können durch Subventionen gegenüber den Gemeinden erhebliche Steuerungseffekte erzielen.

f) Ein sehr wichtiger Bereich der gemeindlichen Aufgabem liegt im Bereich des Bauens und der Technik. Die Gemeinden sind kraft des Art. 28 Abs. 2 GG und der Landesverfassungen grundsätzlich Träger der gebietlichen Planung, das heißt der Bestimmung der Bodennutzung (Bauleitplanung mit Flächennutzungs- und Bebauungsplanung, § 1 Abs. 3 BauGB). Größere Gemeinden erteilen auch – als staatliche Auftragsverwaltung – die Baugenehmigungen und erlassen Gestaltungssatzungen. Die Gemeinden bauen die innerörtlichen Straßen durch ihre Tiefbauämter und die gemeindeeigenen Bauten (Schulen, Jugendheime, Verwaltungsgebäude) durch ihre Hochbauämter. Sie pflegen ihre Parkanlagen und Friedhöfe, reinigen die Straßen, bauen und pflegen Ent- und Versorgungsnetze und schaffen ein angenehmes Wohnumfeld. Sie unterhalten einen Teil der Gewässer und der Brücken. Viele Städte haben eigene Wohnungsgesellschaften, mit denen sie Engpässe im Wohnungswesen überbrücken helfen, vor allem für solche Familien, die schwer auf dem freien Markt preiswerte Wohnungen finden.

g) Die Gemeinden sind Träger vieler Einrichtungen. Dazu gehören Märkte, Bäder, Kindergärten, Jugendheime, Friedhofskapellen, Museen, bei größeren Gemeinden auch Krankenhäuser und Theater. Wichtig sind die Stadtwerke, denen die Versorgung mit Wasser, Gas und Strom obliegt. Heute produzieren sie dies allerdings nur noch selten; sie beziehen Energie und das Wasser von überörtlichen Anbietern. Die Stadtwerke werden grundsätzlich als Eigenbetrieb geführt; mehr und mehr gehen die Gemeinden jedoch dazu über, diese als GmbH's zu führen, da die Organisations-Privatisierung mehr Flexibilität und damit auch mehr Wirtschaftlichkeit erlaubt.

3. Aufgaben der Landkreise

Die Landkreise, die mehrere Gemeinden umfassen, nehmen die überörtlichen Aufgaben der kommunalen Selbstverwaltung wahr. Als überörtliche Aufgaben lassen sich vier Gruppen beschreiben:
(1) Übergemeindliche Aufgaben, das heißt Aufgaben, die ihrer Natur nach nicht von einer Gemeinde allein geleistet werden können, z.B. den Bau von Straßen, die zwei Gemeinden verbinden.
(2) Ergänzende Aufgaben, das heißt Aufgaben, die zwar von größeren Gemeinden erfüllt werden können, zu deren Tragung aber die kleineren Gemeinden nicht in der Lage sind, z.B. Krankenhäuser.
(3) Ausgleichende Aufgaben, das heißt Aufgaben, die dazu führen, daß die stärkeren Gemeinden den schwächeren Gemeinden helfen, z.B. Zahlung von Zuschüssen aus dem Kreishaushalt (zu dem die finanzstärkeren Gemeinden im Wege der Kreisumlage besonders hohe Beiträge leisten) an schwächere Gemeinden zum Bau gemeindlicher Einrichtungen.
(4) Gesamtaufgaben, das heißt Aufgaben, die praktisch nur in einem größeren Bereich betrieben werden können, z.B. Gymnasien.

Die Abgrenzung im einzelnen ist oft problematisch und kann auch streitig werden. Das liegt daran, daß bestimmte Aufgaben aus der Sicht kleinerer Gemeinden überörtliche Aufgaben sind, z.B. der Betrieb eines Hallenbades, aus der Sicht einer Mittelstadt aber örtliche Aufgaben. Der Gesetzgeber hat daher für manche Fragen eine ausdrückliche Zuordnung an die Landkreise geschaffen, wie die Abfallentsorgung. Soweit eine solche Regelung fehlt, muß aus der Sache heraus entschieden werden, wer Träger der Aufgabe ist, die Gemeinde oder der Landkreis.

Der Vollständigkeit halber ist noch zu erwähnen, daß die kreisfreien Städte ("Stadtkreise") für ihr Gebiet auch die Landkreisaufgaben wahrnehmen und daß die Möglichkeit besteht, durch Zusammenschlüsse mehrerer kleinerer Gemeinden als Ämter, Samtgemeinden, Verbandsgemeinden usw. Aufgaben, die die Kleingemeinden nicht tragen können, auf diese Zusammenschlüsse zu übertragen, was teilweise auch gesetzlich bestimmt ist, z.B. für die Samtgemeinden niedersächsischen Rechts (§§ 71 ff. NGO).

b) Schwerpunkte der Kreisaufgaben liegen bei der Schaffung und Unterhaltung eines öffentlichen Nahverkehrssystems (insbesondere durch den Betrieb eines Omnibusunternehmens) und eines Systems von Gemeindeverbindungsstraßen. Den Landkreisen obliegt die Unterhaltung bestimmter Schulen, insbesondere der Gymnasien und der Berufsschulen. Sie unterhalten weitere Bildungseinrichtungen (Kreisbüchereien, Musikschulen, Museen und Kreisbildstellen). Sie sind zumeist Träger der Allgemeinen Krankenhäuser und der Sparkassen. Viele Landkreise nehmen sich der Wirtschaftsförderung an, oft über kreiseigene Gesellschaften. Im sozialen Bereich sind die Landkreise örtliche Träger der Sozialhilfe und der Jugendhilfe. Sie sind Träger der Gesundheitsämter und der Abfallentsorgung. Wichtig für die Arbeit der Landkreise sind die Strukturprobleme des ländlichen Raumes.

c) Die Landkreise sind ferner Träger der staatlichen Auftragsverwaltung. Allerdings sind hierzu Einschränkungen zu machen, weil die Kreisverfassungssysteme von Land zu Land abweichen. Während z.B. in Niedersachsen die Landkreise durch den Oberkreisdirektor die staatlichen Aufträge als Landkreise erfüllen (§ 62 Abs. 1 Nr. 3 bis 5 NLO), bestehen in Schleswig-Holstein neben den Landkreisen die Landräte als allgemeine untere Verwaltungsbehörde. Die Hauptverwaltungsbeamten der Landkreise nehmen die allgemeinen Ordnungsaufgaben wahr (Versammlungs- und Vereinsrecht, Melde- und Paßangelegenheiten, Namensrecht), ferner die Gewerbeaufsicht, das Ausländerrecht, den Seuchenschutz, die Ausbildungsförderung, das Wasserrecht, die Veterinäraufsicht, den Katastrophenschutz und anderes mehr.

4. Höhere Kommunalverbände

Auf der Ebene oberhalb der Landkreise gibt es nicht in allen Ländern Kommunalverbände. Die wichtigsten Beispiele sind die bayerischen Bezirke und die nordrhein-westfälischen Landschaftsverbände. Es handelt sich um Körperschaften des öffentlichen Rechts, deren Mitglieder die Landkreise und die kreisfreien Städte sind. Sie sind in erster Linie Träger der überörtlichen Sozialhilfe, das heißt von Heimen und anderen Unterbringungseinrichtungen für Sozialhilfeberechtigte, daneben auch Träger von Spezialkrankenhäusern (§§ 96 ff. BSHG).

Die zweite Aufgabengruppe sind kulturelle Aufgaben, insbesondere Aufgaben der Heimatpflege wie Museen und Landesbühnen, aber auch die Förderung vielfältiger Aufgaben im regionalen Bereich. Die höheren Kommunalverbände sind zumeist nicht auf bestimmte Aufgabenbereiche beschränkt, sondern können beliebige Aufgaben übernehmen wie den Betrieb von Eisenbahnen oder von Wirtschaftsunternehmen (öffentlich-rechtliche Versicherungsanstalten). Sie stützen vielfach durch Subventionen das örtliche kulturelle Leben in ländlichen Gebieten.

IV. Die Aufgaben der Bundesverwaltung

1. Allgemeines

Verwaltung durch den Bund ist die Ausnahme. Die Bundesgesetze werden ebenso wie die Landesgesetze grundsätzlich durch die Landes- und Kommunalbehörden ausgeführt. Der Bund kann als Verwaltung nur die Aufgaben wahrnehmen, die ihm ausdrücklich zugewiesen worden sind (Art. 87-89 GG). Soweit der Bund zur Ausführung eigene Mittel- und Unterbehörden errichten will, bedarf er hierzu eines Gesetzes. Allerdings ist der Katalog der Bundesverwaltungsaufgaben im Laufe der letzten 45 Jahren erheblich erweitert worden (Art. 87 a-d GG). Ferner kann der Bund durch Oberbehörden tätig werden, wenn ihm durch Gesetz neue Aufgaben übertragen worden sind (Art. 87 Abs. 3 GG).

2. Ministerialverwaltung

Für die Verwaltungstätigkeit des Bundes ist typisch, daß sie weitgehend politische Verwaltung ist und durch die Ministerien direkt wahrgenommen wird. Sie erfolgt oft in Zusammenarbeit zwischen den Ländern, die nach den Vorgaben des Bundes Gesetze auszuführen haben. Die Länder nehmen auf diese Vorgaben Einfluß, vor allem durch ihre Ministerkonferenzen (Kultusministerkonferenz, Innenministerkonferenz und andere). Wesentlich ist aber, daß die planende Tätigkeit und die Formulierung von Handlungsprogrammen für die Landesverwaltung wesentlich beim Bund liegt.

3. Bundesoberbehörden

Die Bundesverwaltung ist ferner gekennzeichnet durch die große Zahl der Bundesoberbehörden und durch ähnliche zentrale Dienststellen unterhalb der Ministerialebene, oft mit Anstaltscharakter. Zur Zeit gibt es mehr als 100 derartige Behörden und Einrichtungen. Teilweise haben sie auch Außenstellen, was praktisch zu einem verfassungsrechtlich nicht zulässigen Mittel- und Unterbau führt. Wichtige Beispiele sind das Bundesverwaltungsamt, das Bundesumweltamt, das Bundeskraftfahrtamt und das Bundeskriminalamt.

4. Auswärtiger Dienst und äußere Sicherheit

Der Bund vertritt die Bundesrepublik nach außen und sichert ihre Integrität. Daher liegen alle Verwaltungsaufgaben, die diesen Zielen dienen, in der Hand des Bundes. Der Bund hat einen Auswärtigen Dienst mit der Zentrale (Auswärtiges Amt) und zahlreichen Vertretungen (Botschaften, Generalkonsulate und Konsulate). Daneben besteht für Fragen der Entwicklungshilfe das Bundesministerium für Wirtschaftliche Zusammenarbeit, das sich teilweise auf die Dienststellen des Auswärtigen Amtes, teilweise auf eine in privatrechtlicher Form geführte "Gesellschaft für Technische Zusammenarbeit" stützt.

Die größte Verwaltung auf diesem Gebiet ist die Bundeswehrverwaltung, die durch die Wehrbereichsverwaltungen sowie durch die Kreiswehrersatzämter und Standortverwaltungen und einige Sonderbehörden tätig wird (Art. 87 b GG). Dabei handelt es sich teilweise um eine Beschaffungsverwaltung für Waffen und für andere Rüstungsgüter, sowie für Verpflegung und Bekleidung, teilweise um eine Liegenschaftsverwaltung, einschließlich einer eigenen Bau- und Forstverwaltung, teilweise um eine Personalverwaltung, die die Soldaten von der Musterung über die Zahlung von Bezügen bis zur Versorgung begleitet.

Nach außen wirkt auch der Bundesgrenzschutz, der polizeiliche Aufgaben an der Grenze der Bundesrepublik (einschließlich der Flughäfen) wahrnimmt. Daneben besteht ein Zollgrenzschutz des Bundes. Ferner ist der Bund für die Entscheidungen über die Kriegswaffenausfuhr zuständig. Schließlich ist in diesem Zusammenhang der

Bundesnachrichtendienst zu nennen, der die Bundesregierung mit Informationen über ausländische Staaten versorgen soll.

5. *Innere Sicherheit*

Für die innere Sicherheit sind grundsätzlich die Länder verantwortlich. Allerdings machen die Rechtsbrecher an den Landesgrenzen nicht halt. Daher ist eine Zusammenarbeit zwischen den Ländern und eine zentrale Bearbeitung zahlreicher Fragen der inneren Sicherheit erforderlich. Hierzu unterhält der Bund ein Bundeskriminalamt zur Verbrechensverfolgung und ein Bundesamt für Verfassungsschutz zur Feststellung verfassungsfeindlicher Bestrebungen, freilich ohne eigene Exekutivkompetenz. Der Bund kann unter bestimmten Voraussetzungen den Bundesgrenzschutz im Innern einsetzen (Art. 91 GG). In gewisser Weise dienen auch andere Spezialbehörden der inneren Sicherheit; so hat das Bundeskraftfahrtamt in Flensburg wichtige Aufgaben für die Sicherheit des Straßenverkehrs.

6. *Wirtschaftliche Verwaltung*

Weitere Schwerpunkte der Bundesverwaltung liegen bei der wirtschaftlichen Verwaltung. Der Bund unterhält mit der Bundesbank eine Währungsbank, die über zahlreiche Instrumente zur Regelung des Geldverkehrs und damit zugleich zur Steuerung der Wirtschaft verfügt. Daneben hat der Bund noch weitere Banken, von denen die Kreditanstalt für Wiederaufbau und die Ausgleichsbank genannt seien, die wichtige Förderungsprogramme abwickeln. Das Geld- und Kreditwesen wird durch den Bund auch über die Aufsichtsämter für das Kreditwesen und für das Versicherungswesen mitgesteuert.

Der Bund ist weiter im Bereich der Außenwirtschaft tätig; dabei spielen Ausfuhr und Einfuhr landwirtschaftlicher Produkte auf Grund der Vorschriften der Europäischen Union eine wesentliche Rolle, die durch die Hauptzollämter und das Bundesamt für Landwirtschaft und Ernährung verwaltet werden.

Die wirtschaftliche Verwaltung ist vielfältig. Dabei ist auch das Bundespatentamt zu erwähnen, das die Patente verleiht und das Markenwesen verwaltet, zwei für die Wirtschaft wichtige Bereiche. Ebenso ist das Bundeskartellamt zu nennen, das den Wettbewerb steuert. Vor allem aber legt der Bund zahlreiche Förderungsprogramme auf, die zwar im einzelnen zumeist von den Ländern verwirklicht werden, für die aber der Bund zahlreiche Aufsichtsfunktionen hat.

Wirtschaftliche Verwaltung ist auch die Bundesfinanzverwaltung, die nicht nur die Zölle und Ausgleichsabgaben für die Einfuhr landwirtschaftlicher Produkte einzieht oder ausgibt, sondern auch die dem Bund zustehenden Verkehrssteuern, insbesondere die Mineralölsteuer, die Tabaksteuer und Kaffeesteuer erhebt sowie das Branntweinmonopol unterhält.

Wirtschaftliche Verwaltung ist auch die Verkehrsverwaltung. Der Bund ist Träger der Bundesautobahnen und der Bundesstraßen, muß allerdings den Bau und die Unterhaltung den Ländern überlassen, die in seinem Auftrag handeln. Im Luftverkehr hat der Bund die Aufsicht, die er heute privatisiert hat, sowie das Luftfahrt-Bundesamt. Für die Schiffahrt unterhält er Binnenwasserstraßen, insbesondere Känale wie z.B. den Mittellandkanal, sowie Seewasserstraßen und ist für das Schiffahrtswesen auf hoher See innerhalb der nationalen Hoheitsgewässer verantwortlich. Hierfür steht ihm eine dreistufige Wasserstraßen- und Schiffahrtsverwaltung zur Verfügung.

Das Post- und Telekommunikationswesen sowie die Bahnen werden nicht mehr durch eine Bundesverwaltung geführt, sondern durch Aktiengesellschaften, deren alleiniger Anteilinhaber derzeit noch der Bund ist. Sie sind aber aus dem Verband der Bundesverwaltung ausgeschieden und haben einen Teil ihrer Hoheitsrechte verloren; weitere Hoheitsrechte werden sie im Rahmen der Intensivierung des Gemeinsamen Marktes in Europa aufgeben müssen.

V. Aufgaben besonderer Selbstverwaltungsträger

1. Mittelbare Staatsverwaltung und freie Selbstverwaltung

Neben der staatlichen Verwaltung steht die Selbstverwaltung, die vielfach als mittelbare Bundes- oder Landesverwaltung bezeichnet wird. Diese Bezeichnung ist zum Teil falsch. Es geht bei "mittelbaren" Staatsverwaltung nur teilweise um rechtsfähige Körperschaften, Anstalten und Stiftungen des öffentlichen Rechts, die vom Staat gegründet und damit Teil dezentralisierter staatlicher Verwaltung sind. Zum Teil handelt es sich um freie gesellschaftliche Gründungen, oft historisch aus einer Zeit stammend, in der man den heutigen Staatsbegriff noch nicht kannte, bei denen es sich daher nur um staatlich disziplinierte gesellschaftliche Organisationen handelt, die nicht mittelbare Staatsverwaltung sind. Zur mittelbaren Staatsverwaltung gehören z.B. die Landesbanken, während die berufsständischen Kammern freie gesellschaftliche Organisationen sind und als mittelbare Staatsverwaltung falsch interpretiert werden.

2. *Sozialversicherungsträger*

Neben den Kommunen sind die Sozialversicherungsträger die wichtigsten Träger der Selbstverwaltung. Sie werden als Krankenversicherung durch die Krankenkassen (Allgemeine Ortskrankenkassen, Betriebskrankenkassen, Innungskrankenkassen, Ersatzkassen) und die Kassenärztlichen Vereinigungen, als Unfallversicherung durch die Berufsgenossenschaften, als Rentenversicherung durch die Bundesversicherungsanstalt, die Landesversicherungsanstalten, die Bundesknappschaft und die Seekasse, als Pflegeversicherung durch die Pflegekassen, als Arbeitslosenversicherung durch die Bundesanstalt für Arbeit tätig; letztere hat daneben noch Aufgaben der Berufsberatung, der Arbeitsvermittlung sowie der Arbeitsförderung durch Umschulung und durch finanzielle Maßnahmen. Die Bekämpfung der Arbeitslosigkeit ist allerdings ein Problem, das die Arbeitsverwaltung allein nicht lösen kann.

3. *Berufsständische Kammern*

Die Angehörigen der freien Berufe unterliegen einer unmittelbaren staatlichen Aufsicht. Sie sind daneben auch noch zwangsweise in Kammern als Körperschaften des öffentlichen Rechts zusammengefaßt. Zu nennen sind die Industrie- und Handelskammern, die Handwerkskammern, die Ärztekammern, die Apothekerkammern, die Rechtsanwaltskammern, die Architektenkammern usw. Sie haben die Aufgabe, einen Teil der Aufsicht über die Berufsangehörigen zu führen, daneben aber auch deren berufliche Möglichkeiten zu fördern, ausgleichend zwischen den Berufsangehörigen zu wirken und die Interessen der Berufsangehörigen nach außen zu vertreten.

4. *Selbstverwaltung für kulturelle Fragen*

Gerade das Kulturleben eignet sich für die Selbstverwaltung besonders. Am bekanntesten sind die Hochschulen, die als Körperschaften des öffentlichen Rechts stets eine Selbstverwaltung hatten. Neben ihnen stehen die Wissenschaftlichen Akademien als Körperschaften des öffentlichen Rechts. Auch die staatlichen Orchester verwalten sich im künstlerischen Bereich selbst, was die Kooptation neuer Orchestermitglieder einschließt. Zu nennen sind schließlich die Rundfunkanstalten, die grundsätzlich staatsfrei sein müssen.

Ein sehr großer Teil der kulturellen Verwaltung spielt sich nicht innerhalb der öffentlichen Verwaltung ab, sondern in privatrechtlich organisierten Trägern, die mit Hilfe der Verwaltung gegründet sind und von ihr gefördert werden, aber sich selbst steuern; dabei spielt das Vereinsleben eine große Rolle.

Im Bereich der Wissenschaft hat sich dadurch eine neue Verwaltungsebene gebildet, die mit Hochschulrektorenkonferenz, Deutscher Forschungsgemeinschaft, Studienstiftung des Deutschen Volkes, Akademischem Auslandsdienst, Deutschem Studentenwerk und anderen mehr eine breite Palette von überwiegend privatrechtlich agierenden, aus öffentlichen Mitteln des Bundes und der Länder getragenen Institutionen etabliert hat.

5. Anstaltliche und genossenschaftliche Wirtschaftsverwaltung

Auch wirtschaftliche Leistungen werden im Wege der Selbstverwaltung erbracht. Dazu gehören die ausgegliederten Teile der Verwaltung wie öffentlich-rechtliche Banken, Versicherungsanstalten und Bausparkassen. Weiter sind die zahlreichen Genossenschaften zu nennen, insbesondere im Wasser- und Deichrecht, sowie die Jagdgenossenschaften. Auf diesem Felde gibt es zahllose historische Verbindungen, die heute dem Landesrecht unterstehen und lokal eine oft wichtige Tätigkeit ausüben.

Literatur

Becker, *Bernd*, Öffentliche Verwaltung, Percha 1989, § 21.
Benz, *Arthur*, Neue Formen der Zusammenarbeit zwischen den Ländern, in: Die Öffentliche Verwaltung 1993, S. 85 ff.
Bull, *Hans Peter*, Staatsaufgaben nach dem Grundgesetz, 2. Auflage, Kronberg/Ts. 1977.
Ellwein, *Thomas/Zoll*, *Ralf*, Zur Entwicklung der öffentlichen Aufgaben in der Bundesrepublik Deutschland, in: Studienkommission zur Reform des öffentlichen Dienstrechts, Band 8, Baden-Baden 1973, S. 201 ff.
Gaentzsch, *Günter*, Aufgaben der öffentlichen Verwaltung, Speyer 1992.

Grimm, Dieter/Hagenah, Evelyn, (Hrsg.), Staatsaufgaben, Baden-Baden 1994.

Jeserich, Kurt G. A./Pohl, Hans/Unruh, Georg-Christoph von, Deutsche Verwaltungsgeschichte (Band V), Kap XIII und XIV, Stuttgart 1987.

o.V., Staatshandbuch der Bundesrepublik Deutschland (Ausgaben für den Bund und für die einzelnen Länder).

Püttner, Günter, (Hrsg.), Handbuch der kommunalen Wissenschaft und Praxis, 6 Bände, Berlin/Heidelberg 1981 ff., insbesondere Band 4 (Die Fachaufgaben), 1983.

Schuppert, Gunnar Folke, Öffentliche Aufgabe als Schlüsselbegriff der Verwaltungswissenschaft, in: Verwaltungsarchiv 71 1980, S. 309 ff.

Stern, Klaus, Das Staatsrecht der Bundesrepublik Deutschland, Band 1, München 1977.

Thieme, Werner, Deutsches Hochschulrecht, 2. Auflage, Köln u.a. 1986.

Dieter Grunow

2. Öffentliche Dienstleistungen

Inhaltsübersicht

I. Dienstleistungen als Bausteine für die Durchführung öffentlicher Aufgaben
II. Merkmale und Besonderheiten öffentlicher Dienstleistungen in Deutschland
III. Quantitative Trends der Dienstleistungserbringung in Deutschland
IV. Rahmenbedingungen für die zukünftige Entwicklung öffentlicher Dienstleistungen

I. Dienstleistungen als Bausteine für die Durchführung öffentlicher Aufgaben

Die Beschreibung und Analyse von Dienstleistungen in modernen Industrie- und Wohlfahrtsgesellschaften wird noch immer durch ihre negatorische Definition erschwert. Dabei werden Dienstleistungen als Bestandteile des "tertiären Sektors" aufgefaßt, der als Restkategorie jene produktiven Aktivitäten in der Wirtschaft beinhaltet, die keine (natürlichen) Rohstoffe und keine materiellen Güter herstellen. Die Abgrenzung erfolgt durch Produkte wirtschaftlicher Tätigkeit, die in diesem Fall als "immateriell" beschrieben werden. Diese Konzentration auf das Wirtschaften und die zumindest für die Industriegesellschaft dominierenden Produkte (materielle Güter) wird in weiteren "negatorischen" Kennzeichnungen von Dienstleistungen deutlich: Sie gelten als nicht homogen, nicht konservierbar, nicht transportierbar, nicht rationalisierbar, ohne hinreichende Elastizität und anderes mehr. Derartige Kennzeichnungen sind besonders deshalb unbefriedigend, weil zugleich das quantitative Anwachsen dieses "tertiären Sektors" betont wird und auch statistisch nachzuweisen ist. Schon seit langem wurde deshalb die Dienstleistungsgesellschaft "ausgerufen".

Die damit zum Ausdruck gebrachte Bedeutung des Gegenstandsfeldes Dienstleistungen wird jedoch erst dann sichtbar, wenn man die ökonomische Betrachtungsweise – mit ihrem Versuch der Analogiebildung zur Güterproduktion – überwindet. Dies erfolgt gleichermaßen durch eine detailliertere Betrachtung einerseits, sowie eine globalere Zusammenfassung andererseits. Bei ersterem wird der Herstellungsprozeß einer Dienstleistung näher betrachtet, bei letzterem wird die Sphäre des privatwirtschaftlichen Handelns überschritten, indem andere gesellschaftliche Funktionssysteme einbezogen werden. Dienstleistungen lassen sich dann definieren als Aktivitäten bzw. Handlungen von Personen (-gruppen) für Personen (-gruppen), die deren Lebensumstände, Lebensqualität und Befindlichkeit direkt oder indirekt beeinflussen. Dabei gilt, daß derartige Handlungen in unterschiedlichen gesellschaftlichen Funktionssystemen stattfinden können.

Dienstleistungen können demnach informell, in primär-sozialen Netzen oder "ehrenamtlich" in Verbänden der Wohlfahrtspflege (Dritter Sektor/informeller Sektor) erbracht werden sowie in der Privatwirtschaft und in der öffentlichen Verwaltung hergestellt werden. Dies gilt zwar in begrenztem Umfang auch für Naturprodukte und Gütererzeugung, doch ist die Einbindung von Dienstleistungen in die verschiedenen Funktionssysteme sehr viel ausgeprägter. Dies wird umso sichtbarer, je detaillierter die Dienstleistungen beschrieben werden: So hat sich unter anderem gezeigt, daß auch die Herstellung von materiellen Gütern verschiedene Phasen der Dienstleistungserbringung (z.B. der Forschung, Entwicklung, Planung und Werbung) enthalten (kann), deren Zuordnung zum sekundären Sektor (Güterproduktion) vor allem dann problematisch wird, wenn diese Dienste organisatorisch verselbständigt werden und z.B. die Beratung von Verbänden und öffentlicher Verwaltung einschließen.

Daraus läßt sich ableiten, daß die Beschreibung von Art und Umfang der Dienstleistungserbringung maßgeblich durch den Grad der Detailliertheit (bzw. der Aggregation) der Betrachtung bestimmt wird. So lassen sich Dienstleistungen im Hinblick auf folgende Sachverhalte erfassen und statistisch dokumentieren:

1. Bezugspunkt: Bedürfnisse bzw. Probleme von Personen oder Personengruppen können als Referenzpunkt oder Anlaß für Dienstleistungen berücksichtigt werden; z.B. Bedürfnisse körperlicher, psychische, sozialer, informatorischer Art.
2. Bezugspunkt: Einzelhandlungen oder (komplexe) Handlungsmuster der Dienstleistungserbringer können erfaßt werden; z.B. Quantitäten und Qualitäten des Pflegens, Erziehens, Beköstigens, Bewachens, Verwaltens, Informierens und anderes mehr.
3. Bezugspunkt: Personen(gruppen) lassen sich als Adressaten der Dienstleistungen erfassen, als Kunden oder Nutzer, wobei sie "Bedürfniskonfiguration" und "Problembündel" darstellen; dazu gehören z.B. Kranke, Arbeitslose, Obdachlose, Bahnbenutzer etc.
4. Bezugspunkt: Dienstleistungspersonal kann als gebündeltes Handlungspotential erfaßt werden, die Personalintensität vieler Dienstleistungen macht diesen Be-

zugspunkt zu einer wichtigen Kalkulationsgröße; zu den Personalkategorien zählen: Buchhalter, Verwalter, Planer, Navigatoren, Ärzte, Pfleger, Sozialarbeiter, Feuerwehrleute und anderes mehr.
5. Bezugspunkt: wenn die Dienstleistungserbringung den Hauptzweck einer Organisation (z.B. Behörde) darstellt, dann lassen sich die "Bestände" durch die Erfassung dieser Dienstleistungsorganisationen kennzeichnen; z.B. Schulen, Universitäten, Altenheim, Beratungsbüros etc. Ihnen können in der Regel abgegrenzte Bereiche "öffentlicher Aufgaben" zugeordnet werden.
6. Bezugspunkt: den höchsten Aggregationsgrad erreicht die zusammenfassende Quantifizierung von Dienstleistungen als Bestandteil der verschiedenen gesellschaftlichen Funktionssysteme; dabei gilt, daß vor allem das öffentliche (administrative) Funktionssystem durch umfangreiche Dienstleistungserbringungen geprägt wird. Mit anderen Worten, das quantitative Anwachsen der wohlfahrtsstaatlichen Funktionen ist zugleich ein Indikator für die Entwicklung zur "Dienstleistungsgesellschaft".

II. *Merkmale und Besonderheiten öffentlicher Dienstleistungen in Deutschland*

Da selbst gleichartige Dienstleistungen – wie oben beschrieben – in verschiedenen gesellschaftlichen Funktionssystemen erbracht werden können, läßt sich eine Kennzeichnung als "öffentliche" Dienstleistungen nicht hinreichend durch die Detailbeschreibung der Aktivitäten erreichen. Hervorzuheben ist vielmehr die Einbindung der Dienstleistungserbringung in öffentlich-rechtliche Organisationsformen auf der Grundlage gesetzlicher Aufgabendefinitionen und/oder durch ihre Finanzierung aus öffentlichen Haushalten. Dementsprechend muß auch die Begründung dafür, daß eine Dienstleistung als öffentliche Aufgabe durchgeführt wird, bei diesen Rahmenbedingungen gesucht werden und nicht bei Dienstleistungsformen im engeren Sinne. Damit wird auf die je spezifische Abgrenzung und Binnendifferenzierung des öffentlichen Sektors (der öffentlichen Verwaltung) in einzelnen Ländern verwiesen. Für Deutschland seien einige für die Dienstleistungsentwicklung wichtige Strukturmerkmale und Entwicklungslinien hervorgehoben: 1) die Tendenz zur umfassenden Zuständigkeit der Verwaltung (Allzuständigkeit zumindest im Hinblick auf die Gewährleistung von Dienstleistungen); 2) hohe Regelungsdichte durch Gesetze, Gerichtsentscheidungen und Selbstprogrammierung vonseiten der Verwaltung; 3) die kontinuierliche Ausweitung wohlfahrtsstaatlicher Leitungen – gestützt auf entsprechende Erwartungen der Bevölkerung; 4) die dezentrale Verwaltungsstruktur mit einer durch die Selbstverwaltungsgarantie gestärkten kommunalen Ebene als Dienstleistungszentrum; 5) das Subsidiaritätsprinzip als Grundlage für die Arbeitsteilung zwischen verschiedenen Funktionssystemen in der Gesellschaft. Insgesamt stellt sich die öffentliche Verwaltung in Deutschland als ausgeprägte dezentrale Dienstleistungsverwaltung mit vielfältigen Vernetzungen zu anderen Funktionssystemen dar.

Die Hervorhebung des "öffentlichen Charakters" der Dienstleistungen erfolgt teils negativ und teils positiv. Im "negativen" – oder besser "residualen" – Sinne sind öffentliche Dienstleistungen solche, die in den Privathaushalten aus Qualitäts- oder Kapazitätsgründen nicht (mehr) erbracht werden können und sich privatwirtschaftlich nicht (ertragreich) herstellen bzw. vermarkten lassen. Die an der Güterproduktion ausgerichtete gewinnorientierte Wirtschaftstätigkeit läßt sich mit Dienstleistungen nicht unverändert reproduzieren. Aufgrund der Eigenschaften von Dienstleistungen als "immaterielle Güter" beinhalten sie unter anderem eine Inhomogenität, so daß die für materielle Güter übliche Standardisierung von Qualitäten und Preisen nicht oder nur sehr begrenzt erreicht werden. In Verbindung mit hoher Personalintensität, geringer Lagerfähigkeit und mangelnder Transportierbarkeit ergeben sich nicht nur Schwierigkeiten bei der Rationalisierung (und damit ungenügende Ertragssteigerungen), sondern auch veränderte Konkurrenzbedingungen – insbesondere die Förderung lokaler Monopole. Selbst vorhandener Wettbewerb kann die Preisentwicklung zum Gegenteil dessen führen, was in der Güterproduktion üblich ist: Während dort durch Wettbewerb die Preise eher gedrückt werden, drängt der Wettbewerb sie im Dienstleistungsbereich eher nach oben. Dazu trägt unter anderem die geringe Durchschaubarkeit des Preis-Leistungs-Verhältnisses von Dienstleistungen bei sowie die sogenannte Fremdinduktion, das heißt die Veranlassung von Dienstleistungen durch die Anbieter (insbesondere bei therapeutisch tätigem Personal). Schließlich ist auch die geringe Elastizität bei der Gestaltung von Dienstleistungskapazitäten zu berücksichtigen. Dies hängt zum Teil mit notwendigen präventiven Vorkehrungen zusammen (Kapazitäten sind unter anderem für Not- und Krisenfälle vorzuhalten), vor allem aber von den Qualifikationserfordernissen des Personals ab: Qualität und Quantität einer gut ausgebildeten Personalgruppe sind nur mittelfristig veränderbar, so daß es relativ leicht zu situativen Über- und Unterkapazitäten in den Dienstleistungsangeboten kommt; dies gilt auch für die organisatorische Infrastruktur (z.B. Bettenkapazitäten im Gesundheitssystem). Die Dienstleistungserbringung kann also hohe wirtschaftliche Risiken beinhalten, aufgrund deren ein Großteil der Dienstleistungsaufgaben im öffentlichen Sektor angesiedelt ist.

In welchem Umfang dieses "Marktversagen" als originäre oder sogar einzige Ursache für die Entwicklung öffentlicher Dienstleistungen in Deutschland gelten kann, ist kaum abzuschätzen. Staatsauffassung, politische Kultur, institutionelle Traditionen, historische Erfahrungen und Zufälle prägen den jeweils vorfindbaren Bestand. Gegenüber den ungewollt "zugewachsenen" Dienstleistungsaufgaben lassen sich vor allem Teile der öffentlich-rechtlichen (staatlichen, kommunalen) Kernaufgaben genauer umschreiben. Sie weisen eine inhaltliche Zielbestimmung auf und basieren auf einem Durchführungsmonopol der öffentlichen Hand: dazu gehören vor allem Genehmigungen, Begutachtungen, Lizenzierungen, Planungen, Ordnungsmaßnahmen und anderes mehr. Aber selbst in diesen Bereichen ist nicht ungeprüft von exklusiv öffentlichen Dienstleistungen zu sprechen; auch hier sind unter Umständen "Auslagerungen" möglich (vgl. z.B. Baugenehmigung).

Der größte Teil der öffentlichen Dienstleistungen, der zugleich besonders dynamische Entwicklungen aufweist, läßt sich als Kombination von Kompensation (des Marktversagens) und inhaltlichen Zielbestimmungen kennzeichnen. Dabei handelt es sich in Deutschland vor allem um wohlfahrtsstaatliche Dienste im weiteren Sinne, also die Kultur, die Bildung, die Gesundheit, das Sozialwesen betreffend. Das öffentliche Engagement ist dabei allerdings variantenreich.

Dienstleistungserbringung ist in Deutschland insofern im öffentlichen Interesse, als dadurch die sozialstaatliche Daseinsvorsorge gewährleistet, sozialer Ausgleich bewirkt und möglichst einheitliche Lebensumstände und – qualitäten der Bevölkerung sichergestellt werden können. Dabei geht es unter anderem darum, durch rechtliche Regulierung bestimmte Qualitätsstandards der Dienstleistungen durchzusetzen, Verteilungsgerechtigkeit (allgemeine Zugänglichkeit zu Dienstleistungen) zu forcieren und im Hinblick auf die Finanzierung der Leistungen einen gesellschaftlichen solidarischen Ausgleich zu organisieren (Solidaritätsprinzip). Die öffentlich-rechtliche Regulation muß zugleich sicherstellen, daß die gegebenenfalls entstehenden öffentlichen Monopole für Dienstleistungsangebote gleichwohl wirtschaftlich handeln. Regulationen ersetzen in diesem Zusammenhang die nicht greifenden Mechanismen von Markt und Wettbewerb.

Mit diesem wohlfahrtsstaatlichen "Regime" öffentlicher Dienstleistungserbringung ist jedoch nicht in jedem Fall auch eine konkrete Aufgabendurchführung in öffentlich-rechtlicher Form erforderlich und typisch. Zunächst stellt sich die wohlfahrtsstaatliche Dienstleistungs-Verwaltung in Deutschland als Gewährleistungsverwaltung dar, die ein Dienstleistungsangebot mit den erforderlichen Zugänglichkeiten und Qualitäten sicherstellt. Tatsächlich wird ein sehr großer Teil öffentlicher Dienstleistungen durch Organisationen und Einrichtungen des Dritten Sektors erbracht: für den Sozial- und Gesundheitsbereich vor allem durch die Wohlfahrtsverbände. Sie unterhalten zusammen (Stand 1993) fast 81.000 soziale Einrichtungen und Dienste, das heißt, sie tragen etwa 4/5 aller Jugendheime, 2/3 aller Kindergärten und Kindertagesstätten, mehr als die Hälfte aller Alten- und Behindertenheime und 1/3 aller Krankenhäuser in der Bundesrepublik.

Dabei wird das Subsidiaritätsprinzip angewendet, das eine öffentliche Dienstleistungsproduktion nur dann erforderlich macht, wenn andere Träger für eine entsprechende Aufgabendurchführung nicht zur Verfügung stehen. Im Kontext gewährleistender Verwaltung können verschiedene Arten von Organisationen bzw. andere gesellschaftliche Funktionssysteme mit der konkreten Aufgabendurchführung befaßt sein. Auch die staatlichen bzw. kommunalen Steuerungs- und Kontrollformen können dabei variieren: von der Aufgabendurchführung in der öffentlichen Verwaltung (Schulen, Hochschulen, Soziale Dienste) über die Selbstverwaltungsprinzipien der sozialen Sicherung (Krankenversicherung, Pflegeversicherung) bis hin zu Wettbewerbsstrukturen in kommunalen Dienstleistungsangeboten (Kindergärten, Altenheime, Jugendzentren). Faßt man alle Varianten unter dem Gesichtspunkt "öffentlicher Dienstleistungen" zusammen, so ergibt sich die Möglichkeit der internen Differenzierung von Regulationsprinzipien, Finanzierungsprinzipien und Durchführungsorganisationen.

Diese Beobachtungen zeigen, daß die Abgrenzung öffentlicher Dienstleistungen von nicht-öffentlichen Dienstleistungen nur graduell erfolgen kann und daß jederzeit Verschiebungen in diesen Grenzziehungen eintreten können. Nicht zuletzt aus diesem Grund erfolgt die Binnendifferenzierung öffentlicher Aufgaben auch nicht nach dem Gesichtspunkt der Exklusivität oder Substituierbarkeit. Der Dienstleistungscharakter öffentlicher Aufgaben zeigt sich vielmehr als Querschnittsphänomen. Öffentliche Aufgaben und öffentliche Dienstleistungen weisen einen hohen Grad an Überlappung auf, so daß wechselseitig Gesichtspunkte zur Klassifikation und Gruppierung herangezogen werden können.

Um den Kernbereich öffentlicher Dienstleistungen zu umschreiben, lassen sich die in der deutschen Staats- und Verwaltungsrechtslehre üblichen Untersuchungen benutzten:
1) trotz fließender gradueller Übergänge läßt sich zunächst der Bereich der Leistungs- und Betreuungsverwaltung sowie die Planungs- und Steuerungsverwaltung in den Mittelpunkt rücken; die größten Teile der Ordnungs- bzw. Eingriffsverwaltung können ausgegrenzt werden;
2) innerhalb der Leistungsverwaltung sind – zumindest was die finanziellen Aufwendungen betrifft – Geldleistungen (Transferzahlungen wie Rente oder Sozialhilfe) ebenso auszuklammern wie sächliche Leistungen (Hilfsmittel);
3) gerade der zuvor beschriebene Sachverhalt macht es sinnvoll, zwischen Dienstleistungen "in Reinform" (als Schwerpunkt der Aufgabe, Tätigkeit, Wirksamkeit)

und "flankierenden" sowie vorbereitenden zu unterscheiden; als flankierende Aktivitäten treten Dienstleistungen oft neben andere öffentliche Leistungen, wie z.B. bei der Beratung im Zusammenhang mit Finanztransfers, Anleitung zur Nutzung von sächlichen und technischen Mitteln. Als eher indirekte oder vorbereitende Formen können allgemeine Informationsabgaben oder Aufklärungskampagnen gelten, wobei oft nicht sicher ist, daß die Adressaten auch tatsächlich erreicht werden.

Im Mittelpunkt der weiteren Ausführungen stehen die Dienstleistungen "in Reinform". Hierbei lassen sich grob zwei Formen unterscheiden:

1. Als persönliche Dienstleistung von Person zu Person im Sinne der Pflege, der Therapie, der Beratung, des Trainings usw. Dieser Kernbereich ist meist durch die "Koproduktion" und/oder das "uno actu – Prinzip" gekennzeichnet; ersteres betont die aktive Rolle der Nutzer im Herstellungsprozeß der Dienstleistung, letzteres betont das zeitliche Zusammentreffen von Herstellung und Nutzung (Produktion und Konsumption der Dienstleistungen). Mit dieser relativen Nähe von Produktion und Konsumption verbinden sich die oft betonte Inhomogenität der Dienstleistungen und ihre räumliche Verankerung.

2. Von diesem Kernbereich persönlicher Dienstleistungen lassen sich diejenigen abgrenzen, die an mehr oder weniger großen Gruppen (Schulklassen, Straßenbahnfahrer usw.) und/oder an von der Person (als Individuum) distanzierten Problemen (Genehmigung, Bescheinigung, Telefonanschluß, Prüfung der Baustatik) ausgerichtet sind. Diese Dienstleistungen sind also auf die äußeren Lebensumstände der Personen gerichtet und/oder adressieren große Gruppen von (potentiellen) Nutzern. Diese Dienstleistungen lassen sich auch im Hinblick auf die wichtigsten Aufgabenfelder kennzeichnen: Erziehung, Bildung, Transport, Information und Kommunikation, Entsorgung, Freizeit und anderes.

Diese Eingrenzungen erleichtern die Verknüpfung mit der Klassifikation öffentlicher Aufgaben und Institutionen. Der weit überwiegende Teil der persönlichen Dienstleistungen wird auf kommunaler Ebene erbracht: in Sozial-, Gesundheits- und Jugendämtern, Sportämtern, Schul- und Kulturämtern sowie den Einrichtungen in ihrem Zuständigkeitsbereich (Schulen, Volkshochschulen, Kindergärten, Krankenhäuser, Alten- und Pflegeheime, Sportstätten, Jugendzentren etc.). Ähnliches gilt überwiegend auch für die "public utilities": Stadtwerke, Schlachthöfe, Gartenämter, Rechenzentren, Transport- und Kommunikationsnetze, wobei letztere allerdings in der Regel in ein gesamtstaatliches System (Bundesbahn; Telecom) eingebunden sind. Besonderheiten ergeben sich hinsichtlich der Hochschulen (Lehre und Forschung), die auf Landesebene verankert sind sowie hinsichtlich der bundesstaatlichen Systeme sozialer Sicherung

(Renten-, Kranken-, Arbeitslosenversicherung), deren Dienstleistungen aber primär dem Typ der flankierenden Maßnahmen entsprechen (Auskunft, Beratung, Abwicklung von Transferzahlungen).

Dieses breite Dienstleistungsspektrum, für das die öffentliche Verwaltung verantwortlich ist oder das sie selbst durchführt, hat auch Konsequenzen für die Qualität des Verwaltungshandelns. Insbesondere seit den siebziger Jahren wurde dem Kriterium der Bürgernähe verstärkt Rechnung getragen: der Ausbau der Dienstleistungen machte dies vor allem unter Bedingungen der Ko-Produktion notwendig. Allerdings haben sich diese Qualitätsstandards – heute stärker unter dem Stichwort "Kundenorientierung" erörtert – auch in Verwaltungsbereichen durchgesetzt, bei denen Dienstleistungen (für die Bürger, Nutzer) nicht im Mittelpunkt stehen: sie sind zu einem Querschnittsmerkmal der öffentlichen Verwaltung in der Wohlfahrtsgesellschaft geworden.

III. *Quantitative Trends der Dienstleistungserbringung in Deutschland*

Die vorangegangene Betrachtung von Dienstleistungsvarianten war auch deshalb erforderlich, weil nur so die qualitativen Besonderheiten und die quantitativen Trendbehauptungen (für Deutschland) präzisiert oder kritisiert werden können. Schon in den frühen Debatten über die Entwicklung zur Dienstleistungsgesellschaft wurde deutlich, daß es sich hauptsächlich um Kontroversen bezüglich der "Zähltechnik" handelt. Auch heute lassen sich keine präzisen Angaben über den quantitativen Umfang der Dienstleistungserbringung formulieren – ganz gleich in welchem Funktionssystem diese erbracht werden. Alle Zahlen, vor allem aber die Trendaussagen sind mehr oder weniger begründete "Annäherungen" an das zu beschreibende Phänomen.

Die Entwicklung zur postindustriellen Dienstleistungsgesellschaft läßt sich (auch international) am deutlichsten am langfristigen Vergleich zwischen Landwirtschaft, produzierendem Gewerbe und Dienstleistungen nachzeichnen: So weist die OECD-Statistik (1994) aus, daß zwischen 1970 und 1992 der Anteil der Beschäftigten im "tertiären Sektor" in den OECD-Ländern durchschnittlich von 49% auf 64% gestiegen ist. In dieser Statistik liegt Deutschland mit 59% des tertiären Sektors im internationalen Mittelfeld (Spitzenreiter USA mit 73%). In der etwas detaillierteren Statistik für die Bundesrepublik Deutschland wird Handel und Verkehr als eigenständiger Wirtschaftsbereich herausgegliedert (der sonst den Dienstleistungen zugeordnet wird). Eine diesbezügliche Statistik der Entwicklung zwischen 1950 und 1987 zeigt dann, daß der Dienstleistungsbereich – gemessen an den Beschäftigten – von 19,2% kontinuierlich auf 37,3% anwächst; Handel und Verkehr steigt leicht an, während das produzierende

Gewerbe zunächst noch etwas zunimmt (1961, 1970) und dann deutlich unter den Anteil von 1950 fällt; den deutlichsten Personalabbau zeigen Land- und Forstwirtschaft sowie Fischerei. In Arbeitsplatzgewinnen und -verlusten ausgedrückt zeigt sich für die Dienstleistungsunternehmen zwischen 1970 (= 100) und 1989 (= 170) eine besonders deutliche Zunahme; im Hinblick auf öffentliche Dienstleistungen ist der Anstieg etwas schwächer (von 100 auf 150); demgegenüber bleibt Handel und Verkehr (100 bis 109) eher auf dem gleichen Niveau, während das produzierende Gewerbe (von 100 auf 84) und die Landwirtschaft besonders deutlich (von 100 auf 47) abnehmen. Zu beachten ist bei dieser Gewinn- und Verlustrechnung allerdings, daß damit nicht automatisch "Wanderungsbewegungen" des Personals beschrieben sind: Die Entwicklung der Beschäftigtenzahlen ist zum Teil sektororientiert (z.B. Rationalisierung führt zu Arbeitslosigkeit), zum Teil konkurrierend (z.B. sekundärer und tertiärer Sektor konkurrieren um qualifiziertes Personal), zum Teil koordiniert (z.B. gehen Schübe in der Güterproduktion mit der Ausweitung produktionsbezogener Dienstleistungen einher).

Parallel zu dieser Entwicklug läßt sich global von einer Zunahme von Angestellten und Beamten sprechen, die von 1950 bis 1987 von 20,6% auf 50,1% steigen, während alle anderen erwerbstätigen Gruppen abnehmen: Arbeiter von 48,8% auf 39,6%; Selbständige von 15,6% auf 8,5% und mithelfende Familienangehörige von 14,9% auf 1,8%.

Während zu Beginn des Jahrhunderts der "tertiäre Sektor" vor allem durch die Zunahme von Handel und Verkehr profitierte, waren es in den letzten fünfzig Jahren vor allem der Ausbau des Banken- und Versicherungswesens, der persönlichen Dienste und vor allem auch der öffentlichen Verwaltung. Zahlen aus Nordrhein-Westfalen belegen für die letzten 10 Jahre (1984 – 1993) ein Personalwachstum im Dienstleistungsbereich von durchschnittlich 26,4 %, wozu neben produktionsorientierten Dienstleistungen (42,7 %) vor allem soziale Dienste (63,3 %) und die Entsorgung (52,6 %) beitragen.

Da die Sozialstaatsfunktionen einen wesentlichen Anteil an der Entwicklung öffentlicher Dienstleistungen haben, sind die Ausgaben für das soziale Netz besonders zu beachten. Das Sozialbudget stieg von 1960 bis 1992 auf mehr als das Zehnfache: von 69 Mrd. DM auf 1.001 Mrd. DM. Die Sozialleistungsquote stieg dabei auf einen Spitzenwert von 33%. Den größten Zuwachs verzeichneten die dienstleistungsintensiven Bereiche Gesundheitswesen und Arbeitslosigkeit/Arbeitsförderung; den größten Anteil beinhalten allerdings stets die Ausgaben für die Altersversorgung.

Ähnlich global sind auch die Betrachtungen des privaten Verbrauchs in den Arbeitnehmerhaushalten. Sie zeigen unter anderem, daß die Haushalte einen zunehmend größeren Anteil ihrer Budgets für Bildung, Unterhaltung und Freizeit aufwenden – also überwiegend für dienstleistungsintensive Bereiche.

Ein kontinuierlicher Wachstumspfad für alle Arten öffentlicher Dienstleistungen läßt sich aus diesen Globalstatistiken nicht ableiten. Dies hängt mit verschiedenen gleichzeitig auf die Entwicklung einwirkenden Faktoren zusammen: Zum einen gibt es säkulare Trends – wozu insbesondere die demographische Entwicklung in der Bundesrepublik gehört; daneben sind Wirtschaftsentwicklung sowie finanzpolitische Reaktionen auf steigende öffentliche Ausgaben (und Schulden) zu berücksichtigen; schließlich gibt es Sonderbelastungen bzw. besondere Anforderungen in realhistorischen Entwicklungsphasen – zuletzt ein Ausgabenschub durch die deutsch-deutsche Vereinigung.

Ein Versuch der Gegensteuerung angesichts expandierender wohlfahrtsstaatlicher Aufgaben und Kosten ist zumindest für die achtziger Jahre festzustellen, nachdem während der siebziger Jahre die Sozialausgaben und insbesondere die Bildungsausgaben überproportional gestiegen sind. Die Betrachtung der Personalzuwächse in den Gebietskörperschaften sowie bei den Sozialversicherungsträgern zeigt, daß zumindest seit 1980 (bezogen auf die alte Bundesrepublik) keine substantielle Zunahme von Vollzeitbeschäftigten zu beobachten war; der Zuwachs ergibt sich vor allem aus dem leichten Anwachsen der Teilzeitbeschäftigten: 1980 waren 3,8 Mio. Vollzeitbeschäftigte und 618.000 Teilzeitbeschäftigte im öffentlichen Dienst tätig; 1990 waren es knapp unter 3,8 Mio. Vollzeitbeschäftigte und 870.000 Teilzeitbeschäftigte (altes Bundesgebiet). Ein Schub ergibt sich erst wieder durch den Vereinigungsprozeß, so daß insgesamt gegenwärtig mehr als 6,6 Mio. Beschäftigte im unmittelbaren und mittelbaren öffentlichen Dienst tätig sind. Die geringe globale Entwicklungsdynamik der achtziger Jahre bedeutet auch für einzelne Aufgabenfelder nur begrenzte Schwankungsbreiten. Dabei läßt sich vor allem feststellen, daß die "Boombereiche" der siebziger Jahre (Bildungswesen, Wissenschaft, Forschung und kulturelle Angelegenheiten) in den achtziger Jahren rückläufig sind (so z.B. von 1980 mit 850.000 Beschäftigten ein Rückgang auf 797.000 Beschäftigte in 1989); während die Aufgaben der sozialen Sicherung, soziale Kriegsfolgeaufgaben und Wiedergutmachung auf hohem Niveau stagnierten, nahmen die Beschäftigten im Bereich Gesundheit, Sport und Erholung auch in den achtziger Jahren kontinuierlich leicht zu (von 124.000 in 1980 auf 139.000 in 1989).

Über die konkreten Formen in der Dienstleistungserbringung und ihrer Änderung sagen derartige Zahlen wenig aus. Am Beispiel der gesundheitsbezogenen Dienstleistungen läßt sich neben der zuvor beschriebenen kontinuierlichen leichten Erhöhung der Personalzahlen zugleich eine kontinuierliche Kostensteigerung aufzeigen (für das alte

Bundesgebiet von 70 Mrd. DM in 1970 auf 337 Mrd. DM in 1991). Dabei stellen die Dienstleistungskosten (medizinische Behandlung mit 59% der Gesamtausgaben) den höchsten Anteil. Vergleicht man dies mit Details der stationären Versorgung, so zeigt sich im gleichen Zeitraum eine kontinuierliche Abnahme der durchschnittlichen Verweildauer im Krankenhaus. Während im Zeitraum zwischen 1970 und 1989 ein deutlicher Bettenüberhang (also eine Unterauslastung) existierte, führte nach 1985 eine sinkende Zahl von Betten (auf je 10.000 Einwohner) zu einem Anstieg der Bettenauslastung. Damit wurden teure intensive Behandlungsphasen verdichtet, indem billige Hotelphasen verkürzt wurden.

Bezieht man sich auf diese (noch immer) recht groben Indikatoren, so läßt sich zumindest feststellen, daß seit Beginn der achtziger Jahre die öffentlichen Dienstleistungen zwar kontinuierlich teurer geworden sind (insbesondere im Gesundheitsbereich, zum Teil auch im Schul- und Hochschulbereich), daß damit aber kein substantieller Ausbau der Dienstleistungskapazitäten verbunden war; es zeigen sich vielmehr Schwankungen oder sogar leichte Abnahmetendenzen beim Dienstleistungspersonal. Dieser Gesamttrend gilt primär für die Entwicklung in den alten Bundesländern; mit der deutschen Einigung zeigen sich erhebliche Brüche auch in den statistischen Entwicklungszahlen, die durch die umfangreichen finanziellen Mittel zur Angleichung der sozialen Sicherung und der öffentlichen Dienstleistungen an das Niveau der Westländer zu erklären sind.

Vergleicht man die öffentlichen Aufgaben, die eine hohe Affinität mit Dienstleistungen haben, mit solchen, die sich gemäß den oben beschriebenen Gesichtspunkten ausgrenzen lassen (z.B. Eingriffsverwaltung), so zeigen sich auch hier keine signifikanten Unterschiede in der jüngeren Entwicklung. Mit anderen Worten, die hochaggregierte Analyse erlaubt keinen Hinweis auf eine überproportionale Expansion öffentlicher Dienstleistungen gegenüber anderen Arten der öffentlichen Aufgabenerledigung. Der in den letzten Jahren am deutlichsten geschrumpfte Bereich (sowohl im Hinblick auf das Personal als auch im Hinblick auf die Gesamtkostenentwicklung) ist die Bundeswehr; ein Großteil der dadurch freigewordenen Ressourcen dürfte dem Finanzierungsbedarf für den "Aufbau Ost" zugute kommen, was aber nur teilweise als Expansion von öffentlichen Dienstleistungen anzusehen ist. Der überwiegende Teil der Sozialleistungen sind Transferzahlungen; ein ebenfalls sehr großer Anteil der Aufbaukosten bezieht sich auf den Umbau der Privatwirtschaft (Treuhandanstalt). Sieht man von den Besonderheiten des deutschen Einigungsprozesses ab, so läßt sich zusammenfassend festhalten, daß ein säkularer Trend zu einer kontinuierlichen Expansion öffentlicher Dienstleistungen gegenwärtig und für die nähere Zukunft nicht zu erwarten ist. Die Erwartung an die zukünftige Entwicklung besteht vielmehr in der Frage nach den wohlfahrtspolitischen Impulsen, die national (und international) die gesellschaftliche Entwicklung in Deutschland (und Europa) prägen.

IV. *Rahmenbedingungen für die zukünftige Entwicklung öffentlicher Dienstleistungen*

Selbst wenn man einen allgemeinen Entwicklungstrend zu mehr Dienstleistungen in der Gesellschaft unterstellt, was zum Teil aber wiederum von dem Ausmaß und Umfang der Güterproduktion abhängt, ist damit nicht zugleich auch eine Zunahme von öffentlichen Dienstleistungen abzuleiten. Wie oben erläutert, hängt diese Entwicklung von verschiedenen Gestaltungsprinzipien der öffentlichen Aufgaben und ihrer Durchführung ab. Ein auf das Minimum öffentlicher Aufgabenerfordernisse zurückgeschnittener öffentlicher Sektor würde insbesondere seine wohlfahrtsstaatlichen Dienstleistungsfunktionen einbüßen, und damit allen Nicht-Dienstleistungen zu neuem Gewicht bzw. neuer Dominanz verhelfen. Insofern sind alle Prognosen für die weitere Entwicklung in starkem Maße von den Leitvorstellungen für den Umbau des Wohlfahrtsstaates und der Wohlfahrtsgesellschaft abhängig. Bevor aber Prinzipien des Sozialstaats-Umbaus hier kurz erwähnt werden, lassen sich andere Gesichtspunkte als Einflußfaktoren benennen. Dazu gehört insbesondere die bereits erkennbare demographische Entwicklung in Deutschland.

Unter der Voraussetzung, daß man am sozialpolitischen Regime und der Wohlfahrtsstaatsarchitektur keine Änderungen vornimmt, ergeben sich allein aus den demographischen Entwicklungen Anforderungen an die Dienstleistungsentwicklung:
- Ein besonders markanter demographischer Trend besteht in der relativen Alterung der Gesamtbevölkerung, was mit einem verringerten Anteil junger Menschen und einem erhöhten Anteil älterer Menschen einhergeht. Mit dieser Entwicklung wird sich einerseits die Anforderung an Erziehungs- und Ausbildungsleistungen verringern, während sich gleichzeitig die Erfordernisse für soziale und gesundheitsbezogene Betreuung und Versorgung älterer Menschen (insbesondere bei Pflegebedürftigkeit) erhöhen wird.
- Diese Anforderungsverlagerungen für öffentliche Dienstleistungen werden umso gravierender, je geringer das Potential der Selbsthilfe in den primär-sozialen Netzen in Zukunft ausfällt. Inwieweit man tatsächlich von einem gravierend schrumpfenden Pflegepotential sprechen kann, hängt dabei nicht nur von der Entwicklung dieser mikrosozialen Strukturen ab. Die immer wieder betonte Verringerung der Haushaltsgrößen sowie die abnehmenden Anteile von sogenannten "Normal-Familien" an den mikrosozialen Strukturen sind ein wichtiger Einfluß-

faktor auf das Selbsthilfepotential. Gleichwohl ist auch die Frage von Bedeutung, inwieweit durch die abnehmenden Chancen der Berufstätigkeit (insbesondere für Frauen aber auch für ältere Männer) sich auf der anderen Seite diese Potentiale zur informellen Hilfeleistung wieder erhöhen.
– Selbst wenn öffentliche Dienstleistungen weiterhin (überwiegend) aus öffentlichen Mitteln finanziert werden (also nicht direkt von den Nutzern bezahlt werden), so beinhaltet das oben beschriebene "uno actu – Prinzip" eine grundsätzliche zeitliche Begrenzung der Dienstleistungskonsumption. Im Gegensatz zu Gütern lassen sich Dienstleistungen nicht konservieren und somit auch nicht "horten". Der Dienstleistungskonsum ist prinzipiell durch die begrenzte Konsumzeit begrenzt: Während man sich beliebig viele Bücher, Kassettenrecorder oder Kühlschränke kaufen (und in die Wohnung stellen) kann, lassen sich nicht gleichzeitig mehrere Friseure in Anspruch nehmen, gleichzeitig mehrere Transportmittel benutzen; ebenso wenig kann man sich durch verschiedene Berater gleichzeitig über die Möglichkeiten des Schuldenabbaus informieren lassen. Die Konsummöglichkeiten öffentlicher Dienstleistungen sind also abhängig von der diesbezüglich verfügbaren Konsumzeit der einzelnen Bevölkerungsgruppen. Dabei spielen wiederum alltägliche Verpflichtungen in Familie/Haushalt und Beruf eine wichtige Rolle. Empirische Studien zeigen insbesondere für Frauen, die Familie und Beruf miteinander zu verbinden suchen, daß ihre diesbezügliche Konsumzeit (z.B. im Hinblick auf die Inanspruchnahme medizinischer Dienstleistungen) stark geschrumpft ist.

Die bisher erörterten Rahmenbedingungen weiterer Dienstleistungsentwicklung haben schon deutlich gemacht, daß die Fragestellungen nur im Zusammenhang mit den anderen gesellschaftlichen Funktionssystemen (und den dort geleisteten Dienstleistungsaufgaben) angemessen geklärt werden können. Neben den schon erwähnten primär-sozialen Netzen und der Selbsthilfe (informelle Dienstleistungserbringung) ist auch die Entwicklung des privatwirtschaftlichen Funktionssystems von Bedeutung:
– Eine wichtige Frage der Entwicklungsmöglichkeiten bezieht sich auf die aktuell geltenden bzw. die ursprünglichen Gründe für die Plazierung bestimmter Dienstleistungen in den öffentlichen Sektor. An anderer Stelle war über die oft unzureichende Verteilungsgerechtigkeit und die geringe Durchsetzbarkeit von Qualitätsstandards sowie über die Gefahren einer privatwirtschaftlichen Monopolbildung gesprochen worden. Eine Entlastung öffentlicher Dienstleistungen (unter gegebenen Prämissen der Sozialstaatsarchitektur) könnte dann erreicht werden, wenn sich die diesbezüglichen Qualitäten privatwirtschaftlich erbrachter Dienstleistungen verbessern (lassen). Das Stichwort der diesbezüglichen Diskussion lautet "Privatisierung" (oft besser Re-Privatisierung) öffentlicher Dienstleistungen – un-

ter der Voraussetzung, daß bisherige Symptome des sogenannten Marktversagens nun vermieden werden können. Dabei wird zwar der öffentlichen Verwaltung noch die Rolle der Gewährleistungsagentur zugeordnet, doch die Durchführung der Dienstleistungen wird zum Gegenstand von Kontrakten mit Organisationen der Privatwirtschaft oder des Dritten Sektors gemacht. Da die Qualitäts- und Verteilungsstandards über Marktkonkurrenz oft nicht erreicht werden können, bleibt die Frage von zentraler Bedeutung, inwieweit diese Anforderungen durch Selbstregulation der Dienstleistungserbringer sichergestellt werden können. Verbleiben im Bereich der öffentlichen Hand noch erhebliche Kontrollstrukturen mit einem erheblichen personalintensiven Kontrollaufwand, so können sich ausgelagerte Dienstleistungen als unwirtschaftlicher erweisen als öffentlich organisierte.

– Unabhängig von den zuvor beschriebenen Anforderungen an Qualität und Verteilungsgerechtigkeit ist für die Übernahme durch privatwirtschaftliche Organisationen die Frage zu klären, ob ehemals öffentliche Dienstleistungen sich nun als privatwirtschaftlich erbrachte Dienstleistungen "rechnen". Dies ist nur dann zu erwarten, wenn bisherige Merkmale (geringe Elastizität, unklare Präferenzen auf seiten der Nutzer usw.) der Dienstleistungen (teilweise) aufgehoben bzw. kompensiert werden. Konkret bedeutet dies, daß Produkte, die als geronnene oder konservierte Dienstleistungen angesehen werden können, eine entsprechende Substitutionschance eröffnen. Hierfür gibt es inzwischen Beispiele: das tiefgekühlte Fertiggericht ersetzt die "unelastische" Zubereitung von Nahrung für bestimmte Mahlzeiten: Tiefgekühltes Essen kann über viele Wochen und Monate gespeichert werden. Ähnliches gilt bei Informationsaktivitäten, die durch interaktive Arrangements (z.B. im Rahmen von PC-Programmen) weitgehend auf die Informationsbedürfnisse der Klienten reagieren können. Auch andere "elektronische Konserven" (z.B. Hausübungsprogramme für chronisch kranke Patienten, durch die sie zu Gymnastik oder Entspannungsübung animiert werden) sind hier zu erwähnen. Schließlich werden unter Umständen mit weiteren computertechnischen Möglichkeiten (Simulation; Cyberspace, Videokonferenzen und anderes) Formen informatorischer, beratender oder sogar transportbezogener Art Kompensationsmöglichkeiten geschaffen (vgl. die "Aufhebung" des uno-actu-Prinzips durch medizinische Eingriffe, die qua Satellitenübertragung ferngesteuert sind). Dienstleistungen haben dann zum Teil den Charakter von Produkten (materiellen Gütern), die zumindest in bestimmtem Umfang vergleichbare Rationalisierungs- und Wertschöpfungschancen eröffnen. Andere verlieren Merkmale, die bisher die Zuordnung zum öffentlichen Sektor erforderlich machten.

Dies schließt allerdings nicht aus, daß aus andersartigen, gegebenenfalls mit dieser Entwicklung erst entstehenden Gründen eine (erneute) "Verstaatlichung" der so veränderten Dienstleistungen stattfinden könnte: Als Beispiel kann die fast unübersehbare Entwicklung der sogenannten (international agierenden) Finanzdienstleistungen angesehen werden. Diese Dienstleistungen der Privatwirtschaft sind kaum zu kontrollieren und haben gleichwohl einen großen Einfluß auf alle Wirtschaftsprozesse.

Von entscheidender Bedeutung für die Entwicklung öffentlicher Dienstleistungen in Deutschland dürften bei alldem jedoch die politischen Gestaltungsentscheidungen im Hinblick auf die Sozialstaatsentwicklung sein:

– Eine erste wichtige Entscheidung betrifft die Beibehaltung, Erweiterung oder Verringerung der anspruchsberechtigten Personen (-gruppen): expansiv z.B. Entscheidung im Hinblick auf das Angebot eines Kindergartenplatzes; restriktiv dagegen die Entscheidung, auf bestimmte medizinische Dienstleistungen zu verzichten bzw. sie nur noch als selbst zu bezahlende Extraleistung anzubieten.

– Hierbei spielt die Frage der Finanzierung eine zentrale Rolle: Bleibt es bei der gemeinschaftlich/solidarischen Finanzierung der öffentlichen Dienstleistungen, oder werden in zunehmendem Maße die Nutzer der Dienste direkt zu ihrer Finanzierung herangezogen (Ansätze sind z.B. bei der Differenzierung von Risikogruppen erkennbar). Darüber hinaus können sich Veränderungen dadurch ergeben, daß die Verteilungsgerechtigkeit und/oder die Qualitätsstandards nicht mehr präzise formuliert oder vor allem nicht mehr überprüft und durchgesetzt werden (z.B. im Rahmen der Heimaufsicht; bei der Prüfung der Pflegequalität; bei der Überwindung der sogenannten Kommstruktur der sozialen Dienste; bei der Aufhellung von Dunkelziffern der Nichtnutzer und anderes mehr).

– Letztlich stellt sich die grundsätzliche Frage, ob ein bestimmtes gesellschaftliches Problem noch als öffentliche Aufgabe und als Anforderung an öffentliche Dienstleistungen gesehen und implementiert wird. Alternativen bestehen einerseits darin, auf Dienstleistungsstrategien völlig zu verzichten und die betreffenden Bevölkerungsgruppen teilweise oder voll umfänglich durch Transferzahlungen so auszustatten, daß sie die erforderlichen Dienstleistungen im Bereich der Privatwirtschaft oder des Dritten Sektors (gegebenenfalls auch aus primär-sozialen Netzen wie der Nachbarschaft oder dem Freundeskreis) "einkaufen" können. Darüber hinaus kann unter Umständen generell auf die Durchführung bestimmter öffentlicher Aufgaben verzichtet werden. In diesem Fall wird die wohlfahrtsbezogene Funktion von Politik und Verwaltung ersatzlos abgebaut. Die Risikobewältigung und der Umgang mit konkreten Problemen wird zunächst der Privatsphäre überlassen – bei verfügbaren finanziellen Ressourcen sind privatwirtschaftliche Alternativen denkbar (wie z.B. im Hinblick auf private Krankenhausversicherung; private Rechtsschutzversicherungen; Privatschulen oder Pflege-GmbH's); das Ergebnis wäre wohl eine "neue Klassengesellschaft".

Zu beachten ist dabei, daß eine solche Entwicklung nicht nur durch expliziten Sozialstaats-Abbau, sondern auch durch implizite Folgen der "Modernisierung" bewirkt werden kann. In dem Maße wie die "Verbetriebswirtschaftlichung" der öffentlichen Verwaltung durchgesetzt wird, könnten gerade die bürgernahen öffentlichen Dienstleistungen als personal- und kostenintensive Aufgaben "schleichend" abgebaut werden, denn sie "rechnen sich nicht".

Da die Folgen einer radikalen Verringerung öffentlicher Dienstleistungen (sei es bei der "Reinform" oder auch bei "flankierenden" Maßnahmen) z.B. in den USA "besichtigt" werden können, ist in der absehbaren Zukunft in Deutschland eher ein vorsichtiger Umbau (mit bereichsspezifischem "Rückbau") des wohlfahrtsstaatlichen Leistungsspektrums zu erwarten. Ob es dabei gesellschaftlich zu einem markanten Rückgang der Dienstleistungsproduktion kommt, wird maßgeblich von den kompensatorischen Transferzahlungen beeinflußt, die unter Umständen mit einem Rückbau öffentlicher Dienstleistungen einhergehen könnten – aber auch von den Dienstleistungsalternativen, die die anderen gesellschaftlichen Funktionssysteme (primär-soziale Netze; freigemeinnützige Verbände/Selbsthilfeorganisationen; Privatwirtschaft) bereitstellen können.

Literatur

Albach, Horst, Dienstleistungen in der modernen Industriegesellschaft, München 1989.
Bell, Daniel, The coming of post-industrial Society, New York 1973.
Blankert, Charles B., Privatisierung öffentlicher Dienstleistungen, in: Wirtschaftswissenschaftliches Studium 9, 1980, S. 305 ff.
Bundesminister für Arbeit und Sozialordnung (Hrsg.), Sozialbericht 1993, Bonn 1994.
Eppstein, Joyce (Hrsg.), Providing public services that serve the public, London 1989.
Gershuny, Jonathan, Die Ökonomie der nachindustriellen Gesellschaft, Frankfurt 1981.
Grunow, Dieter, Bürgernahe Verwaltung, Frankfurt a. M. 1988.

Grimmer, Klaus, Dienstleistungsfunktion öffentlicher Verwaltungen, in: Die Verwaltung 1990, S. 25 ff.

Häußermann, Hartmut/Siebel, Walter (Hrsg.), Dienstleistungsgesellschaften, Frankfurt a. M. 1995.

Littek, Wolfgang/Heisig, Ulrich/Gondek, Hans-Dieter (Hrsg.), Dienstleistungsarbeit: Strukturveränderungen, Beschäftigungsbedingungen und Interessenlagen, Berlin 1991.

Menzel, Ulrich, Die Postindustrielle Revolution. Tertiarisierung und Entstaatlichung der postmodernen Ökonomie, in: Entwicklung und Zusammenarbeit, Jg. 36, 1995, S. 100 ff.

Naschold, Frieder/Pröhl, Marga (Hrsg.), Produktivität öffentlicher Dienstleistungen, Gütersloh 1994.

Riede, Thomas u. a., Soziale Dienstleistungen und Wohlfahrtsstaat, in: Soziale Welt 39, 1988, S. 292 ff.

Statistisches Bundesamt (Hrsg.), Statistisches Jahrbuch der Bunderepublik Deutschland, Wiesbaden 1995.

Hans Peter Bull

3. Aufgabenentwicklung und Aufgabenkritik

Inhaltsübersicht

I. Überblick
II. Stationen der Aufgabenentwicklung
   1. Der "Sicherheitsstaat" des 19. Jahrhunderts
   2. Sozialpolitik und Sozialverwaltung
   3. Die Expansion des Bildungswesens
   4. Förderung von Wirtschaft, Technik und Verkehr
   5. Allgemeine Verwaltung und öffentliche Sicherheit
III. Aufgabenkritik und Aufgabenabbau
   1. Begriff und Methode der Aufgabenkritik
   2. Aufgabendifferenzierung als Voraussetzung der Aufgabenkritik
   3. Mögliche Ergebnisse der Aufgabenkritik
   4. Vorhandene Spielräume für Aufgabenabbau oder -reduktion

I. Überblick

Die Aufgaben der Verwaltung werden nicht von der Verwaltung selbst bestimmt. Sie werden vielfach gar nicht ausdrücklich festgelegt, sondern entwickeln sich in der Praxis aufgrund von Traditionen und der Überzeugung von ihrer Notwendigkeit. Rechtlich ist die große Mehrzahl der heute tatsächlich von der öffentlichen Verwaltung wahrgenommenen Aufgaben in gesetzlichen Bestimmungen geregelt, zum Teil als ausdrückliche Verpflichtung, zum Teil als unausgesprochene Voraussetzung anderer Regelungen. Die gesetzlichen Grundlagen werden ihrerseits zwar überwiegend von der Ministerialverwaltung formuliert, stellen inhaltlich aber Reaktionen auf Forderungen und Wünsche dar, die im Bereich der Politik und in der Öffentlichkeit artikuliert und von den politischen Führungsinstanzen aufgenommen werden.

Weil dies so ist, gibt es keine überzeugende Theorie der Aufgabenentwicklung und erst recht keine zuverlässige Prognose künftiger Aufgabenbestände der öffentlichen Verwaltung. Zwar sind immer wieder wissenschaftlich gestützte Systeme der Aufgaben- (und Ausgaben-)planung entworfen und teilweise auch erprobt worden, aber letztlich an der Unberechenbarkeit von Politik gescheitert. Den größten Erfolg hatte und hat die mittelfristige Finanzplanung, die heute wohl von allen größeren Verwaltungseinheiten bei der Haushaltsaufstellung mit erarbeitet und jährlich fortgeschrieben wird

Die Dominanz politischer, oft tagespolitischer Entscheidungen erklärt auch, warum im Laufe der Zeit immer mehr Aufgaben auf die Verwaltung übertragen wurden oder ihre Wahrnehmung durch die Verwaltung zugelassen wurde. Überkommene Aufgaben werden nur äußerst selten wieder abgebaut. Die wiederkehrende öffentliche Kritik an der Verwaltung, vor allem aber der Mangel an Finanzmitteln nötigt die Regierungen und Parlamente von Zeit zu Zeit dazu, die Aufgaben – oder jedenfalls einige davon – zu überdenken und eventuell zu reduzieren. Dabei findet keine systematische Aufgabenkritik statt, sondern es wird punktuell über besonders umstrittene oder besonders auffällige Einzelaspekte debattiert. Nur ganz selten wird evaluiert, ob bestimmte Aufgaben erfolgreich wahrgenommen worden sind, z.B. ob Programme ihren Zweck erfüllt und Gesetze sich als zweckmäßig erwiesen haben. Statt wirklichen Aufgabenabbaus wird in der Regel nur eine andere Art der Aufgabenerfüllung beschlossen: Leistungen werden vermindert, die Qualität und Intensität der Aufgabenwahrnehmung verringert, die Kontrolldichte gelockert.

Insgesamt spricht manches dafür, daß sich das Aufgabenvolumen in Wellen entwickelt. Das vielbeschworene "Gesetz der wachsenden Staatsaufgaben" (*Adolph Wagner*) ist kein Naturgesetz. Zwar hat sich die Verwaltung im Verlauf des 20. Jahrhunderts nach der Zahl ihrer Mitarbeiter und ihrem Ausgabevolumen vervielfacht – Untersuchungen unter anderem ergeben, daß sich das Verwaltungspersonal in Deutschland im Verhältnis zur Einwohnerzahl von 1910 bis 1963 mehr als verdoppelt hat und die öffentlichen Ausgaben ebenso wie ihr Anteil am Bruttosozialprodukt ähnliche Steigerungsraten aufweisen –, aber seit einigen Jahren sind auch Rückgänge feststellbar. Die Politik einer Senkung der Staatsquote, wie sie die konservativ-liberale Bundesregierung seit 1982 betrieben hat, war durchaus erfolgreich; allerdings ist die Staatsquote kein voll taugliches Kriterium, weil sie eine sehr formale Abgrenzung darstellt. Schon die vorangehende sozialliberale Regierungskoalition hatte ihrer Reformphase (1969 bis 1974), die durch expansive Aufgabenpolitik gekennzeichnet war, eine Phase der Konsolidierung (1974 bis 1982) folgen lassen, ehe die konservativ-liberale Bundesregierung die "Wende" zur kontraktiven Aufgabenpolitik einläutete (1982), auf die möglicherweise wieder eine entgegengesetze Kursänderung folgen wird. Die durch die Wiedervereinigung Deutschlands entstandene enorme Staatsverschuldung hat diese nächste "Wende" hinausgeschoben und macht auf längere Zeit eine strikte Sparpolitik unausweichlich. Andererseits hat in den neuen Ländern das Gegenteil eines Aufgabenabbaus stattgefunden; hier ist vielmehr erstmals die volle Breite moderner sozialstaatlicher Entwicklungsförderung eingeführt worden.

II. Stationen der Aufgabenentwicklung

1. Der "Sicherheitsstaat" des 19. Jahrhunderts

Die Legende, der Staat habe sich im 19. Jahrhundert auf die Aufgabe beschränkt, Sicherheit nach innen und außen zu bewahren, und im übrigen die Gesellschaft sich selbst überlassen, ist schon oft widerlegt worden. Die Forderung des liberalen Bürgertums, der Staat möge sich aus der Beteiligung an wirtschaftlichen Unternehmungen zurückziehen, wurde niemals voll erfüllt, und es hätte auch nicht im Sinne des wirtschaftenden Bürgertums gelegen, wenn der Staat die Entwicklung völlig der Wirtschaft selbst überlassen hätte. Mit einer intensiven Infrastruktur- und Gewerbeförderungspolitik – vom Straßen-, Kanal- und Eisenbahnbau bis zum Ausbau des gewerblichen und technischen Schulwesens schuf der Staat die unverzichtbare Grundlage der Industrialisierung. Nicht zu übersehen ist freilich, daß beim Bau der Verkehrswege auch an die potentielle militärische Nutzung gedacht wurde. Auch die Landwirtschaft wurde auf verschiedene Weise gefördert. Hinzu kamen unter anderem die Gründung und Unterhaltung von Hochschulen und Universitäten durch den Staat und die zahlreichen Einrichtungen der Kommunen von der Wasserversorgung über Kanalisation bis zu Energieversorgung und Verkehrsbetrieben.

Gleichwohl wirkten Staat und Kommunen wesentlich schwächer auf das gesellschaftliche und individuelle Leben ein als heute. Die Verwaltungsbehörden auf allen Ebenen waren sehr kleine Einheiten, weder nach der Personalzahl noch nach verfügbaren Mitteln mit ihren jetzigen Nachfolgern vergleichbar. Dies war auch dadurch bedingt, daß bis weit ins 19. Jahrhundert hinein die Grundbesitzer Funktionen wahrnahmen, die wir heute als administrative bezeichnen würden. Sie sorgten für "Ordnung" im Dorf und Existenzsicherung der ihrer Obhut unterstehenden Menschen. Oft waren die Gutsbesitzer zugleich Amtmänner oder Landräte – ein gleitender Übergang vom ständischen zum modernen Staat. Erst 1849 wurde in Preußen die Patrimonialgerichtsbarkeit der Gutsherren und erst 1872 die "gutsherrliche Polizei" abgeschafft.

2. Sozialpolitik und Sozialverwaltung

Durch die im Zuge der Industrialisierung und Urbanisierung immer bedrückender werdende soziale Not weiter Bevölkerungskreise wurden Staat und Kommunen schließlich auf eine neue Weise in die Verantwortung genommen. In der Vergangenheit war die "Armenfürsorge" weitestgehend den Kirchen, der örtlichen Gemeinschaft und einzelnen "Wohltätern" überlassen gewesen. Nach verschiedenen Ansätzen im Laufe des 19. Jahrhunderts (z.B. durch Gründung freiwilliger Hilfskassen für Notfälle) stellt die Einführung der gesetzlichen (obligatorischen) Sozialversicherung den entscheidenden Markstein auf dem Wege zu umfassender sozialer Sicherung dar (Kaiserliche Botschaft vom 17. November 1881, soziale Krankenversicherung der Arbeiter 1883, Unfallversicherung 1884, Invaliditäts- und Altersversicherung 1889, Angestellten-Krankenversicherung 1903, Angestellten-Rentenversicherung und Reichsversicherungsordnung 1911). Die neuen Gesetze führten zur Entstehung einer großen Anzahl von Verwaltungseinheiten (Krankenkassen, Ersatzkassen, Landesversicherungsanstalten, Reichsversicherungsanstalt, Berufsgenossenschaften), die inzwischen zum Teil zu ungewöhnlich großen Organisationen angewachsen sind. So hat allein die Bundesversicherungsanstalt für Angestellte derzeit ein Haushaltsvolumen von rund 140 Milliarden DM. Im Jahre 1927 kamen die Aufgaben der Arbeitsvermittlung und Arbeitslosenversicherung hinzu, die seit 1969 – um die Arbeitsförderung ergänzt – von der Bundesanstalt für Arbeit verwaltet werden, einer mehrstufigen Organisation mit mehr als 50.000 Mitarbeiterinnen und Mitarbeitern und einem Ausgabenvolumen von ca. 110 Mrd. DM (1993). Nach den beiden Weltkriegen mußte der Staat ein umfangreiches System der Kriegsopfer- und Hinterbliebenenversorgung aufbauen und Millionen von Flüchtlingen eingliedern. Zum "sozialen Netz" gehören auch die Jugendhilfe (Gesetze von 1922 und 1961), die Sozialhilfe (früher Fürsorge; Regelungen von 1924 und 1961), das Kindergeld (1964) und das Wohngeld (1970), die Ausbildungsförderung (1971) sowie seit kurzem die Pflegeversicherung (1994). Als Folge der weltweiten Migration entstand in den letzten Jahren ein eigener Verwaltungszweig "Ausländer- und Asylverwaltung", der neben der ordnungsrechtlichen Bearbeitung auch die soziale Betreuung der Flüchtlinge und Asylsuchenden zur Aufgabe hat.

Die Entwicklung der Sozialverwaltung ist auch deshalb von zentraler Bedeutung für die Aufgabenentwicklung, weil hier besonders deutlich wird, daß vor allem die gestiegene Intensität der Aufgabenerfüllung zum Wachstum der Verwaltung geführt hat. Nicht die Art der sozialen Aufgaben von Staat und Kommunen hat sich wesentlich verändert, sondern das Niveau der Sozialleistungen ist ständig gestiegen. Daß die Gemeinschaft, vertreten durch den Staat oder die Gemeinde, für das Existenzminimum der Menschen sorgen mußte, war schon lange unbestritten; gewandelt haben sich aber die Vorstellungen darüber, wie dies zu geschehen habe. Diese Veränderung des Bewußtseins erklärt die "Vorverlagerung des staatlichen Interventionspunktes" auf fast allen Aufgabengebieten.

Die grundlegenden Gesetze sind zum Teil schon über ein Jahrhundert in Kraft, aber das Ausmaß der Sozialleistungen ist in den letzten Jahrzehnten noch erheblich erweitert und ihre Qualität ist gesteigert worden. Für den Aufgabenbereich "Soziale Sicherung" wurden von den öffentlichen Haushalten in der Bundesrepublik Deutschland im Jahre 1950 insgesamt 7,6 Mrd. DM ausgegeben (das waren etwa 27 % der Gesamtausgaben von 28,1 Mrd. DM), im Jahre 1990 jedoch 538,9 Mrd. DM (von 1.144,6 Mrd DM, also ca. 47 %). Dies ist der bei weitem größte Einzelbereich in der Statistik der aufgabenbezogenen Ausgaben aller öffentlichen Haushalte in der Bundesrepublik Deutschland. Zum Vergleich: die Ausgaben für die Verteidigung stiegen nur von 4,7 auf 55,2 Mrd. DM, für öffentliche Sicherheit und Rechtsschutz von 1,1 auf 33,2 Mrd. DM.

Eine andere Richtgröße ist das "Sozialbudget". Es umfaßt außer den oben erwähnten Bereichen von Sozialversicherung, Fürsorge und Versorgung auch die Sondersysteme für Beamte und Landwirte und die Arbeitgeberleistungen sowie die sozialen Entschädigungen, die Wohnungsbauförderung und den öffentlichen Gesundheitsdienst und ist von 114,6 Mrd. DM im Jahre 1965 auf 688,8 Mrd.DM im Jahre 1990 gestiegen. Der Anteil am Bruttosozialprodukt stieg damit in den genannten fünfundzwanzig Jahren von 25 auf 29,4 %. Zwischendurch war dieser Anteil zeitweise noch höher, z.B. 1975: 33,7 %; 1993 war er über diesen Höchststand sogar noch hinausgewachsen (1063 Mrd. DM, fast 34 % des BSP). Der Anteil der staatlichen Mittel daran ist aber zurückgegangen. Die Phase der stärksten Expansion lag zwischen 1965 und 1975. Im internationalen Vergleich lag die Bundesrepublik damit im Jahre 1983 mit 28,9 % des BSP etwa auf gleicher Höhe mit Frankreich (28,8 %), oberhalb von Großbritannien (23,7 %) und Italien (27,3 %) und unterhalb der Niederlande (34,0 %) sowie Dänemarks (30,2 %).

3. *Die Expansion des Bildungswesens*

Eine ähnliche Steigerung ist beim Bildungswesen zu verzeichnen: Während 1950 nur 2,0 Mrd. DM für Schulen, Hochschulen und das überregionale Bildungswesen ausgegeben wurden, waren es 1990 fast 100 Mrd. DM. Besonders große Zuwächse wurden in den Jahren 1960 bis 1970 erreicht – eine Bildungsexpansion oder gar "Bildungsexplosion", die das Ausgabenvolumen von 5,6 auf 24,8 Mrd. DM anschwellen ließ, die Folge sehr bewußter politischer Weichenstellungen in Reaktion darauf, daß das Bildungswesen allgemein als unbefriedigend empfunden wurde. Eine seinerzeit außerordentlich populäre Kritik trug den Titel "Die deutsche Bildungskatastrophe". In den Jahren 1970 bis 1980 wuchsen die Ausgaben nochmals auf ein Mehrfaches, nämlich auf 73,0 Mrd. DM an; in dieser Zeit wurde die zuvor initiierte Reform auf breiter Front durchgeführt.

4. *Förderung von Wirtschaft, Technik und Verkehr*

Die Wirtschaftsförderung nahm lange Zeit nur einen mittleren Platz in der Rangordnung der ausgabenintensiven Staatsaufgaben ein (1950: 1,9 Mrd. DM, 1990: 44,6 Mrd. DM). Allerdings sind stets enorme Beträge an Subventionen in strukturschwache Wirtschaftsbereiche geflossen (Bergbau, Stahlindustrie, Werften, Landwirtschaft). Durch den planmäßigen Verkauf industrieller Beteiligungen und weiteren Aktienbesitzes haben Bund und Länder ihren Anteil an den wirtschaftlichen Aktivitäten deutlich reduziert. Eine besonders große Veränderung im Aufgabenbestand des Staates brachte die Privatisierung von Bahn und (geplant) Post (Art. 87 e Abs. 3 und Art. 87 f Abs. 2 GG). Durch die Vereinigung mit der DDR entstand ein gewaltiger Nachholbedarf an Wirtschaftsförderung, der über Nebenbudgets (Treuhandanstalt, Fonds Deutsche Einheit usw.) erfüllt wurde und wesentlich zur gegenwärtigen Staatsverschuldung beigetragen hat. 1991 wurden für Wirtschaftsförderung (gesamtdeutsch) schon 67,2 Mrd. DM ausgegeben; diese Summe ist in den Folgejahren nochmals erheblich gestiegen. Auch andere Bereiche, insbesondere der Ausbau der Verkehrsinfrastruktur (Fernstraßen- und Schienenwegebau) sowie die Wohnungsbauförderung und die Stadtsanierung sind nach 1990 wegen des Bedarfs der neuen Länder ausgeweitet worden.

Wirtschaftsförderung spezifischer Art betreibt der Staat auch durch die Förderung jener Bereiche wissenschaftlicher Forschung und Entwicklung, die als besonders wichtig für die künftige technische Zivilisation gelten. So sind große Beträge für die Kernkraftforschung, die Raumfahrt und die Informations- und Kommunikationstechnik zur Verfügung gestellt worden. Die Landwirtschaftsverwaltung führt ein Dasein am Rande öffentlicher Aufmerksamkeit, aber auch sie hat – wegen der umfassenden Regulierung durch die Europäische Union – einen erheblichen Umfang erreicht.

In den sektoralen Entwicklungen spiegelt sich gerade im Bereich der Wirtschaftspolitik eine weitere Ursache der Aufgabenvermehrung und -intensivierung: Die Kompliziertheit der modernen Gesellschaftsorganisation und die gegenseitige Abhängigkeit ihrer Komponenten fordert in wirtschaftlichen Krisensituationen sogleich die Verantwortung des Staates heraus. Schon im Verlauf des 19. Jahrhunderts mußten größere Hilfsaktionen aus Anlaß der Handelskrise 1857 und der Gründerkrise 1873 durchgeführt werden. In neuerer Zeit wurden und werden immer wieder umfassende (z.B. ganze Branchen einbeziehende) Subventionsprogramme aufgelegt und Einzelunternehmen vor dem Zusammenbruch gerettet, um Arbeitsplätze zu erhalten.

5. Allgemeine Verwaltung und öffentliche Sicherheit

Die vielfach als aufgebläht kritisierte allgemeine Verwaltung verbraucht im Vergleich mit den vorher aufgeführten Bereichen nur einen bescheidenen Teil der finanziellen Ressourcen. So betrugen die Ausgaben für die innere Verwaltung im Jahre 1990 und für die Steuer- und Finanzverwaltung je 12,1 Mrd. DM, für die öffentliche Sicherheit und Ordnung 21,9 Mrd. DM (davon für Polizei und Bundesgrenzschutz 14,2 Mrd. DM). Neuerdings äußert sich das verstärkte Sicherheitsbedürfnis vieler Menschen in politischen Forderungen nach personeller Verstärkung der Polizei, freilich bisher ohne durchschlagenden Erfolg.

Danach kann die Entwicklung nicht so charakterisiert werden, daß die Leistungsaufgaben zugenommen, die Ordnungsaufgaben aber abgenommen hätten. Die Aufteilung des Aufgabenbestandes auf diese beiden Gruppen verwischt die Konturen. Tatsächlich bestehen auch in Bereichen, die herkömmlich der Leistungsverwaltung zugerechnet werden, viele "Ordnungs"aufgaben (beginnend mit der Durchsetzung von Beitragspflichten zur sozialen Versicherung), und die Aktivität der Polizei stellt auch eine "Leistung" für die Schutzsuchenden dar. Die moderne Gesellschaft bringt aber auch ständig neue Aufsichts- und Überwachungsbedürfnisse hervor, die zu entsprechenden Regelungen etwa im Umweltrecht und in Verwaltungsbereichen wie Lebensmittelhygiene, Arzneimittelkontrolle und Chemikalienaufsicht führen.

III. Aufgabenkritik und Aufgabenabbau

1. Begriff und Methode der Aufgabenkritik

Unter dem Eindruck öffentlicher Kritik an angeblich unzureichender Effektivität der Verwaltung und unter dem Diktat der leeren Kassen herrscht gegenwärtig überall –

beim Bund wie bei den Ländern und Gemeinden – die Ansicht, der Aufgabenbestand der öffentlichen Verwaltung sei zu groß, er müsse kritisch überprüft und deutlich reduziert werden. Daher steht "Aufgabenkritik" hoch im Kurs. Der Begriff wurde schon in den siebziger Jahren von der Kommunalen Gemeinschaftsstelle für Verwaltungsvereinfachung (KGSt) aufgebracht und 1977 in der Wissenschaft weiter ausgeformt. Er zielt auf eine systematische Analyse und Bewertung der von der Verwaltung aktuell wahrgenommenen und ihr künftig etwa aufzuerlegender Aufgaben. Aufgabenkritik ist insofern in erster Linie Anpassungsplanung an die ständig vorhandene Diskrepanz zwischen öffentlichen Aufgaben und zur Verfügung stehenden Ressourcen. Die Effektivität der Verwaltung soll erhöht werden, insbesondere sollen Wirtschaftlichkeitsüberlegungen stärker zur Geltung kommen, wie sie in den Haushaltsordnungen geboten sind (nicht unbedingt reine "Sparsamkeit", die unter Umständen. sogar unwirtschaftlich sein kann). Nach Möglichkeit sollen auch die Qualität der Arbeitsergebnisse und die Zufriedenheit der Betroffenen steigen sowie die Arbeitsbedingungen der Verwaltung selbst und die Zufriedenheit ihrer Mitarbeiterinnen und Mitarbeiter verbessert werden.

Methodisch stellt Aufgabenkritik eine komplexe Bündelung einzelner Verfahren und Techniken zur Analyse, Bewertung und Bemessung von Sachverhalten im Rahmen der Aufgabenplanung dar, die besonders die Auswirkungen auf den Personalbedarf einbeziehen will. Man kann Zweckkritik und Vollzugskritik unterscheiden. Sie kann ex post durch planmäßige Evaluation (Wirkungs- und Erfolgskontrolle) und sollte auch ex ante z.B. durch die vorherige Prüfung von Gesetzgebungsvorhaben durchgeführt werden. Wirksame Instrumente einer Ex-ante-Prüfung von Gesetzen, Plänen und Maßnahmen sind kaum erkennbar. Zwar lassen sich Kosten-Nutzen-Untersuchungen anstellen – aber man muß sie wollen. Zwar hat die Bundesregierung beschlossen, die Ressorts müßten die Notwendigkeit, Wirksamkeit und Verständlichkeit von Rechtsetzungsvorhaben in jedem Stadium prüfen, und die Bundesminister der Justiz und des Innern sowie den Chef des Bundeskanzleramtes noch besonders verantwortlich gemacht. Aber auch Autoren, die diese Einzelheiten darstellen und ihre Bedeutung hervorheben, meinen abschließend: "Das Politische wird sich durchsetzen".

2. *Aufgabendifferenzierung als Voraussetzung der Aufgabenkritik*

Voraussetzung einer fundierten Aufgabenkritik ist eine genaue Bestandsaufnahme und angemessene Charakterisierung der verschiedenen Typen von Verwaltungsaufgaben.

Die Staatsaufgabe, einen bestimmten Zustand der Gesellschaft herbeizuführen oder sich ihm anzunähern, bedeutet keineswegs ohne weiteres auch die Verwaltungsaufgabe, dies in unmittelbarer eigener Aktion zu tun. So können viele Aufgaben statt durch eigene staatliche oder kommunale Leistungen oder Einrichtungen auch dadurch erfüllt werden, daß Staat oder Kommune privaten Organisationen, z.B. Wohlfahrtsverbänden, aber eventuell auch gewinnorientierten Unternehmen, finanzielle Hilfen gewähren, wenn sie bereit sind, für die Erfüllung einer Aufgabe einzustehen. Wenn z.B. in der Diskussion um die Grundgesetzreform häufig gefordert wurde, insbesondere Frauen bessere Chancen zu verschaffen, Beruf und Familienleben miteinander zu vereinbaren, so ist damit nicht nur und nicht notwendig gemeint, es müßten staatliche oder gemeindliche Kindergärten und Kindertagesstätten eingerichtet werden, sondern es können auch öffentlich subventionierte private Einrichtungen sein. Tatsächlich werden viele kirchliche und freigemeinnützige Initiativen von der öffentlichen Hand unterstützt.

Unmittelbare Erfüllungsverantwortung trifft den Staat in den "Kernbereichen" seiner Tätigkeit, also bei Polizei, Justiz, Finanzverwaltung und Militär, aber wohl auch bei Schulen und Hochschulen, die sonst von keinem Träger zu erträglichen Bedingungen finanziert würden. Hier kann Aufgabenkritik nicht zu einer Verlagerung wesentlicher Pflichten der Verwaltung auf Private führen, sondern allenfalls Hilfsaufgaben betreffen. In vielen anderen Bereichen genügt jedoch eine Überwachung oder Gewährleistung durch die öffentliche Verwaltung. Damit ist auch das Einstehen des Staates für den Ausgleich im Falle gesellschaftlicher Schlechterfüllung oder unsozialer Folgen mitgemeint. Die Gewährleistung kann auf verschiedene Weise organisiert sein – durch Aufsichts- und Eingriffsrechte gegenüber den gesellschaftlichen Trägern der unmittelbaren Leistungsaufgabe, durch staatliche Finanzierung oder Mitfinanzierung privater Aktivitäten oder durch bloße Rahmensetzung (Normsetzung). Beispiele für die verschiedenen Formen dieser gelockerten staatlichen oder kommunalen Verantwortung finden sich in allen Verwaltungsbereichen, insbesondere im kulturellen und sozialen Bereich – von der Filmförderung bis zur Heimaufsicht. Zwei Fälle von Gewährleistung statt Eigenleistung sind inzwischen verfassungsrechtlich geregelt: Der Bund "gewährleistet" nach Art. 87 e Abs. 4 S. 1 GG, "daß dem Wohl der Allgemeinheit, insbesondere den Verkehrsbedürfnissen, beim Ausbau und Erhalt des Schienennetzes der Eisenbahnen des Bundes sowie bei deren Verkehrsangeboten auf diesem Schienennetz, soweit diese nicht den Schienenpersonennahverkehr betreffen, Rechnung getragen wird" (Die Verantwortung für den Personennahverkehr auf Schienenwegen ist damit implizit den Ländern und Gemeinden auferlegt worden!), und nach Art. 87 f. Abs. 1

GG "gewährleistet der Bund im Bereich des Postwesens und der Telekommunikation flächendeckend angemessene und ausreichende Dienstleistungen".

3. Mögliche Ergebnisse der Aufgabenkritik

Das angestrebte Ergebnis der Aufgabenkritik besteht in einer der folgenden alternativen Empfehlungen für die (politisch zu verantwortende) Entscheidung über künftige Aufgabenwahrnehmung:
- vollständiger oder teilweiser Abbau oder Einschränkung einer wahrgenommenen bzw. Ablehnung der Übernahme einer neuen Aufgabe,
- Übertragung der Aufgabe an einen anderen Träger der öffentlichen Verwaltung (z.B. andere Rechtsform oder public-private partnership, also Beteiligung Privater an einer staatlichen oder kommunalen Einrichtung),
- Übertragung der Aufgabe an einen privaten Träger (zur eigenverantwortlichen oder beaufsichtigten Wahrnehmung); Zwischenformen: Beleihung von Privaten mit öffentlichen Aufgaben, Übertragung von Hilfsaufgaben,
- Reduzierung der für die Aufgabenerfüllung bereitgestellten Mittel,
- Veränderung der Modalitäten der Aufgabenerfüllung (Organisation, Personaleinsatz, Verfahrensweisen, Techmikeinsatz), Vereinfachung der anzuwendenden Normen, Pauschalierungen bei Förderungsverfahren, Verringerung der Kontrolldichte usw.

In der politischen Diskussion wird neuerdings vielfach gefordert, der Staat solle sich auf seine "Kernaufgaben" zurückziehen, wie sie in Art. 33 Abs. 4 GG umschrieben seien. Das ist eine Radikalforderung ohne Realisierungschance. Zu stark sind die gesellschaftlichen Kräfte, die den Staat zur Wahrnehmung zusätzlicher oder jedenfalls zur Beibehaltung bisheriger Aufgaben anhalten. Der Rückzug des Staates aus aktuellen Steuerungs- und Planungsfunktionen wäre auch verfassungsrechtlich nicht haltbar. Zahlreiche Aufgaben des Staates und der Kommunen sind im Grundgesetz festgeschrieben; sie ergeben sich nicht nur aus Organisationsnormen, sondern auch aus den Grundrechten. Die staatliche Verantwortung für künftige Generationen, wie sie jetzt auch in Art. 20 a GG ausdrücklich erwähnt wird, wäre von einem bloßen "Sicherheitsstaat" nicht erfüllbar.

Die Parole von den "Kernaufgaben" kann sich auch nicht auf Art. 33 Abs. 4 GG stützen. Denn der "Funktionsvorbehalt" für die Mitarbeiter der öffentlichen Verwaltung, die in einem "öffentlich-rechtlichen Dienst- und Treueverhältnis" stehen (also nach herkömmlicher Ansicht die Beamten), darf nicht mit einer Aussage über die Staatsaufgaben verwechselt werden. Art. 33 Abs. 4 GG hat begrenztere Bedeutung; er setzt die "Ausübung hoheitsrechtlicher Befugnisse" durch staatliche Organwalter voraus, beschränkt den Staat aber nicht auf hoheitsrechtliche Aufgaben. Der moderne Staat hat viele Aufgaben, die nicht mit "hoheitsrechtlichen Befugnissen" erfüllt werden, er handelt vielfach ohne Befehl und Zwang und in manchen Bereichen gerade dadurch wirksam. Überdies dürfen den Beamten auch andere Aufgaben übertragen werden, und dies ist in großem Umfang geschehen.

Danach bleibt festzustellen: die eigentlichen Reserven einer durch Aufgabenkritik angeregten Aufgabenreduktion liegen in der Verbesserung der Ausführungsmodalitäten.

4. *Vorhandene Spielräume für Aufgabenreduktion oder -abbau*

Auch bei sehr kritischer Analyse ist es schwer, überhaupt Aufgaben abzugrenzen, die ganz wegfallen oder vollständig an Private übertragen werden können. Außer der schon erwähnten Vermögensprivatisierung, die einen Sonderbereich bildet, sind mit Erfolg in größerem Umfang Aufgaben der Gebäudereinigung, Müllabfuhr und Straßenreinigung an Private abgegeben worden. Privatisiert wurden auch behördeneigene Kantinen, Wäschereien und Buchbindereien. Dem liegen betriebswirtschaftliche Kosten-Nutzen-Rechnungen zugrunde, wonach die Vergabe entsprechender Aufträge durch die öffentliche Verwaltung wirtschaftlicher erschien als die Beibehaltung eigener Einrichtungen, Werkstätten usw. Gewisse Rationalisierungseffekte darf man sich auch von der Ausgliederung weiterer Hilfsfunktionen versprechen: Technische Spezialdienste, ärztliche und sanitäre Einrichtungen, Beschaffungsstellen und ähnliche Serviceeinrichtungen brauchen nicht als unmittelbare Verwaltungsaufgaben durchgeführt zu werden. Auch die Datenverarbeitung kann in ihrem technischen Teil weitgehend privaten Unternehmen überlassen werden, wenn entsprechende Sicherheitsvorkehrungen getroffen sind und Aufsicht gewährleistet ist. Finanzielle Transaktionen wie die Abwicklung von Darlehensverhältnissen können von Banken besser als von der Verwaltung durchgeführt werden. Für die Ausarbeitung von Planungen – aber selbstverständlich nicht für ihre verbindliche Festlegung – können kompetente private Büros herangezogen werden.

Auf manchen Gebieten können Einheiten der öffentlichen Verwaltung durchaus mit privaten Unternehmen konkurrieren. Hier wird noch deutlicher als anderswo, daß die Entscheidung über die Form der Aufgabenwahrnehmung in erheblichem Maße von Zweckmäßigkeitserwägungen bestimmt ist. Zum Beispiel können Krankenhäuser und Hallenbetriebe auch in öffentlicher Hand schwarze Zahlen schreiben. In solchen Fällen dürften die Gründe fortbestehen und letztlich überwiegen, die seinerzeit zu den entsprechenden öffentlichen Einrichtungen geführt haben und die nach wie vor die Rechtfertigung für kommunale Wirtschaftsbetriebe abgeben ("öffentlicher Zweck" im Sinne des Gemeindewirtschaftsrechts). Aber auch wenn in einzelnen Bereichen betriebswirtschaftliche Defizite entstehen, kann es vertretbar oder gar geboten sein, aus volkswirtschaftlichen oder auch aus nicht-ökonomischen Gründen öffentliche Verantwortung bestehen zu lassen, also um eine Belastung der Gesamtheit durch Folgelasten betriebswirtschaftlich motivierter Privatisierungen zu vermeiden oder um eine hohe Qualität sozialer oder kultureller Angebote zu sichern. Es ist auch legitim, daß die kommunale Selbstverwaltung sich dagegen wehrt, durch einen weitgehenden Abbau kommunaler Einrichtungen um ihre Gestaltungsmöglichkeiten gebracht zu werden.

Im Ergebnis bleibt demnach festzuhalten, daß in modernen arbeitsteiligen Gemeinwesen mit hohem Abhängigkeitsgrad aller von allen die Aufgabe des Staates als Garant von Ordnung, Gerechtigkeit und Bedienung aller dazu führt, daß ein relativ hohes Maß an Aufgaben ganz oder weitgehend von der öffentlichen Verwaltung selbst wahrgenommen werden muß, jedenfalls nach absolut vorherrschender politischer Anschauung.

Literatur

Borchmann, Michael, Abgrenzung von Staatsaufgaben gegenüber privaten Agenden seit 1815 nach der repräsentativen Literatur, Speyerer Forschungsberichte Nr. 4, Speyer 1979.
Bull, Hans Peter, Die Staatsaufgaben nach dem Grundgesetz, 2. Auflage, Kronberg/Ts. 1977.
Bull, Hans Peter, Wandel und Wachsen der Verwaltungsaufgaben, in: *Becker, Ulrich/Thieme, Werner* (Hrsg.), Handbuch der Verwaltung, Heft 2.1, Köln u.a. 1974.
Dieckmann, Rudolf, Aufgabenkritik in einer Großstadtverwaltung, Berlin 1977.
Ellwein, Thomas/Zoll, Ralf, Zur Entwicklung der öffentlichen Aufgaben in der Bundesrepublik Deutschland, in: Studienkommission für die Reform des öffentlichen Dienstrechts, Band 8, Baden-Baden 1973, S. 203 ff.
Grimm, Dieter (Hrsg.), Staatsaufgaben, Baden-Baden 1994.
Herzog, Roman, Der überforderte Staat, in: Festschrift für Lerche, München 1993, S. 15 ff.

König, Klaus, Kritik öffentlicher Aufgaben, Baden-Baden 1989.

Laux, Eberhard, Aufgabenentwicklung und Personalbedarf in der öffentlichen Verwaltung, in: *Laux, Eberhard*, Vom Verwalten, Baden-Baden 1993, S. 249 ff. (*ursprünglich* in: Die Öffentliche Verwaltung 1979, 729 ff.).

Laux, Eberhard, Die Entwicklung von Strategien zur Begrenzung öffentlicher Aufgaben, in: *Laux, Eberhard*, Vom Verwalten (s. o.), S. 346 ff.

Neumann, Lothar F./Schaper, Klaus, Die Sozialordnung der Bundesrepublik Deutschland, 3. Auflage, Bonn 1990.

Püttner, Günter, Verwaltungslehre, 2. Auflage, München 1989.

Schuppert, Gunnar Folke, Die Privatisierungsdiskussion in der deutschen Staatsrechtslehre, in: Staatswissenschaften und Staatspraxis 5, 1994, S. 541 ff.

Sturm, Eckart, Die Entwicklung des öffentlichen Dienstes in Deutschland, in: *Ule, Carl Hermann* (Hrsg.), Die Entwicklung des öffentlichen Dienstes, Köln u.a. 1961, S. 1 ff.

Thieme, Werner, Einführung in die Verwaltungslehre, 1995.

Thieme, Werner, Verwaltungslehre, 4. Auflage, 1984.

V. Steuerung

Eberhard Schmidt-Aßmann

1. Gesetzes- und Rechtsbindung der Verwaltung

Inhaltsübersicht

I. Bindungsmaßstäbe: "Gesetz und Recht"
   1. Gesetzesbindung
   2. Bindungen an die Verfassung
   3. Bindungen an allgemeine Grundsätze des Verwaltungsrechts
   4. Bindungen an eigenes Recht der Verwaltung
   5. Recht der Europäischen Gemeinschaften
   6. Bindungen an Völkerrecht
II. Bindungsmechanismen: Rechts- und Gesetzesvollzug
   1. Anwendung des einzelnen Tatbestandes
   2. Zusammenstellung des Bindungsprogramms
   3. Vorrangige Bindungsdeterminanten
   4. Rechtsbindung und Rechtskontrolle
III. Neue Herausforderungen: Zur sogenannten Steuerungskrise des Rechts
   1. "Vollzugsdefizite"
   2. Deregulierung und Neue Führungstechniken
   3. Bereitstellungsfunktion des Rechts

Das rechtsstaatliche Verwaltungsrecht geht von der Ordnungs- und Gestaltungsfunktion des Rechts aus. Das Recht strukturiert die Beziehung der Verwaltung zu ihrer Umwelt und innerhalb ihrer eigenen Organisation. Es diszipliniert und legitimiert das Verwaltungshandeln. Die Rechtsbindung ist das Mittel, um die Fremdsteuerung der Verwaltung durch das parlamentarische Gesetz, ihre Eigensteuerung durch das von ihr selbst gesetzte Recht und ihre Kontrolle durch die Gerichte sicherzustellen. Sie bildet das 'Scharnier' im System der Gewaltenteilung. 'Rechtsbindungen der Verwaltung', 'government according to law', 'principe de légalité' gehören zu den gemeinsamen Standards der europäischen Verwaltungsrechtsordnungen.

Recht meint hier zweierlei: Zum einen eine bestimmte formelle Struktur, die durch die Trennung von Rechtsetzung und Rechtsanwendung, von Rechtssatz und Rechtsentscheidung gekennzeichnet ist. Zum andern eine bestimmte inhaltliche Qualität, die die Verwirklichung des Gemeinwohls durch die Gewährleistung von Rationalität und Legitimität zum Ziel hat. In diesem weit verstandenen Sinne ist die Rechtsbindung der Verwaltung die Basis des Verwaltungsrechts.

Wir beschäftigen uns im folgenden mit den vielfältigen Bindungsmaßstäben, die unter dem Begriff des Rechts verstanden werden (I), mit den Bindungsmechanismen, in denen sich die Steuerungsleistungen des Rechts gegenüber der Verwaltung bewähren müssen (II), und mit neuen Herausforderungen, denen sich die Rechtsbindung der Verwaltung im "kooperativen Staat" gegenübersieht (III).

I. Bindungsmaßstäbe: "Gesetz und Recht"

Nach Art. 20 Abs. 3 GG ist die vollziehende Gewalt "an Gesetz und Recht" gebunden. Mag auch die Zuordnung der einzelnen Bindungsmaßstäbe zu diesen beiden Begriffen unterschiedlich beantwortet werden können, so besteht doch im Ergebnis darüber Einigkeit, daß für die Exekutive die folgenden sechs Gruppen von Bindungsmaßstäben beachtlich sind:

1. Gesetzesbindung

Als Gesetz verstehen wir hier (nur) das parlamentarische Gesetz, das heißt jede Art parlamentarischer Entscheidung, die in den für Gesetze verfassungsrechtlich vorgesehenen Formen und Verfahren zustandegekommen ist. Auf eine bestimmte inhaltliche Qualität dieser "förmlichen" Gesetze kommt es nicht an. Neben der großen Gruppe der Gesetze mit generell-abstraktem Regelungsgehalt lösen auch Maßnahmegesetz und Einfallgesetze, Haushalts-, Organisations- und sonstige Organgesetze die Bindungswirkung des Art. 20 Abs. 3 GG aus. Im Gesetz kommen die Steuerungsinteressen der Demokratie und des Rechtsstaates zusammen. Das Gesetz ist Garant rechtsstaatlicher Stabilität und Mittler demokratischer Legitimation. Für die vollziehende Gewalt ist das Gesetz "Auftrag und Grenze", Befugnisnorm, Ausgabenermächtigung, Verfahrensregelung und Organisationsstatut. Das Gesetz soll den einzelnen Vollzugsvorgang von politischem Druck entlasten. Es soll Übersichtlichkeit und Gleichmäßigkeit gewährleisten.

Die Gesetzesbindung der Verwaltung wird im einzelnen ausgeformt durch die Lehre vom Vorrang des Gesetzes (a); sie steht außerdem in engem Zusammenhang mit der Lehre vom Vorbehalt des Gesetzes (b).

a) Die Lehre vom Vorrang des Gesetzes

Das parlamentarische Gesetz geht rechtlich allen Akten der Exekutive vor. Sein Vorrang ist bei jeder Art von Verwaltungstätigkeit zu beachten, einerlei ob sie sich in den Formen des öffentlichen Rechts oder des privaten Rechts vollzieht. Auch das sogenannte informale Verwaltungshandeln ist an das Gesetz gebunden. Der Vorrang des Gesetzes umfaßt ein Abweichungsverbot und ein Anwendungsgebot. Verletzungen des Vorrangs machen das Verwaltungshandeln rechtswidrig: es ist deshalb jedoch nicht notwendig in jedem Falle automatisch nichtig. Bei der Festlegung der adäquaten Fehlerfolgen besteht vielmehr ein Sanktionierungsspielraum, bei dessen Ausfüllung auch die Rechtssicherheit und die Struktur der betroffenen Verwaltungsentscheidung beachtet werden müssen.

b) Die Lehre vom Vorbehalt des Gesetzes

Die Gesetzesbindung setzt die Existenz von Gesetzen voraus. Die Frage, ob und gegebenenfalls zu welchen ihrer Handlungen die Verwaltung einer gesetzlichen Grundlage bedarf – diese Frage nach der Notwendigkeit eines Gesetzes wird durch den Grundsatz der Gesetzesbindung direkt nicht beantwortet. Sie steht aber in engem Zusammenhang mit ihm. Gesetzesbindung und Erforderlichkeit des Gesetzes bilden zusammen die "Gesetzmäßigkeit der Verwaltung".

Auf die Frage nach der Erforderlichkeit des Gesetzes antwortet das deutsche Verwaltungsrecht nicht pauschal mit einem "Totalvorbehalt", sondern mit einer differenzierenden Lehre von unterschiedlich begründeten und unterschiedlich ausgestalteten Vorbehalten. Soweit solche Vorbehalte nicht bestehen, darf die Verwaltung auch ohne gesetzliche Grundlage handeln. Diese Aussage mag gerade vom Standpunkt ausländischer Rechtsordnungen erstaunen. Sie bedarf daher einer doppelten Erläuterung: Zum einen ist sie auf dem Hintergrund der Gesamtheit möglicher interner und externer Verwaltungshandlungen getroffen. Es liegt ihr also nicht von vornherein eine Beschränkung auf diejenigen Verwaltungshandlungen zugrunde, die in Rechte der Bürger eingreifen und für die natürlich auch nach deutschem Recht eine gesetzliche Grundlage erforderlich ist. Beachtlich ist zum zweiten, daß dann, wenn ein Gesetzesvorbehalt besteht, ein Blankettgesetz nicht ausreicht. Vielmehr muß der Gesetzgeber die Voraussetzungen der von ihm ins Auge gefaßten Handlungsmöglichkeiten der

Verwaltung genauer umreißen. Es werden also gewisse Bestimmtheitsanforderungen an die gesetzliche Grundlage gestellt. Das schließt Generalklauseln nicht aus. Die Grundlinie geht jedoch dahin, daß der Gesetzgeber die wesentlichen Kriterien des Regelungsbereichs selbst festlegen muß (Parlamentsvorbehalt). Das Maß der zu fordernden Bestimmtheit im einzelnen hängt auch von den Sachgegebenheiten der jeweiligen Gesetzesmaterie und von der Bedeutsamkeit der Verwaltungsentscheidung ab, zu der ermächtigt werden soll.

Für welche Handlungen der Verwaltung Gesetzesvorbehalte bestehen, ist vor allem dem Verfassungsrecht zu entnehmen. Einzelvorschriften darüber gibt es im Grundgesetz und in den Landesverfassungen in beachtlicher Zahl. Systematisch lassen sich zwei Gruppen von Gesetzesvorbehalten unterscheiden:

- Grundrechtliche Vorbehalte:
  Ihnen ist gemeinsam, daß sie von den Auswirkungen der betreffenden Verwaltungshandlungen auf die Rechte der Bürger ausgehen. Die geschichtliche Entwicklung dieses Teils der Vorbehaltslehre spiegelt die Ausweitung der administrativen Handlungsformen anschaulich wider. Diese Entwicklung wird in der Vorbehaltslehre als "Erweiterungen des klassischen Eingriffsbegriffs" oder als "Handeln in grundrechtsrelevanten Bereichen" reflektiert.

  - Eine gesetzliche Grundlage ist auf jeden Fall für verbindlich regelnde und in diesem Sinne imperative Verwaltungshandlung erforderlich. "Niemand kann zu einer Handlung, Duldung oder Unterlassung gezwungen werden, wenn nicht ein Gesetz oder eine auf Gesetz beruhende Bestimmung es verlangt oder zuläßt" – so die Umschreibung dieses "klassischen" Eingriffsvorbehalts in der Landesverfassung Baden-Württembergs.
  - Einbezogen in die Vorbehaltslehre sind nach neuerem Verständnis nicht-regulatorische, finale Verwaltungshandlungen. Hierunter fallen große Bereiche der informierenden Verwaltungstätigkeit, bei der die Verwaltung Reaktionen des Publikums und des Marktes nutzt, um die von ihr angestrebten Steuerungseffekte zu erzielen. Auf diese Weise haben z.B. behördliche Produktwarnungen Eingriffscharakter erlangt und bedürfen daher einer gesetzlichen Grundlage. Hier entstehen allerdings immer wieder Abgrenzungsschwierigkeiten. Gilt etwa das, was für Produktwarnungen anzunehmen ist, auch für Produktempfehlungen, obwohl sich die Verwaltung hier darauf beschränkt, ein Produkt positiv hervorzuheben, ohne auf Konkurrenzprodukte negativ aufmerksam zu machen?
  - Auch Realhandlungen der Verwaltung können einem Gesetzesvorbehalt unterfallen, selbst wenn sie sich auf den ersten Blick ganz auf den Innenbereich

der Verwaltung zu beschränken scheinen. Das ist am Beispiel der datensammelnden und datenverarbeitenden Verwaltungstätigkeit herausgearbeitet worden. Hier sind es neue technische Möglichkeiten, die zu Gefährdungen der Grundrechte führen können und folglich den Schutzmechanismus des Gesetzesvorbehalts auslösen. Es kommt also auf besondere Gründe an. Daß jede faktische Beeinträchtigung von Grundrechten, die sich erst über eine lange Kausalkette "mittelbar" auf eine Verwaltungsmaßnahme bestimmten Typs zurückführen läßt, die Notwendigkeit eines Gesetzes begründet, läßt sich dagegen nicht sagen.

- ▪ Nicht endgültig geklärt ist die Frage, inwieweit die leistende Verwaltung – vor allem bei der Gewährung von Subventionen – einer gesetzlichen Grundlage bedarf. Während die Rechtsprechung einen parlamentarisch verantworteten Haushaltsansatz und gegebenenfalls bestehende Vergaberichtlinien genügen läßt, werden im Schrifttum Leistungsgesetze gefordert, die die Vergabekriterien und das Vergabeverfahren festlegen. In den Ergebnissen liegen beide Ansichten allerdings nicht sehr weit auseinander: Auch das Schrifttum gesteht Ausnahmen für spontan notwendig werdende Subventionsmaßnahmen zu, während die Rechtsprechung für besondere Konkurrenzsituationen, z.B. bei Pressesubventionen, den Eingriffscharakter der Beihilfegewährung herausarbeitet und auf diese Weise zu einem Gesetzesvorbehalt gelangt.
- Institutionelle Vorbehalte: Bei ihnen folgt die Notwendigkeit des Gesetzes nicht daraus, daß eine Verwaltungsmaßnahme die Rechte der Bürger in dieser oder jener Weise beeinträchtigt, sondern aus ihrer Bedeutsamkeit für das institutionelle Gefüge des Staates. Beachtlich ist das vor allem für Maßnahmen, die die Organisation der Exekutive betreffen. "Aufbau, räumliche Gliederung und Zuständigkeiten der Landesverwaltung werden durch Gesetz geregelt". Dieser im Landesverfassungsrecht vielfach anzutreffende Satz drückt eine Regel aus, die entwicklungsgeschichtlich nicht weniger "klassisch" ist als der Eingriffsvorbehalt. Sie läßt sich bereits im 19. Jahrhundert als Ergebnis der Auseinandersetzungen um die Verteilung der "Organisationsgewalt" zwischen monarchischer Exekutive und Parlament nachweisen. Institutionelle Gesetzesvorbehalte finden sich ferner im Finanz- und Haushaltsrecht sowie für bestimmte Entscheidungen der auswärtigen Gewalt. Auch die regelmäßig aus föderalen Rücksichten geschaffenen speziellen Organisationsvorbehalte des Grundgesetzes zählen hierzu.
- Wesentlichkeitslehre: Zusammengenommen deuten der grundrechtliche und der institutionelle Gesetzesvorbehalt eine Tendenz der Verfassung an, wesentliche Entscheidungen nicht von der Exekutive oder jedenfalls nicht von ihr allein tref-

fen zu lassen, sondern eine parlamentarisch-gesetzliche Grundlage zu verlangen. Dieses Wesentlichkeitskriterium ist seinerseits allerdings zu unbestimmt, um neben den anerkannten speziellen Vorbehalten beliebig neue Gesetzesvorbehalte aus sich heraus zu generieren. Es kann aber als Topos genutzt werden, wenn es um eine erweiternde Auslegung oder eine systematische Fortentwicklung bisher anerkannter Vorbehalte geht.

Gesetzesvorbehalte haben Sperrwirkung: Die Exekutive kann nicht handeln, solange der Gesetzgeber ihr nicht entsprechende Grundlagen zur Verfügung gestellt hat. Von einer Gesetzesbindung läßt sich hier in negativer Form sprechen, insofern die Verwaltung den Erlaß entsprechender Gesetze abwarten muß und über den Rahmen der Tatbestandsmerkmale bestehender Gesetze nicht hinausgehen darf.

2. *Bindungen an die Verfassung*

Rechtsbindungen der Verwaltung gehen ferner von der Verfassung als unmittelbar geltendem Recht aus. Für die Grundrechte ist diese Bindung in Art. 1 Abs. 3 GG ausdrücklich festgelegt, im übrigen folgt sie aus dem Geltungsanspruch der normativen Verfassung. Im Verfassungsrecht tritt der Verwaltung auf diese Weise eine zweite große Gruppe von Bindungsmaßstäben gegenüber. Verfassungsaussagen determinieren zum einen die gesetzlich eröffneten Gestaltungsräume. Vor allem die Grundrechte haben sich zu allgegenwärtigen Bestimmungsfaktoren bei der Ausübung des Verwaltungsermessens erwiesen. Das gilt sowohl für die speziellen Grundrechte als auch für die aus den Grundrechten abgeleiteten allgemeinen Maßstäbe der Verhältnismäßigkeit und der Willkürfreiheit.

Die Bindung der Verwaltung an die Verfassung ist ein wichtiger Beitrag zur Überwindung des Gesetzespositivismus. Der hier erreichte Bindungsmehrwert kann allerdings zu erheblichen Relativierungen der Gesetzesbindung führen. Art. 20 Abs. 3 GG nimmt solche Einbußen der gesetzlichen Steuerung der Verwaltung bewußt in Kauf. Er veranlaßt aber dazu, Verfahren für eine verbindliche Klärung solcher Konfliktfälle vorzusehen, in denen entschieden werden kann, ob ein Gesetz Verbindlichkeit beanspruchen kann oder von der Verwaltung nicht beachtet zu werden braucht, weil es seinerseits nicht mit der Verfassung übereinstimmt.

3. Bindungen an allgemeine Grundsätze des Verwaltungsrechts

Ein erhebliches Bindungspotential besitzen ferner die allgemeinen Grundsätze des Verwaltungsrechts. Zu ihnen zählen z.b. die Ausprägungen des Vertrauensschutzprinzips, die Beschränkungen rückwirkender Belastungen, die administrative Selbstbindung und die Regeln ordnungsgemäßer Ermessensausübung. Sie stellen teilweise Konkretisierungen des Verfassungsrechts, aber auch Erfahrungssätze sinnvoller Verwaltungsrechtspraxis dar. Man kann in ihnen eine Gemeinschaftsleistung der Verwaltungsgerichtsbarkeit und der Verwaltungsrechtswissenschaft sehen. Ihrem Wesen als allgemeinen Grundsätzen entspricht es, daß sie weniger der spezifischen Fachsteuerung dienen. Vielmehr gewährleisten sie durchgängige Verwaltungsstandards. Gegenüber gezielten gesetzlichen Veränderungen in einem bestimmten Gebiet des besonderen Verwaltungsrechts können sie sich zuweilen hemmend auswirken. So lassen sich z.B. Änderungen des Rechts der Bauleitplanung oder der Landschaftsplanung kaum bewirken, ohne zugleich die Maßstäbe der allgemeinen Abwägungsdogmatik zu berücksichtigen.

4. Bindungen an eigenes Recht der Verwaltung

Die Rechtsbindung erfaßt natürlich auch die Bindung an das von der Exekutive selbst gesetzte Recht, das sich vor allem in Rechtsverordnungen und Satzungen darstellt. Die Eigenrechtsetzung der Verwaltung ist ein notwendiges Instrument der 'Breitensteuerung'. Sie dient zum einen der Konkretisierung gesetzlicher Vorgaben und gestattet es der Exekutive, dabei auch flexibel auf neue Erkenntnisse oder geänderte Lagen durch "Nachsteuerung" zu reagieren. Hierin liegt z.B. die Bedeutung von Rechtsverordnungen, die Grenzwerte des Immissionsschutzes festlegen. Ferner gestattet sie der Exekutive eine Eigenprogrammierung. Viele administrative Pläne ergehen in der Form von Rechtssätzen, z.B. Bebauungspläne als Satzungen, Regionalpläne als Rechtsverordnungen oder Verwaltungsvorschriften. Schließlich garantiert die Bindung an das selbstgesetzte Recht die Gleichmäßigkeit der Verwaltungsführung, indem Tatbestände geschaffen werden, die regelmäßig konkreter sind als diejenigen der Gesetze.

Die Bindung der Exekutive an Rechtsverordnungen und Satzungen folgt nach traditioneller Auffassung aus dem Charakter dieser Akte als "Rechtssätze". Eine genauere Betrachtung zeigt jedoch, daß es sich um sehr unterschiedliche Bindungsansprüche handelt, die nicht schon aus dem Rechtssatzcharakter folgen. Vielmehr kommt es auf den Rang und die spezielle Kompetenz derjenigen Verwaltungsbehörde an, die den Akt erlassen hat. Insbesondere zwischen Rechtsverordnungen und Satzungen gibt es komplizierte Konkurrenzverhältnisse, die sich nur lösen lassen, wenn man den gesetzlichen Entscheidungszusammenhang, in dem beide stehen, genau analysiert. Die Bindungswirkung umfaßt auch die Behörde, die die Norm erlassen hat. Diese kann sich von ihrer eigenen Vorschrift grundsätzlich nur lösen, wenn sie sie in dem dafür vorgesehenen Verfahren förmlich aufhebt oder ändert.

Gebunden ist die Exekutive auch an Verwaltungsvorschriften. Nach älterer, auch heute noch in der Rechtsprechung anzutreffender Ansicht stellen Verwaltungsvorschriften allerdings keine "Rechtssätze" dar. Trotzdem besitzen sie auch nach dieser Auffassung Bindungswirkung: nachgeordnete Instanzen unterliegen der Direktionsbefugnis, auf die die Verwaltungsvorschriften ihnen gegenüber gestützt werden. In einem umfassenderen Sinne wird die Bindungswirkung aus dem Gedanken einer auf den Gleichheitssatz (Art. 3 Abs. 1 GG) gestützten Selbstbindung der Verwaltung abgeleitet. Anerkannt werden sollte, daß es sich hierbei allerdings nicht um eine Bindung kraft vorgängigen Verwaltungshandelns, sondern kraft "administrativen Normsetzungswillens" handelt. Auch Verwaltungsvorschriften sind heute als Rechtssätze zu qualifizieren: Rechtssätze mit einem differenzierten und relativierten Bindungsgehalt.

Im Gegensatz zu den Schwierigkeiten und Bedenken, die Verwaltungsvorschriften in der staatsrechtlichen Theorie begegnen, bilden sie für den administrativen Alltag allgegenwärtiges "Bindungspotential kleiner Münze". Man hat befürchtet, daß Verwaltungsvorschriften daher oft gesetzesvertretende, zuweilen sogar gesetzesverdrängende Bedeutung beigemessen werde. Neuere verwaltungswissenschaftliche Untersuchungen zeigen allerdings, daß Verwaltungsvorschriften im Verwaltungsvollzug nicht mit Gesetzen verwechselt werden, sondern daß ihre Aussagen eher als verhandelbar gelten. Sollten diese für die Umweltverwaltung getroffenen Beobachtungen zu verallgemeinern sein, so läge die Funktion von Verwaltungsvorschriften trotz ihrer Konkretheit eher darin, der Behörde Argumentationsmaterial an die Hand zu geben, als feste Bindungen zu formulieren.

5. Recht der Europäischen Gemeinschaften

Mit diesem Recht hat sich – zumal in den letzten Jahren – ein großes zusätzliches Bindungspotential für die Verwaltung ergeben. Für die Verwaltung in den Mitgliedstaaten beachtlich sind vor allem Verordnungen nach Art. 189 Abs. 2 EGV. Aber auch das primäre EG-Recht enthält eine Vielzahl von Vorschriften, die direkt in nationale Verwaltungsvorgänge hineinwirken. Man denke etwa an die das Beihilferecht betreffenden Art. 92, 93 EGV. Bindungsschwierigkeiten entstehen dadurch, daß der Text des primären EG-Rechts oft nicht exakt zwischen einer Direktive für die Politik und einem Rechtssatz trennt. Auch EG-Verordnungen lassen es zuweilen an der erforderlichen Normenklarheit mangeln.

Ein besonderes Problem stellen in dieser Hinsicht EG-Richtlinien dar. Sie sind zunächst nicht an die Exekutive, sondern an die Gesetzgebung in den Mitgliedstaaten adressiert (Art. 189 Abs. 3 EGV). Sie entfalten jedoch dann Direktwirkungen, wenn sie nicht rechtzeitig oder nicht hinreichend von den Mitgliedstaaten umgesetzt worden sind. Für diese Judikatur des Europäischen Gerichtshofs sprechen sicher eine Reihe wichtiger Integrationsgesichtspunkte. Nicht übersehen werden darf jedoch, daß sie für die Gesetzesbindung der mitgliedstaatlichen Verwaltungen eine erhebliche Belastung darstellt. Richtlinien durchdringen heute nahezu jeden Rechtsbereich. Allein die Kenntnisnahme führt in den Vollzugsverwaltungen, zumal auf den unteren Behördenebenen, zu kaum lösbaren Problemen. Hinzu kommt, daß der so begründete unmittelbare Bindungsanspruch nur potentieller Art ist und von sehr unsicheren Voraussetzungen abhängt. Ob der nationale Gesetzgeber eine Richtlinie hinreichend umgesetzt hat, ist eine Frage, über die oft lange gestritten werden kann. Das zeigen zahlreiche Vertragsverletzungsverfahren, die die EG-Kommission immer wieder gegen Mitgliedstaaten einleitet. Ähnlich unsicher ist die Beantwortung der Frage, ob denn überhaupt ein direkt wirksamer Richtlinieninhalt anzunehmen ist. Alle diese Unsicherheiten der einzelnen Verwaltungsstelle und ihrer Verpflichtung auf eine vollständige Anwendung allen Rechts anzulasten, befriedigt nicht. Dies gilt umso mehr, als die Exekutive keine Möglichkeit hat, ein Verfahren verbindlicher Klärung nach Art. 177 EGV einzuleiten.

6. *Bindungen an Völkerrecht*

Die bisher schon bestehende Bindung an allgemeine Regeln des Völkerrechts, die nach Art. 25 GG für jedermann unmittelbar Rechte und Pflichten erzeugen, erfaßte praktisch nur wenige völkerrechtsnahe Verwaltungsbereiche, nicht aber den Verwaltungsalltag der meisten Verwaltungsträger. Zunehmende Bedeutung für alle Verwaltungen hat in der Zwischenzeit allerdings das Völkervertragsrecht, insbesondere in seinen Menschenrechtsgewährleistungen erlangt. Eine herausgehobene Stellung besitzt die Europäische Menschenrechtskonvention mit ihrem eigenen Rechtsschutzsystem. Für die Verwaltungen sind die Gewährleistungen der Konvention im Rang eines einfachen Bundesgesetzes beachtlich. Das Völkervertragsrecht wird als Bindungspotential für die Exekutive weiter an Bedeutung gewinnen. Das gilt nicht nur für das Ausländerrecht und das Steuerrecht, sondern zunehmend auch für den großen Bereich des Umweltschutzes. Auch die Schwierigkeiten im Umgang mit diesen Bindungsmaßstäben werden zunehmen; denn hier handelt es sich um Rechtsregeln, die auf internationaler Ebene ausgehandelt und oft mit den Feinheiten des nationalen Fachrechts nur schwer harmonisierbar sind.

II. Bindungsmechanismen: Rechts- und Gesetzesvollzug

Schon der Überblick über die vielfältigen Arten von Recht, die von der Verwaltung Beachtung verlangen, zeigt, daß nicht nur von einem großen Bindungs-, sondern auch von einem erheblichen Konfliktpotential auszugehen ist. Die Vorstellung jedenfalls, daß eine Zunahme der Bindungsmaßstäbe notwendig eine bessere rechtliche Ordnung des Verwaltungshandelns und damit einen Gewinn für den Rechtsstaat darstelle, ist zu simpel. Allen Forderungen nach einer weiteren Verrechtlichung des Verwaltungshandelns ist daher mit Vorsicht zu begegnen. Die Umsetzung der Rechtsbindungen im Verwaltungsalltag – die Beachtung allen Rechts in jedem Einzelfall – erweist sich schon bei einer rein rechtswissenschaftlichen Betrachtung als komplexer Vorgang. Innerhalb dieses Vorganges lassen sich die Anwendung des einzelnen Tatbestandes (1), die Zusammenstellung des Bindungsprogramms (2) und die Rolle ranghöherer Determinanten unterscheiden (3).

1. Anwendung des einzelnen Tatbestandes

Die Anwendung der einzelnen Rechtsnormen, die die Bindung der Verwaltung formulieren, hat sich nach Maßgabe der juristischen Methodenlehre in den drei Schritten der Auslegung, der Tatsachenfeststellung und der Subsumtion zu vollziehen. Schon dieser Kern der Rechtsanwendung stellt allerdings keinen Vollzugsschematismus dar. Alle drei Schritte enthalten vielmehr wertende Elemente, die sich intersubjektiv nicht eindeutig vermitteln lassen und folglich gewisse Spielräume einschließen: Die zur Auslegung heranzuziehenden Methoden stellen keinen geschlossenen Kanon dar. Die Tatsachenfeststellung gelangt nicht nur bei technisch komplizierten Problemen an die Grenzen sinnvoller Aufklärungsarbeit. Die Subsumtion hängt davon ab, daß die Zahl der "Eingaben" überschaubar bleibt. Ihre Unsicherheiten nehmen mit ansteigender Zahl der beachtlichen Sachverhaltselemente zu. Selbst die Tatbestände, die im rechtsdogmatischen Sinne als Programme gebundener Verwaltungsentscheidungen angesehen werden, gewährleisten nur eine relative Bindung der Exekutive. Selbst im Zentrum aller Bindungsmechanismen, der Anwendung des einzelnen Tatbestandsmerkmals, wird deutlich, daß Rechtsbindung Rechtskonkretisierung bedeutet. Konkretisierung ist ein Vorgang, der Interaktionen voraussetzt und folglich neben der rechtsanwendenden Verwaltung auch anderen Beteiligten Einflußmöglichkeiten eröffnet.

2. Zusammenstellung des Bindungsprogramms

Die Rechtsanwendung im Einzelfall besteht nicht allein in der Beachtung der einzelnen Gesetzesvorschrift. Sie verlangt vielmehr auch, daß alle einschlägigen Vorschriften in den Blick genommen und in das rechtssystematisch richtige Verhältnis gebracht werden. Das hat unter Rückgriff auf die allgemeinen Rechtsanwendungsregeln über den Vorrang höherrangigen Rechts und speziellen Rechts zu geschehen. Daneben sind besondere Rangbestimmungen, z.B. zwischen Rechtsverordnung und Satzung zu berücksichtigen. Angesichts der großen Zahl der Bindungsmaßstäbe muß diese Zusammenstellung des Bindungsprogramms als eine eigene gewichtige Aufgabe innerhalb des Rechtsanwendungsvorgangs betrachtet werden: Verfahrens- und materielles Recht, Haushalts- und Zuständigkeitsrecht, Verfassungsrecht und Europarecht – das alles zu beachten und die unterschiedlichen abstrakten Geltungsansprüche gegebenenfalls zu harmonisieren, ist eine verantwortungsvolle Aufgabe.

Die Erfüllung dieser Aufgabe verlangt eine besondere Loyalität der Verwaltung gegenüber dem Recht gerade dort, wo sich dieses Recht als wenig vollzugsgeeignet erweist. Die Zusammenstellung des Bindungsprogramms darf nicht voreilig in eine allgemeine Abwägung aufgelöst werden, in der vorrangiges und nachrangiges, spezielles und allgemeines Recht unkontrollierbar durcheinander gemischt werden. Mehr noch: Die Vielzahl der Bindungsmaßstäbe ermöglicht es einer Verwaltung, die der Rechtsbindung gegenüber nicht loyal eingestellt ist, in eine "Praxis selektiver Gesetzmäßigkeit" auszuweichen. Daß solche Gefahren immer wieder eintreten, ist gerade in jüngerer Zeit häufiger beobachtet worden. Freiheit von Bindungen durch ein Übermaß an Bindungen – eine verwaltungsrechtliche Variante des alten Satzes summum ius – summa iniuria!

3. Vorrangige Bindungsdeterminanten

Auf die wichtigen Funktionen des Verfassungsrechts und auf die große Bedeutung des Europarechts für die Rechtsbindung der Verwaltung ist bereits oben hingewiesen worden. Die 'verfassungskonforme' und die 'europarechtskonforme' Handhabung aller sonstigen Bindungsmaßstäbe durchzieht die gesamte Rechtsanwendung der Verwaltung. Sie erfaßt sowohl die Auslegung der einschlägigen Rechtssätze als auch die Ausübung des administrativen Ermessens. Das alles hat rechtsstaatlich und integrationspolitisch seinen guten Sinn. Doch sind auch hier gewisse bedenkliche Entwicklungen nicht zu übersehen. Verfassungsrecht und Europarecht arbeiten häufig mit sehr weitgespannten und in diesem Sinne unbestimmten Begriffen. Bindung dagegen setzt ein erhebliches Maß an Stringenz voraus. Die Freiräume, die in jeder Gesetzesanwendung notwendig angelegt sind, werden durch die Einwirkungen des Verfassungsrechts und des Europarechts nicht eingeengt, sondern eher erweitert.

4. Rechtsbindung und Rechtskontrolle

Die Rechtsbindung verlangt die Rechtskontrolle der Verwaltung. Verwaltungsinterne und verwaltungsexterne Kontrollen sind notwendige Ergänzungen. Unter ihnen kommt der Gerichtskontrolle ein besonderer Rang zu. Die Verwaltungsgerichte haben in den zurückliegenden Jahrzehnten in herausragender Weise dazu beigetragen, die Rechtsbindung der Verwaltung wirksam werden zu lassen. Sie haben der Verbindlichkeit des Rechts nicht nur im streitigen Einzelfall zum Erfolg verholfen. Die weitgespannten Möglichkeiten gerichtlicher Kontrolle, die Art. 19 Abs. 4 GG eröffnet, wirken über den Einzelfall hinaus generalpräventiv. Vor allem aber die Aufgaben der Gerichtsbarkeit bei der letztverbindlichen Auslegung des einzelnen Rechtssatzes und bei der Harmonisierung der unterschiedlichen Rechtsvorschriften sind für die Rechtsbindung der Verwaltung konstitutiv. Rechtskonkretisierung wird heute als ein arbeitsteiliger Prozeß zwischen Verwaltung und Gerichten angesehen.

Ein solches Zusammenwirken setzt voraus, daß die spezifischen Leistungen beider Staatsfunktionen an diesem Prozeß herausgearbeitet werden. Das geschieht durch zwei Sätze: Die erste Regel verlangt, daß die Gerichte die Verwaltungsentscheidungen in rechtlicher und tatsächlicher Hinsicht vollständig überprüfen. Auf jeden Fall liegt die Kompetenz zu letztverbindlicher Auslegung der einschlägigen Rechtssätze bei den Gerichten. Auch bei der Tatsachenfeststellung und der Subsumtion haben die Gerichte nach dieser Regel das letzte Wort. Insofern handelt es sich allerdings nur um eine Kontrolle. Die einschlägigen Tatsachen werden nicht von Grund auf neu ermittelt, die von der Verwaltung getroffenen Wertungen nicht durch beliebige gerichtseigene ersetzt. Das Gericht vollzieht die Erwägungen der Verwaltung nach. Es ist aber zur abweichenden Beurteilung und damit zur Korrektur der Verwaltungsentscheidung in jedem Punkte berechtigt.

Die zweite Regel stellt eine Ausnahme von diesem Grundsatz vollständiger gerichtlicher Kontrolle dar. Solche Ausnahmen ergeben sich aus den besonderen Strukturen der einschlägigen Rechtstatbestände. Eine Begrenzung der gerichtlichen Kontrollkompetenz entsteht folglich kraft normativer Ermächtigung. Dieses ist der systematische Standort der Beurteilungs-, Prognose-, Gestaltungs- und Abwägungsermächtigungen. Sie lassen sich unten dem früher gebräuchlichen und in jüngerer Zeit unter dem Einfluß des europäischen Rechtsvergleichs erneut aktivierten einheitlichen Begriff des 'Ermessens der Verwaltung' zusammenfassen. Die Begrenzung der gerichtlichen Kontrolle bezieht sich in diesen Fällen nicht auf den Gesamtbereich der Rechtsanwendung, sondern vorrangig auf die Subsumtion; in komplexen Entscheidungssituationen greift die Begrenzung auf die Tatsachenermittlung über. Die Auslegung der Begriffe bleibt jedoch auch hier eine originäre und uneingeschränkte Aufgabe der Gerichte.

Die Gerichte haben in der Vergangenheit einen wesentlichen Beitrag zur Effektuierung der Rechtsbindung geleistet. Das hat allerdings zu einer typischen "Gerichtszentriertheit" des verwaltungsrechtlichen Denkens geführt. Diese Entwicklung kann nicht ohne Kritik festgestellt werden. Zum einen neigen Gerichte gelegentlich dazu, ihre Prüfungskompetenz mit Hilfe des Verhältnismäßigkeitsprinzips zu weit in den Ermessensbereich der Verwaltung hinein vorzuschieben. Die Gerichte haben nach der Verfassung aber keine ihrem Belieben anheim gegebene Prüfungskompetenz. Sie sind vielmehr ihrerseits an Gesetz und Recht gebunden (Art. 20 Abs. 3 GG). Sie haben folglich die vom Recht eingeräumten Ermessensräume der Verwaltung zu respektieren. Kritisch zu betrachten ist die Gerichtszentriertheit aber auch deshalb, weil sie die Notwendigkeit anderer als gerichtlicher Rechtskontrollen nicht hinreichend beachtet. Es gibt Verwaltungsbereiche, und es gibt Pflichten in der Rechtsanwendung der Verwaltung, die der gerichtlichen Kontrolle gar nicht oder nur sehr schwer zugänglich sind. In jüngerer Zeit ist das vor allem am Beispiel des Haushaltsrechts beobachtet worden. Wenn Rechtsbindung eine Rechtskontrolle verlangt, dann muß künftig die Bedeutung z.B. der Rechnungsprüfung und der Haushaltskontrollen systematisch besser erschlossen werden.

III. Neue Herausforderungen: Zur sogenannten Steuerungskrise des Rechts

Die Umsetzung der Rechtsbindungen in den Verwaltungsalltag ist bei nüchterner Betrachtung schon nach ihrem rechtswissenschaftlichen Konzept ein schwieriges und von außen und innen immer wieder gefährdetes Unternehmen. Mit den Vorstellungen eines "einfachen Subsumtionsmechanismus" ist hier nicht weiterzukommen. Die verwaltungsrechtliche Dogmatik muß daher eine realitätsnahe Gesetzesanwendungslehre für eine gesetzesdirigierte Verwaltung entwickeln. Sie muß das im Gespräch mit den Sozialwissenschaften tun, deren Kritik an den Vorstellungen von der Gesetzesgebundenheit der Exekutive für die Rechtswissenschaft eine große Herausforderung bildet. Diese Kritik reicht vom sozialempirischen Nachweis einzelner Steuerungsschwächen bis hin zu radikalen Zweifeln an der Steuerungsfähigkeit des Rechts überhaupt. Wir greifen hier nur einige Aspekte heraus.

1. "Vollzugsdefizite"

Das Wort vom Vollzugsdefizit – zunächst für die Umweltverwaltung geprüft, dann aber auch im Sozial- und Abgabenrecht entdeckt – hat darauf aufmerksam gemacht, daß die Gesetzmäßigkeit der Verwaltung nicht alleine unter rechtsdogmatischen Gesichtspunkten zu betrachten ist. Entscheidend sind vielmehr auch die Vollzugsbedingungen. Folglich gewinnen die Ausstattung und die Organisation der Verwaltungsträger, die Ausbildung und das Selbstverständnis des Verwaltungspersonals sowie die Realfaktoren des Vollzugsumfeldes erhebliches Gewicht. Rechtskonkretisierung ist, wie oben gezeigt wurde, ein aus vielfältigen Interaktionen bestehender Vorgang. Die kommunikative Situation, die zwischen der Verwaltung und den Adressaten ihrer Entscheidungen besteht, kann folglich nicht ausgeklammert bleiben. Die hier angesiedelten Vorgänge der Interessenartikulation, des Ausspielens von Interessenpositionen und die Suche nach einer Verständigung sind, wenn es um eine wirksame Rechtsdurchsetzung gehen soll, nicht minder wichtig als die Erkenntnisse der juristischen Methodenlehre.

Der an Rechtsformen geschulten rechtswissenschaftlichen Betrachtung erscheinen diese Elemente oft als informal und wenig greifbar. "Informales Verwaltungshandeln" läßt sich jedoch nicht einfach reformalisieren, so wenig wie Appelle zu strikter Rechtsdurchsetzung weiterhelfen, wenn man darunter nichts anderes als die Durchsetzung von Verwaltungsentscheidungen mittels staatlicher Zwangsvollstreckung versteht. Auf der anderen Seite werden Vollzugsdefizite nicht dadurch behoben, daß man auf die regulatorischen Instrumente der klassischen Hoheitsverwaltung schlicht verzichtet und sich gänzlich den informalen konsensualen oder sog. ökonomischen Instrumenten verschreibt. Das zeigen jüngere Erfahrungen gerade auf dem Gebiete des Umweltrechts. Entscheidend ist es vielmehr, die verfügbaren Instrumente richtig zu mischen und zu verbinden. Dabei geht es, soweit informelle Praxen eingesetzt werden, auch darum, ihre rechtsförmlichen Rahmenbedingungen zu analysieren und gegebenenfalls zu verändern. Rechtlich verfestigte Blockadepositionen können durch Rechtsänderung abgebaut werden. Ebenso kann es notwendig sein, unterrepräsentierte Interessen förmlich zu stärken, um auf diese Weise informal verlaufenen Vorverständigungen eine interessenadäquate Struktur zu geben.

2. *Deregulierung und Neue Führungstechniken*

Daß eine Vielzahl von Rechtsvorschriften die Rechtsbindung der Exekutive nicht stärkt, sondern eher schwächt, ist eine alte Erkenntnis, die freilich in der Judikatur der Verwaltungsgerichte und der verwaltungsrechtlichen Literatur oft nicht hinreichend beachtet wird. Rechtsstaatliche Gewährleistungen leben davon, daß sie die "Ressource Recht" mit Maß zur Geltung bringen. Das ist vor allem zu beachten, wenn es um die Handhabung des Bestimmtheitsgebots und der Wesentlichkeitslehre geht, die sich als wichtige, zuweilen auch als überzogene Ansätze zur Verrechtlichung erwiesen haben. Zurückhaltung bei der Schaffung neuen Rechts und die Überprüfung vorhandenen Rechts auf seine Notwendigkeit sind notwendig, um hinderlicher Verrechtlichung entgegenzuwirken. Auf der anderen Seite wird bei den landläufigen Klagen über eine zu große Normenflut häufig übersehen, daß komplexe Systeme einen hohen Bedarf nach rechtlichen Regulierungen haben. Die schlichte Forderung nach mehr Deregulierung bewirkt hiergegen wenig. Das gilt auch dann, wenn sie sich politisch wirksam mit Privatisierungsforderungen verbindet. Gerade Privatisierungen zeigen, daß die durch sie bewirkten Verantwortungsverschiebungen zwischen privatem und staatlichem Sektor Folgefragen, z.B. nach einer staatlichen Überwachungsverantwortung, nach sich ziehen. Auch diese Folgefragen wollen rechtlich beantwortet sein. Privatisierungen führen daher eher zu Gewichtsverlagerungen zwischen den unterschiedlichen Arten von Recht als zu einem quantitativen Abbau.

Nicht bedenkenfrei im Blick auf die Rechtsbindung der Verwaltung erscheint das, was heute zu "Neuen Führungstechniken" in der Verwaltung überlegt wird. Das soll nicht als generelle Kritik an solchen Konzepten mißverstanden werden: Den Wert von Eigenständigkeit, Kreativität und Kommunikation in der Verwaltung herauszuarbeiten und auf die Motivation der Mitarbeiter stärker als auf Anweisungsrechte zu bauen, hat gewiß seinen guten Sinn. Entsprechende Änderungen des öffentlichen Dienstrechts und des Haushaltsrechts sowie entsprechende 'Experimentierklauseln', die die Notwendigkeit, überkommene Vorschriften zu testen, gestatten, können daher durchaus akzeptiert werden. Kreativität und Flexibilität dürfen nicht zur Bindungslosigkeit der Verwaltung führen. Vermieden werden muß auf jeden Fall, daß solche Klauseln die Bedeutung von Recht fortlaufend relativieren oder unter den Vorbehalt einer Dispensation stellen. Die Erfahrungen mit baurechtlichen Dispensen, die man in manchen Baugebieten ablesen kann, sollten hier Warnung genug sein.

Bedenklicher noch wirkt es, wenn mit dem Konzept Neuer Führungstechniken der Eindruck vermittelt wird, als sollten sie die rechtliche Steuerung künftig ersetzen. Zentrale Merkmale dieses Konzepts könnten in der Tat auf eine solche Absicht hindeuten: Dezentrale Ressourcenverantwortung und eine Steuerung, die auf weitläufige Zielvorgaben und eine Bewertung ihrer Erreichung ex post setzt, weicht vom überkommenen Konzept einer Steuerung der Verwaltung durch das Gesetz erheblich ab. Auch hier zeigt sich jedoch bei näherem Zusehen, daß neue Führungskonzepte einer Strukturierung durch das Recht bedürfen. Ohne die Ordnungsfunktion des Rechts geht es nicht. Allerdings zeichnet sich auch hier eine Verlagerung zwischen den unterschiedlichen Arten rechtlicher Steuerung von einer materiellen Programmsteuerung zu einer Verfahrenssteuerung ab.

3. Bereitstellungsfunktion des Rechts

Die weitere Entwicklung der rechtswissenschaftlichen Lehre von den Rechtsbindungen der Verwaltung muß die Erkenntnisse der sozialwissenschaftlichen Steuerungsdiskussion einbeziehen. Die Analyse des Steuerungsvorgangs und die dabei zu treffende Unterscheidung zwischen Steuerungsakteuren, "Steuerungsprogrammen" und Steuerungsintensitäten ist ebenso wichtig wie die Suche nach anderen, komplementären Formen zur rechtlichen Steuerung. Als solche kommen die Nutzung des Marktes, der Öffentlichkeit und der Selbstregulierung in Betracht. In dieser Diskussion sind auch die Beobachtungen der Steuerungsmängel des Staates und seines Rechts verarbeitet. Ist das Konzept hierarchischen Entscheidens, wie es den überkommenen Vorstellungen einer rechtsgebundenen Verwaltung zugrunde liegt, von "korporatistischen Politiknetzwerken" abgelöst worden? Zumal die "Schwierigkeiten des Rechts mit der Ökologie" Grenzen der Normierbarkeit und einer ex ante ansetzenden Steuerung aufgezeigt haben. Sie sind aus der hohen Komplexität einer Regelungsmaterie und aus der nachlassenden Überzeugungskraft des Erfahrungswissens angesichts von Risiken herzuleiten.

Die Untersuchung dieser Fragen hat allerdings auch gezeigt, daß staatliches Handeln korrigierend und dirigierend zur gesellschaftlichen Selbststeuerung auch künftig notwendig bleibt. Recht erscheint angesichts dieses Befundes nicht als die einzige, wohl aber als eine nach wie vor unverzichtbare Steuerungsressource. Es muß den Vorgängen der Selbstorganisation ebenso wie der korrigierenden staatlichen Intervention Rahmen und Strukturen geben. Man kann dieses als Bereitstellungsfunktion des Rechts bezeichnen. Gerade die Verwaltungsrechtswissenschaft hat diesen Gedanken weiterzuführen. Das verlangt, die unterschiedlichen Steuerungsansätze, die das Recht selbst als materielles Programm, als Verfahrensrecht und als Organisationsregelung bietet, systematisch zu entfalten. Dazu sind wichtige Schritte bereits getan: Die Bedeutung des Verwaltungsorganisationsrechts als Steuerungsressource ist zunehmend erkannt worden. Die Lehre von den Rechtsformen des Verwaltungshandelns, in der der Verwaltungsakt als die einseitige Vollzugsentscheidung früher die Hauptrolle spielte, hat sich um vertragliche Gestaltungsformen, die Teile des kooperativen Verwaltungshandelns erfassen können, erweitert. Ob Rechtsbindungen, die das Gesetz im Blick auf den regulatorischen Verwaltungsvollzug festgelegt hat, in gleicher oder in modifizierter Weise auch für kooperative Rechtsgestaltungen beachtlich sind, – eine Rechtsanwendungslehre kooperativer Verwaltung also – muß noch entwickelt werden. Insgesamt ist von einem Pluralismus der Steuerungsansätze auszugehen. In seinem Rahmen haben unterschiedliche Intensitätsstufen und unterschiedliche Konkretisierungstechniken Platz, um die Gesetzes- und Rechtsbindung der Verwaltung abzuarbeiten.

Literatur

Benz, Arthur, Kooperative Verwaltung, Baden-Baden 1994.
Bohne, Eberhard, Informales Verwaltungshandeln, in: Handwörterbuch des Umweltrechts, 2. Auflage, Berlin 1994, Band 1, Sp. 1046 ff.
Brohm, Winfried, Rechtsstaatliche Vorgaben für informelles Verwaltungshandeln, in: Deutsches Verwaltungsblatt 1994, S. 133 ff.
Brugger, Winfried, Konkretisierung des Rechts und Auslegung der Gesetze, in: Archiv für öffentliches Recht, Band 119, 1994, S. 1 ff.
Dose, Nicolai/Voigt, Rüdiger (Hrsg.), Kooperatives Recht, Baden-Baden 1995.

Erichsen, Hans-Uwe (Hrsg.), Allgemeines Verwaltungsrecht, 10. Auflage, Berlin u.a. 1995.

Hill, Hermann, Kommunikative Problembewältigung bei umweltrelevanten Großvorhaben, in: Die Öffentliche Verwaltung 1994, S. 279 ff.

Hoffmann-Riem, Wolfgang/Schmidt-Aßmann, Eberhard/Schuppert, Gunnar Folke (Hrsg.), Reform des Allgemeinen Verwaltungsrechts, Baden-Baden 1993.

Hoffmann-Riem, Wolfgang/Schmidt-Aßmann, Eberhard (Hrsg.), Innovation und Flexibilität des Verwaltungshandelns, Baden-Baden 1994.

Hucke, Jochen/Wollmann, Hellmut, Vollzug des Umweltrechts, in: Handwörterbuch des Umweltrechts, 2. Auflage, Berlin 1994, Band 2, Sp. 2694 ff.

König, Klaus, "Neue" Verwaltung oder Verwaltungsmodernisierung. Verwaltungspolitik in den 90er Jahren, in: Die Öffentliche Verwaltung 1995, S. 349 ff.

König, Klaus/Dose, Nicolai (Hrsg.), Instrumente und Formen staatlichen Handelns, Köln u.a. 1993.

Krebs, Walter, Kontrolle in staatlichen Entscheidungsprozessen, Heidelberg 1984.

Kübler, Friedrich (Hrsg.), Verrechtlichung von Wirtschaft, Arbeit und sozialer Solidarität, Baden-Baden 1984.

Lange, Klaus, Die kommunalrechtliche Experimentierklausel, in: Die Öffentliche Verwaltung 1995, S. 770 ff.

Ossenbühl, Werner, in: *Isensee, Josef/Kirchhof, Paul* (Hrsg.), Handbuch des Staatsrechts, Band 3, Heidelberg 1988, §§ 61 ff.

Ritter, Ernst-Hasso, Von den Schwierigkeiten des Rechts mit der Ökologie, in: Die Öffentliche Verwaltung 1992, S. 641 ff.

Schmidt-Aßmann, Eberhard, in: *Isensee, Josef/Kirchhof, Paul* (Hrsg.), Handbuch des Staatsrechts, Band 1, Heidelberg 1987, § 24.

Schmidt-Aßmann, Eberhard, Das Allgemeine Verwaltungsrecht als Ordnungsidee und System, Heidelberg 1982.

Scharpf, Fritz W., Die Handlungsfähigkeit des Staates am Ende des 20. Jahrhunderts, in: Politische Vierteljahresschrift 1991, S. 620 ff.

Schoch, Friedrich, Die Europäisierung des Allgemeinen Verwaltungsrechts, in: Juristenzeitung 1995, S. 109 ff.

Schulze-Fielitz, Kooperatives Recht im Spannungsfeld von Rechtsstaatsprinzip und Verfahrensökonomie, in: Deutsches Verwaltungsblatt 1994, S. 657 ff.

Schuppert, Gunnar Folke, in: *Grimm, Dieter* (Hrsg.), Wachsende Staatsaufgaben – sinkende Steuerungsfähigkeit des Rechts, Baden-Baden 1990, S. 217 ff.

Klaus-Eckart Gebauer

2. Planung in Regierung und Verwaltung

Inhaltsübersicht

I. Stand der Planungsdiskussion
   1. Koordination und Planung
   2. Planungsbegriff
   3. Pragmatischer Ansatz
II. Programmfunktion
   1. Koalitionsvereinbarung/Regierungserklärungen
   2. Datenblätter/Vorhabenplanung/Arbeitsprogramm
   3. Haushaltsplanung/Gemeinschaftsaufgaben/Fachplanung
      a.) Haushaltsplanung
      b.) Gemeinschaftsaufgaben
      c.) Fachplanung
III. Vordenkfunktion
   1. Ressortplanung
   2. Externer Sachverstand
   3. Sensorfunktion
IV. Planungsorganisation in Bund und Ländern
V. Ausblick

I. Stand der Planungsdiskussion

1. Koordination und Planung

Regieren heißt vor allem: Entscheiden. Die professionelle Vor- und Nachbereitung von Regierungsentscheidungen ist Aufgabe der Ministerialverwaltung.

Eckpfeiler politischer Entscheidungsvorbereitung – zumal in den Regierungszentralen – sind Koordination und Planung. Sie sind Bestandteile eines komplexen Informationsmanagements, dessen Leistungsfähigkeit in immer höherem Maße den Stellenwert einer Regierungszentrale bestimmen wird. Die absehbaren Dimensionen der vielzitierten Informationsflut setzen eine funktionsgerechte Organisation von Koordination und Planung auf allen Führungsebenen voraus. Nur so kann sichergestellt werden, daß die relevanten Fragen gestellt und alle verfügbaren Informationen beigezogen werden. Dies gilt für jede Art von Programmen, auch für Gesetzentwürfe: Mangelhafte Arbeit am Sachverhalt und fehlerhafte Prognose haben bereits zur Verfassungswidrigkeit von Rechtsnormen geführt. Die Ansprüche an eine qualifizierte Informationsaufbereitung steigen.

Politische Koordination bedeutet Abstimmung, Zusammenführung, Verdichtung und/oder Anreicherung von Daten zum Zweck der Entscheidungsvorbereitung, letztlich also: Weiterleitung mit einem "Mehrwert" an Informationsqualität.

Planung – und um diese soll es im folgenden gehen – ist solcher Koordination strukturell verwandt. Sowohl bei der "WAS"-Planung (Was ist zu tun?) als auch bei der "WIE"-Planung (Wie – einschließlich wann und von wem – soll konkret gehandelt werden?) geht es um Informationsbeschaffung und -verarbeitung.

2. Planungsbegriff

Allerdings gibt es wichtige planungstypische Besonderheiten. Sie zeichnen sich ab in einem etwa von *Böhret* formulierten Planungsbegriff:

> "Planung ist gedankliche, zukunfts- und ziel/mittelorientierte Tätigkeit, durch die politische Entscheidungen vorbereitet, expliziert und in der Form von Vollzugsanweisungen zur Realisierung ausgewählter Alternativen durchgesetzt werden sollen."

Es handelt sich also zum einen um Zukunftsplanung im Sinne politischen Vorausdenkens ("Vordenkfunktion"). Ihr Informationsgehalt wird in hohem Maße von der Qualität des Nachfragens bestimmt. Je weiter der unmittelbare Entscheidungsdruck (noch) entfernt ist, um so offener ist man für Alternativen. Nicht Reduktion, sondern das Erschließen immer neuer Komplexität steht im Vordergrund. Wir sind näher bei der Forschung als bei der Entscheidung.

Sobald verschiedene Varianten herausgefiltert werden, beginnt der klassische Koordinationsprozeß zur Herbeiführung einer verbindlichen Entscheidung. Ist diese getroffen (z.B. durch Kabinettsbeschluß), dann kommt die zweite Planungskomponente zum

Zuge: ihre Programmfunktion. Hier erweist sich Planung als Ordnungsfaktor für den Vollzug politischen Willens – in Form von Arbeitsprogrammen, Förderrichtlinien oder eben in ausdrücklich so benannten "Plänen": von konkreten Fachplänen (z.B. Bundesverkehrswegeplan), Rahmenplänen (insbesondere im Bereich der sogenannten Gemeinschaftsaufgaben) bis hin zum Haushaltsplan.

Bei einem solchen Planungsverständnis liegt es nahe, auch Gesetzentwürfe und Verordnungen einzubeziehen, und zwar sowohl von der Vordenk- als auch von der Programmfunktion her. Daß dabei die Charakteristika von Normsetzung und -auslegung zu beachten sind, steht dem nicht entgegen. Es war das Verdienst der Verwaltungs-, Gesetzgebungs- und Rechtssprechungswissenschaften, die inneren Zusammenhänge von Planung und Normsetzung herauszuarbeiten.

Sind Pläne, Programme und Normen in Kraft getreten, so schließt sich die Vollzugsphase an, mit allen Elementen herkömmlicher Koordination, Kontrolle und Rückkoppelung.

Die hier vertretene methodische Zuordnung von Planung und Koordination weicht ab von einem früher verbreiteten Modell, das Planung als Oberbegriff allen Regierungshandelns verstand und demnach von einem vierphasigen Planungszyklus ausging: Initiativphase, Entscheidungsphase, Realisationsphase, Evaluationsphase.

Die Konzentration des Planungsbegriffs auf die Vordenk- und auf die Programmfunktion entspricht aber präziser der sachlogischen Einordnung der spezifischen Planungselemente in den Kontext des Regierungshandelns. Sie spiegelt vor allem der tatsächlichen Wahrnehmung durch die Ministerialverwaltung in der zweiten Hälfte der 90er Jahre wider. Dieser Praxis läge es fern, die typische Koordinationsleistung zur Herbeiführung von Regierungsentscheidungen oder sogar den klassischen Vollzug dem Funktionsbereich der "Planer" zuzuordnen.

3. Pragmatischer Ansatz

Dies hängt sicherlich auch damit zusammen, daß die Begeisterung für die sprichwörtlichen "Dampfmaschinen" (sprich: Planungsinstrumente) eines früheren Kanzleramtsministers nun eine Beamtengeneration zurückliegt – sogar mehrere, wenn man auf die Verweildauer der Führungsebene abstellt; ganz abgesehen davon, daß selbst in den 70er Jahren die zentrale Planung angesichts ausgeprägten Ressortbewußtseins keinen leichten Stand hatte. Auch die engagierten Planungsmonographien hatten vor zwei

Jahrzehnten ihre große Zeit: reformpolitisch, systemtheoretisch, verfassungsrechtlich; die einschlägigen Wissenschaften haben derzeit ganz andere Schwerpunkte.

Und die Politik? Es gibt keinen Hinweis, daß die damaligen Empfehlungen der Enquête-Kommission Verfassungsreform des Deutschen Bundestages zur Einführung einer gemeinsamen Aufgabenplanung von Bund und Ländern wieder diskutiert würden: So enthält auch der Bericht der Gemeinsamen Verfassungskommission aus Mitgliedern des Bundestages und des Bundesrates vom 5.11.1993 keine einzige Empfehlung in Richtung solcher Planung. Selbst die Stichwortübersicht über die ca. 800.000 Eingaben bietet keinen Hinweis darauf, daß dieses Thema virulent wäre; der Bericht selber hat übrigens die Eingaben als "Indikatoren für verfassungspolitische Strömungen" eingestuft.

Auch in den politischen Parteien, im vorpolitischen Raum der Akademien oder in der politikbegleitenden Publizistik gibt es keinen Trend in Richtung einer (neuen) integrierten Gesamtplanung. Die Ursachen sind vielschichtig. Da ist zum einen die Erfahrung, daß trotz aller methodischen und politischen Anstrengungen der Durchbruch weder in Bonn noch in einem der Länder gelungen ist. Auch das politische Lebensgefühl dürfte sich seit den 70er Jahren gewandelt haben, zumal das Grundvertrauen in die politische Durchsetzbarkeit allumfassender Konzepte. Hinzu kommt sicherlich die historische Erfahrung einer Transformation planwirtschaftlicher "Gesamtsysteme" in pluralistisch und dezentral angelegte Strukturen. Hier möchte ich es bei dem Fazit belassen, daß sich die verschiedenen System-Modelle einerseits als zu ehrgeizig, andererseits als zu anfällig erwiesen haben, und daß sich die aktuellen "Megatrends" (Dezentralisierung, Regionalisierung, Aufgabenkritik, Privatisierung und Posterioritätenplanung) insoweit geradezu antizyklisch ausnehmen.

Daß es an politischem Planungsdruck fehlt, mag immerhin auch ein Indiz dafür sein, daß die zwar nicht integrierte, aber gleichwohl vorhandene "planerische Grundausstattung" zumindest als hinreichend betrachtet wird, um die anstehenden Problemfelder anzugehen. Ob eine Lösung mit Hilfe hochentwickelter Planungssysteme (bei gegebenenfalls höheren Synergieeffekten, aber sicher auch höheren politischen Kosten) besser gelingen würde, muß eine theoretische Frage bleiben. So wird es im folgenden darum gehen, im Sinne eines pragmatischen, informationsorientierten und koordinationsbezogenen Planungsansatzes in die Planungslandschaft der 90er Jahre einzuführen. Dabei soll die politische Planung in Regierung und Ministerialverwaltung nach ihrer Programmfunktion und nach ihrer Vordenkfunktion unterschieden werden.

II. Programmfunktion

1. Koalitionsvereinbarung/Regierungserklärungen

Mitte Mai 1995 regieren im Bund und in neun der 16 Länder Koalitionskabinette. Längst haben umfangreiche Koalitionsvereinbarungen eine Programmfunktion übernommen. Das Vorrecht des Regierungschefs ist unbestritten, in einer Regierungserklärung zu Beginn der Legislaturperiode sein persönliches Profil und seine politische "message" zum Ausdruck zu bringen; zugleich bildet aber in der Regel die Koalitionsvereinbarung deren harten politischen Kern. Das verfassungsrechtliche Spannungsdreieck zwischen Richtlinienkompetenz, Kabinettsprinzip und Ressortzuständigkeit wird insoweit durch eine neue Komponente angereichert.

Geht man davon aus, daß die Fraktionsvorsitzenden der Regierungsparteien in der Regel Vertragspartner der Koalitionsvereinbarung sind, dann erweist sich, daß nicht nur für die Regierung, sondern auch für die gemeinsame parlamentarische Arbeit (einschließlich künftiger Haushaltsschwerpunkte) maßgebliche Weichen gestellt werden. Dieser Einfluß wird oft außer acht gelassen, wenn verallgemeinernd über eine Machtverschiebung zulasten der Parlamentarier und zugunsten der Regierungen geschrieben wird. Auch im sogenannten Koalitionsausschuß (einer Clearingstelle für Zweifelsfragen im Zuge der laufenden Regierungsarbeit) sind die Fraktionsvorsitzenden regelmäßig vertreten. Macht man sich bewußt, daß Koalitionsvereinbarungen dem Amtsantritt der Regierung vorausgehen, dann bleibt festzustellen, daß in zunehmendem Umfang "Plandaten" festgelegt werden, die in diesem Vorstadium noch gar nicht einer "Regierung" zugeordnet werden können. Solche für Bund und Länder inzwischen anerkannten Planungsstrukturen sind aus der politischen Planung der 90er Jahre nicht mehr hinwegzudenken.

Auch Regierungserklärungen in der Mitte der Legislaturperiode gehen regelmäßig über den Rückblick hinaus. Sie sind ein gern genutztes Instrument, um neue Akzente zu setzen und Vorhaben einzuleiten, die nicht selten über das Ende der laufenden Wahlperiode hinausweisen. Regierungserklärungen einzelner Kabinettsmitglieder haben gleichfalls Programmfunktion, insbesondere, wenn sie Vorhaben in konkrete, haushaltsrechtlich abgesicherte Programme umsetzen, die zu Beginn der Legislaturperiode nur umrissen wurden.

2. Datenblätter/Vorhabenplanung/Arbeitsprogramm

Zum Standard politischer Planung zählen heute eine auf Datenblätter/Datenträger gestützte Vorhabenplanung und ein daraus abgeleitetes Arbeitsprogramm. Die Datenblätter können entweder "lexikalisch" (das heißt in der Zuordnung zu "systematischen Oberbegriffen") oder "final" angelegt werden. In diesem Fall wird das Datensystem zu Beginn jeder Wahlperiode neu aufgebaut, und zwar Satz für Satz entlang der Regierungserklärung (einschließlich der Koalitionsvereinbarung). Spätere politische Kernaussagen werden integriert. Das "lexikalische" System hat den Vorzug, über eine Wahlperiode hinaus zu gelten; auch Vorhaben, die nicht in der Regierungserklärung erwähnt wurden, können ohne Schwierigkeit zugeordnet und im Kontext mit abgerufen werden. Allerdings besteht die Gefahr, daß mit dem Anstieg der Datenfülle die eigentliche Programmfunktion verlorengeht. Beim "finalen" System soll von Anfang an der zielführende Auftrag betont werden; es erfordert allerdings nicht unerheblichen Aufwand, dann zur Erstellung von Halbzeit- oder Schlußbilanzen auch solche Vorhaben abzufragen und einzubeziehen, die – oft allein aus Zeitgründen – in der Regierungserklärung zu Beginn der Legislaturperiode nicht ausdrücklich erwähnt wurden.

Das Planungssystem im Bundeskanzleramt versteht sich heute als "Informationssystem zur Vorhabenplanung", das frühzeitige und wechselseitige Unterrichtung über laufende Projekte, eine problemorientierte Vernetzung sowie eine erste politische Gesamtschau möglich macht.

Die sogenannten Vorhabendatenblätter dienen als Erfassungsbögen zur Datenverarbeitung. Aufzunehmen sind "alle Vorhaben der Bundesministerien, die
– dem Kabinett zur Beschlußfassung vorgelegt werden sollen oder
– die ohne dem Kabinett vorgelegt zu werden, den gesetzgebenden Körperschaften zugeleitet werden sollen oder
– die sonst von grundsätzlicher politischer oder finanzieller Bedeutung sind".

Die Vorhaben sollen gemeldet werden, "sobald ein erstes Ausfüllen wesentlicher Teile des Datenblatts (Zielsetzung/Verfahrensablauf) möglich ist". Ausnahmen gibt es für Personalangelegenheiten, Parlamentarische Anfragen und Berichte.

Die neunstellige Datenblattnummer speichert Hinweise auf die Legislaturperiode, den Einzelplan, die laufende Vorhabennummer und den Stand der jeweiligen Fortschreibung. Weitere Angaben betreffen Anlaß und Inhalt des Vorhabens, Zeitplanung sowie finanzielle, insbesondere haushaltsrechtliche Auswirkungen. Änderungen sind jeweils zum nächsten Fortschreibungstermin in der Regel (monatlich) mitzuteilen.

Planungsbeauftragte der Ministerien halten die Verbindung zum Bundeskanzleramt; dort wird aus der Datenfülle ein politisch gewichtetes Legislaturperiodenprogramm (Arbeitsprogramm) zusammengestellt, das sich weitgehend an den Eckwerten der Regierungserklärung ausrichtet. Eine Reihe von Auswertungsmodellen ermöglicht den differenzierten, benutzerorientierten Zugriff auf den gesamten Datenbestand.

Die Bundesministerien haben hausinterne Informationssysteme eingerichtet, die den Datenaustausch mit der Regierungszentrale, aber auch eine ressortspezifische Nutzung ermöglichen.

3.   Haushaltsplanung/Gemeinschaftsaufgaben/Fachplanung

a.)   Haushaltplanung

Insbesondere von den Finanzministerien wird der Haushaltsplan gern als "Regierungserklärung in Zahlen" bezeichnet. Richtig ist, daß sich sämtliche kostenwirksamen Maßnahmen (einschließlich der Personalausgaben) in den Einzelplänen niederschlagen. Vernachlässigt wird bei dieser Definition allerdings, daß von einer Regierungserklärung politische Impulse auch jenseits konkreter Haushaltsansätze ausgehen. Aber selbst innerhalb der durch Haushaltstitel erfaßten Politikbereiche können die Haushaltspläne herkömmlichen Zuschnitts nur sehr begrenzt die eigentliche politische Botschaft einer Regierungserklärung zum Ausdruck bringen. Um so wichtiger ist es, dann in den Vorhabenplanungen und Arbeitsprogrammen den Zusammenhang von Regierungsplanung und Haushalt transparent zu machen. Ausdrückliche Vorschriften zur systematischen Verknüpfung gibt es in den Ländern – soweit ersichtlich – derzeit in Hamburg, Brandenburg und Bremen. Da an anderer Stelle auf die Haushalts- und Finanzplanung eingegangen wird, in diesem Zusammenhang nur drei Anmerkungen:

– Modell 100 – x
  Die früheren Idealvorstellungen eines flächendeckenden "zero-base-budgeting" sind kaum realisierbar, schon allein aufgrund des in der verfügbaren Zeit nicht leistbaren Entscheidungs- und Verwaltungsaufwandes. Es kann aber zu Beginn der Aufstellungsphase eine feste Summe blockiert werden, notfalls prozentual nach den bisherigen "Besitzständen" (Modell 100 – x). Diese "Gestaltungsmasse" stünde dann für neue politische Akzente zur Verfügung. So etwas ist vor allem dann zu empfehlen, wenn parallel zur Haushaltsaufstellung noch aktuelle Schwerpunkte beraten werden. So wurde etwa vor einigen Jahren in Rheinland-Pfalz ein 50-Millionen-Betrag für ein Programm "Neue Technologien und Umwelt" im Zu-

ge der Haushaltsaufstellung gleichsam "vor die Klammer" gezogen und erst kurz vor Einbringung des Haushaltsentwurfs – nach den besten Ideenanbietern – den unterschiedlichen Einzelplänen zugeteilt. Das Programm wird bis heute fortgeschrieben und jeweils in Anlage 10 des Haushaltsentwurfs ausgewiesen.

- Posterioritätenplanung

Regierungsplanung wird unvermittelt zur Posterioritätenplanung, wenn Einsparauflagen bei Personal- und Sachmitteln nicht anteilig zu erbringen sind, sondern einzelne Politikbereiche ausgenommen, andere überproportional belastet werden. Dieser Ansatz kommt den Befürwortern einer konsequenten Aufgabenkritik entgegen, die staatliche Leistungen in bestimmten Bereichen nicht nur reduzieren, sondern insgesamt verlagern oder abschaffen wollen. Dieses Verfahren dürfte – wo es Erfolg hat – im Ansatz einem "zero-base-budgeting" recht nahe kommen.

- Dezentralisierung

Daneben zeigt sich in der öffentlichen Diskussion ein deutlicher Trend zur dezentralen Mittelbewirtschaftung, etwa im Hochschulbereich. Auch dies dürfte in der zweiten Hälfte der 90er Jahre die Planungslandschaft beeinflussen.

b.) Gemeinschaftsaufgaben

Frühere Planungskonzepte haben ihre praktische Bedeutung vor allem bei den sogenannten Gemeinschaftsaufgaben behalten. Diese durch das Finanzreformgesetz vom 12.05.1969 eingeführte Mischfinanzierung war eine bewußte – und heftig kritisierte – Durchbrechung des Grundsatzes klarer Aufgabenverteilung zwischen Bund und Ländern. Geregelt werden die Verbesserung der regionalen Wirtschaftsstruktur, die Verbesserung von Agrarstruktur und Küstenschutz sowie der Aus- und Neubau von Hochschulen einschl. der Hochschulkliniken (Art. 91a GG). Neuerdings wird auch eine "Gemeinschaftsfinanzierung Hochwasserschutz" ins Gespräch gebracht.

Durch Bundesgesetz mit Zustimmung des Bundesrates werden die Gemeinschaftsaufgaben näher definiert. Das Gesetz trifft auch Bestimmungen über das Verfahren und etwaige Einrichtungen für die gemeinsame Rahmenplanung. Die Aufnahme eines Vorhabens bedarf der Zustimmung des Landes, in dessen Gebiet es durchgeführt werden soll. Der Bund trägt dabei – mindestens – die Hälfte der Ausgaben. Entscheidende Plandaten sind die Parameter zur Abgrenzung der Fördergebiete, wie z.B. der Bruttojahreslohn pro Kopf der sozialversicherungspflichtig Beschäftigten, die durchschnittliche Arbeitslosenquote, Infrastrukturindikatoren oder Prognosen zur Arbeitsplatzentwicklung. Durch die Berücksichtigung von EU-Vorhaben und den Wettbewerb um EU-Mittel wird eine dritte Ebene in das komplizierte Geflecht dieser Mischfinanzierung eingezogen. Vertragliches Zusammenwirken zwischen Bund und Ländern bei der Bildungsplanung und Forschungsförderung kann auf Art. 91b GG gestützt werden.

Nicht zuletzt die vehemente wissenschaftliche Auseinandersetzung mit derartigen Mischfinanzierungen ("Verflechtungsfalle") haben mit dazu beigetragen, Gesamtplanungen aller Art eher mit Skepsis zu begegnen. Gleichwohl – und ungeachtet mancher Vollzugsprobleme – haben die genannten Gemeinschaftsaufgaben auch die Verfassungsänderungen des Jahres 1994 überstanden.

c.) Fachplanung

Die Rahmenpläne der Gemeinschaftsaufgaben sind besonders augenfällige Erscheinungsformen der sogenannten Fachplanung.

Dabei wird der Begriff von Verwaltungswissenschaftlern im Sinne einer politikfeldorientierten Ressortplanung verwendet, während im juristischen Sprachgebrauch unter "Fachplanungsrecht" die auf eine Plangenehmigung ausgerichteten Spezialgesetze mit raumplanerischen und/oder anlagebezogenen Elementen verstanden werden. Der Unterschied zwischen den beiden Definitionen wird allerdings dadurch relativiert, daß das moderne Fachplanungsrecht ohnehin einen Großteil der maßgeblichen Ressortziele kodifiziert: Erwähnt seien etwa die Einführung der Umweltverträglichkeitsprüfung im UVP-Gesetz (12.2.1990) oder das Verkehrswegeplanungsbeschleunigungsgesetz (16.12.1991). Weitere bedeutsame Fachplanungsgesetze auf Bundesebene sind z.B. das Fernstraßengesetz, das Abfallgesetz oder das Wasserhaushaltsgesetz. Aus den gesetzlichen Vorgaben erwachsen in der Regel die entsprechenden "Pläne" bzw. "Programme".

Während somit den frühen Ansätzen einer integrierten Regierungsplanung wenig Erfolg beschieden war, hat sich die sektorale Planung inzwischen auf allen Verwaltungsebenen etabliert. Und im Gegensatz zu den traditionellen Ressentiments gegenüber allgemein-politischen "Gesamtkonzepten" haben sich Experten und Generalisten in Bund und Ländern durchaus zusammengefunden, um die Anliegen "ihrer" Fachabteilung in geeigneter Form planerisch umzusetzen.

Soweit mehrere Verwaltungsebenen berührt sind, hat sich eine enge fachliche Abstimmung eingespielt. Verwiesen sei am Beispiel des Bundesimmissionsschutzgesetzes auf die "kaskadenförmige Konkretisierung" von oben nach unten; dieses Verfahren entspricht den Grundsätzen von Dezentralisierung und größtmöglicher Sachnähe.

Problematisch wird die ebenenübergreifende Verflechtung, wenn durch rein fachlich geprägte Vorabstimmungen ("copinage technocratique") Sachzwänge erzeugt werden, die den politischen Entscheidungsspielraum einengen. Es obliegt den Regierungszentralen, sich frühzeitig in die Ausarbeitung solcher Ressortprogramme einzuschalten.

Eine wichtige Bündelungsfunktion auf Landesebene kommt den Landesentwicklungsprogrammen zu. Sie sind in der Regel ein vom Landesgesetzgeber aufgegebenes Instrument, um unter Einbeziehung der geltenden Fachpläne (z.B. Krankenhausplan, Radwegenetz usw.) den anstehenden raumrelevanten Strukturentscheidungen einen Rahmen zu geben.

Rechtspolitisch wird es auch im kommenden Jahrzehnt eine Daueraufgabe sein, innerhalb eines tendenziell zunehmenden Fachplanungsrechts immer wieder einen tragfähigen Kompromiß zwischen Verfahrensbeschleunigung und verstärkter Bürgerbeteiligung auszuloten.

III. Vordenkfunktion

1. Ressortplanung

Die in der Regierungserklärung festgesetzten Ziele sind im Laufe der Legislaturperiode umzusetzen – durch Gesetzentwürfe, Pläne, Förderprogramme, Organisationserlasse. Die planerischen Vorarbeiten bis zur Kabinettsreife werden in den Fachministerien geleistet: Problemanalyse, Entwicklung von Lösungsalternativen (zumindest in der Frühphase), politische Durchsetzungsstrategien. Ob und inwieweit die Regierungszentrale in diese Planungsphase eingeschaltet ist, wird in der Praxis unterschiedlich gehandhabt – beeinflußt sicherlich von einem speziellen Interesse des Regierungschefs am jeweiligen Thema oder vom besonderen Engagement des Grundsatz- oder des Koordinationsreferenten ("Spiegelreferenten").

Eigene Planungen der Regierungszentrale konzentrieren sich zweckmäßig auf solche Themen, die wirklich "grundsätzlicher" Natur sind (wie die Fortentwicklung des Föderalismus; Folgerungen aus dem allgemeinen Wertewandel usw.) oder bei denen aufgrund ihrer ressortübergreifenden Struktur eine zentrale Vorbereitungsphase dienlich ist (z.B. beim Entwurf des Arbeitsauftrages an eine Kommission zur Technikfolgenabschätzung, an eine Bioethikkommission usw.). Grundregel sollte sein, daß in der Zentrale vorstrukturierte Themen nach der politischen Grundsatzentscheidung an das zuständige Ministerium abgegeben werden. Nur so kann die Planungseinheit der Regierungszentrale den Kopf freihalten, um immer wieder neue grundsätzliche oder übergreifende Fragestellungen aufzugreifen.

2. *Externer Sachverstand*

Im Ressort erfolgt die Weichenstellung, inwieweit externer Sachverstand eingeschaltet wird; nicht selten faßt allerdings die Regierungszentrale nach. Die Beiziehung empfiehlt sich vor allem zur Nutzung spezieller "Entscheidungshilfen" oder zur methodischen Vorbereitung von Gesetzestests. § 6 Abs. 5 der Geschäftsordnung der Bayerischen Staatsregierung (StRGeschO 1988) legt dazu fest: "Bei schwierigen Materien kann die Staatsregierung anordnen, daß die in einer Vorlage vorgesehene Regelung zunächst erprobt oder durch Planspiele überprüft wird, wenn das vorlegende Ressort entsprechende Maßnahmen nicht bereits von sich aus durchgeführt hat."

Nach § 28 Abs. 3 der Geschäftsordnung der Regierung des Saarlandes (1991) ist die "Vergabe von Gutachten ..., soweit im Einzelfall der Auftragswert 30.000,-- DM oder mehr beträgt, mit dem Chef der Staatskanzlei abzustimmen."

In den Staatskanzleien von Rheinland-Pfalz und Schleswig-Holstein sind Analysereferate ausgewiesen, die sich unter anderem mit Forschungskoordination befassen sollen. Daß große Wirtschaftsunternehmen eigene Forschungseinrichtungen unterhalten, die unter anderem sorgfältig die – weltweiten – Trends der Branche im Auge behalten, ist selbstverständlich. Beim Staat gilt ein solcher Ansatz noch immer als ungewöhnlich, jedenfalls begründungsbedürftig.

3. *Sensorfunktion*

Damit ist die politische "Sensorfunktion" staatlicher Planungseinheiten angesprochen, unabhängig, ob diese in der Zentrale oder in den Ressorts angesiedelt sind. Hier besteht noch ein deutlicher Handlungsbedarf.

Dem wird zuweilen entgegengehalten, schon der Grundbestand an längst erkannten, aber ungelösten Problemen sei so erdrückend, daß es nicht vordringlich sei, auch noch von Staats wegen nach neuen Fragen Ausschau zu halten; man solle sich auf die Lösung aktueller Probleme beschränken.

Die Konzentration auf eben diese Aufgabe steht ohne Zweifel im Mittelpunkt aller Regierungsarbeit. Das darf aber nicht ausschließen, zumindest in begrenztem Umfang auch Mittel für eine systematische Analyse künftiger Entwicklungen bereitzustellen. Es sollte gewährleistet sein, daß systematisch – wie mit einem ruhigen Scheinwerfer – die "Problemlandschaft der Zukunft" abgesucht wird.

Dabei ist offenkundig, daß dies nicht flächendeckend in jeder der 16 Staats- und Senatskanzleien zu leisten ist, wohl auch nicht allein im Bundeskanzleramt; und zu Recht wird man auf die eine oder andere Forschungseinrichtung hinweisen. Aber bleiben nicht dennoch neue Organisationsformen zur kontinuierlichen, systematischen Ausübung solcher Sensorfunktion erforderlich?

Der Hinweis auf die Subsidiarität staatlicher Zuständigkeiten vermag demgegenüber wenig zu überzeugen. Zweifellos soll der Staat nicht alles selber machen, aber mit Sicherheit wird immer mehr von den Regierungen verlangt werden, daß sie die Dinge nicht auf sich zukommen lassen, daß sie mit- und vordenken, um nicht – wie so oft – nur reagieren zu müssen. So sollten sich Regierungen und Parlamente die Frage stellen, ob wirklich alles verfügbare Wissen systematisch erreichbar ist, wo zusätzliches Wissen dringlich und ob – ganz generell – der Transfer zwischen Forschung und politischer Entscheidungsvorbereitung zufriedenstellend geregelt ist. Für den wirtschaftsorientierten Technologietransfer haben sich praktikable Strukturen entwickelt, bis hin zu Planstellen bei den Hochschulen. Nun ist es sicherlich sehr schwierig, Forschungsergebnisse nicht nur auf ihre ökonomische, sondern auch – oder statt dessen – auf ihre allgemein politische Relevanz hin abzuschätzen. Deshalb fehlt es auch nach wie vor an Patentlösungen. Inwieweit ein etwa vom Bund und den Ländern gemeinsam getragenes "Institut für Folgenforschung und Innovation" in diese Richtung zielen könnte (und sei es zunächst nur im Sinne einer Informationsvermittlung) mag an dieser Stelle offen bleiben. Aber es ist in unserem Kontext darauf hinzuweisen, daß von allen Beteiligten in Politik, Ministerialverwaltung und Wissenschaft zum Stichwort "Sensorfunktion" noch nachgedacht werden muß.

IV. Planungsorganisation in Bund und Ländern

Vor dem Hintergrund der Programm- und Vordenkfunktion politischer Planung in Regierung und (Ministerial-) Verwaltung soll sich ein Blick auf die gegenwärtigen Organisationsstrukturen solcher "Planung" in den Regierungszentralen von Bund und Ländern anschließen. Dabei werden die im Mai 1995 verfügbaren Organisationspläne zugrunde gelegt (in Klammern: Monat des Inkrafttretens).

Bundeskanzleramt (3/95)
Gruppe: Aufgabenplanung der Bundesregierung (u.a.)
Referat: Ablaufplanung; Informationssystem zur Vorhabenplanung der Bundesregierung
Abt.: Gesellschaftliche und politische Analysen
Gruppe: Kommunikation; gesellschaftliche und politische Analysen
Referat: Auswertung von Programmen und Modelle politischer Problemlösung

(sowie verschiedene mit Grundsatzfragen und Finanzplanung usw. befaßte Arbeitseinheiten in anderen Abteilungen)

Baden-Württemberg (4/93)
Abt.: Grundsatz und Planung
Referate: Politische Planung, Politikberatung, Reden, Arbeitsprogramm, wiss. Analysen

Bayern (2/95)

Dem Ministerpräsident zugeordnet: Planungsstab
Referat: Planungsbeauftragter, Grundsatzfragen, allgemeine Regierungserklärungen
Abt.: Grundsatzfragen u.a. (mit entsprechenden Sachreferaten)

Berlin (2/95)

Dem Chef der Senatskanzlei zugeordnet:
Referat: Aufgabenplanung und -koordinierung
Abt.: Grundsatzangelegenheiten u.a. (Schwerpunktvorhaben)
Abt.: Presse und Information
Referat: Politische Planung und Grundsatzangelegenheiten

Brandenburg (2/95)
Referat: Regierungsplanung, Daten, Fakten, Controlling, Projektgruppenarbeit

Bremen (3/95)
Abt.: Koordinationsabteilung
Referat: Landes- und kommunalpolitische Grundsatzfragen, Regierungsprogramme
Abt.: Planungsabteilung
Referate: Grundsatzfragen der Aufgabenplanung, langfristige Globalplanung (Wirtschaft/Demographie), Qualifikationsbezogene/sozialbezogene Ressourcenplanung, Leitung des ressortübergreifenden Arbeitsstabes Aufgabenoptimierung, Koordinierung der Umsetzung des Investitionssonderprogrammes

Hamburg (5/95)
Abt.: Planungsstab
Gruppe: Politische Planung und Querschnittsangelegenheiten
Referate: Auswirkungen europäischer und Bundespolitik auf Hamburg, Struktur- und Entwicklungs-Analysen, Basisdaten, Strukturplanung, Mittelfristige Finanzplanung (weitere Fachreferate zu einzelnen Politikfeldern)

Hessen (1/95)
Dem Ministerpräsidenten zugeordnet:
Abt.: Politische Grundsatzfragen (u.a.).
Referat: Politische Grundsatzfragen
Dem Chef der Senatskanzlei zugeordnet:
Planungsbeauftragter; Grundsatzfragen der politischen Planung
Abt.: Landespolitik
Gruppe: Innovation
Abt.: Information
Referat: Grundsatzfragen und Themenplanung

Mecklenburg-Vorpommern (2/95)
Abt.: Allgemeine Abteilung, Politische Grundsatzfragen (u.a.)
Referat: Politische Grundsatzfragen

Niedersachsen (9/94)
Abt.: Richtlinien der Politik, Ressortkoordinierung und -planung (Fachreferate zu einzelnen Politikfeldern einschl.

Mittelfristige Finanzplanung); Ressortplanung für Innenministerium in Abt. 2

Nordrhein-Westfalen (10/94)
Abt.:	Regierungsplanung und Ressortkoordination
Gruppe:	Regierungsplanung
Referate:	Regierungsplanung und Regierungsprogramm, Landesentwicklungsbericht, Grundfragen des gesellschaftlichen Wandels; längerfristige Regierungsplanung, Aufbereitung planungsrelevanter Daten

Rheinland-Pfalz (4/95)
Abt.:	Grundsatzfragen und Regierungsplanung
Referate:	Richtlinien der Regierungspolitik, Grundsatzfragen der Landesentwicklung, Regierungsprogramm und Regierungsplanung, Analysereferate I und II (einschl. Forschungskoordination)

Saarland (4/95)
Dem Ministerpräsidenten zugeordnet:
Referat:	Grundsatzfragen
Abt.:	Planung, Koordination (u.a.)
Abt.:	Organisation (u.a.)
Referat:	Aufgabenkritik (u.a.)

Sachsen (1/95)
Abt.:	Grundsatz/Planung
Referat:	Grundsätzliche Angelegenheiten

Sachsen-Anhalt (1/95)
Abt.:	Verwaltung, Organisation
Referat:	Aufgabenplanung (u.a.)

Schleswig-Holstein (6/94)
Abt.:	Ressortkoordinierung, Planung
Referate:	Arbeitsprogramm der Landesregierung, Planung und Controlling, Erfolgskontrolle Regierungsprogramm, Analysen, Statistik und Strukturdaten, Koordinierung externer Beratung, Schwerpunktaufgaben

Thüringen (2/95)

Abt.: Zentralabteilung/Grundsatzangelegenheiten der Regierungsarbeit
Referat: Grundsatzfragen der Regierungsarbeit.

V. Ausblick

Bei einer Analyse dieses Datenmaterials bleibt zu beachten, daß Organigramme immer nur Grobstrukturen skizzieren, hinter denen sich – je nach politischer Rückendeckung, personeller Ausstattung und Auftragslage – recht unterschiedliche Planungskapazitäten verbergen. Hinzu kommt, daß natürlich auch in anderen Arbeitseinheiten planerisch und konzeptionell gedacht wird, zumal in den Grundsatzreferaten der Fachabteilungen. Gleichwohl vermittelt diese Momentaufnahme aus 17 Regierungszentralen einen praxisnahen Zugang zum gegenwärtigen Spektrum der politischen Planung in Deutschland.

Dessen Bandbreite dürfte auf absehbare Zeit konstant bleiben. Dies gilt auch für den verfassungspolitischen Grundkonsens, daß nämlich alle staatliche Planung nicht der Versuchung nachgeben darf, eigenmächtig und "verplanend" zu werden, sondern ihren Beitrag dazu leisten muß, den Freiheitsraum des einzelnen und der Gesellschaft zu erhalten und zu stärken – einschließlich des Freiraums kommender Generationen. Insbesondere eine verantwortungsvolle Ressourcenplanung entspricht in besonderer Weise der zukunftsgerichteten Dimension des Sozialstaatsgebotes; dies muß noch deutlicher erkannt – und anerkannt – werden.

Wir können auch davon ausgehen, daß die Anforderungen an die Vordenk- und Programmfunktion politischer Planung zunehmen, unabhängig vom jeweiligen Planungskonzept. Das hängt einmal mit der wachsenden Komplexität politischer Entscheidungen zusammen. Aber es gibt einen zusätzlichen Grund dafür, daß Bund und Länder sich nicht aus dem Planungsprozeß ausblenden können: Die immer stärkere Einbindung in planungsrelevante Vorgaben der Europäischen Union. Zahllose Grün- und Weißbücher, Richtlinien und Verordnungen sprechen eine klare Sprache. Zur Interessenwahrung ist es unverzichtbar, die eigene Position bereits in der Frühphase einzubringen, wenn etwa die Parameter neuer Förderprogramme festgelegt werden.

Rechtzeitige Mitwirkung im europäischen Planungsprozeß setzt qualifizierte Datenaufbereitung und politische Zielvorgabe voraus, vor allem aber die Beherrschung der einschlägigen Planungsinstrumente auf europäischer Ebene, und zwar nicht nur durch die deutschen Experten in Brüssel und Straßburg, sondern zunehmend auch auf Ressortebene. Hier ist noch viel zu tun – für Politik und Ministerialverwaltung, aber auch bei der wissenschaftlichen Durchdringung und Vermittlung in Aus- und Fortbildung.

Solche Verflechtung wird nicht auf den Planungsraum der Europäischen Union begrenzt bleiben. Um so ermutigender ist es, schon heute auf Planungsvorhaben buchstäblich weltweiter Dimension zu stoßen: Zum Beispiel auf die 650 Seiten starke Delphi-Studie, ein Projekt, das nach japanischem Vorbild vom Planungsbeauftragten des Bundesministers für Forschung und Technologie aufgegriffen und vom Fraunhofer-Institut für Systemtechnik und Innovationsforschung (ISI) in Karlsruhe realisiert wurde.

Unter Rückgriff auf langjährige japanische Erfahrungen und einen dort erprobten Fragenkatalog wurden im August 1992 3.534 Experten angeschrieben – mit insgesamt 1.147 Fragen aus 16 Feldern. 40 % der Befragten waren an Hochschulen, 40 % in der Wirtschaft, 15 % im öffentlichen Dienst und 5 % in sonstigen Einrichtungen beschäftigt. Die Bögen enthielten Thesen über vorstellbare Innovationen, die auf ihre Realisierungschance hin beurteilt werden sollten. Die Auswertung ist noch im Gange; wenn es geht, soll die nächste Frageserie in 1996 zeitgleich mit den Japanern gestartet werden.

In einem Bericht über dieses Projekt heißt es bezeichnenderweise: "Nicht Appolons Worte, die der Sage nach aus Pythia's Mund kamen, verhalfen dem Orakel (von Delphi) zu seinem Ruhm, sondern das umfassende Wissen der Priester. Ihre Aufgabe war es, möglichst viele Informationen zu sammeln und weiterzugeben" – womit der Bogen zur Schlüsselrolle eines systematisch aufgebauten Informationsmanagements wieder geschlagen wäre.

Literatur

Böhret, Carl, Grundriß der Planungspraxis, Opladen 1975.
Böhret, Carl, Folgen, Entwurf für eine aktive Politik gegen schleichende Katastrophen, Opladen 1990.
Gebauer, Klaus-Eckart, Nachdenken als Verfassungsauftrag, Über Notwendigkeit und Not staatlicher Planung, in: *Fürst, Walter/Herzog, Roman/Umbach, Dieter* (Hrsg.), Festschrift für Wolfgang Zeidler, Berlin 1987, S. 1139 ff.
Gebauer, Klaus-Eckart, Zur Optimierung von Koordination und Planung in einer Regierungszentrale, in: Verwaltungs-Archiv 85, 1994, S. 485 ff.

Häußer, Otto, Die Staatskanzleien der Länder, Aufgabe, Funktionen, Personal und Organisation unter Berücksichtigung des Aufbaus in den neuen Ländern, Baden-Baden 1995.

Hartwich, Hans-Hermann/Wewer, Göttrik (Hrsg.), Regieren in der Bundesrepublik, Bände 1-5, Opladen 1990-1993.

Jann, Werner, Politik als Aufgabe der Bürokratie: Die Ministerialbürokratie im politischen System der Bundesrepublik im Vergleich zu anderen westlichen Demokratien, in: Politische Bildung 1988, S. 39 ff.

König, Klaus, Staatskanzleien. Funktionen und Organisation, Opladen 1993.

Mayntz, Renate/Scharpf, Fritz, (Hrsg.), Planungsorganisation, Die Diskussion um die Reform von Regierung und Verwaltung des Bundes, München 1973.

Müller, Bernd, Der Seher von Karlsruhe, in: bild der wissenschaft 2/1995, S. 68 f. (weitere Beiträge zum Delphi-Report im gleichen Heft).

Murswieck, Axel (Hrsg.), Regieren und Politikberatung, Opladen 1994.

Siedentopf, Heinrich (Hrsg.), Regierungspolitik und Koordination, Berlin 1976.

Sprengkamp, Heinz-Josef, Regierungszentralen in Deutschland, Bibliographie mit Annotierungen, 2. Auflage, Speyer 1992.

Steinberg, Rudolf, Fachplanung, Das Recht der Fachplanung unter Berücksichtigung des Naturschutzes und der Umweltverträglichkeitsprüfung, Baden-Baden 1993.

Wagener, Frido, Öffentliche Planung in Bund und Ländern, in: *Szyperski, Norbert/Wienand, Udo* (Hrsg.), Handwörterbuch der Planung, Stuttgart 1989, Sp. 1277 ff.

Gottfried Schmitz

3. Räumliche Planung

Inhaltsübersicht

I. Gegenstand und Elemente raumbezogener Planung
II. Aufgaben und Inhalte
III. Planungsebenen und Planungsinstrumente
    1. Gemeindliche Planung
    2. Regionale Planung
    3. Raumordnung und Landesplanung in den Ländern
    4. Raumordnung auf Bundesebene
IV. Gesamtsystem räumlicher Planung im Bundesgebiet (Zusammenfassung)

I. Gegenstand und Elemente raumbezogener Planung

Neben der Haushalts- und Finanzplanung gehört die räumliche Planung zu den traditionsreichsten, differenziertesten und auffälligsten Planungsaufgaben öffentlicher Institutionen. Zu den erkennbaren Ergebnissen raumbezogener planerischer Konzepte und Regelungen im weiteren Sinne als Steuerungsinstrumente räumlicher Entwicklungen gehören z.B. die Zeugnisse klassischer Städtegründungen und überkommener Siedlungsformen ebenso wie die Städtesysteme des Industriezeitalters und die modernen Verkehrsachsen, die geordnete Nutzung der Bodenschätze ebenso wie die Naturreservate, die Kulturlandschaft und das Landschaftsbild.

Planung, die sich auf die Gestaltung des Raumes bezieht, versteht unter Raum den vom Menschen besiedelten Teil der Erde, dessen Beschaffenheit die menschlichen Lebensmöglichkeiten bestimmt und der andererseits durch das menschliche Verhalten mitgestaltet wird. Planung, die den Raum – ein mehrdimensionales Gebilde – als menschliche Lebensumwelt begreift, muß nachhaltig wirksame Lebensbedingungen zum Ziele haben und dabei beachten, daß der Raum ein Wirkungsgefüge sowohl natürlicher als auch anthropogener Faktoren ist, daß er das Ergebnis langwieriger landschaftsgestaltender Prozesse und früherer Eingriffe und Entscheidungen sein kann, daß die menschlichen Tätigkeiten in Vergangenheit und Zukunft seine Gestalt und Struktur in erheblichem Maße bestimmen. Diese Spannweite des Raumbegriffs drückt zugleich auch den komplexen Charakter raumplanerischer Ansätze und Aufgabenstellungen aus, die sich nicht zuletzt in der Organisationsstruktur der Aufgabenwahrnehmung niederschlagen.

Die vorgefundene räumliche Ordnung unter Berücksichtigung der sich ändernden gesellschaftlichen Raumansprüche im Sinne einer Optimierung räumlicher Lebensbedingungen zu sichern und/oder zu verändern, das heißt zu gestalten, ist die Aufgabenstellung raumbezogener Planung als öffentliche Aufgabe. Dabei geht es nicht nur um die Raumnutzung im engeren Sinne, etwa um die Gewinnung von Bodenschätzen, um die land- und forstwirtschaftliche Nutzung, um bauliche Nutzungen oder etwa in bestimmtem Umfange um die Nutzung des Luftraumes. Mehr noch stehen im Mittelpunkt planerischer Konzepte die mit der Besiedlungsstruktur verbundenen oder einhergehenden Produktions-, Versorgungs-, Verkehrs- und Erholungsfunktionen sowie die Sicherung der Naturraumpotentiale, vor allem aber deren Zuordnung – soweit gestaltbar – zueinander, das heißt es geht um deren Standort.

Die konkurrierenden Raumansprüche als Folge des Verstädterungsprozesses, der zunehmenden Bevölkerungsdichte insgesamt, der Agglomerationstendenzen im Industriezeitalter und der im Zusammenhang damit wachsenden Bedeutung landschaftsökologischer Erfordernisse, sind die Hauptgründe für die spezifische Entwicklung der deutschen Raumplanung und des Raumplanungsrechts. Die Festlegung und Regulierung der Bodennutzung in materieller und formeller Hinsicht durch das raumplanerische Instrumentarium spielt traditionell eine große Rolle. Durch eine umfassende Standortvorsorge für die Einrichtungen der Versorgungs- und Entsorgungs-Infrastruktur und für die übrigen raumbeanspruchenden öffentlichen und privaten Einrichtungen der Daseinsvorsorge wird ein starker Einfluß auf die räumliche, die soziale und die wirtschaftliche Entwicklung in einem bestimmten Gebiet ausgeübt. Darüber hinaus wird durch bestimmte Instrumente der Raumordnung und Landesplanung eine Verknüpfung der räumlichen Planung mit weiteren bedeutenden raumwirksamen Maßnahmen, Entscheidungen und Investitionen erreicht.

Planung dient der Vorbereitung von Entscheidungen über einen längeren Zeitraum. Mit dem Begriff "Planung" wird in der Regel Rationalität, Zukunftsorientierung, Steuerung und Koordination gedanklich und tatsächlich verbunden. Bei der raumbezogenen Planung (Raumplanung) kommt hinzu, daß sie Teil komplexer Planungs- und

Entscheidungsstrukturen ist. Zu unterscheiden sind demnach die Planung der Planung als Prozeß, Inhalt sowie Form und Verfahren der Planung, wofür in Abhängigkeit von der Planungsebene im Laufe der Zeit unterschiedlich komplizierte Regelungen gefunden wurden.

Räumliche Planung soll hier als querschnittsbezogene Ressourcenplanung verstanden werden, als fach- und sektorübergreifende integrierende Raumplanung, die ihre Ziele zur Ordnung und Entwicklung des Raumes (einer Gemeinde, einer Region, eines Landes oder darüber hinaus) in Programmen und Plänen darstellt, die ihrerseits von den vielen Akteuren und Nutzern im Raum zu beachten sind. Raumplanung in diesem Sinne ist ein politisch-administrativer Prozeß der Konsensfindung, der Ausgleich und Optimierung von Einzel-, Gruppen- und Gemeinwohlinteressen in der Raumnutzung zum Ziele hat.

II. Aufgaben und Inhalte

In unserem, im deutschen Verständnis räumlicher Planung, die vor allem auch durch ihren mehrstufigen Aufbau geprägt ist, welcher wiederum eine Konsequenz des föderal gegliederten Staatswesens mit einer starken Gemeindeautonomie ist, gibt es ein fruchtbares Spannungsverhältnis bei der Planung zwischen örtlichen und überörtlichen Interessen und Erfordernissen. Raumordnung und Landesplanung inklusive Regionalplanung haben mit ihrer übergeordneten, überörtlichen, zusammenfassenden und längerfristig orientierten Ordnungs- und Entwicklungsaufgabe systematisch und rechtlich Vorrang vor der gemeindlichen Planung und den verschiedenen Fachplanungen. Die politisch und rechtlich starke Position der Kommunen und Fachbehörden zwingt deshalb die überörtliche Planung zur Fixierung ihrer Grundsätze und Ziele. Diese sind im Raumordnungsgesetz des Bundes verankert.

Danach soll die Struktur des Gesamtraumes durch ein ausgewogenes Verhältnis zwischen Verdichtungsräumen und ländlichen Räumen entwickelt und ihre gegenseitigen Verflechtungen verbessert werden. Die Herstellung gesunder Lebensbedingungen im Sinne einer Optimierung wirtschaftlicher, sozialer, kultureller und ökologischer Verhältnisse soll Maßstab für deren Sicherung und Weiterentwicklung sein. Besondere Grundsätze gelten auch für die Problemgebiete wie "zurückgebliebene" Gebiete und die Gebiete entlang der ehemaligen Zonengrenze ("DDR") oder für die Verdichtungsräume, die ländlichen Räume und für verschiedene, raumordnerisch wichtige Fachbereiche, wie die Land- und Forstwirtschaft, für den Schutz, die Pflege und die Entwicklung von Natur und Landschaft, für die Rohstoffsicherung, für die Erholung, für den Wohnbedarf und für die Berücksichtigung besonderer landsmannschaftlicher, geschichtlicher und kultureller Zusammenhänge.

Hinter diesen Grundsätzen der Raumordnung sind Elemente eines Leitbildes künftiger räumlicher Ordnung erkennbar, das in seinen Grundzügen etwa folgende Leitvorstellungen berücksichtigt:
- Die anzustrebende räumliche Ordnung soll der freien Entfaltung der Persönlichkeit in der Gemeinschaft und der Sicherung ihrer Existenzgrundlagen dienen;
- Die dezentrale Raum- und Siedlungsstruktur soll erhalten und weiter ausgebaut werden;
- In den Teilräumen des Bundesgebietes sollen gleichwertige Lebensverhältnisse erreicht werden;
- Die natürlichen Lebensgrundlagen sollen geschützt werden;
- Die regionale Vielfalt soll in ihrer jeweils besonderen landsmannschaftlichen, kulturellen, sozioökonomischen und ökologischen Ausprägung gestärkt werden;
- Der Mittellage im offener gewordenen Europa entsprechend (Europäischer Binnenmarkt, Wegfall des "Eisernen Vorhangs"), ist den zunehmenden grenzüberschreitenden Verflechtungen Rechnung zu tragen.

Die Konkretisierung dieser Leitvorstellungen erfolgt in den Programmen und Plänen der Raumordnung und Landesplanung.

Eine Projektion dieser gesamträumlichen Leitvorstellungen für die künftige räumliche Ordnung auf die Ebene der realen Raumstruktur, auf die Siedlungsstruktur unserer Städte und Gemeinden, läßt den Umfang der Herausforderungen an eine verantwortliche, zukunftsorientierte räumliche Planung auf der örtlichen Ebene erahnen. Denn kaum eine örtliche Einheit, keine Groß- oder Mittelstadt, keine ländliche Gemeinde bleibt von den raumstrukturellen Prozessen, auf die sich die aufgeführten Leitvorstellungen beziehen, unberührt.

Brennpunkt dieser Entwicklungsprozesse ist die Stadt, genauer: die Stadt und ihr Umland. Die aktuellen Aufgaben räumlicher Planung ergeben sich aus den Prinzipien einer umfassenden Stadtentwicklung und ihrer Steuerung, wie sie etwa der Kommissionsbericht "Zukunft Stadt 2000" auf dem Hintergrund längerfristig wirksamer Trends herausgearbeitet hat.

Unter Verwendung und in Ergänzung dieses Kommissionsberichtes lassen sich etwa folgende Hauptprinzipien für eine zukunftsorientierte Stadtentwicklung und damit für eine ziel- und handlungskonforme räumliche Planung in den Gemeinden ableiten:
- Die Stadtentwicklung muß eingebettet sein in regionale Entwicklungskonzepte.

- Es muß eine Balance zwischen Mischung von Aktionsräumen und funktionaler Trennung in der Stadtstruktur erreicht werden.
- Eine Balance gilt es auch zwischen Permanenz und Wandel, zwischen Bewahrung historisch gewachsener Strukturen, Zeugnissen der Vergangenheit und modernen Anforderung und Formen der Stadtgestaltung zu entwickeln.
- Mit den Ressourcen ist schonend umzugehen, um umweltverträgliche Bedingungen in der Stadt- und Stadtregion zu sichern.
- Tertiärisierung und Umstrukturierung der Wirtschaft sind in den Dienst der Stadtentwicklung zu stellen.
- Die soziale Stadt verlangt eine Planung, die auf die Bedürfnisse benachteiligter Gruppen der Gesellschaft Rücksicht nimmt.
- Die freiwillige und die erzwungene "Übermobilität" ist durch verkehrsmindernde Siedlungsplanung, durch technikgestütztes Management des Verkehrssystems und durch die Rückführung bestimmter Mobilitätssubventionen abzubauen.
- Der öffentliche Sektor ist im Sinne einer Leistungsorganisation zu modernisieren.
- Prinzipien und Pläne reichen allein nicht, die individuellen Verhaltungsweisen müssen mehr über die Steuerungsfunktion der Preise/Entgelte beeinflußt werden.
- Kompakte Städte in polyzentrischen Stadtregionen sollen das Muster einer am ehesten noch umweltverträglichen und kooperativ mit den kommunalen Partnern umgehenden Stadt (Städtenetz) sein.

Damit ist der Rahmen abgesteckt, innerhalb dessen räumliche Planung ihren Beitrag zur Steuerung örtlicher, regionaler und großräumiger Entwicklungsprozesse zu leisten hat. Zugleich wird auch deutlich, daß räumliche Planung nicht allein Initiator, treibende Kraft und Regulator räumlicher Entwicklungen ist, daß sie aber in ihrer raumbezogenen Koordinierungsfunktion der raumwirksamen und raumbeanspruchenden Daseinsgrundfunktionen: wohnen, arbeiten, sich erholen, sich fortbewegen, sich bilden, in Gemeinschaft sein, unverzichtbar ist.

III. Planungsebenen und Planungsinstrumente

1. Gemeindliche Planung

Die Ordnung, Gestaltung und Entwicklung des Gemeindegebietes gehört zu den ureigensten Aufgaben der verfaßten örtlichen Gemeinschaft, der Gemeinde. Sie findet ihren rechtlichen Rahmen in der Planungshoheit als Ausfluß der gemeindlichen Selbstverwaltung, die durch Grundgesetz und Länderverfassungen garantiert ist.

Bei der gemeindlichen Planung sind zu unterscheiden: die informellen Planungen mit unterschiedlichsten Planinhalten, wie etwa umfassende Entwicklungspläne, städtebauliche Rahmenpläne, Sanierungskonzepte, Orts- oder Stadtteilentwicklungskonzepte, Generalverkehrspläne einerseits und die förmliche, im Baugesetzbuch des Bundes geregelte Bauleitplanung. Die "informellen" Pläne, Programme, Konzepte dienen teils zur Vorbereitung oder Begründung der förmlichen Bauleitplanung, teils tragen sie dem Bedürfnis der Verwaltungspraxis nach flexibleren, anpassungsfähigeren, übergreifenden, spezifischen lang-, mittel- oder kurzfristigen Bedarfs-, Investitions- oder Maßnahmenplanungen mit unterschiedlichen Beteiligungs- und Verfahrensweisen Rechnung. Die Tatsache, daß diese informellen Pläne keine unmittelbaren oder rechtlichen Bindungswirkungen besitzen und damit auch keine Selbstbindung der Gemeinde hervorrufen, mindert nicht ihre faktische Bedeutung für die Darstellung der Ziele gemeindlicher Entwicklungspolitik und ihre wichtige Rolle als Entscheidungshilfe für die Bauleitplanung.

Die durchgreifendsten Wirkungen für die gemeindliche räumliche Ordnung und Entwicklung werden mit dem Instrumentarium der Bauleitplanung erzielt. Aufgabe der Bauleitplanung nach dem Baugesetzbuch des Bundes (BauGB) ist es, die bauliche und sonstige Nutzung der Grundstücke in der Gemeinde vorzubereiten und zu leiten sowie eine geordnete städtebauliche Entwicklung zu gewährleisten. Das Baugesetzbuch enthält auch die Grundsätze, die bei der Aufstellung der Bauleitpläne zu berücksichtigen sind und die dazu beitragen sollen, eine am Wohl der Allgemeinheit orientierte sozialgerechte Bodennutzung zu gewährleisten, eine menschenwürdige Umwelt zu sichern und die natürlichen Lebensgrundlagen zu schützen (§ 1 Abs. 5 BauGB). Der Grundtatsache, daß der Boden als Teil der besiedelbaren Erdoberfläche nicht vermehrbar ist, wird in dem herausgehobenen Grundsatz Rechnung getragen, daß mit Grund und Boden sparsam und schonend umgegangen werden soll.

Zu den grundsätzlichen Verfahrensvorschriften gehört, daß bei der Aufstellung der Bauleitpläne die öffentlichen und die privaten Belange gegeneinander und untereinander gerecht abzuwägen (§ 5 Abs. 6 BauGB) und daß die Pläne den Zielen der Raumordnung und Landesplanung anzupassen sind (§ 1 Abs. 4 BauGB). Als Mittel zur Sicherung der Planverwirklichung steht ein reichhaltiges Instrumentarium zur Verfügung. Dazu zählen: die Veränderungssperre, die Zurückstellung von Baugesuchen, die Teilungsgenehmigung oder auch das allgemeine und besondere Vorkaufsrecht der Gemeinde bei Grundstücksveräußerungen, Genehmigungsvorbehalte (Baugenehmigung), bodenordnende Maßnahmen (z.B. Umlegung), die Anordnung städtebaulicher Gebote, wie das Baugebot, das Planungsgebot, das Abbruchgebot, das Modernisierungsgebot und das Instandsetzungsgebot. Der Verwirklichung der Bauleitpläne dienen im weiteren Sinne auch die planvorbereitenden und planbegleitenden Instrumente wie die Bürgerbeteiligung und der Sozialplan im Falle besonderer Benachteiligungen bei Sanierungsprojekten.

Die gemeindliche räumliche Planung erfolgt in zwei Stufen. Der Flächennutzungsplan wird für das Gesamtgebiet der Gemeinde aufgestellt, sofern es nicht geboten ist, daß benachbarte Gemeinden wegen gemeinsamer Voraussetzungen und Bedürfnisse der städtebaulichen Entwicklung einen gemeinsamen Flächennutzungsplan aufstellen (vgl. § 204 BauGB).

Im Flächennutzungsplan ist nach den voraussehbaren Bedürfnissen die sich aus der beabsichtigten städtebaulichen Entwicklung ergebende Art der Bodennutzung in den Grundzügen darzustellen (vgl. § 5 BauGB) .

Damit ist aus dem Flächennutzungsplan erkennbar, welche Raumnutzung und welche städtebauliche Entwicklung die Gemeinde anstrebt, und zugleich integriert er die überörtlichen raumrelevanten Ziele und die raumbeanspruchenden Planungen in den gemeindlichen Bereich. Damit erfüllt der Flächennutzungsplan auf der örtlichen Ebene eine entscheidende, auf die künftige räumliche Entwicklung ausgerichtete Programm- und Koordinierungsfunktion. Dies ergibt sich aus der Art und dem Umfang der im Flächennutzungsplan möglichen Flächenausweisungen. Es können nämlich nicht nur dargestellt werden (vor allem)
– die Bauflächen nach der Art ihrer Nutzung,
– die Flächen für die Ausstattung mit Einrichtungen der Versorgung und Entsorgung im öffentlichen und privaten Bereich, für Einrichtungen des Gemeinbedarfs wie bauliche Anlagen für Schulen, Kirchen und sonstige soziale, gesundheitliche und kulturelle Zwecke sowie Flächen für Sport- und Spielanlagen,
– Flächen für überörtlichen und örtlichen Verkehr,
– Wasserflächen, Flächen für Häfen und für die Wasserwirtschaft und den Hochwasserschutz,
– Flächen für den Abbau von Bodenschätzen, für die Land- und Forstwirtschaft,
– Flächen für Maßnahmen zum Schutz, zur Pflege und zur Entwicklung von Natur und Landschaft,

sondern es sollen auch gekennzeichnet werden
– Flächen, in denen besondere Vorkehrungen gegen äußere Gewalt oder in denen besondere bauliche Sicherungsmaßnahmen gegen Naturgewalten erforderlich sind,
– Flächen, unter denen Bergbau betrieben wird und
– Flächen, deren Böden erheblich mit umweltgefährdenden Stoffen belastet sind.

Der Koordinierung räumlicher Planung dient die Vorschrift, daß Planungen und Nutzungsregelungen nach anderen gesetzlichen Vorschriften nachrichtlich übernommen oder Absichten dieser Art im Flächennutzungsplan vermerkt werden sollen.

Die zweite Stufe der gemeindlichen Bauleitplanung findet ihr abschließendes Ergebnis im Bebauungsplan (vgl. § 8 BauGB) für Teilgebiete der Gemeinde. Er ist aus dem längerfristig (10 bis 15 Jahre) geltenden Flächennutzungsplan zu entwickeln und enthält die gegenüber jedermann verbindlichen materiellrechtlichen Festlegungen in Konkretisierung des Flächennutzungsplanes, der lediglich "behördenverbindlich" ist. Wichtig für den Planungsprozeß ist darüber hinaus die Funktion des Bebauungsplanes, die Grundlage für die meisten zum Vollzug des BauGB erforderlichen Maßnahmen zu sein (wie Zulässigkeit von Bauvorhaben, Vorkaufsrechte, Enteignung, Baugebote und anderes).

In der Baunutzungsverordnung sind die Festsetzungsmöglichkeiten über die bauliche Nutzung konkretisiert und genauer definiert und durch die Planzeichenverordnung wird sichergestellt, daß eindeutige Darstellungen in den Bauleitplänen erfolgen, die im übrigen in den Plänen zu erklären sind.

Von den Umsetzungsinstrumenten der Bauleitplanung soll hier neben dem sogenannten städtebaulichen Vertrag vor allem der Vorhaben- und Erschließungsplan (§ 7 BauGB-MaßG) erwähnt werden, der durch eine gemeindliche Plansatzung aufgestellt wird und der ähnliche Rechtswirkungen wie ein Bebauungsplan hat, der sich aber durch ein beschleunigtes Verfahren und durch Konzentration auf Projekte einzelner Vorhabenträger auszeichnet und der auch die Verpflichtungen des Vorhabenträgers zur Übernahme der Erschließungskosten regelt.

Die Bauleitplanung der Gemeinden ist Selbstverwaltungsangelegenheit und eine weisungsfreie Pflichtaufgabe im Rahmen der Gesetze. Im Baugesetzbuch hat der Bundesgesetzgeber das städtebauliche Bodenrecht, das nach Art. 74 Nr. 18 Grundgesetz zur konkurrierenden Gesetzgebung zählt, abschließend geregelt. Daraus folgt auch, daß ein unmittelbarer Durchgriff auf die Bodennutzung durch übergemeindliche Raumplanung grundsätzlich nicht statthaft ist.

Dennoch führt kein Weg daran vorbei, daß raumbedeutsame Planungen und Maßnahmen von überörtlicher Bedeutung im Zuständigkeitsbereich staatlicher oder sonstiger Aufgabenträger auch Grund und Boden beanspruchen und darüber hinaus auch auf die Bodennutzung einwirken können. Die Nahtstellen zwischen örtlicher und überörtlicher Gesamtplanung, zwischen örtlicher und überörtlicher Fachplanung und deren wechselseitigen Anpassungs- und Berücksichtigungserfordernissen sind wichtige Bestimmungsgründe für das gestufte System räumlicher Planung und der Raumplanungsorganisation auf mehreren Ebenen. Sie geben allerdings auch von Zeit zu Zeit Anlaß, über Planinhalte, Planungsverfahren und Planungsorganisation aufgrund sich ändernder Anforderungen von Politik und Gesellschaft nachzudenken.

2. *Regionale Planung*

Die Notwendigkeit, über Gemeindegrenzen hinweg sich mit den Einflußgrößen räumlicher Entwicklungen zu beschäftigen, überörtlich zu denken und zu planen wurde bereits in der Zeit vor dem Ersten Weltkrieg erkannt. Die Grundgedanken für einen regionalen "Generalsiedlungsplan" wurden z.B. schon von *Robert Schmidt* im Jahre 1912 formuliert.

Von ihrer Entstehungsgeschichte her gesehen ist die heute rechtlich ausgeformte Regionalplanung eine Antwort auf die Umwelt- und Strukturprobleme der Anfang dieses Jahrhunderts entstehenden Ballungsräume (Zweckverband Groß-Berlin 1912; Siedlungsverband Ruhrkohlenbezirk 1920; Planungsgemeinschaften in den mitteldeutschen Industrierevieren in den 20er und 30er Jahren). Man hat diese Vorreiterrolle damit charakterisiert, daß die Regionalplanung eigentlich die Mutter der Landesplanung sei. Nach der Konsolidierung der Landesplanung in den Bundesländern und nach dem Erlaß des Raumordnungsgesetzes des Bundes im Jahre 1965 entstand in den westlichen Bundesländern eine fast flächendeckende Regionalplanung. Nach der deutschen Vereinigung 1990 wurde in allen neuen Bundesländern die Regionalplanung mit dem gleichen inhaltlichen Auftrag eingerichtet. Zur Zeit gibt es rund 110 Regionen, in denen regionale Planung betrieben wird.

Nicht nur ihr geschichtlicher Hintergrund, auch ihre spezifische Aufgabenstellung im Zuge der Entwicklung der Raum- und Siedlungsstruktur berechtigen zu ihrem eigenständigen, das heißt gegenüber der übergeordneten oder höherstufigen Raumordnung und Landesplanung sowie gegenüber der gemeindlichen Planung abgegrenzten, Planungsauftrag. Ihre Planungsaufgabe ist die vorausschauende, zusammenfassende, überörtliche und überfachliche Planung für die raum- und siedlungsstrukturelle Entwicklung der Region auf längere Sicht.

Im Maßstab der Regionalplanung werden die Raumnutzungskonflikte sichtbar und die Abstimmungserfordernisse besser erkennbar als auf der Maßstabsebene gemeindlichörtlicher Planung oder der übergeordneten Landesplanung. Damit hat die Regionalplanung eine wichtige Mittlerfunktion zwischen der räumlichen Gesamtplanung auf der Bundes- und Länderebene und den Kommunen. Diese Mittlerfunktion ist bei dem notwendigerweise hohen Abstraktionsgrad, der für ein ganzes Bundesland in Programmen und Plänen darzustellenden Entwicklungsziele regelmäßig erforderlich. Durch die regionale Ausformung der Ziele der Raumordnung und Landesplanung erhalten diese für viele Planungsbereiche erst ihre volle Aussagekraft und Anwendbarkeit. So wird eine konkrete Anpassung der Bauleitplanung der Gemeinden und eine ausreichende Berücksichtigung der Fachplanungen an die überörtliche Gesamtplanung erreicht. Andererseits wird eine problemorientierte Regionalplanung immer auch örtliche und kleinräumige Probleme und Entwicklungsimpulse aufgreifen und nach Konfliktlösungen über bestehende Verwaltungsgrenzen hinweg suchen.

Daraus ergeben sich für die Regionalplanung drei Hauptaufgaben:

a) die vorgegebenen Grundsätze, Ziele und sonstigen Erfordernisse der Raumordnung und Landesplanung des Bundes und des betreffenden Landes (im Falle der grenzüberschreitenden Regionalplanung der beteiligten Länder) für die Region auszuformen und zu konkretisieren,

b) die regionsspezifischen Struktur- und Entwicklungsprobleme aufzuarbeiten und daraus unter Einbeziehung kommunaler Planungen entsprechende Zielvorstellungen abzuleiten,

c) die überregionalen Vorgaben mit den regionalen Bedürfnissen zu einer abgestimmten regionalen Entwicklungskonzeption zu verbinden und diese im Regionalplan festzulegen.

Regionalplanung ist in ihrem Kern Koordinierung staatlicher, gesellschaftlicher, wirtschaftlicher und kommunaler Planungsabsichten zur Realisierung konkreter Raumansprüche und deren Abstimmung bzw. Vereinbarmachung mit den regionalen Ordnungs- und Entwicklungsvorstellungen. So hat der Regionalplan eine Steuerungsfunktion gegenüber öffentlichen Planungsträgern, eine Konfliktregelungsfunktion bei widerstreitenden Raumnutzungszielen, eine Implementationsfunktion gegenüber großräumigen landesplanerischen Zielen und er hat schließlich die wichtige Funktion der Akzeptanzgewinnung für öffentliche Raumnutzungen.

Die Aufgabe der Regionalplanung liegt damit an der Nahtstelle zwischen örtlichen und überörtlichen (regionalen) Interessen, zwischen einzelfachlichen und überfachlichen bzw. gesamträumlichen Standort- und Flächenansprüchen, zwischen individuellen und gemeinwohlorientierten Bedürfnissen in der Region.

Die Regelungskompetenz für die Regionalplanung liegt bei den Ländern. Dies führt zwangsläufig zu unterschiedlichen Abgrenzungen der regionalen Planungsräume für die Regionalplanung. Bei der Mehrzahl der Planungsregionen dominieren funktionale Abgrenzungskriterien, wie die Orientierung auf Oberzentren und die Verflechtungsbereiche der Mittelzentren. Eine große Rolle spielen bei der Regionsabgrenzung auch sozioökonomische Merkmale (z.B. Arbeitsplatz-Pendler-Beziehungen), Erreichbarkeitskriterien und politisch-administrative Fakten, wie z.B. die Grenzen der Bundesländer. Lage, Struktur, Zuschnitt und Größe der Regionen beeinflussen auch in starkem Maße die regionalen Entwicklungsbedingungen, die regionale Planungspolitik und die materiellen Inhalte der Planungskonzepte.

Die Bandbreite der länderweisen Regelungen über Planungsgrundlagen, Planungsinhalte und Planungsverfahren sowie die tatsächliche regionalplanerische Praxis hat in jüngster Zeit zur Forderung nach bundeseinheitlicher Regelung des Mindestinhaltes der Regionalpläne geführt.

Da Regionalpläne Instrumente der jeweiligen Regionalpolitik sind, entziehen sie sich weitgehend einer generalisierenden und vergleichenden Bewertung. Denn es ist schon ein Unterschied, ob es sich um eine hochverdichtete Region, um eine Region im mehr ländlichen Raum, um eine Region mit großen Umweltbelastungen, um eine Region mit mehr wachsenden oder mehr schrumpfenden Industriebranchen und entsprechenden Arbeitsplatzentwicklungen handelt, ob Dienstleistungen und großräumige metropolitane Funktionen eine maßgebliche Rolle spielen oder ob die Zentren nur Versorgungsfunktionen von lediglich regionaler oder auch überregionaler Bedeutung haben, ob Altlasten und alte Arbeitsplatzstrukturen oder Konversionsaufgaben die Regionalplanung dominieren. Dies alles bestimmt inhaltlich das räumliche Planungs- und Entwicklungskonzept für eine Region. Entscheidend ist, daß den entsprechenden planerischen Elementen des Regionalplanes (verbale Zielsetzungen, Abgrenzung von Funktionsräumen in der zeichnerischen Darstellung des Planes, quantitative Soll-Standards) ein konsistentes Konzept zugrunde liegt, das heißt daß sie in ihren gegenseitigen Abhängigkeiten bzw. in ihrer sachlich, räumlich und zeitlich richtigen Zuordnung zueinander konzipiert und dargestellt sind.

Die wichtigsten Elemente eines Regionalplanes sind das System der Zentralen Orte (Oberzentren, Mittelzentren, Grundzentren) und ihre Einzugs- bzw. Verflechtungsbereiche, die Anbindung an das großräumige Verkehrsnetz und die innerregionale Verkehrserschließung (integriertes Verkehrssystem), Vorrang- und Vorbehaltsbereiche für Freiraumfunktionen (z.B. Biotopschutz, Wassergewinnung, Hochwasserschutz), Bereiche für die Entsorgung, die Rohstoffgewinnung und die Naherholung, Standorte für Verkehrsanlagen, Güterverkehrszentren, Produktions- und Dienstleistungsbetriebe, Vorrangbereiche für die Land- und Forstwirtschaft und ähnliches.

Neben der Erarbeitung, Aufstellung und Fortschreibung des Regionalplanes als des Hauptinstrumentes der Regionalplanung nehmen für den Träger der Regionalplanung die auf die Umsetzung und Durchsetzung des Planes ausgerichteten Aktivitäten einen breiten Raum ein. Die Regionalplanung ist in der Regel mit Stellungnahmen und Vorschlägen an allen Programmen und Plänen, Planungs- und Verwaltungsverfahren der Kommunen, der Fachressorts und Fachverwaltungen, an Raumordnungsverfahren und Umweltverträglichkeitsprüfungen beteiligt. Der Durchsetzung der regionalen Planungskonzepte dienen auch die Anpassungsgebote (z.B. nach BauGB in der Bauleitplanung), die Beachtens- und Berücksichtigungspflichten nach dem Raumordnungsgesetz des Bundes und nach den Landesplanungsgesetzen der Länder und die Raumordnungsklauseln der verschiedensten Fachgesetze.

In Ergänzung zu diesem traditionellen Instrumentarium der Regionalplanung wird häufig auch zur Vorbereitung und zur Umsetzung der formalen Regionalpläne mit Raumnutzungs- und Entwicklungskonzepten – auch in Form von Gutachten – für bestimmte Teilräume und für regionalbedeutsame Infrastrukturkomplexe gearbeitet (z.B. Verkehr, Abfallwirtschaft, Siedlungsstrukturmodelle, Wirtschaftsförderung, Schutzkonzepte für empfindliche Naturräume). Sie haben den Vorzug informeller Instrumente, sind ebenso wie auf der gemeindlichen Ebene rechtlich nicht verbindlich, tragen aber trotzdem zur gemeinsamen Problembewältigung in der Region mit den Planungspartnern bei, fördern die Kooperation untereinander und sind mehr im Sinne einer helfenden Planung wirksam.

Häufig, vor allem in Verdichtungsräumen, gibt es in besonderen regionalen Organisationen die Kombination von regionalen Planungszuständigkeiten und der Initiierung, der Organisierung und der Durchführung von über die konzeptionelle Planungsarbeit hinausgehenden und auf der kommunalen Ebene nicht mehr oder nicht mehr optimal zu lösenden kommunalen Aufgaben. Dazu gehören vor allem regionales Standortmarketing, öffentlicher Personennahverkehr, Ver- und Entsorgung – insbesondere regionale Abfallwirtschaft –, aber auch Naherholung, Wirtschaftsförderung, gemeinsame Großprojekte und ähnliches. Außerhalb der Verdichtungsräume kommt es zunehmend zu informellen, nicht institutionalisierten Formen regionaler Zusammenarbeit in sogenannten Regionalkonferenzen und vielfältig zusammengesetzten regionalen Beratungsgremien. Dabei wird eine Verknüpfung von entwicklungspolitischen Zielen mit strukturpolitischen Maßnahmen in der Zusammenarbeit aller politischen, wirtschaftlichen und gesellschaftlichen Kräfte dieser Regionen oder Teilregionen verfolgt. Offen ist, ob die hier entstehenden regionalen Entwicklungskonzepte dauerhaft eigenständige Instrumente regionaler Entwicklungspolitik sein sollen oder nicht doch besser mit der regionalen Raumordnungspolitik zu verknüpfen wären.

3. Raumordnung und Landesplanung in den Ländern

Raumbedeutsame Planungen und Maßnahmen, durch die Grund und Boden beansprucht werden oder die die räumliche Entwicklung eines Gebietes beeinflussen, werden von zahlreichen Behörden und öffentlichen Einrichtungen durchgeführt oder gehen von ihnen aus. Ihre Beeinflussung in Richtung einer bestimmten räumlichen Ordnung der Raumnutzung und Siedlungsstruktur erfolgt in einem gegliederten, föderalen Staatswesen auf mehreren Ebenen, entsprechend dem Staats- und Verwaltungsaufbau. Schon die Entstehungsgeschichte räumlicher Planung im weiten Sinne ist durch diese Vorbedingungen geprägt und so hat sich als grundlegendes Ordnungs-, Planungs- und Organisationsprinzip das sogenannte Gegenstromprinzip durchgesetzt, das in § 1 Abs. 4 ROG auch gesetzlich definiert ist und das die Erfordernisse einer wechselseitigen Beeinflussung und Berücksichtigung örtlicher und überörtlicher Planungen auf allen Stufen kennzeichnet.

Wenn sich die Ordnung der Teilräume in die Ordnung des Gesamtraumes einfügen soll und es umgekehrt auch gilt, bei der Planung für den Gesamtraum die Gegebenheiten und Erfordernisse der Teilräume zu berücksichtigen, bedarf es oberhalb der regionalen Planungsebene, die als teilräumliche Landesplanung zu verstehen ist, zusammenfassender, überfachlicher, übergeordneter raumbezogener Planung als hochstufige Landesplanung. Sie legt in Raumordnungsplänen (unterschiedlich bezeichnet, z.B. als Landesraumordnungsprogramme oder Landesraumordnungspläne, als Landesentwicklungsprogramme oder Landesentwicklungspläne) die Grundsätze der Raumordnung und die Ziele zu ihrer Verwirklichung für das gesamte Landesgebiet fest.

Diese Raumordnungspläne auf Landesebene – im folgenden bezeichnet als Landesentwicklungsprogramme – gelten in der Regel unbefristet, werden aber meist nach 10 – 15 Jahren überarbeitet, fortgeschrieben oder neu aufgestellt. Ihre Erarbeitung erfolgt durch die Oberste Landesplanungsbehörde; danach schließt sich das Beteiligungsverfahren an, das landesgesetzlich geregelt ist, ebenso wie das Aufstellungsverfahren. Die abschließende Beschlußfassung erfolgt durch die Landesregierung. Die Rechtsverbindlichkeit wird in unterschiedlicher Form, teilweise als Verordnung der Landesregierung und teilweise als Zustimmungsgesetz des Landesgesetzgebers oder auch dadurch erreicht, daß es in der Form eines Landesgesetzes erlassen wird.

Die Inhalte der Landesentwicklungsprogramme sind einmal gekennzeichnet durch die Anwendung allgemeingültiger Planungselemente der Raumplanung, wie System der zentralen Orte, Entwicklungsachsen, Abgrenzung der Verdichtungsräume und der ländlichen Räume, zum anderen aber durch die im jeweiligen Land unterschiedlichen

Aufgabenstellungen zur Ordnung und Entwicklung spezieller raumplanerischer Problem-, Schutz- und Entwicklungsgebiete, wie etwa strukturschwache ländliche Räume oder alte Industriegebiete, Konversionsgebiete, Gebiete mit Abbau von Bodenschätzen und anderem mehr. Die Planungskonzepte, das heißt die Vernetzung der raumfunktionellen Festlegungen im Landesgebiet, sind je nach landesentwicklungspolitischen Zielsetzungen vom Prinzip der räumlich-funktionalen Arbeitsteilung im Lande, von den Vorstellungen über das Maß des Ausgleichs der Lebensbedingungen in allen Landesteilen, von den Ansprüchen an eine ökonomisch, sozial und ökologisch verträgliche räumliche Ordnung im Lande geprägt.

Die Landesplanungsbehörden (Oberste, Obere, Untere) erfüllen ihre Koordinierungsfunktion raumrelevanter Anforderungen und Entwicklungen nicht nur mit Landesentwicklungsprogrammen. Hinzu kommen die Instrumente

– der Plansicherung, wie Raumordnungsverfahren, Untersagung raumordnungswidriger Planungen und Maßnahmen, Zurückstellung von Baugesuchen,
– der Planverwirklichung, wie Anpassungsverfahren für gemeindliche Bauleitpläne, landesplanerische Planungsgebote oder landesplanerische Gutachten und Stellungnahmen,
– der Plankontrolle, wie bei der Beachtung der Ziele der Raumordnung und Landesplanung bei der Bauleitplanung (§ 1 Abs. 4 BauGB), durch allgemeine Aufsichtsbefugnisse und spezielle Genehmigungs-, Weisungs- und Verbindlichkeitsfeststellungsvorbehalte bei der Aufstellung von nachrangigen Raumordnungsplänen,
– der vertikalen und horizontalen Koordinierung, wie die Beteiligung der Fachressorts, der kommunalen Körperschaften, der gesellschaftlichen Gruppen und sonstiger Institutionen, der Beratung der beratenden Gremien (Beiräte) oder der Träger der Regionalplanung und benachbarter Planungsträger (grenzüberschreitende Zusammenarbeit).

Der Planvorbereitung dienen unter anderem das regelmäßig bei der Oberen Landesplanungsbehörde geführte Raumordnungskataster, die Raumordnungsberichte (Landesentwicklungsberichte) und die Mitteilungs-, Errichtungs- und Auskunftsverpflichtungen gemäß § 10 ROG und weitergehender landesgesetzlicher Regelungen. Die sogenannten Raumordnungsklauseln in den Fachgesetzen dienen zusätzlich der horizontalen Koordinierung raumbedeutsamer Planungen und Maßnahmen mit den Grundsätzen und Zielen der Raumordnung.

Für die Ressortierung der Landesplanung gibt es keine allgemein gültige Regel. Die Querschnittsfunktion der Landesplanung und die daraus abzuleitende Notwendigkeit der Ressortkoordinierung spricht für die früher häufigere Zuordnung zum Chef der Landesregierung (Ministerpräsident) wegen seiner allgemeinen Richtlinienkompetenz. Zur Zeit überwiegt in den Ländern die Kombination in den Fachressorts, in denen auch die Wirtschafts- und/oder die Umweltpolitik ressortiert. In dieser Frage spielen neben instrumentellen Aspekten landespolitische Besonderheiten und Schwerpunktsetzungen eine nicht zu übersehende Rolle.

4. Raumordnung auf der Bundesebene

Die Ordnung des Gesamtraumes der Bundesrepublik ist schwerlich als Ergebnis der Addition räumlicher Planung auf gemeindlicher, regionaler und Länderebene vorstellbar. Trotzdem hat der Bund nach dem zweiten Weltkrieg sehr spät, und zwar erst sechzehn Jahre nach Inkrafttreten des Grundgesetzes von seiner Rahmenregelungskompetenz Gebrauch gemacht und die "Richtlinien" seiner Raumordnungspolitik in Form der Leitvorstellungen, Raumordnungsgrundsätze und Organisations- und Verfahrensregelungen für die Raumordnung in Bund und Ländern im Raumordnungsgesetz festgelegt. Auch unter Einbeziehung der im Jahre 1962 in Abstimmung mit den beteiligten Bundesministerien erlassenen "Grundsätzen für die raumbedeutsamen Maßnahmen des Bundes und ihrer Koordinierung" bleibt diese zeitliche und sachliche Zurückhaltung des Bundes auffällig. Sie ist nur verständlich auf dem Hintergrund der streitigen Auseinandersetzung über die Kompetenzlage, die erst durch das Bundesverfassungsgericht 1954 rechtlich geklärt wurde einerseits und des Ringens um ein neues Verständnis von Raumordnung und Planung andererseits, was nach den Erfahrungen aus der nationalsozialistischen Herrschaft durchaus begründet war. Und schließlich gestaltete sich auch das Verständnis von Planung der öffentlichen Hand in einem Wirtschafts- und Sozialsystem unter den Maximen einer Sozialen Marktwirtschaft nicht als widerspruchsfrei. So kam es, daß auch in dieser Phase der Nachkriegsepoche die Raumplanung sich "von unten" entwickelte. In die Planung der Gemeinden griffen die Länder auf der Basis von "Aufbaugesetzen" ein, lediglich in Nordrhein-Westfalen (1951) und Bayern (1957) gab es in den 50er Jahren schon Landesplanungsgesetze. Im Jahre 1957 kam es zu einem "Verwaltungsabkommen zwischen dem Bund und den Ländern über die Zusammenarbeit auf dem Gebiet der Raumordnung". Darin verpflichteten sich die Länder, die notwendigen rechtlichen und organisatorischen Voraussetzungen für die Erfüllung der raumordnerischen Aufgaben zu schaffen. Nachdem im Jahre 1960 das Bundesbaugesetz mit den Vorschriften über die Bauleitplanung der Gemeinden erlassen worden war, kam es schließlich 1965 zum Raumordnungsgesetz des Bundes, das in seinem Aufbau und in seinen wesentlichen Inhalten heute noch gilt.

In programmatischer Hinsicht ist die Raumordnungspolitik des Bundes im Zeitablauf geprägt durch
- das Gutachten des Sachverständigenausschusses für Raumordnung: Die Raumordnung der Bundesrepublik Deutschland aus dem Jahre 1961,
- die Raumordnungsgrundsätze in § 2 ROG,
- das Bundesraumordnungsprogramm von 1970,
- die programmatischen Schwerpunkte der Raumordnung von 1985,
- den Orientierungsrahmen für die räumliche Entwicklung in den neuen Bundesländern und in Berlin von 1991,
- den Raumordnungspolitischen Orientierungsrahmen von 1993 und
- den Raumordnungspolitischen Handlungsrahmen von 1995.

Die materiellrechtlichen Regelungen des Raumordnungsrechts in den Grundsätzen der Raumordnung, die ihre besondere Gewichtung in ihrer Anwendung durch die Leitvorstellungen der Raumordnung in § 1 ROG erhalten, wurden in diesen Programmen bzw. programmatischen Dokumenten konkretisiert und waren bzw. sind die auf die einheitlichen Lebensverhältnisse und eine gesamträumlich ausgewogene Entwicklung ausgerichtete Basis der raumordnerischen Aktivitäten des Bundes und der Länder im Bundesgebiet und darüber hinaus.

Durch den Raumordnungspolitischen Orientierungs- und Handlungsrahmen erhielt die Raumordnung im gesamten Bundesgebiet inhaltlich eine neue Qualität, die vor allem auch durch die deutsche Vereinigung und der damit verbundenen neuen Herausforderungen aber auch durch die wiedergewonnene Mittellage der Bundesrepublik in Europa und der offener gewordenen Grenzen in Europa bewirkt wurden.

Der Raumordnungspolitische Orientierungsrahmen will als neues räumliches Leitbild und zugleich auch als Strategiekonzept für Gesamtdeutschland verstanden werden. Er stellt zugleich auch die europäischen Bezüge und den Nachholbedarf in den neuen Bundesländern dar.

Die künftige Raumstruktur wird mit Hilfe von fünf Leitbildern gekennzeichnet:
- Leitbild Siedlungsstruktur
- Leitbild Umwelt und Raumnutzung
- Leitbild Verkehr
- Leitbild Europa
- Leitbild Ordnung und Entwicklung.

Dieser "Raumordnungspolitische Orientierungsrahmen", der sich an die Entscheidungsträger raumbedeutsamer Planungen und Maßnahmen in Bund und Ländern einschließlich der Gemeinden richtet und sich als Orientierungshilfe auch an den privaten Sektor wendet, enthält keine einzelnen planerischen Festlegungen, wohl aber einen Kartenteil, der in hinlänglicher Weise eine grobe "Verräumlichung" der abstrakten Grundsätze und Zielsetzungen enthält, wodurch auch eine weitere Ausformung in der Landes- und Regionalplanung möglich wird.

Auf eine weitere Konkretisierung und Umsetzung des Raumordnungspolitischen Orientierungsrahmens ist der "Raumordnungspolitische Handlungsrahmen" angelegt, durch den die mit dem Raumordnungspolitischen Orientierungsrahmen eingeleitete Neuorientierung der Raumordnung bekräftigt und weiter instrumentalisiert wird. Diese Weiterentwicklung der Raumordnung, Landes- und Regionalplanung soll sich angesichts des verschärften internationalen Standortwettbewerbs und der zunehmenden Flächennutzungskonflikte auf Planungsinhalte, Planungsverfahren und Planungsorganisation erstrecken und dazu führen, daß Raumplanung mehr als bisher als offener Prozeß verstanden wird. Die Raumplanung soll sich innerhalb eines Ordnungsrahmens auf Handlungsschwerpunkte konzentrieren und sich neben mittel- und langfristigen Plänen verstärkt um die Umsetzung mit Hilfe regionaler Entwicklungskonzepte kümmern. Damit ist zwangsläufig eine Aufwertung der regionalen Ebene als wichtiger raumordnungspolitischer Handlungsraum verbunden. Weitere Schwerpunkte sind die raumordnerische Zusammenarbeit in der Europäischen Union, die Funktion und Entwicklung europäischer Metropolregionen, die grenzüberschreitende Zusammenarbeit, die Integration besonders bedeutsamer raumwirksamer Bereiche in die Raumplanung, wie die Sicherung der natürlichen Lebensgrundlagen und die Entlastung verkehrlich hochbelasteter Räume. Konsequenterweise schließt sich als weiterer Schwerpunkt die entsprechende Fortentwicklung des Raumordnungsrechts in Bund und Ländern an.

Von besonderer Bedeutung für die räumliche Planung insgesamt ist die Zuständigkeit des Bundes für das Bauplanungsrecht (Bauleitplanung, Städtebaurecht, BauGB) und das Recht der Raumordnung und Landesplanung (Rahmengesetzgebungskompetenz). Die Rechtslage bezüglich der geteilten Zuständigkeiten aber auch die kraft Natur der Sache zwingend gebotene Abstimmung in der praktischen Raumordnungspolitik erfordern besondere Formen der horizontalen und vertikalen Koordinierung. Dies geschieht vornehmlich in der gemäß § 8 ROG gebildeten Ministerkonferenz von Bund und Ländern zur gemeinsamen Beratung grundsätzlicher Fragen der Raumordnung und Landesplanung, durch die neben zahlreichen Entschließungen über Einzelfragen auch das Bundesraumordnungsprogramm von 1970 sowie der Raumordnungspolitische

Orientierungsrahmen von 1993 und der Raumordnungspolitische Handlungsrahmen von 1995 beschlossen wurden.

Eine wichtige Grundlage für die Planungspraxis und für raumordnungspolitische Entscheidungen stellen auch die Raumordnungsberichte des Bundes dar, die etwa alle zwei Jahre erscheinen.

IV. Gesamtsystem räumlicher Planung im Bundesgebiet (Zusammenfassung)

Der Entwicklungsprozeß der Raum- und Siedlungsstruktur wird funktional gesehen beeinflußt durch:
– räumliche Gesamtplanung,
– raumbezogene Fachplanung,
– raumbeanspruchende und raumwirksame Einzelplanungen und Maßnahmen im öffentlichen und privaten Sektor.

Räumliche Gesamtplanung erfolgt in vier Stufen:

– auf Bundesebene:	mit Leitvorstellungen, Raumordnungsgrundsätzen, programmatischen Konzepten und Leitbildern,
– auf Länderebene:	mit Landesentwicklungsprogrammen, Landesentwicklungsplänen, zum Teil auch mit fachlichen und räumlichen Teilplänen,
– auf regionaler Ebene:	mit Regionalplänen und regionalen Entwicklungskonzepten, zum Teil auch mit räumlichen und fachlichen Teilplänen,
– auf kommunaler Ebene:	mit Flächennutzungsplänen und gemeindlichen (in Einzelfällen auch Kreis-) Entwicklungsplänen.

Was den Raumbezug betrifft, sind die Pläne und Programme dadurch gekennzeichnet, daß ihr Regelungsgehalt bezüglich der Bodennutzung in einer bestimmten Flächeneinheit auf der gemeindlichen Ebene am konkretesten ist und daß auf den überörtlichen Ebenen der Generalisierungsgrad von der Region über die Länder bis zum Bund zunimmt. Damit werden auch die jeweils für eigenständige Planungsentscheidungen notwendigen Spielräume gewährleistet.

Die Verklammerung der Ebenen erfolgt über Abstimmungs-, Berücksichtigungs- und gegenseitige Beteiligungsregelungen, über Zustimmungs- und Genehmigungsvorbehalte. Dadurch wird eine horizontale (Fachressorts, Fachämter) und eine vertikale Koordinierung (zwischen den Planungsebenen) für eine überfachlich-integrative und ebenenübergreifende räumliche Gesamtplanung erreicht.

Die Aufgaben der Sicherung und Durchsetzung der Ziele und Grundsätze in den Programmen und Plänen räumlicher Planung liegt bei den nach Bundes- und Landesrecht zuständigen Behörden; beim Bund: Bundesministerium für Raumordnung, Bauwesen und Städtebau; in den Ländern: zuständiges Ressort (Oberste Landesplanungsbehörde), Bezirksregierungen/Regierungspräsidien (Obere Landesplanungsbehörden), in der Regel Kreisverwaltungen (Untere Landesplanungsbehörden).

Die raumbezogenen Fachplanungen sind aus der Sicht der Raumordnung solche Planungen und Maßnahmen, die von den Fachressorts der Europäischen Union, des Bundes, der Länder oder der Kommunen durchgeführt werden und die der Entwicklung und planmäßigen Vorbereitung bestimmter abgegrenzter Sachbereiche dienen, wie z.B. auf dem Gebiet des Verkehrs, der Ver- und Entsorgung (z.B. Wasserversorgung und Abfallentsorgung), der Landwirtschaft, des Umwelt- und Landschaftsschutzes, und durch die Grund und Boden beansprucht werden oder die sich auf die Entwicklung eines Gebietes auswirken. Diese Fachplanungen sind als "raumbedeutsame Planungen und Maßnahmen" einzuordnen, auf die sich die rechtliche Bindungswirkung der Grundsätze und Ziele der Raumordnung und Landesplanung in den Programmen und Plänen gemäß § 3 Abs. 1 und Abs. 2 ROG sowie gemäß § 5 Abs. 4 ROG erstreckt. Aber auch in den entsprechenden Fachgesetzen ist durch sogenannte Raumordnungsklauseln die Berücksichtigung raumordnerischer Belange geboten.

Die Verknüpfung der räumlichen Gesamtplanung mit Einzelplanungen und Maßnahmen erfolgt über deren Einordnung in die mit der Raumordnung abgestimmten Fachplanungen hinaus, auch bei konkreten besonderen Einzelabstimmungen, wie vor allem in Verwaltungsverfahren, Planfeststellungsverfahren und Raumordnungsverfahren. Grundsätzlich gilt auch hier, daß gemäß § 3 Abs. 2 ROG die Wirkung der Raumordnungsgrundsätze und die zu ihrer Verwirklichung aufgestellten Programme und Pläne der Raumordnung und Landesplanung sich auch auf die raumwirksamen Investitionen erstreckt. Das Instrumentarium ist hierfür aber noch nicht weit entwickelt.

Literatur

Akademie für Raumforschung und Landesplanung (Hrsg.), Handwörterbuch der Raumordnung, Hannover 1995.

Akademie für Raumforschung und Landesplanung (Hrsg.), Daten zur Raumplanung, drei Bände, Zahlen – Richtwerte – Übersichten, Teil A: Allgemeine Grundlagen und Gegebenheiten, Teil B: Überfachliche raumbedeutsame Planung, Teil C: Fachplanungen und Raumordnung, Hannover 1981, 1983, 1985.

Akademie für Raumforschung und Landesplanung (Hrsg.), Grundriß der Stadtplanung, Hannover 1983.

Bundesministerium für Raumordnung, Bauwesen und Städtebau (Hrsg.), Bericht der Kommission Zukunft Stadt 2000, Bonn 1993.

Bundesministerium für Raumordnung, Bauwesen und Städtebau (Hrsg.), Raumordnungspolitischer Orientierungsrahmen, Leitbilder für die räumliche Entwicklung der Bundesrepublik Deutschland, Bonn 1993.

Bundesministerium für Raumordnung, Bauwesen und Städtebau (Hrsg.), Raumordnungspolitischer Handlungsrahmen, Mittelfristiges Arbeits- und Aktionsprogramm, Bonn 1995.

Cholewa, Werner/Dyong, Hartmut/von der Heide, Hans-Jürgen/Arenz, Willi, Raumordnung in Bund und Ländern, Kommentar zum Raumordnungsgesetz des Bundes und Vorschriftensammlung aus Bund und Ländern, 3. Auflage, Stuttgart/Berlin/Köln 1994.

Erbguth, Wilfried/Schoeneberg, Jörg, Raumordnungs- und Landesplanungsrecht, 2., neu bearbeitete und erweiterte Auflage, Köln/Berlin/Bonn/München 1992.

Fürst, Dietrich/Ritter, Ernst-Hasso, Landesentwicklungsplanung und Regionalplanung, Ein verwaltungswissenschaftlicher Grundriß, 2. Auflage, Düsseldorf 1993.

Gaentzsch, Günther, Baugesetzbuch-BauGB, mit Synopse zu BBauG/StBauFG, Einführung und Übersichten, Köln 1987.

Hoppe, Werner/Grotefels, Susan, Öffentliches Baurecht, München 1995.

Niemeier, Hans-Gerhart, Das Recht der Raumordnung und Landesplanung in der Bundesrepublik Deutschland, eine systematische Darstellung, Abhandlungen der Akademie für Raumforschung und Landesplanung, Band 75, Hannover 1976.

Raumordnung in der Bundesrepublik Deutschland, Gutachten des Sachverständigenausschusses für Raumordnung, Stuttgart 1961.

Schmitz, Gottfried, Regionalplanung als Bindeglied und Mittler zwischen Landesplanung und kommunaler Planung, in: Institut für Landeskunde und Regionalforschung der Universität Mannheim (Hrsg.), Raumplanung im Dienst neuer gesellschaftlicher Aufgaben, Mannheim 1989.

Umlauf, Josef, Wesen und Organisation der Landesplanung, Essen 1958.

Zukunftsaufgabe Regionalplanung, Anforderungen – Analysen – Empfehlungen, Forschungs- und Sitzungsberichte der Akademie für Raumforschung und Landesplanung, Hannover 1995.

Klaus Lüder

4. Haushalts- und Finanzplanung

Inhaltsübersicht

I. Haushaltsplanung
    1. Der Haushaltsplan: Begriff, Rechtsnatur, Funktionen
    2. Die Haushaltssystematik
    3. Haushaltsgrundsätze
    4. Aufstellung und Feststellung des Haushaltsplans
        a.) Verfahren
        b.) Schwachstellen
II. Finanzplanung
III. Neuere Entwicklungen

I. Haushaltsplanung

1. Der Haushaltsplan: Begriff, Rechtsnatur, Funktionen

Auf der Grundlage des Haushaltsgrundsätzegesetzes (HGrG) von 1969 ist das Haushaltswesen in Deutschland in der Bundeshaushaltsordnung (BHO), den Landeshaushaltsordnungen (LHO) und den Gemeindehaushaltsverordnungen (GemHVO) weitgehend einheitlich normiert. Deshalb gelten die folgenden Ausführungen grundsätzlich für alle föderalen Ebenen, obgleich sie sich im wesentlichen am Bundeshaushaltsplan und den Rechtsvorschriften dafür orientieren.

Der Haushaltsplan ist in erster Linie ein Zahlungsplan. In ihn sind alle erwarteten Einnahmen und alle vorgesehenen Ausgaben des Bundes für ein oder mehrere Rechnungsjahre einzustellen (Art. 110 GG). Der Bundeshaushalt ist einjährig. Zweijahreshaushalte (Doppelhaushalte) finden sich zum Teil bei Ländern und bei kommunalen Gebietskörperschaften. Nicht mit den Bruttoeinnahmen und -ausgaben im Haushalts-

plan der Rechtseinheit "Bund", sondern nur mit Zuführungen oder Ablieferungen, enthalten sind:
- Die Bundesbetriebe (§ 26 (1) BHO): Sie stellen einen eigenen Wirtschaftsplan auf, bestehend aus Erfolgs- und Finanzplan.
- Die Sondervermögen (§ 26 (2) BHO): Sie stellen einen eigenen Haushaltsplan auf. Dabei sind grundsätzlich die Vorschriften der Bundeshaltsordnung anzuwenden (§ 113 BHO).
- Die aufgrund von § 15 BHO netto veranschlagten Bereiche.

Außer von Gebietskörperschaften und ihren Sondervermögen sind Haushaltspläne aufzustellen von den juristischen Personen des öffentlichen Rechts (Anstalten, Körperschaften, Stiftungen) soweit sie nicht öffentlich-rechtliche Unternehmen sind (dann stellen sie einen Wirtschaftsplan auf, § 110 BHO) oder durch Gesetz oder aufgrund eines Gesetzes etwas anderes bestimmt ist (§ 105 BHO).

Der Haushaltsplan der staatlichen Gebietskörperschaften wird durch Gesetz festgestellt (Haushaltsgesetz). Dadurch wird er für die Verwaltung verbindlich gemacht, das heißt er "ermächtigt die Verwaltung, Ausgaben zu leisten und Verpflichtungen einzugehen" (§ 3 BHO). Der Haushaltsplan enthält also neben (unverbindlichen) Einnahmenschätzungen Zahlungsermächtigungen und Verpflichtungsermächtigungen für die Verwaltung. Er entfaltet aber keine Außenwirkung, das heißt durch ihn "werden Ansprüche und Verbindlichkeiten weder begründet noch aufgehoben" (§ 3 BHO).

Das Haushaltsgesetz selbst enthält neben der Feststellungsformel: "Der diesem Gesetz beigefügte Bundeshaushaltsplan für das Haushaltsjahr 19.. wird in Einnahmen und Ausgaben auf DM .... festgestellt", insbesondere Kredit- und Bürgschaftsermächtigungen für das Bundesfinanzministerium, Zustimmungsermächtigungen, Deckungsvermerke und Sperrvermerke.

Aus § 2 BHO lassen sich drei Funktionen des Haushaltsplans entnehmen:
- die Bedarfsdeckungsfunktion (finanzpolitische Funktion, finanzwirtschaftliche Ordnungsfunktion),
- die (administrative) Kontrollfunktion und
- die wirtschaftspolitische (genauer: die konjunkturpolitische) Funktion.

Die beiden erstgenannten Funktionen sind die "klassischen" Funktionen des Haushaltsplans. Im Rahmen der Bedarfsdeckungsfunktion dient er "der Feststellung und Deckung des Finanzbedarfs, der zur Erfüllung der Aufgaben des Bundes ... voraussichtlich notwendig ist" (§ 2 BHO). Eine administrative Kontrollfunktion besitzt der Haushaltsplan insofern, als er die Grundlage für die Bewirtschaftung finanzieller Ressourcen durch die Verwaltung bildet. Das finanzielle Verwaltungshandeln wird mit

Hilfe des Haushaltsplans legislativ gesteuert, und die Einhaltung der legislativen Vorgaben wird mit Hilfe der nachlaufenden Haushaltsrechnung kontrolliert. Die im Rahmen der Haushaltsreform 1969 eingeführte wirtschaftspolitische Funktion schließlich besteht darin, daß der Haushaltsplan "den Erfordernissen des gesamtwirtschaftlichen Gleichgewichts" Rechnung zu tragen hat. Entsprechend dem damals vorherrschenden Verständnis von Wirtschaftspolitik sollte er eine konjunkturgeleitete ("antizyklische") Fiskalpolitik ermöglichen und sichern.

Die Erwartungen, die 1967 in die volkswirtschaftliche Globalsteuerung und die entsprechende Umgestaltung des Haushalts gesetzt wurden, haben sich jedoch nicht erfüllt, nicht nur wegen der in der Praxis aufgetretenen Mängel globaler fiskalischer Konjunktursteuerung und der Unvollkommenheit von Menschen, die sie betreiben, sondern auch wegen der in den vergangenen dreißig Jahren gewachsenen Bedeutung struktureller gegenüber konjunkturellen wirtschaftspolitischen Problemen.

Die in der Literatur dem Haushaltsplan auch zugesprochene politische Programmfunktion im Sinne eines "Regierungsprogramms in Zahlen" können deutsche Haushaltspläne aufgrund ihres Inhalts und ihrer Systematik nicht erfüllen.

2. *Die Haushaltssystematik*

Für die Haushaltspläne deutscher Gebietskörperschaften gilt der Grundsatz der Einheit (§ 11 (1) BHO), das heißt für die Rechtseinheit "Gebietskörperschaft" ist grundsätzlich *ein* Haushaltsplan aufzustellen. Sonder- oder Nebenhaushalte ("Fondswirtschaft") sollen vermieden werden. Von diesem Grundsatz gibt es allerdings die Ausnahmen des § 26 BHO: Wirtschaftsbetriebe und Sondervermögen.

Der Haushaltsplan kann gemäß § 12 (2) BHO/LHO in einen Verwaltungshaushalt und einen Finanzhaushalt gegliedert werden. Von dieser Möglichkeit haben Bund und Länder bisher jedoch keinen Gebrauch gemacht. Für Gemeinden allerdings ist die Gliederung des Haushaltsplans in einen Verwaltungshaushalt und einen Vermögenshaushalt (wie der Finanzhaushalt in den GemHVOen genannt wird) zwingend.

"Der Haushaltsplan besteht aus den Einzelplänen und dem Gesamtplan" (§ 13 (1) BHO). Die Untergliederung des Haushaltsplans in Einzelpläne erfolgt überwiegend nach dem Ressortprinzip. Sie orientiert sich mit anderen Worten an organisatorischen Einheiten. Der Bundeshaushaltsplan 1994 beispielsweise umfaßt 29 Einzelpläne, davon 24 für oberste Bundesbehörden. Ausnahmen vom Ressortprinzip bilden die Einzelpläne 32 (Bundesschuld), 33 (Versorgung), 35 (Verteidigungslasten: ausländische

Streitkräfte), 36 (Zivile Verteidigung) und 60 (Allgemeine Finanzverwaltung). Jeder Einzelplan ist wiederum überwiegend nach institutionellen Gesichtspunkten in Kapitel untergliedert. Allerdings konkurriert auf dieser Ebene das funktionale schon stärker mit dem institutionalen Gliederungsprinzip als auf der Ebene der Einzelpläne. Die weitere Untergliederung erfolgt dann nach Einnahmen- und Ausgabenarten auf der Grundlage einer hierarchischen Systematik (Gruppierungsplan) (Abb. 1). Die kleinsten Einheiten (Basiseinheiten) sind die Titel. Es sind dies die Einnahmen- und Ausgabengruppen (dreistellige Positionen des Gruppierungsplans mit gegebenenfalls weiterer verwaltungsinterner Detaillierung) innerhalb eines Kapitels.

Hauptgruppe	0	Einnahmen aus Steuern und steuerähnlichen Einnahmen
Obergruppe	01	Gemeinschaftssteuern und Gewerbesteuerumlage
Gruppen	011	Lohnsteuer
	012	Veranlagte Einkommensteuer
	013	Nicht veranlagte Steuern vom Ertrag
	014	Körperschaftsteuer
	015	Umsatzsteuer
	016	Einfuhrumsatzsteuer
	017	Gewerbesteuerumlage

Hauptgruppe	4	Personalausgaben
Obergruppe	42	**Dienstbezüge und dgl.**
Gruppen	421	Bezüge des Bundespräsidenten, Bundeskanzlers, Ministerpräsidenten, Ministers, Parl. Staatssekretärs, Wehrbeauftragten
	422	Bezüge der Beamten und Richter
	423	Bezüge der Berufssoldaten und Soldaten auf Zeit, Wehrsold der Wehrpflichtigen sowie Sold der Zivildienstleistenden
	425	Vergütungen der Angestellten
	426	Löhne der Arbeiter
	427	Beschäftigungsentgelte, Aufwendungen für nebenamtlich und nebenberuflich Tätige
	429	Nicht aufteilbare Personalausgaben

Abb. 1 Auszug aus Gruppierungsplan

Bei jedem Titel sind die veranschlagten Einnahmen/Ausgaben angegeben. Ferner finden sich dort veranschlagte Verpflichtungsermächtigungen für künftige Haushaltsjahre (§ 6 BHO) sowie Haushaltsvermerke (das sind in der Regel Zweckbindungsvermerke bei Einnahmentiteln und Deckungs- und Übertragungsvermerke bei Ausgabentiteln) und Erläuterungen (§ 17 (1) BHO) (Abb. 2). Mit der Möglichkeit, Erläuterungen für "verbindlich zu erklären", kann der Gesetzgeber auch unterhalb der Titelebene den Haushaltsvollzug noch detailliert steuern.

Titel Funktion	Zweckbestimmung	Soll 1994 1000 DM	Soll 1993 1000 DM	Ist 1992 1000 DM
518 01 - 011	Mieten und Pachten	3 193	3 145	3 032
	Verpflichtungsermächtigung ....5 250 TDM			
	davon fällig:			
	Haushaltsjahr 1996 bis zu ....1 050 TDM			
	Haushaltsjahr 1997 bis zu ....2 100 TDM			
	Haushaltsjahr 1998 bis zu ....2 100 TDM			
	Erläuterungen			

Bezeichnung	1000 DM
1. Für Grundstücke, Gebäude, Anlagen und Räume	2 230
1.1 Büroräume Koblenz, Viktoriastraße 8-12	
1.2 Büroräume Bonn	
1.3 Sonstige Räume	
1.4 3 Garagen, 9 Pkw-Einstellplätze für die Außenstelle Berlin	
2. Miete für 39 Geräte, Maschinen und Fahrzeuge................	963
Zusammen..	3 193

Abb. 2 Informationen zu Haushaltstiteln – Beispiel aus Bundeshaushalt 1994 (Titel 51801 aus Kap. 0901)

Die deutschen Haushaltspläne enthalten keine Inputinformationen über politische Programme (Programmausgaben) und keine Informationen über die mit den veranschlagten Mitteln angestrebten Leistungsergebnisse und gesellschaftlichen Wirkungen (Output- und Outcome-Informationen). Sie sind vielmehr in extremer Weise ressourcenkontroll-orientiert.

Der Gesamtplan des (Bundes-) Haushaltsplans besteht aus zusammenfassenden Übersichten (§ 13 (4) BHO). Es sind dies
- die Haushaltsübersicht, in der die Einnahmen und Ausgaben je Einzelplan gegliedert nach den Hauptgruppen der Gruppierungssystematik dargestellt sind,
- die Anlage zur Haushaltsübersicht, die die Verpflichtungsermächtigungen und deren voraussichtliche Zahlungswirksamkeit je Einzelplan enthält,
- die Finanzierungsübersicht, in der aus der Summe der Ausgaben und der Nichtkredit-Einnahmen der Finanzierungssaldo ermittelt und dessen Deckung (im wesentlichen durch Nettokreditaufnahme am Kapitalmarkt) dargestellt wird und
- der Kreditfinanzierungsplan, der die Einnahmen aus Krediten, insbesondere aber die Tilgungsausgaben spezifiziert.

Außer dem Gesamtplan sind dem (Bundes-)Haushaltsplan fünf weitere Übersichten beigefügt (§ 14 (1) BHO): eine Gruppierungsübersicht, eine Funktionenübersicht (Gliederung des Haushalts nach Aufgabengebieten), ein Haushaltsquerschnitt (Zusammenfassung von Gruppierungs- und Funktionenübersicht), eine Übersicht über den Haushalt der durchlaufenden Posten und eine Personalübersicht (Übersicht über die Planstellen).

Der Bundeshaushalt 1994 umfaßt 3 Bände mit insgesamt nahezu 5000 Seiten.

3.   Haushaltsgrundsätze

Haushaltsgrundsätze sind Regeln, die die Haushaltswirtschaft lenken sollen. Sie sind überwiegend, aber nicht vollständig in Gesetzen fixiert. Ihr Inhalt ist unterschiedlich konkret, und sie sind entweder "Rahmengrundsätze", das heißt sie gelten allgemein und nicht nur für ein spezifisches Haushaltssystem, oder sie sind systembildend ("Systemgrundsätze"), das heißt sie sind für ein bestimmtes Haushaltssystem grundlegend und charakteristisch.

Haushaltsgrundsätze	kodifiziert	nicht kodifiziert
Rahmengrundsätze	Vollständigkeit (formaler) Haushaltsausgleich Wirtschaftlichkeit und Sparsamkeit	Klarheit Wahrheit Genauigkeit Öffentlichkeit
Systemgrundsätze	Gesamtdeckung Bruttoveranschlagung Fälligkeit Spezialität	

Abb. 3 Deutsche Haushaltsgrundsätze

Charakteristisch für ein bestimmtes Haushaltssystem sind aber nicht nur die Systemgrundsätze, sondern auch Art und Umfang der zugelassenen Ausnahmen. Sowohl die Grundsätze selbst als auch die Ausnahmeregelungen sollen die Erreichung der Haushaltsplanfunktionen sicherstellen. Funktionen und Grundsätze einschließlich Ausnahmeregelungen müssen deshalb konsistent sein, was in Deutschland im Hinblick auf die Bedarfsdeckungsfunktion und die Kontrollfunktion weitgehend der Fall zu sein scheint.

Ausgewählte Haushaltsgrundsätze im einzelnen:

(1) Haushaltsausgleich (Art. 110 (1) GG): Der Haushaltsplan ist in Einnahmen und Ausgaben auszugleichen. Da zu den Einnahmen auch Deckungskredite zählen, ist lediglich ein sogenannter formaler Haushaltsausgleich gefordert.

(2) Wirtschaftlichkeit und Sparsamkeit (§ 7 BHO): Bei der Veranschlagung von Ausgaben zur Erstellung von Leistungen ist darauf zu achten, daß Effizienz (output/Ressourceneinsatz) und Effektivität (Zielwirksamkeit: outcome/Ressourceneinsatz) maximiert werden und bei der Beschaffung von Leistungen Dritter ist Ausgabenminimierung (Sparsamkeit) anzustreben. Dieser Grundsatz gilt für vernünftiges Wirtschaften bei knappen Ressourcen stets. Im deutschen Haushaltsrecht hat er keine darüber hinausgehende, systemprägende Bedeutung erlangt.

(3) Gesamtdeckung oder Non-Affektation (§ 8 BHO): Grundsätzlich dienen alle Einnahmen des Haushalts als Deckungsmittel für alle Ausgaben, das heißt es gibt keine Bindung bestimmter Einnahmen an bestimmte Ausgaben. Damit soll insbesondere das Budgetrecht des Parlaments gesichert und ein Beitrag zu der im Hinblick auf die wirtschaftpolitische Funktion notwendigen Flexibilität des Haushalts geleistet werden. Ausnahmen vom genannten Grundsatz sind allerdings zulässig
— wenn dies durch Gesetz vorgeschrieben ist,
— wenn dies durch Haushaltsvermerk angeordnet ist oder

– wenn Dritte Geldmittel zweckgebunden zur Verfügung stellen.

(4) Bruttoveranschlagung (§ 15 BHO): Nach diesem Grundsatz sind Einnahmen und Ausgaben in voller Höhe und getrennt voneinander zu veranschlagen, das heißt es darf keine Saldierung von Einnahmen und Ausgaben erfolgen. Dieser Grundsatz folgt zwingend aus dem Grundsatz der Gesamtdeckung, da jede Nettobudgetierung auch diesen Grundsatz verletzt. Zugelassene Ausnahmen vom Grundsatz der Bruttoveranschlagung (Nettobudgetierte Haushaltsbereiche und Einrichtungen nach §§ 15 und 26 BHO, z.B. Betriebe und Sondervermögen) sind damit zugleich auch Ausnahmen vom Grundsatz der Gesamtdeckung.

(5) Fälligkeit (§ 11 BHO): Einer der wichtigsten systemprägenden Grundsätze des deutschen Haushaltsrechts ist der in der Literatur meist übergangene Grundsatz der Budgetierung finanzieller Transaktionen zum Zeitpunkt ihrer Zahlungswirksamkeit (Cash-Budgeting). Übergangen wohl deshalb, weil man sich bis in die jüngste Vergangenheit eine Budgetierung nach dem Accrual-Prinzip (Budgetierung zum Zeitpunkt des Entstehens einer Forderung bzw. einer Verbindlichkeit) oder gar nach dem Full-Accrual-Prinzip (Budgetierung auch der nicht-zahlungswirksamen Ressourcenzuwächse und Ressourcenverbräuche zum Zeitpunkt ihres Entstehens) nicht vorstellen konnte.

Nach den Vorläufigen Verwaltungsvorschriften zur BHO (VV-BHO) dürfen im Haushaltsplan "nur diejenigen Einnahmen und Ausgaben veranschlagt werden, die im Haushaltsjahr voraussichtlich kassenwirksam werden". Die voraussichtliche Kassenwirksamkeit wiederum wird als Fälligkeit interpretiert. Damit liegt dem deutschen Haushaltsplan ein "modifiziertes Zahlungswirksamkeits-Prinzip" zugrunde (Modified Cash-Budgeting).

(6) Sachliche und zeitliche Spezialität (§§ 45, 19, 20 BHO): Die im Haushaltsplan enthaltenen Zahlungs- und Verpflichtungsermächtigungen dürfen nur für den bezeichneten Zweck (sachliche Spezialität) und nur bis zum Ende des Haushaltsjahres (zeitliche Spezialität) in Anspruch genommen werden. Dieser in § 45 BHO explizit formulierte Grundsatz folgt implizit bereits aus § 11 BHO (zeitliche Spezialität) und aus § 17 BHO (sachliche Spezialität). Interessant daran sind deshalb vor allem die im Interesse einer flexiblen Haushaltsbewirtschaftung zugelassenen Ausnahmen: die Deckungsfähigkeit von Haushaltstiteln (§ 20 BHO) und die Übertragbarkeit von Haushaltsresten (§ 19 BHO).

Deckungsfähigkeit bedeutet, daß der Ausgabenansatz bei einem Titel insoweit überschritten werden darf, als er bei einem anderen Titel (dem "deckungsberechtigten" Titel) nicht in Anspruch genommen wird.

Außer den in § 20 (1) BHO genannten, einseitig oder gegenseitig deckungsfähigen (Personal-)Ausgaben können Ausgaben im Haushaltsplan durch Haushaltsvermerk für deckungsfähig erklärt werden, sofern ein verwaltungsmäßiger oder sachlicher Zusammenhang zwischen ihnen besteht.

§ 19 BHO ermöglicht die Übertragung nicht in Anspruch genommener Zahlungsermächtigungen für Investitionen und aus zweckgebundenen Einnahmen in das nachfolgende Haushaltsjahr. Darüber hinaus können Ausgaben im Haushaltsplan durch Haushaltsvermerk für übertragbar erklärt werden,
– wenn sie für eine sich auf mehrere Jahre erstreckende Maßnahme bestimmt sind und
– wenn die Übertragbarkeit eine sparsame Bewirtschaftung der Mittel fördert.

4.   Aufstellung und Feststellung des Haushaltsplans

a.)   Verfahren

Das Verfahren zur Aufstellung des Haushaltsplans und seiner Feststellung durch das Haushaltsgesetz erstreckt sich über mehr als ein Jahr. Eine vergröberte Darstellung seines Ablaufs enthält Abb. 4. Die Aufstellung erfolgt traditionell "von unten nach oben".

```
┌─────────────────────────┐
│  Haushaltsrundschreiben │
│ (Aufstellungsrundschreiben)│
│        des BMF          │
└───────────┬─────────────┘
            ▼
┌─────────────────────────┐
│       Erarbeitung       │
│    der Voranschläge     │
│       der Ressorts      │
└───────────┬─────────────┘
            │ § 27 BHO
            ▼
┌─────────────────────────┐
│ Aufstellung des Haushalts-│◄········ AK Steuerschätzungen
│ planentwurfs durch das BMF│
│      § 28 BHO           │◄········ Finanzplanungsrat
└───────────┬─────────────┘
            ▼
┌─────────────────────────┐
│ Beschluß der Bundesregierung│
│  über den Haushaltsentwurf │
│ (Entwurf des Haushaltsgesetzes│
│   und des Haushaltsplans) │
│       § 29 BHO          │
└──────┬──────────┬───────┘
       ▼          ▼
┌───────────┐ ┌───────────┐
│ Bundestag │◄►│ Bundesrat │
└─────┬─────┘ └───────────┘
      ▼
Haushaltsgesetz
```

Feststellung des Haushaltsplans durch Haushaltsgesetz (Art.110 (2) GG). Gesetzgebungsverfahren gem. Art. 77 GG für nicht zustimmungspflichtige Gesetze.

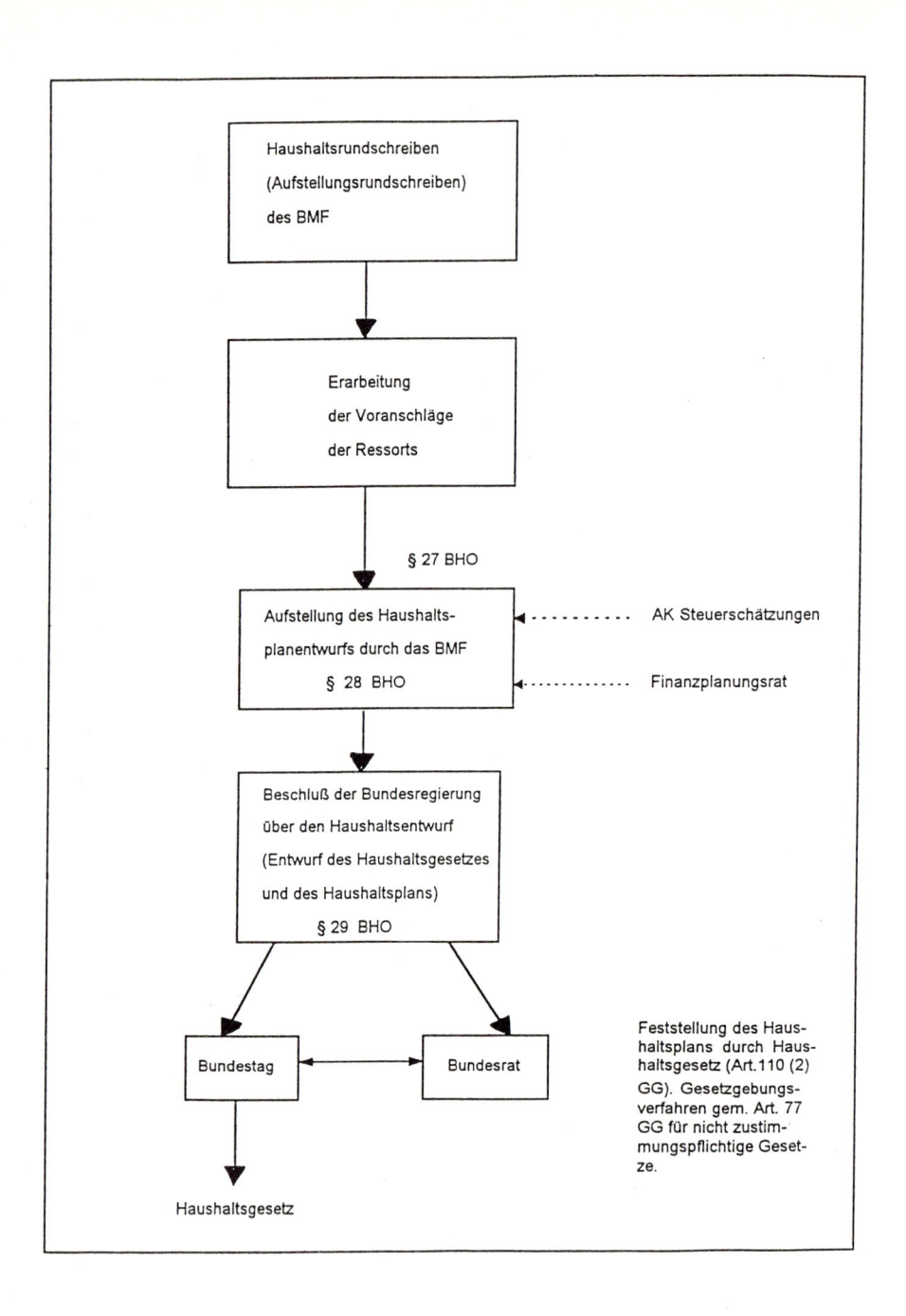

Abb. 4 Aufstellung und Feststellung des Haushaltsplans

- Mit dem Haushaltsrundschreiben fordert das Bundesministerium der Finanzen (BMF) die obersten Bundesbehörden zur Aufstellung der Voranschläge für die jeweiligen Einzelpläne auf und setzt den Zeitpunkt für deren Übersendung fest. Es enthält darüber hinaus formelle Vorgaben und materielle Rahmenvorgaben (z.B. maximale Ausgabensteigerungssätze) für die Erstellung der Voranschläge.
- Innerhalb der Ressorts erfolgt die Aufstellung der Voranschläge von unten nach oben entsprechend der Dienststellenstruktur. In den einzelnen Dienststellen sind die Beauftragten für den Haushalt dafür zuständig (§ 9 (2) BHO). Bereits in dieser Phase erfolgen Abstimmungen mit dem BMF (auf Referenten- und Abteilungsleiterebene).
- Das BMF faßt die Voranschläge der obersten Bundesbehörden nach Überprüfung und gegebenenfalls Ergänzung zum Entwurf des Haushaltsplans zusammen. "Es kann die Voranschläge nach Benehmen mit den beteiligten Stellen ändern" (§ 28 (1) BHO). Die Herstellung des Benehmens erfolgt in der Regel in sogenannten Chefgesprächen der Staatssekretäre und Minister.

Das BMF bedient sich bei der Aufstellung des Haushaltsplanentwurfes auch der Prognosen des Experten-Arbeitskreises "Steuerschätzungen", und es berücksichtigt etwaige Empfehlungen des Finanzplanungsrates zur Koordinierung der Finanzplanungen der Gebietskörperschaften (§ 51 Haushaltsgrundsätzegesetz-HGrG).

- Nach Beschluß der Bundesregierung über den Haushaltsentwurf wird die Gesetzesvorlage dem Bundesrat zugeleitet und beim Bundestag eingebracht (Art. 110 (2) GG). Der Bundesrat kann innerhalb von sechs Wochen Stellung nehmen. Der Bundestag behandelt den Haushaltsentwurf in drei Lesungen. Die Sachberatungen finden im Haushaltsausschuß statt. Änderungen des Gesetzgebers am Haushaltsentwurf sind insofern Grenzen gesetzt, als ausgabenerhöhende und einnahmenmindernde Änderungen der Zustimmung der Bundesregierung bedürfen.

Ist der Haushaltsplan zu Beginn des Haushaltsjahres noch nicht durch Haushaltsgesetz festgestellt, ermächtigt Art. 111 GG die Bundesregierung zur sogenannten vorläufigen Haushaltsführung und spezifiziert deren Bedingungen.

b.) Schwachstellen

Die gegenwärtige Haushaltsplanung in der Bundesrepublik Deutschland ist durch die einseitige Beschränkung auf die Inputseite gekennzeichnet. Nicht die geplanten, mit den notwendigen Ressourcen angestrebten Leistungsergebnisse sind Gegenstand der

Beantragung und Bewilligung von Haushaltsmitteln, sondern vor allem Inputkategorien wie Personal, Investitionen, sächliche Verwaltungsausgaben etc. Der Prozeß der Haushaltsplanung vollzieht sich unabhängig von einer ergebnisorientierten Bewertung alternativer Verwendungszwecke der Mittel innerhalb bzw. zwischen den Ressorts und damit auch losgelöst von einer umfassenden staatlichen Aufgaben- und Programmplanung.

Eine derart strukturierte Haushaltsplanung weist insbesondere folgende Schwachstellen auf:

- Ein Beurteilungskriterium im Sinne einer anzustrebenden optimalen Ressourcenverwendung existiert nicht. Der am stärksten bestimmende Faktor bei der inputorientierten Haushaltsplanung ist das realisierte Budget des letzten bzw. vorletzten Haushaltsjahres. Eine Begründung der Mittelanforderung anhand einer eingehenden Analyse der Verwendungszwecke und damit die Einführung geeigneter Beurteilungskriterien wird nur dort erforderlich, wo Ausgaben für ein neues Programm oder für eine quantitative und qualitative Verbesserung bereits bestehender Programme bewilligt werden sollen. In seinen wesentlichen Teilen wird der bestehende Haushalt unter Zugrundelegung der realisierten Ist-Ausgaben fortgeschrieben. Die Prioritätenskala für die möglichen Verwendungsalternativen der verfügbaren Ressourcen bleibt somit im Zeitablauf tendenziell unverändert.
- Die Orientierung der Planung an den Istausgaben führt bei der Mittelverwendung zu Verhaltensmustern der Titelverwalter, die einer effizienten Ressourcensteuerung entgegenwirken. So wird der tatsächliche Verbrauch bewilligter Mittel als Nachweis ihrer Notwendigkeit betrachtet und damit als Begründung für zukünftige Aktivitäten herangezogen. Die mittelbewirtschaftenden Stellen sind bestrebt – wollen sie nicht eine Kürzung zukünftiger Mittel "vorprogrammieren" – ein möglichst hohes Ausgaben-Ist zu erreichen, das heißt die im Haushaltsplan veranschlagten bzw. zugewiesenen Mittel auszugeben. Dies führt in Verbindung mit der strengen Zweckbindung der bewilligten Mittel dazu, daß die Mittelverwendung nicht nach Dringlichkeitsgesichtspunkten unterschiedlicher Zwecke erfolgt, sondern nach Ausschöpfungsgesichtspunkten, das heißt im Hinblick auf eine möglichst vollständige Inanspruchnahme der bewilligten Mittel. Die Verwendung nicht ausgeschöpfter Mittel für andere als die beantragten Zwecke ist in der Regel nicht möglich; die Rückgabe von Mitteln hingegen wirkt sich negativ auf die Überzeugungskraft späterer Haushaltsanforderungen aus und belastet damit zukünftige Perioden. Insofern impliziert die traditionelle Haushaltsplanung eine ineffiziente Mittelverwendung; sparsames Ausgabenverhalten wird "bestraft".

– Inputorientierte Haushaltsplanung und Aufgaben- bzw. Programmplanung stehen isoliert nebeneinander. Eine inputorientierte Haushaltsplanung ist nicht in der Lage, die aus einer längerfristigen Programmplanung abzuleitenden kurzfristigen Outputziele zur Grundlage der monetären Ressourcenplanung zu machen.
– Die Kontrolle beschränkt sich bei der inputorientierten Haushaltsplanung weitgehend auf formale Aspekte. In Ermangelung quantitativer Outputziele als Verwendungszwecke der beantragten Mittel ist keine Aussage darüber möglich, was mit den eingesetzten Mitteln materiell tatsächlich angestrebt bzw. erreicht wurde. Informationen zur Verbesserung zukünftiger Planungs- und Bewirtschaftungsprozesse lassen sich nicht gewinnen.

II. Finanzplanung

Eine rechtliche Verpflichtung des Bundes und der Länder, ihrer Haushaltswirtschaft eine fünfjährige Finanzplanung zugrunde zu legen, besteht gemäß § 9 in Verbindung mit § 14 des Gesetzes zur Förderung der Stabilität und des Wachstums der Wirtschaft (StWG) seit 1967 und gemäß § 50 HGrG seit 1969. In § 51 HGrG wird davon ausgegangen, daß auch die Gemeinden und Gemeindeverbände mehrjährige Finanzpläne erstellen – die gesetzlichen Voraussetzungen dafür wurden durch entsprechende Bestimmungen in den Gemeindeordnungen der Bundesländer in der ersten Hälfte der siebziger Jahre geschaffen.

Der Finanzplan hat insbesondere eine Bedarfsdeckungsfunktion und eine wirtschaftspolitische Funktion. Durch Einbettung des einjährigen Haushaltsplanes in einen fünfjährigen Finanzplan soll einerseits eine geordnete Finanzpolitik langfristig gesichert werden. Andererseits soll die Möglichkeit geschaffen werden, auf eine sich abzeichnende Rezession frühzeitig durch beschleunigte Vergabe von Investitionsaufträgen (§ 11 StWG) zu reagieren. Die Praxis hat allerdings gezeigt, daß beide Funktionen nur unzureichend oder gar nicht erfüllt werden konnten. Die Bedarfsdeckungsfunktion unter anderem deshalb nicht, weil die Verbindlichkeit des Finanzplans deutlich hinter der des Haushaltsplans zurückbleibt. Dies hat dazu geführt, daß im Unterschied zur ursprünglichen Intention der Haushaltsplan nicht in den Finanzplan "eingebettet" ist, sondern der Finanzplan eher aus dem Haushaltsplan entwickelt wird. Daß die Finanzplanung hinsichtlich der wirtschaftspolitischen Funktion nicht die erwarteten Wirkungen entfalten konnte, ist auf die bereits im Zusammenhang mit den Funktionen des Haushaltsplans dargelegten Gründe zurückzuführen.

Das erste Planungsjahr der Finanzplanung ist das laufende Haushaltsjahr (§ 50 (2) HGrG). Da der Finanzplan der Legislative (spätestens) im Zusammenhang mit dem Haushaltsentwurf für das nächste Haushaltsjahr vorzulegen ist (§ 50 (3) HGrG), beträgt der tatsächliche – über die Haushaltsplanung hinausgehende – Planungszeitraum lediglich drei Jahre. Aus § 9 (3) in Verbindung mit § 14 StWG folgt, daß die Finanzplanung eine rollende oder gleitende Planung ist. Das bedeutet: Jährlich ist der Finanzplan aus dem Finanzplan des Vorjahres durch Streichung des ersten Planjahres (inzwischen abgelaufenes Haushaltsjahr), Überarbeitung der (alten) Planjahre 2 - 5 (neu 1 - 4) und Hinzufügen der Zahlen für ein weiteres Jahr (neu 5) zu entwickeln.

Der Finanzplan enthält eine Zusammenstellung der voraussichtlichen Ausgaben und der Deckungsmöglichkeiten für die einzelnen Jahre des Planungszeitraums. Er besteht beim Bund aus einem (umfangreichen) Textteil und einem Tabellenteil, dessen Kern Übersichten über die erwarteten Einnahmen und Ausgaben in der Gliederung des Funktionenplans und in sogenannter volkswirtschaftlicher Gliederung (Gliederung wie die Staatskonten der Volkswirtschaftlichen Gesamtrechnung in Laufende Rechnung und Kapitalrechnung und weiter in Einnahmen- und Ausgabenarten in Anlehnung an den Gruppierungsplan) bilden.

Von der in § 9 (1) StWG vorgesehenen Möglichkeit der Erstellung von Alternativrechnungen zum Finanzplan ist nur auf Länderebene und auch hier nur ausnahmsweise und für eine begrenzte Zeit Gebrauch gemacht worden (so z.B. in Niedersachsen).

Nach § 10 StWG sind mehrjährige Investitionsprogramme der Ressorts grundsätzlich wesentlicher Bestandteil der Finanzplanung. Sie sollen, nach Dringlichkeit und Planjahren untergliedert, die fortzuführenden und neuen Investitionsvorhaben und die dadurch verursachten Ausgaben enthalten. Da jedoch der Bundesregierung (und in Verbindung mit § 14 StWG auch den Landesregierungen) ein Ermessensspielraum bei Bestimmung derjenigen Geschäftsbereiche eingeräumt wird, für die Investitionsprogramme aufzustellen sind, ist es wiederum nur ausnahmsweise zur Aufstellung derartiger Ressortprogramme und einem darauf aufbauenden Investitionsprogramm für die Regierung gekommen (so z.B. in Hamburg). Wie der Haushaltsplan ist auch der Finanzplan grundsätzlich input-orientiert, und es hat nur wenige Versuche gegeben, ihn zu einem integrierten Aufgaben- und Finanzplan weiterzuentwickeln (so z.B. in Niedersachsen).

III. Neuere Entwicklungen

Der Zwang leerer Kassen hat in Deutschland in jüngerer Zeit abermals zu einer Diskussion der Zweckmäßigkeit der "klassischen" Haushaltsplanung geführt. Die in diesem Zusammenhang vorgeschlagenen und insbesondere auch auf kommunaler Ebene zum Teil bereits praktizierten Neuerungen sind konzeptionell seit Jahrzehnten bekannt. Sie wurden und werden in zahlreichen Ländern unter den verschiedensten Bezeichnungen angewendet. Es sind dies insbesondere die Budgetierung (im engeren Sinne; englisch target budgeting, global budgeting), die Produktorientierung (englisch performance budgeting) und die Ressourcenverbrauchs-Orientierung (englisch accrual budgeting).

– Budgetierung im engeren Sinne meint zunächst die an den Einnahmen anzusetzende Haushaltsplanung "von oben nach unten". Für einzelne Organisationsbereiche werden Netto-Ausgaben-Höchstgrenzen ("Zuschußbedarfe") festgesetzt, in die die Einzelansätze eingepaßt werden müssen. Verbunden mit der Festsetzung von Netto-Ausgaben-Höchstgrenzen ist in der Regel eine Globalisierung der Ausgabenansätze, das heißt ein Abbau der sachlichen und zeitlichen Zweckbindung der Ermächtigungen.

– Produktorientierung des Haushalts bedeutet die Planung von Leistungen für einzelne Aufgaben und Aufgabenbereiche ("Produkte") als Ausgangspunkt der Haushaltsplanung und die Ableitung von Ausgabenansätzen daraus. Damit wird der Übergang von einem input-bestimmten zu einem output-bestimmten Haushalt vollzogen.

– Ressourcenverbrauchs-Orientierung des Haushalts schließlich ist die Folge einer Umgestaltung des öffentlichen Rechnungssystems von einer reinen Zahlungsrechnung zu einer Rechnung, die auch den Verbrauch nicht unmittelbar zahlungswirksamer sachlicher Ressourcen (z.B. die Nutzung von Sachvermögen) erfaßt. Wenn aber in die "Haushaltsrechnung" auch nicht-zahlungswirksame Transaktionen (z.B. Abschreibungen, Zuführung zu Rückstellungen) aufgenommen werden, dann erscheint es nur konsequent, sie auch in den Haushaltsplan einzustellen.

Die genannten Ansätze können einzeln oder auch in Kombination zur Anwendung kommen. Ob die Entwicklung bereits irreversibel im Sinne eines endgültigen Abschieds von der traditionellen Haushaltsplanung ist, läßt sich derzeit noch nicht absehen.

Literatur

Heuer, Ernst (Hrsg.), Handbuch der Finanzkontrolle, Frankfurt/M., ab 1982.

Kisker, Gunter, § 89 – Staatshaushalt, in: *Isensee, Josef/Kirchhof, Paul* (Hrsg.), Handbuch des Staatsrechts der Bundesrepublik Deutschland, Band IV, Heidelberg 1990, S. 235 ff.

Kitterer, Werner/Senf, Paul, Öffentlicher Haushalt I: Investitionen, in: *Albers, Werner u.a.* (Hrsg.), Handwörterbuch der Wirtschaftswissenschaften, Band 5, Stuttgart u.a. 1980, S. 545 ff.

Krüger-Spitta, Wolfgang/Bronk, Horst, Einführung in das Haushaltsrecht und die Haushaltspolitik, Darmstadt 1973.

Küpper, Willi, Der öffentliche Haushalt, in: *Wittmann, Waldemar u.a.* (Hrsg.), Handwörterbuch der Betriebswirtschaft, Teilband 1, 5. Auflage, Stuttgart 1993, Sp. 1629 ff.

Lüder, Klaus/Budäus, Dietrich, Effizienzorientierte Haushaltsplanung und Mittelbewirtschaftung, Göttingen 1976.

Lüder, Klaus/Budäus Dietrich, Outputorientierte Haushaltsplanung – Konzepte und Erfahrungen, in: Angewandte Planung, 1977, S. 70 ff.

Mäding, Heinrich (Hrsg.), Haushaltsplanung – Haushaltsordnung – Haushaltskontrolle, Baden-Baden 1987.

Piduch, Erwin Adolf, Bundeshaushaltsrecht, Kommentar, Stuttgart, ab 1970.

Premchand, A. (Hrsg.), Government Financial Management, Washington D.C. 1990.

Rürup, Bert/Hansmeyer, Karl-Heinrich, Staatswirtschaftliche Planungsinstrumente, 3. Auflage, Düsseldorf 1984.

VI. Entscheidung

Bernd Becker

1. Entscheidungen in der öffentlichen Verwaltung

Inhaltsübersicht

I. Theoretische Grundlagen von Verwaltungsentscheidungen
   1. Zum Begriff der Entscheidung
   2. Rationalität der Verwaltungsentscheidung
   3. Typen, Funktionen und Grenzen von Verwaltungsentscheidungen
      a.) Zwecksetzungen (Zum Vorbehalt des Gesetzes)
      b.) Finalprogrammierte Verwaltungsentscheidungen (Verwaltungsentscheidungen unter legislativen Zweckprogrammen)
      c.) Konditionalprogrammierte Verwaltungsentscheidungen (Verwaltungsentscheidungen unter legislativen Konditionalprogrammen)
      d.) Exekutivische Programmierungen (Planungen der Verwaltung)
   4. Rechtsprobleme in und von Verwaltungsentscheidungen
      a.) Unbestimmte Rechtsbegriffe und Beurteilungsspielraum
      b.) Ermessen
      c.) Selbstbindungen
   5. Formen der Verwaltungsentscheidungen
      a.) Verwaltungsakte
      b.) Rechtsverordnungen und Satzungen
      c.) Öffentlich-rechtliche Verträge (Verwaltungsverträge)
      d.) Verwaltungsentscheidungen in privatrechtlichen Formen
II. Grundlagen der Methoden der Verwaltungsentscheidungen
   1. Methoden in der Zweck- und Zielsetzung
   2. Methoden in der Prioritätensetzung
   3. Methoden in der Definition der Situation
   4. Methoden in der Generierung von Alternativen
   5. Methoden in der Alternativenbewertung und Auswahl der besten Alternative
      a.) Kosten-Nutzen-Untersuchungen
      b.) Andere Methoden
   6. Methoden in anderen Phasen des Entscheidungsprozesses

I. Theoretische Grundlagen von Verwaltungsentscheidungen

Die theoretischen Grundlagen von Verwaltungsentscheidungen können hier nur in stark gekürztem Umfang ausgeführt werden. Sie beschäftigen sich mit dem (immer noch umstrittenen) Begriff der Entscheidung, der ebenfalls noch immer umstrittenen Rationalität von Verwaltungsentscheidungen und vor allem mit den Typen der Verwaltungsentscheidungen und einigen hervorstechenden Rechtsproblemen sowie mit den Hauptformen (regelhaften "Rechtskleidern") der Verwaltungsentscheidung.

1. Zum Begriff der Entscheidung

Entscheidung ist herkömmlich die Auswahl einer Handlungsalternative aus mehreren Handlungsalternativen. Diese Begriffsbildung ist zu eng. Die Zwecke und Ziele von Verwaltungsentscheidungen sind natürlich ebenfalls Gegenstände und dann Produkte einer Auswahl – und eines Auswahlvorgangs. Auswahlen und Auswahlvorgänge liegen eben in allen Phasen des Entscheidens (auch Entscheidungprozeß) vor – selbst im Implementations-(Vollzugs-)vorgang. Der Entscheidungsbegriff muß daher weit gefaßt werden, und zwar entlang den Phasen des Verwaltungshandelns. Infolgedessen gibt es eine Vielzahl von Typen von Verwaltungsentscheidungen:
– Zweck- und Zielsetzung (Zweck- und Zielentscheidungen),
– Prioritätensetzung (Entscheidungen über Prioritäten),
– Definition der Situation mit der Definition des Problems (Entscheidungen über die Definition der Situation und das zu lösende Problem),
– Generierung von (Problemlösungs-)Alternativen und die Feststellung der relevanten Alternativen (Relevanzentscheidungen),
– Auswahl der besten Alternative (Auswahlentscheidungen),
– Verrechtlichung der ausgewählten Alternative (Rechtsformentscheidungen),
– Durchführung, Vollzug u.a. (Implementationsentscheidungen)
– Erfolgskontrolle und Gewährleistung des Lernens (Entscheidungen im feed-back-Prozeß).

Auswahlen müssen im gesamten Entscheidungsprozeß rational erfolgen, damit ihr Produkt, die Verwaltungsentscheidung selbst rational ist. Die Rationalität von Verwaltungsentscheidungen wird durch verfassungsrechtliche und gesetzliche Gebote vorgeformt – und letztlich rechtlich erzwungen.

2. Rationalität der Verwaltungsentscheidung

Die Rationalität aller Verwaltungsentscheidungen hat sich zu allererst an den generalisierten Rationalitätsgeboten der (Bundes- und Landes-) Verfassungen auszurichten; diese enthalten strenge und bindende Grundentscheidungen zur – hier etwas umformulierten – "Systemrationalität" von Verwaltungsentscheidungen.

Von großer Bedeutung für die Rationalität von Verwaltungsentscheidungen ist das Gewaltenteilungsschema des Grundgesetzes (Art. 20 Abs. 2 GG). Das Gewaltenteilungsprinzip ist Bestandteil des Rechtsstaatsprinzips. Die Funktionenteilung ermöglicht letztlich auch die Nachprüfbarkeit von Verwaltungsentscheidungen durch unabhängige Gerichte; der Rechtsschutz gegen Verwaltungsentscheidungen ist umfassend (Art. 19 Abs. 4 Satz 1 GG). Von Bedeutung für Typus, Funktionen und Grenzen von Verwaltungsentscheidungen sind die Organisationsentscheidungen des Grundgesetzes zur "Demokratie", zum "Bundesstaat" und zur "kommunalen Selbstverwaltung". Während die demokratische Ordnung (Art. 20 Abs. 1 GG) einen Legitimationszwang für Verwaltungsentscheidungen bedeutet, normieren das Bundesstaatsprinzip (Art. 20 Abs. 1 GG) und das Prinzip kommunaler Selbstverwaltung (Art. 28 Abs. 2 GG) Zuständigkeits- und Befugnisgrenzen, innerhalb derer sich Verwaltungsentscheidungen bewegen müssen. Gewaltenteilung und das Rechtsstaatsprinzip binden Verwaltungsentscheidungen an die generelle Rechts- und Gesetzbefolgungspflicht der Verwaltung (Gesetzmäßigkeit der Verwaltung, Art. 20 Abs. 3 GG) – und den Vorbehalt des Gesetzes (Parlamentsvorbehalt).

Die Systemstruktur muß stets durch bestimmte Verfahrensregelungen gesichert werden. Struktur und Prozeß sind real untrennbar. Deshalb ist das Verfahren administrativer Entscheidungsfindung gesetzlich formalisiert, und zwar durch die allgemeinen Verwaltungsverfahrensgesetze des Bundes und der Länder. Das Verwaltungsverfahrensgesetz des Bundes entspricht übrigens in etwa dem (US-)Federal Administrative Procedure Act von 1946. Die gesetzlich geregelte Verfahrensrationalität der Verwaltungsentscheidungen gehört zum Rechtsstaatsprinzip. Das normierte Verwaltungsverfahren hat eine stabilisierende Funktion. Es dient der Herstellung von Kontinuität durch das Verfahren selbst sowie der Legitimationssicherung. Durch das normierte Verfahren von Verwaltungsentscheidungen werden auch die Rechtspositionen der Betroffenen prozedural gestärkt, z.B. durch das Recht auf Gehör, das Recht auf Akteneinsicht, den Begründungszwang der Behörden und anderes mehr. Im einzelnen ragen aus der Fülle der Verfahrensregeln folgende Regelungen hervor:

- Untersuchungsgrundsatz, das ist die Pflicht der Verwaltung, die Sachverhalte restlos aufzuklären,
- Schriftlichkeit,
- Rechtliches Gehör der Betroffenen,
- Recht auf Akteneinsicht
- Belehrungspflichten der Behörden.

In den sogenannten förmlichen Verwaltungsverfahren sind die Regeln der Entscheidungsfindung intensiviert, da hier in Rechte des einzelnen besonders folgenreich eingegriffen wird.

Das deutsche Verwaltungshandeln steht nicht nur in strengen, generellen Bindungen der Systemrationalität der Verfassung und der auch durch die Verfassung erzwungenen Verfahrensrationalität. An das Verwaltungshandeln selbst werden zusätzlich weitere Bedingungen geknüpft; nur deren Erfüllung lassen Verwaltungsentscheidungen als normativ rational erscheinen. Handlungsrationale Bindungen legen die obersten Gebote fest, an welchen die Entscheidungen (die Auswahlakte) der Verwaltung zu orientieren sind – und dann gemessen werden. Es muß hierbei zwischen verfassungsrechtlich und gesetzlich gebotener Handlungsrationalität unterschieden werden. Von größter Wichtigkeit für das Verständnis des Phänomens deutscher Verwaltungsentscheidungen ist die absolute Bindung jeder Verwaltungshandlung an die Grundrechte ("Die nachfolgenden Grundrechte binden Gesetzgebung, vollziehende Gewalt und Rechtsprechung als unmittelbar geltendes Recht", Art. 1 Abs. 3 GG). Die handlungsorientierte Bindung an die Grundrechte ist ebenfalls ein wesentlicher Bestandteil des Rechtsstaatsprinzips. Hierin lag übrigens der grundsätzliche Unterschied zur "sozialistischen Gesetzlichkeit". Die einzelnen Grundrechte selbst können hier nicht vorgestellt werden. Auf jeden Fall kommt den Freiheits- und den Gleichheitsgrundrechten sehr große Bedeutung zu: An ihnen hat sich jede Verwaltungsentscheidung zu orientieren.

Ein weiteres handlungsrational wirksames Gebot ist die Verfassungsentscheidung für die Sozialstaatlichkeit (Art. 20 Abs. 1 GG) und neuerdings das Staatsziel des Art. 20 a GG (Schutz der natürlichen Lebensgrundlagen). Auf anderem Rangniveau steht das für unternehmerische Entscheidungen so bedeutsame "criterion of efficiency", nämlich die ökonomische Rationalität. Das Wirtschaftlichkeitsgebot ist für alle administrativen Entscheidungen gesetzlich verbindlich (vgl. § 6 Abs.1 Haushaltsgrundsätzegesetz und dann § 7 der Haushaltsordnung des Bundes – und die der Länder). Es geht hierbei um das Verhältnis zwischen den Nutzen der Verwaltungsentscheidung und dem erforderlichen Kosteneinsatz. Nutzen und Kosten im Sinne des Haushaltsrechts sind soziale (gesamtgesellschaftliche) Nutzen und Kosten, wobei hierin alle monetär bewertbaren Nutzen und Kosten, aber auch alle anderen Nutzen und "Kosten", welche nicht monetär bewertbar sind, eingeschlossen sind.

Im konkreten Entscheiden liegt das Dilemma der Gewichtung der verschiedenen system-, verfahrens- und handlungsrationalen Bindungen auf der Hand. Die Konkurrenz von Rationalitätsgeboten, z.B. zwischen Kostenwirtschaftlichkeit und Gleichheitsgebot, zwischen Sparsamkeitsforderungen und Sozialstaatlichkeit, zwischen formaler Verfahrensrationalität und Verwaltungseffizienz, muß daher generell entschieden werden oder aufgrund genereller Präferenzordnungen konkret entscheidbar sein. Ganz allgemein entscheidet der Rang der Norm, die generelle Rationalitätsgebote aufstellt, über Konflikte zwischen verschiedenen Rationalitätsbedingungen. Infolgedessen enthält das Rechtsstaatsprinzip eine generelle verfassungsrechtliche Präferenzformel. Das hohe Gewicht des Rechtsstaatsprinzips erklärt sich aus der historischen Dynamik des Grundgesetzes, nämlich das Entstehen von absoluten Gewaltherrschaften zu verhindern. So gesehen kommt dem Rechtsstaatsprinzip ein oberster "Eigenwert", wertrationale Bedeutung (*Weber*), zu.

3. Typen, Funktionen und Grenzen von Verwaltungsentscheidungen

In der Erkenntnis, daß Zwecke und Ziele selbst Gegenstände von Auswahlakten sind, wird hier der Entscheidungsbegriff weit aufgefaßt. Bei staatlichen Entscheidungen (im weitesten Sinne) muß zwischen Zwecksetzungen einerseits und Entscheidungen unter gesetzten Zwecken andererseits unterschieden werden. Während die erste Kategorie Entscheidungen über die Zwecke und Grundziele, also die Entscheidungen über die Politik(-formulierung) enthält, liegen in der zweiten Kategorie die "programmierten" Entscheidungen. Stellenwerte und Funktionen beider Grundtypen von Entscheidungen sind hoch unterschiedlich. Zunächst soll danach gefragt werden, ob Zwecksetzungen auch als Verwaltungsentscheidungen rechtlich zulässig sind.

a.) Zwecksetzungen (zum Vorbehalt des Gesetzes)

Verbindliche Entscheidungen über die Zwecke, die grundlegende Politik, sind über das Gewaltenteilungsschema grundsätzlich der Legislative, als der einzigen direkt vom Volk gewählten und insofern als einzigen direkt vom Volke legitimierten Gewalt, vorbehalten (Vorbehalt des Gesetzes/Parlamentsvorbehalt). Die Legislative (im Bundesstaat die Legislativen: Bundestag und die Landtage) entscheidet verbindlich in der Form von Gesetzen und rechtlich unverbindlich (politisch aber "verbindlich") in der Form von Beschlüssen. Die Legislativen sind in der Zwecksetzung, in der verbindlichen Formulierung der Politik, an die Verfassungen gebunden. Das Grundgesetz entzieht die Grundrechte aus Art. 1 GG und das Bundesstaats-, Demokratie-, Rechtsstaats- und Sozialstaatsprinzip legislativer Disposition (Art. 79 Abs. 3 GG). Die Funktion des Vorbehaltes des Gesetzes liegt auf der Hand: Die Politiksetzung soll der demokratisch legitimierten Legislative zustehen. Die Strenge der Funktionenteilung greift voll bei Akten durch, die in die Rechte, insbesondere in die Grundrechte des einzelnen belastend, also verbietend oder gebietend, eingreifen: "Eingriffsverwaltung" ist in Deutschland nur unter verbindlichen, gesetzlichen Regelungen denkbar (Vorbehalt des Gesetzes im engeren Sinne). Eine ganz andere Frage ist, ob exekutive Zweckentscheidungen im Bereich der "Leistungsverwaltung", der Sachgüter oder Dienstleistungen gewährenden Verwaltung, zulässig sind. Exekutivische Zweckprogramme müssen allerdings auch in diesem Bereich leistender Verwaltung wegen der Funktionalität demokratischer Legitimationserzeugung im legislativen Raum als Ausnahme gesehen werden. In der Realität der Leistungsverwaltung sind die Grenzen zwischen legislativer und exekutivischer Zwecksetzung allerdings verschwommen. Viele, vor allem mittel- und langfristig angelegte Programme (z.B. Forschungsprogramme, Energiebeschaffungsprogramme) lassen sich nur auf sehr unbestimmte legislative Zwecksetzungen zurückführen, will man nicht die Haushaltsgesetze als Grundlage verwenden.

Ganz allgemein betrachtet – ohne auf die beiden Ausnahmen zu schauen – stehen also Verwaltungsentscheidungen unter legislativen Zwecksetzungen (Zweckprogrammen). Dieser strengen Auffassung entspricht eine (auch provokativ gedachte) Pflicht der Legislativen zur verbindlichen Politikformulierung. Von großer faktischer Bedeutung sind allerdings die Funktionen der Verwaltung (Regierung und Ministerien) bei der Vorbereitung legislativer Zweckprogramme (Politikvorbereitung).

b.) Finalprogrammierte Verwaltungsentscheidungen (Verwaltungsentscheidungen unter legislativen Zweckprogrammen)

Die Funktionendifferenzierung des Gewaltenteilungsschemas weist den Legislativen die verbindliche Zwecksetzung zu. Die Systemfunktion der Verwaltung kann demnach folgerichtig nur in der "Konkretisierung der Staatszwecke auf einer zweiten Stufe" bestehen, und zwar durch professionalisiertes "Kleinarbeiten" gesetzlicher Zweckentscheidungen durch die Herstellung verbindlicher Entscheidungen für den Einzelfall oder durch Produktion von Sachgütern und Dienstleistungen. Legislative Zweckprogramme haben die Funktion der Zwecksteuerung des exekutivischen "conversion process" von "inputs" – Nachfragen des einzelnen und der Gesellschaft nach öffentlichen Leistungen – zu den gewünschten und wünschenswerten "outputs". Die Steuerung exekutiver Entscheidungsproduktion und der Produktion von Sachgütern und Dienstleistungen durch legislative Zweckprogramme räumt der Verwaltung theoretisch und empirisch Handlungsspielräume in der die Zwecke implementierenden Konkretisierungsphase ein. Die Funktionen, die Zweckprogrammen und der legislativen Zwecksteuerung zugeordnet werden, weichen im übrigen nach deutscher Auffassung nicht von der modernen Entscheidungstheorie ab. Betont werden muß, daß das Dilemma der Funktionalität nur zweckprogrammierter Verwaltungsentscheidungen, nämlich vor allem höchste Anpassungsfähigkeit und Flexibilität und ihre gleichzeitige Dysfunktionalität hinsichtlich der system- und verfahrensrationalen sowie handlungsrationalen Bindungen im deutschen Verwaltungsrechtssystem differenzierend betrachtet wird. In der Eingriffsverwaltung sind lediglich über Zwecke programmierte Verwaltungsentscheidungen allerdings unzulässig. Gesetzliche Ermächtigungen, die der Verwaltung Entscheidungsbefugnisse einräumen, in die Rechte des Bürgers verbietend oder gebietend einzugreifen, müssen nicht nur die Zwecke, die tatsächlichen Anlässe, sondern zumindest auch die Handlungsalternativen vorgeben. In anderen Politikfeldern sind nur finalprogrammierte Entscheidungen häufig anzutreffen. Eine beispielhafte Textstruktur für nur finalprogrammierende Gesetze ist § 1 Raumordnungsgesetz: "Die Struktur des Gesamtraumes der Bundesrepublik Deutschland ist ... unter Beachtung der folgenden Leitvorstellungen so zu entwickeln, daß sie ... (es folgen die Ziele ["Leitvorstellungen"] der Entwicklung).

c.) Konditionalprogrammierte Verwaltungsentscheidungen (Verwaltungsentscheidungen unter legislativen Konditionalprogrammen)

Entscheidungsprogramme, die nicht nur die Zwecke, sondern auch die tatsächlichen Anlässe des Verwaltungshandelns nach dem Schema *"wenn X, dann Y"* bindend programmieren, sind Konditionalprogramme. Im Extremfall kann der Verwaltung eine bestimmte Handlung (in Abhängigkeit von tatbestandserfüllenden tatsächlichen Anlässen) vorgeschrieben sein. Es kann aber auch so sein, daß der Verwaltung mehrere Handlungsalternativen zur Auswahl vorgegeben sind, unter welchen sie nach ihrem Ermessen im konkreten Einzelfall wählen darf (und muß). Im anderen Extremfall können Konditionalprogramme nur mit einer Verpflichtung zu einem ganz bestimmten Handeln in Abhängigkeit von tatbestandserfüllenden Gegebenheiten vorkommen. Somit ergeben sich analoge Typen von Konditionalprogrammen – und konditionalprogrammierten Verwaltungsentscheidungen.

Zu den Funktionen von Konditionalprogrammen für Verwaltungsentscheidungen gehören die Verfahrens- und Strukturstabilisierung durch "Routine". Andere Aspekte sind unter der spezifisch deutschen Systemrationalität die legislative Beherrschbarkeit einer sehr großen Verwaltung und die Sicherung der Gleichmäßigkeit des Verwaltungsvollzugs. Darauf soll jeweils bei den verschiedenen Typen von Konditionalprogrammen differenzierend eingegangen werden. Es muß nicht besonders betont werden, daß die Rechtsstaatlichkeit unseres Systems die konditionale Programmierung, den Typus konditional programmierter Verwaltungsentscheidung, als systemadäquat (denkanalytisch und empirisch) präferiert.

Konditionalprogramme, die zwar Handlungssituationen (Tatbestände) vorgeben, an welche Handlungsfolgen geknüpft sind, diese aber nicht konkret benennen, überlassen die gesamte Alternativengenerierung (und natürlich Alternativenauswahl) dem Entscheider. Eine beispielhafte Textstruktur für die hier angesprochenen Programme ist § 74 Abs. 1 Hess.WasserG: "Im Rahmen der Wasseraufsicht haben die Wasserbehörden die nach pflichtgemäßem Ermessen erforderlichen Maßnahmen zu treffen, um von der Allgemeinheit, dem einzelnen oder den Gewässern Gefahren abzuwehren, ..."

Konditionalprogramme ohne Handlungsvorgaben sind somit der konditionale Programmtypus mit der relativ höchsten administrativen Flexibilität. Unter den Aspekten legislativer Beherrschbarkeit der Verwaltung ergeben sich nicht nur politische, sondern auch rechtsstaatliche Folgen solcher Programme. Das Abwägungsdilemma zwischen erhöhter Flexibilität der Verwaltung und verringerter politischer Beherrschbarkeit wird im Bereich der eingreifenden Verwaltung über das Rechtsstaatsprinzip (das heißt hier über den generellen und eingeengten Vorbehalt des Gesetzes) zugunsten erhöhter Beherrschbarkeit (und zu Lasten der Möglichkeiten, Konditionalprogramme ohne Handlungsalternativengenerierung zu verwenden) entschieden. Legislative Zweckprogramme ohne normierten Tatbestand, also Zweckprogramme ohne Angabe der ein Handeln der Verwaltung auslösenden stimuli, kommen vor allem auf dem Gebiete der raumwirksamen Planungen vor; typisch hierfür sind beispielsweise das bayerische Landesplanungsgesetz und das daraufhin ergangene Landesentwicklungsprogramm. Innerhalb der Leistungsverwaltung, das ist die Verwaltung, die Sachgüter oder überwiegend Dienstleistungen gewährt, sind solche Zweckprogramme rechtsstaatlich ohne größere Bedenken anerkannt.

Empirisch betrachtet ist der Typus des legislativen Konditionalprogramms mit Handlungsalternativen wohl der häufigste Programmtyp. Er räumt der Verwaltung ein Auswahlermessen unter fest normierten Handlungsalternativen ein. Dieser Programmtyp (Auswahlprogramm) ist gleichzeitig auch ein klassischer Typ legislativer Entscheidungsprogrammierung, da offenbar ein Gleichgewicht zwischen rechtsstaatlichen Bindungs- und Beherrschbarkeitsforderungen und Flexibilitätsnotwendigkeiten erzeugt wird. Beispielhaft für die hier gemeinten Auswahlprogramme ist § 20 Abs.1 Bundes-Immissionsschutzgesetz: "Kommt der Betreiber einer genehmigungsbedürftigen Anlage einer Auflage ... nicht nach, so kann die zuständige Behörde den Betrieb *ganz oder teilweise* ... untersagen."

In der Verwaltungswirklichkeit kann ein Trend zur Verengung von Ermessensspielräumen nicht verkannt werden. Die Gründe sind vielfältig. Schlagwortartig aufgezählt, sind es meist folgende Gründe:
- die legislative Steuerungsabsicht(-pflicht) bei verbietenden oder gebietenden Akten,
- die Prüfungsintensität der Verwaltungs- und Verfassungsgerichtsbarkeit, aber auch der Rechnungshöfe,
- die exekutivische Selbstbindung durch generelle "hausgemachte" Programmverengungen.

Die Ausübung des Auswahlermessens steht unter den oben aufgezeigten system-, verfahrens- und handlungsrationalen Bindungen. Nur unter Berücksichtigung dieser Bindungen kann die jeweils "beste" Handlungsalternative definiert werden. Vielfach wird dabei die Bedeutung der generalisierten Rationalität unterschätzt. Vor allem ökonomisierende Versuche, das jeweils "Beste" über das Effizienzkriterium (die Wirtschaftlichkeit) zu bestimmen, verkennen die generelle Präferenzordnung. Zwar gilt die Präferenz für rechtsstaatlich definierte Rationalität der Verwaltungsentscheidung schwergewichtig bei und innerhalb der Eingriffsverwaltung. Aber auch in der Leistungsverwaltung, in der "Daseinsvorsorge", ist die generelle Präferenzordnung unabdingbar. Daran ändert auch die Pflicht, Nutzen-Kosten-Analysen anzufertigen, nichts.

Enthält ein Entscheidungsprogramm die Programmierung der Zwecke, des Tatbestands und der Maßnahme (Rechtsfolge), die bei Erfüllung des Tatbestands zu ergreifen ist, so liegt eine totale Programmierung des Verwaltungshandelns vor (Arbeitsprogramme). Diese Art von Entscheidungsprogramm läßt der Verwaltung nur die Entscheidung darüber zu, ob ein Sachverhalt den Tatbestand des (legislativen) Entscheidungsprogramms erfüllt. Solche Programme finden sich überall dort, wo – oberflächlich betrachtet – die EDV in der Verwaltung eingesetzt wird – bei massenhaften, voll routinisierbaren Verwaltungsentscheidungen. Die Funktionen solcher die Verwaltungsentscheidungen voll programmierenden Programme liegen auf der Hand. In der industriellen Fertigung werden sie beispielsweise zur Organisation von Fließbandproduktion verwendet: Das Bild zeigt, daß der ökonomische Effekt der "Routinisierung" unübersehbar ist. Die Funktion der Stabilisierung der Verwaltungsentscheidungen (der "Gleichmäßigkeit des Verwaltungsvollzugs") der verschiedenen Behörden, die ein und dasselbe Entscheidungsprogramm auszuführen haben, ist ebenfalls wichtig. Zusätzlich tritt der Effekt extremer Beherrschbarkeit des Behördenkomplexes im Verwaltungsvollzug und vollständiger Nachprüfbarkeit des Verwaltungshandelns hinzu. Der Funktionenvorbehalt des Gewaltenteilungsschemas wird hier sehr weit zugunsten legislativer Programmsteuerung ausgedehnt. Im Grunde ergibt sich bei totaler Handlungsprogrammierung ein umgekehrtes Abwägungsdilemma – jedenfalls im Bereich der Leistungsverwaltung. Es besteht darin, daß die totale Programmierung der Verwaltung einen so schweren Eingriff der Legislative in die exekutivischen Funktionen der "Konkretisierung" darstellt, daß dies von der grundlegenden Systemrationalität her betrachtet bedenklich erscheint (Übergriff in den sogenannten Verwaltungsvorbehalt). Der Zusammenhang zwischen Struktur und Programmtyp wird nirgends deutlicher als bei den Strukturfolgen von Arbeitsprogrammen. Es kann nicht nur theoretisch festgestellt werden, daß die bürokratische Struktur eine Folge der totalen Programmierung der Verwaltungsentscheidungen ist. Nur die "Bürokratie" (*Weber*), die bürokratische Organisation, vermag nämlich den Bestand der Arbeitsprogramme, die ökonomische Nutzung der Routine und notwendige Zentralisierungen zu sichern. Folgerichtig ist die deutsche Vollzugsverwaltung im Innern der Behörden relativ stark bürokratisiert, da der Typ des Arbeitsprogramms einen nicht unerheblichen Mengenanteil am Bestand sonstiger Konditionalprogramme aufweist.

d.)   Exekutivische Programmierungen (Planungen der Verwaltung)

Auch in den "Planungen" (an sich genauer: exekutivische Programmierungen) der und in der Verwaltung werden natürlich Entscheidungen getroffen. Da dieser Abschnitt im hier vorgelegten Sammelband an anderer Stelle abgehandelt wird, kann hier auf entsprechende Darstellungen verzichtet werden. Die exekutivische Programmierung muß sehr scharf von der Politikvorbereitung in der und durch die Verwaltung unterschieden werden: Politikvorbereitung ist im engeren Sinne die Vorbereitung von Gesetzen (Erarbeitung von Gesetzentwürfen), die exekutivische Programmierung ist im engeren Sinne die Herstellung von Verwaltungsplänen innerhalb vorgegebener gesetzlicher

Rahmen (Gesetze) oder auch die generalisierende Konkretisierung "offener" Gesetze oder gesetzlicher Programme.

4. Rechtsprobleme in und von Verwaltungsentscheidungen

Einige der generellen Rechtsprobleme in und von Verwaltungsentscheidungen – gleichgültig, über welchen Programmtyp die Verwaltung programmiert ist (und wird) – sollen zum Abschluß kurz erwähnt werden.

a.) Unbestimmte Rechtsbegriffe und Beurteilungsspielraum

Von besonderer Problematik ist die Unbestimmtheit der Programmstruktur, das heißt die Verwendung unbestimmter Begriffe in Gesetzen (gesetzlichen Programmen, die von der Verwaltung vollzogen werden) – ob in der Zweckformulierung (z.B. Erhaltung der "öffentlichen Sicherheit und Ordnung", Verbesserung der "Lebensqualität") oder auch in Tatbestandsfixierungen oder sonstwo –. Der Verwaltungsentscheider muß im Einzelfall die Unbestimmtheit durch "Beurteilung" reduzieren (der unbestimmte Rechtsbegriff wird bestimmt – und vollzugsfähig – gemacht). Die Unbestimmtheit der legislativen Formulierung erweitert also insgesamt den exekutivischen Handlungsspielraum – aber nur grundsätzlich. Denn bei der gerichtlichen Überprüfung einer Verwaltungsentscheidung, die eben eine bestimmte Reduzierung eines unbestimmten Begriffs vornimmt, entsteht die Frage, ob diese Reduzierung oder Auslegung gerichtlich nachprüfbar ist. In der neuesten Rechtsprechung des *Bundesverfassungsgerichts* wird nunmehr nach vielen Jahren der Lehre von den *gerichtsfreien Beurteilungsspielräumen* der exekutivische "Spielraum" gegen Null gehend eingeengt. Der Grund der – jetzt vor einer endgültigen Lösung stehenden – rechtsstaatlichen Problematik der gerichtsfreien Beurteilungsspielräume liegt zum einen in der Erweiterung administrativer Handlungsspielräume in Relation zur Legislative und zum anderen im Verhältnis zur Judikative; es handelt sich in Wahrheit um ein verstecktes Problem der Grenzziehung zwischen den Gewalten: je mehr und je weiter anerkannte Beurteilungsspielräume angelegt sind, desto geringer werden die legislativen Steuerungsmöglichkeiten und die Möglichkeiten der Nachprüfbarkeit administrativer Entscheidungen durch die Verwaltungs- und Verfassungsgerichte.

b.) Ermessen

Heute gibt es kaum noch Rechtsprobleme im Verwaltungsermessen (§ 40 Verwaltungsverfahrensgesetz) und dessen Ausübung durch die Verwaltung. Die schon erwähnte Hauptform des Auswahlermessens ist durch eine Ermessensfehlerlehre auch rechtlich so strukturiert, daß jede Ermessensentscheidung gerichtlich voll nachprüfbar ist. Ermessensfehler liegen im Rechtssinne vor bei:
- Ermessensunterschreitung (Nichtgebrauch der Ermessensbefugnis und Ausfall der Ermessensausübung),
- Ermessensüberschreitung (eine Rechtsfolge wird gewählt, obgleich sie nicht normiert ist),
- Ermessensmißbrauch (willkürliche oder sachwidrige Festlegung der Rechtsfolgenalternative, aber auch: fehlerhafte Sachverhaltsfeststellungen, fehlerhafte Rechtsanwendung, Verstoß gegen übergeordnetes Recht, fehlerhafte Abwägung zwischen den normierten Rechtsfolgenalternativen, und anderes mehr),
- Ermessenbetätigung trotz Ermessensreduzierung "auf Null" (dem Recht nach ist nur noch eine Rechtsfolge wählbar, dennoch wird eine andere Rechtsfolge gewählt).

Ein wichtiger (rechtsstaatlicher) Grundsatz in der Auswahl von Rechtsfolgen, bei der Festlegung von rechtlichen Eingriffen oder sonstigen Maßnahmen, ist der Grundsatz der Verhältnismäßigkeit; dieser Grundsatz gilt an sich im gesamten Recht und ist auch für jegliche Ausübung der Staatsgewalt verbindlich.

Die Gebote des Grundsatzes der Verhältnismäßigkeit sind:
- Geeignetheit,
- Erforderlichkeit,
- Angemessenheit.

"Geeignet" sind Maßnahmen, wenn sie die Zwecke und Ziele des anzuwendenden Rechts zu erfüllen in der Lage sind. Dieser Grundsatz wirkt an sich nur in negierender Form: rechtlich unzulässig sind Maßnahmen, wenn sie zweck- und zieluntauglich sind. Das Gebot der "Erforderlichkeit" beinhaltet ein "Übermaßverbot". In der Regel wird es als das Gebot des Einsatzes des mildesten (im Rechtssinne) Mittels (Maßnahme) interpretiert. Die "Angemessenheit" bedeutet, daß aus den zur Verfügung stehenden Maßnahmen (Alternativen) diejenige auszuwählen ist, die im Hinblick auf alle Nutzen und "Kosten" die günstigste Alternative ist. Hinsichtlich der "Kosten" wird regelmäßig der zu erwartende Schaden (im Rechtssinne) verstanden.

c.) Selbstbindungen

In der Verwaltungswirklichkeit wird in immer mehr Politikbereichen (beispielsweise in der Schulverwaltung, in den Streitkräften, in der Bauordnungsverwaltung) legislativer Handlungsspielraum durch ergänzende und detaillierende exekutivische generelle Programme verengt. Solche nur verwaltungsintern wirksame Programme haben die Absicht, die nachgeordneten Behörden an den (Programm–)Willen der obersten Verwaltungsbehörden eng zu binden. Die darin zum Ausdruck kommende "Selbstbindung" der Verwaltung verwendet überwiegend Handlungsanweisungen in der Form der Verwaltungsvorschriften. Die Verwaltungs- und Verfassungsrechtsprechung kontrollieren über den Gleichheitsgrundsatz (Art. 3 Abs. 1 GG) weitgehend, ob die Selbstbindungen tatsächlich eingehalten werden: Legislativ beabsichtigte (in das Gesetz eingebaute) Flexibilität geht allerdings auf diese Weise faktisch verloren. Eine positive Funktion haben selbstbindende Regelungen im Rahmen der Sicherung der Gleichmäßigkeit und Einheitlichkeit des Verwaltungsentscheidens bei komplexen Gesetzen; Beispiele hierfür sind die TA Luft und die TA Abfall.

5. Formen der Verwaltungsentscheidungen

Für die deutsche Verwaltung ist die Rechtsform der Verwaltungsentscheidung ein essentieller Teil des Verwaltungshandelns. Die große Bedeutung der Handlungsform ist nur aus der Rechtsstaatsformel und ihrer geschichtlichen Dynamik zu erklären. An der Handlungsform wurde der Rechtsschutz, die Art und der Umfang der verfassungs- und verwaltungsgerichtlichen Nachprüfung, festgemacht. Andererseits beinhaltet die dem deutschen Verwaltungsrechtssystem innewohnende Formenstrenge zugleich eine Beachtung der ausgebauten System- und Verfahrensrationalität des deutschen politisch-administrativen Systems. Die rechtlich eingerichteten Formtypen deutscher Verwaltungsentscheidungen haben system- und verfahrensrationale Stabilisierungseffekte.

a.) Verwaltungsakte

Von herausragender Bedeutung ist unter allen Formtypen der Verwaltungsakt. Er ist ein rechtlich genau definierter Formtyp, in welchen vor allem die eingreifende Verwaltung ihre Entscheidungen kleiden soll. Er ist die förmliche, rechtsverbindliche Mitteilung der verbindlichen, auf einen "Einzelfall" bezogenen Entscheidung an den

Betroffenen (§ 35 Verwaltungsverfahrensgesetz). Der Verwaltungsakt als Formtyp erfüllt folgende Rechtsfunktionen:
- förmliche und verbindliche Klarstellung der Verwaltungsentscheidung nach außen,
- förmliche und verbindliche Grundlage des Verwaltungszwanges,
- förmliche und verbindliche Bindung der Verwaltungsentscheidung an das Verwaltungsverfahren
- förmliche Eröffnung des gerichtlichen Rechtsschutzes (§§ 40, 42 Verwaltungsgerichtsordnung).

b.) Rechtsverordnungen und Satzungen

Verwaltungsentscheidungen, die, unter legislativen Zweckprogrammen stehend, generelle und abstrakte, vor allem Zwecksetzungen konkretisierende Entscheidungen enthalten, ergehen als Rechtsverordnungen (Art. 80 Abs. 1 GG).

Die Rechtsverordnung ist deshalb ein allgemeines, allgemein verbindliches exekutivisches Programm (Rechtsnorm). Innerhalb bestehender legislativer Zweckprogramme werden Rechtsverordnungen systemgerecht zur generalisierenden Konkretisierung und generellen Steuerung der Verwaltung verwendet. Der Rechtsschutz gegen Rechtsverordnungen ist teilweise verwirklicht (Normenkontrolle, § 47 Verwaltungsgerichtsordnung). Satzungen sind ebenfalls exekutivische Rechtsnormen der kommunalen Gebietskörperschaften (und anderer rechtsfähiger Körperschaften des öffentlichen Rechts) und wirken generell und abstrakt – eben wie Rechtsnormen.

c.) Öffentlich-rechtliche Verträge (Verwaltungsverträge)

Die Verwaltung kann unter bestimmten Voraussetzungen von einer einseitigen Entscheidung (Verwaltungsakt) absehen und mit dem Bürger statt dessen vertragliche Beziehungen aufbauen. Solche vertraglichen Beziehungen sind auf dem Gebiet des öffentlichen Rechts nur in der Form des öffentlich-rechtlichen Vertrags möglich. Der Verwaltungsvertrag (§§ 54 ff Verwaltungsverfahrensgesetz) ist kein beliebig einsetzbarer Formtyp. An seine Zulässigkeit sind bestimmte Voraussetzungen geknüpft, die in der Praxis extensiv ausgelegt werden. In der Eingriffsverwaltung sind vertragliche Beziehungen grundsätzlich nicht statthaft; hier muß die Verwaltung das Gesetz grundsätzlich einseitig (durch Verwaltungsakt) vollziehen. In der Leistungsverwaltung sind dagegen typische "bargaining"-Situationen denkbar. Der Typus des Vertrags hat deshalb hier sein Anwendungsgebiet. Die Verwaltungsverfahrensgesetze unterwerfen allerdings den Verwaltungsvertrag strengen Verfahrensbindungen.

d.) Verwaltungsentscheidungen in privatrechtlichen Formen

Von einiger Problematik ist das Verwaltungshandeln in privatrechtlichen Formen, also Formen, die nicht wie die Regeltypen (Verwaltungsakt, Verwaltungsvertrag) öffentlich-rechtlicher Natur sind. Das "Elend" deutschen Verwaltungsrechts ist, daß es Verwaltungshandeln (und auch die Organisation der Verwaltung) in privatrechtlicher Form – aus wohl nicht zu überwindenden traditionellen Gründen – zuläßt, obgleich die heutige Flexibilität und Varietät der öffentlich-rechtlichen Formtypen (wie auch der Organisationstypen) allen tatsächlichen Anforderungen genügen. Es sind allerdings Grenzen gezogen. In der Eingriffsverwaltung ist die "Flucht in das Privatrecht" grundsätzlich nicht zulässig. In der Leistungsverwaltung, innerhalb deren die "Daseinsvorsorge", die Fürsorge, die existentiellen Sachgüter und Dienstleistungen erstellt werden, werden privatrechtliche Formen (Kaufvertrag, Mietvertrag, Werkvertrag usw.) für zulässig gehalten. Dabei darf allerdings die System- und Handlungsrationalität der Verwaltung nicht verletzt werden (Verwaltungsprivatrecht). Leider sind dies Soll-Vorstellungen, die in der Praxis nicht selten doch von der privatrechtlich agierenden Verwaltung konterkariert werden. Die Möglichkeit der Verwaltung, privatrechtliche Handlungsformen (und Organisationsformen) zu nutzen, müßte konsequenterweise versagt werden. Alle oben unter der generellen Rationalität angesprochenen Bindungen erzwingen an sich eine eindeutige Grenzziehung.

II. Grundlagen der Methoden der Verwaltungsentscheidungen

Methoden sind kognitive Werkzeuge des Entscheiders ("knowledge technology") und unterscheiden sich dadurch von körperlichen Werkzeugen, wie auch der Computer eines ist. Methoden sollen Probleme des Entscheiders zuverlässig und gültig lösen helfen; sie lösen also nicht selbst Probleme. Die Einteilung der Methoden im Entscheidungsprozeß ist immer noch umstritten und wird teilweise als beliebig aufgefaßt. Im folgenden werden die Methoden der Verwaltungsentscheidung nach den oben kurz angedeuteten Phasen des Verwaltungshandelns eingeteilt und kurz benannt oder kurz ausgeführt. Bei beiden Absichten ist nur eine Kurzinformation zu erreichen – mehr nicht.

1. *Methoden in der Zweck- und Zielsetzung*

In exekutivischen Zweck- und Zielsetzungsvorgängen (z.B. in der Politikvorbereitung) kann der Einsatz besonderer Methoden erforderlich sein. Zuvor muß allerdings gesagt werden, daß die Zweckschöpfung methodisch gemeinter "knowledge technology" weitgehend unzugänglich ist. Denn Zwecksetzungen sind echte Politikentscheidungen. Gleiches gilt im wesentlichen für die Zielfindung (also im Gegensatz zur Zweckschöpfung, die Antworten auf das "Wozu" festlegt, die Festlegung der gewünschten zukünftigen Zustände). Dennoch wird häufig behauptet, daß der Einsatz von Expertenbefragungen (und z.B. die Experten-Delphi-Methode) oder auch von computerisierten Expertensystemen in der Zweck- und Zielsetzung unerläßlich sei. Dies kann letztlich nur insoweit Gültigkeit haben, also solche Methoden nur als unterstützende Begleitung des politischen Prozesses begriffen werden (wie das bei richtig verstandenen Sachverständigenanhörungen der Parlamente oder der Ministerien der Fall ist). Anders sieht es aus, wenn ordnende Methoden in der Aufstellung logischer Zweck- und Zielsysteme benutzt werden. Solche Methoden werden der Graphtheorie entnommen und haben deswegen in der Regel dann die bekannte "Baum"-Struktur. Solche Methoden sind bei Zielsystemen mit hoher Komplexität unentbehrlich.

2. *Methoden in der Prioritätensetzung*

In Zielsystemen, die (logischerweise) mehrere Ziele ausweisen, muß der Entscheider stets fragen, welche Ziele gleichgewichtig und welche ungleichgewichtig sind: Dies ist der Inhalt der Prioritätensetzung und der entsprechenden Entscheidungen. Es muß immer wieder betont werden, daß auch Entscheidungen über die Gleichgewichtigkeit von Zielen "Prioritäten"entscheidungen sind – oder andersherum: Der Entscheider muß stets fragen und prüfen, ob Ziele in Zielsystemen mit anderen gleichgewichtig sind. Von großer Bedeutung für die Anwendung aller zulässigen Methoden und die Verwerfung aller unzulässigen (und gleichwohl in der Praxis gebräuchlichen) Methoden ist die Tatsache, daß Urteile über Prioritäten ordinal skalierte Urteile sind: das heißt, es werden nur Rangfolgen zwischen Zielen aufgestellt. Damit scheiden von vornherein alle normalen Rechenwerke ("Methoden-Algorithmen") aus, die mit den

Grundrechenarten operieren – es sei denn, der Entscheider wendet (zusätzliche) Methoden an, die ordinal skalierte Urteile in quasimetrische Urteile umzuwandeln in der Lage sind. Eine Methode hierfür ist der sukzessive Vergleich.

3. *Methoden in der Definition der Situation*

Die Definition der Situation ist die Abbildung der tatsächlichen Welt "im Kopf" des Entscheiders, und zwar in zwei Dimensionen:
– die Abbildung der vergangenen und "gegenwärtigen" Welt
– die künftige Welt.

Der Vergleich der so ermittelten Arbeitsumwelt des Entscheiders mit dem Zweck- und Zielsystem ergibt entweder eine Übereinstimmung damit oder eine Abweichung ("gap"). Nur der Fall der Abweichung der Definition der Situation mit dem Zweck- und Zielsystem ist ein Problem des Entscheiders, das in den nachfolgenden Phasen gelöst werden muß. Ein gutes Beispiel ist der tatsächliche Subsumtionsvorgang eines tatsächlichen Zustandes der Umwelt des Verwaltungsentscheiders im Hinblick auf die Genehmigung eines Betriebs nach § 4 des Bundesimmissionsschutzgesetz, in welchen gegenwärtige wie auch künftige Belastungsfolgen des Betriebs für die Umwelt ermittelt werden müssen.

So gesehen, müssen die Methoden der Verwaltungsentscheidung aufgeteilt werden in:
– Methoden zur Erhebung der vergangenen und "gegenwärtigen" Arbeitsumwelt des Entscheiders
– Methoden der Ermittlung künftiger Zustände

Die Methoden, die helfen, die vergangenen und "gegenwärtigen" Zustände zu erheben und dann abzubilden, sind die Erhebungsmethoden; die Methoden, die zu Aussagen über künftige Zustände verhelfen, sind die Prognosemethoden.

Bei den Erhebungsmethoden sind zum einen alle statistischen Verfahren zu beachten, zum anderen die hauptsächlich der Soziologie zugeordneten quantitativen und qualitativen Erhebungsmethoden (Interview, schriftliche Befragung, Beobachtung, Experiment und vieles andere mehr). Von Bedeutung ist es, daß nicht nur in der Verwaltung, sondern auch anderswo, viele Fehler bei der Anwendung der genannten Methoden gemacht werden: Dann aber ist das Bild des Entscheiders, das er dann erhält, schlicht falsch. Die Hauptfehler sind dabei:
– Mißachtung der Stichprobentheorie,

- Mißachtung der Regeln über die Hochrechnung von Stichprobenergebnissen auf die angenommene Grundgesamtheit,
- Anwendung der mündlichen Interviews,
- Verwendung der schriftlichen Befragung (Fragebogen) für qualitative Daten.

Die Prognosemethoden sind immer Aussagen über die Zukunft der relevanten Arbeitsumwelt des Entscheiders. Dabei müssen verschiedene Zukunftsaussagen voneinander unterschieden werden. In der Verwaltung werden in aller Regel – richtigerweise – status-quo-Prognosen vorgenommen. Auch innerhalb solcher müssen wiederum verschiedene Zukunftsaussagen unterschieden werden: Nach dem Sicherheits- und Gültigkeitsgrad der Aussage (und zwar die [erreichbare] ex-ante-Sicherheit und die [erreichte] ex-post-Sicherheit). Die möglichen ex-ante-Sicherheitsgrade sind von sehr vielen Faktoren abhängig, wobei auch die Fristigkeit der Aussage eine große Rolle spielt (kurzfristige, mittelfristige, langfristige und superlangfristige Zukunftsaussagen). Bei Prognosemethoden werden die statistischen (quantitativen) und die qualitativen Prognosemethoden unterschieden. Quantitative Methoden sind beispielsweise Regressionsanalysen bis hin zu komplexen Simulationsmethoden), qualitative Methoden sind z.B die hier richtig angewendeten Experten-Delphi-Verfahren.

4. Methoden in der Generierung von Alternativen

Es wird nicht nur häufig übersehen, daß die Phase der Generierung von (Problemlösungs-)Alternativen eine äußerst wichtige Phase des Entscheidungsprozesses ist, sondern daß es hierfür einige sehr wertvolle Methoden gibt, die Generierung von Alternativen sorgfältig und umfassend zu gestalten. Berühmt und deshalb sehr bekannt ist z.B. das Brainstorming als Ideenförderungsverfahren. Nur muß in der Verwaltung dabei und überhaupt unterschieden werden, daß vor der Anwendung solcher oder anderer Verfahren auch die traditionellen Verfahren der Ermittlung schon bestehender Problemlösungsalternativen stehen. Dabei geht es um die Ermittlung bekannter oder gar normierter Alternativen. Die dabei einzusetzenden Verfahren sind vor allem "hermeneutischer" Art, also text- und dokumentenanalytischer Natur. Bei der Verwendung von Generierungsmethoden im engeren Sinne geht es vor allem darum, Ideen für neue Problemlöser zu generieren. Das genannte Brainstorming ist eine gute Methode. Es gibt auch systematische Ideenfindungsverfahren, so z.B. die vom Verfasser erfundene Methode, die auf der Baumstruktur beruht. Von Bedeutung ist übrigens die Relevanzbestimmung generierter Alternativen, wenn diese nicht selbst normativ vorgenommen ist. Bei der Relevanzbestimmung geht es darum – bei einer "unübersichtlichen" Vielzahl von Alternativen – so viele nichtrelevante auszuschließen, daß der relevante Rest kognitiv weiterverarbeitbar ist. Dabei gilt für die anzuwendende Ausschlußregel, daß die Relevanz sich am Zweck- und Zielsystem orientiert und keineswegs die beste Alternative ausschließt.

5. Methoden in der Alternativenbewertung und Auswahl der besten Alternative

Die Phase der Auswahl der besten Alternative setzt natürlich voraus, daß der Entscheider schon eine Rationalitäts"angabe" hat: Denn die "beste "Alternative wird ausschließlich durch den gültigen Rationalitätsstandard bestimmt. In der öffentlichen Verwaltung ist die Rationalität stets vorgegeben. Demnach hat der Verwaltungsentscheider zunächst eine Bewertung der Alternativen vorzunehmen, wobei sich die Bewertungs"faktoren" natürlich wiederum aus der Rationalität der Entscheidung ergeben. Kurz gesagt, die Alternative ist die beste Alternative, die die festgestellten Probleme am besten löst. Das kann nur bedeuten, daß alle festgelegten Alternativen hinsichtlich ihrer Kosten- und Nutzenfolgen bewertet werden. Dabei hat die Definition von Kosten und Nutzen eine entscheidende Bedeutung. Auch diese ergibt sich aus der Rationalität und dem festgelegten Zweck- und Zielsystem. In der öffentlichen Verwaltung gilt generell eine "Systemrationalität", was bedeutet, daß grundsätzlich

– die betriebswirtschaftlichen Kosten und Nutzen (in DM),
– die gesamtgesellschaftlichen ("volkswirtschaftlichen") Kosten und Nutzen (in DM) und
– alle sonstigen "Vorteile" und "Nachteile" (gleichgültig, welche Dimensionen diese haben)

einer jeden Alternative ermittelt und dann "bilanziert" werden müssen. Dies ist schon im Grundsatz der Verhältnismäßigkeit eingeschlossen. Im Kreis der beiden erstgenannten Kosten und Nutzen stellen die wirtschaftswissenschaftlichen Kosten- und Nutzen-Methoden den Hauptkreis der verwendbaren Methoden dar, was auch § 6 Haushaltsgrundsätzegesetz (und § 7 Bundeshaushaltsordnung, § 7 Landeshaushaltsordnung) meinen.

a.) Kosten-Nutzen-Untersuchungen

Innerhalb der wirtschaftswissenchaftlich bekannten Kosten-Nutzen-Untersuchungen sind die bekanntesten Verfahren:
– die Kosten-Nutzen-Analyse (KNA),
– die Kosten-Wirksamkeits-Analyse (KWA),
– die Nutzwertanalyse (NWA).

Die KNA bewertet alle Alternativen hinsichtlich ihrer wirtschaftswissenschaftlich verstandenen Kosten und Nutzen in DM. Dies bedeutet, daß alle Kosten- und alle Nutzenfolgen einer jeden Alternative über einen vorher bestimmten Zeithorizont (Frist, Periode) hinweg ermittelt und ihr zugeordnet werden. Wiederum von Bedeutung ist es, daß nur in DM ausdrückbare Kosten und Nutzen (also alle monetären Kosten und Nutzen) ermittelt und bestimmt werden. Die KNA stellt nun über bestimmte Regeln die Kosten und Nutzen einer jeden Alternative "vergleichend zusammen" (Differenzen- oder Quotientenverfahren). Die beste Alternative ist im Regelwerk der KNA nun jene Alternative, die
– bei gleichen Kosten den höchsten Nutzen aufweist,
– bei gleichen Nutzen die geringsten Kosten aufweist
oder
– bei ungleichen Nutzen und ungleichen Kosten in der Differenzenmethode den höchsten Differenzwert oder bei der Quotientenregel den höchsten Nutzen je eingesetzter Mark aufweist.

Bei der Anwendung der KNA ist zu beachten, daß alle nichtmonetären Vorteile und Nachteile außer Betracht bleiben (intangible "Kosten" und Nutzen). Dies kann natürlich nur dann als richtige Betrachtung gelten, wenn ausnahmsweise für eine bestimmte Verwaltungsentscheidung nur die wirtschaftliche Rationalität (erweiterte ökonomische Rationalität) gesetzlich angeordnet (oder zulässig) ist. In der Praxis wird diese Einschränkung häufig nicht beachtet, was zu fehlerhaften Verwaltungsentscheidungen führt.

Bei der KWA wird der Nutzenfaktor durch eine nicht monetär ausgedrückte "Größe", die aber eine natürliche Dimension hat, ausgewechselt (z.B. Wirksamkeit von Abwassersystemen: Verminderung von Giftstoffen, gemessen in *mg/l*). Ansonsten bleibt es bei den theoretischen Grundlagen und Einschränkungen. Die "Wirksamkeit" der Alternativen hängt hinsichtlich ihrer Dimensionierung vom Zweck- und Zielsystem (und der maßgeblichen Rationalität) ab. Beim Rechenwerk der KWA scheidet naturgemäß die Differenzenmethode aus.

Die NWA ist die am häufigsten (falsch) angewendete Methode in der Praxis der Verwaltung (aber auch anderswo). Sie ist an sich keine wirtschaftswissenschaftliche Methode. Sie ist aber vom Anspruch her geeignet, genau das einzulösen, was der Verwaltungsentscheider benötigt, wenn er der Systemrationalität unterworfen ist: Sie kann nämlich auch die nichtmonetären Vor- und Nachteile aller Alternativen in sich aufnehmen, bewerten und dann der Auswahl zuführen. Wichtig ist nun, daß die NWA mit (abstrakten) dimensionslosen Nutzwerten arbeitet – und für eine jede Alternative ermittelt. Deshalb ist sie für alle Folgen von Alternativen nicht geeignet, die natürliche Dimensionen aufweisen (auch die monetären Kosten und Nutzen). Solche Folgen müssen aus der NWA herausgehalten werden. Damit ergibt sich bei puristischer Anwendung ein seltsames und aufwendiges Stufenverhältnis zwischen den ökonomisch definierten Methoden der KNA und der nichtökonomisch definierten NWA. Die Verarbeitungs- und Rechenvorschriften der NWA sind an sich einfach, bieten aber eine Fülle von Fehlerquellen für den unkundigen Entscheider.

In der NWA werden in eine Matrix zunächst alle Ziele des Entscheiders eingestellt, dann alle relevanten Alternativen (formale Ordnung). Sodann werden alle festgelegten Zielgewichte den Zielen zugeordnet. Dabei muß allerdings beachtet werden, daß diese, sind sie nicht in quasi-metrische Formate umgewandelt, ordinal skaliert sind. Sodann werden über zuvor (zum Zielsystem und dem Rationalitätsbündel konsistent) definierte Bewertungsfaktoren die Zielwerte einer jeden Alternative im Hinblick auf ein jedes Ziel ermittelt. Problematisch ist dabei die Skalierung der Meßlatte, an welcher die Zielwerte bestimmt und gemessen werden. Danach werden die Zielgewichte eines jeden Ziels mit dem jeweiligen Zielwert in einen "Zusammenhang" gebracht, der im Rechenwerk der NWA durch Multiplikation des Zielgewichtes mit dem Zielwert erreicht wird. Schon an dieser Stelle wird dem Anwender klar, daß nur das multipliziert werden darf, was nach Regeln der Mathematik auch zulässigerweise multipliziert werden darf. Die Voraussetzungen an solche zulässigen Operationen sind – in der sich ergebenden und ausgefüllten NWA-Matrix – hoch und werden in der Praxis nicht beachtet. Der häufigste Fehler ist die Multiplikation der ordinal skalierten Zielgewichte mit den (oft obendrein ordinal skalierten) Zielwerten. Nach der multiplikativen Operation werden dem Rechenwerk der NWA zufolge alle sich ergebenden Produkte einer Alternative summiert (wobei das zu den zulässigen Rechenopertionen Gesagte gilt). Die NWA nimmt nun an, daß die Alternative die beste Alternative ist, welche den höchsten Gesamtnutzwert ausweist.

Die NWA ist, wie mit den kurzen Ausführungen belegt ist, lediglich eine Art "heuristisches" Verfahren zur Bestimmung der besten Alternative. Es ist keinesfalls zulässig, monetäre Kosten und Nutzen schlicht und einfach in dimensionslose Ziel-/Nutzwerte umzuwandeln.

b.) Andere Methoden

Der Verwaltungsentscheider steht bei Auswahlentscheidungen nicht immer vor dem Problem, Kosten- und Nutzenuntersuchungen regelhaft anstellen zu müssen. In vielen Fällen sind die Kosten oder Nutzen bereits rechtlich (normativ) fixiert oder rechtlich definiert (z.B. die "Kosten" der Störung der Nachtruhe). Dann ist er auf die traditionelle rechtswissenschaftliche Methode der Auslegung von Gesetzestexten oder auf die Anwendung singulärer Verfahren der Ermittlung von "Kosten" oder "Nutzen" verwiesen (z.B. bei der Ermittlung der "verhältnismäßigsten" Alternative).

6. Methoden in anderen Phasen des Entscheidungsprozesses

Werden nun auch die Entscheidung über die Rechtsform und auch die Entscheidungen in der Implementation der ausgewählten Alternative sowie jene in der Erfolgskontrolle als Entscheidungen begriffen, was richtig ist, so ergibt sich die Notwendigkeit des Einsatzes zuverlässiger Methoden auch in diesen Entscheidungen, sofern hierbei "knowledge"-Probleme vorliegen. Bei der Wahl der richtigen Rechtsform gibt es natürlich grundsätzlich nur die rechtswissenschaftlich definierten Methoden. Es kann allerdings sein, daß auch hierbei – besteht ein rechtlich gewährter Freiraum – komplizierte Auswahlentscheidungen (z.B. ob Verwaltungsakt oder öffentlich-rechtlicher Vertrag) entstehen können, die besondere Verfahren (z.B. die NWA) notwendig machen. Bei Implementationsentscheidungen liegen naturgemäß eine Fülle sehr unterschiedlicher Entscheidungen vor. Selbst im Vollzug behördlicher Entscheidungen können äußerst komplexe Entscheidungsvorgänge vorkommen, die den Einsatz komplexer Verfahren erforderlich machen.

Literatur

Becker, Bernd/Bull, Hans Peter/Seewald, Otfried (Hrsg.), Festschrift für Werner Thieme, Köln/Berlin 1993.

Becker, Bernd, Einfache Methoden zur Reduktion von Komplexität im Verwaltungsvollzug, in: *Becker, Bernd/Bull, Hans Peter/Seewald, Otfried* (Hrsg.), Festschrift für Werner Thieme, Köln/Berlin 1993, S. 463 ff.

Becker, Bernd, Entscheidungen in der öffentlichen Verwaltung, in: *König, Klaus/von Oertzen, Hans Joachim* (Hrsg.), Öffentliche Verwaltung in der Bundesrepublik Deutschland, Baden-Baden 1991, S. 279 ff.

Becker, Bernd, Öffentliche Verwaltung, Lehrbuch für Wissenschaft und Praxis, Starnberg 1989.

Benz, Arthur/Seibel, Wolfgang (Hrsg.), Zwischen Kooperation und Korruption, Baden-Baden 1992.

Bull, Hans Peter, Allgemeines Verwaltungsrecht, 4. Auflage, Heidelberg 1993.

Erichsen, Hans Uwe (Hrsg.), Allgemeines Verwaltungsrecht, 10. Auflage, Berlin/New York 1995.

Hanusch, Horst, Nutzen-Kosten-Analyse, 2. Auflage, München 1994.

Hesse, Konrad, Grundzüge des Verfassungsrechts der Bundesrepublik Deutschland, 19. Auflage, Heidelberg 1993.

Hoffmann-Riem, Wolfgang/Schmidt-Aßmann, Eberhard (Hrsg.), Innovation und Flexibilität des Verwaltungshandelns, Baden-Baden 1994.

Hufen, Friedhelm, Verwaltungsprozeßrecht, München 1994.

Isensee, Josef/Kirchhof, Paul (Hrsg.), Handbuch des Staatsrechts der Bundesrepublik Deutschland – Band 3 – Das Handeln des Staates –, Heidelberg 1988.

Isensee, Josef/Kirchhof, Paul (Hrsg.), Handbuch des Staatsrechts der Bundesrepublik Deutschland, Band 6 – Freiheitsrechte –, Heidelberg 1989.

König, Klaus/von Oertzen, Hans Joachim (Hrsg.), Öffentliche Verwaltung in der Bundesrepublik Deutschland, Baden-Baden 1981.

Kopp, Ferdinand O., Verwaltungsgerichtsordnung, Kommentar, 10. Auflage, München 1994.

Kopp, Ferdinand O., Verwaltungsverfahrensgesetz, Kommentar, 5. Auflage, München 1991.

Kuhla, Wolfgang/Hüttenbrink, Jost, Der Verwaltungsprozeß, München 1995.

Loeser, Roman, System des Verwaltungsrechts, Band 1, Baden-Baden 1994.

Maurer, Hartmut, Allgemeines Verwaltungsrecht, 9. Auflage, München 1994.

Ossenbühl, Fritz, Vorrang und Vorbehalt des Gesetzes, in: *Isensee, Josef/Kirchhof, Paul* (Hrsg.), Handbuch des Staatsrechts, Band 3 – Das Handeln des Staates –, S. 315 ff.

Schulz, Rolf S./Becker, Bernd (Hrsg.), Deutsches Umweltschutzrecht mit Zusatzband Europäisches Umweltschutzrecht, Loseblattausgabe, Starnberg.

2. Verfahren der Verwaltungsentscheidung

Inhaltsübersicht

I. Die Bedeutung des Verfahrens für die "Richtigkeit" der Verwaltungsentscheidung
   1. Prozeduralisierung des Rechts
   2. Grundrechtsbezug des Verwaltungsverfahrens
   3. Ausgestaltung des Verfahrens nach der Komplexität der Entscheidung
II. Das Grundraster des Verwaltungsverfahrensgesetzes
   1. Die Regelung des Verwaltungsverfahrens durch das Verwaltungsverfahrensgesetz
   2. Die drei Verfahrensarten
   3. Widerspruchsverfahren
III. Das Verwaltungsverfahrensgesetz und Verfahrensregelungen der Fachgesetze
IV. Aktuelle Tendenzen des Verwaltungsverfahrensrechts
   1. Vereinfachung und Beschleunigung
   2. Kooperatives Verwaltungshandeln und Flexibilisierung des Rechts
   3. Wachsender Einfluß des Europäischen Gemeinschaftsrechts

I. Die Bedeutung des Verfahrens für die "Richtigkeit" der Verwaltungsentscheidung

Verwaltungsverfahren sollen vor allem eines sicherstellen: die "Richtigkeit" der zu treffenden Verwaltungsentscheidungen. Wenn in diesem Sinne auch in der Rechtsprechung von "Richtigkeitsgewähr durch Verfahren" gesprochen wird (vgl. z.B. BayVGH, Urteil vom 5.7.1994), so ist freilich nicht von einer absoluten Größe die Rede. "Richtigkeit" meint vielmehr aus rechtsdogmatischer Sicht die Recht- und Zweckmäßigkeit der Entscheidung, aus erkenntnistheoretischer Sicht einen möglichst hohen Grad von Rationalität der tatsächlichen und rechtlichen Bewertung und Behandlung eines konkreten Sachverhalts. Während die Rechtmäßigkeit auf die zutreffende Subsumtion des konkreten Sachverhalts unter die abstrakt-generelle Norm abhebt, wohnt der auf Ermessensentscheidungen bezogenen Zweckmäßigkeit eine Optimierungsaufgabe inne. Die handelnde Behörde soll die vom Gesetz bezweckte Wirkung in möglichst hohem Maße verwirklichen, ohne die sonstigen Zwecke der Rechtsordnung zu vernachlässigen. Um "Richtigkeit" der Entscheidung in diesem Sinne sicherzustellen, muß die Ausgestaltung des Verfahrens dem jeweiligen Gegenstand, insbesondere dem Grad der Komplexität der zu treffenden Entscheidung, Rechnung tragen.

1. Prozeduralisierung des Rechts

Die Erkenntnis des engen Zusammenhangs zwischen der "Richtigkeit" oder Rationalität einer Verwaltungsentscheidung und dem Verfahren, in dem sie zustande kam, führt notwendig dazu, die Verletzung rationalitätssteigernder Verfahrenserfordernisse als Fehler der Entscheidung selbst anzusehen; dies ist neben allgemeinen rechtsstaatlichen Erwägungen auch der tiefere Grund der Folge der Rechtswidrigkeit von Verwaltungsentscheidungen, welche unter Verstoß gegen Verfahrensvorschriften zustandegekommen sind, jedenfalls soweit der Verstoß das Ergebnis beeinflußt haben kann. Die Rechtsanwendung entfaltet sich somit nicht erst im Zeitpunkt des Erlasses der Entscheidung, sondern bereits in dem zur Entscheidung führenden Verfahren. Zu Recht hat man daher das Verwaltungsverfahren als "den Verwirklichungsmodus des Verwaltungsrechts" (*Wahl*) bezeichnet.

Dieses verfahrensorientierte Rechtsverständnis findet seine Entsprechung in den prozeduralen Wahrheits- und Legitimationstheorien, die heute in der Philosophie und Sozialwissenschaft vorherrschen. Während die Diskurstheorie durch dialogische Verfahren die Ermittlung (revidierbarer) Konsenswahrheiten ermöglichen will (insbesondere *Habermas*), dient der insoweit bescheideneren Systemtheorie das Verfahren in erster Linie zur Reduktion von Komplexität, als Rahmen eines institutionalisierten Lernprozesses, in dem Erwartungsenttäuschungen "kleingearbeitet" werden und so Legitimation erzeugt wird (*Luhmann*). Beide Aspekte – Konsenssuche im Diskurs und Legitimation durch Verfahren – bestimmen die heutige Diskussion über die Funktion des Verwaltungsverfahrens.

Auf einer weniger abstrakten Ebene kann man fünf ineinander verschränkte Funktionen des Verwaltungsverfahrens unterscheiden: erstens die Rechtsverwirklichungsfunktion (das Verfahren soll eine effektive Verwirklichung des materiellen Rechts sicherstellen), zweitens die Informationsbeschaffungs- und Informationsverarbeitungsfunktion (das Verfahren soll sicherstellen, daß alle für die Entscheidung relevanten Gesichtspunkte berücksichtigt werden), drittens die Schutzfunktion (das Verfahren soll sicherstellen, daß die Rechte der Betroffenen in vollem Umfang gewährt werden), viertens die Entlastungsfunktion (das Verfahren soll der Behörde eine für eine Vielzahl von Fällen geeignete, möglichst rationale und effiziente Handlungsstruktur vorgeben, die von einem je neuen Überdenken der Grundschritte des Vorgehens entlastet) und fünftens die Konfliktminderungsfunktion (das Verfahren soll durch die rationale Art seiner Ausgestaltung und die Auseinandersetzung mit den wesentlichen Argumenten der Betroffenen die Verwaltungsentscheidung nachvollziehbar und transparent machen und damit zugleich akzeptanzfördernd wirken).

Eine weitergehende "Konsensfunktion" im Sinne der Herstellung eines echten Konsenses zwischen allen Betroffenen und der Behörde dürfte jedenfalls im Bereich der Eingriffsverwaltung und bei mehrpoligen Rechtsverhältnissen angesichts meist nicht zu überbrückender Interessengegensätze in der Wirklichkeit regelmäßig Wunschdenken bleiben. Keinesfalls dürfen unter Berufung auf eine Konsens- oder Akzeptanzfunktion des Verwaltungsverfahrens die vom demokratisch legitimierten Gesetzgeber getroffenen Gemeinwohlentscheidungen überspielt werden. Ungeachtet dessen behält der diskursive Ansatz im Verwaltungsverfahren für die rationale Informations- und Argumentationsverarbeitung seinen Wert.

2. *Grundrechtsbezug des Verwaltungsverfahrens*

Aus der Sicht der Verfahrensbeteiligten erschöpft sich die Bedeutung des Verfahrens nicht in der Gewährung verfassungsrechtlich oder gesetzlich verankerter Verfahrensrechte, z.B. dem Anspruch auf rechtliches Gehör, in rein formell-rechtsstaatlicher Perspektive. Im Verwaltungsverfahren wird vielmehr zugleich die Weiche für die Anerkennung, Verwirklichung oder Beeinträchtigung materieller subjektiver Rechte gestellt. Dies gilt etwa bei präventiven Verboten mit Erlaubnisvorbehalt nicht nur für den Antragsteller, der beispielsweise von seiner grundrechtlich verankerten Berufsfreiheit oder von seinem Eigentumsrecht Gebrauch machen will, sondern auch für Drittbetroffene. Während sich der Grundrechtsbezug des Verwaltungsverfahrens beim Antragsteller vornehmlich auf die Dimension der Grundrechtsverwirklichung bezieht, tritt er bei den durch die Genehmigung betroffenen Dritten in der Dimension des Grundrechtsschutzes (Abwehr von Grundrechtsbeeinträchtigungen) zutage. Das Verwaltungsverfahren muß für die Drittbetroffenen sicherstellen, daß ihre Rechte gebührend berücksichtigt werden. Sind grundrechtliche Positionen (z.B. das Recht auf Leben und körperliche Unversehrtheit) betroffen, so folgt die Notwendigkeit einer gebührenden Beteiligung der Betroffenen bereits aus den vom Bundesverfassungsgericht anerkannten grundrechtlichen Schutzpflichten des Staates. Denn: Grundrechtsschutz ist "weitgehend auch durch die Gestaltung von Verfahren zu bewirken" (BVerfGE 53, 30, 65). Eine echte Rechtsschutzfunktion eignet dem Verwaltungsverfahren dort, wo Betroffene aus Gründen der Verfahrensrationalität mit Einwendungen, die sie im Verwaltungsverfahren nicht vorgebracht haben, im Gerichtsverfahren präkludiert werden können. Eine solche materielle Präklusion kommt wegen des Anspruchs auf effektiven Rechtsschutz (Art. 19 Abs. 4 GG) nur dann in Betracht, wenn der betroffene Bürger bereits im Verwaltungsverfahren angemessen angehört und beteiligt wurde. Hier kommt es mithin zu einer Vorverlagerung des Rechtsschutzes in das Verwaltungsverfahren.

Ein besonders enger Grundrechtsbezug des Verwaltungsverfahrens ist im Falle der verfahrensabhängigen oder "verwalteten" Grundrechte gegeben. Dies sind im deutschen Verfassungsrecht namentlich die Grundrechte auf Kriegsdienstverweigerung aus Gewissensgründen (Art. 4 Abs. 3 GG) und auf Asyl im Falle politischer Verfolgung (Art. 16a GG). Sowohl die Anerkennung als Kriegsdienstverweigerer als auch die Anerkennung als Asylberechtigter setzen die Ermittlung und Würdigung von Tatsachen voraus. Anders als bei den klassischen Freiheitsrechten, welche jedermann ohne nähere Qualifizierung für sich in Anspruch nehmen kann, muß die Berechtigung der Inanspruchnahme der beiden genannten Grundrechte somit in einem Verwaltungsverfahren festgestellt werden.

Bei der Ausgestaltung des Verwaltungsverfahrens sind die mit ihm einhergehenden Belastungen immer in Beziehung zu setzen zu dem durch das Verfahren zu erreichenden Ziel (beispielsweise Schutz der Grundrechte Dritter oder Schutz von Gemeinwohlbelangen). Die durch das Verfahren verursachten Grundrechtseinschränkungen müssen mit anderen Worten verhältnismäßig sein.

3. Ausgestaltung des Verfahrens nach der Komplexität der Entscheidung

Der Grundsatz der Verhältnismäßigkeit verweist auf die Notwendigkeit, das Verwaltungsverfahren der Tragweite der zu treffenden Entscheidung anzupassen. So wäre bei einfach gelagerten Fällen ohne Drittbetroffenheit ein den Bürger durch arbeits- und zeitaufwendige formelle Hürden belastendes Verfahren unverhältnismäßig. Umgekehrt könnte die Vorbereitung einer Entscheidung über die Zulassung eines technischen Großvorhabens durch ein kurzes, für Informationsbeschaffung und Anhörung bzw.

Erörterung kaum Raum lassendes Verfahren der Vielzahl potentiell betroffener Belange und der Schwere möglicher Beeinträchtigungen nur unzureichend Rechnung tragen.

Angesichts der Tatsache, daß der soziale Rechtsstaat moderner Prägung ein "planender, lenkender, leistender, verteilender, individuelles wie soziales Leben erst ermöglichender Staat" ist (*Konrad Hesse*), steigen mit den zunehmenden Interdependenzen wirtschaftlicher, sozialer und ökologischer Art auch die Anforderungen an das Verwaltungsverfahren, soll es seiner Rechtsverwirklichungs-, Schutz- und Informationsbeschaffungsfunktion weiterhin gerecht werden. So ist es nicht verwunderlich, daß in den Fachgesetzen, insbesondere im Bereich des Umweltrechts, der Anteil der verfahrensrechtlichen Regeln stetig wächst, während sich der Gesetzgeber bei den materiellrechtlichen Regelungen zunehmend unbestimmter Rechtsbegriffe sowie offener Zielnormen bedient. Die vermehrte Hinwendung zu final-programmierten Normen, die das Handeln der Verwaltung nicht mehr über "Tatbestand und Rechtsfolge", d.h. eine kausale Programmierung, sondern über Ziele steuern, ist in einem Rechtsstaat nur denkbar, wenn Verfahrensregeln die Verringerung der materiell-rechtlichen Konditionierung des Verwaltungshandelns kompensieren. Wenn heute von einer sinkenden Steuerungsfähigkeit des Rechts angesichts einer immer komplexeren Wirklichkeit die Rede ist, so kann richtigerweise nur die nachlassende Steuerungsfähigkeit des *materiellen* Rechts gemeint sein. Die Möglichkeiten einer Steuerung durch Verfahren, die freilich eher ein dezentrales Entscheidungsmodell begünstigt, dürften indessen noch nicht ausgeschöpft sein, wie die aktuelle Diskussion in der Verwaltungs(rechts)wissenschaft zeigt.

II. *Das Grundraster des Verwaltungsverfahrensgesetzes*

Der Erkenntnis, daß das Verwaltungsverfahren nach der Komplexität der zu treffenden Entscheidung differenziert auszugestalten ist, hat der Gesetzgeber durch die Typisierung von drei Grundarten des Verwaltungsverfahrens Rechnung getragen. Diese erfahren in Fachgesetzen vielfältige Modifikationen und Differenzierungen. Besondere Grundsätze gelten für das Widerspruchsverfahren, welches als Rechtsbehelfsverfahren in enger Verbindung zum verwaltungsgerichtlichen Verfahren steht.

1. Die Regelung des Verwaltungsverfahrens durch das Verwaltungsverfahrensgesetz

Deutschland besaß auf Bundesebene bis 1976 keine Kodifizierung des allgemeinen Verwaltungsverfahrensrechts. Soweit nicht in den Fachgesetzen spezialgesetzliche Regelungen vorhanden waren, galten die von der Rechtsprechung, häufig in Konkretisierung von Verfassungsrecht, entwickelten allgemeinen Grundsätze. Dabei stellt sich die deutsche Entwicklung noch nicht einmal als besonders verspätet dar. Zwar besitzt Österreich bereits seit 1925 ein Verwaltungsverfahrensgesetz, hat der Bundesgesetzgeber der USA schon 1946 einen "Administrative Procedure Act" erlassen (der freilich im wesentlichen auf die "Rule Making Procedure" beschränkt war) und demonstrierte selbst das franquistische Spanien bereits 1958 durch Erlaß eines Verwaltungsverfahrensgesetzes die Rechtsförmlichkeit seines Staatshandelns, – freilich nur in den politisch irrelevanten Bereichen. Doch die meisten anderen Länder vergleichbaren Entwicklungsstandes nahmen eine Kodifizierung des Verwaltungsverfahrens erst sehr viel später in Angriff (so z.B. die Niederlande mit einem Allgemeinen Gesetz zum Verwaltungsrecht von 1992 und Japan mit einem Verwaltungsverfahrensgesetz von 1994) oder halten sie nach wie vor für überflüssig (so etwa Frankreich).

In Deutschland gab es – nach ersten Ansätzen auf Länderebene noch in der Weimarer Zeit – seit den fünfziger Jahren verstärkt Überlegungen zu einer geschlossenen positiv-rechtlichen Regelung. Sieht man von dem baden-württembergischen Landesverwaltungsgesetz von 1955 ab, welches kaum verfahrensrechtliche Regelungen enthielt, so war es das Berliner Abgeordnetenhaus, welches am 2.10.1958 als erstes Landesparlament ein Verwaltungsverfahrensgesetz verabschiedete. Mit seiner Regelung eines einfachen und eines förmlichen Verfahrens ging es inhaltlich erheblich über das 1960 in Kraft getretene Bremer Verwaltungsverfahrensgesetz hinaus; bei diesem handelte es sich freilich lediglich um eine Neufassung des Bremer Verwaltungsverfahrensgesetzes von 1934.

Da der Bund auf dem Gebiet des Verwaltungsverfahrens, anders als im Bereich der Verwaltungsgerichtsbarkeit, keine allgemeine Gesetzgebungskompetenz besitzt, war eine intensive Abstimmung mit den Bundesländern erforderlich, sollte eine im wesentlichen einheitliche Regelung auf Bundes- und Länderebene erreicht werden. Nach Veröffentlichung der ersten Fassung des Musterentwurfs eines Verwaltungsverfahrensgesetzes im Jahr 1964 regelte zunächst lediglich Schleswig-Holstein das Verwaltungsverfahren im Rahmen eines umfassenden Landesverwaltungsgesetzes. Das aus 318 Paragraphen bestehende Gesetz vom 18.4.1967 ging mit seiner Einbeziehung von Fragen der Verwaltungsorganisation, Kriterien der Normsetzung, des allgemeinen

Ordnungsrechts, des unmittelbaren Zwangs und des Vollstreckungsrechts weit über den Musterentwurf hinaus und nimmt bis heute eine Sonderstellung innerhalb der landesrechtlichen Kodifikationen ein.

Das Verwaltungsverfahrensgesetz des Bundes konnte schließlich am 25.5.1976 verabschiedet werden, um am 1.1.1977 in Kraft zu treten. Zeitgleich bzw. kurz darauf traten im wesentlichen wortgleiche oder auf den Text des Bundesgesetzes verweisende Verwaltungsverfahrensgesetze der Länder in Kraft. Da der Vollzug der Bundesgesetze weitgehend den Ländern übertragen ist (vgl. die Grundregel des Art. 83 GG), sind es hauptsächlich die Verwaltungsverfahrensgesetze der Länder, welche die Verwaltungspraxis bestimmen. Wenn im folgenden vom "Verwaltungsverfahrensgesetz" (VwVfG) gesprochen wird, so ist damit der Text des "Muttergesetzes" des Bundes gemeint.

Trotz der fachübergreifenden Zielsetzung des Verwaltungsverfahrensgesetzes erließ der Bundesgesetzgeber mit der Abgabenordnung vom 16.3.1976 sowie dem 10. Buch des Sozialgesetzbuches vom 18.8.1980 für die großen Bereiche der Finanzverwaltung und der Sozialverwaltung eigenständige Kodifikationen. Die ursprünglich von den gesetzgebenden Körperschaften angestrebte Einheitlichkeit des Verwaltungsverfahrensrechts in allen drei Bereichen ließ sich nur bedingt realisieren, zumal das System des Rechtsschutzes ebenfalls auf drei Rechtswegen mit jeweils eigenem Prozeßrecht aufbaut. Doch herrscht in den wesentlichen, im folgenden vorzustellenden Grundsätzen weitgehend Übereinstimmung.

Alle drei Gesetze regeln lediglich einen nach Handlungsformen bestimmten Ausschnitt des allgemeinen Verwaltungsverfahrens. § 9 VwVfG definiert das Verwaltungsverfahren als "die nach außen wirkende Tätigkeit der Behörden, die auf die Prüfung der Voraussetzungen, die Vorbereitung und den Erlaß eines Verwaltungsaktes oder auf den Abschluß eines öffentlich-rechtlichen Vertrages gerichtet ist". Nicht erfaßt werden somit Verfahren der Normsetzung, die verschiedenen Formen schlicht-hoheitlichen Handelns (von Auskünften über öffentliche Warnungen bis hin zu Realakten), verwaltungsinterne Entscheidungsvorgänge sowie privatrechtliches Handeln. Die Regelungen über das Zustandekommen von Verwaltungsakten und öffentlich-rechtlichen Verträgen sind im übrigen an zweipoligen Rechtsverhältnissen ausgerichtet; die mehrpoligen Rechtsverhältnisse, welche das Bild der modernen Verwaltung in weiten Bereichen prägen, haben keine gebührende Berücksichtigung gefunden.

Angesichts der zunehmenden Forderung nach einem verstärkten Einsatz "kooperativer", "konsensualer" oder "integrativer" Handlungsformen erscheint vielen überdies der Regelungsgehalt des Verwaltungsverfahrensgesetzes zu eng und zu sehr auf den traditionell subordinativen Handlungsmodus der Verwaltung ausgerichtet. Dem ist indes entgegenzuhalten, daß die seit einigen Jahren diskutierten alternativen Formen des Verwaltungshandelns nur bedingt rechtlich faßbare Konturen gewonnen haben. Hingegen ist der Verwaltungsakt heute nach wie vor die zentrale Handlungsform der Verwaltung. An den Verwaltungsakt, in § 35 Satz 1 VwVfG definiert als Maßnahme einer Behörde zur Regelung eines Einzelfalls auf dem Gebiet des öffentlichen Rechts mit unmittelbarer Außenwirkung, knüpfen sich nicht nur verwaltungsvollstreckungsrechtliche und verwaltungsprozessuale Konsequenzen, sondern auch unverzichtbare materielle Rechtsfolgen. Das Verwaltungsrecht ist im heutigen Sozial- und Umweltstaat mehr denn je auf die verbindliche Konkretisierung der Gesetze, welche die komplexe Wirklichkeit nur bedingt steuern können, angewiesen. Für eine qualifizierte Konkretisierung der Gesetze und die Akzeptanz hoheitlichen Handelns in der Bevölkerung kommt es daher immer noch entscheidend darauf an, wie das Verfahren über das Zustandekommen von Verwaltungsakten ausgestaltet ist. Überdies ist das geltende Recht keineswegs starr, sondern läßt bereits heute Spielräume für eine flexible Verfahrensgestaltung (vgl. etwa den Grundsatz der Nichtförmlichkeit in § 10 VwVfG). Mit seinen ausdifferenzierten Formen des rechtlichen Gehörs eröffnet es Möglichkeiten eines intensiven Dialogs zwischen der Verwaltung und dem Bürger im Hinblick auf zu treffende Verwaltungsentscheidungen bis hin zur Suche nach Verhandlungslösungen. Neben dem an die Stelle eines Verwaltungsakts tretenden (subordinationsrechtlichen) Verwaltungsvertrag erkennt das Verwaltungsverfahrensgesetz überdies ausdrücklich die Möglichkeit des Abschlusses von Verwaltungsverträgen auf der Ebene der Gleichordnung an (sogenannte koordinationsrechtliche Verträge), soweit Rechtsvorschriften nicht entgegenstehen.

2. *Die drei Verfahrensarten*

Entsprechend dem Grundsatz, daß das Verwaltungsverfahren, je nach Komplexität der zu treffenden Verwaltungsentscheidung, differenziert auszugestalten ist, sind im Verwaltungsverfahrensgesetz für das Zustandekommen von Verwaltungsakten drei Verfahrensarten typisiert: Das einfache Verwaltungsverfahren, das förmliche Verwaltungsverfahren und das Planfeststellungsverfahren. Alle drei Verfahren haben einen Grundbestand gemeinsamer Regelungen, wie insbesondere derjenigen über die Beteiligten des Verwaltungsverfahrens, die Einleitung des Verfahrens (von Amts wegen oder auf Antrag), die Amtshilfe, die Beratungspflicht der Behörde gegenüber den Verfahrensbeteiligten, die Befangenheit von Amtsträgern, den Untersuchungsgrundsatz (Ermittlung des Sachverhalts durch die Behörde von Amts wegen), das Akteneinsichtsrecht der Beteiligten und das Verfahren bei der Entscheidung durch Kollegialorgane (Ausschüsse).

Unterschiedliche Regelungen bestehen insbesondere für die Ausgestaltung des rechtlichen Gehörs sowie die Informationsgewinnung überhaupt:

a) Die Regelung der Anhörung für das einfache Verfahren (§ 28 VwVfG) setzt als Regelfall voraus, daß die Behörde vor der Gewährung rechtlichen Gehörs bereits den gesamten entscheidungsrelevanten Sachverhalt ermittelt hat: Vor Erlaß des Verwaltungsakts ist demjenigen, in dessen Rechte der Verwaltungsakt eingreifen würde, Gelegenheit zu geben, sich zu den, d.h. allen für die Entscheidung erheblichen Tatsachen zu äußern.

b) Im förmlichen Verfahren (§§ 63-71 VwVfG), welches für Entscheidungen gesteigerter Subsumtionskomplexität vorgesehen ist (z.B. die Anerkennung von Kriegsdienstverweigerern), sind die Beteiligten bereits von Anfang an notwendig an der Ermittlung des Sachverhalts zu beteiligen. So ist ihnen insbesondere Gelegenheit zu geben, der Vernehmung von Zeugen und Sachverständigen sowie der Augenscheinseinnahme beizuwohnen und dabei sachdienliche Fragen zu stellen. Das weitere Erfordernis einer mündlichen Verhandlung, auf die nur ausnahmsweise verzichtet werden darf, weist im übrigen auf die strukturelle Nähe des Verfahrens zu einem Gerichtsverfahren hin.

c) Die Vorschriften über das Planfeststellungsverfahren (§§ 72-78 VwVfG) tragen der Tatsache Rechnung, daß große Planungsvorhaben (z.B. die Errichtung einer Abfalldeponie, der Bau von Fernstraßen oder die Anlage eines Flughafens) vielfältige Auswirkungen auf die Umwelt haben, die sich nicht auf die Beeinträchtigung individueller Rechtspositionen reduzieren lassen. Einwendungsberechtigt sind daher alle Personen, deren Belange durch das Vorhaben berührt werden. Neben den durch das Vorhaben in ihren Rechten Betroffenen steht auch denjenigen eine Einwendungsbefugnis zu, die nachvollziehbare eigene Interessen (insbesondere wirtschaftlicher, sozialer, kultureller oder ideeller Art) geltend machen können. Deutet der weit gezogene Kreis der Einwendungsberechtigten auf eine Betonung der Informationsbeschaffungsfunktion des Verfahrens hin, so kommt bei der gemäß § 73 Abs. 2 VwVfG vorgeschriebenen Verpflichtung der Anhörungsbehörde, die Stellungnahmen aller durch das Vorhaben in ihrem Aufgabenbereich berührten Behörden einzuholen, ein weiterer Aspekt hinzu: Die Planfeststellung entfaltet Konzentrationswirkung, was bedeutet, daß alle sonst nach Spezialgesetzen notwendigen Genehmigungen von der Planfeststellung umfaßt werden (§ 75 Abs. 1 VwVfG). Da die materiell-rechtlichen Regelungen der Spezialgesetze anwendbar bleiben, würde eine Nichtbeteiligung der sonst zuständigen Fachbehörden nicht nur eine Durchbrechung des Kompetenzgefüges darstellen, sondern wäre überdies unrationell, weil vorhandener Sachverstand nicht genutzt würde.

Trotz der dargelegten Bedeutung des Verwaltungsverfahrens für die Verwirklichung des materiellen Rechts führen nicht alle Verfahrensverstöße zur Rechtswidrigkeit und Anfechtbarkeit des Verwaltungsakts, geschweige denn zur Nichtigkeit, die nur bei evidenten Fehlern des Verwaltungsakts als solchem zu bejahen ist (vgl. § 44 Abs. 1 VwVfG). Eine im einfachen Verfahren unterlassene Anhörung etwa ist gemäß § 45 Abs. 1 Ziff. 3 VwVfG als Verfahrensfehler unbeachtlich, wenn sie nachgeholt wird. Die Verwaltungsgerichte nehmen eine solche Fehlerheilung durch nachträgliche Anhörung selbst dann an, wenn der durch den Verwaltungsakt in seinen Rechten Betroffene erst im Widerspruchsverfahren seine Einwendungen vortragen kann, sofern sich die Widerspruchsbehörde mit seinem Vorbringen auseinandersetzt. Nimmt man die Regelung des § 46 VwVfG hinzu, wonach ein Anspruch auf Aufhebung wegen Verfahrensfehlern dann ausgeschlossen ist, wenn in der Sache keine andere Entscheidung hätte getroffen werden können, so wird die Reichweite der Verfahrensregeln weiter relativiert. In diesem Sinne wurde im Schrifttum kritisiert, daß das feine Instrumentarium des Verwaltungsverfahrensrechts durch Heilungsvorschriften teilweise wieder entwertet wird, zumal die Verwaltungsgerichte von ihnen großzügig Gebrauch machen bzw. Verfahrenserfordernisse selbst von vornherein restriktiv interpretieren. Da auch das Verwaltungsverfahren kein Selbstzweck ist, sollte man die Wachsamkeit gegenüber Tendenzen einer "Abwertung des Verfahrensgedankens" (*Schoch*) freilich auf die Fälle konzentrieren, in denen die Verletzung einer Verfahrensregel den Inhalt der Verwaltungsentscheidung beeinflußt haben kann.

Sollen Heilungsvorschriften die Nachholung oder Korrektur einzelner Verfahrensschritte bzw. die Beseitigung von Formfehlern ermöglichen und damit die Bestandskraft des einmal erlassenen Verwaltungsakts stärken, so eröffnen die Vorschriften über die Rücknahme rechtswidriger Verwaltungsakte und den Widerruf rechtmäßiger Verwaltungsakte die Durchbrechung der Bestandskraft in bestimmten Fällen. Soweit es um einen belastenden Verwaltungsakt geht, wird dem Betroffenen eine Aufhebung in der Regel willkommen sein. Anders liegt der Fall indes bei begünstigenden Verwaltungsakten. Demgemäß läßt das Verwaltungsverfahrensgesetz in seinen §§ 48 und 49 die Aufhebung belastender Verwaltungsakte grundsätzlich zu, während es bei begünstigenden Verwaltungsakten besondere Voraussetzungen statuiert, durch die dem Vertrauensschutz Rechnung getragen werden soll. Der Widerruf eines rechtmäßigen begünstigenden Verwaltungsakts ist dabei nur in bestimmten, katalogmäßig definierten Ausnahmefällen zulässig. Bei der Rücknahme eines rechtswidrigen begünstigenden Verwaltungsakts ist das Regel-Ausnahmeverhältnis hingegen umgekehrt, da die Wiederherstellung des rechtmäßigen Zustandes in den Vordergrund tritt: Die Rücknahme ist hier grundsätzlich zulässig, unterliegt freilich größeren Beschränkungen. Diese markieren die Kollisionslinie zwischen den konfligierenden Anforderungen des Vertrauensschutz einerseits und der Gesetzmäßigkeit der Verwaltung andererseits. Der Behörde bleibt im Regelfall eine Abwägung nicht erspart, zumal die die Rücknehmbarkeit beschränkenden Vorschriften des Verwaltungsverfahrensgesetzes zahlreiche Auslegungsfragen aufwerfen.

3. Widerspruchsverfahren

Zu den "Verwaltungsverfahren" zählt auch das in den §§ 79 u. 80 VwVfG unter der Überschrift "Rechtsbehelfsverfahren" angesprochene Widerspruchsverfahren. Im Verwaltungsverfahrensgesetz werden indes lediglich Fragen der Kostenerstattung geregelt; im übrigen wird auf die Verwaltungsgerichtsordnung (VwGO) verwiesen. Die bundeseinheitliche Regelung des Widerspruchsverfahrens in §§ 68 ff. VwGO läßt sich mit seinem Charakter als Vorverfahren zur Anfechtungs- und Verpflichtungsklage rechtfertigen.

Durch das Widerspruchsverfahren erhält zum einen die Verwaltung die Möglichkeit, die Recht- und Zweckmäßigkeit des vom Bürger angefochtenen Verwaltungsakts nochmals zu überprüfen; hilft die Ausgangsbehörde dem Widerspruch nicht ab, entscheidet in der Regel die nächsthöhere Behörde (sog. Devolutiveffekt des Widerspruchs). Zum anderen dient das Widerspruchsverfahren einer Entlastung der Verwaltungsgerichte, eine Funktion, die es bei einer durchschnittlich über 80prozentigen Befriedungsquote (Schätzung nach Angaben aus der Praxis; eine allgemeine Statistik existiert nicht) effektiv erfüllt. Damit der Widerspruch auch für den Bürger ein effektives Rechtsschutzmittel darstellt, muß gewährleistet sein, daß über den Widerspruch in angemessener Frist sachlich entschieden wird. § 75 VwGO trägt dem Rechnung. Im Interesse der Rechtssicherheit muß umgekehrt der Adressat innerhalb eines Monats nach Bekanntgabe des Verwaltungsakts Widerspruch erheben, soll der Verwaltungsakt nicht bestandskräftig werden. Zum Schutz des Bürgers gilt allerdings die Jahresfrist, wenn er nicht ordnungsgemäß über die Widerspruchsmöglichkeit belehrt wurde. Der Rechtsschutzcharakter des Widerspruchs kommt im übrigen darin zum Ausdruck, daß dieser in der Regel aufschiebende Wirkung (Suspensiveffekt) hat.

III. Das Verwaltungsverfahrensgesetz und Verfahrensregelungen der Fachgesetze

Das Verwaltungsverfahrensgesetz gilt gegenüber Verfahrensregelungen in Fachgesetzen lediglich subsidiär (vgl. § 1 Abs. 1 VwVfG). Allerdings verband der Bundesgesetzgeber seinerzeit mit dem Erlaß des Verwaltungsverfahrensgesetzes das Ziel, verfahrensrechtliche Sonderregelungen möglichst weitgehend aus den Fachgesetzen herauszulösen, um ein Höchstmaß an Einheitlichkeit des Verfahrens zu gewährleisten. Rechtsbereinigungsgesetze brachten hier zwar einige Fortschritte. Durch die Aufhebung sondergesetzlicher Verfahrensvorschriften richten sich beispielsweise das abfallrechtliche, das bundesfernstraßenrechtliche und das personenbeförderungsrechtliche Planfeststellungsverfahren heute weitgehend nach dem allgemeinen Verwaltungsverfahrensgesetz. Zugleich wurden indes neue Fachgesetze mit eigenen verwaltungsverfahrensrechtlichen Bestimmungen erlassen. So ist in jüngster Zeit z.B. bei der Zulassung von Großvorhaben im Fernstraßenrecht, Eisenbahnrecht und Luftverkehrsrecht neben die herkömmliche Planfeststellung als neue Entscheidungsform die Plangenehmigung getreten. Sie hat in diesen Fällen wie die herkömmliche Planfeststellung Konzentrationswirkung; die Behörde entscheidet jedoch ohne Durchführung des für das Planfeststellungsverfahren charakteristischen Erörterungstermins. Die Plangenehmigung soll an die Stelle des Planfeststellungsbeschlusses treten können, wenn Rechte Dritter nicht oder nicht wesentlich beeinträchtigt werden. In Konflikt treten können die neuen Bestimmungen über die Plangenehmigung mit der Umweltverträglichkeitsrichtlinie der Europäischen Gemeinschaft, da der Bundesgesetzgeber das Erfordernis einer Umweltverträglichkeitsprüfung bei Plangenehmigungen ausgeschlossen hat. Während der nationale Gesetzgeber bei der Wahl zwischen einer herkömmlichen Planfeststellung oder einer Plangenehmigung auf die Betroffenheit der Rechte Dritter abstellt, ist nach der Richtlinie der EG für die Notwendigkeit der Durchführung einer Umweltverträglichkeitsprüfung und damit einer Anhörung der Öffentlichkeit das Kriterium möglicher "erheblicher Auswirkungen auf die Umwelt" entscheidend. Der pauschale Wegfall einer Umweltverträglichkeitsprüfung bei Plangenehmigungsverfahren könnte sich daher als gemeinschaftsrechtswidrig erweisen.

Angesichts der wachsenden Neigung des Gesetzgebers, einem bereichsspezifischen Verwaltungsverfahrensrecht den Vorzug vor der Vereinheitlichung des Verwaltungsverfahrensrechts zu geben, fragt sich, ob nicht eine grundlegende Reform des Verwaltungsverfahrensgesetzes am ehesten den Tendenzen einer Zersplitterung des Verfahrensrechts entgegenwirken könnte. *De lege lata* ließe sich allerdings bei einer neuen Durchforstung des Verfahrensrechts bereits eine Vielzahl fachgesetzlicher Regelungen identifizieren, deren Existenz sich eher einem zu engen Ressortdenken bei der Gesetzesvorbereitung denn bereichsspezifischen Differenzierungsnotwendigkeiten verdankt.

IV. Aktuelle Tendenzen des Verwaltungsverfahrensrechts

Wenngleich derzeit noch keine grundlegende Neufassung des allgemeinen Verwaltungsverfahrensrechts beraten wird – anderes gilt für den großen Bereich des Umweltrechts, für das ein umfassendes Umweltgesetzbuch Neuregelungen auch und gerade auf verfahrensrechtlicher Ebene bringen soll –, so steht die Entwicklung doch vor dem Übergang auf eine qualitativ neue Stufe. Dies kommt nicht nur in der im Schrifttum zu beobachtenden Erweiterung der Diskussion auf grundsätzlich neue Handlungsformen und die tastende Suche des Gesetzgebers nach neuen Verfahrensvarianten zum Ausdruck, sondern auch in der sich durchsetzenden Erkenntnis, daß selbst die Kernbereiche des traditionellen materiellen und verfahrensmäßigen Verwaltungsrechts keine Reservate gegenüber der ausgreifenden Regelungsmacht des europäischen Gemeinschaftsrechts darstellen. Die Notwendigkeit einer neuen Kodifikation oder doch grundlegenden Neufassung des allgemeinen Verwaltungsverfahrensrechts rückt immer näher.

1. Vereinfachung und Beschleunigung

Die jahrelang ohne praktische Konsequenzen geführte Diskussion über eine Vereinfachung und Beschleunigung der Verwaltungsverfahren, insbesondere bei der Genehmigung technischer Großvorhaben oder von Infrastrukturmaßnahmen, erhielt Anfang der neunziger Jahre zwei entscheidende Impulse, die in eine Reihe gesetzgeberischer Maßnahmen mündeten. Der erste Impuls ging von der deutschen Vereinigung aus, welche die Notwendigkeit eines raschen Aufbaus einer Infrastruktur in den neuen Bundesländern mit sich brachte. Ein zügiger Aufbau war unter Anwendung der im Laufe von Jahrzehnten schrittweise verfeinerten verfahrensrechtlichen Regelungen sowie eines mehrinstanzlichen Verwaltungsrechtsschutzes kaum zu bewerkstelligen. Verfahrensregeln waren notwendig, welche eine raschere Planung und Genehmigung von Vorhaben erlaubten. Kernstück der Beschleunigungsgesetzgebung war das Verkehrswegeplanungsbeschleunigungsgesetz vom 16.12.1991. Die Verkürzung der Verfahren für die Planung, den Bau und die Änderung von Verkehrswegen wurde hier vor allem durch die Festlegung kurzer Fristen für die einzelnen Abschnitte des Planfeststellungsverfahrens sowie die Einführung der (bereits erwähnten) Plangenehmigung im Falle der Nichtbetroffenheit bzw. Klaglosstellung Dritter erzielt. Als die neuen Regeln in der Praxis tatsächlich zu einer Verkürzung der Verfahren führten, konnte die Forderung nach einer Erstreckung der zunächst nur für die neuen Bundesländer gedachten Beschleunigungsgesetzgebung auf das gesamte Bundesgebiet nicht ausbleiben.

Der zweite Impuls für eine umfassende Beschleunigungsgesetzgebung ging von der 1992 einsetzenden wirtschaftlichen Rezession aus. In der Diskussion über die künftige Wettbewerbsfähigkeit der Bundesrepublik wurden außer Aspekten wie zu hohen Lohn- und Lohnnebenkosten, einer technologiefeindlichen Gesetzgebung oder einer unternehmensfeindlichen Steuerpolitik auch Nachteile der bestehenden Zulassungsverfahren für technische Großvorhaben und Infrastrukturmaßnahmen ins Feld geführt. Angesichts einfacherer und kürzerer Genehmigungsverfahren im Ausland trat nunmehr das Verwaltungsverfahren als Standortfaktor in das Bewußtsein. Die durch das Planungsvereinfachungsgesetz vom 17.12.1993 für die gesamte Bundesrepublik eingeführten Beschleunigungsinstrumente, deren wichtigstes, zugleich aber auch problematischstes die erwähnte Plangenehmigung mit Konzentrationswirkung ist, stellen erst den Auftakt zu einschneidenden Änderungen des Verfahrensrechts dar. Davon legen die Reformvorschläge, welche die im Auftrag des Bundesministeriums für Wirtschaft eingesetzte unabhängige Expertenkommission zur Vereinfachung und Beschleunigung von Planungs- und Genehmigungsverfahren in ihrem Abschlußbericht von November 1994 unterbreitet hat, beredtes Zeugnis ab.

2. *Kooperatives Verwaltungshandeln und Flexibilisierung des Rechts*

Die unabhängige Expertenkommission, nach ihrem Vorsitzenden "Schlichter-Kommission" genannt, schlägt in ihrem Bericht neben konkreten Änderungen verfahrensrechtlicher Normen – z.B. auch die Ergänzung des § 10 Satz 2 VwVfG um das programmatische Leitprinzip der "Zügigkeit" des Verfahrens – vor allem eine Flexibilisierung der Genehmigungsverfahren vor. Dazu zählt insbesondere die Einführung einer bedarfsorientierten Beschleunigung: Im Rahmen eines umfassenden dynamischen Zeitmanagements, welches auch Vorkehrungen hinsichtlich einer für alle Verfahren geltenden "Regelbeschleunigung" umfaßt, soll Investoren oder Vorhabensträgern eine Palette unterschiedlich rascher Genehmigungsverfahren (eine "Sonderbeschleunigung nach Wahl") angeboten werden. Je nach der gewählten Verfahrensvariante soll der Investor "zusätzliche Kosten der behördlichen Beschleunigung sowie erhöhte Risiken und andere Nachteile tragen, kostenbringende eigene Beschleunigungsleistungen einsetzen oder auf zeitverbrauchende Teil-Leistungen des Genehmigungsverfahrens verzichten". Diese und die weiteren Vorschläge für eine Flexibilisierung von Genehmigungsverfahren sind vor dem Hintergrund eines "kooperativ-dienstleistungsorientierten" Konzepts zu sehen. Damit wird zugleich das früher eher unter konsens- und partizipationstheoretischen Gesichtspunkten erörterte Konzept einer Kooperation der Verwaltung mit dem Bürger von einem neuen Ansatz her begründet: Kooperatives Verwaltungshandeln gewinnt als marktorientierte, bedarfsgerechte Verfahrensgestaltung eine volkswirtschaftliche Dimension.

Und hier liegt zugleich die grundsätzliche Problematik der Reformvorschläge: Die rechtsstaatliche Funktion des Verwaltungsverfahrens tritt gegenüber Effizienz- und Wirtschaftlichkeitsgesichtspunkten zurück. Dies wird etwa deutlich, wenn nach den Vorstellungen der Kommission der Anspruch auf Aufhebung eines form- oder verfahrensfehlerhaften Verwaltungsakts nicht nur bei gebundenen Entscheidungen ("wenn keine andere Entscheidung in der Sache hätte getroffen werden können"), sondern auch bei Ermessensentscheidungen, "wenn anzunehmen ist, daß die Verletzung die Entscheidung in der Sache nicht beeinflußt hat", ausgeschlossen werden soll. Hierin liegt eine erhebliche Abwertung des für die Richtigkeit der Entscheidung maßgeblichen Verfahrens. Überdies: Soll das Gericht nunmehr in Ermessenserwägungen eintreten? Wenn ferner etwa (sonder-)beschleunigtes Staatshandeln erkauft werden kann, entsteht ein Mehr-Klassen-Verfahrensrecht, welches dem Gleichbehandlungsgrundsatz zuwiderläuft: Wird ein Antragsteller vorgezogen, muß zwangsläufig ein anderer warten. Auf der Linie eines Abbaues verfahrensrechtlicher Garantien bewegen sich auch die Vorschläge der Kommission zu einer Einschränkung des Rechtsschutzes, z.B. durch Wegfall des Suspensiveffektes bei Drittanfechtungen.

Die Reformvorschläge der Kommission haben, wie zu vermuten war, zu einer ausgedehnten Kontroverse in Wissenschaft und Praxis geführt. Kernelemente der Vorschläge sind in die dem Bundesrat im Januar 1996 zugeleiteten Gesetzentwürfe der Bundesregierung zur Beschleunigung der Genehmigungsverfahren sowie zur Änderung der Verwaltungsgerichtsordnung aufgenommen worden. Im Bundesrat zeichnet sich allerdings erheblicher Widerstand gegen die das Verwaltungsverfahren betreffenden Reformvorschläge ab. Befürchtet wird vor allem, daß die gesetzliche Ausdifferenzierung der Verfahrensmöglichkeiten sich letztlich kontraproduktiv auswirkt und zu steigender Bürokratisierung und sinkender Flexibilität führt. Immerhin besitzt die Verwaltung derzeit in den gesetzlich nicht normierten Bereichen Spielräume für eine Optimierung der Verfahrensabläufe durch entsprechende Verwaltungsvorschriften, wovon einige Bundesländer bereits in effektiver Weise Gebrauch gemacht haben.

Wenngleich es somit eher unwahrscheinlich ist, daß jedenfalls die "radikalen" Forderungen der Schlichter-Kommission Gesetz werden, so haben sie immerhin eine kreative Reformdiskussion über neue Handlungs- und Verfahrensformen der Verwaltung in Gang gesetzt und die noch offenen Gestaltungsmöglichkeiten im Rahmen des geltenden Rechts ins Bewußtsein gehoben.

3. Wachsender Einfluß des Europäischen Gemeinschaftsrechts

Schienen lange Zeit lediglich Standards des materiellen Verwaltungsrechts dem wachsenden Einfluß des sekundären Gemeinschaftsrechts ausgesetzt, so hat spätestens die EG-Richtlinie über die Umweltverträglichkeitsprüfung vom 27.6.1985 einen Bewußtseinswandel dahingehend in Gang gesetzt, daß auf die Dauer eine gleichmäßige Durchsetzung des Gemeinschaftsrechts in allen Mitgliedstaaten der Europäischen Gemeinschaft letztlich nur mit einer weitgehenden Harmonisierung des Verwaltungsverfahrensrechts wird gelingen können. Wettbewerbsverzerrungen können eben nicht nur durch unterschiedliche materiell-rechtliche Standards, etwa bei der Zulassung bestimmter industrieller Produktionsweisen, hervorgerufen werden, sondern auch durch divergente Verfahrensanforderungen, die das wirtschaftliche Verhalten der Unternehmen beeinflussen. An die Richtlinie über die Umweltverträglichkeitsprüfung, die in Deutschland auf Bundesebene erst durch Gesetz vom 12.2.1990 umgesetzt wurde, haben sich mittlerweile eine Reihe weiterer Rechtsakte angeschlossen, deren Auswirkung auf das nationale Verfahrensrecht nicht lediglich Randbereiche desselben betrifft. Erwähnt sei nur die Richtlinie vom 7.6.1990 über den freien Zugang zu Informationen über die Umwelt, die auf Bundesebene durch ein eigenständiges Gesetz vom 8.7.1994, also nicht im Wege einer Änderung bzw. Ergänzung des Verwaltungsverfahrensgesetzes umgesetzt wurde. Daneben zeigt sich, daß auch die Durchsetzung materiell-rechtlicher Standards des primären wie sekundären Gemeinschaftsrechts häufig nur durch eine beschränkte Anwendbarkeit des nationalen Verwaltungsverfahrensrechts zu erreichen ist. Als wohl markantestes Beispiel sei auf die begrenzte Anwendbarkeit der Vertrauensschutzregelungen des § 48 VwVfG im Falle der Rückforderung gemeinschaftsrechtswidriger staatlicher Beihilfen hingewiesen. Auch im Verwaltungsverfahrensrecht wird immer deutlicher, daß der von *Fritz Werner* geprägte Satz, daß Verwaltungsrecht konkretisiertes Verfassungsrecht sei, im Hinblick auf den Vorrang des Gemeinschaftsrechts durch den Halbsatz zu ergänzen ist, "soweit es nicht der Durchführung des Gemeinschaftsrechts dient".

Literatur

Benz, Arthur, Kooperative Verwaltung. Funktionen, Voraussetzungen und Folgen, Baden-Baden 1994.

Blümel, Willi (Hrsg.), Die Vereinheitlichung des Verwaltungsverfahrensrechts, Berlin 1984.

Blümel, Willi/Pitschas, Rainer (Hrsg.), Reform des Verwaltungsverfahrensrechts, Berlin 1994.

Bundesministerium für Wirtschaft (Hrsg.), Investitionsförderung durch flexible Genehmigungsverfahren, Bericht der Unabhängigen Expertenkommission zur Vereinfachung und Beschleunigung von Planungs- und Genehmigungsverfahren, Baden-Baden 1995.

Dose, Nicolai/Voigt, Rüdiger (Hrsg.), Kooperatives Recht, Baden-Baden 1995.

Ehlers, Dirk, Die Einwirkungen des Rechts der europäischen Gemeinschaften auf das Verwaltungsrecht, in: Deutsches Verwaltungsblatt 1991, S. 605 ff.

Habermas, Jürgen, Faktizität und Geltung. Beiträge zur Diskurstheorie des Rechts und des demokratischen Rechtsstaats, Frankfurt/Main 1992.

Held, Jürgen, Der Grundrechtsbezug des Verwaltungsverfahrens, Berlin 1984.

Hill, Hermann, Das fehlerhafte Verfahren und seine Folgen im Verwaltungsrecht, Heidelberg 1986.

Hoffmann-Riem, Wolfgang/Schmidt-Aßmann, Eberhard (Hrsg.), Innovation und Flexibilität des Verwaltungshandelns, Baden-Baden 1994.

Knack, Joachim u.a., Verwaltungsverfahrensgesetz, Kommentar, 4. Auflage, Köln u.a. 1994.

König, Klaus/Dose, Nikolai (Hrsg.), Instrumente und Formen staatlichen Handelns, Köln u.a. 1993.

Kopp, Ferdinand O., Verwaltungsverfahrensgesetz, Kommentar, 5. Auflage, München 1991.

Lerche, Peter/Schmitt-Glaeser, Walter/Schmitt-Aßmann, Eberhard, Verfahren als staats- und verwaltungsrechtliche Kategorie, Heidelberg 1984.

Luhmann, Niklas, Legitimation durch Verfahren, 2. Auflage, Darmstadt/Neuwied 1975.

Oerder, Michael, Das Widerspruchsverfahren nach der Verwaltungsgerichtsordnung. Einordnung zwischen Verwaltungsverfahrens- und Verwaltungsprozeßrecht, Berlin 1989.

Pietzcker, Jost, Verwaltungsverfahren zwischen Verwaltungseffizienz und Rechtsschutzauftrag, in: Veröffentlichungen der Vereinigung der deutschen Staatsrechtslehrer Band 41 (1983), S. 193 ff.

Pitschas, Rainer, Verwaltungsverantwortung und Verwaltungsverfahren. Strukturprobleme, Funktionsbedingungen und Entwicklungsperspektiven eines konsensualen Verwaltungsrechts, München 1990.

Ronellenfitsch, Michael, Beschleunigung und Vereinfachung der Anlagenzulassungsverfahren, Berlin 1994.

Schmidt-Aßmann, Eberhard, Verwaltungsverfahren, in: *Isensee, Josef/Kirchhof, Paul* (Hrsg.), Handbuch des Staatsrechts der Bundesrepublik Deutschland, Band 3, Heidelberg 1988, § 70 (S. 623 ff.).

Schoch, Friedrich, Europäisierung des allgemeinen Verwaltungsrechts, in: Juristenzeitung 1995, S. 109 ff.

Schoch, Friedrich, Der Verfahrensgedanke im allgemeinen Verwaltungsrecht, in: Die Verwaltung, Band 28 (1992), S. 21 ff.

Schulze-Fielitz, Helmuth, Kooperatives Recht im Spannungsfeld von Rechtsstaatsprinzip und Verfahrensökonomie, in: Deutsches Verwaltungsblatt 1994, S. 657 ff.

Stelkens, Paul, Verwaltungsverfahren, München 1991.

Stelkens, Paul/Bonk, Heinz Joachim/Sachs, Michael, Verwaltungsverfahrensgesetz, 4. Auflage, München 1993.

Ule, Carl Hermann/Laubinger, Hans-Werner, Verwaltungsverfahrensrecht, 4. Auflage, Köln u.a. 1995.

Wahl, Rainer, Verwaltungsverfahren zwischen Verwaltungseffizienz und Rechtsschutzauftrag, in: Veröffentlichungen der Vereinigung der deutschen Staatsrechtslehrer Band 41 (1983), S. 151 ff.

Würtenberger, Thomas, Akzeptanz durch Verwaltungsverfahren, in: Neue Juristische Wochenschrift 1991, S. 257 ff.

Heinrich Reinermann

3. Entscheidungshilfen und Datenverarbeitung

Inhaltsübersicht

I. Themenstellung
   1. Potential elektronischer Arbeitstechnik
   2. Begriff der Informations- und Kommunikationstechnik
   3. Beschränkung auf qualitative Aspekte
II. Informationssysteme
   1. IKT-Infrastruktur
   2. Anwendungen
   3. Ressourcen
III. EDV-Organisation
IV. Qualifizierung
V. Technologiepolitischer Rahmen
VI. Anstöße für Neuorientierungen der EDV
VII. Bewältigung des technischen Fortschritts
VIII. Schwerpunkte der EDV-Nutzung
   1. Von Umstellung auf EDV zu Verwaltungsgestaltung
   2. Trends einer IKT-basierten Verwaltungsgestaltung
   3. Integration von Verwaltung und EDV

I. Themenstellung

1. Potential elektronischer Arbeitstechnik

Entwicklung und heutiges Bild der Datenverarbeitung einschließlich der mit ihr beabsichtigten Entscheidungsunterstützung in der öffentlichen Verwaltung Deutschlands aufzeigen und erklären heißt letztlich, Antworten auf die Frage versuchen, in welchem Maße die öffentlichen Stellen das Potential einer neuen Arbeitstechnik ausschöpfen. Man muß sich klar machen, daß die Elektronik nach Jahrhunderten des Umgehens mit Papier zum ersten Mal wieder eine wirkliche Innovation für die Technik der Verwaltungsarbeit zur Verfügung gestellt hat: Eine wesentliche Eigenschaft traditioneller Büroarbeit, die unser Denken und Handeln noch maßgeblich vorformt, nämlich Bindung von Information an einen Träger wie Papier entfällt; Lokalität wird durch Ubiquität ersetzt. Eine Erosion der traditionellen Bedeutung von Raum, Zeit und Hierarchie ist die Folge. Daran anknüpfend wird in der elektronischen Datenverarbeitung (EDV) eine tiefgreifend veränderte Grundlage für die Definition des Selbstverständnisses der öffentlichen Verwaltung und ihrer Strukturen gesehen. Eine gegenseitige Abstimmung der Strategien für das materielle Verwaltungshandeln und der für die Verwaltungsinformationssysteme wird nötig und damit die Zusammenführung von Entwicklungen, die in den ersten vierzig Jahren der EDV eher auf Distanz geblieben sind.

2. *Begriff der Informations- und Kommunikationstechnik*

Unter elektronischer Arbeitstechnik wird, über Computer in ihren verschiedenen Formen als Mainframe, Minicomputer, Workstation, Personal Computer oder Notebook hinaus, die gesamte anschließbare Peripherie verstanden. Dazu sind mittlerweile alle wesentlichen, ehemals isoliert betriebenen Bürogeräte zu rechnen. Tendenziell wachsen Computer und Peripherie über lokale, regionale und überregionale Netze schmaler bis großer Bandbreite ("Datenautobahn") sowie über Datenträgeraustausch (von Disketten über CD-ROM bis Chipkarten) zusammen. Damit ist der Computer weit mehr als eine Datenverarbeitungsmaschine; er ist eine allgemeine Informations- und Kommunikationsanlage, die Datenverarbeitung und Datenaustausch in allen für die Verwaltung wichtigen Kommunikationsarten (schriftlich, bildlich und hörbar) ermöglicht, und dies weltweit, ja, nimmt man den an Bedeutung gewinnenden Mobilfunk hinzu, buchstäblich an jedem beliebigen Ort.

Gemeinsam mit dieser Hardware bildet die Systemsoftware (Betriebssysteme, Benutzungsoberflächen, Datenbanksysteme, Netz- und Kommunikationssoftware) die Infrastruktur an Informations- und Kommunikationstechnik (IKT). Auf ihr wird die Anwendungssoftware betrieben.

3. Beschränkung auf qualitative Aspekte

Die deutsche Verwaltung ist, einer Hochleistungsverwaltung für eine moderne Industrie- und Dienstleistungsgesellschaft mit deutlichen Anzeichen des Eintritts in die Informationsgesellschaft entsprechend, differenziert und muß, bei allen noch folgenden Präzisierungen, als hochtechnisiert angesehen werden. Dies und die föderale Struktur der Bundesrepublik mit zusätzlicher Selbstverwaltung in den Kommunal-, Hochschul-, Sozialversicherungs- und weiteren Bereichen stellen einem Versuch, einen Überblick über Datenverarbeitung und Entscheidungshilfen zu gewinnen, Hindernisse in den Weg. Die Vielfalt an IKT-Infrastrukturen, Anwendungen sowie steuernden und unterstützenden Institutionen ist beträchtlich. Eine Stelle, die Informationen hierüber zusammenführte, gibt es hierzulande nicht. Unsere Betrachtung muß schon deshalb weitgehend qualitativ ausfallen, sicherlich mit dem Vorzug, Abstand vom Detail nehmen zu müssen und so trotz unzähliger Bäume noch Wald wahrnehmen zu können.

II. Informationssysteme

1. IKT-Infrastruktur

Die IKT-Infrastruktur der deutschen öffentlichen Verwaltung läßt sich treffend mit einem Drei-Ebenen-Modell aus Rechenzentren, Abteilungsrechnern sowie Arbeitsplatzcomputern, mit einem Trend zu Client/Server-Architekturen, beschreiben. Die Entwicklung dahin vollzog sich allerdings in Stufen, die die EDV-Landschaft immer noch prägen.

Die anfängliche Stapelverarbeitung in Großrechnern wurde mit Aufkommen der Datenfernübertragung Ende der sechziger Jahre zu Terminalnetzen mit Stapelfernverarbeitung, Auskunftsverfahren und zentraler Vorgangsbearbeitung im Dialog weiterentwickelt. Dies geschah regelmäßig ressortbezogen und mit herstellerspezifischen, also unterschiedlichen Architekturen. Je stärker der Wunsch nach interadministrativem Datenaustausch wurde, desto mehr hinderten die aus dieser Heterogenität resultierenden "Sprachbarrieren". Das Bundesland Nordrhein-Westfalen reagierte als erstes darauf. Es schuf schon 1980 ein Datenvermittlungssystem, das als paketvermitteltes Datenfernübertragungsnetz auf Basis des Standards X.25 Kommunikation zwischen den zahlreichen proprietären Systemen ermöglichte.

Mit dem Aufkommen der Minicomputer und deren dezentralem Einsatz als Abteilungsrechner, an die jeweils mehrere Arbeitsplätze angeschlossen werden (Mehrplatzsysteme), entstand ein neues Problem. Es gab solche Minis in großer Zahl und jeweils mit proprietärer Hardware sowie darauf zugeschnittenen Betriebssystemen; das erschwerte die Portierung von Anwendungsprogrammen auf eine andere Hardwareumgebung oder den Herstellerwechsel. Zur Einengung dieser Typenvielfalt und zum Schutz der Investitionen in Hardware und Software wurde 1988 in Nordrhein-Westfalen der Unix-Erlaß verabschiedet, der, motiviert auch durch die Richtlinie 87/95 der Europäischen Gemeinschaften, bei Beschaffung von Mehrplatzsystemen zwingend den Einsatz eines Unix-Betriebssystems vorschrieb und dem bald alle anderen Bundesländer und der Bund folgten. Die so erzeugte Nachfragemacht hat deutlich Wirkung gezeigt. Denn nach wenigen Jahren wurden so gut wie keine Abteilungsrechner mehr ohne Unix angeboten.

Als sich Mitte der Achtziger auf der dritten Rechnerebene die Personal Computer ausbreiteten, entstand eine vergleichbare Typenvielfalt von vornherein nicht, weil sich eine einheitliche Hardware (Intel) und ein einheitliches Betriebssystem (MS-DOS) als Industriestandards durchsetzten.

Mit dem Aufkommen von Client/Server-Architekturen in den neunziger Jahren entstehen aber erneut Kompatibilitätsprobleme. Der Trend ist, die Anwendungssoftware mit ihren drei Hauptkomponenten (Applikationslogik, Datenmanagement und Präsentation) auf Server und Klienten zu verteilen, um Vorteile der Arbeitsteilung zu nutzen. Die gebildeten Komponenten müssen also über ein Netzwerk kooperieren können. Da es für die Server (mit Unix, Windows NT oder OS/2) und für die Klienten (mit MS-DOS, OS/2 oder Windows) mittlerweile unterschiedliche Betriebssysteme und auch unterschiedliche Hardwareangebote gibt, entstehen neue Kommunikationsprobleme. Eine Lösung zeichnet sich jedoch ab: Middleware als zwischen die kooperierenden Anwendungsteile tretende Software, die – unter Ausnutzung der hohen Geschwindigkeit heutiger Prozessoren – die nötigen Übersetzungen in Echtzeit vornimmt. Die dabei zu berücksichtigende Typenvielfalt läßt sich bewältigen, weil es inzwischen (und das ist sicherlich auch ein Verdienst der Unix-Erlasse) nur noch wenige Hardwareplattformen und Betriebssysteme gibt.

Neben dieser erforderlichen Modernisierung ihrer IKT-Infrastruktur steht die deutsche öffentliche Verwaltung vor der Aufgabe, den Ausstattungsgrad mit Computern beträchtlich zu erhöhen. Selbst in der eher als technikfreundlich eingestuften Landesverwaltung von Baden-Württemberg ist 1995 erst bei zwanzig Prozent der dafür geeigneten Arbeitsplätze eine elektronische Ausstattung vorhanden. Dieser Ausstattungsgrad wird in anderen Verwaltungen, so beim Bund, durchaus noch unterschritten. Es gibt aber auch Beispiele für einen höheren Ausstattungsgrad, so beim Kommunalen Rechenzentrum Niederrhein in Moers, wo schon rund siebzig Prozent der Büroarbeitsplätze der angeschlossenen Kommunen elektronisch ausgerüstet sind. Dieses Phänomen, daß eine lohnende Ausstattung mit IKT eine aus ökonomischer Sicht unverständlich lange Zeit in Anspruch nimmt, zeigt sich übrigens auch bei der Anwendungssoftware; so kam es in einer Verwaltungsbranche mit vielen gleichartigen Behörden vor, daß nahezu zwanzig Jahre ins Land gingen, bevor die beschlossene Umstellung auf EDV auch bei der letzten Behörde vollzogen war.

Der Bau der sogenannten Datenautobahn als breitbandige Verbindung zwischen allen Teilnehmern an der multimedialen elektronischen Kommunikation ist hingegen in Deutschland im Vergleich mit anderen Ländern schon weit vorangeschritten. Die Weitverkehrsnetze, vor allem der Telekom, nutzen weitestgehend Glasfaser und erlauben so Übertragungsgeschwindigkeiten, die Nutzungsbegrenzungen nicht erkennen lassen. Die Zugangsnetze stützen sich einmal auf ein dichtes Telefonnetz, das praktisch jeden Haushalt erreicht; es wird zur Zeit als ISDN digitalisiert und mittels ATM zum Breitband-ISDN nach der Norm des Euro-ISDN, auf das sich 1994 zwanzig europäische Länder geeinigt haben, erweitert. Hinzu kommt ein Kabelfernsehverteilnetz, das zwei Drittel aller Haushalte erreicht.

Diese gute Ausgangsposition wird sich aufgrund der von der Europäischen Union beschlossenen ordnungspolitischen Maßnahmen zur Liberalisierung des Telekommunikationsmarktes (Beendigung der Monopole für den Netzbetrieb und den Telefondienst zum Jahresende 1997) weiter verbessern. Denn neue Wettbewerber aus dem Bereich der Energieversorgungsunternehmen, der Kommunen, die hier ein neues Aufgabenfeld entdeckt haben, oder der Firmen und Institutionen mit Corporate Networks, die nun geöffnet werden können, werden für höhere Marktdynamik sorgen.

2. Anwendungen

Betrachtet man die Anwendungen der IKT-Infrastruktur bei der Verwaltungsarbeit in Bund, Ländern und Kommunen, so begegnet einem äußerste Vielfalt. Historisch läßt sich beobachten, wie die Abfolge technischer Computergenerationen für entsprechende Anwendungsgenerationen genutzt wurde. Allerdings geschah dies häufig durch Anbau an bestehende Lösungen, weil für gründliche Neukonzeptionierungen Zeit und Geld zu fehlen schienen.

Seit langem laufen so gut wie alle routinemäßigen Verwaltungsarbeiten computergestützt ab. Die anfängliche Stapelverarbeitung wurde inzwischen nahezu durchgängig und unter Nutzung der drei Ebenen Rechenzentrum, Abteilungsrechner und Arbeitsplatzcomputer dialogisiert, so daß Massenverarbeitung, Auskünfte, Auswertungen oder Transaktionsverarbeitung vom Arbeitsplatz aus geschehen können. Dabei sind zum Teil komplexe Softwarepakete für die Finanz-, Arbeits-, Sozial-, Einwohner-, Vermessungs- oder Personalverwaltung entstanden. Sie orientieren sich jedoch häufig vertikal an der Behördenhierarchie des jeweiligen Ressorts, was branchenüberschreitende Querverbindungen erschwert.

Mit dem Aufkommen von Datenbanken entwickeln sich Online-Dienste, die teils auch auf CD-Rom zur Verfügung stehen. Beispielhaft sei auf das juristische Informationssystem Juris mit seiner Rechtsnormen-, Rechtsprechungs- und Literaturdokumentation, auf das Auskunftssystem beim Presse- und Informationsamt der Bundesregierung oder auf kommunale Ratsinformationssysteme hingewiesen. Mit zunehmender Vernetzung weiten sich auch die Online-Informationsangebote aus; viele Städte und Hochschulen, aber auch Bundes- und Landesbehörden präsentieren sich neuerdings im World Wide Web des Internet. Erstaunlicherweise ist andererseits das Nutzungsinteresse unserer Verwaltungen an Online-Diensten im Vergleich mit anderen Ländern gering.

In den achtziger Jahren ist mit den Abteilungs- und Arbeitsplatzcomputern die Bürokommunikation in die deutschen Verwaltungen eingezogen. Darunter versteht man elektronische Post, Registratur, Termin- und Raumverwaltung, aber auch die sogenannte individuelle Datenverarbeitung (Textverarbeitung, Tabellenkalkulation, Dateiverwaltung oder Präsentationsgraphik) sowie Fachanwendungen, die aufgrund einer gewissen Schwerfälligkeit der Entscheidungsstrukturen im Bereich der EDV bis dato zu kurz gekommen waren (im Kommunalbereich etwa Standesamts-, Sozialverwaltungs- oder Kraftfahrzeugzulassungs-Lösungen). Allerdings wird die Ausnutzung des Potentials der Bürokommunikation noch durch zwei Hemmnisse erschwert. Einmal setzt die erstaunlich geringe Zahl von Arbeitsplätzen, die technisch für Bürokommunikation ausgestattet sind, der Ausbreitung Grenzen; auch die Umsetzung begrüßungswerter Beschlüsse wie der Innenministerkonferenz oder der baden-württembergischen Landesregierung, ab 1995 alle Schreiben, bei denen dies technisch möglich ist, nur noch elektronisch zu versenden, wird hierdurch behindert. Zum andern haben sich die individuellen und Fachanwendungen im Rahmen der Bürokommunikation inselförmig entwickelt.

Dementsprechend ragt aus der gegenwärtigen Anwendungsentwicklung die elektronische Vorgangsbearbeitung (Workflow Management) heraus. Hier wird die inzwischen verfügbare IKT-Infrastruktur genutzt, Verwaltungsverfahren prozeßorientiert von Anstoß bis Ergebnis unter Einschluß aller beteiligten Stellen, Programme und Daten zu integrieren und dabei an jedem Arbeitsplatz die Nutzung der Programm- und Datenressourcen unter einheitlicher Benutzungsoberfläche und ohne Medienbrüche zu ermöglichen. Die technische Basis dafür liefern regelmäßig Client/Server-Systeme. Dies erfordert auch den Umbau der veralteten, proprietären Anwendungssysteme, die oft schon in den sechziger Jahren konzipiert und in den siebziger Jahren in Dienst genommen wurden. Ein Beispiel ist FISCUS, welches die bisherigen automatisierten Besteuerungsverfahren ablösen wird und bereits in Pilotversionen läuft. Es verbindet als Client/Server-System die Arbeitsplätze in den einzelnen Finanzämtern über lokale Netze sowie alle Finanzämter, Rechenzentren und künftig auch Steuerberater und Steuerpflichtige über öffentliche Netze.

3. Ressourcen

Die für IKT eingesetzten Finanzmittel und Personalstellen können nur für ausgewählte Bereiche angegeben werden. In der Landesverwaltung von Baden-Württemberg sind 1995 rund tausend von etwa 220.000 Personalstellen oder knapp ein halbes Prozent für IKT eingesetzt. Im selben Jahr betragen hier die Haushaltsausgaben für IKT eine halbe Milliarde Mark; bezogen auf den Gesamthaushalt von sechzig Milliarden Mark entsprechen dem 0,8 Prozent. Für die Bundesverwaltung kann die für Koordinierung zuständige Stelle nur die Personalstellen für IKT angeben; dies sind 1995 knapp 6.000 oder ungefähr ein Prozent der rund 600.000 Stellen insgesamt. Für das Kommunale Rechenzentrum Niederrhein werden 1995 etwa 1,9 Prozent aller Personalstellen der angeschlossenen Kommunen und des Rechenzentrums für IKT eingesetzt; die Summe der IKT-Ausgaben an der Gesamthaushaltssumme beträgt rund zwei Prozent.

III. EDV-Organisation

Das hervorstechendste Merkmal der EDV-Organisation, verstanden als Verteilung der IKT-Aufgaben auf Träger, ist in Deutschland wohl der hohe Grad an Formierung und interadministrativer Zusammenarbeit. Allerdings sind dabei unterschiedliche Phasen und Schwerpunkte zu beobachten.

In der Pionierzeit der fünfziger und der Expansionsphase der sechziger Jahre vollzog sich der Computereinsatz noch ohne viel behördenübergreifende Kooperation. Die EDV kam gerade recht, um die kräftig anwachsende Inanspruchnahme der öffentlichen Verwaltung bei gleichzeitig ausgesprochen engem Arbeitsmarkt bewältigen zu helfen, und breitete sich zunächst inselförmig aus.

Schon am Ende der Sechziger aber standen die Zeichen auf Ordnung und Formierung der EDV-Landschaft. Denn Anschaffungs- und Betriebskosten für Computer waren hoch, EDV-Experten rar, Aufgabenverflechtungen zwischen Staat und Kommunen verlangten nach Abstimmung, ein durch EDV entstehender Schatz an Daten sollte als Managementinformation gehoben und einem drohenden Ungleichgewicht des Computereinsatzes in Stadt und Land gegengesteuert werden. Die Lösung lautete, in organisatorischer Terminologie: Zentralisierung nach Sachmittel; Beschaffung, Programmierung und Betrieb von Computern wurden in Rechenzentren zusammengefaßt und diese möglichst als Gemeinschaftsrechenzentren mehrerer Behörden angelegt. Daneben entstanden Fachrechenzentren für die großen Branchen wie Steuer-, Arbeits- oder Polizeiverwaltung. Abstimmungsfragen der EDV wurden Koordinierungs- und Beratungsstellen, Landes- und kommunalen Automationsausschüssen oder ähnlichen Gremien übertragen.

Diese typische, formierte Innovationsstrategie (mit Ähnlichkeiten zum heutigen Outsourcing) erwies sich einerseits als Tugend: Computer, neuartig und teuer, konnten in erstaunlich kurzer Zeit und auf beachtlicher Breite nutzbar gemacht werden. Sie offenbarte aber auch Schattenseiten, je mehr nach dem Einüben des Umgangs mit dem Computer dessen verwaltungspolitische Bedeutung sichtbar wurde, die Anwender in der Erreichung ihrer Ziele zu unterstützen. Die schlichte Dauer breit abzustimmender, gar landeseinheitlicher Verfahren, die Einengung individuell bevorzugter Vielfalt durch eine notgedrungene Konformität oder das Geleitzugsyndrom (die Langsamen bestimmen Art, Ausmaß, Zeitpunkt und Kosten des Fortschritts) waren durchaus geeignet, die Organisationshoheit der Anwender einzuschränken, und brachten die formierte EDV-Infrastruktur in eine Legitimationskrise. Diese wuchs mit dem steiler werdenden Anstieg des technischen Fortschritts (etwa Mini- und Arbeitsplatzcomputer, Vernetzung oder Datenbanksysteme) in den achtziger Jahren. Denn dieser ermöglichte ebenso den Anwendern einen Übergang auf dezentral-autonome EDV wie er die Rechenzentren herausforderte, ihr Angebot laufend auf dem technischen Stand zu halten. Letzteres stieß durchaus auf Schwierigkeiten, so daß die EDV-Infrastruktur heute durch eine beträchtliche Streubreite von hochmodernen bis zu veralteten Systemen (teils noch ohne PC, Vernetzung oder Datenbanken) gekennzeichnet ist.

Die Kluft zwischen Anwendererwartungen und Angeboten der IKT-Infrastruktur zu schließen, kennzeichnet die Gegenwart. Für die Nutzerbehörden heißt dies zu erkennen, daß ein wichtiger Teil der EDV-Aufgaben, nämlich die politisch-administrative Steuerung, zur Kernverwaltung gehört und keinesfalls über Outsourcing erledigt werden sollte; IKT als strategisches Instrument ist mit den eigenen Vorstellungen von Verwaltungsgestaltung abzustimmen. Für die Datenzentralen heißt dies Strukturen erarbeiten, die es erlauben, den IKT-Fortschritt in Angebote umzusetzen, wie sie die Anwenderverwaltungen zur Erreichung ihrer strategischen Ziele benötigen; dieser Prozeß ist im Gange, verbunden mit einer deutlichen Konzentration auf wenige Einheiten, die eine kritische Größe mitbringen, um die heutigen heterogenen Hardware-, Systemsoftware- und Anwendungssysteme mit entsprechend spezialisiertem und qualifiziertem Personal betreiben zu können.

IV. Qualifizierung

Öffentliche Verwaltungen sind einerseits Großanwender von IKT, andererseits formen sie maßgeblich die Art und Weise, in der im gesellschaftlichen Raum IKT entwickelt und genutzt wird. Hinreichendes Wissen des öffentlichen Dienstes über IKT ist deshalb von geradezu ausschlaggebender Bedeutung. Dies gilt nicht nur für Spezialisten, sondern auch für Fachverwaltungs- und Führungskräfte, und zwar einmal in ihrer Rolle als IKT-Anwender, und zum andern in ihrer Rolle, den IKT-Einsatz mit Blick auf ihren Zuständigkeitsbereich (Abstimmung von Informationssystem und Verwaltungsstrategie) und mit Blick auf die Außenwirkungen im gesellschaftlichen Raum (Wege für den IKT-Einsatz ebnen oder Restriktionen für ihre Verwendung errichten) zu steuern.

Dementsprechend muß sich eine Beurteilung der Qualifizierungsbemühungen auf zwei Gruppen von Bildungsgängen richten. Es geht einmal um die Frage "Was kann die IKT für mich tun?", also um Wissen über Existenz und Handhabung von IKT am Arbeitsplatz, sei es für Online-Datenbankauskünfte oder für Workgroup Computing (von elektronischer Vorgangsbearbeitung über Kommunikation bis zur Terminvereinbarung). Denn trotz aller Erleichterungen der IKT-Handhabung, etwa durch sogenannte graphische Benutzungsoberflächen, bleibt "schulungsfreie IKT" einstweilen eine Utopie. Es geht zum andern um die Frage "Was muß ich für die IKT tun?", also um Gestaltungs- und Führungswissen, so über das IKT-Potential zur Steigerung der Leistungsfähigkeit des Zuständigkeitsbereichs, oder um die Fähigkeit zur Kommunikation mit IKT-Experten, die angesichts der Verzahnung der Verwaltungsinformationssysteme mit der Verwaltungsstrategie zunehmend wichtiger wird, gefördert noch durch den Trend zur Rückdelegation von Ressourcenverantwortung in die Linieninstanzen in den Neuen Verwaltungskonzepten. Es versteht sich, daß solche curricularen Inhalte nicht nur durch Aus-, sondern auch durch Fortbildung vermittelt werden müssen, weil, angesichts des rapiden technischen Fortschritts zumal, nicht abgewartet werden kann, bis neue IKT-Kenntnisse über Neueinstellungen nachwachsen. Schließlich scheint als Kriterium wichtig, daß nicht nur kognitives Wissen, sondern auch affektiv-emotionale und ethische Einstellungen ihren Standort in den Curricula haben müssen.

Die IKT-Bildung für den deutschen öffentlichen Dienst ist in der Anfangszeit naturgemäß durch wenige Autodidakten geprägt, gefolgt von Maßnahmen der Umschulung jener, die sich an die neue Arbeitstechnik heranwagen. Hier hat sich beispielsweise der Kooperationsausschuß AdV Bund/Länder/kommunaler Bereich große Verdienste mit einer 1973 verabschiedeten Modulgruppe für die Vermittlung von Grund- und Fachwissen für die DV-Aus- und -Fortbildung erworben. Eigentlich gedacht, eine EDV-Spezialistenausbildung nachzuholen, die es als besondere Fachrichtung der Berufsausbildung des öffentlichen Dienstes noch nicht gab, hat insbesondere das Modul "DV-Grundwissen" darüber hinaus großen Einfluß auf die EDV-Bildung genommen. Als weitere richtungweisende Pioniertat sei die 1984 erfolgte Gründung der Akademie des Deutschen Beamtenbundes erwähnt, weil hier die intensive Durchdringung des öffentlichen Dienstes mit IKT vorausgesehen und positiv-fördernd in Bildungsprogramme umgesetzt wurde.

Mittlerweile ist die Qualifizierung des öffentlichen Dienstes in IKT-Fragen in geregelte Bahnen übergegangen. Ausbildungs- und Fortbildungsordnungen enthalten entsprechende Vorgaben. Die Reihe der verwaltunginternen wie -externen Institutionen mit IKT-Bildungsangeboten ist lang und reicht von Universitäten über Fachhochschulen, Berufsakademien, Verwaltungs- und Wirtschaftsakademien, Datenzentralen, Herstellern, Beratungs- und Kongreßfirmen bis hin zu Volkshochschulen und allgemeinbildenden Schulen. Insbesondere für die IKT-Nutzung und mit einigem Abstand auch für die IKT-Steuerung gilt, daß, wer Bildungsangebote sucht, sie auch vorfindet. Die Lücken im IKT-Wissen des öffentlichen Dienstes haben deshalb weniger ihre Ursache im Angebot als in der Nachfrage.

Die IKT-Qualifizierung des öffentlichen Dienstes wird seit den siebziger Jahren auch wissenschaftlich abgestützt. Zunächst entstehen, gespeist aus den herkömmlichen Fakultäten für Mathematik, Physik und Elektrotechnik und gefördert durch das "Überregionale Forschungsprogramm Informatik" des Bundesforschungsministeriums von 1971, eigenständige wissenschaftliche Fachbereiche für Informatik an den Universitäten und bald auch an den Fachhochschulen. Schnell folgt die Etablierung von Verwaltungsinformatik und Rechtsinformatik als nachfrageorientierte Informatiken. Sie konnten sich freilich nicht auf Förderungen nach Art überregionaler Forschungsprogramme stützen; man behalf sich weitgehend mit der Umwidmung vorhandener Stellen. Dies dürfte mit ausschlaggebend dafür sein, daß bis heute die Zahl von Verwaltungs- und Rechtsinformatikstellen in Forschung und Lehre eher knapp bemessen ist, so daß das Schwergewicht auf mittelbare Strategien des Wissenstransfers gelegt werden muß.

Resümierend läßt sich feststellen, daß das Wettrennen zwischen dem technischen Fortschritt und der Qualifizierung von Spezialisten und Generalisten im IKT-Bereich aufgenommen wurde, aber noch immer nur mit einiger Mühe offengehalten werden kann.

V. *Technologiepolitischer Rahmen*

Die soziokulturelle Bewertung von Wissenschaft und Technik hat vielfältige Erscheinungsformen. Medienberichterstattung, Technologie-, Forschungs-, Arbeits- und Wirtschaftspolitik sowie Rechtsetzung gehören dazu. Die Einstellung der Deutschen zur Technik ist eher vorsichtig-abwartend, skeptisch-kritisch, ja ängstlich-grämlich, und dies nicht erst seit Existieren der IKT. Schon *Arnold Gehlen* hatte verwundert festgestellt, daß man "eine gegen die Technik gerichtete polemische Tönung", "diesen Widerstand gegen eine kulturelle Gleichberechtigung der Technik mit den anderen Kulturgebieten... bei einem technisch so erfinderischen Volk... nicht erwartet". Im Zusammenhang mit EDV hat sich dies erneut bewahrheitet. Zwar wurde der Computer 1936 durch *Konrad Zuse* in Deutschland erfunden, aber wieder einmal hatte die Umsetzung einer Erfindung in Praxis, die Nutzung ihres Potentials hierzulande erhebliche mentale Bedenken zu überwinden.

Im Falle der EDV in der öffentlichen Verwaltung nahmen diese als Wirkungsforschung Gestalt an, die man kaum mißinterpretiert als Sorge, die neue Arbeitstechnik könne gutes herkömmliches Verwaltungshandeln schlechter machen. Zwei Felder, auf denen dieses nachgewiesen und durch Gegenmaßnahmen verhindert werden sollte, ragen heraus: der Schutz der Persönlichkeitssphäre und die sogenannte Humanisierung des Arbeitslebens.

1970 wurde das erste Datenschutzgesetz der Welt im Bundesland Hessen – dem alle anderen Länder und der Bund mit eigenen Gesetzen folgten, alle mit Beauftragten für die Kontrolle des Datenschutzes in der öffentlichen Verwaltung – zum Vorboten der bemerkenswerten Technikdiskussion in Deutschland. 1974 erhielten Vorstellungen von einer integrierten Datenverarbeitung einen Dämpfer durch die Absage des Rechtsausschusses des Deutschen Bundestages an Pläne für ein einheitliches Personenkennzeichen. 1983 kam es über die Volkszählung zur Befassung des Bundesverfassungsgerichts mit der EDV und dies mit erstaunlicher öffentlicher Resonanz (auffälligerweise ist ein anderes Urteil, 1977 zur Intensivierung der Bürgerinformation, so gut wie unbeachtet geblieben). Nach diesem Urteil hat Datenschutz Grundrechtsqualität. Dem Einzelnen steht die informationelle Selbstbestimmung zu als Recht, grundsätzlich selbst über Preisgabe und Verwendung persönlicher Daten zu bestimmen. Einschränkungen dürfen nur im überwiegenden Allgemeininteresse und auf gesetzlicher Grundlage vorgenommen werden. Diese Abwägung findet somit vor den Augen der Öffentlichkeit statt, ist deshalb aber nicht weniger kontrovers, wie die sich an das Volkszählungsurteil anschließende Novellierung aller Datenschutzgesetze und die Einfügung bereichsspezifischer Regelungen in Gesetze zur inneren Sicherheit oder zur Wirtschafts- und Sozialordnung zeigt. 1995 wurde eine weitere Novellierungsrunde eingeläutet, weil die Europäische Union eine Richtlinie zum Datenschutz erlassen hat, an deren Bandbreite nun die betroffenen Vorschriften der Mitgliedsstaaten anzupassen sind.

Humanisierung des Arbeitslebens (HdA) als das andere herausragende Thema der soziokulturellen Bewertung von IKT hatte als zentrale Themen eine befürchtete Freisetzung menschlicher Arbeit durch Computer ("Chips statt Jobs" war ein bezeichnender Slogan), eine zunehmende Entfremdung durch sich verschärfende Arbeitsteilung und monotones Zuarbeiten zu einem Moloch Computer, die Gefahr einer exakten Leistungs- und Verhaltenskontrolle der Mitarbeiter, die befürchtete Polarisierung der Arbeitnehmerqualifikationen (eine geringe Zahl Hochqualifizierter stünde einer größeren Dequalifizierter gegenüber) sowie die ergonomisch richtige Gestaltung von Bildschirmarbeit. Ab 1974 förderte ein HdA-Programm des Bundes Untersuchungen auf diesen Gebieten.

Im selben Jahr trat das Bundespersonalvertretungsgesetz in Kraft, mit dem das seit 1955 geltende Personalvertretungsrecht neu geordnet und die Befugnisse der Personalvertretung gestärkt wurden. Nach § 75 Absatz 3 Ziffer 17 dieses Gesetzes (und vergleichbarer Vorschriften der Landespersonalvertretungsgesetze) unterliegen "Einführung und Anwendung technischer Einrichtungen, die dazu bestimmt sind, das Verhalten oder die Leistung der Beschäftigten zu überwachen", der Mitbestimmung des Personalrats der betreffenden Behörde, im Konfliktfalle einer Einigungsstelle mit Letztentscheidungsrecht. Diese Vorschrift wird inzwischen, nach höchstrichterlicher Rechtsprechung des Bundesverwaltungsgerichts, in sogenannter objektiv-finaler Betrachtungsweise weit ausgelegt; danach kommt es nicht auf die subjektiven Absichten der Dienststellenleiter an, sondern allein auf die Eignung eines Computers zur Mitarbeiterkontrolle. Regelmäßig unterliegt deshalb in der Praxis die Einführung von EDV-Geräten der Mitbestimmung, begrenzt allerdings durch die Kompetenzen der Behördenleitung für Organisation und Kontrolle der Arbeitsleistung.

Mittlerweile wird, auch von Gewerkschaftsseite, eingesehen, daß es einseitig war, eine Siemens-Studie von 1976 ("Büro 1990", sie möge als Beispiel dienen) ausschließlich vom Standpunkt einer Jobkiller- und Dequalifizierungsthese aus abzulehnen. Manches spricht heute dafür, daß begrüßenswerte Ziele wie der Erhalt von Arbeitsplätzen mit einer positiven Hinwendung zur IKT gerade besser erreicht worden wären.

Eine Gestaltungsforschung, bemüht um die Nutzung des Computerpotentials, gutes Verwaltungshandeln noch besser zu machen, setzt in Deutschland nur mit einiger Verzögerung ein. Sie bekommt erst Anfang der neunziger Jahre durch kräftig spürbare Schwierigkeiten der deutschen Wirtschaft, sich auf einem neu organisierenden Weltmarkt zu behaupten, Oberwasser, weil der Zusammenhang zwischen ökonomischer Prosperität und Standortfaktoren erkannt wird, die durch Staat und Verwaltung zu verantworten sind. Vor diesem Hintergrund hat sich die Richtung der Diskussion über technischen Fortschritt in Medien, Politik, Verbänden und Wissenschaft deutlich geändert. Die unabwendbare Notwendigkeit, IKT zu fördern und zu nutzen, soll nicht auch der letzte Waggon des schon in schneller Fahrt befindlichen Zuges der globalen ökonomischen Neuorientierung verpaßt werden, wird nun weithin gesehen. Es wird auch eingestanden, daß mindestens ein Jahrzehnt lang sich bietende Chancen der IKT nicht konsequent genug genutzt worden sind. Noch immer aber unterscheidet sich der Charakter dieser Diskussion von dem in anderen Ländern. So sind hierzulande Visionen unüblich, wie sie, beispielsweise, mit dem Ziel einer "Fünften Computergeneration" oder einer "Nationalen Informationsinfrastruktur-Initiative" in Japan und den USA zu gemeinsamen Kraftanstrengungen aufrufen. Selbst das Jahrhundertereignis der Verlagerung der Hauptstadt von Bonn nach Berlin als Folge der Wiedervereinigung muß in dieser Hinsicht als verpaßte Chance eingestuft werden (wenngleich einige interessante Entwicklungsprojekte zum künftigen Informationsverbund Berlin-Bonn (IVBB) aufgelegt wurden). Bei uns hat die Politik noch kein Leitbild zur Diskussion gestellt, das Staat, Verwaltung und Wirtschaft beim Übergang in die Informationsgesellschaft beflügeln könnte. An einer hierauf abgestimmten Politik, die Richtungen weist, den Akteuren Planungssicherheit vermittelt und wichtige Weichenstellungen auf

Gebieten wie Forschungs-, Transfer-, Bildungs-, Wirtschafts-, Arbeits-, Steuer- oder Innovationsförderungspolitik koordiniert, fehlt es noch immer.

Aber unübersehbar ist die Diskussion eröffnet und gibt es zahlreiche Initiativen, von denen genannt seien ein fünfundzwanzigköpfiger Rat für Forschung, Technologie und Innovation bei der Bundesregierung (der 1995 seine ersten 41 Empfehlungen dem Bundeskanzler vorgelegt hat), eine "Aktion Innovation 96", ein Standortsicherungsgesetz (1994), ein Büro für Technikfolgen-Abschätzung beim Deutschen Bundestag mit acht Personalstellen (TAB, seit 1993, welches dem Bundestagsausschuß für Forschung, Technologie und Technikfolgenabschätzung berichtet), ein neues Arbeitszeitgesetz mit mehr Spielraum für Arbeitgeber und Arbeitnehmer (1994), ein Bericht "Info 2000: Deutschlands Weg in die Informationsgesellschaft" der Bundesregierung (1996) und eine unübersehbare, in die Hunderte gehende Zahl von IKT-Förderprogrammen des Bundes und der Länder. Auch die Europäische Kommission hat dem Ausbau der Informationsgesellschaft oberste Priorität eingeräumt, so mit der erwähnten Liberalisierung des Telekommunikationsmarktes und einem Forschungsrahmenprogramm.

Andererseits hat die kritische soziokulturelle Betrachtung des Computers günstige Voraussetzungen für einen sensiblen Umgang mit der IKT geschaffen. Die Einführung der elektronischen Arbeitstechnik in Behörden und die Ausschöpfung ihres Potentials ist ja kein Rechtsstreit, sondern Verwaltungsentwicklung, und sie kann nur in Gemeinsamkeit aller gemeistert werden. Dies setzt allerdings auch das Abstreifen von Bequemlichkeit und Änderungsfeindlichkeit voraus, wie sie sich, wohl als Folge des hohen Niveaus wirtschaftlichen Wohlergehens und individueller sozialer Absicherung hierzulande, eingenistet haben. Dazu ist nötig, was der Bundespräsident mit einem Wort zusammenfaßte: Das ganze Volk muß wieder unternehmungslustig werden.

VI. Anstöße für Neuorientierungen der EDV

Hauptimpuls für die Etablierung der EDV in den sechziger Jahren war das sich an das "Wirtschaftswunder" anschließende frappierende Wachstum der Leistungs- (etwa Sozial-, Gesundheits-, Arbeits- und Bildungs-), aber auch der Hoheits- (etwa Steuer-, Justiz- oder Einwohner-)Verwaltung. Angesichts damals leerer Arbeitsmärkte zumal bot der Computer sich für die Bewältigung dieser massenhaften Routineaufgaben an.

Wachsende EDV-Kosten und die Gefahr eines Auseinanderdriftens des zunehmenden Computereinsatzes waren Hauptmotive der Formierungsphase um 1970 mit dem Ergebnis einer, auch rechtlich abgestützten, Ordnung des EDV-Bereichs – wie gesehen, eher abseits der herkömmlichen Verwaltung durch Sonderbehörden und Computerregionen.

Besonders seit den achtziger Jahren erweist sich der schnelle technische Fortschritt als Impuls, auf den zu reagieren ist. Arbeitsplatzcomputer in steil anwachsender Zahl, Vernetzung, Entwicklungsmethoden für Software, Datenbanksysteme, eine große Vielfalt von Anwendungsprogrammen mit zum Teil hoher Komplexität und schneller Abfolge weiterentwickelter Versionen, elektronische Vorgangsbearbeitung – sie wären, bei laufendem Betrieb, zu integrieren, werden aber oft ohne durchgreifende Neugestaltung nur zum Bestand addiert.

So kommt es Mitte der Achtziger zu erneuten Systematisierungsversuchen, beginnend mit dem Landessystemkonzept in Baden-Württemberg. Hinter diesem Anstoß, der die EDV in der öffentlichen Verwaltung in Bewegung versetzt, steht die Absicht, ein Informationsmanagement im Sinne der Wahrnehmung politischer und administrativer Führungsaufgaben auch für die Ressource Information durchzusetzen. Es geht um eine engere Einbindung der IKT in die traditionellen Planungs- und Entscheidungsprozesse einer Verwaltung. Die Ausschöpfung des Potentials einer immer mehr dezentral einsetzbaren IKT für eine wirkungsvolle und kostengünstige Verwaltung soll durch den Aufbau eines zentralen Steuerungsbereiches gesichert werden.

Die Umsetzung dieses Anstoßes bekommt in den neunziger Jahren dadurch Nachdruck, daß nun das traditionelle Verwaltungssystem seinerseits mit einer gravierenden Umstrukturierung konfrontiert ist. Wesentlicher Auslöser hierfür ist das Bemühen um Attraktivität des "Standort Deutschland". Insbesondere die neue internationale Arbeitsteilung hat die Abhängigkeit unseres Lebensstandards von attraktiven Standortbedingungen für die Wirtschaft verdeutlicht, wie sie vom Niveau der Steuern und Abgaben, der Stabilität der Finanzverhältnisse, des Ausmaßes an Reglementierung, der Dauer von Verwaltungsverfahren oder der Zuarbeit für den Staat (Bürokratieüberwälzung) mitbestimmt werden. Weitere Anstöße für die derzeitigen Umorientierungen der öffentlichen Verwaltung kommen von den Bürgern, ausgedrückt etwa in Forderungen nach mehr Transparenz und Servicequalität des Verwaltungshandelns, sowie vom öffentlichen Dienst, nimmt man zum Beispiel den Wunsch nach herausfordernden Arbeitsumgebungen mit mehr Kompetenzen und Freiraum für stärker selbstverantwortetes Arbeiten. Die Schlüsselstellung der IKT als Hilfe für alle diese Bereiche dringt mehr und mehr ins Bewußtsein der Verantwortlichen. Deswegen kann der gegenwärtige Hauptimpuls für die Weiterentwicklung der EDV in der öffentlichen Verwaltung Deutschlands darin gesehen werden, neue Verwaltungsmodelle zu erproben, sie auf das IKT-Potential abzustimmen, aber auch den IKT-Bereich selbst noch besser in die Lage zu versetzen, seine Aufgaben des Hardware-, Systemsoftware- und Anwendungssoftwareangebots sowie der Beratung und Steuerungsunterstützung zu erfüllen.

VII. Bewältigung des technischen Fortschritts

Der rasche technische Fortschritt im Bereich der IKT hat die öffentliche Verwaltung und ihre EDV-Einrichtungen vor ständig neue und beträchtliche Herausforderungen gestellt. Insbesondere im letzten Jahrzehnt zeichnen sich mächtige Trendveränderungen ab, die folgendes Bild ergeben:
- von Großrechnern über Abteilungsrechner, Arbeitsplatzcomputer und zunächst lokale Vernetzungen zu Client/Server-Systemen
- von isolierten, der hierarchischen Verwaltungsgliederung entsprechenden Anwendungen zu problembezogener Kooperation und Vernetzung aller Beteiligten
- von der Trennung in Großanwendungen (wie Finanz-, Einwohner- oder Personalwesen), individuelle Spezialanwendungen und Bürokommunikation zu integrierten Anwendungssystemen unter einheitlicher Benutzungsoberfläche
- von starren Textmasken zu graphischen Oberflächen zwecks möglichst intuitiver Computernutzung
- von prozeduralen zu objektorientierten Programmen
- von hierarchischen zu relationalen Datenbanken
- von Eigenentwicklungen zu Standardsoftware auf der Basis von allgemeingültigen Referenzmodellen mit der Möglichkeit individueller Anpassung
- von proprietären zu offenen Systemen und damit von einem Anbieter- zu einem Käufermarkt
- von lokalen und monomedialen Daten zu ubiquitären und multimedialen, also schriftliche, bildliche und hörbare Kommunikationsformen mischenden Daten
- von einem Flickenteppich an Verwaltungsdaten zu einem mittels Datenmodellen geordneten Verwaltungswissen, welches den verschiedensten Benutzern über Netze zur Verfügung gestellt werden kann
- von angelerntem EDV-Personal, welches die Anwendungen der jeweiligen Verwaltungsbranche, aus der es stammt, programmiert und pflegt, zu hochqualifizierten Experten, die Zusammenhänge zwischen den Anwendungen erkennen und ein übergreifendes Konfigurationsmanagement betreiben können

- von expertenzentrierten Softwareentwicklungs- zu Modellierungsmethoden, die die Kommunikation zwischen IKT-Spezialisten und Anwendern, und damit die Umsetzung deren Intentionen, sichern
- von Sonderbehörden für EDV zu einer IKT-Infrastruktur, die über ein Informationsmanagement der politischen und administrativen Führung in die Verwaltungsentwicklung integriert ist
- von Rechenzentren und Computerregionen zu System- und Beratungshäusern, die dem Wettbewerb ausgesetzt sind
- von umlagefinanzierten EDV-Einrichtungen zu Dienstleistungseinheiten, die ihr Budget größtenteils verdienen müssen
- von Anwendungssoftware mit hohem Wartungsaufwand und tendenzieller Änderungsresistenz zu einer IKT-Unterstützung, die sich flexibel an geänderte Benutzeranforderungen anpassen kann.

Die dahinter stehenden Veränderungen muß man durchaus als gewaltig einstufen. Haben die öffentliche Verwaltung einerseits und der EDV-Bereich andererseits diese Übergänge bewältigt? Das Bild ist nicht einheitlich, aber über weite Strecken sieht es eher noch nicht danach aus. Äußere Kennzeichen dafür sind das Produktivitätsparadox, soweit Investitionen in IKT ein entsprechender Nutzen nicht gefolgt ist, und eine Vertrauenskrise der EDV, weil sie eine Fülle von Folgen vergangener Entscheidungen hinterlassen hat, die von manchem als Altlast bezeichnet werden, deren Recycling in den nächsten Jahren ansteht.

Nötig gewesen wäre angesichts immer neuer IKT-Generationen ein geordneter Wandel in den Verwaltungsinformationssystemen selbst. Der Bogen hätte von den monolithischen Großrechnern, die sich zunächst ausgezeichnet in die Welt regelhafter Verwaltungsbürokratien einpaßten (konditional programmierte Verwaltungsverfahren laufen reibungslos auf programmierten EDV-Maschinen) zu den heute verfügbaren Client/Server-Systemen geführt werden müssen, mit denen statt Hierarchien kooperative Netzwerke unterstützt werden können, wie sie in die Vorstellungen moderner Verwaltungskonzepte passen. Dazu hätte aber die EDV aus ihrer Kasernierung herausgelöst und in die Entscheidungsverfahren der Anwenderverwaltungen integriert werden müssen; außerdem hätte die EDV selbst entbürokratisiert werden müssen, mit einer stärkeren Delegation von Kompetenzen auch für die IKT in die Fachverwaltungen hinein sowie mit dem gezielten Aufbau zentraler Steuerungs- und Servicebereiche.

Vielleicht war dieser Gedanke zu anspruchsvoll. Jedenfalls wurde er häufig nicht verwirklicht. Statt dessen kam es nach den Großrechnern in den siebziger Jahren zu immer neuen IKT-Schichten – so mit dem Personal Computer in den achtziger und mit der LAN-basierten elektronischen Vorgangsbearbeitung in den neunziger Jahren –, die jeweils Mängel der Vorstufe abstellen wollten, aber immer dann auch neue Mängel mit sich brachten, wenn eine Integration mit den schon vorhandenen Systemen unterblieb. Anbau statt Neubau, Vielfalt an IKT-Geräten und -Anwendungen waren dann die Folge; das Potential der neuen elektronischen Arbeitstechniken konnte nicht ausgeschöpft werden, was eben den Vorwurf des Produktivitätsparadox und der Hinterlassenschaft von Altlasten provozierte.

Der Ausweg scheint klar: Es muß zu einer Beendigung des Eigenlebens von EDV-Einrichtungen ebenso wie des Desinteresses der politischen und administrativen Führung an der EDV kommen. Berechtigte Interessen der Anwender dürfen nicht auf Ablehnung seitens der EDV-Verantwortlichen stoßen, müssen sich aber auch in zentrale Rahmenvorgaben einfügen. Die Verwaltungsinformationssysteme müssen in die Strategien der Verwaltungsentwicklung eingebunden werden.

VIII. Schwerpunkte der EDV-Nutzung

1. Von Umstellung auf EDV zu Verwaltungsgestaltung

Der Bogen des Nutzens, den die deutsche öffentliche Verwaltung aus der IKT zog, spannt sich von der anfänglichen Umstellung vorgefundenen Verwaltungshandelns mehr oder weniger 1:1 auf eine neue Arbeitstechnik bis zur Betrachtung der IKT als Katalysator oder "Enabling Technology" für Verwaltungsgestaltung in jüngerer Zeit. Damit bestätigt sich eine weitere Analyse *Arnold Gehlens*, derzufolge neue Technologien regelmäßig zunächst nur als tauglich zur bloßen Rationalisierung vorgefundener Strukturen eingeschätzt werden, bis – nach einem von ihm sogenannten Zeitpunkt der Achsendrehung der Fragestellung – kreative Verwendungen in den Blick kommen, mit denen die vorgefundene Welt gerade ihrerseits umgestaltet werden kann; dabei macht man sich Eigenschaften der neuen Technologie zunutze, die den Bedürfnissen und Zielen der jeweiligen Zeit entgegenkommen. Bei der IKT gehört zu diesen Eigenschaften die Erzeugung ubiquitärer Information, mit der herkömmliche Barrieren der Verwaltungsgestaltung nunmehr überwindbar werden. In der Tendenz dürfte daraus eine logische Zusammenführung aller für das Verwaltungshandeln wichtigen Informationen entstehen (Organizational Intelligence), die über Vernetzung überall dort zur Verfügung gestellt werden, wo sie eine heutigen Anforderungen an eine leistungsfähige Verwaltung entsprechende Aufgabenerfüllung unterstützen können. Aus fünf Perspektiven soll die sich dabei abzeichnende Richtung skizziert werden.

2. Trends einer IKT-basierten Verwaltungsgestaltung

Wie viele Staaten ist auch Deutschland durch gravierende Ausgabenüberhänge in den öffentlichen Haushalten belastet. Die Verteidigung von Interessen der durch die laufenden Programme Begünstigten sowie die Perfektionierung von Leistungsstandards der Aufgabenerfüllung durch die anbietenden Fachressorts können als Gründe dafür angeführt werden. Wie kann der Staat Handlungsspielraum für neue, zeitgemäße Aufgaben zurückgewinnen? Mitentscheidend dürften Information über die Begründungen und Folgen öffentlicher Maßnahmen sowie der politische Wille sein, diese Information zu nutzen. Hier kann die IKT ihre Rolle einer "Enabling Technology" beim Aufbau von Informationssystemen ausspielen, die mit Produkt- und Programmbudgets, Kosten- und Leistungsrechnung, Behördenvergleichen, Bürgerbefragungen, Evaluierung, Rechenschaftslegung, Controlling und vielen weiteren Ansätzen Informationsquellen öffnen, die in der Vergangenheit verschlossen waren. Mehr Transparenz von Wirkungen und Interessenlagen der jeweiligen Ressourcenallokation dürfte zu entsprechenden "Forderungen und Unterstützungen" der Öffentlichkeit führen, aufgrund deren dann Politiker systemkonform tätig werden können. Diesen Typus von Verwaltungsinformationssystemen zu schaffen, ist eine Aufgabe, die zu einem beträchtlichen Teil noch vor uns liegt. Sie muß bewältigt werden, soll öffentliche Verwaltung über eine formalistische Verantwortung im Sinne des Einhaltens bürokratischer Zuständigkeiten und Vorschriften hinaus ihre materielle Verantwortung gegenüber der Gesellschaft im Sinne einer effizienten Bereitstellung der nötigen öffentlichen Güter wieder stärker erfüllen können. Entscheidungshilfen und Datenverarbeitung im Sinne unserer Themenstellung gehen hier eine besonders enge Verbindung ein.

Ein zweiter Trend der gegenwärtigen Verwaltungsentwicklung zeichnet sich mit dem Ansatz der fraktalen Organisation ab. Durch Zusammenlegung von Fach- und Ressourcenkompetenzen und deren weitgehende Delegation soll mehr Selbstbestimmung jeder einzelnen Organisationseinheit erreicht werden. Dadurch soll mehr Handlungsspielraum und Motivation für zügige Anpassungen des Verwaltungshandelns an geänderte Bedingungen geschaffen, zugleich aber die persönliche Verantwortung für die Entscheidungsfolgen gewährleistet werden. Wieder sind es Informationssysteme, jetzt mit Blick auf die Binnenbeziehungen der öffentlichen Verwaltung, die eine solche Führung durch Verträge als Gewährung von Ressourcen gegen Leistungsversprechen sowie eine Leistungskontrolle, abgestützt auf entsprechende IKT, ermöglichen. Untermauert wird die Verwaltungsstrategie einer organisatorischen Entflechtung zusätzlich durch den Trend zu Client/Server-Systemen auf der IKT-Seite. Damit lassen sich Verwaltungsinformationssysteme so dimensionieren, wie jede Organisationseinheit es für richtig hält. Der durch fraktale Organisation angestrebte größere Freiheitsgrad öffentlicher Verwaltungen zugunsten stärkerer Ergebnisverantwortung und besserer Ergebnisse durch schnellere Innovation findet somit seine Entsprechung in einer damit kompatiblen IKT-Infrastruktur.

In horizontaler Sicht regt die Vernetzung der öffentlichen Verwaltungen und ihrer Klienten drittens dazu an, die gewachsenen Arbeitszusammenhänge aufzudecken und zu optimieren. Ein beträchtliches Potential zur Steigerung von Verwaltungsqualität sowie zur Minimierung von Durchlaufzeiten und Kosten, auch von sogenannter Bürokratieüberwälzung des öffentlichen Sektors auf die Wirtschaft, wird vermutet. Ansätze auf Basis der IKT sind Workflow-Systeme, die Verwaltungsverfahren von Anstoß bis Ergebnis als Prozeßketten betrachten und auf Grundlage gemeinsamer, aktueller Daten und unter Einhaltung der vorzusehenden Zuständigkeiten und Mitwirkungen neu gestalten, sowie die Telekooperation mehrerer Behörden bei der arbeitsteiligen Lösung von Aufgaben oder die Vermaschung der Informationssysteme von Verwaltungen und Klienten durch elektronischen Datenaustausch.

Die Schaffung herausfordernder, zeitgemäßer Arbeitsumgebungen profitiert, viertens, von der IKT. Denn diese gestattet eine stärker ganzheitliche und eigenverantwortliche Aufgabenwahrnehmung, die hierfür nötige offene Kommunikation über Zugriff auf digitalisierte Information vom Arbeitsplatz aus sowie mehr Souveränität in der individuellen Arbeitsgestaltung durch Erhöhung der raum-zeitlichen Flexibilität (Telearbeit, Teilzeitarbeit, Telepräsenz, Telekooperation und weitere Arbeitsformen, die durch die Mobilität informationstechnischer Arbeitsmittel, die Transportabilität von Arbeitsergebnissen oder die Zurechenbarkeit individueller Beiträge zu workflow-gestützten Verwaltungsverfahren ermöglicht werden).

Last not least sei die Bürgerperspektive eingenommen. Auch hier hält die IKT inzwischen ein Potential bereit, welches ein zeitgemäßes Verwaltungshandeln unterstützen kann. Genannt seien eine größere Transparenz des Angebots an Leistungen und hoheitlichen Aufgaben der Verwaltung einschließlich der normativen Prämissen und Zuständigkeiten, die vielfältigen Möglichkeiten einer Erleichterung des Zugangs zu den Behörden mit dem Trend zur "virtuellen Verwaltung" (wie verteilte Verwaltung in bürgernahen Außenstellen, Bündelung bisher verstreut angebotener Leistungen in einer Stelle, Selbstbedienung oder mobile Verwaltung, die sich bei Bedarf zum Adressaten begibt) sowie neue Möglichkeiten der Verwaltungsöffentlichkeit durch elektronische Aktenführung und IKT-gestützte Beteiligungsverfahren (bis hin zu virtuellen Realitäten mittels graphischer Informationssysteme).

3. Integration von Verwaltung und EDV

An diesen fünf Perspektiven wird erkennbar, daß die existierenden Informationssysteme stets Antworten auf jene Fragen bereithalten, die an sie gestellt werden. Ändern sich die Fragen mit Blick auf Inhalte, Aktualität, Auswertbarkeit, Zugangsmöglichkeit oder Präsentation von Information, so müssen auch die Informationssysteme geändert werden. Anders ausgedrückt müssen die Strategien der Verwaltungsentwicklung bis in die Verwaltungsinformationssysteme hinein durchgestaltet werden, die Verwaltungsinformationssysteme ihrerseits aus den Verwaltungsstrategien abgeleitet sein. EDV und Verwaltung dürfen kein Eigenleben führen, sie müssen aus der Sicht der politischen und administrativen Führung integriert werden. Die Diskussion darüber ist in der deutschen öffentlichen Verwaltung eröffnet. Auch gibt es für alle fünf Perspektiven konkrete Anwendungsbeispiele. Diesen Trend zu verstärken, dürfte die Aufgabe der vor uns liegenden Jahre sein.

Literatur

Bonin, Hinrich, Verwaltungsinformatik – Konturen einer Disziplin, Mannheim u.a. 1992.

Brinckmann, Hans/Kuhlmann, Stefan, Computerbürokratie, Ergebnisse von 30 Jahren öffentlicher Verwaltung mit Informationstechnik, Opladen 1989.

Mayntz, Renate u.a., Informations- und Kommunikationstechnologien in der öffentlichen Verwaltung, Band 1 bis 4, GMD-Studien Nr. 75, 76, 77 und 78, St. Augustin 1983 und 1984.

Reinermann, Heinrich/Fiedler, Herbert/Grimmer, Klaus/Lenk, Klaus/Traunmüller, Roland (Hrsg.), Neue Informationstechnik – Neue Verwaltungsstrukturen?, Heidelberg 1988.

Reinermann, Heinrich (Hrsg.), Führung und Information, Heidelberg 1991.

Reinermann, Heinrich (Hrsg.), Neubau der Verwaltung: Informationstechnische Realitäten und Visionen, Heidelberg 1995.

VII. Personal

Helmut Lecheler

1. Die Gliederung des öffentlichen Dienstes

Inhaltsübersicht

I. Struktur des öffentlichen Dienstes
II. Gliederung des Beamtendienstverhältnisses
III. Veränderte gesellschaftliche Rahmenbedingungen
IV. Funktionen des Laufbahnprinzips
V. Relativierung des Laufbahnprinzips in der Praxis
VI. Aktuelle Reformüberlegungen

I. Struktur des öffentlichen Dienstes

"Der Öffentliche Dienst" umfaßt die Gesamtheit der (abhängigen) Berufe, die dem Vollzug der Staatsaufgaben gewidmet und in die Staatsorganisation eingegliedert sind. Auf den Dienst für die Öffentlichkeit, für die Allgemeinheit der Bürger kommt es an, nicht auf die öffentlich-rechtliche Rechtsform.

"Öffentlicher Dienst" ist zwar im einfachen Gesetzesrecht vereinzelt legal definiert (vgl. etwa § 15 Abs. 2 des Arbeitsplatzschutzgesetzes; § 158 Abs. 5 Bundesbeamtengesetz); diese Definitionen beschränken sich aber auf den jeweiligen speziellen Regelungsgegenstand. Vor allem steht der Begriff des öffentlichen Dienstes nicht zur freien Disposition des Gesetzgebers, denn er hat seine Tradition im Verfassungsrecht, wie die selbstverständliche Verwendung dieses Begriffes in Art. 33 Abs. 4 GG bekundet. In seinen wesentlichen Konturen ist der Begriff damit bereits vorgegeben. "Öffentlicher Dienst" umgreift den Kreis derjenigen Personen, die unmittelbar in einem Dienstverhältnis zu einer öffentlich-rechtlichen Anstalt, Körperschaft oder Stiftung stehen. Er umfaßt also das Beamtenverhältnis einschließlich der öffentlich-rechtlichen Sonderstatusverhältnisse der Richter (§ 3 Deutsches Richtergesetz) und der Soldaten

(§ 1 Abs. 1 Soldatengesetz) wie die Angestellten und Arbeiter öffentlicher Dienstherren.

Recht und Realität des öffentlichen Dienstes werden durch eine "Zweispurigkeit" der nach Form und Inhalt unterschiedlichen Berufstypen des Beamten bzw. des öffentlich-rechtlich geordneten Staatsdienstes und des öffentlichen Arbeitnehmers im privatrechtlichen Dienstverhältnis charakterisiert.

Der Status des Beamten ist von Anfang an auf die Eigenart des Staates zugeschnitten, auf seine Verfassungsstrukturen und auf seine Aufgaben. Demgegenüber entstammt der Status der privatrechtlichen Staatsbediensteten der Privatwirtschaft. Seit geraumer Zeit schon bedienen sich Bund, Länder und vor allem die Gemeinden zur Erledigung kaufmännischer Aufgaben oder von Hilfstätigkeiten Arbeitnehmern, die nicht verbeamtet, sondern in einem privatrechtlichen Dienstverhältnis beschäftigt werden. Diese Bedienstetengruppe erlangte besondere Bedeutung während des Ersten Weltkriegs, als sie vor allem für die zusätzlichen kriegsbedingten und daher als vorübergehend angesehenen Staatsaufgaben in größerem Umfang eingesetzt wurden. Mit der zahlenmäßig steigenden Bedeutung wurde diese Bedienstetengruppe auch stärker in die Pflicht genommen. So sollte die Verordnung gegen Bestechung und Geheimnisverrat nichtbeamteter Personen vom 3.5.1917 verhindern, daß aus der Beschäftigung dieser Personen dem Staat Schaden entstehe. In dieser Verordnung sowie im Abschluß erster Tarifverträge mit öffentlichen Dienstherren 1924 und 1929 ist der Beginn eines besonderen "Angestelltenrechts" zu sehen, das sich sowohl vom Beamtenrecht wie auch vom privaten Arbeitsrecht unterscheidet.

Inzwischen ist der Anteil der Bediensteten in privatrechtlichen Dienstverhältnissen am öffentlichen Dienst stark angewachsen:

	1970	1980	1990	1993
Vollzeitbeschäftigte im unmittelbaren öffentlichen Dienst (in Tausend)	3.098,6	3.597,9	3.573,8	5.026,2
Davon:				
Beamte und Richter	1.402,1	1.672,5	1.631,8	1.938,7
Angestellte	900,2	1.125,5	1.174,9	2.010,7
Arbeiter	796,3	799,9	767,1	1.076,8

Zahlenmäßig sind die Beamten damit in die Minderheit geraten. Gleichwohl ist nach der Verfassung jedenfalls für die Wahrnehmung hoheitlicher Aufgaben (Art. 33 Abs. 4 GG) das Beamtenverhältnis das Regeldienstverhältnis, das durch die anderen Dienstverhältnisse im öffentlichen Dienst ergänzt, aber nicht ersetzt werden kann. Die Verfassung verlangt also ein Regeldienstverhältnis (Beamtenverhältnis) und läßt lediglich ausnahmsweise andere Dienstverhältnisse zu. Von einer echten Zweispurigkeit kann man daher verfassungsrechtlich eigentlich nicht sprechen. Wenn die Angestellten in der Verfassungs- und Verwaltungswirklichkeit das Regel-Ausnahmeverhältnis jedenfalls durchbrochen, im Kommunaldienst weithin sogar umgekehrt haben, so liegt das daran, daß der Streit über den Umfang der hoheitlichen Aufgaben (Art. 33 Abs. 4 GG) nicht wirklich entschieden worden ist. Enge und weite Auslegungen dieser Bestimmung stehen nebeneinander und erleichtern so ein Zurückdrängen des Beamtenverhältnisses. Hinzu kommt, daß viele Dienstherren freiwillig Beamtenstellen mit Angestellten besetzen, um so in der Personalwirtschaft flexibler zu sein – eine Flexibilität auch auf Kosten der Rechtsstaatlichkeit.

II. Gliederung des Beamtendienstverhältnisses

Die zentrale, den öffentlichen Dienst prägende Bedeutung des Beamtenverhältnisses kommt übrigens auch in den neueren Bestrebungen zur Reform des öffentlichen Dienstrechts sowie im neuesten "Entwurf eines Gesetzes zur Reform des öffentlichen Dienstrechts" mit Stand vom 12.10.1995 zum Ausdruck. Angesichts der verbreiteten – abweichenden – Verwaltungspraxis ist das eigentlich erstaunlich.

Die Gliederung dieses Beamtendienstverhältnisses wird ganz grundsätzlich vom "Laufbahnprinzip" geprägt, das – neben dem Alimentationsprinzip, dem Lebenszeitprinzip, dem Schutz des statusrechtlichen Amtes, der Treuepflicht, der Unparteilichkeit, der Fürsorgepflicht, der Hauptberuflichkeit, sowie weiteren – zu den "hergebrachten Grundsätzen des Berufsbeamtentums" (Art. 33 Abs. 5 GG) gehört. Das hat das Bundesverfassungsgericht mehrfach bestätigt; zu seiner Ausgestaltung hat es aber bisher keine näheren Ausführungen gemacht. Es hat vor allem den Laufbahngrundsatz von Anfang an in einem Spannungsverhältnis zum Leistungsprinzip gesehen, der bis heute nicht nur nicht aufgehoben worden ist, sondern sich sicher sogar verschärft hat.

Dieses in der Verfassung selbst grundgelegte Prinzip findet seinen Ausdruck in den Beamtengesetzen (§§ 5 I, 11 ff. Beamtenrechtsrahmengesetz, §§ 6 I, 15 ff. Bundesbeamtengesetz, §§ 20 ff. Bundesbeamtenbesoldungsgesetz, §§ 5 ff. Beamtenversorgungsgesetz und in § 2 Abs. 1 der Beamtenlaufbahnverordnung und andere mehr). Es zerfällt in die beiden "Unterprinzipien" des Laufbahnprinzips und des Laufbahngruppenprinzips.

Das Laufbahnprinzip faßt alle Ämter derselben Fachrichtung, die die gleiche Vor- und Ausbildung erfordern, zu Laufbahnen zusammen, die nach dem Laufbahngruppenprinzip in verschiedene (derzeit 4) Laufbahngruppen (des einfachen, mittleren, gehobenen und höheren Dienstes) gegliedert werden, die an die entsprechenden Abschlüsse im allgemeinen Bildungswesen anknüpfen (Hauptschule, Realschule, Gymnasium und wissenschaftliches Studium). Dabei hat sich der gehobene Dienst erst relativ spät aus dem mittleren Dienst herauskristallisiert als Folge der starken Ausweitung der Staatsaufgaben vor allem im Eisenbahnwesen, im Post- und Telegraphendienst, in den kommunalen Versorgungseinrichtungen und bei der Bewältigung der Kriegslasten. Wegen ihrer unbestrittenen fachlichen Leistungen hat diese Beamtengruppe ihre Stellung rasch gefestigt; ihre Zahl und ihr fachliches und berufsständisches Gewicht sind ständig gewachsen.

III.   Veränderte gesellschaftliche Rahmenbedingungen

Diese Gliederung des Beamtencorps, die im Zusammenhang zu sehen ist mit dem organisatorischen Aufbau der Staatsverwaltung, wird seit längerem ganz wesentlich mitverantwortlich gemacht für eine zunehmend kritisierte Starrheit des öffentlichen Dienstes, die der Mobilität des Beamtencorps ebenso entgegenstehe wie einer leistungsgerechten Besoldung. Diese "Starrheit" in der Gliederung des Beamtendienstes durch das Laufbahn- und Laufbahngruppenprinzip wird dadurch noch schärfer empfunden, daß sich die Gesellschaftsordnung inzwischen vielfach verändert hat.

Die Aussage, daß sich die Gesellschaft im Deutschland des Jahres 1995 grundlegend von derjenigen in der Bundesrepublik des Jahres 1949 unterscheidet, bedarf wohl keiner ausdrücklichen Begründung. Folgende gesellschaftlichen Veränderungen haben in unserem Zusammenhang eine besondere Bedeutung erlangt:
- Das Bildungssystem hat sich grundlegend verändert: Die starre Vierteilung in Volksschul-, Realschul-, Gymnasiums- und Universitätsabschluß ist von differenzierten Formen der Bildungsabschlüsse im sekundären und tertiären Bereich überlagert worden. Neue Studiengänge werden vielerorts eingerichtet. Der verstärkte Zugang zu den Realschulen hat durchaus schwerwiegende Konsequenzen für die Laufbahnordnung des öffentlichen Dienstes gehabt, ohne sie jedoch wesentlich zu verändern.

Eine größere Vielfalt der Schulabschlüsse und die Möglichkeit gleitender Übergänge von einem zum anderen Schulzweig könnten so durchaus zum Anlaß genommen werden, den Abschied vom Laufbahngruppenprinzip und die Einführung einer Einheitslaufbahn mit einer ebenso großen oder noch größeren Vielzahl von "Einstiegstellen" zu fordern.

- Die Fachhochschulen haben einen gesicherten Platz im Bildungssystem errungen; trotzdem sind die Universitäten für fast 50 % eines Altersjahrgangs geöffnet worden; schon dadurch unterliegen sie dem Gesetz der großen Zahl und unterscheiden sich heute grundlegend von ihrer früheren Gestalt. Zwangsläufig hat das eine Veränderung der Ausbildung zur Folge. Die "Freischußregelung" leistet dazu einen weiteren Beitrag. Die Praxis kann also nicht davon ausgehen, gleich ausgebildete Anwärter für den höheren Dienst zu bekommen wie früher. Längst ist eine Studienreform notwendig, die innerhalb der Universitäten eine Abschichtung vornimmt, die der Realität der Studenten entspricht. Dann wird es nicht mehr sachgerecht sein, alle Absolventen unterschiedslos dem höheren Dienst zuzuordnen.
- Indem das Laufbahnrecht für den gehobenen Dienst ganz allgemein eine Fachhochschulausbildung vorschrieb, hat es den Abstand zum höheren Dienst verringert und damit das Problem der sachgerechten Trennung zwischen den beiden Laufbahngruppen des höheren und des gehobenen Dienstes eher verschärft als abgemildert.
- Auch die Bildungsinhalte haben sich – entsprechend den Veränderungen in der Gesellschaft – tiefgreifend gewandelt. Vielfältige Spezialisierungen drängen die Vermittlung des Allgemeinwissens auch in den allgemeinbildenden Schulen mehr und mehr zurück. Das Idealbild eines breit gebildeten Absolventen der öffentlichen Schule hat bei allen Bildungsabschlüssen mehr als nur Trübungen am Rand hinnehmen müssen. Das Aus- und Fortbildungssystem muß darauf ebenso Rücksicht nehmen wie die Formulierung der Laufbahnbefähigung.
- Vor allem aber hat sich die "Halbwertzeit" für Bildungsinhalte drastisch verkürzt. Davon ist seit langem die Rede. Inzwischen ist dieses Faktum unübersehbar geworden. Die Bedeutung der Ausbildung für das gesamte weitere Berufsleben sinkt; Fort- und Weiterbildungsinitiativen bestimmen ganz wesentlich die berufliche Zukunft eines Anwärters. Der öffentliche Dienst ist darauf nach wie vor nicht vorbereitet; die Anknüpfung an die einmal erworbene Laufbahnbefähigung für die Restdauer des Lebens wird immer artifizieller.
- Ganz allgemein hat sich der Egalisierungsprozeß in der Gesellschaft weiter entwickelt. Die Bereitschaft, Amtsunterschiede oder Laufbahnen als Formen hierarchischer Gliederungen zu akzeptieren, ja die Fähigkeit, solche Formen überhaupt

zu verstehen, hat weiterhin abgenommen. Ein solcher Egalisierungsprozeß kann nicht ohne Auswirkung bleiben auf eine gegliederte Ordnung eines Berufsstandes, die zwar nicht "ständisch" ist, weil die Schranken durch Leistung überwunden werden können, die aber in ihrer Sinnhaftigkeit immer weniger zu vermitteln ist.

IV. Funktionen des Laufbahnprinzips

Ihren inneren Sinn hat die Laufbahnordnung und -gruppierung schon seit geraumer Zeit vor allem mit zwei wesentlichen Argumenten zu erweisen versucht: mit dem Beitrag zur Stabilitätsfunktion des Beamtenrechts und mit einer möglichen Rechtfertigung aus den Beamtenfunktionen heraus. Beides ist mit Fragezeichen zu versehen.

Es ist unbestrittene Rechtsprechung und Lehre, daß es zentrale Aufgabe des Berufsbeamtentums ist, der Dynamik des Parteienstaates eine Stabilität der fachlichen, unparteiischen Dienstleistung entgegenzusetzen und so die Stabilität des Ganzen zu gewährleisten. In diesem Zusammenhang muß das Laufbahnprinzip in Verbindung mit dem Lebenszeitprinzip und mit dem Grundsatz einer guten fachlichen Aus- und Fortbildung gesehen werden. Die sachliche Verknüpfung mit diesen beiden Prinzipien rechtfertigt das Laufbahnprinzip in seiner gegenwärtigen Gestalt nicht mehr ohne weiteres. Gute fachliche Aus- und Fortbildung sind längst nicht mehr nur im System eines geschlossenen und gegliederten Laufbahnwesens zu gewährleisten. Auch das Lebenszeitprinzip erfordert nicht zwingend "Laufbahnen", schon gar nicht Laufbahngruppen. Eine befriedigende Tätigkeit, eine leistungsgerechte Besoldung ist wichtiger als die Vorstellung, eine bestimmte Laufbahn (vielleicht) durchlaufen zu können. Hinzu kommt, daß die Steuerungsmittel der Beurteilung und Beförderung aus dem Zustand der Mangelhaftigkeit trotz aller Versuche der Verwaltungslehre, trotz aller Verwaltungsreformen nicht wirklich befreit werden konnten.

Ebenso gescheitert sind die Vorstellungen, es ließe sich eine sachgerechte Dienstpostenbewertung und Dienstpostenabstufung in der Weise durchführen, daß sie die bestehende Laufbahngliederung und -gruppierung rechtfertigen könnten. Das bedeutet nicht, daß alle Funktionen im öffentlichen Dienst gleichwertig wären. Natürlich gibt es auch weiterhin Führungspositionen ebenso wie bloße Vollzugsfunktionen sowie alle möglichen Zwischenstufen. Aus diesen Unterschieden kann aber nicht zwingend das geltende Laufbahngruppen- und auch nicht das geltende Laufbahnprinzip abgeleitet werden. Unterschiedliche Wertigkeit der Funktionen ist durchaus vereinbar mit unterschiedlichen Einstiegen, mit der Möglichkeit des Überspringens mehrerer Funktionsstufen und mit anderen Durchbrechungen des Systems bis hin zu seiner Aufgabe.

V. Relativierung des Laufbahnprinzips in der Praxis

Das Laufbahnprinzip hat allerdings nie absolut und auch nie ohne jegliche Abschwächungen oder Durchbrechungen gegolten.

Ganz wesentlich relativiert wurde das Laufbahnprinzip bereits am Beginn des bundesrepublikanischen Beamtenrechts. Dem "Laufbahn-Bewerber" wurde der "andere" Bewerber gegenübergestellt (§§ 4 Abs. 4, 16 Beamtenrechtsrahmengesetz, §§ 7 Abs. 1 Nr. 3 b, 21 BBG und entsprechende Bestimmungen der Landesgesetze). Diese Relativierung der Beamtenlaufbahnen geht vor allem auf den Einfluß der Alliierten zurück, die damit die Herrschaft des herkömmlichen Beamtencorps aufbrechen wollten. Diese Öffnung ist uneingeschränkt zu begrüßen bei Bewerbern, die Ihre Befähigung durch Lebens- und Berufserfahrung außerhalb des öffentlichen Dienstes erworben haben, auch wenn es schwierig ist, diese "erforderliche Befähigung" wirklich objektiv festzustellen. Anders sieht es bei Bewerbern aus, die diese Befähigung innerhalb des öffentlichen Dienstes erworben haben wollen, weil es kaum einzusehen ist, daß ein Bewerber in einer niedrigeren Laufbahn diejenige Erfahrung gesammelt haben soll, die ihn zum Dienst in einer höheren (nicht einmal notwendig nur der nächsthöheren) Laufbahngruppe befähigt.

Zudem enthält das Laufbahnrecht eine ganze Reihe von Abschwächungen bzw. Durchbrechungen. § 23 Beamtenbesoldungsgesetz legt derzeit als Eingangsämter fest:

– im einfachen Dienst: A 2, A 3 oder A 4
– im mittleren Dienst: A 5 oder A 6 (im nichttechnischen Dienst) bzw. A 6 oder A 7 (im technischen Dienst)
– im gehobenen Dienst: grundsätzlich A 9, Ausnahme § 23 Abs. 2 Beamtenbesoldungsgesetz bei Vorliegen eines Fachhochschulabschlußes
– im höheren Dienst: A 13.

Für Beamte in besonderen Laufbahnen kann das Eingangsamt nach § 24 Beamtenbesoldungsgesetz einer höheren Besoldungsgruppe zugewiesen werden (z.B. bei den Gerichtsvollziehern A 8). Der Schlußbericht der Kommission "Zukunft des Öffentlichen Dienstes" der bayerischen Staatsregierung vom Januar 1994 weist indessen zutreffend auf Bedenken hin, denen die variable Gestaltung der Eingangsämter begegnet, weil sie dann die verfügbare "restliche" Laufbahn stark einschränkt.

§ 11 Abs. 2 S. 2 Beamtenrechtsrahmengesetz ermächtigt die Beamtengesetzgeber dazu, von der Laufbahngruppenregelung des Satzes 1 dann abzuweichen, "wenn es die besonderen Verhältnisse erfordern". Das ist inzwischen auch mehrfach geschehen, etwa bei der Berliner Kriminalpolizei-LaufbahnVO, die die Laufbahnen des gehobenen und des "gehobenen Dienstes in sachbearbeitender Tätigkeit", also die ersten beiden Ämter des gehobenen Dienstes und des höheren Dienstes kennt (§ 3 der VO). Eine weitere Abschwächung des starren Laufbahngruppenprinzips sieht § 12 Abs. 3 Beamtenrechtsrahmengesetz vor, der den Aufstieg in die nächsthöhere Laufbahn derselben Fachrichtung auch ohne Erfüllung der Eingangsvoraussetzungen für diese Laufbahn ermöglicht. Eine Prüfung "soll" verlangt werden; die Laufbahnvorschriften "können Abweichendes" bestimmen.

Die Möglichkeit des Aufstiegs aus der eigenen Laufbahn in die jeweils nächsthöhere verfolgt im wesentlichen zwei Ziele. Zum einen soll den Spitzenkräften jeder Laufbahn eine berufliche Entwicklungsmöglichkeit eröffnet werden, die deutlich über die allen Beamtinnen und Beamten offenstehenden Chancen hinausgeht. Davon verspricht sich der Beamtengesetzgeber eine wesentliche Steigerung der Motivation. Zum anderen sollen die von den Aufstiegsbeamten gesammelten praktischen Erfahrungen in der neuen Laufbahn fruchtbar gemacht werden.

Der Regelaufstieg ist Prüfungsaufstieg mit Laufbahnausbildung und Anstellungsprüfung. Die Voraussetzungen für den Aufstieg vom mittleren in den gehobenen Dienst sind bei Bund und alten Bundesländern unterschiedlich. Die für den Aufstieg erforderliche Dienstzeit schwankt zwischen ein und fünf Jahren; Bund, Niedersachsen, Schleswig-Holstein, Rheinland-Pfalz und Berlin verlangen zusätzlich das Erreichen eines Beförderungsamtes.

Ein Verwendungsaufstieg (der im Gegensatz zum Regelaufstieg nicht die volle Laufbahnbefähigung gibt), wurde nur vom Bund und Niedersachsen geschaffen. Er ermöglicht nur den Einsatz auf bestimmten, von vornherein festgelegten Dienstposten.

Niedersachsen, Baden-Württemberg, Berlin und Bremen kennen neben dem Prüfungsaufstieg als Regelaufstieg auch den prüfungsfreien Aufstieg vom mittleren in den gehobenen Dienst mit voller Laufbahnbefähigung. Er ist grundsätzlich erst aus der Besoldungsgruppe A 9 möglich und zudem an im einzelnen unterschiedliche Lebensjahrvoraussetzungen geknüpft. Der Regelaufstieg vom gehobenen in den höheren Dienst ist im einzelnen, was die Mindestdienstzeit angeht, sehr unterschiedlich geregelt. Nur Hessen, Schleswig-Holstein und Rheinland-Pfalz verzichten gänzlich darauf. In der Regel ist der Aufstieg erst dann möglich, wenn der Beamte ein Amt der Besoldungsgruppe A 12 erreicht und das 58. Lebensjahr noch nicht vollendet hat.

Nur der Bund und Niedersachsen kennen neben dem Regelaufstieg auch einen Verwendungsaufstieg bis zur Besoldungsgruppe A 14. Dieser ist erst nach 10 Jahren Dienstzeit aus einem Beförderungsamt der Besoldungsgruppe A 13 und mit einem Mindestlebensalter von 50 Jahren möglich.

Unabhängig davon war das Laufbahnprinzip häufig Gegenstand von Reformen des Dienstrechts. Hier ist vor allem an das zweite BesVNG von 1975 zu erinnern, das den Grundsatz der amtsangemessenen Besoldung (§ 19 Beamtenbesoldungsgesetz) mit dem Grundsatz der funktionsbezogenen Besoldung (§ 18 Beamtenbesoldungsgesetz) verknüpfte. Der Gesetzgeber wollte damals ein allzu weites Auseinanderklaffen zwischen den abstrakten Befähigungs- und Eignungsanforderungen des "Amtes" von den damit verbundenen konkreten Funktionen verhindern. Es sollte vielmehr eine wirklichkeitsnahe Ämter- und Funktionsbewertung angestoßen werden, deren Ergebnisse dann freilich durch Stellenobergrenzen-Regelungen wieder abgemindert werden, die § 26 Beamtenbesoldungsgesetz vorschreibt und deren Abschaffung (auch für den Kommunaldienst) bisher vergeblich gefordert wurde. Es wird daran festgehalten, daß es der Gleichheitsgrundsatz gebiete, eine quer durch die öffentliche Verwaltung in den Bereichen aller Dienstherren wirksame Richtschnur zu haben, die eine möglichst gleiche Bewertung und Zuordnung von Funktionen zu Ämtern erlaubt. Hier biete das System der Stellenobergrenzen ein typisierendes und pauschalierendes Bewertungs- und Steuerungsinstrument, das diesem Erfordernis Rechnung trage. Eine praktikable, die Belange aller Dienstherren berücksichtigende Alternative sei nicht ersichtlich. Das System der Stellenobergrenzen sichere im großen und ganzen eine einheitliche Dienstpostenbewertung und Beförderungspraxis in den verschiedenen Bereichen des öffentlichen Dienstes. Daran darf allerdings mit guten Gründen gezweifelt werden, weil das Ergebnis eine allgemeine Regelung der Funktionszuordnung zur Voraussetzung hat, zu der es aber bisher nicht gekommen ist. Mit ihrem Zustandekommen ist auch in absehbarer Zeit nicht zu rechnen. Trotz jahrelanger intensiver Bemühungen konnte bisher kein System gefunden werden, das die ganze Breite und Vielfalt der öffentlichen Verwaltung abdeckt.

Insofern wird auch die im Entwurf eines Gesetzes zur Reform des öffentlichen Dienstrechts (künftig: ReformG) mit Stand vom 12. Oktober 1995 vorgesehene stärkere Differenzierung in der Beurteilungspraxis nicht viel bewirken können. Ansatzpunkt für diese stärkere Differenzierung ist ein Beurteilungssystem in dem der Konzentration auf Spitzennoten durch die Vorgabe allgemeiner Richtwerte (Quoten) entgegenzuwirken versucht wird. Für die beiden ersten Noten sollen bestimmte prozentuale Anteile eingehalten werden. Damit ist das System der wirklichen Stellenobergrenzen in die Beurteilung selbst hineingetragen worden.

Der umfassendste Reformversuch wurde mit den Arbeiten der großen Studienreformkommission unternommen, an der seinerzeit alle führenden Beamtenrechtler Deutschlands beteiligt waren. Die Kommission hat 1973 ihren Bericht vorgelegt, dessen prinzipielle Feststellungen allerdings kaum wirklich diskutiert worden sind. Das lag nicht so sehr an der Komplexität des Berichts und der Gutachten-Anlagebände oder an der komplizierten Sprache, sondern daran, daß sich mit dem Abschluß der Reformschlacht (mit knappen Mehrheiten!) der Reformwille erschöpft hatte. Die von den neuen Ländern erwarteten grundlegenden Neuerungen bei der Ausgestaltung des Laufbahnsystems sind ebenfalls ausgeblieben.

VI. Aktuelle Reformüberlegungen

Ungeachtet dieser vielfältigen Veränderungen, die hier nur angedeutet werden konnten, steht das Laufbahnprinzip und mit ihm die Feingliederung des öffentlichen (Beamten-) Dienstes auch im Zentrum aktueller Reformüberlegungen. Bundesinnenminister Kanther hat sie bei der Vorstellung der Eckpunkte seiner Reform am 12.4.1995 vollmundig als wichtigsten Reformansatz für den öffentlichen Dienst seit Jahrzehnten bezeichnet. Die Reform der öffentlichen Verwaltung sei eine der zentralen politischen Aufgaben dieser Legislaturperiode, der sich Bund und Länder gemeinsam entschlossen annehmen wollten. Neue Weichenstellungen seien unerläßlich. Die Reform des öffentlichen Dienstrechts sei dabei von ganz besonderer Bedeutung. Gemessen an diesem Anspruch sehen die vorgelegten Reformvorschläge eher kläglich aus. Für eine wirkliche Reform fehlt es nach wie vor an Ideen und an entsprechender politischer Durchsetzungskraft.

Wirklich neue Ideen, mit denen die Gliederung des öffentlichen Dienstes den Wandlungen der industriellen Welt wie auch der Gesellschaft angepaßt werden könnte, sind nach wie vor nicht sichtbar. Dabei geht es nicht darum – wie immer wieder behauptet –, daß der öffentliche Dienst jeder Entwicklung in der freien Wirtschaft unreflektiert zu folgen hat. Das Problem besteht vielmehr darin, daß der nach den "bewährten" Grundsätzen des Berufsbeamtentums geordnete Beamtendienst nicht ohne weiteres in der Lage sein wird, auch eine veränderte wirtschaftliche Welt und Gesellschaft wirksam zu steuern. Vom öffentlichen Dienst werden heute Leistungen und Reaktionen erwartet, die für ihn alles andere als "herkömmlich" sind. Es wäre absurd, daran zu glauben, daß in einer Welt des Umbruchs und des ständigen Wandels allein der öffentliche Dienst nach Grundsätzen funktionieren könnte, wie sie in der Weimarer Zeit galten und sich dort "bewährt" hatten (hier ganz abgesehen von der Problematik einer entsprechenden Feststellung!). Um so bedauerlicher ist es, daß in den amtlichen Berichten die Bereitschaft zu einem solchen Um- und Neudenken nicht erkennbar ist, sondern daß vielmehr zur eigenen Beruhigung daran festgehalten wird, Aufbau und Gliederung der öffentlichen Verwaltung und des öffentlichen Dienstes beruhten auf "überkommenen und bewährten Prinzipien". Dabei fragt es sich schon, ob z.B. eine Trennung zwischen Angestellten- und Arbeiter-Tarifen heute noch zeitgemäß ist und ob nicht längst einheitliche Tarifwerke hätten vorgelegt werden müssen. Nur so lassen sich Ungleichheiten zwischen hochspezialisierten gewerblichen Arbeitnehmern und Angestellten mit einfacheren Tätigkeiten vermeiden. Schwieriger ist es bei der Zweiteilung des öffentlichen Dienstes in privatrechtlich und öffentlichrechtlich geordnete Dienstverhältnisse. Zahlreiche Anpassungen des Angestelltendienstrechts an das Beamtenrecht haben de facto den Graben sehr stark verschmälert. Innerhalb des Beamtencorps fehlt die große Alternative zu der grundsätzlichen Ausgestaltung nach Laufbahngrundsätzen. Logischerweise kann diese Alternative nur am übertragenen Dienstposten, an seiner Wertigkeit ansetzen, unabhängig von der Vorbildung, so wie es in der Theorie des Angestelltenrechts verlangt, in der Praxis aber ebensowenig gewährleistet wird.

Erste Voraussetzung für ein solches Gegenmodell ist ein konsensfähiges und zugleich klares Modell für die Bewertung und Stufung der unterschiedlichen Funktionen und Dienstposten im Beamtendienst. Diese Dienstpostenbewertung ist aber bisher, soweit ersichtlich, nirgendwo wirklich gelungen. Ihr Gelingen wäre aber die allererste Voraussetzung für ein Abgehen vom Laufbahnprinzip. Sonst müßte man wirklich unter dem Blickwinkel des Gemeinwohls fragen, ob es nicht sinnvoller wäre, den wirklichen Mängeln des öffentlichen Vergütungsrechts, nämlich der unzureichenden Bezahlung von Leistungen und Spitzenpositionen, entgegenzuwirken, als das transparente System der Bezahlung im öffentlichen Dienst auf Umwegen zu zersplittern. Mit all den Ungereimtheiten und sachlichen Ungerechtigkeiten, die letztlich die Staatsverdrossenheit steigern; zumal Mißstände mangels öffentlicher Kontrolle wuchern und erst spät aufgedeckt werden.

Dabei stellt sich dann die Folgefrage, was eigentlich unternommen werden müßte, wenn der Bund von einem der überkommenen Rechtsgrundsätze des Berufsbeamtentums (etwa also vom Laufbahnprinzip) abgehen, die übrigen hergebrachten Grundsätze aber beibehalten wollte? Eine Verfassungsänderung stellt unter den heute gültigen politischen Rahmenbedingungen kein unüberwindbares Hindernis mehr dar. Ihre redaktionelle Fassung ist aber gerade in dieser Frage alles andere als einfach.

Einschränkend wirkt auch die bisher ausnahmslos aufrechterhaltene Rechtsprechung des Bundesverfassungsgerichts, das einen "hergebrachten" Grundsatz des Beamtentums nur dann annimmt, wenn die Geltung dieses Grundsatzes "mindestens" bis in die Weimarer Zeit zurückverfolgt werden konnte. Diese buchstäbliche Versteinerung des Beamtenverfassungsrechts in seinem ganz wesentlichen Kern stellt ein zusätzliches, schwer zu beseitigendes Hindernis für eine angemessene Fortbildung der hergebrachten Grundsätze dar.

So erschöpft sich die politische Reformpotenz heute im wesentlichen in der relativ unbedeutenden Veränderung des Aufsteigens in den Laufbahnen und in der Gestaltung des Aufstiegs von einer in die nächsthöhere Laufbahngruppe.

Allen Vorschlägen zur Reform des öffentlichen Dienstrechts ist inzwischen gemeinsam, daß das bisherige Aufsteigen in den Laufbahnen für verbesserungswürdig gehalten wird. Die Regelung, wonach Beamte in der A- und C-Besoldung sowie in den beiden unteren Stufen der Richterbesoldung R1 und R2 in gewissen Zeitabständen (derzeit alle zwei Jahre) jeweils in die nächsthöhere "Dienstaltersstufe" aufrücken (diese Stufen umfassen je nach Besoldungsgruppe acht bis fünfzehn Gehaltssprünge zwischen Anfangs- und Endgehalt) genießt rechtlich keinen besonderen Bestandsschutz. Auch für die Institution des Berufsbeamtentums hat sie keine besondere strukturelle Bedeutung. Das zeigt ja allein schon die Existenz von Besoldungsgruppen mit "fester" Besoldung, die ein solches Aufrücken nicht kennen. Dieses Aufrücken will die Berufserfahrung und damit eine unwiderleglich vermutete Leistungssteigerung honorieren. Im Ansatz ist das sicher auch richtig. Die Berücksichtigung der Berufserfahrung gehört ganz wesentlich zum Leistungsprinzip (Art. 33 Abs. 2 GG). Ebenso richtig ist freilich, daß dieser Zuwachs an Mehr-Leistung durch Mehr-Erfahrung an irgendeinem Punkt in der Laufbahn des Beamten zum Stillstand kommt und sich in eine Minderbeweglichkeit und damit auch in eine "Minder-Leistung durch Betriebsblindheit" wandelt. Das progressive Anwachsen der Skala müßte daher an einem Punkt, den der Gesetzgeber typisierend festlegen kann, in eine Degression übergehen und nicht nur in die Verlangsamung eines letztlich doch unaufhaltsamen Aufstiegs, wie es im ReformG für die Neufassung des § 27 Beamtenbesoldungsgesetz (Abs. 2) vorgesehen ist. Damit wäre die vom Bundesinnenminister erstrebte "Umschichtung des Lebenseinkommens" noch viel stärker verwirklicht. Der Abstieg nach unten ist allerdings mit deutschem Besitzstandsdenken bisher kaum vereinbar (auch nicht in der privaten Wirtschaft); aus Gründen der Gleichbehandlung müßten in die Abstiegskurve auch die festen Gehälter einbezogen werden, indem pauschale Abschläge oder fiktive Dienst- oder Lebensalterstufen als Sanktion für Minderleistung eingeführt werden. So bleibt es nur in seltenen Ausnahmefällen bei einem begrenzten Abstieg. Bei der Auflösung einer Behörde, bei Umstrukturierungsmaßnahmen oder aus "sonstigen dienstlichen Gründen" ermöglicht § 26 Abs. 2 Bundesbeamtengesetz die Versetzung eines Beamten in ein Amt derselben oder einer gleichwertigen Laufbahn mit geringerem Endgrundgehalt. Im Perspektivbericht der Bundesregierung war übrigens vorgesehen, für den Kreis der politischen Beamten (endlich!) ihre anderweitige Verwendung als Alternative zur Versetzung in den einstweiligen Ruhestand vorzusehen, wobei die Weiterverwendung auch im nächstniedrigeren Amt erfolgen können sollte. Der Entwurf des Reformgesetzes hat sich dazu nicht durchringen können.

Daß das Aufrücken in den Dienstalterstufen in begrenztem Umfang auch an Leistung geknüpft werden kann (§ 27 Abs. 3 Beamtenbesoldungsgesetz) ist zu begrüßen, wenn die Qualifikation "erheblich über dem Durchschnitt" nicht zur Pauschalbewertung wird.

Die Laufbahndurchlässigkeit soll im Reformgesetz künftig geringfügig weiter erhöht werden. Für den Verwendungsaufstieg vom einfachen Dienst in den mittleren Dienst wird auch eine Beförderung nach A 8 (z.B. Hauptsekretär) und für den Verwendungsaufstieg vom mittleren Dienst in den gehobenen Dienst auch eine Beförderung nach A 12 (z.B. Amtsrat) eröffnet. Quantitativ und finanziell mag dies durchaus zu Buche schlagen – für die Gesamtgliederung des Beamtendienstes wirkt sich diese Änderung nur peripher aus.

Alt ist inzwischen schon die Forderung nach einer Übertragung von Führungspositionen auf Zeit. Sie hat sich auch in der neuesten Reform nicht durchsetzen können. Allerdings sehen der Perspektivbericht der Bundesregierung und das Reformgesetz in seinen Änderungsentwürfen zum Beamtenrechtsrahmengesetz (insbesondere §§ 3 Abs. 1 Nr. 3, 12a) und zum Bundesbeamtengesetz (insbesondere §§ 5 Abs. 1 Nr. 2b, 24a) vor, daß ein Amt "mit leitender Funktion" zunächst im Beamtenverhältnis auf Probe übertragen wird. Daneben läuft das (für die Übertragung notwendige) Beamtenverhältnis auf Lebenszeit fort. Eine Erprobung ist nach dem Entwurf auch Voraussetzung jeder mit einem Dienstpostenwechsel verbundenen Beförderung.

Diese Probezeitregelungen mögen einem praktischen Bedürfnis entsprechen, ja zum Teil schon praktiziert werden. Eine bemerkenswerte Sicherheit und Verläßlichkeit ihrer Beurteilungen demonstrieren die öffentlichen Dienstherren damit nicht. Immerhin war es – mit vollem Recht – als ein entscheidender Fortschritt im Beurteilungswesen angesehen worden, daß sich die Beurteilung ausdrücklich auch auf die künftige Verwendung erstreckte. Dieses Urteil muß selbstverständlich immer Prognoseurteil bleiben – wie übrigens auch die Entscheidung des Dienstherrn nach Ablauf der Probezeit. Der Zuwachs an Sicherheit, den richtigen Mann auf den richtigen Dienstposten zu bekommen, bleibt also marginal. Demgegenüber schlägt eine ganz erhebliche Verunsicherung des Probezeit-Beförderten oder Probezeit-Leitenden zu Buche, dessen ganz überwiegendes Interesse natürlicherweise darauf gerichtet sein muß, aus dem Probeverhältnis in das entsprechende aufgewertete Dauerverhältnis zu kommen.

An den Grundfesten der Gliederung des öffentlichen Dienstes ist damit auch in den jüngsten Reformvorhaben nicht gerüttelt worden. Sie beschränken sich auf Einzelheiten, vereinzelte (freilich keineswegs ausreichende) Leistungsanreize und andere Details. Die Tauglichkeit der Grob- wie der Feingliederung des öffentlichen Dienstes wird nicht in Frage gestellt, obgleich die verfassungsrechtliche Fixierung des Berufsbeamtenverhältnisses gerade hier einen besonders großen Spielraum läßt. Die Grundstimmung auch dieser Reform ist Selbstzufriedenheit und nicht Experimentiergeist. Fast ist es so, als dürfte man das Wort nicht aussprechen: Experimentieren mit dem öffentlichen Dienst. Dabei wird nur das Experiment, die zu- oder abnehmende Akzeptanz bei den Bürgern zeigen, ob und in wieweit dieser öffentliche Dienst sich auf Dauer halten kann. Seine Verdienste sind unbestritten. Ebenso unbestritten ist es aber auch, daß frühere Verdienste heute keine Garantie für fortdauernde Tauglichkeit darstellen.

Literatur

Bericht der Bundesregierung über die Fortentwicklung des öffentlichen Dienstrechts, im Bundeskabinett am 19.7.1994 beschlossen.
Bischoff, Detlef/Reichard, Christoph (Hrsg.), Vom Beamten zum Manager?, herausgegeben von der Fachhochschule für Verwaltung und Rechtspflege, Reihe: Verwaltung, Recht und Gesellschaft, Band 5, Berlin 1994.
Bull, Hans Peter, Umsteuern im Beamtenrecht – aber wie? Thesen zur Reform der Beamtenbesoldung und -versorgung, in: Die Öffentliche Verwaltung 1995, S. 592 ff.
Dreher, Christian, Karrieren in der Bundesverwaltung – Voraussetzungen, Merkmale und Etappen von Aufstiegsprozessen im öffentlichen Dienst, Berlin 1996.
Heuer, Ernst, Privatwirtschaftliche Wege und Modelle zu einem modernen (anderen) Staat – kritische Überlegungen zu Veränderungen in den staatlichen Strukturen aus der Sicht der Finanzkontrolle, in: Die Öffentliche Verwaltung 1995, S. 85 ff. m.w.Nachw.
Isensee, Josef, Öffentlicher Dienst, in: *Benda, Ernst/Maihofer, Werner/Vogel, Hans-Jochen,* Handbuch des Verfassungsrechts der Bundesrepublik Deutschland, 2. Auflage, Berlin/New York 1992, § 32 Rn 2 m.w.Nachw.

Kunig, Philip, Das Recht des öffentlichen Dienstes, in: *von Münch, Ingo/Schmidt-Aßmann, Eberhard,* Besonderes Verwaltungsrecht, 9. Auflage, Berlin/New York 1992, Rn 1.

Lecheler, Helmut, Der öffentliche Dienst, in: *Isensee, Josef/Kirchhof, Paul* (Hrsg.), Handbuch des Staatsrechts, Band III, Heidelberg 1988, § 270 Rn 3 f.

Lecheler, Helmut, Das Laufbahnprinzip, in: Verantwortung und Leistung, Schriftenreihe der Arbeitsgemeinschaft höherer Dienst, Heft 3, 1981.

Neesse, Gottfried, Staatsdienst und Staatsschicksal – eine Studie über das deutsche Berufsbeamtentum, Hamburg 1955, 95 f. m.w.Nachw.

Schlußbericht der bayerischen Zukunfts-Kommission, München, Januar 1994.

Siedentopf, Heinrich, Dienstrechtsreform – Bilanz nach 10 Jahren, in: Zeitschrift für Beamtenrecht 1986, S. 153 ff.

Summer, Rudolf, Leistungsanreize/Unleistungssanktionen, in: Zeitschrift für Beamtenrecht 1995, S. 125 ff.

Helmut Klages

2. Die Situation des öffentlichen Dienstes

Inhaltsübersicht

I. Der öffentliche Dienst im Blickfeld der Gesellschaft
   1. Selbstbild und Fremdbild des öffentlichen Dienstes im Widerstreit
   2. "Subjektive" und "objektive" Elemente im Fremdbild des öffentlichen Dienstes
II. Die Frage nach den Leistungsreserven des öffentlichen Dienstes
   1. Die besondere Aktualität des Themas: Personal als "wichtigster Kostenfaktor"
   2. Lösungsperspektiven eines Dilemmas: "New Public Management"; Personal als wichtigste Ressource"
   3. Aktivierbare "Motivationspotentiale" des Verwaltungspersonals
III. Handlungswege zur Freisetzung von Leistungsreserven im öffentlichen Dienst
   1. Die aktuelle Diskussion um Leistungsanreize
   2. Die Grenzen materieller Leistungsanreize; weiterführende Perspektiven
   3. Motivierende Systembedingungen
IV. Zur Diskussion über die Reform der rechtlichen Rahmenbedingungen für die Tätigkeit des öffentlichen Dienstes
   1. Richtungsüberlegungen bezüglich einer Kritik am öffentlichen Dienstrecht
   2. Fragen der Verankerung ethischer Prinzipien
   3. Konkrete Perspektiven einer stärkeren Verankerung des Leistungsprinzips
   4. Erweiterung der Perspektive auf andere rechtliche Rahmenbedingungen
V. Zusammenfassende Kennzeichnung der Situation des öffentlichen Dienstes

I. Der öffentliche Dienst im Blickfeld der Gesellschaft

1. Selbstbild und Fremdbild des öffentlichen Dienstes im Widerstreit

Die Situation des öffentlichen Dienstes in der Bundesrepublik Deutschland war – ähnlich wie auch in anderen Ländern – schon frühzeitig durch einen deutlichen Abstand zwischen seinem Selbstbild und seinem gesellschaftlichem Fremdbild oder "Image" gekennzeichnet. Während in der Selbstwahrnehmung des öffentlichen Dienstes die pflichtgemäße Erfüllung rechts- und sozialstaatlicher Vorgaben und Aufträge, wie auch in einem zunehmenden Maße ein bürgerorientiertes Dienstleistungsethos dominierten, ließen Repräsentativumfragen und Medienveröffentlichungen immer wieder das Vorherrschen andersartiger gesellschaftlicher Interpretationsmuster erkennen, in die sich kritische Aspekte einlagern konnten:

So wurde der öffentliche Dienst in der öffentlichen Diskussion erstens bevorzugt als "Bürokratie" im abwertenden Sinne des Wortes interpretiert. Hierbei spielten Vermutungen einer niedrigen Effizienz der Verwaltungsarbeit und einer "Aufblähung" der Verwaltungsapparate ebenso eine Rolle wie Vorstellungen eines Festhaltens an betont "hoheitlichen", auf Distanz abstellenden und demokratiefremden Verhaltensmustern gegenüber den Bürgern. Eine wiederholt aufflammende Bürokratisierungskritik führte insbesondere seit den siebziger Jahren zur Einsetzung von Entbürokratisierungskommissionen und zu Entbürokratisierungsbemühungen verschiedener Art.

Ein zweites, vor allem von den Medien kolportiertes und in alltagsgängigen Witzen auftauchendes Interpretationsmuster, das sich hiermit teils überlagerte, war das des faulen, leistungsunwilligen, sich auf das unumgängliche Minimum der Arbeitspflichten beschränkenden und somit gesellschaftliche Ressourcen ohne ausreichende Gegenleistung verzehrenden Staatsdieners. In neuester Zeit gesellt sich hierzu in einem zunehmenden Maße das dritte Interpretationsmuster einer dem öffentlichen Dienst angeblich zuzuschreibenden expansiven Korruptionsanfälligkeit.

2. "Subjektive" und "objektive" Elemente im Fremdbild des öffentlichen Dienstes

Im öffentlichen Dienst selbst führten äußere Infragestellungen solcher Art zu der weithin konsensfähigen Selbstverteidigungsformel "Die Verwaltung ist besser als ihr Ruf!". Eine differenzierende Analyse der verfügbaren Repräsentativumfragen in der Bevölkerung vermag diese Formel insoweit zu bestätigen, als in allen Fällen mit einer frappanten Regelmäßigkeit die Urteile der Bürger über die Verwaltung um so positiver werden, je konkreter, kontaktbezogener und erfahrungsnäher ihre Meinungen über die Verwaltung abgefragt werden. Es zeigt sich hier, daß der öffentliche Dienst als solcher das Opfer des sozialpsychologischen Phänomens der sogenannten "Angstlükke" ist, die sich in allen modernen Gesellschaften auf eine ganz allgemeine Weise zunehmend zwischen die konkrete Alltagserfahrung und die medienvermittelte Wahrnehmung komplexer Sachverhalte einschiebt und die z.B. dazu führt, daß sich das Bild der Ärzte, der Lehrer, der Politiker, oder der Beamten, darüber hinaus aber z.B. auch das Bild der wirtschaftlichen Situation, der inneren Sicherheit, der Umweltqualität, etc. um so mehr verdunkelt, je allgemeiner und abstrakter es abgefragt wird. Wie nähere Untersuchungen erweisen, reflektieren gesellschaftliche Wahrnehmungen, die sich auf Sachverhalte beziehen, die nicht mehr der persönlichen Alltagserfahrung zugänglich sind, heute bereits sehr weitgehend ganz unmittelbar diejenigen Selektionsfaktoren, durch welche sich die sogenannte Realitätskonstruktion der Massenmedien kennzeichnet.

Auf einer zweiten Auswertungsebene erbringen Analysen der verfügbaren Umfragedaten den Befund, daß sich die gesellschaftlichen Urteile über den öffentlichen Dienst unter anderem auch stark nach den Funktionsbereichen unterscheiden, in denen die Angehörigen des öffentlichen Dienstes tätig sind. So fällt das Urteil über Finanzbeamte durchschnittlich gesehen schlechter aus als das Urteil über Bedienstete von städtischen Sozialämtern. Entscheidend für die Urteilsbildung ist auf dieser zweiten Ebene die Einschätzung des gesellschaftlichen und des aktuellen oder potentiellen persönlichen Nutzens, der sich aus der Tätigkeit des öffentlichen Dienstes ziehen läßt. Auch hier sind viel weniger die objektiven Eigenschaften der Verwaltungsleistung für die gesellschaftliche Urteilsbildung maßgeblich als vielmehr subjektive Faktoren, welche die Urteilsbildung steuern.

Subjektive Faktoren sind auch noch auf einer dritten Ebene der Wahrnehmung und Bewertung des öffentlichen Dienstes vorherrschend. Es handelt sich herbei um eine gegenwärtig stark beachtete Erhöhung des gesellschaftlichen Anspruchsniveaus, die ihrerseits sowohl auf den allgemeinen gesellschaftlichen Wertewandel, wie auch auf eine zunehmende Orientierung der Bewertungsmaßstäbe der Bürger an den bei anwachsender Konsumentensouveränität von der privaten Wirtschaft angestrebten und propagierten Servicestandards zurückzuführen ist. Die Folgerungen, die sich hieraus für die Situation des öffentlichen Dienstes ergeben, sind insofern andere als auf der zweiten Ebene, als hier eine für Politisierungsansätze griffige "Subjektivität mit quasinormativer Aufforderungswirkung" im Spiel ist. Aus der aktuellen Modernisierungsdebatte läßt sich unschwer ablesen, daß die Verwaltung gegenwärtig auf dem besten

Wege ist, unter dem Druck der Politik den an sie herangetragenen, vom Modell der privaten Wirtschaft abgeleiteten Ansprüchen der Gesellschaft nachzukommen. Die noch vor einigen Jahren undenkbare Tatsache, daß das Leitbild des kundenorientierten Dienstleistungsunternehmens inzwischen von der überwiegenden Mehrheit der kommunalen Verwaltungen übernommen worden ist, demonstriert diese stille Revolution aufs nachdrücklichste. Die gegenwärtige Welle der Verwaltungsreform erhält hierdurch – jenseits der Zwänge zur Haushaltskonsolidierung – einen starken Antrieb.

Erst auf einer vierten Ebene lassen sich Urteilselemente ausmachen, die sich unmittelbar mit der objektiven Qualität der jeweiligen Verwaltungsleistung in Beziehung setzen lassen. So erbringen z.B. Bürgerbefragungen in Städten den Befund, daß Ämter (oder Fachbereiche) und Betriebe in Abhängigkeit von situationsbezogenen Qualitätswahrnehmungen unterschiedlich bewertet werden. Von besonderer Bedeutung und Durchschlagskraft ist hierbei die Servicequalität der Verwaltung und hier insbesondere die kommunikative Kompetenz des Verwaltungspersonals (seine Informations- und Beratungsfähigkeit, seine Auskunftsbereitschaft, seine Freundlichkeit), wie auch seine fachliche Kompetenz. Subjektive Urteilsbeimischungen kommen allerdings auch hier insofern ins Spiel als sozialkulturelle Merkmale der Urteilenden, so insbesondere ihr Bildungsniveau, ihr Lebensalter und die Verwaltungsnähe ihres Berufs, in die Urteilsbildung eingehen. Der örtlichen Verwaltung werden darüber hinaus mit einiger Unschärfe auch allgemeinere Lebensqualitäts-Sachverhalte wie z.B. die Qualität der Luft oder das örtliche Angebot an privaten Dienstleistungen zugerechnet, die nur begrenzt ihrer Steuerungsfähigkeit unterliegen.

Der öffentliche Dienst erweist sich in den letzteren Fällen als derjenige Generaladressat von Problemwahrnehmungen, auf den das Allzuständigkeitspostulat des demokratischen Rechts- und Sozialstaats moderner Prägung und der ihn tragenden politischen Kräfte bevorzugt zurückschlägt.

II. Die Frage nach den Leistungsreserven des öffentlichen Dienstes

1. Die besondere Aktualität des Themas: Personal als wichtigster Kostenfaktor

Die reale Alltagssituation des öffentlichen Dienstes wurde in letzter Zeit in einem zunehmenden Maße durch die permanent werdende Krise der öffentlichen Haushalte bestimmt, die zu einschneidenden Maßnahmen der Haushaltskonsolidierung veranlaßte. Das Personal des öffentlichen Dienstes, auf das in den verschiedenartigen Verwaltungsorganisationen 25-70% der insgesamt anfallenden Ausgaben entfallen, wurde dabei als wichtigster Kostenfaktor entdeckt. Der Druck zu Einsparungen im Personalbereich verstärkte sich, als Vorausberechnungen das Ergebnis erbrachten, daß in den kommenden Jahrzehnten eine große Expansion der Alterslasten im öffentlichen Dienst bevorsteht. Personalabbau wurde auf allen Verwaltungsebenen zu einem vorrangigen Programmpunkt erklärt.

Tatsächlich kam es in letzter Zeit durchweg zu verbindlichen Beschlüssen über Personalkürzungen, wobei besonders auffällt, daß es sich nicht um einmalige Aktionen, sondern vielmehr um einen fortlaufenden Schrumpfungsvorgang handeln soll, der sich überwiegend auf der Grundlage pauschaler Kürzungsvorgaben für aufeinander folgende Zeitabschnitte vollzieht. Auch wenn Entlassungen im öffentlichen Dienst auch unter den nunmehrigen verschärften Bedingungen die Ausnahme sind – technisch gesehen ist die vorherrschende Kürzungspraxis nach wie vor der sogenannte kw-Vermerk im Stellenplan – muß doch damit gerechnet werden, daß sich in den bevorstehenden Jahrzehnten die vom öffentlichen Dienst zu erbringende Gesamtleistung auf eine abnehmende Zahl von Köpfen verteilen wird.

Gegenwärtig ist noch nicht absehbar, inwieweit Privatisierungen und eine intensivere Nutzung der IuK-Technik die sich damit verbindenden Belastungszuwächse kompensieren werden. Grundsätzlich scheint diesbezüglich Skepsis angebracht zu sein. Hierbei schlägt zu Buche, daß sich die teilweise drastischen Aufgabenreduzierungen im öffentlichen Dienst, die sich mit Privatisierungen verbinden, in entsprechenden Personalreduzierungen oder –umsetzungen niederschlagen und daß die durch einen intensivierten Einsatz der IuK-Technik erzielbaren Produktivitätsgewinne in der Regel als Instrument der Haushaltskonsolidierung gehandhabt und in die Berechnungen zum Personalabbau einbezogen werden.

Bei der Vorausschätzung der in Zukunft erwartbaren durchschnittlichen Arbeitsbelastung der Angehörigen des öffentlichen Dienstes in denjenigen Bereichen, in denen all diese Entwicklungen greifen, muß außerdem in Rechnung gestellt werden, daß auch in Zukunft mit völliger Sicherheit das Adolph Wagnersche "Gesetz der wachsenden Staatstätigkeit" weiterhin in Kraft sein, das heißt eine weitere Ausdehnung der Staatsaufgaben stattfinden wird, die den verbleibenden Bereichen des öffentlichen Dienstes zufallen werden. Es kann sogar die Prognose abgegeben werden, daß – ungeachtet aller gegenwärtigen und zukünftigen Bemühungen um Entstaatlichung und Aufgabenkritik – in dieser Richtung mit Beschleunigungen zu rechnen ist, da die tendenziell anwachsende gesellschaftliche Problembelastung den auf der Politik lastenden Handlungsdruck immer mehr vergrößern wird und somit eher eine weiter anwachsende Gesetzes- und Vorschriftenflut ins Haus steht.

2. *Lösungsperspektiven eines Dilemmas: New Public Management; Personal als wichtigste Ressource*

Der öffentliche Dienst gerät angesichts einer zunehmenden Schere zwischen abnehmenden Leistungskapazitäten und anwachsenden Leistungserwartungen in die Problematik und Gefahr einer expandierenden Kapazitätslücke. Das sich hier ohnehin abzeichnende Dilemma wird naturgemäß durch diejenige Modernisierungsherausforderung verstärkt, die sich aus der gesellschaftlichen Anspruchsentwicklung ergibt, welche den öffentlichen Dienst zwingt, sich neuartigen, von der privaten Wirtschaft her entworfenen Qualitätsmaßstäben zu stellen und sich auf das Leitbild eines kundenorientierten Dienstleistungsunternehmens zu verpflichten.

Bei der Beantwortung der in dieser Lage akut werdenden Frage nach den Möglichkeiten zur Krisenverhinderung oder -bewältigung hat sich in den letzten Jahren in internationaler Breite die Lösungsformel des New Public Management durchgesetzt. Grob gesagt geht man davon aus, durch die Einführung des Managementdenkens in die Verwaltung und durch den Einsatz betriebswirtschaftlicher Instrumente Produktivitätsreserven mobilisieren zu können, welche die Leistungsfähigkeit des öffentlichen Dienstes in einem außerordentlichen Maße steigern.

Zunehmend breitet sich allerdings auch die Einsicht aus, daß das New Public Management nur unter der Bedingung realisations- und funktionsfähig ist, daß das Verwaltungspersonal seine Entwicklung aktiv mitträgt und die mit ihm verbundenen Chancen eines "unternehmerischen" Verhaltens engagiert nutzt. Das Verwaltungspersonal tritt als die wichtigste Ressource der Modernisierung in Erscheinung.

Zwar geht man heute verschiedentlich noch davon aus, daß diejenigen Konstruktionsprinzipien des New Public Management, die insbesondere im "Neuen Steuerungsmodell" zum Tragen gelangen, solche Verhaltensänderungen des Verwaltungspersonals mit einer gewissen Automatik von selbst herbeiführen. Man folgt dabei der Erwartung, daß der im Neuen Steuerungsmodell angelegte Spielraum dezentraler Organisationseinheiten zu eigenständigem Disponieren und Entscheiden die Mitarbeiter und Mitarbeiterinnen der Verwaltung stimuliert. Vielfach beginnt man jedoch zu erkennen, daß man sich hierbei keinem luftigen Optimismus hingeben darf, daß man vielmehr die konkreten Bedingungen der Freisetzung von Leistungsbereitschaft und -energie des Personals des öffentlichen Dienstes mit großer Sorgfalt ins Auge fassen muß, das heißt sich an diesem strategischen Punkt nicht allein auf die Selbstoptimierungskraft neuer Organisations- und Steuerungskonzepte verlassen darf.

3. Aktivierbare Motivationspotentiale des Verwaltungspersonals

Es beginnt sich an diesem Punkt seit einiger Zeit die Einsicht in die grundsätzliche Bedeutung der Motivation des Personals einzustellen. Ebenso aber auch die Einsicht, daß Motivation nicht beliebig produzierbar ist, sondern vielmehr von Vorbedingungen abhängt, die in der Persönlichkeit der Bediensteten ihre Wurzel haben, das heißt also in einem erheblichen Ausmaß als Vorgegebenheiten hingenommen werden müssen.

Allerdings läßt sich diese grundlegende Einsicht durch Erkenntnisse ergänzen, nach denen "Motivation" keine Eigenschaft ist, die – ähnlich wie etwa die Eigenschaft "Temperament" – unter allen nur denkbaren Gegebenheiten zur Geltung gelangt. Vielmehr ist Motivation, wie man heute weiß, als eine dispositive Eigenschaft zu begreifen, die durch die situativen Umstände, in denen sich ihr Träger befindet, entweder aktiviert oder umgekehrt auch stillgelegt (inhibiert, blockiert) werden kann und deren Aktualisierung sich gegebenenfalls von einem Tätigkeitsfeld in ein anderes, so z.B. vom beruflichen in den außerberuflichen Bereich verlagern kann. Die Frage nach der Beschaffenheit motivierender Bedingungen im öffentlichen Dienst, das heißt also derjenigen Bedingungen, unter denen persönlichkeitsgebundene Motivationskapazitäten des Personals des öffentlichen Dienstes auf eine optimale Weise zur Geltung kommen können, erweist sich somit als eine Frage von entscheidender praktischer Bedeutung.

Fragt man zunächst nach den verfügbaren Motivationspotentialen im öffentlichen Dienst, dann erhält man öfters gerade auch von Praktikern der Verwaltung in Führungsfunktionen skeptische Antworten. Es wird hierbei deutlich, daß hinsichtlich der Ergebnisse der Selektionsprozesse bei der Personalrekrutierung für den öffentlichen Dienst eine pessimistische Einstellung vorherrscht. Die Auffassung "Wir bekommen nur die 'Sicherheitsorientierten'" erweist sich als weit verbreitet, wobei die Erfahrung mitschwingt, daß in Zeiten der Hochkonjunktur die private Wirtschaft von vielen jungen Leuten vorgezogen wird.

Leider existieren kaum irgendwelche aktuellen empirischen Vergleiche der Persönlichkeitsstrukturen von Einmündern in den öffentlichen Dienst und in den privaten Bereich. Die umfangreichsten Daten wurden – unter Einbeziehung von Persönlichkeitsindikatoren – bereits zu Beginn der 70er Jahre von *Mayntz* und *Luhmann* im Auftrag der damaligen "Studienkommission für die Reform des öffentlichen Dienstrechts" erhoben und ausgewertet und im Rahmen der Kommissionsveröffentlichungen publiziert. Den Ergebnissen der Studie zufolge zeichneten sich die Befragten mit Bereitschaft zum Eintritt in den öffentlichen Dienst gegenüber "Indifferenten" und den nicht zum Eintritt bereiten Befragten überraschenderweise und den gängigen Vermutungen diametral zuwiderlaufend durch eine höhere Leistungsbereitschaft aus. Die Autoren formulieren diese sehr wichtige Erkenntnis wie folgt: "Insgesamt wird man sagen können, daß der öffentliche Dienst in allen Befragtengruppen stärker leistungsorientierte Personen etwas mehr anzieht, obwohl die genaue Eigenart dieser Orientierung sich offenbar mit dem sozialen Status inhaltlich verändert. Die Befürchtung, der öffentliche Dienst könnte gerade die Leistungsschwächeren anziehen, wird jedenfalls durch diese Ergebnisse widerlegt."

Darüber hinaus muß mit Aufmerksamkeit registriert werden, daß Vergleiche der an die Tätigkeit gerichteten Erwartungen von Berufsanfängern vor und nach dem Eintritt in den öffentlichen Dienst überraschende Rangplatzverschiebungen der arbeitsbezogenen Wünsche zutage fördern. Insbesondere zeigt sich, daß das Sicherheitsbedürfnis, dem vor dem Berufseintritt in der Regel eine Spitzenposition in der Bedürfnisrangskala zukommt, unmittelbar nach dem vollzogenen Berufseintritt eine radikale Abwertung erfährt. An der Spitze der Rangskala stehen dann unmißverständlich sogenannte "intrinsische" Bedürfnisse, die sich auf den Charakter der Tätigkeit selbst richten, die sämtlich in einer sehr direkten und grundsätzlich positiven Beziehung zur Motivationsbereitschaft stehen und geradezu als Indikatoren für das Vorhandensein von Motivationspotential angesehen werden können. Man kann hieraus folgern, daß es sich bei dem Bedürfnis nach Sicherheit des Arbeitsplatzes, das den Wunsch nach dem Eintritt in den öffentlichen Dienst mitbestimmt, nicht um eine Fundamentaldisposition handelt, welche die gesamte Werte- und Bedürfnisverfassung der Berufstätigen in eine bestimmte Richtung – möglicherweise in die Richtung eines niedrigeren Niveaus der Motivierbarkeit – lenkt, sondern vielmehr um ein sehr spezifisch gelagertes Bedürfnis, das mit breiten Bereichen des individuellen Werte- und Bedürfnishaushalts vereinbar ist und das durch den Eintritt in einen sicheren Berufsbereich gewissermaßen "abgehakt" werden kann, um dann ganz aus dem Bedürfnishaushalt zu verschwinden.

Eine stimmige Ergänzung hierzu liefern die Ergebnisse zahlreicher Mitarbeiterbefragungen in der öffentlichen Verwaltung. Bei der Beantwortung der Frage nach der persönlichen Einschätzung der Wichtigkeit von Tätigkeitsmerkmalen ergaben sich regelmäßig auf allen Qualifikationsebenen Spitzenwerte für "abwechslungsreich", "interessant", "als sinnvolle Aufgabe erlebbar", "mit Erfolgserlebnissen verbunden", "mit

Spaß zu erledigen", "verantwortungsvoll", "die eigenen Fähigkeiten und Kenntnisse herausfordernd", "selbständig" und "Ermöglichung eigener Initiativen und Verwirklichung eigener Ideen". Bei Vergleichen mit Ergebnissen von Befragungen in der Wirtschaft zeigt sich sehr eindeutig, daß sich die Tätigkeitswünsche und -bereitschaften der öffentlich Bediensteten in keiner Weise signifikant von denen der Beschäftigen in der privaten Wirtschaft unterscheiden. Mit anderen Worten prägt der gesamtgesellschaftliche Wertewandel unterschiedslos auch die öffentlich Bediensteten. Einem gängigen Vorurteil zuwiderlaufend besteht dieser Wertewandel ganz offensichtlich nicht etwa in der Freisetzung von Egoismen, die sich auf die Privatsphäre jenseits der Arbeit richten, sondern vielmehr in der Aufwertung von Selbstentfaltungswerten, die das Bedürfnis der Menschen nach selbständigen, in sich sinnvollen, mit Handlungs- und Verantwortungsspielraum verbundenen Tätigkeiten steigern und die insgesamt dazu beitragen, daß auch im beruflichen Bereich eine vergrößerte Motivationskapazität vorhanden ist. Man kann sich angesichts dieser Gegebenheiten auf den Standpunkt stellen, daß der Wertewandel diejenigen Belastungen, die er an der Schnittstelle zwischen Verwaltung und Bürgern erzeugt, durch seine Einwirkung auf das Personal der Verwaltung kompensiert. Man gelangt zumindest dann zu diesem überraschenden Resultat, wenn man sich auf der Ebene der Potentialanalyse bewegt.

Die Frage nach der Höhe des im öffentlichen Dienst aktuell aktivierbaren Motivationspotentials kann grundsätzlich positiv beantwortet werden, zumal sich aus den Mitarbeiterbefragungen mit großer Eindeutigkeit ablesen läßt, daß die beim Personal verfügbaren Interessen und Bereitschaften bisher offensichtlich noch keinesfalls ausreichend abgerufen werden. In der Mehrzahl der Verwaltungen ist der Abstand zwischen den gewünschten und den am Arbeitsplatz faktisch erlebten Tätigkeitsmerkmalen gerade bei den für die Höhe des Motivationspotentials entscheidenden intrinsischen Merkmalen bisher noch ganz besonders groß. Die situativen Umstände in der Verwaltung tragen bisher also noch keineswegs in einem ausreichenden Maße dazu bei, die Nutzung des beim Personal vorhandenen Potentials zu gewährleisten.

III. Handlungswege zur Freisetzung von Leistungsreserven im öffentlichen Dienst

1. Die aktuelle Diskussion um Leistungsanreize

Die vorstehenden Ausführungen lassen sich in der These zusammenfassen, daß zwar beim Personal des öffentlichen Dienstes ein beträchtliches Motivationspotential vorhanden ist, das zur Schließung der sich anbahnenden Kapazitätslücke beitragen kann, daß aber gegenwärtig die Systembedingungen seine Aktivierung noch verhindern.

Daß im öffentlichen Dienst noch eine beträchtliche Masse Motivationspotential aktivierbar ist, ist nun allerdings eine Einsicht, die sich gegenwärtig – trotz der Skepsis von Verwaltungspraktikern – von der politischen Ebene her durchzusetzen beginnt. Hierbei wird von der weit verbreiteten Annahme ausgegangen, daß es möglich ist, das vorhandene Potential durch sogenannte materielle Anreize aus der Reserve zu locken. In Verbindung hiermit haben auf Bundes- und Länderebene, wie auch in einer Reihe von Kommunen Initiativen eingesetzt, um zu einer entsprechenden Änderung des öffentlichen Dienstrechts zu gelangen, bzw. unter entschlossener Ausnutzung der Spielräume des bestehenden Dienstrechts motivationswirksame Anreizstrukturen aufzubauen. Sogenannte "Experimentierklauseln" erleichtern neben der Duldung von Rechtsbeugungen in einer Reihe von Bundesländern die in diese Richtung zielenden Bemühungen.

So wird geplant, durch Änderungen des Dienstrechts sowohl Prämien wie auch Gehaltszulagen zur Honorierung erbrachter Leistungen zu ermöglichen. Außerdem wird überlegt, den Aufstieg in höhere Gehaltsstufen und Beförderungen in einem stärkeren Maße als bisher von erbrachten Leistungen abhängig zu machen. In der Stadt Castrop-Rauxel läuft bereits heute ein Pilotprojekt, in dessen Rahmen Zulagen für gute Leistungen auf der Basis eines kommunalen Leistungsvergleichs und der nachweisbaren Verbesserung von Schwachstellen gewährt werden soll. Die Stadt Dortmund gewährt im Sozialamt Geldprämien für Verbesserungen, die Einsparungen oder zusätzliche Einnahmen bringen. Der Kreis Kleve bietet im Vermessungs- und Katasteramt Leistungszulagen für die Überschreitung eines Fallzahlen-Solls an. Die Stadt Köln gewährt den Mitarbeitern des Bauamts in demselben Falle, wie auch im Fall höherer Einnahmen, Sonderurlaub. Bei den Vollstreckungsaufträgen gibt es im Außendienst dieser Stadt Erfolgsprämien für die Erhöhung der Einziehungssumme. In der Kfz-Zulassungsstelle und bei der Verkehrsüberwachung werden "Präsenzzulagen" zum Zweck der Verminderung von Fehlzeiten gewährt. In der Stadt Leverkusen gibt es diverse Zulagen für Vertretung aufgrund bestehender Vakanzen, Erfolgszulagen für besonders wirtschaftliche Arbeitsergebnisse, Mengenzulagen, Gütezulagen, Honorierungen für außerordentliches Engagement, für Kreativität und innovative Leistungen usw.

2. Die Grenzen materieller Leistungsanreize; weiterführende Perspektiven

All diese Ansätze sind insofern zu begrüßen als sie dazu beitragen, die gegenwärtige Leistungsindifferenz des öffentlichen Dienstrechts, wie auch der Entgeltgewährung im öffentlichen Dienst zu überwinden und somit zur Entstehung einer auch faktisch an den Grundsätzen der "Eignung, Befähigung und fachlichen Leistung" (Art. 33 GG) orientierten Entgeltgewährungs- und Personalförderungspraxis beizutragen.

Angesichts der Ausschließlichkeit, mit der gegenwärtig über materielle Leistungsanreize nachgedacht wird, legt sich nichtsdestoweniger die kritische Frage nahe, ob hier nicht eventuell an der Beschaffenheit der im öffentlichen Dienst verfügbaren Motivationspotentiale vorbeigedacht wird, und ob man nicht den Bohrer an einer Stelle ansetzt, an welcher nur mit einem begrenzten Aktivierungsertrag gerechnet werden kann. Diese Frage drängt sich erstens dann auf, wenn man sich die Natur derjenigen "intrinsischen" Tätigkeitsinteressen und -bereitschaften vergegenwärtigt, in denen die verfügbaren Motivationspotentiale, wie bereits ausgeführt, ihren eigentlichen Schwerpunkt besitzen. Man kann sich nicht recht vorstellen, wie Bedürfnisse nach einer abwechslungsreichen, mit Sinnwahrnehmungen und Erfolgserlebnissen verbundenen, die eigenen Kenntnisse und Fähigkeiten herausfordernden Tätigkeit durch materielle Besserstellungen befriedigt werden sollen. Wie unsere Speyerer Untersuchungen erweisen, kommt zweitens hinzu, daß die Bereitschaft zur Mehrleistung insbesondere bei denjenigen sehr zahlreichen Bediensteten kulminiert, die – nach eigenem Empfinden – bereits eine relativ hohe Arbeitsbelastung aufweisen. Drittens erweisen die bisher verfügbaren Fallbeispiele, daß die Gewährung materieller Anreize dem Druck massiver, von den Personalvertretungen verstärkter Gerechtigkeitserwartungen ausgesetzt sind, denen sie nur unter der Bedingung standhalten können, daß Methoden der Leistungsmessung zur Verfügung stehen, denen auf allen Seiten "Objektivität" zuerkannt wird. Die gegenwärtig öfters auftauchenden Hinweise, hierfür könne die allenthalben praktizierte Personalbeurteilung eingesetzt werden, müssen angesichts einer bislang vorherrschenden, das Notenbild gewöhnlich grotesk verzerrenden "Milde"-Tendenz zumindest stark angezweifelt werden. Viertens lassen die bisherigen Erfahrungen aber auch den Schluß zu, daß materielle Anreizsysteme, mit denen Leistungserhöhungen erzielt werden sollen, bei vielen Bediensten auf Widerstand stoßen, weil sie von der nicht von der Hand zu weisenden Annahme ausgehen, für Mehrleistungen nur eine Zeitlang auf gleicher Höhe belohnt zu werden, weil die unumgängliche Festlegung der "Normalleistung" längerfristig gesehen der Anhebung des durchschnittlichen Leistungsniveaus folgen müsse, wenn Kostenexplosionen vermieden werden sollen.

Es verwundert angesichts aller dieser Einwendungen nicht, daß sich in der Industrie heute eine beginnende Umwertungstendenz beobachten läßt, die in Richtung "immaterieller Leistungsanreize" verläuft, denen inzwischen bereits vielfach eine größere Bedeutung zugeschrieben wird als den materiellen Anreizen.

Bei Erörterungen über die Beschaffenheit immaterieller Anreize läßt sich gegenwärtig öfters eine gewisse Hilflosigkeit beobachten, weil man meint, es gehe hier um die Prämierung erbrachter Leistungen mit nicht-geldlichen Anerkennungen. Nichtmaterielle Leistungsanreize werden in diesem Zusammenhang vielfach mit "symbolischen" Auszeichnungen wie Belobigungen, Abordnungen zu interessanten Sonderaufgaben, Gewährung von Sonderurlauben z.B. für Fortbildungszwecke und dergleichen gleichgesetzt, wobei jedoch die Knappheit der verfügbaren Möglichkeiten als Hemmnis eingestuft wird.

Unabhängig davon, daß solche Prämierungen unter Umständen sehr sinnvoll sein können, ist die bei ihnen ansetzende Erörterung immaterieller Leistungsanreize viel zu eng gegriffen. Grundsätzlich ist davon auszugehen, daß sich die stärksten Effekte der Aktivierung von Leistungsbereitschaften mittels immaterieller Anreize dann erzielen lassen, wenn den "intrinsischen" Tätigkeitsinteressen und -bedürfnissen der Bediensteten erweiterte Verwirklichungsmöglichkeiten eingeräumt werden. Es geht, mit anderen Worten, bei der Gewährung immaterieller Leistungsanreize gar nicht unbedingt nur um die Prämierung erbrachter Mehr- oder Sonderleistungen, sondern vielmehr in erster Linie um die Schaffung solcher Systembedingungen, die ein "motiviertes" Tätigwerden ermöglichen.

3. *Motivierende Systembedingungen*

Bei der Beantwortung der Frage, wie motivierende Systembedingungen beschaffen sein können, eröffnet sich ein weites Spektrum von Handlungsmöglichkeiten, die den einzelnen Organisationen des öffentlichen Dienstes in einem sehr erheblichen Maße unabhängig von Änderungen der rechtlichen Grundlagen zur Verfügung stehen:

(1) An erster Stelle ist in diesem Zusammenhang auf die Qualität der Personalführung und die Qualität des Führungsinstrumentariums hinzuweisen, die im öffentlichen Dienst vielfach noch unterentwickelt ist und deren Bedeutung für die Herstellung motivierender Tätigkeitsbedingungen von der Forschung eindeutig belegt ist. Ungeachtet der Tatsache, daß in weiten Teilen der öffentlichen Verwaltung bereits seit den 70er Jahren Führungsricht- und -leitlinien verabschiedet wurden, änderte sich an dem früh-

zeitig als verbesserungsbedürftig erkannten Führungsverhalten und an dem meist nur schwach entwickelten Führungsinstrumentarium bisher nur wenig. Die Gründe hierfür sind erstens darin zu suchen, daß der Nachweis einer Führungsbefähigung nach wie vor ganz überwiegend weder Einstellungs- noch Beförderungskriterium von Führungskräften ist. Zweitens wirkt sich aber auch aus, daß die Qualität des Führungsverhaltens in der Regel keiner Überprüfung unterliegt, daß vielmehr überwiegend von der Annahme ausgegangen wird, das Führen "lerne" sich mehr oder weniger von selbst und im übrigen gelte: "Entweder man hat das Händchen oder nicht". Drittens spielt aber auch eine Rolle, daß in der Verwaltungspraxis bisher überwiegend noch von einer generellen Vermutung einer ausreichenden Führungsbefähigung der Führungskräfte ausgegangen wird, so daß von den ohnehin unzureichenden Möglichkeiten der Führungskräftefortbildung nur in einem begrenzten Maße Gebrauch gemacht wird.

Die Folgen dieser Vernachlässigung der Führungsqualität bestehen aufgrund der Erkenntnisse der Speyerer Verwaltungsforschung darin, daß in der Regel bis zu drei Viertel der Führungskräfte "schlecht" führen, das heißt entweder auf die Wahrnehmung von Führungstätigkeiten mehr oder weniger verzichten und damit als kursgebende, Handlungssicherheit vermittelnde und erfolgsrückmeldende Instanzen ausfallen, oder durch falsch verstandenes "Hineinregieren" in die Tätigkeit der Mitarbeiter als "Motivationskiller" wirken. Die demgegenüber verfügbaren Leitvorstellungen über das "gute" und erfolgreiche Führen waren über längere Zeit hinweg vom Konzept des "kooperativen Führungsstils" bestimmt. Sie finden in letzter Zeit im Zusammenhang der aktuellen Modernisierungsbewegung eine Ergänzung z.B. im Konzept des Mitarbeitergesprächs (mit Zielvereinbarung) nicht nur als Gelenkstelle zwischen Verwaltungssteuerung und Personalführung in Frage kommt, sondern bei richtiger Einpassung und Handhabung ein hochgradig wirksames Motivierungsinstrument abzugeben vermag.

(2) An zweiter Stelle ist auf die Bedeutung eines intensivierten Personalmanagements hinzuweisen, das ebenso wie die Führungsqualität bisher noch zu den ausgesprochenen Schwachstellen der Modernisierungsbewegung gehört. Die hier bestehenden Möglichkeiten für die Herstellung motivierender Systembedingungen sind besonders augenfällig bei der Personalentwicklung, der nach einer gegenwärtig vorherrschend werdenden Vorstellung die zentrale Aufgabe zufällt, Mitarbeiterpotentiale mit geeigneten Methoden der Potentialanalyse zu erkennen, sie durch geeignete Förderungsmaßnahmen zu entwickeln und ihnen durch die Gewährleistung eines potentialorientierten Personaleinsatzes die erforderlichen Realisationschancen zu verschaffen. Die heute noch antreffbare Vorstellung, es handle sich bei alledem in erster Linie um eine verbesserte Ausgestaltung der Beförderung in Führungspositionen, erscheint – auch ange-

sichts der bei aktuellen "Verschlankungs"-Prozeduren weiter zunehmenden Knappheit der verfügbaren Beförderungsstellen – zu eng. Eine ernsthafte Anzielung der motivierenden Aktivierung von Mitarbeiterpotentialen im Wege der Personalentwicklung setzt sowohl eine Einbeziehung aller Mitarbeiter, wie auch die Erschließung von Wegen der beruflichen Förderung jenseits der Beförderung in Führungspositionen voraus. Welche Wege dies sein können, wird durch Stichworte wie z.B. "Rotation", "Mobilitätskonzept", oder "Jobbörse" markiert.

(3) Wie man heute immer deutlicher erkennt, setzt die Schaffung motivierender Systembedingungen darüber hinaus aber unverzichtbar voraus, die "intrinsischen" Tätigkeitsbedürfnisse des Personals auch am jeweiligen Arbeitsplatz zur Geltung kommen zu lassen

Teilweise kann diese Aufgabe mit den Mitteln der Personalentwicklung angegangen werden, indem z.B. die Leistungsbefähigung der Bediensteten durch arbeitsplatzbezogene Fortbildungsmaßnahmen gesteigert und an die jeweiligen Aufgabenstellung angepaßt wird, so daß die für die Motivationsaktivierung wesentlichen Erfolgserlebnisse leichter erreichbar und besser verfügbar werden. Hierbei erweist sich allerdings der vor allem auf der sogenannten "Arbeitsebene" in die Stellen- und Aufgabendefinitionen der öffentlichen Verwaltung eingebaute Taylorismus als schweres Hemmnis. Er besteht in einer oftmals minutiösen Arbeitsteilung, die in der Vergangenheit bei einem durchschnittlich gesehen niedrigen Ausbildungsniveau zumindest der einfachen Bediensteten und einer auf Pflichterfüllung reduzierten Arbeitsethik rational sein mochte, die jedoch unter den Bedingungen eines angehobenen Ausbildungsniveaus und des Wertewandels motivationshemmende Wirkungen nach sich zieht und somit die Potentiale des Personals blockiert.

Es wird an diesem Punkt der strategische Stellenwert einer auf "Arbeitsanreicherung" (job enrichment) ausgehenden "Arbeitsgestaltung" deutlich, der auch bei ausgesprochenen Modernisierern gegenwärtig noch kaum erkannt wird. Man kann die These aufstellen, daß die Situation des öffentlichen Dienstes, wie auch die künftig von ihm erwartbare Leistung in einem erheblichen Maße davon abhängen wird, inwieweit es gelingt, die hier gegenwärtig noch bestehende Modernisierungslücke zu schließen. Modelle für das praktische Vorgehen sind in der Industrie zuhauf zu finden, wenngleich hier wie auch anderswo die Situation der Berufstätigen in der privaten Wirtschaft keineswegs unbesehen idealisiert werden darf. Praktische Ansatzpunkte eröffnen sich sowohl beim Aufgabenzuschnitt der einzelnen Stellen, wie auch bei der innerhalb von Arbeitseinheiten bestehenden Aufgabenteilung. Anstelle jedem einzelnen Mitarbeiter einer Arbeitseinheit seine Aufgabe innerhalb der Arbeitseinheit akribisch zuzuweisen und die strikte Einhaltung der damit herbeigeführten Arbeitsteilung zu überwachen, kann man "interaktive Gruppen" entstehen lassen, in denen alle Mitglieder bei der Bewältigung der Gesamtaufgabe flexibel zusammenarbeiten, wobei im Prinzip jeder einzelne alles tun kann. Annäherungen an dieses Ideal finden sich gegenwärtig bei der ganzheitlichen Sachbearbeitung in den sogenannten Bürgerämtern kommunaler Verwaltungen. Grundsätzlich gesehen lassen sich Situationsveränderungen dieser Art aber verhältnismäßig problemlos überall, so z.B. auch im inneren Dienst von Behörden einführen. Dort wo dies bereits geschehen ist, kann man geradezu "Wunder" einer unter den bisherigen Normalbedingungen der Verwaltung undenkbaren Motivationsentfesselung erleben.

(4) In einer verhältnismäßig großen Nähe zu solchen Ansätzen bewegen sich die – nichtsdestoweniger deutlich unterscheidbaren – Ansätze zu einer sogenannten "Geschäftsprozeßoptimierung", die im Mittelpunkt dessen stehen, was im anglo-amerikanischen Bereich "business reengineering" genannt wird. Auch diesen Ansätzen kommt bei der Schaffung motivierender Systembedingungen ein beträchtliche Bedeutung zu, wenngleich sie gegenwärtig meist unter dem Aspekt der mit ihnen erzielbaren Zeit- und Wirtschaftlichkeitsgewinne gewertet und praktiziert werden. Grob gesagt geht es hier darum, die oftmals grotesk verschnörkelten Dienstwege der Vorgangsbearbeitung zu entfeinern, wobei sich gewöhnlich erstaunliche Verkürzungen erreichen lassen. Motivierend sind solche Effekte immer dann, wenn sie dazu beitragen, den Selbständigkeits- und Selbstverantwortungsgrad von Mitarbeitertätigkeiten zu steigern und wenn sie Vorgesetzte dazu befähigen, aus den Vorgangsbearbeitungs-Ketten herauszutreten und Führungsaufgaben in der unreduzierten Bedeutung des Wortes wahrzunehmen. Oft lassen sich die gerade eben angesprochenen Gruppen-Situationen nur unter der Bedingung herstellen, daß zunächst einmal Entschlackungsaktionen solcher Art stattgefunden haben. Nach Schätzungen von Fachleuten bewegen sich die durch Geschäftsprozeßoptimierungen unmittelbar erzielbaren Wirtschaftlichkeitsgewinne zwischen 15% und 50%. Diese Gewinne werden jedoch noch wesentlich höher zu veranschlagen sein, wenn man erst diejenigen Produktivitätssteigerungen in die Rechnung einbezieht, die sich durch die Aktivierung der Motivationspotentiale der Mitarbeiter ergeben.

(5) Wie sich in den vorstehenden Ausführungen bereits andeutet, ist dem hier verfolgten Interpretationsweg zufolge die Entwicklung der realen Situation des öffentlichen Dienstes in einem starken Maße davon abhängig, daß Modernisierungslücken produktiv bewältigt werden (wobei davon ausgegangen wird, daß die gegenwärtige Modernisierungswelle in der öffentlichen Verwaltung zu dauerhaften Veränderungen führt und nicht nur eine Regung des Zeitgeistes oder eine Modeerscheinung repräsentiert). Ver-

änderungskonzepten, die übergreifend gemeint sind und in denen Motivationsgesichtspunkten Priorität eingeräumt wird, ist in diesem Zusammenhang eine grundsätzliche Bedeutung zuzumessen. Dies gilt gegenwärtig insbesondere für das sogenannte "Qualitätsmanagement" (oder "TQM" = "Total Quality Management"), das sich als eine integrative Leitidee einer auf Mitarbeiteraktivierung abstellenden Verwaltungsgestaltung interpretieren läßt und dem beträchtliche Chancen in Richtung einer motivationsfördernden Beeinflussung der Systembedingungen der Situation des öffentlichen Dienstes zugerechnet werden können. Bezüglich detaillierterer Erörterungen, die an dieser Stelle nicht erfolgen können, sei der Leser auf das einschlägige Schrifttum verwiesen.

IV. Zur Diskussion über die Reform der rechtlichen Rahmenbedingungen für die Tätigkeit des öffentlichen Dienstes

1. Richtungsüberlegungen bezüglich einer Kritik am öffentlichen Dienstrecht

Das öffentliche Dienstrecht ist seit Jahrzehnten in der Diskussion, wobei dem Eindruck eines "déjà vu" kaum ausgewichen werden kann. Wie schon in der Vergangenheit wird auch gegenwärtig wieder die öffentlichkeitswirksame Frage erörtert, ob es nicht – unter Verzicht auf die verschiedenen Niveaus des Eintritts in den öffentlichen Dienst – eine Einheitslaufbahn geben sollte und ob nicht das Berufsbeamtentum abgeschafft bzw. auf einen durch den sogenannten "Funktionsvorbehalt" abgedeckten Minimalbereich reduziert werden sollte. Wie schon in der Vergangenheit scheint es bei solchen Strukturfragen fundamentaler Natur angesichts einander entgegenstehender Interessenlagen wenig Bewegung geben zu können, so daß es sich bei einer auf reale Situationsmerkmale bezogenen Betrachtung zu verbieten scheint, tiefer in die fraglichen Themenbereiche einzudringen.

Ein wesentlich höherer Realitätsgehalt scheint angesichts gegenwärtiger Änderungsinitiativen denjenigen Vorschlägen zur Änderung des Dienstrechts zuschreibbar zu sein, welche auf eine stärkere Verankerung des Leistungsprinzips abstellen. In diesem Zusammenhang muß jedoch erstens kritisiert werden, daß diese Vorschläge allesamt von einer individualistischen Prämisse ausgehen, und immer nur die Prämierung des Einzelnen ins Auge fassen. Es werden damit die vorstehend erwähnten Möglichkeiten der Herstellung motivierender Gruppen-Situationen ausgeklammert, womit ein künstlicher Graben zwischen materiellen und den immateriellen Leistungsanreizen gezogen wird, der verhindert, daß es zu produktiven Synthesen zwischen den beiden Prämierungswegen kommt. Zweitens erstaunt die mangelnde Berücksichtigung derjenigen

Vernetzungserfordernisse, die berücksichtigt werden müssen, wenn Maßnahmen zur Leistungsförderung ein Erfolg beschieden sein soll. In welche Richtung man zu denken hat, wenn man realistisch sein will, demonstriert z.B. der Landkreis Aachen, der Führungsfunktionen auf Zeit mit der Einführung der Zielvereinbarung kombiniert, welche – jenseits der nur bedingt brauchbaren Personalbeurteilung- einen Weg in Richtung objektivierbarer Leistungs- und Erfolgsmessungen und flexibel handhabbarer Sanktionsmöglichkeiten öffnet. Drittens scheint aber auch die Empfehlung am Platze, nicht immer gleich in die Details einzusteigen, sondern sich vielmehr erst einmal einige Ruhe für die Überprüfung der verschriftlichten Grundprinzipien zu gönnen und sie auf ihre Brauchbarkeit hin zu befragen. In diesem Zusammenhang scheint sich unter anderem die Empfehlung nahezulegen, auf die bisher noch im BBG, im BRRG und in den entsprechenden Landesgesetzen auffindbare Formel der "vollen Hingabe" zur Kennzeichnung der von den öffentlich Bediensteten erwartbaren Normal-Mentalitätsverfassung zu verzichten. Durch solche quasi-psychologischen Postulate, die auf eine ausschließlich symbolische und letztlich kontrafaktische Weise historisch gewordene Wirklichkeitsbestände festzuschreiben versuchen, können im Grunde nur illusionäre Erwartungen genährt werden, die dazu beitragen, das Dienstrecht als ein im Arbeitsalltag des öffentlichen Dienstes wirksames Instrument der Verhaltenssteuerung abzuwerten. Will man dem Dienstrecht diese wichtige – und im Grunde genommen von allen erhoffte – Qualität erhalten bzw. wieder zuführen, so wird man nicht umhin können, diejenigen realen Systembedingungen, die für die Leistungsfähigkeit des öffentlichen Dienstes maßgeblich sind, mit einigem Mut zum Vorentwurf förderlicher Entwicklungen ohne Verrenkungen expressis verbis zu kennzeichnen und mit normativer Verbindlichkeit auszustatten.

2. *Fragen der Verankerung ethischer Prinzipien*

Es wird mit einer solchen Empfehlung nicht einer Eliminierung ethischer Prinzipien aus dem Dienstrecht das Wort geredet. Im Gegenteil wird davon ausgegangen, daß es wünschenswert ist, die grundlegenden Zielkategorien der Tätigkeit des öffentlichen Dienstes deutlicher als bisher im Dienstrecht zu verankern. Hierbei wird von der empirischen Beobachtung ausgegangen, daß sich bei einer breiten Mehrheit des öffentlichen Dienstes längst ein bürgerorientiertes Dienstleistungsethos etabliert hat, das, wenn man so will, das herkömmliche Staatsdiener-Ethos verdrängt hat, das jedoch in einem besonderen Maße dazu geeignet erscheint, die gesellschaftliche Sonderposition des öffentlichen Dienstes, die immer wieder auf Unverständnis stößt und die ständig von neuem zum Gegenstand von Einebnungsvorschlägen wird, auf eine neue Legitimitätsgrundlage zu stellen, die den heute in Rechnung zu stellenden gesellschaftlichen Rahmenbedingungen angemessen ist. Die Erhebung dieses neuen Ethos zu einem handlungsleitenden Dienstrechtsprinzip scheint gleichzeitig in einem besonderen Maße geeignet, die "Mitgliedsrolle" als Prämisse für die Entscheidung zum Eintritt in den öffentlichen Dienst in einem real-ethisch gehaltvollen Sinne zu definieren und damit der oftmals auf Desorientierung und einem Gefühl der Unverbindlichkeit handlungsleitender Prinzipien beruhenden Korruptibilität vorzubeugen.

3. Konkrete Perspektiven einer stärkeren Verankerung des Leistungsprinzips

Mit solchen Vorschlägen sollen die gegenwärtig in der Diskussion befindlichen Einzelthemen nicht abgewertet werden. Neben den oben bereits angeführten Gesichtspunkten gilt dies – mit den oben formulierten Einschränkungen – in erster Linie
– für die Vernachlässigung des Leistungsgesichtspunkts im Prinzip der "funktionsgerechten Besoldung" mit einer weitestgehenden Bindung der Besoldungshöhe an das als hierarchische Position definierte "Amt";
– für die damit verbundene stark eingeengte Möglichkeit von Besoldungsverbesserungen bei "Spezialisten" ohne Führungsbefähigung und -interesse;
– für die strikte Bindung der Gehaltshöhe an stellenbezogene Anforderungsmerkmale im BAT unter Ausklammerung von leistungsbezogenen Kriterien;
– für die vorrangige Maßgeblichkeit des Dienstalters bei Beförderungen;
– für die Bindung von Besoldungsverbesserungen ohne Stellenwechsel an das Lebensalter;
– für die Vorschreibung von "Stehzeiten", welche die Chancen der Beförderung aufgrund besonderer Leistung, Befähigung und Eignung einengen;
– für die Irreversibilität einmal erfolgter Beförderungen unter Ausschluß der Betrauung mit Führungsfunktionen auf Zeit.

Grundsätzlich sollte für die überfällige Reformierung des Dienstrechts die Prämisse gelten, daß Recht keineswegs nur ein Medium für die Festschreibung herkömmlicher Sachverhalte oder des kleinsten gemeinsamen Nenners ihrer Infragestellung ist, sondern vielmehr auch ein Gestaltungs- und Orientierungsmedium, das Steuerungswirkungen *auf* das Verhalten von Menschen auszuüben fähig ist. Man sollte sich bei der Reform des öffentlichen Dienstrechts erst einmal ein Leitbild des öffentlichen Dienstes der Zukunft vor Augen führen und sich fragen, welche Orientierungsleistungen man erbringen und welche Systembedingungen man herstellen muß, um dieses Leitbild zu verwirklichen. Erst dann sollte man in eine Bestandsaufnahme der verfügbaren rechtlichen Regelungen eintreten und sich fragen, inwieweit sie dazu beitragen, diese Aufgabe zu erfüllen. Von da aus sollte man dann endlich an die Bestimmung der notwendigen Änderungen herangehen.

4. Erweiterung der Perspektive auf andere rechtliche Rahmenbedingungen

Würde man sich bei der Erörterung der rechtlichen Rahmenbedingungen für die Tätigkeit des öffentlichen Dienstes auf das Dienstrecht beschränken, so würde man – aus der hier vertretenen Perspektive gewertet – einer allzu engen Betrachtungsweise folgen. Von großer Wichtigkeit für die Optimierung der Systembedingungen der Tätigkeit des öffentlichen Dienstes sind z.B. auch die Haushaltsordnungen bzw. -verordnungen. Auch sie setzen Prämissen und Daten für das alltägliche Handeln des öffentlichen Dienstes, die darüber mitentscheiden, was die einzelnen Angehörigen des öffentlichen Dienstes im Rahmen ihres dienstlichen Verhaltens als "rational" anzusehen haben. So geht das vielgescholtene "Dezemberfieber", durch das dem Gemeinwesen jährlich Milliardenbeträge verloren gehen, auf ein Verhalten zurück, das angesichts der Geltung des Jährlichkeitsprinzips und der Orientierung der Mittelzuweisungen im jeweiligen Haushalt an den faktisch verausgabten Summen des Vorjahres bei realistischer Betrachtungsweise als ein vorherrschendes Normalverhalten erwartet werden muß. Eine Änderung dieses Verhaltens ist nur dann erwartbar, wenn das Haushaltsrecht derart umgeschrieben wird, daß der Sparsame nicht mehr "der Dumme", sondern "der Kluge" ist. Für einen Außenstehenden wird es wahrscheinlich immer unbegreiflich bleiben, warum man dort, wo die Verantwortlichkeiten für die Situation des öffentlichen Dienstes kulminieren, aus dieser einfachen Einsicht nicht längst die Konsequenz gezogen hat. Nachträgliches Lamentieren über eine Verschwendungsneigung im öffentlichen Dienst kann unter den bisherigen Gegebenheiten nur dazu beitragen, den öffentlichen Dienst problematischerweise für ein "rationales" Reagieren auf falsche Steuerungssignale, die überholten Rechtsvorgaben und den an ihnen orientierten Durchführungsmaßnahmen entstammen, zur Rechenschaft ziehen zu wollen.

V. Zusammenfassende Kennzeichnung der Situation des öffentlichen Dienstes

Aus dem Vorangegangen dürfte deutlich geworden sein, daß die Formel "Der öffentliche Dienst ist besser als sein Ruf" zwar zutrifft, aber in der gegenwärtigen Situation nicht viel weiterhilft. Dasselbe gilt für die Formel "Der öffentliche Dienst ist fest in der Hand des öffentlichen Dienstes", mit der noch vor etwa 10 Jahren die Situation des öffentlichen Dienstes gekennzeichnet werden konnte. In die Situation des öffentlichen Dienstes schlagen heute in einem viel stärkeren Maße als früher Außenzwänge und -restriktionen hinein, welche zu Neubestimmungen und zur Auffindung produktiver Lösungsformeln für bisher unbekannte Probleme veranlassen. Der öffentliche Dienst ist insbesondere gezwungen, die an ihn herangetragenen Aufforderungen zur Reform aktiv und mit der Bereitschaft substanzieller Veränderungen und Weiterentwicklungen aufzugreifen, ohne hierbei leichtfertig diejenigen Elemente seiner Tradition über Bord zu werfen, die unter dem Gesichtspunkt der Zukunftsbewältigung wesentlich sind. Es sind hierbei Entscheidungen zu treffen, die sehr viel Augenmaß und Mut, wie auch die Fähigkeit erfordern, sowohl der Gefahr eines bloßen Beharrungs-Konservatismus, wie auch der eines neophilen Aktionismus zu entgehen. In wieweit der öffentliche Dienst in der Lage sein wird, auf diese Herausforderung angemessen zu reagieren, ist gegenwärtig noch nicht mit endgültiger Gewißheit auszumachen. Einstweilen gilt die neue Formel "Die Zukunft wagen!". Die kommenden Jahre werden zeigen, inwieweit diese Formel, die zunächst nur als die Formel einer Übergangssituation gelten kann, durch eine andere ersetzbar ist, in welche dann vielleicht wieder in einem stärkeren Maße Kontinuitätsperspektiven eingehen können.

Literatur

von Arnim, Hans Herbert, Staatslehre der Bundesrepublik Deutschland, München 1984.
Barthel, Christian, Lean production, in: Archiv für Kommunalwissenschaften, 33. Jahrgang 1994/2, S. 295 ff.
Färber, Gisela, Probleme der Finanzpolitik bei schrumpfender Bevölkerung, Frankfurt/New York 1988.
Franz, Gerhard/Herbert, Willi, Persönliche Realität, Medienrealität und Forderungen an die Politik, in: *Klages, Helmut/Franz, Gerhard/Herbert, Willi*, Sozialpsychologie der Wohlfahrtsgesellschaft, Frankfurt/New York 1987, S. 156 ff.
Grunow, Dieter, Bürgernahe Verwaltung, Frankfurt/New York 1988.
Hammer, Michael/Champy, James, Business Reengineering, Die Radikalkur für das Unternehmen, Frankfurt/New York 1994.

Hill, Hermann/Klages, Helmut (Hrsg.), Kreisverwaltung der Zukunft, Düsseldorf 1995.

Hirschfelder, Raimund, Steuerung durch Qualität – das Saarbrücker Total Quality Management Programme, in: *Hill, Hermann/Klages, Helmut* (Hrsg.), Lernen von Spitzenverwaltungen, Eine Dokumentation des 2. Speyerer Qualitätswettbewerbs 1994, Düsseldorf 1995, S. 109 ff.

Klages, Helmut, Überlasteter Staat – verdrossene Bürger? Zu den Dissonanzen der Wohlfahrtsgesellschaft, Frankfurt/New York 1981, S. 135 ff. (Kapitel "Entbürokratisierung der öffentlichen Verwaltung").

Klages, Helmut, Das Verhältnis zwischen Staat und Bürgern in der Bundesrepublik Deutschland, in: *Buse, Michael/Buschmann, Horst* (Hrsg.), Bürgernahe Verwaltung in der Verwaltungsausbildung, Baden-Baden 1982, S. 24 ff.

Klages, Helmut, Wertedynamik. Über die Wandelbarkeit des Selbstverständlichen, Zürich 1988.

Klages, Helmut, Wider die Angstlücke, in: Die politische Meinung, 39. Jahrgang, Heft 298 (Sept. 1994), S. 27 ff.

Klages, Helmut, Bericht über die Bürgerbefragung in Passau 1995, Band 1 (Zusammenfassender Übersichtsband), unveröffentlichtes Manuskript.

Klages, Helmut, Verwaltungsmodernisierung durch "neue Steuerung"?, in: Archiv für Kommunalwissenschaften, 34. Jahrgang 1995/2, S. 1 ff.

Klages, Helmut/Gensicke, Thomas/Haubner, Oliver, Die Mitarbeiterbefragung – ein kraftvolles Instrument der Verwaltungsmodernisierung, in: Verwaltungsführung, Organisation, Personal, 5/1994.

Klages, Helmut/Herbert, Willi, Staatssympathie, Eine Pilotstudie zur Dynamik politischer Grundeinstellungen in der Bundesrepublik Deutschland, "Speyerer Forschungsberichte" Nr. 18, Speyer 1981.

Klages, Helmut/Hippler, Gabriele, Mitarbeitermotivation als Modernisierungsperspektive, Ergebnisse eines Forschungsprojektes über "Führung und Arbeitsmotivation in der öffentlichen Verwaltung", Gütersloh 1991.

Klages, Helmut/Hippler, Hans-Jürgen/Herbert, Willi, Werte und Wandel, Ergebnisse und Methoden einer Forschungstradition, Frankfurt/New York 1992.

Littmann, Konrad, Finanzpolitik bei Bevölkerungsrückgang, Anmerkungen zu einer notwendigen Neuorientierung staatlicher Entscheidungen, "Speyerer Forschungsberichte" Nr. 74, Speyer 1989.

Luhmann, Niklas, Funktionen und Folgen formaler Organisation, 4. Auflage, Berlin 1995.

Mayntz, Renate/Luhmann, Niklas, Personal im öffentlichen Dienst – Eintritt und Karrieren –, Baden-Baden 1973.

Schaupensteiner, Wolfgang J., Submissionsabsprachen und Korruption im öffentlichen Bauwesen, in: Zeitschrift für Rechtspolitik 1993, S. 250 ff.

Schaupensteiner, Wolfgang J., Bekämpfung von Korruptionslinquenz, in: Kriminalistik, 8-9/1994, S. 514 ff.

Schulz, Winfried, Die Konstruktion von Realität in den Nachrichtenmedien, Analyse der aktuellen Berichterstattung, Freiburg/München 1976.

Tondorf, Karin, Leistungszulagen als Reforminstrument?, Berlin 1995.

Franz Kroppenstedt/Kai-Uwe Menz

3. Führungspositionen in der Verwaltung

Inhaltsübersicht

I. Bestimmung der Führungspositionen in der Verwaltung
II. Anforderungen an Führungspositionen
    1. Grundvoraussetzungen für effektive Führung
    2. Führungsaufgaben
    3. Folgen von Führungsfehlern
III. Heranbildung von Führungspersonal und Besetzung der Positionen
    1. Personalplanung und Fortbildung
    2. Besetzung von Führungspositionen
    3. Entziehung von Führungspositionen
IV. Ausgestaltung der Führungspositionen
    1. Befugnisse
    2. Leistungsanreize in Führungspositionen
V. Besondere Arten von Führungspositionen
    1. Politische Beamte
    2. Kommunale Wahlbeamte
    3. Öffentlich-rechtliche Amtsverhältnisse
VI. Reformüberlegungen
    1. Ausbau und Intensivierung der Führungsheranbildung
    2. Erprobung in Führungspositionen
    3. Vergabe von Spitzenpositionen nur noch auf Zeit
    4. Sonstige diskutierte Änderungen
    5. Ausblick

I. Bestimmung der Führungspositionen in der Verwaltung

Der Begriff der Führung ist vieldeutig. Jeder Verantwortliche wird in irgendeiner Weise führen. Allenfalls Leitlinien für die Führung können zentral vorgegeben werden. Führung in der Verwaltung kann generell bestimmt werden als zielorientierte soziale Einflußnahme auf das Mitarbeiterverhalten zur Erfüllung gemeinsamer Aufgaben. Wenn man diese Definition zugrunde legt, gibt es eine Vielzahl von Führungspositionen im öffentlichen Dienst, die vom Behörden- oder Abteilungsleiter bis zum Angehörigen des einfachen oder mittleren Dienstes reichen, der einen oder mehrere Kollegen anleitet. Führung umfaßt demnach alle Laufbahngruppen, kann Beamte ebenso wie Angestellte und Arbeiter betreffen und ist auch von der Tätigkeit her nicht einheitlich zu bestimmen.

Eine einheitliche Definition, die festlegt, was Führungspositionen in der öffentlichen Verwaltung sind, gibt es nicht. Um den Kreis der Führungspositionen in der Verwaltung festzulegen, die wesentlich Ausgestaltung und Aufgabenverantwortung des öffentlichen Dienstes bestimmen, kann der Ansatz vom statusrechtlichen Amt oder von der Aufgabe her erfolgen.

Das Personalsteuerungssystem des Laufbahnrechts kennt jedoch nur die Kategorie des "höheren Dienstes", die das Personal für den Fachdienst ebenso umfaßt wie die eigentlichen Leitungspositionen. Eine spezielle Differenzierung gibt es nicht. Auch die besoldungsrechtliche Einstufung der Ämter ist nur begrenzt ein Anhaltspunkt für die Wahrnehmung einer Führungsposition im öffentlichen Dienst. Die Einstufung der Ämter hängt im Rahmen der Wertigkeit der zugeordneten Funktionen und damit auch vom Umfang der Personalführungsfunktion ab. Umfassende Führungsaufgaben mit einem erheblichen Umfang von Personalverwaltung nehmen in obersten Bundesbehörden in der Regel Führungskräfte ab der Ebene der Unterabteilungsleiter wahr. Diese Ämter sind nach der Besoldungsordnung B nach B 6 eingestuft. Im nachgeordneten Bereich gibt es Führungspositionen mit umfassender Personalführung bereits im Bereich der Besoldungsordnung A (z.B. der Direktor einer großen Schule oder der Leiter (Vorsteher) eines Finanzamtes).

Einen anderen Ansatzpunkt für die Bestimmung von Führungspositionen hat der Perspektivbericht der Bundesregierung über die Fortentwicklung des öffentlichen Dienstes. Dieser sieht vor, Führungspositionen in Zukunft erst nach Ableistung einer Erprobungszeit auf Dauer zu vergeben. Zu diesen Positionen sollen im Bundesbereich die herausgehobenen Dienstposten aller Behördenleiter sowie Unterabteilungsleiter und Abteilungsleiter der obersten Bundesbehörden gehören. In Niedersachsen hat eine

Arbeitsgruppe "Führungspositionen auf Zeit" ein Modell vorgelegt, das alle Ämter der Besoldungsgruppen B 3 bis B 6 oder B 4 bis B 6 umfassen soll. Dies entspricht ungefähr dem Kreis von Ämtern, den der Perspektivbericht für die Erprobungszeit in Führungspositionen vorgesehen hat.

Teilweise wird noch zwischen Führungskräften und Führungsspitzenkräften unterschieden. Führungskräfte sollen danach die Referatsleiter in den Ministerien und bestimmte Leiter von Behörden sein. Führungsspitzenkräfte sollen diejenigen zwischen der Ebene der Führungskräfte und der politischen Ebene sein. Diese beiden Gruppen sollen z.B. im Rahmen der Fortbildung unterschiedlich behandelt werden.

Zur Untersuchung der Führungspositionen scheint es am sachgerechtesten, darauf abzustellen, daß die entsprechenden Personen Führungsverantwortung für eine nicht nur unerhebliche Zahl von Personen haben und Entscheidungen treffen, die Arbeit und Gestaltung eines ganzen Bereichs zumindest einer Behörde wesentlich mitbestimmen. Die nachfolgenden Ausführungen betreffen daher die Ebene der Unterabteilungsleiter und Abteilungsleiter in obersten Bundesbehörden, aber auch die der Leiter von großen Behörden oder Organisationseinheiten im nachgeordneten Bereich. Die Darlegungen konzentrieren sich auf die Darstellung der Bundesverwaltung. Sie gelten grundsätzlich auch für den Bereich der Länder, in einzelnen Fragen können jedoch in Ländern spezifische Abweichungen bestehen, deren Berücksichtigung den Rahmen der Darstellung über Gebühr beanspruchen würde. Da Führungspositionen in der Verwaltung überwiegend von Beamten wahrgenommen werden, erfolgt die Darstellung aus der Sicht des Beamtenrechts.

II.   Anforderungen an Führungspositionen

1.   Grundvoraussetzungen für effektive Führung

Menschenführung beinhaltet keinen Mechanismus, sondern ist eine stetige wechselseitige Beziehung, die den Mitarbeiter als eigenständiges individuelles Wesen begreift, befähigt zum wirkungsvollen Handeln aus innerer Überzeugung. Wer Menschen führen will, muß ihnen Perspektiven aufzeigen können. Führungsethik will Impulse geben, Ziele aufzeigen, Wege weisen, Sinn vermitteln. Die menschliche Persönlichkeit bestimmt ihre Autorität nicht selbst. Ob ein Führender die von ihm erwarteten Merkmale verkörpert, das sagen ihm die Geführten.

Um diesen Anforderungen zu entsprechen, muß der Inhaber von Führungspositionen heute einen Führungsstil praktizieren, der der grundsätzlich hierarchischen Ordnung Elemente der Kooperation einfügt. Vor allem jüngere Mitarbeiter sind gegenüber förmlicher Autorität kritischer eingestellt und machen ihre Rechte und Ansprüche nachdrücklicher geltend als früher. Dies geht einher mit dem Verlangen nach sinnvoller, ausfüllender Arbeit sowie mit Zweifeln an der Bedeutung beruflicher Erfolge im Vergleich zu anderen Interessen. Flexibilität und Rationalität, nicht zuletzt ein großes Ausmaß an Mitarbeiterbeteiligung gehören zu den wichtigen Prinzipien der Führung. Dies findet in Konzepten kooperativer Führung und Zusammenarbeit Ausdruck, die an Führungskräfte insbesondere folgende Anforderungen stellen:
– Sie sollten die Fähigkeit zum effizienten und zielorientierten Lösen komplexer Sachaufgaben haben.
– Sie sollten die Fähigkeit haben, Mitarbeiter zur Leistung motivieren zu können.
– Sie sollten die Fähigkeit zur verantwortlichen Führung nach innen und außen haben.

2. *Führungsaufgaben*

Kernstück des kooperativen Führungsstils ist die Delegation von Aufgaben zur eigenverantwortlichen Bearbeitung. Sie erfordert klare Zielsetzungen, zweckgerichtete wechselseitige Informationen und Ergebniskontrolle.

Im Rahmen der Personalführung soll der Vorgesetzte die Mitarbeiter auch entsprechend ihren Fähigkeiten einsetzen und planmäßig fördern. Dazu bietet sich der Einsatz in verschiedenen Aufgabenbereichen an, der auch die Gelegenheit bietet, Erfahrungen zu sammeln und die Befähigung für einen Posten zu beweisen. Auf diese Art und Weise können personelle Potentiale für neue Aufgaben und Anforderungen gebildet werden, die einen effektiven Personaleinsatz erleichtern.

Man hat zutreffend darauf hingewiesen, daß die bisweilen vertretene Ansicht, Sinn der Hierarchie sei nur die Koordination, und über die zur Bearbeitung eines Einzelfalles notwendigen Kenntnisse verfüge letztendlich nur der – nachgeordnete – Bearbeiter, falsch ist. Leitungsfunktion hat vielmehr eigene Qualitätsanforderungen, z.B. hinsichtlich der Planung, der Realisierungsvorgaben, der Koordination und Kontrolle. Deshalb muß der Vorgesetzte jederzeit in der Lage sein, sich mindestens in das einem nachgeordneten Beamten zugewiesene Arbeitsgebiet bei Bedarf einzuarbeiten und sich die notwendigen Fachkenntnisse anzueignen.

3. Folgen von Führungsfehlern

Die verantwortliche Ausübung der Führung ist von entscheidender Bedeutung für die wirkungsvolle und effiziente Aufgabenwahrnehmung der Behörde bzw. der betreffenden Organisationseinheit im Interesse des Allgemeinwohls. Der Vorgesetzte ist der Zentralschlüssel zum Leistungswillen der Mitarbeiter. In der Praxis häufige Führungsfehler, die sich negativ auf die Mitarbeiter auswirken, sind:

- Schlechtes Informationsverhalten der Vorgesetzten erschwert Mitarbeitern die Identifizierung mit den Aufgaben der Dienststelle und bedingt einen Vertrauensverlust.
- Einsame Entscheidungen in Führungspositionen beanspruchen einen Herrschaftsanspruch, der auf Untergebene demotivierend wirkt.
- Fehlende Mitwirkungsmöglichkeiten von Untergebenen und mangelnde Gesprächsbereitschaft von Vorgesetzten beeinträchtigen Initiative und Engagement.
- Kompetenzgerangel wird durch Vorgesetze verursacht, wenn diese an Untergebenen vorbei dessen Kollegen Anweisungen erteilen oder getroffene Absprachen nicht einhalten. Dies beeinträchtigt die Arbeitsleistung von Untergebenen.
- Kommunikationsfehler bedingen Verständnisprobleme, die dazu führen, daß Untergebene nicht Verständigungsbereitschaft sondern Abwehrverhalten demonstrieren.

Diese Führungsfehler können, neben anderen Ursachen, zu Einschränkungen der Arbeitsleistungen von Mitarbeitern führen, die bis zur "inneren Kündigung" gehen, d.h. die Betroffenen tun ihre Pflicht, aber Eigeninitiative, Kreativität und Engagement werden für die Freizeit aufgespart. In diesen Fällen tragen Führungskräfte durch ihre Aufgabenwahrnehmung nicht dazu bei, Mitarbeiter zu motivieren und die Leistung zu fördern, sondern bewirken das Gegenteil.

III. Heranbildung von Führungspersonal und Besetzung der Positionen

1. Personalplanung und Fortbildung

Im öffentlichen Dienst in der Bundesrepublik Deutschland gibt es kein allgemein verbindliches Konzept für die Heranbildung von Führungsnachwuchs. Fortbildungskonzepte für Mitarbeiter des höheren Dienstes, die als Führungskräfte geeignet erscheinen, haben die Länder Bayern und Baden-Württemberg. Die Hochschule für Verwaltungswissenschaften Speyer führt ein Führungskolleg für Angehörige des höheren Dienstes der Länder Rheinland-Pfalz, Hessen, Niedersachsen, Saarland, Schleswig-Holstein und der Bundesanstalt für Arbeit durch. Auch gibt es eigene Führungsakademien für den öffentlichen Dienst, z.B. die Polizei-Führungsakademie der Länder in Münster-Hiltrup.

Als Trägerin der zentralen Fortbildungsmaßnahmen des Bundes hat die Bundesakademie für öffentliche Verwaltung für den höheren Dienst der Bundesverwaltung ein eigenes Konzept zur Fortbildung von Führungskräften entwickelt. Dieses stufenweise durchgeführte Fortbildungsprogramm ist dazu bestimmt, die Mitarbeiter mit aufeinander abgestimmten Qualifizierungsmaßnahmen von Stufe zu Stufe des dienstlichen Werdegangs bis gegebenenfalls zur Wahrnehmung von Spitzenpositionen der Bundesverwaltung zu begleiten. Den Dienststellen wird damit die Bildung eines Kreises von Mitarbeitern ermöglicht, die entsprechend vorbereitet für die Wahrnehmung von Führungspositionen auf den verschiedenen Führungsebenen der Ministerien und des nachgeordneten Bereichs zur Verfügung stehen. Kernstück des Programms ist der vierwöchige Lehrgang zur Fortbildung von Führungskräften, der sich an Referenten wendet, die vor der Ernennung zum Referatsleiter stehen oder diese Position seit kurzer Zeit innehaben. Das Stufensystem wird seit 1993 abgerundet durch spezielle Sonderprogramme für Unterabteilungsleiter und Abteilungsleiter der Ministerien.

Diese beispielhafte Aufzählung zeigt, daß in Deutschland ein reichhaltiges Angebot für die Vermittlung von Führungswissen besteht. Gleichwohl sind Defizite festzustellen. So wird zum Beispiel darauf hingewiesen, daß eine Teilnahmeverpflichtung an Fortbildungsmaßnahmen vor der Übertragung von Spitzenpositionen grundsätzlich nicht besteht und damit eine integrierte Fortbildungs- und Verwendungsplanung weitgehend unterbleibt. In diesem Zusammenhang blickt man vergleichend auf die Unternehmen der Wirtschaft mit ihren ausgefeilten Entwicklungs- und Verwendungssystemen für Führungskräfte. Im öffentlichen Dienst wird den Führungskräften zwar hinreichend Fortbildung angeboten, jedoch erfolgt dies häufig voraussetzungslos, d. h. nicht gezielt auf spätere Verwendungen und zu häufig ohne Konsequenzen, also ohne für den Mitarbeiter wahrnehmbaren Ertrag in seinem weiteren Einsatz. Insbesondere im Fehlen eines speziellen Rekrutierungssystems für Führungskräfte wird eine Lückenhaftigkeit des Personalsteuerungssystems gesehen.

Die Verknüpfung von Fortbildung und gezielter Personaleinsatzplanung ist in Anbetracht der steigenden Ansprüche an die Verwaltungs-Führungskräfte und knapper werdenden Ressourcen in der Tat geboten. Man wird hier allerdings keine kurzfristigen Erfolge erwarten können. Insoweit kommt es darauf an, kontinuierlich in dieser Richtung zu wirken. Die Heranbildung eines Führungsnachwuchses ist sicher eine Herausforderung auch für die Zukunft. Die Weiterentwicklung der Fortbildung und ständige Anpassung an die Anforderungen von Wissenschaft und Praxis sollte dabei ein wesentlicher Grundstein sein.

2. *Besetzung von Führungspositionen*

Für die Besetzung von Führungspositionen ist kein besonderes Auswahlverfahren vorgesehen, das die spezifischen Anforderungen besonders berücksichtigt. Eignung, Befähigung und Leistung sind die allgemeinen Auswahlkriterien, die bei der Besetzung von Führungspositionen allerdings vor dem Hintergrund der genannten Anforderungen zu sehen sind. Demnach müssen die Bewerber den Nachweis erbringen, geeignet und befähigt zu sein, gerade den Anforderungen an die in Frage kommende Führungsposition zu entsprechen und dies auch durch ihre bisherige fachliche Leistung belegen.

Das Verfahren der Besetzung von Führungspositionen weist einige Abweichungen gegenüber der sonstigen Beförderungspraxis bei Beamten auf. Die Beförderung soll allgemein an den Prinzipien der Chancengleichheit, der Objektivität, der Leistung und der Transparenz ausgerichtet sein. Die Einhaltung dieser Grundsätze sollte insbesondere bei Beförderungen in Führungspositionen beachtet werden. Derartige Beförderungen unterliegen in der Öffentlichkeit, aber auch in den Behörden selbst, einer kritischen Beobachtung, da gerade in diesem Zusammenhang häufig gemutmaßt wird, die Beförderung erfolge aufgrund anderer Kriterien als Eignung, Leistung und Befähigung.

Eine Pflicht zur externen Stellenausschreibung bei Beförderungsposten besteht nicht. Beförderungsdienstposten sollen im Behördenbereich intern ausgeschrieben werden. Von einer Ausschreibung kann, generell oder im Einzelfall insbesondere abgesehen werden, wenn Gründe der Personalplanung oder des Personaleinsatzes entgegenstehen (§ 4 Abs. 2 Bundeslaufbahnverordnung).

Die Beförderung von Beamten unterliegt grundsätzlich der Beteiligung des Personalrats im eingeschränkten Mitbestimmungsverfahren (§ 76 Bundespersonalvertretungsgesetz). Dies gilt jedoch unter anderem nicht für Beamtenstellen von der Besoldungsgruppe A 16 an aufwärts (§ 77 Abs. 1 Bundespersonalvertretungsgesetz). Durch diese Regelung soll die Unabhängigkeit von Beschäftigten in leitenden Positionen gewahrt werden, wozu auch gehört, daß die Dienststelle bei den in Frage stehenden Personalmaßnahmen möglichst unabhängig von der Beteiligung der Personalvertretung sein soll.

Weiterhin ist für Bundesbeamte zu beachten, daß nach § 15 der Geschäftsordnung der Bundesregierung Vorschläge zur Ernennung von Beamten, die jederzeit in den einstweiligen Ruhestand versetzt werden können (politische Beamte gem. § 36 des Bundesbeamtengesetzes), Beamten, die nach der Besoldungsordnung feste Gehälter beziehen (Besoldungsordnung B) sowie von Ministerialräten (d.h. in den Ministerien auch Beamte der Besoldungsgruppe A 16) und Ministerialbeamte gleichen Rangs, der Bundesregierung (dem Kabinett) zu unterbreiten sind. Die Ernennung obliegt nach Art. 60 des Grundgesetzes dem Bundespräsidenten, der dies für Bundesbeamte der Besoldungsordnung B auch selbst ausübt, während er das Ernennungsrecht im übrigen delegiert hat.

Der Beamte hat keinen Anspruch auf Beförderung, wohl aber einen Anspruch auf ermessensfehlerfreie Entscheidung des Dienstvorgesetzten. Die Fürsorgepflicht und die Pflicht zur beiderseitigen Treue verbietet es, den Beamten aus unsachlichen Erwägungen pflichtwidrig von einer Beförderung auszuschließen, oder die Beförderung in gesetzeswidriger oder ermessensfehlerhafter Weise zu verzögern. Dies gilt auch für die Beförderung in Führungspositionen.

In diesem Zusammenhang werden in nicht geringem Umfang Klagen einer fortschreitenden Einwirkung der Parteipolitik auf die öffentliche Personalwirtschaft erhoben. Schon Untersuchungsergebnisse aus den frühen 70er Jahren ließen bei den Inhabern von Spitzenpositionen und den sogenannten "Erfolgreichen" erkennen, daß in deren Einschätzung die "Zugehörigkeit zur richtigen Partei" zu etwa 40 % als bedeutsam angesehen wurde. Diese Entwicklung hat sowohl negative Auswirkungen auf die Verwaltung insgesamt (Gefährdung der Unparteilichkeit der Verwaltung, Schwund des Vertrauens der Bevölkerung) wie auch auf Bewerber, die "nicht-privilegiert" sind (Verringerung der Leistungsbereitschaft, Abneigung obere Führungspositionen überhaupt anzustreben). Man ist teilweise sogar der Auffassung, daß die Parteien dort, wo sie Regierungsverantwortung tragen, von den Beamten häufig Parteidienste in einem Ausmaß erwarten, daß für den eigentlich geschuldeten Dienst am Volk nur die Abfallprodukte übrig bleiben. Die politischen Beamtenpflichten könnten demgegenüber nur dann mit Leben erfüllt werden und die ihnen von der Verfassung und den Beamtengesetzen zugeschriebene Kraft auch tatsächlich entwickeln, wenn die Parteien und gesellschaftlichen Kräfte wie z.B. die Gewerkschaften davon ablassen, das Berufsbeamtentum zu deformieren und umzufunktionieren.

Die beklagte Tendenz, die politische Einflußnahme auf den öffentlichen Dienst auszuweiten, ist sicher nicht völlig von der Hand zu weisen. Indes scheint die Kritik teilweise überzogen. Der öffentliche Dienst erfüllt seine Aufgabe im Dienste des ganzen Volkes. Berechtigte Kritik in einzelnen Fällen oder einzelnen Bereichen sollte ernst genommen werden und das Bewußtsein, daß die Angehörigen des öffentlichen Dienstes auch in Führungspositionen, nicht nur einer Partei sondern dem Staat zu dienen haben, bei den Entscheidungsträgern der öffentlichen Verwaltung und bei den politisch Verantwortlichen geschärft werden.

3. Entziehung von Führungspositionen

Soweit Führungskräfte ihren Aufgaben nicht oder nicht mehr gewachsen sind, besteht die Möglichkeit der Umsetzung. Die Umsetzung ist aus der Stellung des Dienstvorgesetzten und seiner Organisationsgewalt abzuleiten. Der Dienstvorgesetzte trifft die Entscheidung nach pflichtgemäßem Ermessen. Das Bundesverwaltungsgericht sieht – entgegen früherer Rechtsprechung – auch bei der Entziehung von Leitungsfunktionen keine Einschränkung des Ermessens. Für eine Umsetzung ist nur Voraussetzung, daß sie zur Aufgabenerfüllung notwendig ist und daß der Aufgabenbereich des neuen Dienstpostens dem abstrakten Aufgabenbereich des statusrechtlichen Amtes entspricht. Die Umsetzung ist daher in der Praxis mit um so mehr Problemen behaftet, je höherrangiger der Dienstposten des Umzusetzenden ist. So kann ein Abteilungsleiter – mangels vergleichbarem Dienstposten – kaum auf eine andere Stelle umgesetzt werden, während ein Referatsleiter – wenn auch mit Schwierigkeiten – umsetzbar ist.

Andere personalrechtliche Maßnahmen, sieht man von dem Kreis der politischen Beamten ab, bieten meist keine weitergehenden Möglichkeiten. Versetzungen zu einer anderen Dienststelle werden nur in wenigen Fällen die Probleme lösen. Auch insoweit ist Voraussetzung, daß das neue Amt mit demselben Endgrundgehalt versehen ist wie das bisherige. Disziplinarrechtliche Maßnahmen sind bei unverschuldeter Nichtbewährung ebenfalls nicht einsetzbar. Aus diesem Grund wird seit längerem gefordert, Führungskräfte erst in Leitungspositionen zu erproben, bevor ihnen eine entsprechende Position auf Dauer übertragen wird, oder sie nur auf Zeit zu übertragen.

IV. Ausgestaltung der Führungspositionen

1. Befugnisse

Die Wahrnehmung von Führungspositionen in der öffentlichen Verwaltung ist als solche nicht besonders rechtlich geregelt. Gesetzlich erwähnt sind lediglich der Dienstvorgesetzte und der Vorgesetzte.

Der Dienstvorgesetzte ist für die beamtenrechtlichen Entscheidungen über die persönlichen Angelegenheiten der ihm nachgeordneten Beamten zuständig (§ 3 Abs. 2 Bundesbeamtengesetz). In aller Regel ist das der Behördenleiter. Zumindest in großen Behörden überträgt dieser die Aufgabe an eine Personalabteilung. Der Dienstvorgesetzte entscheidet unter anderem über den Personaleinsatz, dienstliche Beurteilung des Beamten, Gewährung von Urlaub, den Verlust der Dienstbezüge bei schuldhaftem Fernbleiben vom Dienst (§ 9 Bundesbesoldungsgesetz) und die erste Feststellung der Dienstunfähigkeit.

Vorgesetzter ist, wer dem Beamten für seine dienstlichen Tätigkeiten Anweisungen erteilen kann (§ 3 Abs. 2 Bundesbeamtengesetz). Die Zuständigkeit des Vorgesetzten erstreckt sich und beschränkt sich zugleich auf sachliche Weisungen für die dienstliche Tätigkeit. Der Vorgesetzte ist im Gesetz nur an wenigen Stellen genannt (z.B. Beratungs-, Unterstützungs- und Gehorsamspflicht des Beamten gegenüber dem Vorgesetzten, § 55 Bundesbeamtengesetz).

Neben dem Dienstvorgesetzten und dem Vorgesetzten sind noch den obersten Dienstbehörden diejenigen beamtenrechtlichen Personalentscheidungen übertragen, die ihnen ausdrücklich vorbehalten sind. Dazu gehören unter anderem die Rücknahme einer Beamtenernennung (§ 13 Abs. 2 Bundesbeamtengesetz) oder die Entlassung eines Beamten wegen Verlustes der Eigenschaft als Deutscher.

Die rechtlichen Gegebenheiten im öffentlichen Dienst und die Aufteilung der Kompetenzen für Führungsverantwortung zwischen Oberster Dienstbehörde, Dienstvorgesetztem und Vorgesetzten führt dazu, daß die Führungsmittel, d.h. die Möglichkeit des Vorgesetzten auf seine Mitarbeiter einzuwirken, auf verschiedene Instanzen aufgeteilt sind. Wichtige Führungsmittel im öffentlichen Dienst, die in der Regel der Vorgesetzte anwendet, sind unter anderem:
- Grundsatzentscheidungen (zentrale Vorgaben für das Entscheidungshandeln der Mitarbeiter),

- Einzelfallentscheidungen (in Einzelfällen von übergeordnetem Interesse gibt der Vorgesetzte Handlungsanweisungen),
- Delegation von Aufgaben, Befugnissen und Verantwortung,
- Information und Kommunikation,
- Dienstaufsicht und Erfolgskontrolle,
- Anerkennung und Kritik.

Wesentlich für Vorgesetzte ist, daß sie als Korrelat zur Handlungsfreiheit die Verantwortung tragen. Der Vorgesetzte bleibt auch bei Delegation von Aufgaben in Grenzen weiter für die Tätigkeit seiner Mitarbeiter verantwortlich. Er hat klare Aufträge zu erteilen, die Mitarbeiter zu beaufsichtigen und ist für die Bereitstellung der sachlichen und personellen Mittel der Durchführung des Auftrags verantwortlich. Weitere indirekte Führungsmittel, die meist für die ganze Behörde oder Verwaltung entwickelt sind, obliegen in der Regel dem Dienstvorgesetzten, häufig jedoch im Zusammenwirken mit dem Vorgesetzten:

- Stellenbeschreibung (im Vorgesetzten-Mitarbeiter-Verhältnis regelt die Stellenbeschreibung vor allem den Umfang der Delegation, der Informationsrechte und -pflichten und bildet eine Grundlage für Befähigungs- und Leistungsbeurteilungen).
- Dienstpostenbewertung (Erfassung, Messung, und Gewichtung der Anforderungen, die ein einzelner Arbeitsplatz seinem jeweiligen Inhaber stellt).
- Mitarbeiterbeurteilung (Erfassung von Eignung, Befähigung und Leistung des einzelnen am Arbeitsplatz).
- Führungsrichtlinie (in Führungsrichtlinien sind die für die Behörde oder Verwaltung geltenden Führungsgrundsätze zusammengefaßt).
- Vorschlagswesen (das Vorschlagswesen ist Ausdruck praktischen Mitdenkens, Mitgestaltens und Mitverantwortens durch die Mitarbeiter und spiegelt das Arbeitsklima und den Führungsstil wider).

Mit der Wahrnehmung der Führungsbefugnisse sind keine besonderen Berechtigungen verbunden. Insbesondere gibt es keine Privilegien höherer Führungskräfte. Behauptungen, die dahin gehen, hohen Funktionsträgern würden durch die bestehende Regelung Vorzimmer, Dienstwagen, Raumgröße und -ausstattung als Statussymbole zugestanden, sind unzutreffend. Die den Mitarbeitern zur Verfügung gestellten Mittel und Räume dienen allein der effektiven Wahrnehmung der übertragenen Aufgabe.

2. Leistungsanreize in Führungspositionen

Das Besoldungs- und Statusrecht enthalten – von einigen wenigen Bereichen abgesehen – nur die Übertragung höherer Ämter als Leistungsanreiz. Damit steht das Bezahlungssystem der Beamten im Vergleich zu anderen Bezahlungssystemen relativ dürftig da. Befragungen von Führungskräften in der Ministerialverwaltung haben ergeben, daß positive Aspekte ihres Berufs und ihrer Arbeit in erster Linie die bestehenden Gestaltungsmöglichkeiten und der Einfluß auf Entscheidungen sind. Die Motivation von Angehörigen der Führungspositionen erfolgt daher zu einem hohen Prozentsatz aus deren Selbstverständnis.

Unabhängig davon wird jedoch seit längerem diskutiert, wie als Grundlage für Leistungsanreize die Leistung insbesondere auch bei Führungskräften sachgerecht bewertet werden kann. Hier sei nur auf die Auffassung von solchen Autoren verwiesen, die ein umfassendes, leistungsorientiertes Anreizsystem fordern, das nicht allein auf eine finanzielle Anerkennung abzielt, sondern durch das auch andere Möglichkeiten der Motivation (z.B. Anerkennung, Gewährung von Arbeitsautonomie) berücksichtigt werden. Dies erfordere Stellenbeschreibungen auf arbeitsanalytischer Grundlage, die zwar methodisch arbeitsaufwendig seien, aber zu eher akzeptablen Arbeitsanforderungen führten.

Dieser Auffassung ist mit Einschränkungen zuzustimmen. Eine sachgerechte Dienstpostenbewertung erleichtert zwar die Leistungsbewertung, ist aber keine unverzichtbare Grundlage. Die Fortentwicklung der funktionsbezogenen Dienstpostenbewertung ist ein schwieriges Problem im öffentlichen Dienst, das einen erheblichen Zeit- und Arbeitsaufwand erfordert. Die Weiterentwicklung der Beurteilungspraxis kann aber nicht von der Fortentwicklung der Dienstpostenbewertung abhängig gemacht werden.

V. Besondere Arten von Führungspositionen

Im Bereich der öffentlichen Verwaltung gibt es neben den allgemeinen Regelungen einige gesetzlich speziell geregelte Führungspositionen, die im Überblick kurz dargestellt werden.

1. Politische Beamte

Das Grundgesetz sieht nach Auffassung des Bundesverfassungsgerichts im Berufsbeamtentum eine Institution, die, gegründet auf Sachwissen, fachliche Leistung und loyale Pflichterfüllung, eine stabile Verwaltung sichern und damit einen ausgleichenden Faktor gegenüber den das Staatsleben gestaltenden politischen Kräften darstellt (BVerfGE 7, 155, 162). Dementsprechend sind die politischen Ämter von denen der Verwaltung zu trennen.

Die Mitglieder der Regierung stehen aufgrund ihrer Ernennung in einem öffentlich-rechtlichen Amtsverhältnis, das auf die Wahrnehmung eines Regierungsamtes gerichtet ist. Als parlamentarisch verantwortliche Amtsträger leiten sie ihren Geschäftsbereich im Rahmen der Richtlinien der Politik selbständig und unter eigener Verantwortung (Art. 65 des Grundgesetzes). Sie sind an Weisungen nicht gebunden und unterliegen keiner Disziplinargewalt. Den Mitgliedern der Bundesregierung sind Parlamentarische Staatssekretäre zugeordnet. Sie unterstützen die Mitglieder der Bundesregierung bei der Erfüllung ihrer Regierungsaufgaben und stehen in einem spezialgesetzlich geregelten öffentlich-rechtlichen Amtsverhältnis. Die Mitglieder der Bundesregierung müssen in Wahrnehmung ihrer politischen Verantwortung jederzeit in der Lage sein, das Verhalten des öffentlichen Dienstes nach ihren politischen Vorstellungen und insbesondere nach ihren politischen Entscheidungen auszurichten. Die umfassende Lenkbarkeit des öffentlichen Dienstes und damit der Bundesverwaltung durch die Bundesregierung bzw. ihrer einzelnen Mitglieder wird durch eine umfassende sachliche Abhängigkeit der Verwaltung gegenüber der Regierung sichergestellt.

Der wesentliche Unterschied zu den Führungspositionen in der öffentlichen Verwaltung besteht in zweierlei Hinsicht:
- Bundesminister können nach Art. 64 Grundgesetz auf Vorschlag des Bundeskanzlers jederzeit vom Bundespräsidenten entlassen werden. Dies gilt auch für die Parlamentarischen Staatssekretäre. Das Dienstverhältnis der Beamten ist demgegenüber als öffentlich rechtliches Dienst- und Treueverhältnis auf Lebenszeit angelegt.
- In politischen Spitzenämtern werden die politischen Vorgaben, das heißt die Richtlinien der Politik, vorgegeben, während die Spitzenpositionen der Verwaltung für die Umsetzung der politischen Führungsentscheidungen zu sorgen haben.

An der "Nahtstelle zwischen Politik und Verwaltung" stehen die politischen Beamten: Dies sind Beamte, die ein Amt bekleiden, bei dessen Ausübung sie in fortdauernder Übereinstimmung mit den grundsätzlichen politischen Einsichten und Zielen der Regierung stehen müssen. Der Personenkreis ist in den Beamtengesetzen abschließend aufgezählt (z.B. Staatssekretäre und Ministerialdirektoren, Beamte des höheren Dienstes im auswärtigen Dienst von der Besoldungsgruppe A 16 an aufwärts, Beamte des höheren Dienstes des Bundesamtes für Verfassungsschutz und des Bundesnachrichtendienstes von der Besoldungsgruppe A 16 an aufwärts).

Ein politischer Beamter kann als Beamter auf Lebenszeit jederzeit in den einstweiligen Ruhestand versetzt werden. Unabhängig von zeitlichen oder sonstigen sachlichen Bindungen genügt ein sachlicher Grund, der die fortdauernde Übereinstimmung der Amtsführung des Beamten mit der Regierungspolitik in Frage zu stellen geeignet ist. Es müssen sich Bedenken gegen die Fähigkeit oder Bereitschaft in der Person des von der Versetzung in den einstweiligen Ruhestand betroffenen Beamten ergeben. Wegen der besonderen Stellung des Beamten kommt es in erster Linie auf das intakte Vertrauens- und Kontaktverhältnis zur Regierung und speziell dem jeweiligen Fachminister an, so daß persönliche Imponderabilien die Versetzung in den einstweiligen Ruhestand rechtfertigen können.

2. *Kommunale Wahlbeamte*

Kommunale Wahlbeamte sind in den Gemeindeordnungen der Länder vorgesehene, mit leitenden Funktionen beauftragte hauptamtliche oder ehrenamtliche Kommunalbeamte im staatsrechtlichen Sinn, die für eine bestimmte Zeit von den Gemeindevertretungen oder unmittelbar von den Gemeindebürgern gewählt werden. Sie ragen aus dem eigentlichen Verwaltungsbereich hinaus in den Raum des Gemeindeverfassungslebens und haben daher eine Stellung, die zwischen dem Beamtenrecht und Kommunalverfassungsrecht angesiedelt ist. Die Rechtsstellung bestimmt sich primär nach den Beamtengesetzen der Länder, ist aber weiterhin durch die kommunalverfassungsrechtlichen Vorschriften über Berufung, Stellung und Aufgaben wesentlich mitbestimmt. Traditionell stehen sie im Beamtenverhältnis auf Zeit. Die konkrete Ausgestaltung der Rechtsstellung differiert von Land zu Land. Hingewiesen sei nur darauf, daß die Gemeindeordnungen häufig Möglichkeiten der Abwahl ohne sachliche Voraussetzungen eröffnen.

Das Bundesverfassungsgericht hat wegen der Sonderstellung der kommunalen Wahlbeamten die Existenz besonderer hergebrachter Grundsätze des Berufsbeamtentums anerkannt. Daher besteht für den Gesetzgeber eine größere Gestaltungsfreiheit als ihm im Bereich des allgemeinen Beamtenrechts zukommt. Allerdings stellt das Bundesverfassungsgericht auch fest, daß der kommunale Wahlbeamte nicht in Art. 33 Abs. 5

des Grundgesetzes gewährleistet ist und daß kommunale Wahlbeamte von Verfassungs wegen nicht in ein Beamtenverhältnis berufen werden müssen. Solange sie in einem Dienstverhältnis stehen, gelten für sie jedoch die Grundsätze des Art. 33 Abs. 5 des Grundgesetzes.

3. Öffentlich-rechtliche Amtsverhältnisse

In einem öffentlich-rechtlichen Amtsverhältnis stehen unter anderem der Bundesbeauftragte für den Datenschutz, der Bundesbeauftragte für die Unterlagen des Staatssicherheitsdienstes der ehemaligen DDR und die Mitglieder des Direktoriums der Bundesbank und die Vorstände der Landeszentralbanken (§§ 7 Abs. 4, 8 Abs. 5 des Gesetzes über die Deutsche Bundesbank).

Beispielhaft sei auf das öffentlich-rechtliche Dienstverhältnis des Direktoriums der Deutschen Bundesbank eingegangen. Der Präsident, der Vizepräsident und die bis zu sechs Mitglieder des Direktoriums werden vom Bundespräsidenten auf Vorschlag der Bundesregierung für grundsätzlich acht Jahre bestellt. Die Rechtsverhältnisse der Mitglieder des Direktoriums gegenüber der Bundesbank werden durch Vertrag mit dem Zentralbankrat geregelt (insbesondere Gehälter, Ruhegehälter und Hinterbliebenenbezüge). Die Verträge bedürfen der Zustimmung der Bundesregierung.

Das öffentlich-rechtliche Amtsverhältnis ist kein Beamtenverhältnis. Die in einem öffentlich-rechtlichen Amtsverhältnis stehenden Personen befinden sich in einer öffentlich-rechtlichen Beziehung zum Bund. Bindungen an das Beamtenrecht (Laufbahnen, Besoldung, Disziplinarrecht) bestehen nicht. Das öffentlich-rechtliche Amtsverhältnis bedarf stets einer besonderen Begründung. Die Sonderregelung für die Deutsche Bundesbank wird durch die verfassungsmäßige Sonderstellung als Währungs- und Notenbank (Art. 88 Grundgesetz) gerechtfertigt. Eine unbeschränkte Ausdehnung des Modells der öffentlich-rechtlichen Amtsverhältnisse wäre verfassungsrechtlich bedenklich, da Art. 33 Abs. 5 Grundgesetz einer beliebigen Einführung neuer, von den beiderseitigen Bindungen des Beamtenrechts gelöster öffentlich-rechtlicher Amts- oder Dienstverhältnisse entgegensteht.

Zu beachten ist, daß gerade in Leitungspositionen die hergebrachte gesicherte Rechtsstellung des Beamten eine rechtmäßige, unparteiische Amtsführung gewährleisten und ihn in die Lage versetzten soll, unsachlichen Beeinflussungen zu widerstehen. Außerdem werden durch öffentlich-rechtliche Verträge zur Regelung der persönlichen Rechtsstellung, insbesondere der Gehälter, der Versorgung und der Haftung, diese der im Beamtenverhältnis regelmäßig gegebenen demokratischen und öffentlichen Kontrolle durch das Gesetzgebungsverfahren entzogen.

Die in diesem Abschnitt genannten besonderen Führungspositionen sind indessen keine Modelle allgemeiner Art für die Wahrnehmung von Leitungspositionen im öffentlichen Dienst.

VI. Reformüberlegungen

Man hat noch 1986 die These aufgestellt, der deutsche öffentliche Dienst sei in Ausbildung und Fortbildung von Führungskräften nicht sehr erfahren. Entsprechend undeutlich seien bisher die Inhalte der Aus- und Fortbildung sowie die spätere Verwendung der Führungskräfte konzipiert. Die Darstellung der Auswahl von Führungspersonal und Besetzung entsprechender Positionen und die Ausgestaltung der Leitungspositionen belegt, daß hier auch weiterhin die Innovationskraft der Verwaltung gefragt ist.

1. Ausbau und Intensivierung der Führungsheranbildung

Zum Ausbau und zur Intensivierung der bestehenden Ansätze zu einer planvollen Führungsheranbildung bestehen verschiedene Möglichkeiten. Zur Versorgung der Verwaltung mit geeigneten Führungskräften kommt es darauf an, Personalplanung, Personalentwicklung und Fortbildung sinnvoll zu verknüpfen. Dies soll Grundlage dafür sein, daß einerseits qualifizierte Führungsnachwuchskräfte entdeckt, gewonnen und gezielt gefördert werden, und daß andererseits alle Mitarbeiter, die voraussichtlich mit Führungsaufgaben betraut werden, nach und nach im Wege unterschiedlicher Verwendungen und durch Teilnahme an inhaltlich wie methodisch mit der Karriereentwicklung korrespondierenden Fortbildungsmaßnahmen systematisch darauf vorbereitet werden.

In diesem Zusammenhang ist auf Ansätze zu verweisen, deren Ausbau nach und nach erfolgen soll, wie verbesserte Beurteilungsverfahren, Personalführungsgespräch, Konzepte für eine leistungsorientierte Förderung insbesondere Sicherung und Förderung der Lernfähigkeit der Mitarbeiter und dabei die Beachtung eines ausgewogenen Verhältnisses von Spezialisierung und Generalisierung (Symmetrie fachbezogenen Basiswissens, Führungs- und Managementwissens). Dies erscheint sachgerecht. Die Umsetzung ist wegen der weitverbreiteten Personalknappheit, der vielen unvorhersehbaren Anforderungen an die personalbewirtschaftende Stelle und der vielfältigen sonstigen Einflüsse auf Personalentscheidungen jedoch nicht leicht. Es bedarf daher des konsequenten Bemühens aller an den Entscheidungen Beteiligten, die bestehenden Möglichkeiten zu nutzen und den rechtlichen Rahmen zu erweitern. Zur Entwicklung eines Konzepts der Heranbildung von Führungsnachwuchs gehört sicher auch die Befassung mit der erwähnten Führungspersonalauswahl und -ausbildung in anderen Ländern und die vertiefte Diskussion, ob und inwieweit diese Konzepte für den deutschen öffentlichen Dienst nutzbar sind.

2. *Erprobung in Führungspositionen*

Nach geltendem Recht werden Spitzen- und Führungsfunktionen in der öffentlichen Verwaltung unmittelbar auf Dauer vergeben. Durch die Übertragung der Funktion und der gleichzeitigen Beförderung ist die Verwendung des Beamten in seiner neuen – höheren – Besoldungsgruppe festgeschrieben. Um Führungspositionen optimal besetzen zu können, sieht das vom Bundesinnenminister vorgestellte Eckpunktepapier zur Reform des öffentlichen Dienstes vor, daß zukünftig zwingend eine Erprobung im Beamtenverhältnis auf Zeit in dem höherwertigen Amt erfolgen soll. Während dieser Zeit bleibt das Beamtenverhältnis auf Lebenszeit (zu demselben Dienstherrn) unverändert bestehen. Während der Erprobungszeit kann das Beamtenverhältnis auf Zeit bei mangelnder Bewährung vorzeitig beendet werden. Nach Ablauf von zwei Jahren endet es, ohne daß es einer Maßnahme des Dienstherren bedarf. Er kann jedoch die Übertragung auf Dauer vornehmen. Andernfalls verbleibt der Beamte in seinem bisherigen statusrechtlichen Amt und erhält einen diesem Amt entsprechenden Dienstposten.

3. *Vergabe von Spitzenpositionen nur noch auf Zeit*

Die Forderung, Führungsämter in der öffentlichen Verwaltung generell auf Zeit – nicht nur für eine Erprobungszeit – zu vergeben, wird immer wieder diskutiert, ist aber bisher nicht realisiert worden. Bei der Diskussion auch im Schrifttum, wurden Forderungen nach Spitzenpositionen auf Zeit vor allem begründet mit Steigerung der Mobilität, der Leistungsmotivation und des Wettbewerbs bei der Besetzung von Führungspositionen, größerer Dispositionsfreiheit der Personalführung, Möglichkeit für jüngere Beamte schneller in Führungsposition zu gelangen, Korrektur von Fehlbesetzungen und bei nachlassender Leistung.

Dagegen ist darauf hingewiesen worden, daß die Spitzenfunktionen in der öffentlichen Verwaltung in besonderem Maße die Unabhängigkeit ihrer Inhaber erfordern. Sachfremden Einflüssen, denen vor allem Beamte in Spitzenpositionen ausgesetzt seien, könne bei einer Vergabe auf Zeit nur schwer entgegengewirkt werden. Die sachliche und persönliche Unabhängigkeit der Beamten sei Grundlage der Stabilität der öffentlichen Verwaltung. Gerade für Inhaber von Spitzenpositionen müsse der Gefahr einer möglicherweise durch parteipolitische Einflüsse bestimmten Rotation begegnet und eine sachgerechte Wahrnehmung der Belange der Allgemeinheit gewährleistet werden.

Die Argumente dafür und dagegen sind nicht von der Hand zu weisen. Welche Argumente größeres Gewicht haben, läßt sich in einer theoretischen Diskussion nicht klären. Es spricht manches dafür, das Modell der Spitzenpositionen auf Zeit in einigen nach der Aufgabenstellung besonders geeignet erscheinenden Ämtern probeweise einzuführen. Die generelle Vergabe von Spitzenpositionen auf Zeit birgt große Risiken. Eine Vergabe auf Zeit könnte leicht ein Feld für stärkere Einflußnahme von außen auf Führungspositionen eröffnen, und nicht dazu dienen, Leistungsfähigkeit und Effektivität der Verwaltung zu steigern.

4. Sonstige diskutierte Änderungen

Im Rahmen der Flexibilisierung des Haushaltsrechts wird die Budgetierung eingeführt werden. Damit soll die dezentrale Verantwortung einer Organisationseinheit für ihren Finanzrahmen bei festgelegtem Leistungsumfang mit bedarfsgerechtem, in zeitlicher und sachlicher Hinsicht selbstbestimmten Mitteleinsatz bei grundsätzlichem Ausschluß der Überschreitung des Finanzrahmens begründet werden. Die Leiter der Organisationseinheiten erhalten dadurch zusätzliche Kompetenzen und Leitungsbefugnisse.

Die vom Bundesinnenminister vorgestellten Eckpunkte zur Reform des öffentlichen Dienstrechts dienen der Beschränkung auf die eigentlichen Aufgaben des Staates. Die öffentliche Verwaltung muß von innen modernisiert werden, damit sich die schöpferischen Kräfte der Eigeninitiative wieder voll entfalten können. Dies betrifft auch Führungspositionen. Vorgesehen sind die Einführung von Erprobungszeiten vor jeder Beförderung, um die Eignung für einen höherbewerteten Dienstposten tatsächlich festzustellen, die Erhöhung der Mobilität der Beschäftigten durch Erleichterung von Abordnung und Versetzung, die Verbesserung der Leistungselemente bei der Bezahlung und die Neugestaltung des Bezahlungssystems insgesamt nach den Gesichtspunkten Attraktivität und Flexibilität.

5. Ausblick

Die öffentliche Verwaltung befindet sich in einer Reformphase, die die Inhaber von Führungspositionen besonders fordert, aber auch in der Ausgestaltung und Wahrnehmung ihrer Aufgaben unmittelbar selbst betrifft. Die Steigerung der Effektivität der Verwaltung wird vom Führungsverhalten der Behördenleiter und der mittleren Führungsebene abhängen. Führungsverhalten erfordert in diesem Zusammenhang: Dienstliche Pflichten müssen eingefordert, Fehlverhalten konsequent geahndet werden. Ungerechtfertigten Ansprüchen ist mit Nachdruck zu begegnen. Klare Führung, Lob und Tadel dürfen nicht in einem Gewährenlassen und unverbindlichem "Seid-nett-zueinander" untergehen. Der Wandel wird nur im Wege eines kontinuierlichen Prozesses möglich sein. Gefragt ist nicht Aktionismus, sondern eine Entwicklung, die aus dem bereits bestehenden Ansätzen heraus auch eine zeitgemäße Anpassung von Führungspositionen in der öffentlichen Verwaltung an neue Anforderungen ermöglicht.

Literatur

Bericht der Bundesregierung über die Fortentwicklung des öffentlichen Dienstrechts – Perspektivbericht 1994.
Breier, Alfred, Mündlicher Diskussionsbeitrag zu "Führungsausbildung in Bund und Ländern", in: *Siedentopf, Heinrich* (Hrsg.), Führungskräfte in der öffentlichen Verwaltung, 1. Auflage, Baden-Baden 1989, S. 164.
Kroppenstedt, Franz, Zukunftsorientierte Entwicklung der öffentlichen Verwaltung, in: Verwaltungsführung, Organisation, Personalwesen 1987, S. 89 ff.
Gonschorrek, Ulrich, Verwaltungspädagogik und Führungslehre, Band 2: Führungslehre, 2. Auflage, Heidelberg 1989.
Kübler, Hartmut, Organisation und Führung in Behörden, Band 2: Personalwesen, 4. Auflage, Stuttgart 1980.
Kuttig, Albert, Innere Kündigung, Teil 1, Unterrichtsblätter für die Bundesverwaltung 12/94, Bonn.
Laux, Eberhard, Führungskräfte des öffentlichen Dienstes in den 90er Jahren – Mangelware?, in: Verantwortung und Leistung, Heft 22, September 1990.
Leis, Günther, Erfahrungen und Überlegungen zur Verwendungsplanung, in: *Siedentopf, Heinrich* (Hrsg.), Führungskräfte in der öffentlichen Verwaltung, 1. Auflage, Baden-Baden 1989, S. 221 ff.

Leuze, Dieter, Die politischen Pflichten des Beamten in Theorie und Praxis, in: Der öffentliche Dienst 1994, S. 126 ff.

Leuze, Dieter, Hierarchie, Gehorsams- und Remonstrationspflicht des Beamten, in: Der öffentliche Dienst 1995, S. 6 ff.

Minz, Hubert/Conze, Peter, Recht des öffentlichen Dienstes, 6. Auflage, Regensburg 1993.

Oechsler, Walter A./Steinebach, Nikolaus, Leistung und Leistungsbegriff im höheren Dienst, in: Verantwortung und Leistung, Heft 8, 1983.

Pippke, Wolfgang, Karrieredeterminanten in der öffentlichen Verwaltung, Baden-Baden 1975.

Scheerbarth, Hans Walter/Höffken, Heinz/Bauschke, Hans-Joachim/Schmidt, Lutz, Beamtenrecht, 6. Auflage, Siegburg 1992.

Studienkommission für die Reform des öffentlichen Dienstrechts (Hrsg.), Gutachten in Band 5, Verfassungsrechtliche Grenzen einer Reform des öffentlichen Dienstrechts, Baden-Baden 1973.

Summer, Rudolf, Dienstrecht als Grundlage und Grenze der Personalsteuerung, in: *Böhret, Carl* u.a. (Hrsg.), Herausforderungen an die Innovationskraft der Verwaltung, Baden-Baden 1987, S. 495 ff.

Voelkner, Jürgen, Die innerdienstliche Fortbildung von Führungskräften, in: Verwaltung und Fortbildung 1994, S. 132 ff.

Gottfried Herbig

4. Personalwirtschaft

Inhaltsübersicht

I. Grundlinien öffentlicher Personalwirtschaft
II. Ermittlung des Personalbedarfs
III. Personalgewinnung
IV. Personaleinsatz
V. Teilzeit
VI. Personalplanung und Personalentwicklung
VII. Beförderungen und Leistungszulagen
VIII. Personalabbau

I. Grundlinien öffentlicher Personalwirtschaft

Öffentliche Verwaltung besteht zu einem wesentlichen Teil aus Dienstleistungen. Eine geordnete und sorgfältige Personalwirtschaft ist daher für Umfang und Qualität der Aufgabenerfüllung im öffentlichen Dienst von großer Bedeutung.

Dem obersten Sachziel – der Erfüllung öffentlicher Aufgaben – haben sich die personalwirtschaftlichen Ziele ein- und unterzuordnen. Diese Unterordnung ist umso komplexer und spannungsreicher, je stärker die öffentlichen Haushalte durch Personalausgaben geprägt sind. Während die Personalausgaben beim Bund (ohne Bahn und Post) nur rund 15 % des Haushalts beanspruchen, zehren sie in den Ländern mit dem dort sehr umfangreichen Personalkörper (Schulen und Hochschulen, Polizei, Finanzverwaltung usw.) mit rund 45 % fast die Hälfte der Einnahmen auf, so daß sie den Haushalt insoweit auf Jahrzehnte festlegen.

In ihren Grundlinien ist die Personalwirtschaft des öffentlichen Dienstes dem Personalwesen der freien Wirtschaft zwar in zentralen Zielstellungen verbunden:

- Ermittlung des Personalbedarfs
- Personalgewinnung
- Personaleinsatz
- Personalplanung
- Personalentwicklung
- Personalabbau.

Einige tiefgreifende Besonderheiten trennen sie allerdings von der Personalwirtschaft der privaten Unternehmen:
- die parlamentarische Verantwortung für den Stellenplan und damit für die Obergrenze des Personalbedarfs sowie für dessen Binnenstruktur,
- die auf den öffentlichen Dienst ausgerichtete Ausbildung (und schon damit die begrenzte berufliche Mobilität des Personals) und
- die im Prinzip lebenslängliche Bindung, die über den Beamten-Bereich hinaus durch tarifvertragliche Unkündbarkeitsregeln und arbeitsrechtliche Praxis dem gesamten öffentlichen Dienst das Gepräge gibt.

Die öffentliche Personalwirtschaft ist, vor allem im Beamtenrecht, zudem in ein engmaschiges, gesetzliches Rechtssystem eingebettet. Aufgrund tarifvertraglicher Verweisungen beeinflußt das Beamtenrecht auch das Arbeitsrecht des öffentlichen Dienstes (z.B. Dienstaltersstufen und Familienklauseln bei Besoldung wie Vergütung, das Nebentätigkeits- und das Arbeitszeitrecht). Die Beamtengesetze enthalten zudem in der Regel abschließende Regelungen, die für zusätzliche (oder gar abweichende) Vereinbarungen nur minimale Spielräume zulassen (Gesetzesvorbehalt des Beamtenrechts).

Ein Beispiel dieses engmaschigen Rechtssystems ist das Besoldungsrecht der Beamten. Es legt durch Bundesgesetz bzw. durch Rechtsverordnungen im Detail die Bezahlung jedes einzelnen Beamten bei Bund, Ländern und Gemeinden fest. Gesetzlicher Ausgangspunkt hierfür ist die Zugehörigkeit des Beamten zu einer Laufbahn und innerhalb dieser Laufbahn zu einer Besoldungsgruppe. Innerhalb dieser Besoldungsgruppe erhalten alle Beamten prinzipiell dasselbe Grundgehalt. Es steigt allerdings bei den aufsteigenden Besoldungsgruppen A, wozu mehr als 95% aller Beamten gehören, je nach Dauer der Zugehörigkeit zum öffentlichen Dienst im Zweijahresrhythmus nach Gehaltsstufen an. Ergänzt wird dieses Grundgehalt durch einen ebenfalls gesetzlich fixierten sogenannten Ortszuschlag, der sich heute allerdings nicht mehr nach Ortsklassen, sondern nur nach dem Familienstand und der Kinderzahl des Beamten richtet.

Mehrleistungen des Beamten, sei es nach Qualität oder Quantität, sind prinzipiell ohne Einfluß auf seine Bezahlung. Überstundenvergütungen sind nur in sehr begrenztem Umfang rechtlich zulässig. Überdurchschnittliche Leistungen schlagen in der Bezahlung erst zu Buche, wenn sie mittelbar Grundlage für eine Beförderung werden, deren Möglichkeiten aber durch einen ebenfalls gesetzlich umschränkten Stellenplan (sogenannter Stellenkegel) begrenzt sind. Dieses System repräsentiert das sogenannte Alimentationsprinzip, wonach die Besoldung den angemessenen Unterhalt des Beamten und seiner Familienangehörigen sichern soll, nicht aber eine konkrete Gegenleistung für die Leistung des Beamten darstellt.

Umgekehrt sind allerdings auch Einflüsse des Tarifrechts auf das Beamtenrecht nicht zu verkennen. Die Übernahme der tarifvertraglichen Vergütungsregelungen in das Besoldungsrecht der Beamten hat sich in der gesetzlichen Praxis eingebürgert. Der Tarifautomatik im Vergütungssystem der Arbeitnehmer entspricht der gesetzliche Auftrag der funktionsgerechten Bewertung der Beamtenplanstellen.

II. *Ermittlung des Personalbedarfs*

Die Ermittlung des Personalbedarfs (Soll- oder Brutto-Personalbestand) obliegt der Verwaltung nur für bestimmte Teilabschnitte. Sie hat vorbereitend einen Neu-Bedarf vor der Verabschiedung der öffentlichen Haushalte, aber in der Regel auch bei jeder neuen Gesetzesvorlage zu begründen; die Parlamente von Bund, Ländern und Gemeinden entscheiden jedoch im Rahmen der Haushaltsberatungen, für welche neue Aufgabe sie wieviel und welches Personal einsetzen und einen Teil der Einnahmen (Steuern, Gebühren und andere) verwenden. Die Ausweitung des Stellenplans bindet – wegen des rechtlichen oder faktischen Lebenszeitprinzips – eminente Finanzblöcke über viele Jahrzehnte. In der Realität ist dies ein spannungsreicher Prozeß, in dem Finanzministerien und kommunale Kämmereien im Feld zwischen Fachressorts und staatlichen/kommunalen Parlamenten eine zentrale Rolle innehaben.

Macht eine Fachabteilung erhöhten Personalbedarf geltend, so ist vorrangig zu untersuchen, ob dieser Mehrbedarf – sei es nur durch Aufgabenerweiterung oder durch Zuwachs neuer Aufgaben verursacht – durch Personalumschichtung oder Rationalisierung aufgefangen werden kann. Erst wenn diese Möglichkeiten – gegebenenfalls durch eine Organisationsprüfung erhärtet – ausscheiden, kann die Schaffung neuer Stellen im Haushalt erwogen werden.

Soll das neue Personal auf Dauer für hoheitliche Aufgaben eingesetzt werden, so gebietet der verfassungsrechtliche Funktionsvorbehalt (Art. 33 Abs. 4 Grundgesetz) grundsätzlich den Einsatz von Beamten, das heißt die Ausweisung von Beamtenplanstellen. Zu dem großen Beamten-Personalkörper zählen die Polizei, die Lehrberufe an

Schulen und Hochschulen, die Finanzverwaltung und bislang noch Post und Bahn, wo allerdings nach der Privatisierung der Beamtenanteil auslaufend sinken wird.

In anderen Fällen werden grundsätzlich Stellen für Arbeitnehmer (Angestellte oder Arbeiter) ausgewiesen.

Um den Personalbedarf nach Quantität und Qualität zu ermitteln, sind eine Reihe von Verfahren entwickelt worden (konzeptionelle oder analytische Schlüsselzahlen, Berücksichtigung der normalen Arbeitszeit für einen Arbeitsvorgang). Bei der qualitativen Stellenbewertung unterscheidet man das einfachere, summarische Verfahren, bei der jede Stelle in ihrer Gesamtheit bewertet und mit Hilfe des Rangfolge- oder des Katalogverfahrens eingestuft wird. Weitaus mehr Aufwand erfordern die analytischen Verfahren, bei denen jede Stelle in eine Anzahl von Merkmalen zerlegt, diese für sich bewertet und dann zu einem Gesamtwert zusammengefügt werden muß. Diese Verfahren bemühen sich allesamt um eine Objektivierung, die in der Regel in numerischen Werten ausgedrückt wird. Die subjektive Wertung wird dadurch allerdings nicht eliminiert, sie versteckt sich nur in der Bewertung der einzelnen Merkmale.

Die berechtigte Frage nach der Wirtschaftlichkeit solcher, teilweise sehr arbeits- und zeitaufwendigen Verfahren läßt sich nicht einfach beantworten. Zum einen stimmt bereits nachdenklich, daß sich die Aufgaben der öffentlichen Verwaltung in einem steten Veränderungsprozeß befinden, so daß die Verfahren der Stellenbewertung häufig fortgeschrieben bzw. ganz neu durchgeführt werden müßten. Wichtiger ist, wie sich zeigen wird, daß sich das Personalgewinnungsverfahren des öffentlichen Dienstes ziemlich pauschal an der schulischen Vorbildung und fachlichen Ausbildung orientieren muß. Zum anderen läßt sich einwenden, daß in der Personalgewinnung entsprechende Verfahren, um die erforderlichen Eigenschaften, Fähigkeiten des einzusetzenden Personals, vor allem bei geistig-schöpferischen Tätigkeiten, hinreichend zuverlässig festzustellen, nicht vorhanden sind und angesichts der existentiellen Struktur des Menschen auch kaum geschaffen werden könnten. So bliebe ein noch so ausgeklügeltes Verfahren zur Feststellung der qualitativen Anforderungen einer Stelle gewissermaßen "in der Luft hängen", da der Gegenpfeiler – die Feststellung der Befähigungsprofile – nur rudimentär zu erbauen ist. Nicht zuletzt darf nicht übersehen werden, daß die Stellenbewertung nicht allein der souveränen Entscheidung der öffentlichen Hand obliegt. Sie ist, im Tarifbereich, Gegenstand von tarifvertraglichen Vereinbarungen mit den Tarifpartnern und selbst bei Beamtenplanstellen der Beteiligung der Personalvertretung unterworfen. Im übrigen hat sich auch die öffentliche Hand bei der Personalgewinnung nach den Gegebenheiten des Arbeitsmarktes zu richten; die Arbeitsplätze müssen auch im Vergleich zur Wirtschaft attraktiv genug für die Gewinnung qualifizierter Kräfte bleiben. Diese Schranken für eine sogenannte objektive Bewertung sind nicht nur in den Zeiten einer Hochkonjunktur zu beachten.

So bleibt schon aus übergeordneten Gründen die Stellenbemessung und -bewertung in der Regel auf Schätzungen angewiesen, die auf Erfahrungswerten beruhen und mit anderen Verwaltungen verglichen werden (Kennzahlenvergleich). Daher ist es auch erforderlich, erst recht aber wegen der steten Veränderung öffentlicher Aufgaben, durch regelmäßige Organisationsprüfungen die Angemessenheit des Personalbestandes zu überprüfen und eventuell Personalüberhänge frühzeitig zu erkennen und abzubauen. Für die Feststellung des Personalbedarfs bei hoheitlichen Aufgaben, das heißt für Beamtenplanstellen, hat darüber hinaus der Bundesgesetzgeber in qualitativer Hinsicht enge Grenzen gesetzt. So dürfen die Beförderungsstellen, insbesondere die höchsten Besoldungsgruppen einer Laufbahn nur einen bestimmten Prozentsatz aller Stellen dieser Laufbahn erreichen, jedoch nicht überschreiten (sogenannter Stellenkegel, § 26 Bundesbesoldungsgesetz). So können im gehobenen nicht-technischen Dienst (Inspektorenlaufbahn nach Fachhochschulausbildung) nur höchstens 4 % aller Stellen für das höchste Amt dieser Laufbahn (Oberamtsrat) ausgewiesen werden:

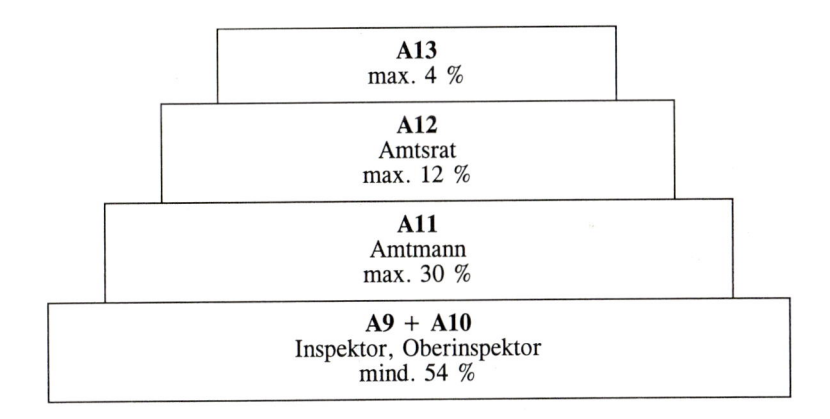

```
                    A13
                 max. 4 %
                 
                    A12
                  Amtsrat
                 max. 12 %
                 
                    A11
                  Amtmann
                 max. 30 %
                 
                 A9 + A10
            Inspektor, Oberinspektor
                 mind. 54 %
```

Für die verschiedenen Laufbahnen bestehen teilweise unterschiedliche "Stellenkegel", die unter anderem auch andere Eingangsämter und mehr Beförderungsstellen aufweisen. Diese Engpässe für die Personalförderung fähiger Kräfte können indessen durch eine gezielte, nicht engherzige Praxis des Aufstiegs, z.B. vom gehobenen in den höheren Dienst gemildert werden.

Im Gegensatz zur Feststellung eines Neubedarfs ist die Handlungsfreiheit der Verwaltung bei Deckung des Ersatzbedarfs größer, wenn der Ist-Bestand, der durch verschiedene Formen der Fluktuation (etwa Ruhestand, Tod oder Wechsel zu anderen Arbeitgebern) ständig gemindert wird, durch interne oder externe Personalgewinnung dem Soll-Bestand des Stellenplans anzupassen ist. Die Verwaltung hat jedoch vor jeder Neubesetzung einer freigewordenen Stelle zu prüfen, ob diese für die Aufgabenerfüllung notwendig ist; der Stellenplan stellt nur die Obergrenze des zulässigen Personalbestands dar.

III. Personalgewinnung

Die lebenslängliche Bindung im Beamtensektor wie im Prinzip auch bei den Tarifkräften und die besonderen Regelungen der Altersversorgung (für Beamte und vergleichbar für Tarifkräfte – Versorgungsanstalt Bund/Länder, kommunale Zusatzversorgungen) sowie die eigene Nachwuchsausbildung führen dazu, daß sich die Personalgewinnung auf junge Nachwuchskräfte konzentriert und spätere Seiteneinsteiger – trotz der Grundbestimmung des Weiterbestandes der Beamtenverhältnisse auch bei Dienstherrnwechsel (§ 126 BRRG) – die Ausnahme bleiben. Diesem Prinzip tragen die beamtenrechtlichen Lebensaltersschranken bei der Beamtenausbildung ebenso Rechnung wie die haushaltsrechtlichen Altersbeschränkungen bei Dienstherrnwechsel. Derartige Regelungen setzen die Möglichkeit einer langfristigen Personalplanung und relativ stabile Aufgabenstrukturen voraus. Kurzfristiger Bedarf kann dann nur durch besondere Maßnahmen im Tarifsektor und Aushilfsausbildungen gedeckt werden.

Durch die unterschiedlichen Strukturprinzipien (Ausbildungs- und Lebenszeitprinzip; Versorgungsrecht usw.) wird der für einen offenen, gesellschaftsbezogenen öffentlichen Dienst so notwendige Personalwechsel von Wirtschaft zur Verwaltung und umgekehrt sehr erschwert. Bei der Weiterentwicklung des öffentlichen Dienstrechts sollten die vorhandenen Unterschiede auch unter diesen Aspekten auf ihre Notwendigkeit überprüft werden. Den bisherigen Schritten der strukturellen Angleichung, z.B. in der Versorgung, an das Rentenrecht könnten weitere Schritte der Koordination folgen.

Stärker als in der Wirtschaft ist die Gewinnung des Personalnachwuchses für die einzelnen Laufbahnen und Fachrichtungen der Beamten strikt an das Bildungssystem gebunden. Jede der vier Laufbahnen setzt in der Regel einen bestimmten Bildungsabschluß voraus:

einfacher Dienst:	Hauptschule
mittlerer Dienst:	Realschule oder entsprechender Berufsabschluß
gehobener Dienst:	Abitur
höherer Dienst:	Universitätsabschluß

Durch die Möglichkeit eines späteren Aufstiegs in die nächsthöhere Laufbahn, meistens ein minutiös geregeltes Verfahren, wird die Prävalenz des Bildungsabschlusses für die spätere berufliche Entwicklung des Beamten nur in Grenzen abgemildert, am weitesten noch in den Kommunen.

Je nach Lage des Ausbildungsmarktes setzt die öffentliche Verwaltung gezielte Formen des Personalmarketings (Zeitungsanzeigen, Plakatwerbung, Informationsveranstaltungen) ein, um hinreichenden und geeigneten Nachwuchs (z.B. für den Polizeivollzugsdienst oder technische Laufbahnen) zu gewinnen.

Zu den Personalgewinnungsmaßnahmen des Gesetzgebers gehören die Verbesserungen des Stellenkegels für Laufbahnen mit Nachwuchsmangel. Um die Stellenangebote des öffentlichen Dienstes auf dem Arbeitsmarkt konkurrenzfähig zu erhalten, erhöht der Gesetzgeber das Einstiegsniveau (z.B. sofortiger Beginn im ersten Beförderungsamt) und/oder vermehrt die Beförderungschancen (Verbesserung des Stellenkegels) oder schafft Zulagen.

Die gesetzlichen Maßnahmen wirken indessen oft nur spät und undifferenziert und werden oft noch dann aufrechterhalten, wenn die Mangellage beseitigt ist, so daß Schieflagen zwischen einzelnen Laufbahnen (z.B. technische und nicht-technische Laufbahnen, Lehrberufe) durch Besitzstandswahrung entstehen können, die auch das interne Personalklima belasten.

Im Gegensatz zur Planungs- und Meßbarkeitseuphorie (z.B. in den analytischen Bewertungssystemen) könnte es ratsam sein, auf starre Gesetzesvorgaben und planwirtschaftliche Mechanismen zu verzichten und stattdessen den Verwaltungen flexible Bezahlungssysteme an die Hand zu geben, um variabel auf einen sich ändernden Arbeitsmarkt reagieren zu können. So war es sicherlich zweckmäßiger, in den Zeiten des Ärztemangels Ärzte für das öffentliche Gesundheitswesen durch Ausnahme-Entscheidungen zu gewinnen (eventuelle Sprungbeförderungen bei der Einstellung in das 2. oder gar 3. Beförderungsamt mit Hilfe des Landespersonalausschusses), als durch Gesetz besondere Stellenkegel zu schaffen, die dann auch ein Überangebot an Ärzten überdauert hätten. Selbst wo der Glaube an die "Ewigkeit" von Gesetzen nachläßt, sorgen organisierte Standesinteressen für arbeitsmarktpolitische Schieflagen. Ganz allgemein könnte es ratsam sein, den aus anderen, verfassungshistorisch begründeten Motiven eingeführten Gesetzesvorbehalt etwas zu reduzieren und eine doch nunmehr voll demokratisch legitimierte und gesteuerte Verwaltung mit Befugnissen in der Personalwirtschaft auszustatten, die zum einen schneller wirken, zum anderen aber auch schneller zu korrigieren sind. Eine Verwaltung, die neben der Fachverantwortung stärker als bisher auch die Ressourcenverantwortung zu tragen hat, könnte auch flexibler als der Gesetzgeber auf Veränderungen des Arbeitsmarktes reagieren (in diese Richtung zielen auch Vorschläge im Eckpunkte-Papier des Bundesministers des Innern vom April 1995).

Die Personal-Ausbildung für den öffentlichen Dienst ist, entsprechend den Anforderungen im öffentlichen Dienst, bereits in der Grobstruktur sehr unterschiedlich strukturiert. Sie reicht von der Hinnahme von Ausbildungen (oder bloßen Schulabschlüssen) außerhalb des öffentlichen Dienstes (z.B. bei Schreibkräften und Kraftfahrern), bis zur vollständigen Integration der beruflichen Ausbildung in den öffentlichen Dienst (z.B. der Polizeivollzugsdienst und der gehobene nicht-technische Dienst).

Ein besonders wichtiges Steuerungsinstrument stellt der für die Personalgewinnung verfassungsrechtlich abgesicherte Funktionsvorbehalt dar (Art. 33 Abs. 4 Grundgesetz). Ob dieser Grundsatz, nach dem hoheitliche Aufgaben in der Regel nur von Beamten wahrgenommen werden sollen, nur die herkömmliche Eingriffsverwaltung (z.B. Polizei) oder auch die sogenannte Leistungsverwaltung trifft, ist in der wissenschaftlichen Diskussion heftig umstritten; auch treffen sich gewerkschaftliche Forderungen nach Verstärkung des Tarifsektors mit politischen Forderungen nach einem "schlankeren", entbeamteten Staat. Ohnehin ist es zulässig, in Einzelfällen hoheitliche Aufgaben Tarifkräften anzuvertrauen.

Von größerer Relevanz dürfte die unterschiedliche Praxis in den einzelnen Ebenen der Gebietskörperschaften sein. So überschreitet die Beamten-Quote in den Kommunen in der Regel nicht 10% des Personals. Verfassungshistorisch ist das Beamtentum aus dem Fürstendienst der deutschen Einzelstaaten, nicht aber aus den kommunalen Selbstverwaltungen der Bürger entstanden. Von größerer Bedeutung ist wohl, daß das notwendige Personal für die vielfältig wechselnden Aufgaben der Kommunen rascher und preiswerter über den allgemeinen Arbeitsmarkt als über eine in der Regel mehrjährige, kostenträchtige Beamtenausbildung zu gewinnen ist. Auch fehlen im Tarifsektor die engen Bindungen an Laufbahngefüge und gesetzliche Stellenobergrenzen (Stellenkegel). In der Zeitenge müssen dann gegebenenfalls auch Abstriche an der sofortigen fachlichen Qualifikation hingenommen werden. Die Länder bemühen sich allerdings, die Verwaltungsausbildung für kommunale Beamte an den Fachhochschulen (z.B. Umlagesystem) finanziell attraktiver zu gestalten.

Die Laufbahnstruktur des Lebenszeitbeamten hat – zusammen mit anderen Mechanismen (z.B. Mitbestimmung des Personalrats) – weithin der internen Personalgewinnung einen Vorrang vor externen Maßnahmen verschafft. Bei einem Regierungswechsel kann es dagegen – vor allem auf den Führungsebenen – zu einzelnen Veränderungen durch externe Personalgewinnung kommen. Nicht selten werden dann Führungskräfte aus anderen Bundesländern im Wege der Versetzung gewonnen. Sind neben der dabei erwünschten politischen Nähe auch die erforderlichen fachlichen und persönlichen Qualifikationen gegeben, so wird man solche externen Maßnahmen nicht als "Ämterpatronage" disqualifizieren dürfen. Die Verwaltung ist als Dienstleistung in einen demokratisch verfaßten Staat integriert, führt also kein abgeschottetes Eigenleben, sondern hat auch den demokratisch gebildeten Mehrheitswillen der Bürger zu repräsentieren.

IV. Personaleinsatz

Vorrangig für die Entscheidungen über den Personaleinsatz ist stets die Erfüllung der anstehenden Aufgaben der öffentlichen Verwaltung. Diese Priorität gilt sowohl für den jeweils konkreten Einsatz als auch für die mittel- und langfristige Personalentwicklung. Umfang, Bedeutung und auch Anforderungsgrad der Aufgabenbündel sind einem steten, durch politische Entscheidungen und gesellschaftlich-wirtschaftliche Entwicklungen bewirkten Wandel unterworfen und nur in kleineren Segmenten, vor allem in Querschnittsbereichen, relativ konstant. Selbst zwischen Ausbildungsbeginn und Start des Nachwuchseinsatzes kann sich der Bedarf nachhaltig in beide Richtungen verändern (z.B. starker Anstieg der Sozialhilfe in einer Großstadt oder – umgekehrt – Wegfall von Arbeitsplätzen durch technische Entwicklung).

Schon von daher ist es ein wichtiges Ziel der Personalwirtschaft, die in der Laufbahnausbildung erzielte Qualifikationsbreite des Personals durch einen Einsatz auf mehreren Arbeitsfeldern – also durch nicht zu seltene Arbeitsplatzwechsel – zu erhalten. Diesem Ziel steht häufig die sachliche Notwendigkeit entgegen, die Qualität und Kontinuität der Aufgabenerfüllung im Einzelfall nicht durch zu häufigen Wechsel des Personals zu gefährden (Risiko des puren job-hoppers). So mußte z.B. dort, wo entsprechend den Vorgaben des Bundesbesoldungsgesetzes dem Arbeitsplatz nur jeweils ein bestimmter Stellenwert beigemessen wurde, der Gefahr zu häufiger Fluktuation (Wegbewerbung tüchtiger Kräfte zwecks nächster Beförderung – sogenannter "Beförderungstourismus" -) mit der Bündelung mehrerer Stellenbewertungen begegnet werden, so daß auch eine oder zwei Beförderungen ohne erneuten Wechsel des Arbeitsplatzes wieder möglich wurden. Das Dilemma, sowohl ein hohes Maß an Beförderungsgerechtigkeit, z.B. durch Einzelbewertung jedes Dienstpostens, und zugleich eine qualitativ hochwertige Dienstleistung durch personelle Stabilität zu erreichen, ist jedoch nicht völlig aufzulösen.

In nicht wenigen Verwaltungen hat es sich praktisch bewährt, Nachwuchskräfte zunächst in bürgernahen Diensten (z.B. Bauwesen, Sozialhilfe, Schalterdienst) einzusetzen und erst später mit Querschnittsaufgaben (z.B. Personal, Organisation, Rechnungswesen) zu betrauen. Sie gewinnen hierdurch nicht nur ein vertieftes, realistisches Bild der einzelnen Verwaltungsaufgaben, mit denen sie sich im Querschnittsbereich später unmittelbar auseinanderzusetzen haben, sondern erreichen so bei ihren oft persönlich einschneidenden Maßnahmen (z.B. Umsetzung von Kollegen) ein höheres Maß an persönlicher Akzeptanz und Autorität. Aus diesen Gründen sind auch Ansätze, besondere Ausbildungsformen für Nur-Personalisten zu schaffen, nie vertieft weiterverfolgt worden.

Die Realisierung des Personaleinsatzes ist in ein mehrpoliges Netz von zum Teil sehr gegensätzlichen Interessen und Interessenträgern hineingestellt. Die theoretische Vorstellung, Beamte (aber auch Tarifkräfte) könnten im Rahmen der Zuständigkeit des Dienstherrn (beim Bund also bundesweit) eingesetzt und versetzt werden, sofern jedenfalls die Schranken der Laufbahnen (amtsangemessene Verwendung) und der Grundsatz der Fürsorge beachtet werden, ist wesentlich zu korrigieren. Die absolute Mobilität (im Deutschen Reich ehedem von Köln nach Königsberg) ist heute auch nicht mehr von Dortmund nach Leipzig oder von München nach Regensburg nach freiem Ermessen des Dienstvorgesetzten realisierbar. Hier haben die Generalklausel der Verwaltungsgerichtsordnung (Anfechtbarkeit aller (zeitweisen) Abordnungen / (endgültigen) Versetzungen) und der Mitbestimmungsmechanismus der Personalvertretungsgesetze wichtige äußere Hemmschwellen und Kontrollmechanismen geschaffen. Schon der Widerspruch des Beamten gegen eine Abordnung/Versetzung beseitigt zunächst die Vollziehbarkeit der Abordnung/Versetzung, die nur durch eine besonders begründete, aber ebenfalls gerichtlich nachprüfbare Entscheidung des Dienstvorgesetzten wiederhergestellt werden kann. Meistens braucht der Beamte, der eine unerwünschte Versetzung/Abordnung verhindern will, gar nicht zum Mittel des Widerspruchs bzw. der Klage gegen die Maßnahme des Dienstherrn greifen. Vorab benötigt der Dienstvorgesetzte für die Versetzung/Abordnung die Zustimmung des Personalrats. Diese wird kaum erteilt, wenn der Beamte einigermaßen einsichtige persönliche Gründe (z.B. familiäre Situation) gegen die unerwünschte Versetzung vorträgt. Gegen die Weigerung kann zwar der Dienstvorgesetzte in einem Stufenverfahren vorgehen, das letztendlich – nach einem empfehlenden Beschluß einer durch Dienstherr und Personalvertretung paritätisch beschickten Einigungsstelle – in der Entscheidung des Ministers mündet. Ein solches Verfahren nimmt in der Regel viele Monate in Anspruch. Die Aufgaben an dem neuen Arbeitsplatz, zu dem ein Beamter abgeordnet bzw. versetzt werden soll, sollen aber sowohl gut als auch schnell/umgehend erfüllt werden.

Also wird der Dienstvorgesetzte einen Beamten suchen, der gern oder mit einem Mindestmaß an innerer Zustimmung die neue Aufgabe zeitweise oder auf Dauer übernimmt

Diese Mechanismen spiegeln die fundamental andere Stellung des Beamten in der heutigen Verwaltung und damit auch in der modernen Personalwirtschaft gegenüber einer stärker autoritären Verwaltung der Vergangenheit wider: Der Beamte ist nicht mehr nur Vollzugsorgan eines hoheitlichen Staatswillens (mit begrenzten persönlichen Rechten), sondern ein selbständiger Entscheidungsträger, der sich für die Erfüllung öffentlicher Aufgaben zur Verfügung stellt. So ist es seit langem Aufgabe der Personalstellen, in einem hohen Maße Konsens zwischen den Beamten einerseits und den (alten und neuen) Fachvorgesetzten andererseits über eine Versetzung herzustellen. Je schwieriger und verantwortlicher die Aufgabe, desto mehr ist auch der Konsens von Fachvorgesetzten und Beamten erforderlich. Die Qualität öffentlicher Verwaltung hängt wesentlich vom inneren Engagement des Beamten ab. Wie sich die Verwaltung vom "Hausgut" des Herrschers in der konstitutionellen Monarchie in eine Dienstleistungsfunktion der gewaltenteilenden, freiheitlichen Demokratie wandelte, so veränderte sich auch fundamental das Selbstverständnis des Beamten und damit auch die Aufgabe der Personalwirtschaft.

Dieser Konsens kann jeweils nur in einem mehrschichtigen Prozeß erreicht werden, der die persönlichen Interessen und Belange des Beamten einbindet, wobei die Dauer der Umsetzung, die eventuelle Rückversetzung und die Frage von Beförderungen häufig wichtige Aspekte darstellen. Nicht selten muß erwünschte Mobilität mit zusätzlichen Beförderungschancen verknüpft werden, nicht nur bei der Gewinnung von Personal für die Verwaltungszentralen (z.B. Bundes- und Landesministerien). Die Gewährung von Ministerialzulagen reicht hierfür in der Regel nicht aus. Allerdings bleibt die Frage offen, ob die Mechanismen, die die Mobilität des Beamten hindern, angesichts der hohen Statusgarantie des Lebenszeitbeamten gegenüber Leistungsanspruch und Besoldungspflicht des Dienstherrn noch sozial ausgewogen sind. In der gegenwärtigen Diskussion wäre der Wegfall der automatisch aufschiebenden Wirkung des Beamten-Widerspruchs wie auch eine Straffung des Mitbestimmungsverfahrens zu bedenken.

Einen wichtigen Eckstein für den Personaleinsatz stellt die Pflicht zur Ausschreibung dar. Die Ausschreibungsausnahmen, vor allem bei den Einstiegsstellen, machen das Ziel der Ausschreibungspflicht deutlich, die Ämterpatronage bei Beförderungen zu vermeiden. Ob die Ausschreibungspflicht dem Leistungsprinzip dient oder nur einer formal am Dienstalter (oder gar Beförderungsdienstalter) orientierten Gleichbehandlungsmaxime hängt von der praktischen Anwendung durch Dienstvorgesetzte und Personalvertretung ab. Allerdings steigt dadurch – wenn einseitig angewandt – auch die Tendenz, personelle Veränderungen ausschließlich an den Antrag des Beamten zu binden und so problematische Zonen der personellen Unbeweglichkeit zu schaffen. Geschieht ein Arbeitsplatzwechsel praktisch nur noch auf ausdrücklichen Antrag des Beschäftigten, dann erwirbt dieser fast ein lebenslanges "Recht an seinem konkreten Schreibtisch". In diesem Feld polarer Interessen fällt somit Dienstvorgesetzten und Personalstellen eine Aufgabe intensiven Personalmarketings zu, um mit einem aufgabeneffizienten Personaleinsatz zugleich eine vorausschauende Personalentwicklung und Personalplanung zu verbinden. In einem fachlich breitflächigen Einsatz bleibt die notwendige Flexibilität erhalten; die eingehende Beurteilung durch mehrere qualifizierte Vorgesetzte kann ein Assessment Center-Verfahren durch externe Institutionen aufwiegen. Eine Personal- und Karriereplanung ist auch in relativ geschlossenen Fachverwaltungen (z.B. Vermessung und Forsten) nur noch in Grenzen realisierbar. Je heterogener die Aufgaben und politisch variabler die Ziele sind, desto offener und variantenreicher muß jede realistische Personalplanung angelegt sein. Was aus der rein administrativen Sicht als politische Ämterpatronage kritisiert wird, erscheint von außen betrachtet vielfach nur als ein Stück demokratisch notwendiger Einbindung des Verwaltungs- und Personalkörpers in den offenen politischen Prozeß des gesamten Gemeinwesens. Daher sind auch aus diesem Grunde in solchen Fällen nur offene Personalplanungen mit sehr unterschiedlichen Varianten sinnvoll.

V. *Teilzeit*

Die Teilzeit hat inzwischen in der Verwaltung ihren festen Platz. Sie besitzt jedoch, schon wegen der Wohnortnähe, in den Kommunen eine größere Bedeutung als z.B. in der Bundesverwaltung. Hinzu tritt, daß dem Arbeits- und Tarifrecht, das den kommunalen Dienst ganz überwiegend bestimmt, die bisherigen gesetzlichen Einschränkungen der Teilzeitbeschäftigung im Beamtenrecht fremd sind.

Allerdings ist sie auch heute – zu über 90 % – auf Frauen konzentriert, die unter anderem wegen Kinderbetreuung und häuslicher Erfordernisse, zeitweise nur Halbtagstätigkeit ausüben können. Andere Modelle sind in der Praxis selten. Insbesondere leisteten Personalstellen und Organisatoren sowie Fachabteilungen und Personalvertretungen häufig Widerstand beim Wunsch nach Teilzeitarbeit mit mehr als der Hälfte der wöchentlichen Arbeitszeit, da die verbleibenden Planstellenreste nicht mehr verwertbar seien. Das ist umso bedauerlicher, weil Teilzeitkräfte auch ein Stück mehr Lebensnähe in die Verwaltungswelt transportieren können.

Auch der Widerstand gegen Teilzeitbeschäftigung in höherwertigen, führenden Positionen ist schwer begründbar. Weder Hinweise auf die hohen dienstlichen Abwesenheitszeiten von Führungskräften noch Vorschläge, die von Teilzeit-Führungskräften zu leitenden Einheiten eben etwas zu verkleinern, fruchten als Gegenargumente. Der Teilzeit haftet weiterhin der Geruch der sozialen, außerdienstlich motivierten Fürsorge für die unteren Ränge der rein operativen Verwaltung an. Die weitere notwendige Förderung der Teilzeit liegt daher weniger in der Schaffung neuer rechtlicher Instrumente als in dem breitflächigen Marketing von gelungenen Teilzeit-Experimenten, abweichend vom Halbtagsschema. In kundenorientierten Verwaltungen/Dienstleistungen kann durch geschickt vereinbarte Teilzeitarbeit auch der Kundenservice verbessert werden.

Von besonderer Bedeutung für eine wirksame Teilzeit-Werbung ist die Chance, in persönlichen Notfällen (z.B. Arbeitslosigkeit des Lebenspartners, Scheidung) auch vor Ablauf der vereinbarten Teilzeitfrist wieder in eine akzeptable Vollzeit-Beschäftigung zurückkehren zu können. Auch müssen die versorgungsrechtlichen Konsequenzen einer Teilzeitbeschäftigung rechtzeitig ausgelotet werden. Die gesetzlich neu eingeführte Altersteilzeit für Beamte wurde wohl auch wegen ihrer versorgungsrechtlichen Risiken im Ergebnis zu einem Flop des Gesetzgebers.

VI. *Personalplanung und Personalentwicklung*

Mit einer systematischen Personalplanung soll die Gefahr zukünftiger Personalfehlentscheidungen vermindert werden. Eine intensive Vorplanung kann die Entscheidungsgüte gegenüber kurzfristig getroffenen Personalmaßnahmen verbessern, die unvorbereitet und improvisiert aus einer aktuellen Situation getroffen werden müssen. Fehlentscheidungen im Personalbereich können schwerwiegende und langfristige Auswirkungen haben. Daher ist sowohl eine quantitative Personalplanung und somit die rechtzeitige Vorausschau eines steigenden, aber auch sinkenden Personalbedarfs als auch eine qualitative Personalplanung erforderlich, die die Änderung der Anforderungen frühzeitig erfaßt. Sie soll auch frühzeitig bei der Personalgewinnung und Personalausbildung beachtet werden.

Noch stärkere Bedeutung hat die qualitative Personalplanung für eine rechtzeitige Fortbildung und Umqualifizierung des vorhandenen Personals auf neue Aufgaben und neue Anforderungen. Von idealer Bedeutung hierfür waren und bleiben jene Beamten, die von sich aus neue Aufgaben als Chance ergreifen, selbst neue Fähigkeiten zu erwerben und sie aktiv für die Bewältigung dieser Aufgaben einzusetzen (sogenanntes Training on the job). Eine solche Bereitschaft kann durch eine umsichtige Personalentwicklung, z.B. durch Einsatz auf vielfältigen, selbständige Entscheidungen abfordernden Arbeitsplätzen gefördert werden. Neben dieser eigenständigen Personalentwicklung wird aber häufig, vor allem bei großen Aufgabenblöcken, eine vom Dienstherrn gesteuerte, rechtzeitige Planung und Durchführung von Maßnahmen der Fortbildung, Umqualifizierung und Umschulung treten müssen.

Allerdings müssen Effektivität und Effizienz solcher Maßnahmen ständig kritisch geprüft werden. Dabei darf man nicht zu hohe Erwartungen hinsichtlich der Erfolgsquote beruflicher Fortbildungsmaßnahmen pflegen; ihre Wirksamkeit hängt – zumindest bei Fortbildung in vernetzten Bereichen – ganz wesentlich von der Einstellung des Umfelds, insbesondere der Vorgesetzten, ab, weshalb eine Fortbildung von ganzen Organisationseinheiten in vielen Fällen (z.B. bei Führungs- und Sozialtechniken) als zweckmäßig erscheint. Zu den bekanntesten Verwaltungsmaßnahmen der Personalentwicklung gehören die Beförderungen.

VII. Beförderungen und Leistungszulagen

Beförderungen haben sich an dem auch verfassungsrechtlich verbürgten Leistungsprinzip zu orientieren. Was Leistung ist, ergibt sich aus dem jeweiligen Anforderungsprofil des jeweiligen Dienstpostens, das der personalpolitischen Steuerung unterliegt und sich unter Umständen in kürzester Zeit verändern kann. Um gleichwohl ein hohes Maß an Beförderungsgerechtigkeit zu erreichen, haben die Verwaltungen verschiedene, teilweise sehr detaillierte Beurteilungsverfahren entwickelt. Man unterscheidet die Anlaßbeurteilung, die aus einem konkreten Anlaß (z.B. Beendigung der Probezeit, Versetzung in ein anderes Amt) erteilt wird, von der Regelbeurteilung, die in regelmäßigen Abständen (z.B. alle drei Jahre) erfolgen soll. Durch die regelmäßige Beurteilung soll unter anderem eine höhere Vergleichbarkeit erzielt sowie die Abhängigkeit von einem bestimmten Ereignis (z.B. Beförderung) gelöst werden. Im Inhalt der Beurteilung wird außerdem zwischen der Bewertung der bisherigen Leistungen (Leistungsbeurteilung) und der Prognose weiterer Einsatzfelder (sogenannte Verwendungsbeurteilung) differenziert. Die Beurteilungsverfahren variieren zwischen der freien Beurteilung und verschiedenen Formen der Standardisierung. Um ein hohes Maß an Vergleichbarkeit und damit an Beurteilungsgerechtigkeit zu gewinnen, haben die Verfahren der Standardisierung zugenommen. Gewisse Extreme werden erreicht durch eine Umsetzung – mittels Werteskalen – in numerische Werte, die in einzelnen Fällen sogar zu numerischen Gesamtwerten verdichtet werden. Hier drohen nicht nur Leistung und Leistungsfähigkeit des Beurteilten, sondern auch die deutlichen Unterschiede der Anforderungsprofile verschiedener Arbeitsplätze im Bewertungsschema einer nur fiktiv existierenden Verwaltungswelt zu verschwinden. Ohnehin bleibt völlig aus dem Blickfeld, daß jede Beurteilung nicht nur eine Fremdbewertung darstellt, sondern auch eine Selbstbeurteilung des Beurteilers selbst.

Das Dilemma der Beurteilung ist sicherlich bürokratisch nicht auflösbar. Jedes Beurteilungsverfahren sollte aber verdeutlichen, daß die Beurteilung in erster Linie eine Leistung und damit auch ein Dilemma des Beurteilers bleibt. Halbstandardisierte Verfahren versuchen die Vorzüge der freien und der vollstandardisierten Methode miteinander zu verknüpfen; sie erzielen ein gewisses Maß an Vergleichbarkeit, ohne die Subjektivität jeder Beurteilung ganz zu verschleiern.

Der Beförderungsvollzug ist grundsätzlich der Mitbestimmung der Personalvertretung unterworfen. Beförderungen müssen also ein hohes Maß an Plausibilität und Akzeptanz erreichen; rasche Beförderungen sind in der Regel nur in herausgehobenen Stabsfunktionen, bei Dienststellenleitern und bei Wechsel in hierarchisch höhere Behörden sowie Bereitschaft zu örtlicher Mobilität möglich. In der internen Schere zwischen Dienstaltersbeförderungen und Stellenplanenge bleiben hier Ansätze eines internen, stärker nach Leistung bzw. Angebot/Nachfrage orientierten Arbeitsmarktes.

Die prozentuale Begrenzung der Beförderungsstellen durch das Bundesbesoldungsgesetz (der oben beschriebene Stellenkegel) schränkt die Beförderungsmöglichkeiten zahlenmäßig ein; je nach Arbeitsmarktlage werden allerdings für bestimmte Laufbahnen (z.B. Polizei) oder auch nur Tätigkeiten (z.B. im Umweltschutz) verbesserte Beförderungschancen geschaffen. In der Regel können auch bei durchschnittlicher Leistung die ersten beiden Beförderungsämter von allen Beamten erreicht werden; nicht selten bemüht sich die Personalpolitik durch eine geschickte Gestaltung des Beförderungsablaufs (insbesondere beim einfachen und mittleren Dienst), der die Spitzenämter vor dem Ruhestand nur jeweils für kurze Zeit in Anspruch nimmt, allen Beamten das Erreichen der Endämter noch vor dem Ausscheiden zu ermöglichen. Eine solche Beförderungspolitik ist vor allem dort angezeigt, wo langfristig eine breite Nachwuchswerbung (wie z.B. für die Polizei) notwendig bleibt.

In der Skala der Vergütungsverbesserungen nimmt die Beförderung gewissermaßen einen Mittelplatz zwischen den Polen Leistung und Dienstalter (Zeit) ein. Beförderung honoriert nicht die Einzelleistung, sondern die Leistung in der Zeit. Rein zeitorientiert ist hingegen bisher das automatische Aufsteigen (im Zweijahresrhythmus) in den Dienstaltersstufen der jeweiligen Besoldungsgruppe ohne Beförderung. Beförderungen setzen neben einer entsprechenden Leistung auch ein entsprechendes Dienstalter voraus (gesetzliche und administrative Zeithürden), die sich zum Teil aus den gesetzlichen Begrenzungen (Stellenkegel) der Beförderungsstellen ergeben. Schließlich dürfen Beförderungsstellen nicht übersprungen werden (Verbot der Sprungbeförderung). Stärker leistungsorientiert sind die bisher nur bei Bahn und Post gewährten Leistungszulagen, bei denen praktisch der Zeitbezug fehlt.

Wichtige Eckpunkte bei der Beförderung sind zum einen ihre Bestandsfestigkeit (keine einseitige Rücknahme, außer bei förmlichen Disziplinarmaßnahmen) und ihre Relevanz (insbesondere der letzten Beförderung) für die Höhe der späteren Versorgungsbezüge. Bereits hierdurch unterscheidet sich die Beförderung von der Leistungszulage, wie sie 1990 gegen starken Widerstand aus dem traditionellen Beamtenrecht durch die Postreform I für die Beamten der Deutschen Bundespost eingeführt wurde und auch heute noch in den drei Postunternehmen weitergilt. Diese Leistungszulagen können zwar finanziell bis zu zwei Beförderungsstufen ausgleichen, sie sind aber stets befristet (auf ein Jahr), auch vorzeitig widerrufbar, nicht versorgungsfähig und können nicht beliebig verlängert werden. Über die Vergabe von Leistungszulagen entscheiden die Vorgesetzten, meistens ist der nächsthöhere Vorgesetzte beteiligt; eine Mitbestimmung der Personalvertretung ist nicht festgelegt. Bei diesen Leistungszulagen soll damit wieder ein unmittelbarer Bezug des Entgelts zur Leistung zutagetreten – ein Abweichen vom traditionellen Prinzip, die Besoldung als Unterhalt des Beamten zu verstehen (Alimentationsprinzip).

Der Einsatz dieses Bezahlungsinstruments bei den Postunternehmen ergibt sich bei den inzwischen in Aktiengesellschaften umgewandelten Unternehmen aus der Nähe dieser ehemaligen Betriebsverwaltungen zur Wirtschaft. Gleichwohl könnte – will man nicht am Dogma des Gesetzesvorbehalts im gesamten Beamtenrecht festhalten – die Leistungszulage auch in der allgemeinen Verwaltung ein Instrument werden, um bei Leistungsspitzen, auch wenn sie nur vorübergehend sind, ein höheres Maß an Besoldungsgerechtigkeit zu erreichen. Ein Eckpunkte-Papier des Bundesinnenministers stellt nunmehr (April 1995) die Einführung von einmaligen Leistungsprämien und monatlichen Leistungszulagen in der allgemeinen Verwaltung zur Diskussion. Durch diese Innovation könnten Fach- und Ressourcenverantwortung wieder dichter miteinander verbunden werden.

VIII. Personalabbau

Die Personalwirtschaft der öffentlichen Hände bleibt eingebettet in den steten, politisch gesteuerten Wandel der öffentlichen Aufgaben und damit auch in das Korsett der öffentlichen Haushalte. Eine Überschuldung öffentlicher Haushalte zwingt daher die Personalwirtschaft ebenso zu Einschnitten in den Personalbestand wie die effektive Reduktion öffentlicher Aufgaben. Mittel sind die sektorale oder quotenmäßige Wiederbesetzungssperre wie auch der generelle Einstellungsstopp, der allerdings oft (z.B. für die städtische Feuerwehr einer Großstadt) durch Ausnahmen gelockert werden muß. In kritischen Situationen kann auch das günstige Angebot eines vorgezogenen Ruhestandes (z.B. statt 62/65 ab 55. Lebensjahr für die Beamten des einfachen und mittleren Dienstes bei Bahn und Post) gemeinsam mit Einstellungsstopp den Personalabbau erleichtern. Hingegen ist der Personalabbau durch Wechsel zu anderen Dienstherrn bzw. in die Wirtschaft in der Regel auf Randfälle beschränkt. Selbst wenn der Wechsel für aufnehmende Dienstherrn durch verbesserte besoldungs- und versorgungsrechtliche Regelungen attraktiver gestaltet wird, gewinnt er keine größere Relevanz, da dem öffentlichen Dienst – auch über den Beamtenbereich hinaus – weiterhin ein hohes Maß beruflicher Stabilität eigen ist.

Personalkostenabbau durch Beförderungsstopp wird kaum mehr ernsthaft erwogen. Die erreichbaren Einsparungen sind relativ gering, ihre negativen Auswirkungen auf die Leistungsgüte des öffentlichen Dienstes, insbesondere der Leistungsträger – auch zum Schaden der Bürger – dagegen ganz erheblich. Dieses Kosten/Nutzen-Mißverhältnis hebelt jeden allgemeinen Beförderungsstopp aus. Dagegen gehören – anders als in der Wirtschaft – Sozialpläne mit Massenentlassungen und Abfindungen usw. nicht zum allgemeinen personalwirtschaftlichen Werkzeugkasten der öffentlichen Personalwirtschaft. Über die rechtlichen Bindungen hinaus (Lebenszeitprinzip, tarifrechtliche Unkündbarkeit) strahlt die Konkursfestigkeit der Dienstherren auch in die faktische Sicherheit des öffentlichen Dienstes hinein.

Literatur

Becker, Manfred, Personalentwicklung – Die personalwirtschaftliche Herausforderung der Zukunft, Bad Homburg v.d.H. 1993.

Harlander, Norbert u.a., Praktisches Lehrbuch Personalwirtschaft, 2. Auflage, Landsberg 1991.

Hentze, Joachim, Personalwirtschaftslehre, Band 1, 6. Auflage, Bern/Stuttgart 1994; Band 2, 6. Auflage, Bern/Stuttgart/Wien 1995.

Kaiser, Thomas, Personalwirtschaft, Wiesbaden 1994.

Kübler, Hartmut, Organisation und Führung von Behörden, Band 2: Personalwesen, 4. Auflage, Kehl 1980.

Maier, Walter/Fröhlich, Werner, Personalmanagement in der Praxis, Wiesbaden 1991.

Christoph Hauschild

5. Aus- und Fortbildung für den öffentlichen Dienst

Inhaltsübersicht

I. Einführung
II. Ausbildung und Zugangsvoraussetzungen
   1. Ausbildung für den höheren Dienst
   2. Ausbildung für den gehobenen Dienst
   3. Ausbildung für den mittleren Dienst
   4. Ausbildung für den einfachen Dienst
III. Dienstliche Fortbildung
   1. Ziele der Fortbildung
   2. Organisation und Durchführung der Fortbildung
   3. Fortbildung von Führungskräften
IV. Aus- und Fortbildung im "Schlanken Staat"

I. Einführung

Wieviel von einem funktionsfähigen öffentlichen Dienst abhängt, hat nach der deutschen Wiedervereinigung die Situation in den neuen Ländern erneut unter Beweis gestellt. Es zeigte sich abermals, daß die Verwaltung nur so gut sein kann, wie es ihre Mitarbeiter sind. Der Grundsatz einer eigenständigen, am Gemeinwohl orientierten Professionalität des öffentlichen Dienstes kann indes weder aus staatstheoretischer noch aus tatsächlicher Sicht als eine stets anerkannte und praktizierte Selbstverständlichkeit angesehen werden. So gehörte der Vorrang der politisch-ideologischen Qualifikation zu einem Wesensmerkmal des in Mittel- und Osteuropa überwundenen sozialistischen Staatssystems. Doch auch dort, wo das öffentliche Handeln traditionell auf dem Grundsatz der professionellen Eigenständigkeit des öffentlichen Dienstes beruht, erfordert der Wandel bei den Leistungs- und Qualifikationsanforderungen eine ständige Anpassung der Aus- und Fortbildungspolitik. So sind angesichts der prognostizierten Verschiebungen im Tätigkeitsspektrum des öffentlichen Dienstes die öffentlichen Arbeitgeber gefordert, die Einstellungspolitik auf Mitarbeiter auszurichten, die im Durchschnitt ein noch höheres und breiteres Qualifikationsniveau besitzen als in der Vergangenheit.

Aus- und Fortbildung für den öffentlichen Dienst kommt hier die Aufgabe zu, für die Qualitätssicherung der Nachwuchskräfte und des vorhandenen Personals zu sorgen. Die Begriffe Aus- und Fortbildung umschreiben dabei unterschiedliche Bildungsmaßnahmen. Ausbildung ist die Vermittlung des Bildungsstandes, der für die Berufsaufnahme erforderlich ist. Fortbildung ist der Qualifizierungsabschnitt, der auf der Ausbildung aufbaut und die Ausbildungsinhalte über den durch die berufliche Tätigkeit gewonnenen Erfahrungszuwachs funktionsbezogen erweitert und vertieft. Fortbildung im öffentlichen Dienst heißt, daß sie innerhalb eines bestehenden Dienst- und Arbeitsverhältnisses absolviert wird und die Ausbildung und geggebenenfalls der Vorbereitungsdienst abgeschlossen sind. Der dienstlichen Fortbildung kommt daher grundsätzlich nicht die Funktion zu, die Berufsbefähigung herzustellen, wenn auch bei den mehrmonatigen Führungslehrgängen die Grenzen zwischen Aus- und Fortbildung fließend sind.

II. Ausbildung und Zugangsvoraussetzungen

Bei der Einstellung von Beamten und Arbeitnehmern in den öffentlichen Dienst gilt als Auswahlkriterium der in Art. 33 Abs. 2 GG vorgesehene Leistungsgrundsatz: Eignung, Befähigung und fachliche Leistung. Die laufbahn- und funktionsspezifische Vorbildung ist damit eine der entscheidenden Zugangsvoraussetzungen für den öffentlichen Dienst. Jeder Bewerber muß durch einen Ausbildungsabschluß seine Befähigung zur Ausübung einer Tätigkeit im öffentlichen Dienst nachweisen.

Historisch gesehen gewann das Ausbildungs- und Prüfungserfordernis im Verlauf des 18. Jahrhunderts die Funktion einer Zugangsvoraussetzung für öffentliche Ämter. Auf die naturphilosophische Ausrichtung der Aufklärung geht der Gedanke zurück, daß bei der Besetzung von Verwaltungsstellen nicht mehr das Herkommen, sondern das fachliche Können der Kandidaten entscheidend sein sollte. Dieser Forderung nach gleichem Zugang zu öffentlichen Ämtern wurde mit der Einführung allgemeiner Vorbildungs- und Prüfungserfordernisse Rechnung getragen. In Frankreich hat bis heute der Concours (Auswahlwettbewerb) die Funktion, die Gleichheit beim Zugang zum öffentlichen Dienst zu gewährleisten. Der Concours ist hier damit nicht nur ein Instrument zur Auswahl der Bewerber, sondern zugleich eine unabdingbare Zugangsvoraussetzung. Die Einführung eines modernen Prüfungswesens diente zum anderen dem Ziel, für den zunehmenden Bedarf an studierten Beamten Qualifikationserfordernisse durchsetzen zu können. Im Preußen des 18. Jahrhunderts stand dieser zentralstaatliche Zweck im Vordergrund, um Kompetenz und Qualität der Universitätsabsolventen überprüfen zu können. Damit sollte zugleich auf den Standard der universitären Ausbildung eingewirkt werden. Der Prozeß der Professionalisierung des späteren öffentlichen Dienstes setzte hier ein mit Ausbildungsanforderungen an den Akademiker.

Die Anknüpfung an Ausbildungsabschlüsse wurde allerdings nicht nur für das Qualifikationsniveau prägend, sondern wirkte sich ebenfalls auf die sich entwickelnden Laufbahnstrukturen aus. Die für den Zugang zum öffentlichen Dienst erforderlich gewordene Vorbildung führte im 19. Jahrhundert zu Bildungsgrenzen zwischen den Laufbahnen. Im allgemeinen Verwaltungsdienst blieben im Gegensatz zum Militärdienst die Laufbahn des höheren Dienstes für Verwaltungsangehörige ohne wissenschaftliche Vorbildung verschlossen. Das Fehlen einer wissenschaftlichen Vor- bzw. Ausbildung konnte damals auch nicht durch herausragende praktische Leistungen ausgeglichen werden. Von Rechtshistorikern wird dies auf die Bedeutung von Wissenschaftlichkeit und Bildung als Statussymbol und zugleich Abgrenzungskriterium für das aufsteigende Bürgertum des 19. Jahrhunderts zurückgeführt. Das heutige Laufbahnrecht spiegelt in vielfältiger Weise die genannten Bildungsvorstellungen wider, wobei die Laufbahnen über die laufbahnrechtlichen Aufstiegsmöglichkeiten ständig durchlässiger geworden sind und immer noch durchlässiger gemacht werden.

Mit der Öffnung der nationalen öffentlichen Dienste für Staatsangehörige aus anderen Mitgliedstaaten der Europäischen Union treten nunmehr die deutschen Ausbildungswege für den öffentlichen Dienst mit anderen Bildungstraditionen und Auswahlkriterien in Konkurrenz. Um den gleichberechtigten Zugang von Staatsangehörigen anderer Mitgliedstaaten zum deutschen öffentlichen Dienst auch laufbahnrechtlich zu ermöglichen, mußte in Einzelheiten die Anerkennung von Hochschuldiplomen geregelt werden. Die EG-Richtlinie über die allgemeine Regelung zur Anerkennung der Hochschuldiplome wurde im Hinblick auf den Zugang zu den Beamtenlaufbahnen in innerstaatliches Recht umgesetzt. Die EG-Richtlinie ermöglicht es allerdings nicht, von Bewerbern aus anderen Mitgliedstaaten, die ein für den Berufszugang berechtigendes Hochschuldiplom besitzen, zusätzlich den im übrigen grundsätzlich notwendigen Vorbereitungsdienst zu verlangen. Die Europäische Kommission hat jedoch zugestimmt, daß bei allen EU-Bewerbern für Laufbahnen des höheren allgemeinen Verwaltungsdienstes, soweit es sich um Juristen handelt, eine Eignungsprüfung verlangt werden kann. Dennoch scheint sich zu zeigen, daß im Rahmen der EU-Freizügigkeitspolitik der Ausbildungsabschluß in erster Linie im Sinne einer formalen Zugangsbedingung verstanden wird, ohne daß auf die Ausbildungsinhalte im Sinne eines Befähigungsnachweises abgestellt wird. Die vom Laufbahnrecht geforderten Ausbildungsabschlüsse haben aber gerade die Funktion, den Zugang an die fachliche Vorbildung zu binden. Es besteht daher die Gefahr, daß als Nebeneffekt der Freizügigkeit der qualitative Aspekt der Ausbildung relativiert wird.

Die bei der Einstellung von Beamten zu beachtenden Zugangsregelungen sind im Laufbahnrecht geregelt. Die maßgebenden Rechtsgrundlagen sind die §§ 15-21 des Bundesbeamtengesetzes, die §§ 11-16, 122 des Beamtenrechtsrahmengesetzes, die Bundeslaufbahnverordnung und in den einzelnen Ländern die entsprechenden landesrechtlichen Laufbahnvorschriften. Diese Laufbahnbestimmungen regeln den Berufszugang der Beamten, nicht aber die Beschäftigungsvoraussetzungen der Angestellten und Arbeiter.

Das Recht der Arbeitnehmer des öffentlichen Dienstes kennt kein Laufbahnsystem. Bei der Einstellung wird der Angestellte in eine tarifrechtliche Vergütungsgruppe mit festgelegten Tätigkeitsmerkmalen eingruppiert. Für diese vertragliche Eingruppierung müssen subjektive Eingangsvoraussetzungen erfüllt sein, das heißt es wird der Abschluß eines allgemeinen beruflichen Bildungsganges gefordert. Für den höheren Angestelltendienst ist die Eingangsvoraussetzung der Abschluß einer wissenschaftlichen Ausbildung. Für den einfachen, mittleren und gehobenen Angestelltendienst sind seit 1979 auf der Grundlage des Berufsbildungsgesetzes bundesweit eine einheitliche Ausbildungsregelung und ein einheitliches Berufsbild des Verwaltungsfachangestellten geschaffen worden.

Die Qualität von Beamten und Arbeitnehmern im allgemeinen Verwaltungsdienst gründet sich auch bei den höheren Positionen nicht auf eine klare Trennung von Funktions- und Tätigkeitsbereichen. Vielmehr ist ein Wechsel zwischen den Statusgruppen möglich, das heißt ein Angestellter kann bei Vorliegen der laufbahn- und haushaltsrechtlichen Voraussetzungen mitunter auf der gleichen Stelle zum Beamten ernannt werden. Die folgende Darstellung der Ausbildungsvoraussetzungen bezieht sich auf die Laufbahnen des allgemeinen Verwaltungsdienstes.

1. Ausbildung für den höheren Dienst

Für den Zugang zum höheren allgemeinen Verwaltungsdienst ist die wissenschaftliche Ausbildung an einer Hochschule der geforderte Ausbildungsgang. Es wird grundsätzlich ein mindestens dreijähriges mit einer Prüfung abgeschlossenes Studium an einer wissenschaftlichen Hochschule sowie die Ableistung eines mindestens zweijährigen Vorbereitungsdienstes vorausgesetzt.

Einen besonderen Stellenwert für die Einstellungspolitik beim höheren allgemeinen Verwaltungsdienst hat traditionell die Juristenausbildung, wobei der Anteil der Juristen selbst bei den obersten Bundesbehörden sehr unterschiedlich ausfällt. Die folgenden, ohne Anspruch auf Repräsentativität ausgewählten Beispiele aus der Ministerialverwaltung des Bundes unterstreichen aber, daß der öffentliche Dienst ein wichtiger Arbeitsmarkt für Juristen ist. So beträgt der Anteil der Juristen im höheren Dienst des Bundesministeriums des Innern über 70 % und im Bundesministerium für Wirtschaft ist ihr Anteil mit etwa 40 % noch etwa ebenso hoch wie der der Wirtschaftswissenschaftler, bei den oberen Führungskräften jedoch wesentlich höher. Dies wird unter anderem darauf zurückgeführt, daß die Leitungsebene bei der Besetzung von Führungspositionen bei der Auswahl zwischen mehreren Personen diejenigen bevorzugt, denen sie aufgrund ihrer eigenen Ausbildung das größte Vertrauen entgegenbringt.

Die Juristenausbildung bringt den Assessoren mit einer absolvierten 2. Staatsprüfung gegenüber anderen Fachrichtungen zunächst den Vorteil, daß mit der Integration des Vorbereitungsdienstes in den zweistufigen Ausbildungsgang eine unmittelbare Zugangsvoraussetzung zur Laufbahn des höheren Verwaltungsdienstes vorliegt. Entscheidend für den hohen Juristenanteil dürfte aber sein, daß die Juristenausbildung in Deutschland nicht als Spezialistenausbildung, sondern über die Vermittlung der juristischen Methodik als Ausbildung zum Generalisten verstanden wird.

Dieses Bild von der juristischen Generalistenausbildung erwies sich auch als resistent gegenüber vielfältigen Reformvorhaben. Trotz häufiger Kritik am zu geringem Verwaltungsbezug kam es weder zur Einrichtung einer spezifischen Ausbildung für den höheren allgemeinen Verwaltungsdienst noch zu einer verwaltungsbezogenen Reform der Studien- und Prüfungsinhalte der Juristenausbildung. Die Ausbildungsstation bei Verwaltungsbehörden und Verwaltungsgerichten sowie die Möglichkeit zu einem verwaltungswissenschaftlichen Ergänzungsstudium an der Hochschule für Verwaltungswissenschaften Speyer während des juristischen Vorbereitungsdienstes stellen noch den unmittelbarsten Bezug zu einer Verwaltungstätigkeit her.

Die Hochschule für Verwaltungswissenschaften Speyer hat bei der verwaltungsbezogenen Qualifizierung von Nachwuchs- und Führungskräften des höheren Dienstes eine wichtige Multiplikatorenfunktion. Sie ist Ausbildungs- und Fortbildungseinrichtung zugleich. Nicht nur deshalb hat sie eine Sonderstellung in der deutschen Universitätslandschaft, in der die Hochschulen auf dem Fortbildungssektor so gut wie keine Präsenz zeigen. Die Verwaltungshochschule Speyer ist auch die einzige deutsche Hochschule, die sich ausschließlich an Postgraduierte wendet. Ihre Sonderstellung wird nicht zuletzt dadurch unterstrichen, daß sie unter Beteiligung des Bundes eine Gemeinschaftseinrichtung aller Länder ist. Ihr Seminar- und Veranstaltungsangebot orientiert sich am Leitbild des wissenschaftlich ausgebildeten höheren Dienstes. An der Hochschule sind die Stoffgruppen Rechtswissenschaft (öffentliches Recht), Verwaltungswissenschaft, Wirtschaftswissenschaften sowie Sozialwissenschaften und Geschichtswissenschaften vertreten. Die Lehrinhalte für die rund 500 Hörer pro Semester reichen von der Rechts- und Politiktheorie bis zu Projektstudien in der Verwaltung. Das Studium ist aber weder obligatorisch noch flächendeckend für den Verwaltungsnachwuchs.

Die Frage bleibt, inwieweit durch Änderungen bei den Zugangsvoraussetzungen im Laufbahnrecht den spezifischen Anforderungen einer Verwaltungstätigkeit im höheren Dienst stärker Rechnung getragen werden kann. Ein Beispiel für diese Fragestellung sind die auf Europa ausgerichteten Verwaltungstätigkeiten. Die EU-Bezüge haben unbestritten bei den ministeriellen Aufgaben eine erhebliche Bedeutung gewonnen. Bei einer Einstellung für diese Aufgaben kommt es daher neben Fremdsprachenkenntnissen auf ein Ausbildungs- und Erfahrungsprofil an, das einen Europabezug erkennen läßt. Insofern werden gegenwärtig Überlegungen angestellt, europapolitische Anforderungen in Laufbahn-, Ausbildungs- und Prüfungsordnungen für diesen speziellen Tätigkeitsbereich aufzunehmen.

2. *Ausbildung für den gehobenen Dienst*

Im Gegensatz zur Ausbildung zum höheren Dienst findet die Ausbildung zum gehobenen nichttechnischen Verwaltungsdienst an verwaltungsinternen Fachhochschulen statt. Die Einrichtung einer Fachhochschulausbildung für den gehobenen Dienst stand im Zusammenhang mit den Verwaltungs- und Bildungsreformen der siebziger Jahre. Die Ausbildung wurde von der traditionellen Bildungsform der praxisbezogenen Unterweisung am Arbeitsplatz mit berufsbegleitendem Unterricht auf einen eigenständigen Studiengang umgestellt. Diese Umstellung erfolgte zuerst auf Landesebene im Jahr 1973 mit der Gründung von Fachhochschulen für den öffentlichen Dienst in Berlin und Baden-Württemberg. Die Fachhochschule des Bundes nahm 1979 ihren Lehrbetrieb auf. Seit 1990 kommt in den neuen Ländern der Einrichtung von Fachhochschulen für den öffentlichen Dienst eine besondere Priorität zu, da über die neuen

Fachhochschulen eigene Nachwuchskräfte für die Landes- und Kommunalverwaltungen herangebildet werden können.

Die Verwaltungsfachhochschulen sind zumeist noch verwaltungsinterne Einrichtungen (ohne Rechtsfähigkeit) des jeweiligen Landes bzw. des Bundes. So hat die Fachhochschule des Bundes für öffentliche Verwaltung den Status einer nicht-rechtsfähigen Körperschaft und ressortübergreifenden staatlichen Einrichtung des Bundes und wird in gemeinsamer Verantwortung von allen Bundesressorts und den Einrichtungen der mittelbaren Bundesverwaltung (unter anderem Bundesanstalt für Arbeit, Bundesversicherungsanstalt für Angestellte) getragen. Auf Landesebene ist die Zuständigkeit sehr unterschiedlich ausgestaltet. Neben zentralen ressortübergreifenden Fachhochschulen wie beim Bund existieren streng ressortgebundene Einrichtungen.

Für den Zugang zum Fachhochschulstudium müssen die Bewerber die allgemeine Hochschulreife bzw. ein gleichwertig anerkanntes Zeugnis nachweisen. Als Folge der verwaltungsinternen Einbindung des Ausbildungsganges ist ein Zugang nur über ein Auswahlverfahren der verschiedenen Einstellungsbehörden möglich. Diese stellen die Bewerber als Inspektorenanwärter in ein Beamtenverhältnis auf Widerruf ein und entsenden sie zur Ausbildung an die Fachhochschule.

Die Ausbildung der Inspektorenanwärter, die zugleich Studierende an der jeweiligen Fachhochschule sind, aber anders als die Studierenden an den externen Fachhochschulen bereits ein Gehalt (Anwärterbezüge) beziehen, ist als Intervallstudium organisiert. In diesem Studium wechseln sich fachtheoretische und fachpraktische Studienabschnitte ab. Der Ausbildungsgang umfaßt insgesamt drei Jahre, von denen in der Bundesverwaltung 18 Monate als Studium an den Fachhochschuleinrichtungen und 18 Monate als berufspraktische Unterrichtung am Arbeitsplatz ausgestaltet sind.

Nach übereinstimmenden Untersuchungen hat die Einführung eines Fachhochschulstudienganges für den gehobenen nichttechnischen Verwaltungsdienst zu einem meßbar höherem Qualifikationsniveau geführt. Dennoch steht dieser Ausbildungsgang aus verschiedenen Gründen in der Diskussion. Angesichts des Bedeutungszuwachses der Fachhochschulen in der deutschen Hochschullandschaft wird zum einem die Umwandlung der internen Verwaltungsfachhochschulen in externe Fachhochschulen gefordert. So ist seit 1990 in Berlin die Fachhochschule für Verwaltung und Rechtspflege nach dem Berliner Hochschulgesetz eine Körperschaft des öffentlichen Rechts wie die anderen Berliner Hochschulen. Zum anderen führt der Personalabbau in der öffentlichen Verwaltung dazu, daß nicht allen Anwärtern eine gesicherte und dem Ausbildungsgang entsprechende Berufsperspektive garantiert werden kann bzw. wegen fehlender Einstellungen die Kapazitäten der Fachhochschulen nicht mehr ausgelastet sind. Diese arbeitsmarktpolitische Entwicklung stellt für die Konzeption einer verwaltungsinternen Anbindung der Fachhochschulausbildung gegenwärtig die größte Herausforderung dar. Die Konsequenzen der Sparpolitik für die Fachhochschulen sind noch nicht absehbar. Es werden unter anderem gegenwärtig Kooperationsmodelle zwischen einzelnen Fachhochschulen diskutiert. Die Entwicklung könnte auch die Umwandlung der internen Fachhochschulausbildung zu externen Fachhochschulen beschleunigen. Dies würde allerdings erneut Debatten über die Art der Verknüpfung der fachtheoretischen und praktischen Studienzeiten, die Praxisnähe der Ausbildung und die einzelnen Ausbildungsinhalte auslösen.

3. *Ausbildung für den mittleren Dienst*

Die Ausbildung für den mittleren allgemeinen Verwaltungsdienst ist ebenfalls verwaltungsintern ausgelegt, das heißt sie erfolgt wie bei der Fachhochschulausbildung des gehobenen Dienstes am Arbeitsplatz in der Einstellungsbehörde in Verbindung mit einer fachtheoretischen Ausbildung an Verwaltungsschulen oder Studieninstituten. Dieser Vorbereitungsdienst dauert in der Regel zwei Jahre. Zugangsvoraussetzung für die Einstellung in den Vorbereitungsdienst ist die mittlere Reife.

Für die allgemeine und innere Verwaltung des Bundes ist das Bundesverwaltungsamt die Ausbildungsbehörde für den mittleren Dienst. Beim Bundesverwaltungsamt, das eine selbständige Bundesoberbehörde ist und zentrale Verwaltungsaufgaben des Bundes wahrnimmt, wird auch die fachtheoretische Ausbildung durchgeführt. In den Ländern erfolgt die fachtheoretische Ausbildung für den mittleren Dienst an Verwaltungsschulen. Diese Verwaltungsschulen sind Körperschaften des öffentlichen Rechts mit Dienstherrnfähigkeit, die vom jeweiligen Land sowie den kreisfreien Gemeinden und Landkreisen getragen werden. In diesem Zusammenhang kann insbesondere die Bayerische Verwaltungsschule angeführt werden, die die größte deutsche Ausbildungseinrichtung für den öffentlichen Dienst überhaupt ist. Die Verwaltungsschulen führen neben der Beamtenausbildung für den mittleren Dienst auch die Angestelltenlehrgänge durch und sind Träger von Maßnahmen der dienstlichen Fortbildung. Mit diesem Aufgabenspektrum sind sie nicht gleichermaßen auf einen bestimmten Bildungsauftrag spezialisiert wie die Fachhochschulen des öffentlichen Dienstes.

4. Ausbildung für den einfachen Dienst

Die Ausbildung für den einfachen Dienst ist wenig durchnormiert und vorwiegend auf den Erwerb praktischer Tätigkeiten gerichtet. Das Laufbahnrecht fordert für die Zulassung zum einfachen Dienst den Hauptschulabschluß oder einen als gleichwertig anerkannten Bildungsabschluß.

III. Dienstliche Fortbildung

Die dienstliche Fortbildung knüpft an die Bildungstradition des Laufbahnrechts an, indem Inhalte und Vorgehensweise auf die Ausbildungsgänge abgestimmt sind. Im Gegensatz zur langen Ausbildungstradition im deutschen öffentlichen Dienst ist jedoch die Fortbildung in ihrer heutigen institutionellen Ausgestaltung für die Verwaltung relativ neu. Die Grundlagen wurden in den sechziger Jahren gelegt, wobei es aber einer weiteren Aufbauzeit in den siebziger Jahren bedurfte, bis die Fortbildung als fester Bestandteil der Personalführung anerkannt wurde.

Der Fortbildungsgedanke beinhaltet, daß sowohl funktions- als auch verwendungsbezogen ein Bedarf an zusätzlicher individueller Qualifizierung angenommen wird. Ausbildungstradition und Fortbildungspostulat gerieten allerdings dann in Widerspruch miteinander, wenn der Ausbildungsabschluß als berufslanger Befähigungsnachweis verstanden wird. Dabei kann das durch den Ausbildungsweg geprägte professionelle Selbstverständnis in Widerspruch geraten mit Fortbildungsanforderungen. So wird in der wissenschaftlichen Ausbildung auch die Funktion gesehen, die Fähigkeit zur Selbstfortbildung in der jeweiligen Fachdisziplin zu vermitteln. Bei der Aneignung von persönlichen und sozialen Fähigkeiten ist die Selbstfortbildung aber weniger geeignet, die gewünschten Fortbildungseffekte zu erzielen. Fortbildung setzt in diesem Bereich unabhängig von der erfahrenen Ausbildung die Bereitschaft voraus, eigene Denk- und Verhaltensmuster in Frage stellen zu lassen.

Von der Seite des Laufbahnrechts aus sind die dienstrechtlichen Grundlagen für eine systematische Fortbildungspolitik gegeben. Die Bundeslaufbahnverordnung (§ 42 BLV) und die Laufbahnverordnungen der Länder gehen von einer Verpflichtung des Beamten zur Fortbildung aus. So heißt es in § 48 Abs. 1 der nordrhein-westfälischen Laufbahnverordnung in der Neufassung vom 23. November 1995, daß die Beamten verpflichtet sind, sich fortzubilden, damit sie über die Anforderungen ihrer Laufbahn unterrichtet bleiben und auch steigenden Anforderungen ihres Amtes gewachsen sind.

Dabei wird im Laufbahnrecht unterschieden zwischen der eigenen Fortbildung und den Maßnahmen der dienstlichen Fortbildung. Die Pflicht zur Selbstfortbildung ergibt sich schon aus dem Leistungsprinzip, denn nur über eine ständige Aktualisierung des eigenen Fachwissens kann der Beamte den sich wandelnden Anforderungen gerecht werden. Die Organisation und Durchführung der dienstlichen Fortbildung ist Aufgabe des Dienstherrn. Daraus kann abgeleitet werden, daß die Personalführung dafür Sorge tragen muß, den jeweiligen Fortbildungsbedarf der Mitarbeiter zu erkennen und die Teilnahme an Maßnahmen der dienstlichen Fortbildung zu fördern.

1. Ziele der Fortbildung

Ziel der dienstlichen Fortbildung ist, das Leistungspotential der Mitarbeiter zu erhalten und zu erweitern sowie die breite dienstliche Verwendbarkeit zu sichern und damit die Qualität und Flexibilität zu erhöhen. Diese allgemeine, etwas umständlich gehaltene Zielbestimmung ist den Vorbemerkungen zum Jahresprogramm der Bundesakademie für öffentliche Verwaltung entnommen. Sie entspricht dem gültigen Verständnis der Fortbildung der Innenminister des Bundes und der Länder. Die Zielbestimmung stellt die individuelle Leistungssteigerung, die Verstärkung der Mitarbeitermotivation sowie die berufliche Weiterentwicklung in den Vordergrund. Dabei wird von der Vermutung ausgegangen, daß ein erhöhtes individuelles Leistungsvermögen mittelbar dem Gesamtsystem öffentliche Verwaltung zugute kommt.

Im Rahmen dieser Zielbestimmung reichen die einzelnen Fortbildungsmaßnahmen von einer Nachqualifizierung in Materien der beruflichen Erstausbildung bis zu organisationsbezogenen Maßnahmen, z.B. bei der Einführung neuer Führungskonzepte oder der Neustrukturierung von Aufgaben. Für die Einteilung der verschiedenen Fortbildungsarten hat sich folgende Systematik herausgebildet:
– Einführungsfortbildung
– Anpassungsfortbildung
– Förderungsfortbildung
– Projektfortbildung.

Die Einführungsfortbildung für Nachwuchskräfte des höheren Dienstes ist von ihrer ursprünglichen Zielrichtung her gesehen eine nachgeholte oder ergänzende Ausbildung für Juristen in Wirtschaftswissenschaften und für Wirtschaftswissenschaftler in Rechtswissenschaften. Der Schwerpunkt in diesem Fortbildungsbereich verschiebt sich jedoch zunehmend zu den fachübergreifenden Fragen der Wirtschaftlichkeit und Effizienz des Verwaltungshandelns sowie zu der Vermittlung von kommunikativen

Fähigkeiten im Hinblick auf spätere Führungsaufgaben. Die Anpassungsfortbildung ist definitionsgemäß die Fortbildung zur Erhaltung und Verbesserung der zur Wahrnehmung des Dienstpostens erforderlichen Qualifikationen. Die Förderungsfortbildung unterscheidet sich hiervon, indem sie auf die Übernahme höherwertiger Dienstposten vorbereitet. Die Projektfortbildung unterscheidet sich wiederum von den anderen Fortbildungsarten dadurch, daß hier die Fortbildungsmaßnahme nicht für Einzelpersonen, sondern für ganze Organisationseinheiten (Behörden, Abteilungen etc.) durchgeführt wird.

Diese hergebrachte Einteilung hat viel dazu beigetragen, die grundsätzliche Berechtigung und Zielsetzung der dienstlichen Fortbildung in die Verwaltung hineinzutragen. Insgesamt ist jedoch festzustellen, daß die Konzeption der Fortbildung sich von einer schematischen Einteilung nach Lernzielen abwendet und sich am Bedarf bestimmter Zielgruppen bzw. an Verwaltungszielen orientiert. Statt von Führungsfortbildung wird von Führungskräftefortbildung gesprochen, die Einführungsfortbildung wird zur Nachwuchskräftefortbildung und die Projektfortbildung wird unter dem Begriff Verwaltungsinnovation der organisationsbezogenen Zielsetzung zugeordnet.

2. *Organisation und Durchführung der Fortbildung*

Die Organisation und Durchführung der Fortbildung ist überwiegend verwaltungsinternen Einrichtungen übertragen worden. Für die Bundesverwaltung ist 1969 die Bundesakademie für öffentliche Verwaltung als Organisationseinheit des Bundesministeriums des Innern errichtet worden. Sie ist die zentrale Fortbildungseinrichtung des Bundes und hat den Auftrag, ressortübergreifende Maßnahmen der dienstlichen Fortbildung zu planen, zu organisieren und durchzuführen. Die Bundesakademie ist eine Gemeinschaftseinrichtung aller Ressorts, auch derjenigen, die über eigene spezielle Fortbildungseinrichtungen verfügen. Vorbilder bei der Gründung der Bundesakademie waren zentralstaatlich orientierte Einrichtungen anderer Länder wie das britische Civil Service College, ohne diese allerdings zu kopieren. Die Bundesakademie führt für die Bundesverwaltung jährlich rund 400 Seminare und Lehrveranstaltungen durch, an denen knapp 8000 Bundesbedienstete teilnehmen. Von der Teilnehmerstruktur her gesehen dominiert der höhere Dienst, wie die folgenden Daten (1993) zeigen:

Höherer Dienst: 53,8 v.H.
Gehobener Dienst: 38,8 v.H.
Mittlerer Dienst: 7,2 v.H.
Einfacher Dienst: 0,2 v.H.

Die Bundesakademie war ursprünglich nur für die Fortbildung des höheren Dienstes gegründet worden und hat sich erst später für die anderen Laufbahnen geöffnet. Sie ist heute nicht mehr die einzige ressortübergreifende Fortbildungseinrichtung des Bundes. Mit der Gründung der Bundesakademie für Sicherheitspolitik im Jahr 1992 ist eine weitere hinzugekommen. Sie hat allerdings einen auf die Sicherheitspolitik konzentrierten Fortbildungsauftrag. Das Fortbildungsnetz des Bundes umfaßt weitere spezielle Fortbildungseinrichtungen. Einige waren schon vor der Bundesakademie für öffentliche Verwaltung gegründet worden, und sie integrieren zum Teil auch Bedienstete der Landesverwaltungen, so die Bundesfinanzakademie und die Polizei-Führungsakademie. Die verwaltungsinternen Einrichtungen, die Fortbildungsveranstaltungen für Angehörige der Bundesverwaltung durchführen, sind:

– Bundesakademie für öffentliche Verwaltung
– Bundesfinanzakademie
– Fachhochschule des Bundes für öffentliche Verwaltung
– Polizei-Führungsakademie
– Aus- und Fortbildungsstätte des Auswärtigen Amtes
– Führungsakademie der Bundeswehr
– Zentrum Innere Führung
– Bundesakademie für Sicherheitspolitik
– Bundesakademie für Wehrverwaltung und Wehrtechnik
– Aus- und Fortbildungsstätte der Deutschen Bundesbank.

Die Einbeziehung der Fachhochschule des Bundes in die dienstliche Fortbildung ist eine neue Entwicklung. Um den hohen Fortbildungsbedarf beim gehobenen und mittleren Dienst besser abdecken zu können, hat das Bundesministerium des Innern im Jahr 1994 der Fachhochschule unter inhaltlicher Verantwortung der Bundesakademie für öffentliche Verwaltung zunächst nur vorübergehend Aufgaben der dienstlichen Fortbildung übertragen.

Die verwaltungsinterne Anbindung der Fortbildung prägt auch die Fortbildungslandschaft in den Ländern, wobei ansatzweise, etwa bei der Lehrerfortbildung, Privatisierungsmodelle umgesetzt werden. Eine der wesentlichen Entwicklungen im Landesbereich ist die Neugründung spezieller Einrichtungen für die Fortbildung von Führungskräften, die im folgenden gesondert dargestellt wird.

Das System der dienstlichen Fortbildung ist vom privaten Fortbildungsmarkt und von den Fortbildungsaktivitäten der Wirtschaftsunternehmen weitgehend abgeschottet. Die großen Wirtschaftsunternehmen gehen dazu über, die Aus- und Fortbildungsaktivitäten in eigene Bildungszentren auszugliedern, wie das Beispiel IBM zeigt. Eine Konkurrenz zwischen öffentlichem und privaten Sektor besteht hier nur bei der Rekrutierung von externen Dozenten in Bereichen, in denen auch auf dem Privatsektor eine hohe Nachfrage nach freiberuflichen Trainern besteht.

3. Fortbildung von Führungskräften

Die Führungskräftefortbildung ist ein besonderer Schwerpunkt der dienstlichen Fortbildung für Bund und Länder geworden. Sie wendet sich an alle Führungsebenen in der Verwaltung, das heißt Fortbildungsprogramme bestehen sowohl für den Führungsnachwuchs als auch für die administrative Führungsspitze. In der Bundesverwaltung ist die Einbeziehung der Abteilungsleiter und Staatssekretäre der Bundesministerien in das Fortbildungsprogramm der Bundesakademie eine Entwicklung der letzten Jahre, während die Heranbildung des Führungsnachwuchses zum Gründungsauftrag der Bundesakademie gehörte. Die Führungskräftefortbildung ist hier integriert in das Gesamtprogramm der Fortbildung, so daß ein Stufensystem von Seminaren und Lehrgängen entwickelt werden konnte. Das Kernstück dieses Stufensystems ist der für Angehörige des höheren Dienstes seit über zwei Jahrzehnten durchgeführte vierwöchige Lehrgang zur Fortbildung von Führungskräften.

Mit der Führungskräftefortbildung sollen zum einem Bedienstete auf die Übernahme von Führungsaufgaben vorbereitet werden. Zum anderen zielt sie darauf ab, die individuelle Führungskompetenz bei der Wahrnehmung von Führungsaufgaben nach innen und nach außen zu fördern. Hierzu gehört ein durch die Fortbildung organisierter Meinungs- und Erfahrungsaustausch zwischen oberen Führungskräften über aktuelle Problemstellungen für die öffentliche Verwaltung ebenso wie ein Training im Umgang mit Medien. Im Vordergrund stehen aber Themen wie Mitarbeiterführung, Konfliktlösung in Organisationseinheiten und persönlichkeitsbezogene Anforderungen wie Arbeitstechniken und Streßbewältigung.

Auf Landesebene hat zuerst Bayern einen spezielen Bedarf zur Vorbereitung von Nachwuchskräften für die Übernahme von Führungsfunktionen anerkannt. Seit 1968 werden hier von der Staatskanzlei 14 Monate dauernde Führungslehrgänge organisiert. Die Anbindung an die Staatskanzlei geschah einerseits, um die politische Priorität des Vorhabens zu unterstreichen. Andererseits ist damit auch eine Distanz zu der allgemeinen dienstlichen Fortbildung geschaffen worden, die traditionell dem Innenministerium obliegt.

Vergleichbare Führungslehrgänge gab es in den Ländern nicht, bis im Jahr 1986 Baden-Württemberg seine Führungsakademie gegründet hat. Die Gründung dieser Führungsakademie fand weit über die Landesgrenzen Baden-Württembergs hinaus Beachtung und wurde als Zeichen für eine Neuorientierung bei der Heranbildung und Auswahl des Führungskräftenachwuchses gewertet. Bei der Führungsakademie, die dem Staatsministerium zugeordnet ist, wird ein fünfzehnmonatiger Lehrgang für 20 Teilnehmer durchgeführt. Während dieser Zeit sind die Teilnehmer von ihren Dienstpflichten befreit. Die Auswahl für den Lehrgang erfolgt in einem zentral durchgeführten sogenannten Assessment-Center. Die Kandidaten für das Auswahlverfahren werden zum größten Teil von den Dienststellen benannt. Daneben ist im Gegensatz zur Führungskräftefortbildung bei der Bundesakademie eine Selbstbewerbung bei der Führungsakademie möglich. Der Lehrgang beinhaltet alle Aspekte der Führungskompetenz, Projektstudien sowie Praktikumsaufenthalte in Wirtschaftsunternehmen und im Ausland. Er unterscheidet sich von der allgemeinen dienstlichen Fortbildung auch darin, daß eine Leistungsbewertung erfolgt und somit eine Konkurrenzsituation zwischen den Teilnehmern geschaffen wird.

Einen in Organisation und Durchführung der Führungskräftefortbildung anderen Weg sind die Länder Rheinland-Pfalz, Schleswig Holstein und Niedersachsen mit der Gründung des Führungskollegs Speyer im Jahr 1991 gegangen. Das Führungskolleg Speyer, dem sich 1993 auch das Land Hessen angeschlossen hat, führt ein auf 16 Kurswochen angelegtes Kursprogramm durch, das sich insgesamt auf 30 Monate erstreckt. Das Führungskolleg befindet sich in der Trägerschaft des Landes Rheinland-Pfalz und ist dort dem Innenministerium zugeordnet. Die Durchführung der Veranstaltungen wurde der Hochschule für Verwaltungswissenschaften Speyer übertragen. Die 20 Teilnehmerplätze werden nach vorheriger Absprache über die zustehenden Teilnehmerplätze unter den beteiligten Ländern aufgeteilt. Im Gegensatz zu den Teilnehmern am Führungslehrgang in Baden-Württemberg bleiben die Teilnehmer mit Ausnahme der Kursdauer an ihrem Arbeitsplatz. Die Auswahl der Teilnehmer erfolgt nach länderspezifischen Verfahren in den beteiligten Ländern. Die allgemeine Zielsetzung der Führungskräftefortbildung bestimmt auch hier das Kursprogramm, wobei mit der Anbindung an die Hochschule für Verwaltungswissenschaften Speyer ein im Vergleich zu den anderen Einrichtungen stärkerer Austausch zwischen Wissenschaft und Praxis hergestellt wird.

Einige der Vor- und Nachteile der jeweiligen Modelle der Führungskräfteentwicklung liegen auf der Hand. Ein Kurs- bzw. Stufenprogramm kann nicht die Intensität eines mehrmonatigen Lehrgangs erreichen. Andererseits bleibt bei dem "Kursmodell" die Verbindung zur Praxis und Dienststelle erhalten, wobei der individuelle Aufwand für die Teilnehmer hier eher noch höher ist, da sie eine Vereinbarkeit von Lehrgangsteilnahme und Dienstgeschäften herstellen müssen. Allen genannten Modellen der Führungskräftefortbildung ist gemeinsam, daß sie keinen unmittelbaren Anspruch auf Übertragung eines höherwertigen Dienstpostens vermitteln. Auch von den Absolventen der mehrmonatigen Lehrgänge wird eine Bewährung im Berufsalltag gefordert. Nicht nur unter Kosten/Nutzen-Aspekten wäre allerdings eine engere Einbindung der Führungskräftefortbildung in ein Personalentwicklungssystem wünschenswert.

IV. Aus- und Fortbildung im "Schlanken Staat"

Die Bundesregierung verfolgt unter dem Begriff "Schlanker Staat" das Ziel, staatliches Handeln effizienter zu machen, auf das notwendige Maß zu beschränken und Kosten zu senken. Ein Sachverständigenrat "Schlanker Staat" erhielt 1995 den Auftrag, Vorschläge für die Ausgliederung von Aufgaben, zur Neugliederung von Behördenzuständigkeiten und Reduzierung von Vorschriften zu machen. Auf der Personalseite geht diese Zielsetzung einher mit einem kontinuierlichen Abbau von Stellen.

Aus- und Fortbildung sind von diesen Entwicklungen unmittelbar betroffen. Für die verwaltungsinternen Ausbildungseinrichtungen stellt sich angesichts des Stellenabbaus, wie bereits bei der Darstellung der Ausbildung für den gehobenen Dienst angesprochen, die Frage der Auslastung ihrer Ausbildungskapazitäten. Trotz eines zurückgehenden Nachbesetzungsbedarfs müssen aber gleichzeitig die Ausbildungsgänge neuen Qualifikationsanforderungen gerecht werden, wie sie z.B. mit der Einführung moderner Budgetierungssysteme entstehen. Hier könnte an Verbundmodelle zwischen Bund und Länder bei der Ausbildung gedacht werden, um bestehende Ressourcen bündeln zu können.

Die allgemeine dienstliche Fortbildung ist gefordert, bei der Neustrukturierung von Aufgabenbereichen das Personal auf die Übernahme von neuen Funktionen vorzubereiten. Da auch die Fortbildungseinrichtungen nicht mit einem Zuwachs an Mitteln rechnen können, ist zu erwarten, daß die organisationsbezogenen Maßnahmen der Fortbildung in Form der Projektfortbildung noch an Bedeutung gewinnen werden. Der Vorteil der Projektfortbildung bestand schon immer darin, daß sie eine Verbindung zwischen Personal- und Organisationsentwicklung herstellen konnte. Ihre Wirkung verfehlte sie dann in der Vergangenheit in einer Reihe von Fällen, wenn mit der Behördenleitung keine verbindlichen Absprachen über Dauer, Umfang und Umsetzung getroffen wurden. Die Bundesakademie verlangt nunmehr bei projektbegleitenden Fortbildungsmaßnahmen, daß die Behörde eine Projektdefinition und eine Projektdurchführungsstudie vorlegt. Die generelle Höchstdauer der Projektunterstützung wurde auf 2 Jahre festgelegt. Beispiele von projektunterstützender Fortbildung aus dem Jahresprogramm 1996 der Bundesakademie sind ein Sonderprogramm für das Bundesministerium für Wirtschaft zur Entwicklung und Einführung eines Personalentwicklungssystems und die Entwicklung und Einführung von Führungsleitlinien für die Verwaltung des Deutschen Bundestages.

Aus- und Fortbildung im "Schlanken Staat" heißt daher nicht genereller Abbau von Bildungsmaßnahmen. Mit neuen Formen der Durchführung der Aus- und Fortbildung kann vielmehr ein wesentlicher Beitrag zur Umsetzung der politischen Ziele erfolgen.

Literatur

Blomeyer, Wolfgang (Hrsg.), Die Juristenausbildung aus der Sicht der Praxis, Erlanger Forschungen, Reihe A, Band 68, Erlangen 1993.
Blümel, Willi, Stand und aktuelle Probleme der Aus- und Fortbildung der öffentlichen Bediensteten in der Bundesrepublik Deutschland, "Speyerer Forschungsberichte" Nr. 116, 2. unveränderte Auflage, Speyer 1993.
Böhret, Carl/Fröhlich, Gabriele/Hofmann, Michael, Zwischenbilanzierung der Fachhochschulausbildung des Bundes, Schriftenreihe Verwaltungsorganisation, Dienstrecht und Personalwirtschaft, Band 25, Baden-Baden 1989.
Bundesakademie für öffentliche Verwaltung (Hrsg.), Öffentliche Verwaltung von morgen, Baden-Baden 1995.
Göck, Ralf, Führungskräftefortbildung, Konzept und Umsetzung am Beispiel der Führungsakademie des Landes Baden-Württemberg und des Führungskollegs Speyer, in: Verwaltung und Fortbildung 1995, S. 181 ff.
Hattenhauer, Hans, Geschichte des deutschen Beamtentums, 2. Auflage, Köln 1993.
Hauschild, Christoph, Zur dienstlichen Fortbildung in der Bundesverwaltung, in: *Beck, Joachim* u.a., Arbeitender Staat, Studien zur Regierung und Verwaltung, Baden-Baden 1995, S. 155 ff.
König, Klaus, Aus- und Fortbildung des öffentlichen Dienstes in der Bundesrepublik Deutschland, in: *Kaiser, Joseph* (Hrsg.), Verwaltung und Verwaltungswissenschaft in der Bundesrepublik Deutschland, Baden-Baden 1983, S. 155 ff.
Kroppenstedt, Franz u.a., Sonderausgabe zum 25jährigen Bestehen der Bundesakademie für öffentliche Verwaltung, in: Verwaltung und Fortbildung 1994, S. 77 ff.

Lepper, Manfred, Dienstliche Fortbildung zwischen Personalplanung und Bildung, in: Die Öffentliche Verwaltung 1987, S. 231 ff.

Leis, Günther, Personalgewinnung, Aus- und Fortbildung für den Bereich der öffentlichen Verwaltung, in: *von Oertzen, Hans Joachim* (Hrsg.), Rechtsstaatliche Verwaltung im Aufbau I, Baden-Baden 1992, S. 113 ff.

Mick, Otmar/Hufenreuter, Bernd, Das Führungskolleg bei der Hochschule für Verwaltungswissenschaften Speyer (FKS), in: Die Öffentliche Verwaltung 1992, S. 1052 ff.

Möller, Hans-Werner, Die Bildungsreform des öffentlichen Dienstes an den Fachhochschulen für öffentliche Verwaltung, in: Verwaltungs-Archiv 1996, S. 115 ff.

Pappermann, Ernst, Ausbildung, in: *Chmielewicz, Klaus/Eichhorn, Peter* (Hrsg.), Enzyklopädie der Betriebswirtschaftslehre, Band 11, Handwörterbuch der öffentlichen Betriebswirtschaft, Stuttgart 1989, Sp. 32 ff.

Siedentopf, Heinrich (Hrsg.), Führungskräfte in der öffentlichen Verwaltung, Baden-Baden 1989.

VIII. Leitung

Manfred König

1. Leitungsorganisation der Verwaltung

Inhaltsübersicht

I. Einführung
II. Bundeskanzleramt und Bundesministerien
III. Staatskanzleien und Landesministerien
IV. Nachgeordnete Behörden
V. Zusammenfassung und Ausblick

I. Einführung

Die Verwaltungswissenschaft beschäftigt sich schon seit langer Zeit mit der Frage, wie das Koordinierungs- und Planungssystem der Regierungen verbessert werden kann. Die dabei entwickelten Planungs- und Organisationskonzepte haben ihren Schwerpunkt im Bereich der interministeriellen Zusammenarbeit, aber auch im Verhältnis des Ressorts zum Regierungschef und zum Parlament. Stichworte für die dabei entwickelten Konzeptionen sind: Interministerielle Ausschüsse, Politikberatung der Regierungen, vor allem aber die Entwicklung ressortübergreifender Programme und Planungen.

Demgegenüber sind die "intraministeriellen" Probleme, das heißt die Frage, wie die Ministerien organisiert sind, wie sie geleitet werden, wie innerhalb der Ministerien geplant und koordiniert wird, lange vernachlässigt worden. Es ist das Verdienst von *Frido Wagener*, auf die Bedeutung dieses Fragenkreises hingewiesen zu haben. Er hat bereits in den siebziger Jahren insbesondere die Fragen der Führung in den Ministerien untersucht und beleuchtet.

Wie die Leitung der Verwaltungsbehörden heute organisiert ist, aus welchen einzelnen Einheiten und Elementen sie besteht und wie diese zusammenwirken, wird im folgenden beschrieben. Im Vordergrund sollen dabei die Ministerien im Bund und den

Ländern stehen. Ergänzend wird auch ein kursorischer Blick auf nachgeordnete Behörden und kommunale Körperschaften geworfen.

Die Frage, wie ein Ministerium geleitet wird, hängt sehr stark ab von dessen Aufgaben, aber auch von dessen Organisationsstruktur. Trotz aller Reformansätze entspricht die heutige Grundstruktur der Ministerien noch immer der "klassischen Struktur", die sich gegen Ende des 19. Jahrhunderts herausgebildet hat. Diese ist gekennzeichnet durch eine klare Gliederung der Ministerien in Abteilungen und Referate mit einer starken Tiefengliederung und mehreren Hierarchieebenen. Im Gegensatz dazu haben sich im Laufe der Entwicklung "oberhalb" der Abteilungen, in der Leitung der Ministerien, tiefgreifende Veränderungen ergeben.

Im Deutschen Reich von 1871 gab es bekanntlich nur einen Minister, den Reichskanzler. Ihm waren Staatssekretäre als Gehilfen zugeordnet. Diese leiteten die einzelnen Ämter (z.B. das Auswärtige Amt). Diese Ämter waren die eigentlichen Ministerien. Unmittelbar unter dem Staatssekretär (Minister) standen die einzelnen Fachabteilungen. Eine "Zwischenebene" zwischen dem obersten Chef und den Abteilungen gab es nicht. Dies änderte sich in der Weimarer Republik. Auf der Ebene des Reichs wurde der beamtete Staatssekretär als erster Gehilfe des Ressortministers eingeführt. Dies war gewissermaßen die Geburtsstunde des "Amtschefs" in den deutschen Ministerien. Das Auswärtige Amt z.B. hatte für kurze Zeit (1920–1922) zwei, dann einen beamteten Staatssekretär. Das Reichsinnenministerium hatte in der Weimarer Zeit bei acht Abteilungen drei Staatssekretäre, ab 1924 – nach einer Umorganisation – bei drei Abteilungen nur noch einen Staatssekretär. In den Ländern war die Entwicklung vergleichbar. In Preußen wurde in der Weimarer Zeit ebenfalls der beamtete Staatssekretär eingeführt. In Bayern war der erste Beamte des Ministers der beamtete Staatsrat; schon damals wurde in Bayern der Staatssekretär als der politische Vertreter des Ministers eingeführt. In der Zeit des Nationalsozialismus, in der die Verwaltung und damit die Ministerien tiefgreifende politische – und später auch kriegsbedingte – Veränderungen erfuhren, blieb dennoch in den Reichsministerien der "Grundtypus" der Ministerien mit den beamteten Staatssekretären erhalten. Bei der Bildung der Länder in der Zeit nach dem Zweiten Weltkrieg wurde bei der Neueinrichtung der Ministerien ebenfalls an die herkömmlichen Strukturen angeknüpft. Dasselbe galt auch bei der Gründung der Bundesrepublik Deutschland im Jahre 1949. Seither haben sich jedoch in der Leitung der Ministerien erhebliche Veränderungen ergeben.

Wie also werden Ministerien geleitet? Wie ist die Leitung der Ministerien organisiert?

Hier ist zunächst eine Vorbemerkung am Platz unter dem Stichwort "Organisation und Wirklichkeit". Es ist leicht ersichtlich, daß jede Verwaltungseinheit einer Strukturierung, einer konkreten Organisation bedarf. Diese wird in "Organigrammen" festgehalten. Diese sind auch weitgehend Grundlage dieser Betrachtung. Es ist aber nicht zu verkennen, daß die Realität der Abläufe speziell in den Ministerien von vielfältigen Faktoren abhängt, die sich in den Organigrammen nicht immer hinreichend widerspiegeln, so z.B. von der unterschiedlichen Leistungsfähigkeit einzelner Einheiten, von der Durchsetzungskraft einzelner Persönlichkeiten, von der Affinität der Amtsspitze zu einzelnen Bediensteten etc. Überspitzt formuliert könnte man sagen, daß mehr die Personen und weniger die Organigramme über das entscheiden, was in der Leitungsebene eines Ministeriums geschieht. Trotz dieser Einschränkung ist es lohnend, sich im einzelnen mit der Organisation der Leitungsebene in den Ministerien zu beschäftigen.

Der Leitungsebene zugerechnet werden die Organisationseinheiten "oberhalb" der Abteilungen. Zu unterscheiden ist dabei zwischen der "Amtsspitze" und den "Führungshilfskräften". Zur Amtsspitze zählen die Regierungschefs bzw. Minister (Senatoren), die "Amtschefs" sowie die parlamentarischen bzw. politischen Staatssekretäre. Zu den "Führungshilfskräften" sind vor allem die persönlichen Referenten, die Mitarbeiter der Ministerbüros, der Zentralstellen, der Pressestellen sowie die Referenten für Öffentlichkeitsarbeit und – in der Regel – die Kabinetts- und Parlamentsreferenten zu rechnen.

In neuerer Zeit wurden auf der Leitungsebene von Ministerien Organisationseinheiten angesiedelt, die keine klassischen Leitungsfunktionen wahrnehmen. Ihre Funktion besteht vielmehr vor allem darin, die politische Bedeutung eines Sachthemas zu betonen; dies soll durch ihre organisatorische Verankerung in der Leitungsebene erfolgen. Hierauf wird noch zurückzukommen sein.

Außerhalb der Betrachtung müssen die Abteilungen bleiben, die gelegentlich zu Recht als "Zwischenführungsschicht" bezeichnet werden. Diese Charakterisierung trifft in besonderem Maße auf die Abteilungsleiter zu, die häufig auch zum inneren Führungszirkel der Ministerien gehören, aber auch auf Planungseinheiten oder die in neuerer Zeit verstärkt eingerichteten Grundsatzabteilungen mit Querschnittsfunktionen.

II. Bundeskanzleramt und Bundesministerien

Im Bundeskanzleramt ist die Leitungsebene aufgrund der Anforderungen, die an eine Regierungszentrale gestellt sind, in besonderer Weise ausgeprägt. Unter dem Bundeskanzler ist der Chef des Bundeskanzleramts im Rang eines Bundesministers angesiedelt. Sein Amt ist von erheblicher politischer Bedeutung. Außerdem sind im Bundeskanzleramt zwei parlamentarische Staatssekretäre angesiedelt, die die Amtsbezeichnung "Staatsminister" tragen. Ihnen sind zum Teil besondere Aufgaben, z.B. die Koordinierung der Nachrichtendienste, zugewiesen.

Stark ausgebaut sind im Bundeskanzleramt die Einheiten der "Führungshilfskräfte". Es besteht ein Kanzlerbüro, das unmittelbar dem Bundeskanzler zugeordnet ist. In diesem ist das "persönliche Büro" des Kanzlers angesiedelt; dort werden aber auch Eingaben und Petitionen bearbeitet. Dem Chef des Bundeskanzleramts zugeordnet ist eine "Leitungsgruppe Ministerbüro", in dem das Kabinetts- und Parlamentsreferat, der persönliche Referent und der Pressereferent des Chefs des Bundeskanzleramts sowie das Lagezentrum angesiedelt sind. Der Arbeitsstab "Öffentlichkeitsarbeit" im Kanzleramt ist zuständig für die Öffentlichkeitsarbeit (mit Verbindung zu gesellschaftlichen Gruppen), die Pressearbeit und die Medienbeobachtung. Schließlich wurde im Bundeskanzleramt ein "Arbeitsstab Chef des Bundeskanzleramts Neue Länder" eingerichtet, in dem vor allem die Grundsatzfragen im Hinblick auf die besonderen Probleme der Neuen Länder behandelt werden.

In den Bundesministerien sind neben den Bundesministern, die für ihr Ministerium die volle politische und administrative Verantwortung tragen, insbesondere der beamtete Staatssekretär, der parlamentarische Staatssekretär sowie die Einheiten für die "Führungshilfskräfte", insbesondere die "Ministerbüros" der Leitungsebene zuzuordnen.

Der beamtete Staatssekretär ist der Spitzenbeamte des Ministeriums an der Nahtstelle zwischen Politik und Verwaltung. Er ist die "Gelenkstelle" zwischen dem Minister und seinem Haus. Er ist Vertreter des Bundesministers im Ministerium, nicht aber in der Bundesregierung. Der beamtete Staatssekretär ist verantwortlich für die Umsetzung der politischen Vorgaben des Ministers. Er muß sowohl über politische Sensibilität als auch über eine umfassende administrative Erfahrung verfügen. Er bedarf des besonderen Vertrauens des Ministers, dem er in der Regel – keineswegs immer – durch die Zugehörigkeit zu derselben politischen Partei verbunden ist. In den Bundesministerien ist in der Regel ein beamteter Staatssekretär tätig; in einigen Bundesministerien sind jedoch zwei beamtete Staatssekretäre bestellt.

Der beamtete Staatssekretär ist politischer Beamter und kann gemäß § 36 Bundesbeamtengesetz jederzeit in den einstweiligen Ruhestand versetzt werden. Von dieser Möglichkeit wird nicht selten Gebrauch gemacht, wenn das Vertrauensverhältnis zwischen dem Minister und dem Staatssekretär gestört ist, oder es zu einem Regierungswechsel kommt.

Neuere Untersuchungen zeigen, daß die Spitzenbeamten in den Bundesministerien (Staatssekretäre und Ministerialdirektoren) zu 65 % Rechts- und zu 30 % Wirtschaftswissenschaften studiert haben; etwa drei Viertel von ihnen haben ihr Berufsleben in der öffentlichen Verwaltung begonnen. Der Anteil der Juristen sinkt, während derjenige der Ökonomen steigt.

Die Verweildauer in der Spitzenposition ist relativ kurz. Spitzenbeamte scheiden im Mittel schon nach etwa fünf Jahren aus ihrer Position wieder aus. Nur etwa jeder Fünfte erreicht die gesetzliche Altersgrenze. Bis 1983 ist jeder dritte Staatssekretär und jeder fünfte Ministerialdirektor in den einstweiligen Ruhestand versetzt worden. Dieses Schicksal widerfuhr bei den Regierungswechseln von 1969 und 1982 sogar jedem zweiten Staatssekretär und jedem dritten Ministerialdirektor. Allerdings ist die Hälfte der ausgeschiedenen Spitzenbeamten erneut im Bereich des Bundes tätig geworden, z.B. als Botschafter.

Besonderer Betrachtung bedürfen die parlamentarischen Staatssekretäre in den Bundesministerien. Sie wurden durch Bundesgesetz im Jahre 1967 eingeführt. Derzeit gilt das Gesetz über die Rechtsverhältnisse der parlamentarischen Staatssekretäre vom 24. Juli 1974. Danach können Mitgliedern der Bundesregierung parlamentarische Staatssekretäre "beigegeben" werden. Sie müssen Mitglieder des Bundestags sein. Den parlamentarischen Staatssekretären kann die Amtsbezeichnung "Staatsminister" verliehen werden, wovon derzeit im Bundeskanzleramt und im Auswärtigen Amt Gebrauch gemacht wird.

Die parlamentarischen Staatssekretäre "unterstützen die Mitglieder der Bundesregierung, denen sie beigegeben sind, bei der Erfüllung ihrer Regierungsaufgaben". Sie können jederzeit entlassen werden; sie können jederzeit ihre Entlassung beantragen. Das Amtsverhältnis der parlamentarischen Staatssekretäre endet mit dem Ausscheiden "ihrer" Minister aus der Bundesregierung. Die Zahl der parlamentarischen Staatssekretäre wurde seit 1967 ständig vermehrt. Derzeit sind in den Bundesministerien etwa 30 parlamentarische Staatssekretäre bestellt.

Durch die Einrichtung des parlamentarischen Staatssekretärs soll vor allem jüngeren Abgeordneten Gelegenheit gegeben werden, die Arbeitsweise der Exekutive kennen zu lernen und ihre politischen Vorstellungen in die Arbeit der Ministerien einzubringen. In der Praxis werden allerdings häufig auch ältere Abgeordnete in dieses Amt berufen. Bei der Auswahl der parlamentarischen Staatssekretäre spielen häufig auch Gründe der politischen Ausgewogenheit eine Rolle.

Ein weiterer Grund für die Schaffung dieses Amts ist, daß die Bundesminister wegen ihrer ungemein starken Belastung der Unterstützung im politischen Bereich bedürfen. Die Ansprüche an die Bundesminister sind derart gestiegen, daß eine Person diesen schon zeitlich kaum mehr gerecht werden kann. Die Minister haben in aller Regel

– auch an Wochenenden – Arbeitszeiten, die das Normalmaß erheblich übersteigen. Der Bundesminister ist nicht nur durch die politische Arbeit im Bundeskabinett, im Bundestag, in Ministerienkonferenzen, in europäischen Gremien, in Gremien der Partei und im eigenen Wahlkreis stark gefordert. Er wird unter anderem auch durch die Präsenz in der Öffentlichkeit und durch Auftritte bei Veranstaltungen von Verbänden und gesellschaftlichen Gruppen erheblich beansprucht. Dazu kommen die Anforderungen in einer immer differenzierter werdenden Medienlandschaft. Die Unterstützung durch parlamentarische Staatssekretäre hat also seinen guten Sinn.

So karg die Beschreibungen der Funktion des parlamentarischen Staatssekretärs im Gesetz sind, so sind ihnen in der Praxis folgende Funktionen zuzuordnen:
– Der parlamentarische Staatssekretär ist der politische Vertreter des Ministers nach außen und zum Bundestag hin. So ist es z.B. seine Aufgabe, den Minister in der Fragestunde des Bundestags zu vertreten.
– Der parlamentarische Staatssekretär ist der "Juniorminister".
– Der parlamentarische Staatssekretär hat zudem Aufgaben innerhalb des Ministeriums wahrzunehmen in einer – nicht immer einfachen – Abgrenzung zum beamteten Staatssekretär.

Aus den Organisationsplänen der Bundesministerien wird ersichtlich, daß die Tätigkeitsfelder der parlamentarischen Staatssekretäre unterschiedlich organisiert sind. Es gibt eine Reihe von Bundesministerien, zum Beispiel das Bundesministerium der Justiz, das Bundesumweltministerium, das Bundesministerium für Bildung, Wissenschaft, Forschung und Technologie, das Bundesministerium für Verkehr, das Bundesministerium für Post und Telekommunikation, in denen den parlamentarischen Staatssekretären organisatorisch keine besonderen Aufgaben zugewiesen sind, was selbstverständlich interne Absprachen und Arbeitsschwerpunkte nicht ausschließt. Im Bundesministerium der Finanzen sind den beiden parlamentarischen Staatssekretären förmlich Arbeitsschwerpunkte zugewiesen ("Angelegenheiten des Bundeshaushalts"; "Steuerpolitik"). Interessant ist die Aufteilung im Bundesministerium für Arbeit und Sozialordnung. Dort ist im Organisationsplan festgehalten, daß die beiden Staatssekretäre den Minister jeweils für den Bereich der Abteilungen unterstützen, für die die beiden beamteten Staatssekretäre zuständig sind.

In einigen Bundesministerien sind den parlamentarischen Staatssekretären ganz besondere – zum Teil auch übergreifende politische Aufgaben – zugewiesen. Auf diese Weise wird gezielt ein politischer Schwerpunkt gesetzt, wobei dieser ganz bewußt mit einem politischen Repräsentanten verknüpft wird. So ist z.B. im Bundesministerium des Innern ein parlamentarischer Staatssekretär "Drogenbeauftragter in der Bundesregierung", ein anderer "Beauftragter der Bundesregierung für Ausländerfragen". Im Auswärtigen Amt ist ein parlamentarischer Staatssekretär "Beauftrager für humanitäre Hilfe und Menschenrechtsfragen". Im Wirtschaftsministerium ist ein parlamentarischer Staatssekretär "Beauftragter der Bundesregierung für den Mittelstand", ein anderer "Koordinator für die Deutsche Luft- und Raumfahrt".

Aus dieser Darstellung wird ersichtlich, daß es bei diesen Strukturen auch darum geht, einer politisch wichtigen gesellschaftlichen Gruppe (z.B. dem Mittelstand) oder einem mit besonderen Problemen behafteten Industriezwieg (Deutsche Luft- und Raumfahrt) zu zeigen, daß ein "Mann in Bonn" als politischer Repräsentant und Ansprechpartner zur Verfügung steht, der sich ihrer Probleme in besonderer Weise annimmt. Dies ist selbstverständlich auch im Sinne einer klaren politischen Akzentuierung.

Die Organisation der "Führungshilfskräfte" auf der Leitungsebene der Bundesministerien ist zwar nicht einheitlich, dennoch sind die Strukturen vergleichbar. Fast jedes Bundesministerium hat einen "Leitungsstab" oder ein "Ministerbüro". In diesen Einheiten sind in der Regel – nicht immer – die persönlichen Referenten, die Referenten für Presse und Öffentlichkeitsarbeit sowie die Kabinetts- und Parlamentsreferenten angesiedelt. Zum Teil werden in diesen Organisationseinheiten auch Grundsatz- und Planungsfragen bearbeitet. So z.B. im Bundesministerium der Justiz "Grundsatzfragen des Gesetzgebungsprogramms" und "Planung", im Bundesministerium für Bildung und Wissenschaft und im Bundesverkehrsministerium "politische Analysen" sowie zudem beim Bundesverkehrsministerium und beim Bundeswirtschaftsministerium "längerfristige Perspektiven".

Im Bundesumweltministerium werden Fragen der Planung sowie Kabinetts- und Parlamentsangelegenheiten und die Öffentlichkeitsarbeit – im Gegensatz zur Pressearbeit – nicht im Ministerbüro, sondern in der "Zentralabteilung" bearbeitet. Auch das "Bürgerreferat" ist dort angesiedelt. Auffällig ist, daß beim Bundesministerium des Innern organisatorisch kein "Ministerbüro" oder ähnliches ausgewiesen ist.

Neben diesen Organisationseinheiten sind auf der Leitungsebene der Bundesministerien Einheiten mit besonderen hervorgehobenen Aufgaben oder "Beauftragte" angesiedelt. So ist z.B. im Bundesministerium des Innern eine "Unabhängige Kommission zur Überprüfung des Vermögens der Partei- und Massenorganisationen der DDR" und im Bundeswirtschaftsministerium ein "Leitungsstab Neue Bundesländer" eingesetzt. Im Bundesinnenministerium ist der "Bundesbeauftragte für den Datenschutz" angesiedelt. Im Bundesministerium für Arbeit und Sozialordnung ist das "Beauftragtenwesen" besonders ausgeprägt. Dort gibt es

- die Beauftragte der Bundesregierung für die Belange der Ausländer,
- den Beauftragten der Bundesregierung für die Belange der Behinderten,
- den Bundesbeauftragten für Sozialversicherungswahlen.

Auch diese Einheiten haben ihre Grundlage in dem Wunsch, politische Akzente zugunsten gewisser Bevölkerungsgruppen (Ausländer, Behinderte) oder konkreter Sachfragen (Neue Bundesländer) zu setzen.

III. Staatskanzleien und Landesministerien

In den Ministerien der Länder ist die Leitungsebene zum Teil anders organisiert als im Bund. In den Staatskanzleien (in den Stadtstaaten: Senatskanzleien; in Baden-Württemberg: Staatsministerium) gibt es unter den Regierungschefs durchweg den "Chef der Staatskanzlei" (CdS), der das Land in der wichtigen Konferenz der "Chefs der Staatskanzleien" vertritt, die die Sitzungen der Ministerpräsidentenkonferenz vorbereitet. Diese "CdS" sind ganz überwiegend Staatssekretäre, zum Teil aber auch Minister (so in Nordrhein-Westfalen, Niedersachsen und Brandenburg). Die Länder Bayern und Baden-Württemberg haben eine "Dreierspitze". In Bayern arbeiten unter dem Ministerpräsidenten ein Minister, der auch Beauftragter für Europaangelegenheiten ist, sowie der "Amtschef der Staatskanzlei" im Range eines Ministerialdirektors. In Baden-Württemberg arbeitet im Staatsministerium ein Minister, dem unter anderem die Europapolitik, die Verwaltungsreform und die Medienpolitik als Geschäftsbereiche zugeordnet sind. "Chef der Staatskanzlei" ist ein beamteter Staatssekretär.

In der Regel stark ausgebaut sind die "Büros" der Regierungschefs. So weist z.B. das Büro des Ministerpräsidenten von Nordrhein-Westfalen vier Referate mit einem Gruppenleiter an der Spitze auf. Ihm sind unter anderem die Aufgaben Verbindung zu Parteien und Organisationen, Kommunen, Information und Analysen, Aufbereitung von Vorlagen, Grußworte, Vor- und Nachbereitung der Besuchstermine des Ministerpräsidenten zugewiesen. Auch in Bayern und Schleswig-Holstein besteht organisatorisch eine starke Konzentration von Aufgaben beim Ministerpräsidenten. So sind in Bayern ein Planungsstab, der Landtagsbeauftragte, der Ministerratsbeauftragte und der Landesbeauftragte für den Datenschutz organisatorisch unmittelbar dem Ministerpräsidenten zugeordnet. In Schleswig-Holstein ist dies der Fall mit einer Stabsstelle bei der Ministerpräsidentin für auswärtige Angelegenheiten und Protokoll, dem Bürgerbeauftragten für soziale Angelegenheiten und dem Landesbeauftragten für Behinderte. Demgegenüber ist die vergleichsweise spartanische organisatorische Aufgabenzuordnung bei den Regierungschefs der Stadtstaaten geradezu auffällig.

In den Büros der Regierungschefs arbeiten durchweg die persönlichen Referenten und in der Regel auch die Pressesprecher. Die Organisation der Pressearbeit der Staatskanzleien muß jedoch differenziert betrachtet werden.

In allen Staatskanzleien gibt es Organisationseinheiten für die Presse und Öffentlichkeitsarbeit. Das Land Hessen verfügt als einziges Bundesland über einen Staatssekretär als Sprecher der Landesregierung, der unmittelbar dem Ministerpräsidenten zugeordnet ist. In Rheinland-Pfalz ist der Sprecher der Landesregierung ständiger Vertreter des Staatssekretärs im Range eines Ministerialdirektors. Auch die übrigen Regierungssprecher haben in der Regel eine organisatorisch herausgehobene Funktion, häufig in direkter Zuordnung zum Ministerpräsidenten (Bayern, Niedersachsen, Sachsen, Schleswig-Holstein). In Nordrhein-Westfalen und Brandenburg sind die Regierungssprecher sowohl dem Ministerpräsidenten als auch dem Chef der Staatskanzlei zugeordnet. In Baden-Württemberg und Sachsen-Anhalt sind die Pressesprecher der Landesregierung Abteilungsleiter unter dem Chef der Staatskanzlei.

Innerhalb der Leitungsebene der Staatskanzleien bestehen häufig – in unterschiedlicher organisatorischer Zuordnung – Arbeitseinheiten für Grundsatzfragen der politischen Planung, für politische Kontrolle, Landtags- und Ministerratsbeauftragte und Planungsstäbe. In mehreren Staatskanzleien (Baden-Württemberg, Niedersachsen, Mecklenburg-Vorpommern, Sachsen-Anhalt, Thüringen, Hamburg) ressortieren auch die Bevollmächtigten des Landes beim Bund, die in aller Regel Chefs der Vertretungen der jeweiligen Länder in Bonn sind. Dies in der Regel im Range eines Staatssekretärs, zum Teil auch in dem eines Ministers. Auch die Europapolitik ist häufig ressortübergreifend in der Leitungsebene der Staatskanzleien mit herausgehobenen politischen Repräsentanten angesiedelt, so in Baden-Württemberg, Bayern, Niedersachsen durch einen Minister, in Sachsen durch den Chef der Staatskanzlei.

Der besonderen Betrachtung bedürfen Aufgabenfelder, die – verstärkt in neuerer Zeit – überwiegend aus politischen Gründen in der Leitungsebene der Staatskanzleien angesiedelt wurden. Dies gilt insbesondere für die Organisationseinheiten für die Frauenpolitik. In einer ganzen Reihe von Staatskanzleien gibt es Frauen- und Gleichstellungsbeauftragte, Leitstellen für Frauenpolitik oder – wie in Bremen – "eine Zentralstelle für die Verwirklichung der Gleichberechtigung der Frau". Es gibt aber auch in der Leitungsebene der Staatskanzleien einen "Landesbeauftragten für Ausländerfragen" (Rheinland-Pfalz), eine Projektgruppe "Verwaltungsreform" (Sachsen-Anhalt) und – wie erwähnt – einen "Bürgerbeauftragten für Sozialangelegenheiten" und einen "Landesbeauftragten für Behinderte" (Schleswig-Holstein). Diese besonderen Aufgabenfelder sind in aller Regel mit einem politischen Repräsentanten eng verknüpft, so z.B. die Frauenfragen durchweg mit einer Staatssekretärin.

Die organisatorische Heraushebung dieser Aufgabenbereiche ist politisch bedingt. Durch die prominente Ansiedlung dieser Aufgabenfelder in der Leitungsebene der Staatskanzleien, verbunden mit einem politischen Repräsentanten, will die Landesregierung politische Akzente setzen und zeigen, welche hohe politische Bedeutung sie diesen Fragen beimißt.

In den Landesministerien ist die Organisation der Leitungsebene differenziert, aber keineswegs völlig uneinheitlich. Unter den Ministern arbeiten überall die "Amtschefs" der Ministerien. Diese führen die Amtsbezeichnung "Staatssekretär", in Bremen und Hamburg "Staatsrat", in Bayern und Baden-Württemberg "Ministerialdirektor". Vereinzelt gibt es in großen Ministerien zwei Amtschefs, so z.B. in Nordrhein-Westfalen in dem großen Ministerium für Umwelt, Raumordnung und Landwirtschaft oder im Sächsischen Staatsministerium für Wirtschaft und Arbeit, das auch für den "Verkehr" zuständig ist.

Die Aufgabe des Amtschefs der Landesministerien gleicht – mit Einschränkungen – der des beamteten Staatssekretärs im Bund. Auch er arbeitet an der Nahtstelle zwischen Politik und Verwaltung. Er ist verantwortlich für die Umsetzung der politischen Vorgaben des Ministers. Auch der Amtschef in den Landesministerien ist – mit Ausnahme von Bayern – politischer Beamter, kann also jederzeit in den einstweiligen Ruhestand versetzt werden. Dies geschieht vor allem bei Regierungswechseln relativ häufig. Im Gegensatz zum beamteten Staatssekretär des Bundes ist der Amtschef in den Ländern Vertreter des Ministers sowohl im Ministerium als auch nach außen – also in der Landesregierung und gegenüber dem Parlament. Eine Sonderrolle dazu nehmen nur die Länder Bayern und Baden-Württemberg ein, da sie die Institution des politischen Staatssekretärs kennen.

Ein wesentlicher Unterschied zum beamteten Staatssekretär in den Bundesministerien, der in der Regel allenfalls über einen kleinen Verwaltungsunterbau verfügt, liegt darin, daß der Amtschef in den Ländern für die gesamte nachgeordnete Verwaltung verantwortlich ist. Diese kann – je nach Aufgabenzuschnitt des Ministeriums – Tausende von Bediensteten und Haushaltsansätze in Milliardenhöhe umfassen. Er muß sich deshalb sehr stark um Fragen der Personalführung und der Personalentwicklung sowie um Haushaltsfragen kümmern. Dazu kommt, daß er häufig mit wichtigen Einzelfällen des Verwaltungsvollzugs befaßt wird, so z.B. wenn es um große Investitionen oder wichtige Infrastrukturmaßnahmen geht oder wenn es – vice versa – zu Protesten gegen solche Maßnahmen (Straßenbau, Müllverbrennung etc.) kommt. Zwar sind die

Länder bemüht, ihre Verwaltung dezentral zu führen, wobei dies besonders gut gelingt, wenn sie über eine Mittelinstanz verfügen (Regierungspräsidium, Regierung). Trotzdem landen viele politisch brisante Einzelprojekte auf den Schreibtischen der Amtsspitze in den Ministerien, da sich auch häufig die Länderparlamente aufgrund von Anfragen und Anträgen von Abgeordneten mit diesen Dingen befassen.

Dies bedeutet aber nicht, daß sich die Tätigkeit des Amtschefs auf administrative Aufgaben beschränkt. Er ist vielmehr auch in politischen Fragen ein enger Berater des Ministers, er soll selbst politische Ideen entwickeln und dem Minister vorschlagen. Dies gilt vor allem für die "Fachpolitik", für die das Ministerium zuständig ist.

In den meisten Ländern sind "Staatssekretärskonferenzen" oder "Vorkabinette" eingerichtet, in denen die Amtschefs der Ministerien unter Vorsitz des Chefs der Staatskanzlei die wöchentlichen Kabinettssitzungen vorbereiten. So tagt z.B. in Baden-Württemberg an jedem Freitagnachmittag das "Vorkabinett", das konkrete Beschlußempfehlungen für die Kabinettssitzung am darauffolgenden Montag beschließt. Gibt es dabei keine Einigung zwischen den Ministerien, so werden "Sondervoten" formuliert, die dann im Kabinett behandelt werden müssen. Auf diese Weise gelingt es, die Beratungen des Kabinetts von administrativem Ballast zu befreien, bei Bedarf den Streitstand zwischen den beteiligten Ministerien herauszuarbeiten und auf diese Weise die politischen Beratungen des Kabinetts zu entlasten.

Die "Amtschefs" kommen – ähnlich wie die beamteten Staatssekretäre des Bundes – überwiegend aus der Verwaltung selbst, keineswegs aber immer aus demselben Ministerium. Zum Teil wechseln auch Kommunalpolitiker in diese Funktion. Vereinzelt wechseln auch Abgeordnete in die Funktion des Amtschefs mit dem Ziel, von dort aus eine weitere politische Karriere aufzubauen, z.B. ein Ministeramt anzustreben. Dies wird in der Praxis zum Teil kritisch gesehen. Vor allem die Beamten in den Ministerien erwarten zu Recht, daß der Amtschef sein Amt als Daueraufgabe sieht, im Haus viel Präsenz zeigt, sich als Mittler zwischen Politik und Verwaltung versteht und sich nicht einseitig der Politik zurechnet.

In den bayerischen und baden-württembergischen Ministerien sind auf der Leitungsebene neben dem Minister und dem Amtschef politische Staatssekretäre installiert.

In Bayern weist der Ministerpräsident jedem Staatsminister einen Staatssekretär zu (Art. 50 Abs. 2, Satz 1 der Bayerischen Verfassung). Die Staatssekretäre haben Sitz und Stimme in der Staatsregierung, die nach der bayerischen Verfassung aus dem Ministerpräsidenten, den Staatsministern und den Staatssekretären besteht. Sie unterstützen den Staatsminister in der Leitung des Geschäftsbereichs und vertreten ihn. Sie sind an dessen Weisungen gebunden. Für die Beendigung des Amtsverhältnisses der

Staatssekretäre gelten die Vorschriften für die Minister entsprechend. Ihre Amtszeit ist also – im Gegensatz zum parlamentarischen Staatssekretär der Bundesregierung – nicht an die "ihres" Ministers gebunden. Auch darin zeigt sich die politisch selbständige Stellung des bayerischen Staatssekretärs.

In Baden-Württemberg ist die Stellung des "politischen Staatssekretärs" schwächer ausgeprägt als in Bayern. Nach Art. 45 Abs. 2 der Verfassung des Landes Baden-Württemberg können Staatssekretäre als Mitglieder der Landesregierung bestellt werden. Die Zahl dieser Staatssekretäre darf ein Drittel der Zahl der Minister nicht übersteigen. Ihnen kann durch Beschluß des Landtags Stimmrecht im Kabinett verliehen werden. Seit der Gründung des Landes Baden-Württemberg im Jahr 1952 ist immer wieder, aber keineswegs erschöpfend, von der Möglichkeit Gebrauch gemacht worden, Staatssekretäre als Mitglieder der Landesregierung zu bestellen. Im Jahr 1972 wurde jedoch durch Gesetz die Institution des "politischen Staatssekretärs" geschaffen.

Ähnlich wie im Bund bei den parlamentarischen Staatssekretären wurde festgelegt, daß dem Ministerpräsidenten und den Ministern ein politischer Staatssekretär zur Unterstützung "beigegeben" werden kann. Dieser ist nicht Mitglied der Landesregierung. Das Amt des politischen Staatssekretärs in Baden-Württemberg ist – anders als in Bayern – geknüpft an das Amtsverhältnis des Ministerpräsidenten oder des Ministers, dem er zur Unterstützung beigegeben ist; er hat insoweit eine unselbständige Stellung. Die baden-württembergischen Staatssekretäre müssen – im Gegensatz zum parlamentarischen Staatssekretär des Bundes – nicht Mitglied des Parlaments sein, sind es aber in aller Regel.

Der Staatsgerichtshof für das Land Baden-Württemberg hatte sich nach Erlaß des Gesetzes von 1972 mit dessen Verfassungskonformität zu befassen. Durch Urteil vom 24.2.1973 hat er diese bejaht, aber der Tätigkeit des politischen Staatssekretärs – vor allem im Verhältnis zum Ministerialdirektor – in den Ministerien Grenzen aufgezeigt. Zum einen ist es dem Minister untersagt, seinem politischen Staatssekretär eine seinen gesamten Amtsbereich umfassende Stellvertreterbefugnis zu übertragen. Er muß vielmehr dessen Vertretungsbefugnis im Bereich des hoheitlichen Handelns auf klar abgegrenzte Arbeits- und Sachgebiete beschränken. Zum anderen kann der politische Staatssekretär keine Dienstvorgesetzteneigenschaft haben, da er – wie der Staatsgerichtshof ausführt – weder parlamentarisch verantwortlich ist wie der Minister, noch, wie ein Beamter, disziplinarrechtlich zur Rechenschaft gezogen werden kann. Derzeit sind in acht der insgesamt elf baden-württembergischen Ministerien Staatssekretäre bestellt, darunter drei mit "Kabinettsrang".

Die Aufgabenteilung zwischen den Staatssekretären und den Ministerialdirektoren in den baden-württembergischen Ministerien ist unterschiedlich. In fünf Ministerien, in denen Staatssekretäre bestellt sind, gehört der Staatssekretär mit dem Minister und dem Amtschef zur Amtsspitze, ohne daß ihm besondere Tätigkeitsschwerpunkte zugewiesen sind. In drei Ministerien ist die Tätigkeit der Staatssekretäre dadurch gekennzeichnet, daß ihnen ein Teil der Fachabteilungen als Schwerpunkt ihrer politischen Arbeit – bei Wahrung der Gesamtverantwortung des Amtschefs – zugewiesen ist.

Die Gründe für die Bestellung der Staatssekretäre in Bayern und Baden-Württemberg entsprechen weitgehend denen für die Einrichtung des parlamentarischen Staatssekretärs im Bund. Auch in den Ländern sind die Ansprüche an die Minister derart gestiegen, daß eine Entlastung im politischen Bereich dringend notwendig ist. Vor allem erwartet die Bevölkerung zunehmend die Präsenz der Politiker "vor Ort", die Politiker "zum Anfassen". So wird z.B. von einem Kultusminister erwartet, daß er Schulbesuche macht, bei Schuljubiläen auftritt, bei Veranstaltungen der Lehrerverbände oder der Elternverbände spricht, bei Schulleitertagungen anwesend ist etc. Umgekehrt hat die Politik längst die Chance erkannt, die darin besteht, Politik in der Fläche "zu verkaufen" und für die eigene Sache zu werben – nicht zuletzt durch die damit verbundene Pressearbeit. Dazu kommen ähnlich wie bei den Bundesministern Verpflichtungen des Ministers im Kabinett, im Parlament, in Bund- und Länderkonferenzen, auf Pressekonferenzen, im Wahlkreis etc. Deshalb bedürfen auch Landesminister der Entlastung – innerhalb des Hauses vor allem durch den Amtschef, außerhalb vor allem durch den Staatssekretär. Dieser ist auch wichtig für die Vertretung des Ministers im Parlament – etwa in der Fragestunde oder in den Ausschüssen – oder bei Verpflichtungen innerhalb der Landesregierung, z.B. bei der Vertretung im Kabinett.

Neben der Amtsspitze sind auch in der Leitungsebene der Länderministerien "Führungshilfskräfte" angesiedelt. Bei den einzelnen Ländern ergibt sich dazu kein einheitliches Bild, sogar innerhalb der Länder ist die Organisation der Leitungsebene im Bereich der "Führungshilfskräfte" von Ministerium zu Ministerium unterschiedlich. Zu diesen zählen vor allem die persönlichen Referenten der Minister und Staatssekretäre, die Referenten für Öffentlichkeitsarbeit und Presse sowie für Kabinetts- und Parlamentsangelegenheiten. Zum Teil bestehen auch Einheiten für "Grundsatzfragen". Häufig sind diese Referenten in einem "Ministerbüro" oder einem "Leitungsstab" zusammengefaßt.

Bei diesen "Führungshilfskräften" handelt es sich in der Regel um fähige jüngere bewegliche Beamte, die das besondere Vertrauen der "Amtsspitze", vor allem des Ministers genießen. Häufig besteht auch eine parteipolitische Beziehung zwischen dem Minister und seinen engsten Mitarbeitern. Dies ist – eine gute fachliche Qualifikation dieser Bediensteten vorausgesetzt – auch nicht zu kritisieren, da die Fachpolitik eines Ministeriums in der Regel parteipolitisch durchgesetzt werden muß und gerade die engsten Mitarbeiter auch über "politisches Denken" verfügen müssen.

Die Auswahl der Führungshilfskräfte bedarf großer Sorgfalt und eines erheblichen Verantwortungsbewußtseins. Dies vor allem deshalb, weil die Tätigkeit dieser Mitarbeiter in aller Regel zeitlich begrenzt ist – sei es wegen eines Ministerwechsels, wegen mangelnder Harmonie mit dem Minister oder schlichtweg deshalb, weil diese Mitarbeiter nach einigen Jahren – auch wegen ihrer hohen Belastung – andere Aufgaben anstreben. Kommen diese Mitarbeiter aus dem Ministerium selbst, so gibt es im Regelfall kaum Probleme, wenn sie wieder in das "Glied" zurücktreten, um in einer Fachabteilung eine – häufig hervorgehobene – Funktion zu übernehmen. Kommen diese Mitarbeiter jedoch von außen, sind sie vor allem mehr unter dem Aspekt der parteipolitischen Aktivität als unter dem der fachlichen Qualifikation ausgewählt worden, so kann es bei ihrem Ausscheiden aus dem Umfeld des Ministers zu ganz erheblichen Problemen kommen, die personalwirtschaftlich nur unter Schwierigkeiten und gegenüber den Beamten des Hauses nicht immer fair gelöst werden können.

Vor allem bei Regierungswechseln, wenn der neue Minister einen "Apparat" übernimmt, der stark von seinem Vorgänger geprägt ist, kann der Wunsch bestehen, das Ministerbüro stark auszubauen, dort auch fachliche Kompetenz anzusiedeln, um nicht völlig vom Urteil und der Beratung durch die Fachabteilungen abhängig zu sein. Reibereien zwischen dem Ministerbüro und den Fachabteilungen sind dann geradezu vorprogrammiert.

In den baden-württembergischen Ministerien sind die "Führungshilfskräfte" in besonders ausgeprägter Form in "Zentralstellen" zusammengefaßt, die in allen Ministerien eingerichtet sind. Diese Institution hat ihren Ursprung im Innenministerium, in dem Ende der 60er Jahre zunächst das Ministerbüro erheblich ausgebaut wurde. Der Grund hierfür lag vor allem darin, daß dieses damals sehr große Ministerium mit 15 Fachabteilungen über eine Amtsspitze verfügte, die lediglich aus dem Minister und seinem Stellvertreter, dem Ministerialdirektor, bestand. Hier war eine Hilfe und Unterstützung der Amtsspitze dringend geboten. Daneben mögen auch politische Gründe mitgespielt haben. Da es in Baden-Württemberg damals keine "politischen Beamten" gab, und der Ministerialdirektor einer anderen politischen Partei als der Innenminister angehörte, ergab sich aus seiner Sicht wohl die Notwendigkeit, sich durch entsprechende Mitarbeiter im Leitungsbereich politisch unterstützen zu lassen. In den 70er Jahren sind dann in allen baden-württembergischen Ministerien Zentralstellen als ständige

Einrichtungen geschaffen worden. Die Struktur dieser Zentralstellen ist zwar nicht völlig einheitlich, dennoch besteht dasselbe Grundmuster. In der Regel gehören ihr neben dem Zentralstellenleiter der Pressereferent, der Referent für Öffentlichkeitsarbeit sowie die Referenten für Landtags-, Kabinetts- und Bundesratsangelegenheiten an. In einigen Ministerien sind die Zentralstellen auch für "Konzeption und Strategie" und "politische Planung" zuständig und nehmen im Sinne des Ministers auch politisch wichtige Aufgaben wahr. Die Betreuung der Ministerkonferenzen ist zum Teil in den Zentralstellen, zum Teil in den Fachabteilungen angesiedelt. Die persönlichen Referenten sind den Zentralstellen in der Regel nicht förmlich zugeordnet, wirken aber mit diesen eng zusammen.

Die Bedeutung der Zentralstellen in der praktischen Arbeit der Ministerien ist hoch. Vor allem der Zentralstellenleiter steht in ständigem Kontakt mit der Amtsspitze, er koordiniert im Hause politisch wichtige und presserelevante Projekte. Er ist auch Ansprechpartner in vielen – auch politischen – Fragen, die unterhalb der Amtsspitze angesiedelt sind. Wichtig ist vor allem, daß in der Regel alle Aktenvorgänge von den Fachabteilungen an die Amtsspitze über die Zentralstelle laufen und diese dabei im Sinne einer "Vorrevision" durchaus Änderungsvorschläge machen und Anregungen geben kann. Dieses Vorgehen bedeutet Chance und Risiko.

Die Chance besteht vor allem darin, daß dadurch die Arbeitsbelastung der "Amtsspitze" reduziert werden kann. Auch in den baden-württembergischen Ministerien besteht die Gefahr, daß die hohe Belastung der "Amtsspitze" zum "Nadelöhr" wird, mit der Folge, daß bei der Bearbeitung wichtiger Vorgänge Verzögerungen eintreten können. Hier kann die Unterstützung durch die Zentralstelle, auch durch einen raschen Kontakt des Ministers und Ministerialdirektors mit der Zentralstelle sehr hilfreich sein.

Das Risiko besteht vor allem in der Gefahr der "Übersteuerung". Wenn sich die Fachabteilungen durch eine zu starke Zentralstelle "abgehängt" fühlen, können Motivationsprobleme auftreten. Wenn die Amtsspitze vorrangig den Kontakt mit der Zentralstelle pflegt und vieles, was die Fachabteilungen vorlegen, von der Zentralstelle stark gefiltert oder gar "umgeschrieben" wird, so besteht die Gefahr einer schädlichen Entfernung zwischen der Amtsspitze und den Fachabteilungen. Kolportiert wird der Ausspruch eines Abteilungsleiters eines großen Ministeriums, dessen Zentralstelle besonders stark ausgebaut war; er sei froh, daß es das Fernsehen gebe. Auf diese Weise würde er "seinen" Minister auch einmal zu Gesicht bekommen.

Diese Probleme können dadurch vermieden werden, daß sich die Zentralstellen um eine enge und vertrauensvolle Zusammenarbeit mit den Fachabteilungen bemühen und die Amtsspitze einen engen Kontakt mit den Fachabteilungen, vor allem mit den Abteilungsleitern, pflegt. Wichtig ist, daß sich die Zentralstellen wie Stabsstellen verhalten und nicht versuchen, als eine Art "Überabteilung" eine zusätzliche hierarchische Ebene zu bilden.

Insgesamt haben sich die Zentralstellen in Baden-Württemberg sehr bewährt. Sie sind aus der täglichen Arbeit in den Ministerien nicht mehr wegzudenken und erhöhen deren Effektivität erheblich. Ihr Funktionieren hängt aber – stärker als bei den Fachabteilungen mit ihren fest umrissenen Zuständigkeiten – entscheidend von den Bediensteten ab, die in den Zentralstellen arbeiten. Auch deshalb kommt deren Auswahl besondere Bedeutung zu.

IV. Nachgeordnete Behörden

Ein kurzer Blick auf die Leitungsorganisation nachgeordneter Behörden zeigt, daß auch dort in neuerer Zeit die Leitungsebene gestärkt worden ist. So haben selbstverständlich auch Regierungspräsidenten und Landräte ein persönliches Büro, in dem in der Regel der persönliche Referent und der Pressereferent angesiedelt sind. Daneben haben z.B. die baden-württembergischen Regierungspräsidien zum Teil eine Koordinierungsstelle, der auch der Bürgerreferent zugeordnet ist. Diese ist vor allem für die Koordinierung innerhalb des Hauses, für die Erarbeitung spezieller Vorlagen für den Regierungspräsidenten und für Sonderaufträge zuständig.

In den baden-württembergischen Landratsämtern sind in der Regel der persönliche Referent des Landrats und der Pressereferent der Leitungsebene zugeordnet; einzelne Landratsämter haben "Zentralstellen" eingerichtet. Auch in den Landratsämtern gibt es Einheiten, die wegen ihrer besonderen Bedeutung "oberhalb" der Dezernate (Abteilungen) angesiedelt sind. So sind z.B. in einigen Landratsämtern "Frauenbeauftragte" oder "Wirtschaftsbeauftragte" unmittelbar dem Landrat zugeordnet. Auch Einheiten mit der Bezeichnung "Controlling" tauchen bereits auf. Interessant ist auch, daß Gesellschaften des privaten Rechts, vor allem GmbH's, die durch Ausgründung entstanden sind und kommunale Aufgaben (z.B. Krankenhauswesen, Abfallwirtschaft) in betrieblichen Strukturen wahrnehmen, in eigenen Einheiten der Leitungsebene angesiedelt und unmittelbar dem Landrat zugeordnet sind.

V. Zusammenfassung und Ausblick

Die Darstellung hat – auch in ihrer historischen Perspektive – gezeigt, daß die Leitungsebene der Ministerien und der nachgeordneten Behörden in neuerer Zeit erheblich ausgebaut und verstärkt wurde. Demgegenüber besteht auch heute noch auf der Ebene der Abteilungen die oben beschriebene klassische Grundstruktur. Neuere Tendenzen gehen dahin, das starre Organisationskonzept der Abteilungen und Referate zugunsten flexiblerer, prozeßorientierterer Arbeitseinheiten zu verändern. Gefragt sind zunehmend ganzheitliche, abteilungsübergreifende Lösungen, die von Projektgruppen ("task forces") oder anderen flexibleren Arbeitseinheiten rascher und oft zielgerichteter erarbeitet werden können, als im Rahmen der traditionell stark arbeitsteiligen Struktur der Fachabteilungen. Dies wird aller Voraussicht nach zu Änderungen der Arbeitsweise und der Organisation der Behörden führen. Vieles spricht dafür, daß dies auch zu Veränderungen der Leitungsorganisation führen wird.

Literatur

Becker, Bernd, Öffentliche Verwaltung, Starnberg/Percha 1989, insbesondere S. 636 ff.

Derlien, Hans-Ulrich, Karrieren, Tätigkeitsprofil und Rollenverständnis der Spitzenbeamten des Bundes – Konstanz und Wandel, in: Verwaltung und Fortbildung, 22. Jahrgang, Heft 4, 1995, S. 255 ff.

Duppré, Fritz, Der Leitende Beamte und die politische Spitze des Amtes, in: Öffentlicher Dienst und politischer Bereich, Schriftenreihe der Hochschule Speyer, Band 37, Berlin 1967, S. 14 ff.

Feuchte, Paul, Verfassungsgeschichte von Baden-Württemberg, Stuttgart 1983.

von der Groeben, Klaus, Reichsinnenministerium, in: Deutsche Verwaltungsgeschichte, Band IV, Stuttgart 1985, S. 156 ff.

Hopf, Volkmar, Beamteteter und parlamentarischer Staatssekretär, in: Öffentlicher Dienst und politischer Bereich, Schriftenreihe der Hochschule Speyer, Band 37, Berlin 1967, S. 129 ff.

Kölble, Josef, Oberste Bundesbehörden (Bundesministerien), in: Deutsche Verwaltungsgeschichte, Band V, Stuttgart 1987, S. 174 ff.

Miller, Manfred, Vorstudien zur Organisation und Reform von Landesverwaltungen, Speyerer Forschungsberichte Nr. 149, Speyer 1995, Band 1, S. 102 ff.

Wagener, Frido, Die Organisation der Führung in Ministerien, in: Aktuelle Probleme der Ministerialorganisation, Schriftenreihe der Hochschule Speyer, Band 48, Berlin 1971.

Wagener, Frido/Rückwardt, Bernd, Führungshilfskräfte in Ministerien, Baden-Baden 1982.

Rudolf Fisch

2. Personalführung in der Verwaltung

Inhaltsübersicht

I. Einleitung
II. Allgemeines Verständnis vom Führen und Geführtwerden
   1. Führer – ein belasteter Begriff
   2. Führen aus der Sicht der Führenden
   3. Führen aus der Sicht der Geführten
III. Was ist das Besondere beim Führen in der öffentlichen Verwaltung?
   1. Institutionelle Komponente
   2. Aufgaben- und situationsbezogene Komponente
   3. Interpersonelle Komponente
   4. Führungsformen in der öffentlichen Verwaltung
   5. Anforderungen an Führung auf der obersten Leitungsebene
   6. Resümee: Wieviel Führung ist in der Verwaltung notwendig?
IV. Probleme mit dem Führen und Geführtwerden – trotz aller organisationeller Vorsorge und Geordnetheit
V. Führen jenseits traditioneller Vorstellungen
VI. Wie wird sich alles weiterentwickeln, was sind die Führungsformen der Zukunft?

I. Einleitung

Über Führung ist seit dem Aufkommen der wissenschaftlichen Unternehmens- und Verwaltungsführung zu Beginn dieses Jahrhunderts sehr viel gedacht, geforscht und geschrieben worden. So gibt es über Führungsmodelle oder Führungstheorien eine traditionsreiche Literatur mit Bezug zur Verwaltung. Hinzu kommt eine ständig wachsende Ratgeberliteratur über Führen und Führung. Wenn man die einschlägigen Veröffentlichungen über längere Zeit beobachtet, drängt sich der Eindruck auf: Der Stoff und die Themen scheinen, auch über Jahrzehnte gesehen, nicht auszugehen. Woran mag es liegen?

Eine mögliche Antwort ist: Das Verständnis von Führen und Führung, sowie die praktizierten Führungsformen unterliegen dem epochalen Wandel. Werden Neuerungen eingeführt, besteht Bedarf an neuerungsorientiertem Führungswissen.

Eine andere Antwort ist: Es wachsen immer neue Generationen von Führungskräften nach, die die Aufgabe des Führens erlernen und dabei mit den bereits vorhandenen Führungskräften konkurrieren müssen. Bei ihnen besteht naturgemäß ein großer Bedarf an grundlegendem Wissen und an 'neuen Führungskonzepten', mit denen man 'modern' führen kann. Gesucht wird natürlich und vor allem handlungsorientiertes praktisches Wissen, insbesondere einfache Rezepte für die erfolgreiche Bewältigung der verschiedenen Führungsaufgaben. Hier haben dann beispielsweise 'Führungsstile' Konjunktur, wie der kooperative oder der direktive (autokratische) und dann möglichst im Ausschlußverfahren, als entweder — oder. Oder es werden Prinzipien propagiert wie flache Hierarchien oder Dezentralisierung oder Kundenorientierung. Doch die Arbeitswelt ist in ihren Anforderungen nicht so einfach strukturiert, und so besteht ein wichtiger Aspekt des Führens darin, in der Arbeitswelt Unvereinbares zu Kompromissen zusammenzuführen oder auch zu kompensieren, wenn die Organisationsstrukturen in ihren Wirkungen kontraproduktiv werden und manches mehr.

Eine weitere Antwort ist: Über 'richtiges', erfolgreiches Führen wird in der Regel dann gründlicher nachgedacht, wenn es mit der Aufgabenerledigung nicht (mehr) klappt, wenn Mitarbeiterinnen und Mitarbeiter schwierig sind, nicht so wollen wie sie sollen, wenn Streit aufflammt, wenn jemand nicht die Arbeit tut, die von ihm oder ihr nach der Aufgabenbeschreibung zu leisten ist, oder sie in schlechter Qualität erledigt. Doch bei derartigen Problemstellungen hilft Wissen über Führungstheorien oder über Führungsstile wenig, genau so wenig wie Ratschläge aus 'Erfolgsbüchern' helfen. Denn Theorien und die darauf basierende Ratgeberliteratur befassen sich beispielsweise mit Konzepten oder zielen auf künftige Führungsweisen, aber sie können auf konkrete Probleme häufig nur unbefriedigende Antworten geben. In herausfordernden Situationen sind eben nicht Theorien, sondern konkretes Tun gefordert, und dieses Tun verlangt vor allem spezifische soziale Fertigkeiten. Soziale Fertigkeiten haben zwar eine Wissenskomponente, wichtiger aber ist ihre Handlungskomponente und die situationsgemäße Handlungssteuerung. Hintergrundwissen über die Besonderheiten des Führens in der Verwaltung erleichtert es allerdings, das Richtige zu tun oder bestimmte Aktivitäten zu unterlassen.

Es gibt verschiedene Verständnisse von Führung und Führen, je nachdem auf welche Ebene oder Subjekte sie sich beziehen. Bei Führung in der Organisation denkt man zum Beispiel an strategisches Handeln, das Initiieren von Veränderungen und Versuche der Neugestaltung von Arbeitsprozessen. Die nächste Ebene betrifft die Führung von Organisationseinheiten und hierbei auch den Umgang mit Gruppen. Die Führung einzelner Beschäftigter fällt unter Personalführung in einem engeren Wortsinne. Schließlich und endlich ist die Führung der eigenen Person zu nennen. Eine weitere Einteilung erwächst aus den Perspektiven des Führenden, der Geführten und eine Sichtweise von außen auf das Phänomen Führung.

Die weiteren Ausführungen konzentrieren sich, der Themenstellung "Personalführung" folgend, auf Führung als Verhaltensbeeinflussung einzelner oder von Gruppen zum Zwecke der Auftragsabwicklung oder der Zielerreichung. Andere Aspekte von Führung, wie die Planung und Organisation der Arbeit, ihre Gestaltung, die Schaffung von produktiven Arbeitsbedingungen und ähnliches wird in anderen Kapiteln dieses Buches abgehandelt.

II.   Allgemeines Verständnis vom Führen und Geführtwerden

Es gehört zu den Grunderfahrungen, die jeder Mensch von klein auf macht, daß man geführt wird, und daß Geführtwerden durchaus unterschiedlich praktiziert wird. Drei Thesen über Führung sind mit dieser Feststellung gewonnen:

Erstens, Geführtwerden ist eine anthropologische Konstante, sie tritt ubiquitär auf.

Zweitens, die Form des Geführtwerdens ist sehr verschiedenartig und veränderlich: Die Aufgaben, zum Beispiel ihre Strukturiertheit oder Unstrukturiertheit, ihre Einbettung in die Struktur- und Ablauforganisation, förderliche und hinderliche Einflüsse in der Situation sowie die Charakteristika der am Geschehen Beteiligten sorgen für erhebliche Variabilität in den Wechselwirkungen zwischen Führern und Geführten. Schon bei einer Person kann das Führungsverhalten, über die Zeit und über verschiedene Führungssituationen hinweg betrachtet, außerordentlich variieren.

Die Alltagssprache benutzt gern Konzepte wie zum Beispiel Führungsstile, um der Variabilität im Führen begrifflich Herr zu werden: Es werden Typen und Klassen beschrieben, denen bestimmte Verhaltensweisen zugeordnet oder aus denen umgekehrt verschiedene Verhaltensweisen als generalisierte Rollenerwartungen abgeleitet werden. Gängige Klassifikationen sind der 'autoritäre', der 'kooperative' oder der 'kollegiale' Führungsstil. Führungsstile sind jedoch Kopfgeburten: Stile sind Ergebnis von

Bemühungen, Ordnung in die erlebte Realität zu bringen, vor allem Konsistenz und Konstanz aufzuzeigen. Wenn man Führungsstil als begriffliches Konzept versteht, das in der Hauptsache dazu dient, sich rasch über Wertpositionen zu verständigen, ist die Verwendung unkritisch. Problematisch aber ist es, wenn aus umschriebenen Führungsstilen normative Forderungen an das Verhalten von Vorgesetzten oder gar Handlungsvorschriften für ein effektives Führungsverhalten auf der Ebene von Handlungsvollzügen abgeleitet werden. Denn die Stile sind lediglich Konstrukte, also Ergebnisse von Interpretationen, sie stellen keine Anleitung zum 'richtigen' oder 'erfolgreichen' Führungsverhalten dar.

Die dritte These ist: Führen ist an bestimmte Positionen gebunden, die man üblicherweise nicht von klein auf innehat, sondern in die man gekommen sein muß, ehe man selbst führen kann. In der Kinderperspektive hat das etwas mit Älterwerden zu tun. In der behördlichen, legitimierenden Organisationssprache wird der vergleichbare Sachverhalt als "Anciennitätsprinzip" bezeichnet. Es gibt, was Führen in der öffentlichen Verwaltung angeht, weitere Sachverhalte zu beachten, um die verwaltungstypischen Formen des Führens und Geführtwerdens zu identifizieren und angemessen zu interpretieren. Zuvor muß über das allgemeine Verständnis von Führen gesprochen werden.

Führen ist ein relationales Konzept, daß heißt: Führen und Führungsformen können im Grunde ohne Geführte nicht gedacht werden. Doch die Aussagen in der Führungsliteratur konzentrieren sich nun einmal auf den Führenden. Demnach ist das allgemeine und klassische Verständnis von Führen: Ziele auswählen und festlegen, entscheiden, Aufgaben durch die Geführten erledigen lassen, kontrollieren, ob alles in dem beschlossenen Sinne richtig gemacht wurde und gegebenenfalls die Ergebnisse kontrollieren. Darüber hinaus werden von Vorgesetzten besondere Beiträge zum Erhalt, zum Ansehen und zum Wohlergehen der Organisation erwartet. Unterstützt wird das Ganze durch den Einsatz entsprechender Führungsmittel, Führungs- und Managementtechniken.

Führen hat nicht nur eine Handlungsseite, sondern auch eine Seite des Erlebens der Führenden und Geführten. Danach umfaßt Führen unter anderem eine besondere Form von Beziehung, charakterisiert als Über- und Unterordnung aufgrund formaler und informaler Rollen und Regeln in einer Organisation. Da die meisten Vorgesetzten in der öffentlichen Verwaltung selbst wiederum Vorgesetzte haben, finden sie sich in der Doppelrolle des Führenden und des Geführten.

1. Führer – ein belasteter Begriff

Kennzeichnend für das Verständnis von Führung im sogenannten Dritten Reich war das 'Führerprinzip', heute nahezu gleichgesetzt mit autokratischer Führung. 'Führer', 'Führerprinzip' wie 'autokratische' Führung sind im deutschsprachigen Raum heute negativ besetzte Kategorien. Daher ist eine nicht immer ganz treffende Umschreibung mit einem verwandten, unbelasteten Begriff notwendig, auch wenn er nicht ganz genau das trifft, was gemeint ist, zum Beispiel (Kader-)Leiter, Vorsitzender, Sprecher, Koordinator, Moderator. 'Geführt' zu werden gilt unter aufgeklärten jüngeren Intellektuellen gleichermaßen als ehrenrührig, wird doch darin die Aufgabe eines Stück eigenen Willens und eigener Gestaltungsmöglichkeiten gesehen, was nun ex definitione auch stimmt.

Führen war an deutschen Hochschulen seit den sechziger Jahren ein Unthema, unter anderem, weil es etwas mit Macht und Einfluß zu tun hat, was vielen 'kritischen' Intellektuellen als unethisch gilt. So vertragen sich angeblich Vorstellungen von Demokratie und Führung nicht. Demokratisierung der Arbeitswelt und vor allem Partizipation waren und sind faszinierende Konzepte vor allem für die nachwachsende Generation, der die Machtbasis einer entsprechend ausgestatteten Position in Beruf und Gesellschaft (noch) abgeht. Das dezidierte Eintreten gegen Führung und Macht ist, aus dieser Perspektive betrachtet, gut nachvollziehbar. Denn die durchaus attraktive Teilhabe an Führung und Macht ist in der Regel den schon länger Etablierten vorbehalten. Zwischenzeitlich sind Angehörige dieser Studentengeneration selbst in Führungspositionen. Aber es gibt kaum manifeste Indikatoren dafür, daß die damaligen Debatten zu grundlegenden Änderungen im tatsächlichen Führungsverhalten in Verwaltungen geführt haben.

Eine zumindest argumentative Kompromißlinie stellt das Konzept der partizipativen oder kooperativen Führung dar. Beide Konzepte sind gekennzeichnet weniger durch Führen und Folgen als durch Anregen, Kommunikation, gruppenorientierte Entscheidungsprozesse, Kompromisse, gemeinsames Tun. Gefordert sind dazu auf beiden Seiten Einfühlungsvermögen, Dialogfähigkeit, Zuhörenkönnen, Machtverzicht und Teamfähigkeit.

2. Führen aus der Sicht der Führenden

Personalführung aus der Sicht erfolgreicher und anerkannter Vorgesetzter umfaßt im engeren Sinn ein Gestalten der Arbeitsbedingungen und der Arbeit, ein sich Kümmern um die Erledigung von Aufgaben und ein Besorgtsein um die Belange der Mitarbeiterinnen und Mitarbeiter oder kurz: Führen heißt Realisieren über andere. Die zugeordneten Mitarbeiterinnen und Mitarbeiter sollen vom Führenden aktiviert werden, in erster Linie die Dinge zu tun und diejenigen Verhaltensweisen an den Tag zu legen, die für die Erledigung der gestellten Aufgaben notwendig sind. Sie sollten zur Führungskraft stehen und den Führenden unterstützen, wenn es sich als notwendig erweist. Sie sollten sich untereinander vertragen, und wenn es Streit gibt, gehört es zum Führungsauftrag, Konflikte zu schlichten und für die Einhaltung des Arbeitsfriedens zu sorgen. Von einem Führenden wird in der Regel erwartet, daß ihm das Wohl seiner Mitarbeiter am Herzen liegt. Schon die Wortwahl "am Herzen liegt" deutet darauf hin, daß es nicht allein um das Verstandesmäßige, Vernünftige beim Führen geht. Das wird in bürokratischen Organisationen nicht weniger erwartet als in anderen. Aber besonders in Verwaltungen will das 'am-Herzen-liegen' nicht recht zur sach- und auftragsorientierten 'Dienstauffassung' passen. Dafür zu sorgen, daß die Mitarbeiterinnen und Mitarbeiter Gelegenheit bekommen, ihre Fachkenntnisse fortzuentwickeln und Neues zu lernen, um stets auf dem neuesten Stand des Wissens ihre Aufgaben erledigen zu können, ist ebenfalls Anliegen erfolgreicher Führungskräfte.

Für den Zusammenhalt in einer Organisationseinheit ist es wichtig, daß der Leiter nicht nur darauf achtet, daß die Aufgaben erledigt werden, sondern daß auch etwas für die gute Stimmung unter den Mitarbeiterinnen und Mitarbeitern und für den Zusammenhalt in der Arbeitseinheit geschieht. Diese eher sozial-emotionale Funktion des Führens ist vielfach auf eine zweite Person verlegt. In diesen Fällen hat man es dann mit einem sogenannten Führungsdual zu tun. Es ist keine leichte Situation für den formellen Leiter, weil er seine Führungsrolle bei entsprechenden Gelegenheiten in Frage gestellt sieht.

3. Führen aus der Sicht der Geführten

Allgemein geteilte Wunschvorstellungen über das Führen aus der Sicht der Geführten gehen dahin, daß man ungestört seine Arbeit tun kann, daß man dabei alle notwendige Unterstützung erfährt, sei es materiell, sei es in der Zusammenarbeit, um die Arbeit zu erledigen, die von einem erwartet wird, ferner daß die Anerkennung entsprechend ist und die Entlohnung "stimmt". Der oder die Führende sorgt dafür, daß man fair behandelt und daß einem im Fall einer Beeinträchtigung durch andere Schutz und Hilfe gewährt wird. Je nach Bedürfnissen wird erwartet, daß der Führende sich um einen kümmert oder auch nicht, daß er einmal Zeit für ein persönliches Wort hat oder wenigstens im Fall von Schwierigkeiten ansprechbar ist.

Klages u.a. haben aus Beurteilungen des Führungsverhaltens von Vorgesetzten durch Mitarbeiterinnen und Mitarbeiter drei Führungsformen in Behörden ermittelt, die jeweils als schwach oder stark charakterisiert, nach folgendem Schema zu vier begrifflich nicht umschriebenen Führungsstilen zusammengefaßt werden:

Führungsform	Stil 1	Stil 2	Stil 3	Stil 4
Direktiv	hoch	gering	hoch	gering
Kollegial	gering	gering	hoch	hoch
Gewähren von Selbständigkeit	gering	gering	hoch	hoch

Unschwer erkennt man hinter den Führungsformen die klassische Einteilung von Führungsstilen in autoritär, demokratisch und laissez-faire. Neu ist, daß sie als Komponenten verschiedener Führungsstile und nicht, wie sonst üblich in der Literatur, als exklusive Verhaltensklassen angesehen werden. Gemessen an Zufriedenheitsindikatoren scheint Stil 3 für Behörden am günstigsten zu sein. Es gibt aber keinen spezifischen, die öffentliche Verwaltung kennzeichnenden Stil, wohl aber konnten die Autoren Häufungen eines bestimmten Stils in einzelnen Behörden feststellen.

III. Was ist das Besondere beim Führen in der öffentlichen Verwaltung?

Drei Komponenten sollen benannt werden, die es gestatten, die beobachtbare Variabilität des Führens in Verwaltungen zu ordnen und auf erklärende Kategorien zurückzuführen: Eine institutionelle, eine aufgaben- und situationsbezogene sowie eine interpersonelle Komponente. Diese drei Komponenten zu betrachten macht Sinn, weil sie unabhängig voneinander variieren können und damit in ihren verschiedenen Kombinationen die Variabilität der Führungsformen erklären können. Die Komponenten unterliegen im Verlauf der Zeit einem Wandel und, was im Rahmen von Führung wichtig ist, sie lassen sich jeweils aktiv gestalten. Die Trennung in Komponenten ist natürlich analytisch; wie im folgenden deutlich wird, ist eine durchgängig saubere Abgrenzung nicht möglich.

1. Institutionelle Komponente

Unser heutiges Verständnis von öffentlicher Verwaltung ist eng verknüpft mit der Idee der Gewaltenteilung im Staat. Gewaltenteilung bedeutet für die Führung von Verwaltungen, unabhängig vom Stil der Führung, daß Ziele von Verwaltungen ohne deren Zutun und im wesentlichen vorab bestimmt werden, daß rechtliche Rahmenbedingungen die Abläufe und die Bearbeitungsformen zumindest teilweise definieren, und der verbleibende Rest an Gestaltungsräumen für das Verwaltungshandeln durch die Struktur- und Ablauforganisation sowie durch Organisationskultur und die sie tragende Tradition, zum Beispiel im Bereich der Führungsorganisation, weitestgehend festgelegt ist. Durch diese Festlegungen wird vor allem die Rechtmäßigkeit des Verwaltungshandelns gesichert, was nach heutigem institutionellen Selbstverständnis die Meßlatte für die Qualität von öffentlicher Verwaltung darstellt.

Auch hinsichtlich der Wahl des Stils der Verwaltungsführung sind Verwaltungen nicht frei: Pflegt die Regierung einen Anordnungsstil, wird die Verwaltung mit dem Weisungsstil arbeiten müssen, will sie gewährleisten, daß die Aufträge der Regierung umgesetzt werden. Eine kooperative Führung und ein diskursiver Stil wären dann nicht angemessen. Will eine Regierung ihren Bürgern gegenüber demokratisch auftreten, bürgerorientiert und bürgerfreundlich, paßt ein Anordnungsstil nach Art absolutistischer Herrschaft nicht zum Erscheinungsbild. Hinsichtlich der Führung sollte also die Auffassung vom Regieren und Verwalten korrespondieren. Der Wunsch einer Korrespondenz der Führungsstile, besser wäre eine Konkordanz, mag plausibel sein. Da aber die politische Ebene in einer parlamentarischen Demokratie kein einheitliches Bild der Führung vermittelt, wahrscheinlich auch nicht vermitteln kann, wird entsprechend auch die Verwaltungsführung ein vielfältiges Bild bieten.

Eine weitere Quelle für die Formenvielfalt in der Verwaltungsführung ist der Sachverhalt, daß es neben der offiziellen Hierarchie eine zweite, formal abgesicherte Dominanzstruktur in jeder Behörde gibt, die aus der Mitbestimmung resultiert: Der Personalrat. Personalräte und deren Vorsitzende(r) haben den gruppendynamisch außerordentlich wichtigen Vorteil, daß sie aufgrund einer Wahl seitens der Mitarbeiterinnen und Mitarbeiter ein behördenpolitisches Mandat und eine durch demokratische Wahl verliehene Machtbasis haben, was den eingesetzten Vorgesetzten abgeht.

2. Aufgaben- und situationsbezogene Komponente

Behörden sind, vor allem aufgrund externer Vorgaben, im allgemeinen so formiert: Es gibt eine strenge Arbeitsteilung und eine hoch reglementierte Arbeitsweise. Klare Aufträge, Aufgabenabgrenzung, an Normen orientiertes und arbeitsteiliges Vorgehen gemäß Hierarchie und Zuständigkeit kennzeichnen, zumindest nach den Statuten, behördliche Arbeitsformen. Organisationspläne mit hierarchisch-funktionaler Gliederung liefern Übersichten über Zuständigkeiten und Verantwortungen. Man erfährt, wie die Kommandokette beschaffen ist, bei wem die Initiativen liegen, wer wem Aufträge erteilen darf und wer berichtspflichtig ist. Die Ablauforganisation legt fest, in welcher Reihenfolge von wem welche Arbeiten zu erledigen sind, und wie sie ausgeführt werden sollen. Auch für Störungen gibt es Anweisungen, die die Betriebssicherheit und das Funktionieren der Organisation sichern sollen. Über Inhalt und Form der Führungsorganisation gibt es nicht in allen Behörden geschriebene Regeln, so daß Führungspersonen gegebenenfalls eigene Vorstellungen umsetzen könnten. Natürlich sind sie dabei an Sitte und Moral ebenso gebunden wie an Gebräuche seitens der Organisationskultur.

Da die meisten Führungskräfte in Verwaltungen in der Doppelrolle von Führenden und Geführten sind, müssen sie einerseits die Rolle eines Vorgesetzten ausfüllen und andererseits die eines Untergebenen, der seinem Vorgesetzten vorträgt, vor- und zuarbeitet, Informationen filtert und aufbereitet. Dabei muß er oder sie immer auch den nächsthöheren Vorgesetzten im Blick haben, der seinerseits vorgetragen bekommt. Aus dieser Charakterisierung wird deutlich, daß es in der Verwaltung sehr wenige aufgabenbezogene Aktivitäten gibt, die, von einem Vorgesetzten oder von einem unterstellten Mitarbeiter vollzogen, so grundlegend verschieden sind, daß man darauf ein verläßliches Unterscheidungsmerkmal für Aufgaben von Vorgesetzten und Mitarbeitern gründen könnte. Verstärkt wird der Eindruck noch dadurch, daß nahezu alle Vorgesetzten unterhalb der obersten Ebene außer der Leitungsfunktion noch ein Sachgebiet für die eigene Bearbeitung übertragen bekommen, zum Beispiel, weil man auf ihre Expertise Wert legt, oder weil es als Organisationsprinzip gilt, daß man Kontakt zur Sacharbeit behalten soll. Da bleiben als Unterscheidungsmerkmal für die Tätigkeiten von Vorgesetzten nur ihre führungstypischen Beiträge zum Erhalt der Organisation, zum Beispiel Änderung in der Ablauforganisation. Aber ohne Mitwirkung der nachgeordneten Mitarbeiterinnen und Mitarbeiter gelingt das in der Regel auch nicht.

Mit dem Begriff 'Führen' verbindet sich allerdings die Vorstellung von mehr Freiheitsgraden bei der Zielfestlegung und Entscheidung, als es in der öffentlichen Verwaltung aufgrund der gegebenen Verhältnisse möglich ist. Angesichts der zahlreichen Festlegungen ist es nun eine besondere Führungsaufgabe in Verwaltungen, Handlungsspielräume zu eröffnen oder gar erst zu schaffen. Sich von engen Festlegungen zu befreien, ist zum Beispiel notwendig, wenn sich eine Verwaltung in Aushandlungsprozesse über Absprachen begibt (kooperatives Verwaltungshandeln) oder wenn sie konsultativ tätig wird. Das Funktionieren von Behörden wird aus der Perspektive von verantwortungsbewußten Vorgesetzten oftmals umschrieben als intelligenter Umgang mit der Organisationsstruktur, wie auch immer sie beschaffen ist, um zu vernünftigen Ergebnissen zu kommen.

Eine bestimmte Arbeitsform prägt mit der Zeit die Mitarbeiter so, daß sie zur bestehenden Organisationskultur passen. Die Arbeitsform einer Organisation zieht natürlich bestimmte Persönlichkeiten an, die eine Affinität zu den dort gängigen Arbeitsformen haben oder sie tolerieren können. Es wird niemanden verwundern, wenn bei den beschriebenen Arbeitsformen kreative, an Initiative reiche, durchsetzungsfreudige Charismatiker recht selten auftreten, auch nicht Personen, die sich bei aller Fachkompetenz den Blick fürs große Ganze bewahren konnten und vorzugsweise in übergreifenden Bezügen denken. Es darf auch nicht erwartet werden, daß so etwas wie unternehmerischer Mut oder ausgeprägter Gestaltungswille besondere Chancen bekäme, sich zu entfalten. Bereichs- und funktionsübergreifendes Denken wird eher kritisch gesehen, zum Beispiel weil die Zuständigkeiten anderer betroffen sind. Mit der Zeit werden das sogenannte Ressortdenken und die dazugehörigen Ressortegoismen, anfänglich oft gegen individuelle Vorstellungen von Vernünftigkeit, Zweckmäßigkeit und organisationsorientierten Werthaltungen, erworben und praktiziert. Das Ressortdenken wird zwar regelmäßig beklagt und heftig kritisiert, besonders wegen seiner manchmal nachteiligen Folgen. Doch Ressortdenken und -egoismen stellen eine wesentliche Anpassungsleistung an die Verantwortungsstrukturen und Erfordernisse in arbeitsteilig funktional gegliederten Organisationen mit ausgeprägter Hierarchie dar und haben so gesehen ihre Funktionalität in der Organisation.

Die Positionsinhaber wissen, daß Aufgaben (Ziele) und Ablaufformen überwiegend als Vorgaben oder Organisationsroutinen festgelegt sind. Die Geführten wissen es in der Regel auch. Vorgesetzte werden von übergeordneten Vorgesetzten ausgesucht und eingesetzt. Mitarbeiterinnen und Mitarbeiter haben in der Regel keinen direkten Einfluß auf dieses Einsetzen, allenfalls mittelbar über den Personalrat. Wiederum haben die so Eingesetzten in der Regel keinen oder sehr geringen Einfluß auf die Zusammensetzung ihrer Organisationseinheit. Beide Sachverhalte sind eher ungünstig im Hinblick auf eine hohe Leistungserbringung seitens der Organisationseinheit, wohl aber unvermeidlich, so lange die Praxis gepflegt wird, Aufgaben den Personen zuzuordnen und nicht umgekehrt, die Aufgaben und ihre Erledigung in den Vordergrund zu stellen.

Durch die zahlreichen Festlegungen in der Ablauforganisation ergibt sich ein zentrales wiederkehrendes Thema für Vorgesetzte: Wie gelingt es, die Mitarbeiter unter den gegebenen Rahmenbedingungen für ihre Arbeit zu interessieren, so daß sie sie engagiert verrichten und dann auch noch möglichst rasch und gut? Wie wird die dazu notwendige Kontrolle ausgeübt, ohne die Beziehungen zu den Mitarbeitern unnötig zu belasten? Für die geführten Mitarbeiter und ihre Interessenvertretung ist ein vergleichbar wichtiges Thema: Wie schafft man es in Erfahrung zu bringen, wann bedeutsame Entscheidungen auf höheren Hierarchieebenen anstehen, und wie beeinflußt man dann am besten diese Entscheidungen? So gibt es in Organisationen stets ein Führen von oben und ein Führen nach oben. Das Führen nach oben wird mit dem Begriff 'Partizipation' verknüpft, die ihre institutionelle Verankerung als 'Mitbestimmung' im Personalvertretungsgesetz gefunden hat. Beide Interessenlagen gehen nebeneinander her, sie gehören nur bedingt zusammen und kennzeichnen durchaus verschiedene außerfachliche Handlungsziele im Verhalten der Organisationsmitglieder. Wenn beide Seiten, Führende wie Geführte, die rollenspezifischen Verhaltensmuster, die aus diesen basalen Rollenauffassungen erwachsen, wechselseitig kennen und anerkennen würden, wären Führen und Geführtwerden wahrscheinlich etwas einfacher.

3. Interpersonelle Komponente

Positionsinhaber heißen in der offiziellen Sprache der Personalorganisation 'Vorgesetzte' und keineswegs Führer oder Leiter, obwohl Vorgesetzte nach üblichem Verständnis auch Führungsaufgaben haben sollten. Allenfalls tragen manche Positionsinhaber auf den oberen und der obersten Führungsebene den herausragenden Titel 'Leitender ...', aber auch 'Leiter des ...' oder 'Direktor' oder 'Präsident'. Es ist sicher nicht Wortklauberei oder Begriffsspielerei, wenn im allgemeinen Sprachgebrauch der Organisationen diese feinen Unterschiede gemacht werden.

Vorgesetzte tragen in der Regel Personalverantwortung gegenüber ihren zugeordneten Mitarbeiterinnen und Mitarbeitern, zur Zeit der Erfindung des Begriffs 'Vorgesetzter', 'Nachgeordnete' oder 'Unterstellte' genannt. In dieser Wortwahl ist noch eine klare Dominanzhierarchie als Über- und Unterordnung erkennbar. Die Wortwahl verlor sich spätestens in den siebziger Jahren, als unter anderem im Gefolge von Mitbestimmungsregelungen das Verhältnis von Führung zu Geführten neu umschrieben wurde. Manche Führungsrichtlinien sprechen von 'Führung im Mitarbeiterverhältnis', ein Konzept, das im Rahmen des Delegationsprinzips des sogenannten Harzburger Führungsmodells entworfen wurde.

Der Begriff 'Mitarbeiter(in)' deckt unter den gegebenen organisationellen Vorgaben die im Ernstfall bestehende Dominanz- und Weisungsstruktur nicht ab und will auch nicht zum überkommenen hierarchischen Aufbau einer Exekutive passen. Denn dem Begriff Mitarbeiter(in) liegt eine andere Vorstellung von einem institutionalisierten Beziehungsverhältnis zugrunde; dem Begriff Mitarbeiter(in) wäre eine Teamstruktur eher gemäß. Die Teamstruktur als Organisationsprinzip ist in der öffentlichen Verwaltung jedoch eher eine Besonderheit: Projektgruppen auf Zeit und mit umschriebenen Aufgaben können zum Beispiel eine Teamstruktur aufweisen.

Vorgesetzte(r) in der öffentlichen Verwaltung zu sein, stellt somit ein besonderes Beziehungsverhältnis der Über- und Unterordnung und, entgegen dem Anschein, alles andere als eine eindeutige Funktions- und Rollenzuweisung dar. Dieses mehrfach gebrochene Beziehungsverhältnis macht die Ausfüllung einer Vorgesetztenfunktion zu einem Unterfangen, bei dem nur dann alles wie selbstverständlich funktionieren kann, wenn alle sich an die Regeln halten und Routinen die Arbeit dominieren. Für alle anderen Fälle haben sich in Verwaltungen spezielle Führungsformen für die Abwicklung von Aufträgen entwickelt.

4. Führungsformen in der öffentlichen Verwaltung

Es werden nun drei prototypische, auch idealtypische Führungsformen beschrieben, denen man im Verwaltungshandeln begegnen kann: Weisung, Vereinbarung, Erfolgsverantwortung. Diese Führungsformen gelten für Individuen wie für Gruppen.

Weisungen sind direkt, schnell, effektiv und verbindlich. Sie arbeiten nach allen vorliegenden Erfahrungen am besten im direkten Vorgesetzten-Unterstellten-Verhältnis. Hinter Weisungen steht immer Positionsmacht, verbunden mit Sanktionsmöglichkeiten und Schicksalskontrolle. Weisungen erfahren jedoch eine geringere Akzeptanz und Legitimation als Vereinbarungen auf der Basis eines expliziten Konsenses und Kontrakts. Dies gilt besonders für gebildete, qualifizierte Mitarbeiter. Je länger der Weg einer Weisung durch die Hierarchieebenen wird, desto sachfremder ist der Weisungsbezug und desto geringer ist die Zielrationalität.

Nach gängiger Vorstellung gehört zur Weisung als korrespondierendes Verhalten das Folgen und Ausführen. Natürlich gibt es auch andere Formen der Verhaltensbeeinflussung, die weniger direkter Natur sind, zum Beispiel informieren und koordinieren, anregen, um etwas bitten, sich um eine Sache so kümmern, daß andere sich einbezogen fühlen, überzeugen und überreden. Das korrespondierende Verhalten ist dann: Darauf eingehen, etwas vereinbaren, mitmachen, kooperieren.

Vereinbarungen, zum Beispiel als Zielvereinbarung, können mit einer Mitarbeiterin oder einem Mitarbeiter im Rahmen eines quasi-institutionalisierten Mitarbeitergesprächs getroffen werden, sie können aber durchaus auch kollektiv mit der ganzen Arbeitseinheit erfolgen. Vereinbarungen, insbesondere auf der Basis partizipativer Entscheidungsprozesse, können eine hohes Maß an Legitimation und Transparenz haben. Die Mitwirkung bei der Zielbestimmung eröffnet allerdings die Chance, sich entschieden gegen Ziele auszusprechen, und dies aus intimer Kenntnis der Ziele. Insofern ist die Mitbeteiligung bei der Zielfestlegung und bei Entscheidungen für ein bestimmtes Ziel oder für bestimmte Ziele keine Garantie für deren Akzeptanz und für die Bereitschaft zur Umsetzung. In der Ablehnung von Zielen kann jedoch eine Chance stecken, die Ziele nochmals kritisch zu überdenken und neu zu definieren.

Vereinbarungen herbeizuführen ist demnach schwerfällig, zeitaufwendig und nicht immer zielrational, unter anderem weil Akzeptanz als wichtig, manchmal sogar als wichtiger angesehen wird als die Qualität der fraglichen Abmachung. Bei Ressourcenangelegenheiten sind partizipative Entscheidungen oftmals unkalkulierbar und daher gefährlich für eine Leitung: Partizipative Entscheidungen über die Ressourcenverteilung tendieren nämlich zu pareto-optimalen Zuständen. Das bedeutet: Es werden günstigenfalls nur solche Verbesserungen akzeptiert, die einige besser, aber keine anderen schlechter stellen. Ergebnisse der Intergruppenforschung zeigen, daß bei der partizipativen Verteilung von Ressourcen durchaus Nachteile für den eigenen Bereich in Kauf genommen werden, nur um den Angehörigen eines anderen Bereichs keinen Vorteil erwachsen zu lassen oder um einen Unterschied zugunsten des eigenen Bereichs deutlich zu machen.

Eine Variante der (Ziel)Vereinbarung ist das Führen durch Erfolgsverantwortung. Diese Führungsform konzentriert sich auf das Erbringen von vorzeigbaren und bewertbaren Ergebnissen, ohne daß der Weg zum Ziel vorgeschrieben wird. Dieses Prinzip setzt ebenfalls Zielvereinbarungen voraus, auch Effektivitätsmessung oder Effektivitätsbestimmung. Insofern wird diese Führungsform wohl erst in Zukunft Bedeutung erlangen, wenn die gegenwärtigen Bemühungen um eine Verwaltungsmodernisierung gegriffen haben, die ja unter anderem eine größere Ergebnisorientierung im Verwaltungshandeln vorsehen. Die traditionelle Vorgehensweise in der Verwaltung ist gegenwärtig noch die Betonung des Verfahrens, was ihre Kulmination in dem Prinzip "Legitimation durch Verfahren" (*Luhmann*) erfährt.

Es ist durchaus machbar, diese verschiedenartigen Führungsformen in einer Organisationseinheit je nach Aufgabenstellung, äußeren Umständen und Reifestand der Mitarbeiterinnen und Mitarbeiter zu praktizieren. Zweckmäßigerweise wird man diese Tatsache und die unterschiedlichen Führungsformen vorher verabreden, so daß man bei Routineaufgaben, die unverzüglich zu erledigen sind, ohne Widersprüche eher nach Weisung führen kann und bei Aufgaben, die zu wesentlichen Anteilen gemeinsames Überlegen und Planen beinhalten, sich als Vorgesetzte(r) auf die Ergebnis- und Erfolgsverantwortung beschränkt und damit den Mitarbeitern Raum für die Ausgestaltung der Aufgabenerledigung läßt.

Ein Problem stellt die angemessene und wirksame Reaktion auf das Nichterfüllen von Aufgaben dar. Im Falle von Weisungen sind Sanktionen aus dem Dienst- und Disziplinarrecht verfügbar. Nicht eingehaltene Zielvereinbarungen und nicht erfolgte Verantwortungsübernahme beim Prinzip der Erfolgsverantwortung sind in der öffentlichen Verwaltung kaum oder nur sehr schwer unmittelbar sanktionierbar. So gesehen wird immer ein bedachter Umgang mit den verschiedenen Führungsformen notwendig sein. Einem guten wechselseitigen Beziehungsverhältnis von Vorgesetzten zu Mitarbeitern ist jenseits des Weisungsstils stets besondere Beachtung zu schenken, wenngleich gute Beziehungen eine zwar notwendige, aber keine hinreichende Voraussetzung für ein erfolgreiches und ertragreiches Zusammenwirken darstellen.

5. *Anforderungen an Führung auf der obersten Leitungsebene*

Hoch leistungsfähige Verwaltungen haben in der Regel hervorragende Persönlichkeiten auf den oberen Leitungsebenen und die entsprechenden Mitarbeiterinnen und Mitarbeiter auf den nachgeordneten Ebenen. Nischenexistenzen halten sich da nicht lange. Solche Führungskräfte sehen sich im allgemeinen der Erwartung gegenüber, Orientierung vermitteln zu sollen. Von der höchsten Führungsebene wird eine Entscheidung über Ziele erwartet, wenn mehrere zur Auswahl stehen. Notwendige Teilschritte zur Zielerreichung müssen von Seiten der Führung unterstützt werden; gegebenenfalls sind sie selbständig zu initiieren oder, wenn die Aktivitäten aus dem Ruder laufen, sind sie wieder auf den richtigen Kurs zu bringen.

Der Leiter oder die Leiterin einer größeren Einheit oder einer Behörde sollte daher erstens eine Konzeption haben, wie die Organisation oder die Einheit den Aufgaben am besten gerecht wird. Dahinter steht der Gedanke: 'Führen statt Verwalten'. Zweitens muß er oder sie eine Vorstellung davon haben, wie die Aufgaben optimal unter gegebenen oder noch zu gestaltenden Bedingungen erledigt werden könnten. Damit das möglich wird, sollten die Mitarbeiterinnen und Mitarbeiter entsprechende Kompetenzen aufweisen. Hier aber ist ein Dilemma: Der öffentliche Dienst fühlte sich aus seinem Selbstverständnis heraus bisher wenig zu Höchstleistungen verpflichtet; dementsprechend gab es wenig Veranlassung, eine entsprechende Personalpolitik zu betreiben, zum Beispiel Höchstleistungen, von Ausnahmen abgesehen (Ministerien, Universitäten, die neue Telekom), auch angemessen zu honorieren oder attraktive Arbeitsbedingungen für Höchstleister zu schaffen.

Drittens sollte so etwas wie ein Verständnis für politische Vorgänge im Umfeld und für Politik im allgemeinen gegeben sein. Dies wird von Behörde zu Behörde sicher verschieden notwendig sein, aber die Rückkopplung und Verbindung zur Politik gehört nun einmal zu den Aufgaben leitender Führungskräfte. Ein viertes Erfordernis ist die Etablierung von Netzwerken oder sogenannten Verbindungen, insbesondere zu anderen Führungskräften in Politik, Wirtschaft und Verwaltung, die es zum Beispiel erleichtern, über Behördengrenzen hinweg und länderübergreifend zusammenzuwirken oder auf bestimmte Vorgänge Einfluß zu nehmen. Auch Länderverwaltungen müssen sich heute international orientieren. Daher ist, und erst recht im kommenden Europa, an grenzüberschreitende Zusammenarbeit zu denken.

6. *Resümee: Wieviel Führung ist in der Verwaltung notwendig?*

Für die oberste Leitungsebene wird immer ein gewisses Maß an 'Führen' im eigentlichen Wortsinne unverzichtbar sein. Das gleiche gilt für ungewöhnliche oder Ausnahmesituationen auf den nachfolgenden Führungsebenen. Aber ansonsten bleibt im Alltag bürokratischer Organisationen für Führen, das den Namen verdient, nicht viel Raum. Das rollentypische und normenkonforme Ausführen der Vorgesetztenfunktion, so weit sie institutionell und durch Tradition festgeschrieben ist, sollte in der Regel ausreichen, um die Aufgabenerfüllung und den Erhalt der Behörde zu sichern. Freiheitsgrade im Führungshandeln dürften sich am ehesten auf die ergebnisorientierte Begleitung der Arbeiten, vielleicht auch Initiativen, die Aufgaben betreffend, sowie den je nach Position und Aufgabe angemessenen menschlichen Umgang mit den Mitgliedern der Organisation konzentrieren.

In den Umgangsformen zwischen Vorgesetzten und Mitarbeitern und der daraus resultierenden Qualität von Beziehungen liegt allerdings ein Schlüssel zur Zufriedenheit der Mitarbeiterinnen und Mitarbeiter und zu vermeidbaren Motivationsproblemen. Einschließen kann das frei gestaltbare Führungshandeln Kontakte mit Klienten und Akteuren aus anderen Organisationen, zum Beispiel anläßlich von Verhandlungen oder Abstimmungen. Für all diese Handlungsweisen und die dazu notwendigen Kompetenzen, Kenntnisse und Fertigkeiten benötigt man nicht eigentlich das Konzept 'Führung', sondern Konzepte wie soziale Intelligenz, prosoziale Einstellungen, Fähigkeiten zur Situationsdiagnostik, soziale Fertigkeiten (zum Beispiel Dialogfertigkeiten, Diplomatie, Durchsetzungsfähigkeit); und dazu, in der Alltagssprache ausgedrückt: Klassische Tugenden wie Weisheit, Gerechtigkeitssinn, Friedfertigkeit und Güte.

Wem die institutionellen Regeln bekannt und die Organisationskultur von Behörden vertraut sind, wer weiß, was die eigenen Aufgaben im Kontext der Behörde sind, wer über die dazu notwendigen fachlichen Kompetenzen verfügt und im Grunde arbeitswillig und leistungsbereit ist, benötigt an sich keine 'Führung', auch keine Leitung, auch keinen Vorgesetzten, damit die Arbeit getan wird. Gewissenhafte Mitarbeiterinnen und Mitarbeiter erleben diesbezügliche Aktivitäten ihres Vorgesetzten, insbesondere wenn das in Behörden klassische Weisungsmodell praktiziert wird, eher als "Störung bei der Arbeit" denn als Unterstützung.

Qualifizierte Mitarbeiter stellen daher immer wieder unverhohlen die Frage nach der Notwendigkeit von Führung. Insbesondere längerdienende Angehörige des Höheren Dienstes in Sachverständigenpositionen verwenden nach eigenen Aussagen einige Zeit und Mühen darauf, Arrangements zu schaffen, um sich Führungseinflüssen zu entziehen und sich nicht in ihre Arbeit und deren Ergebnisse hineinreden zu lassen.

Wenn das rollentypische und normenkonforme Ausführen der Vorgesetztenfunktion für die Funktionsfähigkeit der Organisation bereits ausreichend ist, kann dies Konsequenzen, zum Beispiel für die Personalpolitik haben: Die Organisation ist, pointiert gesprochen, frei, eine Führungsposition durchaus nach anderen gewichtigen Gesichtspunkten als nach erwiesener Führungsfähigkeit zu besetzen. So lange sich der ausgewählte Stelleninhaber erfolgreich an die anerkannten organisationellen Rollen und Regeln hält und die Mitarbeiterinnen und Mitarbeiter sachkundig und verständig ihre Arbeit erledigen, wird die Behörde nicht notleidend. Die Geführten mögen das durchaus anders sehen und sich etwas anderes wünschen, wie empirische Erhebungen immer wieder deutlich machen. Und vielleicht wäre es für die Qualität der Arbeit, den Erfolg und das Ansehen der Organisation auch besser, wenn Vorgesetzte ausgeprägte Management- und Führungsfähigkeiten besäßen und damit Akzeptanz unter anderem auch bei den Mitarbeitern fänden. Selbst wenn in Abteilungen oder Referaten nicht erkennbar oder unzureichend geführt wird, was es durchaus geben soll, werden gute, verantwortungsbewußte Mitarbeiterinnen und Mitarbeiter die notwendige Arbeit machen. Das entspricht der Beobachtung des Verwaltungsgeschehens aus der gehörigen

Distanz: In der öffentlichen Verwaltung geht es geordnet zu, und die Aufgaben werden erledigt.

IV. Probleme mit dem Führen und Geführtwerden — trotz aller organisationeller Vorsorge und Geordnetheit

Im Rahmen von Untersuchungen und eigenen Erhebungen über die Führungstätigkeit in der staatlichen Verwaltung tauchen immer wieder Themen auf, die indizieren, daß Struktur-, Führungs- und Ablauforganisation im Einzelfall doch nicht alles Notwendige bewerkstelligen können, und daß Vorgesetzten eine nicht normativ festzulegende und zu organisierende Kompensationsfunktion für unvorhersehbare Notwendigkeiten und für kaum auszuräumende Schwächen im System zukommt, damit eine Behörde zufriedenstellend arbeitet. Beispiele für Probleme sind:

(1) Reibungspunkte, die aus offensichtlichen Unzulänglichkeiten der Struktur- und Ablauforganisation oder der Funktionsausstattung von Arbeitsbereichen erwachsen, die zum Beispiel die sachgemäße, rasche Erledigung der Aufgaben behindern oder verunmöglichen, Blindarbeit erzeugen, Doppelarbeit verursachen. Die Hemmnisse zu beklagen, die sich aus der 'Struktur' oder der Behördenstruktur oder unpassend erscheinenden Vorschriften ergeben, gehört zum unerschöpflichen Gesprächsstoff anläßlich von Zusammenkünften von Vorgesetzten. Was hierbei zu kurz kommt, ist der Impuls zur Änderung der erkannten Mängel. Denn es gehört zu den klassischen Aufgaben von Führungskräften, Beiträge zur Weiterentwicklung der Organisation und zur Anpassung an veränderte Verhältnisse zu leisten. Nur für das Aufrechterhalten der Funktionsfähigkeit des eigenen Verantwortungsbereichs quasi im Schatten bestehender Regeln und Normen Sorge zu tragen, ist auf Dauer gesehen zu wenig, es bliebe nur Reparatur. Allerdings bedarf es dazu so 'weicher' Dinge wie einer (orts-)spezifischen Verwaltungskultur, die gestattet, daß Wandel eintritt.

(2) In Behörden mit Massengeschäft und ungünstigen behördeninternen Konstellationen kann dem Personalrat die Funktion einer 'Gegenregierung' zukommen. Die daraus resultierenden Konflikte erschweren, ja lähmen das Arbeiten, Führen und Geführtwerden auf allen Hierarchieebenen. Das Arbeitsklima ist belastet, Absentismus und Fluktuation können die Aufgabenerledigung erheblich beeinträchtigen.

(3) Häufig werden Probleme der sogenannten lateralen Kooperation angesprochen. Laterale Kooperation bezieht sich auf die Abstimmung mit in der Hierarchie gleichrangigen Vorgesetzten, zum Beispiel aus anderen Referaten oder Dezerna-

ten auch über Behörden hinweg, wobei man selbst gegenüber den anderen etwas "durchbringen" muß oder möchte. Da bei der lateralen Führung kein Über- und Unterordnungsverhältnis berührt ist, können keine institutionellen Regelungen aktiviert werden, die bewirken sollen, daß die notwendige Abstimmung durch die gängigen Verfahren von Information und Koordination quasi von allein erfolgt. Statt dessen ist man auf sich selbst und seine Möglichkeiten gestellt, den oder die gleichrangigen Kollegen im eigenen Sinne zu beeinflussen. Den nächsthöheren Vorgesetzten als Machtverstärker zu bemühen, wird als nicht wünschenswert angesehen, auch weil man dann selbst die Kontrolle über den Sachverhalt aufgeben muß, und Vorgesetzte diese Aufgabe auf Ausnahmen beschränkt sehen wollen.

(4) Ein weiteres Dauerthema im öffentlichen Dienst ist der Wunsch nach besserer, das heißt ergebnisorientierter und befriedigender Zusammenarbeit, insbesondere mit anderen Organisationseinheiten im eigenen Hause aber auch mit denen anderer Behörden. Neben der höheren Zufriedenheit und Anerkennung, die aus solcher Zusammenarbeit resultiert, wird auf die vermeidbare Blind- und Doppelarbeit verwiesen und nicht zuletzt auf die raschere und sachgerechte Aufgabenerledigung.

(5) Initiativen und Aktivitäten von Vorgesetzten sind vor allem dann gefragt, wenn innerhalb einer Verwaltung etwas außerhalb der Reihe zu erledigen oder zu lösen ist. Führung hat dann eine Art Kompensationsfunktion für alle jene Fälle und Vorkommnisse, für die in der Struktur- und Ablauforganisation sowie im Beamten- und Dienstrecht nichts Bestimmtes vorgesehen ist. Beispiele sind:

– Wenn Wandel ansteht und darauf reagiert werden sollte.
– Wenn Änderungen im Denken und in der Arbeitsweise erfolgen müssen. Hier wird von den Vorgesetzten zum Beispiel erwartet, daß sie 'Überzeugungsarbeit' leisten, um die notwendige Bereitschaft zur Veränderung zu schaffen.
– Wenn nach Modernisierungsmaßnahmen die Beziehungen zu den Mitarbeitern neu gestaltet werden müssen. Denn im Gefolge von Maßnahmen wie Dezentralisierung oder Kontraktmanagement müssen die Beziehungen zu den Mitarbeitern neu definiert werden.

(6) Das 'Führen' des eigenen Vorgesetzten. Es besteht unter anderem darin, daß eine auf Bearbeiterebene delegierte und dort entwickelte Problemlösung oder Lösungsvorschläge so dem Vorgesetzten vermittelt werden, daß er sie anerkennt, übernimmt und weiter 'transportiert', das heißt zum Beispiel 'nach oben' weiterreicht oder sie umsetzt. Der Bearbeiter erwartet aufgrund seiner Expertise, daß sein Vorgesetzter, der normalerweise sich nicht so eingehend mit dem Sachverhalt

auseinandersetzen kann, aus nachvollziehbarer informationeller Unsicherheit die Lösung nicht blockiert.

(7) Der schwierige Umgang mit Mitarbeiterinnen und Mitarbeitern, die nicht die Leistung bringen, die sie erbringen sollten und ihrer dienstrechtlichen Stellung und Bezahlung entsprechen oder auch sonst durch dysfunktionales Verhalten auffallen. Dieser Sachverhalt wird in der Regel mit der Kunst der 'Motivation von Mitarbeitern' in Verbindung gebracht, mit dem schwierigen Thema der 'inneren Kündigung' oder mit dem Thema Konflikthandhabung oder Konfliktlösung.

(8) Die Gestaltung der Arbeitsbedingungen, der Arbeit und der Abläufe so, daß sie den Fähigkeiten und den Interessen der Mitarbeiter entgegenkommen und die Arbeit Freude macht. Denn ein Befund durchzieht die organisationswissenschaftliche Literatur seit Jahrzehnten: Organisationen rufen in der Regel nur einen verhältnismäßig kleinen Teil der Kompetenzen eines Menschen ab, viel weniger, als was die Menschen im allgemeinen zu geben und zu leisten bereit sind. Diese Wahrnehmung führt bei den Betroffenen zu Defizienzgefühlen, Rückzug und innerer Emigration, insbesondere bei hoch qualifizierten Arbeitskräften, wenn sie mit zu eng umschriebenen, arbeitsteilig gestalteten Aufgabenvollzügen betraut werden.

Um dergleichen Gesichtspunkte umzusetzen, kann man nicht einfach günstige organisationsstrukturelle Bedingungen in den Behörden einfordern, sondern Vorgesetzte sollten sie herbeiführen und gestalten. Das gehört mit zu den führungstypischen Beiträgen zum Erhalt der Funktionstüchtigkeit einer Organisation.

V. *Führen jenseits traditioneller Vorstellungen*

Es gehört zu den tradierten Auffassungen unserer Kultur und der Organisationswissenschaft, daß Führer für die Entstehung von Gruppen, für ihre Leitung und für das Überleben von Organisationen von zentraler Bedeutung sind. Auch das heutige Verständnis von Führung und Führerschaft ist nicht verschieden von dem vergangener Jahrhunderte, in dem Inhaber leitender Positionen als Menschen beschrieben werden, denen bestimmte Eigenschaften innewohnen, die sie zur Führung prädestinieren und sie dahin kommen lassen, Leiter von Gruppen zu werden und zu bleiben. Mancher Mißerfolg bei der Auswahl von Kandidaten für höchste Leitungspositionen geht auf das Konto solcher kulturell vermittelter Glaubenssätze von der großen Persönlichkeit, die alles bewirkt, als 'Leiter an der Spitze', als 'Steuermann auf der Brücke'. Der Glaube an die Richtigkeit dieser Auffassungen ist durch gelegentliche gegenteilige Erfahrungen, zum Beispiel beim meist überraschenden 'Sturz' einer solchen Person, kaum korrigierbar. Mit dieser Feststellung wird natürlich die Bedeutung des Faktors 'Persönlichkeit' für den Erfolg einer Organisation nicht in Frage gestellt, wohl aber die Neigung zur monokausalen, individuumzentrierten Ursachenzuschreibung für den Ausgang kollektiver Bemühungen.

Insbesondere Sozialwissenschaftler widersprechen aufgrund einer langen empirischen Forschungstradition den Annahmen über die 'große Persönlichkeit', vor allem den Annahmen über zentrale Eigenschaften, die für die Führung wichtig sein sollen. Der Widerspruch ist durchaus kontraintuitiv. Doch die Empirie verweist auf die relativ größere Bedeutung bestimmter Charakteristika von Situationen oder auf bestimmte Umstände, die eine Person veranlassen, eine Führungsrolle zu übernehmen und in ganz bestimmter Weise auszuüben. Ferner ist daran zu erinnern, daß Führen sich in gewissem Umfang durchaus erlernen läßt. Führen in der Interaktion von Mitarbeitern, Kollegen und eigenen Vorgesetzten ist eine Kunst, die in der täglichen Begegnung mit den Menschen am Arbeitsplatz gestaltet, geübt und verbessert sein will. Natürlich gibt es hier besonders Begabte. Doch für das Führen von Mitarbeitern gibt es offenbar soziale Fertigkeiten, die man durch praktisches Tun erwerben oder vertiefen kann, um die Arbeit zu organisieren, Arbeitsaufträge zu erteilen, Entscheide herbeizuführen, Streit zwischen Mitarbeitern zu schlichten. Das Erlernen der Fertigkeiten erfolgt in gewissem Rahmen durch Übernahme und Praktizieren von Führungsfunktionen. Dabei werden Erfahrungen durch Erfolge und Mißerfolge gemacht, man lernt durch Vorbilder. Der Vorteil dieses Erfahrungslernens ist, daß es in der Interaktion mit Mitarbeitern erfolgt. Andere Ansätze sind, mit Hilfe von Assessment Center oder durch Beurteilungsverfahren vorhandene Fähigkeiten und Fertigkeiten bei einzelnen Personen zu ermitteln, zu bewerten und gegebenenfalls mit Hilfe spezifischer Trainingsmaßnahmen zu verbessern.

Aber Führungserfahrene, besonders in hervorgehobenen Positionen, bleiben überwiegend dabei: Führen hat etwas mit der Persönlichkeit zu tun, "man hat es einfach" und kann es. Man muß beim Prozeß des Führens in Arbeitsgruppen und Organisationen schon sehr genau und ein wenig kritisch hinsehen, um zu erkennen, daß die zitierten Auffassungen wahrscheinlich bequeme Mythen sind, die unter anderem dazu dienen, die eigene Bedeutung zu unterstreichen und andere davon abzuhalten, die Inhaber von Führungspositionen immer wieder zu attackieren, um an ihre Stelle zu treten. Die Mythen werden durch ihre Tradierung über Generationen 'erfolgreicher' Vorgesetzter und durch Weiterverbreitung dieses Alltagsverständnisses von Führen in 'Erfolgsbüchern' und Biographien aber nicht wahrer.

Es gibt eine von der herrschenden Meinung und der relativ einseitig ausgerichteten Aufmerksamkeit auf den Leiter einer Gruppe abweichende wissenschaftliche Sichtweise des Führens, die nicht mehr an der Vorstellung von dem Leiter als der zentralen Figur für die Entstehung, Aufrechterhaltung, das Voranschreiten und den Arbeitserfolg von Gruppen festhält. Gruppen und ihre Leistungen werden eher ganzheitlich und unter einer Prozeßperspektive betrachtet. Aktivitäten stehen im Vordergrund der Betrachtung und nicht Personen: Arbeitsgruppen werden als Entitäten betrachtet, in denen sich Aktivitäten vollziehen, so daß im günstigen Fall am Ende ein sichtbares und meßbares Ergebnis herauskommt und die Gruppe weiterexistiert. Dann wird zum Beispiel gefragt und in situ beobachtet: Wie kommt es zum Ergebnis, wer trägt in welcher Form dazu bei? Es wird angenommen, daß für den Erfolg oder Mißerfolg einer Organisation nicht nur eine Person, der Leiter oder die Leiterin, verantwortlich ist. Erfolg und Mißerfolg haben nicht jeweils eine Ursache, sondern ein ganzes Bündel davon, meist untereinander in Wechselwirkung stehend. Eine ausreichende Führungsqualifikation ist natürlich ein wichtiger Erfolgsfaktor, aber nur einer unter mehreren. Eine sogenannte starke Persönlichkeit kann sicherlich sehr viel Einfluß ausüben. Ob aber dieser Einfluß in die gewünschte Richtung geht, die erwünschten Effekte erzeugt werden, wird abhängen von der Verfügbarkeit von Ressourcen und so 'weichen' Faktoren wie Verwaltungskultur, der Qualifikation der Mitarbeiterinnen und Mitarbeiter, der allgemeinen institutionellen Strategie, der Lernfähigkeit und Kompetenz der Organisation.

Bei dieser Sichtweise sind die Leiter ein Teil des Prozesses, aber nicht a priori der zentrale oder wichtigste. Führen wird als ein interaktiver Prozeß gesehen, bei dem die Geführten überdies korrespondierende, ineinandergreifende Verhaltensweisen an den Tag legen (müssen), soll eine Koordination oder Ausrichtung der aufgabenbezogenen Aktivitäten auf eine Zielvorstellung Raum greifen. Das gleiche gilt für die sogenannten sozial-emotionalen Verhaltensweisen, die zur Aufrechterhaltung des Gruppenprozesses und für den Zusammenhalt der Arbeitseinheit wesentlich sind.

Lewin bemühte für diesen Denkansatz eine feldtheoretische Perspektive und benutzte dazu die Konzepte: 'Interdependenz' von Führer und Geführten oder 'Dynamik von Kräften' in Organisationen. Von ihm kamen bemerkenswerterweise Untersuchungen über die Wirkung von Führungsstilen auf Gruppenklima und Gruppenproduktivität, die heute noch in jedem Klassiker über Führung beschrieben werden: Demokratischer, autoritärer und liberaler oder laissez-faire-Führungsstil. *Bales* und *Isenberg* präsentieren eine auf der Feldtheorie basierende, weiterentwickelte Theorie und eine Methode (SYMLOG), mit deren Hilfe die Interdependenz, die Kräfteverhältnisse, die Zusammenarbeitsformen aber auch mögliche Konfliktlagen in Arbeitsgruppen erfaßt und anschaulich wiedergegeben werden können. Damit ist ein daten- und faktengestützter Ausgangspunkt für eine Führungsberatung, zum Beispiel mit dem Ziel der Personalentwicklung oder einer besseren Zusammenarbeit in einem Team, gewonnen.

Moscovici untersuchte quasi das Gegenteil personalisierter Führung, nämlich die Einflüsse von Minoritäten auf die Prozesse in Gruppen. Sein Konzept der 'sozialen Repräsentationen' will erklären, wie in Gruppen durch vielfältige Diskussionen gemeinsame Sichtweisen von 'der Realität' entwickelt werden, die dann die Aktionen der Gruppe steuern und regeln. In einer systemischen Sichtweise sind die Leiter ein Teil des Prozesses in Gruppen. *Wheelan* interessiert sich für jene Personen in Gruppen, die zwar nicht formal die Position des Leiters innehaben, aber informell wesentliche Beiträge zur Gruppensteuerung liefern. Es sind die Mit-Leiter, manchmal durchaus in der oppositionellen Rolle, meist aber sehr viel diskreter in ihren Beiträgen zur Gruppenleitung. Die Mit-Leiter sind nicht a priori identisch mit den eingangs erwähnten sozial-emotionalen Führern beim sogenannten Führungsdual.

Hier ist leider nicht der Raum, alle notwendigen empirischen Belege vom Vorteil dieser Sichtweisen darzulegen. Zwei Hinweise könnten genügen: Erstens, es gibt schon im Alltagsverständnis Vorläufer dieses Wissens, zum Beispiel dokumentiert in dem Erfahrungssatz: "Wahre Führer bewähren sich in ihrer Abwesenheit". Zweitens, eigene teilnehmende Beobachtung der Aktivitäten von Führungskräften in Verwaltungen, besonders ab der mittleren Hierarchieebene, zeigen, daß sie während des Arbeitstages die geringste Zeit in Kontakten mit ihren Mitarbeitern verbringen; allenfalls fünf bis zehn Prozent ihrer tätigen Zeit werden darauf verwendet. Diese Zeit teilt sich dann noch auf verschiedene Personen auf. Die Bedeutung von Aktivitäten mit ausgesprochenem Personalführungscharakter im Insgesamt der Tätigkeiten von Führungskräften in Wirtschaft und Verwaltung ist demnach eher gering. Daß eine wichtige, ja die wichtigste Aufgabe von Vorgesetzten das Führen sei, gehört wahrscheinlich auch zu den von außen herangetragenen Organisationsmythen. Der Führungsmythos wird zwar aus der Vorstellung von Hierarchie, Führungsverantwortung und Organisationsstruktur in Verwaltungen plausibel. Aber als konkretes Tun beschränkt sich Führen in der Interaktion mit Mitarbeitern auf relativ seltene Ereignisse. Wie sonst ist es beispielsweise verständlich, daß in den laufenden Reformdiskussionen um ein modernes Personalmanagement unter anderem nahegelegt wird, wenigstens einmal im Halbjahr oder im Jahr ein 'Mitarbeitergespräch' zu führen?

VI. Wie wird sich alles weiterentwickeln, was sind die Führungsformen der Zukunft?

Wenn die programmatischen Aussagen im 'New Public Management' Wirklichkeit werden sollten, benötigt die öffentliche Verwaltung in Zukunft an der Sacharbeit oder den Aufgaben interessierte Mitarbeiter, was im wesentlichen eine Frage des Aufgabenzuschnitts sein wird. Darüber hinaus sollten die Mitarbeiter noch flexibel und eigenverantwortlich sein. Dazu müssen sie fortgebildet und ermutigt werden. Hat man dann solche Mitarbeiter, und will man sie auf Dauer halten, wird das überwiegend nur unter einer liberalen Führung gehen, nicht aber unter der sprichwörtlichen Gutsherrenart im Weisungsstil. Das heißt, in naher Zukunft sind gefragt: Delegation von Aufgaben mit Ausführungsverantwortung, offene Informationspolitik und Möglichkeiten der Einflußnahme, menschengemäße Arbeitsbedingungen, zum Beispiel mehr flexible Regelungen bei der Arbeitszeit, ein Thema, an dem besonders Eltern interessiert sein dürften. Ferner, wo immer möglich und angezeigt, streßarme Verhältnisse am Arbeitsplatz.

Was das spezielle Beziehungsverhältnis von Vorgesetzten zu Geführten angeht: Wenn es gelingt, nicht nur aus einer Vorgesetztenfunktion oder als Träger einer formalen Machtposition zu führen, sondern wenn 'aus der Person', gewissermaßen aus einer Mitte heraus, geführt werden kann, wird das Führen, auch wenn es in schwierigen Situationen unpopuläre Maßnahmen umfaßt, sehr wahrscheinlich leichter gelingen. Wer 'aus der Person heraus' führen möchte, sollte darauf bedacht sein, vorab sich selbst zu führen. Dazu gehört, die eigene Persönlichkeit ständig fortzuentwickeln, zum Beispiel durch Zugewinn an Bildung, durch Begegnung und Auseinandersetzung mit Vertretern der Gegenwartskultur, oder enger bezogen auf das Führungsverhalten: Durch kritische Rückmeldung und Bilanzieren der eigenen Wirkung und Rückwirkung auf andere. Die Anwendung normierter Selbsttests des Führungshandelns, Mitarbeitergespräche oder konstruktive Rückmeldung durch erfahrene Trainer sind Möglichkeiten, Anregungen für die Arbeit an sich selbst zu gewinnen.

Im Zusammenhang mit Bemühungen um die Gleichstellung von Mann und Frau im Beruf wird sicherlich die Frage auftauchen, welches der beiden Geschlechter effektiver führt. Vorab muß festgestellt werden: Frauen sind vergleichsweise seltener in Führungspositionen zu finden als Männer. Nach einer Metaanalyse empirischer Studien besteht hinsichtlich der Führungseffektivität im großen und ganzen kein Unterschied zwischen den beiden Geschlechtern. Aber in bestimmten Aufgabenbereichen, die insbesondere männliches oder weibliches Rollenverhalten verlangen, treten bemerkenswerte geschlechtsspezifische Leistungsvorteile auf.

Bisher gilt, daß jeder zeitlich sehr belasteten Führungskraft zu schaffen macht, die Ansprüche, Verpflichtungen und Interessen ihrer beruflichen Tätigkeit mit den Erwartungen ihrer Lebenspartner oder Familie und ihren eigenen Vorstellungen zur privaten Lebensgestaltung in Einklang zu bringen. Führungsformen der Zukunft werden hier im Interesse der Frauen und Männer flexiblere Antworten und Lösungen entwickeln müssen.

Literatur

Bales, Robert Freed/Isenberg, Daniel J. (1982), SYMLOG and leadership, in: *Hunt, James G./Sekaran, Uma/Schriesheim, Chester A.* (Eds.), Leadership beyond establishment views, Carbondale Illinois 1982, pp. 165 ff.

Becker, Fred G./Eckstein, Dudo von/Müller, Werner/Ridder, Hans-Gerd/Rosenstiel, Lutz von/Wagner, Helmut/Weber, Wolfgang (Hrsg.), PerLi. Handbuch Personalwirtschaftliche Literaturdokumentation, 1987 ff.

Böhret, Carl/Junkers, Marie Therese, Führungskonzepte für die öffentliche Verwaltung, Stuttgart 1976.

Bosetzky, Horst/Heinrich, Peter, Mensch und Organisation, Aspekte bürokratischer Organisation, 4. Auflage, Stuttgart 1989.

Fiedler, Fred E., Führungstheorien – Kontingenztheorie, in: *Kieser, Alfred/Reber, Günter/Wunderer, Rolf* (Hrsg.), Handwörterbuch der Führung, Stuttgart 1987, S. 809 ff.

Fischer, Lorenz, Kooperative Führung: Mythos, Fiktion oder Perspektive?, in: *Wiendieck, Gerd/Wiswede, Günter* (Hrsg.), Führung im Wandel, Neue Perspektiven für Führungsforschung und Führungspraxis, Stuttgart 1990, S. 131 ff.

Grunwald, Wolfgang/Lilge, Hans-Georg (Hrsg.), Partizipative Führung, Stuttgart 1980.

Hartkopf, Günter, Anforderungen an Führungskräfte in der öffentlichen Verwaltung, Regensburg 1983.

Hegner, Friedhart, Das "magische Viereck" der Verwaltungsführung: Motivierte Mitarbeiter, gut funktionierende Organisation, abnahmefähige Leistungen, zufriedene Klienten, in: *Remer, Andrees* (Hrsg.), Verwaltungsführung, Mit Beiträgen zu Organisation, Kooperationsstil und Personalarbeit in der öffentlichen Verwaltung, Berlin 1982, S. 71 ff.

Klages, Helmut/Gensicke, Thomas/Haubner, Oliver, Die Mitarbeiterbefragung – Ein kraftvolles Instrument der Verwaltungsmodernisierung, in: VOP Verwaltungsführung 1994, 16, S. 322 ff.

Klimecki, Rüdiger G., Laterale Kooperation, Bern 1985.

Klotz, Erhard/Mauch, Siegfried, Personalmanagement in Baden-Württemberg, Die Implementierung einer Konzeption in der Landesverwaltung (Schluß), in: VOP Verwaltungsführung 1995, 17, S. 210 ff.

Krystek, Ulrich/Becherer, Doris/Deichelmann, Karl Heinz, Innere Kündigung. Ursachen, Wirkungen und Lösungsansätze auf Basis einer empirischen Untersuchung, München 1995.

Laux, Eberhard, Vom Verwalten. Beiträge zur Staatsorganisation und zum Kommunalwesen, Kapitel II-4: Über "Führung", Baden-Baden 1993, S. 270 ff.

Lewin, Kurt, Field theory in social science: selected theoretical papers, New York 1951 (Deutsche Übersetzung: Lewin, Kurt, Feldtheorie, Band 4 der Kurt-Lewin-Werkausgabe, herausgegeben von Carl-Friedrich Graumann, Bern 1982.

Liebel, Hermann Josef/Oechsler, Walter A., Handbuch Human Resource Management, Wiesbaden 1994, S. 319 ff.

Moscovici, Serge, Innovation and minority influence, in: *Moscovici, Serge/Mugny, Gabriel/Avermaet, Eddy van* (Eds.), Perspectives on minority influence, Cambridge 1985, pp. 9 ff.

Neuberger, Oswald, Führen und Geführtwerden, Stuttgart 1994.

Rosenstiel, Lutz von/Regnet, Erika/Domsch, Michel (Hrsg.), Führung von Mitarbeitern. Handbuch für erfolgreiches Personalmanagement, 2. Auflage, Stuttgart 1993.

Weick, Carl E., Der Prozeß des Organisierens (insbesondere Kapitel 4), Frankfurt/M. 1985.

Wheelan, Susan A., Group processes: a developmental perspective, Boston 1994.

Christoph Reichard

3. Neue Ansätze der Führung und Leitung

Inhaltsübersicht

I. Einige Hinweise zur Begriffsklärung
II. Traditionelle Ansätze der Führung und Leitung
   1. Das überkommene bürokratische Verwaltungsmanagement
   2. Reformen von Führung und Leitung in den 60er und 70er Jahren
III. Die aktuellen Aktivitäten zur Verwaltungsmodernisierung in Deutschland im Überblick
   1. Reformauslösende Faktoren
   2. Der "Mainstream" des New Public Management
   3. Das "Neue Steuerungsmodell" als deutsche Variante von NPM-Reformen
IV. Ansätze der Führung und Leitung im Sinne des "Neuen Steuerungsmodells"
   1. Erste Schritte zum "Neuen Steuerungsmodell"
   2. Bausteine des "Neuen Steuerungsmodells"
   3. Zum Umsetzungsstand von "Neuen Steuerungsmodellen"
   4. Erfolgsaussichten der "Neuen Steuerungsmodelle"
V. Die wissenschaftliche Perzeption der neuen Ansätze der Führung und Leitung
   1. Stand der wissenschaftlichen Debatte
   2. Ungeklärte und kritische Fragen zu den aktuellen Reformmodellen

I. Einige Hinweise zur Begriffsklärung

Die Begriffe "Führung" und "Leitung" werden in der Literatur nicht einheitlich verwendet. Der Terminus "Führung" wird einerseits – zumal in der Betriebswirtschaftslehre – nicht selten mit "Management" gleichgesetzt (Führung = "Unternehmensführung"). In einem deutlich engeren Zuschnitt wird "Führung" andererseits als unmittelbare zielorientierte sozio-emotionale Beeinflussung von Mitarbeitern definiert und damit als der Personal-bezogene Teilaspekt von "Management" gesehen (Führung = "Personalführung"). Die zweite Interpretation ist vor allem im sozialwissenschaftlichen Disziplinenfeld vorzufinden.

Der Begriff der "Leitung" wird vor allem in der Organisationstheorie als lenkende und dispositive Funktion im Gegensatz zur Ausführungsfunktion verwendet. Leitung wird in diesem Sinne als die Ausübung von Managementfunktionen durch "offiziell" legitimierte, mit Amtsautorität ausgestattete Managementträger ("Leiter") in einem hierarchisch abgegrenzten Zuständigkeitsbereich eines Betriebes definiert. Leitung ist insofern ebenfalls ein Teilaspekt von "Management".

Wenn im folgenden neue Ansätze der "Führung und Leitung" in der deutschen Verwaltung dargestellt werden, so werden die Begriffe "Führung" und "Leitung" unter dem Oberbegriff "Management" zusammengefaßt. Die nachstehend diskutierten Ansätze, die Themen von Führung und von Leitung ansprechen, können summarisch auch als neuere Ansätze des Verwaltungsmanagements bezeichnet werden. "Management" bedeutet in diesem Zusammenhang die Gestaltung und Lenkung von Betrieben, um diese und ihre Mitglieder auf die betriebliche Zielerreichung auszurichten. Management kann dabei in eine Sachdimension (Initiierung und Steuerung von betrieblichen Entscheidungsprozessen) sowie in eine Personaldimension (Personalführung) gegliedert werden.

In der deutschen Verwaltung gibt es offenbar nach wie vor Berührungsängste mit der Kategorie "Management". Anscheinend ist dieser Begriff zu einseitig durch Konzepte und Praktiken des Privatsektors geprägt, so daß man sich scheut, ihn für den öffentlichen Sektor heranzuziehen. Demgegenüber hat in der letzten Zeit der Begriff der "Steuerung" eine neue Konjunktur erlebt und wird bei den aktuellen Reformprojekten in der deutschen Verwaltung häufig für Sachverhalte verwendet, die unter die Kategorie "Management" subsumiert werden können. Wie unten dargelegt wird, hat vor allem die Kommunale Gemeinschaftsstelle für Verwaltungsvereinfachung (KGSt) mit ihren Vorschlägen zu kommunalen Managementreformen, die sie unter der Bezeichnung "Neues Steuerungsmodell" deutschlandweit bekannt gemacht hat, zur Verbreitung des Terminus "Steuerung" beigetragen. Obwohl "Steuerung" in den Verwaltungswissenschaften auch in einem anderen Sinne verwendet wird (unter anderem zur Kennzeichnung der Beeinflussung von Handlungsprozessen auf der Makroebene), kann dieser Begriff im Kontext der Verwaltungsmodernisierung mit "Management" weitgehend gleichgesetzt werden. Das gleiche gilt auch für den Begriff der "Lenkung".

II. Traditionelle Ansätze der Führung und Leitung

1. Das überkommene bürokratische Verwaltungsmanagement

Das Management in der deutschen öffentlichen Verwaltung richtet sich bis heute in seinen grundlegenden Strukturen und Verfahrensweisen nach dem Leitbild des Bürokratiemodells, das Max Weber zu Beginn dieses Jahrhunderts zur Erklärung und Begründung von organisatorischen Herrschaftsstrukturen formuliert hat. Arbeitsteilung, Amtshierarchie, Befehl und Gehorsam, Formalisierung, engmaschige Regelungen, lebenslänglich-hauptamtliche Anstellung professionalisierter Beamter, Disziplin und Berufsethos sind einige der Merkmale, die üblicherweise zur Kennzeichnung der bürokratischen Organisation herangezogen werden. Wir finden diese Merkmale der bürokratischen Regelsteuerung auch heute noch überall in der deutschen Verwaltung: Man denke beispielsweise an die Vorgaben der "Gemeinsamen Geschäftsordnungen" von Bund und Ländern, an die Verfahrensweisen von Dienst- und Fachaufsicht oder an die "hergebrachten Grundsätze des Berufsbeamtentums", die auf Verhaltenssteuerung durch materielle Absicherung und durch Rechtsnormen abstellen. Der deutschen Verwaltung ist "Persistenz der Regelsteuerung" zu bescheinigen und es sind – bis auf die weiter unten zu schildernden Reformtrends – bislang auch nur wenig Anzeichen für eine grundsätzliche Abkehr von dieser Managementausrichtung zu beobachten.

Die mit dem Bürokratiemodell gekennzeichneten Managementstrukturen hatten im gesellschaftlichen und politischen Kontext des beginnenden 20. Jahrhunderts und für die seinerzeit vorherrschenden staatlichen Eingriffs- und Ordnungsaufgaben zweifellos ihre Meriten. Sie verhinderten subjektive Willkür und versprachen eine sachliche, berechenbare, korrekte, regelgetreue Behandlung der Bürger und ihrer Anliegen. Die mit bürokratischen Strukturen verbundenen Verwaltungsgrundsätze der Rechtsbindung und Kontrollierbarkeit des Handelns sind zweifellos auch heute gültige und unverzichtbare Prinzipien. Dennoch ist zu fragen: Sind die verwaltungsinternen Faktoren und die Umweltbedingungen, auf die seinerzeit das Verwaltungsmanagement nach Maßgabe des Bürokratiemodells zugeschnitten wurde, heute noch maßgeblich? Hat demzufolge das traditionelle Konzept der bürokratischen Führung und Leitung heute noch (generelle) Gültigkeit?

Die meisten Verwaltungsreformfachleute in der Bundesrepublik verneinen diese Frage und verweisen unter anderem darauf, daß sich die Verwaltung mit ihrem Umfeld in den vergangenen Jahrzehnten gründlich gewandelt habe. Insbesondere wird auf die Aufgabenverschiebung von der Ordnungs- zur Leistungsverwaltung, auf den stattgefundenen Wert- und Einstellungswandel bei Bürgern wie Beschäftigten oder auf die anhaltende staatliche Finanzkrise aufmerksam gemacht, die nach kostengünstigen und "schlanken" Verwaltungsstrukturen rufe. Die "Schere" zwischen den Binnen- und Außenanforderungen an das Verwaltungssystem und den überkommenen Managementstrukturen gehe – so wird argumentiert – immer weiter auseinander. Das mechanistische Funktionieren des bürokratischen Apparates ist vom "Markenzeichen" zur "Achillesferse" der Verwaltung geworden.

2. *Reformen von Führung und Leitung in den 60er und 70er Jahren*

Bei führungsbezogenen Verwaltungsreformen in der Bundesrepublik Deutschland ging es in den letzten Jahrzehnten überwiegend um eine Perfektionierung bürokratischer Managementstrukturen. Die horizontale und vertikale Arbeitsteilung wurde immer mehr verfeinert, die Managementstrukturen wurden zu einer immer steileren Pyramide ausgebaut. Entscheidung und Ausführung, Fach- und Ressourcenverantwortung wurden immer stärker voneinander getrennt. Auch im Personalsystem wurde der Regelungsperfektionismus vorangetrieben und strahlte vom Beamtenrecht auch auf den Tarifbereich aus.

In den 60er und 70er Jahren gab es in der Bundesrepublik einige Versuche, zumindest den pathologischen Bürokratiewirkungen durch Reformen zu begegnen. Exemplarisch sind folgende Reformbestrebungen zu nennen:

- man versuchte, die staatlichen Planungs- und Entscheidungsinstrumente durch Einführung neuer Methoden zu verbessern (Beispiele: Nutzen-Kosten-Untersuchungen, Konzepte der Programmbudgetierung)
- man erprobte in der Privatwirtschaft gängige Managementkonzepte wie vor allem das Management by Objectives und das Management by Delegation (in Deutschland unter dem Schlagwort "Harzburger Modell" bekannt geworden)
- man schlug Konzepte und Instrumente des Personalmanagements vor, um den deutschen öffentlichen Dienst zu verbessern (Beispiele: Instrumente zur Rekrutierung, Auswahl, Beurteilung und Entwicklung von Personal, die im Zuge der Arbeiten der von der Bundesregierung Anfang der 70er Jahre eingesetzten Studienkommission zur Reform des öffentlichen Dienstrechts vorgelegt wurden)
- man bemühte sich um eine Förderung der "Bürgernähe" von Behörden, indem man umfassende Schulungsaktionen und gelegentliche Reorganisationen durchführte (Beispiel: Einrichtung von Bürgerämtern in verschiedenen Städten)

Diese – und weitere – Reformversuche haben zwar eine umfangreiche wissenschaftliche Debatte ausgelöst und haben auch gelegentlich praktische Auswirkungen gezeitigt. Dennoch kann man sie nur als partiell erfolgreich ansehen, da sie in der deutschen Verwaltungswirklichkeit keine nachhaltigen Wirkungen erzielen konnten. Die Reformen haben das tradierte bürokratische Managementkonzept auch nicht grundsätzlich in Frage gestellt, sondern haben überwiegend an isolierten Symptomen angesetzt und schrieben den status quo im wesentlichen fort. Da sie der Verwaltung darüber hinaus von außen aufgedrängt wurden, da sie kaum auf die spezifischen Anwendungsbedingungen der Verwaltung angepaßt wurden und da es vor allem an ernsthaftem Reformwillen der politischen Akteure mangelte, sind die früheren Versuche einer Managementreform in der deutschen Verwaltung weitgehend "Papier" geblieben. Die bürokratische Regelsteuerung hat sich in Deutschland zweifellos auch deshalb so lange halten können, weil sich die deutsche Verwaltung einerseits im Hinblick auf ihre Leistungsfähigkeit (primär: Zuverlässigkeit, Rechtmäßigkeit) über lange Zeit eines guten Rufes erfreuen konnte und weil sie sich andererseits auf ein relativ hohes – juristisch dominiertes – Qualifikationsniveau der Beschäftigten stützen konnte.

Insgesamt muß man rückblickend feststellen, daß das Grundkonzept von Führung und Leitung in der deutschen Verwaltung in den letzten Jahrzehnten unverändert geblieben ist. Vergleichsweise spät ist es nunmehr auch in der Bundesrepublik zu einer grundlegenden Diskussion über "neue" Wege der Führung und Leitung gekommen, worüber nachstehend im Überblick berichtet wird.

III. Die aktuellen Aktivitäten zur Verwaltungsmodernisierung in Deutschland im Überblick

1. Reformauslösende Faktoren

In der bis Ende der 80er Jahre anhaltenden Wachstumsphase konnten in der Bundesrepublik strukturelle Verwaltungsdefizite meist durch Budgetanhebungen verdeckt werden. Erst mit zunehmender Finanzkrise, verstärkt durch die finanziellen Folgen der deutschen Einigung, kam es zu härteren Cutback-Impulsen, in erster Linie auf kommunaler Ebene. Nun erst wurde erkennbar, daß die traditionellen Managementinstrumente, die für Zeiten des Wachstums konzipiert waren, im Schrumpfungsfall nicht mehr wirksam griffen. Dies beförderte in der Bundesrepublik die Bestrebungen um eine gründliche Modernisierung des Verwaltungsmanagements.

Neben der Hoffnung, durch – und mit – Managementreformen leichter und wirksamer sparen zu können, spielte in Deutschland als reformauslösender Faktor die abnehmende Steuerbarkeit von Verwaltungseinheiten eine Rolle. Wie unten zu berichten sein wird, diagnostizierte man ein "System organisierter Unverantwortlichkeit", das auf die zunehmende Zentralisierung verwaltungsinterner Servicefunktionen und auf das daraus resultierende Auseinanderklaffen von Fach- und Ressourcenverantwortung zurückgeführt wurde. Als weiterer Grund wurden die zunehmenden Verselbständigungen kommunaler Betriebe angeführt, die ebenfalls (politische) Steuerungsdefizite nach sich zogen.

Das Umdenken wurde jedoch auch durch sich wandelnde gesellschaftliche und politische Grundströmungen gefördert. Das klassische Modell des Wohlfahrtsstaates verlor in den 80er Jahren subjektiv an Glaubwürdigkeit, darüber hinaus kam es auch objektiv an die Grenzen seiner Leistungsfähigkeit. Diese Krise begünstigte in Verbindung mit einer allgemeinen Politik- und Verwaltungsverdrossenheit – und zusätzlich befördert durch das offenkundige Ende des sozialistischen Wirtschafts- und Gesellschaftsmodells – eine Renaissance liberalistischer Wirtschafts- und Staatsvorstellungen, die aus dem angelsächsischen Sprachraum auch nach Deutschland durchschlugen. Die Überzeugung, daß der Markt ein besserer Regulator und Problemlöser als politisch-bürokratische Instanzen sei, gewann seit Ende der 80er Jahre deutlich an Boden und löste letzten Endes auch in der Bundesrepublik den Trend zu einem "New Public Management" aus.

2. Der "Mainstream" des New Public Management

Seit etwa Anfang der 80er Jahre hat sich weltweit ein gemeinsames Verständnis von Verwaltungsmanagement herausgebildet, das international mit dem Schlagwort "New Public Management" (NPM) bezeichnet wird. Das Konzept des NPM wird üblicherweise vor allem durch die folgenden Merkmale gekennzeichnet:
- Stärkung der Marktorientierung sowie des Wettbewerbsdenkens,
- an Privatunternehmungen orientierte Managementkonzepte,
- Trennung von strategischer (Politik-) und operativer (Verwaltungs-) Verantwortung
- Konzepte der ziel- und ergebnisbezogenen Steuerung sowie
- dezentrale, teilautonome Strukturen.

Das NPM-Konzept, das sich vor allem im angelsächsischen Sprachraum verbreitet hat, stützt sich einerseits auf neo-konservative politische Überzeugungen, andererseits auf neoliberale Theorieansätze wie die Public Choice-Theorie und den Managerialismus. In NPM-orientierten Konzepten werden zwei sich ergänzende Reformperspektiven verfolgt:

a) die Außenperspektive: Neuzuschnitt des Leistungsprogramms, Leistungstiefenpolitik, Wandel vom Dienstleistungs-Produzenten zum -"Gewährleister", Stärkung der Markt- und Wettbewerbs-Orientierung, Verbesserung der Dienstleistungen an den Bürger

b) die Binnenperspektive: grundlegende Struktur- und Prozeß-Reorganisation, Dezentralisierung, Verantwortungsstärkung, Ziel-/Ergebnis-Orientierung, verbessertes Personal- und Finanzmanagement usw.

Dieses NPM-Konzept hat in den letzten Jahren in verschiedenen Varianten weltweite Verbreitung gefunden. Von Australien/Neuseeland über verschiedene europäische Staaten bis zu den USA und Kanada haben Verwaltungsreformen im Stile des NPM stattgefunden, worauf hier nicht weiter eingegangen werden kann. Über die Frage, wie hoch der "Neuheitsgrad" des NPM-Konzepts zu bewerten sei, gibt es unterschiedliche Auffassungen.

3. Das "Neue Steuerungsmodell" als deutsche Variante von NPM-Reformen

In der deutschen Verwaltung gibt es – bislang ganz überwiegend auf der kommunalen Ebene – einen dominanten Reformstrom: das von der KGSt entwickelte und mit hohem Eifer verbreitete "Neue Steuerungsmodell" (NSM). Dieses Reformkonzept ist seit 1990 von der KGSt in enger Kooperation mit einigen deutschen Großstädten schrittweise erarbeitet worden. Es stützt sich in deutlicher Weise auf das Vorbild des Managementkonzepts der niederländischen Stadt Tilburg, die Anfang der 80er Jahre einen stark an privatwirtschaftlichen Konzernmodellen angelehnten Organisations- und Steuerungsansatz entwickelt hatte. Dieses Managementkonzept erhielt in der Bundesrepublik unter dem Kürzel "Tilburger Modell" einen erstaunlich hohen Bekanntheitsgrad und fand im Hinblick auf einige Elemente zahlreiche Nachahmer. Man darf allerdings nicht übersehen, daß das "NSM" eine Reihe von Elementen wieder aufgreift, die bereits viele Jahre zuvor bei Verwaltungsreformen eine Rolle spielten (z.B. die Dezentralisierungs- oder Ergebnissteuerungsansätze). Wenn im folgenden Abschnitt die Elemente dieses "Neuen Steuerungsmodells" näher beleuchtet werden, wird im übrigen erkennbar, daß sich das "NSM" – mit einigen noch zu klärenden Besonderheiten – in den Mainstream des NPM einpaßt.

IV. Ansätze der Führung und Leitung im Sinne des "Neuen Steuerungsmodells"

1. Erste Schritte zum "Neuen Steuerungsmodell"

Ausgelöst durch die in zahlreichen deutschen Kommunen wahrgenommene sinkende Steuerbarkeit von Verwaltungseinheiten sowie durch die kritisch werdenden Probleme der Haushaltskonsolidierung haben sich in deutschen Kommunen zwei zentrale Reformstränge herausgebildet:

a) das Konzept dezentraler Ressourcenverantwortung: Um dem "bürokratischen Zentralismus" der (über-)mächtig gewordenen Querschnittsämter entgegenzuwirken, wurde versucht, die Entscheidungsbefugnisse und die Verantwortung für Ressourcen (Finanzmittel, Personal, Stellen) von den bislang zuständigen Querschnittsämtern (Kämmerei, Haupt- und Personalamt) auf die für die jeweiligen Fachfragen zuständigen Fachämter (z.B. Jugend- oder Bauamt) zu übertragen. Die Fachämter erfuhren dadurch eine kräftige Verantwortungsausweitung und waren fortan für das Gesamtresultat ihres Handelns (Fach- plus Ressourcenaspekte) verantwortlich. Die Querschnittsämter wurden im Endeffekt entmachtet und waren nunmehr für Service- und Beratungsfunktionen zuständig. Im Gegenzug zu dieser Verantwortungsdelegation wurde versucht, die unerläßliche zentrale Steuerung der Kommune durch Aufbau eines wirksamen zentralen Steuerungsdienstes, der entsprechende Controllingfunktionen im Auftrage der Verwaltungsführung wahrnimmt, sicherzustellen.

b) das Konzept Budgetierung: Weil das traditionelle Verfahren der nachträglichen Kürzung von bottom-up ermittelten Budgetbedarfen nicht mehr funktionierte, erprobte man ein top-down-angelegtes Budgetplanungsverfahren, bei dem durch die Politik die Eckwerte für die Ressorts festgelegt wurden und die Ressorts im Rahmen dieser Globalvorgaben sodann vergleichsweise eigenständig und flexibel wirtschaften durften. Hierbei wurden auch etliche "geheiligte" Grundprinzipien der Kameralistik wie Nichtübertragbarkeit bzw. Nichtdeckungsfähigkeit von Haushaltsansätzen gelockert. Solche Praktiken werden in jüngerer Zeit durch "Experimentierklauseln" im Gemeindewirtschaftsrecht einiger Bundesländer zusätzlich erleichtert. In aller Regel wurden die Globalbudgets für die Ressorts kräftig gekürzt, sodaß sich durch Anwendung der (Global-) Budgetierung gewisse Einspareffekte ergaben.

Kommunen, die in den letzten Jahren den einen oder anderen Reformstrang wählten, stellten bald fest, daß sie mit einem isolierten Element des "NSM" nicht sehr weit kamen. Sie spürten, daß Budgetierung auch angemessene Ergebnisverantwortung bedingte bzw. daß dezentrale Ressourcenverantwortung nicht ohne globale Budgetierung funktionierte. Dies führte in der Praxis dazu, daß man in der Regel beide Reformelemente kombinierte. Im weiteren Verlauf wurde in den erprobenden Kommunen schnell deutlich, daß weitere Elemente eines "NSM" nötig waren, um ein wirklich aussagefähiges und wirksames Verwaltungsmanagement praktizieren zu können. Daher experimentierte man in den immer zahlreicheren deutschen Reformkommunen damit, möglichst konkrete Produktbeschreibungen zu erstellen, die die an die Adressaten zu erbringenden Leistungen nach Qualität und Kosten genau definierten. Ein folgerichtiger nächster Schritt war sodann die Einrichtung einer Kosten- und Leistungsrechnung, um damit die Kosten der Produkte und vor allem auch die internen Leistungsverrechnungen zu bewerten. Waren Produkte und Kosten ermittelt, schloß sich als häufiger Folgeschritt der Aufbau eines Controllingkonzepts an, das für wirksame Steuerungsimpulse sowie für das unerläßliche Berichtswesen zu sorgen hatte.

Im Endeffekt haben auf diesem Wege mittlerweile mehrere hundert Kommunalverwaltungen in der Bundesrepublik Deutschland Experimente mit einem "Neuen Steuerungsmodell" durchgeführt und sind – in unterschiedlich weitem Entwicklungsstand – dabei, ihr Managementsystem grundlegend zu reformieren.

2. *Bausteine des "Neuen Steuerungsmodells"*

Das "NSM" betont in seinem bisherigen Zuschnitt vor allem die folgenden Grundsätze bzw. Konzeptelemente:
- Dezentralisationsgrundsatz: Eine größere Organisation ist heute nicht mehr zentral und einheitlich durch die Verwaltungsführung steuerbar. Es gilt daher: So wenig zentrale Rahmensteuerung wie nötig, so viel dezentrale Steuerung wie möglich. Dies darf indes nicht in eine "naive Dezentralisierung" münden, sondern muß zum Ziel haben, daß die dezentralen Einheiten im Rahmen der politisch vorgegebenen Ziele und unter regelmäßigem "Monitoring" der Zielerreichung teilautonom handeln.
- Die Steuerung erfolgt über abgestufte, miteinander verknüpfte Regelkreise: Auf der operativen Ebene steuern sich die verschiedenen Fachbereiche (Ämter, Referate) weitgehend selbständig; sie werden lediglich durch globale Vorgaben von der Verwaltungsführung in die gewünschte Richtung gelenkt. Die Rückmeldungen der verschiedenen Fachbereiche werden in einem zentralen Steuerungsdienst gesammelt, ausgewertet und in Form von Korrektur- und Strategievorschlägen an die Verwaltungsführung rückgekoppelt.

- Die Steuerung erfolgt durch die Vorgabe von Zielen bzw. Ergebnissen: Die politischen Gremien geben globale Rahmenziele vor, die von der Verwaltungsführung konkretisiert und in Form von Leistungs- und Finanzzielen an die Fachbereiche weitergegeben werden. Die Zielerreichung wird laufend überwacht und anhand von operationalisierten, zielbezogenen Kennzahlen an die Führung zurückgemeldet. Die kommunale Steuerung wandelt sich insofern von einer bislang vorherrschenden Input-Steuerung zur Output-Steuerung. Dabei darf man allerdings nicht bei der Orientierung an den direkten Outputs (Verwaltungsleistungen) stehenbleiben, sondern muß letztlich Wirkungsorientierung anstreben. Verwaltungshandeln hat schließlich mit seinen Leistungen die Erzeugung bestimmter gesellschaftlicher bzw. Adressatenwirkungen (Impacts bzw. Outcomes) zum Ziel.
- Grundsatz der dezentralen Ergebnisverantwortung: Diejenige Facheinheit, die für eine bestimmte Fachaufgabe inhaltlich verantwortlich ist, hat auch die Verantwortung über den zweckmäßigen Einsatz der mit der Erledigung dieser Fachaufgabe verbundenen Ressourcen (Finanzmittel, Personal, Stellen, Investitionen). Im Sinne des organisatorischen Kongruenzprinzips werden die Entscheidungskompetenzen und -verantwortlichkeiten für die fachlichen Inhalte des laufenden Verwaltungshandelns sowie für die damit verbundenen Ressourcenentscheidungen den jeweils mit diesem Handeln betrauten Fachbereichen (Fachreferate, -ämter) zugewiesen.
- Sorgfältiges, regelmäßiges "Monitoring" des Vollzugsprozesses (Controlling-Konzept): Es wird angestrebt, den Grad der Zielerreichung auf den verschiedenen Verwaltungsebenen sowie die daraus abzuleitenden Anpassungsmaßnahmen in einem systematischen Rückmelde- und Auswertungsprozeß zu erfassen bzw. festzulegen.
- Flexible Organisationsstrukturen und Budgetierungspraktiken: Eine Facheinheit muß organisatorisch in der Lage sein, eigenständig und selbstverantwortlich handeln zu können (Ergebnis- bzw. Verantwortungszentrum). Budgetrecht und -praxis müssen hierfür die erforderlichen Handlungsspielräume bieten (z.B. sachlich und zeitlich flexibler Einsatz von Finanzmitteln, Transparenz der Auswirkungen von Finanzentscheidungen, Entscheidungsfreiheit über die Inanspruchnahme von Serviceleistungen aus verwaltungseigenen oder auch fremden Diensten und ähnliches).

Vergleicht man die in Deutschland bislang praktizierten Ansätze vom Typ "NSM" mit den NPM-Konzepten in anderen Staaten, so fallen zwei Eigentümlichkeiten auf: Zum einen ist festzustellen, daß das deutsche "NSM" relativ einseitig auf die Modernisierung der administrativen Binnenstrukturen, das heißt auf die zweite der oben genannten zwei NPM-Perspektiven ausgerichtet ist. Gegenstand von NSM-Reformen sind, wie die obige Auflistung deutlich gemacht hat, vor allem die Organisationsstruktur, das Finanzmanagement und die interne Steuerungslogik. Das Leistungsprogramm, die Ausrichtung auf den Wettbewerb und der Bürger als Leistungsempfänger bleiben im NSM-Konzept – zumindest bislang – unterentwickelt.

Besonders der Baustein "Leistungsprogramm/Wettbewerbsstärkung" erscheint im Hinblick auf die generellen Reformziele ausbaubedürftig. Wie die Erfahrungen in einigen anderen Staaten zeigen, sind hier erhebliche Effizienzpotentiale zu vermuten. Zum ersten geht es bei diesem Thema um das grundsätzliche Überdenken des Aufgabenspektrums bzw. Leistungssortiments. Es ist zu prüfen, welche staatlichen bzw. kommunalen Aufgaben zukünftig – mit Blick auf die Ressourcen – durch die betreffende öffentliche Einrichtung gewährleistet, welche durch sie finanziert und welche durch sie "eigenhändig" erstellt werden sollen. Aber auch im Hinblick auf eine einzelne Aufgabe ist ebenso kritisch zu prüfen, in welchem Umfang sie durch öffentliche Instanzen selbst erstellt bzw. von fremden "Zulieferern" bezogen werden soll (= Entscheidung über die optimale Leistungstiefe). Werden diese Prüfschritte folgerichtig zuendegeführt, kommt es zu einer Ausdifferenzierung von Auftraggeber bzw. Leistungskäufer (politische Vertretungskörperschaft) und Auftragnehmer bzw. Leistungsanbieter (öffentliche Einrichtung oder auch nicht-öffentliche Institution). Diese Ausdifferenzierung führt im Endeffekt zum zukunftsbezogenen Verwaltungsmodell der "Gewährleistungsverwaltung", wie sie in Gestalt der Enabling Authority beispielsweise in Großbritannien bereits ansatzweise verwirklicht worden ist.

Zum zweiten geht es im genannten Baustein um die Herstellung respektiver Förderung von Wettbewerb: Wettbewerb setzt das "NSM" erst "unter Strom", von ihm gehen erst die wirklichen Effizienzschübe aus. Ein solcher Wettbewerb kann beispielsweise näherungsweise durch die Herstellung von Transparenz und Vergleichbarkeit der Leistungen verschiedener Verwaltungseinheiten gefördert werden ("Quasiwettbewerb" durch Benchmarking, durch interkommunale Vergleiche, durch Vergabe von Leistungspreisen usw.). Er kann zum anderen durch konsequente Verwirklichung des oben geschilderten Gewährleistungsmodells gefördert werden, indem Verwaltungsleistungen "im Wettbewerb" an den jeweils leistungsfähigsten Anbieter vergeben werden (in Großbritannien unter der Bezeichnung "compulsory competitive tendering" bekannt).

Ein weiteres, zwar in den Bereich der Binnenreformen gehörendes, aber dennoch bislang in Deutschland im Zuge der NSM-Reformen vernachlässigtes Modernisierungsfeld ist das Personalmanagement. Hier wirkt sich das überkommene Leitbild vom Berufsbeamtentum hemmend aus, das Ansätze einer aktiven Humanressourcenentwicklung offenkundig für entbehrlich hält. Die laufenden NSM-Reformen machen es deutlich: im neuen Verwaltungsmanagement steht nicht mehr der passiv-reaktive Rechtsanwender im Mittelpunkt, sondern der aktiv-gestaltende Public Manager, der mit den oben geschilderten betriebswirtschaftlichen Instrumenten angemessen umgehen kann. Hier kommt es vor allem auf die Bereitstellung zugkräftiger materieller und (vor allem) immaterieller Leistungsanreize, auf passende Führungsverhaltensweisen sowie auf attraktive Personalentwicklungsangebote an. Reformen in diesem Bereich werden bislang durch das – in Deutschland relativ zentralistisch geregelte – öffentliche Dienstrecht behindert.

3. Zum Umsetzungsstand von "Neuen Steuerungsmodellen"

Seit etwa 1990 haben immer mehr deutsche Kommunen damit begonnen, mit Elementen des "NSM" zu experimentieren. Zunächst waren es vor allem Großstädte, mittlerweile ist auch eine größere Zahl mittlerer Städte und Landkreisverwaltungen hinzugekommen. 1995 waren schätzungsweise 30% aller mittleren und größeren Kommunen in der Bundesrepublik damit befaßt, mehr oder weniger konkret "NSM"-Ansätze zu erproben. Dabei muß einschränkend betont werden, daß von außen schwer zu erkennen ist, ob es sich bei "NSM"-Erprobungen tatsächlich um konkrete und nachhaltige Reformmaßnahmen oder lediglich um vollmundige Public Relations-Verlautbarungen handelt. Außerdem stellt sich immer mehr heraus, daß "NSM" sich zu einer "Reformhülse" entwickelt, unter der in der kommunalen Praxis sehr unterschiedliche Reformelemente und -ansätze verstanden werden, die mit der eigentlichen Idee des von der KGSt initiierten Modells nicht mehr in jedem Falle übereinstimmen.

"NSM"-Experimente finden in den meisten Kommunen im Rahmen vereinzelter Pilotprojekte statt. In der Regel werden einige abgegrenzte, besonders prädestinierte Ämter ausgewählt, in denen Ansätze der Dezentralisierung, Budgetierung usw. erprobt werden. Nicht selten handelt es sich dabei um betriebsähnliche (z.B. Abfallwirtschaft) oder "exotische" Bereiche (z.B. Zoo, Theater). An konfliktreiche, große Dezernate wagt man sich dann erst im zweiten Schritt heran.

Auffällig ist im laufenden Reformprozeß, daß "NSM"-Erprobungen bisher fast ausschließlich in Kommunen der alten Bundesländer stattgefunden haben. In Ostdeutschland gibt es erst seit 1995 und sehr vereinzelt "NSM"-orientierte Versuche. Dies ist angesichts der Tatsache, daß ostdeutsche Kommunen in den letzten Jahren hinreichend mit der Übernahme des (veralteten) westlichen Kommunalmodells und mit den daraus resultierenden Umbauaufgaben zu tun hatten und daß es darüber hinaus deutliche Knowhow-Defizite gibt, keineswegs verwunderlich.

Mehrere Bundesländer fördern seit einiger Zeit Reformprojekte ihrer Kommunen durch kontrollierte Lockerung von Rechtsvorschriften im kommunalen Haushalts- und Wirtschaftsrecht und durch großzügige Ausnahmeregelungen im Zuge der Kommunalaufsicht. Diese auf Antrag erfolgende Aussetzung "gängelnder" Vorschriften, die unter dem Stichwort "Experimentierklausel" diskutiert wird, scheint die Innovationsbereitschaft von Kommunen nicht unerheblich zu stärken. Einige Länder (Brandenburg, Saarland, Schleswig-Holstein) fördern Managementinnovationen ihrer Kommunen darüber hinaus auch finanziell, indem sie ausgewählten Modellkommunen Zuwendungen zu anfallenden Reformausgaben gewähren.

Die Experimente mit neuen Steuerungskonzepten haben sich bislang weitgehend auf die Kommunalebene beschränkt. Aus der Bundesverwaltung sind bislang noch keine nennenswerten Versuche mit Reformen im Sinne des "NSM" bekannt. In einigen Bundesländern hat es in den letzten Jahren im Rahmen breit angelegter Verwaltungsreformprogramme allerdings auch Bestrebungen um Managementreformen gegeben. Folgende Ansätze seien exemplarisch erwähnt:

- In den drei Stadtstaaten Berlin, Bremen und Hamburg gibt es jeweils intensive Anstrengungen um eine Reform der Managementstrukturen. In Berlin bemüht man sich seit 1994 mit Hilfe externer Unternehmensberater um die Einführung eines stark betriebswirtschaftlich ausgerichteten "Berliner Führungs- und Steuerungssystems". In Bremen laufen ebenfalls umfassende Aktivitäten zur Erprobung von Elementen eines Steuerungskonzepts sowie zur Verbesserung des Personalmanagements. Auch in Hamburg werden Pilotversuche zu Steuerungsreformen und zur Etablierung eines Verwaltungscontrollings durchgeführt, allerdings mit im Vergleich zu Berlin geringerer Intensität.
- Baden-Württemberg scheint unter den Flächenstaaten schon seit längerem eine besondere Reformenergie entfaltet zu haben. Man experimentiert in einer Reihe nachgeordneter Landesbehörden mit Steuerungsmodellen, man arbeitet an der Flexibilisierung des Finanzmanagements und man baut schrittweise ein modernes Konzept des Personalmanagements auf.
- Schleswig-Holstein hat auf Landesebene im Hinblick auf Managementreformen ebenfalls einen guten Ruf: Seit mehreren Jahren entwickelt ein schlagkräftiger Stab in der Staatskanzlei (früher "Denkfabrik" genannt) ein leitbildgestütztes Reformkonzept und erprobt es in zahlreichen konkreten Projekten in nachgeordneten Landeseinrichtungen.

4. Erfolgsaussichten der "Neuen Steuerungsmodelle"

Der beachtliche Modernisierungsschub, der zahlreiche deutsche Kommunen und nunmehr auch einzelne Landesverwaltungen erfaßt hat, kann derzeit im Hinblick auf seine nachhaltigen Erfolgsaussichten nicht treffsicher eingeschätzt werden. Dafür ist es noch zu früh: Die Erprobungen haben das Stadium erster, isolierter Pilotversuche noch nicht verlassen; wesentliche – auch unbeabsichtigte – Wirkungen sind noch nicht eingetreten. Die "Bedenkenträger" in der deutschen Verwaltungspraxis (und in der Wissenschaft) haben sich in den ersten Reformjahren auffällig zurückgehalten, erst jetzt beginnen sich warnende und kritische Stimmen zu erheben. Ungeachtet verschiedener offener Fragen und kritischer Punkte gibt es jedoch einigen Anlaß zu Optimismus:

- der anhaltende Druck der knappen Kassen dürfte auch weiterhin Ansätze zu einem effizienzorientierten Management bestärken
- die neuen Managementkonzepte schwimmen auf einer Woge des "Zeitgeistes" von Markt- und Wettbewerbs-Bevorzugung; sie finden weitgehende gesellschaftliche und politische Akzeptanz
- die Reformen kommen weitgehend aus der Verwaltung selbst und "von unten", sie treffen auf hohe Akzeptanz der Beschäftigten, die mit den derzeitigen Strukturen hochgradig unzufrieden sind
- die Reformen befriedigen Motive der beiden großen politischen Lager: für Sozialdemokraten und Gewerkschaften sind sie als Alternative zur Privatisierung und als Chance zur Arbeitsplatzerhaltung willkommen, für Christdemokraten sind sie wegen ihrer konzeptionellen Nähe zum privatwirtschaftlichen Management attraktiv und versprechen darüber hinaus Effizienzschübe und gegebenenfalls Einsparungen.

Im Gegensatz zu früheren – meist gescheiterten – Reformversuchen mit ähnlicher Intention gilt für die aktuelle Welle von "NSM"-Reformen, daß die Konzepte "richtig gemischt" sind und daß sie besser in den heutigen Kontext hineinpassen. Man kann also vermuten, daß die Reformaktivitäten in Richtung neuer Konzepte der Führung und Leitung auch in den kommenden Jahren ihre Schwungkraft behalten werden.

Trotz dieser positiven Erfolgsfaktoren sind einige Risiken zu erwähnen, die vor allem im Implementationsprozeß zu sehen sind. Die oftmals hektisch verlaufenden Reformprojekte führen offenbar dazu, daß wichtige "Spielregeln" einer erfolgreichen Umsetzungsstrategie nicht beachtet werden. Häufig zu beobachtende Problempunkte bei der Einführung von Managementreformen des Typs "NSM" sind beispielsweise:

- Man folgt den "Modellmoden" und übernimmt unreflektiert Modelle, die nicht auf die eigene Situation passen.
- Man versucht, das komplexe Projekt "NSM" im Tagesmanagement nebenbei durchzuführen und vernachlässigt ein umfassendes Projektmanagement; insbesondere fehlt es häufig an einem klaren Projektbudget, an der nötigen Projektkoordination und an der gebotenen Qualitätssicherung (z.B. durch wissenschaftliche Evaluierung). In der Regel wird auch ein unrealistisch kurzer Zeithorizont zugrunde gelegt.
- Man versäumt, Widersprüche aufzulösen bzw. mit ihnen produktiv umzugehen, die zwischen der Managementreform einerseits und der nötigen Haushaltskonsolidierung andererseits auftreten. Desgleichen gibt es Widersprüche zwischen Modernisierung und Privatisierung (typisch: statt erst nach Modernisierung der Verwaltung die Privatisierungsnotwendigkeit zu prüfen, wird umgekehrt vorgegangen).
- Man vernachlässigt den frühzeitigen Einbezug der Politiker; eine technokratische Reform von Binnenstrukturen und Steuerungsinstrumenten ohne gleichzeitige "Politikreform" erscheint indes wenig erfolgversprechend.
- Man kümmert sich nicht frühzeitig und umfassend genug um die Mitarbeiter: Von deren intensiver Information, deren Teilhabe an Reformentscheidungen, deren ständigem Lernfortschritt hängt der Reformerfolg in hohem Umfang ab. Häufig wird das Personal schlecht informiert oder durch das Reformtempo überfordert. Um Risiken zu mindern, empfiehlt sich eine enge, auf einem Reformbündnis aufbauende Zusammenarbeit mit den Personalvertretungen.

Es gibt mittlerweile Stimmen im Reformprozeß, die – von der Zielrichtung der Modernisierungsmaßnahmen durchaus überzeugt – vor dem vorzeitigen Scheitern eines nicht unwesentlichen Teils der aktuellen Reformprojekte aus Gründen einer ungeeigneten Implementationsstrategie warnen.

V. Die wissenschaftliche Perzeption der neuen Ansätze der Führung und Leitung

1. Stand der wissenschaftlichen Debatte

Wie bereits deutlich geworden sein dürfte, sind die aktuellen Ansätze zur Managementreform in Deutschland ein Kind der Praxis. Die einzelnen Elemente und die Strategien des "NSM" sind aus der (kommunalen) Verwaltungspraxis heraus entwickelt und in der Praxis erprobt worden. Dabei hat vor allem die KGSt als eng am kommunalen Management angelehnte "Vordenk-Organisation" eine zentrale katalytische und missionarische Rolle gespielt.

Die Wissenschaften haben die Entstehung und Entwicklung der Reformen vom Typ "NSM" weitgehend "verschlafen". Sie sind – soweit überhaupt – erst relativ spät auf den bereits fahrenden "Reformzug" aufgesprungen (sie sind allerdings von der Verwaltungspraxis auch nicht gerade nachdrücklich um Unterstützung gebeten worden). Diese (selbst-) kritische Bewertung gilt sowohl für die Betriebswirtschaftslehre wie für Rechts- und Politikwissenschaft. Die Betriebswirtschaftslehre, die ja von den stark ökonomisch ausgerichteten Reformmodellen besonders tangiert und gefordert wird, hat jahrelang zugesehen, wie von manchen Praktikern ohne Rücksicht auf die Besonderheiten der öffentlichen Verwaltung beim Transfer privatwirtschaftlicher Instrumente kräftig dilettiert wurde. Erst in jüngster Zeit hat sie zaghaft reagiert und mit kritischen Bewertungen von Reformelementen wie auch mit Handlungsempfehlungen Stellung bezogen. Die Rechtswissenschaft, die im Hinblick auf das Überdenken zahlreicher nun nicht mehr passender Rechtsvorschriften (vom Kommunalverfassungsrecht über rechtliche Aspekte des Kontraktmanagements bis hin zur Dienst- und Fachaufsicht) gefordert ist, hat die Herausforderungen des "NSM" ebenfalls bislang kaum angenommen. Gleiches gilt schließlich für die Politikwissenschaft, die es bislang weitgehend versäumt hat, sich kritisch und weiterführend mit den (kommunal-) politischen Aspekten neuer Steuerungsmodelle auseinanderzusetzen.

Von ersten Ansätzen abgesehen, fehlt es also bislang in weitem Umfang an gründlichen theoretischen und vor allem empirischen Bestandsaufnahmen und Bewertungen der aktuell stattfindenden Reformprojekte. Die Folge dieser auffälligen Abstinenz der einschlägigen verwaltungswissenschaftlichen Teildisziplinen ist, daß Reformkonzepte für die Verwaltung vorgelegt werden, die einer kritischen wissenschaftlichen Reflektion und der Überprüfung auf unerwartete Neben- und Folgewirkungen ermangeln. Es wird auch immer deutlicher, daß die einseitige und verkürzte Ausrichtung der Reformansätze vom Typ "NSM" auf betriebswirtschaftliche Instrumente problematisch ist. Ein stärkerer Einbezug anderer Teildisziplinen und ein interdisziplinärer Zuschnitt der Reformmodelle erscheinen für die Zukunft unabdingbar. Erste wissenschaftliche Diskurse sowie vereinzelt stattfindende Begleitforschungen zu laufenden Reformprojekten lassen hoffen, daß sich die Intensität der wissenschaftlichen Auseinandersetzung mit den gegenwärtigen Modernisierungsmaßnahmen künftig steigern wird.

2. Ungeklärte und kritische Fragen zu den aktuellen Reformmodellen

Die aktuellen Projekte zur Modernisierung des Verwaltungsmanagements bieten, wenn sie erfolgreich umgesetzt werden, zweifellos eine reformerische "Jahrhundertchance". Die berechtigten Erwartungen bestehen vor allem in folgendem: Die Transparenz des Verwaltungshandelns kann erheblich gesteigert werden, die Organisationen werden möglicherweise "schlanker", die Beschäftigten können ihre Potentiale und ihre Motivation besser einsetzen und auf längere Sicht kann wohl auch wirksamer und effizienter gearbeitet werden. Es ist allerdings die – bislang noch nicht eingelöste – Aufgabe der verwaltungswissenschaftlichen Teildisziplinen, sorgfältig zu prüfen, ob die Reformmodelle nicht möglicherweise unerwünschte und unbeabsichtigte Neben- und Folgewirkungen haben könnten. Auf einige bisher ungeklärte Problempunkte wird nachstehend hingewiesen.

Die mit den Ansätzen im Sinne eines "NSM" geradezu intendierte Priorisierung der ökonomischen Steuerung kann in zweierlei Hinsicht Probleme aufwerfen: Zum einen kann sie zu Rationalitätsverschiebungen, insbesondere zum Verlust an politischer Rationalität im Politikprozeß führen. Die Betonung von Effizienz kann (ungewollt?) eine Vernachlässigung anderer wichtiger politischer Ziele wie Verteilungsgerechtigkeit, soziale Sicherheit, demokratische Legitimation oder Responsivität nach sich ziehen. Die angestrebte strikte Trennung von Politik und Verwaltung kann darüber hinaus – zumal im ministeriellen Bereich – zur Ausblendung der Policy-Dimension im Prozeß des administrativen Handelns und damit zu techno- bzw. bürokratischen Handlungsorientierungen beitragen. Es erscheint auch ungewiß, ob diese Trennung und der politische Rollenwechsel auch auf der staatlichen Ebene (Parlament – Regierung – Verwaltung) greifen wird. Ganz abgesehen davon wird sich erst noch zeigen müssen, ob und inwieweit politische Entscheider tatsächlich bereit sind, sich in ihre mit dieser Trennung intendierte neue Rolle als strategische Rahmenzielsetzer und -kontrolleure einzupassen und von der bislang geübten, durchaus wählerstimmenwirksamen Praxis des Eingriffs ins Tagesmanagement einer öffentlichen Institution abzulassen. Müssen sie nicht eine weitere Politikerosion, eine Machtverschiebung in Richtung Exekutive befürchten?

Zum anderen kann eine "Ökonomisierung" staatlicher Strukturen die Grenzen zwischen Staat und Markt verwischen. Was ist noch "typisch staatlich", wenn sich eine öffentliche Einrichtung nicht nur durch "Outsourcing", sondern auch durch "Insourcing", d.h. durch Übernahme unternehmerischer Leistungsfunktionen, am Marktgeschehen beteiligt? Des weiteren fragt sich, ob die dem Prinzip der Marktsteuerung zugeschriebenen Heilungskräfte auch im öffentlichen Sektor ihre Wirkung haben werden, wie dies besonders aus dem Lager der Public Choice-Theorie verkündet wird. Ist das Primat des Marktes angesichts vielfältiger Erfahrungen mit dem Phänomen des Marktversagens wirklich so umfassend gegeben? Man gewinnt mitunter den Eindruck, als ob – vor allem im Privatisierungskontext – marktwirtschaftliche Lösungen ohne sorgfältige Prüfung der tatsächlichen Vor-/Nachteile sowie Folgewirkungen postuliert werden.

Im Bereich der Schnittstellen zwischen Politik und Verwaltung scheinen noch weitere Probleme zu bestehen. Es erscheint zumindest diskussionsbedürftig, inwieweit die Möglichkeiten der politischen Kontrolle des Verwaltungshandelns durch Konzepte vom Typ "NSM" beeinflußt werden. Einerseits wird man zugeben müssen, daß die Transparenz des administrativen Handelns für die Politiker deutlich zunimmt. Andererseits ist nicht auszuschließen, daß ein stark dezentralisiertes, von ökonomisch-monetären Steuerungsimpulsen bestimmtes Konzerngebilde noch stärker als dies gegenwärtig ohnehin der Fall ist, die Beute korruptiver Praktiken werden könnte. Ferner scheint es eine offene Frage zu sein, ob die – auch heute beklagten – Fragmentierungstendenzen und die daraus resultierenden zentrifugalen Kräfte in einer Verwaltung bei dezentraler Ressourcenverantwortung zunehmen. Einige Anzeichen der – defizitären – Steuerung der in den letzten Jahren verselbständigten kommunalen Einrichtungen lassen auf solche Gefährdungslagen schließen.

Auch die Schnittstelle zwischen Verwaltung und Bürger scheint im Reformprozeß bisher ein wenig unterbelichtet zu sein. Die ohne Zweifel notwendige Ausrichtung aller Verwaltungsaktivitäten auf den Bürger ist – vor allem im Zusammenhang mit Ansätzen des Qualitätsmanagements – sehr zu begrüßen. Wird der Bürger jedoch, wie dies in manchen Ansätzen der Fall ist, auf seine Rolle als "Kunde" oder – noch enger – als "zahlender Konsument" zurückgestutzt, so kommt es hier zu unzulässigen Verkürzungen bürgerschaftlicher Positionen. Die Rollen des Bürgers als Wähler, als Mitentscheider, als (Selbsthilfe-orientiertes) Gesellschaftsmitglied, nicht zuletzt auch als Steuerzahler, werden in dieser engen Sicht ausgeblendet.

Schließlich ist zu fragen, ob die derzeit im Rahmen von Managementreformen installierten betriebswirtschaftlichen Instrumente der Budgetierung, der Kosten/Leistungs/Wirkungsrechnung, des Controllings, des Kontraktmanagements und der dezentralen Ergebnisverantwortung hinreichend auf die spezifischen Einsatzbedingungen der öffentlichen Verwaltung hin angepaßt sind. Es scheint, als ob hier bislang ein oft recht naiver, unreflektierter Transfer von BWL-Konzepten stattfindet, deren nachhaltige Eignung für die öffentliche Verwaltung nicht vollständig geklärt ist.

Es besteht für das aktuelle Managementreformprogramm also ein nicht übersehbarer verwaltungswissenschaftlicher Klärungsbedarf. Aus pragmatischer Sicht zeichnet sich dreierlei ab: Zum einen ist eine disziplinäre Erweiterung der bislang einseitig betriebswirtschaftlich dominierten Steuerungsmodelle und zugleich eine sorgsame Anpassung der Modelle auf ihre jeweiligen Einsatzbedingungen im öffentlichen Sektor angezeigt. Zum zweiten dürfte es sich erweisen, daß die "neuen" Modelle in ihrem derzeitigen Design nicht auf allen staatlichen Ebenen und in allen Politikfeldern gleichermaßen greifen werden, sondern daß – bislang noch nicht recht sichtbare – Varianten entwickelt werden müssen. Damit wird sich ein auch gegenwärtig bereits erkennbarer Trend zukünftig verstärken: Öffentliche Einrichtungen werden hinsichtlich ihrer Managementstrukturen immer uneinheitlicher werden; Hoheitsverwaltungen bleiben vermutlich in der Nähe des Bürokratiemodells, Leistungsverwaltungen nähern sich dem Unternehmungsmodell an. Drittens schließlich wird der "Binnenstruktur-Bias" der deutschen Reformen abgebaut werden müssen: Wettbewerbsstärkung und konsequente Bürgerorientierung wird, wo immer sie möglich ist, das zweite Bein der Managementreformen in der Bundesrepublik Deutschland bilden.

Literatur

Banner, Gerhard, Neue Trends im kommunalen Management, in: Verwaltungsführung, Organisation, Personal 1994, S. 1 ff.
Banner, Gerhard/Reichard, Christoph (Hrsg.), Kommunale Managementkonzepte in Europa, Köln 1993.
Budäus, Dietrich, Public Management, Konzepte und Verfahren zur Modernisierung öffentlicher Verwaltungen, Berlin 1994.
Kommunale Gemeinschaftsstelle für Verwaltungsvereinfachung (KGSt), Das Neue Steuerungsmodell, Begründung, Konturen, Umsetzung, Bericht 5/1993, Köln 1993.
König, Klaus, "Neue" Verwaltung oder Verwaltungsmodernisierung: Verwaltungspolitik in den 90er Jahren, in: Die Öffentliche Verwaltung 1995, S. 349 ff.
Naschold, Frieder, Ergebnissteuerung, Wetbewerb, Qualitätspolitik, Entwicklungspfade des öffentlichen Sektors in Europa, Berlin 1995.
Naschold, Frieder u.a., Leistungstiefe im öffentlichen Sektor, Berlin 1996.
OECD, Public Management Developments, Survey 1993, Paris 1993.

Reichard, Christoph, Umdenken im Rathaus, Neue Steuerungsmodelle in der deutschen Kommunalverwaltung, Berlin 1994.

Reichard, Christoph/Wollmann, Hellmut (Hrsg.), Kommunalverwaltung im Modernisierungsschub?, Basel u.a. 1996.

Reinermann, Heinrich, Die Krise als Chance: Wege innovativer Verwaltungen, "Speyerer Forschungsberichte" Nr. 139, Speyer 1994.

Schedler, Kuno, Ansätze einer wirkungsorientierten Verwaltungsführung, Bern u.a. 1995.

IX. Kontrolle

Günter Püttner

1. Netzwerk der Verwaltungskontrolle

Inhaltsübersicht

I. Begriff der "Kontrolle"
II. Sinn, Ziel und Wirksamkeit der Kontrolle
III. Die Arten der Verwaltungskontrolle
IV. Interne Kontrollen
V. Die parlamentarische Kontrolle
VI. Die Verwaltungskontrolle durch die Öffentlichkeit

I. Begriff der "Kontrolle"

Kontrolle, auf deutsch Aufsicht, Überwachung, Prüfung (nicht ganz synonym mit Kontrolle), wird in erster Linie objektiv verstanden als Soll-Ist-Vergleich und nicht subjektiv als Überwachung des Handelns einer Person, die aber auch gemeint ist. Kontrolle setzt nach deutschem Verständnis ein Gegenüber voraus, das kontrolliert wird, sei es eine Maschine, deren Funktionieren geprüft wird, sei es eine Person, sei es die Verwaltung oder der einzelne Amtsträger. Dieses Gegenüber, hier also die Verwaltung, ist zunächst zum Handeln, zur Geschäftsführung berufen und trägt dafür die Verantwortung. Kontrolle bedeutet Überprüfung, ob ordnungsgemäß gehandelt wurde; sie ist keine zweite Geschäftsführungsinstanz und, jedenfalls im Ausgangspunkt, keine Optimierungsinstanz.

Damit unterscheidet sich Kontrolle von "Controlling" und von "Evaluierung", die auf Steuerung, Ergebniskontrolle und Verbesserung der betroffenen Tätigkeit abzielen und somit umfassender ansetzen. Controlling gibt es nach amerikanischem Vorbild vor allem in Wirtschaftsunternehmen als Steuerungs- und Überprüfungssystem zur Sicherung und Verbesserung des Unternehmenserfolgs; es ist in das Unternehmens-Management eingebettet. Evaluierung (oder Evaluation) findet man heute vielfach, wobei eine Wirkungsanalyse hinsichtlich Zielerreichung und Nebenwirkungen im Vordergrund steht und eine Programmverbesserung erreicht werden soll. Kontrolle setzt bescheidener an und überprüft lediglich, ob sich die Verwaltung so verhalten hat, wie es erwartet wurde, wobei die Ordnungsmäßigkeit des Handelns im Mittelpunkt steht.

II. *Sinn, Ziel und Wirksamkeit der Kontrolle*

Kontrolle ist lästig, aber notwendig; denn bekanntlich gilt der Satz: Vertrauen ist gut, Kontrolle ist besser! Sinn der Kontrolle muß sicherlich sein, die Einhaltung der Vorgaben in der Verwaltung zu überwachen, nicht aber, den Verwaltern grundsätzlich zu mißtrauen (wie es im Haushaltsrecht manchmal durchschimmert). Aber auch maßvolle Kontrolle fördert nicht immer die Motivation der Kontrollierten; auf der anderen Seite bietet das Fehlen von Kontrolle doch einen Anreiz zur Bequemlichkeit oder Laxheit. Beim Durchschnitt der Amtsträger muß schon das Gefühl vorhanden sein, irgendwie einer Kontrolle zu unterliegen.

Die Zielsetzung von Kontrolle kann sich grundsätzlich mehr auf die Sicherung der Qualität der Verwaltungsarbeit (objektive Seite) oder mehr auf ordnungsmäßiges Verhalten der betroffenen Amtsträger (subjektive Seite) richten. Die objektive Kontrolle sollte bevorzugt werden, wo sie ausreicht, um die Qualität der Verwaltungsarbeit zu garantieren; nur beim Auftreten von Fehlern, die persönlich zuzurechnen sind, sollte dieser Rahmen überschritten werden. Die gerichtliche Kontrolle der Verwaltung beispielsweise ist nach diesem Grundsatz ausgerichtet. Vor allem innerhalb der Verwaltung empfiehlt sich die Routinekontrolle eher, soweit sie das Kontrollziel erreichen kann; ad-hoc-Kontrollen sollte es nur bei entsprechendem Bedarf geben.

Ziel der Kontrolle muß es letztlich sein, eine gute Verwaltung zu sichern oder wiederherzustellen, wo Fehler aufgedeckt werden. Aber man trennt, besonders im deutschen öffentlichen Bereich, die Kontrolle im Sinn von Überwachung und Prüfung vom Ergreifen der zur Korrektur erforderlichen Maßnahmen. Den Kontrolleuren fehlt in der Regel die Sanktionsbefugnis, eine Regel, die von der Ausnahme der Kassationsbefugnis der Verwaltungsgerichte eher bestätigt als widerlegt wird.

Die Wirksamkeit der Kontrolle läßt sich nicht leicht messen und beurteilen, zumal das psychologische Moment (Sorgfalt wegen des Gefühls, kontrolliert zu sein) eine nicht unwichtige Rolle spielt. Wo es um in Zahlen erfaßbares Handeln geht, könnte man Kontrollaufwand und Kontrollnutzen gegenüberstellen, was allerdings so gut wie nie geschieht. Solange man davon ausgehen kann, daß die Kontrolle zum ordentlichen

Funktionieren der Verwaltung beiträgt, wird man einen maßvollen Kontrollaufwand in jedem Falle für gerechtfertigt ansehen können.

In der Praxis ist die Wirksamkeit der Kontrolle in erster Linie abhängig vom Können und von der Kapazität der Kontrolleure. Vor allem der erste Punkt, das Können, hat im öffentlichen Bereich immer wieder Diskussionen ausgelöst. Wie sollen, so wird insbesondere gefragt, nicht-professionelle, nicht mit der Verwaltungsarbeit im einzelnen vertraute und im Zeiteinsatz begrenzte Kontrolleure (z.B. die Volksvertreter bei der parlamentarischen Kontrolle) eine wirklich effektive und zupackende Kontrolle ausüben? Werden sich nicht die sachkundigen und erfahrenen "Profis" in der Verwaltung einer solchen Kontrolle entziehen? Es gibt bisher keine verläßliche Antwort auf diese Fragen; sie treten aber in der privaten Wirtschaft vor allem bei großen Aktiengesellschaften ebenso auf, und man hilft sich dadurch, daß man möglichst einige frühere Vorstandsmitglieder mit Insider-Wissen in den Aufsichtsrat wählt. Von solchen Möglichkeiten läßt sich auch im öffentlichen Sektor Gebrauch machen, und so erscheinen frühere Verwaltungsbeamte in Volksvertretungen unter dem Gesichtspunkt Kontrolle nicht so tadelnswert, wie es sonst manchmal dargestellt wird. Auch die Mitbestimmung der Beschäftigten (mit entsprechendem Insider-Wissen) erweist sich insoweit als ein nicht zu verachtendes Kontrollelement.

Die Wirksamkeit von Kontrolle hängt ferner, was im öffentlichen Bereich leider zu oft übersehen wird, von einer hinreichend genauen Zielvorgabe ab, die einen adäquaten Kontrollmaßstab liefert. Liegt keine klare Zielsetzung vor, so läuft "Kontrolle" entweder leer oder auf einen nachträglichen Steuerungsversuch hinaus, der nicht empfohlen werden kann.

III. Die Arten der Verwaltungskontrolle

Es gibt in Deutschland nicht eine in sich geschlossene Verwaltungskontrolle, sondern eine pluralistische Vielfalt von Kontrollen, unter denen sich allerdings die anschließend besonders behandelte gerichtliche Kontrolle sowie die Finanzkontrolle besonders herausheben. Man kann die verschiedenen Kontrollen gliedern
– nach der Reichweite der Kontrolle in Total- oder Teilkontrolle,
– nach der Intensität der Kontrolle in Grob- oder Feinkontrolle, in vollständige oder Stichprobenkontrolle sowie in periodische (bzw. laufende) oder einmalige Kontrolle,
– nach Inhalt und Ziel der Kontrolle insbesondere in Rechtmäßigkeitskontrolle, Wirtschaftlichkeitskontrolle, Richtungskontrolle, fachliche Kontrolle usw.,

- nach der Kontrollinstanz in externe und interne Kontrollen (zu letzteren der folgende Abschnitt), nach der Kontrollmethode in direkte oder indirekte Kontrolle oder nachträgliche, begleitende oder auch vorgängige (a-priori-)Kontrolle.

Die Übersicht zeigt, wie unterschiedlich Kontrolle angelegt sein kann, und so verwundert es nicht, daß sich im Laufe der Zeit unterschiedliche Kontrollen nebeneinander entwickelt und in besonderer Weise ausgeprägt haben. An sich gibt es, rein rechtlich betrachtet, eine umfassende Kontrolle, nämlich die durch die Volksvertretungen (im staatlichen Bereich: parlamentarische Kontrolle). Diese kann zwar, wenn sie will, nahezu alles kontrollieren, aber ihr haften alle Schwächen einer unregelmäßigen und nicht-professionellen Kontrolle an, wie im übernächsten Abschnitt näher zu beleuchten sein wird.

Im Bereich der öffentlichen Verwaltung gibt es neben der parlamentarischen Kontrolle, der Finanzkontrolle und der gerichtlichen Kontrolle vor allem die Aufsicht der höheren Behörden über die nachgeordneten Behörden sowie behördenintern die Kontrolle der einzelnen Mitarbeiter durch die Vorgesetzten. Die Verfassungsprinzipien der Dezentralisation (Föderalismus und kommunale Selbstverwaltung) setzen allerdings der externen Kontrolle von oben nach unten entscheidende Grenzen. Eine Aufsicht des Bundes über die Länder gibt es de iure nur in einem ziemlich engen Rahmen bei der Gesetzesausführung (Art. 84, 85 GG) und de facto so gut wie gar nicht. Die Aufsicht der Länder(–behörden) über die Gemeinden ist auf die Rechtsaufsicht und einige Genehmigungsvorbehalte beschränkt und wirkt eher auf informellen Kanälen (Rücksprache, "goldener Zügel") als auf offiziellem Wege. Alle diese Kontrollen sind in der Regel keine Routine-, sondern ad-hoc-Kontrollen; sie greifen nur, wo Mängel sichtbar geworden sind, bieten aber kaum eine Chance, noch unbekannte Mängel aufzudecken.

Das gilt namentlich von der Kommunalaufsicht, deren Realität (nach verschiedenen Untersuchungen) erheblich von dem Bild abweicht, das sich dem Leser der einschlägige Gemeinde- und Kreisordnungen aufdrängt. Es gibt laufende informelle Kontakte besonders in den einzelnen Fachgebieten, aber nur selten förmliche Aufsichtsmaßnahmen (Beanstandungen usw.), nämlich dann, wenn unüberbrückbare politische Gegensätze im informellen Verfahren nicht ausgeräumt werden können (so gibt es parallel dazu auf staatlicher Ebene beispielsweise gelegentlich förmliche Weisungen des Bundesumweltministers an oberste Landesbehörden in streitigen Umweltfragen). Eine wirkliche Kontrolle der Qualität der laufenden Verwaltungsarbeit entfaltet sich so nicht. Andererseits vermag die Aufsicht über Gemeinden und andere Selbstverwaltungskörper zu einer Art Gängelung auszuarten (z.B. durch schikanöse Einflußnahme anläßlich benötigter Genehmigungen), die aber mit Kontrolle wenig zu tun hat.

Die Fachaufsicht, die über Rechtsaufsicht hinausgeht und die (fachliche) Zweckmäßigkeit des Handelns umfaßt, gibt es zwischen selbständigen Körperschaften des öffentlichen Rechts nur selten (wegen des Selbstverwaltungsprinzips), häufig aber innerhalb der Behördenhierarchie eines Rechtsträgers. Beispielhaft sei die in Art. 7 GG grundgelegte Schulaufsicht der Länder genannt, die sich auf alle Fragen des pädagogischen Betriebs bezieht, die aber auch als Routine-Kontrolle nur schwach ausgeprägt ist und meistens als ad-hoc-Kontrolle tätig wird. In den einzelnen Fachgebieten der Verwaltung wird die gesetzlich vorgesehene Kontrolle von oben nach unten überlagert von der weithin anzutreffenden "vertikalen Fachbruderschaft", die prägender in Erscheinung tritt als die Kontrolle. Es gibt zahlreiche von der "offiziellen" Aufsicht nur wenig kontrollierte Freiräume, die allerdings in vielen Fällen (so bei den Lehrern) von ihrem "Umfeld" doch eingegrenzt werden.

Andererseits gehört die Fachaufsicht zur professionellen Kontrolle mit entsprechender Wirksamkeit (aber auch der genannten Gefahr der Fachkumpanei). Demgegenüber kann die Behördenaufsicht, z.B. die Kommunalaufsicht, nur im Bereich der reinen Rechtmäßigkeitskontrolle als professionell gelten, sonst aber regelmäßig nicht. Die informelle Kontrolle, z.B. durch die Öffentlichkeit, muß hier manches Defizit der amtlichen Kontrolle ausgleichen.

Ein besonderes Problem stellt in diesem Zusammenhang die Kontrolle öffentlicher Einrichtungen und Unternehmen dar. Sie sind überwiegend durch ein beachtliches Maß an institutioneller und fachlicher Eigenständigkeit (meist Autonomie genannt) gekennzeichnet, und sie unterliegen einem differenzierten Kontrollsystem. Es gibt nebeneinander die Aufsicht durch den Träger (Inhaberaufsicht), die Rechnungs- und Wirtschaftlichkeitskontrolle sowie die branchenbezogene Fach- oder Wirtschaftsaufsicht (z.B. Kreditwesenaufsicht über öffentliche Banken und Sparkassen).

Einrichtungen und Unternehmen in öffentlich-rechtlicher Rechtsform unterliegen grundsätzlich dem gleichen Kontrollsystem wie nachgeordnete Behörden; sie sind insbesondere auch aus der Finanzkontrolle nicht ausgenommen. Privatrechtlich organisierte Einrichtungen und Unternehmen sind dagegen prinzipiell nur den in ihrer Verfassung vorgesehenen Kontrollen unterworfen. Das bedeutet, daß die öffentliche Hand die Aufgabenerfüllung nur in Form der "Inhaberaufsicht" überwachen kann (z.B. über das Medium des Aufsichtsrats). Eine unmittelbar auf die Interna der juristischen Person des Privatrechts zugreifende Aufsicht gibt es nur in Form der Sonderprüfungsrechte nach §§ 53, 54 Haushaltsgrundsätzegesetz.

Während die Kontrolle des wirtschaftlichen Gebarens der Einrichtungen und Unternehmen damit einigermaßen zufriedenstellend und eher besser als bei privaten Unternehmen gesichert ist, liegt das eigentliche Problem bei den Einrichtungen und Unternehmen unabhängig von der Rechtsform bei der Kontrolle der Aufgabenerfüllung, die meistens wegen mangelhafter Zielvorgabe keinen rechten Ansatz findet und für die auch kaum Vorkehrungen getroffen sind. Insbesondere die Kontrolle der optimalen Erfüllung der gestellten öffentlichen Aufgabe leidet unter dem Fehlen konkreter Zielvorgaben, die deshalb immer wieder einzufordern ist. Die unvollkommene Aufgabenkontrolle ist auch Ausdruck unvollkommenen Durchblicks durch Gegenstand, Ziel und Arbeitsweise der meisten Einrichtungen und Unternehmen zumindest seitens der politischen Führung. Die Folge ist beispielsweise in Notzeiten eine ungezielte (pauschaule) Weitergabe von Haushaltskürzungen an die Einrichtungen. Eine intensivere Aufgabenkontrolle würde statt dessen die Grundlage für eine gezielte Kürzung oder Umschichtung nach Prioritäten bieten. Teilweise wird der Mangel an Aufgabenkontrolle durch den Unternehmens- (oder Einrichtungs-)Träger ausgeglichen durch eine zusätzliche fachliche Aufsicht (z.B. Wirtschaftsaufsicht), die meistens durch besondere Aufsichtsbehörden ausgeübt wird und der alle fachlich einschlägigen Institutionen (öffentliche wie private) unterworfen sind.

IV. Interne Kontrollen

Unter internen Kontrollen werden innerhalb eines unter einheitlicher Leitung stehenden Verwaltungskörpers ausgeübte Aufsichten verstanden. Die parlamentarische Kontrolle, die man bei Orientierung an einem Vergleich mit privaten Unternehmen vielleicht dazu rechnen wollte, gehört wegen des Grundsatzes der Gewaltenteilung und der staatlich-politischen Vorgegebenheiten nicht zu den internen, sondern zu den externen Kontrollen.

Grundsätzlich hat der Leiter einer Verwaltung deren gesamte Tätigkeit zu kontrollieren, was aber unmöglich ist. Er darf sich deshalb auf eine übergeordnete Kontrolle beschränken und auf der Kontrolltätigkeit der nachgeordneten Vorgesetzten und der besonderen Kontrollbeauftragten aufbauen. Nur die ihm unmittelbar unterstellten Führungskräfte der zweiten Reihe muß er selbst kontrollieren. Wie die übergeordnete Gesamtkontrolle gehandhabt werden sollte, dafür gibt es allerdings wenig verläßliche Ratschläge; hier dominieren Verwaltungserfahrung und Fingerspitzengefühl noch sehr stark.

Die Vorgesetzteneigenschaft schließt nach deutschem Verwaltungsrecht das Recht und die Pflicht zur Kontrolle der Mitarbeiter ein, zumal deren Tätigkeit und Verhalten gegebenenfalls gegenüber Regierung und Parlament verantwortet werden muß. Wie die Kontrolle auszuüben ist, steht jedoch den Vorgesetzten weitgehend frei und ist nicht näher bestimmt. Die Vorgesetztenkontrolle konzentriert sich auf die fachliche Arbeit und Leistung der Mitarbeiter, weil für das "dienstliche Verhalten" zusätzlich die Dienstaufsicht des Dienstvorgesetzten, also der Personalabteilung der jeweiligen Verwaltung zuständig ist. Die Dienstaufsicht greift aber nur punktuell auf den täglichen Betriebsablauf durch, während die Vorgesetztenkontrolle die laufend präsente Aufsicht darstellt.

Im engeren Bereich der eigentlichen Verwaltung ist die Kontrolle nicht nur Stichproben- oder Anlaßkontrolle, sondern umfassende Kontrolle durch Vorbehalt des Zeichnungsrechts (fehlende Delegation von Verantwortung), jedenfalls theoretisch. Praktisch hängt die so eröffnete totale Kontrolle in ihrer Wirksamkeit vom Durchblick und von der Kontrollkapazität des Vorgesetzten ab. Auch im übrigen ist die Vorgesetztenkontrolle Teil der Führung und damit von der Führungskonzeption abhängig. Bei echter Delegation von Verantwortung muß auch die Kontrolle anders, nämlich als Ergebniskontrolle in Form von Stichprobenüberprüfung, gestaltet sein. Öffentliche Unternehmen besitzen häufig wie private als besonderes internes Kontrollinstrument eine "Innenrevision", die sich aber auf die Wirtschaftlichkeitskontrolle konzentriert und die fachliche Kontrolle ausspart. Es gibt diese auch im Verwaltungsbereich in Form der "Vorprüfung" (§ 100 Bundes- bzw. Landeshaushaltsordnung).

Zugenommen haben in den letzten Jahren behördeninterne Kontrollbeauftragte. Früher gab es, von der Finanzkontrolle und der Dienstaufsicht abgesehen, in den Verwaltungen keine allgemeinen, fest institutionalisierten Kontrollbeauftragten zur vorgesetztenübergreifenden, generellen oder speziellen Kontrolle des Verwaltungsablaufs oder der Leistungen der einzelnen Abteilungen und Mitarbeiter. Die Vorgesetztenkontrolle war somit mehr oder weniger allzuständig.

Es hat aber immer wieder ad-hoc oder auf Dauer Organisations-, Sicherheits- oder Rationalisierungsbeauftragte gegeben, die vom Behördenleiter nach dem Muster einer Stabsstelle kraft eigener Kompetenz eingesetzt wurden. Nunmehr gibt es auf Gesetz beruhende Dauerbeauftragte, so den "Beauftragen für den Haushalt" (vgl. § 9 Bundes- bzw. Landeshaushaltsordnung), den Datenschutzbeauftragten nach den Datenschutzgesetzen und die Frauen- oder Gleichstellungsbeauftragte (nach verschiedenen Gesetzen). Diese Beauftragten werden teils steuernd, teils kontrollierend tätig und bringen meistens ein Moment der Komplizierung in die Verwaltung hinein.

Besonders Kontrollbeauftragte werden je nach Disposition des Leiters einer Verwaltung im Einzelfall tätig, z.B. zur Vorbereitung einer Reorganisation oder zur Klärung aufgetretener Mängel. Ansätze zur Institutionalisierung von solchen professionellen Kontrolleuren gibt es nur vereinzelt, so z.B. in Form wissenschaftlicher Begleitung von Modellversuchen oder wichtigen Einzelmaßnahmen oder in der Form von Kontrollausschüssen (Widerspruchs-, Beschwerde- oder Kontrollausschüsse) zur Rechtmäßigkeitskontrolle. Gelegentlich zeigen auch Stabsabteilungen (Abteilungen für Querschnittsaufgaben) die Neigung, sich zu einer Kontrollinstanz (statt nur einer Service-Instanz) zu entwickeln.

V. *Die parlamentarische Kontrolle*

Die im Grundgesetz nicht expressis verbis verankerte parlamentarische Kontrolle, auf kommunaler Ebene die Kontrolle durch die Volksvertretung, ist im Prinzip als universelle Kontrolle angelegt. Sie besitzt aber auch spezielle Ausprägungen; so üben die Volksvertretungen durch den Rechnungsprüfungsausschuß eine beachtliche Finanzkontrolle und durch die Fachausschüsse eine ins Gewicht fallende Kontrolle der Aufgabenerfüllung aus, die freilich die nachgeordneten Verwaltungen, Einrichtungen und Unternehmen nicht immer erreicht. Die Kontrolle, insbesondere die durch Untersuchungsausschüsse, ist meistens eine punktuelle Kontrolle aus akutem Anlaß oder auf Grund von Petitionen oder Beschwerden; das gilt auch für die Finanzkontrolle, indem sie die Beanstandungen des Rechnungshofs aufgreift. Für eine systematische Kontrolle fehlt den Volksvertretungen die Kontrollkapazität.

Die Reichweite der parlamentarischen Kontrolle ist prinzipiell sehr groß, weil die gesamte, der Volksvertretung nachgeordnete Verwaltung erfaßt ist. Eingeschlossen sind die Rechtmäßigkeitskontrolle, die Aufgabenerfüllungskontrolle und die Wirtschaftlichkeits- und Finanzkontrolle, also alle Kontrollarten. Auch sachlich unabhängige Stellen wie die Gerichte, die Bundesbank, Rundfunkanstalten und Selbstverwaltungskörperschaften sind von der Kontrolle nicht ausgenommen; nur beschränkt sie sich auf die Rechtmäßigkeitskontrolle (außer bei den Gerichten) und die Finanzkontrolle. Die Kontrolle umfaßt sowohl die sachliche Verwaltungsarbeit als auch das persönliche Verhalten der Amtsträger.

Kennzeichnend für die Wirkungsweise der parlamentarischen Kontrolle ist das Fehlen von Sanktionsmöglichkeiten gegenüber der Verwaltung; staatsrechtlich gibt es nur den Sturz der Regierung als institutionalisierte Sanktion. Ein Hineinwirken in die Verwaltung ist dem Parlament versagt (den kommunalen Volksvertretungen nicht unbedingt).

Das Parlament kann aber im Wege der Gesetzgebung und vor allem bei der Gestaltung des Haushaltsplanes Konsequenzen ziehen, ist also auch in Details nicht machtlos. Es gehört im übrigen zum Wesen des demokratischen Rechtsstaates, daß ernsthafte Beanstandungen der Volksvertretung beachtet werden und daß die Verwaltung für Abhilfe sorgt. Es gehört zum Wesen der parlamentarischen Kontrolle, daß sie Rechenschaft fordert und Kritik von außen aufgreift. Der jeweiligen Opposition kommt deshalb im Bereich dieser Kontrolle eine wichtige Rolle zu.

Die Kontrollmittel sind durch das erwähnte Fehlen von Sanktionsmitteln geprägt und vorrangig auf die Aufklärung des Vorgefallenen gerichtet. In Deutschland sind große und kleine Anfragen sowie in wichtigen Fällen Untersuchungsausschüsse die wichtigsten Kontrollformen. Auf Anfragen hat die Regierung (der zuständige Minister) zu antworten, und er läßt sich seinerseits von der Verwaltung informieren. Die Verwaltung muß Rechenschaft geben, wird also kontrolliert. Häufig sieht sich aber die Verwaltung mit dem Ergebnis einer bereits erfolgten Kontrolle durch den Anlaßgeber konfrontiert und muß Stellung beziehen. Man kann, wenn man will, darin eher eine Sanktion als eine Kontrolle erblicken. Anders liegt es in den Fällen, in denen die Anfrage lediglich einen Verdacht oder eine Vermutung aufgreift, so daß die Befragung der Verwaltung der (erstmaligen) Aufklärung der Sache dient.

Die Amtsträger sind in der Regel bemüht, ihr Verhalten zu rechtfertigen oder wenigstens zu verharmlosen. Oft hat es mit dem Bericht sein Bewenden; "nachbohren" können die Parlamente nur über Untersuchungsausschüsse, die kommunalen Volksvertretungen auch über das Akteneinsichtsrecht. Inspektions- oder Visitationsrechte gibt es nicht. Die Wirksamkeit der parlamentarischen Kontrolle hängt stark vom Engagement der Volksvertreter und vom Informationsfluß seitens der Betroffenen und der Öffentlichkeit ab. Die von Vertretern der Politikwissenschaft immer wieder vorgebrachte Behauptung, in Wahrheit kontrollierten nicht die uninformierten, amateurhaften Volksvertreter die Verwaltung, vielmehr steuere und kontrolliere die "Bürokratie" die Parlamentarier, ist jedenfalls in dieser Zuspitzung unrichtig und wird durch die Praxis widerlegt.

VI. Die Verwaltungskontrolle durch die Öffentlichkeit

Die bisher behandelten Kontrollen reichen nicht immer aus. Eine wichtige und in manchen Bereichen die einzige wirksame Verwaltungskontrolle ist die durch "die Öffentlichkeit". "Die Öffentlichkeit" ist aber keine Einheit und keine feststehende Größe, sondern Sammelbezeichnung für eine Vielzahl von regional und funktional sehr

verschieden abgegrenzten Öffentlichkeiten. Diese Verzweigtheit ist wichtig für die Verwaltungskontrolle, denn nur eine verzweigte Öffentlichkeit kommt als Kontroll-"Instanz" für die so stark verzweigte Verwaltung ernsthaft in Betracht. Für die politische Kontrolle der Regierung mag die eine große "Öffentlichkeit" (öffentliche Meinung) ausreichen, für die Verwaltungskontrolle nicht. Überblickt man die in Betracht kommenden "Öffentlichkeiten", so fallen insbesondere drei ins Blickfeld:
- die durch die Massenmedien vermittelte, allemeine Öffentlichkeit mit besonderen Ausprägungen der zentralen, regionalen und lokalen Öffentlichkeit,
- die sparten- oder bereichsbezogene fachlich-wissenschaftliche Öffentlichkeit,
- die durch Interessen, Verbände und Betroffenengruppen gebildete fach- oder objektgebundene Öffentlichkeit.

Das Publikum als solches kommt selbst für eine punktuelle ad-hoc-Kontrolle kaum in Betracht. Es sind immer einzelne Personen, die aus Interesse oder Verärgerung einzelne Vorgänge überprüfen (bzw. aufklären) und dann "die Öffentlichkeit" unterrichten und als Druckmittel einzusetzen suchen. In erster Linie sind es die Massenmedien, die Angelegenheiten von allgemeinem Interesse aufgreifen und publizieren, so daß die Verwaltung (im Falle von Vorwürfen) unter Rechtfertigungszwang gerät. Die Kontrolle durch die Medien und die Öffentlichkeit mag nicht immer sachgerecht und gründlich sein, sie ist aber in einem demokratischen Gemeinwesen unentbehrlich; es ist Aufgabe der Verwaltung, durch Sachaufklärung und Information dafür zu sorgen, daß ein richtiges und vollständiges Bild entsteht und die Öffentlichkeit das Bewußtsein erhält, daß korrekt verfahren wird und Fehler korrigiert werden.

Die einzelnen Verwaltungen sind je nach ihrer Bürger- oder Politiknähe unterschiedlich von der Öffentlichkeitskontrolle betroffen; der ÖPNV ist ständig, ein Eichamt dagegen so gut wie nie in der öffentlichen Kritik vertreten. Höhere Behörden (z.B. Bundesoberbehörden) werden von der allgemeinen Öffentlichkeitskontrolle nur selten erfaßt (Ausnahme aus jüngster Zeit: das Bundesgesundheitsamt), lokale Behörden dafür umso öfter.

Deshalb ist es für das Wirken der Kontrolle wichtig, daß es neben der allgemeinen Öffentlichkeitskontrolle die Kontrolle durch die Fach-Öffentlichkeit gibt, die untere und obere Behörden erfaßt. Besonders in Spezial-Verwaltungen (Gesundheitsamt, Polizei usw.) und öffentlichen Einrichtungen (Schulen usw.) kennen sich die Fachkollegen und kontrollieren sich gegenseitig oft intensiver, als mancher Vorgesetzte es kann. Die Führungskräfte haben regional und zum Teil überregional engen Kontakt und üben auf diese Weise untereinander eine beachtliche Kontrolle aus.

Die Kontrolle wird ergänzt durch eine externe fachliche Kontrolle durch die Fach-Öffentlichkeit. In Wissenschaft und Kunst ist es selbstverständlich, daß sich der einzelne in der Fach-Öffentlichkeit bewähren muß und von dort Kritik erhält. In einigen Fällen geht die Fach-Öffentlichkeit fast nahtlos in die allgemeine Öffentlichkeit über, so z.B. im Bereich von Kunst und Musik, wo die Fachkritik in den Medien (Theaterkritik usw.) eine breitere, interessierte Öffentlichkeit erreicht. In anderen Fällen (z.B. bei Ärzten, Planern, Technikern) bleibt die Fach-Öffentlichkeit eine eher geschlossene, aber nicht minder wirksame.

Die Kontrolle durch die Fach-Öffentlichkeit wird um so wichtiger, je näher jemand der fachlichen Spitze steht, insbesondere wenn er nur noch einen Nicht-Fachmann über sich hat (z.B. der Arzt oder Intendant einen juristisch vorgebildeten Dezernenten). In den nachgeordneten Rängen tritt die externe Fachkontrolle hinter der kollegialen und der Vorgesetztenkontrolle zurück. Eine Institutionalisierung oder auch nur Kanalisierung der Kontrolle durch die Fachwelt (z.B. bei einer Akademie der Wissenschaften oder der Künste) gibt es in Deutschland nicht, und der Nutzen einer solchen Einbindung wäre auch sehr fraglich. Es ist gerade der eher gesellschaftlich-inoffizielle Charakter, der die Kontrolle durch die Fachwelt psychologisch so wirksam macht.

Eine Institutionalisierung der Öffentlichkeitskontrolle gibt es in einigen Bundesländern und in vielen Kommunen in Gestalt eines Bürgerbeauftragten nach skandinavischem Muster ("ombudsman"). Er mag als Klagemauer dienen und sich um Abhilfe bei nicht tolerablen Mißständen bemühen; mehr als eine punktuelle und sehr von Zufälligkeiten abhängige Verwaltungskontrolle kann er nicht bewirken, zumal ihm Eingriffsbefugnisse fehlen. Völlig fehlgeschlagen ist der in der DDR unternommene Versuch, die Öffentlichkeitskontrolle in Form der "Arbeiter- und Bauern-Inspektion" zu organisieren, wobei nicht nur die diktatorischen Verhältnisse für dessen Versagen ursächlich gewesen sind. Die Öffentlichkeitskontrolle lebt davon, daß sie nicht formell organisiert ist, und dabei sollte man es belassen.

VII. Ausblick

Angesichts des Kontroll-Pluralismus (oder Kontroll-Wirrwars), aber auch wegen einiger Kontrollschwächen läßt sich über eine Reform des Kontrollsystems nachdenken. Man könnte beispielsweise eine Zusammenfassung und Systematisierung der Kontrolle ins Auge fassen, was aber niemals alle Kontrollen (z.B. nicht die Öffentlichkeitskontrolle) umgreifen, insbesondere die Kontrolle durch die unabhängigen Gerichte nicht integrieren könnte. Entsprechende Reformvorschläge stehen deshalb mit Recht nicht zur Diskussion. Reformüberlegungen beziehen sich meistens auf einzelne Kontrollen, z.B. auf die Finanzkontrolle oder die Aufgabenerfüllungskontrolle.

Es wird also für die Zukunft darauf ankommen, die verschiedenen Formen der Verwaltungskontrolle je für sich weiter zu pflegen und zu entwickeln. Kontrolle bleibt im wesentlichen wirksame Detailarbeit und muß dem Einzelfall gerecht werden. Spektakuläre ad-hoc-Kontrollen soll es auch immer wieder geben, aber sie sollten die in die Breite gehende laufende Kontrolle nur ergänzen, nicht aber ersetzen.

Literatur

Becker, Bernd, Öffentliche Verwaltung, Percha 1989, S. 870 ff.
Frenkel, Max, Institutionen der Verwaltungskontrolle, Zürich 1969.
Krebs, Walter, Kontrolle in staatlichen Entscheidungsprozessen, Heidelberg 1984.
Miller, Manfred, Korruption, Kontrolle und Konzepte zum Abbau von Mißständen in Politik und Verwaltung, in: Die Verwaltung, Band 23/1990, S. 227 ff.
Ossadnik, Wolfgang, Entwicklung eines Controlling für öffentliche Verwaltungen, in: Die Verwaltung, Band 26/1993, S. 57 ff.
Püttner, Günter, Verwaltungslehre, 2. Auflage, München 1989, S. 335 ff.
Schäfer, Ingeborg, Demokratische Kontrolle der öffentlichen Verwaltung als Strategie, in: Die Verwaltung, Band 26/1993, S. 39 ff.
Strößenreuther, Martin, Die behördeninterne Kontrolle, Berlin 1991.

Hans Joachim von Oertzen/Christoph Hauschild

2. Kontrolle der Verwaltung durch Verwaltungsgerichte

Inhaltsübersicht

I. Einführung
II. Struktur der Verwaltungsgerichtsbarkeit
   1. Verwaltungsrechtsweg
   2. Aufbau der Verwaltungsgerichtsbarkeit
   3. Unabhängigkeit der Verwaltungsgerichte
III. Der Rechtsschutz vor den Verwaltungsgerichten
   1. Rechtsschutzinteresse
   2. Klagearten
IV. Besonderheiten des verwaltungsgerichtlichen Verfahrens
   1. Vorverfahren bei Anfechtungs- und Verpflichtungsklagen
   2. Untersuchungsgrundsatz
   3. Vertreter des öffentlichen Interesses
   4. Entscheidungskompetenz des Gerichts
   5. Rechtsmittel
   6. Verwaltungsgerichtliches Normenkontrollverfahren
V. Vorläufiger Rechtsschutz
VI. Reform der gerichtlichen Verwaltungskontrolle

I. Einführung

Zu den wesentlichen Elementen des modernen Staates gehört, daß das Handeln der öffentlichen Verwaltung durch unabhängige Instanzen, die in ihrer Entscheidungsfindung weisungsfrei sind, überprüft werden kann. Soweit es um die Rechtmäßigkeit des Verwaltungshandelns geht, ist in Deutschland diese Kontrollfunktion der Verwaltungsgerichtsbarkeit übertragen. Historisch ist die Verwaltungsgerichtsbarkeit entstanden als Instrument zur Sicherung des Rechtsstaats, das heißt zur Gewährleistung der Gebundenheit der öffentlichen Gewalt an Recht und Gesetz und der staatsbürgerlichen Freiheitsrechte. In Deutschland hat sich eine eigenständige Verwaltungsgerichtsbarkeit erst in den letzten 130 Jahren entwickelt. Unter der Herrschaft des Absolutismus im 17. und 18. Jahrhundert war noch für jedweden Konflikt zwischen öffentlichem und Privatinteresse der ordentliche Rechtsweg ausgeschlossen. So war im damaligen Preußen mit dem Grundsatz "In Polizeisachen gilt keine Appellation" der Gang zum ordentlichen Richter verwehrt.

Zu einer gerichtsförmig ausgestalteten Kontrolle des Verwaltungshandelns kam es in Preußen wie in anderen deutschen Staaten in den sechziger und siebziger Jahren des 19. Jahrhunderts mit der Schaffung verwaltungsinterner Kontrollorgane. Diesen behördeninternen Ausschüssen fehlte noch die organisatorische Trennung zwischen administrativem und justiziellem Handeln und damit die persönliche und sachliche Unabhängigkeit heutiger Verwaltungsgerichte. Lediglich das Preußische Oberverwaltungsgericht war mit genügend institutionellen Sicherungen für eine von Einwirkungsmöglichkeiten des Staates freie Entscheidungsfindung ausgestattet. Es legte mit seiner Rechtsprechung wegweisende Grundlagen für die moderne Verwaltungskontrolle durch Verwaltungsgerichte.

Die Entwicklung zur Verwaltungsgerichtsbarkeit ging damit historisch gesehen von den deutschen Einzelstaaten aus. Zentrale Verwaltungsgerichte entstanden für die Sondermaterien des Sozialversicherungs- und Steuerrechts in Gestalt von Reichsversicherungsamt und Reichsfinanzhof, ohne daß damit eine Vereinheitlichung der gerichtlichen Verwaltungskontrolle angestoßen wurde. Noch in der Zeit der Weimarer Republik war die Zuständigkeit und Gerichtsorganisation der in den deutschen Ländern existierenden unabhängigen Verwaltungsgerichtsbarkeit ganz uneinheitlich geregelt. Erst mit dem Grundgesetz von 1949 konnte die Basis für einen bundeseinheitlichen Verwaltungsrechtsschutz gelegt werden.

II. Struktur der Verwaltungsgerichtsbarkeit

1. Verwaltungsrechtsweg

Bis 1945 beruhte die Zuständigkeit der Verwaltungsgerichte überwiegend auf dem Enumerationsprinzip, das heißt der Verwaltungsrechtsweg war nur für die einzelnen Rechtsgebiete eröffnet, die ausdrücklich den Gerichten zugewiesen waren. Das Prinzip der allgemeinen Generalklausel, das in Sachsen bereits seit der Jahrhundertwende zur Anwendung kam, setzte sich in der Nachkriegszeit gegenüber dem Enumerationsprinzip durch. Es ist als eines der konstitutiven Merkmale des Verwaltungsprozesses in § 40 der im Jahr 1960 erlassenen Verwaltungsgerichtsordnung (VwGO) enthalten. Die Vorschrift begründet die Zuständigkeit der Verwaltungsgerichte für alle öffentlichrechtlichen Streitigkeiten, soweit sie nicht verfassungsrechtlicher Natur oder sie einem anderen Rechtsweg durch Gesetz zugewiesen sind, wie z.B. das Sozialrecht und das Finanzrecht. Eine öffentlichrechtliche Streitigkeit im Sinne des § 40 VwGO liegt immer dann vor, wenn es um die Ausübung staatlicher Gewalt geht.

Zwei ausdrückliche Zuweisungen stehen unter dem Gesichtspunkt der Rechtsweggarantie noch im Grundgesetz, obgleich ihre Erwähnung auf dem überholten Enumerationsprinzip beruht: die Rechtsstreitigkeiten wegen einer Enteignungsentschädigung (Art. 14 GG) und wegen der Entschädigung für die Amtspflichtverletzung eines Beamten (Art. 34 GG). Auf der Basis dieser Vorschriften sind vergleichbare Streitigkeiten auch in einer Reihe anderer Gesetze den Zivilgerichten zur Entscheidung zugewiesen.

Diese umfassende Ausgestaltung der gerichtlichen Verwaltungskontrolle hat ihre verfassungsrechtliche Basis in Art. 19 Abs. 4 des Grundgesetzes. Danach steht jedem, der durch die öffentliche Gewalt in seinen Rechten verletzt wird, der Rechtsweg offen. "Öffentliche Gewalt" im Sinne des Art. 19 Abs. 4 GG ist allein die Exekutive. Unter den Begriff fällt nach der Auslegung dieser Verfassungsnorm durch das Bundesverfassungsgericht weder die rechtsprechende Gewalt noch der parlamentarische Gesetzgeber.

Von dem Verwaltungsrechtsweg sind Streitigkeiten verfassungsrechtlicher Natur ausgeschlossen. Als Hüter der Verfassung selbst und der in ihr enthaltenen Ordnung ist das Bundesverfassungsgericht in Karlsruhe eingerichtet, das die alleinige Entscheidungskompetenz für alle verfassungsrechtlichen Streitigkeiten hat, wie etwa bei dem Streit der Verfassungsorgane untereinander, bei Streit, ob ein Bundesgesetz mit der Verfassung, oder ob ein Landesgesetz mit einem Bundesgesetz vereinbar ist. Klagebefugt sind daher auch in erster Linie nur diese Organe. Natürliche oder in bestimmten Umfang auch juristische Personen können mit einer Verfassungsbeschwerde vor dem Bundesverfassungsgericht nur rügen, daß ein Akt der öffentlichen Gewalt sie in ihren im Grundgesetz niedergelegten Grundrechten verletzt. Voraussetzung einer solchen Verfassungsbeschwerde ist regelmäßig, daß der Rechtsweg erschöpft ist, das heißt daß der Betroffene zunächst vor einem anderen Gericht die Möglichkeiten für die Anfechtung des inkriminierenden Aktes ausgeschöpft hat. Vergleichbare Regelungen bestehen in fast allen Landesverfassungen im Hinblick auf die Entscheidung über Streitigkeiten des Landesverfassungsrechts durch die Verfassungsgerichtshöfe der Länder.

2. *Aufbau der Verwaltungsgerichtsbarkeit*

Gerichtsorganisation und gerichtliches Verfahren sind bundeseinheitlich in Bundesgesetzen geregelt, zu denen die Länder in eigenen Ausführungsgesetzen nur noch in sehr engem Rahmen ergänzende Regelungen erlassen können. Aufbau und Organisation der Verwaltungsgerichtsbarkeit haben ihre gesetzliche Regelung in der Verwaltungsgerichtsordnung erfahren. Danach stehen den Beteiligten grundsätzlich drei Instanzen zur Klärung des Streits zur Verfügung; allerdings mit einer Vielzahl von Einschränkungen und Ausnahmeregelungen.

Als Gerichte der 1. Instanz sind die Verwaltungsgerichte errichtet, als Gerichte der 2. Instanz die Oberverwaltungsgerichte, die in einigen Ländern aus historischen Gründen Verwaltungsgerichtshöfe heißen. Jedes Land muß mindestens ein Verwaltungsgericht, darf aber nicht mehr als ein Oberverwaltungsgericht errichten. Die Verwaltungsgerichtsordnung läßt es zwar zu, daß zwei Länder ein gemeinsames Oberverwaltungsgericht errichten. Seitdem jedoch das gemeinsame Oberverwaltungsgericht der Länder Niedersachsen und Schleswig-Holstein in Lüneburg aufgelöst worden ist, und Schleswig-Holstein ein eigenes Oberverwaltungsgericht errichtet hat, existiert kein praktischer Anwendungsfall dieser Regelung mehr. Letztinstanzlich entscheidet das Bundesverwaltungsgericht Verwaltungsstreitverfahren. Es hat seinen Sitz in Berlin; eine Sitzverlagerung nach Leipzig ist im Gefolge der föderalen Neuverteilung des Sitzes von Bundesinstitutionen in der Diskussion.

Die Übertragung der Gerichtsorganisation der Verwaltungsgerichtsbarkeit auf die neuen Länder war mit besonderen Schwierigkeiten verbunden. Eine gerichtliche Kontrolle der Verwaltung galt bis 1988 in der ehemaligen DDR als nicht mit dem Staatssystem vereinbar. Erste Ansätze einer justiziellen Überprüfung von Verwaltungsentscheidungen traten im Jahr 1989 in Kraft, indem auf der Grundlage eines Enumerationskataloges der Weg zur ordentlichen Gerichtsbarkeit eröffnet wurde. Der Einigungsvertrag vom 31. August 1990 knüpfte im Hinblick auf den organisatorischen Aufbau der Verwaltungsgerichtsbarkeit zunächst an den bestehenden Verhältnissen an, nämlich der Gliederung der Gerichte in Bezirks- und Kreisgerichte und an das Prinzip des Einheitsgerichts. Bei diesen Gerichten entstanden besondere Kammern bzw. Senate für Verwaltungssachen. Der Einigungsvertrag enthielt weiterhin den Auftrag, möglichst bald die Verwaltungsgerichtsbarkeit zu verselbständigen. Diesen Auftrag haben mittlerweile alle Länder erfüllt. Es wurden fünf neue Oberverwaltungsgerichte und vierzehn neue Verwaltungsgerichte errichtet.

Die Gerichtsbezirke der Verwaltungsgerichte sind den Verwaltungsgrenzen innerhalb der Länder angeglichen. In den Stadtstaaten sowie im Saarland und in Schleswig-Holstein erstrecken sich die Gerichtsbezirke jeweils auf das ganze Land. In den neuen Ländern beruhen die Gerichtsgrenzen mit Ausnahme von Mecklenburg-Vorpommern überwiegend noch auf den alten Bezirksgrenzen. In Bayern, Baden-Württemberg und Rheinland-Pfalz ist es jeweils ein Regierungsbezirk, in Niedersachsen mehrere Regierungsbezirke, während in Hessen und Nordrhein-Westfalen jeweils mehrere Kreise und kreisfreie Städte zu einem Gerichtsbezirk zusammengefaßt sind. Von der Möglichkeit auswärtige Kammern bei den Verwaltungsgerichten einzurichten, um in größeren Gerichtsbezirken eine ortsnähere Rechtsprechung zu erreichen, haben lediglich Mecklenburg-Vorpommern und Niedersachsen Gebrauch gemacht. Dagegen ist von den Ländern intensiv von der Möglichkeit Gebrauch gemacht worden, einem Verwaltungsgericht ein bestimmtes Sachgebiet für das ganze Land zuzuweisen, so insbesondere bei Asylfragen.

Zahl der Verwaltungsgerichte im Jahr 1995

Verwaltungsgerichte	Oberverwaltungsgerichte	Bundesverwaltungsgerichte	Insgesamt
48	16	1	65

Zu den besonderen Strukturelementen der Verwaltungsgerichtsbarkeit gehört ebenfalls deren innerer Aufbau. In der ersten Instanz ist es grundsätzlich die Besetzung der Verwaltungsgerichte mit drei Berufsrichtern und zwei ehrenamtlichen Richtern. Mit dem Kammerprinzip in der ersten Gerichtsinstanz wird zum einem dem Umstand Rechnung getragen, daß dem Verwaltungsprozeß regelmäßig ein zweistufiges Verwaltungsverfahren in den Fachbehörden vorausgeht. Zum anderen ist die erste Instanz – im Gegensatz zum Einzelrichter in der Zivilgerichtsbarkeit – auch deshalb als Kollegialgericht ausgestaltet, da Verwaltungsgerichtsentscheidungen neben der streitentscheidenden Wirkung zwischen den Beteiligten mittelbar einen Richtliniencharakter für das Verwaltungshandeln haben. Auf die Einführung des Einzelrichters durch die Beschleunigungsgesetze wird an anderer Stelle noch eingegangen. Für die zweite Instanz ist grundsätzlich eine Besetzung der Senate mit drei Berufsrichtern vorgesehen. Die Länder können in den Ausführungsvorschriften zur VwGO vorsehen, daß die Senate in der Besetzung von fünf Richtern entscheiden, von denen zwei auch ehrenamtliche Richter sein können. Die Senate beim Bundesverwaltungsgericht entscheiden grundsätzlich in der Besetzung von fünf Richtern.

Zahl der Richter und Vertreter des öffentlichen Interesses in der Verwaltungs- und Disziplinargerichtsbarkeit im Jahr 1993

	Richter		Vertreter des öffentlichen Interesses
	Verwaltungs–gerichte	Dienst- und Disziplinargerichte	Verwaltungs- und Disziplinargerichte
Bund	70	32	17
Länder	2 151	605	65
Insgesamt	2 221	637	82

3. Unabhängigkeit der Verwaltungsgerichte

Eine effektive Verwaltungskontrolle ist ohne die Unabhängigkeit der Verwaltungsgerichte nicht denkbar. Das im Grundgesetz ausdrücklich niedergelegte Prinzip der Gewaltenteilung durch Übertragung der Funktionen des Staates auf Organe, die voneinander unabhängig sind, bedingt die Unabhängigkeit der Gerichte von Legislative und Exekutive.

Die Unabhängigkeit der Gerichte ist eine dreifache:
– Die Gerichte stehen funktionell und organisatorisch selbständig neben den gesetzgebenden Körperschaften und den Verwaltungsbehörden. Die Verwaltungsgerichte üben Rechtsprechung aus, nicht Selbstkontrolle der Verwaltung.
– Die Gerichte sind personell unabhängig, das heißt mit Richtern besetzt, deren Rechtsstellung und Unabhängigkeit durch Art. 97 GG gesichert ist. Die Ausgestaltung des Richterverhältnisses regelt das Deutsche Richtergesetz. Die Tätigkeit des Richters schließt es aus, daß er gleichzeitig Aufgaben der gesetzgebenden oder der vollziehenden Gewalt übernimmt. Ebensowenig kann ein Mitglied der Legislative oder der Exekutive gleichzeitig richterliche Funktionen ausüben. Der Richter seinerseits ist sachlich unabhängig, indem er nur dem Gesetz unterworfen ist und in der Ausübung seiner Tätigkeit keinerlei Weisungen unterliegt; er ist

persönlich unabhängig, indem er gegen seinen Willen nicht abgesetzt oder versetzt werden kann.
– Die Gerichte sind sachlich unabhängig, das heißt in ihrer rechtsprechenden Tätigkeit nur an Gesetz und Recht gebunden. Sie unterliegen keinerlei Weisungen, weder durch das Parlament, noch durch die Regierung oder die Verwaltungsbehörden. Ihnen können andere Aufgaben als die der Rechtsprechung – mit Ausnahme der Gerichtsverwaltung – nicht übertragen werden.

Diese Unabhängigkeit hinsichtlich der Ausübung der Rechtsprechung wird nicht beeinträchtigt dadurch, daß das Budgetrecht bei den gesetzgebenden Körperschaften liegt, das heißt daß diese unter anderem über die Anzahl der Personalstellen bei den Gerichten entscheiden.

Die Ernennung der Richter des Bundes erfolgt durch den Bundespräsidenten, die der Länder durch den jeweiligen Regierungschef des Landes; die Auswahl der Richter für das Bundesverwaltungsgericht trifft ein Richterwahlausschuß, dem der Bundesminister der Justiz vorsitzt und dem die für die Verwaltungsgerichtsbarkeit zuständigen Landesminister sowie eine gleiche Zahl von Mitgliedern, die der Bundestag bestellt, angehören. Die Mitglieder des Richterwahlausschusses haben auch das Vorschlagsrecht. In den meisten Länder bestehen für die Richter im Landesdienst vergleichbare Regelungen.

III. Der Rechtsschutz vor den Verwaltungsgerichten

1. Rechtsschutzinteresse

Die Gerichte üben Kontrolle über die Tätigkeit der Verwaltung nur aus, wenn sie durch Klage eines Betroffenen mit einem konkreten Fall befaßt werden. Der Rechtsschutz ist damit als Individualrechtsschutz ausgestaltet. Die Rechtswidrigkeit einer Handlung der Verwaltung, eines öffentlich-rechtlichen Vertrages, einer Leistungsverweigerung, kann nicht von jedermann (Popularklage), sondern nur von demjenigen geltend gemacht werden, der durch sie in seinen rechtlich geschützten Interessen verletzt wird. Das Verwaltungshandeln führt jedoch häufig bei dem Erlaß von Genehmigungen dazu, daß neben dem Begünstigten ein mittelbar Betroffener vorhanden ist, wie etwa im Baurecht, wenn eine Baugenehmigung eine Ausnahme zur Mindestabstandsfläche zum Nachbarhaus zuläßt. Aus einem solchen Verwaltungsakt mit Doppelwirkung wird einerseits deutlich, daß es im Verwaltungsprozeß als Beteiligte nicht nur Kläger und Beklagte geben kann, sondern auch denjenigen, dessen rechtliche Interessen durch den Ausgang des Rechtsstreits berührt werden. Das Instrument, diesen Dritten in den Prozeß einzuführen, ist die Beiladung durch das Gericht. Sie wird als notwendige Beiladung bezeichnet, wenn die Entscheidung nicht getroffen werden kann, ohne auch gleichzeitig unmittelbar Rechte gegenüber Dritten zu gestalten. Das Urteil, das unter Verletzung der Pflicht des Gerichts zur notwendigen Beiladung ergeht, und damit nur einen Teil eines nicht trennbaren Ganzen betrifft, ist jedenfalls fehlerhaft; es wird richtigerweise von einem Teil der Rechtsprechung und Lehre als unwirksam bezeichnet.

Am Verwaltungsakt mit Doppelwirkung im Baurecht ist andererseits die sogenannte Nachbarklage entwickelt worden. Auch der Nachbar kann die dem Bauherrn erteilte Baugenehmigung nur anfechten, wenn Vorschriften verletzt sind, die zu seinem, des Nachbarn Schutz dienen. Ohne diese Einschränkung würde die Nachbarklage auf eine unzulässige Popularklage hinauslaufen. Die Nachbarklage ist auf viele andere Gebiete, wie z.B. bei der Genehmigung von technischen Großprojekten (Bau von Autobahnen, Flughäfen oder Kernkraftwerken) ausgedehnt worden.

Eine Klagebefugnis, ohne daß eigene Rechte verletzt sind, kann durch Bundes- oder Landesgesetze zugelassen werden. So kann Verbänden gesetzlich die Befugnis eingeräumt werden, Belange der Allgemeinheit im Umwelt-, Natur- und Denkmalschutz im Wege der sogenannten Verbandsklage geltend zu machen. Die Verbandsklage ist nach Landesrecht in einigen Ländern für die nach dem Naturschutzgesetz anerkannten Naturschutzverbände eingeführt worden. Ebenfalls gesetzlich ist eine Klagebefugnis bestimmten Verwaltungsbehörden (Aufsichtsbehörden) mit der sogenannten Aufsichtsklage bei Verwaltungsentscheidungen von weisungsfreien Ausschüssen zugesprochen. Mit der Aufsichtsklage kann die Verwaltung im öffentlichen Interesse darauf dringen, daß der Grundsatz der Gesetzmäßigkeit der Verwaltung eingehalten wird.

2. Klagearten

Der Rechtsschutz vor den Verwaltungsgerichten wird durch Klage begehrt. Die für den Verwaltungsprozeß typischen Klagearten sind die Anfechtungs- und Verpflichtungsklage, die für öffentlich-rechtliche Streitigkeiten entwickelt worden sind. Bei diesen Klagearten ist Streitgegenstand die Aufhebung eines belastenden Verwaltungsakts oder der Erlaß eines begünstigenden Verwaltungsakts. Diese beiden Klagearten knüpfen damit an das Handeln der Verwaltung durch Verwaltungsakt an. Es steht der Verwaltung allerdings frei, statt durch Verwaltungsakt mit Verträgen auch im Bereich der sogenannten Eingriffsverwaltung zu handeln. Die gerichtliche Verwaltungskontrolle beschränkt sich daher nicht auf die Überprüfung der Rechtmäßigkeit von Verwaltungsakten als dem klassischen Instrument des Verwaltungshandelns, sondern erfaßt mit der allgemeinen Leistungsklage und der Feststellungsklage ebenso anderes Verwaltungshandeln. Eine weitere wichtige Verfahrensart ist das verwaltungsgerichtliche Normenkontrollverfahren.

IV. Besonderheiten des verwaltungsgerichtlichen Verfahrens

1. Vorverfahren bei Anfechtungs- und Verpflichtungsklagen

Vor der Erhebung der Anfechtungsklage und der Verpflichtungsklage, wenn der Antrag auf Erlaß eines Verwaltungsaktes abgelehnt wurde, ist es grundsätzlich erforderlich, Recht- und Zweckmäßigkeit des Verwaltungsaktes in einem Vorverfahren nachzuprüfen. Nur wenn die Verwaltung es überhaupt unterläßt, den Antrag auf Erlaß eines Verwaltungsaktes zu bescheiden, ist die Klage unmittelbar als Untätigkeitsklage zulässig; das Gericht kann in diesem Fall der Behörde eine Frist für den Erlaß des Verwaltungsaktes setzen, bevor es dem Verfahren Fortgang gibt.

Das Vorverfahren beginnt mit dem Widerspruch des Betroffenen. Sein Zweck ist es, die Entscheidung der Verwaltung unter Berücksichtigung der Einwendungen des Betroffenen nochmals zu überprüfen, bevor ein möglicherweise langwieriger Verwaltungsgsprozeß beginnt. Dabei wird im Vorverfahren, anders als im Verwaltungsprozeß, auch die Zweckmäßigkeit der getroffenen Entscheidung nochmals geprüft; es kann also auch dann, wenn die Entscheidung rechtmäßig ergangen ist, im Rahmen des zulässigen Ermessens die getroffene Entscheidung geändert werden. Bei Verwaltungsakten oberster Bundes- oder Landesbehörden ist ein Vorverfahren nicht erforderlich, ebenso nicht bei der erstmaligen Beschwerde eines Dritten durch den Widerspruchsbescheid.

Im Vorverfahren prüft zunächst die Behörde, die den Verwaltungsakt erlassen oder die den Antrag auf Erlaß eines Verwaltungsaktes abgelehnt hat, ob sie dem Widerspruch abhelfen will. Wenn dies nicht der Fall ist, entscheidet die Widerspruchsbehörde; dies ist
- grundsätzlich die Aufsichtsbehörde derjenigen Behörde, die den Verwaltungsakt erlassen hat;

- wenn die Aufsichtsbehörde bereits eine oberste Bundes- oder Landesbehörde ist, die Behörde des ursprünglichen Verwaltungsaktes;
- in Selbstverwaltungsangelegenheiten die Selbstverwaltungsbehörde.

Dem Widerspruchsverfahren kommt in der Verwaltungspraxis eine hohe Befriedungsfunktion zu, und es wirkt gleichzeitig als Filter für das gerichtliche Verfahren.

2. Untersuchungsgrundsatz

Im Verwaltungsprozeß gilt der Untersuchungsgrundsatz, also das Prinzip der Aufklärung des Sachverhalts von Amts wegen unabhängig von dem Vortrag der Antragsteller und sonstigen Beteiligten. Im Zivilprozeß können hingegen die Parteien den Sachverhalt weitgehend bestimmen, den das Gericht seiner Entscheidung zugrunde legen muß, indem sie den Sachvortrag der Gegenseite nicht bestreiten. Im Verwaltungsprozeß ist das Gericht insoweit nicht gebunden und kann eigene Ermittlungen anstellen, wenn es dies für erforderlich hält. Die Prozeßbeteiligten sind verpflichtet, bei der Erforschung des Sachverhalts mitzuwirken; das Gericht kann sie zur Ergänzung und Klarstellung des Sachvortrags auffordern. Auch an Beweisanträge der Beteiligten ist das Gericht nicht gebunden. Die Beteiligten haben ihrerseits ein Mitwirkungsrecht an der Erforschung des Sachverhalts, das insbesondere die Beteiligung an gerichtlichen Terminen und die Äußerung zu den Beweisergebnissen einschließt.

Neben den auch im Zivilprozeß üblichen Beweismitteln (z.B. Zeugenaussage, Sachverständigengutachten, Inaugenscheinnahme) haben im Verwaltungsprozeß die Vorlage von Urkunden und Akten durch Behörden und deren Auskünfte besondere Bedeutung. In den Verwaltungsvorgängen liegt in der Regel eine Dokumentation über das Handeln der Verwaltung bis zum Erlaß des Verwaltungsaktes vor. Die Verwaltungsgerichtsordnung sieht deshalb vor, daß Urkunden und Akten auf Anforderung des Gerichts vollständig von der Behörde vorgelegt und Auskünfte erteilt werden müssen. Die Beteiligten des Verwaltungsprozesses haben ein Recht auf Einsichtnahme. Eine Aktenvorlage kann nur von der zuständigen obersten Aufsichtsbehörde verweigert werden, wenn das Bekanntwerden des Inhalts der Akten dem Wohle des Bundes oder eines Landes Nachteile bereiten würde oder wenn sie nach einem Gesetz oder ihrem Wesen nach geheimgehalten werden müssen. In einem besonderen Beschwerdeverfahren liegt die letzte Entscheidung darüber, ob ein Verweigerungsgrund glaubhaft gemacht ist, wiederum bei den Gerichten.

3. Vertreter des öffentlichen Interesses

Als besondere Einrichtung können bei den Verwaltungsgerichten – nicht alle Länder haben jedoch hiervon Gebrauch gemacht – Vertreter des öffentlichen Interesses (beim Bundesverwaltungsgericht der Oberbundesanwalt) bestehen. Dieser Vertreter des öffentlichen Interesses kann sich an jedem Verwaltungsprozeß beteiligen, dann auch Prozeßhandlungen vornehmen, insbesondere Rechtsmittel einlegen. Er hat jedoch keine eigenständige Klagebefugnis.

Bayern hat von der in der Verwaltungsgerichtsordnung vorgesehenen Möglichkeit Gebrauch gemacht und den Vertretern des öffentlichen Interesses, die dort als Landesanwälte in der Landesanwaltschaft zusammengefaßt sind, auch die Vertretung des Landes oder von Landesbehörden übertragen, soweit diese Beteiligte im Verwaltungsprozeß sind. Diese Aufgabenzuordnung kann der Landesanwaltschaft ein eigenes Votum gegenüber der beteiligten Behörde ermöglichen und dann zur Verobjektivierung des Rechtsstreits wesentlich beitragen. Die Landesanwaltschaft war im Jahr 1992 bei 8 % der Verfahren vor den Verwaltungsgerichten und 20 % der Rechtsmittelverfahren vor dem Bayerischen Verwaltungsgerichtshof beteiligt gewesen.

4. Entscheidungskompetenz des Gerichts

Das Gericht entscheidet über die Klage durch Urteil. Anfechtungs- und Verpflichtungsklage sind auf die Aufhebung oder den Erlaß eines Verwaltungsaktes gerichtet. Es liegt, mit Ausnahme des unterlassenen Verwaltungsaktes, bereits eine Entscheidung, und zwar der Verwaltung, vor. Das Gericht setzt sich bei der Entscheidung über diese Klagen in seinem Urteil nicht an die Stelle der Verwaltung. Vielmehr hebt das Gericht im erfolgreichen Anfechtungsurteil den Verwaltungsakt auf; war der Verwaltungsakt bereits vollzogen, kann das Gericht auf Antrag auch aussprechen, daß und wie die Verwaltung die Vollziehung rückgängig zu machen hat. Im obsiegenden Verpflichtungsurteil legt es der Verwaltung auf, den beantragten Verwaltungsakt zu erlassen oder, soweit die Sache noch nicht spruchreif ist, den Kläger unter Beachtung der Rechtsauffassung des Gerichts zu bescheiden. Das Anfechtungsurteil hat nach seiner Rechtskraft unmittelbar gestaltende, das heißt hier rechtsvernichtende Wirkung. Das Verpflichtungsurteil bedarf des Vollzuges durch die Verwaltung, der gegebenenfalls mit Vollstreckungsmaßnahmen durchgesetzt werden kann.

Um zu seiner Entscheidung zu gelangen, prüft das Gericht, ob der Verwaltungsakt oder seine Ablehnung bzw. Unterlassung rechtswidrig und der Kläger dadurch in seinen Rechten verletzt ist. Dabei unterliegt der Streit der gerichtlichen Vollkontrolle aller Tat- und Rechtsfragen, soweit nicht der Gesetzgeber der Verwaltung Ermessensspielräume zugestanden hat. Bei dieser Prüfung subsumiert das Gericht den ermittelten Sachverhalt unter den gesetzlichen Tatbestand und vergleicht die so gefundene Rechtsfolge mit der Verwaltungsentscheidung. Bei der Rechtsfolge ist die Frage entscheidend, ob die Verwaltung gebunden ist (Formulierung im Gesetz: "Die Genehmigung ist zu erteilen, wenn ...") oder die Entscheidung im Ermessen der Verwaltung steht (Formulierung im Gesetz: "Eine Erlaubnis *kann* (oder *soll*) erteilt werden, wenn ... "). Bei der gebundenen Entscheidung kann nur eine einzige Entscheidung der Verwaltung rechtmäßig sein. Bei der Ermessensentscheidung bleibt bei der Rechtsfolge für die Verwaltung ein Spielraum, in dem sie nach Zweckmäßigkeitsgründen entscheiden kann. Das von der Verwaltung ausgeübte Ermessen kann von dem Gericht nur daraufhin überprüft werden, ob die gesetzlichen Grenzen des Ermessens überschritten sind oder von dem Ermessen in einer dem Zweck der Ermächtigung nicht entsprechenden Weise Gebrauch gemacht ist. Im Gegensatz zum Vorverfahren kann also im Verwaltungsprozeß die Zweckmäßigkeit der Verwaltungsentscheidung vom Gericht nicht überprüft werden.

Dieses Modell für die Kontrolle durch die Gerichte ist im Grundsatz sehr klar, wirft aber im Einzelfall manche Fragen auf. Ein Beispiel hierfür ist die Ausfüllung der sogenannten unbestimmten Rechtsbegriffe. Bei der Normierung sehr komplexer Sachbereiche, wie z.B. im Bereich der Gentechnik, des Umweltschutzes oder der Planung technischer Großvorhaben, werden vom Gesetzgeber im gesetzlichen Tatbestand unbestimmte Rechtsbegriffe verwandt, die insbesondere auf den Stand von Wissenschaft und Technik abstellen. Die Rechtsprechung hält die Interpretation dieser Begriffe durch die Verwaltung für gerichtlich voll nachprüfbar und billigt dieser dabei prinzipiell kein Ermessen zu.

5. *Rechtsmittel*

Die Rechtsmittel im Verwaltungsprozeß sind die Berufung, die Revision und die Beschwerde. Die Einlegung des Rechtsmittels bewirkt, daß die ergangene Gerichtsentscheidung in einer höheren Gerichtsinstanz überprüft und daß erneut entschieden wird. Das Urteil des Verwaltungsgerichts kann mit der Berufung angefochten werden, über die das Oberverwaltungsgericht entscheidet. Das Oberverwaltungsgericht ist

Rechts- und Tatsacheninstanz, es kann daher das Urteil in vollem Umfang nachprüfen und auch selbst den Sachverhalt weiter erforschen. In bestimmten Fällen ist die Berufung vom Verwaltungsgericht besonders zuzulassen, so bei Klagen, die eine Geldleistungsverpflichtung bis zu einer Höhe von 1.000 DM oder Erstattungsstreitigkeiten zwischen Trägern öffentlicher Verwaltung bis 10.000 DM betreffen. Zulassungsregelungen bestehen auch in den Fällen, in denen ein Bundes- oder Landesgesetz für ein bestimmtes Rechtsgebiet die besondere Zulassung der Berufung vorschreibt.

Das Urteil des Oberverwaltungsgerichts kann mit der Revision angefochten werden. Über diese entscheidet das Bundesverwaltungsgericht. In der Revisionsinstanz ist das Bundesverwaltungsgericht reine Rechtsinstanz, das heißt die weitere Erforschung des Sachverhalts ist ihm verwehrt. Es ist an den von den Vorinstanzen ermittelten Sachverhalt bei seiner Entscheidung gebunden. Stellt es Fehler bei der Ermittlung des Sachverhaltes durch die Vorinstanzen fest, und ist es dadurch an einer Sachentscheidung gehindert, muß es zur weiteren Sachaufklärung an eine der Vorinstanzen zurückverweisen. Als Rechtsinstanz kann das Bundesverwaltungsgericht aber auch nur die Verletzung von Bundesrecht nachprüfen. Über Rechtsfragen des Landesrechts entscheiden die jeweiligen Oberverwaltungsgerichte abschließend.

Entscheidungen des Verwaltungsgerichts, die nicht Urteile sind (Beschlüsse), können mit der Beschwerde angefochten werden, über die das Oberverwaltungsgericht entscheidet. Es prüft dabei die Entscheidung in vollem Umfang nach und entscheidet ebenfalls durch Beschluß. Eine weitere Beschwerde gegen diesen Beschluß gibt es grundsätzlich nicht, ebensowenig gegen alle sonstigen Beschlüsse des Oberverwaltungsgerichts. Nur in einigen vom Gesetz ausdrücklich zugelassenen Fällen, z.B. wenn das Verwaltungsgericht die Zulassung der Berufung oder das Oberverwaltungsgericht die Zulassung der Revision ablehnen, können diese Entscheidungen selbständig mit der Beschwerde angefochten werden, über die dann das Oberverwaltungsgericht bzw. Bundesverwaltungsgericht entscheidet.

6. Verwaltungsgerichtliches Normenkontrollverfahren

Als besondere Verfahrensart zur Überprüfung bestimmter Rechtsvorschriften sieht die Verwaltungsgerichtsordnung das Normenkontrollverfahren vor. In diesem Verfahren können Satzungen, die nach dem Baugesetzbuch erlassen worden sind, ebenso – nach besonderer landesgesetzlicher Zuweisung – weitere landesrechtliche Vorschriften, die im Range unter dem Landesgesetz stehen, auf ihre Gültigkeit überprüft werden.

Das Normenkontrollverfahren ist objektives Rechtsbeanstandungsverfahren. Die Entscheidung, mit der eine Rechtsvorschrift für nichtig erklärt wird, wirkt nicht nur zwischen den Beteiligten, sondern gegenüber jedermann. Das kann insbesondere bei Rechtsvorschriften, die Grundlage vieler späterer Verwaltungsakte sein können, wie Bebauungspläne, von großer Bedeutung sein und wesentlich zur Vereinfachung des Rechtsschutzes beitragen. Wird dagegen der Antrag, die Vorschrift für nichtig zu erklären, abgewiesen, tritt nur eine Wirkung zwischen den Beteiligten ein; gleichwohl kann die Entscheidung den Behörden die gesetzeskonforme Interpretation der überprüften Vorschrift vorgeben, die diese beachten müssen, wenn ihre Verwaltungsakte nicht in späteren gerichtlichen Verfahren aufgehoben werden sollen.

Das Normenkontrollverfahren ist aber auch Rechtsschutzverfahren. Natürliche und juristische Personen können den Antrag auf Normenkontrolle nur stellen, wenn sie durch die Rechtsvorschrift oder deren Anwendung einen Nachteil erlitten oder in absehbarer Zeit zu erwarten haben. Also auch hier ist eine Popularklage ausgeschlossen. Darüber hinaus sind auch Behörden, die von der Norm betroffen sind oder mit ihr umzugehen haben, antragsbefugt; unzulässig ist jedoch der Antrag derjenigen Behörde, die die zu prüfende Rechtsvorschrift erlassen hat, da sie diese bei Zweifeln an ihrer Gültigkeit selbst ändern kann; auch die dieser Behörde weisungsunterworfene Behörde kann den Antrag nicht stellen.

Das Normenkontrollverfahren ist einstufig. Es findet vor dem Oberverwaltungsgericht statt. Von den insgesamt rund 23.000 vor den Oberverwaltungsgerichten im Jahr 1992 erledigten Hauptverfahren waren 479 Normenkontrollverfahren. Besonders in den süddeutschen Ländern, in denen das Verfahren bereits vor Inkrafttreten der Verwaltungsgerichtsordnung (1960) eingeführt war, wird von ihm Gebrauch gemacht; so wurden 1992 in Baden-Württemberg 111 und in Bayern 94 Anträge auf Normenkontrolle erledigt.

GESCHÄFTSENTWICKLUNG DER HAUPTVERFAHREN

	1988	1990	1992
Verwaltungsgerichte			
Neuzugänge (früheres Bundesgebiet ab 1990 zzgl. Berlin-Ost)			
Insgesamt	121 709	128 018	155 163
Allg. Kammern	90 095	76 875	86 983
Asylkammern	31 614	51 143	68 180

	Verfahrensdauer (in Monaten)		
Insgesamt	12,7 M	11,5 M	13,6 M
Allg. Kammern	13,2 M	12,3 M	15,3 M
Asylkammern	11,0 M	10,4 M	11,3 M

Oberverwaltungsgerichte
Neuzugänge (früheres Bundesgebiet ab 1990 zzgl. Berlin-Ost)

1. Instanz	1 918	1 447	1 196
Rechtsmittel-instanz (insg.)	17 919	17 701	22 901
Allg. Senate	12 445	12 459	11 249
Asylsenate	5 474	6 740	11 652

Verfahrensdauer

Senate (insg.)	12,8 M	14,2 M	12,4 M
Allg. Senate	14,5 M	16,5 M	16,0 M
Asylsenate	7,2 M	9,4 M	7,4 M

Bundesverwaltungsgericht
Neuzugänge (ab 1992 zzgl. neue Länder)

Insgesamt	3 679	3 199	3 095
Revisionssenate	3 287	2 820	2 772
1. Instanz	—	—	13

Verfahrensdauer

Revisionsverf.	25 M	24 M	25 M

V. Vorläufiger Rechtsschutz

Angesichts der langen Verfahrensdauer des Hauptverfahrens von durchschnittlich 12 Monaten bei den Verwaltungsgerichten hat der vorläufige Rechtsschutz in der verwaltungsgerichtlichen Praxis eine zentrale Bedeutung erlangt. Rund ein Drittel der Verfahren vor den Verwaltungsgerichten sind Verfahren im vorläufigen Rechtsschutz. Wird eine Genehmigung oder eine sonstige Verwaltungsleistung verweigert, so kann der Betroffene in vielen Fällen nicht die Entscheidung im langwierigen Hauptverfahren abwarten. Ganze Rechtsgebiete kommen daher kaum zur Entscheidung im Hauptverfahren, so etwa das Hochschulzulassungsrecht. Abgesehen von den Numerus-clausus-Sachen bildet rein zahlenmäßig das Ausländer- und Asylrecht mit 52 % (1992) den größten Anteil in den Eilverfahren.

Ein Verfahren auf Gewährung vorläufigen Rechtsschutzes kann auch schon vor Klageerhebung bei dem Gericht der Hauptsache eingeleitet werden. Auf einen entsprechenden Antrag kann das Gericht eine einstweilige Anordnung in bezug auf den Streitgegenstand treffen, wenn die Gefahr besteht, daß durch eine Veränderung des bestehenden Zustandes die Verwirklichung eines Rechts des Antragsstellers vereitelt oder wesentlich erschwert werden könnte. Eine einstweilige Anordnung ist auch zur Regelung eines einstweiligen Zustandes in bezug auf ein streitiges Rechtsverhältnis zulässig, wenn diese Regelung, vor allem bei dauernden Rechtsverhältnissen, notwendig erscheint, um wesentliche Nachteile abzuwenden oder drohende Gewalt zu verhindern. Auch im Normenkontrollverfahren sind einstweilige Anordnungen zulässig.

Das Verfahren bei der einstweiligen Anordnung unterliegt den gleichen Maximen, wie sie für das Verfahren in der Hauptsache beschrieben wurden; es ist aber sonst als summarisches Verfahren ausgestaltet, bei dem ein Glaubhaftmachen für den behaupteten Anspruch ausreicht und auch an den Umfang der Sachaufklärung geringere Anforderungen gestellt werden, um zu einer möglichst schnellen Entscheidung zu gelangen. Welche Anordnung zu treffen ist, steht im Ermessen des Gerichts, es ist insoweit nicht an den Antrag gebunden. Die Anordnung darf jedoch nicht die Entscheidung in der Hauptsache vorwegnehmen.

Eine besondere Ausgestaltung hat der vorläufige Rechtsschutz bei der Anfechtungsklage gefunden. Diese Form des vorläufigen Rechtschutzes überwiegt mit rund 80% aller Eilverfahren (1992) in der Verwaltungsgerichtspraxis. Um die Vollziehung des angefochtenen, belastenden Verwaltungsaktes zu verhindern, sieht das Gesetz vor, daß der Widerspruch im Vorverfahren und die Anfechtungsklage grundsätzlich aufschiebende Wirkung haben. Das gilt sowohl für den Betroffenen selbst gegenüber der Verwaltung als auch für den Dritten bei Verwaltungsakten mit Doppelwirkung mit der Folge, daß der Begünstigte z.B. von einer ihm erteilten Baugenehmigung nicht mehr Gebrauch machen darf. Die aufschiebende Wirkung endet bei rechtskräftigem Abschluß des Verwaltungsprozesses.

Von dem Grundsatz der aufschiebenden Wirkung gibt es jedoch wichtige Ausnahmen. Die aufschiebende Wirkung ist nach der Verwaltungsgerichtsordnung ausgeschlossen bei der Anforderung öffentlicher Abgaben und Kosten, bei unaufschiebbaren Anordnungen und Maßnahmen von Polizeivollzugsbeamten sowie in anderen durch Bundesgesetz vorgeschriebenen Fällen. Von besonderer Bedeutung ist aber die der Verwaltung eingeräumte Möglichkeit, in Fällen, wo dies im öffentlichen Interesse oder im überwiegenden Interesse eines Beteiligten erforderlich ist, die sofortige Vollziehung des Verwaltungsaktes besonders anzuordnen und damit die aufschiebende Wirkung von Widerspruch oder Anfechtungsklage auszuschließen. In der Verwaltungsgerichtsordnung ist seit 1991 nunmehr explizit geregelt, daß auf Antrag eines Begünstigten die Verwaltung die sofortige Vollziehung anordnen kann, wenn ein Dritter gegen den Verwaltungsakt mit Doppelwirkung einen Rechtsbehelf eingelegt hat.

Im Verfahren des vorläufigen Rechtsschutzes bei Anfechtungsklagen kann das Gericht bei gesetzlichem Ausschluß der aufschiebenden Wirkung diese auf Antrag des Betroffenen anordnen, bei der Anordnung der sofortigen Vollziehung durch die Verwaltung die aufschiebende Wirkung wiederherstellen. Da es hier um die Aussetzung des Vollzuges der Vollziehbarkeit geht, spricht man auch vom Aussetzungsverfahren. In diesem Verfahren kommt als besonderes Moment die Abwägung des überwiegenden Interesses, sei es im öffentlichen oder privaten Interesse, hinzu. Bei den sogenannten Nachbarstreitigkeiten kann der Dritte im Aussetzungsverfahren sich gegen eine vom Begünstigten erwirkte Anordnung der sofortigen Vollziehbarkeit wenden. In diesen Fallkonstellationen muß das Gericht abwägen, welche der betroffenen privaten Rechtspositionen schützenswerter ist.

VI. Reform der gerichtlichen Verwaltungskontrolle

Lange Verfahrensdauer und hoher Geschäftsanfall bei den Verwaltungsgerichten haben seit Ende der siebziger Jahre zu immer weitergehenden Überlegungen einer Reform der gerichtlichen Verwaltungskontrolle geführt. Noch in den achtziger Jahren war der Gesetzgeber bemüht, die Überlastung der Gerichte durch besondere, zeitlich beschränkte Maßnahmen zu beheben. Zugleich wurde die Zahl der Richterstellen von rund 1200 (1978) auf 2100 (1993) in den alten Ländern fast verdoppelt.

Weder die befristeten Entlastungsmaßnahmen noch der Personalausbau bei den Verwaltungsgerichten haben an dem Hauptübel der zu langen Verfahren etwas ändern können. Um die angestrebte Verkürzung und Beschleunigung verwaltungsgerichtlicher Verfahren zu erreichen, hat der Gesetzgeber – zuletzt durch das Gesetz zur Entlastung der Rechtspflege vom 11. Januar 1993 – Vereinfachungsvorschriften im Prozeßrecht geschaffen, die zu erheblichen Strukturveränderungen in der Verwaltungsgerichtsbarkeit geführt haben. Eine Leitfunktion für die Umgestaltung der gesamten Verwaltungsgerichtsbarkeit haben dabei die im Asylverfahrensgesetz geschaffenen Verfahrensregelungen zur Beschleunigung der gerichtlichen Kontrolle von Asylentscheidungen eingenommen.

Das Ausmaß des Eingriffs des Gesetzgebers in die Strukturelemente der Verwaltungsgerichtsbarkeit wird unterschiedlich bewertet. Es kann jedoch nicht verkannt werden, daß das ursprüngliche Modell der Verwaltungsgerichtsordnung aus dem Jahr 1960 ganz wesentliche Veränderungen erfahren hat. Es hat nicht zuletzt ein grundlegender Abbau der 2. und 3. Instanz stattgefunden mit der erstinstanzlichen Zuweisung von bestimmten Rechtsgebieten an die Oberverwaltungsgerichte und an das Bundesverwaltungsgericht sowie durch Zulassungsbeschränkungen für die Einlegung von Rechtsmitteln. In der Gerichtsorganisation ist es daneben zu einer Einschränkung des Kollegialprinzips gekommen, indem der Einzelrichter unter bestimmten Voraussetzungen zum obligatorischen Einzelrichter in der 1. Instanz gemacht worden ist. Mit der Stärkung des Einzelrichterprinzips bei den Verwaltungsgerichten entfällt zugleich die Mitwirkung der ehrenamtlichen Richter. Eine gerichtliche Verwaltungskontrolle durch Einzelrichter kann aber in der Praxis schwerlich gegenüber der Verwaltung die Autorität vermitteln wie das bewährte Kammerprinzip.

Die für die Verwaltungsgerichtsbarkeit bedenklichste Entwicklung geht jedoch von der Tendenz des Gesetzgebers aus, in zahlreichen Einzelgesetzen die Regelungen der Verwaltungsgerichtsordnung zu modifizieren. Für ganze Bereiche, aber auch oft für ganz bestimmte Einzelregelungen gelten in Gerichtsorganisation und -verfahren nicht oder nicht mehr vollständig die Regelungen der Verwaltungsgerichtsordnung, sondern fachgesetzliche Sonderbestimmungen. Ein vollständiger Überblick über diese Sonderbestimmungen ist kaum noch möglich. Es ist zu bezweifeln, ob sich mit derartigen partiellen Eingriffen in das Prozeßrecht Beschleunigungseffekte erzielen lassen. Es kann vielmehr vermutet werden, daß die Verwaltungsgerichte selbst dadurch in Schwierigkeiten gebracht werden. Denn umgekehrt werden ihnen vom Bundesverfassungsgericht für eine Reihe von Materien zusätzliche Aufklärungs- und Kontrollpflichten auferlegt.

Für die steigende Belastung der Verwaltungsgerichte trägt der Gesetzgeber eine nicht unerhebliche Mitverantwortung, denn immer weitere Bereiche werden einer gesetzlichen Regelung unterworfen. Dabei ist festzustellen, daß eine Vielzahl neuer Vorschriften europäischen Ursprungs ist. Das Gemeinschaftsrecht ist in weiten Teilen als (Wirtschafts-)Verwaltungsrecht zu qualifizieren, dessen Anwendung in der Verantwortung der öffentlichen Verwaltungen der Mitgliedstaaten liegt. Ein allgemeiner, in allen Mitgliedstaaten geltender Grundsatz des Gemeinschaftsrechts lautet, daß die Verweigerung gemeinschaftsrechtlicher Rechte durch innerstaatliche Behörden der Überprüfung durch die nationalen Gerichte unterworfen werden kann. Den Verwaltungsgerichten obliegt es damit, auch diejenigen Rechte des einzelnen zu schützen, die ihm das Gemeinschaftsrecht zuweist.

Im europäischen Vergleich weist die deutsche Verwaltungsgerichtsbarkeit einen hohen Standard im Hinblick auf Verfahrenssicherheit und Akzeptanz der Gerichtsentscheidungen auf. Diese rechtsstaatliche Errungenschaft sollte nicht durch einen voreiligen Abbau von Verfahrensrechten der im Verwaltungsprozeß Beteiligten in Frage gestellt werden.

Literatur

Eyermann, Erich/Fröhler, Ludwig/Kormann, Joachim, Verwaltungsgerichtsordnung, 9. Auflage, München 1988.
Hufen, Friedhelm, Verwaltungsprozeßrecht, München 1994.
Kopp, Ferdinand O., Verwaltungsgerichtsordnung, 10. Auflage, München 1994.
Kuhla, Wolfgang/Hüttenbrink, Jost, Der Verwaltungsprozeß, München 1995.
von Oertzen, Hans Joachim, Der Aufbau der Verwaltungsgerichtsbarkeit in den neuen Bundesländern, in: *Bender, Bernd/Breuer, Rüdiger/Ossenbühl, Fritz/Sendler, Horst* (Hrsg.), Rechtsstaat zwischen Sozialgestaltung und Rechtsschutz, Festschrift für Konrad Redeker, München 1993, S. 339 ff.
Redeker, Konrad/von Oertzen, Hans Joachim, Verwaltungsgerichtsordnung, 11. Auflage, Stuttgart 1994.
Rengeling, Hans-Werner/Middeke, Andreas/Gellermann, Martin, Rechtsschutz in der Europäischen Union, Durchsetzung des Gemeinschaftsrechts vor europäischen und deutschen Gerichten, München 1994.
Schmidt-Bleibtreu, Bruno/Dirnberger, Franz, Rechtsschutz gegen den Staat, Beck-Rechtsberater, 4. Auflage, München 1992.
Schmitt Glaeser, Walter, Verwaltungsprozeßrecht, 13. Auflage, Stuttgart 1994.
Statistisches Bundesamt (Hrsg.), Verwaltungsgerichte 1992, Wiesbaden 1994.
Ule, Carl Hermann, Verwaltungsprozeßrecht, 9. Auflage, München 1987.

Hedda von Wedel

3. Verwaltungskontrolle durch Rechnungshöfe

Inhaltsübersicht

I. Notwendigkeit und Entwicklung der Verwaltungs-/Finanzkontrolle
II. Begriff der Verwaltungs-/Finanzkontrolle und rechtliche Stellung der Rechnungshöfe
III. Prüfung durch die Rechnungshöfe
IV. Prüfungsmaßstäbe
V. Planung, Gestaltung und Durchführung von Prüfungen
VI. Berichterstattung an das Parlament
VII. Rechnungshöfe als Berater
VIII. Finanzkontrolle im Bundesstaat und im internationalen Bereich
IX. Wirksamkeit und Grenzen der Finanzkontrolle

I. Notwendigkeit und Entwicklung der Verwaltungs-/Finanzkontrolle

Im Jahre 1989 beging der Bundesrechnungshof die 275. Wiederkehr der Errichtung der Preußischen Generalrechenkammer. Das Jahr 1714 gilt als Geburtsstunde der Rechnungsprüfung in Deutschland. König Friedrich Wilhelm I. hatte unmittelbar nach seinem Regierungsantritt 1713 den Geheimen Kammerrat von Creutz zum Generalkontrolleur aller Kassen ernannt. Am 2. Oktober 1714 teilte er ihm zur Hilfeleistung bei der Rechnungsprüfung vier Räte zu, so daß dieser Tag als Gründungstag der kollegialen Kontrollbehörde angesehen wird. Diese Behörde, die bis 1723 General-Rechen-Kammer (bzw. später Ober-Rechnungs-Kammer) hieß, war eine selbständige Zentralbehörde mit Sitz in Berlin, die direkt dem König unterstellt war.

Interessant und für die damalige Verfassung der Staaten wohl auch typisch ist, daß die Ausbildung des Kontrollwesens von dem obersten Träger der Staatsgewalt, dem Monarchen, vorwärts getrieben wurde. Die Landesherren haben sich zum Teil selbst an der Rechnungsprüfung beteiligt, so König Friedrich Wilhelm I. und sein Sohn Friedrich der Große, der 1784 schrieb: "Entweder soll einer nicht nach der Herrschaft über Staaten begehren, oder aber er muß den edlen Vorsatz fassen, sich ihrer würdig zu erweisen, und zwar dadurch, daß er sich alles Wissen aneignet, das zum Fürsten gehört, und edlen Eifers sich antreibt, keine Arbeit und Sorge zu scheuen, wenn das Regieren sie erheischt. Man könnte beispielsweise sagen: Das Rechnungswesen ist mir zuwider. Ich antworte: Das Wohl des Staates fordert, daß ich die Rechnungen durchsehe, und in dem Falle darf mir nichts sauer werden."

Lange Zeit gab es eine Auseinandersetzung, ob die Finanzkontrolle eher als interne Kontrolle der Finanzverwaltung oder als unabhängige, umfassende, externe Kontrolle durchgeführt werden sollte. Friedrich der Große, der zwar der Finanzkontrolle grundsätzlich positiv gegenüberstand, entzog gleichwohl einen Teil der Ausgaben der Kontrolle der Ober-Rechnungs-Kammer, z.B. wollte er nicht, daß die Kosten seiner Bauten in Potsdam offengelegt wurden. Immer wieder gab es auch Angriffe von Ministern gegen die Institution, die ihnen lästig wurde. Im 19. Jahrhundert, mit dem Übergang zur konstitutionellen und später zur parlamentarischen Staatsform, vollzog sich auch ein Wandel im Adressaten der Feststellungen der Rechnungsprüfungsbehörden. War es zunächst das Interesse der Monarchen gewesen, ihre Beamten zu kontrollieren, wurde es jetzt das Anliegen der Parlamente, mit Hilfe der Rechnungsprüfung die Regierung besser zu kontrollieren.

Im deutschen Kaiserreich von 1871, als ein einheitlicher Rechnungshof des Deutschen Reiches gegründet wurde, saßen im Parlamentsausschuß für die Finanzkontrolle prominente liberale Abgeordnete. Obwohl sich die meisten Betrachter einig waren, daß die Rechnungsprüfung in Deutschland nicht mit den Befugnissen eines Gerichts ausgestattet werden sollte, wurde die Finanzkontrolle doch in einer Reihe mit der Rechtskontrolle und Verfassungskontrolle gesehen und die Unabhängigkeit als wichtige Bedingung für die Wirksamkeit angesehen. Dem Rechnungshof wurde die Prüfung des gesamten Reichshaushalts übertragen. Diese Tätigkeit übte er unter der Bezeichnung "Rechnungshof des Deutschen Reiches" bis zur Kapitulation im Jahre 1945 aus. Die Preußische Rechenkammer ist deshalb Vorläufer der Rechnungshöfe in Deutschland.

II. Begriff der Verwaltungs-/Finanzkontrolle und rechtliche Stellung der Rechnungshöfe

Die Rechnungshöfe in Bund und Ländern führen Verwaltungskontrolle in Form der staatlichen Finanzkontrolle aus. Es geht hierbei um die Prüfung der Haushalts- und

Wirtschaftsführung des Staates auf Ordnungsmäßigkeit und Wirtschaftlichkeit. Die Finanzkontrolle "moderner Prägung" geht damit wesentlich über die Prüfung der von den zuständigen Verwaltungen gelegten Rechnungen auf belegmäßigen Nachweis und rechnerische Richtigkeit hinaus.

Zentrale Organe der Finanzkontrolle sind die Rechnungshöfe des Bundes und der Länder. Sie sind "der Regierung gegenüber selbständige, nur dem Gesetz unterworfene Oberste Behörden". Die besondere Stellung der Rechnungshöfe zeigt sich darin, daß ihre Mitglieder richterliche Unabhängigkeit haben. Sie sind unabsetzbar und bei der Ausübung ihrer Prüfungstätigkeit an keine Weisungen gebunden. Dieser Status ist in Art. 114 Abs. 2 des Grundgesetzes und in den meisten Länderverfassungen verfassungsrechtlich garantiert. Mitglieder des Bundesrechnungshofes sind der Präsident, der Vizepräsident, die Abteilungs- und die Prüfungsgebietsleiter, nicht jedoch die Prüfungsbeamten. Die Rechnungshöfe werden durch ihnen nachgeordnete Rechnungsprüfungsämter oder organisatorisch in die Verwaltung eingegliederte Vorprüfungsstellen unterstützt. Ihre Tätigkeit unterliegt aber allein den fachlichen Weisungen der Rechnungshöfe. Die Rechnungshöfe sind von der Verwaltung unabhängige Oberste Bundes- bzw. Landesbehörden. Sie sind weder im Verhältnis zur Exekutive noch zur Legislative weisungsgebunden. Als oberste Organe der Finanzkontrolle stehen sie im System der Gewaltenteilung zwischen Exekutive und Legislative. Sie bestimmen Prüfungsstoff und Bewertung im Rahmen der Gesetze nach eigenem Ermessen. Bei der Auswahl der Prüfungsvorhaben berücksichtigen die Rechnungshöfe Prüfungswünsche ihrer Parlamente soweit als möglich. In einer Reihe von Ländern ist den Landtagen (teilweise auch anderen Stellen) das Recht zuerkannt worden, im Einzelfall Ersuchen an die jeweiligen Landesrechnungshöfe zu richten.

III. Prüfung durch die Rechnungshöfe

Nach Art. 114 Abs. 2 des Grundgesetzes hat der Bundesrechnungshof "die Rechnung sowie die Wirtschaftlichkeit und Ordnungsmäßigkeit der Haushalts- und Wirtschaftsführung" zu prüfen. Unter "Haushalts- und Wirtschaftsführung" versteht man die Summe aller einnahme- und ausgabewirksamen Entscheidungen der Exekutive, die dem Vollzug des Haushalts dienen oder sich auf künftige Haushalte auswirken können. Die Prüfung ist darauf gerichtet, ob ordnungsgemäß, wirtschaftlich und sparsam verfahren worden ist.

Die Prüfungszuständigkeit der Rechnungshöfe umfaßt die gesamte finanzwirtschaftliche Betätigung des Staates, auch soweit sie sich nicht in der Haushaltsrechnung niederschlägt. Sie prüfen die Bundes- bzw. Landesverwaltungen und -organe einschließlich der Sondervermögen und wirtschaftlichen Betriebe ebenso wie die bundes- bzw. landesunmittelbaren juristischen Personen (Körperschaften, Stiftungen und Anstalten) des öffentlichen Rechts. Unter bestimmten Voraussetzungen werden auch juristische Personen des privaten Rechts geprüft. Das ist z.B. dann der Fall, wenn sie Zuschüsse des Bundes oder Landes erhalten.

Die Prüfung ist nicht an die Rechnungslegung gebunden. Die Rechnungshöfe können schon prüfen, bevor das Finanzministerium für die Regierung Rechnung gelegt hat. Erforderlich für die Prüfung ist nur, daß eine "Maßnahme" vorliegt. Diese setzt eine in sich abgeschlossene Handlung der Verwaltung voraus, die aufgrund prüfungsfähiger Unterlagen beurteilt werden kann. Der Prüfung zugänglich sind demnach auch durch Entscheidungen abgeschlossene Teilvorgänge und Zwischenentscheidungen. Die "Maßnahmenprüfung" ermöglicht den Rechnungshöfen, gegenwartsnäher zu prüfen, bevor überhaupt Mittel verausgabt wurden. Dies ist bei Maßnahmen auf dem Bausektor, die sich erst in späteren Jahren in Rechnungen niederschlagen, von besonderer Bedeutung. So ist beispielsweise das beschlossene Raumprogramm eine prüfungsfähige Maßnahme. Überzogene Bauvorhaben konnten im Zuge solcher Maßnahmenprüfungen auf einen sachgerechten, an den Maßstäben der Wirtschaftlichkeit und Sparsamkeit ausgerichteten Umfang zurückgeführt werden.

Die Rechnungshöfe prüfen ferner die wirtschaftliche Betätigung der öffentlichen Hand, das heißt die Betätigung des Bundes oder Landes als Unternehmer, Aktionär oder Mitgesellschafter. Außerdem wird bei Stellen außerhalb der Bundes- oder Landesverwaltung geprüft, wenn sie vom Bund oder Land durch Bürgschaften oder Gewährleistungsverträge gefördert werden, Bundes- oder Landesmittel verwalten oder Teile des Haushaltsplans ausführen. Die Rechnungshöfe prüfen auch die bestimmungsgemäße und wirtschaftliche Verwendung aller Zuwendungen, die aus öffentlichen Haushalten gewährt werden.

IV. Prüfungsmaßstäbe

Maßstäbe für die Prüfung durch die Rechnungshöfe sind Ordnungsmäßigkeit und Wirtschaftlichkeit.

Unter dem Gesichtspunkt der Ordnungsmäßigkeit wird die Rechtmäßigkeit, die Beachtung der Gesetze, des Haushaltsplans und der Verwaltungsvorschriften sowie die

Vollständigkeit und Richtigkeit der Belege geprüft. Zu prüfen ist hier ferner, ob bei Festlegung und Durchführung des Haushaltsplans die Verfassung beachtet wurde.

Finanzkontrolle unter dem Gesichtspunkt der Wirtschaftlichkeit untersucht das Verhältnis von Kosten (Aufwendungen) und Zweck (Nutzen). Wirtschaftlichkeit ist dann gegeben, wenn der mit der Maßnahme verfolgte Zweck mit dem geringstmöglichen Aufwand erreicht worden ist. Es wird untersucht, ob Verwaltungsaufgaben mit geringerem Personal- und Sachaufwand wirksamer erfüllt werden können, ob Arbeitsabläufe und Arbeitstechniken sinnvoll und ob Personalbemessung, Dienstpostenbewertung und Personaleinsatz sachgerecht sind. Der Schwerpunkt dieser Prüfung liegt nicht in der formellen Kontrolle von Einzelrechnungen und dem Abhaken von Rechnungsposten. Schwerpunkt ist vielmehr die materielle Prüfung, die der Exekutive Verbesserungsvorschläge für die Zukunft an die Hand gibt, um mit einem Minimum an Ausgaben ihre Aufgaben zu erfüllen. Im Gegensatz zur Ordnungsmäßigkeit ist die Wirtschaftlichkeit kein rechnerisch exakt nachvollziehbarer Maßstab, sondern eine Ermessensprüfung auf Zweckmäßigkeit.

Die Prüfung der wirtschaftlichen Betätigung der öffentlichen Hand erfolgt nach "kaufmännischen Grundsätzen". Gegenstand der Prüfung ist hierbei nicht das Unternehmen, sondern die Betätigung der jeweiligen Gebietskörperschaft als Anteilseigner in den Aufsichtsgremien. Mit der Privatisierung von Bahn und Post ist die frühere Prüfung der Haushalts- und Wirtschaftsführung bei diesen Sondervermögen in Betätigungsprüfungen der gegründeten Unternehmen übergegangen.

V. *Planung, Gestaltung und Durchführung von Prüfungen*

Im allgemeinen ist davon auszugehen, daß die Rechnungshöfe angesichts der Fülle des Prüfungsstoffes nur stichprobenweise prüfen. Diese Beschränkung ist nach den Bestimmungen der Haushaltsordnungen zulässig. Prüfungsdichte und Prüfungstiefe sind dem Zweck der Prüfung und der Bedeutung des Prüfungsstoffes anzupassen. Im Sinne einer "Prüfungsökonomie" geht es dabei darum, mit vertretbarem Aufwand einen verläßlichen Eindruck über die Qualität der Verwaltungsarbeit zu erhalten und nicht größere Fehlerquellen, die über den Einzelfall hinausreichen, zu übersehen. Prüfungsfreie Räume dürfen grundsätzlich nicht entstehen.

Bei der Planung und Gestaltung der Prüfungen können folgende Formen unterschieden werden:

- Die "allgemeine Prüfung" zielt darauf ab, einen Überblick über die Haushalts- und Wirtschaftsführung der Verwaltung zu erhalten. Die Prüfungstiefe ist dem Zweck dieser Prüfung anzupassen, die Stichproben sind auf das für eine repräsentative Aussage erforderliche Maß zu beschränken.
- Die "Projektprüfung" ist eine besondere Art der allgemeinen Prüfung und betrifft vor allem größere Investitionen. Wegen des hier meist entstehenden größeren Arbeitsaufwandes werden dabei übergreifende querschnittsmäßige oder system-/programm-bezogene Aussagen angestrebt.
- Bei "Schwerpunktprüfungen" wird nur ein Teil des Prüfgegenstandes erfaßt. Beispielsweise werden bei der Prüfung von Ausgaben für Straßenbauarbeiten nur die Ausgaben für Brücken geprüft. Derartige Prüfungen werden vor allem in Betracht kommen, wenn bei einer allgemeinen Prüfung ein besonders fehlerträchtiger Arbeitsbereich aufgedeckt worden ist oder es sich um einen sehr wichtigen Prüfungsgegenstand handelt.
- Die "Querschnittsprüfung" unterscheidet sich von der Schwerpunktprüfung dadurch, daß sie ein abgegrenztes Prüfungsthema in einem möglichst breiten Anwendungsbereich erfaßt und dafür darauf verzichtet, die Verhältnisse und die Verantwortung bei einem bestimmten Anwender im Detail zu klären. Es kommt also hier nicht so sehr darauf an, wie ordnungsgemäß und wirtschaftlich eine ganz bestimmte Behördenstelle arbeitet, sondern darauf, inwieweit das bestimmte Prüfungsthema von der betroffenen Verwaltung insgesamt sachgerecht behandelt wird oder welche Probleme dabei auftreten.
- Die "System- und Programmprüfung" zielt darauf ab, die dem betreffenden Regelwerk, Verfahrenssystem oder Programm zugrunde liegenden Aspekte zu analysieren und in ihren Auswirkungen im Rahmen des politisch Gewollten zu überprüfen. Derartige Prüfungen können sich auch auf zusammenhängende Teile eines Regelwerkes, Verfahrenssystems oder Programms beziehen. Wesentlich ist auch hier, daß es nicht auf die Behandlung des Einzelfalles als solchen ankommt.

Nach den in Bund und Ländern geltenden Haushaltsordnungen ist es Sache des jeweiligen Rechnungshofes, Zeit und Art der Prüfung sowie den Umfang der erforderlichen örtlichen Erhebungen selbst festzulegen. Die Verwaltung hat ihm gegenüber eine umfassende Auskunftspflicht und muß alle Unterlagen vorlegen, die der Rechnungshof verlangt. Außerdem hat sie ihn über alle wichtigen neuen Maßnahmen zu unterrichten. Der Rechnungshof prüft teils an seinem Sitz, teils aber auch bei der geprüften Stelle. Dazu zwingt schon die Fülle der Prüfungsunterlagen. Auch stehen an Ort und Stelle die verantwortlichen Bediensteten für Auskünfte zur Verfügung, so daß viele Fragen schon während der Prüfung geklärt werden können.

Bei ihrer Prüfungstätigkeit werden die Rechnungshöfe durch Rechnungsprüfungsämter und Vorprüfungsstellen unterstützt. Deren Aufgaben sind grundsätzlich die gleichen wie die der unabhängigen Finanzkontrollbehörden. Sie haben Ordnungsmäßigkeitsprüfungen, aber auch Zweckmäßigkeits- und Wirtschaftlichkeitsprüfungen durchzuführen. Insoweit sind sie Organe der Arbeitsvorbereitung und Arbeitsentlastung für den Rechnungshof. Sie sind gleichsam sein verlängerter Arm. Ihre Tätigkeit besitzt für die Arbeit der Rechnungshöfe den erheblichen Vorteil, daß die Masse des Prüfungsstoffes vorgesichtet wird. Da im Vordergrund der Vorprüfung nicht nur der Einzelfall steht, kann der Rechnungshof aufgrund der ihm vorzulegenden Ergebnisse der Vorprüfung seine eigene Arbeit wirksamer gestalten. Er kann in Teilbereichen von einer eigenen Prüfung absehen. Er kann einzelne aufgeworfene Fragen weiterverfolgen oder Schwerpunkte der Prüfung bilden. Für die Auswahl von Stichproben bieten die Vorprüfungsergebnisse wertvolle Hinweise.

Die Ergebnisse der Erhebungen werden in der Regel mit den geprüften oder übergeordneten Stellen erörtert. Dies dient insbesondere dazu, noch offene Fragen zum Sachverhalt zu klären, wesentliche Sachverhaltsfeststellungen und Bewertungsmaßstäbe zu erörtern, auf gegebenenfalls erforderliche Eilmaßnahmen hinzuweisen und das weitere Verfahren aufzuzeigen. Die Ergebnisse der Prüfung werden in Prüfungsmitteilungen zusammengestellt und der geprüften Stelle sowie auch den Stellen, die Aufsichtsfunktionen haben, zugeleitet. Die Prüfungsmitteilung gibt einen Überblick über die geprüften Gegenstände, den ermittelten Sachverhalt und die Würdigung durch den Bundesrechnungshof. Die geprüfte Stelle erhält Gelegenheit, zu der Prüfungsmitteilung Stellung zu nehmen. Nach Eingang der Antworten wird entschieden, welche Prüfungsfeststellungen als erledigt anzusehen und welche noch weiterzuverfolgen sind.

VI. Berichterstattung an das Parlament

Die Haushaltsordnungen von Bund und Ländern bestimmen, daß die Rechnungshöfe das Ergebnis ihrer Prüfungen in einem Jahresbericht an das Parlament zusammenzufassen haben. Dieser Jahresbericht wird beim Bund als "Bemerkungen" bezeichnet und bildet die wichtigste Grundlage für das parlamentarische Entlastungsverfahren. Bei dem riesigen Umfang staatlicher Betätigungen und bei der Komplexität des Haushalts wäre das Parlament nicht in der Lage, ohne sachkundige Unterstützung durch den Rechnungshof die politische Finanzkontrolle auszuüben und über die Entlastung der Regierung zu befinden.

Hervorzuheben ist, daß die "Bemerkungen" keinen Rechenschaftsbericht darstellen. Das sollen sie nach den Haushaltsordnungen von Bund und Ländern auch nicht sein. Sie sind vielmehr eine von den Beschlußgremien der Rechnungshöfe getroffene Auswahl und Zusammenstellung von Prüfungsfeststellungen. Von diesen wird angenommen, daß sie im parlamentarischen Verfahren zur Entlastung der Regierung behandelt werden sollten. Der weitaus größte Teil der Prüfungsergebnisse ist in diesem Bericht nicht enthalten. Viele Beanstandungen werden bereits während der Prüfung behoben oder im Schriftwechsel sowie in eingehenden Erörterungen ausgeräumt. Das schließt nicht aus, daß im Ausnahmefall auch positiv abgeschlossene Vorgänge und behobene Beanstandungen Gegenstand einer Prüfungsbemerkung sein können. Dies ist beispielsweise dann der Fall, wenn ein solcher Vorgang exemplarische Bedeutung hat oder wenn sein besonderes Gewicht eine parlamentarische Behandlung rechtfertigt.

Die in den Bemerkungen enthaltenen Sachverhaltsdarstellungen sind rechtzeitig mit den geprüften Stellen erörtert worden. Das jeweils zuständige Ministerium hatte Gelegenheit, dazu Stellung zu nehmen. Dies entspricht dem selbstverständlichen Prinzip, daß ein abschließendes Urteil über einen Vorgang erst dann möglich ist, wenn alle Beteiligten und Betroffenen zu Wort gekommen sind. Soweit sie anderer Auffassung waren als der Rechnungshof oder Ergänzungen zum Sachverhalt vorgetragen haben, kommt dies im Text zum Ausdruck. Es kann daher davon ausgegangen werden, daß Meinungsverschiedenheiten über die dargestellten Sachverhalte mit den betroffenen Behörden nicht bestehen. Das gilt natürlich nicht für deren Würdigung und die Folgerungen.

Der Jahresbericht hat Angaben darüber zu enthalten, welche Maßnahmen für die Zukunft empfohlen werden. Das Parlament kann damit im Entlastungsverfahren die aktuellen Folgerungen aus den Feststellungen des Rechnungshofs ziehen und sie in die nächsten Haushaltsberatungen einfließen lassen. Eine solche "Rückkoppelung" zwischen Haushaltsberatung und Entlastungsverfahren trägt dazu bei, die Forderung nach wirtschaftlichem und sparsamem Handeln der Regierung auch parlamentarisch durchzusetzen.

Bis zur Neugestaltung des Haushaltsrechts im Jahre 1969 durften die Rechnungshöfe an ihr Parlament nur auf dem Umweg über den Finanzminister oder über die Regierung berichten. Diese umständliche Regelung ist auf Bundesebene und in der Mehrzahl der Länder entfallen. Das Grundgesetz (Art. 114 Abs. 2) und die meisten Länderverfassungen sehen vor, daß die Berichte unmittelbar dem Parlament vorzulegen sind. Dies ist als bedeutsames Zeichen der Unabhängigkeit der Rechnungshöfe gegenüber der Exekutive zu werten. Sofern in Einzelfällen Prüfungsvorgängen eine besondere Bedeutung beizumessen ist und bis zur Berichterstattung im Rahmen der jährlichen Bemerkungen nicht zugewartet werden kann, können die Rechnungshöfe die gesetzgebenden Körperschaften und die Regierung durch einen Sonderbericht sofort unterrichten.

VII. Rechnungshöfe als Berater

Schon immer hat es Bestrebungen gegeben, die vielfältigen Prüfungserfahrungen der Rechnungshöfe auch außerhalb der einzelnen Prüfungen und des Entlastungsverfahrens zu nutzen. Seit der Haushaltsreform im Jahre 1969 gibt es eine Beratung durch die Rechnungshöfe. Sie können sowohl das Parlament als auch die Regierung oder einzelne Minister aufgrund von Prüfungserfahrungen jederzeit schriftlich oder mündlich beraten. Dadurch haben sie die Möglichkeit, ihre Vorstellungen schon dann zur Geltung zu bringen, bevor eine Entscheidung gefällt oder gar ausgeführt ist. In den Haushaltsordnungen von Bund und Ländern ist die Beratung als "Kann"-Aufgabe vorgesehen. Dadurch wird sichergestellt, daß der verfassungsrechtliche Prüfungsauftrag Vorrang behält, zeit- und sachgerecht erfüllt werden kann und nicht durch etwaige Interessenkollisionen beeinträchtigt wird. Da keine Rechtspflicht zur Beratung besteht, entscheiden die Rechnungshöfe selbst nach eigenem Ermessen über Art und Umfang ihrer Beratung. Sie haben die Möglichkeit, aus eigener Initiative tätig zu werden, können aber auch entsprechenden Wünschen von Parlament und Regierung nachkommen.

Von der Prüfung unterscheidet sich die Beratung vor allem durch den Zeitpunkt, in dem sie im Verlauf der Planungs- und Entscheidungsstadien erfolgt. Die Prüfung bezieht sich immer auf abgeschlossene Verwaltungsvorgänge. Das sind Vorgänge, über die die Verwaltung entschieden hat, selbst wenn sie noch nicht vollzogen sind. Dagegen bezieht sich die Beratung auf nicht abgeschlossene Vorgänge. Beratende Äußerungen des Rechnungshofes zu Fragen, die bei der Prüfung auftreten oder mit ihr im Zusammenhang stehen, sind jedoch schon immer der Prüfung zugerechnet worden.

Besonders wichtig ist es, daß der Rechnungshof die Regierung und das Parlament bei der Aufstellung des Haushaltsplans berät. Deshalb nehmen beispielsweise Vertreter des Bundesrechnungshofes an den Haushaltsberatungen teil. Damit ist sichergestellt, daß die Erfahrungen aus der Rechnungsprüfung in die Haushaltsplanung Eingang finden. Außer bei den Entscheidungen über den Haushaltsplan berät der Rechnungshof das Parlament auch bei Finanzvorlagen und Anträgen auf über- und außerplanmäßige Ausgaben. Die Beratung kann auch Anregungen für gesetzliche Regelungen oder Stellungnahmen zu Gesetzesentwürfen enthalten. Die Vorteile einer sachgerechten Beratung der Regierung oder des Parlaments liegen auf der Hand: Die Erfahrungen, die durch die Rechnungsprüfung gewonnen wurden, werden nicht erst im Entlastungsverfahren umgesetzt, sondern bereits zu einem Zeitpunkt, in dem Entscheidungen noch offen und damit beeinflußbar sind. Den Rechnungshöfen ist damit die Möglichkeit gegeben, verwertbare Lösungsvorschläge frühzeitig einzubringen. Sie können dazu beitragen, im Entscheidungsprozeß bessere Lösungen zu finden.

VIII. Finanzkontrolle im Bundesstaat und im internationalen Bereich

Nach dem Grundgesetz sind Bund und Länder in ihrer Haushaltswirtschaft selbständig und voneinander unabhängig. Entsprechend der getrennten Haushaltswirtschaft haben Bund und Länder selbständige Finanzkontrollbehörden. Es gibt daher in der Bundesrepublik 17 Rechnungshöfe: den Bundesrechnungshof für den Bund und in jedem Land einen Landesrechnungshof, die jeweils ihrem Parlament über ihre Prüfungsergebnisse berichten. Sämtliche Rechnungshöfe sind im Verhältnis zueinander unabhängig. Eine hierarchische Unterordnung eines Rechnungshofes unter einen anderen – etwa eines Landesrechnungshofes unter den Bundesrechnungshof – gibt es nicht. Kein Rechnungshof kann einem anderen Aufträge oder Weisungen erteilen, die Verwendung von Ausgaben des öffentlichen Haushalts zu prüfen.

Die verfassungsrechtliche Regelung einer strikten Trennung der Haushaltswirtschaften von Bund und Ländern ist in der Praxis jedoch durchbrochen. Auf dem Gebiet der bundesstaatlichen Finanzverfassung gibt es eine konsequente Verzahnung, die Bund und Länder zu intensiver Kooperation verpflichtet. Verflechtungen existieren sowohl auf der Einnahme- als auch auf der Ausgabenseite. Bund und Länder schöpfen die Einnahmen, die sie zur Erfüllung ihrer Aufgaben benötigen, aus der gesamten deutschen Volkswirtschaft. Die Steuern werden als Bundes-, Landes- oder Gemeinschaftssteuern erhoben. Dabei werden Steuern, die ganz oder überwiegend dem Bund zufließen, von den Ländern verwaltet.

Auch auf dem Ausgabensektor bestehen enge Beziehungen. In vielen Bereichen wird der Haushaltsplan des Bundes von den Ländern ausgeführt. Dies ist zum Beispiel im Straßenbau der Fall, einem außerordentlich kostenintensiven Sektor. Handeln die Länder im Auftrag des Bundes, trägt der Bund die sich hieraus ergebenden Zweckausgaben. Die Verwaltungsausgaben müssen dagegen in der Regel von den Ländern übernommen werden. Wichtige finanzielle Verflechtungen zwischen Bund und Ländern gibt es zudem bei den Gemeinschaftsaufgaben (z.B. Hochschulbau, Maßnahmen zur

Verbesserung der regionalen Wirtschaftsstruktur, der Agrarstruktur und des Küstenschutzes, Bildungsplanung und wissenschaftliche Forschung).

Die vielfältigen finanziellen Beziehungen zwischen Bund und Ländern haben zu verschiedenen Formen einer Zusammenarbeit geführt. Neben einer gemeinsamen Prüfung gibt es die Möglichkeit, einzelne Prüfungsaufgaben des Bundesrechnungshofes auf einen oder mehrere Landesrechnungshöfe zu übertragen. Umgekehrt kann der Bundesrechnungshof auch einzelne Prüfungsaufgaben von den Landesrechnungshöfen übernehmen. Dies muß jedoch ausdrücklich vereinbart werden. Gemeinsame Prüfungen werden durchgeführt, wenn für die Prüfung sowohl der Bundesrechnungshof als auch ein Landesrechnungshof zuständig ist, weil Haushaltsmittel verschiedener Gebietskörperschaften vereinnahmt oder verausgabt worden sind. Ein Beispiel ist die Prüfung der Steuereinnahmen, an denen der Bund beteiligt ist. Solche Prüfungen vermeiden eine Doppelbelastung der geprüften Stellen und erlauben es den Rechnungshöfen, auf der Grundlage übereinstimmender Tatsachenfeststellungen ihrem jeweiligen Entlastungsorgan zu berichten.

Die Übertragung bzw. Übernahme einzelner Prüfungsaufgaben erfolgt aus Zweckmäßigkeitsüberlegungen. Der Bundesrechnungshof macht – wenn auch sehr sparsam – von der Übertragung dann Gebrauch, wenn ein Landesrechnungshof aufgrund seiner genauen örtlichen Kenntnisse zum Beispiel das Finanzgebaren eines Zuwendungsempfängers von Bundesmitteln besser beurteilen kann oder bereits besondere Prüfungserfahrungen auf einem Spezialgebiet gesammelt hat. Die Auswertung der Ergebnisse behält er sich jedoch vor. Für die Prüfung aller Einnahmen und Ausgaben der Europäischen Union ist der Europäische Rechnungshof zuständig. Soweit er örtliche Erhebungen in Deutschland durchführt, ist eine Zusammenarbeit mit dem Bundesrechnungshof vorgesehen. Gegenüber der Bundesregierung hat der Bundesrechnungshof beim Erlaß von Vorschriften über die Rechnungsprüfung über- und zwischenstaatlicher Einrichtungen, deren Mitglied Deutschland ist (z.B. NATO, VN), Stellung zu nehmen. Auch stellt der Bundesrechnungshof Prüfer für externe inter- und supranationale Finanzkontrollorgane, die entweder vom Sitz des Bundesrechnungshofes aus tätig werden oder zur vorübergehenden Mitarbeit zu den Finanzkontrollorganen entsandt werden.

IX. Wirksamkeit und Grenzen der Finanzkontrolle

Die Rechnungshöfe in Deutschland sind darauf beschränkt, Beanstandungen und Empfehlungen auszusprechen. Ihre Stärke liegt in der Güte ihrer Argumente. Anders als in Ländern des romanischen Rechtskreises üben sie keine Rechtsprechung aus. Ihre Entschließungen und Anregungen sind daher nicht unmittelbar durchsetzbar. Sie haben aber in der Praxis dennoch große Wirkung. Die Rechnungshöfe wirken in stärkerem Maße präventiv als gemeinhin angenommen wird. Schon im Prüfungsschriftwechsel mit den geprüften Behörden wird vieles bereinigt, was unwirtschaftlich und unsachgemäß ist. Dies wird nicht veröffentlicht und in der Regel auch nicht Gegenstand einer Bemerkung für das Parlament. Was schließlich an Beanstandungen dem Parlament zugeleitet wird, führt in aller Regel zu konkreten Ersuchen an die Ressorts, die Beanstandungen auszuräumen, unter Umständen Schadenersatzforderungen gegen Beamte oder Dritte zu erheben oder disziplinarisch tätig zu werden. Selbst wenn das Parlament Beanstandungen nur zur Kenntnis nimmt, ohne konkrete Erwartungen daran zu knüpfen, zeigen sich Wirkungen. Bei dem Ruf sachlicher Objektivität, den die Rechnungshöfe genießen, sieht sich keine Verwaltung gern von ihnen kritisiert.

Da die Erkenntnisse aus den Beratungen über den Jahresbericht in die Haushaltsberatungen einfließen, können sie zu Konsequenzen im folgenden Haushaltsplan führen. Gerade hierin zeigt sich besonders deutlich die Wirksamkeit der Tätigkeit der Rechnungshöfe. Während der laufende Haushaltsplan vollzogen wird, wird der folgende bereits vorbereitet und das Entlastungsverfahren zu einem früheren in Gang gesetzt. Die Erkenntnisse aus dem Vollzug eines Haushaltsplans und aus dem Entlastungsverfahren wirken sich auf die Planung des neuen Haushaltsplans aus, während Änderungen in der Planung auch den Vollzug des laufenden Haushaltsplans beeinflussen können.

Politische Entscheidungen sind der Finanzkontrolle unmittelbar nicht zugänglich. Sie werden von ihr respektiert. Diese Zurückhaltung ist unter anderem auf die Tatsache zurückzuführen, daß eine eigene Beurteilung politischer Entscheidungen die Rechnungshöfe in den Streit über politische Wertvorstellungen und über politisch relevante Interessen hineinziehen würde. Die Rechnungshöfe haben eine umfassende und lückenlose Prüfungskompetenz, und zwar insoweit, als der gesetzlich vorgegebene klare Maßstab der Ordnungsmäßigkeit und der – wenigstens theoretisch klar definierbare – Maßstab der Wirtschaftlichkeit anzulegen sind. Die Klarheit dieser Maßstäbe ist auch die Erklärung dafür, daß die Bemerkungen der Rechnungshöfe in aller Regel von den Parlamenten einmütig akzeptiert werden.

Literatur

Heuer, Ernst, Kommentar zum Haushaltsrecht, Stand September 1994, Neuwied.

Karehnke, Helmut, Zur Prüfung der Wirksamkeit der öffentlichen Verwaltung, in: Verwaltungsarchiv 1975, S. 47 ff.

Piduch, Erwin Adolf, Grundfragen der Finanzkontrolle, in: Die Öffentliche Verwaltung 1973, S. 288 ff.

Schäfer, Hans, Kontrolle der öffentlichen Finanzwirtschaft, in: *Neumark, Fritz* (Hrsg.), Handbuch der Finanzwissenschaft, Tübingen 1975.

Stern, Klaus, Die staatsrechtliche Stellung des Bundesrechnungshofes und seine Bedeutung im System der Finanzkontrolle, in: *Zavelberg, Heinz-Günter* (Hrsg.), Die Kontrolle der Staatsfinanzen, Berlin 1989, S. 11 ff.

Tiemann, Susanne, Die staatsrechtliche Stellung der Finanzkontrolle des Bundes, Schriften zum Öffentlichen Recht, Band 244, Berlin 1974.

Wittrock, Karl, Kontrolle durch Rechnungshöfe, in: *König, Klaus/von Oertzen, Hans-Joachim/Wagener, Frido*, Öffentliche Verwaltung in der Bundesrepublik Deutschland, Baden-Baden 1981, S. 383 ff.

Zavelberg, Heinz Günter, Staatliche Finanzkontrolle, Handwörterbuch der Betriebswirtschaft, Stuttgart 1993, S. 1114 ff.

Zavelberg, Heinz Günter, 275 Jahre staatliche Rechnungsprüfung in Deutschland, in: *Zavelberg, Heinz Günter* (Hrsg.), Die Kontrolle der Staatsfinanzen, Berlin 1989, S. 43 ff.

X. Internationalität

Heinrich Siedentopf

1. Die Internationalität der öffentlichen Verwaltung

Inhaltsübersicht

I. Der Staat und seine Verwaltung
II. Begriffsbildung: Internationalität, Transnationalität, Supranationalität
III. Von der transnationalen Kooperation zum transnationalen Recht
IV. Deutsche Verwaltung und europäische Verwaltung – wechselseitige Einwirkungen

I. Der Staat und seine Verwaltung

Die öffentliche Verwaltung wird in der kontinental-europäischen Tradition in der Regel unter Bezug auf einen sie tragenden und sie einsetzenden, konkreten Staat, einen Nationalstaat definiert: "Jeder Staat hat seine Arbeit. So ... wird aus dem an sich abstrakten Begriff des arbeitenden Staats der Begriff der Verwaltung. Die Verwaltung bedeutet daher den sein Lebensprinzip durch seine Arbeit verwirklichenden Staat" (Lorenz von Stein).

Die öffentliche Verwaltung eines Staates hat damit auch an seiner geschichtlichen Entwicklung, an seinen qualitativen Umbrüchen und Systemwechseln teil. Gleichzeitig können traditionelle Strukturen und Verhaltensweisen in einer öffentlichen Verwaltung auch über Systemwechsel hinweg fortwirken. Der Diskontinuität in der Politik stehen dann beeindruckende Beispiele einer administrativen und bürokratischen Kontinuität gegenüber. Deutschland und Frankreich werden in der vergleichenden Verwaltungswissenschaft als Beispiele eines "klassischen Verwaltungssystems" erwähnt, in dem sich – bei aller Unterschiedlichkeit und aller anpassenden Wandlung im einzelnen – doch wichtige Elemente einer administrativen Kultur und Tradition trotz politischer Umbrüche und Regimewechsel bewährt haben. Zu diesen Elementen gehören die rechtsstaatliche Bindung der Verwaltung an Gesetz und Recht, die Herausbildung eines selbständigen, nationalen Verwaltungsrechts, die Einrichtung eigenständiger Verwaltungsgerichte zur Kontrolle des Verwaltungshandelns und die entsprechende juristisch geprägte, berufliche Vorbereitung und Karriere innerhalb eines Berufsbeamtentums. Die Entwicklung dieses klassischen Verwaltungssystems vollzog sich im 19. Jahrhundert in den kontinentaleuropäischen Staaten in relativer Gleichzeitigkeit und bei einer – aus Lehrbüchern und Memoranden belegbaren – gegenseitigen Kenntnis der Verwaltungsstrukturen und ihrer Veränderungen in den Nachbarländern. Dennoch gestaltete und entwickelte jeder Staat seine öffentliche Verwaltung und ließ sie nach seinem nationalen Verwaltungsrecht handeln und entscheiden. Von einer europäischen Vereinheitlichung der Verwaltung wird man nicht sprechen können. Selbst innerhalb Deutschlands finden sich noch heute Spuren territorialer Besonderheiten in den Verwaltungssystemen und im Verwaltungshandeln. Wesentlichster Ausdruck der Nationalstaatlichkeit der öffentlichen Verwaltung ist dabei die Entwicklung und Geltung des nationalen Verwaltungsrechts. Dieses Verwaltungsrecht bezieht sich auf das Territorium des Nationalstaats, wirkt innerhalb dieser Grenzen.

Dieser ausschließliche, zumindest sehr enge rechtliche und territoriale Bezug zwischen dem Nationalstaat und seiner Verwaltung wird heute zunehmend durch Entwicklungen überlagert, die als Internationalisierung oder Europäisierung der öffentlichen Verwaltung bezeichnet werden können. Das europäische Verwaltungsrecht verdrängt und überlagert das Verwaltungsrecht der Mitgliedstaaten auf deren eigenem Territorium. Die öffentliche Verwaltung der Mitgliedstaaten ist an der Ausarbeitung und Verabschiedung von Verwaltungsrecht auf europäischer Ebene und an der Umsetzung und Anwendung dieses Rechts in den Mitgliedstaaten beteiligt. In dem weltweiten und dem innereuropäischen Wettbewerb um Wirtschaftsstandorte konkurrieren nicht mehr nur die Nationalstaaten, sondern auch deren innerstaatlichen und kommunalen Untergliederungen, Länder, Provinzen, Städte und Gemeinden. Die Verwaltungsprobleme, z.B. im Umwelt- und Katastrophenschutz, in der Raumordnung oder in der Verkehrsplanung lassen sich weder in nationalstaatlichen noch in administrativen Grenzen einfangen, so daß eine grenzüberschreitende, transnationale Zusammenarbeit der öffentlichen Verwaltungen erforderlich und auch zunehmend außerhalb nationalstaatlicher Zwänge und Einengungen praktiziert wird.

Die Internationalisierung und die Europäisierung der öffentlichen Verwaltung können schwerlich in einfachen Definitionen eingefangen werden. Sie stellen eine Reihe von verwaltungswissenschaftlichen Fragen, wie die nach der Legitimation und Kontrolle, nach dem effizienten Management dieser Einrichtungen sowie nach den gegenseitigen Einwirkungen von nationalem und europäischem Verwaltungsrecht und ihren jeweiligen Verwaltungsstrukturen und -prinzipien. Dies soll anhand der Beispiele der transnationalen Zusammenarbeit und der Rechtsetzung des Gemeinschaftsrechts behandelt werden.

II. Begriffsbildung: Internationalität, Transnationalität, Supranationalität

Die tatsächliche Entwicklung in der politischen und administrativen Wirklichkeit geht nicht selten der wissenschaftlichen Begriffsbildung und der empirischen Analyse zeitlich voraus. Eine völkerrechtliche Bewertung der internationalen Verwaltung sah in den 60er Jahren in den internationalen Verwaltungsgemeinschaften noch Einrichtungen, in denen einzelne Staaten als politisch-territorial getrennte Machteinheiten die Gemeinsamkeit ihrer Wirtschafts-, Verkehrs- und Sozialinteressen zu institutionellen Ordnungen verdichteten. Die Leitidee dieser Gemeinschaften bestehe in dem Vereinbaren und Beschließen gemeinsamer Grundsätze und einem sich langsam zentralisierenden Vollzug durch die Gemeinschaft. Das politisch-territoriale Völkerrecht werde durch ein unpolitisches, sachlich-funktionales Recht zwischen den Staaten ergänzt. Heute wird man die internationalen Verwaltungsgemeinschaften kaum noch als die Institutionalisierung eines allen Staaten gemeinsamen, wesentlich unpolitischen Interesses, eines Sachinteresses definieren können. Zu groß ist ihre Zahl, zu umfangreich sind ihre Aufgaben geworden. Sie haben die Bereiche von Verkehr, Fernmeldewesen oder Gesundheitswesen inzwischen weit überschritten. Es bleibt aber festzuhalten, daß nicht wenige Einrichtungen und Verwaltungsgemeinschaften mit internationaler Struktur aus Fachverwaltungen der Nationalstaaten und ihren identischen fachlichen Interessen hervorgegangen sind.

Zu diesem Zeitpunkt war aber bereits erkennbar, daß die 1957 geschaffene Europäische Wirtschaftsgemeinschaft etwas grundsätzlich anderes als eine liberale Zollunion sein sollte: die supranationale Verwaltungsgemeinschaft besteht in der weiteren Funktionalisierung von gemeinsamen Sachinteressen mehrerer Staaten und zwar einer Funktionalisierung, die so weit getrieben ist, daß sich eine institutionelle Ordnung nicht mehr nur zwischen den Staaten, sondern in gewissem Umfang auch über ihnen gebildet hat. Der Entwicklungsprozeß der EG hat trotz des Prinzips der begrenzten Einzelermächtigung in mehreren Schüben zu einem erheblichen Ausbau der supranationalen Aufgabenwahrnehmung geführt. Aber das Ausgangsprinzip bleibt nach dem Maastricht-Urteil des Bundesverfassungsgerichts immer noch aufrechterhalten: "Die Bundesrepublik Deutschland ist somit auch nach dem Inkrafttreten des Unions-Vertrages Mitglied in einem Staatenverbund, dessen Gemeinschaftsgewalt sich von den Mitgliedstaaten ableitet und im deutschen Hoheitsbereich nur kraft des deutschen Rechtsanwendungsbefehls verbindlich wirken kann." Der Unionsvertrag begründet einen Staatenverbund zur Verwirklichung einer immer engeren Union der – staatlich organisierten – Völker Europas, keinen sich auf ein europäisches Staatsvolk stützenden Staat.

Die Bundesrepublik Deutschland kann – insbesondere nach der Neuformulierung des Art. 23 GG – Mitglied in einer supranational organisierten, zwischenstaatlichen Gemeinschaft sein, wenn eine vom Volk ausgehende Legitimation und Einflußnahme auch innerhalb des Staatenverbundes gesichert ist. Damit ist eine untere Grenze gegenüber dem im Vorfeld des Unionsvertrages wie auch der Regierungskonferenz 1996 diskutierten Demokratiedefizits gezogen worden. Daneben aber gibt es kritische Kategorien der Analyse der europäischen Integration, die mit Kapazitäts-, Führungs- und Implementationsdefizit der Gemeinschaft bezeichnet werden. Diese Kategorien beziehen sich auch auf das Zustandekommen und die Umsetzung sekundären Gemeinschaftsrechts, sie beziehen sich sowohl auf die Organe und Institutionen der Gemeinschaft als auch auf die Mitwirkung der Mitgliedstaaten.

Der Begriff der transnationalen Zusammenarbeit wird heute vor allem auf bilaterale und multilaterale Zusammenarbeit in regionalen und kommunalen Räumen zwischen den Mitgliedstaaten der Gemeinschaft oder an den Außengrenzen der Gemeinschaft angewendet. Auch hier hat in den 70er Jahren die Begriffsbildung – in der Politikwissenschaft – auf erkennbare Phänomene in der Wirklichkeit der praktischen Politik reagieren und das Modell der "Internationalen Politik" als Teildisziplin einer kritischen Überprüfung unterziehen müssen: der Begriff implizierte, daß es sich um Politik handelt, deren Aktionsbereich im Zwischenraum der Nationalstaaten liegt (inter nationes) und daß deren Akteure die Nationalstaaten sind. Die praktische Politik lieferte damals und liefert heute genug Material für die Feststellung, daß in diesem Bereich neben den Regierungen auch die innerstaatlichen Untergliederungen, gesellschaftliche und wirtschaftliche Gruppen und Nichtregierungsorganisationen in Entscheidungen eingebunden sind und auf diese einwirken können, die über das Territorium des Nationalstaates hinauswirken. Grenzüberschreitende Interaktionsprozesse von ständig zunehmender Bedeutung sollten als "multinationale Politik" oder "transnationale Politik" erforscht und erfaßt werden. Für die Herausbildung und Intensivierung dieser Politik sind horizontale Kommunikation der Akteure, aber auch vertikale Kommunikation zwischen dem Nationalstaat, seiner Regierung, den innerstaatlichen Untergliederungen und den Gesellschaftsgruppen in seinem Bereich entscheidend. Transnationale Zusammenarbeit muß die Grenzen der Nationalstaaten überwinden. Diese Grenzen, das beweisen alle nur kleinen Fortschritte bei der grenzüberschreitenden Zusammenarbeit in Europa, sind vor allem Grenzen des Rechts und der geltenden Rechtssysteme.

III. Von der transnationalen Kooperation zum transnationalen Recht

Als grenzüberschreitende Zusammenarbeit wird eine regionale oder lokale Zusammenarbeit von politischen und administrativen Einheiten unterhalb der Nationalstaaten bezeichnet. Sie vollzieht sich an den Binnengrenzen der EU ebenso wie an den Außengrenzen; sie erwächst nicht nur aus der Tradition nachbarschaftlicher Beziehungen und der räumlichen Situation, sondern auch aus der Einsicht, daß administrative Probleme sich nicht in Verwaltungsgrenzen einfangen lassen. Vor dem Hintergrund der Öffnung der europäischen Binnengrenzen ab 1993 hat sich in den letzten Jahren die grenzüberschreitende Zusammenarbeit zwischen den subnationalen Einheiten konkretisiert und verdichtet. Ziel dieser transnationalen Zusammenarbeit ist die Überwindung regionaler und/oder nationaler Grenzen, um vorhandene Kräfte auf wirtschaftlichem, sozialem, infrastrukturellem, technologischem und kulturellem Gebiet zusammenzufügen, zumindest in abgestimmter Weise wirken zu lassen. Diese grenzüberschreitende, transnationale Zusammenarbeit findet in den unterschiedlichsten geographischen Abgrenzungen, administrativen Organisationsformen und auf den unterschiedlichsten rechtlichen Grundlagen statt. Insgesamt ist jedoch eine Verdichtung der Kooperationsformen festzustellen, für die zunehmend festere, tragfähigere Rechtsformen, insgesamt ein Kern transnationalen Rechts sich entwickeln.

Das "Karlsruher Übereinkommen" vom 23. Januar 1996 zwischen der Regierung der Französischen Republik, der Regierung der Bundesrepublik Deutschland, der Regierung des Großherzogtums Luxemburg und dem schweizerischen Bundesrat, handelnd im Namen der Kantone Solothurn, Basel-Stadt, Basel-Landschaft, Aargau und Jura über die grenzüberschreitende Zusammenarbeit zwischen Gebietskörperschaften und örtlichen öffentlichen Stellen zeigt einen Fortschritt gegenüber bisherigen Rahmenverträgen und bietet eigene, neue Rechtsinstitute für die Kooperation an. Gleichzeitig erscheint die Nichtbeteiligung der von diesem Übereinkommen betroffenen Länder bei dem förmlichen Vertragsschluß als ein innerdeutscher Rückschritt für einen regionalen Integrationsprozeß im Vergleich mit dem Abkommen "Isselburg-Anholt" vom Mai 1991 und im Blick auf die in Art. 24 Abs. 1a GG eingeräumte Übertragung von Hoheitsrechten im Kontext dezentraler grenzüberschreitender Zusammenarbeit.

Die Inhalte, Organisationsformen und Entscheidungen in der grenzüberschreitenden Kooperation sind höchst unterschiedlich. Die Arbeitsbereiche transnationaler Kooperation reichen von einem regionalen Standortmarketing über die Anpassung von Verkehrsverbindungen bis hin zu einer gemeinsamen Vorsorge für die öffentliche Sicherheit und Ordnung und für den Katastrophenschutz und zu einer Abstimmung raumordnerischer Planungen. Die Vollendung des Binnenmarktes bewirkt nicht nur eine Aufhebung der Binnengrenzen, sondern auch einen verschärften Wettbewerb zwischen den Regionen: die europäischen Entwicklungsachsen können die Regionen, die bisher im nationalen Kontext als peripher bewertet werden, in eine neue Zentrallage mit Standortvorteilen bringen. Deshalb läßt sich am Beispiel der Saar-Lor-Lux-Region das Ziel nachweisen, in der verstärkten internationalen Zusammenarbeit zu einer Addition der regionalen Potentiale zu gelangen und damit die Entwicklungschancen grenzüberschreitend zu erhöhen.

Mit den Inhalten der grenzüberschreitenden Kooperation ist oft konsequenterweise auch eine Aussage über die zu beteiligenden Institutionen und Akteure verbunden. Nur bei wirklich fachspezifischer, fachverwaltungsmäßiger Zusammenarbeit kann der Kreis der Beteiligten auf die technische Fachverwaltung begrenzt werden und ähnelt damit der bereits erwähnten fachspezifisch organisierten, internationalen Verwaltung. Doch die Inhalte und Aufgaben – insbesondere mit Entwicklungsperspektive – gehen heute in der Regel über diesen Stand hinaus und verlangen eine Beteiligung politischer, ökonomischer, sozialer oder wissenschaftlicher Einrichtungen und Gremien. Nicht selten sind gerade die Mandatsträger in den regionalen oder lokalen Gebietskörperschaften wichtige Akteure in dem regionalen Integrationsprozeß ebenso wie Vertreter der Industrie- und Handelskammern, der Gewerkschaften und der Arbeitgeberverbände. Für die in die nationalstaatliche Verwaltungstradition eingebundene Fachverwaltung ist die Konfrontation mit anderen, fremden Verwaltungsstrukturen und -traditionen nicht immer einfach.

Die praktizierten Handlungsformen einer grenzüberschreitenden Zusammenarbeit sehen sich bisher oft einem doppelten, aber in sich widersprüchlichen Vorwurf ausgesetzt. Entweder wurde ihnen unterstellt, daß die Gebietskörperschaften die nationalstaatliche Souveränität und das außenpolitische Alleinvertretungsrecht des Nationalstaates untergraben wollten. Oder es wurde kritisiert, daß die grenzüberschreitenden Gespräche folgen – und umsetzungslose Begegnungen und nur Bekundungen einer allgemeinen, gutwilligen Nachbarschaft darstellten.

Es entsprach deshalb der kontinental-europäischen Rechts- und Staatradition, daß der Europarat und die Europäische Gemeinschaft zunächst rechtliche Handlungs- und Organisationsformen für diese Kooperation entwickelten. Der Europarat hat sich in seinem Arbeitsbereich, der sich auf die gemeindliche Selbstverwaltung bezieht, schon seit 1972 in "Europakonferenzen der Grenzregionen" um Empfehlungen und Lösungsvorschläge für die nationalen und europäischen Institutionen bemüht. 1980 verabschiedete die 4. Konferenz der Europäischen Minister für Gemeindeangelegenheiten in Madrid die "Europäische Rahmenkonvention über die grenzüberschreitende Zusammenarbeit von Gebietskörperschaften". Ziel der Konvention ist es einerseits, die Mitgliedstaaten auf eine hinreichende Unterstützung der grenzüberschreitenden Kooperationsbemühungen über ihrer lokalen Gebietskörperschaften auf dezentraler Ebene zu verpflichten sowie andererseits durch die Bereitstellung einer Reihe von Modellabkommen und Textvorschlägen diesen Kooperationsbeziehungen eine hinreichende öffentlich-rechtliche Basis zur Verfügung zu stellen. Die Konvention ist zwar mittlerweile von den meisten Mitgliedstaaten des Europarates ratifiziert worden. Ihre praktische Wirkung ist jedoch immer noch sehr begrenzt, weil die Umsetzung der Konvention zunächst bilaterale Abkommen zwischen den Nachbarstaaten voraussetzt.

Eine empirisch fundierte Bewertung der grenzüberschreitenden Zusammenarbeit am Oberrhein, insbesondere im Bereich der Regionalpolitik, kommt zu dem Ergebnis, daß bis zum Ende der 80er Jahre unter den bis dahin verfügbaren rechtlichen, organisatorischen und finanziellen Mitteln weniger die Realisierung konkreter Maßnahmen als vielmehr die Konzipierung und Synchronisierung von Planungsansätzen verfolgt wurde, daß eine starre Trennung zwischen staatlichen, lokalen und sonstigen Akteuren die horizontale und vertikale Kommunikation erschwert und nicht erleichtert habe und daß eher eine Konsultation als eine Kooperation erfolgt sei. Dieses nationale Recht räumte nicht wirklich eine transnationale Handlungskompetenz ein, die öffentliche Verwaltung bewegte sich weitgehend im Rahmen der nationalen Handlungsmuster.

Seit dem Ende der 80er Jahre ist nicht nur die politische Bedeutung der grenzüberschreitenden Zusammenarbeit – auch und gerade – im Binnenmarkt deutlich gewachsen. Die Nationalstaaten haben durch Rechtsänderung den Handlungsrahmen ihrer lokalen und regionalen Gebietskörperschaften erweitert. Die Europäische Gemeinschaft hat mit der Reform der Strukturfonds 1988 und den Programmen Interreg I und II einen starken finanziellen und organisatorischen Anreiz für die Aufnahme von grenzüberschreitender Kooperation gesetzt.

In Frankreich können die lokalen und regionalen Gebietskörperschaften seit dem Gesetz vom 7. Januar 1983 eine, die Staatsgrenzen überschreitende Zusammenarbeit praktizieren – diese seit der Dezentralisierung eröffneten Möglichkeiten wurden bislang nur in geringem Umfang genutzt. Das Gesetz vom 6. Februar 1992 bietet dafür die Rechtsformen, indem es Vereinbarungen mit ausländischen Gebietskörperschaften erlaubt, die sich auf die Beteiligung an lokalen gemischtwirtschaftlichen Gesellschaften und an gemeinnützigen, öffentlich-rechtlichen Vereinigungen beziehen. Das französische Raumordnungsrahmengesetz vom 4. Februar 1995 schließlich eröffnet in der grenzüberschreitenden Zusammenarbeit für die französischen Gebietskörperschaften auch die Möglichkeit der Beteiligung an ausländischen Einrichtungen. Das Karlsruher Übereinkommen vom 23. Januar 1996 schließlich schafft die Rechtsfigur eines "grenzüberschreitenden örtlichen Zweckverbandes", auf den im Einzelfall auch Hoheitsrechte übertragen werden können. Außerdem können danach Gebietskörperschaften oder örtliche öffentliche Stellen eines Landes sich an jeder Form von Einrichtung im jeweiligen Nachbarland beteiligen, sofern das innerstaatliche Recht dieses Sitzlandes eine solche Beteiligung zuläßt.

Dieses französische Beispiel in seiner zeitlichen Entwicklung zeigt, daß das nationale Recht sich der Dynamik auch des regionalen Integrationsprozesses nicht entziehen kann und sich nationales Verwaltungsrecht und nationale Verwaltungsstrukturen dem Prozeß anpassen. Der Nationalstaat hat damit in Frankreich gegenüber seinen Gebietskörperschaften auf seine Befugnisse der Aufsicht und der Wahrnehmung nationaler Interessen nicht völlig verzichtet: nach dem Gesetz von 1992 ist der Regionalpräfekt für die "Umsetzung der nationalen und gemeinschaftlichen Politik der wirtschaftlichen und sozialen Entwicklung und der Raumordnung" zuständig, auch gegenüber den Gebietskörperschaften in seiner Region. Es ist ein weiter Weg von der Staatszielbestimmung der grenznachbarschaftlichen Zusammenarbeit, wie sie sich in einigen deutschen Landesverfassungen befindet, bis zu der Herstellung und Praktizierung der dafür notwendigen Rechtsinstrumente. Der Weg des finanziellen Anreizes mit der Förderung grenzüberschreitender Programme und Projekte scheint manchmal schneller und wirksamer zu sein.

Die Europäische Gemeinschaft fördert eine grenzüberschreitende, regionalpolitische Zusammenarbeit vor allem in den Interreg-Programmen I und II. Sie orientiert sich dabei inhaltlich an den Vorstellungen für eine – im Entstehen begriffene, in Einzelheiten und Verbindlichkeiten noch unscharfe – europäische Raumentwicklung. Diese ist in den Dokumenten der Kommission "Europa 2000" von 1991 und "Europa +" von 1994 formuliert. Dabei wird der zwischenregionalen und der grenzüberschreitenden Zusammenarbeit eine besondere Bedeutung eingeräumt. Die üblichen Konzepte der Regionalförderung sind nicht darauf ausgelegt, den besonderen Anforderungen in den Grenzregionen zu genügen. Besondere Probleme können sich aus dem institutionellen Aufbau des jeweiligen Staates sowie aus der Beteiligung der subnationalen, regionalen oder lokalen Gebietskörperschaften und Behörden, aber auch aus den einsetzbaren Rechtsinstrumenten ergeben. Die institutionellen Möglichkeiten für Gebietskörperschaften, die sich in eine grenzüberschreitende Zusammenarbeit auf der Grundlage zwischenstaatlicher Vereinbarungen einlassen, sind eine wesentliche Voraussetzung für den Erfolg. Die Europäische Gemeinschaft fordert für die Ausarbeitung und Umsetzung der Programme aber auch eine Beteiligung anderer örtlicher Akteure und

Partner wie Industrie- und Handelskammern, Verbände und Unternehmen. Durch diese Gemeinschaftsinitiative wird die EG-Kommission selbst ein gewichtiger Partner in der Zusammenarbeit. Sie bringt mit ihren Mitteln auch ihre Verwaltungs- und Verfahrensvorstellungen ein, auch wenn vor allem die Gebietskörperschaften eine wichtige Rolle beim Entwurf der operationellen Programme für Interreg und bei deren Durchführung zu übernehmen haben. Die meisten Programme werden in Partnerschaft der staatlichen und regionalen Stellen der betroffenen Länder verwaltet. In einigen Fällen wurde die Verwaltung der Vorhaben Fachstellen der grenzüberschreitenden Zusammenarbeit selbst übertragen. Interreg ist die größte Gemeinschaftsinitiative: bis 1994 wurden zusätzlich zu den Ausgaben, die von den Mitgliedstaaten getragen werden, dafür mehr als eine Milliarde ECU aufgewandt.

Eine empirische Bewertung dieses auf die Grenzregionen ausgerichteten Handlungsmodells der EG-Regionalpolitik im transnationalen Kooperationsraum PAMINA kommt zu einer im ganzen positiveren Bewertung im Vergleich mit den nur zwischenstaatlichen Instrumenten:
— es werden gemeinsame administrative Strukturen ausgebildet,
— es werden konkrete und dezentrale Formen der Zusammenarbeit entwickelt,
— die lokale Ebene und weitere Akteure werden in die Entscheidungen einbezogen,
— die Projekte werden teilweise nach der EG-Anfinanzierung mit eigenen Mitteln fortgesetzt.

Andererseits ist die Rolle der staatlichen Verwaltung gegenüber der Rolle der kommunalen Gebietskörperschaften – nicht nur in Frankreich, sondern auch in der föderalen, selbstverwaltungsorientierten Bundesrepublik – immer noch dominant. Deshalb ist für die Zukunft der grenzüberschreitenden Zusammenarbeit entscheidend, ob die dekonzentrierten Fachverwaltungen der Mitgliedstaaten die Aktionsräume der Gebietskörperschaften, aber auch ihre eigenen nutzen.

IV. Deutsche Verwaltung und europäische Verwaltung – wechselseitige Einwirkungen

Das europäische Verwaltungsrecht überlagert das Verwaltungsrecht der Mitgliedstaaten auf deren Territorium. Der Vollzug des europäischen Verwaltungsrechts ist überwiegend den Mitgliedstaaten anvertraut. Die Verwaltungen der Mitgliedstaaten, ihre nationale Verwaltung wie die der innerstaatlichen Gliederungen und der regionalen oder lokalen Selbstverwaltungskörperschaften müssen auf diese Europäisierung der nationalstaatlichen Verwaltung vorbereitet sein. Die Europäische Gemeinschaft ist eine Rechtsgemeinschaft. Die europäische Integration erfolgt vor allem über das sekundäre Gemeinschaftsrecht. Die europäische Rechtsgemeinschaft konstituiert sich in der gemeinschaftlichen Rechtsetzung auf der supranationalen Gemeinschaftsebene und in der Umsetzung und Anwendung dieses Gemeinschaftsrechts auf der Ebene der Mitgliedstaaten. Die nationalstaatliche Verwaltung ist sowohl bei der supranationalen Rechtsetzung als auch bei der mitgliedstaatlichen Anwendung beteiligt, zunächst auf der europäischen Ebene, dann auf dem nationalstaatlichen Territorium.

In der 19. Erklärung zu dem Maastrichter Vertrag haben die unterzeichnenden Mitgliedstaaten hervorgehoben, daß es für die innere Geschlossenheit und die Einheit des europäischen Aufbauwerks von wesentlicher Bedeutung ist, daß jeder Mitgliedstaat die an ihn gerichteten Richtlinien der Gemeinschaft innerhalb der darin festgesetzten Fristen vollständig und getreu in innerstaatliches Recht umsetzt. Zwar lassen die Richtlinien nach ihrer Definition den Mitgliedstaaten Spielräume bei der Umsetzung des Gemeinschaftsrechts, unter Berücksichtigung ihrer Institutionen und ihrer Rechtsordnung. Für die reibungslose Arbeit der Gemeinschaft ist es jedoch von wesentlicher Bedeutung, daß die von den Mitgliedstaaten getroffenen Maßnahmen dazu führen, daß das Gemeinschaftsrecht in dem jeweiligen Mitgliedstaat mit der gleichen Wirksamkeit und Strenge angewandt wird, wie dies bei der Durchführung der einzelstaatlichen Rechtsvorschriften der Fall ist. Dieser Anspruch richtet sich nach dem Grundsatz der Gemeinschaftstreue an die Mitgliedstaaten, ihre Regierungen und Verwaltungen. Dieser Anspruch wird durch den Vorrang des Gemeinschaftsrechts gegenüber dem widersprechenden Recht des Mitgliedstaates, und zwar durch einen Anwendungsvorrang im Gegensatz zum Geltungsvorrang gesichert, ergänzt durch die Direktwirkung und den Schadensersatzanspruch bei nicht umgesetzten Richtlinien.

Zustandekommen, Umsetzung und Anwendung des Gemeinschaftsrechts sind deshalb neue, ungewohnte Herausforderungen an die nationalstaatlichen Verwaltungen in den Mitgliedstaaten der Europäischen Gemeinschaft. Es ist jedoch kein fremdes Recht, mit dem die nationalstaatliche Verwaltung konfrontiert wird. Sondern es ist Recht, an dessen Entstehung und Formung der Mitgliedstaat und seine Verwaltung – oft in jahrelangen, supranationalen Verhandlungen – mitgewirkt und das sie – gemeinsam mit den anderen Mitgliedstaaten – geprägt haben.

Heute wird das nationalstaatliche Verwaltungshandeln weitgehend durch Rechtsvorschriften supranationalen Ursprungs bestimmt. Nach einer Dokumentation des französischen Conseil d'Etat galten Ende 1992 in Frankreich 22.445 Verordnungen und 1.675 Richtlinien gemeinschaftsrechtlichen Ursprungs. Dazu kamen 1.198 Verträge oder Protokolle, 185 Empfehlungen der Kommission oder des Ministerrats, 291 Entschließungen des Ministerrats und 678 Mitteilungen der Kommission. Die Gemeinschaft erließ bereits 1992 mehr Vorschriften als Nationalversammlung und Regierung zusammen. Nach der Einschätzung des Conseil d'Etat kann der Staat höchstens in einem Viertel aller nationalen Regelungen die Vorschriften ohne vorherige Abstimmung mit der Gemeinschaft erlassen. Die Durchdringung und Überlagerung des nationalstaatlichen Rechts durch das Gemeinschaftsrecht wird in diesen Zahlen offenkundig. Das im Maastrichter Vertrag eingefügte Subsidiaritätsprinzip wird an dieser Verflechtung keine wesentlichen Änderungen bewirken können, denn diese Verflechtungen ergeben sich aus den gemeinschaftsrechtlichen Kompetenzen und aus dem gemeinschaftsrechtlichen Rechtsetzungsprozeß.

Für einen am deutschen Föderalismus geschulten Beobachter scheinen die Stufen der Rechtsetzung und Rechtsanwendung für das Gemeinschaftsrecht sich nicht wesentlich von dem deutschen Modell zu unterscheiden und auch vergleichbare Fragen aufzuwerfen: die Prägung der Rechtsetzung durch die Exekutive, die zentralisierende Kraft mehrstufiger Entscheidungsprozesse, Beteiligungsrechte statt eigener Sachkompetenzen, die begrenzte politische Kontrolle und Koordination, die Fragmentierung der Politikfelder, die Dominanz der Fachverwaltungen mit den jeweiligen Sachzwängen der spezifischen Regelungsbereiche sowie die freie oder organisierte Einflußnahme der betroffenen Interessen. Der Rechtsetzungsprozeß auf der Gemeinschaftsebene ist darüber hinaus durch das Zusammenwirken unterschiedlich geprägter, sich unterschiedlich verhaltender Verwaltungen sowie durch das Zusammentreffen nationalspezifischer Rechtssysteme der Mitgliedstaaten bestimmt. Die Verwaltungen der Mitgliedstaaten beeinflussen ihrerseits auch den supranationalen Rechtsetzungsprozeß, so daß von wechselseitigen Einwirkungen der Verwaltung der Gemeinschaft und der Verwaltung der Mitgliedstaaten gesprochen werden kann.

Nach empirischen, verwaltungswissenschaftlichen Forschungen zur Rechtsetzung und zur Rechtsanwendung des Gemeinschaftsrechts sind folgende Phasen zu unterscheiden:
– die Verhandlungen auf EG-Ebene zur Politikentwicklung,
– die EG-Rechtsetzung im Ministerrat,
– die Transformation in nationales Recht, Umsetzung der Richtlinien,
– der Vollzug des Gemeinschaftsrechts in den Mitgliedstaaten,
– die Kontrolle des Vollzugs von Gemeinschaftsrecht.

In allen diesen Phasen kommt es zu engen Kontakten zwischen den Organen der Gemeinschaft und den Mitgliedstaaten, zwischen der Kommission und den Regierungen sowie zwischen der Kommission und den mitgliedstaatlichen Verwaltungen. Die verschiedenen Phasen sind miteinander in der Weise verbunden, daß die Mitwirkung der mitgliedstaatlichen Verwaltungen bei dem Aushandeln und Ausformulieren des Gemeinschaftsrechts in vielfältiger Weise die spätere Umsetzung und Anwendung des Rechts beeinflußt.

Die Anstöße und die ersten Vorbereitungen für die Politikentwicklung auf EG-Ebene gehen oft nicht von der Kommission, sondern von den Mitgliedstaaten und ihren Fachverwaltungen oder von Interessengruppen auf nationaler oder europäischer Ebene aus. Der Maastricht-Vertrag hat zwar das Initiativmonopol der Kommission für gemeinschaftsrechtliche Rechtsetzung nicht wesentlich eingeschränkt. Mit dem Initiativmonopol verbleibt der Kommission auch ein wirksames verfahrensrechtliches Druckmittel, denn sie kann jederzeit mit der Rücknahme oder Nichtvorlage eines Initiativantrages drohen. Dieses Initiativmonopol bestimmt den formellen Verfahrensgang in der EG. Die Initiative hat nicht selten ihren Ursprung in der Ministerialverwaltung eines oder mehrerer Mitgliedstaaten.

Der förmlichen Initiative und Formulierung der Kommission geht eine – oft Jahre dauernde – informelle Beratung in Expertengruppen voraus, in denen neben Fachexperten aus der Kommission und aus den Zentralverwaltungen auch verwaltungsexterne Sachverständige und Vertreter von Interessenverbänden an den Vorschlägen mitwirken. Die nationalen Beamten handeln in dieser Phase nicht als Vertreter der Mitgliedstaaten, sondern als Experten für die jeweiligen Regelungsbereiche. Das mindert ihren praktischen Einfluß jedoch kaum, weil sie frühzeitig die Realisierungschancen für die spätere Regelung signalisieren können. In diesen informellen Vorberatungen erfolgt bereits das den späteren Inhalt vorausbestimmende "agendasetting". Diese frühzeitige Ausgestaltung des zukünftigen Richtlinienvorschlages im Wege von informellen Aushandlungen erfolgt weitgehend unter Ausschluß der Öffentlichkeit. Die Form der supranationalen Kooperation hat entscheidenden Einfluß auf den Inhalt der Rechtsvorschriften, aber bereits auch auf ihre spätere Umsetzung und Anwendung in den Mitgliedstaaten. Sie ist zugleich integrationsfördernd und ein Beispiel und eine Ursache für eine fachspezifische, technokratische Orientierung der Rechtsvorschriften der Gemeinschaft.

Ein weitgehender Konsens zwischen den Akteuren dieser informellen Phase – Kommission, nationale Fachverwaltung einschließlich der innerstaatlichen Untergliederungen und Interessengruppen – schafft bereits günstige Bedingungen für das weitere informelle Verfahren und die spätere Umsetzung und Anwendung. Auseinandersetzungen in der Vorbereitungsphase lassen Probleme für die innerstaatliche Implementation erwarten, insbesondere wenn die Regelung von der Kommission und nur einigen Mitgliedstaaten "durchgedrückt" wurde und den Interessen oder der bisherigen Regelung oder Verwaltungspraxis anderer Mitgliedstaaten widerspricht. Eine Gefahr dieser informellen Vorphase ist, daß spätere, praktische Implementationsprobleme für den Vollzug nicht beachtet wurden, z.B. bei umweltrelevanten Grenzwerten ohne entsprechende Meßverfahren. Wichtig erscheint deshalb bereits in dieser Phase, daß der spätere Vollzug durch staatliche oder kommunale Verwaltungen in dem Konzept beachtet wird.

Die Kommission ist auf fachliche Beiträge von außerhalb angewiesen, weil sie nicht über die personellen Ressourcen wie die nationalen Verwaltungen verfügt. Außerdem wird der Entwurf einer Richtlinie noch in ausgiebigen Konsultationen zwischen den zuständigen Generaldirektoren beraten und nach einer Überprüfung durch den Juristischen Dienst der Kommission vorgelegt.

Die Rechtsetzung der Gemeinschaft wird entscheidend durch den Ministerrat geprägt. Daran haben auch die Mitwirkungsrechte des europäischen Parlaments in dem Maastricht-Vertrag (Zustimmung, Mitentscheidung und Verfahren der Zusammenarbeit) nichts Wesentliches geändert. Die Beratungen über den Entwurf der Kommission wurden auf Initiative der Präsidentschaft in den etwa 200 offiziellen Ausschüssen und Arbeitsgruppen des Rates eröffnet. Die Fachbeamten in diesen Gremien sind nicht nur die weisungsgebundenen Vertreter der Regierungen der Mitgliedstaaten. Sie bringen zugleich die Fachkenntnisse, Erfahrungen, aber auch Traditionen und Verhaltensweisen ihrer nationalen Fachverwaltungen in die Verhandlungen ein. Diese fachliche Spezialisierung von EG-Politik und EG-Rechtsetzung spiegelt die Fragmentierung der Politikbereiche in den Regierungen der Mitgliedstaaten wider. Es gibt nicht mehr eine einheitliche Europapolitik, sondern eine Vielzahl von höchst speziellen Politikbereichen, in denen die nationale Ebene und die supranationale Ebene in der Rechtsetzung verflochten sind. Das führt zunehmend zu einer Verselbständigung der Regelungsbereiche, zu dem aus dem deutschen Exekutiv-Föderalismus bekannten Phänomen der "vertikalen Fachbruderschaften", der "copinage technocratique" der Verwaltungsspezialisten, zu den fachspezifischen "policy networks".

Die Abstimmung und die Einbindung der einzelnen Politik- und Regelungsbereiche auf nationaler Ebene ist ein Problem der intragouvernementalen Koordination. Die Mitgliedstaaten haben dafür – nach ihrer jeweiligen Verwaltungstradition – sehr unterschiedliche Koordinationsinstrumente geschaffen, in dem ausgebauten französischen Generalsekretariat (SGCI), in dem englischen European Secretariat of the Cabinet Office, in der Rollenteilung von Auswärtigem Amt und Bundeswirtschaftsministerium in Deutschland, aber auch mit der starken Kontrollfunktion von Parlamentsausschüssen in Dänemark und in Irland. Die nationale, interne Koordination von internationalen oder europäischen Regierungs- und Verwaltungsbeziehungen ist Gegenstand vergleichender, verwaltungswissenschaftlicher Untersuchungen: "international governance as interorganizational management". Internationale Regierungs- und Verwaltungsbeziehungen nehmen zu und müssen als eine organisatorische, verfahrensmäßige und personelle Problematik in der Verbindung zwischen mehreren Ebenen behandelt werden. Die Leistungsfähigkeit von internationalen und supranationalen Organisationen ist nicht nur durch einen Blick auf ihre eigenen Tätigkeiten zu bewerten. Sie hängt in erheblichem Umfang auch von ihrem komplexen, sich verändernden organisatorischen Umfeld, dem Beitrag der nationalen Regierungen und Verwaltungen und der Interessenträger ab. Innerhalb der Mitgliedstaaten der EG gibt es sehr verschiedene Wege, Organisationsformen und Verfahren, mit denen die interne Steuerung dieser Außenbeziehungen versucht wird. Im Bereich der nationalstaatlichen Europapolitik überrascht, wie sehr nach wie vor die etablierten Organisations- und Verfahrensformen in den Mitgliedstaaten praktiziert werden, obwohl Inhalt und Umfang, Intensität und Anforderungen der europäischen Integration ganz neue, drängende Erwartungen an die innerstaatlichen Entscheidungsprozesse stellen, zum Beispiel für die Vorbereitung, Koordination und Vertretung einer einheitlichen nationalen Position in den supranationalen Verhandlungen. Es überrascht nicht, daß ausländischen Beobachtern der deutschen Verhandlungsstrategie ein relativ begrenzter Grad an Einheitlichkeit und Koordination auffällt und sie dieses auf eine Verbindung von Koalitionsregierungen, von verfassungsrechtlich gestütztem Ressortprinzip und einer größeren Komplexität der Koordination von Regierungsentscheidungen in einem bundesstaatlichen System zurückführen. Alles zusammen mache es dem Mitgliedstaat Deutschland in Brüssel manchmal schwieriger als anderen Ländern, mit einer Zunge zu sprechen. Der deutsche Beobachter, geschult in der Beobachtung und Bewertung von Bund-Länder-Entscheidungsprozessen, wird eher die Machtverteilung und die Flexibilität in einem solchen System unterstreichen wollen.

Zu den mitgliedstaatlichen Spezifika in der Vorbereitung von Gemeinschaftsrecht gehört auch der Umgang mit Interessengruppen und ihre Einbindung in die Rechtsetzung. Während in Frankreich das Selbstverständnis der Ministerialverwaltung bisher in der Distanz der staatlichen Willensbildung gegenüber den privaten Interessenverbänden ein wesentliches Element der europäischen Entscheidungsvorbereitung sah – und dann oft vom späteren Widerstand dieser Gruppen in dem nationalen Umsetzungsprozeß überrascht wurde –, wird in Ländern wie Dänemark der allgemeine Konsens bereits in einem frühen Stadium gesucht und angestrebt. Eine Sondersituation bringt der deutsche Föderalismus auch durch die Beteiligung der Länder, die in

Art. 23 GG und in dem Zusammenarbeits-Gesetz von 1993 erneut verstärkt wurde. Für die Gemeinschaft sind dies aber innerstaatliche Besonderheiten, die angesichts der Vielfalt innerstaatlicher Organisationsformen in den anderen Mitgliedstaaten im Gemeinschaftsrecht nicht berücksichtigt werden: das Gemeinschaftsrecht ist "länderblind" und "selbstverwaltungsblind". Das bedeutet jedoch nicht, daß die Länder, Regionen, Provinzen und die Ebenen der kommunalen Selbstverwaltung, denen weitgehend der praktische Vollzug des Gemeinschaftsrechts obliegt, in Brüssel ohne Gehör blieben. Ihre Mitwirkung im Ausschuß der Regionen und ihre individuellen Vertretungen bei der Europäischen Gemeinschaft sind ein entwicklungsfähiger Teil der supranationalen Verwaltungsbeziehungen.

Nach Art. 145 EGV überträgt der Ministerrat der Kommission in den von ihm angenommenen Rechtsakten die Befugnisse zur Durchführung der Vorschriften. Daraus ist, insbesondere seit dem Komitologie-Beschluß vom Juli 1987 ein – von außen kaum durchschaubares – Geflecht von höchst differenzierten Verfahren und Gremien geworden. Doch diese haben das einheitliche und vorrangige Ziel, die nationalen Verwaltungen der Mitgliedstaaten für die Gemeinschaftsrechtsetzung und die Verwaltungsvorschriften, die sie zu implementieren haben, aufzuschließen und zu assoziieren.

Die Umsetzung des Gemeinschaftsrechts, konkret die Transformation der Richtlinien in nationales Recht, bindend für die nationale Verwaltung wie auch für die Bürger der Mitgliedstaaten, vollzieht sich durch die Rechtsetzungsorgane der Mitgliedstaaten nicht als Bruch oder Oktroy, sondern als unmittelbare Verlängerung der vorhergegangenen Verhandlungs- und Entscheidungsphasen. Die inhaltliche Kontinuität wird oft schon dadurch hergestellt, daß es die gleichen Fachbeamten sind, die die Richtlinien in Brüssel verhandelt haben und die dann für die Umsetzung in mitgliedstaatliches Recht verantwortlich sind. Das gibt diesen Fachbeamten in der Praxis der supranationalen und der nationalen Verhandlungen einen privilegierten, auf beiden Ebenen kaum angreifbaren Vorteil in der Verteidigung ihrer Position und des Verhandlungsergebnisses: in Brüssel wirken sie als Vertreter einer koordinierten, abgestimmten Regierungsposition, in dem Mitgliedstaat als Vertreter eines zementierten Konsenses nach langwierigen, multilateralen Verhandlungen, aus dem auch nicht ein einzelner Baustein mehr herausgebrochen werden kann. In der deutschen Praxis ist das personelle und inhaltliche Kontinuum von Verhandlung, Verabschiedung und Umsetzung deshalb besonders ausgeprägt, weil oft mit den Beratungen in Brüssel gleichzeitig auch der entsprechende, nationale Umsetzungsakt vorbereitet wird. In Großbritannien erlebt wegen der regelmäßigen Rotation der Ministerialbeamten kaum einer die nationale Umsetzung der von ihm in Brüssel verhandelten Richtlinie.

Das Gemeinschaftsrecht wird bereits in seinen Phasen des Zustandekommens stark durch den Einfluß der supranationalen und der nationalen Verwaltungen geprägt. Das wirkt sich auf die Inhalte und die Art der Abfassung aus: der fachverwaltungsspezifische, detaillierte, technische Inhalt dominiert – manchmal bis zur Karikatur einer Rechtsvorschrift –, auch wenn über die Erwägungsgründe versucht wird, die Vorschrift in einem inhaltlichen und finalen Kontext zu präsentieren. Bei den Richtlinien hat das dazu geführt, daß sie schon lange nicht mehr nur das Ziel vorgeben und den nationalen Instanzen die Kompetenz überlassen, die Form und die Mittel zu bestimmen. Auf diese Rahmensetzung beschränkt das Gemeinschaftsrecht sich schon lange nicht mehr; auch dies ist das Ergebnis der administrativen Bestimmtheit der Inhalte. Diese Orientierung setzt sich jedoch fort, wenn dieses Gemeinschaftsrecht in den Mitgliedstaaten auch noch im Wege der Exekutivrechtsetzung umgesetzt wird. Zwar hat der Europäische Gerichtshof hier aus Gründen der Gesetzmäßigkeit der Verwaltung einen unteren förmlichen Standard für diese Umsetzung gesetzt und Verwaltungsvorschriften ausgeschlossen. Doch bereits die exekutive Rechtsetzung durch die Regierungen in der Form der Verordnungen ist eine Minderung der Autorität des Gemeinschaftsrechts und hält den Umsetzungsprozeß aus der politischen Diskussion im parlamentarischen Gesetzgebungsverfahren weitgehend heraus. Einige Mitgliedstaaten, wie z.B. Frankreich, begrenzen allerdings in ihrer Verfassung die Materien für die parlamentarische Rechtsetzung. Andere Mitgliedstaaten, wie z.B. Belgien, Griechenland, Irland, Italien und Luxemburg räumen der Exekutive im Bereich der Rechtsharmonisierung weitgehende Rahmenermächtigungen ein oder führen die Umsetzung mittels eines besonderen parlamentarischen Verfahrens gebündelt durch. Es gibt eine länderspezifische "Kultur" der Umsetzung. Die Parlamente werden auch dadurch aus der Umsetzung weitgehend ausgeschaltet. Letztlich aber entsprechen Inhalte und Verfahren der Richtlinien nicht mehr der ursprünglichen Konzeption dieser Rechtsinstrumente. Deshalb ist eine neue formale und inhaltliche Hierarchie der Rechtsakte der Gemeinschaft ein Thema der Zukunft.

Der verwaltungsmäßige Vollzug des Gemeinschaftsrechts unterfällt ausschließlich der mitgliedstaatlichen Zuordnung von Verwaltungskompetenzen und der mitgliedstaatlichen Ausgestaltung des Verwaltungsverfahrens. Das schließt aber nicht aus, daß eine bestimmte Gestaltung des Verwaltungsverfahrens, z.B. im Umweltbereich oder im Planungsbereich gerade der inhaltliche Gegenstand der gemeinschaftsrechtlichen Regelung ist. Die Zeit, in der die Vollzugsverwaltung den gemeinschaftsrechtlichen Ursprung der von ihr anzuwendenden Vorschrift nicht erkannte oder nicht erkennen konnte, ist vorbei: der Umsetzungsakt hat auf diesen Ursprung hinzuweisen. Dennoch gerät in der Alltagsroutine der öffentlichen Vollzugsverwaltung der Mitgliedstaaten die gemeinschaftsrechtliche und integrative politische Orientierung von Rechtsvorschriften in Vergessenheit, es sei denn, sie werden zum Anlaß für die Kritik an "aus Brüssel kommenden" Vorschriften. Insgesamt zeigen empirische Untersuchungen eine Loyalität der nationalen Verwaltung gegenüber dem umgesetzten Gemeinschaftsrecht.

Anwendungsschwierigkeiten beim Gemeinschaftsrecht haben in den Mitgliedstaaten zumeist die gleichen Ursachen, wie sie sich bei der rein nationalen Gesetzgebung ergeben. Die Verwaltungskraft, das heißt die Ausstattung der öffentlichen Verwaltungen der Mitgliedstaaten mit personellen, technischen und finanziellen Ressourcen bestimmt dabei in einem wesentlich erheblicheren Ausmaß das Anwendungsergebnis des Gemeinschaftsrechts als der hauptsächlich auf politischer Ebene gemachte Unterschied zwischen nationaler und EG-Politik. Die Gemeinschaftsrechtsetzung geht oft genug von den hochentwickelten Verwaltungssystemen einzelner Mitgliedstaaten mit einem entsprechenden Qualifikationsprofil des Personals und der erforderlichen technisch-administrativen Infrastruktur aus. Diese Mitgliedstaaten können außerdem in der Regel von einem vorhandenen Vorschriftenbestand und einer vorhandenen nationalen Verwaltungspraxis in dem Regelungsbereich ausgehen. Sie versuchen, ihren Regelungsbestand in das Gemeinschaftsrecht einzubringen und ihren Verwaltungsstandard zum Grundmaß zu machen. Dieses muß vorhersehbar Vollzugsprobleme in den anderen Mitgliedstaaten bringen – nicht immer kann die Gemeinschaft für diese die Verwaltungsstruktur zunächst finanziell fördern und institutionell aufbauen, um dann daran die Anforderungen des Gemeinschaftsrechts zu richten.

Die Kontrolle des Vollzugs von Gemeinschaftsrecht vollzieht sich wiederum in einem immer dichter werdenden Zusammenspiel von europäischen Institutionen und mitgliedstaatlichen Verwaltungen und Gerichten. Zu einem wirkungsvollen und flexibel gehandhabten Instrument hat sich dabei das Vertragsverletzungsverfahren entwickelt, das die Kommission seit 1977 systematisch und doch bereichsspezifisch flexibel gegenüber den Mitgliedstaaten einsetzt. Bereits die erste Stufe im Vertragsverletzungsverfahren, das Mahnschreiben der Kommission an den Mitgliedstaat, veranlaßt in der Praxis in einem erheblichen Teil der Fälle die Empfänger bereits zum Tätigwerden, um den mit einem Verfahren vor dem EuGH verbundenen Aufwand – und das internationale Aufsehen – zu vermeiden. Die Vertragsverletzungsverfahren richten sich immer noch häufig zunächst gegen Verstöße der Mitgliedstaaten gegen ihre formelle, fristgebundene Umsetzungspflicht. Auch der Inhalt der jährlichen Umsetzungsberichte der Kommission an das Europäische Parlament belegt, daß die Kommission sich zunächst auf die formellen Aspekte der Umsetzung bezieht. Dieses Dokument ist zudem so diplomatisch, abstrahierend formuliert, daß die tatsächlichen, administrativen Vollzugsprobleme kaum erkennbar werden. Hier werden die institutionellen Grenzen der

Kommission erkennbar: sie hat zwar als Hüterin der Verträge weitreichende Aufsichtsbefugnisse gegenüber den Mitgliedstaaten. Sie ist aber in dem zentralisierten Aufbau der Gemeinschaft von der Verwaltungsrealität in den Mitgliedstaaten teilweise abgeschnitten. Als Instrument einer zentralen Kontrolle sind dem Vertragsverletzungsverfahren durch den Gemeinschaftsaufbau strukturell Grenzen gesetzt. Ansprechpartner der Kommission sind in erster Linie die mitgliedstaatlichen Ministerialverwaltungen. Diese haben aber nicht selten selbst Informationslücken im Blick auf die Verwaltungspraxis in nachgeordneten staatlichen Außendiensten oder in den kommunalen Gebietskörperschaften.

Insgesamt hat die Politik der systematischen Verfolgung von Verstößen gegen die Umsetzungspflicht zu einem beachtlichen Anstieg an Vertragsverletzungsverfahren geführt. Fehlende personelle Ressourcen sowohl bei der Kommission als auch in den Mitgliedstaaten sind ein weiterer Grund dafür, daß sich die Anwendungs- und Vollzugskontrolle teilweise auf eine förmliche Umsetzungskontrolle reduziert hat. Wie weit dieses reduzierte Vertragsverletzungsverfahren die Kapazitäten bei der EG-Kommission und in den mitgliedstaatlichen Verwaltungen auslastet und damit ein Teil der Internationalisierung und Europäisierung von Verwaltung geworden ist, läßt sich mit den Ergebnissen des Kommissionsberichts vom Juni 1994 an das Europäische Parlament und an die Mitgliedstaaten belegen: 1993 wurden 1.209 Verfahren eröffnet, 352 begründete Stellungnahmen abgegeben, 44 Verfahren vor dem EuGH eröffnet. Der Bericht enthält aber nicht nur Kritik, sondern entwirft auch neue Instrumente und Kooperationsformen mit den mitgliedstaatlichen Verwaltungen, zum Beispiel "Dialoggruppen zur besseren Vorbereitung und Koordinierung von Maßnahmen, zur praktischen Weiterverfolgung und strikteren Einhaltungsprüfung". In sogenannten "Paketsitzungen" werden zwischen der Kommission und dem einzelnen Mitgliedstaat alle Vertragsverletzungen auf einem bestimmten Gebiet erörtert; so läßt der Bericht der Kommission Aufsicht, Kontrolle und Kooperation mit den Verwaltungen der Mitgliedstaaten diplomatisch weiterhin zu, wenn er zusammenfassend würdigt: "In einigen Schlüsselbereichen der gemeinschaftlichen Tätigkeit hat sich die Lage für eine bessere Einhaltung des Gemeinschaftsrechts spürbar verbessert."

Die Internationalisierung und die Europäisierung von Verwaltung und Verwaltungsrecht sind allerdings keine ganz neue Herausforderung an die nationalstaatlich gewachsene und geprägte öffentliche Verwaltung der europäischen Staaten, auch der Bundesrepublik Deutschland: *Lorenz von Stein* bezeichnet es schon 1882 als Grundlage von Verwaltungsverträgen im europäischen Staatensystem, "daß jeder Staat in Beziehung auf sein Verwaltungsrecht an sich vollkommen souverän ist, daß aber die Unterordnung dieser Souveränität unter die Bedürfnisse des Gesamtlebens der Völker, welche eben im Verkehr der Staaten zur Erscheinung gelangen, sich als eine zuletzt immer unabweisbare Bedingung seiner eigenen Entwicklung zeigt."

Literatur

Autexier, Christian, Gemeinsame lothringisch-saarländische administrative Einrichtungen und Verfahrensweisen, Saarbrücken 1993.
Beck, Joachim, Netzwerke in der transnationalen Regionalpolitik – Rahmenbedingungen, Funktionsweise, Folgen, Baden-Baden 1996, Diss. Speyer.
Beyerlin, Ulrich, Zur Übertragung von Hoheitsrechten im Kontext dezentraler grenzüberschreitender Zusammenarbeit, in: Zeitschrift für ausländisches öffentliches Recht und Völkerrecht 1994, S. 588 ff.
Bülck, Hartwig, Der Strukturwandel der internationalen Verwaltung, Tübingen 1962.
Heady, Ferrel, Public Administration: A comparative perspective, Englewood 1966.
Hofmeister, Albert (Hrsg.), Internationalisierung der öffentlichen Verwaltung, Schriftenreihe der Schweizerischen Gesellschaft für Verwaltungswissenschaften, Band 17, Bern 1991.
Kaiser, Karl, Transnationale Politik, Zu einer Theorie der multinationalen Politik, in: Politische Vierteljahresschrift 1969, Sonderheft 1, S. 80 ff.
König, Klaus, Internationalität, Transnationalität, Supranationalität – Auswirkungen auf die Regierung, in: *Hartwich, Hans-Hermann/Wewer, Göttrik* (Hrsg.), Regieren in der Bundesrepublik, Band 5, Opladen 1993.
Marcou, Gérard (Hrsg.), Les mutations du droit de l'administration en Europe – Pluralisme et convergence, Paris 1995.
Metcalfe, Les, International policy co-ordination and public management reform, in: International Review of Administrative Sciences 1994, S. 271 ff.
Rowat, Donald C. (Hrsg.), Public Administration in Developed Countries, A comparative study, New York 1987.
Schmidt-Aßmann, Eberhard, Deutsches und Europäisches Verwaltungsrecht, in: Deutsches Verwaltungsblatt 1993, S. 924 ff.
Schwarze, Jürgen, Europäisches Verwaltungsrecht, Band I und II, Baden-Baden 1988.
Siedentopf, Heinrich (Hrsg.), Europäische Integration und nationalstaatliche Verwaltung, Stuttgart 1991.

Siedentopf, Heinrich/Ziller, Jacques (Hrsg.), Making European Policies Work: The Implementation of Community Legislation in the Member States, 2 Bände, London 1988.

Stein, Lorenz von, Einige Bemerkungen über das internationale Verwaltungsrecht, in: Jahrbuch für Gesetzgebung, Verwaltung und Volkswirtschaft für das Deutsche Reich, 1882, S. 395 ff.

Zuleeg, Manfred/Rengeling, Hans-Werner, Deutsches und europäisches Verwaltungsrecht – Wechselseitige Einwirkungen, Veröffentlichungen der Vereinigung der Deutschen Staatsrechtslehrer, Band 53, Berlin 1994.

Georg Ress/Jörg Ukrow

2. Die deutsche Verwaltung in der Europäischen Union

Inhaltsübersicht

I.   Einführung
II.   Die Gesetzesbindung der Verwaltung
III. Der Vorbehalt des Gesetzes
IV.   Die deutsche Verwaltung und der Vollzug von Gemeinschaftsrecht
V.   Verwaltungsorganisation und Gemeinschaftsrecht
VI.   Effektivitätsgebot und Diskriminierungsverbot als Schranken der verwaltungsverfahrensrechtlichen Gestaltungsfreiheit der Bundesrepublik Deutschland
VII. Die deutsche Verwaltung und Wechselwirkungen zwischen nationalem und Gemeinschaftsrecht – Das Beispiel des Vertrauensschutzes
VIII. Die deutsche Verwaltung und die Kontrolle der Rechtsanwendung: Kontrolle über die deutsche Verwaltung – Kontrolle durch die deutsche Verwaltung
IX.   Der vorläufige Rechtsschutz gegen die deutsche Verwaltung beim Vollzug von Gemeinschaftsrecht
X.   Die deutsche Verwaltung und der gemeinschaftsrechtliche Staatshaftungsanspruch

I. Einführung

Die Europäische Gemeinschaft als Kern der Europäischen Union stellt eine Rechtsgemeinschaft dar, die in zunehmendem Umfang auch auf Verwaltungsrecht und Verwaltungshandeln in den Mitgliedstaaten einwirkt. Die "Verwaltung" in den Mitgliedstaaten stellt keine *domaine reservé* dar, die von den Einflüssen der Integrationsentwicklung unberührt bleibt. Der Anwendungsvorbehalt, den Art. 48 Abs. 4 EGV in bezug auf die Beschäftigung in der öffentlichen Verwaltung aufstellt, ist nach den Interpretationsmethoden des Gemeinschaftsrechts eng auszulegen. Von Art. 48 Abs. 4 EGV wird ausschließlich die unmittelbare oder mittelbare Teilnahme an der Ausübung hoheitlicher Befugnisse und an der Wahrnehmung solcher Aufgaben, die auf die Wahrung der allgemeinen Belange des Staates oder anderer öffentlicher Körperschaften gerichtet sind, erfaßt. Art. 48 Abs. 4 EGV ist damit keiner erweiternden Interpretation in dem Sinne zugänglich, daß für die öffentliche Verwaltung eine der Definitionsmacht der Mitgliedstaten unterliegende Bereichsausnahme bei der Anwendung des Gemeinschaftsrechts existiert.

Das Recht der Europäischen Gemeinschaften (EG, EGKS und EAG) ist im wesentlichen Verwaltungsrecht, vornehmlich Wirtschaftsverwaltungsrecht, während die Gebiete des Gemeinschaftsprivatrechts und des Gemeinschaftsstrafrechts bislang nur rudimentär entwickelt sind. Zwar werden durch den Vertrag über die Europäische Union die Bereiche der "Innen- und Justizpolitik" keinem gemeinschaftsrechtlichen Regelungsregime zugeführt, sondern bleiben der allein unionsrechtlich bestimmten Zusammenarbeit der Mitgliedstaaten vorbehalten. Dessenungeachtet werden jedoch auch Innen- und Justizverwaltungen des Bundes und der Länder bereits jetzt in zentralen Bereichen ihrer Tätigkeit (z.B. Kommunalwahlrecht oder Ausländerrecht) in ihrer Tätigkeit durch Vorgaben des EG-Rechts bestimmt.

Standen zu Beginn der Gemeinschaftsintegration vornehmlich Einwirkungen des EG-Rechts auf das besondere Verwaltungsrecht (insbesondere das Agrar- und Wettbewerbsrecht) im Mittelpunkt des Interesses, so hat – maßgeblich beeinflußt durch die Rechtsprechung des Europäischen Gerichtshofes zu allgemeinen Rechtsgrundsätzen des Gemeinschaftsrechts – in jüngster Zeit die Entwicklung eines europäischen allgemeinen Verwaltungsrechts Aufmerksamkeit nicht nur in der Europarechtswissenschaft gefunden. Dieses europäische allgemeine Verwaltungsrecht darf dabei nicht ausschließlich als EG-Verwaltungsrecht verstanden werden. Es speist sich aus verschiedenartigen Quellen. Die EG als Verwaltungsrechtsgemeinschaft öffnet sich sowohl gegenüber Einwirkungen der EMRK, namentlich über die in Art. 6 Abs. 1 EMRK enthaltenen Verfahrensgarantien, als auch Einwirkungen der jeweiligen mitgliedstaatlichen Verwaltungsordnungen. Insofern findet ein stetiger wechselseitiger Ausstrahlungs- und Einwirkungsprozeß zwischen deutschem Verwaltungsrecht, Verwaltungsrecht der übrigen Mitgliedstaaten, völkerrechtlichem Verwaltungs-Konventionsrecht und EG-spezifischem Verwaltungsrecht statt, der geeignet ist, sukzessive in ein verwaltungsrechtliches *ius commune* zu münden, ohne daß es einer ausdrücklichen Harmonisierung bedürfte, die ohnedies kompetenzrechtlichen Bedenken beggnen könnte.

Die deutsche Verwaltung in der Europäischen Union ist in zweifacher Hinsicht eine EMRK-gebundene Verwaltung: Zum einen ist die Bindung an die Vorgaben der

EMRK unmittelbarer Ausfluß der Gesetzesbindung der Verwaltung, zum anderen folgt diese Bindung mittelbar aus der Bedeutung der EMRK-Grundrechte als Quelle allgemeiner Rechtsgrundsätze des Gemeinschaftsrechts und der Bindung der deutschen Verwaltung an diese allgemeinen Rechtsgrundsätze beim Vollzug von Gemeinschaftsrecht. Dabei ist es nicht ausgeschlossen, daß auf der Ebene des Vollzugs vergleichbare Konflikte zwischen einander widersprechenden Auslegungen des EMRK-Rechts durch die Straßburger Organe (Kommission und Gerichtshof für Menschenrechte) und den Luxemburger EuGH auftreten, wie sie bei der Gesetzeskontrolle bereits – jüngst im Widerspruch zwischen der *ERT*-Entscheidung des EuGH und der *Informationsverein Lentia*-Entscheidung des EGMR – aufgetreten sind.

II. Die Gesetzesbindung der Verwaltung

Nach Art. 20 Abs. 3 GG ist die vollziehende Gewalt in der Bundesrepublik Deutschland an Gesetz und Recht gebunden. Mit dem Beitritt Deutschlands zur EG hat diese Gesetzesbindung eine supra-nationale Erweiterung gefunden. Auf die Gesetzesbindung der Verwaltung wirkt die europäische Öffnung des Grundgesetzes, wie sie in der Präambel programmatisch vorgegeben und in Art. 23 (neu) GG verfahrensrechtlich ausgestaltet ist, ein. Eine solche Einwirkung ist zunächst mit der Pflicht zur gemeinschaftsrechtskonformen, insbesondere richtlinienkonformen Auslegung und Anwendung nationalen Rechts verknüpft, wie sie der EuGH in seiner *von Colson und Kamann* – Entscheidung betont hat. Eine EMRK-relevante Ergänzung hat diese Rechtsprechung des EuGH in der Rechtsprechung des Bundesverfassungsgerichts gefunden, wonach Gesetze, selbst wenn sie zeitlich später erlassen worden sind als ein völkerrechtlicher Vertrag, im Einklang mit diesem auszulegen und anzuwenden sind; denn es sei nicht anzunehmen, daß der Gesetzgeber, sofern er dies nicht klar bekundet hat, von völkerrechtlichen Verpflichtungen der Bundesrepublik Deutschland abweichen oder die Verletzung solcher Verpflichtungen ermöglichen will. Damit geht eine nicht unerhebliche Beschränkung des Beurteilungs- bzw. Ermessensspielraums der deutschen Verwaltung beim Vollzug nationalen Rechts einher.

Die Einwirkung erfolgt zweitens über die vom EuGH in der *Costanzo*-Entscheidung hervorgehobene gemeinschaftsrechtliche Pflicht der mitgliedstaatlichen Verwaltung, nationales Recht unangewendet zu lassen, das gemeinschaftsrechtlichen Vorgaben nicht entspricht. Auch diese Pflicht bewirkt – was das Anwendungsgebot (Pflicht zur Anwendung des Gesetzes) und Abweichungsverbot (Verbot der Abweichung vom Gesetz) betrifft – keine Lockerung der Gesetzesbindung der Verwaltung, sondern ergänzt den auch von der Verwaltung zu beachtenden Vorrang des Verfassungsrechts im Verhältnis zum Gesetz und zum Verwaltungshandeln um eine europäische Dimension (nämlich: das vorrangige Gemeinschaftsrecht). Gelockert wird die Gesetzesbindung allerdings insoweit, als eine eigene europarechtlich fundierte Verwerfungskompetenz und Verwerfungspflicht der Verwaltung begründet wird. Gemeinschaftsrechtswidriges Recht ist von der normunterworfenen Verwaltung bereits vor einer gerichtlichen Klärung der europarechtlichen Unvereinbarkeit einer nationalen Norm außer acht zu lassen, wenn die Verwaltung von dieser Unvereinbarkeit ausgeht. Der nach der Rechtsprechung des EuGH uneingeschränkte Anwendungsvorrang des Gemeinschaftsrechts gegenüber nationalem Recht gilt somit nicht nur inhaltlich gegenüber jedem nationalen Rechtsakttypus, auch nationalem Verfassungsrecht, sondern verdrängt verfahrensrechtlich auch die innerstaatlich vertrauten Mechanismen zur Geltendmachung vorrangiger Rechtsnormen. Das BVerfG hat zwar in seiner *Solange I*-Entscheidung gegenüber dem uneingeschränkten Vorrang des Gemeinschaftsrechts im Verhältnis zu dem Verfassungsrecht einen auf Art. 79 Abs. 3 GG und den Wesensgehalt der Grundrechte gestützten Vorbehalt geltend gemacht, seine Prüfungsbefugnis dieses Vorrangs jedoch später in seinem *Solange II*-Beschluß auf Fälle reduziert, in denen eine prinzipielle Verkennung des Grundrechtsschutzes durch den EuGH erkennbar wäre. Daraus ergibt sich kaum eine greifbare Einschränkung der Pflicht der Verwaltung, die Vereinbarkeit der Gesetze und Verordnungen (und Verwaltungsakte) mit Normen des Gemeinschaftsrechts zu überprüfen. Auch das *Maastricht*-Urteil des BVerfG – in dem das Gericht festgestellt hat, daß, würden etwa europäische Einrichtungen oder Organe den Unions-Vertrag in einer Weise handhaben oder fortbilden, die von dem Vertrag nicht mehr gedeckt wäre, die daraus hervorgehenden Rechtsakte im deutschen Hoheitsbereich nicht verbindlich wären und die deutschen Staatsorgane aus verfassungsrechtlichen Gründen gehindert wären, diese Rechtsakte in Deutschland anzuwenden – schränkt die Überprüfungspflicht nicht ein; denn ob der Gemeinschaftsrechtsakt ultra vires ist, müßte zunächst vom EuGH geprüft werden. Das Dilemma besteht allerdings – wie bei der Überprüfung der Verfassungsmäßigkeit der Gesetze durch die Verwaltung – darin, daß die Verwaltungsbehörde keinen direkten Zugang zum Gericht im Rahmen des Vorlageverfahrens hat (vgl. einerseits Art. 177 EGV, andererseits Art. 100 Abs. 1 GG). Im Gegensatz zur Lösung beim Gültigkeitsvorrang der Verfassung vor dem Gesetz, bei dem der unteren Verwaltungsbehörde keine Verwerfungsbefugnis, sondern nur eine Remonstrationsbefugnis mit der Folge zusteht, daß die Landes- bzw. Bundesregierung ein abstraktes Normenkontrollverfahren einleiten könnte, fordert der EuGH beim Anwendungsvorrang des Gemeinschaftsrechts die Verwerfungsbefugnis durch die Verwaltung, was bedeutet, daß die Kontrollbefugnis der Verwaltungsbehörden bei der Überprüfung der Gemeinschaftsrechtskonformität einschneidender ist als bei der Überprüfung der Verfassungskonformität. Diese Lösung ist dysfunktional und hat mit Recht Kritik hervorgerufen.

Die europäische Öffnung des Grundgesetzes bringt somit – bezogen auf das grundgesetzliche System der Gewaltenteilung – nicht nur Verschiebungen im Verhältnis zwischen Exekutive und Legislative mit sich, die geeignet sind, den Vorwurf eines andauernden Demokratiedefizits der Gemeinschaft zu untermauern. Sie führt zugleich auch zu Verschiebungen im Verhältnis von Exekutive und Judikative, in dem sie neben die gerichtliche Klärung der Vorrangfrage eine exekutive Klärung treten läßt. Die Verschiebungen im System der Gewaltenteilung werden ferner nicht zuletzt durch die Rechtsfortbildungsaktivitäten des EuGH vervollständigt, die in der Begründung eines gemeinschaftsrechtlichen Staatshaftungsanspruchs einen – zumindest – vorläufigen Höhepunkt erfahren haben.

III. Der Vorbehalt des Gesetzes

Auch der Gesetzesvorbehalt muß als rechtsstaatlicher und grundrechtseffektuierender Schutzmechanismus in der Verwaltungsrechtswissenschaft spätestens seit Beginn der 90-er Jahre um eine europäische Komponente ergänzt werden. Auch gemeinschaftsrechtliche Rechtsakte (Primärrecht, Verordnungen) bilden, sofern sie unmittelbar anwendbar sind, Ermächtigungsgrundlagen für belastende Verwaltungsakte und Rechtsverordnungen. Daß dabei an die Bestimmtheit und das Programm nicht die gleichen Anforderungen wie bei nationalen Rechtsnormen (z.B. nach Art. 80 GG) zu stellen sind, hat das BVerfG zuletzt in seinem *Maastricht*-Urteil hingenommen. Auch die den Mitgliedstaaten der EU bei der Umsetzung von Richtlinien verbleibenden Spielräume sind nach dem *TA-Luft*-Urteil des EuGH in rechtstechnischer Hinsicht deutlich reduziert. In dieser Entscheidung hatte der EuGH konkretisierende Verwaltungsvorschriften wie die TA Luft als unzureichend zur Umsetzung der Richtlinien erachtet, weil sie keine klaren, vor Gericht einklagbaren Rechte und Pflichten der Bürger schaffen. Dabei stand der Rechtsschutzgedanke, insbesondere das Interesse des Bürgers am Schutz seiner Rechte, im Vordergrund der Argumentation: Entscheidend für die Einordnung der TA Luft als unzureichendes Umsetzungsinstrument war, daß sich nicht sagen ließ, daß der einzelne Gewißheit über den Umfang seiner Rechte haben konnte, um sie gegebenenfalls vor den nationalen Gerichten geltend machen zu können, noch auch daß diejenigen, deren Tätigkeiten geeignet sind, Emissionen zu verursachen, über den Umfang ihrer Verpflichtungen hinreichend unterrichtet seien. Damit sei die Durchführung der Richtlinie nicht mit unbestreitbarer Verbindlichkeit und mit der Konkretheit, Bestimmtheit und Klarheit erfolgt, die erforderlich sei, um dem Erfordernis der Rechtssicherheit zu genügen. Entscheidend ist dabei die fehlende Außenwirkung der TA Luft als normkonkretisierender Verwaltungsvorschrift gegenüber Dritten, das heißt die fehlende Funktionsadäquanz von normkonkretisierenden Verwaltungsvorschriften im Lichte der spezifischen Rechtsschutzfunktion, die die Rechtsprechung des EuGH den Richtlinien im Wege ihrer unmittelbaren Anwendbarkeit zugeordnet hat. Ebensowenig wie bloße Verwaltungspraktiken oder eine richtlinienkonforme Auslegung reicht nach der Rechtsprechung des EuGH somit bei Richtlinien mit drittschützendem Charakter eine normkonkretisierende Verwaltungsvorschrift aus, eine rechtsförmliche Umsetzung der Richtlinie bei gleichzeitigem Ausschluß jeder (unter Umständen auch nur theoretischen) Gefahr einer Abweichung vom Regelungsgehalt der Richtlinie zu gewährleisten.

IV. Die deutsche Verwaltung und der Vollzug von Gemeinschaftsrecht

Die deutsche Verwaltung wird durch die Einbindung der Bundesrepublik Deutschland in den Prozeß der europäischen Integration, dessen dynamischer Charakter im Grundsatz auch in der sogenannten *Maastricht*-Entscheidung des Bundesverfassungsgerichts als verfassungsrechtlich unbedenklich eingeordnet worden ist, in mehrfacher Weise betroffen:
– Beim gemeinschaftsunmittelbaren Vollzug von Gemeinschaftsrecht, bei dem dieses von den Gemeinschaftsorganen selbst vollzogen wird, ist eine Einbindung von deutschen Verwaltungsbehörden namentlich im Wege der Amtshilfe, speziell aufgrund von Unterrichtungs- und Konsultationspflichten sowie dann vorstellbar, wenn die Gemeinschaften nicht in den herkömmlichen Handlungsformen des Art. 189 EGV, sondern in vertraglichen Handlungsformen tätig werden, um mangelnden spezifischen Sachverstand bzw. das Fehlen einer gemeinschaftsunmittelbaren Verwaltungsorganisation zu kompensieren. Generell gilt allerdings festzuhalten, daß dieser Vollzugstypus im Hinblick auf das – nunmehr in Art. 3b Abs. 1 EGV ausdrücklich verankerte – Prinzip der begrenzten Ermächtigung, das auch für den Vollzug von Gemeinschaftsrecht gilt, eine seltene Ausnahme darstellt, da der EG grundsätzlich kein eigener Verwaltungsunterbau zur Verfügung steht. Vor diesem Hintergrund wird Gemeinschaftsrecht regelmäßig in der und für die Bundesrepublik Deutschland durch deutsche Verwaltungsbehörden, das heißt nach dem Kompetenzverteilungssystem des Verfassungsrechts (Art. 30, 83 ff. GG)

durch Landesbehörden vollzogen. Eine "Länderblindheit" des Gemeinschaftsrechts ist daher mehr noch ein verwaltungsbezogenes als ein gesetzgebungsbezogenes Phänomen.
- Beim unmittelbaren mitgliedstaatlichen Vollzug von Gemeinschaftsrecht wird unmittelbar anwendbares primäres oder sekundäres Gemeinschaftsrecht von den Mitgliedstaaten vollzogen; der nationale Gesetz-, Verordnungs- oder Satzungsgeber muß nicht mehr tätig werden, um eine Rechtsgrundlage für das Handeln seiner Verwaltungsbehörden zu schaffen. Dieser Vollzugstypus findet z.B. beim Vollzug landwirtschaftlicher Marktordnungen bzw. des Gemeinsamen Zolltarifs Anwendung. Auf der mitgliedstaatlichen Seite kommt dabei das jeweilige mitgliedstaatliche Handlungsinstrumentarium zum Tragen; der Mitgliedstaat administriert nach seinem jeweils maßgeblichen Verwaltungsrecht.
- Beim mittelbaren mitgliedstaatlichen Vollzug existiert demgegenüber kein unmittelbar anwendbares primäres oder sekundäres Gemeinschaftsrecht, vielmehr setzt der nationale Gesetz-, Verordnungs- oder Satzungsgeber Gemeinschaftsrecht mittels Durchführungsvorschriften um. Allerdings ist die deutsche Verwaltung auch beim mittelbaren mitgliedstaatlichen Vollzug von Gemeinschaftsrecht an die gemeinschaftsrechtlichen Grundrechte gebunden.

V. *Verwaltungsorganisation und Gemeinschaftsrecht*

Im Bereich des direkten Vollzugs von Gemeinschaftsrecht bestehen Auswirkungen der EU-Mitgliedschaft Deutschlands auf die Verwaltungsorganisation nur insofern, als die Gemeinschaftsorgane, in der Regel die Kommission, beim direkten Vollzug in der Form des gemeinschaftsexternen Vollzugs auf die Hilfe mitgliedstaatlicher Stellen angewiesen sind. Diese sind zur Hilfestellung generell nach Art. 5 Abs. 1 Satz 1 EGV verpflichtet. Eine qualifizierte Hilfeleistungspflicht beinhalten z.B. Art. 11 und 13 der Kartell-Verordnung Nr. 17/62. Auch in diesem Bereich hat die Kommission aber keine Weisungsrechte gegenüber den nationalen Behörden. Daß das Verhältnis zwischen Gemeinschaftsverwaltung und nationaler Verwaltung ein solches gegenseitiger Kooperationspflichten ist, zeigt sich darin, daß auch der Kommission Kooperationspflichten mit den Behörden der Mitgliedstaaten obliegen, wie sich aus Art. 10 und 14 der Kartell-Verordnung ergibt.

Im Bereich des indirekten Vollzugs obliegt die Verwaltungsorganisation den Mitgliedstaaten. Gemäß Artikel 5 EGV sind sie nur verpflichtet, für einen geordneten Verwaltungsvollzug zu sorgen. Damit ist es der Gemeinschaft grundsätzlich verwehrt, in den innerstaatlichen Verwaltungsaufbau einzugreifen. Andererseits vermögen aus diesem Verwaltungsaufbau herrührende Probleme, insbesondere verfassungsrechtlich begründete Kompetenzen von Bundesländern oder Regionen, ein Defizit beim Vollzug von Gemeinschaftsrecht weder zu rechtfertigen noch zu entschuldigen. So verstieß z.B. eine Abfertigungserschwernis für den Import von Waren, wie sie Frankreich 1983 mit der Konzentration der Abfertigung von Videorecordern in Poitiers einführte, gegen gemeinschaftsrechtliche Vorgaben der Warenverkehrsfreiheit. Indessen ist auch die Verwaltungsorganisation kein gemeinschaftsrechtlichen Vorgaben völlig entzogenes Feld. So bestehen z.B. für eine Gleichstellungspolitik in der öffentlichen Verwaltung, wie der EuGH jüngst betont hat, gemeinschaftsrechtliche Grenzen: Art. 2 Abs. 1 u. 4 der Richtlinie 76/207/EWG des Rates zur Verwirklichung des Grundsatzes der Gleichbehandlung von Männern und Frauen hinsichtlich des Zugangs zur Beschäftigung, zur Berufsbildung und zum beruflichen Aufstieg sowie in bezug auf die Arbeitsbedingungen steht einer nationalen Regelung entgegen, nach der bei gleicher Qualifikation von Bewerbern unterschiedlichen Geschlechts um eine Beförderung in Bereichen wie dem öffentlichen Dienst, in denen die Frauen unterrepräsentiert sind, den weiblichen Bewerbern automatisch der Vorrang eingeräumt wird, wobei eine Unterrepräsentation dann vorliegen soll, wenn in einzelnen Vergütungsgruppen der jeweiligen Personalgruppe nicht mindestens zur Hälfte Frauen vertreten sind und dies auch für die nach dem Geschäftsverteilungsplan vorgesehenen Funktionsebenen gelten soll.

Erhebliche Auswirkungen auf den Ablauf von Verwaltungsprozessen haben z.B. die Richtlinien über die Vergabe öffentlicher Aufträge. Über die Ausrichtung des öffentlichen Auftragswesens am Verfahren der öffentlichen Ausschreibung erfolgt ein nicht unerheblicher Wandel in der Verwaltungskultur, die über die Förderung der Transparenz des Vergabewesens hinaus das Handeln der Verwaltung in den Formen des Verwaltungsprivatrechts einer stärkeren dezentralen Kontrolle auf die von Wahrung von Effektivität, Wirtschaftlichkeit und Sparsamkeit unterwirft. Dem Gedanken der Transparenz ist daneben vornehmlich die Richtlinie 90/313/EWG über den freien Zugang zu Informationen über die Umwelt verpflichtet. Mit dem Zugang jedes Bürgers in der Gemeinschaft zu allen bei öffentlichen Stellen im Bereich der Umweltpflege vorhandenen Umweltinformationen, den diese Richtlinie eröffnet, wird allerdings in einer nicht unbedenklichen Weise die Schneise für eine "Popularisierung" von Verwaltungsverfahren geschlagen, bei der Entscheidungsfindungen demokratisch legitimierter Gewalt in einen permanenten, den Abschluß der Entscheidungsfindung zumindest verzögernden Rechtfertigungsdruck gegenüber einer sich selbst als Anwalt des Gemeinwohls "legitimierenden" (Teil-)Öffentlichkeit geraten können.

VI. Effektivitätsgebot und Diskriminierungsverbot als Schranken der verwaltungsverfahrensrechtlichen Gestaltungsfreiheit der Bundesrepublik Deutschland

Der EuGH hat in den grundlegenden Fällen *Rewe* aus 1976 und *Deutsche Milchkontor* aus 1983 die Frage nach der Anwendbarkeit nationalen Rechts im Verwaltungsvollzug von Gemeinschaftsrecht unter Berufung auf seine bisherige Rechtsprechung zum Anwendungsbereich beider Rechtsordnungen dahingehend beantwortet, daß die nationalen Behörden bei der gemäß Art. 5 EGV den Mitgliedstaaten obliegenden Durchführung der Gemeinschaftsrechtsregelungen nach den formellen und materiellen Bestimmungen ihres nationalen Rechts vorgehen, soweit das Gemeinschaftsrecht einschließlich der allgemeinen gemeinschaftsrechtlichen Grundsätze hierfür keine gemeinsamen Vorschriften enthält. Dabei ist bemerkenswert, daß der EuGH fordert, daß solche gemeinschaftsrechtlichen Vorgaben eindeutig sein müssen, um das nationale Verwaltungsrecht zu verdrängen. Unterschiede in den nationalen Verwaltungsrechten nimmt der EuGH damit hin und überläßt es den zur Rechtsetzung berufenen Gemeinschaftsorganen, diese gegebenenfalls durch eine gemeinschaftsrechtliche Regelung zu beseitigen.

Die Regel vom Vollzug von Gemeinschaftsrecht nach den formellen und materiellen Bestimmungen des jeweiligen mitgliedstaatlichen Rechts muß jedoch, wie der EuGH in der *Milchkontor*-Entscheidung weiter ausführt, mit den Erfordernissen der einheitlichen Anwendung des Gemeinschaftsrechts in Einklang gebracht werden, die notwendig sind, um zu vermeiden, daß die Wirtschaftsteilnehmer ungleich behandelt werden. Diese Erfordernisse ziehen der grundsätzlichen Anwendung nationaler Bestimmungen beim Vollzug von Gemeinschaftsrecht zwei Schranken: Zum einen dürfen die im nationalen Recht vorgesehenen Modalitäten nicht darauf hinauslaufen, daß die Verwirklichung der Gemeinschaftsregelung praktisch unmöglich wird. Zum zweiten ist das nationale Recht im Vergleich zu den Verfahren, in denen über gleichartige, rein nationale Streitigkeiten entschieden wird, ohne Diskriminierung anzuwenden.

Hier spricht der EuGH das Diskriminierungsverbot und das Effektivitätsgebot als Schranken der nationalen Regelungsprärogative bei mitgliedstaatlichem Vollzug von europäischem Verwaltungsrecht an. Das Diskriminierungsverbot kann dabei als Ausprägung und Konkretisierung des gemeinschaftsrechtlich geltenden Gleichbehandlungsgrundsatzes verstanden werden. Das Effektivitätsgebot läßt sich dogmatisch als Konkretisierung der in Art. 5 EGV geregelten Loyalitätsverpflichtung der Staaten gegenüber der Gemeinschaft, das heißt als Ausprägung des Grundsatzes der Gemeinschaftstreue verstehen. Das Effektivitätsgebot, das auch als Vereitelungsverbot verstanden werden kann, hat zum Inhalt, daß die Anwendung des nationalen Rechts nicht die Tragweite und Wirksamkeit des Gemeinschaftsrechts beeinträchtigen darf. Im Bereich des Beihilfenrechts hat das Vereitelungsverbot z.B. zur Folge, daß die Ausübung eines nach nationalem Recht möglichen Ermessens hinsichtlich der Frage, ob die Rückforderung einer rechtswidrigen staatlichen Beihilfe zweckmäßig ist, unzulässig ist, wenn das Gemeinschaftsrecht die Rückforderung gebietet. Die Rückgewähr gemeinschaftsrechtswidrig eingezogener Beiträge kann zwar aus Gründen der Rechtssicherheit durch Ausschlußfristen grundsätzlich beschränkt werden, doch darf die Ausübung der Rechte, die die Gemeinschaftsrechtsordnung einräumt, nicht praktisch unmöglich gemacht werden. Schließlich hat das Effektivitätsgebot z.B. auch zur Folge, daß nationale Beweisvorschriften keine Anwendung finden können, wenn sie zur Folge haben, daß es dem einzelnen praktisch unmöglich wird, gemeinschaftsrechtswidrig erhobene Steuern zurückzuverlangen.

VII. *Die deutsche Verwaltung und Wechselwirkungen zwischen nationalem und Gemeinschaftsrecht – Das Beispiel des Vertrauensschutzes*

Der Vertrauensschutz stellt einen der allgemeinen Rechtsgrundsätze des Gemeinschaftsrechts dar, die der EuGH aus den Verfassungsordnungen der Mitgliedstaaten, den internationalen Übereinkommen, an denen die Mitgliedstaaten beteiligt sind, sowie aus dem Fundus der Gemeinschaftsverträge selbst abgeleitet hat. Dabei ist der Grundsatz der Vertrauensschutz als Rechtssatz, daß das berechtigte Vertrauen der Betroffenen zu schützen ist, ein Grundsatz, dem zumindest auch über seine Stellung in den Verfassungsordnungen sämtlicher Mitgliedstaaten – losgelöst von Anknüpfungspunkten in der Ausgestaltung der Gemeinschaft als Rechtsgemeinschaft – gemeinschaftsrechtliche Bedeutung zukommt. Das Gemeinschaftsrecht schöpft indessen auch bei dem Grundsatz des Vertrauensschutzes nicht allein aus nationalen Vorbildern, sondern wirkt vielmehr wiederum auf diese ein: es beeinflußt im Falle des Vertrauensschutzes das Verhältnis, das zwischen diesem und dem Grundsatz der Gesetzmäßigkeit der Verwaltung existiert und verschiebt die zwischen beiden Grundsätzen bestehende Zuordnung zu Lasten des Vertrauensschutzes. So wird der durch einen Verwaltungsakt Begünstigte unter dem Einfluß des Gemeinschaftsrechts gegenüber Rücknahme und Rückforderung erhaltener Beihilfen selbst dann nicht geschützt, wenn er eine gemäß § 48 Abs. 2 Satz 2 VwVfG irreversible Vermögensdisposition getroffen hat und nicht bösgläubig im Sinne des § 48 Abs. 2 Satz 3 VwVfG war, sofern ihm zuzumuten war, die Europarechtswidrigkeit der Beihilfe zu kennen (was zumindest bei international verflochtenen Unternehmen der Fall ist, die einen großen Teil ihres Umsatzes europaweit erzielen).

Es ist dabei – über das Beispiel des Vertrauensschutzes hinaus betrachtet – absehbar, daß für den Bereich des Vollzugs von Gemeinschaftsrecht entwickelte Rechtsgrundsätze auch eine allmähliche Veränderung des Vollzugs von Verwaltungsrecht bei Sachverhalten ohne gemeinschaftsrechtlichen Vollzug auszulösen geeignet sind und daß eine solche kompetenzübergreifende Rechtsangleichung durch autonomen Nachvollzug gemeinschaftsrechtlicher Entwicklungen zur Vermeidung einer Aufsplitterung der nationalen Verwaltungsrechtsordnung in EG- und nicht EG-bezogene Rechtssätze wahrscheinlich ist.

VIII. Die deutsche Verwaltung und die Kontrolle der Rechtsanwendung: Kontrolle über die deutsche Verwaltung – Kontrolle durch die deutsche Verwaltung

Die deutsche Verwaltung unterliegt in ihrem Verhalten zunächst, soweit dieses gemeinschaftsrechtlich determiniert ist, der Kontrolle durch die Europäische Union. Diese Kontrolle wird in einem gestuften Verfahren durch Kommission bzw. EuGH ausgeübt. Das Gemeinschaftsrecht nimmt bei dieser Kontrolle keine Rücksicht darauf, auf welcher Ebene hoheitlicher Tätigkeit gegen gemeinschaftsrechtliche Ge- oder Verbote verstoßen wird. Die Kontrolle kann sowohl direkt im Wege eines Vertragsverletzungsverfahrens (Art. 169 EGV) als auch indirekt im Rahmen eines Vorabentscheidungsverfahrens (Art. 177 EGV) ausgeübt werden. Die deutschen Verwaltungsgerichte, Sozial- und Finanzgerichte üben durch ihre Vorlagepraxis einen erheblichen Einfluß auf die gemeinschaftsrechtskonforme Weiterentwicklung des deutschen Verwaltungsrechts aus. Die sogenannte acte clair-Doktrin spielt dabei nur noch eine untergeordnete Rolle.

Adressat der Feststellung, daß durch ein Verhalten in der deutschen Verwaltung EG-Recht verletzt wurde, ist stets der Mitgliedstaat Bundesrepublik Deutschland – auch wenn es sich um das Verhalten einer Landesbehörde oder kommunalen Einrichtung handelt (wie z.B. bei einer Nichtumsetzung der Richtlinie (91/271/EWG) über die Behandlung von kommunalem Abwasser). Die zunehmende Verdichtung der gemeinschaftsrechtlichen Vorgaben für die Landes- und Kommunalverwaltung führt damit indirekt auch zu einer Verstärkung der innerstaatlichen Aufsicht der Bundesebene über die Länder- bzw. kommunale Ebene und bewirkt so eine Verschiebung im verfassungsrechtlich fixierten System der vertikalen Gewaltenkontrolle zu Lasten dezentraler Einheiten. Diese Verschiebung ist unter demokratietheoretischen Gesichtspunkten hinnehmbar, da ihr eine Erweiterung der Ebenen im System der checks and balances um die europäische Ebene entspricht.

Die deutsche Verwaltung ist aber nicht nur über den genuin innerstaatlichen Ordnungsrahmen hinaus gemeinschaftsrechtlich kontrollierte Staatsgewalt, sondern zugleich auch die Wahrung des Gemeinschaftsrechts kontrollierende Staatsgewalt: Die Schwächung dezentraler Kontrollmechanismen im innerstaatlichen Rahmen wird begleitet von einer Stärkung der dezentralen Kontrolle im Rahmen der europäischen Integration. Kommission und EuGH stehen der deutschen Verwaltung nicht bloß als Kontrollorgane gegenüber, sondern können durch diese in ihrer Kontrollfunktion eine dezentral strukturierte Ergänzung finden. Dies gilt namentlich in den Bereichen unmittelbar anwendbaren Gemeinschaftsrechts. Sofern es der deutsche Gesetzgeber unterlassen hat, Richtlinienbestimmungen fristgerecht in nationales Recht (sei es auf Bundes-, Landes- oder kommunaler Ebene) umzusetzen, sind deutsche Verwaltungsbehörden verpflichtet, diese Richtlinienbestimmungen unmittelbar zugunsten eines von der Richtlinienbestimmung betrofffenen Bürgers anzuwenden, falls die Bestimmung hinreichend klar und präzise ist und dem Gesetzgeber kein Ermessensspielraum hinsichtlich der Umsetzung verbleibt. In gleicher Weise ist die deutsche Verwaltung verpflichtet, unmittelbar anwendbares Vertragsrecht bzw. sekundäres Gemeinschaftsrecht (Verordnungen, Entscheidungen) zugunsten des betroffenen Bürgers zur Geltung zu bringen. Auch insoweit erweist sich das Gemeinschaftsrecht als "föderalismus- bzw. selbstverwaltungsblind": Länder- bzw. Kommunalverwaltungen steht auch die Möglichkeit offen bzw. kommt unter Umständen die Pflicht zu, Untätigkeit des Bundesgesetzgebers zu kontrollieren und im Interesse des von der Vertragsverletzung Betroffenen zu kompensieren. Kommt die deutsche Verwaltung einer solchen primären Sachwalterpflicht (deutsche Verwaltung als Sachwalter des Gemeinschaftsinteresses und der Bürgerrechte) nicht nach, ist nach der *Francovich*-Entscheidung des EuGH eine sekundäre Sachwalterpflicht deutscher Gerichte (Schadensersatz wegen Nichterfüllung vertraglicher Verpflichtungen durch den deutschen Gesetzgeber bzw. die deutsche Verwaltung) vorstellbar.

IX. Der vorläufige Rechtsschutz gegen die deutsche Verwaltung beim Vollzug von Gemeinschaftsrecht

Während der Vorrang des Gemeinschaftsrechts eine möglichst einheitliche Anwendung und Vollziehung des Gemeinschaftsrechts im gesamten Gemeinschaftsgebiet gebietet, unterschieden sich gerade auf dem Gebiet des vorläufigen Rechtsschutzes die mitgliedstaatlichen Rechtsvorstellungen lange Zeit beträchtlich. Dem grundsätzlichen Ausschluß vorläufigen Rechtsschutzes im englischen Recht und dessen ausnahmsweiser Anerkennung im französischen Recht stand die über Art. 19 Abs. 4 GG verfassungsrechtlich fundierte regelmäßige Anerkennung vorläufigen Rechtsschutzes im deutschen Verwaltungsprozeßrecht gegenüber. Die *Factortame* und *Süderdithmarschen*-Entscheidungen des EuGH haben hier zu einer bemerkenswerten Angleichung der mitgliedstaatlichen Ordnung des vorläufigen Rechtsschutzes beim Vollzug von Gemeinschaftsrecht geführt und damit die Wahrscheinlichkeit indirekter Kollisionen zwischen Gemeinschaftsrecht und nationalem Recht entscheidend reduziert, die bislang aufgrund der unterschiedlichen Ausgestaltung des nationalen Verwaltungsverfahrens- und -prozeßrechts und damit verbunden der Gefährdung des einheitlichen Vollzugs von Gemeinschaftsrecht aufzutreten vermochten.

In der *Factortame*-Entscheidung hat der EuGH festgestellt, daß das Gemeinschaftsrecht dahin auszulegen ist, daß ein nationales Gericht, das in einem bei ihm anhängigen, das Gemeinschaftsrecht betreffenden Rechtsstreit zu der Auffassung gelangt, dem Erlaß einstweiliger Anordnungen stehe nur eine Vorschrift des nationalen Rechts entgegen, diese Vorschrift nicht anwenden darf. Der hiermit gemeinschaftsrechtlich geforderte einstweilige Rechtsschutz soll sicherstellen, daß in der für die Feststellung des Rechts notwendigen Zeit das Recht nicht letztlich irreversibel dadurch seines Inhalts entleert wird, daß die Möglichkeiten für seine Ausübung beseitigt werden. Mit ihm wird damit das grundlegende Ziel jeder Rechtsordnung verfolgt, nämlich die Effektivität des gerichtlichen Schutzes. Durch den einstweiligen Rechtsschutz soll soweit wie möglich verhindert werden, daß der durch den zeitlichen Abstand zwischen Feststellung und Entstehung des Rechts verursachte Schaden die Effektivität und die wirkliche Funktion der Feststellung beeinträchtigt. Das *Factortame*-Urteil verdeutlicht, daß falls das Gemeinschaftsrecht ein Recht einräumt, welches auch der Inhalt dieses Rechts sein möge, die nationalen Gerichte einen angemessenen, umfassenden, unmittelbaren und wirksamen Rechtsschutz gewähren müssen. Dieser Rechtsschutz umfaßt notwendigerweise auch den vorläufigen Rechtsschutz. Der Umstand, daß die Rechtsordnung eines Mitgliedstaates diesen Rechtsschutz nicht selbst gewährt oder einen

Rechtssatz beinhaltet, nachdem der Rechtsschutz nicht gewährt werden soll, ist im gemeinschaftsrechtlichen Zusammenhang ohne Bedeutung. Mitgliedstaatliche Rechtsschutz-, insbesondere auch Verfahrensregelungen müssen soweit angenommen und getroffen werden, wie dies erforderlich ist, um das gemeinschaftsrechtlich verliehene Recht voll zu schützen. Der Grundsatz, daß für den indirekten Vollzug von Gemeinschaftsrecht durch die Mitgliedstaaten mangels gemeinschaftsrechtlicher Harmonisierungsmaßnahmen die mitgliedstaatlichen Regelungen maßgeblich sind, erfährt damit eine entscheidende Einschränkung.

Während sich bei der *Factortame*-Entscheidung des EuGH das Problem stellte, ob das Gemeinschaftsrecht im Interesse seiner vollen Wirksamkeit einen vorläufigen Rechtsschutz gegen Akte mitgliedstaatlicher Gewalt fordert, stellte sich in der *Weindestillation*-Entscheidung des EuGH umgekehrt die Frage, ob mitgliedstaatliche Behörden beim indirekten Vollzug von Gemeinschaftsrecht die durch Maßnahmen des vorläufigen Rechtsschutzes erzeugte Sperrwirkung ihrerseits durch Anordnung des sofortigen Vollzuges im Interesse des Vorrangs des Gemeinschaftsrechts überwinden müssen. Nachdem die in der Bundesrepublik Deutschland niedergelassenen Weinerzeuger durch Einlegung eines Widerspruchs die Aussetzung der Vollziehung der Bescheide über die Heranziehung zur obligatorischen Destillation erreicht hatten, oblag es – so der EuGH – den deutschen Behörden, diese aufschiebende Wirkung durch die Anordnung der sofortigen Vollziehung der Heranziehungsbescheide zu beseitigen. Die Bundesrepublik Deutschland machte dazu geltend, die nach deutschem Recht für den Erlaß einer solchen Anordnung bestehenden Voraussetzungen seien nicht erfüllt gewesen. Der EuGH folgte diesem Ansatz nicht: Selbst wenn man annehme, daß diese Auffassung zutreffe, könne sie die Nichterfüllung einer gemeinschaftsrechtlichen Verpflichtung durch die Bundesrepublik Deutschland nicht rechtfertigen. Der EuGH sprach sich somit im Ergebnis dafür aus, daß an sich maßgebliches mitgliedstaatliches Verwaltungsverfahrens- und -prozeßrecht dem Prinzip des Vorrangs des Gemeinschaftsrechts uneingeschränkt weichen muß: selbst wenn die Voraussetzungen für die Anordnung der sofortigen Vollziehung nach § 80 Abs. 2 VwGO nicht gegeben waren, war die Bundesrepublik Deutschland – so der EuGH – gemeinschaftsrechtlich verpflichtet, den Vollzug der Gemeinschaftsrechtsnorm durchzusetzen. Eine solche uneingeschränkte Realisierung des Vorrangs von Gemeinschaftsrecht ungeachtet etwaiger Bedenken gegen die Rechtmäßigkeit der zu vollziehenden Gemeinschaftsrechtsvorschrift stößt unter dem Gesichtspunkt der als allgemeiner Rechtsgrundsatz geltenden Rechtmäßigkeit der Verwaltung auf durchgreifende gemeinschaftsrechtliche Bedenken. Der EuGH hat diesen Bedenken in seinem *Süderdithmarschen*-Urteil vom

21. Februar 1991 Rechnung getragen, ohne allerdings eine offene Korrektur seines *Weindestillation*-Urteils vorzunehmen.

In seiner *Süderdithmarschen*-Entscheidung stellte der EuGH fest, daß Art. 189 EGV den nationalen Gerichten nicht die Befugnis versagt, die Vollziehung eines auf einer Gemeinschaftsverordnung beruhenden nationalen Verwaltungsakts auszusetzen. Ein nationales Gericht dürfe die Vollziehung eines auf einer Gemeinschaftsverordnung beruhenden nationalen Verwaltungsakts allerdings nur aussetzen, wenn es erhebliche Zweifel an der Gültigkeit der Gemeinschaftsverordnung hat und die Frage dieser Gültigkeit, sofern der Gerichtshof mit ihr noch nicht befaßt ist, diesem selbst vorlege, wenn die Entscheidung dringlich sei und dem Antragsteller ein schwerer und nicht wiedergutzumachender Schaden drohe und wenn das Gericht das Interesse der Gemeinschaft angemessen berücksichtige. Damit anerkannte der EuGH erstmals die Möglichkeit eines vorläufigen Rechtsschutzes vor nationalen Gerichten auch gegenüber einem auf eine gemeinschaftsrechtliche Grundlage gestützten nationalen Verwaltungsakt. Das *Süderdithmarschen*-Urteil des EuGH stellt klar, daß der vorläufige Rechtsschutz, den das Gemeinschaftsrecht den Bürgern vor den nationalen Gerichten sichert, unabhängig davon derselbe sein muß, ob sie die Vereinbarkeit nationalen Rechts mit dem Gemeinschaftsrecht oder die Gültigkeit abgeleiteten Gemeinschaftsrechts rügen, da diese Rüge in beiden Fällen auf das Gemeinschaftsrecht selbst gestützt ist. Kraft Gemeinschaftsrechts ist vorläufiger Rechtsschutz auch unabhängig davon zu gewähren, ob – wie in *Factortame* – aus dem Gemeinschaftsrecht herrührende Rechte oder – wie in *Süderdithmarschen* – aus dem Gemeinschaftsrecht herrührende Pflichten in Rede stehen.

Über die Einschränkung und etwaige Verdrängung mitgliedstaatlichen Verwaltungsverfahrens- und -prozeßrechtes hinaus bewirken die referierten Entscheidungen, daß eine Harmonisierung der unterschiedlichen mitgliedstaatlichen Regeln über den vorläufigen Rechtsschutz zur Gewährleistung eines für die Einheitlichkeit der Gemeinschaft als Rechtsgemeinschaft unverzichtbaren Minimums an Rechtsangleichung des Verwaltungsverfahrens- und prozeßrechts eintritt. An die Stelle des Beurteilungsspielraums der Mitgliedstaaten, der diesen auch bei der Einordnung der Effektivität des mitgliedstaatlichen Rechtsschutzes zur Gewährleistung der gemeinschaftsrechtlich eingeräumten Rechte verblieb, tritt eine gemeinschaftseinheitliche Definition des zum effektiven Rechtsschutz Erforderlichen durch den EuGH.

Mit den Entscheidungen *Factortame* und *Süderdithmarschen* schafft der EuGH die Grundlage für einen gemeinsamen Rechtsschutzstandard für den mitgliedstaatlichen Verwaltungsvollzug von Gemeinschaftsrecht. Mit der *Süderdithmarschen*-Entscheidung räumt der EuGH dem Rechtsschutz des Marktbürgers einen höheren Rang ein als dem Vorrang des Gemeinschaftsrechts. Der Vorrang des Gemeinschaftsrechts wird damit eines rein positivistischen Verständnisses entkleidet und – orientiert am Gedanken materialer Gerechtigkeit – rechtsschutzbezogen relativiert. Es findet ein Paradigmenwechsel statt: der Grundsatz "in dubio pro unitate" wird durch den Grundsatz "in dubio pro libertate et securitate" ersetzt.

X. *Die deutsche Verwaltung und der gemeinschaftsrechtliche Staatshaftungsanspruch*

Mit seinem Urteil im sogenannten *Francovich*-Fall hat der EuGH erstmalig eine Pflicht der Mitgliedstaaten festgestellt, bei Nichtumsetzung einer Richtlinie den hierdurch geschädigten Marktbürgern einen Schadensersatzanspruch zu gewähren. Seine Grundlage findet dieser gemeinschaftsrechtliche Staatshaftungsanspruch im Prinzip der vollen Wirksamkeit des Gemeinschaftsrechts und im Prinzip der Gemeinschaftstreue. Voraussetzung für die Haftung ist nach diesem Urteil,
– daß das durch die betreffende Richtlinie vorgeschriebene Ziel die Verleihung von Rechten an einzelne beinhaltet,
– daß der Inhalt dieser Rechte auf der Grundlage der Richtlinie bestimmt werden kann und
– daß ein Kausalzusammenhang zwischen dem Verstoß gegen die dem Mitgliedstaat auferlegte Umsetzungsverpflichtung und den dem Geschädigten entstandenen Schaden besteht.

Sofern diese Voraussetzungen gegeben sind, hat der Staat im Rahmen des nationalen Haftungsrechts die Folgen des verursachten Schadens zu beheben. Auch hier findet die Anwendung des nationalen Rechts ihre Grenzen im Effektivitätsgebot und im Diskriminierungsverbot. Auf ein Verschulden des Mitgliedstaates kommt es nicht an.

Die allgemein gehaltenen Ausführungen des EuGH sprechen dafür, daß nicht nur bei Verletzung der Pflicht zur Umsetzung einer Richtlinie, sondern auch in anderen Fällen des Vertragsverstoßes eine Staatshaftung ausgelöst zu werden vermag. Auch ein gemeinschaftsrechtswidriger Vollzug von nationalem oder Gemeinschaftsrecht ist daher zur Auslösung des Staatshaftungsanspruches im Ansatz imstande.

Der EuGH wird in zwischenzeitlich eingeleiteten Vorlageverfahren Gelegenheit haben, zur Anwendung des *Francovich*-Ansatzes auf Vertragsverletzungen Stellung zu nehmen, die nicht in der Nichtumsetzung einer Richtlinie bestehen und dabei zugleich durch die *Francovich*-Entscheidung nicht gerichtlich entschiedene Fragen zu klären.

Der EuGH konnte bei seiner *Francovich*-Entscheidung auf Entwicklungslinien früherer Urteile zurückgreifen: Schon vor *Francovich* hatte der EuGH gefordert, daß Maßnahmen, die von den Mitgliedstaaten aufgrund des Gemeinschaftsrechts getroffen werden, gerichtlich überprüft werden können und damit letztlich eine verwaltungsgerichtliche Generalklausel zumindest insoweit etabliert, als das Fehlen verwaltungsgerichtlichen Rechtsschutzes zu mangelndem Rechtsschutz beim Vollzug von Gemeinschaftsrecht führt. In der Entscheidung im Fall *Johnston* kommt dies besonders deutlich zum Ausdruck: danach stellt effektiver gerichtlicher Rechtsschutz den Ausdruck eines allgemeinen Rechtsgrundsatzes dar, der den gemeinsamen Verfassungstraditionen der Mitgliedstaaten zugrunde liegt. Dieser Grundsatz ist auch in den Artikeln 6 und 13 der Konvention zum Schutz der Menschenrechte und Grundfreiheiten vom 4. November 1950 verankert. Gleichfalls schon vor *Francovich* hat der EuGH mehrfach den Grundsatz festgestellt, daß nationale Gerichte alle angemessenen nationalen Rechtsschutzmöglichkeiten einräumen müssen, um durch direkt anwendbare Gemeinschaftsrechtsregeln gewährte Rechte zu schützen. Diese Verfahren dürfen es nicht von vornherein unmöglich machen, die gemeinschaftsrechtlich begründeten Rechte auszuüben. Sie dürfen auch nicht weniger günstig sein als die Verfahren, die dem Schutz von durch nationale Regeln verliehenen Rechten dienen. Über diese allgemeinen, rechtsschutzbezogenen Aussagen hinaus hatte der EuGH schon 1960 in der Rechtssache *Humblet* festgehalten, daß für den Fall, daß er in einem Urteil feststellt, daß ein Akt der Gesetzgebungs- oder der Verwaltungsorgane eines Mitgliedstaates Gemeinschaftsrecht zuwiderläuft, dieser Staat nach Art. 86 EGKSV verpflichtet ist, sowohl diesen Akt rückgängig zu machen als auch die möglicherweise durch ihn verursachten rechtswidrigen Folgen zu beheben. Für den Bereich des EWG-Vertrages hob der EuGH erstmalig in einem Vertragsverletzungsverfahren gegen Italien aus dem Jahre 1973 darauf ab, daß ein sachliches Interesse an einem Urteil des Gerichtshofes nach den Artikeln 169 und 171 des Vertrages deshalb bestehen kann, weil dieses die Grundlage für eine Haftung abgeben kann, die möglicherweise einen Mitgliedstaat infolge seiner Pflichtverletzung gegenüber anderen Mitgliedstaaten, der Gemeinschaft oder einzelnen trifft. In einem Fall aus dem Agrarrecht betonte der EuGH 1975, daß, falls einem einzelnen Erzeuger durch eine das Gemeinschaftsrecht verletzende Intervention eines Mitgliedstaates ein Schaden entstanden ist, der betreffende Staat verpflichtet sei, gegenüber dem Geschädigten im Rahmen der Bestimmungen des nationalen Rechts über die Staatshaftung die Folgen zu tragen. In Fortführung dieses Ansatzes erkannte der EuGH in der Rechtssache *Granaria* 1979 für Recht, daß die Frage des Ersatzes von Schäden durch eine nationale Stelle, die Stellen oder Bedienstete der Mitgliedstaaten einzelnen aufgrund einer Verletzung des Gemeinschaftsrechts zugefügt haben, von den nationalen Gerichten nach dem nationalen Recht des jeweiligen Mitgliedstaates zu klären sei.

Somit waren bereits vor *Francovich* erste Ansätze einer gemeinschaftsrechtlich fundierten Staatshaftung gegeben. Als völlig überraschend kann die *Francovich*-Entscheidung daher nicht eingeordnet werden.

Literatur

Everling, Ulrich, Auf dem Weg zu einem europäischen Verwaltungsrecht, in: Neue Zeitschrift für Verwaltungsrecht 1987, S. 1 ff.

Grabitz, Eberhard, Europäisches Verwaltungsrecht – Gemeinschaftsrechtliche Grundsätze des Verwaltungsverfahrens, in: Neue Juristische Wochenschrift 1989, S. 1776 ff.

Papier, Hans-Jürgen, Die Einwirkungen des europäischen Gemeinschaftsrechts auf das nationale Verwaltungs- und Verfahrensrecht, in: *Kloepfer, Michael* u.a. (Hrsg.), Die Bedeutung der Europäischen Gemeinschaften für das deutsche Recht und die deutsche Gerichtsbarkeit, Berlin 1989, S. 51 ff.

Rengeling, Hans-Werner, Deutsches und europäisches Verwaltungsrecht – wechselseitige Einwirkungen, in: Veröffentlichungen der Vereinigung der deutschen Staatsrechtslehrer 53 (1994), S. 202 ff.

Ress, Georg, Wichtige Vorlagen deutscher Verwaltungsgerichte an den Gerichtshof der Europäischen Gemeinschaften, in: Die Verwaltung 1987, S. 177 ff.

Ress, Georg, Verwaltung und Verwaltungsrecht in der Bundesrepublik Deutschland unter dem Einfluß des europäischen Rechts und der europäischen Gerichtsbarkeit, in: *Burmeister, Joachim* (Hrsg.), Die verfassungsrechtliche Stellung der Verwaltung in Frankreich und in der Bundesrepublik Deutschland, Köln u.a. 1991, S. 199 ff.

Ress, Georg, Die richtlinienkonforme "Interpretation" innerstaatlichen Rechts, in: Die Öffentliche Verwaltung 1994, S. 489 ff.

Ress, Georg, Rechtsetzung unter besonderer Bedachtnahme auf den demokratischen und rechtsstaatlichen Aspekt, in: Verhandlungen des Zwölften Österreichischen Juristentages, Wien 1994, Band I/2, S. 111 ff.

Scheuing, Dieter H., Europarechtliche Impulse für innovative Ansätze im deutschen Verwaltungsrecht, in: *Hoffmann-Riem, Wolfgang/Schmidt-Aßmann, Eberhard* (Hrsg.), Innovation und Flexibilität des Verwaltungshandelns, Baden-Baden 1994, S. 289 ff.

Schloch, Friedrich, Die Europäisierung des Allgemeinen Verwaltungsrechts, in: Juristenzeitung 1995, S. 109 ff.

Schmidt-Aßmann, Eberhard, Zur Europäisierung des allgemeinen Verwaltungsrechts, in: *Badura, Peter/Scholz, Rupert* (Hrsg.), Wege und Verfahren des Verfassungslebens, Festschrift für Peter Lerche, München 1993, S. 513 ff.

Schwarze, Jürgen, Europäisches Verwaltungsrecht, 2 Bände, Baden-Baden 1988.

Schweitzer, Michael (Hrsg.), Europäisches Verwaltungsrecht, Wien 1991.

Ukrow, Jörg, Rechtsfortbildung durch den EuGH, Dargestellt am Beispiel der Erweiterung des Rechtsschutzes des Marktbürgers im Bereich des vorläufigen Rechtsschutzes und der Staatshaftung, Baden-Baden 1995.

Zuleeg, Manfred, Deutsches und europäisches Verwaltungsrecht – wechselseitige Einwirkungen, in: Veröffentlichungen der Vereinigung der deutschen Staatsrechtslehrer 53 (1994), S. 154 ff.

Wichtige zitierte Entscheidungen

BVerfGE 37, 271 [*Solange I* – Entscheidung]
BVerfGE 73, 339 [*Solange II* – Entscheidung]
BVerfGE 74, 358 [EMRK-Entscheidung]
BVerfGE 89, 155 [*Maastricht*-Entscheidung]
EGMR, *Informationsverein Lentia*, EuGRZ 1994, 549
EuGH, Rs. 6/60, *Humblet*, Slg. 1960, 1163
EuGH, Rs. 33/76, *Rewe/Landwirtschaftskammer Saarland*, Slg. 1976, 1989
EuGH, Rs. 101/78, *Granaria/Hoofdproduktschap voor Akkerbouwprodukten*, Slg. 1979, 623
EuGH, Rs. 149/79, *Kommission/Belgien*, Slg. 1980, 3881 [zum Begriff öffentliche Verwaltung]
EuGH, Rs. 205-215/82, *Deutsche Milchkontor GmbH*, Slg. 1983, 2633
EuGH, Rs. 14/83, *von Colson und Kamann*, Slg. 1984, 1891
EuGH, Rs. 222/84, *Johnston/Chief Constable of the Royal Ulster Constabulary*, Slg. 1986, 1651
EuGH, Rs. 103/88, *Costanzo*, Slg. 1989, 1861

EuGH, Rs. C-143/88 u. C-92/89, *Zuckerfabrik Süderdithmarschen und Zuckerfabrik Soest*, Slg. 1991, I-415

EuGH, Rs. C-217/88, *Kommission/Deutschland*, Slg. 1990, I-2879 [Weindestillation]

EuGH, Rs. C-361/88, *Kommission/Deutschland*, Slg. 1991, I-2567 [TA Luft]

EuGH, Rs. 5/89, *Kommission/Deutschland*, Slg. 1990, 3437 [zur Rückforderung von Beihilfen]

EuGH, Rs. C-213/89, *Factortame u.a.*, Slg. 1990, I-2433

EuGH, Rs. C-260/89, *ERT*, Slg. 1991, I-2925

EuGH, Rs. C-6 u. 9/90, *Francovich*, Slg. 1991, I-5357

Franz Thedieck

3. Verwaltungszusammenarbeit in der Entwicklungspolitik

Inhaltsübersicht

I. Der entwicklungspolitische Kontext der Verwaltungszusammenarbeit
   1. Begriffserklärung
   2. Neuorientierung der deutschen EZ
II. Entwicklung der Verwaltungszusammenarbeit
   1. Definition
   2. Neuorientierung der deutschen EZ
III. Konzeptionen für die deutsche Verwaltungszusammenarbeit
   1. Späte Theoriebildung
   2. Konzeptioneller Wandel
   3. Inhaltliche Neuorientierung der VZ
   4. Anwendung partnerschaftlicher Durchführungsmethoden
IV. Durchführung von VZ-Maßnahmen
   1. Projektentwicklung
   2. Grundsätze für die Durchführung
   3. Evaluierung
V. Ausblick

I. Der entwicklungspolitische Kontext der Verwaltungszusammenarbeit

1. Begriffserklärung

Die Anfänge entwicklungspolitischer Aktivitäten in der Bundesrepublik Deutschland gehen auf das Jahr 1956 zurück, als das Auswärtige Amt über einen Fonds in Höhe von 50 Mio. DM für bilaterale technische Hilfe verfügen konnte. Eine gezielte Entwicklungspolitik setzte jedoch erst mit Gründung des Bundesministeriums für wirtschaftliche Zusammenarbeit (BMZ) im Jahre 1961 ein. Die deutsche Entwicklungspolitik dieser Zeit war geprägt von der Theorie der nachholenden Entwicklung, welche die Ursache der "Unterentwicklung" der Entwicklungsländer (EL) in deren "Rückständigkeit" gegenüber den modernen Industrieländern verortete. Die für die Verbesserung der menschlichen Lebensbedingungen bestimmte Entwicklungshilfe war verknüpft mit der Durchsetzung außenpolitischer (Hallstein-Doktrin) und außenwirtschaftlicher Ziele der Bundesregierung. Erst in den siebziger Jahren setzte sich ein sozialpolitisch und humanitär begründetes Verständnis von Entwicklungshilfe durch, das in Grundsatzbeschlüssen des Bundestages und der Bundesregierung weiterentwickelt wurde.

So wie das Wort "Entwicklungshilfe" heute nicht mehr verwendet wird und durch den Begriff der Entwicklungszusammenarbeit (EZ) ersetzt wurde, definiert die Bundesregierung Entwicklungspolitik als globale Strukturpolitik, die auf die unterschiedliche Entwicklung in den Regionen differenziert eingehen, vor allem aber das gemeinsame Interesse aller Menschen, die Lebens- und Entwicklungschancen zukünftiger Generationen zu sichern, aufgreifen muß.

Als globale Bedrohungen der Menschheit werden die Bevölkerungsentwicklung, Migrationsbewegungen, Bürgerkriege, die Umweltzerstörung, die Ausbreitung von AIDS sowie die internationale Kriminalität genannt, und der EZ wird in diesem Zusammenhang die Aufgabe zugewiesen, diese Herausforderungen aufzugreifen und im Rahmen einer gemeinsamen Politik von Industrie- und Entwicklungsländern Lösungsansätze zu entwerfen. Die Verbesserung der Lebensbedingungen in den Entwicklungsländern, vorrangig der ärmeren Bevölkerungsschichten, steht dabei im Vordergrund.

Als Entwicklungszusammenarbeit werden dabei sehr unterschiedliche Phänomene zusammengefaßt:
– staatliche EZ, die aus den öffentlichen Haushalten des Bundes, der Länder und der Gemeinden finanziert wird;
– private EZ, die aus privaten Spenden bzw. dem Kirchensteueraufkommen gespeist wird;
– bilaterale EZ, die zwischen der Bundesrepublik und einem Partnerland vereinbart wird;
– multilaterale EZ, die von internationalen Organisationen (UN, EU) und ihren Sonderorganisationen (z.B. Weltbank, FAO, ILO, regionale Entwicklungsbanken) mit dem jeweiligen Partnerland durchgeführt wird.

Ferner sind nach den Mitteln der Durchführung unterschieden:
- finanzielle Zusammenarbeit (FZ), durch die günstige Kredite der Finanzierung von Sachgütern und Anlageninvestitionen zur Verfügung gestellt werden, um das Produktionspotential von Partnerländern zu steigern;
- technische Zusammenarbeit (TZ), durch die Personal in Partnerländer entsandt und Material den geförderten Einrichtungen geliefert wird, um die Leistungsfähigkeit der Menschen und Organisationen zu erhöhen;
- personelle Zusammenarbeit (PZ), die durch Dialog, Aus- und Fortbildung von Fach- und Führungskräften der Partnerländer, die Förderung von Existenzgründungen und die Vermittlung von Personal aus EL deren menschliche Ressourcen zur eigenverantwortlichen Entfaltung bringen will.

Den verschiedenen EZ-Positionen entsprechen folgende jährliche Finanzvolumina:

		Mio. DM
–	staatliche EZ	14.538
–	private EZ	1.434
–	bilaterale EZ	10.035
–	multilaterale EZ	4.062
	Gesamt	15.972

2. *Neuorientierung der deutschen EZ*

Der Zusammenbruch der Zentralverwaltungssysteme in Mittel- und Osteuropa hat die Konkurrenz zwischen den Machtblöcken beendet und – nicht nur in Deutschland – die Möglichkeit und Notwendigkeit eröffnet, das stark außenpolitisch geprägte EZ-Konzept zu überdenken. Infolge dieser Überlegungen wurde das deutsche EZ-Engagement inhaltlich auf die drei Schwerpunkte
- Bekämpfung der absoluten Armut,
- Erhaltung der natürlichen Lebensgrundlagen und
- Förderung von Bildung und Ausbildung

konzentriert und verstärkt nach dem Maß der Entwicklungsorientierung eines EL konditioniert. Die von der Bundesrepublik herausgestellten Kriterien stellen keine strikten Vorbedingungen dar, sondern bilden die Grundlage zur Entscheidungsfindung, ob, in welchem Bereich und in welchem Schwerpunkt mit einem Partnerland zusammengearbeitet werden soll. Es handelt sich bei diesen Kriterien um
- die Beachtung der Menschenrechte,

- die Beteiligung der Bevölkerung am politischen Prozeß,
- die Gewährung von Rechtssicherheit und Recht,
- die Schaffung einer marktfreundlichen und sozialen Wirtschaftsordnung und
- die generelle Entwicklungsorientierung des staatlichen Handelns (z.B. Ressourcenschutz, Beschränkung der Militärausgaben).

Diese Rahmenbedingungen haben zur Folge, daß EZ weniger unter Gesichtspunkten technischer Effizienz als (entwicklungs-)politischer Wirksamkeit konzipiert wird. Sie werden gewollt zu einer Reduzierung der deutschen Partnerländer und zu einer regionalen Schwerpunktbildung führen. Es liegt in der Logik der Kriterien, daß autoritären Regimen keine Unterstützung gewährt werden soll; denn Hilfe zur Selbsthilfe kann nur im Kontext demokratischer, marktfreundlicher und sozial gerechter Gesellschaftsstrukturen erfolgreich umgesetzt werden; autoritär, zentralistisch und plutokratisch gesteuerte Regime vernichten auf mittlere und längere Sicht jede Eigeninitiative im Keim.

Der Prozeß des Umdenkens geht aber nicht nur von den Geber-, sondern auch von den Nehmerländern aus. Der Zusammenbruch der Zentralverwaltungssysteme hat eine bis dato wichtige Orientierung bedeutungslos werden lassen und in vielen Partnerländern das Interesse und die Notwendigkeit geschaffen, sich konzeptionell umzuorientieren. Die beiderseitige Akzeptanz der geänderten Rahmenbedingungen verbessert die Chancen, eine kohärente Entwicklungszusammenarbeit einzuleiten, deren Maßnahmen zwischen den Gebern koordiniert sind und sich idealiter gegenseitig ergänzen.

Der auf die Verbesserung der Leistungsfähigkeit der öffentlichen Verwaltung der Partnerländer zielenden Verwaltungszusammenarbeit (VZ) kommt bei der positiven Beeinflussung dieser Rahmenbedingungen eine strategische Bedeutung zu, wenn sie sich künftig weniger technokratisch und projektbezogen und mehr politisch und reformprozeßorientiert versteht. Wird ernsthaft eine Umorientierung der EZ angestrebt, müssen programmatische, finanzielle und institutionelle Konsequenzen gezogen werden. Bislang verharrt das BMZ noch in der Theoriebildung, ohne daß konkrete Taten folgen, das heißt das Thema VZ führt weiterhin finanziell und personell ein Schattendasein. Ursache hierfür ist, daß in Deutschland die Diskussion über die Rolle von Staat und Verwaltung in EL von Ökonomen beherrscht wird, die ihr eine einseitige negative Tendenz geben. Zu hoffen ist, daß das Beispiel anderer Geber – wie die Vereinten Nationen und die Weltbank, die dem Thema in der Praxis verstärkt Aufmerksamkeit schenken – auch die deutsche Situation beeinflussen wird.

II. Entwicklung der Verwaltungszusammenarbeit

1. Definition

Diese, seit Anfang der sechziger Jahre begonnenen Aktivitäten der VZ firmierten in Anlehnung an den allgemeinen entwicklungspolitischen Sprachgebrauch zunächst als "Verwaltungshilfe", dann ab 1980 als "Verwaltungsförderung" und seit Ende der achtziger Jahre als "Verwaltungszusammenarbeit". Als "internationale Verwaltungsbeziehungen" werden die Kontakte zwischen Behörden gleichen Aufgabenzuschnitts bezeichnet. Der neuerdings vorgeschlagene Begriff der "Verwaltungspartnerschaft" hat noch keine allgemeine Verbreitung gefunden.

VZ ist als Teil der TZ und PZ darauf gerichtet, Entwicklungsländer in demokratischen, rechtsstaatlichen und sozialen Reformbemühungen zu unterstützen, indem ein Beitrag zum Aufbau, zur Modernisierung, zur Bürgernähe sowie zur Effizienz- und Effektivitätssteigerung von öffentlichen Verwaltungen geleistet wird. VZ steht damit in engem Zusammenhang mit den Bemühungen um mehr "good governance" als Grundvoraussetzung für soziale, demokratische und wirtschaftliche Verbesserungen in Entwicklungsländern.

VZ-Maßnahmen können nicht für alle Partnerländer gleichförmig konzipiert werden; dazu fallen die wirtschaftlichen, sozialen und staatsrechtlichen Unterschiede zwischen den Empfängerländern zu sehr ins Gewicht. VZ hat sich auf eine differenzierte Bedarfs- und eine heterogene Nachfragesituation einzustellen. Viele Geber teilen deshalb die EL in drei bis fünf unterschiedliche Kategorien ein und differenzieren entsprechend ihre EZ-Konzeptionen. Daran ist richtig, daß manche Vorhaben – wie der Ausbau der rechtsstaatlichen Institutionen und Verfahren – für Schwellenländer durchaus Sinn machen, in Krisenregionen, in denen der Staat bereits sein Gewaltmonopol verloren hat, aber deplaziert wären. Für letztere geht es eher um die Aufrechterhaltung einer rudimentären öffentlichen Verwaltung oder deren Gewährleistung durch internationale Geber.

2. Geschichte der deutschen VZ

Im Vordergrund deutscher EZ stehen Vorhaben wirtschaftlicher Entwicklung. VZ führt dagegen ein Schattendasein und macht nicht mehr als 1,5 bis 2 % des finanziellen Volumens der bilateralen EZ aus, in absoluten Zahlen etwa 300 Mio. DM pro

Jahr. Dieses Ergebnis ist vor dem Hintergrund verständlich, wie die Bundesrepublik als gesellschaftliches System von innen und außen in den 60er und 70er Jahren wahrgenommen wurde: Sie galt als Beispiel für eine erfolgreiche Wirtschafts- und Sozialentwicklung. Wie das "Wirtschaftswunder" nach dem verlorenen Zweiten Weltkrieg in einem Klima sozialer Stabilität gelungen ist, war Gegenstand der allgemeinen Bewunderung. Für die deutsche Verwaltung galt ein anderes Bild: Insbesondere das Ausland verband sie mit autoritärer preußischer und menschenverachtender nationalsozialistischer Bürokratie. Noch heute wird nach meinem Eindruck in der deutschen entwicklungspolitischen Community die Rolle von Staat und Verwaltung negativ bewertet und speziell die Übertragung deutscher Verwaltungskultur und -erfahrungen als schädlich für die Entwicklung der Partnerländer eingeschätzt.

Richtigerweise steht die Wirtschaft im Zentrum der Entwicklungspolitik eines jeden Staates, die Verwaltung hat demgegenüber nur eine dienende, fördernde, wenngleich grundlegende Funktion. Insoweit ist die Vorstellung unrealistisch, VZ könne den Schwerpunkt deutscher EZ ausmachen. Deshalb wird hier zur Unterstützung der entwicklungspolitischen Rahmenbedingungen zwar eine Ausweitung der VZ, nicht jedoch ihre Präponderanz vertreten.

Der klassische Anspruch eines Wissenstransfers durch PZ und TZ korrespondiert mit den Begriffen der Verwaltungshilfe und Verwaltungsförderung, ist jedoch inkompatibel mit einem geläuterten EZ-Verständnis von "Zusammenarbeit" oder "Partnerschaft". So wenig das deutsche Gesundheitssystem als Referenzmodell für afrikanische Sub-Sahara-Staaten taugt, so wenig ist wegen fundamentaler kultureller, sozialer und ökonomischer Unterschiede das deutsche Verwaltungssystem auf die Situation eines EL übertragbar. Allenfalls können einzelne Elemente, wie der dem Föderalismus eigene Finanzausgleich, Denkanstöße für angepaßte Problemlösungen liefern. Dennoch wird die deutsche EZ-Diskussion bis heute von den Begriffen der "deutschen Angebotsstärken" und "komparativen Vorteile" beherrscht, die weitgehend mit dem Konzept des Wissenstransfers verbunden sind, das als konzeptionell verfehlt und in der Praxis als gescheitert zu betrachten ist. Deshalb ist deutsche VZ heute darauf auszurichten, gemeinsam mit dem Partner Beiträge zur Lösung spezifischer oder globaler administrativer Problemlagen zu entwickeln. Hierzu bedarf es nicht des Rückgriffs auf ein bestimmtes Verwaltungsmodell, sondern der Erfahrung des Umgangs mit gleichgelagerten Fragestellungen und der Fähigkeit, sich offen und partnerschaftlich auf die gemeinsam formulierte neue Aufgabe einzustellen.

Die thematischen Schwerpunkte der VZ werden traditionell aus dem Transferkonzept der komparativen Vorteile entwickelt: Kommunalverwaltung und Dezentralisierung,

Steuer- und Finanzverwaltung, Finanzkontrolle, Personalverwaltung, Arbeits- und Sozialverwaltung, Verwaltungsausbildung, Verwaltungsreformen. In jüngster Zeit gewinnen der Bereich Umweltverwaltung und – im Zusammenhang mit der "good governance"-Diskussion – der Ausbau der Rechtsstaatlichkeit an Bedeutung. Während bei einem technokratischen Verständnis von VZ deren Zielgruppe öffentliche Verwaltungen in EL sind, stehen bei einem politischen VZ-Verständnis der Bürger allgemein und insbesondere arme Bevölkerungsgruppen – also die Stärkung der civil society – im Zentrum der VZ.

III. *Konzeptionen für die deutsche Verwaltungszusammenarbeit*

1. *Späte Theoriebildung*

Ende der 70er Jahre entwickelten die deutschen VZ- Institutionen erste Konzeptionen für ihre Arbeit. Aus dieser Debatte ging 1983 das Sektorpapier "Verwaltungsförderung" des BMZ hervor. Darin werden als Ziele der Verwaltungsförderung die Institutionenbildung, die Verbesserung der Problemlösungskapazität und die Förderung demokratischer Partizipation bezeichnet und neun Arbeitsschwerpunkte der Verwaltungsförderung genannt, die den gegenwärtigen Schwerpunkten der VZ entsprechen. Eine regionale Konzentration oder Differenzierung nach Entwicklungsstand wird abgelehnt.

Als Zielgruppen werden Multiplikatoren, Führungs- und Fachkräfte der mittleren Ebene definiert. Schließlich werden vier Prioritäten aufgestellt:
– Förderung von Verwaltungsstruktur und Querschnittsaufgaben,
– Unterstützung der Lokal- und Regionalverwaltungen,
– Hilfe zu Gunsten der Leistungs- und Planungsverwaltung und
– projektbezogene Verwaltungsförderung.

Während viele Teile des Sektorpapiers auch heute noch durchaus zutreffend sind, bedürfen andere Aussagen eines kritischen Überdenkens:
– Die undifferenzierte Betrachtung der EL vermindert eine spezifische Bedarfsausrichtung der VZ;
– trotz der Nennung von vier Prioritäten erfolgt keine ausreichende thematische Konzentration;
– es fehlen wichtige Themen, wie die Privatisierung öffentlicher Aufgaben und die Konzentration des Staates auf seine Kernaufgaben;

- das Sektorpapier geht vom Transferkonzept aus und muß sich dem Vorwurf unreflektierter Übertragung westlicher Verwaltungsmodelle aussetzen;
- als Zielgruppe der VZ firmieren verschiedene Gruppen des Verwaltungspersonals anstelle der Bevölkerung;
- bei den Instrumenten fehlen Nachkontakte und Evaluierungsmaßnahmen.

2. *Konzeptioneller Wandel*

Seit Ende der achtziger Jahre hat es eine außerordentlich kritische Aufarbeitung der TZ gegeben, die versucht, die Ursachen für fehlende Nachhaltigkeit und Signifikanz von TZ-Projekten zu analysieren. Als Kardinalfehler der TZ werden in diesem Zusammenhang hervorgehoben:
- die Vernachlässigung lokaler personeller Kapazitäten,
- die Verfolgung isolierter Projektansätze,
- die Angebotsorientierung von TZ,
- die schwache Entwicklungsorientierung der Partnerländer wie auch der Industrieländer,
- die mangelhafte Koordination und Komplementarität von TZ-Maßnahmen,
- kurz: die ungenügende Kohärenz der TZ-Politik.

Diese Kritik weist zu Recht über die bloße Durchführungsebene hinaus. Eine effektive TZ darf sich nicht an isolierten Projektansätzen orientieren, sondern muß auf Nachhaltigkeit und Breitenwirksamkeit angelegt sein. Hierzu ist es notwendig, die TZ-Aktivitäten auf die Verbesserung von Rahmenbedingungen zu konzentrieren, die in den politischen Raum wirken.

Zusammenfassend kann als Konsequenz der kritischen Aufarbeitung der TZ-Erfahrungen festgehalten werden, daß nachhaltige und breitenwirksame TZ insbesondere davon abhängt, inwieweit es gelingt,
- auf die Rahmenbedingungen im Sinne einer Entwicklungsorientierung des Partnerlandes Einfluß zu nehmen,
- die TZ-Konzeption an die gewachsene Fachkompetenz und Verantwortungsbereitschaft des Partnerpersonals anzupassen,
- den Grundsatz der Subsidiarität in der Weise zu konkretisieren, daß sektorale oder regionale Problemlösungskapazitäten im Wege gesellschaftlicher Selbstorganisation aufgebaut und die "civil society" gestärkt werden,
- nachhaltige Trägerstrukturen im Partnerland aufzubauen und

- die TZ nicht an dem Angebot der Geberseite, sondern an dem Bedarf der Zielgruppe zu orientieren.

Dementsprechend wird eine konsequente Ausrichtung der EZ an den oben genannten Rahmenbedingungen die Bedeutung von VZ erhöhen. Der breiten Diskussionen zu "good governance" würde es zuwiderlaufen, die Rolle von Staat und Verwaltung in EL zu vernachlässigen.

Wer ernsthaft Konsequenzen aus der TZ-Kritik ziehen will, kommt daher an einer Stärkung der öffentlichen Verwaltung in den Partnerländern nicht vorbei. So wichtig die Rolle von Nichtregierungsorganisationen für die wirtschaftliche, soziale und kulturelle Entwicklung ist, in seinen Kernfunktionen
- der Politikformulierung und politischen Steuerung,
- der Gewährleistung von innerer und äußerer Sicherheit,
- der Garantie der Grundrechte,
- der Verantwortung für die wirtschaftliche und soziale Entwicklung

ist der Staat unersetzlich. Staatliche Kernaufgaben müssen gegen Privatisierungstendenzen schon deshalb verteidigt werden, weil dieser Bereich einer demokratischen Legitimation bedarf. Dies bedeutet auch, daß VZ künftig weniger technokratischen Konzepten folgen darf, sondern politischer werden muß; im Vordergrund müssen Strukturreformen der öffentlichen Verwaltung oder des Justizwesens stehen anstelle isolierter sektorieller Verbesserungen.

Statt der Angebotsorientierung ist bei der Programmentwicklung von einer strikten Nachfrageorientierung auszugehen. Diese darf selbstverständlich nicht alleiniges Kriterium für eine Förderung sein; das folgt schon aus der Konditionalität der EZ. Darüber hinaus ist der Bedarf zu prüfen und mit dem Partner kritisch zu diskutieren sowie die bilaterale VZ regional zu konzentrieren, um zu signifikanten Wirkungen zu gelangen. Der Grundsatz der Subsidiarität ist konsequent auf die bilaterale EZ in dem Sinne anzuwenden, daß der deutsche Beitrag auf das notwendige Maß begrenzt wird, das der jeweilige Partner zu leisten außerstande ist. Oberstes Prinzip bleibt die Hilfe zur Selbsthilfe. Dazu gehört auch, daß die personellen Kapazitäten des Partnerlandes weitgehend zu nutzen sind, ein Twinning von Personen sowie öffentlichen Institutionen und privaten Organisationen anzustreben ist, um die lokalen Ressourcen zu fördern.

Insgesamt sollten aber die Fehlschläge und bescheidenen Erfolge der EZ Anlaß zu entwicklungspolitischer Bescheidenheit geben. Entwicklungspolitik muß sich an dem real Machbaren orientieren. Wer sich die enormen Transferleistungen in Höhe von ca. 150 Mrd. DM pro Jahr zugunsten der neuen Bundesländer vor Augen hält und sie mit dem deutlich geringeren Mitteleinsatz der weltweiten EZ vergleicht, versteht weshalb von der EZ weder rasche noch erhebliche Veränderungen erwartet werden können.

3. Inhaltliche Neuorientierung der VZ

Das Oberziel von VZ kann nicht in einer bloßen technokratischen Effizienzverbesserung der Verwaltung bestehen, sondern muß auf die demokratische, soziale und wirtschaftliche Entwicklung des Partnerlandes gerichtet sein. Notwendig ist ferner eine Fokussierung auf eine andere Zielgruppe: die Staatsbürger in ihrer Gesamtheit, besonders aber die politisch und sozial benachteiligten Bevölkerungsgruppen.

Regional und thematisch sollen VZ-Projekte konzentriert und nach EL-Gruppen differenziert werden. Um dem Ziel der Kohärenz näher zu kommen, müssen die Programme aus den Länderkonzepten der Bundesregierung entwickelt werden. Die verschiedenen deutschen VZ-Durchführungsinstitutionen müssen ihre Aktivitäten komplementär gestalten.

Die inhaltliche Breite der VZ-Thematik ist deutlich zu reduzieren. Eine Beschränkung auf vier Themenbereiche erscheint sachgerecht:
- Dezentralisierung/Subsidiarität wird weiterhin einen hohen Stellenwert in Partnerländern besitzen, weil sie eines der wenigen Rezepte darstellt, zusammenbrechende Staatsfunktionen auf unterstaatlicher, kommunaler oder privater Ebene (Selbsthilfe) aufzufangen. Gleichzeitig wird demokratische Partizipation zugunsten marginalisierter Bevölkerungsgruppen gefördert und auf diese Weise die "civil society" gestärkt.
- Öffentliche Finanzen sind ein zentrales Thema; Verwaltung kann nicht ohne ihre finanzielle Komponente behandelt werden; das gilt inbesondere für Verwaltungsreformen.
- Umweltverwaltung bleibt eine wichtige VZ-Thematik, weil sie ein globales Problem aufgreift, an dem exemplarisch ein partnerschaftlicher Dialog und Lernprozeß – auch im Norden – erfolgen kann.
- Ausbau der Rechtsstaatlichkeit fördert im Bereich des öffentlichen Rechts den Schutz der persönlichen Grundfreiheiten gegen hoheitliche Willkür und entspricht somit dem Bedarf der sozial und politisch marginalisierten Bevölkerung.

Viele traditionelle Schwerpunkte – vom Kataster über Raumplanung zur Arbeits- und Sozialverwaltung – werden danach aufzugeben sein; andere – wie Verwaltungsreform, Aus- und Fortbildung – sind in Wahrheit keine selbständigen Bereiche, sondern immanent in den genannten Themen enthalten: Wie sollte ein effektives Umweltmanagement eingeführt werden ohne Verwaltungsreform und -ausbildung?

4. Anwendung partnerschaftlicher Durchführungsmethoden

Betrachtet man die soziale, wirtschaftliche oder ökologische Entwicklung der Industrieländer, so wird rasch deutlich, daß sie weit von einer nachhaltigen, sich selbst tragenden Entwicklung entfernt ist. Im Gegenteil: Die globale Extrapolierung der Industrieländer in ihrem gegenwärtigen Zustand hätte augenblicklich den Zusammenbruch aller Lebensgrundlagen zur Folge. Wer kann auf dieser Basis noch ein Transferkonzept verstehen? An dessen Stelle muß ein partnerschaftlicher Problemdialog treten, der darauf gerichtet ist, gemeinsam Lösungen zu erarbeiten. Das macht Verhaltensänderungen in den Gesellschaften des Nordens notwendig. Erst so kann Zusammenarbeit entstehen.

Im Zentrum des gemeinsamen Lernens werden Prozeßerfahrungen stehen, weil Wissensergebnisse in einem sich rasch verändernden Umfeld nur noch temporäre Bedeutung besitzen. So werden die Lösungen auf die Fragen der staatlichen Aufgabenkritik in wohl keinem Staat der Welt gleich sein; die angewandten Methoden können demgegenüber durchaus in gänzlich voneinander verschiedenen Systemen sinnvoll angewendet werden. Die traditionelle TZ/PZ mußte schon aus methodischen Gründen scheitern. Erst der Dialogansatz schafft eine wesentliche Voraussetzung für die Nachhaltigkeit und Breitenwirksamkeit von TZ/PZ-Maßnahmen.

In konsequenter Anwendung des Grundsatzes der Subsidiarität ist auf lokale und regionale Fachkräfte zu Lasten von Angehörigen aus Industrieländern zurückzugreifen. Nur wenn keine gleichwertige Leistung in der Partnerregion verfügbar ist, dürfen entsandte Experten eingesetzt werden. Zum Zwecke einer methodischen Qualifizierung sollten während einer Übergangszeit gemischt zusammengesetzte Missionen oder Consulting-Teams eingesetzt werden. Bei der Trägeranalyse für ein Vorhaben sollte in institutionellen Alternativen gedacht und ein Netzwerk unterschiedlicher, sich ergänzender und miteinander kooperierender Institutionen geflochten werden. Sinnvoll erscheint auch ein Zusammenbringen staatlicher und nichtstaatlicher Träger – z.B. wird so im Bereich der Umweltpolitik die Verbindung des "top down"- mit dem "bottom up"-Ansatz erreicht. Wie bei dem VZ-Beitrag in größeren Dimensionen zu denken ist, um politische Wirkungen zu entfalten, gilt entsprechendes für das Institutionen-Set. Zwar wird dadurch die Koordinierungsaufgabe anspruchsvoller, andererseits zeitigt der Zusammenbruch einer einzelnen Institution auch weniger gravierende Wirkungen.

Soweit deutsche VZ-Institutionen mit den gleichen Partnern oder in denselben Partnerländern korrespondierende Projekte durchführen, haben sie zu kooperieren und sich zu koordinieren. Eine komplementäre Verzahnung mehrerer Beiträge erhöht die Wirksamkeit jedes einzelnen und führt im Ergebnis zu mehr Kohärenz. Schließlich sind Nachkontakte und Projektevaluierungen zu intensivieren.

Für Fortbildungsmaßnahmen gelten darüberhinaus noch weitere methodische Grundsätze. Um meßbare Wirkungen zu erzielen, treten anstelle von singulären Veranstaltungen dichte, auf mehrere Jahre geplante Veranstaltungsreihen, die DSE/ZÖV spricht von "Programmpaketen". Sie müssen von einer partnerorientierten und teilnehmerzentrierten Didaktik geprägt sein. Teilnehmerbeiträge, Rollenspiele, Gruppenarbeit usw. ersetzen das obsolete Vortragsmodell. Diese komplexe Lehr- und Lernmethodik setzt einen hohen Entwicklungsaufwand für "Lern-Tools" voraus, deren Kosten aber angesichts mehrfacher Verwendbarkeit und erheblich gesteigerter Lernerfolge gerechtfertigt sind.

Auch der Lernort ist nach dem Subsidiaritätsprinzip auszuwählen. Grundsätzlich finden Veranstaltungen unter Gesichtspunkten des Zeitaufwandes, des Ausschließens von Tourismuseffekten und der Kosten in der Region statt. Ausnahmen bedürfen eines sachlichen Rechtfertigungsgrundes, z.B. daß zum Begreifen einer Materie die Anschauung der Wirklichkeit in einem Industrieland notwendig ist.

Über den Erfolg einer Aus- und Fortbildungsmaßnahme entscheidet ganz erheblich auch die Art und Weise der Teilnehmerauswahl. Auch hier muß ein partnerschaftliches Verfahren vereinbart werden, das auf klaren Auswahlkriterien und gemeinsamer Verantwortung beruht.

IV. Durchführung von VZ-Maßnahmen

Ein Vorhaben der TZ wie der PZ sollte immer ein Vorhaben des Partners sein, zu dem ein Beitrag aus der deutschen TZ/PZ geleistet wird; Trägerschaft und Verantwortung liegen idealiter bei der einheimischen Seite. Für die deutsche Seite gilt auch hier wieder der Grundsatz der Subsidiarität. Von der Projektidee über die Projektprüfung, die Angebotserstellung, Auftrag und das Projektabkommen gelangt man schließlich zur TZ-Projektdurchführungsphase. Diese setzt sich aus Planung, Durchführung, Monitoring und Evaluierung, Projektfortschrittskontrolle und Schlußevaluierung zusammen. Auch das Projektkonzept selbst ist in Entwicklung begriffen, es wandelt sich zum umfassenderen und flexiblen Programmansatz. Parallel dazu hat die PZ die

Programmpaketidee zu Lasten der Einzelveranstaltungen favorisiert. Bei der folgenden Beschreibung der drei Projektphasen wird sich auf die PZ' bezogen, weil sie im Bereich der VZ die größere Bedeutung besitzt als die TZ.

1. Projektentwicklung

Eine differenzierte Bedarfsanalyse im Partnerland unter wesentlicher und gleichberechtigter Mitwirkung des Partnerlandes und regionaler Fachkräfte vermeidet, daß das Geberangebot bei Gutachtermissionen lediglich in die Partnerländer verlängert und "vermarktet" wird; sie ist der entscheidende Erfolgsfaktor für PZ/TZ-Maßnahmen im allgemeinen und für Fortbildungsprogramme der VZ im besonderen.

Durch die Untersuchung wird der fachliche, regionale, organisatorische, sektorale und politische Hintergrund der Maßnahme abgeklärt. Sie ist Voraussetzung für eine intensive Diskussion mit dem Partnerland und den Partnerinstitutionen und soll zu einem grundlegenden Konsens über Machbarkeit und Grundlinien der Maßnahme führen. Bei einem positiven Untersuchungsergebnis wird in der Folgezeit von den Partnern gemeinsam ein Kooperationskonzept für das Gesamtvorhaben und den deutschen Beitrag entwickelt, das von dem Bedarf des Partners ausgeht und seine Verantwortung (ownership) respektiert.

2. Grundsätze für die Durchführung

Angesichts der Variationsbreite von Inhalt und Form von VZ-Projekten können an dieser Stelle nur wesentliche Durchführungsprinzipien erwähnt werden:

– Oberster Grundsatz ist, daß jede VZ-Maßnahme einen Beitrag zu einem Projekt des Partners darstellt, z.B. zum Aufbau eines Umweltmanagementsystems. Der Partner ist immer Subjekt aller Aktivitäten, nie Objekt, das heißt daß nichts ohne ihn, nichts für ihn, sondern alles mit ihm unternommen wird.
– Nach dem Subsidiaritätsprinzip ist Hilfe zur Selbsthilfe zu leisten, das heißt je bescheidener – aber zugleich wirkungsvoll – der VZ-Beitrag gelingt, desto eher versteht und behauptet der Partner seine ownership.
– Wie für die TZ die notwendige Flexibilität bei Projektbeginn durch "offene Orientierungsphasen" konzeptionell eingefangen wird, so ist eine ähnlich flexible Experimentierphase zu Beginn eines PZ-Paketes regelmäßig vorzusehen.

- Es ist weitestgehend lokales Personal als Trainer, Moderator, Consultant usw. einzusetzen. Regelmäßig wird ein Weiterqualifizierungsbedarf bestehen, der durch Fortbildung – aber auch durch Institutionen-Twinning – befriedigt werden kann.
- Das Projektkonzept muß ausreichend flexibel konzipiert sein, damit während der mehrjährigen Laufzeit nützliche Anpassungen vorgenommen werden können. Nicht die Ausführung der Planung um jeden Preis, sondern ein aktuell jeweils wirkungsvolles Programm ist das Ziel der PZ. Um dahin zu gelangen, sind Zwischenevaluierungen und periodische Planungsworkshops nützlich.
- Um die nachhaltige Wirkung von PZ-Maßnahmen zu sichern, sind Nachkontakte mit ehemaligen Teilnehmern – insbesondere bei Programmpaketen oder Langzeitfortbildungen – unabweisbar.

3. Evaluierung

EZ-Mittel stammen aus öffentlichen Haushalten; mit ihrem relativ bescheidenen Umfang sind sie bestimmt, die Lebensgrundlagen der Menschen im EL zu verbessern. Vor diesem Hintergrund ist es gerechtfertigt und notwendig, daß die Art und Weise, in der EZ-Maßnahmen durchgeführt werden, und ihre Wirkungen evaluiert werden. Evaluierungen sollen über die kritische Analyse hinaus Empfehlungen aussprechen; nur dann können Verbesserungsvorschläge wirksam werden. Aus diesem Grund sind Zwischenevaluierungen von unmittelbarerem Nutzen als Schlußevaluierungen, deren Erkenntnisse nur in anderen, gleichgelagerten Fällen zu Konsequenzen führen.

Der Wert der Evaluierung steht und fällt mit der Unabhängigkeit der Gutachter. Selbstevaluierungen mangelt die kritische Distanz. Aber auch im Falle einer Fremdevaluierung ist es schwierig, die notwendige Unabhängigkeit zu bewahren. Wer evaluiert, darf im Rahmen desselben Vorhabens noch nicht tätig geworden sein. In der überschaubaren entwicklungspolitischen Community ist es aber unrealistisch zu fordern, daß der Evaluierer nicht bereits an anderer Stelle für den Auftraggeber gearbeitet hat. Wünschenswert wäre eine Trennung von Durchführung und Evaluierung – auch hinsichtlich der Beschäftigung von Personal – und von Durchführungs- und Evaluierungsinstitution. Weshalb sollte nicht eine weitere Vorfeldorganisation des BMZ sich ausschließlich mit Evaluierungen beschäftigen?

Auch für die Evaluierung gilt der Grundsatz der ownership. Die Evaluierung kann nicht an der Partnerinstitution und an dem lokalen Know How vorbeigehen. Der Partner muß auf die Evaluierungspräferenzen und die Auswahl des Evaluierungspersonals gleichberechtigten Einfluß haben. Denkbar wäre auch, daß in den EL eine offizielle Evaluierungsinstitution geschaffen wird, die mit der entsprechend zu schaffenden deutschen Einrichtung zusammenarbeitet.

Evaluierung beginnt bereits bei der Planung einer Maßnahme: Hier spricht man von einer "ex-ante-Evaluierung". Bei jedem einzelnen Schritt der Konzeptionserstellung und -formulierung ist nach der Evaluierbarkeit, aber auch nach der Realisierbarkeit des Vorhabens zu fragen. Ist die Planung auf diese Weise erfolgt, sind bereits in diesem Stadium aussagekräftige Indikatoren für die Wirkungsanalyse identifiziert worden, so reduziert sich der zeitliche und finanzielle Aufwand für spätere Evaluierungen beträchtlich.

Bei den Evaluierungen von TZ/PZ-Maßnahmen geht es um vier Kriterien zur Erfolgsmessung:
- Effektivität: Wird das vorgegebene Ziel erreicht?
- Effizienz: Stehen input und output in einem ausgewogenen Verhältnis? Ist der Grundsatz der Subsidiarität durchgehend beachtet worden?
- Nachhaltigkeit: Kann der Programmträger die angestrebten Ziele eigenständig weiterführen?
- Signifikanz: Wächst die Maßnahme aus der Isolation heraus und strahlt auf den gesamten Sektor aus?

V. Ausblick

Die vom Transferkonzept beherrschte Entwicklungspolitik der Vergangenheit leidet an einem Kardinalfehler: Sie erhebt die wirtschaftliche, ökologische und soziale Entwicklung der Industrieländer zum Modell für den Süden, obwohl mittlerweile klar erkennbar ist, daß dieses Modell nicht tragfähig ist, sondern die globale Katastrophe vorzeichnet. Transfer-Entwicklungspolitik beschränkt Entwicklung auf den Süden und schließt den Norden von Anpassungsnotwendigkeiten aus. Nötig ist jedoch keine entwicklungspolitische Einbahnstraße, sondern ein globales Entwicklungskonzept, das auf Verhaltensänderungen im Norden und Süden abzielt, also ein partnerschaftlicher Entwicklungsdialog.

Die partnerschaftliche Grundhaltung muß auch in den angewandten Methoden zum Ausdruck kommen. Nicht belehrende Vorträge dürfen die Zusammenarbeit länger bestimmen, sondern eine teilnehmerorientierte Didaktik: Der Partner muß eine aktive Rolle und gleichen Einfluß auf den Inhalt und Ablauf der Veranstaltungen ausüben.

Der Grundsatz der Subsidiarität ist konsequent auf alle Aspekte der VZ anzuwenden: auf die Bestimmung des Umfangs – einschließlich finanzieller Modalitäten – des deutschen Beitrages, auf die Auswahl des intervenierenden Personals, auf die Wahl des Ortes der Veranstaltung. Nach diesem Prinzip haben eigene Beiträge des Partners oder aus der Region Vorrang vor Einflußnahmen aus dem Norden.

Schließlich muß sich die deutsche Seite um Kohärenz ihrer VZ bemühen. Diese beginnt mit einer thematischen Straffung und regionalen Konzentration. Sie verlangt eine Koordination der Aktivitäten aller Geber, insbesondere auch unter den deutschen Durchführungsorganisationen. Anzustreben ist eine Komplementarität der verschiedenen Interventionen, also eine gezielt arbeitsteilige Vorgehensweise.

Für die PZ im Bereich der VZ heißt das, daß sie im Umfeld und Kontext von TZ-Maßnahmen anzusiedeln ist, um eine gezielte gegenseitige Unterstützung und Ergänzung zu erreichen. Zur Qualitätssicherung sind Evaluierungen konsequent in den Projektzyklus einzufügen.

VZ wie EZ wird nur dann weitergeführt werden können und dürfen, wenn alle Beteiligten zu grundlegender Umkehr bereit sind. Die Analysen und Reformvorschläge liegen auf dem Tisch; worauf es jetzt ankommt, sind die mühevollen Änderungen in der Praxis.

Literatur

Adjiboloso, S., The Human Factor in Development, Scandinavian Journal of Development Alternative 1993, S. 139.
Boone, P., Politics and the effectiveness of foreign aid, London School of Economics, Working Paper 1265, London 1994.
Bundesregierung (Hrsg.), Memorandum zur DAC (Development Assistance Committee der OECD), Bonn 1994.
Deutsche Stiftung für internationale Zusammenarbeit (Hrsg.), Institutionen der Entwicklungszusammenarbeit, Bonn 1994.
Dirmoser, Dietmar u.a., Mythos Entwicklungshilfe, Gießen 1991.

Hillebrand, Wolfgang/Messner, Dierk/Meyer-Stamer, Jörg, Im Spannungsfeld von Nachhaltigkeit und Breitenwirksamkeit, in: Entwicklung und Zusammenarbeit 1995, S. 8 ff.

König, Klaus (Hrsg.), Öffentliche Verwaltung und Entwicklungspolitik, Baden-Baden 1986.

OECD (Hrsg.), DAC-Grundsätze für eine wirksame Entwicklungshilfe, Paris 1992.

Pitschas, Rainer (Hrsg.), Zukunftsperspektiven der Verwaltungszusammenarbeit, München 1993.

Pitschas, Rainer (Hrsg.), Verwaltungsintegration in den neuen Bundesländern, Berlin 1993.

Simon, Klaus, Partner für Subsidiarität, DED-Dokument, Berlin 1994.

Steinbach, Udo u.a., Entwicklungszusammenarbeit in Kultur, Recht und Wirtschaft, Festschrift für Volkmar Köhler, Opladen 1995.

Weltbank (Hrsg.), Governance and Development, Washington D.C. 1992.

Wissenschaftlicher Beirat beim BMZ (Hrsg.), Neue Akzente während der nächsten Legislaturperiode, Bonn 1994.

XI. Autorenbiographien

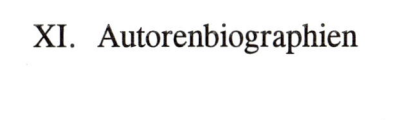

Prof. Dr. *Peter Badura*,

Dr. jur., 1962 Habilitation in Erlangen, 1964 ord. Professor in Göttingen, seit 1970 ord. Professor der Rechte, Fachgebiet Öffentliches Recht in München.

Veröffentlichungen u. a.: Die Methoden der neueren Allgemeinen Staatslehre, 1959; Das Verwaltungsmonopol, 1963; Verwaltungsrecht im liberalen und im sozialen Rechtsstaat, 1966; Wirtschaftsverfassung und Wirtschaftsverwaltung, 1971; Verfassungsrechtliche Bindungen der Rundfunkgesetzgebung, 1980; Paritätische Mitbestimmung und Verfassung, 1985; Staatsrecht, 1986; Die parteienstaatliche Demokratie und die Gesetzgebung, 1986; Der Schutz von Religion und Weltanschauung durch das Grundgesetz, 1989; Die Verfassung des Bundesstaates Deutschland in Europa, 1993; Das Verwaltungsverfahren, in: H.-U. Erichsen, Hrsg., Allgemeines Verwaltungsrecht, 10. Aufl., 1995; Wirtschaftsverwaltungsrecht, in: E. Schmidt-Aßmann, Hrsg., Besonderes Verwaltungsrecht, 10. Aufl., 1995.

Prof. Dr. *Bernd Becker*,

Dr. jur.; 1973 Professor für Verwaltungslehre an der Hochschule der Bundeswehr Hamburg; seit 1976 Universitätsprofessor für Verwaltungswissenschaft und Verwaltungsrecht an der Universität der Bundeswehr München, Fakultät für Wirtschafts- und Organisationswissenschaften.

Veröffentlichungen u. a.: Öffentliche Verwaltung. Lehrbuch für Wissenschaft und Praxis, Starnberg/Percha 1989; Deutsches Umweltschutzrecht mit Zusatzband Europäisches Umweltschutzrecht, Loseblattausgabe (drei Bände), Starnberg/Percha; Fundstellen- und Inhaltsnachweis des Umweltschutzrechts der Europäischen Union, 6. Aufl. 1995 (7. Aufl. 1995 in Vorb.), Starnberg/Percha; Mitherausgeber der Festschrift für Werner Thieme, Köln 1993; Mitherausgeber der Reihe Verwaltungswissenschaftliche Abhandlungen, Köln.

Prof. Dr. *Arthur Benz*,

Diplom-Verwaltungswissenschaftler, Dr. sc. pol.; 1993-1995 Professor an der Fakultät für Verwaltungswissenschaft, Universität Konstanz; seit 1995 Professor für Regierungslehre und Policyforschung an der Martin-Luther-Universität Halle-Wittenberg, Fachbereich für Geschichte, Philosophie und Gesellschaftswissenschaften.

Veröffentlichungen u. a.: Föderalismus als dynamisches System, Opladen: Westdeutscher Verlag, 1985; Modernisierung der Staatsorganisation, Baden-Baden, 1990 (zus. mit J. J. Hesse); Horizontale Politikverflechtung, Frankfurt/M./New York, 1992 (zus. mit F. W. Scharpf und R. Zintl); Kooperative Verwaltung, Baden-Baden, 1994.

Prof. Dr. *Willi Blümel*,

1960 Dr. jur. 1967 Habilitation an der Universität Heidelberg; 1969-1970 ord. Professor für öffentliches Recht an der Freien Universität Berlin; 1970-1974 an der Universität Bielefeld; seit 1974 an der

Hochschule für Verwaltungswissenschaften Speyer; 1985-1987 Rektor der Hochschule und seit 1988 Geschäftsführender Direktor des Forschungsinstituts für öffentliche Verwaltung bei der Hochschule für Verwaltungswissenschaften Speyer.

Veröffentlichungen u. a.: Die Bauplanfeststellung I, 1961; Die Planfeststellung II, 1967/1994; Raumplanung, vollendete Tatsachen und Rechtsschutz, 1967; Raumordnungsrecht und Fachplanungsrecht (zus. mit E. Forsthoff), 1970; Die Planfeststellung in der Flurbereinigung (zus. mit M. Ronellenfitsch), 1975; Vom Hochschullehrer zum Professor, 1976; Das verfassungsrechtliche Verhältnis von Gemeinden und Landkreisen, 1979; Das Selbstgestaltungsrecht der Städte und Gemeinden, 1987; Verkehrswegeplanung in Deutschland, 1993; Neuere Entwicklungen im Umwelt- und Verwaltungsverfahrensrecht (zus. mit M. Pfeil), 1995.

Prof. Dr. *Carl Böhret*,

Studium der Politik- und Wirtschaftswissenschaften, 1965 Dr. rer. pol.; 1970 Habilitation; Tätigkeiten in Industrie, Verwaltung, Verbänden; 1971-1974 ord. Prof. für Politische Wissenschaft und Politische Wirtschaftslehre an der Freien Universität Berlin; seit 1975 Lehrstuhl für Politikwissenschaft an der Hochschule für Verwaltungswissenschaften Speyer; 1984-1988 Geschäftsführender Direktor des Forschungsinstituts für öffentliche Verwaltung bei der Hochschule für Verwaltungswissenschaften Speyer; 1989-1991 Rektor der Hochschule für Verwaltungswissenschaften Speyer; 1993-1995 Wissenschaftlicher Beauftragter des Führungskollegs Speyer; seit Ende 1994 Wissenschaftlicher Leiter der Verwaltungsmodernisierungs-Kommission Rheinland-Pfalz.

Veröffentlichungen u.a.: Entscheidungshilfen für die Regierung, 1970; Führungskonzepte für die öffentliche Verwaltung (zus. mit M. Th. Junkers), 1976; Test und Prüfung von Gesetzentwürfen (zus. mit W. Hugger), 1980; Technolgiefolgenabschätzung: institutionelle und verfahrensmäßige Lösungsansätze (zus. mit P. Franz), 1982; Politik und Verwaltung, 1983; Herausforderungen an die Innovationskraft der Verwaltung, Mithrsg., 1987; Innenpolitik und politische Theorie: Ein Studienbuch (zus. mit W. Jann und E. Kronenwett), 3. Aufl., 1988; Folgen – Entwurf für eine aktive Politik gegen schleichende Katastrophen, 1990; Umweltverträglichkeit: Test von Umweltrecht im Planspiel (zus. mit M. Hofmann), 1992; Funktionaler Staat, 1993; Mithrsg., Regieren im 21. Jahrhundert, 1993; Mithrsg., Ökologisierung des Rechts- und Verwaltungssystems, 1994.

Prof. Dr. *Hans Peter Bull*,

1963 Dr. iur.; 1972 Habilitation für Staats- und Verwaltungsrecht; Universitätsprofessor für Öffentliches Recht an der Universität Hamburg, Fachbereich Rechtswissenschaft II; seit 1973 ord. Professor an der Universität Hamburg; Unterbrechungen durch Tätigkeiten als Bundesbeauftragter für den Datenschutz 1978-1983 und als Innenminister des Landes Schleswig-Holstein 1988 bis Anfang 1995.

Veröffentlichungen u. a.: Verwaltung durch Maschinen, 2. Aufl. 1964; Die Staatsaufgaben nach dem Grundgesetz, 2. Aufl. 1977; Verwaltungspolitik (Hrsg.) 1979; Allgemeines Verwaltungsrecht. Ein Lehrbuch, 4. Aufl. 1993; Datenschutz oder die Angst vor dem Computer, 1986; Kommentierung von Art. 35 und 83 ff. GG in: Alternativkommentar zum Grundgesetz, 1. und 2. Aufl. 1984 und 1989.

Ministerialdirigent Dr. *Volker Busse*,

1968 Dr. jur.; 1969 bis 1974 Richter am Landgericht Bonn und in der Verwaltung des Oberlandesgerichts Köln; seitdem im Bundeskanzleramt; hier seit 1981 als Gruppenleiter, zuletzt insbesondere für die Arbeitsgebiete Verfassungsrecht, staatliche Organisation, Bund-Länder-Beziehungen, Aufgabenplanung.

Veröffentlichungen u.a: Monographie über "Bundeskanzleramt und Bundesregierung", 1994; mehrere Aufsätze und Rezensionen in Fachzeitschriften und Sammelbänden zu Fragen des Verfassungsrechts und der Staatsorganisation, insbesondere zur Organisation der Bundesregierung und zu Fragen der deutschen Einheit.

Präsidentin Dr. *Hedda von Wedel*,

1969 Dr. jur.; 1971-1981 verschiedene Funktionen im Staatsdienst; 1981-1983 Regierungsvizepräsidentin bei der Bezirksregierung Weser-Ems; 1983-1990 Staatssekretärin beim Niedersächsischen Minister für Ernährung, Landwirtschaft und Forsten; 1990 Wahl in den Deutschen Bundestag (Mitglied der Verfassungskommission von Bundestag und Bundesrat, des Rechtsausschusses und des Ausschusses für Wahlprüfung, Geschäftsordnung und Immunitätsangelegenheit als stellv. Vorsitzende); seit 1993 Präsidentin des Bundesrechnungshofes.

Hauptgeschäftsführer *Jochen Dieckmann*,

Geschäftsführendes Präsidialmitglied des Deutschen Städtetages und Geschäftsführendes Vorstandsmitglied des Städtetages Nordrhein-Westfalen. Berufliche Tätigkeiten: Stadt Bonn (Jurist im Rechtsamt und Büro Oberstadtdirektor); SPD-Fraktion im Deutschen Bundestag (Referat für Kommunalpolitik); Deutscher Städtetag (Referent für Baurecht, Beigeordneter für Stadtentwicklung, Wohnen und Verkehr und – seit 1990 – Hauptgeschäftsführer; seit 1995 zugleich Generalsekretär des Rates der Gemeinden und Regionen Europas/Deutsche Sektion.

Veröffentlichungen u.a.: Kommentar zum BauGB, Kommentar zur BauNVO (gemeinsam mit Boeddinghaus, 3. Auflage), Vielzahl von Aufsätzen und Artikeln, insbesondere zu Stadtentwicklung, Baurecht und Verwaltungsorganisation.

Prof. Dr. Dr. h.c. *Thomas Ellwein*,

Prof. (em.) für Politik- und Verwaltungswissenschaft in Konstanz, 1955 Leiter der Bayerischen Landeszentrale für politische Bildung, 1961 Prof. in Frankfurt/M., 1970 Bundesministerium der Verteidigung, 1976 Prof. in Konstanz. Daneben 1967 bis 1973 Präsident des Deutschen Studentenwerks, 1968 Mitglied der Wahlrechtskommission, 1981 bis 1983 Vors. der Kommission für Rechts- und Verwaltungsvereinfachung in NW, 1977 bis 1981 Vors. der Deutschen Vereinigung für Politische Wissenschaft.

Veröffentlichungen u.a.: Das Regierungssystem der Bundesrepublik Deutschland, 1963 (seit 1987 gem. m. J. J. Hesse); Politische Verhaltenslehre, 1964; Regieren und Verwalten, 1976; Der Staat als Zufall und als Notwendigkeit, 1993 und 1996; Das Dilemma der Verwaltung, 1994.

Prof. Dr. *Rudolf Fisch*,

Studium der Psychologie, Physiologie und Psychiatrie; 1967 Promotion; 1972 Habilitation für das Fach Psychologie in Saarbrücken; 1972-1974 Professor für Psychologie an der Universität des Saarlandes, Saarbrücken; 1974-1992 Inhaber des Lehrstuhls für Sozialpsychologie und ihre Anwendungen an der Universität Konstanz; 1976-1977 und 1987-1988 Dekan der Sozialwissenschaftlichen Fakultät; seit 1992 ord. Professor für Empirische Sozialwissenschaften unter besonderer Berücksichtigung der Verwaltung an der Hochschule für Verwaltungswissenschaften Speyer; 1995-1997 Wissenschaftlicher Beauftragter für das Führungskolleg Speyer.

Veröffentlichungen u. a.: Messung und Förderung von Forschungsleistung: Person – Team – Institution, Konstanz 1986; Evaluation von Forschung, Konstanz 1988; Vom Umgang mit Komplexität in Organisationen, Konstanz 1990; Abfallnotstand als Herausforderung für die öffentliche Verwaltung: Entsorgung, Verringerung und Vermeidung von Sonderabfall. Eine sozialwissenschaftliche Perspektive, Speyerer Forschungsberichte Nr. 150, Speyer 1995; Verwaltungshandeln im Spannungsfeld der Sonderabfallentsorgung. Fallbeispiele – Konzepte – Perspektiven. Ein multidisziplinärer Zugang (zus. mit D. Beck), Baden-Baden 1996.

Vizepräsident *Martin Frank*,

Vizepräsident des Rechnungshofs Baden-Württemberg. Zweites juristisches Staatsexamen 1973. Seit 1973 Innvenverwaltung Baden-Württemberg, 1980-1984 Erster Landesbeamter am Landratsamt Rems-Murr-Kreis, 1986-1989 Regierungsvizepräsident in Karlsruhe, 1990-1991 Abteilungsleiter Verwaltung, Recht, Finanzen und Medien im Staatsministerium Baden-Württemberg; seit 1992 Vizepräsident des Rechnungshofs.

Ministerialdirigent Prof. Dr. *Klaus-Eckart Gebauer*,

1969 Dr. jur., Eintritt in die Ministerialverwaltung des Bundes. 1976 Wissenschaftlicher Mitarbeiter des Präsidenten des Bundesverfassungsgerichts; 1980 Staatskanzlei des Landes Rheinland-Pfalz; seit 1988 Abteilungsleiter (u.a. für Kabinett, Ressortkoordination, Bundesrat); Honorarprofessor an der Hochschule für Verwaltungswissenschaften Speyer.

Veröffentlichungen u.a.: Ministerialverwaltung und Wissenschaft – aus der Sicht einer Staatskanzlei, in: Murswieck, Axel (Hrsg.): Regieren und Politikberatung, Opladen 1994; Interessenregelung im föderalistischen System, in: Klein, Eckart/Gebauer, Klaus-Eckart/Kreuzer, Karl/Robbers, Gerhard/Schiedermair, Hartmut/Weber, Albrecht (Hrsg.): Grundrechte, Soziale Ordnung und Verfassungsgerichtsbarkeit. Festschrift für Ernst Benda zum 70. Geburtstag, Heidelberg 1995.

Prof. Dr. *Dieter Grunow*,

1971 Dipl. Soz.; 1975 Dr. rer. soc.; 1983 Habilitation an der Universität Bielefeld; seit 1971 wiss. Mitarbeiter und später Leiter von Forschungsprojekten (empirische Verwaltungsforschung; empirische Forschungen zur Sozial- und Gesundheitspolitik); 1980-1981 Gastprofessor an der GHS Kassel; 1981-1982 Research Fellow am ZIF in Bielefeld; 1984-1986 Universitätsprofessor für Verwaltungswissenschaft und -ökonomie an der GHS Kassel; seit 1986 Universitätsprofessor in Duisburg für Verwaltungs- und Politikwissenschaft an der Gerhard Mercator Universität – GH – Duisburg, FB 1; Direktoriumsmitglied im RISP e. V. (Institut an der Universität).

Veröffentlichungen u. a.: Personalbeurteilung, 1976; Steuerzahler und Finanzamt, 1978; Alltagskontakte mit der Verwaltung, 1978; Welfare or Bureaucracy?, 1980; Persuasive Programme als Steuerungsinstrumente des Wohlfahrtsstaates, 1983; Bürgernahe Verwaltung, 1988; Region und Wissenstransfer, 1992; Die Verwaltung des politischen Systems, 1994; Verwaltungstransformation zwischen administrativer Rationalität und politischer Opportunität, 1996.

Regierungsdirektor Dr. *Christoph Hauschild*

1985 2. Staatsexamen in Berlin; 1991 Dr. jur.; 1986-1991 Forschungsreferent am Forschungsinstitut für öffentliche Verwaltung bei der Hochschule für Verwaltungswissenschaften Speyer. Seit 1991 im Bundesinnenministerium, Bundesakademie für öffentliche Verwaltung und internationales Dienstrecht.

Veröffentlichungen u.a. zu den Themen Anwendung des Gemeinschaftsrechts in den EG-Mitgliedstaaten (zus. mit H. Siedentopf) und Modernisierung des öffentlichen Dienstes.

Prof. Dr. *Gottfried Herbig,*

Dr, jur. Seit 1966 Verwaltungsdienst in Rheinland-Pfalz; zuletzt (1977-1985) als Personalreferent des Innenministeriums; 1985-1990 Leiter des Personal- und Organisationsamtes der Stadt Frankfurt/Main; seit 1990 Direktor in der Generaldirektion Telekom in Bonn, Leiter des Geschäftsbereichs Recht; seit

1975 Lehrbeauftragter in der Hochschule für Verwaltungswissenschaften Speyer; seit 1994 Honorarprofessor.

Veröffentlichungen u.a.: Staatensukzession und Staatenintegration (Dissertation), 1967; Die öffentlichen Einrichtungen im sozialen Rechtsstaat der Gegenwart, Berlin 1970; Das Landesbeamtengesetz Rheinland-Pfalz (zus. mit E. Arnold), Wiesbaden (seit 1988); Korruptionsfälle in der Stadtverwaltung Frankfurt, in: Verwaltungsarchiv 1989.

Prof. Dr. *Helmut Klages*,

1953 Dipl.-Volkswirt; 1955 Dr. rer. pol.; 1961 Habilitation für das Lehrfach Soziologie an der Universität Erlangen; 1961-1964 Abteilungsleiter der Sozialforschungsstelle Dortmund an der Universität Münster und Privatdozent an der Universität Münster; 1964 Berufung auf den neugeschaffenen Lehrstuhl für Soziologie der Technischen Universität Berlin; 1974 Annahme eines Rufes auf den Lehrstuhl für Organisationssoziologie der Hochschule für Verwaltungswissenschaften Speyer.

Veröffentlichungen u.a.: Geschichte der Soziologie, 1972; Hrsg., Wertewandel und gesellschaftlicher Wandel, 1979; Zukunftssicherung als Staatsaufgabe: die neue Herausforderung für den öffentlichen Dienst, 1984; Traditionsbruch als Herausforderung: Perspektiven der Wertewandelgesellschaft, 1993; Die 68er: Aufbruch einer Generation, Umbruch in der Gesellschaft; eine Protestbewegung mit widersprüchlichen Folgen, 1994; Start zum dritten Speyerer Qualitätswettbewerb (zus. mit H. Hill), 1996.

Prof. Dr. *Franz-Ludwig Knemeyer*,

Dr. jur., 1969 Habilitation an der Universität Bochum; Tätigkeit im Bundeskanzleramt, 1970 Berufung an die Julius-Maximilians-Universität in Würzburg. 1978 Gründung des Kommunalwissenschaftlichen Forschungszentrums Würzburg und Übernahme der Vorstandschaft dieses Forschungszentrums.

Veröffentlichungen u.a.: Regierungs- und Verwaltungsreform in Deutschland zu Beginn des 19. Jahrhunderts, 1970; Die Europäische Charta der kommunalen Selbstverwaltung, 1989; Europa der Regionen – Europa der Kommunen, 1994; Bayerisches Verwaltungsrecht, 4. Aufl., 1995; Polizei- und Ordnungsrecht, 6. Aufl., 1995; Bayerisches Kommunalrecht, 9. Aufl., 1996. Herausgebertätigkeit: "Schriften zur öffentlichen Verwaltung" sowie der Schriftenreihen "Kommunalforschung für die Praxis" und "Kommunalrecht – Kommunalverwaltung" – hier zuletzt: Bd. 13, Europa der Regionen – Europa der Kommunen, Baden-Baden 1994 – ferner der "Entscheidungen zum Kommunalrecht – EzKommR".

Prof. Dr. Dr. *Klaus König*,

1961 Dr. jur., 1962 Dr. rer pol., 1965 Ass. jur.; 1965 Forschungsreferent, 1970 Habilitation für Öffentliches Recht und Verwaltungslehre; 1971 ord. Professor, 1974-1976 Rektor der Hochschule Speyer, 1982-1987 Ministerialdirektor im Bundeskanzleramt; seit 1992 Vizepräsident des Internationalen Instituts für Verwaltungswissenschaften.

Veröffentlichungen u.a.: Die Anerkennung ausländischer Verwaltungsakte, 1965; Erkenntnisinteressen der Verwaltungswissenschaft, 1970; Curriculumentwicklung zur Fachhochschule für öffentliche Verwaltung, 1978; Räumliche Planungen im politisch-administrativen Bereich, 1980; Hrsg., Öffentliche Verwaltung in der Bundesrepublik Deutschland, 1981; Hrsg., Entwicklungspolitik und internationale Verwaltungsbeziehungen, 1983; Hrsg., Gesetzgebungslehre: Grundlagen – Zugänge – Anwendung, 1986; Kritik öffentlicher Aufgaben, 1989; Staatskanzleien. Funktionen und Organisationen, 1993; Hrsg., Instrumente und Formen staatlichen Handelns, 1993; Vermögenszuordnung im Aufgabenzuschnitt des öffentlichen Sektors der neuen Bundesländer, 1994; Hrsg., Der Aufbau einer Region, 1995; On the Critique of New Public Management, 1996; Aufgaben- und Vermögenstransformation in den neuen Bundesländern (zus. mit J. Heimann), 1996. Herausgeber und Schriftleiter von wissenschaftlichen Zeitschriften, u.a."Verwaltungsarchiv", "International Review of Administrative Sciences".

Ministerialdirektor Dr. *Manfred König,*

1961 Dr. jur. an der Universität Tübingen. 1963 Eintritt in die Innenverwaltung des Landes Baden-Württemberg; 1965-1967 Wissenschaftlicher Mitarbeiter am Bundesverwaltungsgericht in Berlin. Anschließend Tätigkeit im Innenministerium Baden-Württemberg und ab 1970 im Staatsministerium Baden-Württemberg, zuletzt als Abteilungsleiter "Landespolitik". 1979-1987 Leiter der Grundsatzabteilung im Ministerium für Kultus und Sport. 1987-1992 Ministerialdirektor (Amtschef) des neu gegründeten Umweltministeriums Baden-Württemberg. Seit 1992 Geschäftsführer der Regierungskommission Verwaltungsreform im Staatsministerium Baden-Württemberg. 1996 Ministerialdirektor (Amtschef) des Sozialministeriums.

Veröffentlichungen auf dem Gebiet der Bildungspolitik, der Umweltpolitik und der Verwaltungsreform.

Götz Konzendorf

1979-1985 Studium der Soziologie, Politologie und Stadtplanung an der RWTH-Aachen; 1985-1992 Tätigkeiten in Forschung und Privatwirtschaft; 1992-1994 Forschungsreferent am Forschungsinstitut für öffentliche Verwaltung Speyer; seit 1994 wiss. Assistent an der Hochschule für Verwaltungswissenschaften Speyer.

Veröffentlichungen u. a.: Heranalternde Gesellschaft – Selbständiges Leben im Alter, Speyer 1994; Selbständiges Leben im Alter – Wissenstransfer zwischen Theorie und Praxis, Speyer 1995 (zus. mit C. Böhret); Mehr sein als scheinen: Der funktionale Staat, in: Fritz Behrens u.a. (Hrsg.): Den Staat neu denken – Reformperspektiven für die Landesverwaltungen Berlin 1995, (zus. mit C. Böhret); Materialien zu der naturwissenschaftlichen, technischen und medizinischen Forschungslandschaft in Rheinland-Pfalz (zus. mit C. Böhret, K. G. Troitzsch), 1996.

Staatssekretär a. D. *Franz Kroppenstedt*,

1959 Eintritt in den Bundesdienst; 1959-1960 Juristischer Hilfsarbeiter beim Bundesverwaltungsgericht in Berlin; 1960-1962 Abordnung zum Landkreis Eschwege; 1962-1979 im Bundesministerium des Innern u.a. tätig: Personalreferat, Persönlicher Referent des Ministers, Kabinettsreferent, Referat für Grundsatzfragen der Sportpolitik, Leiter der Unterabteilung, Reform des öffentlichen Dienstrechts; 1980-1983 Bundeswahlleiter, Vorsitzender der Wahlkreiskommission; 1983-1995 Staatssekretär im Bundesministerium des Innern.

Veröffentlichungen in den Bereichen Dienstrecht, Organisation und Umweltschutz.

Prof. Dr. *Helmut Lecheler*,

Dipl.-Kfm., 1977 ord. Professor in Marburg, 1981 ord. Professor in Erlangen, seit 1992 ord. Universitätsprofessor an der Freien Universität Berlin, Lehrstuhl für öffentliches Recht und Europarecht.

Veröffentlichungen u.a.: Das Subsidiaritätsprinzip – Strukturprinzip einer europäischen Union, Berlin 1993; Die Interpretation des Art. 48 Abs. 4 EWGV und ihre Konsequenzen für die Beschäftigung im (nationalen) öffentlichen Dienst, Berlin 1990 (Schriften zum Europäischen Recht, Bd. 5); Grenzen für den Abbau von Staatsleistungen. Eine Untersuchung zu Art. 87 Abs. 1 und 33 Abs. 4 GG, Bonn-Bad Godesberg 1989; Verwaltungslehre: Kurzlehrbuch, Stuttgart/München/Hannover, 1988.

Oberbürgermeister Dr. *Hinrich Lehmann-Grube*,

Dr. jur., 1959-1967 Referent und Beigeordneter für Stadtentwicklung, Bau- und Wohnungswesen im Deutschen Städtetag, Köln. 1967-1979 Beigeordneter der Stadt Köln (Dezernat Allgemeine Verwaltung). 1979-1990 Oberstadtdirektor der Stadt Hannover. Seit 1990 Oberbürgermeister der Stadt Leipzig. Mitglied des Präsidiums des Deutschen Städtetages und der Ständigen Deputation des Deutschen Juristentages.

Dr. *Achim von Loesch*,

Dipl.-Volkswirt, Dr. rer. pol., im Ruhestand. Zuvor Direktor und Abteilungsleiter in der Bank für Gemeinwirtschaft Frankfurt; Mitglied des wissenschaftlichen Beirats der Gesellschaft für öffentliche Wirtschaft e. V. Berlin.

Veröffentlichungen u. a.: Zur Problematik des Miteigentums, 1961; Die Grenzen einer breiteren Vermögensbildung, 1965; Die gemeinwirtschaftliche Unternehmung, 1977; Die gemeinwirtschaftlichen Unternehmen der Gewerkschaften, 1979; Privatisierung öffentlicher Unternehmen, 1987. Herausgebertätigkeit: Schriftenreihe Gemeinwirtschaft, 37 Hefte, darunter drei eigene (Nr. 7) Die nordamerikanischen Arbeiterbanken in den zwanziger Jahren, 1972, (Nr. 12) Die deutschen Arbeiterbanken in den zwanziger Jahren 1974, (Nr. 20) Die Bank für Gemeinwirtschaft, 1977. Sozialdemokratische Wirtschaftspolitik im Umbruch, 1985; Die Unternehmen der öffentlichen Wirtschaft in der Bundesrepublik Deutschland, 1986; Finanzierungsmodelle selbstverwalteter Betriebe, 1987. Zeitschrift für öffentliche und gemeinwirtschaftliche Unternehmen.

Prof. Dr. *Klaus Lüder,*

1964 Dr. rer. pol.; 1968 Habilitation für das Fachgebiet Betriebswirtschaftslehre (Universität Karlsruhe); 1969-1981 ord. Professor für Allgemeine Betriebswirtschaftslehre und Betriebswirtschaftslehre der öffentlichen Verwaltung an der Universität Hamburg; seit 1981 Professor für Öffentliche Finanzwirtschaft und Allgemeine Betriebswirtschaftslehre an der Hochschule für Verwaltungswissenschaften Speyer; 1990 Gastprofessor an der University of Illinois at Chicago, USA, 1992 an der University of Marketing and Distribution Sciences (UMDS) Kobe, Japan, und 1994 an der University of Victoria, School of Public Administration, Victoria, B.C., Kanada.

Veröffentlichungen u.a.: Investitionskontrolle: die Kontrolle des wirtschaftlichen Ergebnisses von Investitionen, 1969; Betriebswirtschaftliche Organisationstheorie und öffentliche Verwaltung, 1985; Konzeptionelle Grundlagen für das staatliche Rechnungswesen mit besonderer Berücksichtigung der Bundesrepublik Deutschland, 1991; Vergleichende Analyse öffentlicher Rechnungssysteme. Dänemark, 1993; Hrsg., Wirtschaftlichkeit in Staat und Verwaltung, 1993; Hrsg., Öffentliches Rechnungswesen 2000, 1994; Investition: Schwachstellenanalyse des Investitionsbereichs und Investitionsrechnung (zus. mit H. Blohm), 8. Aufl., 1995.

Regierungsdirektor *Kai-Uwe Menz,*

1988 Zweites Juristisches Staatsexamen in Koblenz, 1988-1990 Tätigkeit in der Bundesverwaltung, seit 1990 Referent im Bundesministerium des Innern in den Abteilungen Innere Sicherheit und Öffentlicher Dienst.

Regierungsvizepräsident *Horst Müller,*

Regierungsvizepräsident der Regierung von Oberfranken in Bayreuth. Studium der Rechtswissenschaft, der Volkswirtschaftslehre und der politischen Wissenschaften; beide Juristische Staatsprüfungen; Wissenschaftlicher Assistent an der Hochschule für Verwaltungswissenschaften Speyer; Bayer. Staatsministerium des Innern (Kommunalreformen); Direktor bei der Bayerischen Beamtenfachhochschule (Errichtung einer Fachhochschule für den öffentlichen Dienst in Hof); Leiter der Zentralabteilung der Regierung von Oberbayern; Ministerialrat im Bayerischen Staatsministerium des Innern; Verwaltungshilfe in Thüringen (Innenministerium); Regierungsvizepräsident.

Veröffentlichungen: jeweils im Zusammenhang mit der beruflichen Tätigkeit mit dem Schwerpunkt auf dem Gebiet der Verwaltungsorganisation.

Ministerialdirigent a. D. Dr. *Hans Joachim von Oertzen*

1957 Dr. jur., 1958 Tätigkeit beim Deutschen Verband für Wohnungswesen, Städtebau und Raumordnung. 1960 beim Landratsamt Ahrweiler, seit 1958 Ministerialverwaltung, dabei Personalverwaltung, internationales Dienstrecht, Mitglied der Projektgruppe Regierungs- und Verwaltungsreform, Strahlenschutz bis 1986 im Bundesinnenministerium, dann im Bundesumweltministerium. 1969-1983 Generalsekretär der Deutschen Sektion des Internationalen Instituts für Verwaltungswissenschaften. Vorsitzender des NATO Appeals Boards.

Veröffentlichungen u. a.: Kommentar zur Verwaltungsgerichtsordnung (zus. mit K. Redeker), 11. Aufl. 1994; Die Kommunale Gebietsreform, 19 Bände mit Untersuchungsergebnissen, hrsg. zus. mit W. Thieme ab 1979; Öffentliche Verwaltung in der Bundesrepublik Deutschland, hrsg. zus. mit K. und F. Wagener, 1981, engl. und franz. Fassung; Rechtsstaatliche Verwaltung im Aufbau, Hrsg., Bd. I (Kreisreform und Ämterverfassung) 1992, Bd. II (Sonderbehörden und Einheit der Verwaltung), 1993, Bd. III (Selbstverwaltung und Aufsicht), 1994; Der Aufbau der Verwaltungsgerichtsbarkeit in den neuen Bundesländern, in Festschrift für Konrad Redeker, 1993.

Prof. Dr. *Günter Püttner*,

1963 Dr. jur. in Berlin; 1964-1969 Wiss. Assistent in Berlin und Köln; 1969 Habilitation in Köln; 1970-1973 Professor für öffentliches Recht in Frankfurt a. M.; 1973-1980 Professor für Öffentliches Recht und Verwaltungslehre in Speyer; seit 1980 Professor für Öffentliches Recht in Tübingen.

Veröffentlichungen u.a.: Die öffentlichen Unternehmen, 2. Aufl. 1985; Verwaltungslehre, 2. Aufl. 1989; Kommunalrecht Baden-Württemberg, 1993; Allg. Verwaltungsrecht, 7. Aufl. 1995.

Prof. Dr. *Christoph Reichard*,

Industriekaufmann, Promotion über Verwaltungsmanagement; Professor für Öffentliches Management an der Fachhochschule für Technik und Wirtschaft (FHTW) Berlin; bis 1994 Hochschullehrer für Betriebswirtschaftslehre an der Fachhochschule für Verwaltung und Rechtspflege (FHVR) Berlin.

Veröffentlichungen u.a.: Betriebswirtschaftslehre der öffentlichen Verwaltung. Lehrbuch, 2. Aufl. 1987 (3. Aufl. in Vorb.); Kommunale Managementkonzepte in Europa (zus. mit G. Banner, 1993); Umdenken im Rathaus – Neue Steuerungsmodelle in der deutschen Kommunalverwaltung, 1994.

Prof. Dr. *Heinrich Reinermann,*

1959 Industriekaufmann nach Lehre bei den Klöckner-Werken AG; 1966 Dr. rer. pol., Westfälische Wilhelms-Universität Münster (Westfalen); 1973 Habilitation an der Universität Mannheim und Berufung an die Hochschule für Verwaltungswissenschaften Speyer; 1967/68, 1981/82 und 1987/88 Visiting Researcher: Stanford University, University of Wisconsin Madison und University of California Irvine; von 1991 bis 1993 Rektor der Hochschule für Verwaltungswissenschaften Speyer.

Veröffentlichungen u.a.: Programmbudgets in Regierung und Verwaltung – Möglichkeiten und Grenzen von Planungs- und Entscheidungssystemen, Baden-Baden 1975; Verwaltungsinnovation und Informationsmanagement. 92 Speyerer Thesen zur Bewältigung der informationstechnischen Herausforderung, Band 42 der Reihe Heidelberger Forum. 2. Aufl., Heidelberg 1987; Verwaltungsautomation und Fortbildung, Band 2 der Schriften der Akademie des Deutschen Beamtenbundes: Reihe B: Neue Informations- und Kommunikationstechniken, hrsg. von Alfred Krause, Bonn 1986; Verwaltungsorganisatorische Probleme und Lösungsansätze zur papierlosen Bearbeitung der Geschäftsvorfälle – Die GGO I im Lichte elektronischer Bürosysteme – Schriftenreihe Verwaltungsorganisation, Band 15 (Langfassung), Bundesministerium des Innern (Hrsg.), Bonn 1992; Die Krise als Chance: Wege innovativer Verwaltungen, Speyerer Forschungsberichte Nr. 139, Speyer, 4. Auflage Januar 1995; Neubau der Verwaltung: Informationstechnische Realitäten und Visionen, hrsg. von Heinrich Reinermann, Band 11 der Schriftenreihe Verwaltungsinformatik, Heidelberg 1995.

Prof. Dr. Dr. Dr. h.c. mult. *Georg Ress,*

1963 Dr. rer. pol. an der Universität Wien; 1964 Assessorexamen; 1964-1966 Wissenschaftlicher Assistent am Institut für höhere Studien und wissenschaftliche Forschung Wien; 1972 Dr. iur. utr. Universität Heidelberg; 1966-1976 Wissenschaftlicher Referent am Max-Planck-Institut für ausländisches öffentliches Recht und Völkerrecht, Heidelberg. 1976 Habilitation für die Fächer "Deutsches und ausländisches öffentliches Recht und Völkerrecht" Universität Heidelberg; 1976-1977 Regierungsdirektor im Justizministerium Rheinland-Pfalz und abgeordnet an das Bundesverfassungsgericht als wissenschaftlicher Mitarbeiter; seit 1977 ord. Professor für Öffentliches Recht, Völker- und Europarecht an der Universität des Saarlandes. Direktor des Europa-Instituts und Leiter der Arbeitsstelle für Menschenrechte (Institut für Menschenrechte der Universität des Saarlandes); Mitglied der Europäischen Kommission für Menschenrechte, Straßburg; 1992 Dr. iur h.c. Keio-Universität Tokio; 1992 Dr. h.c. Université René Descartes (Paris V).

Veröffentlichungen u.a.: Die Rechtslage Deutschlands nach dem Grundlagenvertrag vom 21. Dezember 1972, 1978; Wechselwirkungen zwischen Völkerrecht und Verfassung bei der Auslegung völkerrechtlicher Verträge, Berichte der Deutschen Gesellschaft für Völkerrecht, Heft 23, S. 7 ff.; Rechtsfragen grenzüberschreitender Umweltbelastungen (zus. mit M. Bothe und M. Prieur), 1984; Die Wirkungen der Urteile des Europäischen Gerichtshofs für Menschenrechte im innerstaatlichen Recht und vor innerstaatlichen Gerichten, in: Irene Mayer, Europäischer Menschenrechtsschutz, 1982; S. 227 ff.; Die Dynamik des Europäischen Gemeinschaftsrechts (zus. mit R. Bieber), 1987; Die Auslegung der UN-Charta sowie Art. 53 und 107, in: Simma, The Charter of the United Nations, 1995; Souveränitätsverständnis in den Europäischen Gemeinschaften, 1980; Rechtsetzung (in der EU) unter besonderer Bedachtnahme auf den demokratischen und rechtsstaatlichen Aspekt, Verhandlungen des 12. Österreichischen Juristentages, Wien 1994, S. 111 ff.; Der diplomatische Schutz im Völker- und Europarecht (zus. mit T. Stein), 1996.

Staatssekretär Prof. Dr. *Dieter Schimanke,*

1974-1977 Wiss. Assistent an der Hochschule für Verwaltungswissenschaften Speyer; 1977-1981 Referent im Bundesministerium für Jugend, Familie und Gesundheit; 1981-1989 Professor für Verwaltungslehre an der Universität der Bundeswehr Hamburg; 1990-1994 Senatsdirektor in der Behörde für Arbeit, Gesundheit und Soziales der Freien und Hansestadt Hamburg; seit 1994 Staatssekretär im Ministerium für Arbeit, Soziales und Gesundheit des Landes Sachsen-Anhalt.

Veröffentlichungen u.a. zur Verwaltungsreform, öffentlichen Planung und Entscheidung: Verwaltungsreform Baden-Württemberg. Verwaltungsinnovation als politisch-administrativer Prozeß, Berlin 1978 (zus. mit K. König); Räumliche Planungen im politisch-administrativen System der Länder, Hannover 1980; Bürgermeister oder Stadtdirektor, Basel 1989.

Dr. *Gottfried Schmitz,*

1955 Dipl.-Volkswirt, 1957 Promotion zum Doktor rer. pol. 1957 Siedlungsverband Ruhrkohlenbezirk in Essen: Beigeordneter und Dezernent für Regionalplanung, Verkehr- und Liegenschaftswesen und schließlich als Erster Beigeordneter tätig. Seit 1974 Verbandsdirektor des Raumordnungsverbandes Rhein-Neckar und des Regionalverbandes Unterer Neckar sowie Leitender Planer der Planungsgemeinschaft Rheinpfalz. Mitglied der Deutschen Akademie für Städtebau und Landesplanung. Ordentliches Mitglied der Akademie für Raumforschung und Landesplanung; deren Präsident 1993/94 und Vizepräsident 1991/92 und seit 1995.

Veröffentlichungen u.a.: Sicherung der Wasserversorgung durch Raumordnung, 1985; Raumplanung im Dienst neuer gesellschaftspolitischer Aufgaben (zus. mit K. Becker-Marx), 1989; Der Raumordnungsverband Rhein-Neckar, 1995.

Prof. Dr. *Eberhard Schmidt-Aßmann,*

1966 Dr. iur.; 1971 Habilitation, Venia legendi: Öffentliches Recht; 1972-1979 ord. Professor an der Universität Bochum; seither an der Universität Heidelberg; Staats- und Verwaltungsrecht, insbes. Verfahrensrecht, Planungsrecht, Wissenschaftsrecht. Direktor des Instituts für deutsches und europäisches Verwaltungsrecht.

Veröffentlichungen u.a.: Grundfragen des Städtebaurechts, 1972; Das allgemeine Verwaltungsrecht als Ordnungsidee und System, 1982; Entwurf eines Umweltgesetzbuches (zus. mit M. Kloepfer u. a.), 1991/1993.

Prof. Dr. *Gunnar Folke Schuppert*,

1971 Dr. jur. an der Universität München; 1973-1976 Wiss. Mitarbeiter am Bundesverfassungsgericht in Karlsruhe; 1976-1977 Studienaufenthalt an der London School of Economics in London; 1979 Habilitation; 1979 Professur für Öffentliches Recht und Verwaltungswissenschaft an der Universität Hamburg; 1984-1993 Ord. Professor für Öffentliches Recht an der Universität Augsburg; seit 1993 ord. Professor an der Humboldt-Universität zu Berlin, Lehrstuhl für Öffentliches Recht, insbesondere Europarecht, Finanz-/Steuerrecht und Verwaltungswissenschaften.

Veröffentlichungen u. a.: Die verfassungsgerichtliche Kontrolle der Auswärtigen Gewalt, Studien und Materialien zur Verfassungsgerichtsbarkeit, Bd. 2, Baden-Baden 1973; Die Erfüllung öffentlicher Aufgaben durch verselbständigte Verwaltungseinheiten. Eine verwaltungswissenschaftliche Untersuchung, Göttingen 1981; in: Christopher Hood (Hrsg.), Verselbständigte Verwaltungseinheiten in West-Europa. Die Erfüllung öffentlicher Aufgaben durch Para-Government Organizations (PGO's), Baden-Baden 1988; Verwaltungsrechtswissenschaft als Steuerungswissenschaft. Zur Steuerung des Verwaltungshandelns durch Verwaltungsrecht, in: W. Hoffmann-Riem/E. Schmidt-Aßmann/G. F. Schuppert (Hrsg.), Reform des Allgemeinen Verwaltungsrechts, Grundfragen, Baden-Baden 1993, S. 65-114; Institutional Choice im öffentlichen Sektor, in: Dieter Grimm (Hrsg.), Staatsaufgaben, Baden-Baden 1994, S. 647-684; Regierung und Verwaltung, in: Ernst Benda/Werner Maihofer/Hans-Jochen Vogel (Hrsg.), Handbuch des Verfassungsrechts, 2. Aufl., Berlin/New York 1994, S. 1499-1526; Die Erfüllung öffentlicher Aufgaben durch die öffentliche Hand, private Anbieter und Organisationen des Dritten Sektors, in: Jörn Ipsen (Hrsg.), Privatisierung öffentlicher Aufgaben. Private Finanzierung kommunaler Investitionen, Köln/Berlin/Bonn/München 1994, S. 17-37; Zur Anatomie und Analyse des Dritten Sektors, in: Die Verwaltung 1995, S. 137-200.

Dr. *Günter Seele*,

Studium der Rechtswissenschaften in Göttingen. Promotion und wissenschaftlicher Assistent. Höherer Verwaltungsdienst des Landes Niedersachsen, u.a. 4 Jahre Kommunaldezernent einer Regierung und 4 Jahre in der Kommunal- und Raumordnungsabteilung des Niedersächsischen Innenministeriums zuständig für kommunale Grundsatzangelegenheiten. 1971-1993 Beigeordneter bzw. Erster Beigeordneter und stellvertretender Hauptgeschäftsführer des Deutschen Landkreistages.

Veröffentlichungen u.a.: Verwaltungsgrenzen. Atlas zur Raumentwicklung, Bonn 1982; Verwaltungsorganisation in Großstadtregionen, 1983; Die Kreise in der Bundesrepublik Deutschland. Verfassung, Organisation und Aufgabenstellung einer Institution, 1990; Der Kreis aus europäischer Sicht. Die übergemeindliche Kommunalverwaltung im Spiegel der nationalstaatlichen Verwaltungsstrukturen und der europäischen Gemeinschaftspolitik, 1991; Staatsaufbau, Raumordnung und raumwirksame Fachpolitik, in: Institutionelle Bedingungen einer europäischen Raumentwicklungspolitik, Hannover 1994.

Prof. Dr. *Wolfgang Seibel*,

1982 Dr. rer. pol., Universität Gesamthochschule Kassel; 1988 Habilitation im Fach Politikwissenschaft ebendort; 1979-1989 Wiss. Mitarbeiter und Hochschulassistent im Fachbereich Wirtschaftswissenschaften der Universität Gesamthochschule Kassel; 1989 Heisenberg-Stipendiat der Deutschen Forschungsgemeinschaft; 1989-1990 Member des Institute for Advanced Study, Princeton; seit 1990 Inhaber des Lehrstuhls Innenpolitik und öffentliche Verwaltung an der Universität Konstanz.

Veröffentlichungen u.a.: Regierbarkeit und Verwaltungswissenschaft, 1983; Die Nutzung verwaltungswissenschaftlicher Forschung für die Gesetzgebung: Chancen und Risiko weniger komplexer Rechtsetzungen, 1984; Zwischen Kooperation und Korruption (zus. mit A. Benz), 1992; Defining the nonprofit sector: Germany (zus. mit H.K. Anheier), 1993; Hrsg., Verwaltungsreform und Verwaltungspolitik im Prozeß der deutschen Einigung, 1993; Funktionaler Dilettantismus, 2. Aufl. 1994; Regierungssystem und Verwaltungspolitik, 1995.

Prof. Dr. Dr. h. c. *Heinrich Siedentopf*,

1963 Promotion; 1966-1968 Assistent an der Universität Bochum; 1971 Habilitation und 1973 Lehrstuhl für Vergleichende Verwaltungswissenschaft und Öffentliches Recht an der Hochschule für Verwaltungswissenschaften Speyer; 1982-1983 und 1988-1989 Gastprofessor an der National University of Singapore; 1983 Dr. h. c. der Universität Aix-en-Provence/Marseille; 1983-1985 Rektor der Hochschule Speyer; 1991-1993 Wissenschaftlicher Beauftragter des Führungskollegs Speyer; seit 1992 Präsident der Deutschen Sektion des Internationalen Instituts für Verwaltungswissenschaften.

Veröffentlichungen u.a.: Wirtschaftlichkeit in der öffentlichen Verwaltung, 1969; Analyse der Funktionen des öffentlichen Dienstes, 1972; Hrsg., Verwaltungswissenschaft, 1976; Bewertungssysteme für den öffentlichen Dienst, 1978; Hrsg., Strategies for administrative reforms, 1982; Hrsg., Verwaltung und Verwaltungspoltik, 1983; Hrsg., The Implementation of community legislation by member states, 1988; Hrsg., Führungskräfte in der öffentlichen Verwaltung, 1989; Hrsg., Europäische Integration und nationalstaatliche Verwaltung, 1991; Hrsg., Das Recht des öffentlichen Dienstes in den Mitgliedstaaten der Europäischen Gemeinschaft, 1994; seit 1985 Schriftleiter der Zeitschrift "Die Öffentliche Verwaltung".

Regierungsdirektor Priv.-Doz. Dr. *Karl-Peter Sommermann*,

1984 Dr. iur.; 1986-1989 wissenschaftlicher Mitarbeiter am Institut für Völkerrecht der Universität Bonn; seit 1989 Institutsreferent (geschäftsleitender Beamter) des Forschungsinstituts für öffentliche Verwaltung bei der Hochschule für Verwaltungswissenschaften Speyer; April 1996 Habilitation an der Humboldt-Universität zu Berlin in den Fächern Öffentliches Recht, Völker- und Europarecht sowie Verfassungsgeschichte.

Veröffentlichungen u. a.: Der Schutz der Grundrechte in Spanien nach der Verfassung von 1978, 1984; Der Schutz der Menschenrechte im Rahmen des Europarates, 1990; Die deutsche Verwaltungsgerichtsbarkeit, 1991; Verfassungsprobleme im vereinten Deutschland (zus. mit W. Blümel, S. Magiera und D. Merten), 1993; The Rule of Law in Public Administration (zus. mit H. Siedentopf und C. Hauschild), 1993.

Prof. Dr. *Franz Thedieck,*

1977 Dr. iur.; 1977 Wissenschaftlicher Referent für Rechtspolitik bei der SPD-Bundestagsfraktion; 1980 Professor an der Fachhochschule für öffentliche Verwaltung Kehl; 1990 Regierungsberater für Fragen der Dezentralisierung in Lateinamerika; seit 1994 Leiter der Zentralstelle für öffentliche Verwaltung in der Deutschen Stiftung für internationale Entwicklung in Berlin.

Veröffentlichungen u.a.: Bodenrechtsreform und Sozialbindung des Eigentums, 1977; Verwaltungskultur in Frankreich und Deutschland, 1992; Dezentralisierung der Verwaltung in Peru, 1993; Reflexiones sobre el Proceso de Descentralización en Bolivia, 1994.

Prof. Dr. *Werner Thieme,*

1951 Dr. jur. in Göttingen; 1952-1956 Geschäftsführer des Hochschulverbandes; 1955 Habilitation für Staats-, Verwaltungs- und Kirchenrecht (Hamburg); 1956-1962 Professor an der Universität des Saarlandes; 1962-1988 Professor an der Universität Hamburg; seit 1986 Mitglied des Hamburgischen Verfassungsgerichts; 1988 Entpflichtung; seit 1988 Rechtsanwalt in Celle.

Veröffentlichungen u.a.: Deutsches Hochschulrecht, 1956 (2. Aufl. 1986); Verwaltungslehre, 1967 (4. Aufl. 1984); Entscheidungen in der öffentlichen Verwaltung, 1981; Einführung in die Verwaltungslehre, 1995. Herausgeberschaften: Verwaltungswissenschaftliche Fälle (4 Bde.), 1975 ff.; Die Kommunale Gebietsreform, (21 Bde.), 1979 ff. ; Niedersächsische Gemeindeordnung, 1992, (2. Aufl. 1994).

Dr. *Jörg Ukrow,*

Dr. iur., LL.M.Eur.; Leiter des Referats "Medienpolitik, Medienrecht, Rechtsangelegenheiten der EU" in der Staatskanzlei des Saarlandes; 1989-1992 wissenschaftlicher Mitarbeiter am Lehrstuhl für öffentliches Recht, Völkerrecht und Europarecht an der Universität des Saarlandes; seit 1992 Referatsleiter in der Staatskanzlei des Saarlandes.

Veröffentlichungen u. a.: Sicherheitspolitik, Europäische Integration und Neutralität, Saarbrücken 1990; Niederlassungsfreiheit von Apothekern in Europa. Europarechtliche und rechtsvergleichende Studie, Stuttgart 1992 (zus. mit G. Ress); Richterliche Rechtsfortbildung durch den EuGH – dargestellt am Beispiel der Erweiterung des Rechtsschutzes im Bereich des vorläufigen Rechtsschutzes und der Staatshaftung. Baden-Baden 1995; Umsetzung und Ausführung von Rechtsakten der Europäischen Gemeinschaften durch die Länder nach Art. 10 Abs. 3 des Einigungsvertrages, in: Siedentopf, Heinrich (Hrsg.), Europäische Integration und nationalstaatliche Verwaltung, Stuttgart 1991, S. 231 ff.

XII. Schlagwortverzeichnis

A

Abbau kommunaler Einrichtungen 354
Abfallentsorgung 119
Abgeschwächte Gebietsorganisation 116
Abgestufte und gefächerte Aufgabenverteilung 114
Ablauforganisation 190, 195, 623, 625, 631
Abordnung 568
Absolute Monarchie 42
Absoluter Staat 48
Absolutismus 40, 676
Abteilungen 190, 599
Abteilungsleiter 599, 612
Accrual budgeting 431
Administrative Entscheidungsfindung 437
Administrative Handlungsformen 362
Administrative Kontinuität 32
Administrative Kultur 711
Administrative Selbsthilfe 100
Administrative Selbststeuerung 100
Administratives Ermessen 370
Agendasetting 722
Agrarstrukturpolitik 171
Akademie des Deutschen Beamtenbundes 486
Aktenvorlage 684
Aktive Politik 72, 75
Aktuelle Modernisierungsdebatte 519
Alimentationsprinzip 561, 574
Allgemeine innere Verwaltung 22
Allgemeine Leistungsklage 683
Allgemeine untere Landesbehörde 236
Allgemeine Verwaltungsbehörden 149
Allgemeiner Instanzenzug 117
Allgemeiner Verwaltungsdienst 579
Allgemeines Landrecht für die Preußischen Staaten 49
Allgemeines Verwaltungsrecht 61, 305
Allzuständigkeit der Gemeinden 206
Altenpolitik 311
Alternativenbewertung 453
Alterslasten im öffentlichen Dienst 521
Ämter 189, 240
Ämterordnung 17
Ämterpatronage 567, 569
Amtschef 190, 599, 606
Amtshierarchie 643
Amtshilfe 466, 736
Amtsleiter 189
Amtsordnung 120
Amtsspitze 599, 609, 611
Analysereferate 387
Anciennitätsprinzip 618

Anfechtungs- und Verpflichtungsklage 682, 685, 690
Angebotsorientierte Politik 74
Angelegenheiten der örtlichen Gemeinschaft 238, 242
Angestellte 540
Angestellte im öffentlichen Dienst 27
Anlaßbeurteilung 572
Anordnungsstil 622
Anpassungsfortbildung 586, 587
Anreizsystem 550
Anstalten 289
Anstalten des öffentlichen Rechts 152
Anwendungsvorrang des Gemeinschaftsrechts 734
Äquivalenzprinzip 65
Arbeitender Staat 15, 711
Arbeiter 540
Arbeitsämter 137
Arbeitserfolg von Gruppen 635
Arbeitsgerichtsbarkeit 158
Arbeitskreis Steuerschätzung 178
Arbeitsmarktpolitik 157
Arbeitsplatzcomputer 479
Arbeitsprogramm 379, 382, 383, 443
Arbeitsrecht des öffentlichen Dienstes 560
Arbeitsschutz 158, 310
Arbeitsstab Chef des Bundeskanzleramts Neue Länder 600
Arbeitsteilige Organisation der Verwaltung 174, 270
Arbeitsteilung 643, 644
Arbeitsverteilungspläne 188
Arbeitszusammenhänge 496
Arenafunktion 80
Armenfürsorge 346
Assessment Center-Verfahren 570, 590, 634
Assistenzeinheiten 187, 193
Aufbauebenen der allgemeinen Verwaltung 146
Aufbauorganisation 115, 188
Aufbauschema der Verwaltungsorganisation 118
Aufbaustruktur 195
Aufgaben 617
    Abgrenzung 623
    Bereich 187
    Beschreibung 616
    der regionalen Entwicklung 182
    der Verwaltung 43, 343
    Differenzierung 350
    Entwicklung 346
    Erfüllung 172, 179, 212, 346, 352

Erledigung 616
Gliederungsplan 187, 220
Katalog der Städte 220
Kritik 99, 344, 349, 350, 352, 380, 384, 761
leitender Führungskräfte 629
Organisationsmodell 116
Planung von Bund und Ländern 380
Privatisierung 34
Reduzierungen im öffentlichen Dienst 521
Systematik 187
und Finanzierungsverantwortung 180
und Programmplanung 428
Verantwortung 64
Verteilung 304
Wahrnehmung 187, 352, 353
Wandel 219
Aufgeklärter Wohlfahrtsstaat 50
Aufsichts- und Eingriffsrechte 351
Aufsichtsbehörde 683
Aufstieg in die nächsthöhere Laufbahn 565
Aufstieg in höhere Gehaltsstufen 526
Aufstiegsbeamter 508
Auftragsangelegenheiten 237
Auftragsverwaltung 64, 124, 171
Auftragsverwaltung des Bundes 62
Aus- und Fortbildung 305, 577, 578, 591
Aus- und Fortbildungspolitik 578
Aus- und Fortbildungsstätte der Deutschen Bundesbank 588
Aus- und Fortbildungsstätte des Auswärtigen Amtes 588
Ausbildung
    Einfacher Dienst 585
    Gehobener Dienst 582
    Mittlerer allgemeiner Verwaltungsdienst 584
Ausdifferenzierung
    der organisierten Interessen 73
    der Verwaltung 52
    des politischen Systems 72
    des Verwaltungssystems 270
    in der Verwaltungsführung 204
Ausgabenlast 64
Ausgabenminimierung 423
Ausgabenüberhänge 495
Ausgleichsverwaltung 92
Ausgliederung 286, 353
    von Aufgaben 591
    von Aufgaben aus den Ministerien 151
    von Verwaltungsträgern 57
Ausgründung 612
Ausländerbeirat 232
Ausschreibungspflicht 569
Ausschuß der Regionen der EU 174

Äußere Kommunalverfassung 204
Auswahlermessen 446
Auswärtiger Dienst 129, 131, 319
Auswärtiges Amt 131, 319, 598, 751
Autokratische Führung 619
Autonomie 204
Autonomieverlust 166

B

Bahnreform 140
Basiseinheiten 187, 188, 189, 420
Basiseinheiten der Ministerien 96
Basisinnovationszyklen 77
Bauleitplanung 315, 400, 402
Baunutzungsverordnung 402
Bayerische Verwaltungsschule 584
Beamten 27, 502, 540, 571, 580
    Ausbildung 566
    Gesetze 503, 560
    Laufbahnen 507
    Personalkörper 561
    Planstellen 563
    Rahmengesetzgebung 64
    Recht 76, 560
    -rechtliche Lebensaltersschranken 564
    Rechtsrahmengesetze 580
    und Dienstrecht 632
    Verhältnis 501, 503
    Verhältnis auf Widerruf 583
    Verhältnis auf Zeit 552, 555
Beamtentum 27
Beamteter Staatssekretär 125, 598, 600, 607
Bebauungsplan 220, 223, 232, 402
Bedarfszuweisungen 245
Beförderungen 574, 526
    und Leistungszulagen 572
    Gerechtigkeit 567, 572
    Praxis 509
    Stellen 563
    Tourismus 567
    Vollzug 573
Behörde 186
    Geschichte 41
    Organisation 186
    Struktur 631
    Vergleich 495
Behördliche Arbeitsformen 623
Beiräte 23, 187, 193, 194
Beitrittsbeamtentum 29
Belastender Verwaltungsakt 468, 682
Benchmarking 188, 651
Bereitstellungsfunktion des Rechts 374, 375
Berichtswesen 649
Berufliche Fortbildung 572
Berufliche Mobilität 560
Berufsbeamtentum 44, 63, 104, 506, 546, 551, 712

Besoldungsgruppe 560
Besoldungsrecht 550, 560
Besondere Verwaltungsbehörden 151
Betätigungsprüfungen 699
Betreiberfunktionen 35
Beurteilung 573
Beurteilungsspielraum 445
Beurteilungssystem 509
Bevollmächtigte des Landes beim Bund 605
Bezirke 57, 204
Bezirksstellen für Naturschutz und
    Landschaftspflege 158
Bezirkstag 207
Bezirkstagspräsident 207
Bezirksverband Pfalz 118
Bildungsplanung 59, 171
Bindung der Exekutive 60
Binnenreform 651
Botschaften 131
Bruttobetriebe 286
Budgetierung 424, 431, 648, 650, 652, 658
Budgetplanungsverfahren 648
Budgetrecht des Parlaments 423
Budgetreform 29
Bund-Länderkonferenzen 609
Bündelungsfunktion 196, 386
    Landratsämter 151
    Stadtkreise 151
    Regierungspräsidien 150
Bundesakademie
    für öffentliche Verwaltung 587, 588
    für Sicherheitspolitik 588
    für Wehrverwaltung und Wehrtechnik 588
Bundesamt für Verfassungsschutz 135
Bundesanstalt für Angestellte 137
Bundesanstalt für Arbeit 137
Bundesanstalt für Flugsicherung 133
Bundesanstalt für Post und Telekommunikation
    Deutsche Bundespost 134
Bundesauftragsverwaltung 56
Bundesausgleichsamt 136
Bundesautobahnen 132
Bundesbank 128, 320
Bundesbaudirektion 140
Bundesbaugesellschaft 140
Bundesbeamtengesetze 580
Bundesbehörden 141
Bundesdruckerei 141
Bundeseigene Verwaltung 56, 129
Bundeseisenbahnen 133
Bundesergänzungszuweisungen 101
Bundesfinanzakademie 588
Bundesgebiet 112
Bundesgesetze 55, 61, 129
Bundesgrenzschutzbehörden 134

Bundeshaushaltsordnung 417
Bundeshaushaltsplan 139, 417
Bundeskabinett 602
Bundeskanzler 57, 125, 126
Bundeskanzleramt 125, 388, 599, 600
Bundeslaufbahnverordnung 580
Bundesminister 57, 125, 600, 601, 602
Bundesministerien 126, 127, 599, 125
Bundesoberbehörden 130, 319, 672
Bundespersonalvertretungsgesetz 488
Bundespost 133
Bundespräsident 126, 128
Bundespräsidialamt 128
Bundesrat 55, 102, 111, 125, 128, 167, 169,
    170, 427
Bundesrechnungshof 128, 697, 704
Bundesrechtlichen Rahmenvorschriften 59
Bundesregierung 57, 102, 125, 126, 127, 129
Bundesstaat 165
    Föderalismus 70
    Kompetenzverteilung 61
    Ordnung 55
    Prinzip 110
Bundesstraßen 132
Bundestag 111, 125, 427, 602
Bundesunmittelbare Körperschaften und
    Anstalten des öffentlichen Rechts 56,
    62 129
Bundesverfassungsgericht 128, 677
Bundesversicherungsanstalt für Angestellte
    346
Bundesverwaltung 55, 61, 89, 91, 103, 109,
    124, 125, 130, 318, 541
Bundesverwaltungsamt 138, 319, 584
Bundesverwaltungsgericht 678, 681
Bundeswasserstraßen und Schiffahrt 132
Bürger 45, 205, 603
    Ämter 232, 531, 644
    Antrag 232
    Befragungen 495
    Beteiligung 232, 386, 401
    Entscheid 214, 232
    Als Kunden 31
Bürgermeister 207, 213
Bürgermeisterämter 150
Bürgernähe 99
Bürgerrollen 658
Bürokommunikation 482
Bürokratie 14, 27, 87, 444
    Anstaltsstaat 48
    Dysfunktionen 16
    Kritik 518
    Leistungsordnung 15
    Modell 68, 643
    Organisationen 620, 629, 643
    Rationalität 50, 73

Regelsteuerung 643
Überwälzung 491
und Politikerzeugung 73
Bürokratisierung 98
Business reengineering 531

C
Checks and balances 742
Civic Culture-Administration 15
Civil Service College 587
Civil society 757
Client/Server-Architekturen 479, 480
Clientel capture 73
Computerpotential 489
Concours 578
Controlling 495, 612, 648, 649, 650, 658, 663

D
Datenautobahn 481
Datenblätter 382
Datenschutz 487, 488
Deckungsvermerke 418
Definition der Situation 451
Delegation von Ressourcenverantwortung 486
Demokratie
    Arbeitswelt 619
    Beteiligung 45
    Herrschaftssystem 21
    Legitimation 205, 657
    Partizipation 760
    Setzung 21
    und Führung 619
    Zentralismus 254
Deregulierung 30, 34, 76, 373
Deregulierungsmaßnahmen 141
Deutsche Bahn Aktiengesellschaft 133
Deutsche Bundesbank 128
Deutsche Post Aktiengesellschaft 134
Deutsche Postbank Aktiengesellschaft 134
Deutsche Telekom Aktiengesellschaft 134
Deutscher Landkreistag 231
Deutscher Städte- und Gemeindebund 231
Deutscher Städtetag 231
Dezemberfieber 535
Dezentrale Aufgabenerfüllung 182
Dezentrale Kontrollmechanismen 742
Dezentrale Ressourcenverantwortung 102, 374, 648, 650, 658
Dezentralisation 56, 204, 666
Dezentralisierter staatlicher Verwaltung 321
Dezentralisierung 88, 99, 167, 168, 380, 384, 616, 632, 647, 649, 652, 760
Dezentralität
    der Dienstleistungsverwaltung 328
    der Verwaltungsstruktur 327
    Mittelbewirtschaftung 384
    Organisationseinheiten 522

Dezernate 189, 612
Dienstaltersbeförderungen 573
Dienstalterstufen 513, 560
Dienstaufsicht 305, 643, 656, 669
Dienstleistung 68, 326, 328
    als öffentliche Aufgabe 327
    Charakter 330
    Erbringung 326, 334
    Gesellschaft 327, 332
    in Wohlfahrtsgesellschaften 325
    Kapazitäten 335
    Personal 326
    Spektrum 332
    Unternehmen 218
Dienstliche Fortbildung 578, 585, 586, 588
Dienstpostenbewertung 97, 506, 509, 511, 549
Dienstrecht 533, 535
Differenzierung Verwaltung 49
Direktionsbefugnis 366
Diskriminierungsverbot 739
Dispensation 374
Divisionalen Gliederung 191
Doppelhaushalte 417
Doppelstellung des Landratsamtes 150
Drei-Ebenen-Aufbau 148
Dreistufiger Behördenaufbau 146
Dreistufiger Verwaltungsaufbau 45, 146
Dritter Sektor 20, 271, 326, 329
Drittes Reich 40
Drogenbeauftragter der Bundesregierung 602
Duale Rat-Bürgermeister-Verfassung 208, 209, 210
Dualistischer Ständestaat 40, 42
Dynamik 82
Dysfunktionen des Bürokratismus 14

E
EDV-Organisation 483
Effektivität 423
Effektivität des gerichtlichen Schutzes 743
Effektivitätsgebot 739
Effizienz 296, 423
    Kriterium 443
    Management 654
    Steigerung 100
    Vergleich 296
EG-Richtlinien 367
Eigenbetrieb 224
Eigenprogrammierung 365
Eigenrechtsetzung der Verwaltung 365
Ein-LinienSystem 192
Einfacher, mittlerer und gehobener Angestelltendienst 580
Einflüsse des Tarifrechts auf das Beamtenrecht 561
Einführungsfortbildung 586

Eingaben und Petitionen 600
Eingangsämter 507, 563
Eingriffsverwaltung 330, 440, 441, 443, 448, 449, 566, 683
Einheit der Staatsgewalt 51
Einheit der Verwaltung 23, 116, 151, 152, 248
Einheit von Partei und Staat 15
Einheitlichkeit der Lebensverhältnisse 101
Einheitsgemeinden 120
Einheitslaufbahn 505, 532
Einkreisung 239
Einnahme- und Ausgabenwirtschaft 64
Einräumigkeit 149
Einräumigkeit der Verwaltung 23
Einstellungsstopp 575
Einzelaufgabe 187
Einzelfallgerechtigkeit 89
Einzelpläne 383
Eisenbahn-Bundesamt 133
Elektronische Vorgangsbearbeitung 483
Emergenz 83
Enabling Authority 651
Endämter 573
Entbürokratisierung 98
Entbürokratisierungskommissionen 518
Entlastungsverfahren 702, 706
Entrechtlichung 82
Entscheidung 75, 387, 436, 459
Entscheidungsprozeß 449
Entscheidungsvorbereitung 378
Entsolidarisierung 74
Entwicklungshilfe 319
Entwicklungsphase 69
Entwicklungspolitik 751, 752
Entwicklungssteuerung 79
Entwicklungszusammenarbeit 752, 754, 759
Enumerationsprinzip 676
Erfolgsverantwortung 626
Erfüllungsverantwortung 279
Ergebnis- und Erfolgsverantwortung 628
Ergebniskontrolle 663, 669
Ergebnisorientierung im Verwaltungshandeln 627, 632
Ergebnisverantwortung 496, 648
Ermessen 60
    Entscheidung 686
    Fehler 446
    -fehlerfreie Entscheidung 546
    Gewährungen 89
    Lehre 446
    Mißbrauch 446
    Überschreitung/Unterschreitung 446
    Verwaltung 371, 686
    Zweckmäßigkeit 699
Ermessensregeln 26

Etatismus 16
Europa/Europäisch
    Allgemeines Verwaltungsrecht 732
    Entwicklungsachsen 716
    Gemeinschaft 716, 731
    Gerichtshof 726
    Integration 35, 720, 736
    Kommission 170
    Öffnung des Grundgesetzes 735
    Parlament 723
    Politik 604, 605, 724
    Politik- und Verwaltungsverflechtung 167
    Union 21, 62, 166, 304, 705, 731
    Verwaltung 712
    Verwaltungsrecht 719
    Wirtschaftsgemeinschaft 713
    Rat 716
    Rechnungshof 705
    Staatsvolk 714
    Zentralbank 62
    Zusammenarbeit 717
Evaluation (Wirkungs- und Erfolgskontrolle) 350
Evaluierung 495, 663, 764, 765
Ex-ante-Prüfung 350
Exekutive 124, 365
Exekutive Rechtsetzung 726
Exekutivische Programmierungen 444
Exekutivische Rechtsetzung 89, 99
Exekutivische Zweck- und Zielsetzungsvorgänge 450
Exekutivische Zweckprogramme 440
Expansive Aufgabenpolitik 344
Experimentierklauseln 374, 526, 648, 653
Experten-Delphi-Methode 450
Experten-Delphi-Verfahren 452
Expertenbefragungen 450

F

Fach- und Ressourcenverantwortung 574, 644, 646
Fachabteilungen 613
Fachaufgaben 189
Fachaufsicht 171, 305, 667
Fachbruderschaften 174
Fachgesetze 274, 470
Fachhochschule des Bundes für öffentliche Verwaltung 583, 588
Fachhochschule für Verwaltung und Rechtspflege 583
Fachhochschulen für den öffentlichen Dienst 566, 582, 583
Fachhochschulstudium 583
Fachministerkonferenzen 172, 175
Fachplanung 379, 383, 402
Fachplanungsgesetze auf Bundesebene 385

791

Fachplanungsrecht 385, 386
Fachpolitik eines Ministeriums 610
Fachrechenzentren 484
Fachverwaltungen 45, 493, 565
Fakultativ mittelbare Bundesverwaltung 137, 138
Fakultative Bundesverwaltung 129
Fehlerhafte Verwaltungsentscheidungen 454
Feststellungsklage 683
Feudalismus 116
Finale Programmierung 21, 24
Finalprogrammierte Verwaltungsentscheidungen 440
Finanz- und Haushaltswirtschaft 64
Finanzausgleich 167, 228, 245
Finanzielle Zusammenarbeit 753
Finanzierungsprivatisierung 275
Finanzkontrolle 128, 665, 666, 670, 674, 696, 701, 705
Finanzkontrolle im Bundesstaat 704
Finanzmanagement 647
Finanzministerium 156
Finanzplanung 225, 226, 429, 430
Finanzreform 90, 94, 95
Finanztransfer 33
Flache Hierarchien 616
Flächenländer 147
Flächennutzungsplan 223, 232, 315, 401
Flexible Bezahlungssysteme 565
Flucht in das Privatrecht 449
Föderalismus 14, 17, 110, 114
Föderalistisch gegliederter Staatsaufbau 124
Föderatives Prinzip des Grundgesetzes 139
Föderatives Verwaltungssystem 166
Förderprogramme 386
Förderrichtlinien 379
Förderung des wirtschaftlichen Wachstums 115
Förderungsfortbildung 586, 587
Formalisierung 643
Formelles Gesetz 24
Formulierung politischer Programme 73
Forschungsförderung 115, 171
Fortbildung 512, 543, 544, 586, 587, 589, 762, 763
Fortbildungsmaßnahmen 530
Fragestunde des Bundestags 602
Fraktale Organisation 495
Fraktionsvorsitzende 381
Frauen- und Gleichstellungsbeauftragte 605, 612
Frauenpolitik 605
Freiwillige Selbstverwaltungsangelegenheiten 220
Fremdbild des öffentlichen Dienstes 518
Führbarkeit der Verwaltung 45

Führerstaat 16
Führung 73, 548, 619, 637, 641
   Anforderungen 542
   Ebene 187, 190
   Ethik 541
   Fehler 543
   Hilfen 194
   Kräfte 529
   Organisation 623
   Position (auf Zeit) 76, 506, 533, 540, 541
   Richtlinien 528, 549, 625
   Spitzenkräfte 541
   Stellen 190
   Stil 542, 616, 617, 621
   Verantwortung 541
   Verwaltungsreform 644
Führungs-
   Akademie Baden-Württemberg 590
   Akademie der Bundeswehr 588
   Aufgaben 589, 625
   Dual 620, 636
   Ebene 189
   Formen 621, 637, 638
   Hilfskräfte 599, 610
   Instrumentarium 529
   Kolleg Speyer 590
   Kompetenzen 154
   Kraft 541, 544, 554, 616, 620
   Kräfte in Verwaltungen 623
   Kräftefortbildung 529, 587, 589
   Mythos 636
   Organisation 194
   Positionen 540, 545, 547, 548, 581
   Positionen auf Zeit 513
   Qualifikation 635
   Spitze 589
   Stile 617, 622
   Theorien 616
   und Managementtechniken 618
   Verhalten 529, 621
   Verhalten in Verwaltungen 619
Fünfstufiger Planungs- und Verwaltungsaufbau 119
Funktionaler Staat 80, 81, 84
Funktionalität dezentraler Verwaltungsorganisation 21
Funktionalorganisationen 23
Funktionalreform 29, 72, 102, 151, 314
Funktion(en)
   Aufteilung zwischen Bund und Ländern 170
   der Verwaltung 41
   des Staates 50
   Ebenen 738
   Garantie 63, 206

Gruppen 189
Organisation 116, 117
Plan 430
Teilung 238
und Rollenzuweisung 626
Vorbehalt 352, 444, 532, 566
Fürsorgepflicht des Dienstherrn 64

G

Ganzheitlichen Sachbearbeitung 531
Garantie der kommunalen Selbstverwaltung 220
Gebietsbezogene Organisation 116
Gebietsreform 89, 95, 103, 182, 231
Gegenstromprinzip 407
Gehaltsstufen 560
Gemeinde 57, 114, 399
    Autonomie 397
    Bezirke 240
    Direktor 207
    Einnahmen 245
    Gebiet 399
    Gebietsreform 120
    Grenzen 403
    Haushaltsverordnungen 417
    Ordnungen 241, 552
    Organ 244
    Planung 399, 400
    Prüfung 238
    Rat 207, 244
    Reform 120
    Selbstverwaltung 399
    Struktur 120
    Verbände 22, 57, 114, 240, 236, 246, 304
    Verfassung 208
    Vertretung 244
    Verwaltung 41, 245
Gemeindliche Entwicklungspolitik 400
Gemeinsame Landesplanung 173
Gemeinsamen Verwaltungseinrichtungen 175
Gemeinschaftsaufgaben 90, 115, 167, 170, 171, 379, 383, 704
Gemeinschaftsintegration 732
Gemeinschaftsrechenzentren 484
Gemeinschaftsrecht 61, 692, 721, 727, 740
Gemeinschaftsrechtliche Rechtsakte 735
Gemeinschaftsrechtlicher Staatshaftungsanspruch 746
Gemeinwohl 71
Gemischtwirtschaftlichen Unternehmen 277, 286
Generalbundesanwalt 130
Generalisierte Rationalität 443
Generalisten 581
Generalklauseln 26, 60, 89, 361, 676
Generierung von Alternativen 452

Genossenschaften 323
Gesamtaufbau der Verwaltung in der Bundesrepublik 117, 204
Geschäftsbereich 187, 607
Geschäftsordnung 57, 126, 153, 170, 643
Geschäftsprozeßoptimierung 531
Geschäftsverteilungsplan 188, 738
Geschichte des modernen Staates 14
Gesetz der wachsenden Staatsaufgaben 344
Gesetz der wachsenden Staatstätigkeit 19
Gesetz über die Selbstverwaltung der Gemeinden und Landkreise in der DDR 120
Gesetz(es)
    Entwürfe 378, 379, 386
    -akzessorische Verwaltung 113
    Bindung 360, 364, 733
    Flut 98
    Positivismus 364
    Test 387
    und Verwaltungsvereinfachung 98
    Vorbehalt 362, 363
    Vorbehalt des Beamtenrechts 560, 574
    Vorbereitung 99
Gesetzgebung 55, 111
Gesetzgebungs- und Verwaltungsfunktionen 165
Gesetzgebungsvorhaben 350
Gesetzgebungszuständigkeit der Länder 228
Gestaltungs- und Leistungsaufgaben 63
Gewährleistungsfunktionen 35
Gewährleistungsmodell 651
Gewaltenteilung 21, 59, 205, 437, 622, 680, 735
Gewaltenteilungsschema des Grundgesetzes 437
Gewerbeaufsichtsämter 158
Gewerbesteuer 227
Gleichwertigkeit der Lebensverhältnisse 167
Gliedstaaten 55
Globalbudgets 431, 648, 649
Globalisierung von Verwaltungsproblemen 13
Globalsteuerung 72, 74, 419
Good governance 755, 757
Grenzkorrekturen zwischen den Ländern 112
Grenzüberschreitend(e)
    Kooperation 173, 183
    Landesplanung 173
    Regionalverbände 173
    Regionen 183
    Verwaltungsgemeinschaften 13
    Zusammenarbeit 629, 712, 715, 717
Grenzziehung zwischen öffentlichem und privatem Sektor 30
Große Kreisstadt 96, 150
Großstädte 218, 239, 652

Grundgesetz der Bundesrepublik Deutschland 167, 170
Grundgesetzreform 351
Grundrechtsschutz 461
Grundsatz der doppelten Unterstellung 17
Grundsatzabteilungen 599
Grundsätze des Berufsbeamtentums 15, 27, 28, 63, 503, 643
Grundsätze des Verwaltungsrechts 365
Grundsatzreferat 392
Grundsteuer 227
Gruppen 96
Gruppierungsplan 420, 422, 430
Gubernative 124

H
Handlungsrationalität 438
Handlungsspielraum 26, 67, 75, 80
Harzburger Führungsmodell 626
Hauptsatzung 220
Hauptverwaltungsbeamte 229, 236, 244, 250
Haushalt(s)
  Ausgleich 423
  Beratungen 561
  Entwurf 427
  Gesetz 65, 126, 360, 418, 425
  Grundsätze 417, 422
  Konsolidierung 34, 520, 648
  Kontrollen 371
  Ordnungen 535
  Plan 58, 65, 225, 226, 245, 379, 383, 417, 418, 425
  Planentwurf 427
  Planfunktionen 423
  Planung 428, 431
  Politik 178
  Rechnung 419, 697
  Recht 65, 702
  System 423
  Titel 383
  Übersicht 422
  und Wirtschaftsführung 65
  Vermerke 420
  Vollzug 178, 421
  Wirtschaft 245
Herrschaft des Monarchen 42
Herrschaftsfunktionen 47
Herrschaftsorganisation 40
Hierarchie 45, 195, 542, 623, 624
Hierarchieebenen 598, 626
Hierarchisch-funktionale Gliederung 623
Hierarchische Behördenstruktur 212
Hierarchische Organisationsformen 71
Hierarchische Politiksteuerung 75
Hierarchische Struktur 189, 191
Hoch leistungsfähige Verwaltungen 628

Hochschule für Verwaltungswissenschaften Speyer 173, 581, 590
Hoheitliche Restfunktionen 82
Hoheitsbefugnis der Gebietskörperschaften 205
Hoheitsrechtliche Befugnisse 28
Höherer Dienst 581, 582
Höhere Gemeindeverbände 118
Höhere Kommunalverbände 251, 317
Höhere Sonderbehörden 148, 150, 151, 152
Homogenitätsklausel 205
Horizontal(e)
  Ausdifferenzierung des öffentlichen Dienstes 18
  Differenzierung der Verwaltung 22
  Finanzausgleich 182
  Gewaltenteilung 17
  Gliederung 116
  Koordination 23
  Politikverflechtung 71
  Verflechtungen 172
Humanisierung des Arbeitslebens 488
Humanpotentialbildung 77

I
Informations- und Kommunikationstechnik 478
  Bildung 486
  Förderprogramme 490
  Infrastruktur 479, 481
  Qualifizierung des öffentlichen Dienstes 486
Impacts 650
Implementation 654, 655, 723
Implementationsentscheidungen 456
Individualrechtsschutz 681
Individuelle Führungskompetenz 589
Industrialisierung 346
Industrie- und Dienstleistungsgesellschaft 479
Industrielle Modernisierung 30
Informale Verwaltungshandeln 361, 372
Informationelle Selbstbestimmung 488
Informationsbeschaffung und -verarbeitung 378
Informationsgesellschaft 479, 490
Informationsmanagement 378
Informationsmaßnahmen 99
Informationssysteme 479, 495
Informelle Pläne 400
Informelles Verwaltungshandeln 60
Infrastrukturaufgaben 168
Innenbereich des Staates 44
Innenressort 148
Innenrevision 669
Innere Kommunalverfassung 207, 228
Innere Organisation 188
Innere Verwaltung 349

Innerer Behördenaufbau 191
Innerstaatlicher Verwaltungsaufbau 737
Innovationsbündnisse 80, 81
Innovationsmanagement 81
Innovative Steuerpolitik 79
Input-Steuerung 650
Inputorientierte Haushaltsplanung 428
Inputs 441
Inputseite 427
Inspektorenanwärter 583
Institutionalisierung von Verflechtungen 175
Institutionelle Differenzierung und Integration 182
Institutionelle Rechtssubjektsgarantie 206
Institutionelle Stabilität 88
Institutionelle Struktur des föderativen Systems 166
Institutionentransfer 18, 29
Instrumenteller Charakter der Verwaltung 71
Integration von Verwaltung und EDV 497
Integrationsentwicklung 731
Integrierende Raumplanung 397
Integrierte Datenverarbeitung 488
Integrierte Gesamtplanung 380
Integriertes Umweltamt 159
Intelligenz des Verwaltungsapparates 24
Interadministrativer Datenaustausch 479
Interdependenz 82, 182
Intergouvernementale Kooperationsformen 177
Intergouvernementale Koordination 167, 177, 178, 181
Intergruppenforschung 627
Interkommunale Vergleiche 651
Interkommunale Zusammenarbeit 240
Interministerielle Ausschüsse 597
International(e)
    Arbeitsteilung 293
    Verwaltungsbeziehungen 724, 755
    Organisationen 752
    Politik 714
    Verwaltung 712, 728
    Verwaltungsgemeinschaften 713
    Verwaltungsrecht 728
Interne Finanzzuweisungen 34
Interne Organisation der Verwaltungsbehörden 23
Intragouvernementale Koordination 723
Investitionsprogramm 226

J
Jährlichkeitsprinzip 535
Job enrichment 530
Juniorminister 602
Juristenausbildung 581
Juristenmonopol 89
Justizministerium 154

Justizvollzugsanstalten 312

K
Kabinett 607, 609
    Beschluß 378
    Prinzip 381
    und Parlamentsangelegenheiten 609
    und Parlamentsreferat 600, 599, 603
Kader 18
Kaderverwaltung 13, 16
Kameralismus 43, 287
Kameralistik 648
Kanzlerbüro 600
Kennzahlenvergleich 563
Kernaufgaben 76
Kindergeld 346
Klagebefugnis 682
Klassisch-moderne Verwaltung 13
Klassisch-moderne Verwaltungstradition 16
Klassisch-modernes Verwaltungssystem 15, 19
Klassische Verwaltung 26
Klassisches Verwaltungssystem 15, 711
Klientelorganisationen 23
Koalitionsausschuß 381
Koalitionskabinette 381
Koalitionsvereinbarungen 381
Kodifikat 24
Kodifizierung 464
Kollegial-Prinzip 126
Kollegiale Strukturen 190, 196
Kommunale Selbstverwaltung 58, 114, 203, 204, 229, 230, 253, 316
Kommunale Spitzenverbände 231
Kommunale Gemeinschaftsstelle für Verwaltungsvereinfachung 220, 642
Kommunalverfassungssysteme 244
Kommunen/Kommunal
    Aufsicht 238, 239, 666, 667
    Eigenbetriebe 289
    Finanzhoheit 64
    Gebiet 205
    Gebietsreform 93, 119, 120
    KGSt 642
    Leistungsvergleichs 526
    Managementreformen 642
    Selbstverwaltung 17, 114, 203, 204, 241
    Verfassung 207, 228
    Verfassungsrecht 656
    Versorgungs- und Verkehrsunternehmen 289
    Verwaltung 313
    Wahlbeamte 552
Komplexe Planungs- und Entscheidungsstrukturen 396
Konditional programmierte Verwaltungsverfahren 493

795

Konditionale Programmierung 20, 24
Konditionalprogramm 441, 442
Kondominium 314
Konferenz
    Chef der Staatskanzlei 604
    der Finanzminister 174
    der Ministerpräsidenten 172
    der Ministerpräsidenten mit dem Bundeskanzler 170
Konjunktur- und Finanzplanungsrat 178
Konjunktur- und Strukturpolitik 168
Konkurrenzdemokratie 71
Konsultativer Autoritarismus 17
Kontinentaleuropäischer Legalismus 20
Kontraktive Aufgabenpolitik 19, 30, 32, 344
Kontraktmanagement 632, 656, 658
Kontroll(e) 172, 179, 625, 664, 665, 670, 742
    Aufwand 664
    Aufgabenerfüllung 668
    Ausschüsse 670
    Europäische Union 741
    Instanz 666
    Maßstab 665
    Methode 666
    Mittel 671
    Nutzen 664
    Öffentlichkeit 672
    Rechtsanwendung 741
    Verwaltungshandeln 676
Kontrollbefugnis der Verwaltungsbehörden 734
Konzentration 149, 150, 604
Konzessionsmodell 275
Kooperation
    Bundesstaat 181
    Dritte Ebene 169
    Nachbarländer 173
    Föderalismus 59, 165, 166, 167, 169
    Führung 622
    Führungsstil 542
    Recht 280
    Staat 280
    Verwaltung 280
    Verwaltungshandeln 375, 473, 624
Kooperativer Führungsstil 529
Kooperativer Rechtsvollzug 280
Koordination 178, 190, 378, 766
    Bund/Land 170
    Fach-/Querschnittsaufgaben 175
    Koordinator 619
    Planung 597
    Politikbereiche 180, 378
    Stelle 612
    Verfahren 166
Koordinationsrechtliche Verträge 466
Koordinierung 408

Körperschaft 136
Körperschaften und Stiftungen des öffentlichen Rechts 289
Kosten 699
    Deckungsprinzip 227
    -Nutzen-Analyse 454
    -Nutzen-Rechnungen 353
    -Nutzen-Untersuchungen 350, 453
    Stellen 188
    -Wirksamkeits-Analyse 454
    Zentralisierung/Dezentralisierung 168
    und Leistungsrechnung 296, 495, 649, 658
Kreis(e) 57, 204, 236, 248, 316
    Allzuständigkeit 247
    Angehörige Gemeinden 204, 236, 245, 238
    Aufgaben 22, 248, 249, 317
    Ausschuß 250
    Direktor 207
    Ebene 236
    Einnahmen 250
    -freie Städte 204, 218, 236, 245, 317
    Gebietsreform 120
    Größe 251
    Haushalt 316
    Kommunalpolitik 249
    Ordnungen 249
    -tag 207, 246, 249
    Umlage 239, 246, 250, 316
    und Regierungspräsidien 119
    Verfassung 250
    Verwaltung 250, 652
Kreisangehörige Bereich 235
Kriegsopfer- und Hinterbliebenenversorgung 346
Kulturhoheit 309
Kundenorientierung 332, 616
Kundenrolle 658

L

Länder (Landes)
    Anwälte 685
    Arbeitsämter 137
    Beauftragte für den Datenschutz 154, 604
    Entwicklungsberichte 408
    Entwicklungsprogramme 386, 407
    Haushaltsordnungen 417
    Krankenhäuser 310
    Laufbahnvorschriften 580
    Ministerien 604
    Oberbehörden 148, 151
    Personalausschuß 565
    Planung 59, 397, 407
    Planungsbehörden 408
    Planungsgesetze 409

Polizeidirektionen 153
Regierung 148, 153
Rechnungshof 697, 704
Verfassung 146, 271
Verwaltung 55, 56, 169
Versorgungsamt 158
Vertretungen 170
Verwaltungsamt 118, 146
Verwaltungsgesetz 148, 149
Wohlfahrtsverbände 118
Ländereinführungsgesetz 112
Länderzusammenarbeit 173
Landesplanungsbehörde 413
Landessystemkonzept Baden-Württemberg 491
Landkreise 205
Landrat 207, 250, 612
Landratsämter 150, 612
Landschaftsrahmenplanung 119
Landschaftsverbände 118, 204
Lastenausgleich 135
Laufbahn 560, 579
    Allgemeiner Verwaltungsdienst 580
    Befähigung 505
    Bewerber 507
    Durchlässigkeit 513
    Gefüge 566
    Grundsatz 503
    Gruppen 28, 504, 540
    Gruppenprinzip 505, 508
    Höherer Dienst 579
    Prinzip 503, 504, 506, 507, 510
    Recht 505, 540, 579, 580
    Strukturen 566, 579
    Vorbildung 578
Lean administration 76
Lean Government 31
Lebenszeitprinzip 575
Legalismus 24
Legalistische Rechtskultur 15
Legislative 439
Legislative Programmsteuerung 71, 444
Legislative Zwecksetzungen 440, 441
Legislaturperiode 381, 386
Legislaturperiodenprogramm 383
Leistung(s)
    Anreize 102, 528, 550, 652
    Aufgaben 349
    Bereitschaft 524
    Gesetze 363
    Messung 527
    Prämien 574
    Prinzip 503, 512, 532, 534, 572, 586
    Staat 305
    Standards der Aufgabenerfüllung 495
    Verrechnungen 649
    Verwaltung 71, 313, 440, 443, 448, 449, 566
    Zulage 574
Leitbild 489, 520, 534, 582
Leitstellen für Frauenpolitik 605
Leitungs-/Führungsebenen 190
Leitungsbereich 610
Leitungsebene 190, 581, 599, 603, 609, 613
Leitungsfunktion 189, 599, 623
Leitungsorganisation 597, 612, 613
Leitungspositionen 540
Leitungsspanne 189
Leitungsstab 603, 609
Leitungsstab Neue Bundesländer 603
Leninismus 16
Lenkungsfunktionen 15
Linienorganisation 193, 194
Lokale Verwaltung 41

M

Magistratsverfassung 191, 207, 208, 209, 210, 230, 244
Mairie-Verfassung 208
Management 642
    by Delegation 644
    by Objectives 644
    Denken in der Verwaltung 522
    Fähigkeiten 630
    Information 484
    Innovationen 653
    öffentliche Verwaltung 643
    Reform 659
Managerialismus 647
Marktöffnung 30, 35
Marktsteuerung 657
Marktversagen 30, 32, 328, 658
Marktwirtschaft 295
Marktwirtschaftliche Ordnungen 290
Marxistisch-leninistische Ideologie 21
Marxistisch-leninistische Funktionenlehre des Staates 16
Marxistisch-leninistische Nomenklatura 16
Massenmedien 672
Maßnahmegesetz 360
Materielle Präklusion 462
Matrix-Organisation 24, 192
Max Weber 14
Medienpolitik 604
Mehrfachorganschaft 191
Mehrjährige Finanzpläne 429
Mehrplatzsysteme 480
Minimalstaat 70
Minister/Ministerien 58, 154, 190, 598, 608
    Büro 599, 603, 609, 610
    Direktor 610
    Konferenzen 411, 602, 611
    Präsident 57, 148, 153, 607, 608
    Präsidentenkonferenz 175, 604

Rat 723, 725
Verwaltung 20, 318, 377, 380
Ministerialverwaltung 26
Ministerialzulagen 569
Mischfinanzierung 90, 94, 304, 384
Mischverwaltung 55, 113, 172, 304
Mitarbeiterbefragung 524
Mitarbeiterbeurteilung 549
Mitarbeitergespräch 627, 636
Mitbestimmung 625
Mitbestimmungsregelungen 625
Mittelbare Bundesverwaltung 129
Mittelbare Landesverwaltung 313
Mittelbare Staatsverwaltung 56, 190, 321
Mittelbare Selbstverwaltung 278
Mittelfristige Aufgaben- und Finanzplanung 72
Mittelfristige Finanzplanung 29, 59, 344
Mittelinstanz 95, 312, 607
Mittelstufe 146, 148
Mittelzentren 405
Mittlere Städte 652
Mobilität 568, 569
Modell 100 - x 383
Moderator 619
Moderne(s)
    Budgetierungssysteme 591
    Gesellschaftsorganisation 349
    Personalwirtschaft 569
    Verwaltungskonzepte 493
    Personalmanagement 636
Modernisierung 51
    Bedarf 93
    Bewegung 30, 32
    Finanz- und Personalbereich 102
    Gesellschaft 42
    Lücke 530
    Maßnahmen 632
    Verwaltung 29, 76, 102, 655
    Verwaltungsmanagement 645
Modified Cash-Budgeting 424
Monokratische Struktur 190
Motivation 508, 657
    Bereitschaft 524
    Mitarbeiter 633
    Personal 523
    Probleme 611
N
Nachbarschaftsverbände 241
Nachrichtendienste 134, 135
Nachtwächterstaat 70
Nachwuchskräftefortbildung 587
Nationalsozialistische Herrschaft 14
Nationalstaat 13
Natural justice 61
Naturschutzrecht 308

Nebenbudget 348
Nebenhierarchie 24
Negativ-Koordination 96
Netzwerke 169, 270, 493, 629
Neubau der Verwaltung 46
Neue Führungstechniken 373
Neue Verwaltungsmodelle 491
Neues Steuerungsmodell 31, 522, 642, 647, 649, 652, 654, 656
Neugliederung der Länder 182
Neuzeitliche Staatsbildung 14
New Public Management 30, 522, 637, 646
Nicht-hierarchische Organisationsformen 23
Nichtregierungsorganisationen 714, 759
Nomenklatura 18
Non-Affektation 423
Nordeutsche Ratsverfassung 244
Normenkontrolle 448, 688
Normenkontrollverfahren 687, 688, 690
Normkonkretisierende Verwaltungsvorschrift 736
Nutzwertanalyse 454
O
Oberbundesanwalt 130
Obere Landesplanungsbehörden 413
Oberfinanzdirektionen 131, 156, 172, 312
Oberkreisdirektor 250
Oberste Bundesbehörde 125, 127, 541
Oberste Bundesorgane 128
Oberste Landesbehörden 148
Oberste Landesplanungsbehörde 407, 413
Oberverwaltungsgericht 678
Oberzentren 404
Obligatorische Bundesverwaltung 129
Obligatorische mittelbare Bundesverwaltung 136
Öffentlich-rechtliche Regulation 329
Öffentlich-rechtliche Dienst- und Treueverhältnis 28, 63
Öffentlich-rechtlichen Sonderstatusverhältnisse 501
Öffentlich-rechtlicher Vertrag 24, 448
Öffentlich-rechtliches Amtsverhältnis 551, 553
Öffentlich(e)
    Aufgaben 19, 20, 21, 30, 65, 269, 270, 280, 285, 327, 330, 559
    Ausschreibung 276
    Bedienstete in Deutschland 27
    Dienst 63, 76, 90, 334, 504, 521, 540, 577, 629
    Dienstleistungen 277, 327, 330, 335, 336, 337
    Dienstrecht 97, 526, 532, 652
    Finanzen 34, 760
    Funktionen und

Unternehmensautonomie 294
Gewalt 677
Güter 31
Haushalte 575
Monopole 329
Monopolunternehmen 295
Organisation 21
Rechnungssystem 431
Sicherheit und Ordnung 349
Unternehmen 285, 286, 287, 289, 290, 295, 296, 297, 298
Vermögen 35
Verwaltung als Dienstleistungsunternehmen 31
Zweck 354
Öffentlichkeit 374
Öffentlichkeitsarbeit 600
Ökonomische Budgetfunktion 65
Ökonomische Entwicklungssteuerung 80
Ökonomisierung der öffentlichen Verwaltung 30
Ombudsman 673
Online-Datenbankauskünfte 485
Ordnungsämter 220
Ordnungsaufgaben 349
Ordnungsbehörden 220
Ordnungsfunktionen 70
Ordnungsverwaltung 243
Organgesetze 360
Organigramm 187, 392, 599
Organisation 88, 624
    Bundesregierung 125
    Ebenen 190
    Einheiten 187
    Exekutive 57, 363
    Gesetze 360
    Gewalt 126, 363, 547
    Herrschaftsstrukturen 643
    kommunale Selbstverwaltung 205
    Kongruenzprinzip 650
    Kultur 622, 624, 630
    Staatsleitung 56
    Staatsverwaltung 57
    Struktur 21, 186, 624
    Überprüfung 99
    Verantwortung 279
    Verwaltung 48
    Verwaltungsgliederungsplan 187
    Pläne 623
    Privatisierung 33, 109, 316
    Prüfung 561, 563
    Routine 624
Organizational Intelligence 494
Organleihe 150
Örtliche Selbstverwaltung 14
Ortsrecht 220
Ortszuschlag 560
Outcome 423, 650
Output- und Outcome-Informationen 421
Output 93, 441
    Steuerung 650
    Ressourceneinsatz 423
    Ziele 429
Outsourcing 657

P

Para-Government Organizations 278
Paradigmen 68
Paradigmenwechsel 75
Parlament 44, 609
    Demokratie 59
    Entlastungsverfahren 701
    Kontrolle 666, 668, 670
    Mitwirkung 58
    System 44
    Staatssekretäre 551, 599, 600, 601, 602
    Verantwortung für den Regierungssystem 58
    Stellenplan 560
    Vorbehalt 362, 437, 439
    Willensbildung 70
Partizipation 232, 619, 625, 627
Performance budgeting 431
Personal 647
    Abbau 521, 560, 575, 583
    Abteilung 548
    Ausgaben 383, 559
    Ausstattung 186
    Bedarf 560, 561
    Bestand 141, 563
    Beurteilung 97, 527
    Computer 480
    Einsatz 542, 560, 568, 570
    Entscheidung 555
    Entwicklung 529, 560, 567, 636, 652
    Führung 617, 620
    Führungsgespräch 554
    Gebietskörperschaften 334
    Gewinnung 560, 562, 564
    Hoheit 225
    Knappheit 554
    Kosten 146, 225, 575
    Management 305, 529, 651, 644
    Planung 305, 543, 560, 564, 571
    Rat 24, 566, 568, 622, 624, 631
    Schulung 99
    Steuerungssystem 540, 544
    Strukturen 27, 89
    Vertretung 562, 573, 574
    Vertretungsgesetz 568, 625, 655
    Wirtschaft 559, 567
Persönliche Referenten 599, 603, 605, 609, 611

799

Petitionsrecht 232
Pflichtaufgabe nach Weisung 150
Pflichtaufgaben zur Erfüllung nach Weisung 237, 249
Pflichtige Selbstverwaltungsangelegenheiten 220
Planungs- und Entscheidungsprozesse 491
Plan(ung) 58, 379, 380, 395, 611
    Begriff 378
    Druck 380
    Euphorie 73
    Ebene 397, 399
    Feststellungsverfahren 413, 466
    Gebot 119
    Genehmigung 470
    Hoheit 223, 399
    Instrumente 379, 399
    Kapazitäten 392
    Kontrolle 408
    Konzentrationswirkung 467
    Konzepte 396
    Organisation 388
    Prozeß 392
    Regionalplan 405
    Sicherheit 489
    Sicherung 408
    Stab 96, 604, 605
    System 72, 380, 382
    Verwaltung 307
    Verwirklichung 400, 408
    Vorbereitung 408
Planfeststellungsverfahren 467
Planungs- und Steuerungsverwaltung 330
Planungs-, Entscheidungs- und Finanzierungsverbund 114
Policy networks 374, 723
Policy-Dimension 657
Politik/politische(s)
    Beamte 512, 546, 547, 551, 600, 606, 610
    Beratung 597
    Differenzierung 21
    Entscheidungen 392
    Führungspersonal 195
    Kontrolle 605
    Loyalität 64
    Planung 58, 380, 605, 611
    Steuerung 485
    Verwaltung 45, 51, 318, 658
    Verflechtung 165, 170
    Vollzug 165
    Vorbereitung 165, 444
Politisch-administratives System 447
Polizei 134, 152
Popularklage 681, 688
Posterioritätenplanung 380, 384

Postreform 140
Postwesen 133
Potential elektronischer Arbeitstechnik 477
Presse- und Informationsamt der Bundesregierung 125
Presse
    Arbeit 609
    Konferenzen 609
    Referent 611
    Sprecher 605
    Stellen 599
Preußische Verwaltung 14
Preußisches Oberverwaltungsgericht 676
Primärrecht 735
Prinzip der Allzuständigkeit 219
Prinzip des demokratischen Zentralismus 17
Prioritätensetzung 450
Privatisierung 27, 30, 34, 76, 140, 141, 219, 276, 299, 337, 348, 373, 380, 521, 699
Privatisierung öffentlichen Vermögens 34
Privatisierungsnotwendigkeit 655
Problemlösungskapazität 69
Produkt 431, 494, 649
Produkt- und Programmbudgets 495
Produktbeschreibungen 649
Produktivitätsparadox 493
Produktorientierung 431
Professionalisierung der Verwaltung 48
Professionalismus des Beamtentums 15
Professionalität der administrativen Amtsinhaber 25
Professionalität des öffentlichen Dienstes 577
Prognosemethoden 451, 452
Programm 378, 397, 398, 440
    Budgetierung 644
    Funktionen 15
    Organisation 24
    Planung 429
    Steuerung 374
    Strukturen 19, 445
Projekte 196
    Ausführung 197
    Beauftragte 192, 198
    Budget 655
    Controlling 198
    Evaluierungen 762
    Gesellschaft 275
    Gruppe 24, 192, 199, 613
    Koordination 655
    Management 24, 196, 197, 655
    Manager 198
    Organisation 192, 197, 199
    Stäbe 198
    Teams 198

Verwaltungsreform 93, 96, 605
    Ziel 197
Prozeßstrukturen 24
Prüfungsaufstieg 508
Prüfungsmaßstäbe 698
Prüfungsmitteilungen 701
Public Choice-Theorie 647, 658
Public Manager 652
Public-Private Partnership 224, 352

Q

Qualifikation der Mitarbeiterinnen und Mitarbeiter 635
Qualifizierte Mitarbeiter 630
Qualität(s)
    Führung 528
    Management 532, 658
    Öffentliche Verwaltung 332, 569, 622, 699
    Sicherung 655
    Verwaltungsarbeit 664
    Personalführung 528
Quasiwettbewerb 651
Querschnittsämter 648
Querschnittsaufgaben 174, 189
Querschnittsbezogene Ressourcenplanung 397
Querschnittseinheit 193
Querschnittsfunktion der Landesplanung 408
Querschnittsfunktionen 174, 599
Querschnittsprüfung 700

R

Rahmenpläne 171, 379, 385
Rahmenplanung 59, 384
Rat-Bürgermeister-Verfassung 209, 212
Rationalisierung(s) 561
    der Verwaltung 29
    des Verwaltungshandelns 25
    im öffentlichen Sektor 24
    -reserven der öffentlichen Verwaltung 30, 32
Ratsinformationssysteme 482
Ratsverfassung 208, 209, 230
Raum 186, 395
    Begriff 396
    Fachplanungen 413
    Gesamtplanung 413
    Koordinierungsfunktion 399
    Nutzung 396, 401
    Nutzungskonflikte 403
    Planung 395, 396, 402
    Planungsrecht 396
Räumliche Planung 407
Raumordnung(s) 168, 397, 398, 407, 410
    Bundesebene 409
    Berichte 408, 412
    Gesetz 397, 403, 409
    Grundsätze 410, 413

Kataster 408
Klauseln 406, 408
Pläne auf Landesebene 407
Pläne 407
Politik 48, 410
    Handlungsrahmen 410, 411
    Verfahren 408, 413
Realhandlungen 362
Realsozialistischer Staatsapparat 18
Rechenschaftslegung 495
Rechenzentren 479
Rechnungs- und Wirtschaftlichkeitskontrolle 667
Rechnungshof 148, 160, 696, 697, 701, 702, 703, 706
Rechnung(s)
    Kontrolle 65
    Legung 698
    Prüfung 371, 695
    Prüfungsämter 697, 701
    Prüfungsausschuß 670
Recht(s)
    Anwendung 368, 460
    Arbeitnehmer 580
    Aufsicht 124, 127, 171, 305, 667
    Bereinigung 99
    Bindung 364, 370
    Europäischen Gemeinschaften 110, 366, 732
    Form 447
    Formalität des Verwaltungshandelns 25
    Gehör 467
    Informatik 487
    Konkretisierung 370
    Kontrolle 370, 667, 670
    Öffentlicher Dienst 15, 28
    Position der Beamten 63
    Rahmensetzung 70
    Schutz 25, 448, 462, 469, 681, 688, 743
    Setzung 721, 723
    Steuerung 374
    Vereinfachung 34, 76
    Verordnung 99, 365, 448, 735
    Verwaltungsentscheidung 447
    Verwaltungshandeln 622, 675
    Weg 677
Rechts- und Politikwissenschaft 656
Rechtsfähige Verwaltungseinheiten 56, 57
Rechtsschutzstaat 31
Rechtsstaat 20, 59
    Prinzip 437, 439
    Verwaltungshandeln 55, 59, 60, 473
Rechtsstaatliche Tradition der öffentlichen Verwaltung 15
Rechtsstaatliche Verwaltung 30

Rechtsstaatlichkeit 760
Rechtsstaatsprinzip 439
Reengineering 36
Referate 189, 190
Referent 189, 599, 603, 609, 611
Reform 93
    Bestrebungen 644
    Blockaden 102
    Dienstrecht 93, 103, 510, 534
    Diskussion 102
    Erfolg 91, 104
    Finanzverfassung 103
    Funktion 91
    Konsens 97
    Landesverwaltung 150
    Ministerialorganisation 103
    Ministerialverwaltung 93
    Modelle 656
    Objekt 91
    Öffentlicher Sektor 72
    Reformbedürftigkeit der deutschen Verwaltung 87
    Scheitern 104
    Staatstätigkeit 84
    Strukturen 181
    Verwaltungskontrolle 691
    Ziel 93
Reform der öffentlichen Verwaltung 759
Reform des öffentlichen Dienstrechts 97, 512
Regelaufstieg 508
Regelbeurteilung 572
Regelsteuerung 643
Regelung 197
Regelungsdichte 49, 327
Regiebetrieb 286, 289
Regierung(s) 44, 55, 380, 551, 607
    Akte 58
    Bezirk 118, 149, 153
    Bildung 126
    Chefs 386
    Entscheidung 377
    Erklärung 381, 383, 386
    Funktion 58
    Planung 384
    Präsidenten 116, 148, 149, 157, 158, 607, 612
    Präsidien 149
    Programm in Zahlen 419
    Sprecher 605
    System 67
    Wechsel 179, 566, 606, 610
    Zentrale 378, 383, 386, 387, 599
Regimewechsel 18, 88, 711
Regional(e)
    Entwicklungskonzepte 398, 406, 411
    Konferenzen 406

Plan 405
Planung 95, 119, 397, 403, 404
Planungsinstanzen 95
Planungsräume 404
Planungsträger 241
Rahmenplanung 241
Raumordnungspolitik 406
Strukturpolitik 171
Verbände 119
Verkehrsplanung 119
Vielfalt 398
Wirtschaftsförderung 167
Zusammenarbeit 119
Regionalisierung 380
Regionen 149
Regionsabgrenzung 405
Regulatorischer Verwaltungsvollzug 375
Reichsabgabenordnung 299
Reichskanzler 598
Reinventing Government 30
Remonstrationsbefugnis 734
Rentenversicherung für Angestellte 137
Reorganisation 96, 647
Ressort 387
    Egoismen 624
    Minister 598
    Planung 385, 386
    Prinzip 125
    Programme 386
    Strukturen 187
    -übergreifender Programme und Planungen 597
    Verantwortung 25, 127
    Zuständigkeit 381
Ressourcen
    Planung 392
    Steuerung 428
    Verantwortung 565
    Verbrauchs-Orientierung 431
    Verteilung 101
    Verwendung 428
Revision 686, 687
Richterrecht 20
Richterstellen 691
Richterwahlausschuß 681
Richtlinien 726
Richtlinien-Prinzip 125
Richtlinienkompetenz 154, 381
Risikosteuerung 281
Rolle und Bedeutung der Verwaltung 68
S
Sachbearbeiter 189
Sachgebiet 189, 196
Sachliche und zeitliche Spezialität 424
Sachverstand 387
Samtgemeinden 240

Satzungen 365, 448
Satzungsautonomie 60
Satzungshoheit 220
Schlanker Staat 102, 591
Schlüsselzuweisungen 245
Schranken der nationalen Regelungsprärogative 739
Schulämter 155
Segmentierung von Politik und Verwaltung 23
Sektorale Aufgliederungen 22
Sektorale Planung 385
Sektoralisierte Verwaltungsverflechtung 174
Sektoralisierung 174
Sektoralisierung der Staatsorganisation 175
Sektoralisierung der Staatstätigkeit 180
Sektoralprinzip 23
Sektorenmodell 277
Sekundäres Gemeinschaftsrecht 714, 720
Selbständige Bundesoberbehörden 129, 138
Selbständige Organisationsakte der Exekutive 57
Selbständigkeit 289
Selbstbewerbung 590
Selbstbindung der Verwaltung 366
Selbstevaluierungen 764
Selbstfortbildung 585
Selbstkoordination 97
Selbstorganisation 278, 375
Selbstregulierung 374
Selbstverwaltung 57, 60, 64, 203, 205, 241, 242, 248, 253, 278, 304, 330, 667, 684
Selbstverwaltungsaufgaben 276
Selektive Perzeption 96
Servicecharakter öffentlicher Verwaltung 99
Servicequalität der Verwaltung 520
Singularisierung 74
Solidaritätsprinzip 329
Sonder- oder Nebenhaushalte 419
Sonderbehörden 151
Sondervermögen 289, 418, 419
Souveränität 728
Sozial- und Gesundheitsverwaltung 310
Sozialbudget 333, 347
Soziale Differenzierungen 70
Soziale Fertigkeiten 616, 630
Soziale Intelligenz 630
Soziale Marktwirtschaft 72
Soziale Sicherheit 19, 657
Sozialer Rechtsstaat 463
Sozialgut 271
Sozialhilfe 222, 310, 346
Sozialismus 16
Sozialistisches Recht 17
Sozialistisches Wirtschafts- und Gesellschaftsmodell 646
Sozialleistungen 347

Sozialplan 401
Sozialpolitik und Sozialverwaltung 346
Sozialstaat 63
Sozialstaatlichkeit 438
Sozialstaatsfunktionen 333
Sozialversicherung 158
Sozialversicherungsträger 322
Sozialverwaltung 312
Sozialwissenschaftliche Steuerungsdiskussion 374
Spätpluralistisches Gesellschaftsmodell 74
Sperrvermerke 418
Spiegelreferenten 386
Spitzenbeamten 600
Spitzenposition 601
Spitzenpositionen auf Zeit 555
Spitzenpositionen der Bundesverwaltung 544
Staat(s) 278, 351, 352
   Aufbau 109, 407
   Aufgaben 43, 58, 348, 501, 504, 521
   Bürokratiekritik 98, 99
   Finanzkrise 644
   Form 56
   Funktionenlehre 124
   Gebiet 205
   Gewalt 55, 205
   Kanzlei 148, 387, 604, 605
   Kernaufgaben 759
   Minister 600, 607
   Ministerium 604
   Mittelinstanz 251
   Monopol 299
   Organisation 169, 179, 501
   Quote 19, 33, 344
   Rahmensetzung 279
   Regierung 387, 607
   Sekretäre 601, 606, 607, 608
   Sonderbehörden 236
   Steuerung 20
   Versagen 30, 32
   Verschuldung 19, 33, 345, 348
   Verträge 112, 172
   Verwaltung 41, 51, 58, 270
   Verwaltungsstabilität 97
   Volk 205
   Wissenschaften 43
   Zentriertheit 33
   Zielbestimmungen 20
Staats- und Verwaltungsorganisation 181
Stäbe 24, 194
Stadt-Umland-Entwicklung 173
Stadtbezirke 229
Stadtkreise 150
Stadtrat 219
Stadtstaaten 22, 117, 228
Stadtteilvertretungen 229

Stadtumlandverbände 241
Stadtverordnetenversammlung 244
Standortkonzentration 139
Standortprobleme 76
Stärkung der dezentralen Verwaltungsebene 206
Statistisches Bundesamt 138
Statusdifferenzierung 29
Statusgruppen 27
Statusrechtliches Amt 540, 547
Stellenabbau 591
Stellenbemessung und -bewertung 562, 563, 567
Stellenbeschreibung 188, 549, 550
Stellenkegel 561, 563, 565, 566, 573
Stellenobergrenzen 509
Stellenplan 561
Stellenplanenge 573
Steuer- und Finanzverwaltung 349
Steuerbarkeit von Verwaltungseinheiten 648
Steuern 227
Steuerung 43, 70, 75, 89, 182, 190, 197, 374, 375, 463, 506, 642, 649, 650, 663
Steuerung des Verwaltungshandelns 21
Steuerung exekutiver Entscheidungsproduktion 441
Steuerungs- und Planungsfunktion 73, 352
Steuerungsansätze 375
Steuerungsanspruch des parlamentarischen Gesetzgebers 24
Steuerungsdefizit 646
Steuerverbund 167
Strategien der Verwaltungsentwicklung 494, 497
Struktur- und Ablauforganisation 617, 622, 632
Strukturen und Funktionen eines Verwaltungsstaates 14
Strukturprobleme des öffentlichen Dienstes 27
Studienkommission zur Reform des öffentlichen Dienstrechts 93, 97, 509, 644
Subjektförderung 271
Subsidiarität 167, 204, 388, 758, 759
Subsidiaritätsprinzip 238, 286, 328, 330, 763
Subsumtion 24, 368, 370
Subsysteme 68, 82
Subventionen 348
Subventionsprogramme 349
Süddeutsche Ratsverfassung 208, 229
Supranational(e)
    Aufgabenwahrnehmung 713
    Kooperation 722
    Organisation 35
    Rechtsetzung 720
    Verwaltungsgemeinschaft 713

Supranationalität 713
Supranationalität der europäischen Integration 13
System- und Handlungsrationalität 449
System- und Programmprüfung 700
System-Modelle 380
Systembedingter Personalabbau 27
Systemdifferenzierung 187, 191
Systemmerkmal sozialistischer Verwaltung 16
Systemrationalität der öffentlichen Verwaltung 30

T
Target budgeting 431
Tarifrecht 575, 580
Tarifvertrag 561, 562
Task force 199, 613
Teamarbeit 189
Teamstrukturen 196, 626
Technik der Verwaltungsarbeit 478
Technische Zusammenarbeit 753, 758
Technischer Fortschritt 492
Teilreformen des öffentlichen Dienstes 28
Telekommunikation 133
Telekooperation 496
Territorialorganisation 23
Territorialprinzip 23
Territorialreform 22, 29
Territorialstaaten 116
Tertiärer Sektor 333
Tiefengliederung 598
Tilburger Modell 647
Total Quality Management 31, 532
Totale Programmierung des Verwaltungshandelns 443
Traditionelle Büroarbeit 478
Traditionelles Beamtenrecht 27
Training on the job 572
Trainingsmaßnahmen 634
Transfer von Verwaltungsmustern 13
Transferkonzept 756, 758, 761
Transformation 18, 33, 35
Transindustrielle Gesellschaft 77, 78
Transnational(e)
    Kooperation 715
    Politik 714
    Verwaltungsverflechtungen 174
    Zusammenarbeit 712, 714
Transnationalität 713
Transparenz 651
Transparenz des Verwaltungshandelns 491, 657
Treuhand-Nachfolgeinstitutionen 101
Treuhandanstalt 33, 101, 300, 335, 348

U
Übergangsgesellschaften 76
Übermaßverbot 446

Überschuldung öffentlicher Haushalte 575
Überstundenvergütungen 560
Übertragener Wirkungskreis 56, 243, 314
Überwachung 351
    Aufgaben 274
    Verantwortung 279
Üblichkeitsprinzip 35
Umlandverband Frankfurt 241
Umsetzung des Gemeinschaftsrechts 720, 725
Umsetzung von Richtlinien 735
Umwelt
    Einflüsse 50
    Gesetzbuch 471
    Ministerium 158
    Schutzbeauftragte 274
    Schutzverwaltung 308
    Verträglichkeitsprüfung 385, 474
    Verträglichkeitsrichtlinie der Europäischen Gemeinschaft 470
    Verwaltung 760
    Vorsorge 223
Unabhängige Kommission Rechts- und Verwaltungsvereinfachung 99
Unbestimmte Rechtsbegriffe 26, 60, 89, 445, 463, 686
Unitarische Staaten 181
Unitarisierung 179
Universalität des kommunalen Wirkungskreises 116
Unmittelbare Bundesverwaltung 129
Unmittelbare Staatsverwaltung 56, 57
Uno actu-Prinzip 331
Unregierbarkeit 98
Untätigkeitsklage 683
Unterabteilungen 96, 190
Untere Sonderbehörden 147, 148, 151, 157
Untere Verwaltungsbehörden 148, 149
Unterrichtungs- und Konsultationspflichten 736
Unterstufe 148
Untersuchungsgrundsatz 466, 684
Urbanisierung 52, 346

V
Verantwortung 130
Verantwortungszentrum 650
Verbandsfreie Gemeinden 245
Verbandsgemeinden 240
Verbandsklage 682
Verdichtungsräume 236, 397
Vereinheitlichung 47
Vereinigung Deutschlands 14, 21, 23
Vereinigungslasten 30
Vereinswesen 278
Verfahren der Verwaltung 24
Verfahrensfehler 468
Verfahrensoptimierung 82
Verfahrenssteuerung 374
Verfassung(s)
    Autonomie 56
    Beschwerde 677
    Entwicklung 42
    Funktionsvorbehalt 561
    Geschichte 39, 40, 42
    Organe 56, 128
    Schutz 134
    Verwaltung 59
    Wirklichkeit 172
Verflechtung 23
Verflechtungsformen zwischen Gebietskörperschaften 175
Verfügbarkeit personeller Ressourcen 26
Verhältnismäßigkeitsprinzips 371
Verhandlungsbeziehungen 74
Verhandlungsstaat 75, 80
Verkehrsinfrastruktur 348
Verkehrsministerium 159
Verkehrsplanung 224
Verkehrswegeplanungsbeschleunigungsgesetz 385, 471
Verkehrswirtschaft 306
Vermehrung der Staatstätigkeit 52
Vermögenshaushalt 226
Vermögensprivatisierung 353
Vernetzung 494
Verordnungen 379, 735
Verpflichtungsermächtigungen 418
Verrechtlichung 373
Versammlung der Regionen Europas 174
Verselbständigte Verwaltungseinheiten 278
Versorgungsrechtlichen Konsequenzen einer Teilzeitbeschäftigung 571
Verstaatlichung 292
Verstädterungsprozeß 396
Verstetigte Kommunikationsbeziehungen 17
Verteidigungsverwaltung 132
Vertikal(e)
    Differenzierung/Hierarchisierung 18
    Fachbruderschaft 667, 723
    Gewaltenkontrolle 741
    Gewaltenteilung 21, 88, 95, 101
    Gliederung 116
    Instanzenzug 55
    Kollegien 196
    Politikverflechtung 172
    Verwaltungsverflechtungen 169
Vertrag über die Europäische Union 732
Vertragsverletzungsverfahren 367, 727, 741
Vertrauenskrise der EDV 493
Vertrauensschutz 740
Vertrauensschutzprinzip 365
Vertreter des öffentlichen Interesses 685
Vertretungskörperschaft 219, 229, 244

Verwaltete Welt 16
Verwaltung 349
   Abkommen 172
   Absolute Monarchie 43
   Akt 24, 447, 448, 466, 681, 682, 683, 685
   Aufbau 56, 146, 147
   Aufgaben 16, 32, 171, 304, 350
   Ausgaben 704
   Behörde 734
   Defizite 645
   der Europäischen Gemeinschaften 15
   der Verwaltung 192
   des realen Sozialismus 17
   durch Verwalter 16
   Ebene 109
   Effektivität 349, 557
   Effizienz und Demokratie 211
   Entscheidungen 18, 26, 369, 371, 436, 437, 441, 443, 447, 459
   Entwicklung 15, 43, 45, 46
   Ermessen 446
   Fachhochschulen 582
   Föderalismus 165
   Förderung 757
   Führung 648
   Gemeinschaften 96, 120, 150, 240, 246
   Gerichte 676, 677, 679, 680
   Gerichtsbarkeit 25, 61, 675, 676, 678, 679
   Gerichtsordnung 469, 677, 678, 684
   Geschichte 29, 40, 41, 42
   Grenzen 23
   Handeln 26, 368, 658, 720
   Handlungen 362
   Haushalt 226, 419
   Helfer 274
   Im engeren Sinne 124
   Im modernen Staat 142
   Informatik 487
   Informationssysteme 478, 485, 493, 494, 497
   Innovation 587
   Kader 29
   Kontrolle 663, 665, 671, 696
   Kraft 150, 231, 727
   Kultur 631, 635, 738, 756
   Management 305, 643
   Modelle 758
   Modernisierung 76, 82, 220, 627
   Öffentlichkeit 497
   Organisation 87, 737, 738
   Partnerschaft 755
   Personal 522
   Planungen 193
   Politik 51, 81, 82, 91
   Praxis 655
   Privatrecht 449, 738
   Prozesse 738
   Qualität 496
   Recht 49, 692, 712
   Rechtsweg 676
   Rechtswissenschaft 45
   Reform 15, 87, 88, 89, 90, 91, 93, 96, 101, 103, 149, 288, 604, 647, 760
   Staat 20, 42, 46, 51
   Steuerung 81
   Tätigkeit 40, 82
   Territorien 109
   Tradition 204
   Typen 113, 618
   Verantwortung 279
   Verbände 240
   Verfahren 438, 460, 459, 461, 462, 463, 465, 466, 468, 471, 726
   Verfahrensgesetze 61, 465
   Verflechtung 166, 167, 168, 170, 178, 181
   Verträge 448, 449, 466
   Vollzug 606, 737, 739
   Vorschriften 366
   und ihre Umwelt 49
   Wachstum 52
   Wirklichkeit 270, 645
   Zusammenarbeit 754, 755, 760, 762, 763
Verwendungsaufstieg 508, 513
Virtuelle Verwaltung 496
Völkervertragsrecht 367
Vollziehende Gewalt 360, 58
Vollzug(s)
   Bedingungen 372
   Defizit 372
   Funktionen 506
   Kompetenzen 167
   Kritik 350
   Umfeld 372
   Verwaltung 304, 367
   von europäischem Verwaltungsrecht 739
   von Gemeinschaftsrecht 736, 737
   Vorabentscheidungsverfahren 741
Vorbehalt des Gesetzes 60, 361, 439, 440, 735
Vorgesetzte 543, 548, 623, 625
Vorgesetzten-Mitarbeiter-Verhältnis 549
Vorgesetztenfunktion 626, 629
Vorgesetztenkontrolle 669
Vorhabendatenblätter 382
Vorhabenplanung 382
Vorkabinette 607
Vorlageverfahren 746

Vorläufiger Rechtsschutz 689, 743
Vorprüfung 669
Vorrang
    des Gemeinschaftsrechts 743
    des Gesetzes 361
    des Verfassungsrechts 733
    höherrangigen Rechts 369
    von Gemeinschaftsrecht 744
Vorrevision 611
Vorschlagswesen 549
Vorschriften 631
Vorverfahren 469, 683

W

Wahlkreis 602, 609
Weimarer Reichsverfassung 63
Weimarer Republik 40
Weisung 626
Weisungsaufgaben 237
Weisungsstil 622, 628
Weiterentwicklung der EDV 491
Weltstaat 293
Wertewandel 74, 519, 525
Wesentlichkeitslehre 363
Westlicher Wohlfahrtsstaat 19
Widerruf rechtmäßiger Verwaltungsakte 468
Widerspruchsbehörde 683
Widerspruchsbescheid 683
Widerspruchsverfahren 468, 469, 684
Wiederbesetzungssperre 575
Wirtschaftliche Verwaltung 320
Wirtschaftlichkeit(s) 36, 316, 697, 699
    Kontrolle 669, 670
    Prinzip 32
    und Sparsamkeit 423
    und Verwaltungshandeln 25
Wirtschaft(s)
    Beauftragte 612
    Betriebe 419
    Gut 271
    Lehre 656
    Plan 418
    -politische Funktionen 292
    Verwaltung 306
Wohlfahrtsstaat 20, 646
    Leistungsspektrum 340
    Leistungen 327
Wohlfahrtsverbände 329
Wohlfahrtsverwaltung 32
Wohnungswesen 307, 310
Workgroup Computing 485

Z

Zeichnungsrecht 669
Zentrale Steuerungs- und Servicebereiche 493
Zentrale Vorgangsbearbeitung 479
Zentraler Steuerungsdienst 648
Zentralisierung 168
    Aufgabenerfüllung 172
    Interregionale Verteilungsaufgaben 182
    Entscheidungen 182
    Entscheidungsprozesse 170
    Koordinationsleistungen 178
    Staat 55
Zentralistische Strukturen der früheren DDR-Regierungsverwaltung 139
Zentralörtliche Funktionen 94
Zentralstaatliche Verwaltung 109
Zentralstellen 129, 599, 610, 611
Zentralstufe 148
Zentralverwaltung 42
Zentralverwaltungssysteme 753
Zentralverwaltungswirtschaft 20
Zero-base-budgeting 383, 384
Ziel- und ergebnisbezogene Steuerung 646
Zielbestimmung 627
Zielfindung 450
Zielrationalität 626
Zielvereinbarung 529, 533, 627
Zugang zum öffentlichen Dienst 579
Zugangsregelungen 580
Zusammenlegung von Fach- und Ressourcenkompetenzen 495
Zuständigkeit 623, 624
Zuständigkeitsverteilung 17
Zustimmungsermächtigungen 418
Zuwendungen 698
Zweck
    Kritik 350
    Programme 441
    Steuerung 441
    und Zielsetzung 450
    Verband Raum Kassel 241
    Verbände 240
    Zuweisungen 245
Zweistufiger Verwaltungsaufbau 148
Zweistufiges Verwaltungsverfahren 679
Zweites Deutsches Fernsehen 173
Zwischenevaluierungen 764
Zwischenführungsschicht 599

Joachim Beck/Angelika Benz/Friedrich W. Bolay/
Nicolai Dose/Otto Häußer/Christoph Hauschild/
Jan Heimann/Barbara Sippl

Arbeitender Staat

Studien zur Regierung und Verwaltung
Klaus König zum sechzigsten Geburtstag

Regierung und Verwaltung lassen sich im modernen Wohlfahrtsstaat nicht nur als abstrakte Größen auffassen. Regieren und Verwalten bedeutet in entwickelten Staaten in allererster Linie Arbeit. Nicht umsonst wird in den Verwaltungswissenschaften insofern die Metapher des »Arbeitenden Staates« für die Erfassung öffentlicher Handlungsbeiträge benützt. Der Sammelband vereinigt Abhandlungen, die sich aus Anlaß des 60. Geburtstages von Klaus König aus unterschiedlichen Blickwinkeln mit dem Phänomen des Arbeitenden Staates beschäftigen. Behandelt werden die Themenbereiche Regionalpolitik, Deregulierung, Praxis der technischen Zusammenarbeit, Staatliche Steuerung, Staatskanzleien, Fortbildung, Vermögensübertragung und Gesetzgebung.

Der Band richtet sich an Studenten, Wissenschaftler und Praktiker, die sich mit dem Bereich von Regierung und Verwaltung beschäftigen. Die Verfasser sind (ehemalige) Mitarbeiter am Lehrstuhl für Verwaltungswissenschaft, Regierungslehre und Öffentliches Recht an der Hochschule für Verwaltungswissenschaften Speyer.

1995, 208 S., brosch., 78,– DM, 608,50 öS, 78,– sFr,
ISBN 3-7890-3915-2
(Verwaltungsorganisation, Staatsaufgaben und Öffentlicher Dienst, Bd. 33)

NOMOS VERLAGSGESELLSCHAFT
Postfach 610 • 76484 Baden-Baden